LES DOUZE HEURES NOIRES

« L'ÉVOLUTION DE L'HUMANITÉ »

Simone Delattre

LES DOUZE HEURES NOIRES

La nuit à Paris au XIXe siècle

Préface d'Alain Corbin

Ouvrage publié avec le concours du Centre de recherches en histoire du XIXe siècle (Université Paris-I, Institut universitaire de France)

LE GRAND LIVRE DU MOIS

22, rue Huyghens, 75014 Paris

Pour A.

« Ils se réunissaient habituellement à la nuit tombante, heure de leur réveil, dans les steppes qui avoisinent la Salpêtrière. Là, ils conféraient. Ils avaient les douze heures noires devant eux ; ils en réglaient l'emploi. »

Victor Hugo, *Les Misérables*,
3e partie, livre 7, « Patron-Minette »

Préface

Il n'est pas de bonne histoire sans analyse de la manière dont se combinent les usages de l'espace et du temps. Cependant, les historiens oublient le plus souvent que les lieux sont transformés au gré des rythmes naturels, excepté ceux qui se consacrent à la campagne et qui se montrent attentifs au cycle des saisons. Or le Paris diurne ne peut s'estimer que par référence au Paris nocturne, de même que la vision culturaliste de la ville se trouve équilibrée par la phénoménologie de la capitale ombreuse. L'alternance du jour et de la nuit, assez simple hors du territoire urbain, se complique, dans le Paris du XIXe siècle, de multiples séquences et de subtiles frontières temporelles, modulées socialement, chacune étant génératrice de désirs et d'anxiété. Ainsi, le crépuscule, les heures qui précèdent minuit, celles qui le suivent, comme le « petit matin » dessinent des tableaux différents.

La nuit constitue donc un objet historique foisonnant. « Les douze heures noires » – il s'agit ici d'une formule hugolienne – découpent à leur manière le territoire de la ville. Elles métamorphosent l'espace citadin, elles redessinent l'imaginaire social. Des rencontres inattendues, des entremêlements éphémères, des confrontations extrêmes stimulées par le désir de l'encanaillement et l'organisation des contretemps, des tentatives de revanche spatiale aventurées par les déshérités inspirent des rôles et des attitudes, suggèrent des normes et imposent des formes de surveillance propres à la nuit.

La grande ville nocturne crée son propre espace sensoriel. La confrontation de l'ombre et de la lumière trouve une pertinence particulière dans le livre de Simone Delattre, tant elle caractérise le Paris du premier XIXe siècle. On peut même se demander pour quelle raison ce thème n'a pas inspiré plus tôt un grand livre d'histoire. Le Paris de Balzac et plus encore celui de Victor Hugo est une ville de l'ombre. L'obscurité de la rue nocturne, qu'il s'agit de vaincre, y redouble l'opacité sociale née de la Révolution. La police politique, destinée à traquer les complots qui se trament, croit-on, dans le secret des nuits, hante les esprits. Les observateurs sociaux, notamment le plus grand d'entre eux, Parent-Duchâtelet, ressassent la nécessité de porter la lumière purifiante du pouvoir dans les grouillements ombreux afin de désamorcer les remontées menaçantes de la « caverne sociale » (Victor Hugo) qui forme le soubassement de la capitale. D'où l'importance de cette histoire de l'éclairage que fait si bien Simone Delattre.

La lecture néohippocratique de l'espace, qui attribue à chacun des quartiers de Paris une constitution précise, déterminée par l'exposition et la topographie, se trouve alors colorée par la métaphore de l'organisme imposée par la médecine clinique. Les observateurs sociaux, qui produisent l'une des sources principales de ce livre, espèrent découvrir la vérité de la ville par l'exploration de son obscurité, comme les adeptes de la dissection traquent celle de la maladie dans la profondeur du cadavre. La connaissance des mécanismes de la physiologie sociale implique celle des fonctionnements souterrains et nocturnes. On comprend mieux, dès lors, l'exaltation produite par le jet de lumière qui trahit brutalement ce qui grouille dans l'ombre. Tout cela, Simone Delattre l'a éprouvé et l'a compris au cours de sa longue immersion dans les archives de la nuit.

De ce fait, son livre renouvelle en profondeur l'histoire des sociétés urbaines. Ici, Paris n'est plus une nature morte de pierres, c'est-à-dire la ville capitale des spécialistes de l'urbanisme. Simone Delattre sait combien la nuit modifie les espaces et les choses, intensifie les expériences, métamorphose les apparences, menace les certitudes de la vue, autorise les mirages, valorise la signification des bruits, apaise l'odorat, affole le toucher. Le fantasme ou l'hallucination s'y trouvent sollicités par l'emprise du fugitif, de l'incertain, de l'imprécis. La nuit de Paris, dans le même temps, invite à la chute des masques. Le rejet de la comédie diurne, qu'elle autorise, aide à la révélation de la vérité des êtres. La nuit, pour toutes ces raisons, découpe des territoires spécifiques, qui s'effacent le jour. Elle stimule, tout à la fois, la satisfaction des désirs et la quête de ce qui désamorce la peur. La crainte inspirée par les femmes qui circulent après la chute du jour redouble paradoxalement leur attrait. Dans le même temps, l'obscurité invite le Parisien paisible au renforcement de la clôture, au repli vers le refuge douillet et l'étreinte rassurante.

En bref, l'histoire de la ville sensible ne peut se concevoir sans celle de la ville nocturne. Mais Simone Delattre, au fil de son livre que Philippe Boutry qualifie d'admirable « leçon de ténèbres » de l'époque romantique, nous conduit au-delà de cette évidence, par l'énonciation d'une interrogation centrale : « *L'énigme dont nous sommes partie,* écrit-elle, *provient de l'émergence présumée, dans le Paris du premier* XIX*e siècle, d'un nouveau moi nocturne, qui se réclamerait tour à tour de l'instinct et de l'artifice, du ciel intemporel et du décor historique de la grande ville [...]. Une de nos hypothèses de départ pourrait donc être la suivante : dans le Paris de la nuit a commencé à s'épanouir, à l'époque moderne, un individu en quête des plaisirs de l'esprit et des sens, porteur aussi d'une exigence laïcisée de sécurité physique.* » Cette quête, qui forme l'ossature du livre, résume le siècle pendant lequel s'intensifie et s'approfondit la construction du sujet.

Une telle hypothèse conduit Simone Delattre à porter une attention particulière à la phénoménologie sociale produite par la nuit. Celle-ci, alors, s'apparente à l'égout. Elle est pleine de menaces mais, dans le même temps, elle suggère maintes tactiques de distinction, fondées sur l'inversion des rythmes temporels. Surtout – on l'a oublié, sans doute à cause du succès mérité remporté naguère par le grand livre de Louis Chevalier –, le Paris de la nuit est aussi celui de nombreux travailleurs, indispensables au fonctionnement de la ville-machine explorée par Maxime du Camp.

L'ambivalence du Paris de l'ombre, qui est, indissociablement, celui de l'ordure et du nettoiement, celui du plaisir et du crime, celui du noctambule et du rôdeur, ordonne la chronologie du magnifique livre de Simone Delattre. L'effroi suscité par l'attaque nocturne et les prestiges de la promenade du Boulevard illustrent cette tension. Tandis que se déplacent les frontières soulignées par les historiens entre l'espace privé et l'espace public, une lente réinterprétation des peurs nocturnes accompagne le recul de l'obscurité.

Confrontée à cet objet maléfique et somptueux, Simone Delattre montre des qualités qui sont celles des historiens de la nouvelle génération : la liberté et la richesse des questionnements, une manière inédite de poser le regard, une exigence critique renouvelée. Les sources sont, ici, passées au crible. Simone Delattre est consciente de la multiplicité des médiations dont il faut tenir compte si l'on veut accéder à la nuit parisienne d'antan. Il lui a fallu démêler l'écheveau des discours qu'elle utilise : tableaux pittoresques et catalogues de choses vues, qui s'enracinent dans un genre littéraire né au siècle précédent, rapports de police et archives judiciaires – ensemble de mises en récit qui possèdent, elles aussi, leur histoire ; sans négliger la littérature de fiction, en un temps où les romanciers, pour la première fois, se révèlent capables de saisir la ville capitale sans la fragmenter, en la considérant comme un organisme, puis comme une machine.

Devant l'immensité du projet, bien des historiens se seraient sentis écrasés. Simone Delattre, qui a terminé son ouvrage à l'âge de vingt-sept ans, fait preuve d'une stupéfiante aisance à se mouvoir dans le Paris nocturne. Chaque phrase, dense et précise, atteste des connaissances maîtrisées, résulte d'une longue réflexion. L'objet même du livre imposait maintes gageures : savoir restituer le brouillage des certitudes sensorielles provoqué par la noirceur, mesurer l'extension sociale du goût de la nuit, recréer la sensibilité à l'obscur qui était celle des individus de ce temps, traquer les modulations du paysage sonore ou, plutôt, l'évolution des valeurs du silence nocturne, retracer l'histoire des multiples seuils de tolérance qui gouvernent les conduites de l'ombre.

Simone Delattre ne nous propose pas un nouveau tableau de Paris. L'élégante luminosité de son écriture a su conférer à son livre une cohérence qui était traditionnellement absente de ce genre ; et le lecteur, au fil de ces belles pages, prend peu à peu conscience de la solidité de l'édifice. La lecture de Paris qui nous est proposée dévoile, dans leur logique propre, des paysages nocturnes superposés ou imbriqués, sans que jamais l'auteur ne se départisse d'une considération attentive ou chaleureuse à l'égard de ceux qui peuplent la nuit. Bien vite, la lecture du livre procure la certitude de la découverte, rare, d'une grande historienne, à la fois rigoureuse, sensible et imaginative.

Alain Corbin

Introduction

Nul n'a jamais songé, apparemment, à intituler un livre d'histoire « *Paris le jour au* XIX*e siècle* ». L'étude des sociétés urbaines privilégie les hiérarchies inscrites dans l'espace au détriment de celles qu'enregistrent les rythmes de vie. On sait, grâce à d'innombrables travaux, ce qui a hissé ce Paris-là au rang de capitale économique ou culturelle. On en a visité le dedans et le dehors, les monuments, les garnis, les grands magasins, les hôtels particuliers, les mansardes, les cafés, les gares, les palais, les ateliers, les bordels, les salons, les cloaques. On en a longuement décrit les emportements festifs comme les émotions insurrectionnelles. Mais la frontière de son existence nocturne, où se créent une artificialité et un agrément nouveaux de la rue, une façon inédite d'user de son temps, cette frontière a été franchie par peu d'historiens.

Pourtant, sans doute est-ce, notamment, par contraste avec la « nuit-parenthèse », avec la « nuit couvre-feu » de la province que la ville moderne s'est forgé une identité, rompant avec la maléfique nature nocturne comme avec la tranquille nature diurne des campagnes. Paris diurne capitale du travail et de la vitesse ; Paris nocturne capitale de l'hédonisme (et peut-être aussi du crime devenu, par le biais du fait divers, spectacle moderne) : voici le slogan dont les habitants de la grande ville peuvent tirer leur sentiment de supériorité vers 1860. Les nuits de Paris au XIXe siècle révéleraient l'écart de civilisation qui sépare la grande ville du reste du territoire national – les désordres de la rue après minuit étant volontiers présentés comme les formes résiduelles d'une sauvagerie venue d'autres temps ou d'autres lieux.

Toujours prise dans l'interaction des pratiques et des représentations, cette vie nocturne recèle ainsi des vérités sociales méconnues. La contrainte naturelle n'enferme pas le Paris du XIXe siècle dans la nécessité du sommeil, et c'est au contraire comme une limite significative, un front de conquête[1] qu'il est permis de l'envisager. L'épisode nocturne correspond à un espace[2] et à une temporalité dont la spécificité ne s'épuise pas non plus dans la fonction d'exutoire aux faux-semblants du théâtre diurne. Avec la modernité urbaine s'instaure une continuité nouvelle entre le diurne et le nocturne qui invite à l'enquête historique.

LIMITES ET SCANSIONS : ENTRE LE « CRÉPUSCULE DU SOIR » ET LE « CRÉPUSCULE DU MATIN »

Nous définirons tout simplement le moment nocturne comme celui qui s'étend du coucher au lever du soleil, ainsi que le fait, en général, le législateur du XIXe siècle. Des délimitations plus strictes ne seraient guère opportunes : c'est une nuit « souple », variable selon les saisons et la qualité de l'éclairage artificiel qui la socialise, une nuit-atmosphère, une nuit glissant lentement sur Paris et s'en retirant insensiblement qui nous a retenue. Cette nuit est, en somme, un cadre mouvant de l'expérience sociale et sensorielle, donc une séquence sujette à des appréciations changeantes, plus qu'une réalité astronomique minutieusement quantifiable.

Rappelons également que le temps parisien se trouve alors mesuré, comme dans toutes les communes de France, en fonction de la seule heure solaire : pendant la période qui nous intéresse, les données cosmiques et le temps légal coïncident[3]. Au cours du premier XIXe siècle, le nom des heures ne résonne donc pas tout à fait de la même façon pour les Parisiens que pour nous. Ils vivent, en outre, la lente conquête d'une nuit plus fréquentable, qui exige un apprivoisement des mots. « Minuit », passage presque anodin pour les citadins actuels (ou du moins éloigné de son sens étymologique par l'extension nouvelle des activités du soir), est encore un seuil mythique, perçu à travers l'épaisseur de fantasmes tenaces par un habitant du Marais en 1815. Vers 1870, ce seuil est plus sereinement appréhendé, semble-t-il, par ses descendants : minuit est devenu une étape, fût-elle ultime, des soirées parisiennes.

Ainsi, habitués à l'heure solaire, les Parisiens du XIXe siècle observent-ils que dans leur ville, le soleil se lève au plus tôt vers trois heures du matin le 1er juin, au plus tard vers sept heures le 1er janvier ; qu'il se couche au plus tôt vers trois heures de l'après-midi le 1er décembre et au plus tard vers huit heures du soir en été. Au temps de l'éclairage à l'huile, et dans un milieu citadin où les saisons intermédiaires sont moins nettement ressenties qu'à la campagne au profit d'une opposition binaire simplifiée entre « mois chauds » et « mois froids », la longue nuit d'hiver appelle donc le repli. Elle constitue la première cible de ces avancées techniques supposées produire dans la ville une sorte de douceur perpétuelle, en un siècle où l'on recherche de plus en plus la chaleur et la luminosité.

L'essentiel est sans doute que le découpage nocturne autorise la saisie de la mutation de cette architecture temporelle[4] qui conditionne silencieusement la vie des citadins au XIXe siècle. Considérée en fonction de la notion d'usages sociaux du temps, la nuit articule constamment l'individuel et le collectif, le privé et le public. Elle pourrait en dire long sur l'affrontement des disciplines et des singularités, des besoins et des désirs dans le Paris du siècle dernier.

À une époque où le temps libre n'est encore, pour la majorité, que re-création de la force de travail, ne méritant pas l'appellation positivement connotée de « loisir », les nuits parisiennes abritent, en effet, une sourde subversion des normes de ponctualité et de régularité introduites par l'apparition, dans la vie du peuple parisien, d'un temps plus mécanisé. Quand la majorité des citadins sommeille, les autres ne comptent plus en minutes, mais laissent un temps dilaté s'écouler plus nonchalamment. À ce titre, la nuit peut être revendiquée comme sienne par l'ouvrier parisien attaché à son indépendance et à ses excès ponctuels, ou par l'élégant soucieux de montrer qu'il sait gaspiller la valeur bourgeoise ascendante qu'est le temps productif. Autrement dit, la valeur conférée à l'épisode nocturne doit être analysée à travers le phénomène de spécification croissante, au XIXe siècle, des deux domaines temporels que forment, indissociables mais de plus en plus cloisonnés, le travail et le loisir.

La nuit parisienne du XIXe siècle, même peu à peu « désenchantée »[5] par la lumière artificielle, même partiellement convertie au régime de l'exposition, a cette vertu, dit-on, de rester sous le signe de l'imprévu – elle échappe, par exemple, aux emplois du temps de la maîtresse de maison bourgeoise. Dispersant en général les foules de la journée, elle semble, au premier abord, tout entière livrée aux caprices du privé, par l'effet du relâchement quotidien de la normalisation spatiale et temporelle qui affecte, au cours du siècle postrévolutionnaire, la capitale des Révolutions. L'individu noyé dans la cohue diurne peut y renouer avec lui-même, et la rue redevenir intime. Apparemment vide, la nuit peut être vouée à cet instinct de jouissance, à cette indolence que traquent moralistes et hygiénistes dès le premier XIXe siècle, chez les riches et plus encore chez les pauvres.

L'exception nocturne est toutefois confrontée, dans ce Paris en mutation, aux progrès d'un temps plus abstrait, désacralisé, rationalisé, d'un temps qui n'est plus exclusivement dépendant de ce que dictent les saisons ou les croyances, et qui contribue à réduire l'anomalie-nuit, tout en la valorisant peut-être comme forme suprême du « temps pour soi ». Au XIXe siècle, on croit de plus en plus en la capacité de l'homme à défier les rythmes naturels, à installer notamment sa souveraineté sur l'étendue sauvage de la nuit. Cela se combine à l'uniformisation progressive de rythmes citadins par nature discordants ; le temps synchronisateur des horloges[6] doit s'imposer à tous par le biais d'une accélération collectivement subie, et qui peut buter sur la nuit ou la gagner comme le jour. Car si le temps « moderne » qui s'empare d'abord du jour est une pure quantité mesurable, sa neutralité nouvelle peut tout aussi bien faciliter l'essor d'une culture nocturne construite autour de la texture particulière, de la possibilité de recueillement ou d'exaltation qu'offrent les heures tardives, celles où l'on peut encore se permettre d'ignorer le défilé des heures, où l'on peut les dépenser sans compter.

VOIES DANS LA NUIT

Mais quelle hiérarchie instaurer entre les sujets d'interrogation contenus dans la nuit urbaine ? On peut commencer par entériner, quitte à s'en défaire ensuite partiellement, la double référence communément accolée à la réalité nocturne : frissons du plaisir et frissons du danger[7]. Certes, la notion de « vie nocturne », synonyme, en ville, d'évasion clandestine, de chute des masques, ouvre sur un univers irrégulier qui suscite le clin d'œil complice ou l'anxiété muette, et l'accréditation de ces stéréotypes date peut-être du XIXe siècle. Mais s'ils nous sollicitent, c'est, autant que possible, pour être réintégrés à une histoire plus globale de l'imaginaire social.

La nuit a fini, il est vrai, par s'installer comme une sorte de superlatif de Paris en tant que ville indéchiffrable, tentatrice et corruptrice. La sensibilité romantique, la déstabilisation fantastique, puis le regard surréaliste, les mises en scène de l'horreur et les contrastes en noir et blanc de la photographie ou du cinéma policier, ainsi peut-être que la tendance à l'exploration des obscurités oniriques et psychiques, nous ont accoutumés à ce réflexe de perception. Dans ce temps alternatif de la grande ville, désormais, quelque chose d'attendu et d'inattendu se passe *chaque* nuit : la modernité interdit l'assimilation de la nuit citadine à un temps mort, en installant la régularité de l'irrégularité. Ce quelque chose se situe souvent, croit-on, à la lisière du licite et de l'illicite et la grande ville, miraculeusement parvenue jusqu'au matin, devrait se purifier de cette licence officieuse comme d'une vague souillure, s'en « débarbouiller »[8] en se réveillant.

Une mythologie ambivalente des nuits parisiennes s'est forgée au cours du XIXe siècle, mythologie dont Louis Chevalier s'est réclamé, parce qu'il y voyait la preuve de son attachement militant à la ville et à son passé. Plus encore que dans *Classes laborieuses et classes dangereuses*, cette conviction selon laquelle c'est après minuit que Paris montrait son âme (au temps où Paris était encore Paris…) s'exprime dans deux ouvrages plus personnels : *Montmartre du plaisir et du crime*, paru en 1980[9] ; *Histoires de la nuit parisienne (1940-1960)*, paru en 1982[10]. Chez Louis Chevalier, la nostalgie du Paris « d'avant » est celle de ses nuits comme moments d'une vibration voluptueuse de la vérité urbaine[11], toujours sise dans un insaisissable entre-deux.

Il s'agira ici d'examiner le cas parisien dans le temps moyen du basculement d'une culture de la limite nocturne vers une autre, et en adoptant comme priorité, plus qu'une analyse interne des formes du divertissement ou du contrôle policier, l'observation de la rue obscure comme lieu d'épanouissement pour de nouveaux usages sociaux du temps et du territoire citadins.

LE SENS DE L'OMBRE

Parcourir le domaine historiographique du « nocturne parisien » au siècle dernier conduit surtout à rencontrer des silences[12]. On peut donc être tenté de se diriger vers ce que les anthropologues, les spécialistes de littérature ou les historiens des périodes antérieures peuvent nous apprendre de la sensibilité à l'obscur.

Dans son élaboration préliminaire, notre recherche a dû s'arrêter, autant qu'il est possible à un historien, à la place du partage diurne / nocturne dans ce que Gilbert Durand appelle les « structures anthropologiques de l'imaginaire », puisque, hors de sa dimension historique, « la récurrence dissymétrique constitue le premier paramètre phénoménologique de la question nocturne »[13]. Pour Gilbert Durand, le schème nocturne, revalorisé par des romantiques en quête d'eaux énigmatiques où plonger, se place sous le signe de la descente vers la « secrète intimité »[14]. Nombre de commentateurs ont insisté, notamment en référence aux cosmogonies antiques qui assimilent la nuit à une mère[15], sur le recoupement de cet antagonisme complémentaire entre le jour et la nuit avec celui du masculin et du féminin[16]. La féminité de la nuit, à la fois rassurante et menaçante, la situe dans un rapport d'inclusion subordonnée à l'égard du jour (de même que le mot « homme » revêt un sens générique, le mot « jour » désigne aussi la totalité du cycle nycthéméral), du jour clair et sec, dont elle n'est jamais que l'envers, la différence, presque la dégradation[17]. Le recours poétique et artistique au nocturne, en plein essor à la fin du XVIIIe siècle, se comprend dès lors en termes de transgression, de contre-célébration d'une nuit qui garderait en réserve la profondeur insoupçonnée de la surface diurne[18].

L'historien se trouve évidemment mal à l'aise sur le terrain de la constante archétypale, lui préfèrant la notion plastique d'« imaginaire social », et dirigeant son attention vers les modulations du vécu nocturne en fonction des variantes sociales, culturelles ou techniques propres à chaque époque. Il est enclin, par exemple, à songer que la diffusion de l'éclairage public et commercial dans le Paris du XIXe siècle a pu remodeler le type de réceptivité en fonction duquel la nuit obscure des temps antérieurs – et ses vestiges – étaient accueillis. Car le XIXe siècle parisien permet, si l'on en croit l'essor du « discours noctambule » sous les monarchies censitaires, la naissance de nouveaux échanges entre l'âme sensible et l'obscurité citadine. L'énigme dont nous sommes partie est, en somme, l'émergence, dans le Paris du premier XIXe siècle, d'un nouveau « moi nocturne », qui se réclamerait tour à tour de l'instinct et de l'artifice, du ciel intemporel et du décor historique de la grande ville. Ce moi semble exalté, inventif, esthète, mélancolique, bavard, audacieux, indifférent à la durée, en quête enfin d'une humanité plus vraie, qu'il pressent parfois dans la sagesse proverbiale du chiffonnier – car l'essentiel est de fuir le bourgeois, que du moins la nuit est censée renvoyer à la platitude de ses préoccupations routinières.

Le nouvel individu nocturne mépriserait la norme du sommeil, la vocation ordinairement diurne de l'espèce humaine, au profit des valeurs de supériorité liées à la veille ascétique, à la conscience en éveil. Dans la pratique citadine avant-gardiste ou nostalgique du cénacle des noctambules du XIXe siècle, il est sans doute permis de deviner les signes d'un réaménagement plus large du rapport aux heures parisiennes. Il faut, en même temps, garder à l'esprit que ces gens sont, en partie – ironiquement, parfois – les héritiers laïques de la tradition chrétienne de vigilance nocturne comme voie d'accès à l'invisible[19]. Le poète romantique, comme le croyant, adopte cette attitude eschatologique, cette posture de pureté inspirée et de combat contre soi-même qui consiste à veiller pour la communauté et à attendre, de cette victoire sur le corps, une révélation spirituelle ou émotionnelle.

« À l'homme général […] et serein des Lumières, le romantisme oppose la singularité des visages, l'épaisseur de la nuit et des rêves, la fluidité des communications intimes, et réhabilite l'intuition comme mode de connaissance », écrit Michelle Perrot dans l'*Histoire de la vie privée*[20]. Le code romantique implique bien entendu la valorisation du versant nocturne de Paris, pour son climat à la fois théâtral et intimiste. Cette découverte satisfait le goût plus vaste pour l'exploration du noir (ou du clair-obscur) et pour l'immersion dans une nuit « habitée » qui semble s'être emparé des littérateurs européens depuis le XVIIIe siècle. La nuit éclairée par la lune ou même par la lueur incertaine du réverbère, tour à tour troublante et consolante, élève à un niveau supérieur de pensée, déclenche la fusion contemplative avec le réel, ou l'élan vers le sublime. Elle est, une fois éteinte la lumière enfermante du jour, le temps des possibles. Il est donc banal de constater que c'est dans une nuit maternelle ou cauchemardesque que le romantisme européen a puisé une grande part de sa fécondité. À minuit, le sentiment s'amplifie, l'introspection individuelle peut s'enrichir de l'expansion affectueuse vers une nature qui s'adresse plus subtilement aux hommes.

La plupart des spécialistes de cette période littéraire discernent dans *Les Nuits* d'Edward Young[21] (très lues en France après 1770) et dans les *Hymnes à la Nuit* de Novalis (1800)[22] des jalons essentiels vers l'élaboration de cette mystique de l'obscur, qui est une façon d'entretenir le pressentiment d'une autre vie possible, où la vérité du clair-obscur, celle qu'aperçoivent les yeux de l'âme, l'emporterait sur la dure clarté cartésienne. Dans la deuxième moitié du XVIIIe siècle, le thème lugubre incorpore ainsi la poésie de la ruine et du sépulcre, que seule permet d'apprécier vraiment l'étrange douceur lunaire[23]. Cela donne naissance à la vogue macabre des romans noirs et autres *ghost-stories*, alimentée en France par la traduction, en 1797, des *Mystères d'Udolphe*, d'Ann Radcliffe, toujours prisés sous la Restauration. Stimulé aussi par les *Contes nocturnes* d'Hoffmann, parus entre 1815 et 1817, ou par Walter Scott, le courant dit frénétique n'est pas loin, qui unit certains, parfois aventuriers de l'insolite nocturne que recèle le Paris de Louis-Philippe, dans un même goût du satanique et du fantastique.

Faut-il ajouter qu'avec plus d'ampleur l'œuvre poétique, romanesque et même picturale de Victor Hugo se présente, quant à elle, comme une vaste antithèse formée par une ombre compacte (l'obscurité est ce fond de toutes choses qui n'autorise que la contemplation, puisqu'elle rend l'observation impossible[24]) et par le rayon de lumière – antithèse où tiennent le mystère et l'espoir du monde[25].

UN « ANCIEN RÉGIME » NOCTURNE ?

Les nuits parisiennes du XIXe siècle sont scrutées par les contemporains comme si elles étaient toujours tiraillées entre archaïsme et modernité ; et ce balancement incite à un retour sur ce que l'on sait de l'obscurité des temps plus anciens, marquée par la thématique des ténèbres.

Si « l'homme romantique » cher à Georges Gusdorf[26] explore l'obscurité citadine, c'est souvent, en effet, pour se souvenir du Moyen Âge, ou pour invoquer un Moyen Âge de légende. Cette référence est un autre élément clé du patrimoine où puisent les discours sur l'ombre parisienne au cours du siècle dernier. Conscients d'accéder à une nuit plus « humanisée », les chroniqueurs de la vie parisienne l'opposent alors à une nuit d'autrefois qui n'appartenait pas aux hommes, mais se trouvait apprivoisée et sublimée par l'orientation vers Dieu[27], trait distinctif d'une société où le clergé était le principal détenteur du pouvoir de mesurer et d'ordonner le temps.

Contre la souveraineté diabolique à laquelle le caractère anomique du temps nocturne oblige à se résigner, s'élèvent, hissées vers la lumière divine, les cathédrales gothiques. Pour « l'homme médiéval », citadin ou paysan matériellement démuni face à la puissance de l'obscurité, la nuit a tout d'une forêt labyrinthique, repaire des bêtes féroces (entre chien et loup, elle préfère le second), ou des abysses d'une mer houleuse : la nature et le surnaturel y ont repris le dessus pour se liguer contre les hommes. La peur de la nuit sur laquelle, dès 1978, Jean Delumeau attirait l'attention comme sur une donnée constitutive de la culture de l'irrationnel dans l'Occident médiéval et moderne[28], confine souvent à la terreur que le soleil ne reparaisse plus – d'où, aussi, l'observation inquiète des phénomènes célestes prodigieux que sont éclipses, arcs-en-ciel, orages ou comètes[29].

Traditionnellement, la nuit disparaît donc comme réalité objective, pour devenir préfiguration quotidienne de l'Enfer, lui-même synonyme de nuit perpétuelle. On doit souvent l'abandonner aux réminiscences païennes et orgiaques du sabbat[30], ou aux facéties du Moine bourru, lutin nocturne malfaisant. C'est surtout à partir du XVIe siècle, nous disent Jean Delumeau et Robert Muchembled, que l'angoisse eschatologique (conjuguée à la volonté politique de policer davantage la sociabilité nocturne) accentue la croyance en l'omniprésence démoniaque au sein de l'obscurité. Dans la deuxième moitié du XVIe siècle, pour interrompre le vol nocturne des sorcières vers la copulation avec le prince des ténèbres, et pour purifier par les flammes l'ombre indomptée, la Réforme catholique multiplie les bûchers de sorcellerie. Il y aurait là une « surdiabolisation de l'univers nocturne » destinée à faire en sorte que « la terreur de s'y aventurer détache les populations des pratiques et des « superstitions » anciennes liées aux ténèbres »[31], les oriente vers une nuit au pouls ralenti, toute de décence et de ferveur. Dans les campagnes françaises, la nuit d'« Ancien Régime », liée à ces autres maux que sont la féminité et la félinité, est durablement porteuse d'une charge maléfique particulière, surtout au moment du solstice d'hiver. C'est pourquoi la veillée peut être si aisément conçue comme un cercle chaleureux et grégaire dessiné pour lutter en commun contre l'effroi du noir extérieur, qu'on imagine hanté de présences hostiles.

La nuit urbaine d'autrefois, antinomique de tout épanouissement individuel, se signale par la cérémonie de la double clôture de la cité contre les périls confus qui l'assiègent à la tombée du jour : clôture de l'enceinte[32], contre la menace extérieure ; clôture des rues en travers desquelles les habitants tendent des chaînes, contre les turbulences intérieures. Au cœur de ces villes vulnérables où plane de façon permanente le risque de l'incendie, les puissants détiennent une sorte de monopole des moyens artificiels de vaincre l'obscurité (cierges pour les prêtres, torches et escortes pour les riches). Dans un idéal d'ordre obtenu par le vide, la communauté citadine se replie, à la brune, sur un territoire sacralisé par une frontière matérielle et juridique. Prisonnière des remparts, la vie nocturne se trouve alors sous l'empire moralisateur de la retraite et du couvre-feu[33], tout juste troublés par les clameurs de la Saint-Jean, le chahut des écoliers ou les débordements des processions grotesques organisées pour la fête des Fous.

Ainsi, dans les descriptions de la nuit médiévale que tentent les polygraphes du XIXe siècle, les déambulations sont rares et stéréotypées, comme celle du marchand d'oublies ou celle du clocheteur des trépassés, un moine pénitent qui appelle les habitants à prier pour les morts, et semble quotidiennement sonner le glas de leurs illusions sur la pérennité de l'existence terrestre. Pendant la première moitié du XIXe siècle, cette habitude descriptive perdure d'ailleurs à travers la fréquente figuration des nuits parisiennes modernes comme un désert traversé de quelques silhouettes pittoresques (celle du chiffonnier, tout particulièrement), figuration qui occulte longtemps l'éventuelle diversification sociale des circulations tardives.

Quoi qu'il en soit, cette espèce d'« Ancien Régime » nocturne se perpétue par bien des aspects dans les villages, les bourgs et même les villes moyennes du premier XIXe siècle, et sans doute au-delà[34]. Au temps où l'éclairage au gaz conquiert Paris, répondant au besoin de liberté nocturne ou le stimulant, le paysan (du moins tel qu'il est caricaturé à la ville) demeure celui qui se couche tôt et qui croit aux ténèbres ennemies. Le Landry de George Sand n'échappe pas à la règle : « Landry n'avait jamais peur de rien en plein jour : mais il n'eût pas été de son âge et de son pays s'il avait aimé à se trouver seul la nuit sur les chemins, surtout dans l'automne, qui est une saison où les sorciers et les follets commencent à se donner du bon temps, à cause des brouillards qui les aident à cacher leurs malices et maléfices. Landry [...] marchait vite et chantait fort, comme on fait toujours quand le temps est noir, car on sait que le chant de l'homme dérange les mauvaises bêtes et les mauvaises gens[35]. » Et les élites censitaires parisiennes de s'interroger sur les instincts pervertis qui empêchent les nouveaux « sauvages », ceux de la grande ville (plus préoccupants, par leur proximité, que leurs homologues campagnards), prédateurs d'un espace nocturne désordonné, d'être encore contenus par ce genre de réticence naïve.

Les silences provinciaux fondent, en tous les cas, l'impression des Parisiens du XIXe siècle que leur ville évolue, en France, sous un régime d'exception nocturne. En 1866, dans *Les Heures parisiennes*, Alfred Delvau, grand noctambule du second XIXe siècle, décrète : « Il y a des villes qui dorment comme d'honnêtes bourgeoises, pendant tout le temps consacré au sommeil, – c'est-à-dire pendant la nuit. » Paris en revanche ne dort jamais, au risque de consumer la santé de ses habitants ; mais, pour Delvau, « il vaut mieux mourir à trente ans à Paris qu'à cent ans au village »[36] : du moins aura-t-on éprouvé les délices du contretemps. C'est donc manifestement en se posant contre la régularité métronomique de l'alternance jour/nuit, assimilée à la léthargie et à la prévisibilité provinciales, que s'affirme la vie nocturne de Paris au XIXe siècle. Par un glissement verbal spontané, le sens métaphorique du binôme ténèbres / lumières conduit, en même temps, à isoler la grande ville comme la capitale de la connaissance éclairée et de la liberté des mœurs, rayonnant légitimement sur une province superstitieuse et frileuse.

Vers une nuit « haussmannisée » ?

Une de nos hypothèses de départ pourrait donc être que dans le Paris de la nuit a commencé à s'épanouir, à l'époque moderne, un individu plus solitaire, en quête de plaisirs de l'esprit et des sens, porteur aussi d'une exigence laïcisée de sécurité physique, puisque le salut de son âme n'est plus sa préoccupation unique, quand il ne le néglige pas tout à fait.

La linéarité de l'évolution n'est pas pour autant assurée. Le Paris nocturne des Lumières subit par exemple, en devenant celui de la Terreur, la suspension des déambulations insouciantes, tendance renouvelée à chaque moment de tension politique au cours du siècle suivant. L'incertitude collective l'emporte alors sur les désirs individuels, et les autorités rêvent, dans ces circonstances, d'un monopole des circulations tardives qui ramènerait soudain à l'ère du couvre-feu. Après l'effervescence initiale, liée à l'activité vespérale des réunions politiques, la nuit révolutionnaire semble s'être « chargée d'épouvante »[37] : elle est ce temps tragique où tout peut arriver, où l'arrestation menace à tout moment les habitants d'une capitale qui s'est mise à accueillir l'aube, « aussi froide et peu engageante fût-elle, comme une promesse de vie »[38]. Si le Directoire est censé correspondre à une renaissance des frivolités élégantes, l'activité nocturne de Paris sous le Consulat et l'Empire fait ensuite l'objet de bien peu de comptes rendus, comme si le contrôle politique réservait la coulisse des heures sombres au démantèlement silencieux des complots, et que le centre de gravité des préoccupations de l'époque s'était déplacé vers l'épopée extérieure.

Il faut apparemment la conjonction des libertés publiques (toujours fragiles, mais reconnues comme légitimes) et d'une relative stabilité matérielle et institutionnelle pour que se déploie, sur un temps long permettant l'observation, cette « vie nocturne » qui délimite un territoire social bien particulier, et que Paris revendique plus explicitement comme un signe de supériorité et de prospérité à partir des monarchies censitaires – quand bien même l'ombre de la colère populacière serait toujours susceptible de l'animaliser, puisque la cité porteuse de la torche de la Liberté se distingue aussi comme celle de l'obscurité fétide.

Manifestement, les contemporains ont eu, eux-mêmes, le sentiment d'assister, en passant de la ville « pré-haussmannienne » à la ville des années 1860, à une sorte de révolution nocturne, en vertu de laquelle la « soirée » n'aurait plus de limite inéluctable. La nuit est devenue pour beaucoup un ailleurs tout proche, accessible, suffisamment étrange et familier à la fois pour offrir une alternative à la vie réglée du jour. Les chroniqueurs parisiens du Second Empire, habitants d'une ville qui ressemble à un immense chantier, puis où la lisibilité nouvelle des avenues et boulevards attire les honnêtes gens au-dehors, sont prompts au bilan et à la récapitulation. L'auteur anonyme de *Paris nouveau jugé par un flâneur* lance, en 1868, une appréciation définitive : « L'activité humaine a aboli la nuit. On ne doit pas la distinguer du jour, puisqu'elle a comme lui ses travailleurs. On pouvait, au temps du couvre-feu, conseiller et prescrire à des habitants de dormir, parce qu'on ne savait pas éclairer les rues, et parce que tout travail cessait au coucher du soleil. Mais à présent tout est changé[39]. » Entre-temps, grâce à l'instauration d'un éclairage public permanent, une « nuit socialisée et artificiellement diurne »[40] est née, qui prolonge, dans une obscurité mieux maîtrisée, certaines fonctions du jour et en invente d'autres, séductrices.

Avant Haussmann, l'existence nocturne de Paris vient relayer une vie diurne qui se faufile dans des quartiers encombrés, au gré d'allées et venues chaotiques, orientées notamment par la curiosité pour les tableaux successifs que présente la rue et par le flux des rumeurs – toutes choses soulignées déjà par Arlette Farge et Daniel Roche pour le XVIIIe siècle. Comme le suggère Alain Corbin, « la société confuse sortie de la Révolution affectionnait le secret, les passages, l'obscurité. *La Comédie humaine* est une saga de l'ombre ; et plus encore *Les Misérables*[41]. La France du premier XIXe siècle est hantée par les ténèbres et par la nuit du souterrain. Ensuite se déploie l'ostentation, avec le triomphe du gaz, puis de l'électricité ; comme si la mise en ordre de la nouvelle société créait le désir d'exhiber la cohérence nouvelle. La lampe électrique s'accorde à la vitrine. L'exposition constitue le théâtre privilégié de ses triomphes »[42]. Le tempo de Paris s'est emballé tandis que la ville change d'échelle avec l'annexion de 1860[43], et s'offre comme spectacle continuel[44]. Elle agglomère de plus en plus d'hommes pressés, emportés par une trépidation incessante que ne suspend pas même la course aux excès nocturnes. Mais la ville garde aussi en réserve, dans ses nuits, d'autres types de circulations, plus hésitantes, moins affairées, celles de l'errant, du rôdeur, ou du flâneur noctambule, témoins obstinés, à nos yeux, du Paris d'avant-hier dans le Paris d'hier.

Ombres ordinaires et ombres suspectes

Considérer la nuit comme cadre nouveau d'expérience pour certaines catégories de la population parisienne amène aussi, en retrait des boulevards illuminés, à rencontrer la répétitivité des vies ordinaires telles qu'elles se déroulent dans la rue, grand miroir des rapports sociaux. On ne peut, d'ailleurs, parcourir le Paris nocturne sans tenir compte de l'ensemble du cycle nycthéméral, et ainsi intégrer à la réflexion la notion de quotidienneté.

La voie publique recueille la précarité chronique – la « fragilité », dit Arlette Farge[45] – des vies populaires. Et il se trouve que dans ce territoire du remuement perpétuel, dans ce réseau particulièrement dense au cœur du vieux Paris, l'entrelacement du labeur, du dénuement et du plaisir d'exister se prolonge bien après les heures de fermeture légales imposées par la Préfecture de police aux lieux publics. Au cours du premier XIXe siècle, cette extériorisation des intimités populaires exagère l'estimation, par les moralistes, de l'étendue des vices des pauvres, dramatisés par la nuit jusqu'à devenir tares sociales – tandis que ceux des riches restent plus confinés à l'intérieur de leurs demeures.

C'est peut-être après minuit, en effet, que la revendication populaire du droit à la rue, indissociable du grondement insurrectionnel, prend sa forme la plus lancinante. Le peuple de Paris est toujours réputé, au XIXe siècle, pour son avidité à ressentir la force de cette omniprésence et de cette mobilité qui font de lui la ville même. On souligne, comme une face présentable de sa virtualité violente, sa versatilité, son goût pour la variabilité du théâtre citadin, sa propension à la clameur et à la réjouissance, à l'émerveillement enfantin face aux événements ténus qui ponctuent ou déchirent la succession habituelle des jours et des nuits. Le « dehors » multiplie les symptômes de cette fièvre quotidienne, que la venue de l'obscurité n'éteint jamais tout à fait.

Autant dire que si la rue nocturne se trouve au cœur de l'évaluation, par les autorités, du jeu d'équilibre entre ordre et désordre, moralité et immoralité, sécurité et insécurité, l'histoire que nous tentons ici implique celle des nouvelles lignes de partage qui, au XIXe siècle, séparent le privé du public, les adeptes de la retraite sédentaire et ceux de l'extraversion nocturne, les partisans de l'accumulation feutrée et ceux de la dilapidation ostensible. Le territoire nocturne fonctionne longtemps, dans le Paris du XIXe siècle, comme un prolongement du privé, en ce qu'il permet d'échapper au contrôle social. Il libérerait un peu, dès lors, de cette « tyrannie de l'intimité », de cet enfermement dans le confort de la famille nucléaire qui, selon Richard Sennett, corsèterait peu à peu l'homme public des villes du XVIIIe et du XIXe siècle.

Se pose, indissociablement, la question des accès possibles au privilège nocturne pour les Parisiens du temps (ceux, du moins, qui ne subissent pas la vie de nuit comme une contrainte économique ou un enfermement humiliant), et donc celle de la réputation de danger (physique et moral) attribuée à l'obscurité. Dans ce Paris-corps confronté à un brusque afflux migratoire[46], l'ombre passe pour aggraver la plupart des maux issus de la pathologie urbaine. Avant 1848, Paris se trouve selon Louis Chevalier dans un état de « drame biologique » qui ramène constamment la réalité économique, sociale et politique à « des questions de vie et de mort »[47]. Les théories selon lesquelles l'environnement est responsable de l'état physique et moral des populations s'affirment alors, sous la forme de topographies médicales assimilant l'obscur et le malsain, voyant dans la nuit un immense égout à ciel ouvert, traquant l'ombre jusque dans le jour douteux des ruelles médiévales.

Identifiée vers 1840, rendue plus préoccupante encore par la réactivation du réflexe insurrectionnel, la maladie urbaine est traitée par un médecin aux méthodes radicales, Haussmann. Cela ne signifie pas pour autant que les nuits parisiennes de 1870 soient purifiées, mais peut-être que la topographie et la représentation de l'ombre sociale se sont modifiées. De même que la continuité du Paris populaire de 1840 avec celui de 1780 devrait retenir l'attention, Jacques Rougerie observe que la maladie parisienne, peut-être moins aiguë qu'on ne l'a pensé (il s'agit, pour Jeanne Gaillard, d'une maladie de croissance[48]), ne cesse pas miraculeusement en 1850. Ainsi, la nuit du Second Empire garde-t-elle évidemment quelque chose de « débraillé, de pittoresque, de saisissant, de tragique, de patibulaire »[49].

Par-delà ces césures spontanées, la nuit est longtemps réputée pour résumer les grands fléaux parisiens du temps : la débauche, la saleté, l'errance, la barricade, le crime. Sous la monarchie de Juillet, en particulier, la nuit parisienne sert d'en-dessous, de souterrain quotidien, comme si elle couvait une explosion à venir. C'est pourquoi, dans le schéma haussmannien, organisé par le principe simple voulant que ce qui stagne est malsain, la rue nocturne devrait ne plus correspondre au système de l'expédient et de l'encombrement populaires mais servir, en ligne droite, à la circulation utile ou élégante. Cette dernière était entravée, auparavant, par la répulsion issue de la promiscuité sociale ; on préférait le cercle, le salon, le café, le passage, la loge de théâtre[50] aux hasards de la rue, domaine du commun. D'introvertie, la ville du luxe se fait peu à peu extravertie, tendance à la parade inscrite de façon prémonitoire dans les allées et venues nocturnes des élites censitaires, polarisées par des lieux de forte luminosité et de faible mixité sociale, comme le Boulevard – car dans un monde nocturne que l'on apprend à connaître, la présence parasitaire des indigents est plus apparente et plus importune. La populace existe, puisqu'elle hante l'ombre des quartiers insalubres : telle est un peu la découverte qu'ont faite, sous Louis-Philippe, les plus aventureux et les plus bohèmes d'entre les noctambules.

L'espace nocturne de la capitale, moins contrôlable que celui du jour, apparaît initialement comme un lieu d'application aléatoire pour le projet d'atténuation des illégalismes qui prend corps dès avant 1848. La divagation des heures sombres accélère et préfigure pourtant la dissociation des bons et des mauvais pauvres, des civilisés et des barbares, des sédentaires et des nomades – des « laborieux » et des « dangereux », si l'on veut. La vie citadine corrompait : il faudrait qu'elle amende ou du moins, s'agissant du côté nocturne de l'activité parisienne, que puissent y être neutralisés les risques cumulés de la contagion épidémique, immorale, délinquante, séditieuse. Depuis longtemps, entre utilité et apparat, l'éclairage public matérialise d'ailleurs la présence pérenne de l'autorité publique dans l'espace citadin, de même que l'association du souverain et du symbolisme solaire est une réalité fort ancienne.

La nuit parisienne, jamais déserte, mais plus improductive que productive, donne la mesure de la volonté de tranquilliser les « honnêtes gens » en leur ouvrant un espace public pacifié. S'interroger sur la façon dont la nuit est utilisée ou refusée par les groupes sociaux du siècle dernier invite donc à se demander comment elle est administrée et policée par les pouvoirs publics. Le « pli » nocturne n'est toujours pas identique au jour bien-pensant et laborieux, et peut se faire le lieu d'une discrète résistance à l'orthopédie sociale que Michel Foucault voit à l'œuvre au cours du siècle dernier – époque qui, confrontée à la question de la multitude[51] en même temps que promotrice de l'individu conscient et responsable, pose de nouveaux interdits, multipliant du même coup les délinquants et les alarmes médiatiques. D'autant que les pratiques populaires ont pu muer moins vite que ne le faisaient les structures urbanistiques ; ou plutôt, plus l'éclairage au gaz s'intensifie, plus le « hors-la-lumière » s'isole comme un hors-la-loi.

La noirceur grouillante du XIXe siècle relève d'une sorte d'antipanoptisme. Il faut rappeler que c'est d'un idéal de transparence que se réclame, de plus en plus, la Préfecture de police, immense œil placé au-dessus de Paris. Le 21 juin 1834, dans une lettre de Gisquet aux membres du conseil municipal de Paris, les fonctions de l'institution sont ainsi présentées : « L'action de la Préfecture de police s'applique à un très grand nombre de faits de divers ordres qui se reproduisent sans cesse. [...] Pour les observer, il est nécessaire de les diviser, de les classer, de les énumérer avec soin et de les réduire à leur plus simple expression qui est l'expression numérique » ; celle-ci portera donc sur les « crimes, délits, suicides, morts accidentelles, disparitions, prisons, libérés [...], femmes publiques, passeports, permis de séjour, permis de port d'armes, hôtels garnis, livrets d'ouvriers, théâtres, bals publics [...], établissements insalubres ou incommodes, voiries, fosses d'aisances »[52], etc. L'opacité nocturne ne saurait résister à cette vaste insinuation, à ce rêve d'ubiquité et de mise en fiches ou en chiffres systématique.

Entrée dans l'ère ambiguë de la modernité, une partie de l'opinion parisienne exige que la nuit publique soit domestiquée. On s'expose du même coup au risque que cette exigence n'aiguise, en un inventaire préoccupant, la conscience des formes persistantes du désordre. De ce point de vue, pendant une grande partie du XIXe siècle, la nuit ressemble aussi, pour la grande ville à une sorte de mauvais moment à passer : au matin, on dresse le bilan des désastres inéluctables liés à l'obscurité. Et l'historien, submergé par l'abondance des documents enregistrant les signes du malheur et des déconvenues nocturnes des uns et des autres, doit s'efforcer de les lire, ainsi qu'y incite la notion de seuil de tolérance, comme les possibles indices d'une quête plus insistante, par les Parisiens, du bonheur de la nuit promis par les merveilles techniciennes.

L'IMPOSSIBLE UNITÉ

La question la plus synthétique que pose la réalité nocturne du Paris du XIXe siècle est peut-être celle des manières socialement différenciées de vivre, dans la rue, l'expérience des heures tardives. Longtemps perdure l'image d'une société nocturne binaire, caricaturée en ses extrêmes, déchirée entre un peuple accoutumé à braconner tout ce que les aléas de la déambulation placent sur sa route, mais de plus en plus tenu en lisière, et des élites qui usent davantage de la voie publique comme d'une vitrine de leur hégémonie. Il faudrait, derrière la silhouette attendue des acteurs patentés de la rue nocturne (le dandy, le chiffonnier, la fille publique, l'ivrogne attardé, le vidangeur, le rôdeur, le garde national, le conspirateur, l'enfant égaré, le bohème exalté, le mouchard…), guetter de nouvelles présences, susceptibles de nous éloigner des types pittoresques dont on raffole à l'époque, mais peut-être de nous rapprocher des formes modernisées de la société parisienne révélée (en négatif) dans ses nuits.

Toutefois, les destructions de la Semaine sanglante ont fait qu'il est presque plus malaisé de travailler sur le Paris des trois premiers quarts du XIXe siècle que sur celui du XVIIIe siècle. Si la connaissance qu'une société parisienne en bouleversement rapide a d'elle-même progressé nettement par la voie de la description encyclopédique ou de l'information statistique sous les monarchies censitaires[53], nous en serons souvent réduite, en matière d'exploration nocturne, à la conjecture, au décryptage hésitant, au raccommodage des bribes. À regret, nous ne pourrons que très sporadiquement être ce simple historien-« passeur » rêvé par Arlette Farge, ce collecteur de « pure existence verbale » que devient, s'effaçant comme metteur en scène du passé, celui qui a le « goût de l'archive », et qui montre « à autrui comment fut autrui » autrefois grâce à ces « tableaux de paroles »[54] que composent certains documents bruts.

Dispersées et lacunaires, les traces littéraires ou normatives du vécu nocturne des Parisiens du XIXe siècle permettent cependant d'envisager un tableau, un « spectre » des heures noires dont la recomposition laisse longtemps insatisfait, jusqu'à ce que vienne la résignation à présenter la part ombreuse de Paris au XIXe siècle sous cette forme juxtaposée qui consiste à planter un décor, à décrire les règles d'une mise en scène, et à peupler la scène (à moins qu'il ne s'agisse d'une coulisse) d'acteurs ou de figurants plus ou moins consentants. À travers les compartiments de l'analyse, dans le dégradé spatial et temporel produit par l'obscurité, il faudrait pouvoir faire resurgir, vivante et rythmée, une société.

Prologue

Descriptions et expériences de la nuit parisienne au XIXe siècle

Avant toute chose, il faut en quelque sorte consentir à entrer dans la nuit, à la considérer à travers le regard de Parisiens pour qui elle demeure, en particulier au cours du premier XIXe siècle, un univers et un paysage très singuliers. Cela ne revient pas à nous contenter de présenter, sous forme de florilège gratuit, un corpus de sources qu'on pourrait hâtivement qualifier de « littéraires » : les textes exploités ici ne ressortissent pas majoritairement à la fiction romanesque ou à la création poétique, mais se veulent pour la plupart plus directement arrimés au réel – ce qui n'autorise pas pour autant à les traiter toujours comme de purs et simples « documents ». On a parlé à propos de ces innombrables « tableaux de Paris » et études de mœurs parisiennes publiés au cours du XIXe siècle[1] de littérature « pittoresque » ; le projet consiste à fournir un mode d'emploi de la ville tout en divertissant et, s'agissant de la nuit, à dévoiler la face inconnue de la cité. On peut dès lors se demander comment la ville de l'ombre est rendue présente à ceux qui la méconnaissent.

Le savoir sur la nuit parisienne distillé par ces ouvrages se donne pour exact, mais s'offre sous une forme voulue plaisante, souvent à la lisière de la fiction. On y trouve comme une version badine de la volonté d'ordonner la réalité sociale, d'établir des classifications, qui se manifeste alors. Il faut pourtant se garder de réduire ces textes à une pure valeur informative : l'idéal serait de savoir les recevoir comme ils l'ont été par les Parisiens du XIXe siècle, en quête d'un apprentissage de la nuit ou d'un dépaysement par la nuit. Le problème de la représentativité de ces visions et explorations nocturnes de Paris ne semble pas, quant à lui, véritablement soluble : comme souvent, les modifications de la sensibilité des Parisiens

« ordinaires » à l'ombre urbaine doivent être supposées à partir de ce que l'on voit s'esquisser parmi ceux qui prennent la parole pour traduire ou alimenter un imaginaire de la nuit plus diffus. La « circulation sociale des émotions » d'une « élite inventive »[2] vers le reste de la société parisienne n'est pas mesurable : on s'attachera donc plutôt à restituer la cohérence d'un système de représentations de la nuit urbaine qui oriente les contemporains vers telle ou telle lecture du paysage de la ville obscure.

Car le Paris de l'ombre semble donner lieu, au XIXe siècle, à la formation d'un genre littéraire (au sens large), à la suite de Restif de la Bretonne. Le goût de la promenade descriptive s'empare de publicistes et littérateurs noctambules qui ont choisi de prendre la ville à revers pour mieux déconcerter, et considèrent la parenthèse nocturne comme une suspension poétique : à leurs yeux, la nuit est le meilleur moment pour saisir l'âme profonde de la ville[3]. Et il faut rapprocher la tendance de ce que maints spécialistes du XIXe siècle ont observé plus globalement quant à l'évolution des façons de décrire la capitale. Si désormais « Paris a besoin d'une perpétuelle mise au point verbale »[4], son ambiance nocturne répond à une curiosité d'autant plus vive que les principaux destinataires de la littérature descriptive (c'est-à-dire les classes moyennes alphabétisées) n'ont que rarement l'occasion de la saisir par elles-mêmes.

Le plus souvent, le style des études parisiennes est « successif, juxtaposé » ; mais il existe en fait « deux manières de regarder Paris : de plain-pied ou en surplomb. La première est celle du déambulateur solitaire [...]. L'autre regard plonge sur la ville [...] : la pensée panoramique contemple alors le temps dissimulé dans l'espace »[5]. Les descriptions de la ville nocturne s'organisent elles aussi selon ce double point de vue, et proposent une lecture renouvelée de la temporalité et de l'espace urbains. Plus que pendant le jour, le déchiffrement, la conquête par le regard, la contemplation et l'attente sont de mise. La nuit impose à la fois l'intimité descriptive et la mise à distance, elle sollicite la sensibilité comme la perspicacité, et donne à celui qui s'y affronte le sentiment qu'il possède une sorte de souveraineté sur la cité endormie, mais qu'en même temps elle lui échappe sans cesse.

De sorte que la topographie imaginaire du Paris nocturne implique tout à la fois la ville-labyrinthe où l'on se perd et la ville-panorama, où les fonctions et les secrets prennent sens grâce à une vue englobante. Dans tous les cas, qu'il s'agisse d'une appréhension horizontale ou verticale de la ville obscure, il faut un « nettoiement du regard », un « dessillement »[6], sans lequel on risque de se laisser prendre aux apparences de la cité rationnelle. Car on sait depuis Mercier et Restif de la Bretonne que Paris n'est jamais ce que l'on croit. La nuit est alors le support idéal de l'exigence d'inédit qui gouverne la production littéraire. Elle révèle les incertitudes d'une société post-révolutionnaire qui appelle les métaphores de l'abîme, de l'océan, de la forêt[7]. La ville nocturne offre certes à la contemplation un décor intemporel, mais l'immuabilité des pierres ne résiste pas longtemps aux projections imaginaires : la nuit parisienne ressortit aussi à un exotisme de l'intérieur où l'organique, la barbarie, la conspiration, l'anomalie ont leur place.

Dans un contexte d'accélération des rythmes citadins et de difficulté croissante à lire la ville, la nuit apparaît, au moins provisoirement, comme une pause salvatrice face à l'hétérogénéité conflictuelle des temps et des parcours. La ville se soustrait à l'hégémonie de l'instant pour s'ouvrir à l'éternité, et peut être reconquise par ceux qui souhaitent la saisir dans sa totalité, la réinvestir du sens dont la prive l'affairement diurne. La nuit parisienne, antidote à la rationalité d'une ville diurne vue comme une surface trompeuse, appartient en fait – tout en la subvertissant – à la culture de la modernité urbaine.

Une histoire de la nuit parisienne au XIXe siècle devrait sans doute commencer, si l'entreprise n'était trop ambitieuse, par une histoire du regard posé sur la ville L'attention au nocturne fait pendant, en effet, à l'évolution vers un « Paris-vitrine » où il y a toujours quelque chose à voir. À l'hégémonie croissante du visuel, le Paris de la nuit oppose la nécessité de faire appel à d'autres sens (l'ouïe, l'odorat) pour compenser la perte des repères habituels, et ne pas se laisser vaincre par l'action enveloppante de l'ombre – même si se laisser posséder par la nuit est aussi le moyen d'accueillir l'ivresse dispensée par la ville obscure[8], sa « qualité mystique »[9]. La nuit parisienne du XIXe siècle, ni tout à fait farouche ni tout à fait apprivoisée, fait de chaque promeneur un voyant, un explorateur de l'invisible, convaincu qu'elle fait se craqueler le vernis social et rend les hommes à leur authenticité.

Ces vertus révélatrices des nuits parisiennes n'ont pas échappé à l'optique romantique, qui prolonge les déambulations insolites de Restif de la Bretonne par une découverte de la capitale confondant, sous la lune, nostalgie du Paris d'autrefois et goût des sortilèges nocturnes pour eux-mêmes. La nuit urbaine ouvre en effet à l'hallucination, qu'on la fige dans sa totalité panoramique, ou qu'on inventorie ses étranges beautés en visitant au hasard ses entrailles secrètes. Un perpétuel échange semble s'y dérouler entre la physionomie des rues et celle des êtres qui les parcourent, puisque le milieu passe alors pour déterminer les hommes et qu'inversement la ville nocturne tend à être personnifiée. Dans les quartiers chargés d'histoire, la torpeur et l'obscurité, loin de ramener la cité à une apparence provinciale, lui confèrent un surcroît de solennité, comme si les monuments et le prestige du passé occupaient tout l'espace. Dans les quartiers excentrés, c'est une ambiance plus indécise qui s'installe, un *no man's land* qui n'appartient ni à la civilisation urbaine, ni à la sauvagerie nocturne des campagnes : tous les surgissements sont alors envisageables.

En bref, la veine de la déambulation littéraire, inaugurée par Louis-Sébastien Mercier et Restif de la Bretonne, donne aux nuits de la grande ville, dès la première moitié du XIXe siècle, le statut de catégorie descriptive spécifique, dans la vaste entreprise de décryptage des codes parisiens. L'évolution des critères de la modernité fait également émerger une nouvelle façon d'appréhender les rythmes de la ville : avec Baudelaire, la nuit se fait soulagement, repose l'individu des épuisantes sollicitations du jour, favorise le ressourcement intérieur. Grâce aux aménagements matériels dont il fait l'objet, le Paris nocturne abrite au XIXe siècle des expériences sensorielles que le jour ne permet pas : la douceur d'une ombre mieux maîtrisée par la technique et le charme des murmures qui s'y glissent sont cultivés au détriment des frissons anciens, tandis que s'efface en partie l'imaginaire de la nuit lugubre.

La tradition descriptive fondée par Louis-Sébastien Mercier et Restif de la Bretonne

Au XIXe siècle, Paris s'est donc érigé à la hauteur d'un mythe littéraire[10]. Se réclamant de l'héritage de Restif de la Bretonne, les explorateurs de l'obscurité urbaine cherchent à apporter leur pierre inédite à l'édifice. Mais quelques parcelles d'ombre sont également disséminées dans les divers tableaux de Paris inspirés par celui, plus « diurne », que publia Louis-Sébastien Mercier entre 1781 et 1788[11]. L'effet de réel, la volonté de réforme matérielle et morale affichée par Mercier et Restif peuvent cependant se révéler trompeurs, en ce qu'ils occultent la « dimension fantasmatique »[12] de leurs écrits. La prétention au « tableau » y est également pour quelque chose : elle suppose la lisibilité du monde, et la possibilité de le représenter sans préjugés, entre « toile de peintre » et « classification de savant »[13], cette dernière étant justifiée par l'idéal encyclopédique de tout voir et de tout dire. Après avoir embrassé la ville du regard depuis les tours de Notre-Dame, la description de Mercier plonge dans les rues et visite les maisons, pour expertiser les détails de la vie quotidienne – double approche dont les chroniqueurs des nuits parisiennes se souviendront au siècle suivant ; puis, l'analyse du concret débouche sur la prévision abstraite d'un avenir meilleur. Chez Mercier, l'exploration horizontale et verticale de Paris, attentive au caractère fugitif d'un spectacle qui n'est jamais le même, s'attarde à la révélation des contrastes : se succèdent « la surface et la profondeur, la routine quotidienne et les dangers qui menacent dans l'ombre, les habitudes ancestrales et les réformes qui s'imposeraient », avant que le *Tableau de Paris* n'entrevoie « dans le dédale du vieux Paris la blanche cité de l'avenir »[14]. L'ombre corruptrice y est au total dénoncée plus que cultivée par celui qui s'autoproclame « Rousseau du ruisseau »[15].

C'est pourquoi il faut prendre garde à ne pas placer trop rapidement en regard l'apport de Mercier et celui de Restif dans la formation des divers courants de description nocturne de Paris au XIXe siècle. À en croire Alexandre Dumas, « les deux amis s'étaient partagé le cadran : l'un avait pris le jour, et c'était Mercier ; l'autre avait pris la nuit, et c'était Restif de la Bretonne »[16] ; la répartition est en réalité un peu plus complexe. Ce n'est pas que la nuit soit absente du paysage urbain dessiné par Mercier, c'est plutôt qu'elle ne le retient guère, ou qu'elle est comme tirée vers le jour, vers la rénovation à venir. Il y a certes un parallélisme global des projets de Mercier et de Restif[17], mais les chemins esthétiques ne sont pas identiques. Chez Mercier, le quotidien est à moraliser et à aménager, chez Restif, il est à redécouvrir et à conter, la nuit étant réellement le temps de la révélation[18]. Mercier hésite à sonder la nuit, où la pudeur est mise à mal, tandis que Restif, à partir d'angles dérobés, y traque la duplicité et l'immoralité, y rencontre tout ce que le jour interdit[19]. Dans *Les Nuits de Paris*, l'ombre abrite le drame, libère les corps, et appelle le récit, le jour étant plus propice au recensement de ce que Paris contient de raison. Chez Restif de la Bretonne, la présence du narrateur est intense, face au surgissement de l'inattendu (les violeurs de sépulture, les monstres, le « garçon en fille », le somnambule...).

L'espace nocturne, où la lumière sert avant tout à mettre en évidence l'obscurité morale, est uniquement délimité par l'arbitraire des circuits du piéton-observateur. Le *Tableau de Paris*, en revanche, laisse le narrateur en retrait, dans une fonction de témoin passif, et vise moins à s'insinuer dans l'ombre secrète qu'à dominer la ville par le classement, fût-il aléatoire[20].

La tradition du pittoresque et du fantastique nocturnes fondée par Restif de la Bretonne est celle du « Hibou-spectateur »[21], pour qui la normalité diurne s'est retirée de la scène parisienne, malgré ces passages réformateurs qui ne suffisent pas à masquer combien l'ombre peut être séductrice. Avant de raconter, il définit ainsi son projet : « On vous présente avec confiance ces tableaux nocturnes, ô concitoyens ! comme les plus curieux qui aient jamais existé : ils instruiront, en étonnant. [...] Citoyens paisibles ! j'ai veillé pour vous ; j'ai couru seul les nuits pour vous ! Pour vous, je suis entré dans les repaires du vice et du crime : mais je suis un traître pour le vice et le crime ; je vais vous vendre ses secrets. [...] Mon empire commence à la chute du jour, et finit au crépuscule du matin, lorsque l'aurore ouvre les barrières du jour[22]. » Vêtu d'un grand manteau et d'un chapeau à larges bords, le « spectateur nocturne » est proche de l'espion comme du voyeur. Après s'être fondu dans la nuit, il livre à la Marquise ce qui ressemble à une collection de rapports de police, mais aussi à une suite de rêves éveillés[23]. La succession des nuits donne le tempo du récit en même temps qu'elle lui sert d'arrière-plan merveilleux. C'est le secret contenu dans l'ombre qui fait glisser de l'observation à l'imagination[24]. Restif se présente comme une sorte de conscience de la ville, un « espion utile »[25], qui surveillerait en vue d'améliorer ; décrire l'ombre urbaine n'aura plus nécessairement besoin de tels alibis au siècle suivant.

Le passé qu'ont à assumer les explorateurs des nuits parisiennes au XIXe siècle est donc fort riche. La « déambulation énonciative »[26], l'imitation du lacis des rues par la discontinuité de la narration sont particulièrement adaptées à un Paris dont la physionomie est vue, au sortir de la Révolution, comme de plus en plus mouvante. Les procédés inventés par Mercier et par Restif fondent donc « tout un espace d'écriture et toute une idéologie de la modernité parisienne »[27]. La nuit a ceci de particulier qu'elle exige moins un guide réduisant la ville « à un damier et à un calendrier »[28] qu'une description issue des hasards de la marche et de la rêverie. Un fil conduit donc de ces Lumières parisiennes de la fin du XVIIIe siècle aux visions nocturnes pittoresques et romantiques de la première partie du XIXe siècle[29]. Une littérature de la cité obscure a pris naissance, où la subjectivité poétique occupe plus ou moins de place, mais qui toujours s'attache à la révélation de ce qui est caché : Pierre Cuisin[30], Édouard Gourdon[31], Eugène Sue, Paul Féval[32], Nerval, Eugène de Mirecourt[33], Baudelaire, Hugo, Alfred Delvau[34], entre autres, s'emploient à sonder les profondeurs de la grande ville[35]. Les écrivains seuls seraient-ils assez lucides pour saisir, par leur lecture itinérante de l'espace parisien, l'alternance entre la clarté de ses jours et l'opacité de ses nuits ? Cette nuit énigmatique est en effet niée par une Préfecture de police pour laquelle, loin d'appartenir à l'identité parisienne, l'ombre la conteste quotidiennement.

L'influence de Restif de la Bretonne semble ainsi s'exercer sans être clairement revendiquée jusqu'au milieu du XIXe siècle, puis le nom de l'auteur des *Nuits de Paris* refaire plus explicitement surface[36], à mesure peut-être que se dissipe la conviction romantique d'avoir tout renouvelé, et que disparaît aussi ce vieux Paris hanté par le souvenir du Hibou-Spectateur. En 1825, dans *Le Provincial à Paris*, de L. Montigny, le narrateur se présente comme un homme ordinaire, natif de l'Allier, qui serait venu s'établir quelque temps dans un garni de la capitale pour décrire objectivement les mœurs parisiennes ; il dit se « mettre en campagne » d'observation trois ou quatre fois par semaine, et rentrer le soir chargé de notes, qu'il rédige le lendemain[37]. Même si ses investigations sont moins nocturnes que diurnes, on attend, mais en vain, une référence aux tournées de Restif. En 1861, dans *Paris au gaz*, Julien Lemer rappelle en revanche que « depuis *Les Nuits de Paris* de ce prodigieusement fécond Restif de la Bretonne, le Paris nocturne a inspiré une foule de romans, d'études, de mélodrames et de vaudevilles »[38]. La notice consacrée ensuite par le *Grand Dictionnaire universel du XIXe siècle* de Larousse aux *Nuits de Paris* rend hommage, presque un siècle après la parution de l'ouvrage, à la perspicacité vagabonde du spectateur nocturne qui « ne cache absolument rien ». La confusion entre le Restif réel, témoin de la vie nocturne parisienne connu et toléré par le guet, et le narrateur des *Nuits de Paris,* y est accréditée. La valeur documentaire du récit n'est donc pas mise en doute. *Les Nuits de Paris* sont interprétées comme une œuvre réaliste, et avec l'haussmannisation, c'est le Paris ombreux de Restif, ville du hasard, qui semble avoir été englouti.

Quant à l'option du tableau, à la suite de Mercier, elle mène souvent à négliger le Paris de l'ombre, que l'orientation vers la forme du guide[39], et l'insistance sur les fonctions économiques ou intellectuelles de la capitale tendent à occulter. Dans le *Tableau de Paris*[40] publié par Edmond Texier[41] en 1852, l'instance narrative s'efface complètement pour faire place à la liste bien alignée de ce qu'« il y a » dans la ville[42] – assurance peu compatible avec le « peut-être » qui flotte toujours sur la cité nocturne. La filiation de Restif de la Bretonne est à rechercher parmi ceux que l'irréalité obsède plutôt que parmi les compilateurs d'anecdotes vérifiées ou de données mesurables. Dans ce dernier type d'ouvrages, l'inventaire prétendument objectif de la réalité parisienne présuppose le progrès civilisateur, met de la lumière et de l'efficacité partout, fait de l'ombre une ennemie ou un vestige, de la nuit oisive une parenthèse futile, et se soucie peu d'une poétique de la ville obscure. Quant au *Paris-Guide* de 1867, il regarde la ville de trop loin, ne voit la capitale que comme le phare de la gloire nationale. Dans cette entreprise, la nuit parisienne n'est plus un temps particulier : elle alterne machinalement avec le jour, comme Mercier l'avait espéré.

LA NUIT DANS LE MYTHE PARISIEN

Pour mieux comprendre dans quel mesure le double legs de Mercier et de Restif est intégré à l'image nocturne de Paris au XIXe siècle, il faut revenir sur la « crise de représentation »[43] que traverse alors la capitale. La production descriptive est chargée de dire la vérité sur la ville et de donner sens à ses mutations : l'identification des passants et des signaux de la rue nécessite des appuis nouveaux – d'où sans doute la fascination corrélative pour une nuit urbaine où l'imprévisibilité de l'environnement est portée à son degré suprême. L'idée selon laquelle Paris et ses mœurs changent très vite produit une sorte de course derrière le réel, et justifie la réitération de l'observation : pour que la représentation de Paris soit juste, il faut en renouveler périodiquement les instantanés. Par opposition, la province somnolerait dans l'inertie du temps long : selon Auguste de Lacroix, auteur en 1843 d'un article sur le flâneur paru dans *Les Français peints par eux-mêmes*, la pratique de la flânerie, caractéristique de l'homme de lettres, l'est aussi de la capitale : « Qu'est-ce, en effet, qu'un flâneur en province, sinon un pitoyable rêveur dont les yeux fatigués et l'esprit émoussé par la contemplation des mêmes objets finissent par ne plus s'arrêter sur aucun[44] ? » En

1860, ce sont les effets déstabilisateurs de l'haussmannisation qui justifient la publication par Émile de Labédollière de la somme qu'est *Le Nouveau Paris, histoire de ses vingt arrondissements*[45] : la taille du livre annonce à quel point la ville nouvelle se caractérise par le gigantisme, et entraîne à l'encyclopédisme.

Maîtriser la complexité urbaine impose aussi qu'on multiplie les voies d'approche : l'énumération inépuisable, la passion de la typologie organisent de plus en plus la production descriptive dans le deuxième tiers du siècle, ce qui donne lieu à la publication de vastes recueils collectifs[46] (comme si ce que Mercier avait accompli seul n'était plus possible face au Paris moderne). Le présupposé de la démarche pittoresque est en outre que chaque détail du spectacle de la ville peut résumer l'ensemble, ce que Daniel Oster assimile à un « effet Mistinguett » : « On dirait qu'un perpétuel "ça c'est Paris" se dissimule, mais comme ostensiblement, derrière chaque énoncé. Un individu se promène-t-il solitaire boulevard des Italiens à la tombée de la nuit ? Sous-entendu : ça c'est Paris. Un fiacre croise-t-il dangereusement un omnibus ? Le bal de l'Opéra déverse-t-il ses masques sur le trottoir ? Un chiffonnier les bras chargés de rebuts traverse-t-il la place Maubert ? ça c'est Paris[47]... » Dès lors, le paysage social et matériel devient plus prévisible, et l'altérité nocturne elle-même commence à être réduite, pour un lecteur qui voit sans être vu.

En définitive, selon Roger Caillois, la capitale a produit un « mythe moderne », et, dans la première moitié du XIXe siècle, « le ton s'élève dès que Paris est mis en scène »[48], comme si le succès commercial était promis à tout opuscule incluant le nom de « Paris » dans son titre. On rappellera, dans cet ordre d'idées, que Pierre Citron date des années 1830 la cristallisation du mythe de Paris (liée à l'héroïsation du peuple insurgé), ce qui conduit à concevoir la ville comme un tout, et donc à la dominer : désormais, le Paris humain et le Paris de pierre se confondent, et « l'essor du Paris mythique a sur le Paris réel une indéniable influence historique : [...] la population de Paris éprouve le sentiment diffus d'une poésie de sa ville »[49]. Les figurations nocturnes de la capitale forment l'envers de cette prise de possession de la ville par la pensée, par la mémoire et par les sens. Le mythe peut absorber son contraire, et puisqu'il y a un « Paris de jour », il faut aussi un « Paris de nuit ». La part nocturne du mythe de Paris oscille en fait entre volonté de rassurer, de « démystifier » par le pittoresque, et tentation de faire frissonner, de « réenchanter ».

Paris moderne est donc décliné selon tous les modes, vu sous toutes les lumières. L'impression reçue à la lecture de ces textes désuets renvoie en fait au principe typologique (l'intrusion de la nuit sert essentiellement à interrompre le ressassement du connu) : les moments, les mœurs, les individus sont happés par des catégories préétablies (en vue de la moralisation ou de la satire). Ainsi circulent des types ou stéréotypes[50] (ceux des petits métiers nocturnes ou des oisifs noctambules, par exemple), éléments parmi d'autres de la tentation anthologique qui gouverne cette littérature marchande, notamment sous la monarchie de Juillet. En 1835, dans un ouvrage intitulé *Les Réverbères, chroniques de nuit du vieux et du nouveau Paris*, Touchard-Lafosse, malgré les six volumes qu'il vient de consacrer à la question, se sent gagné par le découragement lorsqu'il s'agit de prendre congé du lecteur : « La mission du moraliste est impossible dans un monde qui ne se compose que de *mobilités*[51]. »

Le succès des physiologies est un exemple célèbre de la passion d'observer les mœurs parisiennes qui saisit le premier XIXe siècle : le ton étant à l'ironie badine, la nuit y est souvent dédramatisée[52]. On connaît les conditions d'émergence du phénomène : les lois de septembre 1835 ont obligé maints chroniqueurs et dessinateurs[53] à se détourner de la caricature politique pour mettre leur verve au service d'une critique inoffensive de la société. Les physiologies prolifèrent donc entre 1840 et 1842, renouvelant le genre des études de mœurs ; leur faible prix, leur petit format, les illustrations cocasses qui accompagnent leur texte allusivement moqueur leur assurent des tirages souvent proches des cinq mille exemplaires[54]. Désormais, il existe donc des recettes pour appréhender la société parisienne : sur le marché de la littérature descriptive, la rapidité divertissante, faite pour une consommation immédiate, promet une bonne commercialisation. Paris devient rassurant et amusant, puisque tous les incidents quotidiens peuvent être rangés dans des tiroirs. La réalité urbaine se feuillette comme un livre d'images où règne la bonhomie, loin de tout discours savant – les physiologies mimant davantage le regard superficiel du badaud que l'observation patiente de l'expert[55]. Cette désinvolture vise en fait les couches intermédiaires de la société auxquelles on offre la version futile et sans conséquence des enquêtes sur la misère qui sont menées à la même époque, et alimentent la peur sociale. La littérature pittoresque paraît dans son ensemble adressée à tous ceux qui ignorent ce qu'est Paris : étrangers, provinciaux, mais aussi classes moyennes privées de l'affinité naturelle du peuple avec la rue nocturne comme de la souveraineté exercée par les élites sur le territoire du plaisir brillant. Elle vient tempérer les frissons nocturnes répandus par les romans-feuilletons ou par la *Gazette des tribunaux*, en évoquant une nuit sillonnée par un peuple plus naïf et enfantin que réellement malfaisant. L'énumération des éléments constitutifs du mythe parisien berce donc ces témoins passifs de la vie de nuit qui, eux-mêmes, se trouvent souvent caricaturés en M. Prudhomme couche-tôt.

Dans la catégorie des guides et des tableaux, vulgarisateurs d'un mythe parisien quelque peu dégradé, le pan nocturne de l'existence parisienne est en général réduit à la dimension festive : le Paris d'après minuit est montré dans le guide *Paris at night* publié à Boston en 1869 comme un pur kaléidoscope de plaisirs[56]. En fait, on ne rencontre guère de véritables guides du Paris nocturne avant le Second Empire, où ce monde est identifié à celui des plaisirs, qui élargit sa « clientèle ». Avant cela, les ouvrages consacrés à la ville nocturne ne visent pas à une stricte utilité, tant que la nuit est encore contemplée de l'extérieur ou vécue par procuration plus que pratiquée, et que la commercialisation des plaisirs nocturnes ne dépasse pas une catégorie restreinte de noctambules préférant la découvrir par eux-mêmes, y inventer leur emploi du temps et leurs espaces propres. Pour sa part, le célèbre *Paris-Guide* de 1867, préfacé par Victor Hugo, est trop sage pour être très tourné vers l'obscurité divertissante ou menaçante : il s'agit d'une ode au progrès, au Paris universel des Lumières, qui met en avant l'art et la science, dans une ville purement fonctionnelle[57], sans grand mystère, où manque l'atmosphère de la rue, si déterminante pendant la nuit. Quelques années plus tard, le Paris-corps ou machine de Du Camp[58] se révèle plus équivoque : il dresse l'inventaire raisonné du progrès indéniable des lumières, mais aussi de l'ombre qui reste à résorber ; le narrateur omniscient révèle tout, son œuvre opposant « sa rassurante transparence à l'opacité de la ville »[59], sans toutefois nier cette dernière ; cela revient à révéler tout à la fois « le secret où se fabrique le progrès social » et « celui où se trame la mort-désordre »[60].

DÉVOILER LES DESSOUS DE LA GRANDE VILLE

Le contexte éditorial où s'insèrent les représentations nocturnes de la grande ville étant mieux connu, on peut s'efforcer d'analyser les principaux procédés qui régissent la description de la nuit parisienne au XIXe siècle. Les héritiers de Restif aiment à se fondre dans l'ombre, à jouer du dérobé et des effets de contraste[61], afin d'accentuer la surprise d'un lecteur encore persuadé que nuit et secret sont parfaitement synonymes. Plutôt que d'enregistrer la totalité du jour et de la nuit, on choisit dans Paris ce que d'autres délaissent ; au Paris officiel, lumineux, consensuel, on préfère celui qui offre l'attrait des terres inexplorées.

Et la fonction de révélation nocturne n'est pas sans conférer à l'écrivain un certain sentiment de puissance : « Paris la nuit raconté comme s'ils y étaient à ceux qui n'ont d'autre horizon que les pages de leurs livres, voilà la finalité de l'écriture. Grâce à ce Paris secret révélé, l'écrivain est devenu un mage, un illusionniste, un montreur et un prophète[62]. » Si, au fond, les tableaux du Paris diurne tendent à répéter aux lecteurs ce qu'ils savent déjà, les excursions dans l'ombre sont faites pour les initier à l'enquête sur l'invisible : « Il y a, écrit Auguste de Lacroix en 1843, sous la première enveloppe de chaque chose des rapports inconnus, des aperçus ignorés, tout un nouveau monde d'idées, de réflexions et de sentiments qui s'éveillent et jaillissent tout à coup sous le regard exercé de l'observateur, comme la source cachée sous la sonde du géologue[63]. » Pendant la première partie du siècle, la littérature parisienne persuade en quelque sorte ses lecteurs que la nuit parisienne est « enchantée », au même titre que dans les croyances populaires, celle des campagnes est propice aux phénomènes merveilleux. Il s'agit en effet de convaincre le lecteur que « le Paris qu'il connaît n'est pas le seul, n'est pas même le véritable, n'est qu'un décor brillamment éclairé, mais trop *normal*, dont les machinistes ne se découvriront jamais, et qui dissimule un autre Paris, le Paris réel, un Paris fantôme, nocturne, insaisissable, d'autant plus puissant qu'il est plus secret, et qui vient à tout endroit et à tout moment se mêler dangereusement à l'autre »[64].

La laideur, l'immoralité ou l'irrationalité nocturnes sont souterraines, en opposition avec le « Paris dans sa grandeur », tourné vers le haut, qu'édifient et que célèbrent les principaux guides de la capitale. Le sentiment de l'étrangeté nocturne de la grande ville prouve enfin que Paris n'est pas seulement inconnu aux provinciaux, mais aussi à ses propres habitants. En 1851, Paul Féval justifie ainsi la publication de ses *Nuits de Paris, drames et récits nocturnes* : « Un jour, l'idée nous est venue de soulever un pan du rideau de cette immense scène, et nous avons commencé ce livre[65]. » De même, le nécessaire décryptage des énigmes urbaines est-il mis en avant par Alfred Delvau au début des *Dessous de Paris*, en 1860 : il affiche le souci d'attirer l'attention sur le côté exotique de la capitale. Car si « le dessus est charmant [...] le dessous est horrible », d'étranges « verrues »[66] défigurant la ville pourtant en voie de rénovation, ce qui fonderait l'auteur à « revisiter » la tradition entretenue par Restif, Touchard-Lafosse, Balzac, Nerval ou Privat d'Anglemont.

La nuit parisienne présenterait pendant notre période l'avantage de ne jamais décevoir la quête continuelle de l'inédit : l'idée reçue selon laquelle rien d'intéressant ne se passe plus dès lors que la plupart des habitants dorment est à réfuter. Pour s'en convaincre, il suffit de savoir regarder et écouter, aptitude que les observateurs des mœurs parisiennes sont censés transmettre à ceux qui les lisent. En 1826, le poète Clovis Michaux affirme au début du recueil *Les Douze Heures de la nuit* n'avoir « pu résister au charme d'un sujet aussi attrayant pour la variété des détails »[67]. La grande ville exhibe dans l'obscurité ses contrastes esthétiques, mais affirme aussi ses contrastes sociaux : « Trois heures... I n'a pus d'éveillé dans c' Paris qu' l' riche ou l' feignant qui s'amuse... L' joueur qui s' ruine... L' malade qui souffre ou ben l' pauvre ouvrier », clame-t-on dans la pièce de Dupeuty et Cormon, *Paris la nuit*, en 1842[68]. Dans le monde nocturne, on rencontre à la fois les Parisiens insatisfaits et les chanceux : la nuit est « faite pour les poètes, les amoureux, [...] les voleurs et les romanciers »[69] ; elle exclut donc le commun des mortels. En bref, le Paris obscur offre « un spectacle unique, qui n'a d'équivalent dans aucun pays »[70], et dont Alfred Delvau résume ainsi l'élitisme : « La foule empêche de voir les hommes. [...] La journée est consacrée à la bêtise, à la férocité et à l'ennui. [...] La nuit, du moins, n'est pas banale. Elle n'appartient pas à tout le monde, – mais seulement aux chercheurs, aux artistes, aux vagabonds et aux ivrognes[71]. » Et la divagation d'une écriture se voulant novatrice reproduit le charme de ce temps sans emploi préconçu, dans une ville dont la lecture exige l'abandon des préjugés moraux ou esthétiques.

En conséquence, la singularité radicale de la nuit est postulée : « entre le jour et la nuit, Paris est aussi différent [...] qu'une actrice distinguée dans un déshabillé du matin ou dans son costume de scène porté le soir », observe Félix Mac Donogh en 1823 dans *The Wandering Hermit*[72], où il cherche à démontrer « la Supériorité de la nuit »[73]. Le thème de l'antinomie jour / nuit autorise plusieurs usages, servant tout aussi bien à mettre en évidence la vocation criminelle de la seconde, comme chez Pierre Zaccone dans *Les Nuits de Paris*[74] ; même dans ce cas, il s'agit encore, en un sens, de célébrer une sorte d'exception parisienne. Au début des ouvrages consacrés à ce qui se tapit dans l'ombre, le superlatif et l'énumération sont donc souvent de rigueur, et les contradictions exagérées comme un signe de reconnaissance. C'est le cas en tête des *Nuits de Paris, drames et récits nocturnes* de Paul Féval, en 1851 : « *PARIS LA NUIT !* C'est là le grand drame, le roman sans fin, l'histoire mystérieuse que les vieux monuments racontent tout bas dans l'ombre ; c'est l'immense imbroglio de cette comédie amoureuse, gracieuse, terrible, ardente, de cette farce grotesque, de cette tragédie pleine de sang, qui se jouent : la comédie, sous les girandoles, toute gaie, avec le sourire alerte et la gaillarde répartie, la farce, aux lueurs de la chandelle ignoble, la tragédie près de la rampe triste ou sous la flamme vacillante des réverbères. Des épées, des poignards, le lâche couteau des bandits, du velours, du satin, les diamants qui jettent leurs feux mystiques en gerbes dans les ténèbres […], le bal qui chante derrière les vitres éclairées, l'ivresse qui hurle, la faim qui pleure[75]. »

Il revient donc à l'observateur nocturne de rendre sa part à chacun, et d'établir la géographie morale de la capitale ensommeillée : tenue à la merci de qui l'examine, immobile et silencieuse, la ville de nuit sollicite l'interprétation. Dans l'article intitulé « Le Dessus et le Dessous de Paris », figurant dans le *Paris-Guide* de 1867, Nadar fait ainsi succéder à la visite des Catacombes une promenade en ballon au-dessus de la grande ville : « Une vague, lointaine rumeur, semble vouloir rompre le charme de notre ravissement muet ; […] et, tout d'un coup, comme par la subite déchirure d'un voile, apparaît sous nous un immense foyer de lumière. C'est encore Paris ! Paris la nuit […]. Et nous descendons si bas que nous rasons les toits fumeux sous lesquels tout cela veille ou rêve, les assouvis et les affamés […], les vaincus et les forts, les féroces et les niais ; ce qui pense et ce qui digère : toutes les félicités menteuses de l'heure présente et toutes les détresses, le cri du nouveau-né et les affres du mourant, […], fausses joies et désespoirs sombres, chimères, trahisons, fiels et venins… Mais un souffle du vent qui se lève nous emporte loin de ces misères. […] Tout fuit sous nous, lumière et bruit… […] – et nous poursuivons notre vol, au hasard, par le sombre infini[76]… ».

En effet, la curiosité pour la face nocturne de l'existence parisienne ne se résume pas à la contemplation de son décor contrasté, mais s'alimente à l'ambition de percer le secret des intimités : la nuit, la grande ville devient le vaste boudoir où se libèrent les désirs[77], le repaire des conspirations de tous ordres, ou encore le cadre de souffrances clandestines. Ce présupposé concerne par exemple le *Paris la nuit, silhouettes* que fait paraître Édouard Gourdon en 1842[78] : comme chez Restif, la nuit parisienne sert de refuge aux diverses manifestations de l'imperfection humaine, et entretient la légende noire de la capitale. C'est de la réputation frivole du Paris nocturne que joue, pour sa part, Eugène de Mirecourt en 1855 pour retenir le lecteur, à l'orée de son *Paris la nuit* : « Voici [...] un opuscule qui vous affriande. [...] *Paris la nuit*, ou *Les Nuits parisiennes* ! quel délicieux titre ! »[79] ; s'adressant à ses innocentes lectrices, il glisse cet avertissement : « Quand votre tête mignonne a disparu sous le duvet, quand les rêves sortent en foule, à minuit [...], votre mari se lève, passe à la hâte ses vêtements, se glisse à pas de loups dans l'ombre, tourne les clefs sans bruit, descend et réveille son concierge. Le cordon se tire, notre homme est dans la rue[80]. » Le développement des plaisirs nocturnes au XIXe siècle menacerait la loyauté conjugale, installant un clin d'œil complice entre les seuls habitués des privautés de l'ombre.

Le dévoilement des secrets couverts par les nuits parisiennes explique, plus globalement, le recours des littérateurs des années 1820-1850 à l'intervention du démon Asmodée[81], maître de vérité et d'ingéniosité malicieuse sorti du *Diable boiteux* de Lesage[82]. Cela procède en partie du satanisme romantique de l'époque[83], mué en sympathie amusée envers un démon de pacotille peu effrayant. L'utilisation satirique des pouvoirs surnaturels d'Asmodée illustre certes une nuit urbaine où le fantastique peut surgir à tout moment, mais c'est pour tourner ensuite au pur procédé descriptif, pour voir la ville de plus haut ou pour en déjouer les pièges, et produire une certaine connivence avec un lecteur plus intrigué qu'inquiet ; on n'est pas très loin, au fond, du ton détendu des physiologies. S'y ajoutent les échos de la vogue du « magnétisme ». En 1816, par exemple, Étienne de Jouy[84] montre « Paris au clair de la lune »[85] dans *L'Hermite de la Guiane* : il prétend avoir, grâce au somnambulisme et au magnétisme, fait *en imagination* une promenade nocturne dans le ciel de Paris, occasion pour lui de décrire l'histoire et la topographie de la capitale, vue notamment depuis une des tours de Notre-Dame. Il pénètre ensuite dans un immeuble, dont il propose une sorte de coupe morale, observant les vies privées à chaque étage : Lesage n'a pas été oublié. En 1822, lorsque Pierre Cuisin s'improvise *Peintre des coulisses [...] et mystères nocturnes de la capitale*, c'est aussi à la suite d'un « songe prophétique » : la déesse de l'Illusion aurait offert au narrateur « un lynx au poil merveilleux », qui dépouillera pour lui (puisque, par définition, l'œil du lynx perce tout) les choses et les gens des prestiges de l'illusion. Ce lynx procure au narrateur des « lorgnettes enchantées »[86] (ou « lorgnettes nyctalopes »), qui doivent servir à la revue complète des mœurs parisiennes : la nuit trahit l'assassin, l'escroc, le plagiaire, le joueur ruiné, le caissier malhonnête, l'avorteuse, l'homme endetté, le père incestueux, le chariot mortuaire, etc. Il n'y a guère là qu'une variante du « procédé Asmodée ».

Dans cette longue série, on peut encore inclure le *Paris la nuit, silhouettes* publié par Édouard Gourdon en 1842[87] : le poète Speackwel *(sic)* raconte à un ami qu'un soir où il lisait *Le Diable boiteux* dans sa mansarde, Asmodée lui est apparu, et l'a emmené dans les airs pour lui montrer le vrai Paris moral, au sein duquel le démon sait discerner les êtres promis à l'Enfer. Le dévoilement des dessous est d'autant plus aisé qu'Asmodée et Speackwel sont devenus invisibles. Il coïncide très exactement avec la parenthèse nocturne, une nuit suffisant à tout savoir de Paris, et le démon s'éclipsant dès que le jour paraît. « Tout à coup, un rayon éclatant traversa les nuages et vint zébrer la ville d'une immense barre de feu ; ce fut comme un appel étrange auquel mille échos répondirent : les fenêtres des plus hautes maisons, les ardoises et les pignons des vieux monuments flamboyèrent aussitôt, et le crêpe funèbre de la nuit fut déchiré sur tous les points » : c'est pour Asmodée le signal de la séparation, pour Speackwel le moment d'avouer à son ami que tout ce qu'il vient de lui rapporter n'était que le récit d'un rêve, le tout formant la conclusion-pirouette de cette étude nocturne de Paris[88]. D'ailleurs, les leçons de la nuit ne doivent-elles pas être méditées pendant le jour, qu'elles éclairent d'une lumière impitoyable ?

Enfin, l'habitude de la visite diabolique est encore mobilisée en 1855 par Eugène de Mirecourt dans son *Paris la nuit*[89], faisant souvent tourner à la parodie ce qui, en quelques décennies, s'est constitué en genre (il combine de manière assez outrée la plupart des procédés descriptifs antérieurs). Le narrateur commence par invoquer la Nuit comme une divinité capricieuse : « Ô Nuit ! déesse paresseuse, endormie là-haut sur ton char d'étoiles [...] ; descends, et viens me prendre avec toi pour me faire planer sur la ville immense ! Ô Nuit ! n'as-tu pas épousé le fils du Chaos ? Tu dois aimer la confusion, le désordre et la mort. Il y a quelque part autour de nous des larmes, du désespoir, du sang peut-être ? Les secrets de Babylone te sont connus ; tu favorises le meurtre, tu prêtes à l'orgie ton manteau ; tu guides la débauche au chevet de l'innocence. Allons, viens, déesse impudique et sanguinaire ! emporte-moi sur ton aile sombre : j'ai besoin de tout voir, de tout étudier, de tout connaître, ou ce livre de *Paris la nuit* ne s'écrira pas, et mon éditeur viendra reprendre son billet de banque[90] ! » C'est en fait un frère d'Asmodée qui offre alors ses services à l'écrivain en manque d'inspiration, paralysant sa volonté pour mieux le conduire. Il s'agit en effet d'« aller train de poste dans la nuit et dans l'histoire » : l'époque de sainte Geneviève, celles de la Tour de Nesle, de la Saint-Barthélemy, les nuits de la Terreur sont survolées « avec la rapidité d'un souffle de tempête »[91], avant qu'une maison du boulevard des Italiens ne soit méthodiquement fouillée du regard. Le dénouement réserve de nouvelles surprises : à l'aube, le narrateur éberlué revient à la réalité au moment où quelqu'un lui touche le front : « Il me sembla que mon âme se dégageait tout à coup des tourbillons d'un rêve, et je me retrouvai sur le pont Royal, en face d'un individu très poli, qui m'ôtait son chapeau. – Monsieur, me dit-il, vous êtes un sujet de premier choix, et je viens de faire sur vous une expérience de magnétisme admirable. Je suis le baron Dupotet[92], voici ma carte… J'ai bien l'honneur de vous saluer[93] ! »

Précisons qu'au dévoilement quartier après quartier, ou étage après étage, de la vérité nocturne de la grande ville, permis par la présence fictive d'un guide surnaturel[94] s'oppose, dans d'autres ouvrages, une description moins « divagante » de la vie parisienne, considérée cette fois heure après heure. Le moment nocturne s'y avère indispensable, mais il ne fait plus que prolonger le jour, et se trouve enfermé dans la même trame que lui : Paris est une totalité temporelle autant que spatiale, et l'antithèse entre le jour et la nuit s'estompe, tous deux s'enchaînant dans un seul et même cycle. À la fin du XVIIIe siècle déjà, Mercier choisissait de décrire Paris à travers la succession des « Heures du jour » (au sens de journée), faisant passer insensiblement la ville du tumulte à la torpeur, tandis que l'éventail social des passants se resserrait peu à peu[95]. Clovis Michaux construit en 1826 son recueil de vers parisiens intitulé *Les Douze Heures de la nuit* en fonction des seules étapes horaires nocturnes, dont chacune « présente un tableau à part »[96] : le premier tableau s'attache au « Crépuscule » de Paris, puis se succèdent « les Spectacles », « les Cafés », « le Cercle », « le Souper », « la Veillée »,

« les Larrons », « les Amours », « les Muses », « le Bal », « le Jeu », « les Songes » ; la nuit parisienne mérite encore un traitement particulier. Mais en 1866, en un temps de relative normalisation nocturne, *Les Heures parisiennes*[97] d'Alfred Delvau parcourent l'ensemble du cadran, de même que l'étude de J. de Neuville intitulée *Les Joyeuses Dames de Paris* (1867)[98].

Reste qu'en matière esthétique et morale, les nuits parisiennes sont utilisées jusqu'aux années 1850 comme un terrain d'exploration privilégié, où s'exercent conjointement la curiosité du lecteur et la sagacité du littérateur qui, même sous les apparences du vagabondage poétique, remet de l'ordre dans une réalité faussement familière. Mais la maîtrise verbale de la ville nocturne passe ensuite par différentes approches spatiales : selon l'impression recherchée, Paris nocturne peut être contemplé de haut, ou parcouru par un promeneur susceptible de s'y perdre en y épanchant ses rêves. Entre préoccupations morales et poésie de la nuit, entre description « neutre » et projection de l'intériorité sur le paysage nocturne, il s'agit toujours d'affronter ce qui semble distinguer le spectacle parisien, c'est-à-dire la diversité, la variabilité et la complexité.

L'AMPLEUR PANORAMIQUE OU LES DÉTOURS DU LABYRINTHE ?

À partir du coucher du soleil, c'est bien entendu depuis une hauteur que l'immensité parisienne peut être considérée et mise en scène avec le plus d'aisance[99]. Il est permis de penser que le Paris nocturne fait plus volontiers l'objet de vues surplombantes que le Paris diurne, dont l'agitation empêche l'appréhension globale, et oblige au morcellement de l'observation. À la fin du XVIIIe siècle, lorsque Louis-Sébastien Mercier invite à monter sur les tours de Notre-Dame pour prendre connaissance de la « Physionomie de la grande ville »[100], c'est en fait sans s'y attarder beaucoup, et sans vraiment décrire ce qu'on voit depuis le sommet de la cathédrale : son Paris exige apparemment une approche plus modeste, plus cloisonnée. Au XIXe siècle, en revanche, l'observateur aspire davantage à dominer spatialement une cité qui risque de plus en plus de l'égarer : dans « l'invention du paysage urbain », la prise de hauteur panoramique « témoigne d'une volonté de puissance quelque peu satanique »[101], et permet de saisir en une seule fois une ville devenue puzzle. Le panorama nocturne unifie le spectacle, extrait l'âme de

Paris des conflits du ras du sol[102]. La vue surplombante est un moyen, pour les Parisiens du XIXe siècle, de lever la tension entre l'image de la ville des Lumières et celle du cloaque : l'homme seul, dont la pose gagne en prestige avec la nuit, affronte la totalité[103], en s'appuyant au besoin sur la personnification ou sur le mythe. Rappelons ici que l'essor de ces perspectives globalisantes n'est pas sans rapport avec le succès contemporain des panoramas et dioramas[104] : s'installe avec eux le goût des paysages amples, des spectacles grandioses et capables en même temps de procurer l'illusion du vrai. Ainsi Paris nocturne est-il susceptible de devenir un vaste et mouvant tableau, où tout est donné d'un coup ; la ville se fait champ visuel[105], occasion de composition ou d'effets de lumière[106].

Dès 1816, le « Paris au clair de la lune » d'Étienne de Jouy offre un panorama citadin dont une tour de Notre-Dame est le centre : vu de haut, le quartier du Palais-Royal apparaît immédiatement comme le plus éclairé, donc comme le plus actif ; par opposition, le quartier du Temple, de même que l'ensemble de la rive gauche sombrent dans le noir, leur vocation laborieuse ou intellectuelle les condamnant au sommeil nocturne[107]. En 1822, Pierre Cuisin ne manque pas lui non plus, en tant que *Peintre des coulisses [...] et mystères nocturnes de la capitale...*, de présenter – non sans la grandiloquence qu'impose le sujet – « Paris tout entier, envisagé au clair de lune, du sommet de la colonne de la place Vendôme » : « HUIT CENT MILLE ÂMES SOMMEILLENT !!... Il est deux heures du matin, et je contemple le PANORAMA immense de Paris du haut d'un monument immortel de la gloire nationale !... Quel tableau !... Quel silence auguste et imposant ! que de majesté, de puissance et d'intérêt ! ma pensée plane sur un univers ; je possède en quelque sorte toute la nature captive sous l'horizon de ma vue. L'antique palais de nos rois, les monuments, les flots silencieux de la Seine, les temples du luxe, l'asile de l'indigence, les projets nocturnes du crime, le sommeil confiant de l'innocence, un monde entier plongé dans les vapeurs de Morphée, permet à mon imagination errante de révéler au jour les mystères de la nuit[108] !... » C'est de nouveau une vue depuis la cathédrale[109], choisie en raison de sa position centrale, qui est suggérée par Gaëtan Niépovié[110] en 1840 dans ses *Études physiologiques sur les grandes métropoles d'Europe occidentale* : « Si l'on montait un soir sur les tours de Notre-Dame, on verrait une écharpe lumineuse ceindre Paris du côté du nord ; – ce sont les boulevards[111]. » L'intervention volante du diable Asmodée (précédemment étudiée) s'avère favorable, elle aussi, à ces prises de hauteur : dans le *Paris la nuit* d'Édouard Gourdon, en 1842[112], c'est au sommet de la tour Saint-Jacques[113] que s'abattent à minuit le poète et le démon, en quête d'une vision générale du Paris obscur.

C'est ensuite un promontoire périphérique, sorte d'avancée sur la nuit de la rive droite plus que point de vue panoramique au sens strict, qui est de mise : la butte Montmartre[114], hauteur champêtre permettant de mieux apprécier le contraste entre premiers plans obscurs et coulées de lumière des quartiers animés de la rive droite (la seule où la vie nocturne ait alors une réelle ampleur). Avec ce décentrage s'accroît la prise de distance vis-à-vis d'une métropole dévoratrice, comme si l'élévation à l'aplomb du cœur de la ville ne suffisait plus à un véritable recul : il semble nécessaire de contempler Paris nocturne depuis un point « extra-territorial ». C'est donc Montmartre que Paul Féval choisit en 1851 pour admirer les illuminations parisiennes, un soir de fête publique : selon lui, « impossible de mieux choisir sa place pour contempler *Paris la nuit* ! » Lorsque les premières lumières du feu d'artifice traversent le ciel, « un monde, un véritable monde sort [...] de cette nuit. [...] Je parle de Paris, jaillissant tout à coup hors de sa nuit et montrant son plan fier, jalonné d'innombrables monuments »[115]. Le choix esthétique de la contemplation à distance est justifié ainsi : « Vues de Montmartre, les illuminations de Paris n'éblouissent pas beaucoup le regard ; mais les réverbères, espacés symétriquement, tracent des lignes, et, avec un peu de bonne volonté, les lampions aidant, on peut reconstruire le plan complet de la grande cité[116]. » D'ailleurs, l'identification des détails compte moins que l'impression d'embrasser une totalité : « C'est alors *Paris la nuit* dans toute la force du terme. [...] Paris la nuit, vu d'ensemble, est toujours un colosse fort mystérieux. Mais est-il besoin de toucher du doigt les choses ? [...] Les choses vues ainsi d'en bas perdent leur prix. Nous aimons mieux voir un peu moins et voir d'en haut[117]. »

La puissance de la perspective panoramique est fréquemment modulée par une vision plus affectueuse, plus proche du spectacle vivant du Paris nocturne : celle qui se déploie depuis la fenêtre[118] d'une modeste mansarde. Les limites de la fenêtre rappellent en effet à l'observateur romantique la précarité de sa condition et son ancrage terrestre, en même temps qu'il y échappe par l'évasion visuelle. Ici encore, l'exhaustivité de l'inventaire visuel cède le pas à l'invasion de la conscience par le mythe de Paris : si l'on attend la nuit pour affronter la ville, c'est moins pour regarder que pour sentir et méditer. L'exemple le plus net de cette option descriptive pourrait être le « Paris à vol de chouette » placé par Édouard Gourdon au début de son *Paris la nuit* en 1842. Un soir, le poète Speackwel, qui aime à faire des vers en contemplant un point de vue, rencontre le narrateur, son ami, sur le pont Saint-Michel. Il affirme vouloir lui « montrer un tableau magnifique », et l'emmène chez lui, à travers un dédale de ruelles, dans une mansarde[119] située au septième étage d'une masure de la Cité. Tandis que la sonnerie d'une cloche de Notre-Dame fait mesurer aux deux hommes la profondeur du silence général, Speackwel ouvre sa fenêtre : « Voici mon tableau, dit-il après un moment de silence, en étendant ses deux bras sur Paris et leur faisant décrire un cercle dont les extrémités se perdaient à l'horizon. Ce tableau était sublime. Dans l'océan de monuments et de maisons qui s'offrit à mes yeux, je ne distinguai d'abord que de grandes masses, noires, incohérentes et bizarres ; mais bientôt la scène changea, les dégradations s'établirent, d'étranges silhouettes surgirent ; des panoramas inouïs se déroulèrent à ma vue, splendides, ineffables, fantastiques [...]. C'était Paris, Paris la capitale du monde, Paris la reine des cités, Paris la vierge folle ! C'était Paris la nuit[120]. » Peu à peu, l'œil se fait à l'obscurité, et l'élan libérateur vers le vaste paysage urbain soulage de l'étroitesse oppressante des rues du vieux Paris : « De longues files de rues, des quartiers tout entiers se voilaient sous une obscurité profonde, tandis que les mille détours de quelques autres se dessinaient dans l'ombre comme les mailles entrelacées d'un immense réseau[121]. »

Enfin, l'approche progressive, celle qui consiste à arriver dans Paris pendant la nuit au terme d'un long voyage, teinte elle aussi le panorama de colorations affectives : penché à la fenêtre de la voiture qui le transporte, l'observateur a le temps de sentir son pouls s'accélérer à mesure qu'il identifie de loin les éléments distinctifs de la grande ville, qu'il devine dans l'obscurité le Paris « universel ». Dans le roman intitulé *Le Canal Saint-Martin*, publié en 1862, Charles Deslys met en scène un personnage rentrant de Nancy à Paris en diligence, par une nuit noire et pluvieuse ; après Senlis, la proximité manifeste de la capitale le met en joie : « Enfin les roues sonnèrent sur le pavé ! Enfin la voiture courut entre deux interminables files de maisons, déjà noires comme la nuit !... Enfin ce furent les premiers cabarets, encore éclairés, de la banlieue... puis, commme un groupe de phares étoilant la brume an travers du chemin... la barrière[122] ! »

La proximité affective mêlée d'émerveillement conduit à comparer le Paris nocturne à une Géante endormie[123], donc pour une fois soumise à celui qui peut alors la regarder à volonté. Dans l'obscurité, la grande ville, étendue et immobile, laisse échapper une rumeur qui ressemble à la respiration régulière d'une femme vigoureuse, mais assoupie, donc vulnérable. La vision proposée par Édouard Gourdon en 1842 est celle, moins figée, de la simple somnolence : « La vierge folle était couchée, mais elle ne dormait pas. Çà et là voltigeaient sur elle quelques légères vapeurs, sans cesse absorbées par l'air et renouvelées : c'était son haleine. [...] Des bruits confus, des tressaillements fiévreux, un mélange intraduisible de pleurs et de rires, de spasmes et de cris, s'élevaient vers le ciel : c'était sa voix[124]. » Il est vrai que la comparaison du Paris nocturne avec un corps organisé s'impose de plus en plus nettement dans la première moitié du siècle[125], en écho au développement des fonctions vitales de la grande ville. Sous les yeux de l'observateur solitaire, le Paris obscur combat l'ensauvagement dont l'ombre le menace grâce à la multiplicité des lumières, mais aussi grâce au ronflement sonore[126] qui émane de lui, démontrant que la ville n'est pas morte, mais seulement absente d'elle-même pour quelques heures. Depuis un surplomb excentré, on est ainsi tenté de mettre en rapport l'auréole lumineuse de la cité et son murmure continu pour la transformer, imaginairement, en un être vivant dont la nuit permet l'observation anatomique.

Pierre Citron fait remarquer dans sa thèse qu'à partir des années 1825-1830 le ciel de Paris fait partie intégrante du mythe produit par la capitale, dans sa tendance romantique. Au ciel clair et ensoleillé, on préfère cependant les nuances de la brume, du crépuscule, du clair de lune, capables de rendre le tableau plus mobile[127] (comme dans un diorama ?). Attentif à « l'âme de Paris », Théodore de Banville regrette en 1859 que les Parisiens, trop affairés pendant le jour, soient aussi trop indifférents à leur ciel nocturne[128]. En un sens, ce ciel rappelle l'inscription de la civilisation urbaine dans une réalité plus vaste : éblouis par l'ardeur croissante des réverbères, les Parisiens tendent à faire de cette lumière artificielle leur seul horizon, abandonnant aux poètes la contemplation de ce qui reste de nature au-dessus de la grande ville. De même la valeur des crépuscules parisiens est-elle désignée comme une sorte de monopole esthétique des amoureux de Paris. En 1861, dans *Paris au gaz*, Julien Lemer note qu'« à part un petit nombre d'artistes qui habitent le faubourg Saint-Germain, les Parisiens ignorent généralement combien sont beaux et divers les couchers de soleil de leur ville de boue et de fumée »[129] ; il les incite vivement à venir en profiter chaque soir d'été sur l'un des ponts situés entre le Louvre et le Palais-Bourbon, comme pour admirer les illuminations artificielles d'une fête publique. La nuit offre aux citadins oublieux de ce qui les domine une dernière chance de coïncider de nouveau avec les grandes lois naturelles et de se donner le sentiment du sublime, c'est-à-dire du beau associé à l'idée d'infini.

C'est au miroir de la Seine, là où le Paris « éternel » semble omniprésent, que le spectacle de la nuit parisienne doit être contemplé pour revêtir toute son ampleur[130]. En 1816, dans le récit anonyme du voyage d'un Anglais à Paris, paru sous le titre *Memorandums of a residence in France in the winter of 1815-1816*, l'« Aspect de Paris le soir » est désigné comme une apothéose, que le voyageur admire juste avant son départ[131]. Le point de vue choisi est celui du Pont-Neuf, offrant une « perspective magnifique » : au crépuscule, le long des quais, les maisons sont si hautes qu'elles évoquent des châteaux ; les murs blancs reflètent la lumière d'une berge à l'autre. Quelques heures plus tard, à minuit, le voyageur repasse le pont en sens inverse, vers la rive gauche : sous le clair de lune, la ville lui semble, à cet endroit, aussi calme que celles des contes arabes, comme si elle avait été frappée par une baguette magique. À une époque où le reste de la cité est encore faiblement illuminé, et où manquent en son centre les perspectives amples, le fleuve ouvre une large brèche lumineuse dans un réseau urbain cloisonné ; en même temps, la Seine semble charrier l'histoire de Paris, ses berges égrenant les monuments les plus significatifs du passé. La chose n'échappe pas à l'auteur anonyme de l'article « Paris au clair de lune » : à minuit, sur le pont des Arts, la Cité « présente sa proue », et l'on peut admirer Notre-Dame, « la cathédrale sonore », retentissant de « chants de vie et de mort »[132].

Dans la seconde moitié du siècle, le paisible tableau nocturne du fleuve et des quais repose davantage encore des exubérances du Boulevard : la nuit y est plus grave. Dans le *Paris la nuit* de Mirecourt, en 1855, cette large perspective est contemplée depuis le quai du Louvre : à cet endroit, pense-t-il, la lune éclaire mieux qu'ailleurs, l'air est plus respirable, tandis que « le fleuve glisse sous les ponts et caresse en passant les arches sonores »[133]. Dans *L'Œuvre*, l'insatiabilité artistique de Claude Lantier, qui voit partout dans la capitale d'immenses fresques à peindre, se repaît du tableau de ce fleuve nocturne dont la surface illuminée fait, pendant un temps, oublier l'appel des profondeurs. Une nuit d'hiver que Claude et sa femme Christine se dirigent vers la Seine, suicidaires, ils sont saisis par le tableau qui s'étale à la hauteur de la rue des Saints-Pères : « Là, dans la Seine, éclatait la splendeur nocturne de l'eau vivante des villes, chaque bec de gaz reflétait sa flamme, un noyau qui s'allongeait en queue de comète[134]. » Sous la Troisième République, l'attrait pour les merveilles du Paris nocturne s'étant banalisé, c'est aux provinciaux à la recherche du Paris mythique dont leur imagination a été bercée, et éventuellement déçue par la ville diurne, que l'on propose en dernier recours ce spectacle magique, en une sorte de revue avant la lettre du « Paris by night » : « Transportez-les en pleine nuit sur le pont Royal, oh ! alors, ils n'auront pas assez de leurs yeux pour contempler les magnificences étalées de Notre-Dame au Trocadéro ; [...] le Paris magique, la ville enchanteresse de leur imagination, ils la reconnaissent, la voici dans son auréole[135] ! »

Panorama à maîtriser en une vue synthétique, la nuit parisienne du XIXe siècle est aussi, dans le détail de ses rues, un labyrinthe à explorer, option descriptive qui s'affirme essentiellement à partir de la monarchie de Juillet. L'amour du Paris obscur est en effet un amour de type nostalgique, qui fait naître la poésie du décalage entre présent et passé, s'attachant à la noirceur au moment même où dans les rues, elle perd de son omniprésence. Car le point de vue surplombant devient moins fructueux à mesure que la clarification du tissu urbain par les édiles en dénoue les énigmes : dès lors, il faut descendre de son promontoire pour aller collecter sur le pavé ces menues anomalies que l'on sent vouées à disparaître. Mais les deux postures sont indissociables : elles relèvent de la même certitude selon laquelle le Paris de la nuit tient un autre langage, plus authentique, que celui du jour. La fascination pour l'en-dessous, à la fois topographique et moral, conduit les littérateurs à assimiler le réseau des rues nocturnes à une sorte de « souterrain en plein air ». Le phénomène n'est pas propre à la seule littérature marchande : « Comme une nation qui revendique, outre la possession de ses terres, son espace aérien et ses infrastructures minières, le Paris superficiel est étoffé par quelques romantiques non seulement d'un ciel, mais aussi d'une profondeur, d'une épaisseur à laquelle nul auparavant n'avait été sensible[136]. »

Un sens de l'insolite nocturne retient donc l'attention, à mesure que le vieux Paris est menacé, au point de ne plus tenir que dans le reflet humide d'un pavé, sous la lumière douteuse d'une lanterne à huile. Cet attrait pour le Paris obscur se manifeste surtout après 1840, c'est-à-dire au moment même où les progrès de l'éclairage au gaz ainsi que les réformes du vieux monde urbain en font sentir la fragilité. Il s'accompagne bien entendu d'une curiosité de type ethnologique pour l'obscurité sociale où grouille le peuple de l'ombre, dont la rue nocturne apparaît comme le fief : la nuit sublime, privée de présences humaines, semble n'être comprise que par contraste avec la nuit sordide, qui exhale une poésie nouvelle – la « bohème fardée » observant dès lors avec compassion les silhouettes de ceux qui appartiennent à la « bohème crottée »[137]. Au temps où l'intensité nouvelle de l'éclairage public mettait surtout en évidence le Paris éternel succède celui où, plus présentes, les lumières incitent, en une seconde étape, à une redécouverte de l'ordinaire nocturne, de plongée compensatrice dans l'ombre résiduelle[138]. Dans les années 1860, *Les Célébrités de la rue*, de Charles Yriarte, adressent une galerie de types excentriques aux amoureux de ce qui bientôt ne sera plus : « Le Paris de M. Haussmann est de marbre et ne s'accommode plus de cette cour des Miracles. Ce livre a été écrit quand existait encore le Paris des artistes et des flâneurs ; je crains bien, messieurs les édiles, que la grande ville ne regrette sa bourbe et n'ait la nostalgie du pittoresque[139]. »

Paris des recoins obscurs, aussi, que celui des *Misérables*, où se mêlent, dans le souvenir ému de l'exilé, poésie des petites choses et poésie des grandes choses : la nuit y protège un Paris qui peut-être n'est déjà plus, au moment où le roman paraît. Le labyrinthe nocturne de la surface citadine redouble celui des égouts, et le Paris du vieux centre ou de la rive gauche, engourdi de silence et écrasé de nuit, est le seul considéré par Hugo, les lumières trompeuses du Boulevard semblant n'exister que dans un autre monde[140]. La ville obscure n'est éclairée, en somme, que par la lumière rougeoyante de la barricade, celle de la liberté à venir. Pierre Citron relève d'ailleurs, entre *Les Misères* de 1846-1848 et la version finale des *Misérables*, un net approfondissement de la nuit, pour aboutir à la « forme dernière du Paris poétique de Hugo : matériellement baigné d'ombre, spirituellement inondé de lumière par l'avenir »[141]. La terreur de « la petite toute seule » dans la forêt de Montfermeil pourrait être la même aux lisières de la grande ville, que la misère plonge dans une ombre à la fois matérielle et morale : « Il y a quarante ans, le promeneur solitaire qui s'aventurait dans les pays perdus de la Salpêtrière et qui montait par le boulevard jusque vers la barrière d'Italie, arrivait à des endroits où l'on eût pu dire que Paris disparaissait. Ce n'était pas la solitude, il y avait des passants ; ce n'était pas la campagne, il y avait des maisons et des rues ; ce n'était pas une ville, les rues avaient des ornières comme les grandes routes et l'herbe y poussait ; ce n'était pas un village, les maisons étaient trop hautes. Qu'était-ce donc ? C'était un lieu habité où il n'y avait personne, c'était un lieu désert où il y avait quelqu'un ; c'était un boulevard de la grande ville, une rue de Paris, plus farouche la nuit qu'une forêt, plus morne le jour qu'un cimetière[142]. »

C'est peut-être que la cité nocturne a, de la forêt, l'insondable immensité, comme Banville le laisse entendre en 1859 : avec la nuit, « la cité des travaux et des génies est devenue noire, épaisse, incommensurable ; elle est la prodigieuse forêt de pierre, pleine d'êtres, de monstres, de fourmillantes vies ; et dans le Ciel qui plane sur elle, il semble qu'une divinité particulière à Paris chante sur un immense rythme sa gloire, ses souffrances, son héroïsme et les extases de son légitime orgueil »[143]. Élevé à la dimension épique, le dédale nocturne exige une véritable traversée ; il dissimule et révèle, protège et égare. Apparemment immuable, le Paris de la nuit n'est pourtant jamais le même. Impénétrable forêt, la grande ville nocturne constitue en définitive, à en croire certains observateurs des années 1840 à 1860, une sorte de terre farouche à conquérir parcelle après parcelle, ce que la rassurante vue panoramique, dans sa fonction unifiante, ne permettait pas à elle seule de comprendre.

Paris transfiguré par la nuit

Dans les textes descriptifs des deux premiers tiers du XIXe siècle, entre contemplation panoramique et plongée au fond de l'ombre, le constat de la singularité du Paris nocturne prépare fréquemment l'irruption du mirage, étape décisive dans l'utilisation de la nuit dissolvante comme composante du mythe parisien. De la nuit-panorama ou de la nuit-labyrinthe ne tardent pas, en effet, à monter des visions fantasmées de la grande ville, qui semblent traduire (mais la prudence est ici de rigueur) le statut encore indécis de l'ombre urbaine dans les représentations de la capitale, travaillées par un certain refus de la rationalité et du matérialisme conquérants.

C'est d'abord l'excès de solennité, la dignité glacée du décor citadin qui contribuent à lui ôter un peu de sa réalité : vidé de ses passants et de son tumulte habituels[144], Paris est pétrifié. Paralysée, la ville évoque alors une nécropole[145], comme à Jules Lefèvre-Deumier[146] en 1842, au gré de sa *Promenade nocturne dans les rues d'une grande ville* : « Chaque maison devient [...] le soir, une sorte de cercueil omnibus, un sépulcre à tiroir, où les morts se rangent d'eux-mêmes les uns au-dessus des autres. [...]. Que dites-vous de ces flambeaux, qui font sentinelle à la porte des maisons, vedettes immobiles, dont le feu monte la garde autour de nos tentes de pierre ? On dirait autant de catafalques, dressés dans une immense église. Et ces inscriptions illisibles qui tapissent les murs ! elles sont comme ces épitaphes, dont le temps et la mousse ont rongé les lettres. [...]. J'éprouve, moi qui vous parle, en rôdant la nuit dans nos rues mornes et solitaires, tout ce que j'ai ressenti au milieu des ruines[147]. » À l'époque romantique, le Paris nocturne peut figurer la ruine déserte, la dépouille énigmatique d'un Paris diurne dont, au mieux, le retour prochain peut être prévu grâce à quelques tressaillements de vie. La suspension de l'écoulement temporel que la nuit semble infliger à la grande ville est alors un état intermédiaire, une léthargie provisoire qui suffit au déploiement du songe.

En 1855, dans *Paris la nuit*, le sommeil de la grande ville apparaît également à Eugène de Mirecourt comme un avant-goût de la mort : « Je suis sur le boulevard. Le ciel est sombre [...]. Tous les objets prennent des formes étranges. Les maisons se changent en catafalques cyclopéens que la nuit couvre de son manteau noir.[...] La grande cité, si bruyante le jour, est rentrée dans un demi-silence indéfinissable, dans un état mitoyen entre la mort et la vie[148]. » Aux abords de la Seine, « une heure du matin sonne aux horloges voisines. L'homme dort, l'éternité marche »[149]. Le dôme des Invalides veille sur la rive gauche, tandis que « les lanternes de la rive se reflètent au fond des eaux en longues traînées lumineuses », évoquant « une troupe de fantômes habillés de linceuls éclatants »[150]. La nuit animée du Boulevard s'estompe au profit d'un Paris autre, que l'auteur recherche dans l'obsédante torpeur des quartiers déserts, notamment ceux de la rive gauche. Derrière les palissades qui les masquent, les constructions en chantier prennent encore l'aspect de ruines. Paris n'est plus d'aucun temps, et bascule dans une nuit que l'on peut croire définitive, en un XIXe siècle qui est aussi une longue méditation sur le devenir des civilisations.

La venue de l'ombre réveille en effet les fantômes de la grande ville, dont le tumulte diurne empêche le libre séjour. Dans *Paris, ou le Livre des cent-et-un*, sous la monarchie de Juillet, Eugène Briffault laisse entendre qu'« aux clartés de la lune, le spectre des trois journées erre la nuit dans Paris, et vient visiter sa ville bien-aimée » ; et de s'écrier : « Ô juillet ! juillet ! La nuit, dans ce Paris silencieux, tu te remontres ; mais c'est comme un remords, comme un regret sur une tombe ; car c'est aussi à ces heures que l'on voit le mieux les sépultures des martyrs ; le bruit et les occupations du jour semblent les souiller et les importuner[151]. » Si dans ces textes, Paris se métamorphose en se soumettant au règne de l'obscurité, c'est pour une mise en scène de la vérité profonde de la cité. La nuit incite à la méditation sur le sens-même de l'histoire, donc sur la fonction de capitale assumée par Paris, trop évidente pendant le jour – temps des convenances, de l'officiel. Le procédé est repris en 1851 par Paul Féval dans *Les Nuits de Paris* : observant les illuminations parisiennes depuis Montmartre, il est pris d'une vision, où se résument les grands antagonismes sociaux de la ville. Le feu d'artifice tiré à la barrière du Trône lui apparaît comme le « flambeau du peuple », celui de la place de la Concorde comme le symbole de la bourgeoisie opulente, tandis que les lumières de la rive gauche seraient les attributs de la pensée : « je vis tout à coup Paris se rétrécir, se condenser [...]. La place de la Bastille donnait la main à Notre-Dame qui touchait le Panthéon qui touchait lui-même le Palais-Bourbon et la place de la Concorde » ; trois génies porteurs de torches planent sur ce Paris condensé, chacun cherchant à s'emparer du cœur de la cité et de l'héritage révolutionnaire[152]. Quant à l'aspect nocturne de l'éléphant en plâtre installé sur la place de la Bastille, il révèle lui aussi, dans *Les Misérables*, une vérité obscure, celle de la force mystérieuse du peuple de Paris : « C'était sombre, énigmatique et immense. C'était on ne sait quel fantôme puissant, visible et debout à côté du spectre invisible de la Bastille[153]. »

La nuit parisienne du XIXe siècle libère donc, aux yeux de ceux qui y cherchent l'explication du jour, les souvenirs et les promesses démocratiques retenus dans les pierres. Le fond nocturne sert certes de prétexte à l'allégorie, à la contestation des lumières trompeuses que font miroiter orléanistes ou bonapartistes, mais ce choix n'est pas sans portée esthétique. Support de la déploration politique, de l'aspiration spirituelle ou de la fascination macabre des romantiques, la nuit les entretient aussi dans le mirage médiéval, fait surgir la légende dans la rue – transfiguration que facilite la sédimentation des époques dans l'architecture parisienne. L'évocation d'un Moyen Âge ténébreux[154], en vogue dès les années 1820[155], trouve ainsi aisément sa place dans les contemplations nocturnes de la ville moderne. En 1822, dans *Le Peintre des coulisses [...] et mystères nocturnes de la capitale*, Pierre Cuisin entend reculer dans le temps : « Braquons notre lorgnette nocturne sur les établissements de nos aïeux[156] », propose-t-il au lecteur. La parution de *Notre-Dame de Paris* en 1831 accuse bien entendu la tendance, accréditant parmi les Parisiens l'impression que leur ville nocturne abrite des réminiscences du Paris du XVe siècle, qui lui a légué son enchevêtrement de ruelles obscures : le couvre-feu et les feux de joie ont disparu, mais de nouvelles cours des miracles se sont formées, et les monuments immuables du vieux Paris forment, dans l'ombre, une vaste présence propice à l'hallucination. L'assaut de Notre-Dame par la « colonne d'ombre » ne ressemble-t-il pas, par ailleurs, à la marche résolue du peuple parisien insurgé ? La vision hugolienne acclimate en tous les cas, dès les débuts de la monarchie de Juillet, l'image d'une nuit favorable à l'émergence d'un Paris spectral, d'une nuit où s'affrontent aussi le Bien et le Mal, les forces du désir et celles du pouvoir ; on se dit, dans le même temps, que le Paris monumental pourrait bien reposer sur un en-dessous grouillant.

La leçon est retenue, au moins en partie, par Touchard-Lafosse, qui publie dans les premières années de la monarchie de Juillet ses *Réverbères, chroniques de nuit du vieux et du nouveau Paris* : « Il nous a semblé [...] que la forme de nos chroniques, en nous permettant de planer à vol d'oiseau dans l'espace des temps, faciliterait une variété de sujets et de tons [...] qui doit prêter à nos *réverbères* des reflets nouveaux[157]. » Lesdites chroniques commencent en 1667, se présentant comme une suite de « Nuits » qui résulteraient d'autant de rapports de mouchards, et imiteraient en cela Restif de la Bretonne. En 1842, le *Paris la nuit, silhouettes* d'Édouard Gourdon offre également une échappée hors de la ville moderne ; renouvelant la veine rétivienne, l'auteur revendique très explicitement, aussi, l'influence hugolienne, et désigne l'ombre comme capable de redonner vie aux vieilles pierres. Observant Notre-Dame depuis une mansarde de la Cité, le narrateur s'exalte : « Toute la puissante fantasmagorie de l'œuvre de Victor Hugo s'éleva dans mon front comme une lave brûlante et s'y arrêta[158]. » Bientôt, les monstres de la façade de la cathédrale se tordent, s'enlacent sous ses yeux. Puis, les allusions se font plus précises : « Au flanc gauche de la tour septentrionale, à hauteur de la grande galerie, une petite croisée en meurtrière flamboyait comme un rubis sur un écrin de velours noir : c'était le laboratoire de Claude Frollo. [...] Tout à coup, un frémissement de grelots retentit sur la place du parvis et monta jusqu'à la cellule [...]. – Esmeralda, *la bella, bianca creatura*, dansait dans la nuit. Suspendu au sommet de la tour méridionale comme une araignée à sa toile, Quasimodo regardait aussi[159]. » Dès les années 1840, la tombée de la nuit sur la capitale convoque son lot de références historiques et littéraires, qui filtrent désormais le regard posé sur l'obscur.

En 1851, dans *Les Nuits de Paris* de Paul Féval, la régression historique n'est pas moins présente : l'auteur invoque les « rudes nuits des Francs », « les nuits féeriques de la chevalerie », « le chevalier du guet, les voleurs, les manteaux couleur de muraille », « les somnambules et les loups-garous »[160]. Un peu plus tard, *Les Mohicans de Paris* montrent Salvator et Jean Robert se promenant dans Paris au clair de lune ; arrivés à la place du Châtelet, ils s'égarent eux aussi dans le temps : « Ils eussent pu se croire en plein Paris du XVe siècle. D'ailleurs, pour ajouter à l'illusion, une bande de jeunes gens vêtus de costumes du temps de Charles VI et venant par le quai de Gesvres, criaient à tue-tête : “Il est 2 h 14 minutes, nous sommes tranquilles, Parisiens, dormez”[161]. » Enfin, en 1855, dans son *Paris la nuit*, Eugène de Mirecourt fait dire au narrateur que les nuits du passé sont plus lugubres mais surtout plus originales que celles du présent : c'est bien l'effacement des sortilèges nocturnes du Paris rénové qui incite à la répudiation des Lumières et à l'immersion dépaysante dans la nuit de l'histoire. Dans le même ouvrage, la prétendue atemporalité du Paris de l'ombre débouche également sur une vision futuriste : le frère d'Asmodée, plus audacieux que son prédécesseur, montre au narrateur non seulement les nuits du passé, mais aussi celles de 1955, grâce à « un saut dans l'avenir » ; il prévoit que grâce à « la puissance de l'homme », le Paris d'alors ne dormira plus, et qu'inondé de lumière artificielle il ne connaîtra plus de nuit véritable[162]. La nuit où ils vivent, celle du siècle postrévolutionnaire, se situerait donc, dans l'esprit de maints littérateurs, à un point de passage entre la noirceur médiévale et l'éblouissement de l'avenir.

En bref, l'envahissement de la nuit peut, jusqu'au début du Second Empire, transporter la cité endormie vers un ailleurs ou un autrefois insoupçonnables pendant le jour. Le motif s'accompagne volontiers d'une représentation funèbre de la nuit parisienne du

XIXe siècle, écartelée entre l'archaïque et le nouveau au point de n'offrir qu'un contenu insaisissable[163]. Les textes ne manquent pas, qui affirment donc la subversion nocturne du Paris réel par le Paris irréel. Ainsi, le narrateur du *Paris la nuit* d'Édouard Gourdon se sent-il gagné, au cours de ses explorations, par une sorte d'ombre intérieure : « La lune détachait son disque pâle sur un ciel sans nuages et sa lumière, abondante mais triste, blanchissait tous les monuments, qui projetaient sur les maisons groupées à leur pied des ombres immenses et funèbres. Je me sentis frissonner[164]. »

On sait quel profit Eugène Sue tire en 1842 de l'arrière-plan nocturne aux allures mélodramatiques qu'il donne aux *Mystères de Paris*, le couple nuit / jour y distribuant sans grande surprise le Mal et le Bien. La scène inaugurale, qui fait se rencontrer Fleur-de-Marie, le Chourineur et Rodolphe sur l'île de la Cité, est demeurée célèbre : « Le 13 décembre 1838, par une soirée pluvieuse et froide, un homme d'une taille athlétique, vêtu d'une mauvaise blouse, traversa le pont au Change et s'enfonça dans la Cité [...]. Cette nuit-là, donc, le vent s'engouffrait violemment dans les espèces de ruelles de ce lugubre quartier ; la lueur blafarde, vacillante, des réverbères agités par la bise, se reflétait dans le ruisseau d'eau noirâtre qui coulait au milieu des pavés fangeux[165]. » Dans la suite du roman, la nuit, presque systématiquement accompagnée du sifflement du vent et du clapotement de la pluie lors des scènes les plus dramatiques, demeure le cadre attendu des mauvaises actions – les complots de la Chouette et du Maître d'École, le viol de Louise par Jacques Ferrand, l'ensevelissement de l'enfant mort-né dans le jardin du notaire[166], ou encore les crimes des Martial, pirates nocturnes de l'île des Ravageurs. Dès lors, l'immense succès du feuilleton de Sue aidant, la nuit lugubre devient une ouverture romanesque prisée des écrivains qui cherchent à donner le frisson[167] – rapprochant en cela les « mystères » de Paris de ceux de Londres[168], embusqués dans une nuit redoublée par le brouillard.

Un « Tableau de Paris la nuit », en vers, est ainsi proposé par Jules Poulain en 1846 dans un recueil intitulé *Les Pervenches*, tableau où la coïncidence entre le Paris de l'ombre et le Paris du Mal est proclamée comme une évidence, la nuit permettant la revanche de ce que le jour contrarie, et portant à leur comble les virtualités négatives de la vie citadine : « Ici, c'est le brigand qui cache dans son sein / La pointe de son glaive et son lâche dessein ; / C'est la vengeance assise à la borne des rues, / Ce sont les factions rassemblant leurs recrues [...] / C'est l'orgie effrénée échangeant, sans remords, / La coupe de l'ivresse en coupe de la mort ; [...] / C'est la débauche ignoble, aux lubriques regards, / Qui roule, échevelée, aux noirs égouts des rues [...] / C'est l'affreux suicide aux flots, abandonné, [...] / Et la Seine, la nuit, sous les ponts mugissant, / Roule, sombre et discrète, un flot mêlé de sang, / Et dévore en son cours, – triste et profond mystère ! – / La couche incestueuse et la couche adultère[169] ! »

Les ressources dramatiques de l'ombre sinistre, synonyme de mauvais augure, sont de nouveau utilisées par Félix Pyat en 1847 dans *Le Chiffonnier de Paris*, comme on peut en juger par la scène placée en tête du roman qui fut tiré de la pièce[170]. Le cadre citadin se met à l'unisson du drame : « Le pas cadencé et sonore d'une patrouille vint se mêler au bruit des bourrasques qui, déchaînées, furieuses, abattaient les cheminées, arrachaient les toits et tourbillonnaient lugubrement[171]. » Après un prologue, *Les Drames de Paris* de Ponson du Terrail présentent une entrée en matière assez similaire : les mots de « nuit » et de « lugubre » sont désormais liés par une sorte de convention. Ici, c'est une nuit de décembre, arrosée d'une pluie fine, et mêlée de brouillard, qui plonge d'emblée le lecteur dans le mystère parisien : « C'était la nuit ; – une froide nuit d'hiver remplie de solitude et de tristesse, et par laquelle les passants se sauvaient ainsi que des spectres attardés sur la terre, et qui, voyant le jour approcher, regagnent en hâte leur cercueil. La dernière voiture de bal était rentrée, le premier camion ne roulait point encore. Un silence de mort pesait sur les deux rives du fleuve et permettait d'entendre à de grandes distances le pas sonore et régulier des patrouilles faisant leur ronde ou le hurlement d'un chien de garde déchaîné dans la cour des vieilles maisons du Marais[172]. »

Cette forme d'anxiété est devenue, dans les années 1840, un poncif de la littérature populaire[173], en accord avec la place grandissante du thème criminel dans l'image globale de la nuit parisienne sous la monarchie de Juillet. Ainsi, le 26 décembre 1844, les lecteurs du *Constitutionnel* peuvent-ils se convaincre, en guise de prélude au récit d'une attaque nocturne commise sur un cuisinier rue du faubourg Saint-Martin à 1 h 30 du matin, que tout dans le décor urbain prédisposait à un tel drame : le brouillard était aussi épais qu'à Londres ; dans la ville morte, nul ne pouvait plus se déplacer sans être muni d'une torche, ni la lune ni les réverbères ne procurant plus de lumière.

Parallèlement, le sentiment que la mort plane sur le Paris de la nuit se répand dans les années 1830, légitimé par les désastres de 1832[174].

Les cimetières parisiens, clos avec le coucher du soleil, ont la valeur, au cours du premier XIXe siècle, de réserves d'inconnu ou d'horreur[175]. D'autant qu'en 1848-1849, comme le rapporte Maxime Du Camp dans *Paris, ses organes, ses fonctions et sa vie dans la seconde moitié du XIXe siècle,* « tous les cimetières de Paris furent en rumeur, et les gardes armés faisaient des rondes nocturnes pour saisir un être insaisissable [...]. Des sépultures étaient violées et des cadavres étrangement lacérés gisaient au milieu des avenues »[176]. Le bruit court alors que les cimetières de la rive gauche et de la banlieue sud sont visités à la faveur de la nuit par un vampire cannibale[177] et nécrophile... Un piège est finalement tendu au monstre, sous la forme d'une « machine infernale » installée au cimetière Montparnasse, près du mur d'enceinte : elle explose dans la nuit du 15 au 16 mars 1849. On apprend le lendemain qu'un sergent du 74e de ligne, nommé François Bertrand, est entré au Val-de-Grâce pour soigner d'inexplicables blessures : il est identifié comme « le Vampire ». Lorsqu'il passe en conseil de guerre, en juillet 1849[178], Bertrand est décrit comme un soldat habituellement doux et humble. Beaucoup de curieux, dont de nombreux hommes de science, sont présents au procès qui va dénouer ces drames nocturnes répétés. L'accusé confie que lorsque sa « frénésie » le prenait, il ne pouvait s'empêcher de s'échapper de sa caserne et de sauter, souvent vers minuit, par-dessus les murs des cimetières. Ne s'en prenant qu'aux concessions temporaires simplement recouvertes de terre, et s'attaquant de préférence aux cadavres féminins, il brisait le cercueil, déchirait le cadavre à coups de sabre, en dévorait une partie, puis s'enfuyait et s'endormait dans un fossé ; ensuite, ses « impulsions irrésistibles » étant satisfaites, il dit qu'il se sentait « brisé et moulu pendant plusieurs jours »[179]... Au cours du procès, Bertrand avoue ainsi toutes les profanations et violences qui lui sont reprochées. Être nocturne, il apprend au public que dès l'âge de sept ans, il éprouvait un besoin irrépressible d'« aller se promener dans les endroits les plus sombres d'un bois ». Plus tard, ses « noires idées » le reprennent à la suite d'une promenade au Père-Lachaise : « Les allées sombres de ce cimetière me plurent. Je résolus de venir m'y promener pendant la nuit. » Le médecin consulté par les juges conclut à un cas de « monomanie destructive compliquée de monomanie érotique, et ayant débuté par une monomanie triste »[180]. La nuit parisienne s'est faite refuge des monstres.

Nous n'étonnerons guère, finalement, en désignant la nuit comme une occasion privilégiée pour le déploiement du fantastique parisien, au moins pendant la première moitié du siècle. C'est une véritable substitution de décor que l'obscurité autorise. En 1844, par exemple, dans *Splendeurs et misères des courtisanes*, Balzac attire longuement l'attention de ses lecteurs sur l'aspect « fantastique » pris par la rue de Langlade pendant la nuit : « En y passant pendant la journée, on ne peut se figurer ce que toutes ces rues deviennent à la nuit ; elles sont sillonnées par des êtres bizarres qui ne sont d'aucun monde ; des formes à demi nues et blanches meublent les murs, l'ombre est animée[181] » ; la métamorphose du paysage parisien par la nuit est explicite : « le monde fantastique d'Hoffmann le Berlinois est là »[182]. Et c'est vraisemblablement par contraste avec l'apparence nouvelle des quartiers illuminés par le gaz que, sous la monarchie de Juillet, la nuit des rues délaissées par l'administration s'ouvre davantage aux fantasmagories.

La disparition nocturne de la plupart des passants déclenche une insinuation du doute dans le réel[183]. Le mot de « fantastique » semble toutefois employé dans un sens élargi[184] par des littérateurs parisiens soucieux de mettre en évidence à toute force la bizarrerie de la ville nocturne. Ainsi les hantises nocturnes pourraient-elles, pendant le deuxième tiers du XIXe siècle, avoir glissé des ruines médiévales ou des forêts profondes vers la grande ville, dont la réalité vacille. Le frisson ne vient plus tant d'une image fantasmée de la nuit comme domaine du maléfique que de la confrontation directe du promeneur nocturne avec ce vide que la modernité a creusé tout en en ayant horreur. La nuit n'est plus enchantée par le merveilleux, mais rendue incertaine par l'optique fantastique. Signe de la banalisation du motif, on rencontre bientôt des versions presque ironiques de cette vision du monde nocturne, y compris là où on les attend le moins, comme dans la *Physiologie de l'omnibus* publiée par Édouard Gourdon en 1841 : « La nuit, l'omnibus avec ses deux lanternes vertes, rouges, jaunes ou bleues, que l'on peut prendre pour deux yeux enflammés […] a toutes les allures […] d'un monstre fantastique[185]. » Et plus loin : « Ce sont des caprices bizarres et toujours en mouvement, c'est une page d'Hoffmann, une esquisse de Rembrandt ou de Callot ; voici des chiens et des chauve-souris, des serpents et des loups, un rocher velu, un pont et des nuages[186]. »

Le thème du fantastique nocturne affleure à un moment de transition entre la nuit indomptée de type ancien et l'invention d'une nuit parisienne humanisée au cours du XIXe siècle. Et dans la déformation du décor citadin par la nuit, la part subjective se fait de plus en plus explicite. Dans *Les Misérables*, c'est ainsi un Paris nocturne brouillé par la faim qui apparaît à Éponine : « Des fois je m'en vais le soir. Des fois je ne rentre pas. [...] Je vais toute seule quand je veux, je dors des fois dans des fossés. Savez-vous, la nuit, quand je marche sur le boulevard, je vois les arbres comme des fourches, je vois des maisons toutes noires grosses comme les tours de Notre-Dame, je me figure que les murs blancs sont la rivière [...] Les étoiles sont comme des lampions d'illuminations, on dirait qu'elles fument et que le vent les éteint, je suis ahurie, comme si j'avais des chevaux qui me soufflent dans l'oreille ; quoique ce soit la nuit, j'entends des orgues de Barbarie et les mécaniques des filatures, est-ce que je sais moi ? Je crois qu'on me jette des pierres, je me sauve sans savoir, tout tourne, tout tourne. Quand on n'a pas mangé, c'est très drôle[187]. » Mais si le sentiment du fantastique s'est développé initialement, et presque logiquement, dans le Paris de la nuit, il semble plutôt s'orienter, dans la seconde moitié du siècle, vers une subversion diurne de la cité moderne, tandis que la nuit autorise davantage l'intériorisation du doute[188] quant à la matérialité du décor parisien. La nuit fait taire le monde, au profit d'un retour de l'individu en lui-même, pour le meilleur ou pour le pire.

Après le jalon Nerval, la nouvelle de Maupassant intitulée *La Nuit, cauchemar*[189], offre un exemple frappant de cette évolution vers un fantastique onirique où la déambulation dans la nuit parisienne n'est plus que prétexte à l'expression de la divagation intérieure. À mesure que le narrateur-promeneur erre dans Paris, par une chaude nuit d'été, l'ombre se fait de plus en plus impénétrable. Le trajet part d'une rive rationnelle, délimitée par les lumières abondantes des boulevards, pour mener ensuite sur les Champs-Élysées, et aboutir au bois de Boulogne : « J'y restai longtemps, longtemps. Un frisson singulier m'avait saisi, une émotion imprévue et puissante, une exaltation de ma pensée qui touchait à la folie[190]. » Au retour, la nuit semble froide au promeneur ; une force inconnue le pousse à marcher encore et toujours dans un Paris qui a glissé dans un autre monde. Arrivé place de la Bastille, il s'aperçoit avec hébétude que le génie de la colonne de Juillet a disparu dans l'obscurité. Une nuit épaisse de nuages noie les étoiles et semble « s'abaisser sur la terre pour l'anéantir[191] ». Paris est devenu la ville du « rien », aux rues « solitaires et noires, noires, noires, comme la mort »[192]. Habituellement lieu d'animation nocturne intense, les Halles sont vides, abandonnées ; l'épouvante saisit le héros, dont la montre s'est arrêtée.

Voulant vérifier si la Seine coule encore, il s'y enfonce peu à peu, sans espoir de remontée : la nouvelle s'achève sur ce renoncement. À partir d'un Paris rationnel où ronflent et scintillent les plaisirs collectifs d'une soirée estivale, le récit dégrade peu à peu le paysage nocturne en celui d'une ville où le temps ne s'écoule plus ; présenté comme le compte rendu d'une errance réelle, le texte est en fait proche d'un récit de rêve, ou plutôt de cauchemar, comme le laisse entendre son sous-titre[193].

Sens et sensibilités

Codifiée par la production littéraire, la sensibilité au décor nocturne de la grande ville s'affine, de la Restauration au Second Empire, passant globalement de la répulsion ou de la complaisance envers le lugubre et l'inhabité à la célébration d'une nuit parisienne que l'emprise humaine et technicienne a en partie aménagée. Mais la linéarité de l'évolution est loin d'être complète, et les certitudes sont fragiles, les hypothèses que nous risquons ici ne pouvant se fonder que sur des notations éparses[194].

Au XIXe siècle, parcourir agréablement la nuit urbaine exige évidemment un apprentissage : son environnement sensoriel se caractérise par la nécessité d'inventer de nouveaux points de repère, de bouleverser peut-être la hiérarchie habituelle des sens. Jusqu'aux années 1830-1840 au moins, dans un Paris que le gaz n'a pas intégralement conquis, les sens du promeneur nocturne, et au premier chef sa perspicacité visuelle, sont fréquemment abusés par l'alternance inconfortable entre des ombres majoritaires et des lumières encore ponctuelles. Ainsi l'expérience nocturne porte-t-elle alors à son comble l'image d'un Paris hostile où l'on a froid ou peur, où l'on s'embourbe, où l'on se perd. La nuit accroît l'immensité citadine ; ou plutôt, ce qui durant le jour était familier s'estompe, et c'est la ville tout entière qui paraît devenir une vaste marge – à quelques pôles de forte lumière près.

L'excursion nocturne est alors assimilée à une conquête presque héroïque, à une sorte d'épopée dont on ne sortirait que miraculeusement indemne. En juin 1849, par exemple, Louis Lazare évoque un « Paris la nuit » indéchiffrable et incommode dans la *Revue municipale* : « Les personnes qui s'aventurent le soir pendant les mois d'hiver dans les rues de Paris [...] courent le risque souvent d'arriver trop tard ou de trouver leur monde couché. Si vous avez à faire par exemple dans un quartier populeux, il vous faut d'abord reconnaître la rue. C'est facile pendant le jour, mais la nuit ! comment déchiffrer des noms sur des plaques[195] ? » Et il n'y a pas loin de l'inconfort au sentiment d'insécurité, ce dernier s'alimentant prioritairement au manque de certitudes visuelles, donc à la difficulté d'anticiper le danger.

D'où peut-être la priorité accordée par d'autres citadins, dans le Paris du XIXe siècle, à une expérimentation de la nuit qui se passerait du regard : « Il y a de belles choses à voir ; mais combien plus à sentir », observe-t-on dans l'article « Paris au clair de lune », paru dans *Le Voleur* le 30 novembre 1834. Comme le suggère Anne Cauquelin, ce qui, dans l'obscurité, repousse et oppresse la majorité des « diurnes » peut intriguer et libérer une minorité de Parisiens se voulant plus sensibles : « À la prison ouverte de l'espace s'opposera le temple secret de toutes les libérations : la Nuit. [...] Car ce que la nuit portait dans la ville c'était naguère encore le feu des plaines, l'odeur des forêts, le vagabondage, faisant pénétrer d'un coup, sonné minuit, la nature hostile dans la ville protégée[196]. » Privé de cette libération, « L'homme du jour est un fantôme [...], un dormeur hébété, muet, sans contact [...]. L'homme de nuit retrouve un sexe, une voix, une main qui palpe, un nez qui flaire : il re-endosse l'homme de toujours et de partout »[197]. Avec la tombée du jour, l'atmosphère citadine s'enrichit de nouvelles émotions, sensations, significations : tout y retentit davantage, dans une animalité libérée. Les contrastes sensoriels se modifient, suspendant pour quelque temps l'habituel primat de la vue, et sollicitant par compensation les sens les moins « nobles » que seraient l'odorat, l'ouïe – de même que la capacité à raisonner peut céder le pas à l'imagination ou à l'intuition. Les sollicitations sensorielles, plus rares que pendant le jour, revêtent une certaine fulgurance, tandis que le temps semble s'étirer. Contre le changement continuel des impressions qui distingue la vie citadine moderne[198], la nuit parisienne du XIXe siècle offre comme une pause dans « l'intensification de la vie nerveuse »[199]. La nuit, il n'est plus utile d'afficher réserve et attitude blasée : dans le rythme apaisé de la grande ville, la perception nocturne se fait sensuelle.

L'attrait pour la nuit que l'on peut observer dans le Paris du XIXe siècle procède également de la répulsion globale envers l'ardeur solaire qui anime, selon Alain Corbin, les hommes de cette époque[200]. Alliée au goût romantique de la douceur lunaire, cette tendance peut contrebalancer la réputation mauvaise du Paris nocturne, et se développer avec plus d'aisance à mesure que s'améliore la sécurité physique des passants. Les nuits parisiennes sont, en effet, appréciées dès les années 1830 comme un mélange unique d'ouverture cosmique et de prouesse technologique : « Ces effets de lumière, ces impressions que les âmes rêveuses cherchent dans les nuits de Paris, ne sont pas dus exclusivement aux flambeaux du ciel qui promènent sur la grande cité leur chevelure ondoyante et lumineuse. La déesse de la nuit a des comptes à régler avec les réverbères. Entre eux et elle il y a partage d'illusions d'optique, tous deux sont en collaboration pour les effets magiques de la nuit », note Maurice Alhoy en 1834 dans le *Nouveau Tableau de Paris au XIXe siècle*[201]. Oubliant en partie la réticence ancienne à la nuit, on découvre donc le plaisir qu'il y a à être abusé par elle comme par un diorama. L'obscurité devient lieu d'expérience esthétique et cénesthésique. Ce goût nouveau n'est vraisemblablement pas le monopole d'une élite littéraire restreinte, même si les écrits de cette dernière constituent la principale (presque la seule) source disponible. Ainsi, dans la nuit du 18 au 19 janvier 1821, une patrouille de gardes nationaux est-elle tout étonnée de rencontrer dans la rue, à 1 h du matin, « le nommé Antoine Spot, de Metz », qui déclare fièrement « qu'il se promenait pour reconnaître la Beauté de Paris »[202]. En 1841, dans la *Physiologie des quartiers de Paris*, de L. Guillemin, le point de départ à la description de la capitale est l'arrivée vespérale d'un provincial à Paris, qui demande au cocher de pouvoir descendre de voiture : « La nuit est belle, et j'en profiterai pour faire une première visite à vos merveilles de Paris »[203], annonce-t-il avec gourmandise.

La valeur féminine et apaisante de l'ombre, expérience sensuelle « totale », semble cependant être célébrée un peu plus tardivement dans le cadre parisien qu'elle ne l'a été dans les cadres campagnard ou marin. C'est après 1850, en effet, que nous avons rencontré les occurrences les plus nombreuses de cette célébration, le thème de l'ombre grouillante et insoumise étant auparavant prééminent. « C'était [...] une belle nuit claire et lumineuse, sereine et douce comme une nuit d'été, une nuit de printemps aussi, une nuit de poète ou d'amoureux. On éprouvait une sorte de volupté à se promener par cette première nuit attiédie », peut-on ainsi lire en 1854 dans *Les Mohicans de Paris*[204]. Pour ceux qui ne peuvent pratiquer la double résidence, et donner à l'oisiveté estivale un environnnement bucolique, la nuit estompe ce que la saison chaude peut avoir d'écrasant dans la grande ville, et n'en laisse subsister que le tiède agrément. Elle enrichit les plaisirs du plein air, les associant à la quête spirituelle de la beauté ou à la recherche exaltée d'une harmonie des sens, plus qu'à celle de la santé joyeuse. Solitaire de préférence, la promenade vespérale ou nocturne se veut plus subtile que la détente et l'exercice un peu bruyants espérés par les foules citadines au soleil des « parties de campagne » dominicales. De la Restauration au Second Empire, il y a toujours quelque élitisme à se dire amoureux d'une ombre que tous, s'arrêtant aux antiques lieux communs de la nuit hostile, ne savent pas apprivoiser. Liée au sentiment d'intimité avec la ville autant qu'à l'aspiration panoramique, la volupté de la nuit est accordée aux espaces aérés (le dédale du vieux Paris abritant des expériences moins agréables aux sens que stimulantes pour l'esprit) : les bords de Seine, les parcs et jardins, les boulevards. « Rien n'est bon comme de flâner le soir sur les boulevards », lance Julien Lemer en 1861 dans *Paris au gaz*[205]. Longtemps, l'artificialité du Boulevard est toutefois concurrencée, au moins verbalement, par la douceur plus paisible de l'ombre romantique baignant les enclaves de nature (parcs et jardins) que Paris abrite. Synonyme d'attendrissement amoureux, cette nuit faussement agreste est encore vantée en 1866 par Louis-Xavier de Ricard[206], qui, dans un recueil poétique de jeunesse, place en regard un « Clair de lune dans un bois » et un « Clair de lune dans Paris »[207].

Dans l'obscurité rassérénée du second XIXe siècle, on espère donc goûter librement tout ce qu'antérieurement la vogue de l'ombre a promis de délices : il est temps, apparemment, de se laisser aller à la fraîcheur ou à la tiédeur inoffensive d'une pénombre plus sûre que par le passé. Dans le *Paris-Guide* de 1867, Amédée Achard[208] invite ses lecteurs à fréquenter davantage les nuits rêveuses du bois de Boulogne : « Le soir serait peut-être l'heure la plus aimable au Bois. Au printemps et en été surtout, lorsque la température est tiède et la nuit sereine, les environs du lac ont des aspects charmants qui invitent aux longues rêveries. La grande nappe d'eau prend, aux clartés de la lune, des proportions infinies dans lesquelles le regard aime à se perdre ; des senteurs balsamiques se dégagent des bois de chênes trempés de rosée. La brise chante dans les sapins, le grand murmure de la cascade retentit dans l'ombre ; il semble qu'un enchanteur ami des solitudes ait fait disparaître Paris[209]. » La perspective romantique conduit à attendre du Paris nocturne le remède à l'insensiblité qui gagne peu à peu des citadins coupés des vérités de la Nature.

Cependant, en dehors des itinéraires balisés du divertissement nocturne, le plaisir de la nuit est affaire d'individus dont l'isolement délibéré garantit l'usage raffiné de l'ombre, promue au rang de luxe pour les sens. Le phénomène pourrait illustrer la quête du bien-être individuel, mêlée à celle de la distinction, où s'épanouissent les élites de l'esprit ou de la fortune au XIXe siècle.

Mais le Paris de Baudelaire reflète, en un sens, l'ambiguïté des perceptions nocturnes de la capitale dans la deuxième partie du siècle, lourdes de plusieurs héritages : faut-il se glisser dans la nuit parisienne pour mieux la sentir, ou s'en retirer pour la dominer ? Faut-il la croire bonne ou mauvaise, moderne ou éternelle ? Nous nous en tiendrons à quelques conjectures, inspirées notamment par la lecture du chapitre consacré par Pierre Citron dans sa thèse à « La Poésie du Paris de Baudelaire »[210]. Bien avant Baudelaire, il est évidemment des Parisiens pour apercevoir dans la nuit la promesse d'une pause bénéfique, d'un exutoire : « Heureux moment, qui rend l'homme à lui-même ! », s'écrie Clovis Michaux en 1826 dans *Les Douze Heures de la nuit*[211]. Attentif à la modernité artificieuse de la grande ville, Baudelaire semble pourtant renouveler les manières de dire, voire de sentir la nuit parisienne ; tout autant que Nerval, il a été un piéton noctambule, et a « fait [...] passer la ville dans sa création » ; l'œuvre manifeste en outre « une sensibilité d'homme des villes », pour qui « la société, la foule, les autres, [...] c'est Paris »[212].

La subjectivité poétique appliquée par Baudelaire à la nuit parisienne prolonge en partie celles d'un Restif de la Bretonne ou d'un Nerval : la nuit est avant tout un moment poétique, valorisé depuis longtemps par la sensibilité romantique, mais opposé désormais à un nouveau contexte diurne. Dans une capitale pleine d'« horreurs » comme d'« enchantements », le soleil tend à se faire cruel, accusateur, et la nuit d'autant plus apaisante, libératrice. Cela pourrait participer chez Baudelaire d'un « sentiment dandyste de Paris »[213], c'est-à-dire d'une façon de s'associer à la collectivité tout en s'en coupant, en la surplombant (la rue nocturne est d'ailleurs moins parcourue par lui qu'observée depuis un lieu privé, situé en hauteur). La nuit parisienne de Baudelaire est celle d'une sorte d'exilé de l'intérieur. Il s'identifie donc de loin, dans une ville « défaite, émiettée », aux silhouettes errantes des déracinés, des êtres insolites (chiffonniers, mendiants, prostituées, voleurs...) qui se faufilent dans les rues nocturnes. Apparemment proche de la curiosité d'un Privat d'Anglemont pour les « existences problématiques »[214], Baudelaire leur dénie pourtant une réelle valeur pittoresque, les présentant plutôt comme des anomalies de la modernité.

La ville réelle et sa face nocturne sont présentes dans *Les Fleurs du Mal*[215] comme dans *Le Spleen de Paris*[216] (faut-il rappeler que le recueil faillit s'appeler *Les Nocturnes*, ou encore *Poèmes nocturnes*[217] ?). Dans le premier recueil, « Le Crépuscule du soir » précède « Le Crépuscule du matin », comme si l'existence du poète devait commencer avec la nuit[218]. Le crépuscule est avant tout, pour le poète, un moment de nuance intérieure[219], d'enivrement mélancolique, qui berce l'âme meurtrie. Cependant, la délivrance procurée par la nuit citadine se révèle souvent ambivalente. La nuit suspend la souffrance existentielle, transforme le sentiment du temps, laisse espérer un renouveau de l'être, ou l'incite à se fuir dans le vide[220]. Mais dans *Le Spleen de Paris*, la forme du poème en prose incite à mettre l'accent sur « l'aspect heurté et discordant de la vie parisienne »[221], sur le caractère insaisissable d'une ville à la fois immonde et sublime. Plus profondément, la nuit du *Spleen de Paris*, comme l'indique le titre du recueil, est saisie dans un rapport d'analogie et d'échange avec l'intériorité de l'auteur, sensible à l'influence du milieu urbain, mais l'investissant aussi de ses propres contradictions.

La vulgarité agitée et criarde de la grande ville heurte en effet la sensibilité aristocratique du poète, avide de la nuit comme d'un remède, mais risquant aussi de s'y ensevelir. Ainsi, « À une heure du matin », le moment est-il venu de rentrer en soi, de récapituler une journée emplie de vaines relations sociales : « Enfin ! seul ! On n'entend plus que le roulement de quelques fiacres éreintés. Pendant quelques heures, nous posséderons le silence, sinon le repos. Enfin, la tyrannie de la face humaine a disparu, et je ne souffrirai plus que par moi-même[222]. » La version en prose du « Crépuscule du soir », bien qu'ambiguë, comporte aussi un aveu de soulagement : « Le jour tombe. Un grand apaisement se fait dans les pauvres esprits fatigués du labeur de la journée ; et leurs pensées prennent maintenant les couleurs tendres et indécises du crépuscule[223]. » La sensibilité au crépuscule traduit celle à la variabilité-même de la grande ville (et de ses rythmes discordants), qui ainsi n'est pas arrêtée dans une lumière stable, mais envisagée à un moment de passage, susceptible de révéler la juxtaposition, à Paris, du labeur, de la volupté, de la souffrance, de l'immoralité. C'est donc une poétique rénovée de la ville nocturne que Baudelaire suggère, posant sur Paris le regard du solitaire affronté à la simultanéité chaotique de l'organisme urbain[224]. Les dissonances de la vie parisienne sont ressenties avec une particulière acuité au moment même où elles s'affaiblissent, en même temps que la difficulté de vivre, parvenue à son comble quotidien, réclame une trêve.

Car Baudelaire semble percevoir la rue parisienne comme un « rugissement », que la nuit suspendrait brièvement. Dans l'appréhension sensorielle du Paris nocturne, la profondeur du silence est, il est vrai, plus fréquemment invoquée que l'impuissance visuelle. L'élévation globale du niveau sonore dans le Paris diurne du XIXe siècle[225] confère une nouvelle valeur à ce silence nocturne, susceptible de reposer, comme chez Baudelaire, mais aussi d'alarmer. La léthargie nocturne est souvent sentie comme un calme trompeur, prélude à des sons déchirants, comme l'obscurité l'est à des apparitions saisissantes – puisqu'elle n'est pas obscurité pour tous. Le sens auditif étant celui qui signale le danger, l'oreille du passant analyse fébrilement le silence. Tout tourne ainsi autour du besoin de la reconnaissance, de la capacité d'assigner un effet à une cause rationnelle : préparées par l'écoute réciproque des pas qui retentissent sur le pavé, les rencontres se font méprises dramatiques ou grotesques – d'autant que les gestes ou les attitudes par lesquels les uns et les autres sont censés manifester leurs intentions sont moins assurés que pendant le jour. De même que la lueur d'une lame dans l'ombre suffit à faire frémir, les sonorités de type métallique, par exemple, prédisposent à l'affolement. La charge émotionnelle du Paris nocturne est donc tout particulièrement liée au retentissement de bruits raréfiés dans un espace public dépeuplé. « Le silence de mort qui plane sur Paris, / Ses fleuves de passants à cette heure taris, / Le bourdonnement creux de cette ruche immense [...] / Tout dans ce vaste bouge inocule l'effroi », écrit-on encore en 1838[226]. Avant 1870, le temps n'est pas encore venu où les triomphes de l'électricité et du moteur auront destitué « l'écoute aiguisée des menus bruits de l'ombre, des craquements, des présences insolites »[227].

Alors que durant le jour, les bruits de la ville, innombrables, en viennent à s'annuler les uns les autres pour se fondre dans un grand magma sonore, ceux de la nuit, plus isolés les uns des autres, suscitent un surcroît de vigilance[228]. Pour se rassurer, on guette, par exemple, les signes de la présence des forces de l'ordre, « quand tout est calme, sombre, et fermé ; lorsque de lointains roulements de voitures, quelques cris faibles et bizarres, et le pas mesuré des patrouilles se font seuls entendre encore »[229]... Et l'on se persuade que l'inertie nocturne de Paris n'est jamais comparable à celle de la province : dès 1818, Michel de Balisson de Rougemont rapporte ainsi son retour d'une réception parisienne, à 2 h du matin : « Je cheminais lentement dans les rues de Paris, au milieu desquelles les réverbères jetaient une lumière pâle et douteuse [...]. La rencontre des patrouilles, le passage des voitures de la campagne qui se dirigeaient en tous sens vers la Halle, le bruit des équipages de quelques heureux du moment, troublaient, à de longs intervalles, le silence de la nuit, et donnaient à la capitale une activité que dans ses jours de fête aurait envié plus d'une ville de province[230]. » D'autres choisissent de s'abstraire de l'étroitesse des ruelles, qui sont autant de cloisons propices aux échos douteux, pour entendre la ville nocturne de haut : à la vision panoramique correspond l'écoute de la Géante endormie, en vogue sous la monarchie de Juillet. Cette prise de hauteur permet aux observateurs d'appréhender l'originalité sonore de la grande ville, c'est-à-dire la présence d'une rumeur continue. « De tous ces sons combinés résulte un bruissement confus qui porte à mon âme l'idée contradictoire d'un silence bruyant et d'un repos tumultueux », constate Étienne de Jouy en 1816 dans son « Paris au clair de la lune »[231]. On retrouve cette impression chez Paul Féval en 1851 : « Bientôt le silence s'établit sur la colline de Montmartre, et l'on put entendre ce murmure sourd, vaste, profond, qui monte incessamment de la grande ville. Ils ont eu raison, ceux qui ont comparé ce bruit, fait de mille bruits, ce bruit sans fin, inarticulé, indéfinissable, au murmure lointain de l'Océan. C'est le souffle de l'immense capitale que l'on entend ainsi respirer, dans la veille comme dans le sommeil. et comme le souffle de toute créature est plus sonore dans le sommeil, on entend mieux, la nuit, la respiration du géant[232]. »

L'aube annonce finalement aux Parisiens du XIXe siècle la clarification graduelle de leur environnement visuel, et la complication symétrique de leur environnement sonore. Selon Alfred Delvau, les coqs ne lancent leur « clairon tapageur »[233] que dans les faubourgs les moins urbanisés ; quant aux cloches matinales, elles seraient peu écoutées des Parisiens : « À Paris, au milieu du bourdonnement confus et discordant de cette ruche d'un million et demi d'abeilles [...], cette voix grave se profanise et son glas mélodieux s'encanaille[234]. » Les bruits du travail sont parmi les premiers à se faire entendre, et la transition de la nuit au jour se déroule sur le mode de la réanimation, comme le laisse entendre Pierre Cuisin en 1822 : « Les ombres s'éclaircissent, la nuit fait insensiblement place aux premiers rayons du jour, les réverbères pâlissent ; partout le réveil de la nature se fait sentir[235]. »

Bientôt, l'activité retrouvée de la grande ville, dont les différents groupes professionnels et sociaux apparaissent par cohortes successives dans l'espace public, aura levé les doutes nocturnes. Peu à peu reprise par la multitude, la capitale n'est plus une atmosphère énigmatique où baigner, mais une fourmilière où chacun connaît sa fonction – seul le flâneur, isolé dans la foule empressée, s'employant avec désinvolture à perpétuer, pendant le jour, une certaine lenteur de promeneur noctambule. La ville ne s'attarde guère dans ce « crépuscule du matin » : le moment qui va de l'extinction des réverbères à la dissolution des dernières ombres[236], et qui n'est ni la nuit ni le jour, suscite plutôt l'incrédulité de ces Parisiens oisifs qui cherchent alors l'abri de leur lit. Ce moment éphémère s'évanouit aussi dans l'indifférence apparente de ces autres Parisiens pour qui le lever du jour marque le début du labeur : se hâtant vers leur lieu de travail, ils contribuent à l'accélération matinale du tempo citadin, donc à l'effacement des langueurs de la nuit. Le Paris du premier XIXe siècle sort de l'obscurité en se frottant les yeux, et en constatant que, retirée avec ses mystères, la nuit a miraculeusement laissé la ville intacte.

*

* *

Au terme de cette prise de contact avec la nuit parisienne du XIXe siècle, les convictions s'avèrent moins nombreuses que les motifs d'interrogation. Entre le charme de l'ombre apaisante et le fantastique latent de la ténèbre inapprivoisée, entre la complicité avec le familier et la distance avec l'insolite, entre l'image novatrice et le tic descriptif, les façons de vivre et de restituer l'expérience nocturne sont difficiles à construire nettement en objet d'histoire.

D'un bout à l'autre de la période, la singularité globale du paysage nocturne n'est pas contestée, mais les façons de la saisir évoluent. L'image d'une ville de nuit à la vie impénétrable, car à la fois privée de présences humaines et ponctuée de présences inhumaines, image si répandue avant le Second Empire, tend ensuite à reculer. Une nouvelle curiosité pour la nuit, lieu d'expériences inédites pour l'individu sensible, se développe à mesure que l'ombre est mieux circonscrite par la nouveauté technique. Et le culte du Paris obscur, voué à ce qui disparaît inéluctablement, ne peut être qu'une attitude nostalgique, déploratrice. Parallèlement, la pratique de la déambulation descriptive et poétique s'enrichit ou se subvertit d'une exploration plus intime, celle de l'ombre intérieure du marcheur. Un certain refus de l'évidence diurne, de la ville de l'efficacité, lié à ce qu'on appellera la sensibilité romantique, conduit à voir dans le Paris de la nuit un décor de métamorphose, annonciateur de la vérité cachée sous les apparences : intemporelle et irréelle, la ville obscure permet l'immersion consolatrice dans l'histoire ou dans l'inconnu.

De sorte que la parenthèse nocturne ouvre une voie, libère d'une cité diurne de plus en plus absorbante, réintroduit la Nature et l'instinct dans la ville. L'attrait pour son atmosphère feutrée apparaît, cependant, en un temps où les victoires de la technique relativisent l'obscurité. Mais il serait vain de vouloir discerner une chronologie assurée des manières de sentir et de dire la nuit urbaine au XIXe siècle : de la Restauration au Second Empire, plusieurs héritages se superposent, se recoupent ou se contredisent, et le majoritaire ne peut être aisément isolé du minoritaire, le corpus des sources disponibles n'étant pas assez large pour permettre une analyse lexicale méthodique. Se confrontent en effet, parmi les Parisiens de l'époque, la volonté d'apprendre la nuit (d'où le regard panoramique), et l'envie de se laisser déborder par elle (d'où la griserie du labyrinthe), autrement dit d'en être le souverain solitaire ou le sujet aveugle.

1.
Lumières

Les nuits parisiennes du XIXe siècle se font objet de discours et lieu d'expériences au moment où les moyens techniques destinés à vaincre l'obscurité gagnent en sophistication. La lumière répandue dans les rues et les beautés nouvelles qu'elle fait exister soulignent alors la supériorité dont se prévaut de plus en plus le monde citadin. Sans aller jusqu'à se référer à la valeur sécurisante du feu domestiqué pour leurs ancêtres les plus lointains[1], les Parisiens du XIXe siècle sont plus familiers que leurs prédécesseurs de la fonction civilisatrice de la lumière – et d'une lumière « laïcisée », distribuée par la puissance publique. Chaque extension spatiale ou temporelle, dans ce domaine, constitue une victoire sur l'habitude ancestrale de résignation à la ténèbre impénétrable. Ne faut-il pas, avant même qu'on ne la surnomme la « Ville Lumière », que Paris se montre digne de sa réputation de ville « des Lumières » et porte haut le « flambeau de la civilisation » ? Depuis la Révolution, Paris est aussi capitale de l'épanouissement matériel et moral de l'Humanité, phare dispensateur d'une lumière vouée à rayonner sur tous. Au siècle supposé du progrès, cette vocation devient incompatible avec l'inertie nocturne ancienne des rues de la grande ville. En bref, les fonctions symboliques ou pratiques dont on charge l'illumination et l'éclairage publics s'ajoutent les unes aux autres depuis la fin du XVIIIe siècle, à mesure que les pratiques sociales se compliquent : c'est donc tout à la fois de civilisation, de souveraineté, de démocratie, de prospérité, de réjouissance, de luxe, de sécurité, de salubrité, de modernité qu'il s'agira ici.

Lumière dedans, lumières dehors

C'est l'espace public qui forme le cœur de notre interrogation. Mais comment comprendre la sensibilité des Parisiens aux progrès de l'éclairage public sans tenir compte de la plus ou moins grande clarté qui règne dans leurs logis ? Les Parisiens du XVIIIe siècle, déjà, manifestaient un goût plus affirmé pour la lumière, se plaisaient davantage au raffinement des luminaires et des miroirs. Si leurs moyens ne leur permettaient pas de les acheter, du moins semblaient-ils en rechercher la présence dans les lieux de divertissement collectif, à l'imitation des intérieurs aristocratiques.

On peut imaginer, pourtant, que les « économies de bouts de chandelle » se perpétuent dans les milieux populaires parisiens du XIXe siècle, ce qui accroît d'autant le succès des torrents lumineux du Boulevard ou des fêtes publiques. On sait que la notion de « confort privé » n'a que peu de sens dans ces milieux pendant la plus grande partie du siècle : pourquoi mettre en valeur par la lumière la pièce unique qui abrite souvent la famille entière, et où l'on ne passe guère que les heures consacrées au sommeil ? Dans les budgets, le poste de l'alimentation écrase tous les autres et ne laisse guère de place à ce qui est tenu pour une dépense superflue, au regard aussi de la difficulté rencontrée pour se chauffer : la chandelle doit suffire à la précision des mouvements quotidiens, et durer le plus longtemps possible. Les progrès de l'éclairage privé à Paris au XIXe siècle sont plus nets parmi ceux que la misère a oubliés. Mais on connaît aussi la surcharge décorative croissante des appartements bourgeois[2], difficilement conciliable avec une lumière trop crue : plus avant dans le siècle, l'impitoyable électricité aura vite fait de désigner la tenture comme un nid à poussière… Le nid bourgeois correspond mieux, pour l'heure, à la chandelle, à la lampe à huile, c'est-à-dire à la flamme qui tremble suffisamment pour laisser autour des objets et des visages une douce incertitude. L'éclairage au gaz, fixe et plus régulier, constitue cependant un premier pas vers la stabilité et la puissance accrues de la lumière privée[3].

Lors des grandes fêtes privées données par les élites, on sait aussi rompre ponctuellement avec cette sage utilisation quotidienne de la lumière pour laisser éclater, dans les pièces de réception, les mille feux des lustres et des glaces. Mais ces circonstances festives situent les hôtels particuliers bourgeois ou aristocratiques à mi-chemin entre lieu privé et lieu public, d'autant que la vogue des grands « raouts »[4] l'emporte peu à peu, après 1815, sur une sociabilité plus intimiste. Ce sont bien des « maîtres de maison » qui reçoivent, mais la subite profusion des lumières – inutile aux réunions plus restreintes des salons, l'art de la conversation s'épanouissant mieux dans le clair-obscur –, assimile leur domicile aux lieux de plaisir ou de spectacle les plus en vogue, auxquels il ne faut rien avoir à envier[5]. La réception élégante se plaît aux pièces spacieuses, qui ne sont pas forcément, dans la maison, celles où vivent habituellement les hôtes ; et l'abondance inhabituelle de la lumière y fait partie du décor attendu, au même titre que les bijoux qui scintillent au cou des femmes. En dehors de ces soirées d'exception, la lumière familiale semble donner tout son sens au mot « foyer ». Allumée, elle ne se répand que graduellement dans la pièce ; on fait cercle autour d'elle pour converser, lire, coudre, jouer, tandis que les alentours demeurent dans la pénombre[6] ; on la transporte éventuellement avec soi lorsqu'on passe d'une pièce à l'autre.

Cette fragilité de la flamme qui, en tremblant, fait tout trembler autour d'elle, a habitué les Parisiens à de subtiles transitions de l'obscurité à la clarté artificielle. La relative rareté de la lumière dans l'univers privé des Parisiens au début du XIXe siècle confère donc une valeur spectaculaire, attractive, aux nouveaux excès de lumière des quartiers commerciaux ou huppés. C'est qu'il s'agit aussi d'éloigner les réminiscences des impénétrables ténèbres du Paris ancien.

Les rues obscures d'autrefois

L'héritage recueilli, en matière d'éclairage public, par les édiles parisiens de la Restauration, de la monarchie de Juillet ou du Second Empire mérite d'être considéré avec attention : par la diffusion de la lumière, les plus entreprenants d'entre eux cherchent à éliminer l'image-repoussoir d'un Paris médiéval enténébré, alors qu'on sait gré au « Roi-Soleil » d'avoir inventé, dans la deuxième moitié du XVIIe siècle, la notion même d'éclairage public, et installé ainsi son autorité rayonnante dans les rues de la capitale[7].

Le Paris du Moyen Âge est en quelque sorte livré à la nuit[8]. La ville n'abrite en effet que trois points permanents d'éclairage « public », proches des lieux de pouvoir : au Châtelet, à la Tour de Nesle et au cimetière des Innocents. Pour le reste, un discret surcroît de lumière provient des veilleuses placées le soir par les habitants dans les niches des madones ou images de saints, censées protéger chaque coin de rue. Avant d'être une œuvre édilitaire, l'éclairage de Paris fut donc une œuvre pieuse : ces « veilleuses » de coin de rue servaient surtout à un balisage sacré de l'espace urbain. N'est-ce pas pour la même raison que les feux de joie allumés sur la place de Grève pendant la nuit de la Saint-Jean[9], le 24 juin, rayonnaient d'une telle intensité, celle des forces du Bien opposées victorieusement aux manifestations du Mal[10] ? Pour pallier l'absence d'un véritable éclairage public, l'initiative des Parisiens est, de plus, ponctuellement sollicitée ; pour les fêtes officielles ou lorsqu'un danger s'annonce, les autorités ordonnent que soit placée à chaque fenêtre une chandelle qui brûlera toute la nuit. Au cours du XVIe siècle, l'idée d'une permanence de l'éclairage des rues semble progresser, mais la responsabilité continue à en incomber aux Parisiens eux-mêmes – d'où une grande inefficacité : les recommandations en ce sens se multiplient dans les années 1550, soulignant les dangers des nuits d'hiver ; mais elles tombent régulièrement en désuétude, en particulier pendant la Ligue. Les « honnêtes gens », qui fréquentent peu les rues après le couvre-feu, négligent la surveillance et l'entretien de cet éclairage privé dont les autorités cherchent à obtenir à bon compte un usage public – puisqu'il s'agit d'obliger les Parisiens à éclairer régulièrement l'extérieur de leur fenêtre, afin que la rue s'en trouve illuminée. Ainsi, jusqu'aux années 1660, les rues de Paris sont dépourvues d'illumination régulière : la lumière se trouve encore du côté de l'exception festive.

Le recours aux « porte-falots » découle directement de cette situation. Ils sont comme les descendants de ces esclaves qui, dans les villes antiques, précédaient, en portant des torches, leurs maîtres obligés de sortir après le coucher du soleil. Ils rappellent aussi les domestiques utilisés au même emploi par les citadins puissants de l'époque médiévale ou moderne. Dans tous ces cas, l'éclairage mobile et individuel vient compenser les manques ou l'absence d'éclairage fixe et collectif. Avec le service des porte-falots ou porte-flambeaux, créé à Paris en 1662, l'usage se professionnalise : l'abbé Laudati-Caraffa a obtenu pour vingt ans le privilège d'établir ces gagne-deniers en costume spécial dans les principales rues de Paris. Sortes de réverbères ambulants, dûment numérotés et enregistrés, ils conduisent qui les loue à l'endroit voulu, en éclairant ses pas tout au long du trajet. À la fin du XVIIIe siècle, les porte-falots, ou « falots », sont encore évoqués par Mercier ou Restif de la Bretonne comme des personnages à la fois habituels et équivoques des nuits de Paris : ils sont soupçonnés tantôt d'espionner pour le compte de la police, tantôt de collaborer avec les malfaisants.

Entre-temps, la monarchie louis-quatorzienne s'est employée à étendre son absolutisme aux lumières de la ville : en 1667[11], en même temps qu'il crée la charge de lieutenant général de police, Louis XIV fait organiser pour la première fois un service d'éclairage public régulier dans la capitale. La destruction volontaire des lanternes, crime de lèse-majesté, entraîne la peine des galères, infligée par un souverain qui détient le « monopole de la lumière officielle »[12]. L'association de la sécurité, de la propreté et de l'éclairage public est promise à un bel avenir, et la responsabilité en incombe au lieutenant général de police, ancêtre du préfet de police. Dès l'abord aussi, la durée quotidienne et annuelle de cet éclairage public est source d'interrogations : l'éclairage public naissant n'est qu'un éclairage hivernal, qui d'ailleurs ne dure pas pendant toute la nuit. Le principe d'un pouvoir central dispensateur de lumière au profit de la sûreté et de la beauté des rues est donc posé, mais ses premières applications ne font que repousser de quelques heures les limites de la nuit « vivable » : l'essentiel n'est-il pas de ménager les sorties vespérales des Parisiens fortunés, dont les allées et venues en carrosse requièrent des rues moins sombres ?

Reste le passage d'une collection de sources individuelles donc aléatoires d'éclairage à la notion même d'éclairage public, au moment où l'usage croissant des illuminations et des feux d'artifice dans les fêtes officielles faisait du souverain le principal distributeur de la clarté, capable d'en user avec raison voire parcimonie pour la mise en ordre ordinaire des rues de sa capitale, ou de la gaspiller spectaculairement pour célébrer la monarchie elle-même. En matière d'expérience de la nuit, ce passage d'un éclairage mobile et privé à un éclairage fixe et public n'est pas sans incidence, comme le montre Paulette Choné : « Même sur un trajet familier, le porteur de lampe s'aventurant dans la nuit trace une voie dont il révèle les détails, qu'il semble ainsi appeler un instant à l'existence. Pas après pas, sa lumière nettoie [...] l'espace nocturne de ses obstacles, d'énigmes pratiques et localisées. [...] À l'"écriture" tâtonnante du noctambule équipé de son fanal s'oppose donc l'illumination souveraine de l'éclairage public. » D'où, sans vouloir forcer l'opposition, la confrontation entre une « nuit archaïque, tissu discontinu, assemblage d'énigmes à résoudre successivement » et une « nuit moderne, substance dont le mystère s'évapore sans résidu, chassé par une force transcendante »[13].

Il semble hasardeux de chercher à se prononcer sur le pouvoir éclairant des lanternes installées en 1667, fussent-elles publiques. Selon Wolfgang Schivelbusch[14], attentif aux étapes du « désenchantement » de la nuit urbaine d'autrefois, il faut attendre le XIXe siècle pour que l'éclairage public fasse mieux qu'entretenir dans les rues des « feux de position », des « îlots de lumière », et produise l'impression d'une clarté continue, d'un espace homogène. Peut-être cette impression affleure-t-elle à Paris dès la deuxième moitié du XVIIIe siècle, grâce à ces réverbères à huile qui succèdent, dans les années 1760, aux lanternes à chandelle de suif, après le concours proposé en 1763 à l'Académie des sciences sur la « meilleure manière d'éclairer une grande ville ». Le succès de Bourgeois de Chateaublanc à ce concours[15] ouvre en effet dans la capitale l'ère des réverbères[16], c'est-à-dire des lanternes contenant une lampe à huile pourvue d'un réflecteur en métal poli, capable d'accroître la portée et l'intensité de la lumière. Ces mêmes réverbères à huile, légèrement perfectionnés, éclairent encore les rues de Paris au XIXe siècle, avant la généralisation du gaz (et même bien longtemps après, dans certains quartiers) : la longue familiarité des Parisiens avec eux se teinte alors de dérision. À la fin du XVIIIe siècle, ils ont encore l'attrait d'une relative nouveauté, mais les appréciations sont déjà contradictoires, notamment chez Mercier ou Restif. Les réverbères se balancent au gré du vent sur une corde tendue au travers de la rue, leur hauteur les mettant théoriquement à l'abri de la convoitise des voleurs (attirés par le cuivre qu'ils contiennent), du fouet des cochers (qui leur reprochent de les éblouir), ou des pierres lancées par les libertins (qui voient dans la lanterne une sorte d'œil de la police). La *Plainte des filoux et écumeurs de bourse à nosseigneurs les réverbères*[17], et celle, parallèle, des *Sultanes nocturnes et ambulantes contre nosseigneurs les réverbères*[18], accusant sur un ton badin le nouvel éclairage d'entraver l'activité ténébreuse des voleurs et des prostituées, font entrevoir une rue nocturne moralisée par la puissance du nouveau procédé d'éclairage. Mais une génération plus tard, après L.-S. Mercier, on ironise déjà sur la tendance des réverbères à allonger et à multiplier les ombres, ou sur l'avarice des « retranchements du clair de lune » (c'est-à-dire l'allumage d'un réverbère sur deux ou leur extinction complète lors des nuits de pleine lune). Peut-être le besoin de lumière publique suscité par le développement de la vie nocturne élégante a-t-il progressé plus vite que l'offre[19].

La période révolutionnaire confère au rapport entre les Parisiens et leurs lanternes une sorte d'intensité dramatique : devenues dès juillet 1789 instrument expéditif de justice populaire, elles sont aussi une source vitale de lutte contre l'effervescence politique incontrôlée. C'est ainsi que, malgré la pénurie des matériaux nécessaires à son entretien, réquisitionnés au profit des armées, l'éclairage général[20] semble souvent de rigueur, en particulier de 1793 à 1795. Les Parisiens du XIXe siècle se souviendront de ce temps où la vigilance contre les risques internes de subversion se traduisait par un supplément de lumière publique : avec la Révolution, le réverbère n'est plus seulement l'équivalent d'un policier, mais aussi celui d'un soldat, mission que systématise le siècle postrévolutionnaire.

DE L'HUILE AU GAZ : UNE VICTOIRE DU RÉVERBÈRE SUR LA NUIT

L'histoire de la transition entre les divers procédés d'éclairage public utilisés à Paris au XIXe siècle n'a pas toujours la simplicité qu'on pourrait attendre. Mais cette histoire est manifestement celle de la conquête de Paris par le gaz. Comme le souligne Jean-Pierre Williot[21], il ne faut pas considérer le bec de gaz comme une simple parenthèse entre la lanterne à huile et la lumière électrique : il appartient pleinement au répertoire de la modernité citadine ; il constitue ainsi un témoin essentiel de la fête impériale et de ses prémices.

La confrontation des procédés d'éclairage public

Après des progrès modestes de l'éclairage public sous l'Empire[22], la plupart des témoignages insistent, au début de la Restauration, sur le caractère désuet de l'éclairage à huile, même sous la forme héritée des années 1760 : les appréciations mitigées de la fin du XVIIIe siècle ont viré au négatif.

Il faut mentionner, pour le comprendre, la persistance des porte-falots et de leur réputation douteuse dans le Paris de 1815. Pierre Cuisin, décrivant *Les Soirées du Boulevard Coblentz*, recommande de fuir les lanternes de ces falots « dont l'escorte dangereuse cache quelquefois [...] le complice de quelque guet-apens[23] ». À l'inverse, un guide de Paris campe les falots en gardiens clandestins et méritants de la sécurité nocturne de Paris : « S'ils protègent les gens tranquilles, ils sont le fléau de toutes les personnes suspectes dont ils dénoncent infailliblement les démarches à la police[24]. » Leur simple existence atteste un besoin de lumière que l'éclairage public à huile ne suffit pas à assouvir. Les quelque quatre ou cinq mille lanternes de forme hexagonale qui se balancent au-dessus des rues dans les années 1815-1820 semblent de plus en plus ressortir à un âge révolu, à un Ancien Régime dont on ne subit déjà que trop les relents dans le domaine politique[25].

C'est aussi le temps où l'on récrimine volontiers contre l'aspect sépulcral des rues de Paris : elle paraît « borgne », cette ville nocturne où les numéros des maisons et les enseignes sont presque invisibles[26], et où les cochers doivent crier pour s'avertir mutuellement de leur présence, comme par temps de brouillard. Les jugements s'aigrissent d'autant plus que les débuts du gaz autorisent des comparaisons peu flatteuses avec le procédé antérieur. On peut, ainsi, lire en 1823 dans *Le Petit Diable boiteux* que « les réverbères [...] jettent [...] des teintes silencieuses et inquiétantes. Les ombres qui en résultent font naître dans l'imagination mille fantômes effrayants »[27]. Une génération plus tard, le regard – rétrospectif, cette fois – est moins indulgent encore : « Les réverbères n'ont jamais répandu autour d'eux une lumière vive et franche ; leur flamme vacillante était souvent tourmentée par le vent, qui trouvait le moyen de pénétrer par des fentes entre les carreaux mal joints de la lanterne ; au-dessous du réverbère, une lumière rougeâtre attristait les objets sans permettre de bien les distinguer ; puis, à quelques pas, l'ombre était plus épaisse, plus ténébreuse encore[28]. »

Les conditions d'introduction de l'éclairage au gaz à Paris sont connues ; nous nous bornerons donc à en rappeler le « calendrier ». L'utilisation du gaz pour l'éclairage fut engagée en France par Philippe Lebon, ingénieur des Ponts-et-Chaussées, qui mena à bien sous le Consulat des expériences décisives[29]. Après la mort de Lebon, un ingénieur allemand émigré en Angleterre, Winsor, s'efforce d'y vulgariser les travaux de son prédécesseur[30]. En 1816, il vient à Paris pour y promouvoir l'éclairage au gaz : il se livre à une expérimentation du nouveau procédé dans le passage des Panoramas et fait construire une usine à gaz derrière la fontaine Médicis en 1818. Dès 1820, la chambre des Pairs comme le théâtre de l'Odéon sont éclairés au gaz. Ces années sont celles où s'organisent les premières sociétés gazières à Paris, tandis que cinq usines à gaz sont établies au nord et à l'ouest de la ville[31]. À chacune des six compagnies est dévolu, sous la monarchie de Juillet, un périmètre précis d'exploitation. Le gouvernement a, en effet, décidé en 1822 que les rues de Paris seraient éclairées au gaz à mesure que les anciens contrats d'éclairage à huile viendraient à échéance[32] : le Paris du luxe profite rapidement de cette forme d'embellissement, au moment où la volonté d'embellissement urbanistique semble se réveiller. Au début de 1829, la rue de la Paix, puis la place Vendôme et la rue de Castiglione sont, ainsi, les premières à être éclairées par le gaz ; le carrefour de l'Odéon et la place du Palais-Royal leur succèdent à l'automne[33]. Puis viennent, au cours des années 1830, la place du Carrousel, la rue de Rivoli, la rue et la place des Pyramides, le marché des Innocents, la rue Le Peletier, le quartier Saint-Georges, la rue Vivienne, la place de la Bourse, les abords du pont Neuf… Il est facile de constater que la lumière nouvelle ne se porte pas prioritairement vers les quartiers populaires, la périphérie ou la rive gauche, dont le tour viendra plutôt à la décennie suivante.

Les critiques initiales ne s'élèvent pas tant contre cette inégalité topographique, simple résultat des mécanismes économiques (les quartiers commerçants sont plus rentables à exploiter), que contre la nature même de l'énergie utilisée. Avant que le produit ne soit banalisé dans la deuxième moitié du siècle, les arguments des opposants au gaz sont exposés en 1823 dans le célèbre pamphlet de Charles Nodier et d'Amédée Pichot, *Essai critique sur le gaz hydrogène et les divers modes d'éclairage artificiel*[34], sous la forme d'un dialogue fictif entre un médecin et son ami qui, au retour d'un voyage, prétend ne plus reconnaître un Paris défiguré par les méfaits du gaz. Rues éventrées, odeurs nauséabondes, arbres malades, murs noircis, risques d'incendie, chaleur étouffante, explosions intempestives, eau empoisonnée, air pollué, gorges irritées, visages féminins enlaidis par une lumière disgracieuse, tous ces maux et quelques autres seraient imputables à la funeste « néo-manie » qui aurait conduit les autorités à répandre en France, sans examen sérieux, une innovation importée d'Angleterre. Nodier s'inquiète moins, cependant, de la luminosité excessive produite dans les rues par le nouvel éclairage que des risques d'intoxication ou d'explosion liés à son usage dans des lieux clos.

La voie est donc libre pour la diffusion du réverbère à gaz. La résistance locale de l'éclairage à huile n'est pas vraiment l'effet d'une concurrence victorieuse, mais plutôt du manque de moyens accordés à certains quartiers, du libre jeu de la promotion ou du déclassement de telle ou telle rue par l'installation d'un éclairage plus efficace et plus coûteux[35]. Dès les années 1840, l'éclairage au gaz est sorti de sa fonction d'apparat pour intégrer le décor banal des rues parisiennes. Les chiffres des *Tableaux annuels des heures d'allumage et d'extinction des lanternes*[36], que nous avons examinés de 1838 à 1852, laissent apparaître qu'un seuil est franchi au début des années 1840 : en 1841, la proportion de lanternes au gaz n'est encore que de 36,5 % ; elle est de 57,4 % dès 1843, le nombre total de lanternes ayant progressé dans le même temps de 2 866 unités, hausse incomparable avec celle des années précédentes. Dès 1852, le triomphe du gaz est consommé, puisque les lanternes à huile ne représentent plus que 2,1 % du nombre total des lanternes.

Allumer, éteindre

Les cahiers des charges imposés par la Préfecture de police aux entreprises concessionnaires de l'éclairage public de Paris, ainsi que les *Tableaux annuels des heures d'allumage et d'extinction des lanternes* constituent la principale source d'information quant à l'organisation quotidienne de l'éclairage et aux conceptions sous-jacentes du temps ou de l'espace nocturnes.

Les contrats liant la Ville de Paris aux entrepreneurs de l'éclairage font sa place au principe de l'innovation permanente, puisque l'administration se réserve le droit de recourir à tout nouveau procédé d'éclairage, si une découverte décisive a lieu pendant la durée de la concession. Par ailleurs, les inspecteurs de l'Illumination procèdent à des rondes nocturnes pour vérifier l'efficacité de l'éclairage, le respect des heures d'allumage et d'extinction des lanternes édictées par le *Tableau annuel*, ainsi que le nettoiement des lanternes et réflecteurs[37]. L'application du cahier des charges relève également de la vigilance des rondes et patrouilles organisées par les forces de l'ordre. En juillet 1819 par exemple, des gendarmes signalent dans leur rapport journalier qu'à 2 h du matin, « il n'y avait aucun réverbère allumé dans la rue Basse-du-rempart, depuis la place d'Angoulême jusqu'à la rue du Mesnil-montant »[38] : allumés, ces réverbères auraient utilement secondé la patrouille ; éteints, ils la mettent en danger.

La disposition des réverbères dans la rue et le processus de l'allumage quotidien sont des indicateurs précieux de la quantité de lumière publique jugée suffisante pour lutter contre la nuit. L'éclairage au gaz conduit à remplacer les lanternes suspendues à une corde au-dessus de la rue par des appareils fixés au mur ou au sol, appareils alimentés par des conduites souterraines. Il faut apparemment attendre la période haussmannienne et son souci des proportions pour que soient installés dans les rues de Paris des réverbères moins hauts et plus proches les uns des autres que les modèles antérieurs, quitte à laisser dans l'ombre les étages des immeubles. Désormais, le réverbère doit éclairer la rue à l'échelle du piéton, et tracer sous ses pas un chemin sans discontinuités[39].

S'agissant des fonctions de l'allumeur, elles évoluent avec la technologie dont il est l'auxiliaire. L'allumeur pittoresque, celui dont on parle, qu'on prend la peine de décrire, c'est celui du premier XIXe siècle, celui de la lanterne à huile, maculé de taches et peu pressé[40]. Sa mission consiste à faire descendre la lanterne au moyen de la corde et de la poulie, à en nettoyer les parois et le réflecteur, à couper la mèche et à alimenter en huile le réservoir. L'allumeur de réverbère à gaz, estompé dans l'ordinaire du quotidien, ne suscite pas de commentaires aussi précis que son prédécesseur, paré de l'attrait de ce qui disparaît. Déqualifié, il n'est plus que le déclencheur machinal d'un miracle technique qui le dépasse. Si le geste de l'allumeur se banalise sous la monarchie de Juillet, le phénomène de la simultanéité d'illumination des réverbères dans tous les quartiers ne laisse pas d'émerveiller : « le système de l'allumage est combiné de telle sorte que Paris entier est éclairé presque subitement »[41], c'est-à-dire en quarante minutes. On ne saurait marquer plus nettement le passage du jour à la nuit, et l'emprise que les autorités entendent détenir sur cette dernière.

De sorte que l'adéquation technique aux contraintes naturelles doit s'affiner : c'est l'objet de la réflexion menée dans les années 1830 par les services chargés, à la Préfecture de police, d'établir les *Tableaux des heures d'allumage et d'extinction des lanternes* renouvelés chaque année. En 1833, sans doute pour rentabiliser davantage l'investissement gazier, le directeur de la salubrité et l'inspecteur général de l'éclairage signalent au chef de la comptabilité de la Préfecture de police qu'existeraient des discordances entre les heures d'allumage et d'extinction prévues par le *Tableau* et les heures de lever et de coucher du soleil, mal calculées[42]. La note met en avant la notion de « crépuscule utilisable », ce qui signale une plus grande attention aux données astronomiques. À partir de cette révision de

1833, et jusqu'à la fin du Second Empire, la durée quotidienne de l'éclairage public à Paris n'évolue plus guère, comme si s'était formé un consensus sur la durée nécessaire de la lumière artificielle chaque nuit. Tout au long de cette période, la durée quotidienne de l'allumage varie donc pendant l'année d'un peu plus de quatorze heures (fin décembre) à un peu moins de six heures (au moment du solstice d'été)[43].

Restait l'hypothèque constituée par l'habitude – héritée des « temps obscurs » – de se contenter, lorsque la lune éclaire Paris, du « demi-allumage », selon une procédure complexe qui vise à prévoir si « la lune sera bonne »[44]. Jusqu'en 1855, les réverbères sont, en effet, divisés entre « becs variables » et « becs permanents ». Les premiers ne sont allumés que lorsque la nuit est noire et que la lune se cache : il s'agit de l'« éclairage général ». Si la lune procure suffisamment de lumière, seuls les becs permanents sont utilisés : on parle alors de « demi-allumage », ou d'« éclairage partiel ». Les lanternes variables sont disposées en alternance avec les becs permanents dans les rues où la clarté de la lune pénètre, tandis que les voies les plus étroites ne sont, en théorie, garnies que de becs permanents, allumés du jour au jour pendant toute l'année. Quant aux espaces plus dégagés que sont quais, ponts, boulevards et places publiques, ils sont, pendant la première moitié du siècle, dépourvus de becs permanents, et ne se trouvent donc éclairés que par la lune les nuits de demi-allumage, avec les conséquences que l'on imagine lorsque le moindre nuage vient s'interposer.

Ces petits arrangements avec la nuit, assimilés à une forme de mesquinerie comptable, sont de moins en moins bien tolérés, comme le relève dès 1816 un officier de paix lors de sa ronde nocturne : « Le demi-allumage qui s'est fait hier et la veille a été insuffisant. La lune ne donnait aucune clarté tant elle était basse [...]. Il est résulté de là qu'on était dans l'obscurité la plus complète depuis la chute du jour jusqu'à 9 h 1/2 sur les quais, ponts, places publiques et les Boulevards[45]. » D'année en année, par la volonté de la Préfecture de police, l'éclairage partiel perd donc du terrain au profit de l'éclairage général, à mesure aussi que l'huile recule devant le gaz. La proportion de becs variables l'été passe de 48,8 % en 1836 à 2,4 % en 1851, la régression s'étant vivement accélérée entre 1840 et 1842. En 1855, on en vient logiquement à la suppression totale du régime variable dans Paris. L'effacement de ce qui subsistait des pratiques archaïques dans les habitudes d'éclairage coïncide avec la volonté de rationaliser la gestion de ce service : en 1855 a lieu la fusion des six compagnies d'éclairage en une unique *Compagnie parisienne d'éclairage et de chauffage par le gaz*[46]. L'administration y voit peut-être la promesse d'une harmonie future entre diffusion de la lumière et rénovation de la ville.

Surtout, par l'extension combinée de sa durée et de son intensité, l'éclairage public semble enfin pouvoir recouvrir la nuit de bout en bout : l'« Ancien Régime » des réverbères pourrait s'être achevé sous la monarchie de Juillet…

LUMIÈRES SÉDUCTRICES : PARIS-VITRINE ET PARIS-DÉCOR

Les réverbères municipaux, bien que situés en première ligne de la lutte contre la nuit, ne combattent pas seuls. La clarté des rues de Paris au XIXe siècle profite au moins indirectement du pouvoir croissant d'attraction venu des lumières commerciales ou festives. Stimulés par la concentration des boutiques luxueuses et des lieux hédonistes dans les quartiers cossus de la rive droite dès la première moitié du siècle, ces usages plus sophistiqués de la lumière s'épanouissent sous le Second Empire. La lumière est reconnue comme le signe le plus patent de la fête. Le phénomène n'est pas à proprement parler nouveau, mais fait écho aux innovations techniques appliquées à l'éclairage public : auréolant la marchandise, la réjouissance ordinaire ou la cérémonie officielle, la lumière séductrice progresse du même pas que la lumière ordinaire après 1820, quand elle ne la précède pas. Préludant au siècle du « tout visuel », les lumières des soirées parisiennes sont déjà, entre 1820 et 1870, des appâts. Nous quittons donc le domaine de la clarté ordinaire, gardienne discrète des nuits de Paris, pour atteindre une lumière superflue, spectaculaire[47], éphémère, dispendieuse. L'exception peut en dire aussi long que la règle : si l'éclairage public vise à rendre les rues nocturnes tout simplement fréquentables, les lumières dont il est question maintenant suggèrent d'autres parcours et d'autres impressions, dans une ville tentatrice et ostensiblement euphorique, qui n'est, bien sûr, pas toute la ville.

Du passant au client : les lumières marchandes

Les analyses célèbres de Walter Benjamin sur la ville vitrine de la marchandise ont mis bien des historiens, souvent anglo-saxons[48], sur les traces du visuel et de ses liens avec la modernité urbaine. On nous pardonnera donc peut-être de n'apporter que quelques éléments d'appoint à ces réflexions.

Les années 1820-1860 sont marquées, dans la capitale, par la coïncidence attendue entre les lieux de grande intensité lumineuse et ceux de la vie nocturne élégante. Les lumières commerciales et l'éclairage public au gaz se conjuguent tout naturellement dans les rues et boulevards où se concentrent aussi passages, boutiques, restaurants, cafés et théâtres. Et lorsque s'éteignent les premières, plus vespérales que nocturnes (elles cessent souvent entre onze heures et minuit, à l'heure de la fermeture), on réapprend soudain la monotone utilité du réverbère, seul véritable veilleur de nuit. La carte des soirées « flamboyantes » est donc sans surprise, où brillent d'un éclat hors du commun le Palais-Royal les passages, et le fameux Boulevard. Les vains efforts de la Préfecture de police pour empêcherer le pullulement des enseignes et « transparents » dans ces quartiers, des années 1820 aux années 1840, sont révélateurs d'une tendance nouvelle[49]. Poussés par le désir d'étendre à l'ensemble de la ville le recrutement de leur clientèle – puisque, littéralement, « tout Paris » passe sur le Boulevard ou au Palais-Royal et que les habitués du quartier ne suffisent plus – les propriétaires de ces boutiques, dont beaucoup restent ouvertes pendant la soirée, se doivent désormais d'attirer le regard, forme primaire mais efficace de publicité. L'appât commercial fonctionne d'autant mieux que depuis la fin du XVIIIe siècle, des glaces de plus en plus nombreuses et des vitrines de plus en plus vastes démultiplient ces lumières commerciales. D'abord limitée à une sorte de fenêtre, la vitrine, qui ouvre le magasin sur la rue, finit par devenir une grande vitre formant à elle seule la devanture des boutiques, dont l'éclairage intérieur augmente aussi et déborde donc de plus en plus sur l'extérieur. La boutique ressemble moins à un salon clos où l'on reçoit, sur le mode aristocratique, des habitués – que dire, alors, des grands magasins du Second Empire ? Elle s'adapte à la circulation vespérale, capte des clients dans la foule des passants.

Le modèle ancien est bien entendu celui du Palais-Royal, dont les cafés, restaurants et maisons de jeu sont, dès la Restauration, de grands consommateurs de lumière artificielle, et qui ressemblerait, au sommet de sa gloire, à une sorte de fastueux souk oriental : « Plus de deux cents jets d'une lumière aussi limpide qu'abondante, plus douce, plus égale et plus vive en même temps que son ancienne et ignoble rivale, dessinent les cintres d'un même nombre d'arcades et versent un jour pur sous les portiques. À cette clarté vient se mêler celle des magasins qui s'échappe par des issues dix fois plus nombreuses [...] ; l'étranger, ébloui, se demande si du rez-de-chaussée jusqu'au faîte, le Palais-Royal ne serait pas tout entier un bazar, et s'il existe une partie secrète et invisible où la population qui l'habite puisse goûter les douceurs du sommeil », s'exclame Eugène Roch vers 1830[50]. Autour de lui se sont développés sous la Restauration et la monarchie de Juillet ces passages où l'on a souvent discerné le laboratoire d'une nouvelle forme d'urbanité. N'est-ce pas notamment parce que ces rues couvertes, qui ont abrité les premières expériences d'éclairage au gaz, étaient plus précocement et plus abondamment illuminées que celles du quartier alentour qu'elles ont connu une telle vogue ? Le passage, fréquemment ouvert le soir, soustrait en effet le piéton aux tracas habituels de la rue – boue, intempéries, circulation dangereuse, exiguïté, obscurité. Il concentre en même temps les attributs de la modernité – l'architecture métallique, la verrière, le gaz. En bref, l'artificialité étudiée du passage et de ses lumières se présente comme une alternative au laisser-aller des sombres ruelles du Paris médiéval, où tout, justement, semble s'opposer à l'aisance du « passage »...

Le succès du Boulevard, un peu plus tardif, doit beaucoup, lui aussi, à l'attraction lumineuse : l'image des soirées du Boulevard se résume en celle d'un flot de Parisiens avançant dans un flot de lumière. Un officier de paix, livrant au préfet de police fin avril 1837 l'inventaire des lanternes et transparents placés en saillie le soir devant les boutiques et lieux publics de l'ancien 6e arrondissement, s'étonne de leur prolifération aussi subite qu'illégale : alors que les boutiques et garnis des petites rues adjacentes se contentent d'une pauvre lanterne à huile pour se signaler aux passants, les cafés, boutiques et théâtres du boulevard du Temple resplendissent de tous les feux du gaz[51]. Il leur faut, il est vrai, rivaliser avec les lumières publiques, moins modérément dispensées ici qu'ailleurs, car selon maints littérateurs du milieu du siècle, « le gaz a été inventé pour les boulevards : ils sont deux éléments inséparables d'une même création [...]. Le Boulevard, avant 9 h du soir en été, avant 5 h en hiver, est une salle de spectacle en plein jour, sans lustre, sans couleur et sans prestige. Un bec de gaz ailleurs que sur les boulevards n'est qu'un lampion perfectionné. Mais quel mouvement [...] dès que la lance de feu du gazier a promené de lanterne en lanterne sa flamme vacillante, et allumé un incendie sur les deux rives de ce fleuve de voitures et de piétons ! Alors, dans une atmosphère où se jouent par grandes masses les ténèbres et la lumière – une lumière opaque et des ténèbres transparentes, car rien ne ressemble à la nature du bon Dieu sur ce terrain du grand diable d'enfer, – alors passent, circulent, s'agitent, se coudoient, se heurtent toutes les splendeurs matérielles et toutes les misères morales de l'immense cité »[52]. La surenchère lumineuse, esquissée dans les années 1830, s'affirme sous le Second Empire : l'installation sur les Boulevards de kiosques à journaux lumineux en 1859, puis de vespasiennes éclairées, parsemées de réclames (remplacées en 1860 par les colonnes Morris[53]), concrétise la nécessité de faire se rencontrer l'attention flottante de ceux qui circulent le soir dans cette artère et la fonction publicitaire nouvelle de la lumière du gaz.

Qu'ont en commun Palais-Royal, passages couverts et Boulevard, sur-éclairés quand vient le soir ? Leur dénominateur commun et la clé de leur réussite commerciale ou mondaine pourraient consister en la modification psychologique et sensorielle qui s'opère lorsque les lumières s'allument, tout particulièrement dans l'atmosphère estivale. La nuit s'efface, et la rue devient alors comme une immense pièce, plus claire même que la plupart des intérieurs parisiens de l'époque – métamorphose plus aisée encore quand cette rue est bordée d'arcades ou couverte d'une verrière. Le Palais-Royal, les passages et les trottoirs ou contre-allées des Boulevards sont appréciés dans la mesure où les lumières du soir les transforment en espaces mi-publics, mi-privés, prolongeant les espaces mi-clos que sont les boutiques, les cafés, les théâtres et les bals eux-mêmes. L'usage privatif, par ses habitués du soir, d'un Boulevard saturé de clarté et de reflets est comme érigé en institution sous le Second Empire : « Le long de ce Boulevard, du côté droit [...], tout est magasins brillants, pompeux étalages, cafés dorés, illumination permanente[54]. » Et ceux qui traversent inopinément cette opulente traînée de lumière, à laquelle leur extraction sociale semble ne pas les destiner, peuvent avoir l'impression de faire irruption dans un salon où ils n'ont pas été conviés. Wolfgang Schivelbusch s'essaie habilement à cette psychologie de la perception vespérale : « Tout espace extérieur artificiellement éclairé est perçu comme un intérieur dans la mesure où il se démarque de l'obscurité qui l'entoure comme s'il était entouré de murs »[55], le « plafond » du Boulevard étant dès lors placé au niveau du premier étage des immeubles, là où s'estompe la portée des réverbères, et ses « cloisons » étant constituées par la succession des vitrines lumineuses.

La portée commerciale de la lumière peut aussi modifier l'apparence nocturne de quartiers plus écartés en jouant sur le spectaculaire, le démesuré, et sur le goût des Parisiens pour le divertissement en plein air. Dès le premier XIXe siècle, les terrasses des grands cafés du Boulevard sont ponctuellement surpassées en éclat par ces jardins luxueux où l'on danse le soir et où l'on vient s'émerveiller aux scintillements des fêtes de nuit. Celles qui sont organisées les mercredis et samedis dans la première moitié du siècle au jardin Tivoli assimilent nettement lumière et féerie : le programme de la « Grande Fête extraordinaire » proposée aux Parisiens en juillet 1823 prévoit, de la tombée du jour à minuit, une ascension en ballon, l'illumination générale en verres colorés de la Montagne qui domine le jardin, et un ruissellement de bombes lumineuses à pluie d'or lancées par Claude Ruggieri, le célèbre artificier[56]. L'exemple du jardin Mabille est plus parlant encore : c'est en le noyant sous une cascade de lumières que ses promoteurs ont fait de ce jardin le rendez-vous des joies distinguées dans les années 1840. Auparavant, le terrain avait en quelque sorte été préparé par les pouvoirs publics, puisque l'architecte Hittorff s'était employé à l'embellissement des Champs-Élysées et de la place de la Concorde de 1836 à 1840 : les contre-allées sont enfin éclairées, et les quinconces, rendus plus sûrs par l'action municipale, sont bientôt parsemés d'établissements de plaisir[57]. En 1844, Victor Mabille dépense donc 500 000 F pour moderniser le jardin de son père : la réputation du lieu repose vite sur les cinq mille becs de gaz dont il est constellé[58]. Le bal Mabille impose son rayonnement dans un endroit qui n'y était pas prédisposé, l'allée des Veuves : l'installation massive de la lumière festive s'avère capable de réorienter les itinéraires mondains. En effet, « le bal Mabille (projette) sur les Champs-Élysées une gigantesque tache de lumière, disproportionnée à sa superficie réelle. Phare multicolore éclairant ce quartier autrefois si triste, énorme boîte à musique dont (fusent) les rires et les ritournelles, il (aimante) littéralement les badauds »[59]. Les soirées estivales des Champs-Élysées, ainsi « dynamisées », s'animent ensuite des lumières et des bruits diffusés en plein air par les cafés-concerts, dont les établissements les plus éclairés sont aussi les plus luxueux, et s'offrent en modèle aux autres[60]. La commercialisation du divertissement ne se passe plus, désormais, de l'attraction des jeux de lumière, délimitant à eux seuls de nouvelles aires d'amusement collectif.

Sous des torrents de lumière : le Paris des réjouissances publiques

C'est aussi que l'exemple vient d'en haut, et que la tradition de l'illumination festive offerte par le souverain, héritée de l'Ancien Régime, se perpétue dans le Paris du XIXe siècle. Le contenu allégorique et pédagogique de ces illuminations publiques ne relève pas de notre propos[61] ; en revanche, leur localisation, leur rythme et l'intensité de leur succès peuvent faciliter la lecture de l'espace public nocturne, qui devient alors le décor d'une ville idéale, presque d'une ville de fiction, où seule compte l'illusion.

Apparemment, le Paris « monumental » du premier XIXe siècle ne bénéficie pas d'une illumination quotidienne, telle que nous la connaissons actuellement. La mise en scène du Paris historique mise, de nos jours, sur une mémoire sélective, à l'image du « Si Paris m'était conté » proposé chaque soir par ces bateaux-mouches dont les puissants projecteurs offrent une « revue édifiante » des façades prestigieuses qui bordent la Seine[62]. Le parcours suggéré par ces illuminations « résume toute civilisation, [...] en est le visage le plus noble : toute misère effacée, toute honte cachée, reste l'essentiel : les constructions du passé, l'urbanité elle-même »[63]. Pendant la période qui nous intéresse, les monuments semblent ne sortir de leur ombre habituelle qu'au soir des fêtes publiques : les textes officiels[64] mentionnent toujours, lors des fêtes publiques, une illumination générale des établissements et monuments publics, ce qui laisse entendre que l'opération n'est que ponctuelle. De même sont exceptionnellement illuminés les endroits où se déroulent les festivités officielles du soir (Champs-Élysées, Tuileries, barrière du Trône...). On utilise alors ces cordons et guirlandes de lumière qui valorisent les lignes architecturales, au grand émerveillement d'un Maxime Du Camp, sensible à tout ce qui fait de la ville un tableau organisé : « Pendant la nuit des fêtes publiques, [...] le spectacle des illuminations par le gaz, où de longs rubans de feu dessinaient le couronnement de l'Arc de Triomphe, reproduisaient les contours de l'Hôtel-de-Ville, s'allongeaient en colliers de perles étincelantes dans les Champs-Élysées, était réellement féerique[65]. »

Pour les Parisiens du XIXe siècle comme pour ceux de l'Ancien Régime, la victoire symbolique du souverain (voire de la République) sur le royaume des Ténèbres se marque avant tout par ces feux d'artifice dont le spectacle les tient par milliers le regard tendu vers le ciel nocturne. Les illuminations pourraient n'être qu'un adjuvant à la féerie pyrotechnique prodiguée par le pouvoir, féerie dont les lieux de divertissement privés n'offrent, lors de leurs fêtes de nuit, qu'une pâle imitation. Le goût populaire du feu d'artifice est, depuis le XVIIIe siècle, un constat récurrent parmi ceux qui prétendent décrire les mœurs parisiennes. Il s'accorde à merveille avec cette naïveté curieuse, cette gourmandise un peu futile pour le spectacle de la rue censées caractériser le petit peuple urbain. Au soir des fêtes publiques, cette avidité se trouve plus que satisfaite : les averses de lumière libérées gratuitement – trait décisif – au-dessus des têtes laissent la foule fascinée et repue, avant de la renvoyer au dédale des rues étroites qui la reconduisent chez elle, à sa nuit habituelle. Pour ces quelques moments de lumière et de bruit intenses auxquels la nuit offre le fond nécessaire, tous les inconvénients issus de la promiscuité nocturne entre « bon » et « mauvais » peuple semblent balayés, car chacun sait que « les Parisiens ne sont jamais rassasiés de feux d'artifice. […] On attend des heures sur ses jambes, pour acheter un insipide plaisir de quelques minutes. Et Dieu sait tous les mouchoirs, toutes les tabatières, toutes les montres, toutes les bourses qui se volent dans l'intervalle. […] À la faveur de la presse et de l'obscurité, il se commet bien des péchés, bien des attouchements illicites »[66]. Le « bouquet final » de la journée de fête publique constitue le principal point de fixation de la curiosité populaire. N'est-ce pas cette même attirance pour le spectacle de l'explosion contrôlée, de la puissance magique détenue et libérée par l'autorité suprême, qui avait provoqué la catastrophe de mai 1770[67] ? L'épisode malheureux, et son cortège d'interprétations polémiques, se serait renouvelé, sur un mode mineur, pendant les fêtes de juillet, sur la place de la Concorde, en 1844 : la foule ayant assisté au feu d'artifice tiré devant le Palais-Bourbon rencontra, ce soir-là, un autre courant qui se dirigeait vers les illuminations des Champs-Élysées, et plusieurs personnes seraient mortes étouffées dans la cohue[68]. Il n'y a jamais loin, dans la rue nocturne, du plaisir au désastre, ni du peuple à la populace…

La valeur d'exception de ces fêtes publiques nocturnes se manifeste tout simplement dans le rythme et le lieu qui leur sont affectés. Leur répartition temporelle varie bien entendu selon les régimes, leur calendrier respectif d'autocélébration. Jusqu'en 1870, la fête de souveraineté coïncide ainsi avec la fête du saint patron du souverain[69] – rarement hivernale, pour le plus grand bonheur des amateurs de feux d'artifice : la Saint-Louis le 25 août, la Saint-Charles le 4 novembre, la Saint-Philippe le 1er mai, et la « Saint-Napoléon » le 15 août. Viennent s'y ajouter la célébration annuelle de la fondation du régime (pour la monarchie de Juillet, les Trois Glorieuses) et, plus ponctuellement, les réjouissances associées à tel ou tel événement heureux ou glorieux (mariage, naissance, entrée du souverain, visite de chef d'État étranger, bataille victorieuse…). Dans le meilleur des cas, les occasions – plus ou moins prévisibles – de réjouissance publique se comptent donc, au cours de l'année, sur les doigts d'une main. La rareté de ces merveilles vespérales explique l'afflux d'un peuple à qui le divertissement gracieux et la possibilité de parcourir, sans être inquiété, les rues nocturnes du Paris opulent ne sont pas si souvent offerts… Car les lieux de la fête sont de ceux qui concentrent la gloire passée et la puissance à venir de Paris, donc de la nation : l'axe de la Seine (dans sa partie occidentale surtout), les quais proches du Louvre et des Tuileries, la place de la Concorde, les Champs-Élysées[70]. Ces grands espaces sont certes choisis pour leur capacité à accueillir une foule innombrable, et pour la sécurité offerte par la proximité de l'eau en cas d'accident[71]. Mais le hasard est heureux, qui fait se dérouler la fête publique sur les lieux mêmes où éclate, dans un cadre monumental, la pérennité souveraine du régime, au-dessus d'un fleuve qui fait miroir. À cet endroit, l'ampleur est telle que rien ne s'oppose à ce que le regard flotte dans l'étendue panoramique du ciel nocturne, liberté inaccoutumée pour ces Parisiens dont la vue est habituellement bornée par l'exiguïté obscure des ruelles populaires. Et à cet instant, Paris apparaît bien tel qu'on veut le montrer : capitale flamboyante du monde civilisé. Bien sûr – on serait tenté de l'oublier –, un autre feu d'artifice est tiré au même moment plus à l'est, place du Trône, pour ce peuple lointain du faubourg Saint-Antoine rebuté par le long voyage vers les Champs-Élysées, mais « à qui il faut aussi sa part de soleils et de bombes tricolores »[72] pendant les fêtes publiques : il s'agit d'une concession, et l'essentiel se tient ailleurs, dans l'autre Paris, celui qui semble prédestiné à la lumière et à ses fastes.

Le déroulement des fêtes publiques semble donc tout entier tendu vers le bouquet final projeté dans le ciel nocturne. Les jeux et divertissements gratuits organisés en plein air, pendant la journée, à la barrière du Trône et aux Champs-Élysées en sont, dans la lumière plus commune de l'après-midi, comme le prélude. À 9 h du soir, lorsqu'au signal lancé des Tuileries commencent les explosions lumineuses au-dessus du pont de la Concorde, la joie populaire doit aussi se trouver à son zénith. C'est sur le thème de l'attente comblée que brodent donc les commentateurs, et les mesures d'ordre prises à l'occasion des fêtes publiques laissent entrevoir les excès où peuvent verser ceux qui sont dévorés par l'envie de voir : ainsi, l'ordonnance de police promulguée à l'occasion de la fête du roi célébrée les 1er et 2 mai 1841 rappelle-t-elle qu'il est interdit, pendant le feu d'artifice, de monter sur les arbres, les parapets des ponts, d'escalader la terrasse des Tuileries, de monter sur les candélabres des Champs-Élysées ou de la place de la Concorde, sur les bassins et statues de cette même place, sur les toits, sur les échafaudages[73]…

La fin du feu d'artifice donne évidemment le signal de la retraite. Cet « après » de la fête publique nocturne ressemble à la fin calamiteuse d'un rêve : la foule qui s'éparpille alors dans Paris cesse d'être embellie et unifiée par son attente enfantine de la lumière souveraine, pour rentrer dans l'ombre trouble des nuits populaires. Car ce retour se fait en ordre dispersé – autant dire dans le désordre. On continue à s'abreuver aux illuminations qui parsèment le chemin du retour[74], ou à s'amuser des pétards que lancent ces gamins qui passent pour les rois espiègles des fêtes publiques et se donnent, « au mépris des règlements de police, des feux d'artifice particuliers durant les deux tiers de la nuit »[75]. Mais l'unanimité sociale s'est muée en confusion, conversion traduite, dans la littérature descriptive[76], par la scène cocasse de l'inévitable orage final, faisant succéder à la plupart des fêtes publiques une panique générale. Tout à coup, dans l'obscurité ressurgie, la pluie défonce les allées non pavées, macule les vêtements, disloque les groupes à la recherche d'un abri. On ne regarde plus le ciel, mais ses pieds. Après les miracles du jour artificiel, les embûches de la nuit profonde. Après les étoiles, la boue. Le retour au chez-soi est donc salvateur : la présence nocturne du peuple pourrait n'être acceptable qu'à l'occasion exceptionnelle de ces fêtes publiques qui suppriment la nuit pendant quelques minutes. Aucune raison de s'attarder ensuite dans les rues, car dans le sillage de cette foule bon enfant, à l'entrée de la « vraie » nuit, ne peuvent continuer à circuler, dit-on, que des individus peu recommandables.

C'est que la profusion des lumières festives n'appartient légitimement au peuple que quelques nuits par an. Encore lui faut-il venir les chercher là où on les lui octroie, dans le Paris des « Messieurs », ceux pour qui cet « extra-ordinaire » de la fête lumineuse se banalise, puisqu'ils en reçoivent un avant-goût régulier dans ces lieux d'amusement dont la clarté est devenue argument commercial.

Le Paris lumineux et le Paris ombreux

Des années 1820 aux années 1860, les lumières de la prospérité ou de la fête sont bien loin de se répartir uniformément à la surface de Paris, mais viennent plutôt renforcer le contraste préexistant entre zones d'ombre populaire et zones de clarté bourgeoise. On peut donc tenter d'observer Paris depuis un promontoire imaginaire, et de profiter de la lisibilité accrue offerte par les lumières dans la nuit. Paul Féval observe ainsi en 1851 que depuis Montmartre, « les réverbères, espacés symétriquement, tracent des lignes, et (qu')avec un peu de bonne volonté, les lampions aidant, on peut reconstruire le plan complet de la grande cité »[77], ce que sans doute l'obscurité plus dense des temps anciens ne permettait pas : la nuit, presque mieux que le grand jour, peut révéler Paris aux Parisiens les plus lucides, en y trahissant l'inéquitable diffusion du progrès. Après le « crépuscule du soir », la hiérarchie des quartiers parisiens se fait donc plus visible, quitte à s'inverser brièvement lors de ces nuits d'insurrection où le désordre populaire du Paris obscur parle plus haut que l'ordre habituel du Paris lumineux. Cette bipolarisation apparente ne doit, bien entendu, être prise que pour ce qu'elle vaut : la nature des sources privilégie une opposition binaire entre pôles de clarté et fond d'obscurité qui, si elle appartient en propre aux représentations que les Parisiens ont de leur ville, conduit à négliger les quartiers intermédiaires, ceux de la pénombre et de la léthargie tranquilles, maintenus dans cette grisaille dont il n'y a que peu à dire.

L'inégale répartition des lumières

L'attention des Parisiens à la qualité de l'éclairage de leur rue provient d'abord du lien noué depuis longtemps entre clarté et sécurité. Les quartiers abandonnés à l'obscurité semblent l'être aussi au grouillement criminel. Le défaut d'éclairage est donc tenu par les quelques habitants un peu fortunés des quartiers populaires comme une forme de négligence ou d'injustice. Si toutes les rues de Paris n'ont pas vocation à se trouver, comme le Boulevard, en état de représentation perpétuelle, les Parisiens respectables (les seuls dont les sources aient archivé la parole revendicatrice, sous forme de pétitions de propriétaires envoyées au préfet de police), aspirent simplement, en matière lumineuse, à ce minimum qu'on suppose capable de sauver des vies. Le réverbère rassure ; on dit de lui qu'il équivaut, dans une rue, à une patrouille. Or, l'inéquité spatiale et ses effets cumulatifs ou ségrégatifs dominent la période, comme le remarque Édouard Gourdon, par la voie ironique d'Asmodée en 1842, à une date où les contrastes entre quartiers sont accentués par la banalisation (sélective) de l'éclairage au gaz : « Vous avez dépensé pour l'embellissement de certains quartiers de la capitale des sommes énormes qu'il eût été plus sage, sans doute, de consacrer à la sécurité de ces rues si nombreuses où le voleur et l'assassin dévalisent et massacrent librement toutes les nuits. Le riche, qui n'a rien à redouter dans l'intérieur de sa voiture, traverse des places et des boulevards toujours généreusement illuminés, tandis que l'homme sans fortune et le piéton ne peuvent en sûreté regagner leurs demeures[78]. »

La conquête du Paris fortuné par la lumière du gaz est opérée, dans ses grandes lignes, dès la monarchie de Juillet. Entre 1820 et 1860, la disposition ainsi dessinée évolue davantage au gré de l'intérêt des compagnies qu'en fonction d'une volonté préfectorale d'uniformiser l'éclairage dans tous les arrondissements. Les cahiers des charges obligent théoriquement les compagnies à éclairer les voies nouvelles ou non encore équipées de candélabres sur simple ordre écrit du préfet de police. Mais, bien évidemment, les premières sociétés d'éclairage au gaz installées sous la Restauration et la monarchie de Juillet ont choisi de poser leurs conduites dans les quartiers huppés ou actifs du centre et de l'ouest, les plus prometteurs pour elles, puisqu'ils leur permettent non seulement de desservir des becs publics plus nombreux qu'ailleurs, mais aussi de solliciter l'abonnement de particuliers fortunés et de commerçants prospères. Selon Edmond Texier, la Ville ne peut contraindre une compagnie à éclairer une rue précise dans le périmètre qui lui est attribué que si les bénéfices prévisibles sont suffisants pour couvrir les frais d'installation et d'entretien[79]. Le 23 novembre 1837, le préfet de police, demandant au conseil municipal l'octroi de crédits supplémentaires pour l'éclairage au gaz, rappelle, soucieux d'ordre public, que « les quartiers Saint-Marcel, du Jardin du Roi, Saint-Jacques et de la Cité, habités par la classe ouvrière, n'ont pas encore participé aux avantages de l'éclairage au gaz »[80]. La répartition devrait être plus juste entre les « rues très commerçantes qui satisfont le plus les intérêts de la compagnie » et, « par compensation, [...] celles où l'intérêt public des habitants le réclame, et où la compagnie aurait moins de bénéfices à faire »[81].

Si les décalages entre quartiers sont flagrants, ils ne le sont pas moins à une échelle réduite, à l'intérieur d'un quartier, entre telle rue et telle autre, plus discrète. Ainsi, lorsqu'on décide, en novembre 1837, d'étendre à une partie de la rive gauche la modernité du gaz, on la réserve aux voies principales – rues de la Cité, de la Calandre, Petit-Pont, rue Mouffetard, rue Descartes, rue de la Montagne Sainte-Geneviève, place Maubert, rue Saint-Victor, rue Galande[82] –, les voies secondaires devant encore se contenter de l'habituelle lanterne à huile[83]. La sécurité des déplacements nocturnes en voiture est ainsi mieux protégée que celle des trajets piétons, et les rues des quartiers écartés ne semblent profiter des progrès de l'éclairage que dans la mesure où elles assument une fonction de passage vers le centre. Pour le reste, cela n'est pas pour surprendre, les plus fortes densités de réverbères au gaz peuvent être observées, pendant la première moitié du siècle, sur la rive droite, dans sa partie occidentale et centrale, c'est-à-dire dans le Paris du pouvoir et du commerce.

Les points de repère lumineux ne sont donc pas répartis harmonieusement dans la capitale, et le débat sur le retard de l'éclairage public dans certaines rues s'amplifie sous le Second Empire, en prenant le tour polémique d'une discussion sur l'attitude ségrégative des autorités. Ce régime ayant, plus clairement que les précédents, affiché un projet d'interventionnisme urbanistique et social, on lui pardonne moins qu'aux autres le laisser-faire et la négligence qui sont de règle dans les quartiers modestes, lorsqu'ils ne sont pas proches de lieux stratégiques (Halles centrales, Hôtel de Ville...). Pour approcher ou égaler le Paris bourgeois en dignité urbaine, les quartiers périphériques ne sauraient se contenter de ces lanternes rouges qui signalent depuis 1836 les commissariats de police[84]. Les rues nocturnes, pour produire une impression de sûreté puis de bien-être, doivent être aménagées et embellies, pas seulement « balisées » par la lumière. Et la décision prise en 1859, au prix de nombreux conflits de compétence entre les deux administrations, de transférer au préfet de la Seine les attributions de petite voirie (donc d'éclairage public et de nettoyage) qui relevaient auparavant du préfet de police semble à beaucoup prématurée : avant de dissocier ainsi le souci de clarté du souci de sécurité pour le placer du côté de l'urbanité prestigieuse, il aurait fallu s'assurer que partout dans Paris, l'ombre mortifère était bel et bien maîtrisée… La priorité du projet haussmannien était ailleurs, dans les possibilités de parure offertes à certains quartiers par l'objet-réverbère. Déjà sous la monarchie de Juillet, Hittorff avait imaginé pour la place de la Concorde des lanternes spécifiques, accordées à la monumentalité du lieu. Sous le Second Empire, le catalogue des modèles de réverbères se diversifie[85], permettant une hiérarchisation plus nette des voies nouvelles et anciennes, une meilleure adaptation à l'environnement architectural : « thème fort du mobilier urbain »[86], créant un « paysage graphique d'une séduisante abstraction »[87], le réverbère s'intègre à l'« urbanisme de régulation »[88] caractéristique du Paris haussmannien. Dans les voies élargies, alignées, pourvues de trottoirs, cette ponctuation verticale soigneusement mesurée contribue, même de jour, à la recherche d'un équilibre entre la façade et la rue.

Précisément, tout Paris n'est pas concerné par les subtilités nouvelles de cette recherche, ce qui, par contraste, attire l'attention sur les zones d'irrégularité négligées par Haussmann. Le cas jumelé des arrondissements périphériques et de la petite banlieue annexée en 1860 révèle la longue persistance des dissymétries spatiales en matière de lumière publique, et nourrit la réputation négative du Paris nocturne des écarts. Nous ne proposerons ici que quelques points de repère chronologiques. Avant l'annexion, les communes limitrophes, mais indépendantes de Paris, sont dans l'ensemble éclairées avec beaucoup de timidité, sans que nous puissions déterminer avec exactitude si leur vie nocturne est à ce point atone : se dégradant du clair à l'obscur à mesure qu'on s'éloigne du « centre » de la capitale, l'atmosphère nocturne semble se rembrunir encore au-delà des limites de la grande ville, jusqu'à se muer en une noirceur susceptible de mettre à mal, par contamination, la sécurité des barrières.

Nous ne donnerons qu'une poignée d'exemples. À La Chapelle, l'éclairage à huile est organisé en 1818 dans les voies principales, grâce à une cotisation des propriétaires, et ne dure que de septembre à avril (le reste de l'année, les nuits y sont aussi sombres que dans un bourg de province…) ; l'éclairage au gaz commence en 1841 sur les boulevards extérieurs et dans la Grande Rue, tandis que les voies secondaires commencent seulement à être équipées de l'éclairage à huile[89]. À Vaugirard, c'est de 1835 seulement que date la première installation de l'éclairage à huile, qu'on fait d'ailleurs cesser à minuit ; il est remplacé par le gaz en 1842 dans les rues principales, et dure alors toutes les nuits entre septembre et avril jusqu'à 2 h du matin, afin de protéger les patrouilles nocturnes de la garde nationale ainsi que la circulation des maraîchers qui se rendent aux Halles ; en 1859, la commune compte 120 appareils à gaz contre 80 à huile[90]. À Grenelle, les débuts de l'éclairage public à huile datent de 1838, et ces réverbères ne fonctionnent que l'hiver, jusqu'à minuit ; dans la rue de la Croix-Nivert, la plus fréquentée, des réverbères au gaz sont posés en 1840 (ils sont éteints tous les soirs à minuit)[91]. Aux Batignolles, à La Villette, à Belleville, à Charonne ou à Bercy, l'éclairage au gaz apparaît entre la fin des années 1830 et 1845[92]. En général, ce sont les compagnies parisiennes chargées des arrondissements limitrophes qui traitent avec ces communes, sans qu'aucun projet d'ensemble régisse l'éclairage de la petite banlieue : la précocité ou le retard de l'installation dépend simplement des ressources de la commune concernée, et l'exemple parisien paraît n'être suivi que de très loin…

On mesure le décalage quantitatif et qualitatif séparant l'éclairage public tel qu'il est pratiqué en banlieue proche[93], encore assez semblable à celui dont Paris bénéficiait sous l'Ancien Régime, et celui que connaissent les Parisiens sous la monarchie de Juillet, même dans les arrondissements les moins favorisés. Passant la barrière pour se rendre aux Halles centrales, le maraîcher de banlieue doit se trouver ébloui par ces mêmes faubourgs de Paris que les habitants des quartiers lumineux de la rive droite trouvent pourtant très sombres… Les nuits des communes de banlieue sont éclairées comme si elles étaient aussi peu actives que celles de bourgades provinciales. Or, ces communes ont reçu un afflux migratoire important depuis la monarchie de Juillet et beaucoup de Parisiens chassés du centre par les travaux haussmanniens s'y sont installés aussi. Leur réputation de refuge tranquille pour les forçats libérés recherchés par la police parisienne ne fait que croître après 1840. Avec l'annexion, Paris doit donc modeler sa périphérie à son image, condition indispensable pour que la greffe de 1860 ne devienne pas funeste au Paris éclatant de la fête impériale.

Mais la compagnie d'éclairage au gaz créée en 1855 se fait prier pour équiper ces nouveaux arrondissements[94] dont les densités de population sont inférieures à celles du Paris central et qui, moins riches, ne promettent pas de grands profits – de même, la nécessité d'éclairer au gaz les faubourgs de Paris sous la monarchie de Juillet avait-elle suscité peu d'empressement, et les autorités n'avaient-elles imposé leurs exigences qu'en garantissant un monopole territorial à chaque compagnie. Écoutons la version d'Haussmann dans ses *Mémoires*[95] : à l'occasion de l'annexion de 1860, il prétend avoir voulu faire profiter les nouveaux arrondissements des avantages du traité passé en 1855 entre la Ville de Paris et la Compagnie. Il importe, en 1860, d'unifier ce service public qu'est l'éclairage des rues, en estompant l'hétérogénéité des statuts et des tarifs en vigueur dans les nouveaux arrondissements. Cette harmonisation des intensités lumineuses est l'objet du traité du 15 janvier 1861 : la Compagnie détenant depuis 1855 le monopole de l'éclairage dans tout Paris l'étend aux territoires annexés[96]. Dès lors, on s'efforce de combler les retards les plus criants. En 1860, l'ancien Paris comptait 15 160 becs, contre 2 812 seulement dans la zone annexée (parmi ces derniers, plus de 700 encore fonctionnaient à l'huile), soit 15,6 % du total, alors même que les huit nouveaux arrondissements équivalent approximativement, à eux seuls, à la superficie des douze anciens. Dans ces nouveaux territoires, l'éclairage partiel, dont nous avons vu qu'il avait disparu de Paris depuis longtemps, n'est remplacé par l'éclairage permanent qu'en 1861. En 1865, l'ancien Paris compte 18 500 becs, et la zone annexée 10 500[97], soit pour le premier une progression de 22 % depuis 1860, et pour la seconde une augmentation de 273,8 %. La « friche » que représentait le nouveau Paris semble donc en voie de « débroussaillage » rapide (mais le seuil initial était, il est vrai, très bas), tandis que les arrondissements plus anciens, adossés à leur avance technique, à leur longue appartenance à la civilisation urbaine, se contentent d'un rythme d'aménagement plus paisible.

Pourtant, certains indices font entrevoir ces chiffres comme abusivement frappants, et laissent à penser qu'en 1870 l'écart des niveaux d'illumination nocturne est loin d'être annulé. Louis Lazare se fait l'écho de cette lamentation en décrivant les nouveaux arrondissements, en particulier ceux de l'est, comme de véritables « Sibéries »[98]. Les négligences de la Compagnie sont incriminées : après le coucher du soleil, « on n'y voit goutte ! »[99], l'inconfort et l'insécurité venant ainsi le disputer à l'isolement et à la paupérisation. C'est aussi que la lanterne à huile, symbole d'archaïsme puis de dénuement, ne semble pas avoir régressé ici à la même vitesse que dans l'ancien Paris, et que désormais sa présence censément pittoresque consterne plus qu'elle n'émeut : « Croirait-on qu'à l'heure qu'il est [...], on trouve encore dans Paris le vieux réverbère, le réverbère graisseux, n'éclairant pas, pendu comme un malfaiteur et représentant le dernier vestige d'un âge oublié ? », s'écrie Maxime Du Camp[100] en 1873. À la fin du Second Empire, l'insatisfaction avait pris une coloration plus nettement politique : à l'heure du bilan, le Paris haussmannisé apparaissait bel et bien comme la vitrine du régime, mais pour le meilleur et pour le pire. Le fossé d'obscurité semblait s'être encore creusé entre les nuits « sibériennes » des quartiers excentriques et les nuits scintillantes, comme orientales, des quartiers rénovés.

On le devine, les inégalités spatiales en matière d'éclairage public, peu corrigées voire aggravées par le Second Empire, ne tardent pas à être assimilées à des inégalités sociales : y aurait-il des Parisiens dont les nuits méritent d'être embellies, et d'autres à qui la vie nocturne ne sied pas ? La question du rapport populaire à la lumière publique peut être posée dans un retournement, à travers l'exemple des nuits d'émeute qui émaillent la première moitié du siècle, et où la rupture avec l'ordre quotidien prend notamment la forme d'une obscurité intrumentalisée, ou même revendiquée.

La nuit des insurgés ou les lumières en péril

Qu'on veuille bien considérer ce passage comme une simple suite de suggestions, élaborée à partir des sources et des lectures les plus accessibles[101]. Ayant choisi comme objet la nuit « ordinaire », ce n'est que par le détour d'une sorte de digression sur le « découpage » du plan de Paris par les jeux de l'ombre et de la lumière en période insurrectionnelle[102] que nous évoquons ces nuits d'exception, de crise collective, et peut-être de vérité crue que sont, particulièrement présentes entre 1830 et 1848, les nuits de barricades[103]. Dès lors, le fameux « Paris à vol de hibou »[104] où Hugo décrit le vieux centre insurgé en juin 1832 comme un « énorme trou sombre » confinant à l'« abîme » ne peut que se présenter sans cesse à notre esprit.

Cherchant à esquisser une lecture politique de l'espace nocturne, l'on songe d'abord à des soirées et à des nuits moins dramatiques, celles des fêtes publiques où les illuminations privées font l'objet d'une surveillance étroite. En plaçant une lampe ou une chandelle à sa fenêtre, le Parisien doit signifier son acquiescement à la réjouissance collective, donc au régime. Une illumination ne peut être un succès si elle n'est générale, et les patrouilles guettent les lumières privées dans la nuit comme autant d'indicateurs de l'état de l'opinion. Leurs rapports oscillent, selon les humeurs de la population, entre la lamentation et la confiance : le 4 mai 1819 (on fête le retour de Louis XVIII en 1814), ils indiquent que « les illuminations particulières n'ont pas été aussi nombreuses qu'on pouvait le désirer »[105] ; et le 26 août de la même année, à l'occasion de la Saint-Louis, on se félicite de constater que « les illuminations étaient assez multipliées, quoique les 3/4 des habitants fussent sortis pour aller voir les illuminations publiques »[106]. Les autorités craignent que l'usage ne se retourne contre elles, avec ces illuminations intempestives qui émaillent l'histoire des relations conflictuelles entre les Parisiens et le pouvoir central au temps des monarchies censitaires. Au soir des défaites gouvernementales retentissent dans les rues les accents du célèbre « air des lampions », entonné par les gamins sous la fenêtre frileuse des bourgeois – les carreaux des récalcitrants risquant d'être brisés[107]. Le baron de Mengin-Fondragon, royaliste ultra, se dit ulcéré d'avoir été témoin du spectacle suivant, le soir du 8 avril 1826, après le rejet par les pairs de la loi d'aînesse : « Rentrant chez moi, j'aperçus quelques maisons illuminées. [...] Parvenu au quartier Saint-Denis, j'entendis l'explosion de quelques pétards, et aux cris ou hurlements si connus de *Vive la Charte !* dans les jours d'effervescence, se joignirent ceux de *Vive la Chambre des Pairs !* Surpris, alarmé même de tout ce que je voyais, et heurté par un homme mal vêtu dont les transports accompagnaient l'ivresse, je lui demandai la cause de ce qui se passait[108]. » Cette atmosphère de charivari et de carnaval qui enveloppe la contestation a été relevée par bien des historiens : ici, elle se nourrit d'une certaine inertie de la nuit traditionnelle dans les quartiers populaires, qui peuvent se singulariser, se reconnaître et affirmer leur puissance collective en se constellant simultanément de lueurs impertinentes.

Que la joie contestatrice se transforme en franche irritation, que la fronde ponctuelle vire à l'insurrection, et la combinaison des réflexes d'occupation de la rue et des impératifs stratégiques transforme les Parisiens révoltés en « ennemi(s) des lumières »[109] (la tentation est grande ici de paraphraser Hugo). La main habile du gamin, résumant à lui seul les traits du peuple enfant et gouailleur, est souvent l'instrument de cette extinction méthodique et acharnée : « Il suffisait parfois d'un quart d'heure à ces drôles pour mettre une rue dans l'obscurité[110] », rappelle Du Camp… La souveraineté apparemment immuable que symbolise la fixité des lanternes publiques est alors bafouée au profit d'une nouvelle légitimité, d'une lueur provisoire qui cherche à résister, puis à s'étendre et à durer, celle de la torche[111] qui voudrait se débarrasser de ses reflets de sang pour se faire pur flambeau. On entre alors dans l'épaisseur dramatique, dans le temps pesant de l'attente ou de la lutte nocturnes, qui font tout à coup affleurer à la surface de la ville les réseaux souterrains de la conspiration et de la clandestinité politique, pour les accoupler plus ou moins efficacement à la spontanéité populaire.

L'épisode inaugural de la Révolution de février 1848, associant l'insoumission, le sang et le théâtre, est sans doute trop célèbre pour que nous y insistions. C'est appelé par la procession de torches vengeresses autour d'un convoi macabre – les corps des victimes du boulevard des Capucines – promené dans les quartiers ouvriers de minuit à trois heures du matin que le peuple de Paris s'est mis en marche dans la nuit du 23 au 24. Nous cédons volontiers, toutefois, à la quasi-obligation de faire entendre une fois de plus la voix – immanquablement accolée à l'épisode et à sa légende – de D. Stern, *alias* Marie d'Agoult, dans son *Histoire de la révolution de 1848*, publiée en 1851 : « Dans un chariot attelé d'un cheval blanc, que mène par la bride un ouvrier aux bras nus, cinq cadavres sont rangés avec une horrible symétrie. Debout sur le brancard, un enfant du peuple au teint blême, l'œil ardent et fixe, le bras tendu, presque immobile, comme on pourrait représenter le génie de la vengeance, éclaire des effets rougeâtres de sa torche penchée en arrière le corps d'une jeune femme dont le cou et la poitrine livides sont maculés de larges traînées de sang. De temps en temps un autre ouvrier, placé à l'arrière du chariot, enlace de son bras musculeux ce corps inanimé, le soulève en secouant sa torche, d'où s'échappent des flammèches et des étincelles, et s'écrie, en promenant sur la foule des regards farouches : – Vengeance ! Vengeance ! On égorge le peuple ! – Aux armes ! répond la foule[112]. »

Avant l'affrontement ainsi devenu inéluctable, c'est le temps du retranchement, de la transformation en ville-piège[113], du retour étrange au cloisonnement de la cité médiévale : chacun sa rue, et la République pour tous[114] ! Le calme nocturne qui précède le déclenchement du combat est aussi trompeur que celui d'avant la tempête, comme le rapporte Canler dans ses *Mémoires* : « Moi seul, avec les hommes de service, veillais pendant cette nuit qui devait être la dernière du règne de Louis-Philippe. Je me promenais dans la grande cour de l'hôtel, et je remarquai avec inquiétude qu'il régnait dans la ville un calme inaccoutumé. On n'entendait ni ce léger brouhaha qui annonce de loin qu'une partie de la population n'est pas encore livrée au sommeil, ni ce bruit des voitures qui trahit les heureux du siècle regagnant leurs somptueuses demeures après une soirée de plaisirs, ni ces bruyantes charrettes qui apportent pendant la nuit les provisions de tout genre que Paris consommera le lendemain. C'était le silence de la mort [...]. Un quart d'heure s'était à peine écoulé que ce silence effrayant était rompu par les cloches de diverses églises sonnant lugubrement le tocsin[115]. » C'est le signal, dont Hugo a tout dit, de la construction des barricades, donc de l'adoption de l'attitude de résistance. Pour l'heure, de part et d'autre, l'ennemi est encore imaginaire ou imaginé, tapi dans l'ombre immobile où brille parfois une lame, et dans un silence perturbé seulement par le murmure de la peur ou le cliquetis des armes. Hugo le fait sentir au sujet de l'encerclement fatal des hommes de Saint-Merry en juin 1832 : « Ombre farouche, pleine de pièges, pleine de chocs inconnus et redoutables, où il était effrayant de pénétrer et épouvantable de séjourner [...]. Des combattants invisibles retranchés à chaque coin de rue ; les embûches du sépulcre cachées dans les épaisseurs de la nuit. C'était fini. Plus d'autres clartés à espérer là désormais que l'éclair des fusils, plus d'autre rencontre que l'apparition brusque et rapide de la mort[116]. »

L'obscurité des quartiers barricadés, dont la répartition géographique se répète étonnamment d'une insurrection à l'autre, assume d'abord une fonction stratégique. « L'invisible police de l'émeute veillait partout, et maintenait *l'ordre, c'est-à-dire la nuit*. Noyer le petit nombre dans une vaste obscurité, multiplier chaque combattant par les possibilités que cette obscurité contient, c'est la tactique nécessaire de l'insurrection[117]. » Retranché dans ce noir qu'on dit lui être familier et qui le défend, le peuple révolté devient une masse plus qu'énigmatique, insaisissable, puisque les troupes ne peuvent attaquer dans les ténèbres sans prendre de grands risques – c'est pourquoi aussi l'imminence de l'aube est un moment si tendu dans ces rues recluses. Derrière la barricade, on espère donc la victoire de cet urbanisme à l'envers qui arrache les pavés, abolit les lumières artificielles[118], sollicite la solidarité du voisinage, et bloque toute circulation, renvoyant la ville qui se croit moderne à son passé médiéval et l'État central au risque de dissolution qui le menace toujours. Le monde silencieux des barricades, qui gouverne pour un temps le Paris populaire, figure aux yeux des conservateurs le « chaos ténébreux »[119]. La réinvention instantanée qui préside à son surgissement en 1830, 1832 ou 1848 attise la peur bourgeoise par le sentiment d'une incompréhensible ubiquité. Dans ces rues pétrifiées où se joue l'avenir de la nation et la dignité du camp républicain, l'« horreur sacrée »[120] perçue par Hugo se mesure à la profondeur du silence de la nuit[121]. On imagine aisément par quelles visions de cauchemar les classes dominantes peuvent emplir ce vide, interpréter cet inconnu disséminé dans la ville : ainsi, en juin 1848, des rumeurs auraient couru selon lesquelles les insurgés s'apprêtaient à détruire toutes les conduites de gaz pour pratiquer aisément, dans l'impunité des ténèbres, le viol, le pillage, l'incendie, puis le massacre général des propriétaires…

De sorte que quand tout est fini, le retour à la normale doit se traduire par un retour à la lumière[122] : l'ordre insurrectionnel, qui inverse la hiérarchie habituelle du jour et de la nuit, doit s'effacer devant une clarté nouvelle, de quelque légitimité qu'elle se réclame. La nuit des barricades est vouée à l'éphémère, puisqu'elle s'achève souvent par le massacre. Dans les jours qui suivent l'émeute, c'est aux lumières privées les plus légalistes que les autorités font appel, en attendant que les travaux de repavage et de réparation de l'éclairage aient rendu la rue à la vie habituelle. Le 27 juillet 1830, c'est en vain que le préfet Mangin, digne des édiles médiévaux, avait prié les Parisiens de placer des lampions à leurs fenêtres pour éclairer la voie publique et de manifester ainsi, contre les troubles de la rue obscure, leur fidélité au régime des Bourbons[123]. Après la victoire – même amère – des insurgés, au mois d'août, les Bulletins de Paris se veulent rassurants : « L'éclairage commence à se rétablir partout. Le pavage se continue sans relâche[124]. » C'est signe que la fureur populaire est apaisée, et que le nouveau monarque peut se croire promis à un rayonnement durable. Deux décennies et bien des soubresauts plus tard, en décembre 1851, une autre dynastie se perpétuait au pouvoir, non pas à la suite d'une insurrection populaire victorieuse, mais d'un coup d'État ourdi dans le secret d'une ombre qui couvrit affichage de proclamations et arrestations diverses. Les quelques nuits de stupeur et d'impuissance républicaine qui succédèrent à l'épisode semblaient prouver que le peuple parisien, peu réceptif aux harangues des défenseurs de la légalité, et comme devenu simple foule de passants sur le Boulevard, se résignait pour quelque temps, en échange d'une protection autoritaire, à abandonner la rue au réverbère et au sergent de ville. Aucune torche n'éclairait plus des « barricades vides »[125].

LA NUIT ABOLIE ?

Pris entre ombres ancestrales et lumières nouvelles, les hommes du XIXe siècle furent les premiers à envisager une suppression radicale de la nuit urbaine par la lumière artificielle, au risque d'en provoquer le « désenchantement ». Loin des mystères anciens de la nuit toute-puissante, la clarification issue du progrès technique distille la fierté de maîtriser les lois naturelles. L'espace et le temps de la nuit parisienne appellent une conquête intégrale, et la défaite irrémédiable des temps obscurs est proclamée haut et fort avant même qu'elle n'ait eu lieu. En ce siècle postrévolutionnaire, ne doit-on pas croire au progrès matériel ? « Maintenant, depuis que le gaz a pénétré dans les ruelles les plus étroites de la grande ville, il n'y a véritablement plus de nuit à Paris, puisqu'il n'y a plus d'obscurité », se risque à affirmer Julien Lemer dès 1861[126]. Bien sûr, entre dans ces fanfaronnades la volonté de procéder à la célébration verbale d'une ville presque auréolée d'avoir été débarrassée, depuis 1851, de la sédition ténébreuse. Mais la grande majorité des Parisiens communie indéniablement au culte de la lumière conquérante dans ces Expositions universelles où le régime voudrait résumer ses réussites. Quant à la vogue croissante du loisir vespéral et nocturne, elle ne se comprend pas non plus sans cette représentation nouvelle de la ville épanouie, grâce à la technique triomphante, dans un « éternel printemps »[127], qui permet aux esprits les plus imaginatifs et les plus optimistes de s'élancer vers la vision de la cité éclatante du futur.

Premiers éblouissements électriques : le soleil en face

L'éclairage au gaz domine incontestablement toute la période. Mais son hégémonie et son efficacité n'excluent pas, dès les années 1840, l'expérimentation d'autres procédés d'éclairage dans l'espace parisien, puisque le processus de l'innovation scientifique, valorisé par l'ère industrielle, suppose la recherche permanente du mieux ou du moins cher. Jusqu'aux années 1880, la puissance insuffisamment maîtrisée de ces procédés les condamne plus ou moins à rester expérimentaux, mais les consacre également comme objet de curiosité pour les Parisiens qui voient dans ces démonstrations la promesse de l'inéluctable recul de la nuit archaïque. Elles leur montrent, dans le même temps, une autre ville nocturne, où l'artificiel n'est plus un simple adjuvant, mais peut régner de manière presque tyrannique.

Puisqu'il faut à ces expériences de grands espaces, la place du Carrousel est une de celles où, à la fin de la monarchie de Juillet, on vit poindre les lumières de l'avenir. En juillet 1844 y est installée une colonne en bois surmontée d'un appareil d'éclairage importé d'Angleterre, et appelé *bude-light*. Sa puissance est tellement inaccoutumée que les Parisiens viennent s'y éblouir – comme ils viennent s'éblouir aux feux d'artifice ou s'émerveiller aux dioramas – sans jamais pouvoir fixer vraiment le foyer lumineux placé au centre de la place. La presse se fait largement l'écho de cette tentative[128], et l'on se perd en conjectures : s'agit-il d'éclairage « galvanique », ou du perfectionnement ultime de l'éclairage au gaz ? Cette source unique de lumière, qu'on a substituée, sur la place, à la dispersion habituelle des réverbères, mêle le prestige d'une clarté extrême aux désagréments d'une clarté violente. Le vigoureux faisceau, constitué, selon les commentateurs les plus précis, de la jonction de plusieurs becs de gaz en un seul jet lumineux, se révèle bien plus agressif pour les yeux – ceux des passants comme ceux des chevaux – qu'une lumière disséminée entre plusieurs foyers de plus faible intensité. Edmond Texier témoigne de la présence de ce phare « provisoire » et de ses imperfections sur la place du Carrousel jusqu'au début du Second Empire au moins ; il laisse entendre que la solution est trop brutale, et que la gêne a fait oublier le premier mouvement d'admiration : « Le foyer est tellement éclatant qu'il éblouit les yeux des passants, et, au-delà d'une certaine limite, l'obscurité paraît si grande qu'on a peine à distinguer les objets éclairés par les becs ordinaires[129]. »

L'exigence d'une lumière publique homogène, assez forte pour dissoudre la nuit, mais assez douce aussi pour la rendre « confortable », se renforce donc dans la deuxième moitié du siècle. On espère une meilleure adéquation de la science aux besoins concrets du citadin. Lors de ses premières applications à l'éclairage de Paris, dans les années 1850, la lumière électrique semble impropre à cette humanisation de la ville : elle se situe plutôt dans le registre de l'abstraction ou du pur spectacle, bref de la force lointaine. Il faudra du temps pour que la « fée » dominatrice se fasse simple « servante »[130]. Jusqu'aux années 1870, on ne peut compter, en effet, que sur la lumière aveuglante produite par la lampe à arc électrique, dont les premières démonstrations avaient eu lieu au début du siècle. Trop forte et trop blanche, elle n'est guère adaptée qu'à l'illumination des grands espaces, d'où son utilisation lors de circonstances festives ou sur les chantiers où ont lieu des travaux nocturnes (elle y permet un allongement considérable de la journée de travail). Si Haussmann se montre hostile à l'usage de la lumière électrique dans l'éclairage public[131], les bouleversements qu'il impose au tissu urbanistique ancien contribuent indirectement aux premières apparitions de cette lumière fulgurante dans le paysage nocturne de la capitale. Ainsi, les travaux de nivellement de la rue de Rivoli en 1854 attirent-ils immanquablement l'attention des Parisiens, à en croire la *Revue de Paris* : « Si, par une de ces dernières soirées de novembre, le hasard vous a conduit vers les parages bouleversés et en ruines du quartier de l'Hôtel de Ville, vos yeux auront été frappés de loin par l'éclat d'une lueur extraordinaire qui projetait dans une étendue immense ses éblouissants reflets. » On ne se lasse pas du « magique effet de cette région illuminée d'une clarté sidérale et qui se détachait avec une incroyable vigueur sur les ténèbres profondes où restaient ensevelis les objets environnants » ni du « voile éthéré et radieux qui remplissait un espace immense de son auréole d'azur »[132]. Les délais imposés par l'imminence des Expositions universelles en 1855 et en 1867 firent également des chantiers nocturnes liés à ces manifestations une ruche immense, en activité 24 heures sur 24 : dans le jour factice des phares électriques éclatait la démesure de l'ère industrielle.

S'agissant d'éclairage public, cette technique balbutiante présente le défaut d'accumuler la lumière en un point précis et d'épaissir, en contrepartie, l'obscurité qu'elle semble concentrer un peu plus loin : la rue nocturne cesse alors d'être à l'échelle de l'homme. Car la ville n'a pas la simplicité d'une surface plane qu'il suffirait de balayer de lumière : elle n'est ni un immense chantier ni une mer uniforme dont il faudrait percer la brume. Tant que la lumière électrique n'éclairait qu'à grande distance, elle ne pouvait donc trouver dans la capitale que des applications ponctuelles. Les besoins quotidiens de la société urbaine, en quête de liberté et de bien-être nocturnes, coïncidaient mal avec ce gigantisme, et orientaient plutôt vers un éclairage efficace mais proche, susceptible d'entretenir dans la rue une ambiance intime – ce que le gaz, après tout, ne réussissait pas si mal. L'éclat nouveau de l'électricité, « comparable à celui du soleil »[133], ne pouvait être supporté ; et l'effet de prodige l'emportant trop sur celui de familiarité, la lampe à arc n'éclaboussait guère la gloire tranquille du gaz. Comme on le sait, l'obstacle fut levé grâce à l'invention par Edison de la lampe à incandescence et à filament en 1879 : désormais, la lumière électrique devenait divisible en de multiples foyers d'intensité moyenne, et entrait ainsi en concurrence directe avec l'éclairage public au gaz, auquel elle allait pouvoir opposer un confort visuel comparable, une sûreté accrue et une plus grande propreté. L'électricité n'était plus réservée à une illumination puissante, mais se révélait également capable d'éclairer avec mesure[134]. La révélation de ces aptitudes et de cette souplesse nouvelles fut faite aux Parisiens lors de l'Exposition internationale d'électricité qui eut lieu pendant l'été 1881 au Palais de l'industrie[135]. Le processus de vulgarisation se poursuivit jusqu'à l'Exposition universelle de 1889, restée dans les mémoires comme une grande fête électrique.

Cependant, ce vif succès de curiosité n'impliquait pas la mort subite du réverbère à gaz, ce qui en dit long sur sa capacité de résistance et, rétrospectivement, sur la solidité de son intégration à l'univers nocturne de Paris au XIXe siècle. Dans un contexte scientifique où l'avènement des réseaux électriques semblait annoncer le rétrécissement progressif du temps et de l'espace par l'accélération générale de la vitesse[136], le gaz, témoin de la première révolution industrielle, ne se laissait pas aisément priver de l'emprise exercée dans les rues de Paris depuis les années 1820[137]. Alors que la lanterne à huile produisait, au début de la diffusion du gaz, une impression d'anachronisme, le réverbère à gaz, encore présent dans certains quartiers parisiens au XXe siècle, appuie sa résistance sur un long passé d'efficacité reconnue et sur une certaine capacité de renouvellement (pas seulement sur cette simple force d'inertie qui explique en grande partie la survie de l'éclairage à huile). Depuis les années 1840, les habitants des quartiers que la modernité a faits siens et que les autorités n'ont cessé de choyer se satisfont globalement de l'intensité d'un éclairage au gaz qui semble ajusté aux besoins de leur vie nocturne.

La nuit n'a pas d'avenir…

Les représentations successives ou juxtaposées de la nuit « archaïque » et de la nuit « moderne » sont modelées par ces projets un peu fous grâce auxquels certains techniciens ou hommes de science s'efforcent, depuis l'Ancien Régime, d'accomplir en esprit le tour de force qui consisterait à éluder la nuit naturelle, indigne de la capitale des Lumières. Supprimer la nuit appelle des solutions ambitieuses : pourquoi ne pas la « prendre de haut », et empêcher littéralement qu'elle ne s'abatte sur Paris, en plaçant la ville sous l'égide monumentale d'un immense phare central ? Puisque les modestes réverbères, placés à la hauteur de l'homme, se trouvent à la merci des caprices des noctambules, et qu'ils cohabitent difficilement avec les vestiges du Paris médiéval, le plus commode n'est-il pas de les remplacer par un astre unique et inaccessible, situé dans le ciel de Paris ? Ce rêve est nourri depuis le XVIIIe siècle, et manque d'être réalisé à la fin du siècle suivant. « Nocturne » et « moderne » apparaissent, dans ces projets, comme deux qualificatifs parfaitement antinomiques : mettre la nuit entre parenthèses, c'est à la fois gagner du temps et de l'espace ; c'est aussi augmenter le capital symbolique de la civilisation urbaine.

En l'an X, l'imprimeur Dondey-Dupré s'efforce de flatter le goût napoléonien des grandeurs en soumettant au premier consul un projet où il envisage de remplacer par de gigantesques phares les déjà pitoyables réverbères à huile. La portée politique du projet l'emporte nettement sur sa rigueur scientifique. L'auteur dit à Bonaparte ce qu'il veut entendre, à l'aide de comparaisons bien choisies : « La capitale d'un grand empire, la première ville de l'univers, Paris veut une illumination imposante, auguste. […] Alexandrie […] était éclairée par un phare qui fut vanté comme une des sept merveilles du monde. Avant elle, les villes maritimes de la Grèce, et postérieurement celles de l'Italie, en avaient distribué sur leurs côtes, pour éclairer l'entrée de leurs vaisseaux dans les ports ; de même il faut à Paris de *vastes PHARES* pour son illumination[138]. »

On pourrait extraire de la littérature descriptive parisienne bien des exemples pour illustrer la fortune de l'image du phare nocturne au cours du XIXe siècle – mais les interpréter est une tâche plus malaisée, puisqu'il s'agit de parler de ce qui est à partir de ce qu'on rêve de voir advenir. Il faut bien constater, toutefois, que ceux qui s'efforcent d'imaginer le Paris de l'avenir intègrent souvent le phare à leur vision, ne serait-ce que par le détour de la métaphore : Paris n'est plus ici la moderne Babylone, la ville immorale condamnée à tomber en cendres, mais la capitale universelle des forces de l'esprit. Lorsque Eugène de Mirecourt accomplit en 1855 un « saut dans l'avenir », c'est-à-dire dans le Paris de 1955 vu à 2 h du matin, il le conçoit ainsi : « Une multitude de soleils électriques jettent leurs rayons à la ville du haut de cent phares immenses. Ils remplacent le soleil de Dieu. La foule des passants se heurte sur les trottoirs, et, le long de la chaussée, courent d'étranges véhicules, dont on n'a pas idée de nos jours. Paris ne dort plus[139]. » Cinq ans plus tard, en 1857, le « Paris futur » de Théophile Gautier n'est guère différent, quoique plus audacieux : « Il n'y aura plus de nuit : sur chaque place s'élèveront des phares, des minarets d'architecture mauresque, dont le sommet portera des aigrettes de lumière électrique d'un éclat si intense que le gaz se détachera en noir sur sa flamme. [...] La seule chose à quoi l'on pourra reconnaître la nuit, c'est qu'on y verra plus clair que dans le jour. [...] Les hommes de ce temps-là dormiront très peu ; ils n'auront pas besoin d'oublier la vie dans cette mort intermittente qu'on appelle le sommeil[140]. » L'idée est encore caressée par Gustave Claudin en 1862, dans une conclusion où la capitale est décrite comme indéfiniment offerte au processus de civilisation et de modernisation : à l'avenir, assure-t-il, les sciences et l'électricité apprendront aux Parisiens comment « supprimer complètement la nuit. Elles inventeront des petits phares qui seront les doublures du soleil »[141]. Quant à Victor Fournel, lorsqu'il imagine en 1865 le Paris de 1965[142], c'est pour projeter l'image plus ironique d'une ville immense, sorte de caricature des excès de l'haussmannisation : la capitale, où tous les monuments anciens ont été détruits par souci d'alignement, d'uniformité et de symétrie, est devenue une pure « ville d'exposition »[143], qui bannit tout détour pittoresque ; elle est faite pour être mécaniquement visitée par de riches étrangers, mais elle est devenue invivable pour ses habitants. Organisé autour d'une vaste place à partir de laquelle rayonnent cinquante boulevards de cinquante mètres de large, boulevards qui alignent des maisons de cinquante mètres de haut, le « Paris futur » de Fournel, presque foucaldien, est dominé par une colossale caserne surmontée d'un phare inquisiteur, « œil immense et vigilant d'où, chaque nuit, un jet puissant de lumière électrique s'élançait sur tous les points de la ville »[144]. Peu importe ici l'ironie : lumière et modernité sont bien indissociables, fût-ce dans une conjonction impitoyable.

De telles anticipations peuvent s'épanouir en des applications plus concrètes, ou en tout cas des projets plus minutieusement argumentés sur le plan technique. En 1885, Jules Bourdais, architecte, et M. Sebillot, ingénieur électricien, présentent, en vue de l'Exposition universelle de 1889, leur *Colonne-Soleil, projet de phare électrique pour la ville de Paris*[145]. L'édifice aurait 360 mètres de haut, et suffirait à éclairer toute la ville. Son foyer lumineux serait « une sorte de soleil descendu sur la terre »[146]. Pour le supporter, nul autre choix que la colonne, puisque « c'est sur des colonnes qu'étaient portées les statues des grands hommes de l'Antiquité » ; en toute logique, « c'est sur une colonne, plus haute que toutes celles qui ont jamais été édifiées, que [...] semble aussi devoir être portée cette grande lumière, due au génie du XIXe siècle, qui a su reproduire la foudre et l'asservir aux besoins de l'humanité »[147]. Le chapiteau de ladite colonne pourrait abriter une plate-forme capable d'accueillir mille personnes à la fois, foule acheminée par des ascenseurs pour profiter d'une vue exceptionnelle sur Paris[148]. Ce phare, surmonté d'un génie de la science, serait placé au centre géométrique de Paris (quelque peu décalé vers l'ouest...), dans le jardin des Tuileries ou sur l'esplanade des Invalides, et serait capable d'éclairer un cercle de 11 kilomètres de diamètre. Par là même, l'année où l'on célèbre le centenaire de la Révolution française et la victoire définitive de la république parlementaire, son héritière, Paris serait définitivement consacrée capitale des Lumières, au terme d'un siècle longtemps miné par l'ombre sociale. La colonne de lumière, élancée vers le ciel et le progrès, éclipserait aussi les souvenirs de toutes les sombres Bastilles médiévales ; un astre démocratique – puisque par définition tous les quartiers se trouveraient équitablement éclairés – succéderait à la tyrannie du roi qui voulait se faire soleil. Malgré toutes ces qualités pédagogiques, le comité de préparation de l'Exposition universelle préféra à la « Colonne-Soleil » le projet de Gustave Eiffel, dont la tour métallique servirait d'emblème à la République et à la raison triomphantes. Le procédé de J. Bourdais et de M. Sebillot risquait d'être inefficace en cas d'intempéries ; surtout, quelques années après une guerre civile parisienne prompte à abattre les colonnes, il pouvait sembler périlleux de concentrer en un seul point, fût-il très élevé, les sources vitales de l'éclairage public.

La suppression totale de la nuit à Paris était donc remise à plus tard, et restait cantonnée à la pensée utopique ou futuriste, ce qui ne signifie pas une absence d'incidence sur les représentations communes. Jules Verne semble avoir saisi, dès les années 1860, la distance qui séparait encore de cet horizon technique peut-être néfaste : dans le *Paris au XXe siècle*[149] qu'on lui a récemment attribué, il imagine la ville de 1960 comme un port immense, relié à la mer par un long canal, traversé par un métro suspendu et par de silencieuses automobiles. Cette métropole où le pouvoir de l'État, de la technologie et de l'argent lamine les individualités marginales ou créatives se trouve entièrement régie par l'électricité, sous le colossal phare de Grenelle, qui n'a cependant pas éliminé les indispensables réverbères, seuls capables d'aller traquer l'obscurité au ras du sol…

*
* *

Le chemin parcouru est long, qui mène des lanternes réelles de 1815 au phare rêvé des années 1880. Entre-temps, la ville nocturne s'est peuplée et révélée à elle-même à mesure qu'elle s'irriguait de lumière, et que cette dernière sécurisait les parcours, hiérarchisait les quartiers, mais aussi fascinait et attirait de plus en plus pour elle-même. Le nouveau monde délimité par ce rayonnement se place sous le signe de l'instantané et de l'uniforme ; il prélude à l'irruption des masses et de leur consommation indistincte du loisir nocturne. La lumière du gaz, et plus encore la lumière électrique sont de celles qui s'insinuent dans les recoins pour les « nettoyer » – en cela, la seconde coïncide opportunément dans le temps avec la peur de l'invisible issue de la révolution pastorienne. Plus propre, plus régulière que ses devancières, l'électricité met de l'homogénéité dans les rues de Paris et de la netteté dans les intérieurs. Mais elle « produit aussi une perte. Elle désapprend les prestiges de l'ombre, la beauté des visages révélés par un éclairage dissymétrique, la saisie des silhouettes à peine entrevues, à peine désignées par le bruit et par le sillage ; elle prive des apparitions incertaines […]. En bref, elle appauvrit la gamme des phantasmes »[150]. La nuit qui nous retient ici est antérieure à cette rationalisation, qu'on peut, en effet, concevoir en termes de déperdition. Ainsi, après avoir parcouru la scène mouvante de cette nuit des années 1815 à 1870, nous pouvons essayer d'en identifier quelques pratiques et quelques acteurs – en commençant par ceux que les lumières du divertissement séduisent.

2.
Noctambulismes

L'aménagement de la rue par la lumière autorise un nombre croissant de Parisiens à s'adonner à la volupté ou à l'étrangeté de la nuit. Parler plus synthétiquement de « vie nocturne », c'est désigner implicitement une activité dominée par le plaisir, la liberté, jusqu'à la pratique d'on ne sait quelles turpitudes interdites par la crudité de la lumière diurne. C'est en tout cas de cet œil méfiant ou vaguement envieux que dans le Paris du XIXe siècle, la race de ceux qui se couchent tôt regarde la race de ceux qui se couchent tard – les observateurs des mœurs parisiennes s'évertuant, dans leur ardeur typologique, à établir, au-delà du vraisemblable, la séparation radicale, presque biologique, des « diurnes » et des « nocturnes ». Nous nous attarderons peu sur le contenu culturel de cette vie nocturne : notre propos concerne avant tout l'évolution des lieux, des rythmes et des usages du loisir vespéral et nocturne qui semble, par sa récurrence quotidienne, distinguer la capitale du reste du pays.

Longtemps, ce sont les seuls historiens du mouvement ouvrier qui ont porté leur attention sur la revendication d'un temps libéré. Dans la direction tracée par les sociologues[1], Alain Corbin montrait récemment[2] que c'est tout autant du côté du loisir que du côté du travail – les deux pans étant inséparables – qu'il faut rechercher, au cœur du XIXe siècle, la genèse des répartitions temporelles du XXe. Globalement, un rythme « bourgeois » paraît s'imposer dans les milieux citadins du XIXe siècle. Le développement des affaires et les échanges requérant une plus grande ponctualité, on aspire à une meilleure maîtrise temporelle. Plus que par le passé, il faut épargner le temps, ne pas le gaspiller[3] – et cette exigence peut s'appliquer au temps de travail comme au temps libre, tous deux voués à être efficacement remplis, subordonnés à l'exigence tatillonne et comptable de la production, de l'édification ou de l'épanouissement personnel, bref de l'utilité mesurable. Souvent définie comme la classe qui promeut les valeurs du travail et de l'effort individuel dans une société en marche vers la méritocratie, la bourgeoisie du XIXe siècle pourrait tout autant être définie comme une « classe de profit » qui cherche à mimer l'oisiveté aristocratique en étant aussi une « classe de loisir »[4], avec tout ce que cela implique de respectabilité et d'ascendant sur ceux qui sont rivés à la tâche. Entre l'*otium* – l'oisiveté distinguée et cultivée – et la *recreatio* – le repos, le temps mort consacré à la restauration des forces de travail –, il faut choisir celui des deux modèles qui confère le plus de prestige social, grâce à des formes non matérielles d'hégémonie. Et la fusion des anciennes et des nouvelles élites a pu s'opérer, notamment, dans l'art commun d'user adroitement de son oisiveté ou de son temps libre – le « loisir », à proprement parler, ne se définissant que par opposition au travail.

Ces dernières remarques valent à la fois pour Paris et pour la province, mais concernent plutôt un groupe social restreint – grossièrement, celui des notables, grands ou petits, dont on imagine qu'ils emplissent majoritairement leur oisiveté ou leur semi-oisiveté d'activités honorables et feutrées prolongeant ou imitant celles des privilégiés d'Ancien Régime. Dans le même temps s'élaborent, dans la capitale, les formes modernes du divertissement[5], entre brassage des foules[6] et raffinements individuels, entre démocratisation du loisir vespéral (par sa commercialisation et donc son uniformisation) et singularités nocturnes affichées. Pour s'y faire remarquer, pour y tenir son rang, la partie la plus élégante et/ou la plus jeune de la « classe de loisir » peut recourir à des moyens plus spectaculaires, à des plaisirs plus intenses qu'en province ; il lui est en quelque sorte permis de passer la mesure, de s'abandonner complètement à l'hédonisme dont Paris est le lieu suprême, quitte à côtoyer des joies plus frelatées et des individus moins distingués.

La trépidation généralisée du mouvement diurne et vespéral est, on le sait, un thème obligé des écrits du Second Empire, sous le signe d'une unification des pratiques festives propre à autoriser tous les optimismes. Henry de Pene en dresse le constat en 1867 : « Il n'y a plus d'existences exclusivement parquées, comme jadis, les unes dans le travail, les autres dans l'oisiveté. Le plaisir tente tout le monde, et le travail atteint tout le monde. On dépêche le plaisir pour ne pas faire attendre le travail ; on fait galoper le travail pour arriver plus vite au plaisir[7]. » Ce mouvement de massification aurait produit dans la capitale une relative homogénéisation des usages du temps, à l'orée de la nuit profonde. Tous, dans la journée et dans la soirée, sont comme entraînés dans le même tumulte, puisque ce tumulte est devenu le signe même de l'urbanité. Dans les représentations, le gouffre noir des insurrections s'efface devant la cité rayonnante du plaisir. Les divertissements excentriques du Directoire cèdent le pas, dans les images dominantes de la ville festive, à une sorte de tourbillon ininterrompu – comme si le Paris de la fête impériale emportait les foules dans une ivresse inversement proportionnelle aux libertés politiques dont elles disposent. Mais le brouillage des stratifications sociales, le carnaval permanent qu'est, pour certains, la société postrévolutionnaire peut aussi produire des différenciations plus subtiles : ceux qui s'attardent sur le Boulevard après le déferlement de la collection des anonymes utilisent peut-être la nuit comme temps de la « distinction ». Si le commun gagne la soirée, il faut en repousser les limites de plus en plus loin, investir la nuit pour n'y être pas rejoints. Bien sûr, l'exagération des chroniqueurs des années 1840 à 1860, prompts à montrer les coutumes des « viveurs » comme radicalement étrangères aux paisibles mœurs bourgeoises de ceux qui lisent leurs articles ou opuscules, doit être prise en considération : Paris est plus beau, plus étonnant, plus vivant d'être sillonné par cette infime minorité d'êtres tapageurs mais énigmatiques qui mènent ostensiblement grand train et font si peu de cas de la majorité silencieuse des dormeurs.

Il faudrait mettre ces évolutions en rapport avec les analyses célèbres de la modernité urbaine menées par le Berlinois Georg Simmel au début du XXe siècle : si le paysage social de la grande ville est caractérisé globalement par « l'intensification de la vie nerveuse, qui résulte du changement rapide et ininterrompu des impressions externes et internes »[8], les noctambules parisiens du XIXe siècle pourraient appartenir à cette espèce de citadins qui se détache de la masse et de ses mouvements mécaniques en cultivant son excentricité, en décalant ses horaires. Et par « noctambule », nous entendons ici ceux d'entre les Parisiens auxquels les limites de la soirée festive tolérée semblent bien étriquées, ceux pour qui la nuit devrait ne jamais finir. Pour les autres (en tout cas les moins démunis), l'approche du soir suscite une avidité, un besoin de mouvement dont le Boulevard recueille les signes les plus évidents : les plaisirs promis par l'allumage des lumières artificielles viennent réparer les pesanteurs d'une journée consacrée à l'ordinaire des obligations sociales. « Le soir, on ne sort plus guère pour ses affaires, mais on sort pour son plaisir[9] » : toute la différence est là, dans cet effacement du devoir au profit du vouloir, dans cette conversion psychologique des parcours. Mais pour la majorité, cette libération vespérale n'est pas quotidienne, et prend généralement fin entre onze heures et minuit, à l'heure où ferment la plupart des lieux publics : ils ne font qu'effleurer la nuit.

On pourrait multiplier les citations, où se marque l'émerveillement sans cesse renouvelé des Parisiens face à la mobilité et à la vitalité exaltées de leur ville à la fin de la journée de travail. Contentons-nous d'entendre J. de Neuville, célébrant vigoureusement en 1867, l'année de l'Exposition universelle, l'agitation et la vocation parisienne au plaisir. Elles éclateraient quotidiennement dans les rues à la tombée du jour lorsque, pendant quelques heures, la multiplicité des trajets individuels s'agglomère, s'entrecroise et diverge tour à tour : « Il y a dans la vie quotidienne de Paris une heure effrayante et délicieuse, où l'intensité des forces expansives s'exagère et s'unifie, où le mouvement devient fièvre, la sensation, plaisir brutal ou douleur amère, l'élan, attraction maladive ; où les désirs et les besoins deviennent fureurs et rages irrésistibles. C'est l'heure où, la journée du travail finie, la journée du plaisir commence, où les hommes cessent d'être des machines pour redevenir des êtres et de produire pour dépenser. C'est le soir. Cohue vertigineuse, les foules haletantes se pressent pour s'amasser et se dissiper aussitôt, les passions se heurtent, se croisent, s'unissent, les poitrines respirent, les lèvres sourient, les visages pâlis rougissent, les nerfs se détendent, les corps se redressent. Paris qui dormait se réveille ; il paraissait mort accablé de labeurs, de préoccupations et de charges ; il se relève : il vit. [...] tout crie, tout remue, tout palpite. C'est bien là la vie, la vie de la cité impériale, la vie de toutes les civilisations avancées, la vie moderne en un mot avec ses douleurs intenses jusqu'à l'abrutissement et ses joies puissantes jusqu'au vertige, avec ses beautés poussées jusqu'à l'horreur et ses horreurs poussées jusqu'au sublime. [...] C'est un plaisir indéfini, indéfinissable, qui ne résulte pas de la satisfaction de l'un de vos sens, mais de la satisfaction de tout votre être bestial et instinctif[10]. »

L'imminence de la soirée libère, mais elle attise les envies plus qu'elle ne les apaise. Et le débordement quotidien où semblent verser les oisifs au plus fort de la saison mondaine les assimile, à certains égards, à ces hommes-machines dont Du Camp pense qu'ils sont les produits inévitables de la ville-machine[11]. Les gardiens de la santé des corps et de la pureté des âmes ne tardent pas à voir, sous l'abondance des plaisirs, l'asservissement du désir jamais étanché. La fièvre et le bruit des soirées parisiennes peuvent aisément être évoqués en termes d'épuisement, de dissipation des heures et des forces dans un « excès perpétuel »[12] où risque de s'éventer la lucidité de la jeunesse bourgeoise, sans parler de sa fortune. Le dérèglement des normes horaires n'est tolérable que ponctuellement, à titre de défoulement, et ne saurait être érigé en système, en dogme existentiel. Les adeptes du divertissement permanent, les « viveurs », sont menacés par le spleen et l'oubli de soi, dans une fuite en avant où aucune contrainte ne vient plus réveiller le goût du plaisir. À faire constamment « de la nuit le jour », on risque de se perdre ; aux yeux des partisans de la mesure et de l'hygiène, ces noctambules qui entretiennent la réputation de Paris ne garantissent son rang de capitale du plaisir qu'en renonçant à leur santé et à leur dignité.

Si, du matin au soir, la ville se trouve soumise à d'incessantes secousses, la nuit avancée serait-elle, pourtant, le dernier refuge d'une certaine hétérogénéité des usages du temps, d'une liberté inespérée du mouvement ? Ce qui devrait être un temps mort est résolument affirmé par la minorité de ceux qui donnent le ton comme un temps libre dont l'emploi judicieux exige inventivité et raffinement, et n'exclut ni la lenteur ni la dévoration. Il s'agit avant tout de suivre son caprice du moment. Ce qui est visé par les noctambules élégants, c'est une subtile satisfaction des sens – puisque les plaisirs du Paris nocturne ne sont pas prioritairement des plaisirs de l'esprit[13] –, une intimité inédite avec la ville. Et puisque les plus « bohèmes » de ces amoureux de la nuit manient souvent la plume, ils sont aux premières loges pour produire le commentaire réjoui ou mélancolique de leurs errances nocturnes, pour en forger la légende collective.

Les divertissements tolérés ou innocemment transgressifs de la soirée ne sauraient être que des préliminaires aux joies plus fortes ou plus profondes de la vraie nuit et de la vraie ville, celle d'après minuit. Plus on avance dans cette nuit du Paris qui ne dort pas, plus on se pose comme un authentique « viveur », bref comme un authentique citadin. N'est pas noctambule qui veut, et c'est bel et bien un brevet de parisianité qui est en jeu, s'il est exact que « les vrais Parisiens ne dorment pas, ou si peu ! »[14]. À partir de l'heure du dîner, de plus en plus tardive, la foule des quartiers animés, aperçue à la lumière du gaz, défile en une succession de visages épanouis ou tendus. Cette extrême visibilité rejette trop vite dans l'ombre ceux à qui l'élégance nocturne, même un peu débraillée, reste interdite. Dans le sillage du noctambule distingué, l'homme du peuple ne saurait être animé que de mauvaises intentions, celles du « rôdeur de nuit ». La ronde écrite en 1842 par d'Ennery et Lemoine pour leur pièce *Paris la nuit* le laisse entrevoir : « Les passages fourmillent / De badauds, d'amateurs,/ Et les filous frétillent,/ Derrière les flâneurs./ Oui, voilà, mes amis, voilà Paris la nuit./ Du plaisir et du bruit,/ Voilà Paris la nuit [15]. »

Cette absence de souci du lendemain, ce goût de la jouissance pure qui fait fi de la fatigue n'est, en somme, qu'une frénésie très « localisée » dans la société et dans l'espace urbains. C'est d'ailleurs pour cela que ce mal nécessaire n'est pas systématiquement contrarié par les autorités, mais plutôt circonscrit. Il s'agit seulement d'éviter qu'il ne contamine les éléments populaires les moins prévoyants et les moins disciplinés[16], car ces habitudes pourraient les mener à la rupture avec l'ordre du travail puis à la délinquance – pour eux plus encore que pour les autres, l'oisiveté est mère de tous les vices… La culture du loisir nocturne, conquérante depuis le XVIIIe siècle[17], n'est reconnue qu'à ces élites qui tendent de plus en plus à faire glisser leurs plaisirs vers la fin de la soirée, en liaison avec l'évolution de l'heure des repas repérée par Jean-Paul Aron[18]. Socialement étroit, l'usage nocturne du loisir élégant l'est aussi spatialement : tous les regards convergent vers ce Boulevard qui semble démontrer que dans l'organisme parisien, après une certaine heure, « le mouvement se retire des extrémités ; le cœur seul de la capitale reçoit une prolongation d'existence jusqu'à minuit », comme si « les grands seigneurs vivaient plus longtemps que les prolétaires »[19]. Mais les fastes du Boulevard ne résument pas tout Paris. Il nous faut songer à cette part de la ville nocturne que les descriptions complaisantes passent sous silence, et où s'éparpille la diversité des parcours individuels. Cela revient à écouter la mise en garde lancée par Gustave Claudin en 1868 au sujet de ses amis chroniqueurs mondains : « Ils ne voient que les boulevards, n'écrivent que pour les flâneurs des boulevards[…]. Parce que dans cette portion de Paris comprise entre la Chaussée d'Antin et la porte Montmartre on ne se couche pas, ils en concluent qu'on ne dort nulle part dans la grande ville. Les quatre ou cinq mille enragés qui mènent la vie à grandes guides […] constituent l'univers entier[20]. »

Nous devons donc nous interroger sur l'adoption par ces élites restreintes (qui se pensent comme une avant-garde) d'horaires décalés, sans renoncer à percevoir les signes d'une évolution comparable dans les autres milieux parisiens, malgré le caractère socialement dissymétrique de nos sources. Encore faudra-t-il aussi préciser de quelles « élites » nous parlons : la consommation de temps libre choisie comme marque de supériorité sociale tend à perdre de sa respectabilité au-delà d'une certaine heure. Le refus de toute contrainte temporelle affiché par certains a vite fait, dans l'imagination de M. Prudhomme, de tourner à l'orgie. Parcourant ces contrées où se mêlent les nouveautés du « demi-monde » et les survivances de la « bonne compagnie », nous pouvons nous appuyer sur les observations d'Anne Martin-Fugier relatives à l'émergence d'un « Tout-Paris » sous la monarchie de Juillet[21]. Au XIXe siècle encore, la « vie élégante » s'oppose à la « vie occupée », même si le « monde » s'émancipe peu à peu de la cour et du modèle aristocratique pour constituer une nébuleuse à laquelle appartient en propre l'animation des soirées du Boulevard et autour de laquelle gravitent des éléments plus « douteux ». Sensiblement redéfini entre la fin du XVIIIe siècle et le milieu du XIXe, l'espace mondain se marque de plus en plus, selon Anne Martin-Fugier, par la présence du luxe (pour nous, la profusion de lumières nocturnes, notamment). Quant au temps de la mondanité et de la vie élégante, il se trouverait de plus en plus séparé du temps des affaires, donc tiré vers le loisir pur, vers le culte de la jouissance pratiqué par les viveurs du Boulevard comme moyen anticonformiste de raffinement des sensations.

Cela nous renvoie aussi à ce qui a souvent été dit des usages socialement différenciés de l'espace parisien au XIXe siècle. Au sommet de la pyramide sociale, les élites peuvent profiter à la fois du dehors (cette possibilité d'ostentation s'accroît avec l'assainissement haussmannien) et du dedans (les hôtels particuliers rivalisent en confort et en beauté avec les lieux élégants les mieux parés). Parmi les classes moyennes, c'est l'intimité du « nid », le « home » douillet et rassurant qui semble privilégié. Quant aux milieux populaires, ils utilisent la rue comme lieu de vie et d'échange, comme substitut ou comme prolongement d'intérieurs exigus et inhospitaliers. Or, la tendance des élites à intensifier et à prolonger indéfiniment leur présence dans l'espace public depuis la monarchie de Juillet pourrait avoir de funestes effets sur les mœurs populaires, compromettre le paisible retour de l'ouvrier dans son foyer à la fin de la journée, comme le déplore le préfet Gisquet lorsqu'il évoque dans ses *Mémoires* sa volonté de faire respecter les heures de fermeture des lieux publics prévues par les ordonnances dans les années 1830 : « On criait contre moi comme si j'avais voulu ramener le temps où les prévôts de Paris faisaient sonner le couvre-feu à 8 h du soir et arrêter comme suspects les gens rencontrés dans les rues après le signal de la retraite. Concluons de tout ceci que nos oisifs [...], sans égard pour le besoin d'un sage emploi du temps dans l'intérêt des masses laborieuses, auraient voulu que l'autorité favorisât leurs goûts, et tendît, conjointement avec eux, à intervertir l'ordre de la nature en faisant du jour la nuit et de la nuit le jour[22]. » À cette nuance près que le cloisonnement social, spatial et temporel est la condition même de l'originalité des viveurs, même s'ils le rompent parfois pour « s'encanailler ». Les perturbations provoquées par l'ouvrier ivrogne et couche-tard les font sourire ou les laissent indifférents : elles ont lieu dans un autre monde. Quant au goût de l'ouvrier pour le cabaret, il relève d'une longue tradition, possède sa logique propre, ne se trouve pas nécessairement sous influence : le règlement d'atelier et la discipline croissante du temps de travail le répriment plus efficacement que les heures de fermeture prescrites par le préfet de police aux marchands de vin parisiens.

À l'échelle de la période, et tous milieux confondus, la revendication croissante d'un droit au divertissement vespéral et nocturne est en tous les cas indéniable, dans des rues devenues plus hospitalières. Et les autorités ne font guère qu'entériner les pratiques avec quelques mois de retard, ne s'y opposant que lorsque l'ordre est explicitement menacé. Il ne faut pas s'attendre à ce que nous brisions le stéréotype de la fête impériale ; il convient, cela dit, d'insister sur les prémices de cette intensification, repérables dès la monarchie de Juillet. Des années 1840 aux années 1860, la frénésie nocturne déborde les limites traditionnelles de la saison mondaine ou du carnaval pour s'étendre au reste de l'année, où elle est pratiquée régulièrement par un groupe réduit mais voyant de « noctambules » avérés, d'adeptes résolus de l'après-minuit. C'est sous le Second Empire que vie nocturne et « vie parisienne » coïncident avec le plus de netteté. La nuit, selon les opposants au régime, le Paris de la spéculation porte un masque qui lui évite de rougir de ses péchés : c'est pour mieux jouir qu'il ne dort plus, et cette insomnie euphorique fait entendre au loin une sorte d'immense râle de plaisir[23]. Cette féminisation et cette érotisation de l'image de la capitale dans la deuxième moitié du XIXe siècle a été relevée par bien des observateurs[24]. Elle est suffisamment puissante pour attiser le désir des étrangers et des provinciaux envers ce qui deviendra bientôt le « gay Paris ». L'hibernation, la frilosité, la lenteur, le retard provinciaux se convertissent en une fascination tremblante pour cette prometteuse vie nocturne dont seule la capitale détiendrait le secret.

Le renforcement des frontières

Pour la Préfecture de police, la nuit demeure le temps où la ville court le plus de dangers, puisque le désordre y revêt quelque chose d'insaisissable. Il convient donc de circonscrire le mal nécessaire que constitue la vie nocturne, et de protéger la ville contre elle-même, en élevant des barrières entre deux populations bien distinctes : celle, réconfortante, de ceux qui dorment, et celle, plus encombrante, de ceux qui veillent et trouvent agréable ou légitime d'user de la rue à leur gré.

Nuit privée, nuit publique

La plus apparente de ces barrières est celle, difficilement franchissable, qui doit séparer voie publique et espaces privés une fois la nuit venue. L'intimité est sacralisée par la tombée du jour, moment de l'encellulement affectif des familles[25]. Le soir, les individus obtiennent théoriquement le droit de se soustraire aux formes les plus explicites du contrôle social en se retirant dans la citadelle confortable que doit être le *home*. Cette réclusion volontaire, garantie par l'« étanchéité » du logis, est confortée par la loi : selon l'article 76 de la Constitution de l'an VIII, « la maison de toute personne habitant le territoire français est un asile inviolable. Pendant la nuit, nul n'a le droit d'y entrer que dans le cas d'incendie, d'inondation ou de réclamation faite à l'intérieur de la maison »[26]. De même, l'article 1037 du Code de procédure civile interdit-il l'exécution des actes judiciaires entre 6 h du soir et 6 h du matin en hiver, entre 9 h du soir et 4 h du matin en été[27].

Mais la montée en puissance des valeurs familiales et de la notion de propriété privée n'atteint qu'imparfaitement les milieux populaires parisiens du XIXe siècle. Dans les quartiers modestes, le fait est bien connu, la limite est peu nette entre public et privé, et l'intimité demeure souvent un vain mot. Il y a interpénétration incessante des deux espaces ; la rue est bien plus qu'un lieu de transition entre l'atelier et le foyer : on y travaille, on y entend les échos des disputes privées, on s'y attarde, on s'y divertit, bref on y vit. Et ces pratiques spontanées n'ont d'autre raison de cesser, à la nuit, qu'une irrépressible fatigue et la perspective d'un lever matinal ; très jaloux de leur indépendance dans la gestion du temps, les ouvriers parisiens les mieux payés peuvent même refuser cette abdication du soir.

La norme du sommeil nocturne n'en est pas moins évidente. Les règles en vigueur dans les lieux parisiens de vie en collectivité portent à l'extrême la défiance vis-à-vis de la nuit, élaborant un strict découpage du temps. Dans les couvents, où le respect des horaires conditionne l'institution d'une régularité et d'une ascèse propices à la dévotion, la nuit est le temps du silence et de la vigilance : c'est qu'elle abrite le spectre de la tentation[28]. Les affleurements de la sensualité dans le relâchement nocturne du corps et de l'esprit appellent un surcroît d'autodiscipline. Au terme de cette épreuve, le lever doit être résolu et matinal[29]. La même inquiétude face au retour nocturne de l'individu en lui-même est à l'œuvre dans ces autres lieux clos que sont pensionnats, hôpitaux, casernes et prisons : un semblant de « vie privée » risque de s'y reconstituer pendant cette nuit qui est bien le « cœur battant de l'intime »[30]. Par extension, pour les plus « rangés » d'entre les Parisiens, peu familiers de la rue nocturne, se lever de bonne heure pourrait donc être le rite quotidien par lequel on prouve sa pureté morale et son sens du devoir.

La veille songeuse du poète ou du penseur, souvent proche de la pose romantique, est admise car solitaire, silencieuse et inoffensive. Observé depuis la rue, le recueillement nocturne de la pensée dans une mansarde pathétique suscite plus d'attendrissement que de désapprobation. Cette nuit studieuse de celui qui, plus tard, sera peut-être un « grand homme » traduit une fermeture méritante aux tentations du dehors, au profit d'injonctions intimes moins futiles. Elle est donc présentée de manière affectueuse, en des termes stéréotypés souvent proches de ceux employés par Édouard Gourdon dans son *Paris la nuit, silhouettes*, en 1842 : « Au milieu d'un désordre inexprimable [...], un jeune homme, débutant littéraire, écrivait à la clarté vacillante d'une bougie près de s'éteindre. C'était un poète. Il paraissait absorbé dans de profondes rêveries ; ses yeux, invariablement fixés sur une des fleurs de la tapisserie, semblaient y chercher l'inspiration, tandis qu'une de ses mains tourmentait incessamment sa longue chevelure[31]. » On a peine à croire que ces veilleurs de nuit tourmentés mais discrets soient parfois les mêmes que ceux dont la

« vie de bohème » résonne bruyamment, à d'autres moments, dans les rues obscures de la grande ville. Il faudrait pouvoir s'interroger plus avant sur la place du « travailleur intellectuel » dans la société parisienne de l'époque romantique[32], pour mieux rendre compte de ces oscillations entre la figure du solitaire replié sur lui-même et celle du fantasque « piéton » des rues de Paris.

D'un point de vue général, la tombée de la nuit divise presque la ville en deux camps irréconciliables : les actifs, ceux que la rue nocturne attire, et les passifs, ceux qu'elle repousse. Au premier rang de ces derniers, le bourgeois parisien de la monarchie de Juillet, devenu type social par la voie de la caricature : l'univers réglé et étriqué de M. Prudhomme exclut radicalement l'ouverture à la nuit, temps incertain.

Après un dîner rituellement pris vers six heures, la soirée bourgeoise est réputée courte et confinée. Autour de la lampe ou au coin du feu, le fauteuil, la lecture d'un journal « juste-milieu », le pot à tabac, la présence discrète de l'épouse, la promesse de la robe de chambre et du lit réchauffé par la bouillotte suffisent au bien-être du petit rentier père de famille. Les sorties vespérales de la famille, comme le théâtre, semblent longuement préméditées. Tout au plus le rentier se risque-t-il parfois le soir (avant onze heures) dans le café voisin, pour y faire une partie de dominos avec d'autres habitués[33]. L'emploi du temps répudie l'imprévu dont la rue nocturne constitue le troublant royaume : « À 11 h, un homme rangé est bien et duement étendu dans ses draps, sa prière est faite, et de cette manière, il ne craint pas de se voir compromis dans quelque affaire malencontreuse », conseille-t-on en 1823 aux étrangers en visite à Paris[34]. Avare de son temps comme de son argent, cette espèce de Parisiens ne saurait pratiquer qu'une grise imitation de la sociabilité brillante caractéristique du groupe qui la surplombe dans la hiérarchie sociale. La « soirée dans la petite propriété » qu'offrent les Ducroquet, famille de rentiers logeant rue Quincampoix – inventée par les auteurs de *La Grande Ville, nouveau tableau de Paris* en 1844[35] –, commence donc à 8 h pour s'achever sagement vers 11 h (à l'heure où, sur l'ordre de la Préfecture de police, ferment la plupart des établissements publics et s'achève dans les rues la soirée « tolérée »…), après l'étalage soporifique des banalités dictées par le bon sens, et l'organisation d'une sage partie de cartes.

Le goût des contrastes parisiens construit donc autour du rentier modeste un personnage exagérément pusillanime et exclusivement diurne, qui se réjouit d'être protégé par ses murs d'une nuit qu'il imagine uniforme dans l'hostilité et l'incommodité. Ce type figé dans la routine possède un ancrage de prédilection, le quartier du Marais[36]. Le Marais est invariablement désigné comme un pays vieillot, trop provincial dans son atmosphère pour être authentiquement parisien[37]. Il somnole précocement, à l'heure où le vrai Paris s'amuse : selon Touchard-Lafosse, les habitants de la place Royale[38] se couchent à 9 h du soir, car « le couvre-feu du Moyen Âge tinte encore dans leurs habitudes inamovibles »[39]. Le Marais, actif pendant le jour, fait songer, pendant la nuit, à une vaste nécropole placée au cœur de Paris. Les ronflements de ce Marais bourgeois sont donc aisément couverts par le tumulte vespéral des quartiers de plaisir adjacents[40], où se presse une population plus mêlée : quand s'éveille le « vrai Paris »[41], celui de la soirée, les morceaux de province et d'archaïsme enkystés dans la grande ville ne peuvent que sombrer dans l'oubli.

Il faut bien constater, au total, que les frontières sociales et psychologiques érigées par la tombée de la nuit sur Paris impliquent un cloisonnement beaucoup plus strict que celui du jour. Dans la majorité des quartiers, sauf les plus défavorisés, la maison nocturne est close sur elle-même[42]. Depuis longtemps déjà, les ordonnances de police exigent la fermeture des portes d'allée des maisons parisiennes pendant la nuit : l'ordonnance du 4 novembre 1778 fixe cette heure de fermeture obligatoire à 8 h du soir en hiver et à 10 h du soir en été[43]. Ces limites horaires restent théoriquement en vigueur au XIXe siècle, mais se trouvent modifiées par l'usage peu à peu entériné de ne fermer les portes d'entrée tout au long de l'année qu'entre onze heures et minuit[44], et de s'aligner ainsi sur les heures de fermeture imposées aux lieux publics. Depuis l'Ancien Régime, les raisons invoquées pour obliger à la fermeture des portes sont identiques : en rendant la maison et ses abords hermétiques, les autorités cherchent à éviter que des malfaiteurs pourchassés par la police ne s'y réfugient. Dans la rue nocturne désertée par les honnêtes gens, le face-à-face doit être franc et direct entre forces de l'ordre et fauteurs de désordre, et donc les lieux de dérobade aussi rares que possible. Ces dispositions se heurtent, çà et là, à la négligence de ceux qui n'ont rien à protéger et dont le logis n'est qu'un dortoir : « La porte d'entrée des maisons où logent des indigents ne ferme pas la nuit, à quoi bon[45] ? »

Le portier[46], figure de plus en plus familière sous la monarchie de Juillet, est le garant de la légalité des transitions entre le dehors et le dedans. La mauvaise humeur qu'il affiche face aux allées et venues nocturnes des locataires procède de la même tendance à la consolidation des frontières lors du temps de nuit. La littérature pittoresque et la caricature[47] foisonnent de ces scènes comiques où le portier refuse obstinément d'ouvrir la porte « passé minuit », même si aucun règlement n'interdit aux habitants de rentrer quand bon leur semble. Le portier n'est, après tout, que le serviteur employé par le propriétaire[48] pour que la porte soit scrupuleusement refermée derrière chaque locataire entrant ou sortant après l'heure prescrite pour sa fermeture[49]. Mais plus qu'un veilleur zélé, le concierge est, comme le rentier, un porteur de bonnet de nuit ; et s'il consent à s'extraire de sa couche après l'heure fatidique de minuit, c'est souvent contre une petite rémunération.

Encore certains retardataires doivent-ils s'acharner longtemps contre la porte avant d'obtenir qu'elle ne s'ouvre. Les noctambules sont ainsi humiliés, au terme de leurs excursions, par un être obtus dont l'incompréhension signale l'incompatibilité foncière entre nuit privée et nuit publique. Cet acharnement à se faire ouvrir la porte peut tourner au tapage nocturne, et la boucle être bouclée : le noctambule distingué, rejeté dans le monde des délinquants par ses incongruités horaires, peut, en digne héritier des libertins du XVIIIe siècle, être arrêté par la garde comme auteur de désordres[50]. Les rapports des patrouilles nocturnes montrent que ces conflits n'épargnent pas totalement le seuil des maisons modestes ou des garnis, dont l'ouverture permanente sur la rue se restreint au cours du siècle, et dont certains portiers ou logeurs affirment véhémentement leur droit au sommeil. Des gardes nationaux notent, par exemple, que dans la nuit du 30 au 31 mai 1819, « les nommés Jérôme Baudin et Jacques Lacroix, tous deux porteurs à la halle, demeurant rue de Bercy n° 9, se sont présentés à 11 h 1/2 du soir pour rentrer à leur domicile. Le sieur Feugeret, fruitier et logeur, s'étant mis à sa fenêtre, leur a déclaré qu'il ne se dérangerait pas pour eux et que s'ils ne se retiraient, il leur jetterait son pot de nuit à la tête, ce qu'il fit, mais sans atteindre personne […] »[51]. La vigilance du portier installe donc, à la lisière entre espaces publics et espaces privés, une insidieuse censure des mœurs, comme l'indiquent les reproches adressés par la mère Bouquin, concierge d'une maison du quartier Bonne Nouvelle, aux deux jeunes héros (Timoléon et Julien) de la pièce de Dupeuty et Cormon, *Paris la nuit,* jouée pour la première fois en 1842 : « Votre conduite me semble pas mal louche […] ; vous vivez à rebours de tout le monde ; vous dormez, vous dormez toute la sainte journée, et dès que la nuit arrive [...] vous courez les rues de Paris [...]. Tout ça n'est pas naturel[52]. »

C'est bien entendu au moment du carnaval, très actif pendant la première moitié du siècle, que le « tamisage » assuré par le portier revêt une particulière importance. Pendant quelques semaines, la vie nocturne de Paris prend le pas sur son existence diurne, s'étend à des personnes à qui elle est étrangère pendant le reste de l'année. Dès lors, le portier doit se montrer plus souple : il ne peut plus opposer à un usage majoritaire la même résistance que celle qu'il inflige habituellement aux noctambules invétérés. Mais son renoncement ponctuel au sommeil est de ceux qui se monnayent, comme le note Maurice Alhoy en 1842 dans sa *Physiologie du débardeur* : « Je parle ici du concierge qui regarde le cordon comme une fonction de paix et de retraite, du concierge-type qu'on découvre encore aux environs de la place Royale et dans l'île Saint-Louis.[...] Nous en connaissons un qui consent à se relever toutes les nuits, pourvu qu'on alloue à sa complaisance une prime de 5 francs qui s'augmente de 50 c. par quinze minutes[53]. »

Le rapport entre nuit privée et nuit publique suscite donc des tensions, et le mode de vie décalé de certains Parisiens est stigmatisé comme porteur de nuisances. C'est bien de ce franchissement brutal des limites qu'il s'agit avec le bruit et le tapage nocturnes. La relative discrétion des textes normatifs sur le sujet signifie-t-elle que les Parisiens du XIXe siècle supportent mieux le bruit nocturne que nous, ou que leurs rues sont plus calmes que les nôtres ? Ou y a-t-il impuissance face à des débordements sonores minimes, mais disséminés dans la ville et répétés quotidiennement ? Juridiquement, la répression du tapage nocturne s'appuie sur l'article 479 du Code pénal, qui précise de façon novatrice que les bruits sont punissables s'ils ont lieu pendant la nuit et troublent la tranquillité des habitants. Les peines encourues ne sont que de simple police : le tapage nocturne constitue une contravention, non un délit[54]. La norme d'une nuit synonyme de silence et de repos est posée, et la liberté publique des uns s'arrête donc là où commence la tranquillité privée des autres – alors qu'aucune législation spécifique ne réprimait le tapage nocturne sous l'Ancien Régime. La définition légale est précisée, au cours du XIXe siècle, par une jurisprudence qui examine les cas limites et pose plus concrètement les bornes du tolérable et du non-tolérable[55]. Sont ainsi assimilés à des formes de tapage nocturne les disputes ayant lieu dans un domicile, si elles troublent le sommeil des voisins[56] ; les rixes bruyantes ; le charivari, les chants, les cris, les instruments bruyants agités dans la rue « la nuit, et à l'heure à laquelle, en général, tout le monde est couché »[57]. Par ces biais, on peut lutter contre certaines formes de turbulence populaire. Selon Murray Schafer[58], la législation contre le bruit du XIXe siècle aurait la particularité d'être sélective et qualitative, alors qu'au XXe siècle, les limites légales seraient essentiellement quantitatives, liées à l'évaluation du nombre de décibels, ce qui reflète l'indistinction croissante des bruits de la ville moderne. On ne peut, semble-t-il, se risquer à parler, pour le Paris du siècle dernier, de « pollution acoustique »[59] : les sons s'y détachent encore suffisamment les uns des autres pour qu'on puisse leur assigner un sens et une origine.

Au XIXe siècle, maints observateurs de Paris relèvent pourtant déjà la présence d'une sorte de fond sonore permanent, produit d'une circulation intense et prolongée jusque pendant la nuit. On peut raisonnablement le supposer plus caractéristique des artères principales des quartiers centraux que de la périphérie ou de la rive gauche : c'est essentiellement le roulement ininterrompu des fiacres et autres équipages autour des pôles de divertissement nocturne qui doit provoquer cette impression de rumeur sourde. Amédée de Tissot propose ainsi, en 1830, de taxer les chevaux de luxe, sous prétexte que « l'insupportable bruit que font jour et nuit 20 000 voitures particulières dans les rues de Paris, l'ébranlement continuel des maisons, le désagrément et l'insomnie qui en résultent pour la plupart des habitants de Paris méritent une compensation »[60]. Les hommes du XIXe siècle identifient de plus en plus les bruits de Paris à une rumeur générale et continue qui serait très spécifique à la capitale. Elle l'est tellement que, ne s'assourdissant que partiellement avec la nuit, cette rumeur est susceptible d'exaspérer les visiteurs provinciaux, habitués à des nuits parfaitement silencieuses. La tentation de loger au plus près des lieux de plaisir et d'avoir une vue directe sur « ce qui se passe » doit être sagement refrénée, comme le recommande Vidocq en 1830 : « Le voyageur qui habitera un quartier populeux et bruyant fera bien de choisir un appartement sur le derrière, parce que le roulement des voitures qui ne cesse, pour ainsi dire, ni nuit ni jour, est fort incommode pour un homme habitué au silence des petites villes[61]. »

Ce brouhaha de la grande ville relève de l'inéluctable. La cacophonie pittoresque des rues d'Ancien Régime n'a pas disparu pour autant, et elle paraît moins bien acceptée qu'auparavant par une partie de la population, celle pour qui la rue n'est pas suffisamment policée. Ces conflits sont particulièrement sensibles aux deux lisières de la nuit que sont le « crépuscule du soir » et celui « du matin ». Certains Parisiens souhaitent ainsi un contrôle accru des « cris de Paris »[62], dont l'écho retarde l'endormissement ou provoque l'éveil précoce des membres des classes moyennes, sans parler de son effet désastreux sur la grasse matinée des viveurs. Ces cris par lesquels s'annoncent les petits métiers sont comme la voix grossière du peuple dans ce qu'il a d'insaisissable. Ils sont caractéristiques, aussi, d'une ville où la plupart des déplacements se font à pied, et où le commerce doit être aussi proche que possible de sa clientèle, s'ajuster étroitement aux trajets habituels. Face au retentissement très matinal des cris de Paris, le sentiment du pittoresque recule peu à peu devant l'agacement des élites[63]. Mais pendant longtemps, la législation vise moins l'éventuelle perturbation sonore produite par ces cris traditionnels que les embarras de circulation provoqués par l'exercice des petits métiers aux points stratégiques de la ville. Les plus bruyants de ces usagers de la rue, les musiciens ambulants, ne peuvent circuler que de 8 h du matin à 6 h du soir en hiver et à 9 h du soir en été. Pour le reste, une relative liberté horaire est de mise, au désespoir de ceux qui voudraient pouvoir se coucher tôt ou se lever tard. L'haussmannisation, en séparant davantage les groupes sociaux dans l'espace urbain, fera plus pour la tranquillité du sommeil bourgeois que les ordonnances de police.

Il semble plus globalement que l'intolérance au bruit n'augmente que peu à peu dans le Paris du XIXe siècle[64], et ne gagne pas également toutes les catégories de population. Comme accoutumés au chaos d'activités discordantes de la capitale, et au fait de se lever tôt, les Parisiens les moins fortunés paraissent peu importunés par la profusion sonore que leurs rues ont héritée de l'effervescence populaire de celles d'Ancien Régime. Dans les rues laborieuses, cet enchevêtrement sonore fait partie du lot quotidien, est un signe de vitalité qui peut rassurer : l'essentiel réside, à l'échelle du quartier, dans le synchronisme global des rythmes de vie des uns et des autres. Le « peuple de Paris » passe pour incorrigiblement tonitruant, et un fatalisme amusé domine, qui marginalise et discrédite les plaintes des oisifs, avides de grasses matinées. D'ailleurs, les autorités se placent plutôt du côté de la population productive, dont les habitudes matinales sont synonymes de sérieux et d'ardeur à la tâche. La notion de

« nuisance sonore »[65] est relativement étrangère à la ville pré-haussmannienne. Certes, l'exigence d'une nuit privée protégée des échos de l'extérieur est plus pressante que par le passé, s'il est vrai que la ville moderne tend à privatiser les existences et à diversifier les styles de vie ; mais elle n'est pas encore victorieuse. C'est sans rencontrer d'entraves majeures que les bruits hétéroclites de l'aube, de la journée et de la soirée continuent à résonner dans les rues du Paris central.

Tout au plus s'efforce-t-on de limiter la durée journalière de travail des artisans dont l'activité est la plus sonore, afin que la contiguïté des ateliers et des logements ne soit pas intolérable lorsque la majorité des habitants d'un quartier se repose. Les bruits du travail, parfaitement tolérés pendant le jour, subissent donc certaines restrictions horaires. Déjà, l'ordonnance de police du 26 juin 1778 interdisait à ceux dont l'activité exige l'emploi d'un marteau de travailler entre 8 h du soir et 5 h du matin, sous peine de 50 francs d'amende[66]. L'ordonnance concernant les instruments bruyants et les ouvriers à marteau, publiée par Mangin le 31 octobre 1829, vise les utilisateurs (serruriers, forgerons, notamment) d'outils dont la percussion peut retentir hors des ateliers : leurs travaux doivent être interrompus entre 9 h du soir et 4 h du matin l'été, entre 9 h du soir et 5 h du matin l'hiver[67]. En dehors de ces cas, seuls les travailleurs nocturnes coupables de bruits « inutiles » (par exemple le boulanger qui chante en pétrissant son pain…) s'exposent à des sanctions.

S'agissant du tumulte nocturne provoqué par le divertissement, le contrôle, habituellement peu efficace, devient littéralement impossible en période de carnaval. Le contenu même de la circulaire diffusée par Delessert le 13 décembre 1844 dit indirectement à quel niveau sonore peut se situer, pendant l'année, le vacarme moyen du bal public : « Des plaintes fondées m'arrivent journellement sur la composition actuelle des orchestres des bals publics, qui, par l'usage d'instruments bruyants, surexcitent et poussent au désordre les personnes qui prennent part aux danses, en même temps qu'ils troublent le repos du voisinage. » Désormais est interdit dans les bals publics l'usage de la grosse caisse, du tambour, des cymbales, du tam-tam, des cloches, des cors de chasse, ainsi que les détonations et les feux d'artifice[68], bref tous ces sons qui rythment le plaisir des uns en cognant aux fenêtres des autres. Mais cette interdiction résiste-t-elle à la frénésie carnavalesque ? L'environnement des principaux pôles de plaisir est, bien entendu, très différent de l'ambiance feutrée du Marais. Si l'on n'entend pourtant nulle plainte contre les débordements sonores des Halles centrales, du Palais-Royal ou du Boulevard, c'est que la licence nocturne fait partie intégrante de la vocation de ces lieux, qui agglutinent la grande majorité de la population des noctambules. Mais il est un peuple d'ouvriers méritants et de bourgeois respectables, habitant souvent des quartiers plus écartés, pour récriminer auprès du préfet de police contre l'injure quotidienne faite à leur morale et à leur sommeil par la proximité d'un lieu de plaisir que, pour telle ou telle raison, on a voulu excentrer. Le 22 mars 1862, un officier de paix écrit au chef de la police municipale au sujet de Vincennes : « Les garçons de tolérances chargés d'ouvrir la porte pendant la nuit aux amateurs qui se présentent refusent les trois quarts du temps lorsqu'il n'y a plus de place dans la maison de se lever pour répondre aux personnes qui frappent. Ces personnes souvent grises, ne recevant aucune réponse ou n'entendant pas ce qu'on leur répond du fond de la salle [...] frappent à coups redoublés [...]. Cette manière de faire est on ne peut plus gênante pour le voisinage[69]. » La vie nocturne n'est tolérable que sous le régime de la séparation, c'est-à-dire si elle n'est pas disséminée à la surface de la ville, et que ses échos ne débordent pas d'un périmètre réservé. Mais il est vrai qu'il nous a fallu surtout aborder la question au travers de documents normatifs qui taisent souvent la réalité des pratiques comme le devenir des sensibilités.

Concernant l'imperméabilité des frontières caractéristiques de la ville nocturne, nous atteindrons peut-être à davantage de netteté en nous attardant sur l'évolution des normes horaires appliquées par la Préfecture de police à ces « lieux publics » qui assouvissent le besoin qu'ont les Parisiens de partager avec d'autres la disponibilité temporelle qu'inaugure la soirée. N'est-ce pas, d'ailleurs, en limitant la durée de la soirée tolérée, et en agissant sur l'heure de fermeture des lieux de divertissement que le préfet de police s'efforce le plus clairement de prévenir le risque de tapage nocturne contenu dans la présence d'individus sur la voie publique « à une heure indue » ?

Les heures de fermeture des établissements publics : entre vigilance et tolérance

Si le tapage nocturne proprement dit laisse peu de traces significatives dans les sources, il n'en va pas de même du contrôle de l'heure à laquelle sont censés fermer ces lieux publics que sont les bals, guinguettes, théâtres, cafés, cabarets, débits de boissons divers, estaminets, ou autres billards publics. Opposer ainsi une heure-butoir au divertissement collectif permet de protéger le peuple contre ses bas instincts, en l'empêchant de fréquenter la rue à un moment où le regard désapprobateur de la population rangée et le poids de la normalité diurne ne sont plus là pour le contenir. Fermer les lieux publics avant la nuit profonde, c'est mettre chacun sur le chemin qui doit le ramener chez lui, après quelques heures volées à l'ordre du travail et de la famille. Il faut enfin que la rue se vide avant que la nuit ne fasse son effet en obscurcissant les esprits, en assombrissant les humeurs, en exacerbant les pulsions.

Commençons tout simplement par suivre l'évolution globale subie par les heures légales de fermeture depuis l'Ancien Régime[70] : la tendance, comme on peut l'imaginer, est à un élargissement progressif de la marge de tolérance, à mesure que la rue passe pour plus policée. À notre connaissance, le règlement le plus ancien concernant la fermeture des débits de boissons parisiens date de décembre 1666 : il ordonne la fermeture des cabarets et lieux « où se vend la bière à pot » à 9 h du soir en été et 6 h en hiver. Le 19 janvier 1760, on passe à 10 h du soir en été et 8 h en hiver, et le 26 juillet 1777, à 11 h du soir en été et 10 h en hiver, limites toujours en vigueur sous la Révolution et l'Empire. Le 3 octobre 1815, l'ordonnance « concernant les cabarets, cafés, guinguettes et autres lieux publics établis hors les barrières » fixe leur heure de fermeture à 10 h du soir tout au long de l'année. Enfin, l'ordonnance du 3 avril 1819 « concernant les cabarets, cafés et autres lieux publics situés dans la ville de Paris et dans les communes rurales du ressort de la Préfecture de police » prescrit que ces établissements soient clos à 11 h du soir pendant toute l'année dans la ville de Paris et, dans les communes rurales, à 11 h du soir l'été et à 10 h du soir du 1er octobre au 1er avril (ce qui n'est pas très compatible avec la licence carnavalesque). Cette ordonnance de 1819 régit encore (en théorie du moins) les heures de fermeture des lieux publics en 1870. C'est donc cette barrière fatidique des 11 h que les Parisiens noctambules auront à franchir, à forcer ou à contourner tout au long de la période que nous étudions[71].

Car il ne faut pas s'arrêter à la sécheresse des prescriptions légales, mais interroger la réalité des usages : en écart avec l'apparente immobilité consécutive à l'ordonnance de 1819, la prolongation des plaisirs de la soirée se banalise nettement, de la Restauration au Second Empire, passant de l'illicite au licite, de l'officieux à l'officiel. Peu à peu, la nuit frileuse et militarisée, héritière honteuse de l'époque du couvre-feu, le cède au libre déploiement du loisir nocturne, qui grignote du terrain, c'est-à-dire du temps. En premier lieu, les ordonnances sur les heures de fermeture subissent l'assaut continuel du goût populaire pour le cabaret et de la vie sans horaires ; la répétition des recommandations préfectorales à ce sujet prouve la difficulté de leur application. Dès 1811, une circulaire du préfet de police aux commissaires montrait l'ampleur de cette préoccupation : « Je reçois journellement, Messieurs, des plaintes sur la négligence que les marchands de vins et d'eau-de-vie, les limonadiers et les épiciers vendant aussi des liqueurs, mettent à se conformer à l'article 14 de l'ordonnance de police du 8 novembre 1780 [...]. Il paraît certain en effet que la plupart de ces marchands de vin et de liqueurs reçoivent dans leurs boutiques, durant une partie de la nuit, ou au moins jusqu'à des heures très avancées, des gens sans aveu et de mauvaise vie, qui troublent l'ordre et la tranquillité par le bruit qu'ils y causent, et qui même se permettent d'insulter la force armée, lorsqu'elle se présente pour les faire retirer, et mettre un terme à leurs excès[72]. »

De 1815 à 1848 (mais tout particulièrement sous la Restauration, peut-être plus soucieuse de moralisation du temps libre), les rapports quotidiens de la garde nationale, de la gendarmerie royale puis de la garde municipale de Paris[73] foisonnent de ces épisodes où les forces de l'ordre échouent lamentablement à obtenir l'évacuation de débits de boissons restés ouverts bien au-delà de l'heure prescrite, même retardée par l'habituel délai de tolérance. Or, après cette heure limite, on est en droit de craindre le trouble produit par l'ivresse, ou d'imaginer une menace plus subreptice, celle des complots ourdis dans l'ombre et à voix basse, entre « habitués », à un moment où les complicités se resserrent et où l'infiltration policière des mouchards se fait plus voyante. L'attitude adoptée par le marchand de vin et ses clients face aux réprimandes des patrouilles est en général de l'ordre du retranchement : après 11 h, ceux qui répudient la norme du retour au logis se barricadent volontiers derrière ces portes de cabaret contre lesquelles vient buter l'impuissance de la garde. La stratégie peut consister en un déni pur et simple de l'autorité, comme le relève la gendarmerie royale de Paris dans la nuit du 18 au 19 juin 1819 : « Vers 1 h du matin, plusieurs individus étaient réunis chez Boisar, marchand de vin au coin des rues des Deux-Écus et de Varennes, et y faisaient beaucoup de tapage. Une patrouille du poste de la Halle au Blé ayant été envoyée sur les lieux, les individus précités ont éteint les chandelles et refusé d'ouvrir la porte[74]. » La résistance peut se faire plus violente, comme en témoigne cet épisode de la nuit du 14 au 15 mai 1821, où la garde nationale, penaude, se heurte à soixante-dix personnes réunies dans un estaminet de la rue Philippeaux à 1 h 30 du matin : « Une partie des buveurs sortit alors dans la rue et entoura la patrouille en continuant les mêmes menaces ; un homme entre autres d'une taille élevée, vêtu d'une veste de nankin, engageait le rassemblement à tomber sur la patrouille ; mais le renfort étant arrivé, ils prirent la fuite et l'on ne put s'emparer que de ceux qui paraissaient les plus mutins[75]. » D'autres enfin optent pour une ruse qui traduit bien la tranquille obstination d'une partie de la population à profiter de la nuit comme bon lui semble : dans la soirée du 25 novembre 1819, un rapport note que « la boutique du marchand de vin n° 43 rue de l'Arbre-sec était, à 11 h du soir, remplie de buveurs qui y faisaient du tapage. Une patrouille de la Gendarmerie de Paris a fait fermer cette boutique, en invitant le marchand à renvoyer les personnes qui y étaient, mais en repassant à minuit 1/2, on y faisait encore du tapage quoique la porte fût fermée »[76].

Les forces de l'ordre ont, le plus souvent, affaire à une clientèle de familiers qui tiennent au respect de l'entre-soi et leur dénient tout droit d'intervention à l'intérieur du débit de boissons, dont on use comme d'un lieu privé. On joue ainsi sur l'ambiguïté de la définition légale des « lieux publics ». La loi du 19 juillet 1791 donne certes le droit aux officiers de police d'entrer « en tout temps » dans ces établissements, mais un arrêt de la Cour de cassation du 19 novembre 1829 précise que l'intrusion n'est légale que pendant les heures où ils sont explicitement ouverts au public. Si un cabaret se trouve matériellement fermé, les agents de l'autorité n'ont pas le droit de faire ouvrir les portes de force, même s'ils ont l'impression que des buveurs se trouvent encore à l'intérieur[77]. C'est ainsi que les gardes nationaux de la Restauration subissent humiliation sur humiliation dans leur tâche quotidienne de régulation de la sociabilité nocturne, comme dans la nuit du 13 au 14 mars 1821 : « Une patrouille sortie du poste passait à 1 h 1/4 dans le faubourg Montmartre, et entendant du bruit chez le marchand de vin n° 44, invita la maîtresse de la maison à faire retirer de la boutique les personnes qui y étaient ; mais au lieu de déférer à cette invitation, cette marchande a reçu très impoliment la patrouille, a dit avec insolence que l'on n'avait aucun droit chez elle, ferma sa porte et ajouta en termes très grossiers qu'elle se moquait de la Garde Nationale[78]. »

Passé l'heure de fermeture obligatoire, les marchands de vin considèrent leur boutique comme une annexe de leur domicile, où ils sont libres de recevoir qui leur plaît – fût-ce contre argent ; le fait que leurs clients titubants ou vindicatifs se retrouvent ensuite projetés dans la rue à une heure très tardive n'est pas de leur ressort.

La transgression des normes horaires est aussi le fait, sous la Restauration et la monarchie de Juillet, des théâtres du Boulevard, dont les programmes sont volontiers interminables. Mais les conséquences de cette désinvolture sur l'ordre quotidien de la rue sont moins redoutées que celles provoquées par l'obstination des marchands de vin. Certes, la plupart des théâtres commencent leurs représentations entre 5 et 7 h du soir, mais le spectacle peut durer jusqu'à sept heures de long ! De 1815 à 1817, les rondes des commissaires de police leur donnent donc souvent l'occasion de constater des retards systématiques et de regretter l'absence de répression réelle : on peut les entendre, en une longue litanie, se lamenter successivement de ce que « les spectacles des Boulevards finissent en général trop tard. Cela empêche que les cafés et autres lieux publics se conforment sans difficulté aux règlements concernant leur fermeture »[79]. En 1819, les rapports de la gendarmerie royale de Paris avouent la même impuissance face à des retards tellement habituels qu'ils en sont presque officialisés : « Le spectacle [il s'agit du théâtre de la Gaîté] n'a fini qu'à 10 h 50 minutes, et le théâtre n'a été entièrement évacué qu'à 11 h. Cette contravention aux règlements de police a souvent été signalée [...], mais toujours sans succès ; le même abus si contraire au bon ordre se renouvelant continuellement, il paraît être sinon inaperçu, du moins toléré[80]... » Mais la Préfecture de police opte pour le réalisme : le 15 février 1834, une ordonnance fixe à 11 h du soir l'heure à laquelle doivent se terminer les représentations théâtrales (sauf dérogation spéciale) ; les réclamations sont si nombreuses que dès le 3 octobre 1837, cette limite horaire passe à minuit[81]. Le public des théâtres, même populaires, semble il est vrai moins menaçant que la clientèle louche des « bouges » ouverts toute la nuit au mépris des règlements : le petit rentier de la monarchie de Juillet, friand de mélodrames ou de vaudevilles, se range plutôt dans le camp des victimes potentielles des dangers de la nuit avancée que dans celui des agresseurs, et c'est pour l'en défendre qu'on voudrait le savoir couché à minuit.

Du côté de la Préfecture de police, on ne fait pas mystère, en effet, des mobiles d'inquiétude, qui portent avant tout sur l'augmentation du risque de violence populaire au-delà de l'heure tenue pour raisonnable. Obtenir la fermeture ponctuelle des lieux publics de divertissement est essentiellement une mesure préventive, qui vise à trier le bon grain de l'ivraie, à séparer les chemins respectifs des bons et des mauvais Parisiens. Les guinguettes de la périphérie parisienne sont une des cibles privilégiées de ce projet sous la Restauration[82], ce que révèle par exemple la circulaire envoyée par le préfet Anglès aux maires des communes rurales du département de la Seine le 20 octobre 1818 : « Messieurs, divers rapports qui me parviennent me font connaître que dans les soirées des dimanches, lundis et jours de fêtes, jusqu'à des heures assez avancées dans la nuit, beaucoup de gens revenaient ivres des guinguettes et autres lieux publics établis hors des barrières de Paris, causant du trouble dans les faubourgs et dans l'intérieur de la ville, soit en élevant des rixes entre eux, soit en provoquant et maltraitant les personnes qu'ils rencontrent sur leur chemin[83]. »

Mais l'intransigeance préfectorale s'avère de plus en plus sélective dans le temps et dans l'espace, surtout à partir des années 1820. Fléchi par l'étonnante obstination des pratiques, le préfet de police en vient à entériner, là où elles lui semblent inoffensives, des habitudes horaires contraires à l'ordonnance de 1819, en accordant des dérogations à la règle de la fermeture à 11 h du soir. Les autorités du Second Empire se comportent, elles aussi, comme si elles avaient entendu les remarques lancées par Nerval en 1855 : « Si j'étais Préfet de police, au lieu de faire fermer les boutiques, les théâtres, les cafés et les restaurants à minuit, je payerais une prime à ceux qui resteraient ouverts jusqu'au matin. Car enfin je ne crois pas que la police ait jamais favorisé les voleurs ; mais il semble, d'après ces dispositions, qu'elle leur livre la ville sans défense – une ville surtout où un grand nombre d'habitants : imprimeurs, acteurs, critiques, machinistes, allumeurs, etc., ont des occupations qui les retiennent jusqu'après minuit[84]. » En délimitant un périmètre où les horaires du loisir vespéral sont élargis, n'obtient-on pas d'ailleurs le moyen de cantonner la vie nocturne dans une zone plus aisément contrôlable ? Une circulaire de Gisquet, datant du 5 avril 1832, montre bien la distinction croissante entre le divertissement élégant et légitime des citadins libres du Boulevard et l'abrutissement désastreux qui menacerait les clients attardés des cabarets populaires. Le préfet écrit : « Il paraît assez juste [...] de prendre en considération les habitudes et les besoins du public, en tant qu'ils pouvaient se concilier avec l'intérêt de l'ordre et de la sûreté. C'est ce qui détermina un de mes prédécesseurs à adopter les dispositions contenues dans la circulaire du 14 juillet 1821, et d'après lesquelles des permissions pour tenir leurs établissements ouverts jusqu'à 11 h 1/2 ou minuit, pouvaient être accordées aux propriétaires des cafés qui étaient notoirement connus pour être fréquentés par des gens paisibles ; les estaminets, billards, cabarets, débits d'eau-de-vie et de liqueurs devant dans tous les cas rester soumis à la règle commune[85]. » Depuis les années 1820, la « permission de minuit » s'étend donc aux établissements de bonne réputation, sans que les termes de l'ordonnance de 1819 soient modifiés pour autant, puisqu'elle permet d'appliquer un traitement socialement et spatialement sélectif à la vie nocturne, et qu'elle continue de régir, au moins en principe, les horaires de la sociabilité populaire tolérée.

Dans les années 1860, à l'approche de l'Exposition universelle, les libéralités horaires se multiplient, et gagnent même des lieux de réjouissance plus modestes – « bon » et « mauvais » peuple étant plus distincts, sans doute, qu'avant 1848. Le 29 novembre 1861, on étend aux bals publics de Paris *intra-muros* la permission de rester ouverts toute l'année jusqu'à minuit, permission dont les cafés et débits de boissons bénéficient depuis longtemps : « Un usage, qui a acquis une sorte d'autorité, a fait tolérer l'ouverture de ces établissements publics, dans certains quartiers, jusqu'à minuit, et l'Administration reçoit tous les jours des demandes tendant à l'obtention de la même faveur[86]. » Pendant la durée de l'Exposition universelle de 1867, les établissements publics reçoivent, enfin, l'autorisation exceptionnelle de rester ouverts tous les soirs jusqu'à 1 h du matin[87]. Cette tolérance est levée dès le 11 décembre de la même année[88], mais l'épisode reste significatif : sous le Second Empire, l'identification de la vie nocturne à la vie élégante et à la vie moderne est scellée, dans un Paris-vitrine aux rues disciplinées.

La voie tracée est en effet sans grands détours, qui conduit des Parisiens plus nombreux à pouvoir fréquenter plus tardivement les « lieux publics » où s'exprime l'animation insouciante de la grande ville. L'ordonnance de 1819, contestée par la récurrence d'autres usages du temps, est peu à peu tombée en désuétude, et c'est la limite de minuit qui s'est progressivement imposée comme la référence de base, encore assouplie par un certain nombre d'exceptions[89]. Des « aires de tolérance » se sont dessinées (pour respecter les règles de la concurrence, toute dérogation accordée à un établissement tend à l'être aussi à ses voisins), où se polarise la vie nocturne ; ce pourrait être là une des formes du mouvement de spécialisation fonctionnelle des quartiers urbains au XIXe siècle. De la Restauration au Second Empire, le cloisonnement croissant qui sépare espaces privés et espace public (si la maison se protège de la rue nocturne, c'est peut-être aussi le signe que cette dernière est de plus en plus « passante »), et le contrôle horaire (plus ou moins flexible) imposé à la fréquentation des lieux « semi-publics » que sont les cafés, les bals ou les guinguettes se conjuguent donc pour rassurer ceux qui doivent l'être, clarifier les appartenances et les intentions, bref mieux définir les lieux et les rythmes de la vie nocturne parisienne – du moins de celle dont la capitale peut s'enorgueillir comme d'un signe de dynamisme.

QUAND LA SOIRÉE SE PROLONGE : ITINÉRAIRES NOCTURNES

Les Parisiens désireux de goûter à cette « vie nocturne » qui épouvante ou captive les provinciaux ont à leur disposition un certain nombre de lieux collectifs aux noms célèbres ou obscurs. De ces lieux de divertissement, on hésite, comme la législation elle-même, à décider s'ils appartiennent à l'espace public ou à l'espace privé : le plus judicieux est sans doute de considérer qu'ils sont « semi-publics », dans la mesure où ils sont en théorie accessibles à tous, et que la rue est leur prolongement naturel. Dans les quartiers les mieux éclairés et les plus animés, la césure n'est pas très sensible, en effet, entre le vaste intérieur des cafés ouverts sur une terrasse, les plaisirs de plein air goûtés dans les jardins récréatifs où l'on donne des fêtes de nuit, le recours aux espaces mi-clos que sont les passages, et la promenade du soir sur le Boulevard illuminé. Une vaste aire de récréation publique et collective existe donc, où les possibilités de franchissement sont nombreuses. Elle est unifiée par les flux de circulation reliant le théâtre à la rue, la rue au passage, le passage au café, le café au Boulevard, ou le Boulevard au bal public… Comme nous venons de le voir, la séparation nocturne se fait donc moins entre le lieu public de divertissement et la rue, qu'entre ces deux derniers et la maison endormie.

On s'essaiera ici à une géographie sommaire des lieux du plaisir vespéral et nocturne dans le Paris du XIXe siècle, à une interrogation sur le devenir des pôles d'attraction nocturne de la Restauration au

Second Empire. Les synthèses d'histoire de Paris abordent toujours, bien entendu, cette géographie mouvante des lieux de plaisir[90], mais ne s'affranchissent que rarement de l'inventaire des « hauts lieux » des soirées parisiennes. Il s'agit pour nous de reconsidérer ces observations apparemment acquises en insistant sur des aspects plus méconnus, notamment les points de résistance de l'activité festive au moment où la soirée s'achève et où la ville bascule véritablement dans la nuit. On a fait remarquer, depuis longtemps, que le centre de gravité de l'activité et de la prospérité parisiennes s'était déplacé de l'est vers l'ouest entre l'Ancien Régime et la fin du XIXe siècle : pour l'essentiel, la vie de plaisirs et la vie nocturne n'échappent pas à cette polarisation. La grande ville a besoin d'un lieu animé et agréable où résumer ses attraits, et ce lieu de convergence est donc mobile d'un siècle à l'autre – ou d'une génération à l'autre, lorsque la modernité accélère les mutations du cadre citadin. La vie nocturne subit indéniablement les effets de ce glissement vers l'ouest des endroits à la mode, mais cela n'exclut pas la rémanence d'autres logiques spatiales. Ainsi, la fréquentation nocturne du vieux centre résiste-t-elle victorieusement aux réorientations haussmanniennes. Le Boulevard pour se griser ou s'émerveiller, les abords des Halles centrales pour s'encanailler, tel est le parcours type du noctambule parisien dans les deux premiers tiers du XIXe siècle. Des passerelles existent entre ces lieux plus ou moins contigus de forte attraction nocturne que sont le Palais-Royal, le Boulevard et le quartier des Halles : la fréquentation de chaque quartier correspond souvent à une étape précise de la nuit[91]. Mais l'impression de ritualisation des parcours peut être accentuée par la nature de nos sources, dont on ne sait si le caractère répétitif provient du manque d'inventivité des auteurs de descriptions de Paris ou de la réitération réelle des pratiques qu'ils disent enregistrer.

Il semble toutefois difficile de nier l'hégémonie de certains foyers de vie nocturne dans le Paris du XIXe siècle, même si une certaine dispersion intercalaire tend ainsi à être gommée. De cette géographie de la fièvre nocturne, la rive gauche se trouve exclue, au même titre que le Marais, la Cité, ou l'île Saint-Louis : seules les fredaines estudiantines du Quartier latin ou les réceptions hivernales des hôtels particuliers du faubourg Saint-Germain retentissent parfois dans ces quartiers où les rues Saint-Victor et Mouffetard figureraient « une ville de province dépeuplée qu'on a illuminée par hasard »[92]. Depuis les années 1830, tous s'accordent à le dire, c'est le Boulevard qui constitue le centre vital des soirées et des nuits parisiennes : « Hiver comme été, c'est maintenant là, une fois le gaz allumé, qu'est le siège principal de la vie extérieure de la grande ville[93]. » Ce lieu éclipse tous les autres comme poste d'observation des traits propres de la « vie parisienne ». Quand la nuit avance, les noctambules savent qu'ils y trouveront des endroits où abriter leur refus de dormir, avant de se diriger vers le cœur où se mêlent monde du plaisir et monde du travail, c'est-à-dire aux Halles centrales. Si l'on considère l'ensemble de la période, c'est donc sans dépasser beaucoup le périmètre délimité par les Tuileries, les Halles centrales et la partie occidentale du Boulevard qu'évolue la topographie du plaisir nocturne. L'extraversion élégante permise par la réforme haussmannienne de l'espace public[94] conduit à une utilisation intensifiée de ces lieux qui concentraient déjà la réjouissance sous la monarchie de Juillet. Comment en serait-il autrement, d'ailleurs, dans un Paris où le contraste est/ouest et rive droite/rive gauche a encore été accentué par les travaux du Second Empire ? Quant à l'interrogation sur l'existence d'un espace propre au loisir populaire nocturne, elle ne peut mener à des conclusions tranchées : les sources descriptives ignorent ou caricaturent les formes populaires du noctambulisme, n'y voyant que méprisable ivrognerie, tandis que les sources normatives alimentent l'image d'un peuple divagant et omniprésent sur la voie publique à heure indue.

Il faudrait sans doute pouvoir mesurer l'effet de la mobilité croissante des Parisiens au cours de la deuxième moitié du XIXe siècle[95] sur leur usage de l'espace public nocturne. Observe-t-on la même tendance à la dissociation entre lieu de résidence et lieu de divertissement que celle souvent constatée entre lieu de résidence et lieu de travail ? Depuis l'Ancien Régime, les élites disposent de voitures particulières pour se déplacer librement, discrètement et rapidement d'un lieu de plaisir à un autre ; le roulement continuel de ces voitures est un des bruits caractéristiques de la nuit, dans certains quartiers. Et les descriptions sont nombreuses, dans la première moitié du XIXe siècle, à évoquer ces fiacres ou ces carrosses lancés à grande vitesse dans les rues de Paris la nuit, surgissant sans crier gare et longeant les maisons de si près qu'en l'absence de trottoir, ils risquent à tout instant d'écraser un piéton[96]. Le peuple parisien de ce temps a hérité de ses prédécesseurs l'habitude de voir dans ce comportement désinvolte le signe de la morgue aristocratique ou de l'égoïsme bourgeois : dans les rues du Paris obscur, le « gros » qui va vite continue à ignorer le « petit » qui chemine lentement, au point de le faire parfois passer sous ses roues. C'est que ce dernier n'a guère que ses pieds pour se déplacer ; la ville pré-haussmannienne est encore à l'échelle du piéton : son diamètre de 7 kilomètres dans la limite du mur des Fermiers généraux ne représente, après tout, qu'une bonne heure de marche environ[97]. Le peuple n'a évidemment pas accès à ces voitures de place dont la course coûte 1,25 francs de six heures du matin à minuit et 1,50 F de minuit à six heures du matin (pour un cabriolet), 1,50 F le jour et 2,45 F la nuit (pour un carrosse)[98]. De même, il ne peut qu'envier la vélocité des Parisiens fortunés qui possèdent un équipage personnel, ou peuvent louer des voitures de remise au mois ou à l'année.

Quant aux premiers transports en commun, apparus à Paris avec les omnibus en 1828, leurs horaires et leurs tarifs les destinent plutôt aux classes moyennes ; les quartiers populaires de l'est sont, en outre, moins bien desservis que les autres. Signalé au loin par un fracas de ferrailles et de vitres qui s'entrechoquent, et, dans la soirée, par deux lanternes colorées, l'omnibus ne circule que de 8 h du matin à 11 h ou minuit[99], c'est-à-dire bien après le départ matinal des ouvriers pour l'atelier, et pas au-delà de l'heure de clôture obligatoire de la plupart des établissements publics. Les mystères de la nuit profonde restent donc étrangers à la petite bourgeoisie qui constitue l'essentiel des passagers de l'omnibus. Ne resterait-il alors dans les rues que ces êtres sombres dont la marche infatigable est proche de l'errance misérable, ou ces jouisseurs qui sont protégés des dangers du dehors et dégagés du souci de l'heure par la parfaite disponibilité qu'offre une voiture personnelle ? La démocratisation des mobilités ouverte par l'omnibus n'est donc que partielle. Après onze heures ou minuit, l'omnibus abandonne la rue à la course effrénée des fiacres et des cabriolets, au moment où l'affairement du plaisir nocturne distingué l'emporte sur le rythme plus nonchalant de la soirée. Plus tard, les besoins apparus avec les Expositions universelles montreront que Paris manque effectivement de transports collectifs à bon marché, malgré la réorganisation du service des omnibus en 1855 : peut-être faut-il attendre le métropolitain de la Belle Époque pour que le Parisien peu fortuné cesse d'effectuer l'essentiel de ses déplacements à pied. Si l'espace urbain tend à se rétrécir pour les classes moyennes au cours du XIXe siècle, et si les élites savent toujours le sillonner à leur rythme, on peut comprendre que, majoritairement exclu de ces libertés, le petit peuple parisien donne la préférence à des distractions de proximité, entretenant ainsi une relative dissémination de l'activité nocturne à la surface de la ville – dans les quartiers populaires, les pas de l'ouvrier semblent le mener assez machinalement le soir au « cabaret du coin », et plus exceptionnellement à l'autre extrémité de la ville.

La dissémination des lieux de distraction populaire

S'interroger sur la topographie vespérale et nocturne du divertissement populaire passe par une confrontation avec l'évolution globale dessinée par les quelques chercheurs qui se sont penchés sur le loisir du pauvre dans le Paris pré et post-haussmannien. On passerait ainsi d'une fréquentation socialement mixte des lieux de plaisir par les Parisiens au début du XIXe siècle (mixité dont les guinguettes, les théâtres du boulevard du Temple, le carnaval et les fêtes publiques seraient le creuset) à une dissociation croissante entre les divertissements du peuple et ceux de l'élite, à mesure qu'une culture de masse modelée par les classes moyennes émergerait et absorberait les pratiques festives antérieures[100]. Un modèle « bourgeois » du temps libre se diffuserait, renvoyant le menu peuple à des plaisirs moins divers et moins ouverts sur le reste de la société urbaine : ceux, platement quotidiens, du débit de boissons. L'annexion de la petite banlieue en 1860, supprimant la zone franche où pullulaient les divertissements de barrières, viendrait consacrer un long mouvement de dépérissement des formes populaires de festivité[101], désormais cantonnées à l'univers familier du marchand de vin de quartier. Il y aurait, dans le même temps, déclin des solidarités traditionnelles au profit d'un repli sur les plus proches – voisins et famille. En bref, la fête populaire se fondrait peu à peu dans la culture de la classe moyenne en voie de fixation[102], ou ne survivrait que de plus en plus cloisonnée dans le cadre du quartier – la jouissance des hauts lieux du divertissement parisien étant, pour l'essentiel, l'apanage des classes aisées. Après 1848, les divertissements du peuple – enserrés dans le quadrillage croissant des heures et des tâches – tendent à glisser dans l'ombre, tandis que ceux de la classe de loisir, qui occupe le devant de la scène citadine, sont de plus en plus donnés en spectacle. Au-delà de 1860, des quartiers populaires plus monotones qu'auparavant n'offriraient plus que des « joies au rabais et frelatées »[103].

Les débits des quartiers laborieux attirent surtout la clientèle du voisinage immédiat, alors que les grands cafés luxueux du Boulevard recrutent dans tout Paris : on vient au cabaret pour y côtoyer ses semblables, pour donner consistance à la « vie de quartier ». Rappelons que le mot de « cabaret » ne désigne pas encore, à cette date, un lieu où se donne un spectacle, mais un débit de boissons plutôt modeste où l'on peut aussi manger[104], à toute heure, en famille ou avec ses compagnons d'atelier, de chantier. Cette étroite insertion du cabaret dans l'ordinaire des jours explique la forte densité de ces établissements dans les rues du Paris laborieux, et l'impression d'omniprésence qui en ressort. Les quelque 4 300 débits de boissons dénombrés par Daniel Roche dans le Paris de 1790 (soit environ un pour 200 habitants en moyenne) se localisent de façon privilégiée à proximité de la Seine (paroisses Saint-Eustache, Saint-Paul, Saint-André-des-Arts…), sur les grands axes de circulation ouvrière (rues Saint-Denis, Saint-Martin, Saint-Antoine, Saint-Jacques, rue de Seine), et s'alignent aussi le long des artères principales des faubourgs. La géographie des débits de boissons reflète tout simplement celle des allées et venues journalières du peuple sur les ports, autour des Halles, à travers les quartiers d'artisanat et de petit commerce[105].

Au XIXe siècle, le cabaret n'a rien perdu de ces traits antérieurs. La concentration de « cafés » de plus en plus spacieux et rutilants sur le Boulevard aurait même plutôt un effet de dissuasion que d'attraction sur l'homme du peuple, qui sait que ces dorures ne sont pas faites pour lui. Il est donc amené à se replier sur l'hospitalité du marchand de vin le plus proche de son domicile, dont il faut compenser l'inconfort ou l'impersonnalité. Dans l'œil bourgeois, ces lieux où la « populace » prolonge inexplicablement ses soirées ressemblent de plus en plus à des antres malsains où l'ouvrier gaspille son temps et son argent, où stagnent toutes les impuretés et où la débauche est contagieuse, l'absorption de boissons frelatées accélérant la corruption des corps et des esprits[106]. Et la nuit, ces tendances dissolvantes se trouvent soudain décuplées par la mise entre parenthèses des contraintes sociales les plus explicites. Seul le « café » et ses grands espaces sont donc dignes de la sociabilité raffinée des élites : on laisse volontiers au peuple l'intimité fétide de l'« assommoir », dont le client ne ressort que l'esprit trop embué pour pouvoir goûter les beautés de la rue nocturne. Nul ne voit que le cabaret est surtout utilisé par le pauvre comme un lieu où se réchauffer au contact de ceux qui lui ressemblent, et où recevoir le petit « coup de fouet »[107] indispensable pour affronter la dureté des jours et des nuits. La boutique du marchand de vin est un lieu d'échanges, d'amusement, mais aussi un élément indispensable dans la structure horaire et alimentaire des existences populaires, en un temps où la cellule familiale n'est pas encore close sur elle-même et où la « porosité » du temps de travail est encore forte (la journée est très longue, mais on peut y ménager des temps de pause, recueillis par le cabaret du coin). C'est peut-être en s'attardant là jusqu'à des heures très avancées de la nuit que l'on peut se donner l'illusion de la liberté et de l'impromptu.

Certes, la surveillance politique des cabarets comme des autres lieux de convivialité populaire s'accroît après 1848, la loi du 29 décembre 1851 permettant la fermeture immédiate de tout cabaret jugé dangereux pour la sécurité publique, et exigeant l'autorisation préalable pour toute nouvelle ouverture de débit de boissons. Mais sous le Second Empire, les boutiques de marchands de vin n'en continuent pas moins à représenter plus du tiers des commerces dans certaines rues[108]. Selon Paul Cère, la ville de Paris compterait, en 1868, plus de 24 000 débits de boissons[109], c'est-à-dire un pour moins de cent habitants environ. Et l'on sait à quel point la libéralisation permise par la loi du 17 juillet 1880 favorisa, ensuite, l'essor des débits de boissons à Paris jusqu'à la veille de 1914. Pôle quotidien et souvent unique de la distraction populaire, mais aussi indispensable lieu de vie, le cabaret est donc présent partout après 1850 dans les quartiers du travail (Saint-Martin, le Temple, les faubourgs, sans parler de Belleville et des autres quartiers suburbains)[110], collé aux ateliers, en un éparpillement qui rend les contrôles très aléatoires : entrer chez certains marchands de vin, c'est bien faire intrusion dans le second, ou parfois le seul domicile du pauvre.

Nous ne nous apesantirons pas sur la topographie des divertissements suburbains, bien connue depuis la thèse de François Gasnault[111] : chacun connaît le succès des guinguettes dans la première moitié du siècle. À la répartition homogène des débits de boissons dans les quartiers centraux succède, ici, une tendance à l'alignement des établissements de plaisir le long des axes principaux venant du cœur de la ville (à Belleville, la rue de Paris, par exemple), de même qu'à la fréquentation quotidienne du cabaret *intra-muros* succèdent des divertissements plus espacés dans le temps (on se rend aux barrières une ou deux fois par semaine, et surtout l'été). Mais la vigilance du préfet de police est vivement sollicitée par cette périphérie festoyante où la population est mêlée, où l'on boit abondamment et où les règlements sont plus difficilement applicables que dans

Paris. À Belleville, le grand salon de Ramponneau peut contenir 600 personnes[112], tandis que la salle Favié en contient jusqu'à 3 000 et que le bal Desnoyers est lui aussi d'une taille respectable : on peut imaginer le tapage déversé dans les rues des faubourgs après la fermeture de ces salles, fermeture systématiquement trop tardive. Déclinant dans la deuxième moitié du siècle, les guinguettes, petites ou grandes, cèderont le pas après l'annexion de 1860 aux plaisirs plus interlopes de la « zone » et des « fortifs », dont la réputation nocturne est bien plus ténébreuse encore que celle de l'enceinte précédente.

Sous le Second Empire, les soirées populaires se trouvent privées d'un autre lieu de convergence et d'euphorie collective, le fameux boulevard du Crime. D'une manière générale, la fréquentation de la partie orientale des Boulevards est plus populaire que celle de sa partie occidentale : « Cette zone est enfin le boulevard des Italiens du peuple ; mais elle n'est cela que le soir, car le matin, tout y est morne. [...] C'est le seul point de Paris où l'on entende les cris de Paris, où l'on voie le peuple grouillant, et ces guenilles à étonner un peintre, et ces regards à effrayer un propriétaire[113] », relève Balzac en 1845. En 1861 encore, Julien Lemer décrit le boulevard Saint-Martin comme l'espace de transition, le terrain neutre où se mêlent le bourgeois, l'ouvrier, le voyou : au-delà, le boulevard du Temple demeure, dans l'après-midi et la soirée, le territoire réservé d'un commun des mortels qui se nourrit de peu pour mieux dévorer les spectacles et se plaît au milieu du foisonnement des petits métiers (marchands de coco, de gâteaux, vendeurs de contremarques...)[114]. Si les élégants s'y montrent, ils « ne sont là qu'à titre de visiteurs, de voyageurs, d'excursionnistes »[115] : ils sont venus se dépayser au contact d'une foule exotique, qui s'amuse en faisant jouer tous ses sens.

L'aspect vespéral du boulevard du Crime déclenche, en effet, le réflexe de la vision pittoresque. Les longues files d'attente enroulées devant les théâtres, où viennent s'agglutiner les petits marchands, sont en soi un spectacle[116]. La concentration exceptionnelle des attractions en un espace réduit multiplie les saillies humoristiques et les scènes cocasses. C'est qu'ici, la distraction à bon marché s'offre à chaque pas, sur le modèle de la foire traditionnelle, où la juxtaposition des sollicitations visuelles et auditives aiguillonne les envies[117]. Le long d'une portion de Boulevard de 200 mètres environ, le défilé continuel des petites gens exprime leur passion de voir et leur habitude de confluer vers des lieux d'amusement qui leur sont propres. Mais en 1862, alors que la fête impériale et l'art lyrique font entendre leurs échos puissants plus à l'ouest, le boulevard du Temple est rayé de la carte des loisirs populaires pour permettre l'élargissement de la place du Château-d'Eau et le percement du boulevard du Prince-Eugène. En espère-t-on la dispersion de la foule vespérale des Parisiens modestes, l'éparpillement discret de ces allées et venues tardives à la surface de la ville ? En matière d'animation nocturne, la tendance dominante est plutôt à la concentration spatiale, comme le montre la nette suprématie de certains lieux de réjouissance dans l'espace urbain de 1815 à 1870.

Du Palais-Royal au Boulevard : le destin des quartiers de plaisir

Quelques mots ont été dits, déjà, du goût montré dans le Paris des monarchies censitaires pour les agencements architecturaux mi-clos mi-ouverts, qui abritent la circulation vespérale en conciliant sentiment de sécurité et impression de liberté, mais aussi en déroulant devant les flâneurs le luxe et le confort produits par l'abondance des lumières.

Le Palais-Royal répond, originellement, à ce modèle urbanistique « introverti », selon lequel les élites ne peuvent se risquer aveuglément dans un espace public aléatoire, mais recherchent des parcours balisés, où l'élégance ne se dévoile qu'à demi. Le « Palais-Royal », appartient à la famille des Orléans depuis le Régent ; en 1781, après un incendie, le futur Philippe-Égalité avait organisé la reconstruction du lieu et le lotissement du pourtour du jardin : des boutiques luxueuses s'étaient installées sous des galeries, surplombées à l'étage par des appartements. Forum permanent sous la Révolution, en liaison avec l'activité nocturne des clubs, le Palais-Royal avait très vite acquis une réputation équivoque, en raison notamment de l'affluence des filles publiques, qui trouvaient dans ces galeries le lieu idéal où exposer leurs charmes.

Dès lors, les appréciations divergent. Il est des voix pour célébrer le Palais-Royal comme le centre raffiné de tous les plaisirs du soir, à l'instar d'Eugène Roch dans *Paris, ou le Livre des Cent-et-un*, en 1832 – en un temps où l'animation nocturne est encore très localisée, dans la capitale : « Venez-vous le voir pour la première fois, et le voulez-vous dans tout son éclat ? C'est au milieu d'une belle soirée du mois de juillet que nous entrons dans ce séjour de la féerie [...]. Cependant, depuis des heures entières, la population laborieuse des faubourgs est livrée au sommeil ; les rues plus centrales sont silencieuses et abandonnées à la seule clarté des réverbères ; vous croiriez la ville complètement ensevelie dans le repos ; mais, en approchant du Palais-Royal, vos yeux et vos oreilles s'étonnent, vos sens, déjà engourdis, se réveillent, et, arrivé dans l'enceinte, vous la trouvez encore pleine de vie et resplendissante de lumière ; c'est le cœur qui reste chaud longtemps après que les extrémités sont devenues froides[118]. » Cette même concentration des plaisirs du soir au Palais-Royal inspire aussi et surtout l'image de l'égout où, à la tombée de la nuit, viennent s'échouer les débauches les moins avouables, et où le Parisien vertueux est en territoire ennemi : les galeries de bois, au sol de terre battue, « sont la promenade du soir ou plutôt elles sont à cette heure un étouffoir, un véritable coupe-gorge, dans lequel l'honnête homme, l'homme sans méfiance est loin d'être en sûreté. Ce lieu devient à la chute du jour le rendez-vous de tous les égouts de Paris et du rebut de la société »[119]. Lieu de promenade honorable pendant le jour, le Palais-Royal se charge, dans la soirée, de toutes les turpitudes que le sage rentier croit deviner dans la « vie nocturne ». Sous la Restauration, dans ce centre presque unique des plaisirs de la nuit, le frôlement tourne vite à la bousculade, et la présence conjointe des filles et des soldats compromet la tranquillité du lieu. Au début de notre période, la circulation nocturne des élites, pour qui la licence doit tout de même conserver l'apparence du raffinement (ou, à défaut, rester strictement privée) se concilie imparfaitement avec les promiscuités du « dehors » dont les soirées du Palais-Royal finissent par représenter la caricature orgiaque.

La renommée sulfureuse du Palais-Royal durant le premier tiers du siècle s'explique aussi par la présence des maisons publiques de jeu[120], comme si les autorités avaient voulu cantonner en ce lieu tout ce que l'activité nocturne comportait d'immoral, et en contrôler les éventuels débordements par le réglementarisme. Les maisons de jeu du Palais-Royal et de ses abords sont entre sept et neuf sous la Restauration[121] ; parmi elles, le célèbre Frascati, au 108 rue de Richelieu, dont la terrasse lumineuse, donnant sur le boulevard Montmartre, attire une clientèle choisie. Ici comme ailleurs, on a tendance à fermer bien après l'heure prévue par les règlements[122] : Frascati, qui devrait fermer à minuit, prolonge tardivement et diversifie indûment les plaisirs offerts à sa clientèle – des fêtes sont données, où l'on danse jusqu'au point du jour[123]. Sous la monarchie de Juillet, il n'est pas rare que Frascati, qui a reçu le droit de ne fermer qu'à 3 h du matin dans son nouveau cahier des charges, outrepasse encore cette tolérance en organisant des fêtes qui ne s'achèvent pas avant 6 h du matin, car elles entretiennent la réputation flatteuse du lieu auprès des provinciaux et des étrangers[124]. Loin de ces scintillements, une autre image forte est pourtant accolée à la maison de jeu dans le premier tiers du siècle, c'est celle du joueur défait qui se suicide à l'aube dans les jardins du Palais-Royal : « De temps en temps, vers minuit, on entendait un coup de pistolet. C'était un décavé qui se brûlait la cervelle[125] », lance Auguste Villemot comme une évidence lorsqu'en 1867 il rappelle les fastes anciens des galeries.

Ce renom funeste du Palais-Royal, additionné aux désordres chroniques occasionnés par la présence des filles publiques, explique sans doute l'entreprise de purification du lieu menée par Louis-Philippe, son principal propriétaire, en quête de respectabilité. En 1836, à la suite de nombreuses pétitions, les prostituées sont expulsées du Palais-Royal, et le 31 décembre de la même année, les salles publiques de jeu sont fermées[126]. Dès lors, les galeries ne font plus guère que vivoter, grâce à la présence de restaurants réputés et de boutiques de luxe. « Dépouillé des vices qui avaient fait sa gloire, le Palais-Royal dort aujourd'hui du sommeil de la vertu[127] », peut-on lire dans le *Paris-Guide* publié à l'occasion de l'Exposition universelle de 1867 : le lieu nocturne s'est éteint doucement en devenant lieu diurne, et les tentatives destinées à le ranimer sont condamnées à l'avance, s'il est vrai que « semblables aux fleuves, les foules ne remontent jamais à leur source »[128].

Depuis les années 1820 déjà, ces foules avaient commencé à irriguer les nouvelles régions de l'élégance vespérale, c'est-à-dire les passages[129]. Dans le passage, la vie publique de la bonne société reste en partie confidentielle, préservée du contact du pauvre ; et le raccourci peut dès lors se faire lieu de flânerie. C'est surtout en fin de journée que ces galeries s'animent, depuis l'heure où les lumières s'allument[130] jusqu'à celle où les grilles se ferment, entre dix heures du soir et minuit, selon les lieux[131]. L'ambiguïté du passage, forme urbaine à mi-chemin entre le modèle citadin introverti de l'aristocratie ancienne et la ville moderne extravertie, assure une transition aisée vers l'incessante circulation des soirées du Boulevard. Sous Louis-Philippe, le fleuve des élégances du soir s'écoule en effet, par les passages et la rue Vivienne, du Palais-Royal qui s'assèche vers ce Boulevard dont le flot des habitués grossit à vue d'œil.

Mais avant d'en venir au succès du Boulevard, quelques mots rapides doivent être dits des distractions offertes par les Champs-

Élysées. Bien sûr, depuis le XVIIIe siècle, le Cours-la-Reine, la promenade des Champs-Élysées sont prisés comme lieux de circulation vespérale par les Parisiens. Ces allées et contre-allées prolongent, à l'ouest, les fastes du Boulevard – du moins entre la Concorde et le Rond-Point, où les « carrés » sont parsemés de jeux et de restaurants[132]. Mais du Rond-Point aux pavillons d'octroi, l'avenue conserve encore, au début de notre période, une allure trop champêtre pour fixer une vie nocturne exempte de dangers[133]. La fréquentation des Champs-Élysées, liée au goût du plein air, s'accommode bien des journées et soirées d'été, mais ne s'étend guère au-delà de onze heures du soir ou de minuit.

L'installation des premiers cafés-concerts sur les Champs-Élysées dans les années 1840 n'infléchit pas véritablement la tendance : attirant surtout la petite et moyenne bourgeoisie[134], ce spectacle du soir ne ressortit pas à l'élitisme des noctambules. Dans ces établissements de plein air, les buveurs-spectateurs s'installent sous les arbres, autour des tables placées devant la scène ; ils peuvent partir quand ils le souhaitent, dès qu'ils ont payé leur consommation[135]. La fréquentation du café-concert, essentiellement estivale, est particulièrement intense au milieu de la soirée. Les allées et venues sont libres, le spectacle permanent, et le dispositif oppose donc au spectacle traditionnel la souplesse des horaires et l'agrément des jardins, qui permettent d'intégrer aisément la visite au café-concert au programme des promenades rafraîchissantes du soir. Le café Morel, le café des Ambassadeurs, le café du Pavillon de l'Horloge apparaissent finalement comme des lieux de distraction familiale, moins licencieux que le bal public, moins obscurs que l'estaminet[136].

Au total, de la Restauration au Second Empire (où l'avenue se couvre d'hôtels particuliers), les Champs-Élysées ne sont que ponctuellement un lieu d'attraction nocturne. Comme le note Julien Lemer en 1861[137], « les Champs-Élysées n'ont véritablement d'éclat et de vie le soir que pendant l'été », lorsque la chaussée s'encombre de voitures au sortir de Mabille ou du Château-des-Fleurs. Alfred Delvau, autre spécialiste de la vie nocturne, est du même avis, qui affirme en 1867 que les promeneurs du soir sont bien plus dispersés sur les Champs-Élysées qu'ils ne le sont sur le Boulevard, ou lors des belles soirées d'été, à la sortie des bals et cafés-concerts[138] : après 11 h, c'est bien sur le Boulevard que se replient les habitués de la nuit.

Le Boulevard, c'est d'abord une topographie précise : il s'agit de l'axe qui mène de la Madeleine à la Bastille, constitué en fait d'une enfilade continue de « boulevards » aux noms différents. Cette promenade de quatre kilomètres de long, ouverte sous Louis XIV sur le tracé d'anciens remparts, et plantée d'arbres, constituait la limite septentrionale de Paris avant la construction de l'enceinte des Fermiers généraux à la fin du XVIIIe siècle. La vogue du Boulevard s'affirme au XVIIIe siècle : l'endroit se peuple de bateleurs, de forains et d'attractions diverses[139] devant lesquelles tout Paris défile ; la concurrence est rude pour le Pont-Neuf[140]. Sur le Boulevard, qui n'a pas de trottoir, on peut déambuler librement dans les contre-allées délimitées par les arbres : le lieu est à la fois distrayant et presque champêtre ; l'espace aéré qu'il offre soulage des ruelles oppressantes du vieux Paris[141]. Dans son ensemble, le Boulevard devient rapidement la matrice de la répartition haussmannienne des flux de circulation, qui vise, dans des voies élargies, à mieux séparer les courants : au centre, les voitures ; sur les côtés, l'espace du loisir piétonnier, protégé par une rangée d'arbres[142]. Cette vaste promenade du Boulevard invite, en effet, aux allées et venues nonchalantes, qui permettent de goûter longuement la douceur enjouée des soirées parisiennes[143]. Mais cette foire perpétuelle repousse peu à peu les Parisiens les plus « lancés » vers la partie occidentale du Boulevard, là où les soirées sont plus civilisées… En effet, le *« Boulevard »*, au sens où l'entendent les membres du « Tout-Paris » en gestation, c'est surtout le boulevard des Italiens et celui des Capucines (de même que le *« Faubourg »* est le faubourg Saint-Germain) – les lieux à la mode étant tout particulièrement concentrés entre les rues Taitbout et Le Peletier[144].

C'est ainsi que s'affirme, au XIXe siècle, une topographie sociale de la ligne des boulevards, topographie s'illustrant par différents usages sociaux du temps. En 1867, dans *Paris-Guide*, Paul de Kock et Émile de Labédollière, chargés comme tant de leurs prédécesseurs d'évoquer le parcours Madeleine-Bastille, se répartissent la description de deux hémisphères dont les antipodes sont les places de la Madeleine et de la Bastille, et l'équateur la porte Saint-Martin, pour ne pas dire la rue Montmartre[145]. C'est à l'ouest de cette limite que se déploie, selon eux, la véritable vie nocturne de Paris, l'est s'endormant beaucoup plus tôt, après la paisible promenade vespérale des rentiers du Marais sur le boulevard des Filles-du-Calvaire. Pour Julien Lemer, la rue Montmartre constitue de la même façon la frontière entre « les beaux quartiers de la bourgeoisie et du monde flâneur » et les « quartiers commerçants où pullulent le petit peuple ouvrier et le boutiquier affairé »[146], autant dire entre les plaisantes excentricités de l'élégance oisive et l'insignifiance du monde des « occupés ». Si une population assez nombreuse se meut aux alentours de la Bastille jusqu'à 11 h en hiver et minuit en été, elle ne mérite pas, à l'en croire, de retenir l'attention du chroniqueur, car elle constitue une foule grise de passants indifférenciés[147]. Le boulevard Bonne-Nouvelle et le boulevard Poissonnière, encore fréquentables, ne sont toutefois pas à la hauteur du boulevard des Italiens, où au moins le peuple ne hasarde jamais ses pas[148]. La promenade traditionnelle des élégants se tient d'ailleurs sur le côté droit du boulevard de Gand[149], en direction de la Madeleine : c'est dire que la jonction avec le « commun », qui circule en sens inverse sur le boulevard du Temple, a peu de chances de s'opérer…

Il y a bien entendu trop de rigidité dans cet implacable dégradé social qui conduit, selon les littérateurs, des promeneurs distingués du boulevard des Italiens à la populace turbulente du boulevard du Temple. Nous trouvons là une traduction presque trop nette de l'idée commune selon laquelle la nuit publique n'appartiendrait qu'aux deux groupes extrêmes de la hiérarchie sociale parisienne, et renverrait les catégories intermédiaires à un espace privé ensommeillé. Pour en savoir davantage sur la localisation des plaisirs nocturnes associés à la « vie parisienne », on peut aventurer la reconstitution d'une sorte de « soirée type » au *Boulevard*, avec ses étapes obligées – même si le risque est grand de mimer les tics descriptifs de ces chroniqueurs mondains dont nous sommes tributaire.

Une soirée au Boulevard : du promeneur à l'initié

Le déroulement d'une soirée au Boulevard marque l'espace public de physionomies successives, de tableaux arrêtés dont chacun correspond à une heure précise. C'est cette conviction qui inspire Balzac en 1845 : « Le Boulevard, qui ne se ressemble jamais à lui-même, ressent toutes les secousses de Paris : il a ses heures de mélancolie et ses heures de gaieté, ses heures désertes et ses heures tumultueuses, ses heures chastes et ses heures honteuses[150]. » Selon Alfred Delvau, c'est entre 2 h et 6 h de l'après-midi, et surtout entre neuf heures du soir et minuit que l'observation du Boulevard est la plus fructueuse[151]. De même, lorsque les auteurs de la pièce *Paris qui dort (Scènes de la vie nocturne en 5 actes)* veulent présenter en ouverture de leur œuvre un « Tableau animé de Paris à 11 h du soir »[152], c'est sur le boulevard des Italiens éclairé au gaz qu'ils le situent, dans le voisinage de Tortoni et de la Maison d'or ; à l'acte V de la pièce, ce même boulevard des Italiens est représenté désert, à 3 h du matin. C'est qu'après la fermeture de la plupart des établissements de plaisir, entre minuit et une heure, le Boulevard change d'atmosphère : « Rien n'est lugubre comme le boulevard la nuit, lorsque tous les théâtres, les cafés et restaurants ont dégorgé leur clientèle ; ou à l'aube, sous le pâle et froid rayon du soleil levant. Il offre alors l'aspect flétri et fatigué d'une soupeuse malade qui vient de quitter son costume de bal masqué[153]. » Mais peut-être faut-il y regarder de plus près ; après minuit, la vie nocturne – repliée derrière certaines fenêtres – pourrait survivre sur le Boulevard sous des formes plus discrètes, ce qui ne signifie pas qu'elles soient moins intenses, comme le relève en un tour quelque peu excessif Pierre Zaccone en 1876 (la description pourrait valoir aussi pour la fin du Second Empire) : « En temps ordinaire, minuit est au Boulevard une heure curieuse !... Les théâtres et les concerts ont fermé, et les bals commencent à ouvrir. Deux courants s'établissent alors entre les gens qui se retirent et ceux qui arrivent. Plus de trente mille personnes, jetées ainsi tout à coup dans la circulation, sillonnent en tous sens la ligne équatoriale qui partage Paris de la Bastille à la Madeleine. [...] C'est la nuit, on la sent derrière soi, autour de soi... mais la journée parisienne n'est pas finie. Au boulevard elle ne finit jamais ! Elle se continue dans ce qu'elle a de fiévreux, d'exceptionnel et d'excessif, et sur cette voie enténébrée s'ouvrent de nombreux et ardents foyers de vie vers lesquels gravitent de toutes parts, de tous les coins, de tous les mondes, les passions raffinées, les désirs insatiables, les ivresses sans nom !... – tous les affamés de plaisir, lassés, blasés, inassouvis[154] ! »

Que s'est-il passé avant cet apogée subreptice, c'est-à-dire au cours de la soirée proprement dite, où le Boulevard est encore le domaine de la foule ? La soirée de la bonne société au Boulevard s'ouvre sur un spectacle, tout particulièrement pendant la saison hivernale. Les salles les plus prestigieuses sont proches : depuis l'assassinat du duc de Berry, l'Opéra a quitté la rue de Richelieu pour la rue Le Peletier ; plus distingués encore, les Italiens, où l'on vient afficher sa sensibilité de mélomane dans le théâtre le plus cher de Paris[155]. Les deux salles se sont d'ailleurs réparti les jours de la semaine, pour ne pas se faire de tort[156]. La forte densité de salles de spectacle n'absorbe pas pour autant l'ensemble des promeneurs, dont une partie continue à arpenter le Boulevard pendant la soirée, dans le double souci de voir et d'être vus. La fluidité de la circulation sur cette large artère confère à la marche une régularité détendue tout à fait opposée aux hésitations sinueuses du « rôdeur de nuit ». Ces promeneurs sont rejoints par les spectateurs des théâtres à l'heure des entractes, qui constitue un premier « coup de feu » pour les cafés emplissant les vides entre les salles – notamment sur le boulevard du Temple, véritable « aire théâtrale » où le public fait preuve d'une grande mobilité[157]. La sortie des spectacles, souvent entre onze heures et minuit, est un autre moment d'affluence et de confusion ; elle dirige tout naturellement les spectateurs vers le café attenant à la salle qu'ils ont fréquentée, puisque chacune semble avoir « le sien » – ainsi du café des Variétés, à l'entrée du passage des Panoramas, qui accueille les gens de théâtre jusqu'à 1 h 30 du matin sous le Second Empire[158]. Comme le constate Julien Lemer en 1861, entre la rue Laffitte et la rue Le Peletier, « il n'est pas rare de voir, pendant les grandes chaleurs de l'été, les flâneurs accablés rester, jusqu'à 1 h du matin, à la porte des cafés à humer des glaces, de la bière [...] tout en cherchant à aspirer un peu de l'air frais de la nuit »[159].

Des échanges mondains ou demi-mondains, des soupers prolongent la soirée de théâtre ou de danse à partir de onze heures ou minuit, connaissant une vogue croissante de la monarchie de Juillet au Second Empire. Les clients célèbres du café Riche[160], du café Anglais[161], de la Maison Dorée[162], ou de Tortoni (café-jardin où l'on prend souvent une glace après le spectacle)[163], personnes réelles ou héros de roman, n'ont pas peu contribué à alimenter le succès nocturne de ces lieux voisins les uns des autres où, dès les années 1830, défile en fin de soirée tout ce que Paris compte d'élégant, de séduisant, de talentueux, de fortuné ou de fantasque. À partir de minuit, « la portion du Boulevard comprise entre la rue du Helder et la rue Le Peletier était sillonnée par une quantité de gens, de relations différentes parfois, mais de goûts identiques, se connaissant tous, parlant la même langue et unis ensemble par l'habitude de se rencontrer chaque soir »[164], autrement dit d'être des usagers quotidiens des lieux de la nuit, ce qui n'est pas loisible à tous les Parisiens. Nul, dans la capitale, ne peut plus ignorer en 1860 que le Boulevard subit chaque soir le bouillonnement des endroits à la mode, tant abondent les descriptions (offusquées ou émerveillées) de ces lieux où l'on croit entrevoir l'essence même de la « vie parisienne ».

De neuf heures du soir à minuit, la parade vestimentaire, mondaine et amoureuse, les rencontres ont d'abord lieu sur le

Boulevard lui-même, autour des terrasses illuminées de ces cafés dont le nom est connu de tous les Parisiens, et même de nombreux étrangers et provinciaux[165]. Lors des soirées les plus clémentes, la circulation élégante ralentit volontiers aux abords de cafés si proches les uns des autres qu'ils semblent se défier, et porter à l'extrême, sous le Second Empire, cette tendance observée depuis le XVIIIe siècle[166], selon laquelle les grands cafés parisiens forgent leur identité et conquièrent leur clientèle par la surenchère des lumières, des glaces et des décorations. Sous le clinquant des dorures et des luminaires, le monde et le demi-monde parisiens peuvent plus ouvertement que par le passé se mêler et s'abuser l'un l'autre. Grâce au succès du Boulevard sous la monarchie de Juillet, les membres de l'élite intellectuelle, artistique et économique, et tous ceux ou celles qui gravitent autour d'eux, ont trouvé, à mi-chemin du privé et du public, un terrain de rencontre où échanger propos paradoxaux et clins d'œil complices.

Quant à la réclusion de certains dans les cabinets particuliers des grands cafés après 11 h, il faut, pour la comprendre, rappeler ce que les travaux de Jean-Paul Aron nous apprennent quant à l'évolution de l'heure des repas dans la capitale depuis le XVIIIe siècle. Au XVIIIe siècle, les riches Parisiens avaient coutume de déjeuner entre 6 et 8 h du matin, de dîner entre 12 et 14 h, et de souper entre 17 et 22 h. Sous la Révolution, le rythme des réunions politiques fait reculer le dîner jusque vers 17 ou 19 h, tandis que le souper disparaît et que s'affirme le déjeuner à la fourchette. Le XIXe siècle introduit certains réajustements, provoqués par l'influence de la vie professionnelle masculine en milieu bourgeois : après le premier repas que constitue le déjeuner du matin, le déjeuner à la fourchette prend une place croissante, tandis que le dîner recule de plus en plus en fin de journée. Quant au souper, typiquement parisien et potentiellement libertin, il resurgit dans les années 1820 pour se prendre de plus en plus tard dans la soirée, après le spectacle[167]. Dans ce système, le recours au restaurant ou au grand café permet, en effet, aux Parisiens qui le souhaitent d'échapper à l'emprise moralisatrice de l'intimité bourgeoise[168]. Certes, les restaurants célèbres du Palais-Royal – Véry, Véfour ou les Frères provençaux – continuent à y entretenir une discrète animation vespérale au-delà de 1836 ; mais la « vie de nuit » a déserté ces régions trop tranquilles, où l'on dîne plus que l'on ne soupe. Ce sont essentiellement les grands cafés du Boulevard, puisqu'ils sont aussi de luxueux restaurants[169], qui attirent après 1840 les formes nocturnes de la gastronomie, en raison de leur proximité avec les principaux lieux de divertissement et de leur fermeture tardive[170]. Les soupers de la Maison Dorée ou du Café Anglais sont réputés pour leur liberté de mœurs, mais aussi pour la qualité de ce que l'on y sert, dans ces cabinets particuliers accaparés par des sociétés d'habitués qui y reforment l'intimité d'un salon. Les petits salons et cabinets particuliers de l'étage abritent donc, comme dans un lieu privé, des plaisirs nocturnes que l'on veut à la fois collectifs et discrets : le succès du Boulevard et de ses cafés doit beaucoup à cette adaptabilité. Choisissant, en 1868, d'observer la capitale *Entre Minuit et une heure*, Gustave Claudin remarque que c'est à cette heure-là que « des coupés plus ou moins propres (ils peuvent venir de Mabille ou d'ailleurs) amènent au café Anglais les dames plus ou moins jeunes destinées à parer les festins qui se préparent »[171]. En 1862 déjà, il évoquait sur le mode de la connivence (vaguement scandalisée) avec le lecteur cette clientèle mêlée et tardive qui fait la renommée de Tortoni et de la Maison Dorée, phares de la nuit parisienne à cette date connus de tous : « Ces victimes du plaisir ne dorment pas pendant la nuit. Il y a, sur un certain boulevard, deux maisons où elles ont coutume d'aller souper. Tandis que Paris sommeille et que les lumières sont éteintes dans toutes les demeures, ces deux maisons brillent comme des tours de Nesle[172]. »

Au-delà de minuit ou d'une heure du matin, de nouveaux reclassements s'opèrent, qui sélectionnent les plus insatiables et les mieux informés d'entre les habitués du Boulevard : pour prolonger encore la soirée, à une heure où la carte des lieux ouverts au public se rétracte comme peau de chagrin, il est indispensable de manier les codes de la nuit profonde, monopole d'une infime minorité de citadins. Au rang des « idées reçues », Flaubert classe celle selon laquelle *minuit* constituerait la « limite du bonheur et des plaisirs honnêtes » car « tout ce qu'on fait au-delà est immoral »[173]. Dans le Paris du XIXe siècle, c'est aussi la conviction de ceux qui se pressent aux portes des quelques établissements restés ouverts après cette heure décisive ; mais précisément, ces Parisiens-là tirent quelque fierté d'ignorer l'interdit horaire défini par le sens commun : « Se coucher, dormir, fi donc ! C'est bon pour les bourgeois[174] ! »

Pour reconstituer la géographie de ces refuges de la nuit avancée, les écrits d'Alfred Delvau[175], publiés sous le Second Empire, sont très précieux, et nous leur empruntons l'essentiel de ce qui suit : *Les Dessous de Paris*, en 1860[176] ; l'*Histoire anecdotique des cafés et caba-*

rets de Paris, en 1862[177] ; *Les Heures parisiennes*, en 1866[178] ; *Les Plaisirs de Paris*, en 1867[179] offrent le témoignage d'un noctambule amoureux des incongruités de sa ville. Sur le Boulevard, on peut donc selon lui se replier, passé minuit, vers le café Leblond, dont l'entrée du boulevard des Italiens ferme à minuit, mais dont la sortie passage de l'Opéra reste ouverte jusqu'à 2 h. Le café des Variétés, qui a la permission de 1 h 30, reçoit de nombreux soupeurs à la sortie des théâtres[180]. Au café Wolf, 10 rue du faubourg Montmartre, « les noctambules du quartier Bréda se rabattent vers minuit pour [...] boire de la bière et [...] manger des saucisses à l'oignon, en attendant l'heure de la fermeture »[181]. À 2 h restent ouverts Brébant, au coin du boulevard et du faubourg Montmartre, Bignon, au coin de la rue de la Chaussée-d'Antin, et surtout Hill's Tavern, boulevard des Capucines, où se mêlent la *fashion* et la bohème débraillée[182]. Trait révélateur, entrer à l'Hill's pendant la nuit suppose un « sésame » : théoriquement, ce café ferme en effet à 1 h du matin ; mais les habitués peuvent s'y introduire jusqu'à l'aube en heurtant légèrement la porte et en murmurant le nom de « Shakespeare » ou de « Byron », qui désigne l'un des douze cabinets particuliers de l'étage[183], dont chacun porte le nom d'un grand homme[184]. Si Hill's ressemble, durant la soirée, aux autres cafés du Boulevard, l'aspect du lieu change notablement pendant la nuit, lorsqu'il est envahi par « une foule affamée et assoiffée qui veut continuer là les beuveries ébauchées ailleurs, et se mêle, bruyante, au public grave déjà installé »[185].

Au resserrement spatial des plaisirs nocturnes correspond donc leur exacerbation sensorielle et psychologique, à mesure que sont parcourues les étapes du circuit des plaisirs. J. de Neuville écrit ainsi qu'« aux heures où les plus enragés soupeurs songent à regagner leur chambre à coucher, le restaurant Hill's [...] présente le spectacle le plus étrange que l'on puisse contempler. Ici, ce n'est plus ni la joie, ni les plaisirs, ni l'orgie, ni l'excès ; c'est la fièvre. [...] On dépense là l'esprit, non pour amuser, mais pour étourdir. [...] Rien n'est prévu, tout vient du hasard et du caprice. Une nuit commencée là peut finir aux Halles ou dans un boudoir de Breda Street, dans un palais moderne ou dans l'égout collecteur »[186]. La file d'attente qui s'allonge chaque nuit sur le trottoir devant Hill's témoigne, en tous les cas, de l'existence, sous le Second Empire, d'une minorité de noctambules infatigables, pour qui s'orienter et s'intégrer aux lieux sélectifs du Paris de la nuit constitue une sorte de défi quotidien.

La tradition, de plus en plus attestée dans les années 1850[187], est pour ces noctambules avérés d'achever la nuit aux abords des Halles centrales, où les débits de boissons restent ouverts toute la nuit, par tolérance exceptionnelle – il faut répondre aux besoins des maraîchers de banlieue et des travailleurs de la halle, pour qui la « journée » de travail coïncide avec la nuit. Avant de consentir enfin à se coucher, les viveurs peuvent ainsi profiter du spectacle infiniment pittoresque et varié de Paris qu'on ravitaille et de la journée de labeur qui s'annonce. À la halle, on vient chercher la preuve de la continuité de l'existence parisienne, s'abreuver de contrastes, se donner peut-être le frisson de dangers imaginaires au contact de classes « laborieuses » qu'on se plaît à deviner « dangereuses ». À l'approche de l'aube, les Parisiens oisifs viennent à la rencontre du tableau suivant : « À partir de minuit [...], heure des amants, des voleurs, des joueurs et des fruitiers, le vaste espace compris entre la pointe Saint-Eustache et la rue de la Féronnerie, la halle, en un mot, s'anime et se remplit de mouvement, de tumulte et de vacarme : le sabbat de notre civilisation commence. C'est un contraste étrange, plein de terreurs et d'enseignements. Tout le Paris honnête sommeille. La halle veille seule[188]. »

Les refuges les plus réputés de cet encanaillement du bout de la nuit sont Bordier (rue aux Ours), Baratte (rue aux Fers) et le fameux Paul Niquet (rue aux Fers également) : dans ces cabarets, et quelques autres, plus modestes, « MM. les réalistes [...] vont manger la soupe au fromage et à l'oignon, vers 2 h du matin »[189]. L'expédition nocturne qui constitue la trame des *Nuits d'octobre* n'échappe pas à cet itinéraire de retour au peuple[190] : le narrateur et son ami, après avoir soupé chez Baratte, font une station chez Paul Niquet, où l'usage veut que les clients mis en bourgeois, c'est-à-dire tous ceux qui ne portent pas la blouse, paient une tournée aux chiffonniers formant le fond habituel de la clientèle nocturne[191]. De même, dans le *Paris at night* publié en 1869[192], la dernière image proposée du Paris qui ne dort jamais est celle de quelques hommes et femmes à la mode venus achever leur nuit par un ultime souper à la halle, et naviguant maladroitement entre les tas de légumes. Cette visite nocturne obligé peut aussi receler quelques déceptions pour ceux qui ne savent pas voir : la curiosité de la nuit profonde ne saurait tourner au conformisme ; n'est pas un authentique noctambule celui que rebute et désoriente la proximité avec les bas-fonds. C'est ce qu'illustre l'aventure rapportée sur un ton moralisateur par Henry de Pene en 1860 (peu importe, au fond, qu'elle soit réelle ou fictive) : « Dimanche dernier, la comtesse de L…off était aux Délassements-Comiques […] avec deux jeunes gens et sans son mari, mais munie d'une autorisation de lui. Le spectacle fini, la comtesse proposa d'aller souper à la halle en partie fine. – Histoire de voyager au pays de Bohème. Les soupers de la halle, c'est l'ignoble mêlé à l'ennuyeux. Mais quelques écrivains fantaisistes ont décrit ces lieux-là avec des couleurs attrayantes. Les curieux qui, sur la foi de leurs descriptions, y ont été voir, se gardent bien, au retour, d'avouer à quel point ils ont été mystifiés. […] Ainsi des dupes engendrent des dupes, et il y a toujours quelques gens de bonne compagnie fourvoyés sur le chemin de ces vilains endroits-là[193]. » En l'occurrence, le trio est mené dans un cabaret infect ; après une descente de police, la comtesse, qui n'a pas ses papiers sur elle, finit la nuit au dépôt avec des prostituées. Le loisir distingué ne doit pas devenir trop nocturne, sous peine de rejaillir négativement sur les réputations et de troubler les identités. Tout se passe comme si la mêlée sociale de fin de nuit, rencontrée lorsque l'on quitte le circuit réservé du Boulevard, ne pouvait être expérimentée que par ceux qui savent en recycler les impressions dans leur engagement ou dans leur œuvre, c'est-à-dire les hommes de plume et les artistes.

Quoi qu'il en soit, les autorités elles-mêmes ont fini par apercevoir l'incohérence qu'il y avait à délimiter un périmètre de tolérance nocturne au bénéfice d'une population sagement laborieuse, pour que ce soit finalement la frange la plus obstinée et la plus imprévisible de la classe oisive qui en fasse usage toutes les nuits. Évoquant Paul Niquet, Baratte et Bordier, Alfred Delvau remarque que « ces cabarets, ouverts toute la nuit à l'intention spéciale de ces braves campagnards […], n'ont jamais été hantés que par une foule de citadins qui, à cette heure-là, n'ont jamais dû avoir ni soif ni faim »[194]. Et sous le Second Empire, tandis que Paul Niquet est démoli, la tolérance nocturne accordée aux établissements des Halles est supprimée, en 1859. Émile de Labédollière en livre les circonstances : « La tolérance accordée aux restaurateurs des alentours attirait une multitude d'individus, dont les uns n'avaient point d'asile, et dont les autres, après une soirée tumultueuse, n'avaient nulle envie de rentrer dans leurs foyers[195]. » Selon lui, une enquête aurait montré qu'en moyenne 150 à 200 voitures amenaient chaque nuit, de minuit à cinq heures du matin, des clients fêtards pour les cabarets théoriquement réservés aux approvisionneurs de Paris ; un soir de bal à l'Opéra, en une heure et demie, 600 personnes seraient ainsi arrivées dans les cabarets ouverts après minuit. Sont-ce les effets dérangeants de la confusion sociale, la périlleuse mise en regard du labeur et de l'oisiveté qui sont visés par cette mesure autoritaire ? L'auteur anonyme de *La Confession d'un étudiant, estaminets, bouges et ruisseaux par un bohême* (publiée en 1860) exprime le regret de ne plus pouvoir transporter ses « gaietés nocturnes » chez Baratte après minuit (auparavant, les soupeurs y affluaient de tout Paris) ; selon lui : « On a ôté la moitié de la vie à Baratte, sinon son principe de vie, en lui interdisant à lui aussi de demeurer ouvert toute la nuit[196]. »

Nous n'avons pas pu retrouver à quelle date et pour quelles raisons le « périmètre des Halles » et ses tolérances horaires avaient été rétablis. En 1867, il semble que les noctambules parisiens soient encore cantonnés au Boulevard, où leur vie nocturne demeure repliée sur elle-même, comme le suggèrent ces lignes d'Alfred Delvau : « Quand les brasseries du quartier des Martyrs sont fermées, quand les cafés du boulevard eux-mêmes ont mis leurs volets, leur public masculin, qui n'a pas envie de dormir, et leur personnel féminin, qui n'en a pas le droit, se précipitent dans les salons et dans les cabinets de Brébant avec un empressement frénétique. Du temps où Bordier et Baratte restaient ouverts toute la nuit, ces soupeurs et ces soupeuses n'étaient pas fâchés de pousser une pointe jusqu'à la halle ; mais aujourd'hui force leur est bien de rester au boulevard, le Quartier général des noces et festins[197]. » Sous la Troisième République, le repliement a cessé, et les noctambules ont reconquis ce quartier des Halles où il y a toujours quelque chose à glaner pour le rôdeur, le viveur ou l'artiste.

On le voit, le noctambulisme parisien du siècle dernier évolue dans un espace réduit, et de plus en plus réduit à mesure que la nuit avance. D'heure en heure, on passe du loisir vespéral et collectif de la foule aux parcours initiatiques d'individus qui se reconnaissent mutuellement comme membres d'une élite hétéroclite, celle des Parisiens qui savent occuper la nuit. Une incursion dans l'univers spécifique du bal public et dans le temps déréglé du carnaval peut nous permettre d'affiner ce qui vient d'être dit du rythme et de la localisation des divertissements nocturnes à Paris au XIXe siècle.

Pulsations des plaisirs nocturnes : l'exemple du bal public et du carnaval

Les diverses formes du divertissement nocturne soulèvent la question de l'unanimité des usages sociaux du temps et de l'espace parisiens au siècle dernier. On peut tenter de les examiner au travers d'un aspect de l'activité parisienne déjà circonscrit, mais non épuisé par l'historiographie récente : il s'agit de l'évolution des horaires et des pratiques de la danse publique[198], ainsi que du contenu donné au temps de carnaval, dont la face nocturne évolue significativement au cours du siècle. L'étude précise de François Gasnault – *Guinguettes et lorettes. Bals publics et danse sociale à Paris de 1830 à 1870*[199] – nous servira de point d'appui. Nous pourrons nous consacrer à ce qui n'était pas l'objet central de sa thèse : la part proprement nocturne de la réjouissance collective, et à la marge de liberté horaire laissée à la population parisienne dans ces domaines entre 1830 et 1870.

Si la marche du lettré noctambule est une activité discrète, souvent solitaire, le carnaval passe en revanche pour étourdir, pendant quelques semaines, la grande majorité des Parisiens dans une tornade nocturne continuelle – au point qu'on est en droit de se demander, si l'on adhère aux descriptions délirantes données par les commentateurs habituels, comment les activités diurnes normales peuvent continuer à être assumées. En réalité, il faut sans doute en rabattre, et considérer que la période carnavalesque permettait certes aux oisifs d'accélérer encore la cadence de leurs plaisirs nocturnes, mais conduisait la plupart des actifs à s'autoriser simplement une nuit hebdomadaire de veille et de danse, chose plus rare pendant le reste de l'année. Les rites du carnaval, dont la célébration est encore très active pendant la première moitié du siècle, intéressent en fait l'historien par la confrontation de la règle et de l'exception qui s'y joue – et la nuit se trouve naturellement au centre de ce questionnement. On peut aussi, à travers le cas de la danse publique, faire porter l'interrogation sur le mode d'alternance entre temps de travail et temps de loisir, ou encore sur les rythmes emboîtés des festivités nocturnes qui investissaient la grande ville au siècle dernier à l'échelle de la semaine, de la saison, de l'année.

À titre préliminaire, quelques rappels peuvent s'avérer utiles. François Gasnault nous apprend que le bal public parisien est, en quelque sorte, une invention du XIXe siècle : ce nouveau lieu de sociabilité citadine, issu de la commercialisation croissante du divertissement depuis le Directoire, connaît son apogée dans la capitale pendant la deuxième moitié de la monarchie de Juillet, autour du phénomène de la « polkamanie ». La fréquentation de ces lieux publics d'un nouveau genre, très active au cours des mois de carnaval, ne se dément pas nécessairement pendant le reste de l'année, l'été pouvant offrir, notamment *extra-muros*, une danse plus bucolique. Le bal public a ceci de particulier qu'il relève à la fois de l'exception festive et du loisir ordinaire, étroitement intégré, dans les années 1840, à la gamme des activités quotidiennes de la capitale. Il permet, dans le contexte du carnaval par exemple, le déploiement prolongé du spectaculaire et le renversement des normes, mais aussi, à d'autres moments, un peu comme le cabaret, la rupture ponctuelle avec les contraintes habituelles du travail[200]. Auparavant, au XVIIIe siècle, la danse publique se cantonnait à une période restreinte de l'année (essentiellement, la parenthèse carnavalesque), et se pratiquait dans des locaux plus ou moins improvisés ; c'est le développement des jardins d'agrément et des guinguettes à la fin du XVIIIe siècle qui aurait fait entrer la danse dans l'horizon familier de la population parisienne. Dès lors, les bals publics prennent le rang de véritables entreprises de divertissement collectif, les locaux deviennent fixes, et une tarification plus précise s'impose[201] – le tout étant soumis à la surveillance fiscale et policière.

À l'hégémonie du boulevard du Crime sur la consommation parisienne du plaisir entre 1825 et 1835 succéderait donc celle des bals publics, la transition entre les deux registres s'opérant notamment par le biais de la « théâtralisation » des bals de nuit, particulièrement nombreux, l'hiver, dans les années 1830. Au cours de la décennie 1840, l'engouement pour le bal public prend une ampleur telle que les rythmes festifs de la grande ville s'en trouvent dans leur ensemble profondément influencés. En même temps, le bal public reflète les métamorphoses profondes de l'organisme urbain et attire donc l'attention des chroniqueurs et caricaturistes, qui voient dans la mêlée de la danse un résumé dérisoire de la société parisienne post-révolutionnaire. Désormais partie intégrante de la vie parisienne, le bal obtient un début de respectabilité, dans un éphémère mouvement d'unanimité sociale[202]. Le « bal-chahut », populaire, licencieux, carnavalesque, est cependant peu à peu supplanté par le « bal-polka »[203], qui séduit les jeunes gens à la mode. Un cloisonnement se dessine, qui sépare danseurs modestes et danseurs « *fashionable* », tandis que se précisent les critères du luxe et de l'originalité.

Pendant le carnaval, la distribution sociale des accès de « dansomanie » devient plus confuse. Le divertissement s'étend des habitués des réjouissances nocturnes à tous ceux auxquels l'exception carnavalesque permet de dérober un peu de liberté à la succession prévue des nuits et des jours. Mais les nuits de carnaval résistent quelque peu à l'interprétation : s'y mêlent ce que Mona Ozouf appelle le « modèle Durkheim », selon lequel la fête rassemble la communauté et engendre ainsi l'exaltation collective, et le « modèle Freud », qui veut que l'enthousiasme festif ne puisse naître que de la transgression et de l'excès[204]. L'inspiration populaire du carnaval, le danger du mauvais usage du temps libre sont comme recouverts par la généralisation éphémère et spontanée de la licence nocturne à l'ensemble du corps social ; un désordre aussi tonitruant débouche nécessairement, se dit-on, sur le retour à l'ordre, et les nuits de carnaval dérangent peut-être moins que l'insidieuse récurrence de la « Saint-Lundi » au sein d'un temps que l'on voudrait voué au pur labeur. Précisons cependant que la vision d'un carnaval unanimement rempli d'allégresse est alimentée, sous la monarchie de Juillet et au début du Second Empire, par des opuscules relativement répétitifs, qui n'enregistrent qu'imparfaitement les évolutions du réel, même s'ils sont l'écho d'une indéniable renaissance du carnaval parisien sous Louis-Philippe.

Dans le processus de la modernité, le sens originel de la tradition carnavalesque, indissociable de la sacralité autrefois dominante, semble pourtant s'être égaré. Aux yeux de maints chroniqueurs, le maintien du carnaval dans la société parisienne du XIXe siècle ne s'explique que par sa rencontre opportune avec le chaos socio-politique postérieur à 1789, qui dégraderait cette fête ancienne, ce désordre fonctionnel en orgie gratuite, où la populace urbaine pourrait enfin s'emparer impunément de la rue et de la nuit, mais sans trop savoir pourquoi. Au lieu de produire l'inversion, le retournement salutaire, le carnaval moderne ne serait plus que la caricature du nivellement par le bas et du doute identitaire issus de la coupure révolutionnaire. Sous la monarchie de Juillet, Édouard Gourdon fait juger le carnaval parisien par le démon Asmodée, brusquement apparu sur terre : en temps de carnaval, minuit – heure infernale – fait de Paris la victime d'une possession maléfique : « Voici venir la folle saison qui transforme tous vos théâtres en salles de bal, illumine Paris jusqu'au matin, vous affuble grotesquement, fouette le sang dans vos veines, vous étourdit et vous énerve ; voici venir le *carnaval*, cette fièvre diabolique que nous vous envoyons tous les ans, et que vous accueillez avec tant de joie[205]. » Sous le Second Empire, Pierre Zaccone voit plus sobrement dans le carnaval parisien l'image même de la modernité des grandes villes, qui plonge une humanité sans croyance dans le vertige de la surexcitation nerveuse, des lumières factices servant de halo à une joie factice[206]. La licence carnavalesque n'est plus une exception diabolique, puisque les nuits parisiennes sont désormais animées en permanence par les acteurs de la « fête impériale ». La parenthèse vite refermée qui contenait autrefois les débordements nocturnes s'élargit presque désormais à l'ensemble de l'année, et le carnaval proprement dit passe donc plus inaperçu que par le passé. En réalité, la dimension diachronique est difficile à reconstituer : on peut simplement supposer que la tendance est, après 1848, à une homogénéisation des réjouissances nocturnes tout au long de l'année, et que s'est peu à peu atténué le paroxysme hivernal qui caractérisait la danse de nuit.

La diffusion de la danse de nuit

Le succès du bal de nuit dans le Paris de la monarchie de Juillet doit d'abord être mis en relation avec le balancement des saisons, et avec l'habitude prise par les Parisiens nantis de s'exiler à la campagne pendant les mois chauds, migration qui limite la saison mondaine parisienne à la période allant de décembre à Pâques – laquelle coïncide en partie avec l'extraversion publique du carnaval, avant l'attitude plus austère qu'exige théoriquement le début du Carême. Les lieux dansants les plus en vogue furent initialement des lieux estivaux, c'est-à-dire ces jardins d'agrément abondamment décorés et illuminés, où la danse n'était qu'une attraction parmi d'autres. La mode des « *vauxhall* » aurait été importée d'Angleterre à la fin du XVIIIe siècle ; en un même jardin étaient rassemblés toutes sortes de plaisirs – musique, danse, feux d'artifice, ascensions en ballon… –, l'exemple du jardin Tivoli étant le plus fameux[207]. Ces jardins s'adressaient moins, sans doute, aux mondains les plus distingués qu'à un public mêlé, dont les classes moyennes et les parvenus n'étaient pas exclus – ces soirées rafraîchissantes pouvant leur servir de substitut à la villégiature estivale que le manque de fortune ou l'absence de propriété familiale compromet. Mais la formule, trop coûteuse, périclite sous la monarchie de Juillet au profit d'autres lieux de plaisir.

Ce sont en fait les guinguettes[208] suburbaines, plus populaires, qui polarisent de plus en plus la danse estivale, surtout en fin d'après-midi, les dimanches et lundis. Autour du vin à bon marché se sont en effet développés aux barrières, depuis le début du XIXe siècle, de petits bals publics qui attirent notamment la population des faubourgs[209]. Par une alternance saisonnière assez implacable, qui boucle un cycle temporel d'allure traditionnelle, « chaque année, un gigantesque mouvement de balancier portait alternativement les danseurs à confluer vers le cœur de la cité, puis à s'éparpiller vers la périphérie »[210]. Or, la danse estivale des guinguettes champêtres est plutôt une danse de plein air et d'après-midi, tandis que la danse hivernale pratiquée dans des lieux clos *intra-muros* s'avère plutôt vespérale et, dans certaines limites, nocturne. Selon François Gasnault, ce serait la danse d'été, diurne, qui dominerait vers 1830 ; vers 1840, danse d'été et danse d'hiver s'équilibreraient ; après 1840, les bals d'hiver et de nuit (fréquentés par une clientèle moins strictement populaire que celle des guinguettes, avec notamment les étudiants, les grisettes et les calicots) l'emportent, grâce la vigueur de la célébration carnavalesque[211].

Les innovations promues par le bal Mabille à partir des années 1840 marquent une étape importante pour l'évolution du temps de la danse. Le succès de Mabille ne vint pas seulement, en effet, du luxe de son décor, mais aussi de la décision prise par ses promoteurs de repousser le bal tard dans la soirée (ce qui permettait de jouer sur l'attrait des lumières), tout en relevant le tarif d'entrée. Devenant un lieu nocturne, Mabille s'adressait ouvertement à une clientèle plus fortunée et plus sensible aux modes que la moyenne des autres bals publics. Ce qui y attire lions et lorettes, c'est que la danse commence ici à l'heure où elle s'achève en général dans les guinguettes – et le lieu fait ainsi une agréable transition entre le début de la soirée, passé au théâtre, et l'achèvement de la nuit par l'inévitable souper sur le Boulevard (ou aux Halles, pour les plus audacieux). D'ailleurs, cette originalité horaire se double d'une autre singularité affichée : il est désormais de bon ton de se montrer à Mabille en semaine, ou le samedi, non le dimanche ou le lundi, jours vulgaires[212]. Sur cette base rénovée, l'engouement des Parisiens à la mode pour les nuits de Mabille dura plus d'une génération, comme l'indique indirectement cette pétition adressée au préfet de police dans les années 1860 par des habitants peu noctambules du quartier des Champs-Élysées : « Chaque soir, dès l'ouverture du jardin Mabille, les voitures de remise des personnes s'y rendant habituellement viennent pendant toute la soirée et jusqu'à une heure très avancée de la nuit les jours de fête de nuit stationner le long des trottoirs de la rue François-Ier. Cet état de choses rend aux propriétaires et locataires l'accès de leurs maisons presque impossible[213]. » Et les habitudes nocturnes inaugurées par Mabille ne tardent pas à être imitées, avec plus ou moins de succès, au Château des Fleurs, au Jardin d'Hiver ou à la Closerie des Lilas, qui succède en 1847 à la Grande Chaumière sur la rive gauche[214].

Le bal de nuit tend donc à se généraliser après 1840 – à mesure aussi que l'exhibition prostitutionnelle plus ou moins clandestine et de plus ou moins haute volée s'empare du bal public comme d'une vitrine illuminée. Dans les lieux les plus populaires, notamment aux barrières, l'exemple de Desnoyers, à Belleville, qui seul organisait des bals de nuit tout au long de l'année dès la monarchie de Juillet, est suivi par d'autres[215]. À partir de 1833 se multiplient les ordonnances et circulaires visant à soumettre les cabaretiers qui improvisent des bals de nuit sans autorisation officielle à la surveillance de la police ainsi qu'à l'acquittement du droit des pauvres[216]. La danse tardive n'est plus indissolublement liée à la période hivernale : « Les vieilles coutumes de la danse publique, et notamment ses rituels saisonniers et calendaires, se dissolv(ent) »[217] au profit d'usages plus uniformes du temps festif. Dès mai 1841, Delphine de Girardin notait : « Jamais à aucune époque de l'année, et du monde peut-être, Paris ne s'est amusé avec plus d'ardeur qu'il ne le fait en ce moment. On folâtre toute la journée au bois de Boulogne et aux Champs-Élysées ; on minaude toute la soirée au spectacle, à l'Opéra, dans les concerts publics et particuliers, et puis on sautille toute la nuit dans les bals charmants, plus ou moins intimes, qui durent jusqu'à 8 h du matin : c'est d'étiquette[218]. »

Tout se passe ensuite comme si le « carnaval » devenait permanent et, par là même, perdait toute valeur corrosive. Il est vrai que la danse nocturne sied bien à ces grands établissements modernes, très éclairés, qui s'épanouissent dans la deuxième moitié du siècle aux dépens des salles modestes, et obtiennent plus aisément que par le passé l'autorisation d'organiser de grandes fêtes de nuit, présentées publicitairement comme des manifestations de prestige, à l'ambiance féerique. Sous le Second Empire, le bal de nuit est devenu chose commune, d'autant mieux tolérée que les petits bals louches n'ont guère résisté à la crise de la mi-siècle et que les guinguettes sont en voie de disparition. En dehors même du temps de carnaval, dont elle restait autrefois prisonnière par le fait des décisions administratives, la danse de nuit agglutine désormais, dans des salles gigantesques, des foules de plus en plus nombreuses et anonymes, captivées par les annonces prometteuses publiées hebdomairement dans la presse. Le 25 août 1859, Mabille organise par exemple un bal de nuit qui commence à minuit et où, contre 20 francs, on peut profiter de rafraîchissements et d'un souper ; le 16 juin 1860, les salons Markowski donnent de même une « Grande Fête d'Eau de cologne » qui s'étend de 11 h du soir à 5 h du matin[219].

La danse nocturne n'étant plus exceptionnelle depuis les années 1840, les bals publics ont eu aussi à se répartir les soirs de la semaine en fonction de la clientèle visée. En 1815, un guide des divertissements nocturnes et hivernaux de Paris (*Winter evenings in Paris*, de Benjamin Brevity), destiné aux étrangers, ne mentionnait guère que le dimanche comme jour de fréquentation habituel des bals publics[220]. Les bals d'ouvriers et guinguettes populaires, tout au long de la période, sont plutôt fréquentés les dimanches et lundis soirs. Mais sous la monarchie de Juillet, la gamme hebdomadaire des soirées dansantes s'ouvre pour les catégories moyennes et supérieures de la société, avec le jeudi, jour des étudiants, grisettes et employés de magasin, et le samedi, jour élégant lancé par Mabille. Les plus obstinés des viveurs, point trop regardants quant à la moralité des lieux où l'on s'amuse, profitent de cette diversification pour sortir tous les soirs, ou presque. Selon Auguste Vitu, écrivant en 1847, les gens de plaisir forment désormais, dans la capitale, un monde singulier qui procure à l'observateur une impression d'ubiquité et de dérèglement continu car il « se presse à toutes les fêtes, se brûle à toutes les lumières [...] ; il patronne tout ce qui est nouveau, tout ce qui est jeune, tout ce qui est hardi [...], bizarre, extravagant. [...] Il aime la vie en commun, à découvert, n'importe où, sous les ardentes lueurs des lustres comme sous la pâle clarté des étoiles [...]. Le lundi, il est à la Chaumière, le mardi à Mabille, le mercredi à Enghien, le jeudi au Ranelagh, le vendredi à l'Opéra, le samedi au Château-Rouge, et le dimanche nulle part. Il dîne à minuit, et déjeune à 5 h du soir »[221].

Selon François Gasnault, cette propagation de la danse de nuit au long de la semaine et de l'année s'affirme conformément à la nouvelle topographie des bals publics du Paris haussmannien. Les petits bals de quartier s'affrontent à la minorité dynamique des salles modernes et spacieuses, notamment celles des Grands Boulevards, où l'on vient désormais de tout Paris, et même de plus loin. Les Expositions universelles, qui permettent aux bals publics de sortir provisoirement de la crise entamée en 1848, accélèrent le mouvement de concentration économique et profitent beaucoup plus à ces grands établissements qu'aux bastringues dérisoires[222], sans parler du coup fatal porté aux guinguettes par l'annexion de 1860. C'est déjà le temps, dans la deuxième moitié du siècle, du Montmartre-canaille de la Reine Blanche (boulevard de Clichy) et de la Boule Noire (boulevard Rochechouart), vastes installations à la réputation grivoise, où les romanciers naturalistes feront se perdre les habitué(e)s de l'« assommoir »[223] : « Le divertissement, dont l'image crapuleuse s'impose de plus en plus nettement dans l'opinion distinguée, paraît ne plus trouver audience que là où vivent parquées par les grandes manœuvres du préfet de la Seine les classes laborieuses et dangereuses[224]. » Dans *Les Ordures de Paris*, en 1874, Flévy d'Urville désigne comme les plus agités et les plus contaminés par la prostitution les bals de Montmartre, de La Chapelle et de La Villette[225], qui sont aussi les plus actifs. Dans les années 1880 viendra le temps de la disparition complète des bals publics qui avaient animé les nuits parisiennes de la monarchie de Juillet et du Second Empire[226] : Mabille meurt en 1877, le bal de l'Opéra s'éteint ; certaines salles se reconvertissent en music-halls[227]. Ainsi se manifeste l'extrême sensibilité des lieux de distraction collective aux soubresauts de la conjoncture et de la mode.

Reste que notre période coïncide avec l'apogée du bal public parisien, notamment sous sa forme nocturne, très prégnante quand la danse publique était jugée digne d'elles par certaines élites. Cette tranche chronologique inclut aussi les premiers signes du déclin de ces pratiques, difficile à interpréter clairement, même si la tendance à l'assainissement moral des « beaux quartiers » ne fait guère de doute. Le destin plus particulier des nuits de carnaval, où la question de la liberté des conduites se pose avec encore plus de crudité, pourrait être parallèle à celui de la danse publique envisagée dans son ensemble. Cette interrogation sonde le destin de la nuit parisienne comme temps de l'exception festive.

La nuit de carnaval : une permissivité éphémère

En 1867, dans un article intitulé « Le Sommeil de Paris », Henry de Pene souligne la banalisation de la vie nocturne à Paris, en arguant de la généralisation progressive des libertés horaires prises pendant la première moitié du siècle au cours des seules nuits de carnaval : « Il y a quelque douze ou quinze ans, [...] c'était, le carnaval venu, un grand effroi que ces samedis du bal de l'Opéra commençant à une heure indue, à minuit, comme pour indiquer, par le choix même de cette heure infernale, les maléfices qui s'y accomplissaient [...]. À présent, minuit, mais c'est l'heure commune et toute naturelle pour entrer au bal[228]. » La charge transgressive des nuits de carnaval repose, au début de notre période, sur le maintien d'une temporalité festive de type ancien et de nature cyclique, où le retour annuel du carnaval introduisait dans l'existence quotidienne des Parisiens une véritable rupture. Au sens étroit, le carnaval correspond traditionnellement aux quelques jours « gras » qui précèdent le mercredi des Cendres. Mais dans le Paris de la monarchie de Juillet, la parenthèse carnavalesque est plus largement ouverte que cela, s'étendant de la fin du mois de décembre au début du mois de mars – même si, à l'intérieur de ce cadre élargi, toutes les nuits ne revêtent pas la même vigueur festive. Cette purgation annuelle est de celles que les autorités ont appris à regarder sans trop d'inquiétude[229], puisque la menace se cache ailleurs, dans les murmures de la conspiration politique.

Or, la monarchie de Juillet, temps des insurrections, coïncide avec une célébration active du carnaval parisien[230], selon une tradition que l'on avait crue éteinte avec la Révolution. Le carnaval de 1833, en particulier, s'est avéré très animé, pour dissiper, dit-on, les souvenirs noirs du printemps 1832 : selon Auguste Luchet, « pour ne pas entendre la voix secrète qui s'élevait sombre et sévère en lui, le peuple a battu des pieds et des mains : il a crié, il a chanté, il a fait tout le bruit qu'il a pu »[231] afin de se rassurer. Pendant la semaine grasse, qui clôt officiellement le carnaval, des bals ont lieu toutes les nuits, alors que précédemment, le rythme est en général hebdomadaire : « D'une extrémité à l'autre, Paris est en feu ; l'orgie est générale et brillante ; la moitié de la population se donne la main pour ce branle joyeux qui retentit sur les deux rives »[232], affirme-t-on en 1839.

Ce qui frappe surtout les observateurs, c'est précisément le lien tissé entre le carnaval et la nuit, qui conduit les viveurs patentés à accentuer encore leur choix de la vie déréglée. En un temps où l'existence de nuit n'a pas encore le rayonnement qu'elle dispensera pendant la deuxième moitié du siècle, c'est donc dans sa forme nocturne que le carnaval rompt le plus nettement avec les pratiques communes, et qu'il attire le plus vigoureusement l'attention. Mais dans le Paris de la fête impériale, où l'allégresse nocturne a davantage intégré les représentations courantes de la capitale, l'exception carnavalesque donne l'impression de n'en être plus vraiment une. Avant cette banalisation relative, tous s'accordent à voir dans la vie de nuit l'expression même de l'anomalie carnavalesque. La chose finit par devenir un signe d'artifice civilisé, dans une ville où les habitués du Boulevard annexent le carnaval à leur infatigable quête de la sensation : « En carnaval on veille la nuit, on dort le jour. [...] La nuit, le quadrille est plus engageant aux rayons du lustre ; [...] il est plus attrayant parce qu'il est en dehors des habitudes ordinaires[233]. »

Selon Louis Huart, publiant en 1845 un *Paris au bal*, le fait que les bals du carnaval commencent, pour la plupart, vers minuit en exclurait les plus pusillanimes d'entre les bourgeois[234]. En carnaval, c'est à minuit que doit commencer la « journée » des Parisiens dignes de ce nom. La valeur de passage et de métamorphose contenue dans cette heure symbolique est soulignée par Jules Janin en 1846 lorsqu'il peint une soirée de lundi gras : « Minuit, l'heure solennelle qui évoque, dans les vieux châteaux de l'Allemagne, tant d'âmes errantes, est l'heure délicieuse de la folie pour la cité parisienne ; c'est l'heure, c'est le signal ; ô bonheur ! Soudain s'illuminent ces ténèbres ; le bruit remplace le silence ; de toutes ces maisons immobiles s'échappent en riant aux éclats, non pas des hommes, non pas des femmes, mais des êtres sans nom, couverts d'oripeaux et de visages menteurs[235]. » Le motif est amplifié par Félix Mornand dans *La Vie de Paris* en 1855 : « La nuit est venue ; le gaz s'allume, ce soleil du carnaval moderne. [...] Minuit arrive... Alors, oh ! alors, Paris se lève comme un seul homme. [...] C'est un capharnaüm, une mêlée, un bruit à ne pas entendre Dieu tonner[236]. »

Le carnaval parisien a conquis la nuit comme son domaine propre sous la monarchie de Juillet, et y perpétue en quelque sorte les « conduites de bruit » héritées de coutumes festives plus anciennes. Dès lors, la farandole des masques appartient légitimement au spectacle tonitruant et bariolé que Paris s'offre à lui-même une fois par an. Mais refusant sans doute la démultiplication spontanée des sources de confusion, les hommes de la Préfecture de police parent au plus pressé en interdisant que ces masques soient portés dans les rues pendant la nuit, qui à elle seule suffit à rendre les visages indéchiffrables. Si le bal masqué constitue un inévitable exutoire, la dissociation de l'être et du paraître ne doit pas se perpétuer sur la voie publique nocturne, où la mascarade pourrait, en toute impunité, sur le mode vénitien, voiler une vengeance personnelle, voire un crime sanglant[237]. Les ordonnances, inlassablement répétées de la Restauration à la fin du Second Empire, défendent donc aux Parisiens de paraître masqués sur la voie publique pendant le carnaval entre 6 h du soir et 10 h du matin[238] : le « découpage » du temps de nuit par cette mesure est très large, ce qui montre à quel point le dispositif vise à prévenir les risques spécifiques posés par l'obscurité. Cela n'empêche guère, cela dit, les viveurs les plus audacieux d'arborer leur masque en manière de défi dans les voitures découvertes qui les promènent dans les rues de Paris au soir des jours gras.

Les nuits du carnaval parisien sont dominées, sous la monarchie de Juillet, par l'immense cohue dansante qu'abrite à périodicité variable le bal de l'Opéra, entre minuit et six heures du matin. Cette affluence nombreuse fixe les regards, et nourrit le thème de l'envahissement nocturne des rues de Paris par une foule enfiévrée. Créé par le Régent au début du XVIIIe siècle, le bal de l'Opéra fut, à proprement parler, le premier bal public fixe autorisé à organiser des bals payants durant le carnaval. Et sous la monarchie de Juillet, il n'est pas rare que des milliers de personnes se pressent à ces soirées. François Gasnault et Anne Martin-Fugier reconstituent l'atmosphère du lieu dans la première moitié du siècle, et l'évolution se révèle complexe : sous la Restauration, le bal de l'Opéra est encore une manifestation assez empesée, où les aristocrates pratiquent le « bal d'usage », c'est-à-dire un bal où en fait on ne danse guère, et où le seul déguisement admis est le domino noir[239]. Dans les années 1830, l'ivresse carnavalesque se manifeste plus bruyamment : en 1833, le tarif d'entrée passe de 10 à 5 francs ; le large répertoire des déguisements colorés remplace l'austérité des habits et des dominos, et le bal s'ouvre à des danses jugées licencieuses dans le monde (chahut et galop infernal). Le scandale occasionné par ces changements provoque un bref retour au bal d'usage. Mais en 1836 commence à l'Opéra l'ère du « bal Musard », qui commence à minuit, coûte 5 francs, et rassemble parfois 7 000 ou 8 000 personnes à la fois[240]. Ce sont donc ces immenses bals masqués nocturnes qui cristallisent la renaissance des plaisirs carnavalesques sous la monarchie de Juillet. Ces fêtes de nuit costumées s'éparpillent pendant les années 1830 dans un certain nombre de théâtres parisiens (le théâtre de la Porte Saint-Martin, les Folies-Dramatiques, l'Opéra-Comique, les Variétés…). L'administration ne voit pas d'un mauvais œil cette réclusion du débordement carnavalesque dans des salles closes, ses craintes majeures portant plutôt sur le caractère incontrôlable du carnaval des rues, terrain privilégié des outrances populaires[241]. Dans les physiologies et autres études de mœurs parisiennes, la foule des masques qui piétinent et se bousculent de dix heures à minuit devant l'entrée de ces salles de bal avant de se ruer à l'intérieur pour commencer la danse figure désormais au répertoire des scènes obligées.

Que penser d'un autre motif obligé de ces desciptions, c'est-à-dire de la confusion des classes sociales dont les nuits de carnaval seraient le cadre inespéré ? On doit se satisfaire de conjectures. Certes, la fréquentation accrue des lieux publics et des rues de Paris pendant le carnaval semble favorable au brassage des milieux, le travestissement permettant de changer d'identité sociale et même de sexe. Mais ce n'est pas parce que le grand bourgeois s'habille en chiffonnier ou en débardeur qu'il partage ses plaisirs avec les Parisiens démunis, pour lesquels, précisément, ces tenues ne sont pas un costume de plaisir, mais un vêtement de travail. S'agissant du bal de l'Opéra, François Gasnault conclut que « peuple par la gouaille, faubourg Saint-Germain pour la façade, le bal Musard à l'Opéra a en fait trouvé son public dans les classes moyennes »[242], capables de payer un billet d'entrée de 5 ou 10 francs. Le galop infernal, cette grande chaîne humaine qui clôt les bals de nuit *intra-muros*, apparaît trop aisément aux commentateurs comme un symbole de liesse générale. Dans son expression populaire, le carnaval est d'abord une fête de rues, où apostrophes poissardes et projectiles alimentaires doivent fuser[243]. La présence de quelques voitures élégantes au milieu de ce tohu-bohu ne signifie pas nécessairement l'échange, mais peut-être la juxtaposition de deux appétits de jouissance de natures distinctes. Dans ce contact avec ce qu'ils considèrent comme la lie du peuple, côtoyée qui plus est dans ses attitudes les plus grossières, les dandies dissipés ne recherchent-ils pas avant tout un dépaysement social, le même frisson de dégoût que celui qu'ils espèrent en venant fréquenter, pendant les autres nuits de l'année, les bouges des Halles centrales ? Il est, en outre, de plus en plus de publicistes pour s'interroger sur l'absence de fonction et de signification sociales du carnaval moderne, tels Benjamin Gastineau en 1855 : « Aujourd'hui qu'il n'y a plus de classes, plus de visages, plus de caractères, plus de contrainte morale, [...] aujourd'hui que la pièce de cent sous fait toute la noblesse [...], à quoi bon le carnaval, puisqu'il dure depuis le jour de l'an jusqu'à la Saint-Sylvestre[244] ? » ; pour lui, désormais, « les extravagances et les folies du carnaval attestent un spleen, un vide, un abîme incommensurable dans le cœur humain »[245].

En effet, la nuit de carnaval laisse par définition libre cours à tous les faux-semblants. En cela, elle pourrait ne faire que porter à son comble la tendance habituelle des êtres de nuit à travestir leurs faiblesses, tendance que Paul Féval relève en 1851 dans *Les Nuits de Paris, drames et récits nocturnes* : le soir, « Paris sort de sa coque, frisé, pomponné, musqué, fardé. En une seconde, l'obèse bourgeois s'est transformé en cavalier pimpant, la vieille coquette s'est changée en ingénue »[246]. En temps de carnaval, les viveurs cherchent à donner le tempo à la liesse parisienne, pour ne pas être submergés par la déferlante populaire. À la proue de l'ivresse collective, ils pratiquent alors avec un peu plus de frénésie et d'audace cette existence noceuse qui les occupe déjà quotidiennement pendant le reste de l'année, en forçant la note canaille. Alexandre Dumas considère que pendant le carnaval, pour la lorette, « il n'y a plus de jour, il n'y a plus de nuit, la division ordinaire du temps a cessé d'exister ; le sommeil est retranché de l'existence : on boit, on mange, on danse, voilà tout »[247]. Un degré supplémentaire est descendu sur la pente naturelle de l'orgie, pour une sorte d'épreuve d'endurance longue de plusieurs semaines.

En ce domaine comme dans d'autres, on peut reprocher aux chroniqueurs parisiens des années 1840 et 1850 d'oublier, dans leurs propos, ces milieux populaires et ces classes moyennes pour qui, même sous couvert de carnaval, veiller toutes les nuits de la semaine pendant deux mois est de fait rigoureusement impossible, sous peine d'endettement irrémédiable. Les commentateurs des mœurs parisiennes ont tendance, bien entendu, à généraliser à partir du groupe plus voyant des noceurs – augmenté de quelques satellites, soit peut-être quelques milliers de personnes en tout –, tribu à laquelle la licence carnavalesque permet de s'en donner à cœur joie, de se faire pendant plusieurs semaines les maîtres nocturnes de la ville. L'image renvoyée aux Parisiens est pourtant celle, somme toute réconfortante, d'une société urbaine unanime dans l'inversion des rythmes habituels, d'une ville où la liberté nocturne ne serait plus l'apanage de tel ou tel microcosme oisif. Il n'est de bon carnaval que nocturne et général, comme le croit encore Edmond Texier lorsqu'il montre, en 1852, la société parisienne plongée dans le carnaval comme une foule euphorique et sans déchirures : « Le carnaval d'à présent redoute le grand jour, et il fait bien. Ce qu'il cherche, c'est la nuit ; ce qu'il lui faut, ce sont les ténèbres. Mille lieux nocturnes lui sont ouverts, et il s'y précipite furieusement dès que minuit a sonné l'heure des sarabandes diaboliques[248]. »

Si l'on en croit François Gasnault, l'affaire de la « Tour de Nesle », qui éclate à Paris pendant le carnaval de 1844[249], désigne les limites de ce brouillage social et de cette unanimité culturelle que la fête carnavalesque semble traditionnellement autoriser. La nuit de carnaval redouble, en fait, les risques de grave compromission attachés au mélange des genres et des classes. Rappelons brièvement les ressorts du scandale. Pendant l'hiver 1843-1844, une dizaine d'ouvriers peintres, âgés de vingt ans environ, et habitant le faubourg Saint-Marcel, se sont regroupés dans une sorte de société secrète pour organiser des orgies. Ils usent des bals publics de la rive gauche (dont celui du Vieux-Chêne, rue Mouffetard) comme d'une zone de « rabattage ». Ils attirent des jeunes filles dans une chambre louée de la rue du Pot-de-Fer, et se livrent sur elles à un viol collectif, pendant lequel ils rejouent la pièce de Dumas créée en 1832 à la Porte Saint-Martin, *La Tour de Nesle*, drame tissé de scènes sanglantes et licencieuses. Ces jeunes ouvriers non déclassés, « opiniâtres enfants du Paradis » qui en « reste[nt] à l'envers, après la chute du rideau »[250], apparaissent presque comme des victimes de la puissance de l'illusion théâtrale, combinée ici avec l'indécence de la nuit de carnaval. Ces jeunes gens portaient dans leurs conspirations nocturnes de longs manteaux noirs, de grands chapeaux énigmatiques. Leurs visages étaient passés à la suie, et ils échangeaient entre eux des mots de passe. Certains avaient cru que ces hommes noirs, ces « chevaliers de la nuit » étaient des bohèmes facétieux, ou des membres excentriques de la haute société[251], seuls capables apparemment d'associer plaisirs cruels et références culturelles.

Pendant le procès, la presse s'empare du scandale pour commenter longuement les accès de romantisme noir qui auraient poussé les membres de cette association ténébreuse à surgir dans les rues à la tombée de la nuit pour y « capturer » des jeunes filles, avant de les abandonner le matin, désespérées, au coin d'une borne[252]. C'est un Paris nocturne peuplé de songes menaçants et de mystères, encore enténébré par la période carnavalesque, qui sert d'arrière-plan à l'affaire : fiction et réalité s'y font inextricables – et il se trouve justement que les nuits des années 1840 sont celles de notre période où la hantise criminelle est la plus aiguë à Paris. Avide de dévoiler les secrets enfouis dans l'ombre, faisant de l'épisode une sorte de conte fantastique gouverné par des forces occultes, la presse parisienne s'attache à « jeter enfin la lumière du jour sur les agissements malsains qui bénéficient du sauf-conduit des puissances nocturnes ; c'est l'exorcisme qui convient aux diables infestant Paris, un Paris qu'on n'imaginait pas si sensible au mythe de Dracula, le prince de la Nuit terrassé par un rayon du soleil »[253]. Le scandale de la « Tour de Nesle » marquerait un tournant en ce qu'il brise le relatif consensus formé autour du bal public et du carnaval, dont il met en évidence la virtualité obscure. Dès lors, une remise en ordre se fait nécessaire : elle passe par le dépérissement du carnaval du pauvre, et par la séparation accrue des plaisirs populaires et des plaisirs bourgeois – d'où l'entreprise de « distinction » entamée à Mabille, au moment où « le rideau de la Ville-spectacle tombait sur le dernier épisode du drame de la confusion »[254].

De fait, la singularité nocturne du carnaval s'estompe dans la deuxième moitié du siècle, ce qui procure aux contemporains le sentiment sans cesse renouvelé qu'on ne sait plus « s'amuser comme avant ». La crise de la mi-siècle, puis les drames de l'année 1848 ont bien entendu suspendu les plaisirs carnavalesques ; et l'hégémonie du bal public et du carnaval sur les distractions parisiennes ne survit pas à la monarchie de Juillet[255]. Selon Alain Faure, les masques désertent les rues du Paris de Napoléon III, et la promenade du Bœuf-Gras, rituel strictement diurne, devient la principale manifestation d'un carnaval qui s'étiole[256].

Le succès du défilé bruyant qui clôt chaque année le carnaval, la fameuse « descente de la Courtille »[257], au matin du mercredi des Cendres, était perçu, dans le deuxième tiers du siècle, comme un indicateur de l'intensité de la vie nocturne en période carnavalesque. Le soir du mardi gras, les noceurs vont traditionnellement s'enivrer dans les cabarets populaires de la barrière de Belleville – chez Favié, chez Desnoyers et dans les nombreux lieux de beuverie qui parsèment, à Belleville, la rue de Paris. En 1860, c'est au passé qu'Émile de Labédollière rend compte de cette coutume : « On buvait, on sautait, on faisait tapage tous ensemble, c'était l'égalité dans l'orgie ; puis, dès 6 h du matin, fiacres, cabriolets, [...] tous les véhicules enfin étaient envahis par cette foule en délire, et toujours hurlant, toujours vociférant, elle commençait un défilé qui, jusqu'au boulevard, avait lieu au petit pas[258]. » En 1851, le *Guide du promeneur aux barrières et dans les environs de Paris* présente encore la descente de la Courtille comme un spectacle qu'il faut avoir vu une fois au moins dans sa vie[259]. Selon Félix Mornand, « l'orgie au champagne » vient ainsi achever son interminable périple nocturne (il a commencé deux mois plus tôt…) par une visite à l'orgie populaire[260], qui l'accueille en lui jetant boue et farine[261] ; puis, « le jour se lève sur ce tableau et met fin à la guerre civile »[262]. À partir de 6 h du matin, c'est donc le retour en cortège désarticulé vers le centre de Paris, par la rue du faubourg du Temple et le Boulevard : les nocturnes offrent aux diurnes massés le long de leur parcours le spectacle des derniers feux de leur débauche. Les témoins habituels de la descente de la Courtille, pratique en déclin après 1848, sont, en effet, ces ouvriers honnêtes ou ces bourgeois du Marais que la curiosité pour l'univers nocturne place sur le trajet des masques exténués[263]. La procession est jugée tantôt pittoresque et amusante, tantôt pitoyable et grotesque[264]. En 1855, Benjamin Gastineau moque « cette foule en délire [qui] serpente dans la rue, dans le ruisseau, clapotant, chantant, hurlant, cancanant, grinçant, glapissant, grimaçant et s'accrochant aux liquoristes, […] et rendant toute cette boisson, toute cette débauche, toute cette volupté de pourceau en injures au passant »[265]. La ville entrant en Carême s'autorise, par l'intermédiaire des noceurs les plus acharnés, d'ultimes débordements, comme si dans l'agonie du carnaval, dans le retour difficile de l'exception à la règle, la nuit souillait les premières heures du jour.

L'incompatibilité des deux mondes se manifeste aussi par la récurrence de descriptions axées sur l'incongruité des silhouettes des viveurs et des débauchés aperçues à la lueur du jour naissant. À l'aube du mercredi des Cendres, le retour de la ville à la réalité constitue une véritable épreuve : le contraste éclate entre l'inutilité de l'orgie nocturne et l'efficacité souhaitable de l'activité diurne. Au terme des nuits ordinaires, on a coutume de lire sur les visages des fêtards une simple fatigue, une flétrissure[266] par laquelle la nature se vengerait des prétentions de la civilisation urbaine. Au bout de la dernière nuit du carnaval, les chroniqueurs noircissent le trait, et dressent le portrait de physionomies livides, cadavériques, annonciatrices de la mort – comme si une sorte de punition divine était encourue par les adeptes de l'orgie. Dans ce registre, on sait qu'une espèce de sommet fut atteint pendant le carnaval de 1832, qui coïncida à Paris avec le début de l'épidémie de choléra[267]. Les commentateurs s'attardent alors complaisamment sur l'image de ces danseurs qui défaillent à la sortie du bal, et dont le masque ou le fard dissimulent mal les visages bleuis par les premières atteintes du mal. La scène du « retour du bal » inclut désormais le tableau lamentable de l'aube maladive[268]. Les exemples de cette vision catastrophiste de la nuit festive sont innombrables, inspirés sourdement par la conjonction débauche-épidémie (puis émeute) observée en 1832. On y montre le plaisir nocturne non comme une libération, mais plutôt comme une tyrannie funeste dont le carnaval serait le royaume. Ainsi, Auguste Vitu évoquant en 1848 la fin du bal de l'Opéra comme le moment où « les masques tombent et découvrent des visages pâles, violets et marbrés »[269]. Dans le *Guide du promeneur aux barrières et dans les environs de Paris*, en 1851, on dit également des participants à la descente de la Courtille qu'ils ont « la figure couverte d'une pâleur mortelle, à peine dissimulée par une couche de poussière fétide, les traits tirés, décomposés par une dernière nuit d'excès et de débauches »[270]. Edmond Texier renchérit en 1852 dans son *Tableau de Paris*, scrutant les viveurs du carnaval sous l'impitoyable lumière du jour : « Les yeux caves, les cheveux en désordre, les pâles joues, les poitrines haletantes, les voix rauques, les regards éteints, les visages lugubres, attestent combien le carnaval est une invention agréable et divertissante[271]. » Au matin du mercredi des Cendres, le vin n'est plus gai, la lumière se fait blafarde et accusatrice. Le retour au quotidien s'avère piteux pour les riches, amer pour les pauvres. Mais sans doute le carnaval n'est-il demeuré cette terre de contrastes que tant que durait à Paris la nuit mystérieuse ou grotesque, la nuit archaïque, si l'on veut, capable d'accueillir en son sein le contraire du jour.

Le carnaval de la monarchie de Juillet, plutôt que de subvertir véritablement la hiérarchie sociale, semble la retravailler, en déplacer les étages au moyen de nouveaux critères. Il sépare moins les riches et les pauvres que les « diurnes » et les « nocturnes ». La nuit de carnaval ne serait-elle que le concentré tonitruant des caractéristiques de la nuit parisienne dans son ensemble ? Les outrances carnavalesques de la première moitié du siècle sont, quoi qu'il en soit, le signe d'une sorte de pénurie ou d'irrégularité de la vie nocturne que le Second Empire contribue à destituer, classant peu ou prou le carnaval traditionnel au rayon des « vieilleries » pittoresques. Des années 1830 aux années 1860 s'affirme un plaisir de la nuit moins localisé dans le temps que ces débordements carnavalesques du Paris ancien, demeurés, par définition, prisonniers de quelques nuits d'hiver. Il est, désormais, des Parisiens pour pratiquer le contretemps de façon plus systématique et pour renvoyer, par cette inversion[272], les « affaires » de la journée à leur plate utilité.

Le choix du contretemps

Le cadre spatial et temporel de la vie nocturne parisienne des années 1820 à 1860 vient d'être exploré : reste à comprendre les mobiles de cette minorité de Parisiens pour qui la nuit représente l'alternative salutaire aux contraintes du Paris diurne. Or, entre les minuits populaires et l'existence nocturne de l'élite intellectuelle ou mondaine, il est apparemment peu de points de contact – à quelques encanaillements près. En outre, au sein de la catégorie ce ceux qui s'auto-proclament « dandies », « viveurs » ou « noctambules », les distinctions sont souvent bien aléatoires. Il y a là plusieurs « tribus » qui se croisent et s'entremêlent dans un culte collectif des nuits du Boulevard ou des Halles. La séparation entre « vrais » noctambules et simples « viveurs » doit beaucoup, il est vrai, à la nature même de nos sources : le groupe des *« Noctambules »*, proche d'une bohème littéraire sans doute plus attentive au Paris populaire[273] que ne le sont les dandies et viveurs, est essentiellement formé d'hommes de lettres qui fixent sur le papier l'épopée de ces nuits aventureuses, et s'érigent en juges du bon usage des rues nocturnes de Paris, considérées comme leur fief poétique. Vivant leurs nuits dans des mondes relativement séparés, ouvriers fêtards et noctambules étrangers aux tâches manuelles ont pourtant ceci de commun qu'ils refusent, consciemment ou non, le sage ordonnancement du temps « bourgeois ». Parmi les classes laborieuses, la tradition de l'irrégularité horaire résiste longuement à la discipline du temps industriel, et se réfugie dans la nuit. Au sein des élites, la nostalgie d'un temps aristocratique rencontre cette conviction des bohèmes et des poètes selon laquelle savoir perdre son temps exige talent et lucidité, et permet d'accéder au sens profond de la vie urbaine – jusque dans ses anomalies.

Le loisir nocturne de l'ouvrier : un dérèglement obstiné

Comme il est fréquent, nous ne pouvons évoquer la vie nocturne des ouvriers parisiens du XIXe siècle qu'à travers le regard des catégories dominantes, qui n'admettent pas que le loisir populaire puisse se manifester bruyamment quelques soirs par semaine sans virer pour autant à la débauche perpétuelle. « Bons » et « mauvais » ouvriers se trouvent hâtivement séparés grâce au seul critère de leur rythme de vie. Les sources nous manquent aussi pour dire avec précision si les ouvriers rencontrés dans les rues « à heure indue » sont célibataires ou non, logent en garni ou sont dans leurs meubles, travaillent dans le bâtiment ou dans les articles de Paris, etc. Réduite à une sociologie très fruste de ces modestes adeptes du divertissement nocturne, nous sommes contrainte d'adhérer au moins en partie à l'idée d'un « peuple » indistinct, décrit à l'aune de la bienséance bourgeoise. Reste que les libertés horaires prises par les travailleurs parisiens sont plutôt tenues pour une survivance archaïque à résorber : la vie nocturne de la capitale ne peut apparaître comme réellement « civilisée » qu'au prix de cette mise au pas.

Il faut d'abord rappeler l'obstination des ouvriers parisiens du XIXe siècle à gérer temps de travail et temps de loisir à leur gré, dans une ville où le petit atelier ou le travail à domicile dominent, et où la discipline horaire, caractéristique de la grande entreprise, ne progresse que lentement. Cela procède de cette vie au jour le jour qui indispose tant ceux qui voudraient placer les pauvres sur le chemin de la prévoyance et de l'épargne. Le travailleur parisien tend à organiser sa semaine en fonction du seul souci de gagner tout juste assez d'argent pour subsister, mais ruinerait sa santé en faisant s'enchaîner les à-coups : à cinq jours de travail forcené succèderaient ainsi deux jours de débauche effrénée – le goût du plaisir, propre à l'habitant des grandes villes, l'emportant trop souvent sur la nécessaire reproduction de la force de travail. De l'ouvrier parisien, l'économiste libéral et futur ministre Léon Faucher écrit donc en 1844 qu'« accoutumé à ces efforts extraordinaires, il demande souvent lui-même à prolonger le travail pendant la nuit du samedi et la matinée du dimanche, afin de se livrer à l'oisiveté et de vivre dans les cabarets jusqu'au mardi suivant »[274].

C'est, logiquement, la main-d'œuvre qualifiée, c'est-à-dire la mieux payée, qui peut le plus aisément adopter ce mode de vie chaotique, ce à quoi le système de la rémunération aux pièces ou à la journée peut aussi l'inciter, la notion d'absentéisme étant alors plus floue que pour les salariés du XXe siècle. Au cours de la journée de travail, le cabaret est habituellement un lieu de passage où l'on vient pour combler les interstices temporels. Il est compréhensible qu'il devienne un lieu de séjour plus prolongé lorsque la possession d'un peu d'argent permet de déserter l'atelier pendant quelques jours – quitte à rattraper ensuite le temps et l'argent perdus par des journées de travail interminables[275]. Cette autonomie dans la gestion du temps est plus particulièrement loisible aux ouviers que leur savoir-faire rend difficilement interchangeables ; elle accompagne l'attachement aux formes traditionnelles de la pratique du métier, dont l'irrégularité horaire fait encore partie. Puisqu'il faut bien profiter de cette relative liberté qu'offre la grande ville, on préfère – lorsque l'état du marché du travail est favorable – changer de patron plutôt que d'essuyer les reproches de celui qui ne tolère pas que l'on fasse parfois la noce. Inversement, le manque d'intégration des maçons limousins à la vie parisienne sous les monarchies censitaires se marque par le maintien, dans leurs habitudes, des réflexes horaires de la campagne, qui les conduit à bouder les sorties nocturnes pour préférer l'entre-soi de la chambrée et un coucher peu tardif[276].

En bref, l'ouvrier parisien a fini par constituer un type social auquel l'indiscipline, la mémoire révolutionnaire, la soif de plaisirs (notamment nocturnes), mais aussi la fierté du métier appartiennent en propre. Ne ressent-on pas là l'influence du milieu urbain dans lequel il vit, où les échanges et les sollicitations sont quotidiens, où l'exemple des autres classes sociales est plus présent que dans les villes ouvrières nées brutalement de la révolution industrielle ? Si Paris est ville de plaisirs pour la « classe de loisir », elle l'est aussi quelquefois pour une classe ouvrière aux salaires relativement élevés, mais à l'épargne faible. Une certaine prodigalité serait en cause, qui se manifesterait par des dépenses superflues – le cabaret, mais aussi le théâtre, les bals et le café-concert – et mènerait tout droit à l'inconduite puis à la détresse. Le point de vue d'un homme comme Martin Nadaud s'avère bien entendu plus nuancé, donc plus proche de la réalité. Celle-ci réside, pour beaucoup d'ouvriers parisiens, en un balancement permanent entre labeur et plaisir, non dans un naufrage sans retour. Évoquant les locataires du garni de la rue de la Tissanderie où il s'est installé lors de son premier séjour à Paris en septembre 1830, Martin Nadaud distingue en effet les « avares » (ceux qui épargnent) et les « prodigues » (ceux qui boivent leur paye le lundi, quitte à devoir se priver pendant tout le reste de la semaine) ; il dit de ces derniers qu'« il y en avait qui rentraient à toute heure de la nuit », mais que « ces gens-là n'étaient pas des voyous » et « conservaient des habitudes de travail »[277].

Pour les autorités, moins soucieuses de nuances, le remède à la turbulence ouvrière réside dans la sédentarisation, s'il est vrai que « la principale cause de dissipation pour les ouvriers du département de la Seine est l'absence d'intérieur et par conséquent l'obligation matérielle de vivre au-dehors qui les entraîne à fréquenter les cafés et les débits de boissons »[278]. Le fameux « Sublime » de Denis Poulot offre le modèle de cet ouvrier parisien débauché qui se dégrade irrémédiablement en faisant de l'imprévoyance un mode de vie[279]. La longue résistance de l'indépendance horaire des travailleurs parisiens du XIXe siècle forme ce fond sur lequel peut apparaître le choix du loisir nocturne, plus ponctuel, bien entendu, que pour ces membres des catégories oisives qui pratiquent un noctambulisme quasi quotidien. Vient toujours un jour dans la semaine où l'ouvrier doit se lever à l'aube pour retourner à l'atelier, et l'ouvrier qui ne se contente pas de plaisirs éphémères est vite suspect de bénéficier de moyens douteux d'existence. Laborieux souvent, « débauché » parfois, l'ouvrier n'est jamais qu'un noctambule incomplet ou épisodique : sa situation économique ne lui permet pas de prendre trop durablement les rythmes de l'activité urbaine à rebours.

Cette question doit être examinée à travers celle de la « Saint-Lundi », familière aux historiens des classes populaires parisiennes[280]. On sait que le chômage volontaire du lundi, et ses éventuels prolongements nocturnes, s'oppose au loisir salubre du dimanche comme le « jour des camarades » à celui de la famille. Cela renvoie à la question du respect du repos dominical dans la France du XIXe siècle : dès les années 1830, on a oublié la loi du 18 novembre 1814, relative à la célébration des fêtes et dimanches[281]. Avant la loi du 13 juillet 1906, qui accorde aux salariés un jour de repos hebdomadaire, fixé au dimanche[282], il n'est donc pas rare que l'ouvrier parisien choisisse de travailler le dimanche dans le but de pouvoir fréquenter cabarets et guinguettes pendant la soirée et pendant le(s) jour(s) suivant(s). S'il décale ainsi son temps de loisir vers la soirée et vers le lundi, c'est peut-être aussi qu'il se sent exclu de la lumière des dimanches après-midi de la belle saison et de la promenade paisible des familles de la petite bourgeoisie qui envahissent les rues et les environs de Paris pendant quelques heures. Comme le remarque encore Victor Fournel en 1879, la foule dominicale « n'est pas précisément un public populaire dans toute la force du terme, car le peuple de l'Assommoir célèbre le lundi de préférence au dimanche : c'est un public de petits bourgeois, de petits commerçants, mêlé de vrais ouvriers »[283]... Ces promeneurs du dimanche, à la tenue plus soignée que les autres jours, recherchent la nature ensoleillée, ou ses équivalents suburbains, et la venue de la nuit marque immanquablement la fin de la récréation, confronte à l'urgence du retour au logis. S'intégrer à cette foule bon enfant suppose, en fait, que l'ouvrier renonce en partie à son identité sociale, c'est-à-dire qu'il quitte sa blouse pour s'« endimancher »[284]. À la tonalité bucolique et hygiénique des dimanches de la belle saison, il peut donc préférer les bruyantes et tardives réjouissances du lundi – parfois ébauchées d'ailleurs dès la paye de la quinzaine, versée le samedi soir, et susceptible de donner aux ouvriers parisiens l'illusion que la rue leur appartient[285].

De sorte que ramener les ouvriers parisiens sur la voie de la tempérance et de la bienséance passe d'abord par la réforme du contenu de leur temps libre. Dans ses *Conseils aux ouvriers sur les moyens qu'ils ont d'être heureux*, publiés en 1850, le pédagogue et moraliste Théodore-Henri Barrau met en garde contre les séductions trompeuses de la paresse et du gaspillage de temps permis par l'ambiguïté du lundi : « Le lundi [...], on peut courir partout en blouse mal lavée [...] ; on peut, depuis le matin jusqu'au soir, et même depuis le soir jusqu'au matin, disposer à son gré de toutes les heures. [...] Autant la fériation du dimanche repose et rafraîchit les sens, autant la fériation du lundi les agite et les trouble[286]. » C'est aussi que lorsque tombe la nuit, le rythme habituel de l'activité diurne cesse, et qu'il n'est plus dès lors de coupure préétablie (comme les heures de repas, dans la journée) pour interrompre les distractions de ceux qui souhaitent rester entre eux : toute nuit d'amusement et de boisson commencée entre camarades tend à se poursuivre jusqu'à l'épuisement, c'est-à-dire jusqu'à l'aube. C'est bien cet auto-entraînement du plaisir, où se perd l'alternance normale de la nuit et du jour, et dont on craint qu'il ne mène à la répudiation définitive des habitudes de travail (donc à l'entrée en délinquance) qui révulse. « Faire le lundi » inciterait à « faire le mardi », puis à accumuler un travail écrasant en fin de semaine pour être en mesure de payer ses dettes[287]. Il y a également le risque d'une déchéance plus grave, celle d'être arrêté au cours de ces rixes si fréquentes le lundi soir dans les faubourgs[288]. Le « retour des barrières » fait l'objet d'une mention spéciale, en début de semaine, dans les rapports de surveillance.

La tradition de la Saint-Lundi, bien tolérée sous l'Ancien Régime, en est arrivée à être tenue pour une forme consciente de résistance, d'autant qu'elle étend ses débordements en amont (lors des soirées du samedi et du dimanche), mais aussi en aval (le mardi, et parfois le mercredi). Pour la détruire, il convient de rationaliser le temps de travail de l'ouvrier pendant le jour, ce que l'évolution technique ultérieure des modes de production amènera inévitablement. Il faut également, tâche plus délicate dans une grande ville, contrôler ce temps qui s'écoule entre le soir et le matin hors de l'atelier ou de la manufacture[289]. Les usages multiples du lundi, qui n'était jusque-là ni vraiment un jour de travail, ni officiellement un jour de repos, s'effacent au cours des années 1860 à 1880. Dans le Paris du Second Empire, et plus encore après la Commune, le temps du loisir populaire[290] perd de sa singularité pour s'aligner sur celui des classes moyennes. L'alternance du surmenage et de la paresse cède la place à une répartition plus équilibrée et plus tranchée des activités au cours de la semaine, évolution parallèle à une intégration sociale peut-être plus nette qu'auparavant. Dès lors, au tournant du siècle, époque de démocratie parlementaire et de liberté syndicale, ceux qui s'obstinent à stationner trop ostensiblement dans les rues de la capitale à l'heure où la majorité sommeille, et qui affirment ainsi leur mépris de la méritocratie, s'exposeront à être traités d'« apaches » – alors que sous les monarchies censitaires, les silhouettes plus imprécises de leurs prédécesseurs n'étaient identifiées que comme celles de « rôdeurs de nuit »…

Ceux qui se lèvent tard…

Il est d'autres Parisiens pour qui l'oisiveté est un mode de vie plus habituel. Parmi eux, une nouvelle catégorie de citadins semble avoir pris forme au XIXe siècle, celle des Parisiens qui revendiquent un attachement tout particulier à l'ambiance nocturne de la ville, choisie délibérément contre celle du jour. C'est la conviction de Julien Lemer en 1861, lorsqu'il compare son époque aux temps antérieurs : « La promenade nocturne dut être assez de mode sous le Directoire, époque de petits soupers et de relâchement des mœurs ; mais peut-être dans ce temps-là, comme au XVIIIe siècle, ne rencontrait-on après minuit que des gens revenant de souper et rentrant chez eux, et non des flâneurs aimant la nuit pour la nuit elle-même, en faisant pour ainsi dire le temps préféré de leur existence[291]. »

Ce choix se rattache en partie à cette *vie élégante* dont Balzac a livré, sous la monarchie de Juillet, un *Traité*[292]. Nous avons déjà parcouru le lieu privilégié de cette existence oisive ou semi-oisive, c'est-à-dire la partie occidentale du Boulevard. L'endroit est résolument «*fashionable*», et exerce depuis la Restauration une forte attraction sur la nébuleuse des mondains, des dandies, des viveurs, des journalistes, des chroniqueurs et des gens de théâtre, les derniers affluant peut-être vers les premiers pour observer le spectacle changeant des mœurs modernes, dont ils sont dans le même temps partie prenante. Anne Martin-Fugier s'est efforcée, naguère, de démêler les fils embrouillés de cette sociabilité nouvelle du Boulevard, où se côtoient ces jeunes gens de la bonne société dont la traditionnelle fréquentation des salons n'éteint pas toutes les envies, les feuilletonistes, les vaudevillistes, les demi-mondaines, les «lions», les polygraphes plus ou moins obscurs, etc.[293]. Dans cet enchevêtrement, le clivage est peu évident entre l'oisiveté insouciante des uns et les activités professionnelles des autres, lesquelles gravitent par définition autour des soirées parisiennes[294]. C'est que le caractère public de la vie du Boulevard modifie nettement, sous la monarchie de Juillet, la configuration et les critères de la mondanité : dans ces soirées et ces nuits d'existence collective, aristocrates et acteurs, grands bourgeois et journalistes sont comme mis sur le même plan, le modèle de la «vie parisienne» l'emportant peu à peu sur celui de la société de cour. Comme l'écrit Anne Martin-Fugier, «le monde ne désigne plus seulement les gens reçus à la Cour ou l'élite des gens d'esprit, mais son trait dominant devient l'élégance, assimilée à la jouissance du luxe»[295], libre jouissance que la soirée et la nuit permettent mieux que tout autre moment de la journée.

Entre la rue Montmartre et la chaussée d'Antin se situent, aux yeux des chroniqueurs, le cœur et le cerveau de Paris. Selon Émile de Labédolliere, après la rue Montmartre, «tous, comme des abeilles, bourdonnent autour du théâtre des Variétés, à la porte des cafés [...], à l'heure de l'absinthe surtout. Quelques-uns, noctambules déterminés, y reviennent, après minuit, pour manger une soupe à l'oignon, chercher des nouvelles, donner ou recevoir des renseignements sur une *première*»[296]. Arpentant «Le Paris des chroniqueurs», Daniel Oster et Jean-Marie Goulemot relèvent donc entre ces derniers «une sorte de pacte déambulatoire qui les ramène systématiquement dans les lieux propices à la communication et à l'échange des signes de leur commune appartenance : cafés, restaurants, théâtres...»[297]. Les plus «bohèmes» d'entre ces hommes de plume sont davantage des habitués du café, du cabaret ou de la rue que du salon-cénacle[298], et ce sont eux qui témoignent du pouvoir évocateur des lieux d'errance, de passage, de rencontre qui jalonnent leurs nuits.

La banalité constitue la hantise majeure de ces bohèmes et de ces dandies qui monopolisent une partie de l'espace parisien lors des soirées du premier XIXe siècle. La précarité de la « vie de bohème », présentée sous un jour joyeux dans la littérature inspirée par Murger, a également intéressé les historiens du XIXe siècle[299]. On a relevé le goût de ces jeunes gens pour la vie au-dehors[300], leur dédain de la possession matérielle, qui retourne le dénuement en répudiation des valeurs bourgeoises[301]. La nuit offre naturellement le temps privilégié d'une prise de possession de la ville par cette jeunesse rêveuse et ardente, en attente d'être fixée sur son avenir. L'exiguïté de la mansarde et la rupture avec les attaches provinciales invitent peut-être à la déambulation, où plongent aussi les racines du noctambulisme littéraire[302]. La « vie de bohème » repose sur le refus de renoncer à la souplesse nonchalante de la vie étudiante, et sur l'inversion du rapport bourgeois au temps et à l'espace[303] – une vie nocturne, publique et chaotique est en effet opposée à une vie diurne, privée, où l'horaire règne en maître. Le bohème subsiste en réalité à l'aide d'expédients dont la nuit masque mieux le côté dérisoire : au souper copieux procuré par les hasards heureux d'une rencontre peut succéder un déjeuner plus que frugal, l'essentiel résidant dans une convivialité anticonformiste[304].

Quant à l'univers du dandysme, dont les frontières avec celui de la bohème sont parfois incertaines, il rassemble une jeunesse un peu plus « dorée » que la précédente, moins proche du peuple, assurément, par ses origines et par ses préoccupations. L'ironie du dandy convoque des valeurs aristocratiques, en raison de son ascendance anglaise[305], mais aussi en réaction contre le nivellement révolutionnaire. Dans une société en marche vers l'uniformisation, la différence mérite d'être cultivée[306]. L'insolence du dandy, on le sait, s'affiche par l'artificialité des signes, par la volonté d'apparaître indéchiffrable[307], et trouve dans la parade vespérale du Boulevard un théâtre à sa mesure. Cette morgue, qui exige à la fois oisiveté et fortune, traite comme des non-valeurs l'argent, les « affaires » et la notion d'utilité. Dès lors, la nuit de la grande ville permet le contre-pied désiré, comme le note Delphine de Girardin lorsqu'elle évoque le dandy parisien en 1844 : « Il aime la nuit, il ne sait vivre que la nuit : ce sont, dit-il, les niais qui vivent le jour ; il n'y a que les bourgeois et les sauvages qui adorent le soleil[308]. » En 1829, Eugène Ronteix affirmait de même dans son *Manuel du fashionable* que les vrais élégants ne se lèvent en aucun cas avant 9 h du matin et que, pour eux, 1 h du matin n'est qu'« un instant de la journée » ; mieux, pendant la saison, « il n'y a point de nuit pour un fashionable »[309].

Nous avons conscience de caricaturer ici des types sociaux et littéraires beaucoup trop systématiques pour avoir donné lieu à de nombreuses incarnations dans la réalité sociale parisienne du XIXe siècle. Mais il faut considérer ces portraits du « bohème » ou du « dandy » comme des modèles abstraits qui condenseraient des tendances éparses. Le groupe apparemment restreint des bohèmes, dandies et autres lions compte peut-être moins par son existence propre que par la fascination qu'il a pu exercer sur telle ou telle génération de la jeunesse parisienne, tentée de mimer plus ou moins fidèlement ce qu'elle savait de leur mode de vie nocturne. Par le spectacle donné tous les soirs sur le Boulevard dans le deuxième tiers du siècle, le dandysme et ses avatars ont pu imprégner le comportement de toute une fraction de classe d'âge, comme le fait remarquer Anne Martin-Fugier[310].

La prédilection du bohème et du dandy pour la soirée et la nuit s'étend en effet à une catégorie plus large, où évoluent ce que les observateurs des mœurs parisiennes appellent génériquement les « viveurs ». Le type est fixé en 1842 par James Rousseau dans sa *Physiologie du viveur* : « Pour lui le jour n'existe pas, la nuit n'est qu'un mot ; les ridicules divisions établies par la science et la civilisation se fondent pour lui en un tout homogène et compacte *(sic)*. [...] Vous arrivez chez le viveur à midi, il dort ; vous arrivez à minuit, il vient de s'habiller et de sortir. [...] Le viveur veut s'amuser toujours ; pour cela il lui faut de l'imprévu, et l'imprévu peut-il exister quand on a parqué sa vie dans l'intervalle des heures[311] ? » La figure du viveur[312], plus imprécise que celle du bohème ou du dandy, recoupe en partie celle du « soupeur », et synthétise finalement tous les excès dont la nuit parisienne peut se charger. Alfred Delvau, ardent défenseur de la pureté des pratiques du noctambulisme, ironise à propos de ces êtres vains et futiles dont les nuits parisiennes seraient peuplées, porteurs de masques qui posent plus qu'ils ne ressentent, et ne mènent la vie nocturne que « par genre »[313] : il leur oppose les véritables « nocturnes », avides de posséder à fond « la connaissance des hommes et des femmes »[314]. Par-delà ces distinctions plus ou moins subtiles, le dénominateur commun de ces différentes espèces d'usagers de la nuit réside précisément dans le décalage qui affecte leur rythme de vie. Si on les remarque, et si l'on parle d'eux comme d'un clan homogène, c'est parce que ces gens se lèvent tard, ce qui constitue toujours une sorte de luxe, sinon de privilège.

Pour prendre un exemple extrême, la grasse matinée de la femme entretenue est le signe même de sa non-appartenance au monde des occupations honorables. Le noctambulisme est une pratique qui ne déshonore pas, en principe, ses adeptes masculins – le culte des plaisirs relevant de l'inévitable dans une capitale prestigieuse. Mais les critères de moralité appliqués aux femmes sont plus stricts, et ces « viveurs » ne peuvent guère s'adjoindre que celles d'entre les Parisiennes qui ne craignent pas de se compromettre en déambulant la nuit parce qu'elles n'ont déjà plus le souci de leur réputation – qu'elles pratiquent une prostitution professionnelle, occasionnelle ou appartiennent au monde de la scène. Ces « créatures » fardées qui rôdent le soir autour des terrasses des cafés (des langues perfides prétendent que leur beauté apprêtée ne supporte pas la lumière du jour), puis ornent les soupers de Brébant, du café Riche, du café du Helder, de Hill's, etc.[315], où elles ont su se faire inviter, se lèvent le lendemain à l'heure où les honnêtes ouvrières ont déjà accompli plusieurs heures de travail, et où la maîtresse de maison bourgeoise a déjà parcouru plusieurs étapes de son austère emploi du temps quotidien. Dans son *Tableau de Paris*, en 1852, Edmond Texier évoque en ces termes l'existence de la lorette qui, selon lui, ne se lève jamais avant 10 h du matin : « La soirée qui se prolonge fort avant dans la nuit est pour une lorette le moment le plus heureux de la vie : c'est celui où elle va pleurer à la Gaîté, et jeter des fleurs à *La Dame aux camélias*. Plus souvent encore la Maison Dorée, aux somptueux réduits, sert de théâtre à ses réjouissances nocturnes[316]. » Et l'on aura deviné que la délectation du sommeil prolongé s'accorde bien avec la sensualité d'une Nana[317]. Plus bas dans la hiérarchie de la prostitution, Parent-Duchâtelet relève, parmi les filles de noce parisiennes, l'habitude de se lever tard, et de paresser ensuite pendant toute la journée : c'est là un effet parmi d'autres de leur animalité[318].

Sans aller jusqu'à l'inversion complète des contenus habituels du jour et de la nuit, la revendication d'un droit au sommeil matinal prend apparemment de l'ampleur dans le Paris du XIXe siècle, en écho à l'usage prolongé de la soirée. Alain Corbin le remarque également lorsqu'il s'interroge sur la déperdition du sens de la sonnerie des cloches en milieu urbain : « À la ville, l'hédonisme du lever tardif, d'origine aristocratique, se trouve peu à peu assumé », et la cloche matinale est « désormais perçu(e) comme un tapage importun »[319]. À Paris font défaut ces synchroniseurs sonores (le clocher unique et central, le coq, le départ des paysans pour les champs…) qui confèrent une unité au rythme villageois. Dès lors, les clivages sociaux peuvent prendre la forme d'un affrontement entre « diurnes » et « nocturnes ». Dans *Paris au XIXe siècle, recueil de scènes de la vie parisienne*, on signale qu'entre 6 et 7 h du matin, « le véritable Paris, industriel, laborieux, le Paris des ateliers est debout ; le Paris de ouate, de duvet, de velours, le Paris petite maîtresse repose encore nonchalamment. […] Ce Paris-là n'a pas d'oreilles dans son alcôve de mousseline ; il ignore les splendeurs du point du jour »[320]. Les cris matinaux des petits métiers, le bruit des maraîchers et des laitiers peuvent être interprétés comme le reproche populaire et bourgeois adressé à la vie de plaisirs où se complaît une minorité de Parisiens.

Les « Noctambules », citadins libres et sensibles

Aux confins de ces divers microcosmes urbains, un usage littéraire de la marche nocturne est apparu à Paris dans les années 1830, réunissant ceux qui s'enorgueillissent d'être repoussés par la ville diurne. Entre la monarchie de Juillet et le Second Empire, les nuits parisiennes sont arpentées par le groupe ou plutôt les groupes successifs (numériquement fort restreints, mais aux comportements riches de significations) de ceux qui se prétendent eux-mêmes « Noctambules », dénomination qui marque une volonté d'intimité profonde avec la ville, puisée dans la fréquentation inlassable de ces rues dont les écrivains noctambules disent être la mémoire[321]. Chez Julien Lemer[322], chez Alfred Delvau, chez Gustave Claudin[323], pour ne citer qu'eux, on trouve les éléments d'une codification – rétrospective, le plus souvent – de cette attitude collective.

Dans son « Cours de noctambulisme comparé », Gustave Claudin se réclame ainsi de l'héritage de Restif de la Bretonne, qui le premier aurait érigé le noctambulisme en « travail d'observateur et de chercheur d'anecdotes »[324]. Mais les marches de Restif dans la ville sont solitaires, alors que les noctambules du siècle suivant aiment à se rassembler en petits groupes de « chevaliers de la lune »[325]. Vers 1840 se serait ainsi formée à Paris, autour d'un certain Dr Gourdy, une « académie savante et conteuse de noctambulisme », soucieuse d'étudier la « physiologie de l'existence de nuit à Paris » et de distinguer de l'authentique « noctambule » les variantes plus ou moins dénaturées que sont le « noctivague » (le vagabond), le « noctiloque » (celui qui parle la nuit), le « noctiphage » (celui qui mange la nuit) et le « noctiurge » (celui qui travaille la nuit)[326]... Il s'agit donc de resserrer sur lui-même le cercle des citadins aptes à vivre l'aventure nocturne. Il y va, selon Alfred Delvau, de la nature profonde des êtres : dans la hiérarchie des êtres de la nuit, les noctambules se placent au-dessus des simples viveurs ou « fêtards », en ce que ces derniers anesthésient leur disponibilité sensorielle par l'excès plus qu'ils ne la cultivent ; ils ne sont que des « nocturnes créés pour être de simples diurnes, comme les bons bourgeois leurs pères » et « vivent sans avoir conscience de leur vie, sans jouissances vraies et sans douleurs réelles, comme les éponges et les méduses. Ce sont les orties de l'océan parisien »[327]. À ces parasites inconscients de la civilisation urbaine s'oppose l'indéfectible lucidité des noctambules, « gens de forte race intellectuelle pour la plupart [...], philosophes nocturnes dont le cerveau persiste à flamber comme un phare à l'heure où celui des simples mortels persiste à fumer comme un simple lampion sur lequel le vent de l'habitude a soufflé ! »[328] L'élitisme défini ici n'est donc plus d'ordre mondain, mais relève de critères intellectuels et d'une certaine sensibilité poétique : le noctambule refuse de mettre l'esprit « sous l'éteignoir bourgeois du sommeil »[329], et d'abdiquer la moitié de sa vie à cette mort quotidienne qu'est l'endormissement. Parcourant la ville en tous sens, sans dédaigner l'exploration des quartiers misérables et des faubourgs, il pratique une quête systématique de l'inconnu.

Si l'explorateur noctambule fréquente le Boulevard, ce serait plutôt pour l'observer désert, à l'aube, bien après la stérile agitation de la soirée : la solitude recueillie lui semble souvent plus féconde que la frénésie collective où s'oublie l'individu. Dans un roman sur la bohème parisienne publié en 1859, intitulé *Les Rêveurs de Paris*, c'est à 5 h du matin que s'exerce, sur le Boulevard, le regard inquisiteur du noctambule : « Le boulevard présentait alors ce spectacle pittoresque et curieux que la Bohême de Paris connaît un peu trop peut-être, si les honnêtes bourgeois ne le connaissent pas assez. [...] Çà et là, quelques becs de gaz, prodiguant la clarté municipale, brillaient de distance en distance ; le long de l'asphalte désert et silencieux marchaient deux ou trois sergents de ville, tristement drapés dans leurs manteaux comme des philosophes. On ne voyait sur la chaussée boueuse que des escouades de balayeuses fantastiquement accoutrées de loques et de guenilles comme des grotesques de Callot ; des voitures immobiles, et comme pétrifiées par le sommeil, attendaient devant la Maison d'Or, le Café Anglais et l'hôtel du Jockey-Club que les raffinés de la civilisation parisienne eussent achevé leurs soupers [...]. Paris dormait encore : l'aube pâle et froide se dégageait lentement du linceul des brumes dans lequel les nuits capricieuses du mois de mars enveloppent la grande ville. Pas d'autres bruits que le roulement lointain des coupés dans le dédale des rues, et sur le pavé sonore la marche lente et lourde de quelques maçons rappelés au travail par le matin[330]. » Le noctambule est, pour la capitale, un témoin irremplaçable, seul capable d'embrasser en un seul regard la réalité sociale et l'atmosphère poétique des rues nocturnes, d'assumer la face brillante comme la face obscure[331] de la grande ville.

La plupart des partisans du noctambulisme (souvent nés entre 1810 et 1825) en ont cependant rapporté les coutumes *a posteriori*, à un moment de leur vie où les nuits parisiennes n'étaient plus pour eux que des souvenirs. La nostalgie de ces digressions nocturnes se confond ainsi avec le regret du Paris pré-haussmannien et surtout avec celui de la jeunesse disparue. Selon Théodore de Banville, dont les *Petites Études, l'âme de Paris. Nouveaux souvenirs*, paraissent pour la première fois en 1859, le noctambulisme, au sens strict, est propre au Paris de la première moitié du siècle, et à une génération artistique encore capable de désintéressement : « Ce sont les êtres raffinés, étranges, avides d'émotion et de splendeur qu'on appelait autrefois les Noctambules. Oui, autrefois, car à présent, il n'y en a plus, et je pense qu'il n'y en aura plus jamais. [...] Personne ne sait plus vivre de l'air du temps, ni aimer des femmes chimériques [...]. Quand la journée aurait cent fois plus d'heures qu'elle n'en contient, il nous faudrait encore les employer toutes à des choses utiles. Il n'en allait pas ainsi pour les artistes et les rêveurs des temps évanouis. [...] Il y a eu alors des Noctambules, qui regardaient et adoraient la Ville comme une maîtresse endormie, et c'était leur joie, leur volupté et leur ravissement de marcher en contemplant le ciel parisien, et d'en jouir comme d'une chose qui leur appartient en propre. [...] J'ai encore pu connaître quelques-uns des derniers Noctambules, et je me rappelle avec enchantement la triomphale douceur de leurs âmes innocentes[332]. »

Sans pouvoir aller jusqu'à une analyse précise de l'insertion de chaque génération littéraire dans la société parisienne du temps, il faut dresser le constat de la présence ritualisée d'hommes de lettres dans les rues nocturnes de Paris entre 1830 et 1860. Au-delà de 1860, si l'appellation de « noctambule » continue à être utilisée, elle semble en quelque sorte désigner massivement tous ceux qui aiment sortir la nuit. En 1878, Élie Frebault observe que « dans le *monde qui s'amuse*, une des premières places à Paris est tenue par la tribu des *Noctambules* [...]. Ce sont pour la plupart des gens qui se rattachent à l'art par quelque côté, – mais que mène plus encore l'indéfinissable attrait de la vie irrégulière », et qui ne craignent pas de « parcourir les cercles inférieurs du Paris nocturne »[333]. En 1883, le recueil poétique publié par Ernest d'Orllanges sous le titre *Les Nuits parisiennes, poésies naturalistes* énumère poussivement, malgré son intention provocatrice, tous les poncifs du genre. L'auteur, qui se pose en porte-parole d'une bohème dépravée, dit avoir « écrit ce livre pour embêter les bourgeois et les moralistes. [...] À Paris, plus les nuits sont noires, plus on aime à les passer blanches, l'un pour le jeu, l'autre pour l'amour, l'un pour le vol, l'autre pour le viol »[334]. On est loin de la gravité émue ou de la curiosité compatissante des noctambules de la monarchie de Juillet ; et la volonté de scandaliser les honnêtes gens par le réalisme et la crudité ne va pas bien loin, comme si la teneur poétique du Paris nocturne s'était éventée avec l'haussmannisation puis la Commune.

Il faut revenir sur ce qui fondait la spécificité du noctambulisme du premier XIXe siècle. Il se traduit d'abord par le plaisir pris à marcher dans les rues de la ville, déambulation que Pierre Sansot assimile à une « quête de soi »[335], mais aussi à une immersion dans la mémoire de la ville. L'enjeu est de taille : il s'agit pour le noctambule d'être la conscience de la ville, de continuer à défendre la dignité de la condition humaine, pendant que les autres hommes, endormis, ne sont plus que « présences mentales »[336]. La ville obscure devient un tableau qui n'est plus arpenté et commenté que par l'élite de ses contemplateurs. Ces derniers trouvent là l'occasion suprême de prouver leur aptitude au nomadisme cultivé, donc leur appartenance au pays de bohème. C'est une sorte d'insularité, de vie à la lisière de la société urbaine qui est espérée par ces écrivains convaincus d'être seuls à pouvoir donner sens, par leur activité de « déchiffrement ambulatoire », à l'immense énigme que serait devenue la capitale[337].

Comment articuler cette forme de déambulation à l'émergence, maintes fois relevée par les historiens, de la silhouette du « flâneur » dans le Paris du XIXe siècle ? Sur le Boulevard, la marche désinvolte et la disponibilité au spectacle de la rue se conjuguent aisément. Avant l'ère des piétons pressés et préoccupés, le Boulevard offre au regard infatigablement curieux du flâneur une succession infinie de micro-événements. En même temps, ses yeux peuvent fouiller l'ampleur de la perspective. Sur le Boulevard, c'est « un air libérateur » que l'on respire ; c'est là, en outre, que Paris « joue son rôle de capitale »[338]. Mais le terme de « flânerie » n'est pas tout à fait adapté au contexte de la rue nocturne, qui exige plus qu'une attention flottante : une sorte de perspicacité, de symbiose mystérieuse avec l'âme profonde de la ville. Il semble y avoir entre le « flâneur » et le « noctambule » épris des rues de la capitale la même différence qu'entre l'amateur et le professionnel. Dans sa *Physiologie du flâneur*, Louis Huart considère que la lumière du soleil est l'auxiliaire indispensable de la flânerie, activité essentiellement diurne[339] ; si « flâneur nocturne » il y a, il ne peut s'agir que d'un personnage trouble, s'épanouissant « dans l'ombre des rues solitaires, ou [...] dans les serres du préfet de police »[340]. Aux trajectoires brisées et hasardeuses du flâneur, qui se laisse porter par l'imprévu, s'oppose aussi la figure déroutante de « l'homme des foules », connue à Paris grâce à la traduction de la nouvelle de Poe par Baudelaire[341] sous le Second Empire : s'y exprime une nouvelle expérience de la grande ville, où le défilé continuel des visages et des silhouettes à la clarté du gaz peut virer à l'anonymat angoissant et à l'irréalité[342].

Dans le *Nouveau Larousse illustré*, l'exemple donné pour illustrer la signification du verbe « rôder » est la phrase suivante : « Les noctambules rôdent par la ville. » La connaissance passe, en effet, par une marche sans but précis promue au rang de moyen d'exploration poétique. La rue nocturne recèle dans une telle conception cette « poésie immédiate »[343] dont un regard curieux et exercé peut s'emparer aisément, alors qu'à la génération précédente, selon le spécialiste de l'écriture de Paris qu'est Pierre Citron, « Paris nocturne, pour les rares romantiques noctambules, était souvent une masse terrifiante, vibrant d'une vie démoniaque, et où les apparitions fantastiques ne s'effaçaient que pour amener des rêveries et des réflexions philosophiques sur la mort, ou sur les contrastes de Paris »[344]. Sans doute cette mutation trouve-t-elle quelques éléments d'explication dans l'aménagement des rues de Paris par l'éclairage au gaz sous la monarchie de Juillet : les noctambules des années 1840 chercheraient-ils à fixer pas après pas le souvenir d'un Paris obscur qu'on sent déjà menacé plus que menaçant ? Alfred Delvau, fasciné par les *Dessous de Paris*, justifie en 1860 cet amour d'un nouveau genre pour le *no-man's land* des « heures nocturnes », tel qu'il s'est manifesté une génération plus tôt : « Il y a du charme, je vous jure, à faire résonner les talons de ses bottes [...] sur les trottoirs déserts, le long des portes fermées, à la lueur très incertaine des becs de gaz, et de chasser devant soi des bataillons de chats qui chassent devant eux des bataillons de rats[345]. » Les pouvoirs de l'inspiration sont très fortement sollicités par l'isolement nocturne du marcheur, la rue vide appelant constamment un effort d'interprétation.

Le noctambule est dans le même temps figuré comme un inconsolé, un inassouvi[346], qui parcourt la ville pour lui arracher d'impossibles réponses, et fouille une ombre qu'il peuple de ses propres chimères. Le thème est développé de façon conventionnelle par Jules Janin en 1846 : « Il y a dans Paris des endroits que lui seul connaît, d'affreux passages, des labyrinthes, des ruines, des cours habitées par tous les voleurs de la cité ; [...] il s'en va, les mains dans les poches, à travers ces sombres couloirs. Ah ! voilà, certes, ce qui n'est pas beau à voir ; voilà le revers de cette médaille brillante ! Le Paris de la nuit est épouvantable ; c'est le moment où la nation souterraine se met en marche. [...] Ainsi la terreur est grande, terrible, formidable[347]. » En réalité, le Paris des noctambules n'est pas un Paris effrayant. C'est un Paris étonnant, transfiguré, qu'ils traversent de part en part, en obsertvateurs presque insaisissables, moins occupés de leur sécurité que de l'acuité de leur regard, et assez proches finalement de l'attitude du chiffonnier ou du voleur de nuit, même s'ils ne « braconnent » que des impressions fugitives. Le goût de l'obscur associe donc le renouvellement des critères du beau au simple courage physique, ou plutôt à la conviction que l'état de poète confère une sorte d'immunité, de laisser-passer nocturne parmi les dangers éventuels de la forêt urbaine. La disponibilité est valorisée. Le « cercle » de noctambules des années 1840 décrit par Julien Lemer se réunit tous les soirs vers minuit et, par groupe de six ou sept, arpente les rues de la capitale sans itinéraire préconçu, jusqu'à 4 h du matin au moins[348]. Alfred Delvau forge même le verbe « noctambuler » pour qualifier ces « intrépides batteurs de pavé »[349]. Il y a là un vagabondage fureteur qui semble moins bien toléré par les forces de l'ordre du Second Empire que par les précédentes. Delvau souligne, en 1866, les obstacles placés sur la route sinueuse des noctambules par les rigueurs d'une administration qui chercherait à limiter la circulation dans certains quartiers après minuit[350], pour mieux concentrer l'activité nocturne sur le parcours linéaire du Boulevard.

Ces lettrés noctambules sont énumérés par Alfred Delvau en « une liste qui est comme le livre d'or de la véritable *nobility* parisienne »[351] : Roger de Beauvoir, Théodore de Banville, Murger, Nadar, Courbet, Julien Lemer, Félix Mornand, Charles Monselet, Privat d'Anglemont, entre autres, ont les honneurs de ce palmarès. Quant à lui, le fameux « Dr » Gourdy cité par Julien Lemer comme le type même du noctambule vit dans les années 1840 selon un emploi du temps réglé quoique incongru : logeant dans un garni de la rue Saint-Honoré, il reste au lit jusqu'à 4 h de l'après-midi, à lire ou à écrire ; puis il va au Boulevard prendre un verre d'absinthe et dîner chez Véfour au Palais-Royal. Il retourne ensuite au Boulevard par la rue Richelieu, avant de revenir au Palais-Royal par la rue Vivienne ; là, il monte à l'estaminet où il a coutume d'« attend[re] l'heure du noctambulisme »[352]. On cite souvent aussi Nestor Roqueplan, Parisien lancé aux allures de dandy, figure du monde journalistique comme du monde théâtral[353] : il dort chez lui rue Taitbout de 4 à 6 h de l'après-midi et fréquente tous les soirs le boulevard des Italiens de 11 h 30 à 1 h 30 du matin[354]. Gustave Claudin lui dédicace ainsi en 1868 le livre *Entre minuit et une heure. Étude parisienne* : « Vous êtes le dernier promeneur du boulevard, vous ne rentrez chez vous que quand vous avez aperçu une personne qui vient de se lever, et qui vous dit *hier*, alors que vous dites encore aujourd'hui[355]. » Prétendant avoir perdu la capacité de s'endormir normalement le soir, Claudin dit, de son côté, s'être mis à la recherche de « gens faisant un peu de la nuit le jour », et avoir rencontré sur sa route Roqueplan, Roger de Beauvoir, Murger, Lambert Thiboust, « qui tous avaient horreur de leur lit »[356].

Du réseau d'hommages réciproques que se rendent les Noctambules dans leurs écrits émerge plus nettement la figure d'Alexandre Privat d'Anglemont[357]. Son *Paris anecdote*[358] et son *Paris inconnu*[359] (publiés respectivement en 1854 et en 1860) livrent les fruits d'une exploration méthodique du pittoresque parisien, fréquemment vu sous l'angle nocturne. Le mystère est recueilli au ras du trottoir, et Privat pose sur cette réalité dérisoire le regard patient de l'ethnologue, mais aussi celui, attendri, du collectionneur. Daniel Oster et Jean-Marie Goulemot voient en Privat d'Anglemont le « premier bohème utile », le « premier martyr »[360] du noctambulisme de l'exploration ; c'est, en tout cas, l'image forgée par ses compagnons nocturnes, comme Alfred Delvau. Se ménageant peu, il se serait épuisé peu à peu par des veilles répétées ; il est mort de phtisie en 1859 à l'hospice Dubois (mouroir de la Société des gens de lettres), rejoignant ainsi le sort pitoyable de ces « existences problématiques » qui lui étaient chères. Sa pauvreté chronique, qui décourage jusqu'aux voleurs nocturnes[361], l'assimile à ces chiffonniers qui recyclent tout ce que la rue leur offre. Elle résume la dissidence réelle ou affichée de ces écrivains noctambules qui les conduit à porter sur la ville un regard dépouillé de tout préjugé social ou esthétique. En 1866, Alfred Delvau dédie donc à Privat d'Anglemont ses *Heures parisiennes*[362] comme à son « cher vieux compagnon de noctambulisme ! ». Privat devient, après sa mort, le symbole du sort malheureux de ce noctambulisme littéraire enseveli, avec le vieux Paris, dans le chantier haussmannien.

Dans le registre de l'errance et de l'héroïsme nocturnes, Gérard de Nerval, moins négligé par la postérité que Privat, occupe lui aussi une place éminente, reconnu qu'il est par les autres noctambules comme le plus poète d'entre eux et, rétrospectivement, comme le plus vulnérable. Banville témoigne de cette habitude qu'avait Nerval de parcourir Paris pendant des nuits entières, « se saoûlant du ciel, qu'il voyait tel qu'il est, et tel que les aveugles mortels ne le voient pas »[363]. L'œuvre a, bien entendu, recueilli les traces de ce nomadisme nocturne[364], et montre le Paris obscur de celui qui y poursuivait et y prolongeait son rêve, même si Paris n'apparaît dans les écrits de Nerval qu'après 1850, avec *Les Nuits d'octobre* (1852)[365] et *Aurélia* (1855). Les *Nuits d'octobre* conduisent le lecteur, en un récit de facture apparemment réaliste, de Montmartre aux Halles (chez Baratte et Paul Niquet), puis à Pantin et à Meaux. La chronique est pourtant entrecoupée de songes, comme si elle hésitait entre l'hommage à Dickens et la dette envers Restif, entre le « rêve » et la « vie », qui se superposent mieux lorsque tombe la nuit. Le parcours qui organise *Aurélia*, de la barrière de Clichy à Notre-Dame de Lorette, puis à la Concorde et aux Halles, s'avère plus explicitement hallucinatoire, le poète se voulant en même temps lucide sur ses propres crises de folie. L'Apocalypse semble imminente, dans une ville qui n'est plus qu'un cadre vide. La déambulation nocturne et la fatigue physique échouent à diluer le sentiment de culpabilité et le délire intérieur, qui tendent, au contraire, à contaminer le paysage urbain. Dans cette ville impassible, les Halles ne sont plus animées, comme dans *Les Nuits d'octobre*, mais étrangement silencieuses, signe néfaste. La hantise du châtiment suprême laisse présager que la ville sera bientôt inondée[366] et plongée dans une nuit éternelle[367]. Peut-être est-ce le lieu de rappeler ici que ses amis noctambules disaient de Nerval que, lorsqu'ils le croisaient dans les rues nocturnes de Paris, il leur donnait l'impression de sortir brusquement d'une sorte de rêve éveillé.

L'essentiel est de pouvoir rattacher l'écrivain Nerval et son mode d'existence au groupe des bohèmes noctambules, appartenance dont une part de son œuvre porte la marque en même temps qu'elle la dépasse. Pour comprendre les « nocturnes parisiens » écrits par Nerval dans les années 1850, il faut aussi se souvenir de l'expérience de vie communautaire menée entre 1833 et 1836 par Nerval et une dizaine de ses amis de la jeunesse romantique[368] dans une vieille maison, au fond de l'impasse de la rue du Doyenné[369] (non loin du Louvre), quartier étrange où se côtoient, dans une végétation inattendue, les ruines d'une ancienne chapelle, des chantiers et des bâtisses croulantes[370]. L'endroit ressemble, dans Paris, à une île, une zone franche[371] réservée aux noctambules dilettantes et excentriques. Il fait office d'atelier, de campement, de port d'attache improbable, entre deux expéditions de nuit. Là se donnent parfois des soupers, des bals costumés, entre « hors-la-loi »[372].

Vingt ans plus tard, la jeunesse a passé, le désordre intime a gagné, et la joyeuse vie de bohème s'est muée en noctambulisme du dénuement, en mobilité désespérée. La mort de Nerval, qui s'est pendu dans la nuit du 25 au 26 janvier 1855 rue de la Vieille-Lanterne[373] le fait accéder au ciel des martyrs du noctambulisme, et le rapproche de ces vagabonds de nuit que trop de froid ou de faim fait parfois glisser vers la Seine. La scène de la rue de la Vieille-Lanterne est fixée par la gravure célèbre de Gustave Doré, où l'on voit l'âme du poète s'échapper de son corps et d'un environnement sordide[374] pour rejoindre les fantômes et les chimères qui l'entourent. Les amis de Nerval ont essayé de reconstituer les jours et surtout les nuits qui ont précédé cet acte de solitude extrême, nimbé d'un certain mystère[375]. Après un séjour chez le docteur Blanche, il aurait passé plusieurs nuits à errer dans Paris, sans argent, cherchant l'hospitalité de garnis misérables ou de cabarets louches. La veille de son suicide, le mercredi 24 janvier, il est arrêté au cours d'une rafle aux Halles[376], et passe la nuit au violon du poste du Châtelet. Selon Delvau, « il était entré dans un cabaret des Halles, chez Baratte ou chez Bordier, pour y attendre le jour [...] ; une rixe était survenue entre ses voisins de salle, des bohémiens de la pire espèce ; on avait été chercher la garde et, comme il faisait trop froid et trop nuit, le caporal, pour n'avoir pas à séparer le bon grain de l'ivraie, [...] avait trouvé plus court d'emmener tout le monde coucher au violon». Nerval aurait ajouté, lorsque des amis étaient venus le chercher au poste, qu'il n'arrivait plus à écrire, se sentant « envahi par les ténèbres »[377].

À l'aube du vendredi 26 janvier 1855, on retrouve Nerval « au fond d'une ruelle infâme, pendu à une grille sinistre, la tête dans l'ombre et les pieds dans la boue »[378], sans qu'on sache réellement ce qui a pu occuper ses dernières heures. Delvau insiste sur la conjonction de la misère matérielle et de la détresse psychologique, dramatisées toutes deux par l'ambiance funèbre de la nuit : on ignore, il est vrai, « tout ce qui peut se passer dans l'esprit d'un homme hanté par des visions [...], et cela par une nuit d'hiver, dans ce grand désert d'hommes qui s'appelle Paris, alors qu'on n'a plus de seuil hospitalier où diriger ses pas, alors qu'on n'est attendu de personne »[379]. Le même Delvau écrit ailleurs : « Une nuit d'hiver, G. de Nerval avait déambulé à travers les méandres de Paris, à la pâle lueur des étoiles et sous l'aiguillon de ressouvenirs douloureux. [...] Le brouillard du dehors filtra au-dedans de Gérard et lui noya le cœur et l'esprit. Il descendit les deux marches d'un escalier qui conduisait dans une abominable ruelle du Moyen Âge – la rue de la Vieille-Lanterne – et là, dans ces ténèbres contre lesquelles les premières clartés de l'aube luttaient en vain, il s'arrêta, prit un lacet, et jeta au vent sa guenille charnelle[380]. » Delvau intègre ainsi le destin tragique du noctambule inconsolable à la collection ténébreuse des *Dessous de Paris*. Arsène Houssaye envisage, pour sa part, l'hypothèse d'un assassinat, où Nerval apparaît en victime encore plus directe de ses mœurs nocturnes. Il se serait heurté à « des coquins surpris par le philosophe [...] pendant qu'ils cachaient un crime, ou pendant qu'ils en projetaient un, d'ailleurs ennuyés déjà depuis longtemps des apparitions nocturnes de Gérard, qui venait, silencieux comme la statue du Commandeur, troubler leur sabbat... » ; mais il se résout plus loin à la solution la plus probable : « Le froid et la nuit ont peut-être, une dernière fois, atteint, affaibli, humilié, vaincu cette haute intelligence. Il était né pour le soleil ; les jours de brume il aimait la mort[381]. » On ne peut s'empêcher de remarquer, quoi qu'il en soit, qu'il a quitté la vie dans une des ruelles les plus sombres de la capitale, au cours d'une des nuits les plus noires de l'année.

Nerval est sanctifié après sa mort, comme Privat d'Anglemont, en victime du Paris nocturne où le reléguait la cruauté de la société moderne[382]. Le temps collectif de la bohème joyeuse était passé et, resté seul dans les rues obscures, il avait poussé jusqu'à l'extrême une certaine logique de la « détresse ambulatoire ». La rue de la Vieille-Lanterne, objet de curiosité pour les passants pendant quelques mois, est démolie en 1856, à l'occasion de l'assainissement des abords de la place du Châtelet[383]. Il semble ainsi aux survivants de la bohème des années 1830, par une sorte de coïncidence pathétique, que le Paris des poètes noctambules se dérobe en même temps que leur figure de proue, dont la mort nocturne, lugubrement mise en scène, intègre immédiatement la poésie du « Paris qui s'en va ».

On entrevoit là toute l'ambivalence de la dissidence nocturne telle qu'elle est pratiquée dans la ville pré-haussmannienne. Jouissance insouciante pour les uns, temps d'un exil mortifère pour les autres, le noctambulisme ne peut – à l'échelle d'une vie – durer trop longtemps, sous peine de fragiliser ceux dont la sensibilité ne se passe pas de l'étrangeté des rues enténébrées, mais qui trouvent aussi, au contact des êtres misérables rejetés dans la honte de la nuit, l'image troublante d'un possible eux-mêmes.

*
* *

Les lieux, les horaires et les pratiques du noctambulisme parisien subissent, de la Restauration au Second Empire, les effets des mutations sociales et urbanistiques, dans un complexe jeu de cache-cache entre le besoin de singularité affiché par une minorité de Parisiens et la vague montante des plaisirs plus uniformes.

À l'aube se croisent dans les rues, dit-on, le « bon » et le « mauvais » Paris. La scène où le viveur exténué par l'orgie rencontre sur la route qui le mène enfin à son lit l'ouvrier matinal est trop récurrente dans la littérature descriptive pour ne pas revêtir quelque signification. Au cours de ce passage de la nuit au jour, deux types distincts de population se relaient (grossièrement, le Paris improductif et le Paris productif), et deux modes de vie se confrontent. Dans les balbutiements du jour, le noctambule n'est pas à son aise, et l'image de l'homme du peuple méritant est opportunément placée sur sa route en manière de reproche. Dans *Paris au bal*, en 1845, Louis Huart avance comme une certitude que « toutes les fois que l'on sort du bal vers 6 h du matin, on se trouve nez à nez dans les rues de Paris avec des balayeuses qui, mieux que personne au monde, peuvent vous dire les paroles sacramentelles : “Souviens-toi que tu n'es que poussière, et que tu retourneras poussière" »[384]. D'ailleurs, à en croire Victor Fournel, « parfois, aux approches des boulevards, la pauvre ouvrière croise quelque fille en toilette effrontée, sortant avec le jour d'un restaurant à la mode, et lui jette un long regard de mépris ou d'admiration envieuse, dans lequel on pourrait lire sa destinée future »[385]. En bref, les représentations persistent à opposer Parisiens du jour et Parisiens de la nuit en un commode chassé-croisé matinal (dont les classes moyennes sont absentes), comme le fait encore Paul Féval dans *Paris-Guide* en 1867 : « Quatre heures ! L'autre Paris s'éveille, le Paris du travail. C'est à peine si ces deux Paris se connaissent : celui qui se lève à midi, celui qui se couche à 8 h. Ils se regardent en face rarement – mais trop souvent, – aux jours funestes des révolutions. Ils demeurent loin l'un de l'autre, ils parlent une langue différente. Ils ne s'aiment pas : ce sont deux peuples[386]. »

L'accès au moins épisodique d'un nombre croissant de citadins, éventuellement issus des catégories intermédiaires, à la vie nocturne parisienne, s'il peut être supposé, ne peut donc être véritablement évalué, les sources disponibles représentant surtout la nuit comme domaine des extrêmes sociaux. Mais les spécialistes de l'histoire du loisir insistent suffisamment sur le mouvement de massification à l'œuvre dans la seconde moitié du siècle pour que nous puissions en tirer quelques conclusions quant aux nouveaux modes de consommation du plaisir nocturne. La ville moderne entretient de plus en plus ses habitants dans le culte du visuel, dans le goût de la sensation[387], toutes choses que l'attraction des lumières commerciales et festives rayonnant dans l'obscurité ne peut qu'attiser. L'émergence d'une sorte d'industrie du divertissement en Angleterre et aux États-Unis, la structuration du loisir des foules autour des Expositions universelles[388] obligent les citadins soucieux d'exception raffinée à s'avancer plus tard dans la nuit et/ou plus loin aux marges de la ville, là où les foules de la soirée ne peuvent les atteindre. Avant la formation de la notion de « culture de masse » aux États-Unis au XXe siècle – avec ce que cela implique de standardisation et de visées commerciales[389] –, le Paris du Second Empire est le laboratoire de nouvelles modalités d'utilisation du temps libre. La nuit ou en tout cas la soirée avancée ne restent assurément pas à l'écart de cette irrésistible ascension du « loisir tout prêt ». Ainsi, en 1869, lorsqu'on publie à Boston un guide de ce qui est désormais le « gay Paris », on l'intitule, par un clin d'œil très appuyé, *Paris at Night, sketches and mysteries of Paris high life and Demi-monde. Nocturnal amusements : how to know them ! How to enjoy them !! How to appreciate them !!!*[390]. Le parcours est balisé, et l'opuscule vise simplement à permettre à l'étranger visitant la capitale lumineuse du plaisir de ménager sa santé et son argent ; l'ombre n'y est plus présente que nichée dans des recoins pittoresques, mais inoffensifs.

3.
Activités

La rencontre matinale du Paris oisif et du Paris laborieux attire l'attention sur le statut de « pause » que semble revêtir, au premier abord, la nuit parisienne du XIXe siècle. Comment s'articulent plaisir et travail de part et d'autre ou à l'intérieur même de la parenthèse nocturne ? Les rythmes d'activité de la grande ville n'ont pas la simplicité de ceux du village. La longueur de la journée de travail des ouvriers les conduit à quitter leur logis bien avant le lever du jour, alors que les viveurs se couchent à peine : il suffit ainsi de suivre les trajets matinaux pour y relever des différences sociales. Bien plus, la voie publique est parcourue par des travailleurs divers (qu'ils relèvent du métier ou du « petit métier ») dont les tâches discrètes mais nécessaires se révèlent spécifiquement nocturnes. Ici, l'inversion horaire n'est plus dictée par la recherche de la jouissance et de la démarcation sociale, mais par celle des moyens de subsistance. Elle ne procède pas d'une liberté de déambuler accrue par le progrès technique, mais répond aux besoins vitaux nés de l'agglomération des hommes. La nuit laborieuse, mobilisant des individus peu qualifiés, semble subie comme un dernier recours plus que choisie, malgré la réputation de farouche indépendance associée, par exemple, à la figure du chiffonnier. Travailler dans la rue nocturne, c'est souvent avouer un déclassement, une appartenance à des eaux troubles, appartenance que le jour rendrait plus tangible, donc plus cruelle. Le travail nocturne relève toujours peu ou prou des « dessous »[1] – d'autant plus qu'il a fréquemment partie liée avec l'organique et qu'il appelle la vigilance hygiéniste.

Si les manifestations de la nuit « superflue » se font plus visibles dans les rues parisiennes du XIXe siècle, elles ne doivent donc pas occulter les exigences de la nuit « utile », qui fait l'objet, parallèlement à la précédente, de sensibles mutations. Les tâches nocturnes se trouvent notamment soumises aux injonctions de clarification urbaine lancées sous la monarchie de Juillet et systématisées par le Second Empire. Le processus de normalisation et d'embellissement de la rue nocturne condamne, en effet, les activités les moins avouables ou les plus encombrantes à se faire de plus en plus secrètes, contrôlables, alors même que croissent les besoins en matière de nettoiement ou d'approvisionnement. Les autorités ont à s'accommoder pendant plusieurs décennies de pratiques populaires plus anciennes, qui font prévaloir dans la rue des habitudes de débrouillardise et de récupération imprégnées, comme dirait Michel Foucault, d'un « illégalisme diffus », ou plutôt inspirées par d'autres lois que celles venues d'« en haut ».

Reste que la veille active de quelques-uns, ignorée par la majorité des endormis, est désignée dans les divers tableaux de Paris comme l'un des traits singuliers de la grande ville, concentration humaine aux besoins tellement démesurés qu'ils nécessitent désormais l'emploi de toutes les heures. Il n'est jusqu'à la tournée traditionnelle du chiffonnier qui n'intègre cette configuration de la nuit laborieuse car purificatrice : sans le savoir, en triant les déchets abandonnés au coin des bornes, l'homme au crochet travaille presque, selon les commentateurs les plus optimistes, à l'équilibre biologique de la cité. L'abolition de la nuit par la lumière publique et par le divertissement collectif, mais aussi, plus obscurément, le déploiement nocturne d'activités incompatibles avec l'intense circulation du jour, permettent en quelque sorte à Paris de manifester son statut de grande ville – c'est-à-dire, en l'occurrence, de capitale des plaisirs mais aussi, indissociablement, de capitale du travail. L'immensité urbaine ne se conçoit pas en dehors de cette multiplicité des usages du temps, de cette juxtaposition nocturne d'occupations hétérogènes qui signalent l'inépuisable complexité sociale de la cité. Ainsi, Paris nocturne compte parmi ses personnages familiers le vendeur à la halle, le chiffonnier et le vidangeur (même s'ils ne circulent qu'au fond de la scène), au même titre que le soupeur, le bohème, la prostituée clandestine, le garde municipal ou le rôdeur de nuit.

En éveil vingt-quatre heures sur vingt-quatre, la cité est donc comparée à un véritable organisme, dont certains observateurs de la capitale s'attachent, « organe » après « organe » et fonction après fonction, à démonter la logique anatomique. Il s'agit, par cette appréhension globale de la réalité urbaine (approche qui inspire aussi les réformes haussmanniennes), de passer de la « rue » à l'« artère », de mettre de l'unité dans l'infinie diversité de la ville. Les principes vitaux qui régissent l'existence de la capitale peuvent être reconstitués grâce à la mise en relation fonctionnelle d'activités nocturnes habituellement compartimentées par l'approche pittoresque dans leur singularité insolite. Dès 1841, dans son « Paris nocturne », L. Roux avait remarqué que « toutes les fonctions nécessaires [...] à la vie de Paris s'exécutent la nuit »[2]. Mais l'exemple le plus célèbre de cette vision organiciste qui renouvelle la tradition du « tableau » est offert par le *Paris, ses organes, ses fonctions et sa vie dans la seconde moitié du XIXe siècle* publié par Maxime Du Camp entre 1869 et 1875[3]. Entre monstre et machine, Paris devient le lieu d'exercice de mouvements orchestrés par une administration infaillible, de fonctions quotidiennes dont les plus vitales – celles qui relèvent du cycle du ravitaillement et de l'excrétion – seraient nocturnes. Les Parisiens apparaissent à Du Camp comme « un peuple infatigable, nerveux, vivant avec une égale activité sous la lumière du soleil, sous la clarté du gaz, haletant pour ses plaisirs, pour ses affaires, et doué du mouvement perpétuel »[4]. La nuit, « Paris peut reposer en paix ; pendant qu'il s'amuse, qu'il travaille, qu'il dort ou qu'il veille, ses innombrables tuteurs sont à leur poste, préparent sans relâche les éléments de sa vie et mettent tout en œuvre pour que rien ne lui manque, ni le nécessaire, ni le superflu »[5]. D'ailleurs, dans les rues nocturnes, les voitures vont plus vite que le jour[6], signe de la primauté des impératifs de circulation, de communication, de respiration.

En même temps, les travailleurs de la nuit se faufilent dans les rues plus qu'ils ne s'y exhibent. Les contemporains savent que ces occupations nocturnes apparemment dérisoires constituent une inévitable coulisse de la ville, plongée dans une nécessaire obscurité. Ce qui se passe dans les rues pendant la nuit est ignoble, indigne d'être vu, mais utile à la santé du Paris diurne. La nuit, l'indigence circule dans les rues : la rue obscure lui offre un espace de survie, et la faible visibilité de cette quête protège le regard bourgeois du contact direct avec le dénuement ou la saleté. Ici s'exprime aussi une autre vérité de la ville, mieux celée pendant le jour, c'est-à-dire sa dépendance à l'égard de l'aliment et de la matière, dépendance dont les trépidations insouciantes de la fête nocturne ou la nuit immatérielle du poète noctambule pouvaient faire douter. Les observateurs des mœurs parisiennes qui veillent, comme Mercier et Restif avant eux, à ne rien laisser dans l'ombre peuvent ainsi se targuer, en décrivant l'activité obscure de Paris à leurs lecteurs bourgeois, de leur faire découvrir sans risques ni fatigue ce que le sommeil leur dissimule habituellement. La banalité extrême du labeur nocturne des chiffonniers, des hommes de la halle, des balayeurs ou des vidangeurs est rendue attractive par l'accumulation de détails individuels et d'anecdotes curieuses, puis érigée en spectacle presque épique, où ces travailleurs deviennent, collectivement, les éléments du cycle imperturbable par lequel, chaque nuit, Paris se nourrit et se nettoie. Le retour quotidien de ces activités de ravitaillement et de purification doit rassurer comme preuve de la prévoyance des édiles ainsi que de l'harmonie sociale – lorsque la nourriture manque et que le déchet envahit les rues, on sait que le désordre n'est jamais loin, et qu'il en faut peu pour que la ville ne se réveille en état d'insurrection. Pendant la nuit se révèle donc la bonne ou la mauvaise santé morale et physique de la capitale, dont le pouls variable est l'objet des attentions quotidiennes de l'administration.

Les « petits métiers » de la nuit ou de l'aube, indépendamment de leur représentation pittoresque[7], confèrent de la souplesse à l'organisation urbaine. Ils ne doivent pas être considérés uniquement de façon rétrospective, sous l'angle réducteur de l'archaïsme en sursis : dans le Paris du XIXe siècle, même sous Napoléon III, ils font bien davantage que survivre. Jean-Michel Gourden, à l'occasion d'une réflexion sur la place du marchand des quatre saisons dans le Paris du XIXe siècle, a mis au jour les caractéristiques globales des petits métiers de la rue[8]. Il les montre comme le produit d'un fragile équilibre, entre activité de survie et mendicité plus ou moins avouée. Bien intégrés au Paris du XVIIIe siècle, les petits métiers parisiens sont de plus en plus perçus comme une gêne au siècle suivant, où ils sont tolérés plus qu'encouragés[9] : ils « embarrassent » la circulation, leur présence continuelle dans la rue apparaît comme une opposition insidieuse à son réagencement rationnel. Leur existence au jour le jour, leur éventuelle proximité avec les classes dangereuses, leur identité sociale et finalement leur utilité même résistent à l'analyse. Dans le même temps on sait bien, à la Préfecture de police, que l'accès au petit métier procure un moyen de régulation spontanée du marché du travail : ici encore, nous sommes dans le registre du « mal nécessaire ». Les petits métiers se signalent par la modestie des revenus (le travail n'est pas salarié) et par la propension au nomadisme urbain, propension qui peut conduire ces gens à mépriser ceux qui restent prisonniers de l'atelier, même si l'insertion sociale du travailleur des rues est plus fragile que celle de l'ouvrier de métier. En bref, ce groupe a « fait de l'occasionnel un mode de vie »[10], et su affronter une modernité ennemie en se maintenant dans les rues de Paris alors même qu'il y semblait de plus en plus indésirable – d'où un repli graduel vers les quartiers populaires.

Lorsque les commentateurs s'emparent du sujet pour descendre au niveau du pavé et du travailleur individuel, ils abandonnent la métaphore organiciste totalisante pour s'orienter vers l'analogie avec l'insecte, la fourmilière. Ce sont souvent des êtres obscurs, occupés à des « industries inconnues »[11], qui animent ce Paris nocturne et sont les agents de son bon fonctionnement. Les petits métiers, par leur adaptabilité, leur ubiquité et leur circulation de toutes les heures, satisfont en outre aux moindres caprices des Parisiens, dont les besoins varient avec chaque moment de la journée[12]. Si la vie nocturne est un signe de liberté pour certains, elle constitue ainsi, pour d'autres, un moyen de subsistance. Et les seconds, en une sorte de complémentarité paradoxale, sont comme les « parasites » de l'oisiveté des premiers. Ainsi des balayeurs, qui s'activent dans les rues avant l'éveil des Parisiens plus favorisés, car « c'est pour ce Paris qui dort que le Paris éveillé travaille, balaie, approprie les rues et les trottoirs ; ce sont les matinées perdues des seconds qui se retrouvent métamorphosées en argent pour les premiers. Le pauvre vit des miettes du riche »[13]. La collecte nocturne du chiffonnier est sans doute l'illustration la plus probante de cette logique de l'harmonie socio-économique par le recyclage[14].

Mais les tâches nocturnes exercées dans la rue ne sont pas qu'un « cache-misère », un vagabondage déguisé, comme pourrait le laisser croire la face obscure de leur représentation traditionnelle. Ces travaux de l'ombre revêtent une véritable utilité – même si les feux de la modernité se détournent d'eux pour auréoler plutôt les manifestations de la fête impériale ou de la révolution industrielle. Les petits métiers sont omniprésents dans l'espace public parisien. Le jour, c'est leur mobilité, leur turbulence, leurs interpellations incessantes qui attirent l'attention, parfois jusqu'à l'agacement. La nuit, ils semblent davantage reliés aux tressaillements intimes, à la vie profonde de l'organisme urbain. Les travailleurs nocturnes de la rue – comme d'autres travailleurs appartiennent, pendant le jour, à la boutique ou à l'atelier – sont du côté de l'organique. Leur activité apparemment honteuse, réfugiée dans l'anonymat de la nuit, les place en réalité au cœur du fonctionnement quotidien de la cité, en un temps où le monde des petits métiers indépendants assume certaines des tâches (de nettoyage notamment) que l'administration parisienne n'a pas encore prises à son compte. L'insertion des petits métiers nocturnes dans l'équilibre vital de la ville révèle leur rôle de maillon indispensable au sein d'une organisation plus vaste, dont la nuit dévoilerait les rouages.

Sous la Restauration et la monarchie de Juillet, époque de relative vitalité pour les petits métiers à Paris, les autorités s'emploient cependant à réglementer davantage ces professions mal définies, pour mieux les annexer aux besoins concrets de la ville. Il s'agit aussi de démasquer vagabonds et délinquants effectifs ou potentiels, tout particulièrement parmi ceux d'entre ces travailleurs dont l'activité est nocturne. Ces derniers vivent, en effet, au contact du déchet, courbés sur le pavé, bien loin du savoir-faire de l'ouvrier de métier, capable d'une certaine dignité diurne car vivant dans la fière clarté du « travail bien fait ». Mais régulation n'est pas suppression : les travailleurs de la rue nocturne occupent bel et bien une place vacante, avant la rationalisation de certains services municipaux dans la seconde moitié du siècle. Si tous les métiers ou petits métiers de la rue tendent à être répertoriés et contrôlés grâce au port d'une médaille délivrée par la Préfecture de police[15], les travailleurs nocturnes font l'objet d'une vigilance toute particulière, car comme le clame encore Paul Cère (ancien préfet) en 1872 : « Tous les individus qui travaillent la nuit ont une excellente occasion pour échapper à la surveillance qu'ils redoutent, car le proverbe est toujours vrai, la nuit tous les chats sont gris. Sans doute parmi les vidangeurs et les chiffonniers se trouvent d'honorables individualités que la misère, l'infortune imméritée ou l'abandon de leur famille ont conduites à l'obligation d'exercer des industries considérées comme infimes ou repoussantes [...]. [Mais] il doit être facile d'échapper à la surveillance de l'autorité quand on ne travaille et qu'on ne circule que pendant la nuit[16]. »

Bien entendu, la vision pittoresque et rassérénante du travailleur des rues nocturnes est impossible à évacuer totalement, puisqu'elle procède en partie de la figuration traditionnelle des « petits métiers ». D'une façon générale, le Paris du XIXe siècle entretient dans ses rues l'héritage du foisonnement populaire d'Ancien Régime. « Le petit métier [...], c'est la distraction du flâneur [...], le bonheur de l'amateur du pittoresque[17] » : ce n'est pas de ce côté, pense-t-on, que bouillonnent les révolutions. Les silhouettes bon enfant du peuple des petits métiers diurnes, identifiables par un cri précis, sont reproduites comme les images lénifiantes d'un peuple inoffensif, en une collection prédéfinie de vignettes sans surprises ; elles sont d'abord montrées comme des survivances insolites du Paris d'« avant », et font presque office de point de repère, dans un paysage social en recomposition permanente. Les types ressassés de la Restauration au Second Empire sont tellement invariables qu'il semble que la disparition promise depuis longtemps aux petits métiers parisiens n'aura jamais lieu, et que le peuple saura rester, à travers ces quelques figures codifiées, le personnage principal et débonnaire des rues de Paris, à l'écart de l'anonymat croissant des foules du Boulevard. La nuit, cependant, la présence de ces travailleurs qui se prétendent utiles mais qui ne se signalent plus par un cri et que l'ombre peut faire se confondre avec le rôdeur donne parfois le frisson et convoque la référence fantastique. Une distinction est alors opérée entre le chiffonnier ou le vidangeur, qui opèrent pendant la nuit profonde, vivent de l'ordure et paraissent émaner des bas-fonds urbains, et le maraîcher, la laitière ou la marchande de café, dont l'allure presque campagnarde n'inquiète pas, puisqu'elle signifie que la ville reprend des forces pendant le « crépuscule du matin », avant de s'élancer résolument vers le jour. Finalement, cette oscillation entre codification pittoresque et figuration alarmante n'est qu'une illustration parmi d'autres de la perplexité du regard posé par les catégories dominantes sur le peuple nocturne. La défiance est le premier réflexe, mais elle peut être désamorcée par la conviction que ces modestes usagers de la rue ne sont, après tout, que des instruments qu'on peut maîtriser, ou qu'ils se satisfont de leur sort – la tranquillité solitaire de la nuit leur procurant l'impression de l'autonomie, tout en les protégeant de la tentation de l'attroupement séditieux.

Plusieurs histoires se croisent ici : celle de l'utilisation par le peuple des rues nocturnes comme moyen plus ou moins toléré d'existence ; celle des représentations de la ville comme un corps dont certaines fonctions auraient besoin de la nuit. Le déploiement nocturne des fonctions vitales de la grande ville, sous la forme d'un cycle enchaînant plus ou moins directement les obligations de ravitaillement et celles de nettoiement, sollicite l'analyse. Un bilan des rythmes d'ensemble du travail parisien s'impose enfin, pour replacer l'activité nocturne dans un ordonnancement horaire plus global, et donc mieux saisir son éventuelle singularité. Entre 4 et 8 h du matin, les rues de Paris accueillent le défilé des différents groupes professionnels, pour qui la journée commence : l'appparition matinale de ces vagues successives de travailleurs traduit le réveil progressif et rassurant d'une ville qui, peut-être, ne dormait que d'un œil.

Nourrir

La part la plus spectaculaire des activités nocturnes de la grande ville se situe au point de confluence que constituent les Halles centrales, où chaque nuit se reforme cette organisation complexe et fourmillante chargée du ravitaillement de la capitale. Cœur de la nuit parisienne au XIXe siècle en même temps que « ventre » de la ville, les Halles et leurs refuges précaires aimantent les parcours des travailleurs nocturnes comme ceux des noctambules et des rôdeurs. La nécessité quotidienne de nourrir Paris fait de ce quartier central le seul où la veille revête une telle ampleur, où les rues soient indéfectiblement animées avant qu'à l'aube, la vie ne rayonne de ce centre vers les quartiers environnants[18]. Autour de l'activité de ravitaillement pullule donc tout un peuple nocturne, entre utilité et parasitisme. Voyant dans ce lieu vital le *Ventre de Paris*, Émile Zola s'inscrit finalement dans une lignée de littérateurs et chroniqueurs sensibles à l'omniprésence des détails pittoresques comme aux imposantes palpitations nocturnes du lieu.

Configuration d'un centre vital

Reconstruisant les Halles centrales sur place, le régime de Napoléon III a comme magnifié leur vocation à l'activité nocturne. Les pavillons de Baltard, vastes ombrelles transparentes, propices aux jeux de lumières, soulignent l'ampleur des fonctions dévolues la nuit à ce quartier ancien, que nul autre n'a réussi à supplanter.

Dans la première moitié du siècle, la vie nocturne des Halles se dissémine dans un réseau inextricable de rues et de marchés, dépourvu d'unité architecturale ou fonctionnelle[19]. Un « carreau » à ciel ouvert, sans limites précises, s'ajoute à quelques constructions isolées, à une collection hétéroclite d'abris provisoires et d'échoppes de bois, le tout étant mis en relation par des voies assez étroites. Le marché des Innocents abrite sous des « parasols » répartis autour de la fontaine la vente des légumes en plein air. Cet éparpillement spatial renforce le sentiment que l'activité nocturne des Halles ressortit au registre du pullulement. Le quartier se trouvant de plus en plus encombré, le projet de rationaliser les flux de circulation nocturne vers les Halles et d'homogénéiser l'endroit sur le plan architectural fait son chemin sous les monarchies censitaires. On envisage d'abord, à partir de 1838, de déplacer les Halles, dont la position centrale contribue à l'engorgement chronique du vieux Paris de la rive droite, engorgement pour lequel la nuit ne parvient pas même à constituer une trêve. En juillet 1842, Rambuteau crée une Commission des Halles pour débattre de la question. Le projet le plus célèbre est celui de Jacques-Séraphin Lanquetin[20] : ce membre du conseil municipal propose, en transportant les Halles sur le quai de la Tournelle, de ranimer une rive gauche asphyxiée par le manque d'activités et par le système de péage en vigueur sur les ponts. Il s'agit ni plus ni moins de rééquilibrer l'ensemble de l'existence parisienne, dont la rive droite, de jour et surtout de nuit, monopolise l'essentiel.

Mais la reconstruction des Halles se fit sur place. Leur grouillement nocturne fut clarifié, non chassé du centre ancien, les habitudes antérieures s'avérant sans doute trop difficiles à déraciner. La décision de ne pas les déplacer est prise en 1845[21] ; la première pierre des huit pavillons initialement prévus est posée le 15 septembre 1851. Dix pavillons, affectés chacun à un type particulier de denrées et reliés entre eux par des voies couvertes, émergent entre les années 1850 et la Troisième République. Dans le quadrilatère desservi par un nouveau réseau viaire se mêlent désormais, en un étrange compromis, les vestiges de la nuit d'ancien type, et les formes prestigieuses de la nuit moderne. Les pavillons de Baltard fascinent par leur silhouette aérienne, lumineuse, tandis que l'encombrement caractéristique de ce vieux quartier obscur ne tarde pas à ressurgir à leur pied. Ici comme ailleurs, le Second Empire, affronté à la confusion du Paris obscur, a dû renoncer à en résorber toutes les ombres, pour s'attacher surtout, dans le fourmillement nocturne des Halles centrales, à distinguer l'utile du futile ou du menaçant.

Les Halles ne dorment jamais

Depuis le début du XIXe siècle, c'est le battement nocturne des Halles qui requiert prioritairement l'attention des anatomistes du grand corps qu'est Paris[22]. L'analogie avec le cœur vient spontanément : dans le silence de la nuit, les Halles centrales font entendre une respiration régulière presque faite pour attester que la nuit urbaine peut aussi se placer du côté des principes vitaux[23]. L'activité nourricière de la halle se développe pourtant à rebours du tempo citadin habituel. Ainsi Jules Janin remarque-t-il en 1831 dans *Paris, ou le Livre des Cent-et-un* qu'« à 1 h du matin [...], quand tout Paris vient d'entrer dans le sommeil, sommeil haletant et précipité, et plein de remords, et entrecoupé de voluptés fugitives [...], vous entendez autour des Halles un bruit singulièrement animé. On ne dort pas aux Halles. Aux Halles, les petits métiers commencent »[24].

Sous le Second Empire, les transformations matérielles imposées au quartier tendent à conforter son statut de pôle nocturne : les Halles rénovées ont gagné en dignité. En 1860, dans *Le Nouveau Paris*, Émile de Labédollière souligne que « les Halles centrales sont peut-être, de tout Paris, le lieu où le mouvement est le plus actif, le plus continu. Dès minuit, les paysans des environs affluent [...]. Des habitants de tous les quartiers descendent vers ce rendez-vous commun »[25]. C'est donc la nuit et à nul autre moment que les Halles méritent d'être vues ou peintes[26]. Au début du Second Empire, Privat d'Anglemont entretient la curiosité de ses lecteurs envers ce patois qui, propre à la halle nocturne, résulterait de la conjonction de vingt autres patois paysans, et qui « n'existe dans le monde que l'espace de quelques heures par nuit, de 2 à 4 h du matin, à Paris, au centre du monde civilisé »[27]. Les Halles sont bel et bien une nation à elles seules, une cité insolite qui ne vivrait que la nuit, et qui comme telle devient, au milieu de l'obscurité générale, l'univers passionnant et éphémère que d'abord, la nature triviale de ce qu'on y fait ne laissait pas soupçonner. Dans la rubrique « Recoins de la vie parisienne », le *Paris at night* publié à Boston en 1869 recommande logiquement aux étrangers visitant Paris d'aller observer les Halles entre 4 et 5 h du matin[28], pour y goûter l'exotisme de la campagne plantée au cœur de la ville, en même temps que celui des bas-fonds : la nuit parisienne, pacifiée par le Second Empire, peut désormais être un objet d'exploration intégrale. Sans doute inspiré par Zola, A. Coffignon montre encore en 1887, dans *Paris vivant. L'estomac de Paris*, les Halles diurnes comme la carcasse désolée d'un corps sans vie, qui ne devient digne d'observation qu'après minuit[29].

La vision zolienne des Halles nocturnes subordonne, quant à elle, leur image à une entreprise romanesque de plus grande ampleur. L'historien peut cependant constater sans trop de risques que *Le Ventre de Paris* témoigne du statut de « ville dans la ville » acquis par les Halles de Baltard sous le Second Empire, en réponse à l'appétit croissant d'un organisme urbain florissant. En 1869 et en 1872, Zola avait passé quelques nuits aux Halles, selon sa méthode préparatoire habituelle, cherchant à alimenter le réservoir d'impressions destiné à nourrir l'œuvre future[30]. Dans le roman, les Halles nocturnes deviennent un univers autonome, partagé entre familiarité et étrangeté[31], où le flamboiement du gaz laisse subsister quelques zones obscures. Le lieu procède à la fois, par son architecture nouvelle, par son immensité, de la modernité triomphante, et par l'aspect grouillant de sa population, du bivouac fragile. Le Second Empire n'a pas complètement détruit l'atmosphère de Cour des miracles plus ou moins bon enfant qui caractérisait l'endroit avant 1848. Aux Halles, on peut être pris de vertige devant l'accumulation des êtres et des victuailles sous les lumières artificielles, fasciné par le dégradé des couleurs, ou intrigué par tout ce que ce « ventre » colossal recèle de vie secrète. Surtout, envisagées dans leur globalité, les Halles de Baltard prennent valeur de symbole de la géante moderne, agitée de clameurs et de continuels soubresauts nocturnes. Finalement, cette domination de l'alimentaire et de la fonction digestive sur la ville rassure moins qu'elle ne révulse. Chez Zola, il est vrai, la nuit révèle mieux que tout autre moment la sujétion du Paris de Napoléon III aux exigences du corps : à la débauche alimentaire du *Ventre de Paris* répond la description de la capitale nocturne comme un grand défouloir dans *Nana* ou dans *La Curée.*

Les palpitations nocturnes du cœur de Paris

Réformées dans leur apparence et dans leur fonctionnement par les hommes du Second Empire, les Halles centrales demeurent le quartier nocturne par excellence, animé, à partir de minuit, d'une existence singulière. Les Halles nocturnes sont présentées comme un lieu à la fois très dépaysant et très parisien, à l'aspect fort variable d'heure en heure, partagé entre population sagement laborieuse, bohème rêveuse et silhouettes errantes. Les Halles, où tous affluent quand la ville est déserte, où l'on ne sait jamais vraiment si l'on est dehors ou dedans, où les occasions à saisir sont innombrables, subissent les effets de la logique de regroupement au centre à l'œuvre dans une ville nocturne aux extrémités peu hospitalières. Là se résument, les fameux contrastes de la nuit parisienne, qu'on aimerait savoir vouée à une permanente utilité, mais qu'on sent toujours prête à s'échapper vers la débauche ou vers la déviance.

Au moins peut-on compter sur la population tranquille des maraîchers venus d'une banlieue encore campagnarde pour s'en tenir à une attitude travailleuse. Cette campagne qui fait intrusion toutes les nuits dans Paris y introduit une rupture de ton. Au début du *Ventre de Paris*, cet écart transparaît dans les propos d'une maraîchère : « Quand madame François parlait de Paris, elle était pleine d'ironie et de dédain ; elle le traitait en ville très éloignée, tout à fait ridicule et méprisable, dans laquelle elle ne consentait à mettre les pieds que la nuit[32]. » Le rythme de cette nuit nourricière dont les Halles sont le théâtre quotidien est en effet déterminé par les allées et venues des paysans et maraîchers. Entre minuit et deux heures, les charrettes confluent des barrières de Paris vers son centre[33] par les rues du Faubourg-Saint-Denis, Saint-Martin, d'Enfer, etc.[34]. Selon Gisquet, il entre ainsi chaque nuit dans Paris, vers 1840, plus de 6 000 voitures de maraîchers ou de laitières[35]. Il faut se rappeler que « la vie des gens qui commercent à la halle diffère essentiellement de celle de tous les autres habitants ; la plupart font, comme dans quelques professions, de la nuit le jour : ils se lèvent quand les autres se couchent »[36]. Une génération plus tard, en 1862, Alfred Delvau peut ne plus procéder qu'à un rappel lorsqu'il évoque ceux qui s'emploient nuitamment à l'alimentation de l'Ogre : « Je n'apprendrai rien aux Parisiens en leur disant qu'à l'heure où ils dorment profondément, faisant toutes sortes de rêves [...], il y a, sur un point de Paris spécialement, un petit peuple d'actives fourmis en gros souliers et en gros sabots qui leur apporte leurs provisions de bouche[37]. » Ce sont surtout les antithèses nocturnes des Halles qui intéressent, notamment l'afflux salutaire des paysans mêlé à l'immoralité oisive. Cette juxtaposition accidentelle de l'innocence paysanne et du vice citadin dans la nuit des Halles est soulignée par Privat d'Anglemont en 1854 dans *Paris anecdote* : « Après une nuit passée dans les cloaques [entourant les Halles] [...] au milieu de ces êtres immondes à qui l'ivresse arrache de temps en temps de sinistres confidences, on se sent heureux et soulagé de respirer cet air imprégné de senteurs balsamiques ; on contemple avec admiration la vigoureuse santé de ces vaillantes filles des campagnes[38]. » La plupart des maraîchers, avant 1860, viennent des espaces situés entre le mur des Fermiers généraux et les fortifications. L'itinéraire qui les mène chaque nuit au carreau est tellement répétitif que leurs chevaux passent pour le connaître par cœur : ils avancent dans l'obscurité sans être guidés, tandis que les maraîchers dorment dans leur charrette. On dirait qu'« une main invisible pousse ces chevaux, ces ânes, ces boeufs, ces chiens » vers le centre de Paris, où « une bouche immense, un antre sans fond, les engloutit à tout jamais »[39]. La réalité est moins spectaculaire : obligés de passer la nuit dehors quel que soit le temps, les paysans venus aux Halles, nous dit Du Camp, « sont réduits à rester là, en plein air, sur les trottoirs du carreau, grelottants, mouillés, transis. Cela est cruel ; lorsqu'on voit ce spectacle par une nuit d'hiver, il est difficile de n'en être pas péniblement impressionné »[40]. Posés au milieu de la ville nocturne, ils n'accèdent guère au confort d'une civilisation urbaine qui demeure lointaine et ne les accueille que furtivement.

La cloche de Saint-Eustache rythme la nuit active des Halles centrales. À 3 h du matin, heure qui sert de point de départ à Alfred Delvau dans le tour d'horloge qui ordonne sa description des *Heures parisiennes* en 1866[41], la plupart des marchandises sont déjà déchargées sur le carreau. Le marché aux légumes s'étale à partir de 3 h du matin en été et 4 h en hiver du bas de la rue Saint-Denis à la place du Châtelet. Autour des réverbères ou de lanternes portatives s'animent peu à peu les discussions entre vendeurs et acheteurs en gros, qui fixent les prix initiaux[42]. Ensuite, le marché prend toute son ampleur[43]. Vers 6 h du matin commencent à circuler entre les tas de marchandises les acheteurs particuliers, et le mouvement s'accélère encore. Ce crescendo reflète le mouvement qui ramène le reste de Paris à la vie entre 4 et 7 h du matin. Vers 8 ou 9 h du matin, quand s'installent les vendeurs d'« arlequins »[44], ce que le tableau matinal du carreau avait de presque bucolique s'est évanoui, les maraîchers ayant quitté les lieux depuis longtemps.

Avant 1859, date à laquelle la tolérance nocturne accordée aux débits de boissons situés dans le périmètre des Halles fut supprimée, c'est aussi la présence de lieux publics ouverts toute la nuit qui donnait au quartier des Halles l'apparence d'un rendez-vous nocturne universel. Ces lieux attirent les chiffonniers et les cochers, tous les travailleurs nocturnes enfin que tente la « consolation »[45]. Mais leur réputation ressortit plutôt à celle du repaire mal famé, peuplé de femmes de mauvaise vie et de mines patibulaires, de cette lie du peuple dont la nuit est l'univers de prédilection. Pour Eugène Briffault, en 1844, le cercle lumineux que forment les boutiques de liquoristes la nuit autour de la halle évoque « la ronde du sabbat »[46]. Les sages maraîchers ne fréquentent donc guère ces débits qui sont pourtant, en principe, destinés à leur seul réconfort, et leur préfèrent stoïquement, comme insensibles aux intempéries, le bouillon, la soupe ou le café vendus « en plein vent ». L'épuration de 1859 trouve là sa justification : le chaos social qui règne aux Halles pendant la nuit depuis le début du siècle n'est pas digne des modernes pavillons de Baltard[47]. Dès lors s'affirme le succès des commerces alimentaires ambulants qui prolifèrent autour des Halles, ou des cuisines en plein vent comme le « restaurant des Pieds humides », installé près de la fontaine des Innocents. Personnages fortuits des rues nocturnes de la grande ville, les maraîchers se contentent du dehors, sachant d'instinct que leur place n'est pas dans ces bouges confinés où la nuit parisienne montre son visage le plus sombre.

Les Halles semblent monopoliser l'essentiel des fonctions nocturnes de la grande ville. Pourtant, la régénération de l'organisme urbain passe aussi, plus secrètement, par une activité d'excrétion dont la nuit doit dissimuler les manifestations les plus incommodantes. Intégrés au processus du ravitaillement, les représentants des petits métiers le sont aussi à celui de l'évacuation et du recyclage des déchets. C'est pourquoi le chiffonnier est, tout au long de notre période, une figure récurrente des nuits de Paris, dont on prétend qu'il détient la clé.

Grappiller

Parmi les membres des petits métiers, le chiffonnier est celui dont l'appartenance à la nuit est la plus affirmée, ce qui donne lieu à des représentations ambivalentes, où s'affrontent le philosophe nocturne inoffensif et l'indomptable habitué des bas-fonds. Dès la monarchie de Juillet, sa proximité avec l'immondice et sa connaissance des dessous nocturnes de la ville le placent, il est vrai, à la frontière des classes laborieuses et des classes dangereuses. L'activité obscure du chiffonnier rappelle aussi que dans le Paris du XIXe siècle, la présence des déchets à même la rue, au coin des bornes, est une réalité si banale qu'elle permet de faire vivre une partie de la population. Mais la répugnance progresse à l'égard de ceux qui manient l'ordure, et refoule de plus en plus ces hommes dans la nuit, où dans le même temps l'obsession de la sûreté publique empêche qu'on les tolère vraiment. Cette conjonction de refus ne fait qu'accroître le sentiment de l'ignominie des chiffonniers. La collecte nocturne et le tri méthodique de ce que la ville rejette appartiennent pleinement, en effet, à ce que l'opuscule intitulé *Voleurs et mendiants* appelle, en 1868, les « métiers des pauvres »[48]. Mais ces occupations sont de plus en plus assimilées à des expédients douteux.

Dans la première moitié du siècle, le compromis est encore de mise, comme l'illustrent les stéréotypes rassurants véhiculés par les ouvrages attachés à l'examen des mœurs parisiennes. La plupart des sources présentent encore le chiffonnier comme une sorte de bon sauvage que son caprice conduit à ne sortir que la nuit. La rue nocturne, peu fréquentable à cette date, est abandonnée dans ces textes à la pitoyable royauté du chiffonnier, dont la trouble indépendance est proclamée sur le mode badin par la littérature pittoresque ou par le théâtre. Comme le vagabond, ce Parisien démuni le serait presque par choix, par un refus de la discipline industrielle érigé en comportement aristocratique. Le plus misérable de tous les travailleurs parisiens devient ainsi le maître dérisoire d'une nuit qu'en réalité, personne ne lui envie. Ce style de représentation, très répandu avant 1848, occulte l'éventuelle utilité du chiffonnier pour faire de lui le représentant d'un peuple privé de tout mais satisfait de son sort, en vertu d'un genre de vie qui répudie les solidarités parfois revendicatives de l'atelier. Le chiffonnier vit des restes de Paris collectés dans sa nuit et, relié aux entrailles de la ville, fait partie de ces êtres inconscients qu'il faut laisser à leur innocente primitivité.

Notre regard sur la nuit du chiffonnier est déterminé par la récurrence de ces sources descriptives qui statufient ce travailleur nocturne en type social immuable[49]. Ainsi est-il permis aux contemporains de penser qu'« il y a l'homme de nuit, comme il y a l'oiseau de nuit », et que le chiffonnier est à Paris « le hibou de la société »[50]. Ce lien entre le chiffonnier et la nuit est affirmé comme indéfectible, notamment dans *Paris gagne-petit*, en 1854 : « Quand tous reposent, les riches sous leurs édredons, les pauvres sur leur grabat glacé, l'industrie nocturne descend de la rue Mouffetard et s'empare de la ville [...]. Le chiffonnier appartient surtout à Paris-nocturne[51]. » Prolétaire noctambule, le chiffonnier explore d'ailleurs la ville comme le chroniqueur ou le poète eux-mêmes, avides d'y faire des « trouvailles » et de les organiser en collection[52]. Cette affinité secrète explique peut-être pourquoi le biffin est investi dans nos sources imprimées, par-delà ses tâches concrètes, de tant d'attributs métaphoriques. On l'aura compris, l'étude de l'activité nocturne du chiffonnier ne se sépare pas de celle des représentations de ce type populaire ambigu, qui rappelle bien des traits de la nuit traditionnelle, mais doit aussi trouver sa place dans une modernité urbaine qui le discrédite.

Un type nocturne

Le mode de subsistance du chiffonnier l'identifie tout d'abord à un sauvage égaré dans la ville moderne, transformée la nuit en insondable forêt. Rebelle au joug d'un maître, il préférerait le nomadisme et son inconfort matériel à la vie diurne et sédentaire. Sa prédation nocturne fait du chiffonnier le seul décideur de l'emploi de son temps et de l'organisation de ses itinéraires. Ne dit-on pas, d'ailleurs, que « l'industrie nocturne des chiffonniers développe parfois chez eux, à un assez haut degré, leurs facultés naturelles »[53] ? L'image de ces « indigènes des ténèbres »[54] oscille cependant entre celle du bon sauvage aux mœurs loyales et débonnaires et celle du fauve lâché dans une nuit qui lui assurerait l'impunité. Il n'est jusqu'à Frédéric Le Play qui n'ait intégré ces constats à son étude du « Chiffonnier de Paris » : « Au début de leur carrière, ils gardent sans en avoir conscience l'attrait qui devient tout d'abord irrésistible chez les jeunes gens des races plus ou moins rapprochées de l'état sauvage, qui ont pour principal moyen de subsistance la chasse, la pêche et la cueillette[55]. »

Le chiffonnier est, en réalité, la figure de proue de tout un monde de petits ramasseurs qui font les délices de la description pittoresque[56]. La consommation de la grande ville produit quantité de rebuts, récupérés dans la rue puis transformés par l'industrie pour être revendus en gros et réapparaître enfin dans les circuits commerciaux traditionnels. Les noms mêmes des petits métiers qui sont à la base de l'édifice du recyclage révèlent le côté dérisoire de ces occupations[57] : plus spécialisés encore que le chiffonnier, il y a le ramasseur de crottes de chien, le ramasseur de bouts de cigare[58], etc. Plus proche de l'activité du chiffonnier, celle, spécifiquement nocturne, du chasseur de rats[59] et celle du chasseur de chats – animaux destinés, paraît-il, à être vendus sous le nom de gibelotte de lapin dans les gargotes populaires. Dans *Paris la nuit, silhouettes*, en 1842, Édouard Gourdon met en scène la « mère Angora », qui capture les chats errants et les étrangle pour en revendre la chair aux restaurateurs et la peau aux fourreurs[60]. De même, trouve-t-on parmi les « industries inconnues » révélées par Privat d'Anglemont en 1854 dans *Paris anecdote* celle du « père Matagatos », le bien nommé, « qui aime la vie libre, les longues flâneries et les clairs de lune, s'est fait chiffonnier, mais uniquement pour se donner une *position sociale*, et pour avoir le droit de porter une hotte : il dédaigne le chiffon. Sa véritable industrie consiste à exterminer les chats, comme le dit son surnom, qui est composé de deux mots catalans »[61]. De la même tradition de récupération sauvage relève l'industrie des « ravageurs » et autres « regratiers de ruisseau », présentés par Émile de Labédolliere comme une branche collatérale[62] de la famille des chiffonniers[63]. Munis d'un croc en fer ou d'un bâton, ils fouillent les interstices qui séparent les pavés, dans l'espoir d'y découvrir des pièces ou des bijoux égarés, ou plus simplement des parcelles de métal propres à la revente. Cette pratique, funeste aux joints qui séparent les pavés, est interdite par l'ordonnance du 1er septembre 1828 comme une activité dont le caractère nuisible l'emporte sur l'utilité : dès lors, en quête de discrétion, elle tend à se faire clandestine et nocturne[64].

Lorsqu'on envisage le ramasseur qu'est le chiffonnier comme un personnage inéluctable des rues nocturnes de la capitale au XIXe siècle, et même comme un acteur du mythe de Paris, on doit vite renoncer à séparer trop radicalement pratiques et représentations. On a beaucoup écrit sur la polyvalence du type ainsi forgé[65], partagé entre l'image du penseur débonnaire, presque dépourvu de besoins, et celle du nomade impossible à domestiquer. Dès lors, la réalité économique et sociale qui pousse le chiffonnier à exercer son activité dans la rue nocturne reste difficilement accessible à l'historien. Le chiffonnier concret est comme aspiré dans l'univers de contrastes qu'est le Paris nocturne aux yeux de ses commentateurs. La figure du chiffonnier reste en partie insaisissable : on ne sait si son quotidien relève d'un enracinement profond dans l'existence citadine ou d'une marginalité soigneusement cultivée.

Ce qui est certain, c'est que le chiffonnier parisien a constamment, sous les monarchies censitaires, les honneurs de la chronique, du roman et du théâtre. Pour Victor Fournel, si les chiffonniers sont ainsi préférés aux balayeurs pour représenter le petit peuple, c'est qu'« il y a dans leur profession quelque chose de plus original, qui sourit à une imagination vagabonde ; quelque chose aussi de plus indépendant, qui semble mieux d'accord avec la dignité d'un homme libre »[66]. Le type, peu à peu concurrencé par d'autres modes de connaissance du milieu des chiffonniers, persiste cependant jusqu'au Second Empire. Décrivant le chiffonnier parisien en 1868 dans *Les*

Industriels du macadam[67], Élie Frebault s'inspire plus que nettement de l'étude publiée par Émile de Labédolliere en 1842[68]… Il est vrai que la collecte nocturne du chiffonnier peut revêtir quelque correspondance avec celle du littérateur : comme le poète, le chiffonnier explore la nuit parisienne en y espérant de l'inconnu[69] ; il y aperçoit, pour le vouer à une transfiguration, ce que d'autres considèrent comme laid ou inutile. La chose n'a pas échappé à Pierre Citron, attentif au « goût qu'ont beaucoup de bohèmes pour les professions qui récoltent les déchets de cette société hiérarchisée, dans la structure de laquelle il n'y a pas de place pour les poètes […]. Pour tous ces écrivains, en marge comme les êtres qu'ils décrivent ou chantent, il n'y a de Paris qu'au niveau de la rue ou à celui des toits et mansardes […]. L'être qui semble le mieux symboliser Paris à leurs yeux, c'est le chiffonnier »[70].

C'est une image pacifique du chiffonnier qui prévaut donc dans la première partie du siècle. Tout bon ouvrier, habitué à vivre au jour le jour, ne sait-il pas d'ailleurs que, malade ou affaibli, il peut à son tour avoir à se faire biffin ? On souligne la probité de ces hommes, rarement impliqués dans les vols nocturnes. Cette population semble avoir appris à vivre de très peu, à ne regarder que vers le bas, et donc à ne pas subir la fascination de l'avoir facile qui naît, parmi les pauvres des grandes villes, de la juxtaposition des extrêmes sociaux. Organisée de façon autarcique, la communauté des chiffonniers ne se confond pas, à en croire la littérature pittoresque, avec les classes dangereuses – la médaille délivrée à partir de 1828 par la Préfecture de police n'est-elle pas un gage de moralité[71] ? Si les chiffonniers se placent sous le signe de la primitivité, c'est seulement en raison de la fidélité presque dédaigneuse qu'ils vouent à une certaine conception de la relativité des choses[72]. L'errance nocturne du chiffonnier traduirait la liberté de sa condition, sa propension à la flânerie et à la distance philosophique. La conviction est ainsi largement répandue, selon laquelle le chiffonnier commence à arpenter les rues du Paris nocturne par obligation, puis continue par goût de la liberté[73] : « Il se complaît dans sa vie nomade, dans ses courses nocturnes, dans son indépendance gouailleuse […]. Que d'autres, mécaniques vivantes, règlent l'emploi de leur temps sur la marche tyrannique des horloges ; lui, le chiffonnier philosophe, travaille quand il veut, se repose quand cela lui fait plaisir[74]. » On peut tout de même imaginer que la modestie de ses profits quotidiens oblige le porteur de hotte à une activité assez astreignante ; mais le caractère nocturne et énigmatique de son cheminement suffit à entretenir cette réputation de désinvolture. Le chiffonnier n'est certes pas vu comme un travailleur de force, et se serait délibérément orienté vers une profession peu productive : il est, aux yeux de nombreux observateurs, un vagabond nocturne auquel le ramassage sert de prétexte. Son activité n'a rien d'indispensable, mais ne recèle pas non plus de danger aigu.

La philosophie souvent attribuée au chiffonnier, entre stoïcisme et cynisme, lui vient notamment de la certitude où il vit que tout finira par aboutir dans sa hotte. En argot, il semble d'ailleurs que « philosophie » puisse être utilisé comme synonyme de pauvreté[75]: pour le chiffonnier, être philosophe, c'est savoir supporter les épreuves de la vie. En 1834, dans l'étude qu'il consacre au chiffonnier parisien, Nicolas Brazier discerne en lui de l'abnégation, de l'insouciance, du pragmatisme et du fatalisme[76], bref une tendance à la résignation solitaire qui l'oppose aux revendications collectives du peuple des ouvriers diurnes. Dans *Paris ou le Livre des Cent-et-un*, au début de la monarchie de Juillet, Jules Janin abonde dans ce sens : « c'est un être à port grave, solennel, muet, qui dort le jour, qui vit la nuit, qui travaille, qui spécule la nuit [...]. Le chiffonnier est inexorable comme le destin, il est patient comme le destin »[77], puisqu'il sait que tout échoue tôt ou tard dans la fange. Un chiffonnier réel, nommé Liard et dessiné par Traviès, semble avoir beaucoup fait pour accréditer l'idée que le chiffonnier devait être campé en philosophe nocturne. Élevé sous la monarchie de Juillet au rang des « célébrités de la rue », il se promenait la nuit, dit-on, en récitant Virgile ou Homère[78]. Connu de Privat d'Anglemont, habitué des débits de boissons du Boulevard, Liard y laisse régulièrement tomber quelques sentences relevées par les journalistes et les chroniqueurs comme autant de bons mots, de saillies populaires imprégnées de bon sens. On le compare à Diogène le Cynique. Mais cette comparaison recèle déjà une restriction à la renommée positive du chiffonnier parisien : philosophe, il peut tendre à l'insociabilité et à l'ironie corrosive, le spectacle des bassesses du Paris nocturne accélérant cette évolution vers la marginalité volontaire.

Au théâtre on ne tarde pas, toutefois, à utiliser le chiffonnier pour laisser deviner à travers lui les mystères de la grande ville, et pour s'interroger, d'une façon légère, sur la précarité des fortunes et la réversibilité des identités sociales dans la société d'après 1789. En 1826, dans la comédie-vaudeville en 5 actes jouée aux Variétés et intitulée *Le Chiffonnier, ou le Philosophe nocturne*[79], Théaulon et

Étienne montrent le père Richard, vénérable chiffonnier de soixante ans qui habite la rue Mouffetard et ne cesse de répéter « quand on n'est pas content, il faut être philosophe »[80]... Dans cette pièce, le chiffonnier est un homme resté honnête malgré sa déchéance. Pour lui, la déambulation nocturne est un signe de déclassement auquel il faut se résigner ; la nuit sait masquer voire panser les déconvenues les plus diverses. La pièce la plus fameuse consacrée au chiffonnier dans la première moitié du siècle est l'œuvre de Félix Pyat, *Le Chiffonnier de Paris*[81], représentée au théâtre de la Porte Saint-Martin à partir de mai 1847, avec Frédérick Lemaître dans le rôle du père Jean. Ici, le ton est plus socialisant, et la critique de la fatuité bourgeoise sous-jacente. Bien plus, le 26 février 1848, au cours d'une représentation gratuite, on ajoute une couronne royale au contenu de la hotte vidée et inventoriée sur scène par le père Jean[82] : le triomphe obtenu par ce geste ponctuait opportunément la révolution de Février, et le chiffonnier devenait dans la fiction le porte-parole d'un peuple désabusé, fonction qu'il n'assumait guère dans la réalité. Cet épisode célèbre mis à part, le chiffonnier de Félix Pyat possède bien des traits communs avec ses confrères de la littérature pittoresque : honnête et sage, il ne cherche pas à changer d'état, et passe ses nuits dans une joyeuse ivresse. Cherchant à exploiter le succès théâtral du chiffonnier, Bayard, Sauvage et De Courcy proposent au théâtre du Palais-Royal, à partir d'août 1847, une pièce sobrement intitulée *Les Chiffonniers*[83] : dans ce vaudeville, la misère du chiffonnier n'est que l'occasion de scènes cocasses, et le statu quo social qui le maintient dans sa nuit n'est finalement guère remis en cause.

Vue de l'extérieur, la condition du chiffonnier illustre pourtant, dans l'imaginaire des Parisiens, l'étonnante plasticité (au moins théorique) d'une société où l'ancienne immuabilité des ordres a disparu. Les aléas nouveaux de la fortune sont exposés dans ces histoires de banquiers ruinés ou d'aristocrates désargentés obligés de devenir chiffonniers à la suite de graves revers, et de descendre en quelques semaines l'ensemble des niveaux de l'échelle sociale. Désormais, leurs nuits ne se passent plus dans les cabinets de la Maison Dorée mais, le dos voûté, à fouiller l'ordure de borne en borne. Inversement, on véhicule aussi des rumeurs selon lesquelles des forçats repentis devenus chiffonniers ont pu faire miraculeusement fortune en trouvant dans les rues obscures un objet de valeur ou un billet de loterie[84]. La nuit parisienne devient le décor d'une déconcertante recomposition sociale, qui doit beaucoup au destin, et où la chenille peut se faire papillon comme le papillon redevenir chenille. On ne se résigne pas finalement, dans les sources descriptives, à ce que l'ombre énigmatique du chiffonnier appartienne à un être banal. Louis Berger récapitule en 1859 dans *Les Rues de Paris* les raisons de l'intérêt porté depuis longtemps au chiffonnier : « Dans cette profession qui s'accomplit à la belle étoile, il y a je ne sais quel mélange d'indépendance fantasque et d'humilité insouciante, je ne sais quoi d'intermédiaire entre la diginité de l'homme libre et l'abaissement de l'homme abject ; il y a dans ces contrastes, enfin, quelque chose qui intéresse, captive et fait penser[85]. » Au chiffonnier s'accroche la curiosité des observateurs des mœurs parisiennes, sensibles peut-être à l'uniformisation croissante de la société qui les entoure, et heureux de trouver en lui un démenti à cette tendance. Le biffin apparaît « éternellement suspendu entre le haut et le bas, entre les étoiles et le pavé, entre l'égout et la rêverie »[86], c'est-à-dire entre les virtualités antithétiques de la rue nocturne, que lui seul s'emploie à explorer avec autant de minutie.

Il est, en effet, détenteur d'une science toute particulière de la capitale, comme si la ville trahissait sa nature mauvaise dans ce qu'elle abandonne aux hasards des rues nocturnes. En 1827, la *Gazette des tribunaux* rapporte par exemple que, « dans la nuit du 3 au 4 juillet, un chiffonnier a trouvé au carrefour du faubourg Montmartre un enfant nouveau-né plié dans un linge »[87]. Au plus près de la réalité la plus ignoble, le chiffonnier semble n'apparaître dans les rues que pour rappeler aux Parisiens qu'ils sont mortels[88]. Accompagné d'un chien, seul être capable de le comprendre, il est donc présenté comme le travailleur nocturne auquel son type d'occupation permet de tout voir, de tout savoir de la ville, et donc de tout relativiser[89]. Mais indissociablement, le bruit selon lequel certains chiffonniers sont d'anciens forçats auxquels la Préfecture de police a délivré une médaille pour masquer leur fonction de mouchards s'amplifie sous la monarchie de Juillet : Victor Fournel observe notamment que quelques chiffonniers traînent inexplicablement la jambe droite, comme si elle était encore entravée par le poids du boulet[90]…

C'est aussi que l'apparition, dans une rue sombre, de ce personnage indéfinissable[91], éclairé par la faible lueur d'une lanterne portative, comme au temps des falots, a de quoi troubler. Ce moment d'hésitation, où se glisse la sensibilité fantastique, est relevé par Édouard Gourdon en 1842 dans *Paris la nuit, silhouettes* : « Les chats sortaient des caves, descendaient des gouttières, miaulaient de tendresse pour s'appeler et se répondre, et poursuivaient d'énormes rats qui prenaient l'air sur les trottoirs. [...] Une silhouette fantastique qui se dessina au bout de la rue, et la triste lumière d'une lanterne qui vint se refléter sur le pavé humide, les firent fuir : en un clin d'œil, chiens, chats et rats eurent fait place nette. Cette silhouette était celle d'un homme déguenillé : sa figure était barbue et violacée [...] ; son dos se courbait sous le poids d'une hotte à moitié pleine d'objets immondes ; sa main droite était armée d'un crochet de fer, tandis qu'une petite lanterne se balançait à sa main gauche : c'était un chiffonnier[92]. » Même s'il n'est pas directement menaçant, le chiffonnier donne l'impression de prophétiser dans la nuit la fin de tous ceux qu'il croise sur son chemin, tout en leur manifestant la plus grande indifférence, occupé qu'il est à fouiller de son crochet tout ce que la ville a de périssable et qu'il considère comme sa propriété.

Rôdeur de nuit ?

La méfiance point rapidement : les bonnes intentions du chiffonnier paraissent douteuses à certains. L'obscurité de sa tâche et les contours incertains de sa silhouette évoquent trop souvent celle du rôdeur, avec lequel il partagerait une appartenance à la « populace » parisienne[93]. C'est dans un contexte de montée des peurs nocturnes, à partir des années 1825-1826, que se développe cette perception apeurée, qui vient se juxtaposer à la tradition de la description pittoresque, sans pour autant la détruire : l'ambivalence est reine, désormais.

D'abord, la logique de récupération doit être contenue dans des limites précises : le métier du chiffonnier est de trouver, mais il ne lui est pas permis de tout s'approprier. En théorie, la loi oblige le biffin à rapporter au commissariat de police le plus proche les objets de valeur (billets, bijoux, couverts en argent jetés par erreur...) qu'il pourrait découvrir dans les rues. Il importe de distinguer la collecte nocturne du chiffonnier de la chasse incontrôlée du voleur de nuit. C'est sans doute ce genre de souci qui anime le chiffonnier zélé mentionné dans un rapport de la gendarmerie royale de Paris en janvier 1829 : « Le chef du poste de L'Abbaye Saint-Germain rend compte que le nommé Raveau, chiffonnier n° 1228, est venu à son Poste et lui a déclaré qu'en exerçant son métier pendant la nuit, il avait trouvé [...] des barreaux de fer, qui probablement avaient été détachés d'une croisée[94]. » Dans l'article consacré sous la monarchie de Juillet par L. A. Berthaud aux chiffonniers parisiens dans *Les Français peints par eux-mêmes*, on préfère laisser planer le doute : « C'est pendant la nuit principalement que l'espérance, cette fleur de toutes les misères, éclot dans l'âme des chiffonniers. Pendant la nuit, on les voit à peine ; ils n'ont pas à craindre l'impitoyable loi qui commande la restitution des objets trouvés[95]. »

Pour Vidocq, la médaille du chiffonnier ne devrait être accordée qu'à des hommes de plus de quarante ans, infirmes et nécessiteux : les jeunes chiffonniers ne cherchent qu'un alibi au dérèglement de leur mode de vie et à leur désir de voler[96]. Selon ceux qui jugent de la moralité populaire, l'activité nocturne de récupération n'est en fait séparée du vol que par une limite ténue. Sans préciser comment il en arrive à des conclusions aussi précises, Frégier affirme que lorsqu'un tiers des ouvriers parisiens sont vicieux, la proportion d'individus corrompus s'élèverait, chez les chiffonniers, à la moitié d'entre eux, soit deux mille personnes environ[97] – comme si la noirceur de la fonction devait inévitablement gagner celui qui l'exerce. Dans cette étude des classes dangereuses, le chiffonnier est d'ailleurs le seul métier auquel soit consacré un chapitre spécifique : c'est le traitement de faveur dû à ceux que l'auteur place tout en bas (presque en dehors) de la classe de ceux qui travaillent et qui, selon lui, se signalent par un cynisme propre à les isoler de la véritable classe laborieuse. Considérés comme un groupe, les chiffonniers inquiètent davantage, il est vrai, que lorsqu'ils sont décrits individuellement dans leur tournée de nuit. Habituellement résignée, cette masse obscure est de celles qui font naître l'angoisse lorsqu'elles se mettent subitement en mouvement. À en croire Émile de Labédolliere, « le plus stable gouvernement tremble sur sa base quand, guidée par les chiffonniers, la hâve population des faubourgs se rue sur les riches quartiers »[98], comme on put le craindre au printemps 1832. Ce registre de représentations, qui fait du chiffonnier un élément majeur des entrailles nocturnes de la ville prend de l'ampleur après 1840. Il est mobilisé par Edmond Texier en 1852 dans son *Tableau de Paris* : selon lui, la race des chiffonniers « se recrute parmi les criminels qui ont payé leur dette à la justice, parmi les malheureux que l'imprévoyance et l'inconduite mettent entre la mort et la faim. [...] En vain on a voulu poétiser les chiffonniers : sauf exceptions, ils sont tous tombés à ce degré extrême d'abrutissement qui ne laisse ni sentiments autres que celui de la brute, ni joies autres que les joies de l'ivresse »[99].

Dans l'entreprise de séparation des classes laborieuses et des classes dangereuses, l'appartenance nocturne des chiffonniers les tire donc du côté de ceux dont les mœurs sont mauvaises[100]. La tradition pittoresque s'affaisse au profit d'une vision plus intolérante à l'étrangeté des chiffonniers ou, au mieux, au profit de la description réaliste et apitoyée du gouffre abject où leur imprévoyance les a fait basculer. Le mode de circulation du chiffonnier se concilie mal avec la nécessaire identification des usagers de la rue nocturne. En 1859, C. Gueroult et P. de Couder signalent dans leur roman *Les Étrangleurs de Paris* que si beaucoup de chiffonniers sont honnêtes, souvent aussi « leurs haillons ont servi de déguisement aux malfaiteurs pour tromper le guet, échapper aux patrouilles grises et circuler impunément sur le théâtre des exploits nocturnes »[101]. Dès la Restauration, la montée du sentiment d'insécurité nocturne avait attiré l'attention des autorités sur cette question. Le préfet Delavau s'en préoccupe en décembre 1824 : « C'est encore un abus fondé et enraciné sur de vieilles habitudes, que la divagation nocturne d'un grand nombre d'individus, la plupart dans un état voisin de l'indigence, ignorants de tout devoir, [...] abrutis dans les vices de la populace et parcourant les rues et les places de la capitale durant la nuit, sous la seule sauvegarde d'une lanterne et d'un crochet et de l'habitude contractée de n'être point troublés dans leur exploration, à moins qu'un délit flagrant ne les trahisse[102]. » La vague d'attaques nocturnes qui frappe Paris pendant l'hiver 1826 installe le doute. Dans la *Gazette des tribunaux* du 12 novembre 1826, on peut lire les lignes suivantes : « On se tromperait fort si, sur la foi du charmant vaudeville de M. Théaulon, on pensait que les chiffonniers sont tous des philosophes. Ce matin, à 2 h, une ronde de police a rencontré dans la rue des Francs-Bourgeois, deux de ces coureurs de nuit, dont les mannequins étaient remplis d'objets volés. [...] Sous leurs vêtements en guenilles, ils portaient du très beau linge et des bottes neuves. Leurs crochets, destinés à toute autre chose qu'à ramasser des chiffons, étaient garnis d'un bout de fer fort long, et dans leurs lanternes étaient cachés des limes et des ciseaux propres à couper les grillages qui garantissent la devanture de quelques boutiques. »

Ce style de lamentations inspire très directement l'ordonnance du 1er septembre 1828, qui remet en cause la tolérance accordée depuis longtemps à la circulation nocturne des chiffonniers dans les rues de Paris : la coutume – la même qui offrait aux paysans l'usage des communaux comme compensation à la pénurie – ne saurait apparemment suffire à fonder le droit. Dans les « Instructions au sujet de la surveillance à exercer sur les chiffonniers » qui accompagnent la nouvelle ordonnance, le préfet Debelleyme s'exprime de façon on ne peut plus claire, comme si ses propos dramatisaient soudain les observations anodines de la littérature pittoresque : « Les chiffonniers, espèce de population nomade, [...] étrangers à toutes habitudes sociales, n'obéissant à aucune règle, ne connaissant aucun frein, accoutumés à une indépendance presque sauvage, incessamment errants sur toute la surface de Paris et des communes qui l'environnent, croyant avoir, par une longue jouissance, acquis le droit d'explorer la voie publique, à toutes les heures du jour et de la nuit, [...] sans garanties aucunes, sans domicile fixe, quelquefois même sans asile, [...] marchant armés d'un instrument qui [...] peut, entre des mains perverses, devenir l'instrument du crime, ces malheureux sont un objet d'inquiétude pour les gens paisibles [...]. Depuis longtemps ces mesures sont [...] réclamées par les vœux des habitants justement étonnés qu'au mépris des anciens règlements, ces individus aient usurpé et conservent le privilège de veiller, lorsque tous les autres sommeillent[103]. » Au XVIIIe siècle déjà, des ordonnances de police défendaient aux chiffonniers de « vaguer dans les rues pendant la nuit »[104]. Mais ces dispositions préventives ne reçoivent guère d'application : il peut sembler périlleux de supprimer complètement l'activité de survie qu'est le chiffonnage, et la récolte s'avère plus fructueuse pendant la nuit, où les biffins bénéficient de la discrétion nécessaire au tri des déchets. L'ordonnance du 1er septembre 1828 leur concède la soirée, mais leur interdit la nuit profonde, c'est-à-dire la possibilité de circuler dans les rues entre minuit et le lever du soleil. Le préfet s'en explique encore dans la circulaire qui explique l'ordonnance aux commissaires de police parisiens : « Les anciennes ordonnances défendaient expressément l'exercice de l'industrie des chiffonniers pendant la nuit. J'ai cru pouvoir modifier cette disposition, et la mettre en harmonie avec nos lois et avec les changements qui se sont faits dans les habitudes des Parisiens. En effet, il est rare qu'il se commette des vols et des attaques avant minuit, parce que, jusque-là, les rues ne sont pas encore désertes et solitaires[105]. » L'argument hygiéniste cautionne en outre le souci de sécurité, présenté comme le plus pressant : les Parisiens auraient aussi exprimé leur mécontentement de voir les chiffonniers éparpiller chaque nuit, avec leur crochet, les ordures entassées en vue du passage matinal du tombereau[106].

Désormais, les chiffonniers devront être munis d'une médaille délivrée par la Préfecture de police. Leur hotte et leur lanterne devront de même être numérotées : en bref, c'est le nomadisme et le déficit d'identité des biffins, couverts par la nuit, qu'il convient d'éradiquer. Dans la circulaire qui accompagne l'ordonnance, le préfet insiste sur la nécessité de faire figurer, au revers de la médaille réglementaire, le signalement du chiffonnier, car beaucoup d'entre eux ne seraient connus que sous un « sobriquet ». Il ajoute que le métier ne convient qu'à des hommes âgés, auxquels il faut donner les médailles en priorité : le chiffonnage des jeunes les prédispose par trop au vice et au vagabondage[107]. Mais l'ordonnance de 1828, si elle donna lieu à un enregistrement plus efficace de la population des chiffonniers, est loin d'avoir obtenu une application sans faille. Parmi les chiffonniers médaillés, beaucoup continuent à exercer après minuit, et le chiffonnage clandestin, pourtant passible d'une accusation de vagabondage, se développe[108]. Pour s'établir officiellement chiffonnier, il faut maintenant entre 6 et 7 francs : 2 francs pour la médaille, 3 francs pour le mannequin, 50 centimes pour le crochet, et 75 centimes pour la lanterne environ[109] : l'équipement du travailleur de nuit est à la portée de tous. Pour recevoir sa médaille, le chiffonnier doit aussi demander au commissaire de police, chez qui il doit se rendre accompagné de deux témoins domiciliés, un certificat de bonne moralité[110] : la rue nocturne ne saurait être aveuglément ouverte à des êtres déjà flétris. Compte tenu de ces précautions nouvelles, Frégier cite le chiffre de quatre mille chiffonniers (dont les femmes et les enfants) pour le Paris de la monarchie de Juillet[111]. Les estimations mentionnées au début du Second Empire sont du même ordre[112]. Dans l'*Enquête sur les conditions du travail en France pendant l'année 1872*, qui souligne la féminisation du métier de chiffonnier, le recensement monte à plus de 8 800 chiffonniers[113], ce qui traduit l'élargissement des limites de la ville à des arrondissements périphériques où les chiffonniers logent de plus en plus nombreux depuis les années 1840. Cependant, les effectifs réels de la profession sont manifestement bien supérieurs au nombre officiel des chiffonniers autorisés[114].

La mise à l'écart

C'est que la collecte nocturne du chiffonnier, qui n'exige pas d'aptitude particulière, fait office de refuge pour ceux que l'absence momentanée ou plus durable de salaire menace de la faim[115], et dont l'humiliation cherche à se dissimuler dans la nuit[116]. L'exercice du chiffonnage est considéré par les autorités, convaincues que d'autres emplois s'offrent toujours aux bonnes volontés, comme un signe d'inconduite chez les jeunes ; mais il est vu comme une dernière ressource plus tolérable pour les ouvriers âgés ou les infirmes. Ainsi, de l'ordonnance du 1er septembre 1828 au 31 décembre 1829, 1 841 individus sont venus s'inscrire comme chiffonniers à la Préfecture de police : sur le nombre, 65,2 % sont des hommes ; surtout, 50,5 % ont plus de quarante ans et 16,4 % ont même plus de soixante ans[117]. Corbon n'affirme-t-il pas en 1863 dans *Le Secret du peuple de Paris* que les chiffonniers se recrutent « parmi les jeunes ouvriers manqués et parmi les vieux dont on ne veut plus »[118] ? Le balancement entre la figure du rôdeur de nuit (plutôt juvénile) et la silhouette lasse du philosophe des rues (auquel la sagesse est venue avec l'âge) trouve ici un élément d'explication : la fonction nocturne du chiffonnier semble pouvoir n'être légitimement remplie que par des Parisiens inadaptés aux exigences normales de la production.

Les mœurs nocturnes du chiffonnier parisien sont, par ailleurs, mieux connues que celles des autres ramasseurs, présentés comme ses cousins plus ou moins éloignés. Son emploi du temps est réglé par la nécessité d'inventorier les tas d'ordures avant que ceux-ci ne soient enlevés au matin par les tombereaux : la nuit est donc la complice naturelle du chiffonnier. Mais les indications portant sur les heures exactes de la collecte sont divergentes, et laissent entrevoir un emploi du temps morcelé : sans doute chaque chiffonnier a-t-il ses habitudes propres en la matière, et ne tient-il pas toujours compte de l'interdiction qui lui a été faite, le 1er septembre 1828, de circuler dans les rues entre minuit et cinq heures du matin. La *Statistique de l'industrie à Paris* pour l'année 1848 mentionne une première tournée le soir, et une autre à la fin de la nuit[119]. Dans la monographie qu'il consacre au « Chiffonnier de Paris », Le Play relève une sortie de 6 à 9 h du matin, et une autre de 7 h du soir à minuit, tout en observant ailleurs que « le chiffonnier ne sort guère que la nuit »[120]. Les sources littéraires insistent, quant à elles, sur les habitudes proprement nocturnes du chiffonnier, plus conformes au modèle descriptif en vigueur depuis le début du XIXe siècle, et sans doute aux pratiques réelles des nombreux chiffonniers plus ou moins occasionnels et clandestins car non médaillés. Ainsi du célèbre chiffonnier Jean, héros de la pièce de Félix Pyat, *Le Chiffonnier de Paris*, représentée pour la première fois au théâtre de la Porte-Saint-Martin en mai

1847 : il s'écrie dès le premier acte « Allons, chiffonniers [...], la nuit est notre journée à nous, journée de plaisir pour les uns, de peine pour les autres !... à l'ouvrage[121] ! » Indéniablement, l'obscurité sied mieux que le jour à la tâche du chiffonnier, et l'organisation même de l'évacuation des déchets dans le Paris du XIXe siècle le contraint à se glisser dans les temps morts de l'activité parisienne. Le chiffonnier ne survit qu'en recyclant ce que Paris rejette au terme de sa journée ; mais la montée de l'exigence hygiéniste et sécuritaire tend, ici encore, à réduire sa marge de liberté. On voudrait donc cantonner la circulation des chiffonniers à la soirée[122] ou à l'aube, bref ne les voir ni le jour ni la nuit, en oubliant que l'irrégularité horaire demeure un des traits spécifiques de la profession : « Le chiffonnier se couche généralement à 5 h du soir, il se lève à minuit, soupe comme les gandins et part à la chasse aux chiffons[123] », rappelle-t-on en 1863. Des rythmes d'activité précis et assignables à l'ensemble des chiffonniers semblent en fait impossibles à discerner. L'essentiel réside dans l'affinité du biffin avec la nuit ; sa solitude nocturne est le gage de son indépendance, mais aussi un élément majeur du discours tenu sur celui qui est devenu un type social. Quant à l'espace parcouru par le chiffonnier pendant la nuit, il n'est délimité que par les ressources prévisibles des différentes rues. Le nomadisme du chiffonnier n'a pas de règle prédéfinie, mais évolue au gré de la récolte. Sans doute les quartiers opulents laissent-ils espérer davantage de trouvailles miraculeuses que les autres, ce qui oblige à d'interminables courses nocturnes : le déchet du riche constitue souvent le nécessaire du pauvre. En 1868, Charles Yriarte dit du chiffonnier Liard qu'il avait coutume de quitter la cité Doré vers 9 h du soir en hiver et 10 h en été, de prendre le boulevard de l'Hôpital, puis de passer les ponts pour aller inspecter les tas d'ordures déposés dans les rues des quartiers cossus[124]. Il importe, au total, que le chiffonnier connaisse les bons jours, les rues les plus « rentables », qu'il s'entende avec les portiers, les sergents de ville, bref qu'il sache appliquer à la rue nocturne toutes les ressources de la débrouillardise populaire[125].

L'industrie du chiffon, si elle est dotée d'une véritable place au sein de l'économie parisienne[126], se trouve tout de même alimentée, à sa base, par des êtres sortis des dessous de la société. Le *Grand Dictionnaire universel du XIXe siècle* de Pierre Larousse rappelle qu'« on ne peut s'attendre à rencontrer dans la classe des chiffonniers un niveau moral élevé : il est naturel que la fonction laisse son empreinte sur l'individu qui la remplit. Les chiffonniers se recrutent d'ordinaire dans les régions les plus infimes, dans les couches sociales placées immédiatement au-dessus des gens que le tribunal correctionnel appelle des gens sans aveu »[127]. Une perception réaliste, misérabiliste de la classe des chiffonniers progresse dans la seconde moitié du siècle, vision sensible à l'insalubrité extrême qui fait l'environnement de ces hommes. C'est surtout la pourriture accumulée dans leur logis qui préoccupe, mais les chiffonniers peuvent aussi transporter leurs miasmes avec eux dans les rues nocturnes, et donc contaminer l'ensemble de la ville : une sorte de cordon sanitaire s'impose, tant que le moyen n'aura pas été trouvé de se passer de leur activité contestable. La nuit laborieuse du chiffonnier passe donc au second plan, comme supplantée par la nuit morale et par la saleté dans lesquelles on le voit plongé. Dans la *Statistique de l'industrie à Paris* de 1848, la proximité des chiffonniers avec le peuple improductif est mise en relief : on y décrit un garni de la rue Sainte-Marguerite, où les chiffonniers et les individus suspects sacrifient ensemble au culte de l'eau-de-vie, associant mendicité et chiffonnage[128]. Un autre garni, du 12e arrondissement, abrite la sombre existence de chiffonniers dont on dit : « Ils sont insouciants du lendemain, ne songeant qu'à se procurer les 15 ou 20 centimes exigés par la logeuse, et quelques autres centimes pour se nourrir. Ils partent le matin vers 4 h, et rentrent vers 11 h dans la journée ; puis, ils ressortent le soir. De midi à 4 h, on est presque certain de les trouver en état d'ivresse[129]. » La marche qui mène vers les classes malsaines et dangereuses a indéniablement été descendue.

La libre divagation nocturne des chiffonniers n'est, ainsi, plus de mise dans la deuxième partie du XIXe siècle, à mesure que se systématise la marginalisation de cette population. Avant 1848, les chiffonniers étaient particulièrement nombreux à avoir établi leur refuge sur la rive gauche : le faubourg Saint-Jacques, le faubourg Saint-Marceau, et plus particulièrement la rue Mouffetard, les pentes de la Montagne Sainte-Geneviève ou encore les abords de la place Maubert servaient de point de départ et d'aboutissement à leurs expéditions nocturnes. D'autres logeaient dans les garnis les plus misérables du vieux centre. La présence de chiffonniers dans une rue suffit d'ailleurs à la déconsidérer ; elle y signale l'existence de noyaux de misère, et d'une forme particulièrement préoccupante d'indigence. Sur le plan de la salubrité physique et morale, la population des chiffonniers devient la caricature de la noirceur particulière des ruelles centrales ou des faubourgs lépreux. Certains, plus proches de la déviance explicite, sont même privés d'asile régulier, dormant dans la rue le plus souvent[130], et dans les garnis les moins chers quand ils le peuvent[131] : le chiffonnier pousse à l'extrême la tendance populaire à ignorer le confort privé et à privilégier, contraint et forcé, les ressources du « dehors » – de même que la précarité et l'indignité de son activité l'engagent à préférer la nuit au jour.

Le faubourg Saint-Marcel apparaît donc à Edmond Texier, en 1852, comme une tache d'ombre à la surface d'un Paris en voie d'assainissement et de clarification. « Dans ce quartier, il n'y a pas de rues, mais des ruelles et des impasses ; il n'y a pas de maisons, mais des cloaques et des taudis. Il y respire une race hâve, déguenillée, à figure sinistre, vivant des épaves que laisse dans Paris l'insouciance et le mépris de tout le monde[132]. » Désormais, le monde ignoble du chiffonnier est décrit avec crudité, comme un milieu pathogène, où végètent des sous-hommes[133]. Cet univers à part, qu'il faut isoler de la partie saine de la ville, est déjà clos sur lui-même : les chiffonniers fréquentent des bals et des débits de boissons qui leur sont réservés, pratiquent l'endogamie, et transmettent souvent leur métier à leurs enfants déguenillés. Leur profession dégradante leur interdit toute intégration sociale, et les ravale au rang de parias. La participation des chiffonniers au fonctionnement de l'organisme urbain, masquée par la nuit, n'est plus montrée aux Parisiens que comme un parasitisme mystérieux, une incompréhensible survivance. L'univers du chiffonnier se fond peu à peu dans celui de ces masses que l'on sait tapies dans l'ombre et que l'on craint de voir se mettre en branle. Désormais, on décrit moins le chiffonnier comme une silhouette solitaire flânant dans la rue nocturne que comme le membre d'une race inférieure enfouie dans des tréfonds repoussants.

L'étrangeté sociale et morale des chiffonniers se concrétise, après 1840, dans leur exclusion du centre ou des faubourgs proches et dans leur déplacement vers les quartiers limitrophes des fortifications[134]. Alain Faure[135] a montré que les « cités » de chiffonniers étaient devenues, sous le Second Empire, le cadre naturel d'une description où s'affirme l'inspiration ethnologique et hygiéniste. Dès lors, la figuration pittoresque du chiffonnier décline. Des terrains vagues, bientôt surmontés de fragiles cabanes, abritent cette population que les réformes haussmanniennes ont rendue plus indésirable que jamais. Cette « ghettoïsation », si elle avive parmi les biffins un certain sentiment identitaire, les fait peut-être voir aussi pour ce qu'ils sont : des citadins exclus du centre de la ville comme ils le sont depuis longtemps de ses jours. Chassés par les démolitions, les chiffonniers sont « allés grossir les agglomérations d'industriels de nuit qui peuplent l'île des Singes, la cité Doré et la Butte-aux-Cailles »[136], et participer au mouvement d'autoconstruction qui, sous le Second Empire, parsème la zone de logements précaires. La relative dispersion des chiffonniers dans la ville lors du premier XIXe siècle s'efface au profit d'un habitat « spécialisé », où la vie familiale et les mœurs propres à cette profession s'offrent, grâce à ce regroupement plus ou moins volontaire, plus aisément que par le passé à l'observation sociale ou médicale. Le philosophe nocturne le cède à l'épave alcoolique, le parcours solitaire à l'organisation tribale, et la rue obscure à la cabane sordide.

Ce refoulement progressif des familles de biffins aux marges de la ville coïncide, pour la profession, avec certaines redistributions internes, et à un net recul de la tradition de mobilité nocturne. Dans les années 1850, des conflits commencent à opposer les chiffonniers ambulants à quelques autres, qui prétendent s'arroger le monopole des déchets dans certaines rues. Les seconds ont passé des accords avec les portiers ou les domestiques de tel ou tel quartier pour qu'ils leur donnent directement les ordures réutilisables au petit matin, avant le passage du tombereau. Furieux, les chiffonniers médaillés attendent du préfet de police qu'il leur assure la liberté de circulation et de travail nocturnes, en proscrivant les pratiques nouvelles du chiffonnage « sédentaire »[137] – lequel a pourtant de quoi apparaître aux autorités comme un progrès. Le chiffonnier sédentaire, ou « placier », est donc celui qui adopte un quartier et n'en sort plus. L'existence de ces hommes qui ne prennent plus la peine de parcourir la ville nocturne, mais viennent chercher leur subsistance à l'aube dans des immeubles précis, est mentionnée dès 1848 dans la *Statistique de l'industrie à Paris*[138]. Les placiers, de plus en plus nombreux sous le Second Empire, ne tardent pas à l'emporter sur les chiffonniers d'ancien type (« coureurs », « piqueurs » ou « rouleurs »), dont le rythme de travail est plus éprouvant[139]. Ce retrait participe de la moralisation de la rue nocturne par la résorption du nomadisme populaire. Le placier, chiffonnier de quartier, est moins démuni que son prédécesseur pittoresque ; et peu lui importe, sans doute, d'avoir perdu l'intimité que le chiffonnier itinérant entretenait antérieurement avec la nuit parisienne.

Par-delà ces nuances nouvelles, le peuple des chiffonniers passe, malgré les frémissements de 1832, pour un peuple passif, que son mode de vie détourne de tout sentiment de classe. Comme le fait remarquer Alain Faure, le chiffonnier est privé du réflexe de solidarité avec les autres membres des classes laborieuses[140], comme s'il avait intégré la marginalité qu'on lui inflige ; la notion de « lumpenproletariat » semble adaptée à sa condition. Dans son *Tableau de Paris*, en 1882[141], Vallès désignera les chiffonniers comme les plus humiliés des prolétaires, mais aussi comme les moins lucides, abrutis par l'alcool et confinés dans les recoins ténébreux de la capitale. Persuadé d'être indépendant sous prétexte qu'il n'a ni maître ni horaires, le chiffonnier ne fait en réalité que ramasser les miettes des riches, que se nourrir des restes d'un luxe qui l'écrase, et qu'il contribue à entretenir en se vautrant dans l'« en-bas » d'une société dont il ne songe pas à contester l'ordonnancement[142]. Le chiffonnier n'a pas suffisamment de conscience pour comparer son dénuement à la fortune des autres, et demeure vautré dans sa nuit, en un temps où le mouvement ouvrier cherche à moraliser les classes laborieuses pour en mobiliser toutes les forces potentielles. De même qu'il veut dépoétiser la bohème littéraire pour la rendre plus militante, Vallès cherche à dépoétiser la misère urbaine pour la montrer dans sa nudité et en démonter les ressorts. Le chiffonnier n'est pas le vieux sage que l'on croit, mais plutôt cette créature inconsciente qui serait prête à dépouiller les victimes de l'insurrection de leurs loques sanglantes afin d'aller se payer à boire. Les biffins se condamnent eux-mêmes à la désespérance, et se ravalent au rang des déchets qu'ils collectent sur le pavé : « Parfois ils ne se réveillent pas. Combien en a-t-on ramassés que l'ivresse avait étouffés, près d'un chat mort ou d'un chien crevé ! Quelques-uns se tuent ! Le vent de la nuit les a dégrisés et refroidis ; ils se redressent en trébuchant, sous le ciel plein d'étoiles gelées, sur la route déserte[143] », et vont se pendre ou se noyer.

Dans le Paris de la fin du XIXe siècle, les chiffonniers ont ainsi quitté la scène nocturne en se sédentarisant, et sont devenus des passants plus ordinaires que par le passé. La silhouette familière de l'homme au crochet ne suscite plus de curiosité, puisqu'elle appartient désormais à l'extra-urbain, non plus à la ville souterraine, et que le chiffonnier ne fait plus guère qu'une furtive intrusion matinale dans Paris, selon un trajet sans surprises. Depuis longtemps, son libre grappillage nocturne était en sursis, même si le type pittoresque attaché à ses pas s'avérait fort vivace. Après 1860, la participation des chiffonniers au cycle de l'excrétion urbaine n'est plus considérée que comme résiduelle. Ceux qui vivent au contact de la fange nocturne doivent désormais être des « professionnels » discrets, non des philosophes dépenaillés ou des sauvages imbibés d'alcool. Mais l'évolution observée au cours du siècle reflète également le déplacement de l'origine du savoir que les classes dirigeantes pensent détenir sur les classes populaires parisiennes : c'est avant tout la montée en puissance du regard statistique et médical porté sur les classes laborieuses qui disqualifie la nuit incertaine des chiffonniers traditionnels. Le biffin se trouve peu à peu exclu de la chaîne d'activités qui assume chaque nuit la régénération et la purification de la ville. Lui refusant la nuit profonde, on cherche à faire de lui un agent docile des nouvelles procédures de nettoiement des rues, nettoiement dont on peut maintenant examiner la face nocturne.

NETTOYER

La venue de la nuit ouvre les rues de Paris à l'afflux des aliments puis au reflux des déchets. Pour l'administration, la tranquillité de la nuit est indispensable au nettoiement de la voie publique, ne serait-ce qu'en raison des impératifs de circulation. Cette évidence ancre aussi l'idée que l'utilité de la nuit urbaine réside dans les possibilités de dissimulation qu'elle recèle, les Parisiens respectables gagnant à ignorer sur quelle base fétide s'édifie leur bien-être quotidien. Puisque le malsain est inévitable, autant qu'il reste confiné dans l'ombre. Pour ne pas assombrir le tableau d'un Paris lumineux presque détaché des contingences matérielles, les « basses œuvres » doivent donc rester secrètes, ne pas heurter une délicatesse citadine qui s'accentue. La désinvolture qui conduit à laisser la fange stagner dans les rues nocturnes comme dans un lieu indigne mais peu fréquenté est d'ailleurs inconciliable avec l'épanouissement des plaisirs de la nuit distinguée au cours des dernières années de la Restauration.

La ville nocturne abrite une purification furtive : à la vidange honteuse des fosses d'aisance succède le balayage de l'aube, puis l'enlèvement des déchets par des tombereaux. Ces deux dernières opérations sont plus précisément décrites dans nos sources que la première, pour les raisons de pudeur que l'on imagine. Mais leur efficacité laisse à désirer tant que persiste le complexe partage des tâches entre riverains et entreprises privées[144]. La volonté haussmannienne de faire de la ville un lieu de libre circulation de l'eau, de l'air et de la lumière n'est évidemment pas sans incidence sur les modalités nocturnes de prise en charge de la saleté[145]. Il ne nous appartient pas, toutefois, de revenir sur l'évolution des sensibilités ou des conceptions médicales qui modifient le rapport à l'immondice dans le Paris du XIXe siècle[146], mais d'envisager la purgation quotidienne de l'organisme parisien comme l'ultime étape du cycle vital dont la nuit est le cadre, et l'amélioration de la salubrité nocturne comme une autre façon de rendre la nuit publique plus fréquentable.

Les « basses œuvres[147] »

« Le pavé gémit sous le poids qui l'accable. Hâtez-vous de rentrer au logis, ô vous, hommes du jour, aux habitudes molles et paisibles, fermez portes et fenêtres. Le Paris de nuit s'est réveillé, il a secoué sa méphitique chevelure ; le voici qui s'empare de la voie publique. C'est un mauvais compagnon que le Paris de nuit : il est maussade, querelleur : [...] il se rue sur la vie, sur la bourse du marchand et du rentier attardés, et souffle son haleine empestée au front de la jeune fille qui tout à l'heure, couronnée de roses, s'enorgueillissait, au milieu d'un salon parfumé, d'être comparée à la déesse des fleurs[148]. » Ainsi commence souvent le passage que les observateurs du Paris nocturne consacrent à l'apparition dans ses rues de ces voitures de vidange brinquebalantes et peu étanches, capables, lorsqu'elles sont placées sur la route d'élégants noctambules et de dames parfumées, de produire ces tableaux contrastés alors tellement en vogue[149]. Ces monstres de nuit se signalent à la fois par le vacarme et par la puanteur, contredisant de manière grotesque la discrétion dont la nuit devrait être synonyme. Le tout a pour effet de vider la rue obscure de ses passants éventuels, et d'inciter les autres à se calfeutrer derrière leurs portes, persuadés que la nuit parisienne n'est pas le séjour délicieux que certains célèbrent bruyamment, mais plutôt le temps des tâches infâmes. Le 6 juin 1834, un arrêté du préfet de police avait pourtant interdit l'entrée et la circulation dans Paris de « toutes voitures de vidanges chargées de tonnes, tonneaux, tinettes ou vaisseaux quelconques, qui excèderaient ensemble la capacité de deux mètres cubes »[150]. Les véhicules précédents étaient si lourds qu'ils abîmaient le pavé, sans parler des fuites provoquées par le mauvais entretien du matériel[151] : le bourgeois parisien, découvrant à son réveil un pavé souillé, avait une nouvelle raison de maudire cette nuit incommode et bruyante que, de toute façon, son rythme de vie le prédisposait à fuir.

C'est en fait une longue tradition que d'attendre le secret de la nuit pour procéder aux « basses œuvres ». En 1663 déjà, le *Règlement Général pour le Nettoiement de Paris* défend d'enlever les vidanges des fosses d'aisances autrement que la nuit[152]. L'ordonnance concernant les vidangeurs du 3 janvier 1803 leur prescrit de ne pas circuler avant 10 h du soir en hiver, 11 h du soir en été, et de se rendre directement à la voirie de Montfaucon, par les rues aboutissant à la barrière du Combat[153]. Ces dispositions restent en vigueur sous la monarchie de Juillet[154], confirmées par les ordonnances du 4 juin 1831 et du 5 juin 1834, selon lesquelles les voitures ne peuvent toujours pas circuler avant 10 h du soir en hiver et 11 h en été[155], ce qui correspond grossièrement aux heures de fermeture prévues pour les établissements publics, donc au terme légal de la « journée » parisienne. Un certain retrait de l'influence des saisons sur les rythmes urbains conduit, en 1867, à ce qu'un arrêté du préfet de la Seine supprime la distinction horaire entre l'été et l'hiver : tout au long de l'année, la vidange des fosses fixes ne commencera pas avant 11 h du soir dans Paris. Cet arrêté exige aussi que dans un rayon de cent mètres autour des théâtres, la vidange ne soit pas entreprise avant minuit 30, signe de la protection exercée par le régime sur le noctambulisme élégant[156]. En matière de fonctions urbaines, la nuit avancée est décidément au jour ce que la périphérie est au centre : un espace de rejet de la nuisance et de l'incommodité, qu'il faut cependant s'efforcer de contrôler si l'on veut éviter toute forme de contamination.

Ainsi cantonnée dans le temps, la circulation des voitures de vidange l'est également dans l'espace nocturne. L'itinéraire qu'elles doivent suivre pour aller déposer les matières récoltées à la voirie est prédéfini (elles ne peuvent sortir de Paris que par les barrières du Combat ou de Pantin). Tout stationnement leur est interdit, de même que le déversement intempestif des matières sur la voie publique[157]. Depuis la fin du XVIIIe siècle, la voirie de Montfaucon, près des Buttes-Chaumont, recueille les produits de l'équarissage comme ceux de la vidange ; du Moyen Âge aux années 1760, c'est un célèbre gibet qui s'élevait à cet endroit, et le lieu semblait receler une sorte de tradition morbide. Mais le quartier ayant gagné des habitants, la proximité avec l'horreur nauséabonde est devenue intolérable : sous la Restauration, on décide que la voirie sera transférée à 16 kilomètres de là, dans la forêt de Bondy. L'ordonnance du 24 mai 1849 interdit tout déversement de vidange à Montfaucon : on doit désormais porter les matières au dépotoir de La Villette, réservoir d'où elles partiront ensuite vers la nouvelle voirie[158]. Malgré l'éloignement de la menace, il faut bien que les voitures de vidange continuent à sillonner les rues du Paris central, et Haussmann ne parvient pas à se résigner complètement à la persistance de ces corvées nocturnes, qui déparent le Paris éclatant du Second Empire : « Le travail nocturne des vidangeurs, le chargement des tonneaux, le retour de ces foyers ambulants de miasmes insalubres à La Villette, où se trouve le dépotoir, emplissent Paris de bruit et vicient l'air qu'on y respire[159]. »

Quant au quotidien de ces travailleurs nocturnes que sont les vidangeurs, il mobilise moins la curiosité que celui des chiffonniers. Il est vrai que ces hommes sont moins nombreux que les biffins et que, discrets employés d'entreprises privées, ils n'offrent que peu de prise au regard pittoresque. Selon B. T. Duverger, les entreprises de vidange de nuit seraient quatorze au début de la monarchie de Juillet, regroupant 160 ouvriers, 150 chevaux et 66 voitures[160]. Habitant pour la plupart dans le 19e arrondissement, les vidangeurs se plaignent, sous le Second Empire, de ce que leur calvaire nocturne soit méconnu : « Quitter son domicile et sa famille au moment même où chacun y rentre, se priver du repos de la nuit, affronter en toutes saisons les intempéries d'un ciel toujours sans soleil, manipuler les matières les plus repoussantes [...], braver les plus rudes fatigues, tel est le sort quotidien de l'ouvrier vidangeur[161]. » En contact permanent avec des matières plus viles encore que celles dont les chiffonniers tirent leurs revenus, les vidangeurs ne sortent guère de l'ombre. Dans la hiérarchie des fonctions urbaines, leur mission se situe au comble du nécessaire, mais aussi au comble de l'inavouable. C'est donc la voiture de vidange, sorte de monstre fantastique et nauséabond, qui fixe la description. Les vidangeurs, presque contraints à l'apnée, ne trient rien, ne pensent guère, agissent machinalement, tandis que le chiffonnier garde, dans sa divagation, la liberté d'arbitrer entre ce qui est réutilisable et ce qui ne l'est pas. Du vidangeur il n'y a rien à dire, sauf à vérifier qu'il ne risque pas l'asphyxie : il est l'objet de la sollicitude médicale, non de l'investigation littéraire, un peu comme le chiffonnier dépoétisé de la fin du XIXe siècle. Dans la pure corvée qui les occupe, et qui les oblige à attendre que le noir se fasse avant de se glisser dans les rues, l'individualité des vidangeurs disparaît totalement. La hantise de la souillure enferme de plus en plus dans leur obscurité quotidienne ces êtres que tout le monde fuit. Sans doute la faible fréquentation des rues nocturnes du Paris ancien leur permettait-elle une circulation nocturne plus franche. La diversification des usages de la nuit suscite, dans l'emploi du temps urbain, des hiérarchisations et des cantonnements nouveaux, qui ressemblent à des délimitations de territoires.

La toilette matinale des rues de Paris

Moins repoussante que celle des vidangeurs, la mission nocturne des balayeurs l'est peut-être aussi aux yeux des contemporains parce qu'elle se situe à la fin de la nuit. En un temps où c'est encore le « tout-à-la rue »[162] qui préside à la gestion des déchets, et où marcher dans Paris condamne souvent à « se crotter », la fonction matinale des balayeurs est comparée à celle d'un régiment purificateur. On les présente comme des êtres courageux et fiables, désireux surtout de ne pas faire parler d'eux. Contrairement aux chiffonniers, ils n'ont pas l'habitude de se coucher tard, mais se lèvent avant l'aurore pour chasser d'un mouvement méthodique ce qu'une journée de Paris accumule dans ses rues. Le balayage des lieux publics commence, dans la première moitié du siècle, à 5 h du matin en été et à 7 h en hiver[163]. En 1853, le désir de faciliter la circulation matinale incite à davantage de précocité : désormais, Paris est divisé en trente-cinq zones, et les balayeurs se réunissent en « ateliers » dès 3 h du matin en été et 4 h en hiver[164]. Le geste silencieux par lequel les petits groupes de balayeurs poussent les immondices vers le ruisseau les oppose fortement à la déambulation vacillante du chiffonnier, ponctuée de nombreuses haltes. Et ces automates du nettoiement matinal sont de plus en plus nombreux : leur effectif progresse plus vite que la population parisienne, car l'administration élargit sa prise en charge de la propreté des rues, trop longtemps abandonnée au caprice des habitants[165]. Ainsi, les balayeurs parisiens seraient une centaine au début du XIXe siècle et deux cent cinquante environ sous la Restauration[166] ; vers 1855 la Ville emploie déjà plus de huit cents balayeurs et cantonniers[167].

C'est bel et bien de « l'armée des balayeurs » que parlent les descriptions de Paris : « La classe des balayeurs est [...] une des plus matinales de Paris. Quelle que soit la saison, ils sont, à 3 ou 4 h, debout, les armes à la main[168] », note en 1842 Émile de La Bédollière. Dans un *Projet de traité amiable pour le nettoiement de Paris* passé entre le préfet Piétri et l'entrepreneur Savalète en 1853, l'article 40 du chapitre 8 prévoit que les balayeurs devront porter un uniforme et être numérotés[169]. En fait, si l'errance solitaire et silencieuse du chiffonnier déconcerte, le retentissement matinal des sabots des troupes de balayeurs sur le pavé rassure et apitoie. Les balayeurs sont des « gens de peine et de maigre salaire »[170] capables de susciter la compassion des Parisiens plus chanceux, comme Pierre Mazerolle en 1875 : « Dans les nuits d'hiver, bien avant l'aube, même par les froids les plus cruels, pendant que je suis sous de bonnes couvertures dans une chambre bien close [...], j'entends retentir dans la rue les pas des balayeurs qui passent, qui passent là toutes les nuits [...][171]. » En 1855, Victor Fournel attirait lui aussi l'attention sur ces êtres de l'aube qu'habituellement, personne ne songe à regarder : « S'il vous arrive jamais de passer en hiver dans les rues de Paris, deux heures avant le lever du jour, vous entendrez de toutes parts le bruit monotone et régulier des balais sur le pavé, et vous rencontrerez à chaque pas, par groupes de cinq ou six, de pauvres hères, silencieusement occupés à nettoyer les ruisseaux et à curer les égouts. [...] On les voit dans un demi-jour incertain, à travers le brouillard crépusculaire, semblables à des ombres, muets, impassibles, imprimant avec effort à leurs bras un mouvement qui semble automatique[172]. » Le guide *Paris at night*, en 1869, souligne également l'aspect militaire de ces groupes dont n'émerge aucune figure individuelle[173] : ces hommes et femmes en blouses et sabots sont tout entiers absorbés par l'obligation de rendre au soleil qui se lève un Paris présentable ; s'activant dans la pénombre, ils appartiennent au jour bien plus qu'à la nuit...

Le balayeur, c'est donc l'antichiffonnier : au lieu de disperser les ordures et d'en escamoter la partie récupérable dans une nuit insalubre pour la faire glisser ensuite vers on ne sait quels bas-fonds urbains, il les entasse aveuglément pour qu'on les emporte, au petit matin, à l'extérieur de la cité, et que cette dernière soit donc véritablement purgée lorsque paraît le jour. L'origine alsacienne qu'on attribue souvent aux balayeurs vient soutenir leur réputation d'assiduité, de tranquillité et de probité. En effet, aux balayeurs âgés et somnolents de la première moitié du siècle[174] a succédé une corporation plus jeune et plus gaillarde. Selon Alfred Delvau dans *Les Dessous de Paris*, les balayeurs formaient autrefois une foule inefficace et hétéroclite, plus proche des chiffonniers, aussi bien sur le plan de leurs costumes que de leurs antécédents professionnels. Ces « naufragés de la vie » avaient souvent, à l'en croire, pratiqué tous les métiers avant de descendre aussi bas[175]. Désormais, les Parisiens peuvent dormir tranquilles, car les « femmes de chambre de la grande ville » sont en majorité des Alsaciens jeunes, sobres, robustes, aussi infatigables que des machines[176]. Ces provinciaux insensibles aux séductions perverses des nuits de la capitale, comme les maraîchers des Halles, sont les agents tout indiqués de sa toilette matinale. Ils dissipent machinalement les traces d'une nuit oisive ou criminelle dont ils ignorent tout. C'est en partie pour avoir refusé de devenir ces employés-métronomes du nettoiement de Paris, et à cause de leur attachement aux franchises conférées par la nuit, que les chiffonniers itinérants ont dû se retirer de la ville sous le Second Empire.

Car la réputation nouvelle du groupe des balayeurs traduit la réorganisation globale du nettoiement des rues parisiennes dans la deuxième partie du siècle. Sous les monarchies censitaires, c'est en effet aux propriétaires et locataires parisiens eux-mêmes que revenait le soin de balayer ou de faire balayer chaque matin la voie publique devant leur façade, jusqu'au ruisseau[177]. L'ordonnance du 14 novembre 1817[178] comme celle du 29 octobre 1836[179] indiquent que ce balayage à la charge des habitants doit être effectué entre 6 et 7 h du matin l'été, entre 7 et 8 h l'hiver. Ensuite a lieu l'enlèvement des boues et immondices par les tombereaux de l'entrepreneur, dont le passage est annoncé par les « porte-sonnette »[180] employés dans les commissariats de police. Mais cette répartition matinale des tâches n'est bien entendu pas sans défaillances. En août 1836, on souligne à quel point le balayage à la charge des habitants est mal exécuté : « Beaucoup de propriétaires ou locataires balayent de grand matin [...] bien avant l'heure de l'enlèvement [...]. Les tas de boues sont broyés et étendus sous les pieds des chevaux et sous les roues des voitures », tandis que d'autres balayent trop tard, si bien que les déchets restent dans les rues jusqu'au lendemain matin[181] »... Le préfet Gisquet voudrait, en substituant au service en nature une contribution des Parisiens, instaurer dans le nettoiement matinal de Paris la simultanéité qui lui fait défaut[182] : Paris sortirait plus propre de son épreuve nocturne. À la fin de la monarchie de Juillet se développe en fait le recours à des compagnies privées de balayage, jugées peu efficaces ensuite par les responsables du Second Empire[183].

Dès le début du régime bonapartiste se manifeste, en haut lieu, le refus de la division du nettoiement des rues entre service à la charge des habitants et service à la charge de la Ville. L'administration du Second Empire entend prendre sous sa coupe l'ensemble de l'espace public, et veiller plus minutieusement que les régimes précédents sur ce moment sensible de transition entre la nuit et le jour où se joue l'état de propreté quotidien de la capitale. Parmi les améliorations nécessaires au service du nettoiement, on place les mesures suivantes : achever l'enlèvement des boues et immondices avant le début de la circulation (laquelle commence plus tôt qu'auparavant) ; réformer ou supprimer l'activité du chiffonnier ; utiliser de l'eau pour nettoyer ; faire entretenir les rues de façon permanente dans la journée par des cantonniers, après le balayage complet de l'aube[184]. En 1853, on décide que l'enlèvement des déchets devra être achevé à 8 h du matin au lieu de 10 en été et à 9 h au lieu de 11 en hiver[185]. Les soirées de plaisir du Second Empire durent plus longtemps que celles de la Restauration, mais les activités et la circulation matinales de la grande ville sont plus intenses aussi que par le passé, les plages de temps inutilisées tendant à se rétrécir. La nuit est occupée en ses deux extrémités, dont les habitués respectifs (oisifs et laborieux) sont censés se croiser vers 3 ou 4 h du matin. Pour s'adapter à ces évolutions, on propose en 1857 aux habitants de Paris de se décharger de leurs obligations matinales par un système d'abonnement au balayage[186] dont on pense qu'il remédiera à la saleté chronique des rues de Paris, au sortir d'une nuit dont la fonction purificatrice doit être promue. Ce balayage sera assumé par des employés dépendants de l'administration et surveillés par elle, comme c'était déjà le cas pour les ponts, places, quais, boulevards, etc. : le temps des expédients semble révolu. Alors que le Paris de la première moitié du siècle était couvert, dès 11 h du matin, de détritus écrasés par les roues des voitures, les hommes du Second Empire se targuent du bon usage de la nuit qu'ils ont su instituer. Elle leur paraît domestiquée car discrètement fonctionnelle : « Quand la circulation commence, on ne se doute pas que le service a fonctionné depuis 3 h du matin pour nettoyer la cité[187]. » La propreté de la capitale est déléguée à des professionnels disciplinés auxquels on peut ordonner, contrairement aux habitants, d'accomplir leur mission à des heures plus que matinales. Comme en outre, des cantonniers municipaux sont désormais chargés, selon un système d'« îlotage », d'entretenir la propreté des rues jusqu'à 4 h de l'après-midi[188], le lever du jour semble le point de départ d'une activité de nettoiement que l'on voudrait quasi permanente, et dont on a su exiler la part la plus incommode dans une nuit mieux maîtrisée.

On aura compris que les chiffonniers trouvent difficilement leur place dans cet enchaînement de plus en plus implacable ; mais les premières atteintes à leur indépendance sont bien antérieures à l'haussmannisation. En 1831, l'administration revient sur la tradition : dès cette époque, les chiffonniers sont désignés comme des ennemis de la propreté, puisqu'ils passent leurs nuits à disperser sur la voie publique les tas d'ordures qui y ont été déposés le soir. En 1832, dans un contexte de péril épidémique, le nouvel adjudicataire du service du nettoiement est autorisé à « faire un tour de roue supplémentaire à la tombée de la nuit ». Du 31 mars au 5 avril 1832 a lieu l'émeute des chiffonniers parisiens (ou « conspiration des tombereaux »), menacés par cette décision d'être privés de la récolte des immondices à laquelle leur médaille leur donne droit. Ils mettent le feu aux tombereaux de la compagnie Savalète[189], craignant, en outre, que l'on n'en vienne à interdire complètement le dépôt des ordures ménagères sur la voie publique[190]. L'épisode, préludant à juin 1832, et conjugué avec l'agitation de Sainte-Pélagie ou avec la montée des rumeurs d'empoisonnement, cristallisait toutes les peurs sociales[191]. Si la ville était malade, n'était-ce pas parce que ses nuits étaient librement sillonnées par une population flottante dont la saleté le disputait à la sauvagerie[192] ? Ainsi, ce que crut voir Gisquet dans les rues de Paris au printemps 1832, c'est « une foule innombrable d'hommes aux bras nus, aux figures hâves, sinistres, qu'on ne voit jamais dans les temps ordinaires, et qui semblaient ce jour-là sortir de dessous le pavé »[193]. Les émeutiers retournèrent vite, cependant, à leur exil nocturne et à leur passivité habituelle, car le projet d'enlèvement partiel des ordures au cours de la soirée fut abandonné, et l'entreprise Savalète dut se contenter d'un passage matinal[194]. On ne pouvait pas encore renoncer au rôle de « soupape de sécurité » occupé par la collecte et le tri des déchets de la grande ville.

Ce n'était que partie remise : le terme logique du processus d'assainissement de la voie publique était la suppression du libre dépôt des ordures dans les rues et par conséquent, la disparition du chiffonnage nocturne tel qu'il était pratiqué depuis l'Ancien Régime. En novembre 1852, l'entrepreneur Savalète propose d'enlever les ordures à domicile entre onze heures du soir et minuit ; il lui est répondu que l'administration ne peut « raisonnablement obliger les habitants à tenir leurs portes ouvertes, et à remettre à de pareilles heures leurs résidus de ménage aux agents du nettoiement »[195]. Le même entrepreneur envisage, faute de pouvoir obtenir leur interdiction pure et simple, de faire coopérer les chiffonniers au nettoiement des rues, contre la cession d'une partie des produits du balayage[196] : leur conversion à la sédentarité et leur renoncement à la nuit semblent inéluctables. On sait, cependant, qu'il faut attendre l'arrêté pris par le préfet de la Seine Poubelle le 24 novembre 1883 pour que soit rompue la longue coutume de promiscuité entre l'ordure, la rue et l'air libre, coutume qui fondait la liberté nocturne du chiffonnier. Des boîtes à ordures standardisées sont désormais de règle, et la réforme achève la victoire des « placiers » matinaux (qui règnent sur quelques poubelles précises, avec l'accord des concierges) sur les « coureurs » nocturnes, peu empressés, pour la plupart, à se muer en cantonniers municipaux[197].

Dans la nuit assainie du Second Empire, la rue parisienne constitue moins que par le passé le lieu d'une sélection entre le recyclable et le non-recyclable, le maniement du déchet requérant une visibilité moindre, mais une rapidité et une prudence accrues. L'essentiel ne réside plus dans la possibilité de la récupération, mais dans la fluidité de la circulation et dans l'innocuité de l'évacuation. Si la nuit reste un temps privilégié pour la gestion des rebuts de la grande ville, on l'entend et on le sent de moins en moins, comble de la réussite, peut-être, pour une administration qui voit dans la discrétion des fonctions urbaines la preuve de leur efficacité, et donc de la bonne santé de l'organisme parisien.

Les travaux et les nuits

Le labeur nocturne dont les rues de Paris sont le cadre peut être considéré au sein d'un ensemble plus vaste, celui des rythmes quotidiens de travail qui organisent la vie sociale parisienne au XIXe siècle. Si la nuit coïncide, pour certains, avec le cœur même de la « journée » de travail, ils ne sont après tout en avance que de quelques heures sur une population ouvrière habituée à quitter son lit dès 3 ou 4 h du matin. En l'absence d'une réglementation précise de la durée du travail dans le monde salarié, les petits métiers nocturnes appartiennent pleinement à un cycle qui à chaque heure fait correspondre des besoins et des tâches particulières – mais qui, dans le même temps, hiérarchise nettement ces tâches en fonction du moment où elles s'accomplissent. Reste qu'il n'y a pas de véritable rupture temporelle, mais plutôt un glissement progressif entre l'activité du chiffonnier, du vidangeur, du balayeur, et celle, plus diurne et plus honorable, des divers artisans parisiens –, de même qu'il y a continuité sociale entre ces groupes, l'ouvrier sachant qu'un revers de fortune peut l'amener à devoir se réfugier dans les « petits métiers » méprisés. C'est précisément cette permanence de l'activité parisienne, où les professions se relaient d'heure en heure, qui soutient la métaphore d'un corps organisé, à la respiration juste un peu ralentie pendant la nuit.

Les empiètements de la journée de travail sur la nuit

Il nous faut d'abord rappeler que la nuit et le jour n'opposent pas de manière aussi tranchée qu'on pourrait le croire des activités peu glorieuses et divagantes à des activités productives régies par une discipline industrielle sans faille. La durée du travail dans la capitale, au cours des deux premiers tiers du XIXe siècle, est déterminée par la configuration particulière de l'industrie parisienne[198], c'est-à-dire la spécificité d'une activité tournée vers les besoins de la consommation locale, où le petit atelier, le travail aux pièces et le travail à domicile l'emportent largement sur la manufacture. Le moment n'est pas encore venu, à Paris, où le temps de l'ouvrier d'usine sera réglé par les mouvements mécaniques de la pendule ou par les rouages de la machine, qui disqualifient les variations anciennes de l'intensité du travail en fonction des rythmes journaliers ou saisonniers.

Au début de notre période, c'est souvent encore la durée du jour, et donc la quantité de lumière naturelle disponible qui fixe le seuil matinal et le seuil vespéral de la journée de travail. Dès lors, s'étirant interminablement entre les deux crépuscules, le labeur estival se révèle plus long que le labeur hivernal, et les salaires de ceux qui sont payés à la tâche sont plus étriqués pendant la saison froide, aux longues nuits. L'été, les nuits sont brèves pour l'ouvrier sage qui a travaillé quatorze heures ou plus dans la journée et, si la débauche ne l'en détourne pas, elles sont obligatoirement consacrées au repos. L'hiver, le séjour au cabaret peut se prolonger davantage avant ou après le temps de travail. L'introduction de l'éclairage au gaz dans les fabriques et les ateliers a pu affranchir les rythmes industriels de certaines contraintes naturelles, et allonger la durée quotidienne du travail hivernal – même si le souci de réduire les frais d'éclairage conduit, çà et là, à définir encore les horaires d'activité en fonction de la lumière du jour.

En réalité, c'est la journée des travailleurs à domicile[199] qui est la plus longue, puisque la rémunération aux pièces et l'absence de contrôle sur ces espaces privés incitent à travailler jusqu'à l'épuisement pour survivre. L'exemple de la mansarde pitoyable de la famille Morel, dans *Les Mystères de Paris*[200], mansarde où le sommeil semble une chose rare, illustre cet écrasement par le labeur qui oblige certaines catégories de travailleurs à consacrer leurs très courtes nuits à la seule reconstitution de la force de travail, tout en renonçant quasiment à toute existence publique. Dans les autres cas, c'est la journée de onze ou douze heures, entrecoupée de deux pauses consacrées aux repas, qui est de règle. Une ordonnance de police de 1806 définit ainsi la durée du travail dans le bâtiment : de 6 h du matin à 7 h du soir entre le 1er avril et le 30 septembre, et de 7 h du matin « au jour défaillant » le reste de l'année[201] ; deux interruptions sont prévues pour les repas, entre 9 et 10 h puis entre 14 et 15 h. Dans la monographie consacrée par Le Play au charpentier parisien, en 1856, il est encore précisé que l'homme sort de chez lui à 5 h 30 du matin en été, à 6 h 30 en hiver, et qu'il rentre le soir vers 6 h 30 – ce qui correspond à dix heures de travail effectif en été[202].

On sait qu'aucune loi ne restreint la durée quotidienne du travail des adultes en France avant le décret publié par le gouvernement provisoire le 2 mars 1848, qui fixe cette durée à dix heures à Paris et à onze heures en province[203]. Ces dispositions ne purent guère s'appliquer dans un Paris où le petit atelier, le travail à façon et le travail aux pièces étaient rois. Comme le déplore Th. H. Barrau en 1850, les ouvriers parisiens, qu'ils travaillent en chambre ou non, restent parfaitement « libres d'excéder la limite de leurs forces »[204]. Quant aux membres des petits métiers publics, aux horaires définis par la seule nécessité de gagner assez pour survivre, ils continuent à ne dépendre que d'eux-mêmes et du préfet de police. Significativement, la *Statistique de l'industrie à Paris* publiée par la Chambre de commerce en 1851, et portant sur les années 1847-1848, n'évoque pas la question des horaires de travail, mais relève simplement la durée de la morte-saison pour chaque métier, et s'inquiète surtout de la turbulence des ouvriers logés en garni[205]. La *Statistique de l'industrie à Paris* publiée en 1864, et résultant de l'enquête faite par la Chambre de commerce en 1860, se montre plus précise que la précédente quant à la durée du travail, mais c'est pour constater pragmatiquement les usages en vigueur, assez indifférents aux prescriptions légales. Dans la plupart des métiers parisiens (carriers, charpentiers, couvreurs, maçons, menuisiers, paveurs, peintres, serruriers, fondeurs, cordonniers, imprimeurs...), la journée dure douze heures vers 1860 : c'est dire que les choses n'ont guère évolué, en une génération. En général, on s'active toujours de 6 h du matin à 6 h du soir en été, et de 7 h du matin à 7 h du soir en hiver[206] – mais encore faudrait-il tenir compte du temps nécessaire au trajet séparant le domicile du lieu de travail, temps accru par le fait de l'haussmannisation.

Le temps de travail et, par conséquent, l'étendue de la liberté nocturne sont ainsi régis par l'habitude plus que par la loi. La place relativement modeste des revendications axées sur ces questions dans les conflits du travail au XIXe siècle montre que les accommodements se font selon d'autres règles que celles qui prévaudront ensuite. L'essentiel, pour les ouvriers mécontents, c'est le montant du salaire, et donc la possibilité de compenser le surmenage de certains jours par le chômage volontaire pratiqué à d'autres moments, bref de dessiner eux-mêmes l'armature temporelle de la semaine, quitte à ce qu'elle soit déséquilibrée. Sous la monarchie de Juillet, le peuple des ouvriers qualifiés, acteur des Trois Glorieuses, aspire, métier par métier, à l'amélioration de son sort. Et le recensement des grèves effectué par Jean-Pierre Aguet met en évidence quelques espérances en matière de durée journalière du travail parmi les serruriers en août 1830, les charpentiers et les scieurs de long en août-novembre 1832, les doreurs sur métaux en juin 1833, dans le bâtiment en septembre 1840, ou parmi les maçons de banlieue en juin 1843. Mais la plupart échouent faute de structuration, la question du temps de travail restant subordonnée à celle du salaire[207]. Pour la France des années 1871 à 1890, Michelle Perrot fait encore remarquer que 10 à 15 % des grèves seulement concernent la durée de la journée de travail[208]. Si ses limites habituelles obligent donc les ouvriers parisiens à consacrer plus de douze heures par jour au métier, on comprend mieux pourquoi la présence désinvolte de certains d'entre eux dans les rues « à heure indue » constitue, pour les autorités, un signe d'inconduite. Qui ne se couche pas de bonne heure et prolonge son séjour sur la voie publique après 9 h du soir s'apprête vraisemblablement à chômer le lendemain. Privé du droit au temps libre, l'ouvrier n'est à sa place dans la rue obscure que si celle-ci le conduit à l'atelier et que le jour point.

Dans ce contexte, le travail nocturne ne tarde pas à soulever quelques interrogations. Toléré par l'administration pour certaines activités auxquelles la rue nocturne est indispensable, on le considère, dans le monde des travailleurs qualifiés, comme un abus patronal, une corvée plus ou moins infamante, et dans celui des hygiénistes, comme un danger pour l'équilibre social. Soustraits à la succession normale des jours et des nuits, les ouvriers concernés sauront-ils résister à la désorganisation des rythmes habituels ? Le fait qu'ils doivent circuler dans les rues à contretemps des autres ne sera-t-il pas source de confusions et d'insécurité ? En 1840 déjà, l'enquête lancée par le journal ouvrier *L'Atelier*, dirigé par Corbon, s'arrêtait aux inconvénients éventuels du travail nocturne[209]. La propension des travailleurs nocturnes à se soutenir par l'alcool est ainsi visée.

En matière de législation du travail, les premiers à être protégés furent les plus vulnérables d'entre les ouvriers, c'est-à-dire les femmes et les enfants, ceux qui représentaient l'avenir de la nation, et qu'on ne pouvait laisser broyer par les effets de la révolution industrielle. L'attention nouvelle accordée, sous Louis-Philippe, aux facteurs de démoralisation des classes laborieuses est à l'origine de la loi du 22 mars 1841 « relative au travail des enfants employés dans les manufactures, usines et ateliers », qui ne concerne en fait que les fabriques regroupant plus de vingt ouvriers. Le temps de travail des enfants de 8 à 12 ans est limité à huit heures par jour, celui des enfants de 12 à 16 ans à douze heures ; surtout, l'article 3 interdit le travail de nuit (défini comme celui qui a lieu entre 9 h du soir et 5 h du matin) aux enfants de moins de 13 ans. Mais dans son article sur « Le Travail des enfants à Paris », publié en novembre 1844 par la *Revue des Deux-Mondes*, Léon Faucher fait remarquer que cette loi n'est guère applicable dans la capitale : « Que peuvent les règlements [...] sur ces myriades de petits ateliers qui pullulent à tous les étages, au milieu des quartiers populeux, perchés dans les mansardes ou se cachant dans les caves [...], où le travail tantôt se relâche et tantôt tend à l'excès, fait de la nuit le jour, et ne garde ni mesure ni régularité[210] ? » Pour lui, l'abus du travail nocturne ne peut mener les Parisiens les plus jeunes qu'au rejet du travail lui-même, donc les pousser vers la liberté de la rue, puis vers la prison... D'ailleurs, entre 13 et 16 ans, le travail de nuit reste souvent toléré, comme le fait remarquer Th. H. Barrau en 1850[211].

Sous le Second Empire, un « Rapport sur la situation des enfants employés dans les manufactures du département de la Seine »[212] rappelle que par autorisation spéciale, des enfants travaillent la nuit dans ces usines à feu continu dont l'activité ne peut apparemment se passer de leurs bras. Comme le prévoit la loi de 1841, deux heures de travail nocturne comptent alors pour trois ; mais on a oublié entre-temps que les enfants employés devaient avoir plus de 13 ans… Si des enfants sont ainsi couramment utilisés à d'épuisantes tâches nocturnes, c'est dire que le travail de nuit des hommes adultes, tant qu'il reste sans effet sur l'espace public, ne fait pas l'objet d'une attention suffisante. Sous Napoléon III, il apparaît toutefois aux responsables que la protection globale des travailleurs français n'est pas à la hauteur de ce qu'elle est en Angleterre. Cette réflexion est poursuivie au-delà de 1870, et mène à la loi du 19 mai 1874 « sur le travail des enfants et des filles mineures dans l'industrie », qui doit s'appliquer aussi aux simples ateliers, et renforce les dispositions de 1841. Elle interdit le travail de nuit des enfants de moins de 16 ans dans la plupart des établissements, et celui des moins de 12 ans dans les usines à feu continu. Les jeunes filles de moins de 21 ans sont, elles aussi, exclues du labeur nocturne, mais seulement dans les usines et manufactures ; en aucun cas, cette fois (même dans les usines à feu continu) des enfants de moins de 12 ans ne peuvent travailler la nuit[213]. Mais les enfants que nous avons rencontrés dans les rues nocturnes des années 1820 à 1860 sont plus des errants en rupture de famille ou d'apprentissage que des travailleurs assujettis à la machine. Les mesures législatives de 1841 et de 1874 ne sont évoquées ici que comme le signe de la tendance à vouloir assigner de plus en plus les jours du peuple au labeur et ses nuits au repos, au nom de la protection paternelle qu'on lui doit – quelques-uns de ses membres pouvant être sacrifiés, cependant, à la voracité nocturne de l'ogre industriel là où elle est impossible à refréner.

D'ailleurs, en l'absence de compensations nettes, les ouvriers eux-mêmes répugnent de plus en plus à vivre à rebours de leurs pairs, dans un Paris où, en outre, les réjouissances nocturnes de l'élite oisive s'accompagnent d'une ostentation croissante, attisant l'envie de la population laborieuse. Plus significatif peut-être que le cas limite de la main-d'œuvre enfantine est en effet, pour notre propos, celui du travail nocturne pratiqué dans la boulangerie parisienne. Dans son *Traité des maladies des artisans*, en 1822, Ph. Patissier remarque que « les boulangers ont un genre de vie opposé et contraire à celui des autres hommes, puisqu'ils travaillent la nuit et dorment le jour », ce qui expliquerait pourquoi « la plupart des garçons boulangers sont pâles, maigres et d'une faible santé »[214]. La compassion due à ces esclaves nocturnes gagne ensuite la littérature pittoresque, où le travail du garçon boulanger est désigné comme un des plus pénibles qui soient : dans son « Paris nocturne », en 1841, L. Roux inclut ces scènes où « la nuit, en longeant les trottoirs, on entend quelquefois, par des soupiraux étranges, des cris plaintifs [...], un râle profond et saccadé comme le souffle d'un taureau qui succombe », pour comprendre ensuite qu'il s'agit d'un boulanger s'épuisant à pétrir pendant que les autres dorment[215]. Ces travailleurs verraient leur espérance de vie réduite par les privations de sommeil qu'ils endurent sans trêve tout au long de l'année[216], sans parler des poussières nocives qu'ils aspirent chaque nuit[217]. L'habitude prise par les Parisiens d'avoir du pain frais tous les matins à leur lever mérite-t-elle de tels sacrifices ? En 1869, une Chambre syndicale des ouvriers boulangers de Paris se forme pour obtenir la suppression du travail de nuit, et le droit de vivre le jour, « comme tout le monde »[218]... C'est ainsi que, le 20 avril 1871, la Commune abolit le travail de nuit des ouvriers boulangers, à leur demande ; la mesure est peu réaliste, mais attire l'attention sur la pénibilité du travail nocturne (le jour et la nuit ne sont pas impunément interchangeables) et sur les inconvénients qu'il y a pour ces ouvriers, dont beaucoup habitent désormais les quartiers périphériques, à circuler dans les rues de Paris à des heures où elles sont désertes[219]. En 1872, 2 600 ouvriers boulangers parisiens signent encore une pétition réclamant le droit de ne travailler que le jour, et donc de réintégrer les rythmes majoritaires : « la nuit calme donne au corps de nouvelles forces pour le travail du lendemain », alors que la trépidation urbaine rend impossible tout véritable repos diurne[220]. Mais, victimes des habitudes alimentaires de la capitale, ils sont renvoyés à leurs nuits de labeur, conscients peut-être des équivoques de la modernité.

La conquête de la soirée et de la nuit comme temps possible du loisir à Paris dans la deuxième moitié du siècle semble donc avoir rendu plus contestable le labeur nocturne du salarié. Dans une ville où les rythmes du travail et du loisir tendent à s'uniformiser, la contrainte du labeur nocturne, qui place certains travailleurs à l'écart de la société, appelle désormais justifications et compensations, d'autant que dans le même temps s'aiguise la vigilance à l'égard des risques d'épuisement qui menaceraient la race. Tant que la Préfecture de police les laisse subsister sans trop de tracasseries, seuls les membres des petits métiers de la rue, peu organisés et accoutumés à une certaine marginalité, semblent pouvoir continuer à se contenter de ce sort obscur, synonyme pour eux d'une consolante indépendance.

Le réveil de Paris ou les consolations de l'aube

Si le travail spécifiquement nocturne est de plus en plus regardé comme une menace pour l'insertion sociale et pour la santé des populations, il n'est pourtant, dans le domaine des horaires de travail, qu'un cas extrême, non une anomalie. Sous les monarchies censitaires comme sous le Second Empire, la longueur de la journée de travail oblige la plupart des ouvriers parisiens à circuler dans les rues bien avant le lever et bien après le coucher du soleil, en particulier l'hiver. Ils se montrent à l'aube comme des êtres hybrides, un pied dans la nuit et l'autre dans le jour, au point de dissociation entre « dangereux » et « laborieux ». À mesure que le jour augmente, l'hésitation se dissipera quant à l'appartenance morale des uns et des autres. Le moment où les ouvriers apparaissent dans la rue coïncide avec celui où, pour les élites, la nuit privée est très loin d'être achevée : c'est notamment l'heure à laquelle il a coutume de se lever qui révèle la place du Parisien dans la stratification sociale. S'efforçant, en 1825, de caractériser le peuple laborieux de la capitale, L. Montigny observe donc qu'« en été, dès que le jour paraît, il est sur pied. Dans l'hiver, il devance l'aurore de trois et quatre heures ; presque toujours il travaille encore après le coucher du soleil, et souvent il n'a pas le temps de se livrer au repos »[221].

Le réveil de Paris procède dès lors du tableau pittoresque dont il ne faut pas manquer les effets successifs, mis en valeur par les premières lueurs du jour[222] comme autant d'illustrations de la subtile nomenclature sociale parisienne. Il y a là de quoi rassurer ceux qui craignaient que la ville nocturne ne sorte jamais d'un sommeil qui serait le dernier. Lorsque s'ouvrent les premières boutiques – celles des marchands de vin et des boulangers, on sait que le mouvement diurne va succéder à l'engourdissement, aux règles moins explicites du Paris des heures sombres. C'est par une suite d'étapes sonores et visuelles précises que le monde majoritaire du travail reprend peu à peu possession de Paris, balayant les derniers souvenirs de la nuit improductive des oisifs, et relayant les tâches plus isolées des « fourmis » de la rue nocturne. Si les premières manifestations de la renaissance diurne sont furtives, proches du bruissement, les bruits caractéristiques de l'aube ne tardent pas à ramener la ville à la réalité. Tôt le matin, Paris est « la ville du demi-sommeil, du demi-jour et du demi-bruit »[223]. Elle est éveillée par les cris traditionnels des petits métiers, par les sabots des balayeurs, par les ferblanteries de la laitière, par les « souliers ferrés des artisans qui claquent sur la chaussée »[224]. Bientôt, « il n'y a plus une seule rue de morte, pas un recoin d'inanimé [...]. Le vacarme avait commencé en sourdine, il en est arrivé à un crescendo infernal ; Paris a soulevé ses grandes paupières et repris son imposante voix »[225]. Le bruit des chevaux et des voitures sur le pavé couvre alors tous les autres, combiné aux signes sonores par lesquels les quartiers populaires manifestent leur vigueur laborieuse. En 1830, Auguste Luchet repère ainsi dans son *Paris, esquisses dédiées au peuple parisien* l'omniprésence de la fabrique de Paris dans les rues Saint-Denis et Saint-Martin : « un murmure de pas, de conversations, de cris divers, qui commence à 4 h du matin et ne cesse qu'à minuit »[226] ; il oppose ce réveil très matinal au calme des matins du faubourg Saint-Germain et du Marais.

La présence, dans les rues matinales, de petits marchands assurant une sorte de transition entre travailleurs de la nuit et travailleurs du jour témoigne, dans le même temps, de la continuité de l'activité parisienne. Après avoir servi maraîchers et chiffonniers, les marchands d'eau-de-vie et les « marchandes de petit noir » qui stationnent aux carrefours et sur les ponts dès 3 ou 4 h du matin reçoivent la clientèle des ouvriers levés à l'aube, à une heure où les cabarets ne sont pas encore ouverts. On rappelle en 1868 dans une publication anonyme intitulée *Voleurs et mendiants* que « Paris ayant une population nocturne, cette population doit, tout comme la population diurne, avoir ses débitants : c'est ainsi que trois marchandes de café s'installent tous les jours, dès 3 h du matin, sur le pont de la Concorde »[227]. À l'aube s'exprime, pour la population laborieuse, la nécessité de « se consoler » après une nuit d'efforts ou de prendre des forces à l'orée d'une longue journée. La clientèle de la laitière, autre témoin immanquable des réveils de Paris, se révèle plus féminine et représente davantage le monde du confort privé. Ces laitières installées sous les portes cochères débitent en effet, de 4 h à 7 h du matin environ, des mesures de lait aux soubrettes et portières du voisinage[228], sensibles à la mode du café au lait matinal. À mesure que le jour se lève, les bavardages plus ou moins bienveillants des ménagères réunies autour de la marchande sont censés s'amplifier, tandis que s'est effacée la clientèle initiale, celle des

« promeneurs fatalistes » qui à 4 h du matin, contre un sou, boivent le lait à même la mesure de fer blanc[229].

Le recours à la « réveilleuse » est un autre signe des habitudes très matinales d'une partie de la population laborieuse qui, en ville, ne peut pas toujours régler ses rythmes sur ceux de la nature et des saisons, et doit souvent devancer l'aurore. Parmi les « industries inconnues » qui grouillent dans la capitale, Privat d'Anglemont classe donc l'activité de la réveilleuse, qui passe ses nuits à parcourir Paris en tous sens pour signaler, notamment aux travailleurs de la halle, qu'il est temps de quitter leur lit[230]. Dans les années 1880, J. Barberet consigne dans *La Bohème du travail* la survie de ces pratiques à Paris : les « réveilleurs » seraient encore un millier environ, constituant une sorte de « réminiscence des anciens guetteurs de nuit qui criaient dans les rues les heures et le beau ou le mauvais temps »[231]. Levés à 2 h du matin, ils déambuleraient dans les rues munis d'un calepin portant les noms et adresses des ouvriers obligés de se lever très tôt. Le signal du réveil est convenu et lancinant : « Vous vous sentez brusquement réveillé, avant que l'aube se lève, par des coups de sifflet stridents, des sortes de miaulements de chats aigus et répétés, un éternuement violent qui semble clouer sur place l'enrhumé, des coups de fouet secs et saccadés, d'autres bruits insolites partis du milieu de la rue[232]... »

Ensuite commence dans les rues de Paris, échelonné dans le temps, l'afflux des divers groupes professionnels, dont le moment d'apparition est comme proportionné à leur position dans la hiérarchie implicite des métiers. On sait qu'une sorte de « marché » des travailleurs inemployés s'étale tous les matins à des endroits précis de la ville à partir de 5 h du matin, signe de l'irrégularité fondamentale qui caractérise l'emploi ouvrier dans le Paris du XIXe siècle. L'embauche matinale assigne donc un lieu public à chaque catégorie professionnelle : la place de Grève pour les manœuvres du bâtiment, les terrassiers et les maçons[233], la place Louvois pour les tailleurs, le Temple pour les journaliers, le pont au Change pour les serruriers[234], les quais pour les hommes de peine, les abords de la Morgue pour les scieurs de long[235], etc. C'est notamment par cette attente collective et publique des hommes en quête de salaire que la capitale renoue donc avec l'activité diurne : « Paris, d'un bout à l'autre, est comme recouvert d'un réseau de métiers dont les marchés se tiennent chaque jour de grand matin, avant que la ville soit bien éveillée, ce qui explique pourquoi le Parisien est si peu au courant de ces curieux usages[236]. »

Sur le trajet matinal des autres ouvriers, ceux qui savent déjà vers quel atelier ou vers quel chantier diriger leurs pas, la station chez le marchand de vin, motivée par le besoin de « tuer le ver », est une étape obligée. L. Montigny y voit, en 1825, la preuve de la perversion des mœurs populaires par l'environnement urbain : « À peine l'aurore aux doigts de rose a-t-elle entr'ouvert les portes de l'Orient (pour parler le langage des romanciers) que déjà les détaillants de vin et leurs pratiques sont sur pied[237]. » En 1850, l'attention à la question ouvrière s'étant aiguisée, Th. H. Barrau enjoint l'épouse du travailleur parisien de ne pas se laisser gagner par l'habitude citadine du réveil tardif et de se lever le matin en même temps que son mari, afin de lui préparer de la soupe avant son départ, ce qui lui évitera de s'arrêter en chemin pour avaler cette eau-de-vie ou ce vin blanc si nuisibles à son estomac[238]. Pour d'autres observateurs, soucieux de saisir la mentalité ouvrière de l'intérieur, tel Alfred Delvau en 1866, la coutume d'aller « tuer le ver » le matin s'intègre naturellement à la marche allègre des bandes d'ouvriers rieurs qui, le pain et les outils sous le bras, cherchent simplement dans l'alcool un moyen viril de se ragaillardir avant d'affronter douze heures de travail, sans pressentir que leur vieillesse aura à pâtir de ce réflexe quotidien[239]. Si la tradition de fréquenter le cabaret à l'aube n'a guère faibli sous le Second Empire, comme semblent l'attester les propos d'un Maxime Du Camp[240], c'est aussi que les premières heures du jour coïncident désormais pour les ouvriers parisiens, haussmannisation oblige, avec des trajets plus longs que par le passé. Il n'est pas rare qu'ils doivent marcher une ou deux heures pour atteindre l'atelier ou le chantier qui les emploie[241]. Ces longues marches crépusculaires entretiennent aussi l'image misérabiliste d'un peuple aliéné, laissé de côté par un progrès qui instrumentalise les petites gens sans les servir. Ainsi, dès la monarchie de Juillet, les habitants de Grenelle se disent-ils mécontents des heures de fermeture et d'ouverture de la barrière de la Motte-Picquet, trop dépendantes du lever et du coucher du soleil. Les ouvriers de la manufacture des tabacs du Gros-Caillou, dont beaucoup habitent Grenelle, partent tôt au travail et en reviennent tard. En 1834, le conseil municipal de Grenelle demande donc qu'on ouvre la barrière à 4 h du matin en été, à 6 h en hiver, et qu'on ne la ferme qu'à 10 h du soir tout au long de l'année. En 1838, on sollicite que la fermeture n'ait lieu qu'à minuit. Enfin, en 1844, on opte pour une solution radicale : afin de faciliter la circulation des ouvriers, la barrière restera ouverte toute la nuit[242].

Sous le Second Empire, nombre d'emplois industriels restant localisés dans les arrondissements centraux, les marges de la ville ressemblent de plus en plus à ces quartiers-dortoirs que le XXe siècle généralisera[243]. Les transitions du jour à la nuit et de la nuit au jour sont comme absorbées par la nécessité de « descendre » dans Paris le matin et d'en « remonter » le soir, ce qui revient à abandonner à d'autres le soin d'entretenir l'animation nocturne des lieux de divertissement centraux. Dès 1851, le *Guide du promeneur aux barrières et dans les environs de Paris* apprend à ses lecteurs qu'aux Batignolles, il n'y a « point de mouvement avant 10 h du soir ; jusque-là, la ville est morte et silencieuse, car la population virile, presque tout entière, a émigré le matin pour ne revenir qu'au moment du dîner »[244]. Belleville et Ménilmontant apparaissent de même, dans les années 1860, comme le « vaste réservoir [...] d'une main-d'œuvre qui chaque matin se déverse sur le Paris central »[245].

En définitive, de la Restauration au Second Empire, l'espace parisien, à la sortie de la nuit, s'ordonne heure après heure en fonction de la circulation des différents types de travailleurs[246], que les chroniqueurs se plaisent à montrer sous la forme de processions très distinctes même si en réalité, la foule est sans doute plus mêlée. Comme on le note dès 1834 dans le *Nouveau Tableau de Paris au XIXe siècle*, le matin, « des conditions en foule parcourent l'échelle infinie des temps »[247]. La scène inaugurale de *L'Assommoir* obéit à ce même ordonnancement : guettant Lantier qui a découché pour aller s'amuser sur les boulevards extérieurs, Gervaise observe, depuis la fenêtre de l'hôtel Boncœur (situé boulevard de La Chapelle, près de la barrière Poissonnière), le réveil du quartier à partir de 5 h du matin : « C'était toujours à la barrière Poissonnière qu'elle revenait, [...] s'étourdissant à voir couler, entre les deux pavillons trapus de l'octroi, le flot ininterrompu d'hommes, de bêtes, de charrettes, qui descendait des hauteurs de Montmartre et de La Chapelle. Il y avait là un piétinement de troupeau [...], un défilé sans fin d'ouvriers allant au travail, leurs outils sur le dos, leur pain sous le bras ; et la cohue s'engouffrait dans Paris où elle se noyait, continuellement. » Les premiers levés des travailleurs diurnes sont, en effet, les journaliers et hommes de peine, suivis des ouvriers du bâtiment (présents dans les rues au point du jour, puisque leur activité de plein air est largement réglée par la lumière naturelle), par les petits marchands, les commissionnaires, les porteurs d'eau, etc. Les ouvriers plus qualifiés, ceux des ateliers, commencent leur journée entre 6 et 7 h du matin[248], s'ils n'ont pas de trop long trajet à accomplir. Surgissent ensuite dans les rues les petites ouvrières ou employées[249] (fleuristes, modistes, lingères, couturières, vendeuses, blanchisseuses…), petit peuple des grisettes volontiers comparées à des abeilles[250] ou à des souris[251] ; elles peuvent croiser les bonnes, affairées à quelques courses tandis que leurs maîtres dorment encore[252]. Après 8 h se montrent les cols blancs, de plus en plus nombreux dans la deuxième moitié du siècle, et les personnes qui, dignement, « sortent pour leurs affaires »[253]. La présence de cette population respectable indique que la nuit est bien loin déjà… Après 9 h, le long cérémonial du réveil de Paris, entamé vers 4 h du matin, se referme enfin : « Il est 10 h : Paris s'éveille, les magasins sont ouverts. Quelques promeneurs longent le boulevard pour respirer l'air du matin et secouer l'endormissement du sommeil ; des commis se rendent à leurs bureaux ; des femmes d'extérieur modeste, des jeunes gens en habit du matin vont au bain ou en reviennent ; de diligents célibataires entrent dans les cafés pour déjeuner et lire leurs journaux[254]. » Après le « crépuscule du matin », temps de transition entre l'oisiveté des noctambules et le pesant labeur du pauvre, vient le matin proprement dit, où des Parisiens ignorant tout de ce qui s'est tramé ou accompli pendant leur sommeil peuvent se consacrer en toute quiétude à leur vie de rentiers ou à l'insouciance de la flânerie. La rue a escamoté ses passants les plus obscurs pour livrer sa face rassurante et active.

*
* *

En 1855, dans son *Paris la nuit*, Eugène de Mirecourt ose un « saut dans l'avenir »[255] : c'est dans un Paris en éveil permanent qu'il se projette ; rien ne cesse plus avec la nuit, magasins et fabriques sont continuellement en activité. On a simplement organisé une sorte de grand balancement : la moitié de la population parisienne se repose pendant la nuit, tandis que l'autre reste sur pied. Grâce à cette alternance, l'homme a consommé une victoire définitive sur la nature. Ayant enfin conquis la nuit comme un temps utile, l'ayant banalisée et pour ainsi dire rendue à la vie, il ne lui reste plus qu'à se rendre lui-même immortel…

N'est-ce pas, d'ailleurs, à la sujétion des menaces de mort par le principe de vie que travaillent les autorités parisiennes du XIXe siècle, en cherchant à réorganiser les activités et les flux quotidiens de la rue nocturne ? Si Paris est un corps, il convient de ne pas le laisser submerger par les risques d'étouffement, et de ne pas abandonner sa respiration nocturne au parasitisme populaire. Heureusement, la nuit malsaine de la ville peut être purgée puis régénérée par la proximité de la campagne, comme le veut la dialectique hugolienne : « Ces tas d'ordures du coin des bornes, ces tombereaux de boue cahotés la nuit dans les rues, ces affreux tonneaux de la voirie, ces fétides écoulements de fange souterraine que le pavé vous cache [...]. C'est de la prairie en fleur, c'est de l'herbe verte, [...] c'est le mugissement satisfait des grands bœufs le soir, c'est du foin parfumé, c'est du blé doré, c'est du pain sur votre table, c'est du sang chaud dans vos veines, c'est de la santé, c'est de la joie, c'est de la vie. Ainsi le veut cette création mystérieuse sur la terre et la transfiguration dans le ciel[256]. »

Dans le Paris du XIXe siècle, le cycle par lequel le déchet quitte puis réintègre la vie de la grande ville adhère étroitement à celui qui transforme la nuit en jour. Une boucle semble bouclée, en effet, lorsque les maraîchers qui étaient arrivés vers minuit pour approvisionner les Halles centrales repartent à l'aube en emportant les boues urbaines qui serviront de fumier à leurs cultures[257] : Du Camp constate avec satisfaction que chaque matin, « Paris rend en engrais ce qu'il reçoit en nourriture »[258]. Rien ne peut apparemment compromettre cet équilibre vital, dont les responsables parisiens s'attachent toutefois à mieux canaliser les manifestations, afin que la nuit devienne pleinement bénéfique à la ville. La rénovation haussmannienne a partiellement discrédité la contribution traditionnelle des petits métiers à l'équilibre organique de la cité. Le Second Empire a, il est vrai, appliqué aux fonctions vitales de la grande ville des exigences croissantes de discrétion, d'efficacité et de propreté, et la nuit parisienne s'est naturellement trouvée au centre de cette bataille pour une ville plus commode, plus belle et plus saine.

4.
Contrôles

L'espace nocturne est, au XIXe siècle, le théâtre d'un face-à-face, d'une tension entre l'exigence croissante de l'ordre et l'obstination des dérèglements populaires, confrontation que l'activité diurne ne met pas en évidence avec autant de crudité, puisque tout y est comme noyé dans le va-et-vient des Parisiens affairés. Quand certains quartiers se trouvent désertés par les passants ordinaires, les certitudes sensorielles se brouillent et avec elles les identités sociales, les signes de reconnaissance ou les codes de comportement. Toute présence devient suspecte aux yeux des forces de l'ordre, l'ouvrier honnête ne pouvant, en toute logique, se permettre de veiller. La nuit exacerbe donc les dangers réels ou imaginaires de la grande ville, semblant ressusciter, dans le Paris moderne, les frissons du Paris médiéval.

Les autorités œuvrent à la soumission de cette terre étrangère et de ses indociles peuplades. La voie publique nocturne appelle un quadrillage plus ferme que celle du jour car il importe, sous la pression d'une opinion publique plus exigeante en la matière, de réduire la licence produite par l'ombre comme par la rareté des promeneurs. Le temps de nuit est donc usuellement envisagé comme un temps de crise. On lui applique, du moins avant les années 1850, les méthodes de repérage et de balisage que l'on peut appliquer à un territoire ennemi en temps de guerre. Si le pouvoir ne peut explicitement empêcher la circulation nocturne, comme en période du couvre-feu, les nuits parisiennes du premier XIXe siècle résonnent tout de même du pas martial des patrouilles, entrecoupé des cris de « Qui vive ? », de « Qui va là ? » ou de « À la garde ! ». Du soir au matin se jouerait, quotidiennement renouvelé, un grand combat entre les forces qui contiennent la ville dans une fragile bienséance et celles qui risquent de la corrompre. On ne sait guère d'où vient la menace, et c'est pourquoi on l'imagine omniprésente à chaque crépuscule. Les pouvoirs publics ne peuvent prétendre tenir les jours de la capitale s'ils ne tiennent aussi ses nuits, dont le statut de zone franche fait figure d'archaïsme. En améliorant la sécurité du Paris de la nuit, il s'agit aussi d'accompagner le mouvement d'intensification des plaisirs du soir que nous avons pu observer parmi les plus riches.

On ne peut, toutefois, examiner les moyens, les objectifs et les effets de la vigilance nocturne sans décrire au moins partiellement le dispositif diurne dont elle prend le relais. Le degré de « dangerosité » attribué au Paris nocturne se mesure notamment en constatant comment le système de garde est réaménagé entre le crépuscule du soir et celui du matin. Mais l'histoire de la police et du maintien de l'ordre ne jouit pas en France, à quelques exceptions près[1], de la même faveur que dans les pays anglo-saxons. On l'envisage essentiellement sous l'angle de la répression politique[2], à moins que l'on ne s'intéresse, en aval, à l'évolution de la rigueur pénale ou à la configuration du monde carcéral, à la suite de Michel Foucault. Les historiens de la période moderne, exploitant les archives policières et judiciaires, se sont montrés plus attentifs que les spécialistes du XIXe siècle à l'ordinaire de la rue. Dépasser la sécheresse et l'abstraction de l'organigramme de surveillance pour atteindre la réalité des pratiques et des situations n'est, il est vrai, pas une entreprise aisée. Cependant, malgré les pertes de 1871, ce qui relève de l'ascendant (au moins théorique) de la Préfecture de police sur l'espace parisien a bénéficié d'un enregistrement assez systématique pour alimenter l'enquête historique. Il est également permis de penser que les critères de normalité assignés à cette double promesse de liberté que forment, associées l'une à l'autre, la rue et la nuit, en disent long sur les modalités du contrôle social à l'œuvre dans le Paris du XIXe siècle.

Il importe de montrer comment le réseau approximatif des patrouilles militaires et des rondes de sûreté organisées sous les monarchies censitaires cède la place, avec le Second Empire, à une surveillance nocturne homogénéisée, mieux codifiée, et moins radicalement différente que sous les régimes précédents de celle qui s'exerce sur la ville pendant le jour. C'est peut-être le signe que la nuit a perdu, entre-temps, de son « extraterritorialité », et peut être balisée au même titre que le jour. Mais si le personnel actif affecté par la Préfecture de police à la surveillance des rues (commissaires, officiers de paix, inspecteurs...) ne compte, sous la Restauration, que deux à trois cents hommes pour une population de 700 000 habitants, le recours à la garde nationale, aux troupes de ligne ou à la gendarmerie royale de Paris peut permettre de décupler ces effectifs théoriques[3]. Les critères quantitatifs ne sont, de toute façon, pas suffisants. Par ailleurs, il n'entre évidemment pas dans notre intention d'explorer les rouages administratifs de la Préfecture de police[4], mais simplement de souligner que l'institution est au centre du système de garde nocturne de la capitale comme un œil immense qui surplombe la ville le jour comme la nuit. De là partent les impulsions. C'est là aussi (au dépôt) qu'échouent, avant qu'ils ne passent en justice, les individus arrêtés au cours de l'épuration nocturne et qu'aboutissent, sous la forme de rapports divers, toutes les observations recueillies au cours de la nuit. Pierre Zaccone dit en 1876 de la Préfecture de police que « c'est là que chaque jour la police amène les malfaiteurs qu'elle a cueillis dans la journée ou au cours de la nuit », après avoir « promené sa drague dans les bas-fonds sociaux »[5]. Attentive aux moindres tressaillements de la grande ville, la Préfecture de police organise son action autour d'un idéal d'observation et d'écoute généralisées, et aspire à approfondir son infiltration dans les entrailles nocturnes de la cité. On montre volontiers le préfet de police paternel et omniscient, sillonnant la ville à cheval pendant le jour, veillant tard dans la nuit à son bureau, puis se levant aux aurores afin de prendre connaissance des informations qui affluent vers lui au petit matin.

Puisque le préfet de police est dépendant du pouvoir central, et que son action est conditionnée par le statut de capitale qui est celui de Paris, les hommes valsent avec les ministères, tandis que la police politique l'emporte souvent sur celle de la voie publique[6]. Il est vrai que, dans les milieux dirigeants, les sources du désordre sont confondues en une même peur sociale des émeutiers et des criminels, tous « scélérats » ou « misérables », tous sortis de l'ombre comme d'une tanière. Le resserrement progressif du maillage nocturne à partir de la monarchie de Juillet est assez évident, et possède sans doute des liens souterrains avec ce que le peuple a montré de lui-même en 1830, 1831, 1832 ou 1834. Et si, en 1859, les attributions de sûreté du préfet de police se renforcent, tandis qu'une partie de ses attributions administratives est transférée au préfet de la Seine, c'est apparemment que la distinction des « laborieux » et des « dangereux » est suffisamment avancée pour qu'une meilleure spécialisation des tâches soit possible et que la gestion édilitaire se dégage quelque peu des impératifs policiers. À Haussmann désormais de montrer que la ville du grand jour ou des lumières factices, le Paris rasséréné des embellissements et de la réjouissance unanime l'emporte sur la noirceur confuse du premier XIXe siècle[7].

Coordonnée par la Préfecture de police et traversée par un rêve d'omniprésence, la vigilance nocturne obéit tout de même, de 1815 à 1870, à des procédés et à des objectifs hétéroclites, dont il faut établir la part respective. Visible ou invisible, elle repose tour à tour sur l'exploration ou sur le flagrant délit, sur la prévention ou sur la répression. Elle est inspirée par une attitude globale de défiance *a priori* vis-à-vis des individus rencontrés dans la rue, soumis à un procès d'intention systématique, et auxquels il revient donc de justifier leur déambulation tardive. Dans les rapports, la récurrence de la formule « rencontré dans les rues à heure indue » semble parler d'elle-même. Pour réduire l'imprévisible, on tend ainsi à traiter les événements de la nuit comme s'ils constituaient une aggravation de ceux du jour, en les distribuant dans les « cases » du tableau tout prêt où l'on a prévu ce qui est susceptible d'arriver dans les rues d'une grande ville. Hugo ne dit pas autre chose du regard posé par Javert sur la complexité urbaine : « Les incidents habituels de la voie publique étaient classés catégoriquement, ce qui est le commencement de la prévoyance et de la surveillance, et chaque éventualité avait son compartiment ; les faits possibles étaient en quelque sorte dans des tiroirs d'où ils sortaient, selon l'occasion, en quantités variables ; il y avait, dans la rue, du tapage, de l'émeute, du carnaval, de l'enterrement[8]. »

La nuit, le besoin de s'insinuer, de classer et de désigner s'avive encore, puisque se joue, dans la réponse au défi lancé par l'obscurité, la maîtrise par la Préfecture de police de chaque recoin de l'espace, mais aussi de chaque parcelle du temps urbains. On peut deviner, notamment à travers les instructions données aux soldats en patrouille nocturne avant 1848, le rêve d'une rue déserte, livrée seulement au pas cadencé de gardes chargés de protéger le sommeil des honnêtes gens contre les agissements d'une minorité malveillante. Si la principale hantise diurne est celle de l'attroupement, les peurs de la nuit se cristallisent plutôt autour du cheminement furtif d'individus ou de petits groupes qu'on imagine conspirant à mille scélératesses. Le danger réside moins, alors, dans le coup de sang populaire que dans les agissements subreptices, le guet-apens prémédité. Car les autorités paraissent convaincues de la duplicité foncière des usagers de la rue nocturne : dès lors, c'est à faire tomber les masques que doit s'attacher la force publique. Les pages qui suivent semblent devoir retracer la confrontation globale de l'idéal de la sentinelle toujours en éveil ou du chasseur nocturne à l'affût de la trace avec l'illisibilité de la ville nocturne. Ainsi faut-il ne préjuger de rien et considérer les propos tenus par Armand Durantin en 1843 comme un élan d'optimisme plutôt que comme un constat irréfutable : « Invisible réseau, géant aux mille bras, aux mille oreilles ; fantôme à la marche ténébreuse, la police est là qui, nuit et jour, veille sur la cité. Pour elle, jamais de repos, jamais de nuit. [...] Il faut qu'elle nous protège et soit à chaque instant prête à crier à ses agents, comme les hommes d'armes du Moyen Âge : "Sentinelles, veillez-vous ?" » Et de même que le souvenir du temps des lanternes et des falots resurgit souvent dans le Paris du XIXe siècle, de même l'époque du guet et des mouches sert-elle fréquemment de référence – ou de repoussoir.

Au Moyen Âge[10], deux corps distincts veillent sur les nuits de Paris : le guet bourgeois (ou « guet assis »), effectué à des postes fixes, et le guet royal, employant des archers soldés, chargés de la surveillance mobile des rues[11]. La vigilance nocturne mobilise donc les solidarités « autodéfensives » du voisinage et des métiers plus que de véritables professionnels[12]. Devant la répugnance des Parisiens à sacrifier leur sommeil[13], le guet bourgeois est toutefois supprimé en 1563 : une taxe compensatrice doit assurer l'augmentation des effectifs du guet royal, qui compte désormais deux cent quarante archers. L'idée que c'est à des gardiens rémunérés que les bourgeois parisiens doivent confier la tranquillité de leurs nuits progresse donc. Cela ne préjuge pas, d'ailleurs, de la qualité de cette protection : acteur douteux d'une nuit peu humanisée, le guet royal est réputé tout à la fois pour sa couardise et pour sa turbulence[14]. Après le couvre-feu, tous les Parisiens respectables doivent, de toute façon, avoir réintégré leur logis, tandis que nombre de rues sont protégées par les chaînes tendues à la fin du jour.

Au XVIIe siècle, le service de surveillance nocturne est toujours assumé par le guet soldé[15]. Mais en 1666, en même temps que l'on généralise l'éclairage public[16], on lui adjoint une quarantaine de cavaliers chargés de procéder à des rondes de nuit : c'est l'ébauche de la future garde de Paris, créée en 1765. Dans la deuxième moitié du XVIIIe siècle, le lieutenant général de police ne dispose en théorie que d'un peu plus de mille hommes pour veiller à la sécurité nocturne : le guet comporte cent trente-neuf hommes (dont trente-neuf à cheval), et la garde de Paris en emploie neuf cents[17]. Le réseau de surveillance est indéniablement moins dense qu'au siècle suivant, mais la vie nocturne est également moins développée. En 1771, la nouvelle garde de Paris absorbe l'ancienne compagnie du Guet, même si les Parisiens continuent jusqu'à la Révolution à utiliser le terme de « guet » pour désigner la Garde[18], qu'ils confondent souvent aussi avec la troupe[19]. À la veille de la Révolution, la garde de Paris réorganisée comprend 265 cavaliers et 1 190 hommes d'infanterie[20]. Et s'il n'existait, dans le Paris de la fin du XVIIe siècle, que seize corps de garde permanents, on en compte une quarantaine dans la deuxième moitié du XVIIIe siècle[21], sans compter les quatorze postes de surveillance établis le long de la Seine en 1736[22]. Chaque poste tenu par la Garde de Paris est occupé, la nuit, par une escouade de douze hommes : ils se relaient par moitié pour accomplir des rondes de deux heures dans le quartier[23] ; le dispositif est complété par des patrouilles montées de cinq hommes chacune[24]. Les modalités de leur vigilance ne sont guère différentes de ce qui sera exigé de leurs héritiers du premier XIXe siècle (membres de la gendarmerie royale de Paris puis de la garde municipale de Paris).

Dans le Paris nocturne du XVIIIe siècle, la fonction de « guetteurs » dévolue aux membres de la garde de Paris se double, cependant, d'un système de rondes et d'explorations policières destinées à opérer une véritable investigation parmi les classes considérées comme dangereuses – alors que le quotidien de la Garde consiste surtout à lutter contre les débordements ou délits mineurs dont les rues sont souvent le cadre (libertinage, rixes, vagabondage ou tapage). Les sentinelles de nuit sont désormais assistées par des chasseurs… Le commissaire au Châtelet Jean-Baptiste Le Maire mentionne des rondes nocturnes accomplies par des inspecteurs de la sûreté[25] deux fois par semaine en hiver et une fois par semaine en été, entre 10 h du soir et 3 h du matin. Accompagné de quinze à vingt hommes en civil, qui marchent éloignés les uns des autres pour ne pas attirer l'attention, chaque inspecteur procède à une visite des cabarets et garnis mal famés, où les suspects sont raflés. La nuit permet, il est vrai, des arrestations plus discrètes que le jour, car les forces de l'ordre y sont davantage à l'abri d'une intervention populaire[26]. Recueillant les notations de l'inspecteur Poussot, chargé de l'épuration périodique du quartier des Halles de 1738 à 1754, Arlette

Farge mesure l'espoir nouveau d'assainissement qui sous-tend cette traque nocturne des filous et des libertins : « L'inspecteur peut rentrer partout, interrompre le sommeil des gens, surprendre les amours et les liaisons, demander à chacun le pourquoi de ses activités. Sciemment, il attend les heures sombres, pour harceler ses proies, sûr que le temps et l'obscurité lui donneront raison. [...] Point ici de voleurs arrêtés à la clameur publique [...]. Bien plutôt, une foule de gens souvent connus par la police, recherchés par elle, qui lui ont été indiqués soit par des mouches très besogneuses, soit par les autorités supérieures. Il ne reste qu'à les cueillir, après la tombée du jour, dans des lieux prohibés, comme les assemblées de jeux ou les cabarets n'ayant pas encore tiré leurs volets, et dans les lieux du sommeil[27]. » Cet effort d'épuration repose sur le développement d'un réseau de mouches et de « sous-mouches »[28]. La nuit parisienne conjugue, dès la fin du XVIIIe siècle, le mystère du crime et celui de son dévoilement, depuis qu'on y guette clandestinement ces secrets de la ville qui affleurent dans le noir.

Une passerelle peut être jetée, par-delà la tourmente révolutionnaire et la normalisation impériale, vers le système de surveillance nocturne du Paris de la Restauration. Sa dette à l'égard des pratiques d'Ancien Régime est évidente, puisqu'il est fondé sur la juxtaposition d'une police de sûreté qui se faufile dans la nuit afin d'y piéger des proies précises, et d'une garde d'apparence et de statut « paramilitaires », dont le réseau des patrouilles et des postes doit assurer le calme ordinaire de la rue. En période de paix extérieure et de relative stabilité intérieure, les efforts des honnêtes gens sont censés converger, dans la capitale, vers le maintien de la tranquillité des jours. Mais cet idéal est-il extensible au pan nocturne de la vie parisienne, où paraît stagner tout ce que l'afflux migratoire post-révolutionnaire amène avec lui de pathologie sociale ? Ou faut-il se résigner à céder la nuit aux sauvages pour ne pas être trop importuné par eux pendant le jour ? Nous sommes amenée à séparer ici l'étude du dispositif théorique de maintien de l'ordre nocturne et les secousses par lesquelles la vie le déborde ; mais le réajustement constant de ce dispositif aux fluctuations de la déviance nocturne et du sentiment d'insécurité doit rester présent à l'esprit.

« Tout est délit à leurs yeux[29] » La police nocturne sous la Restauration et la monarchie de Juillet

La nuit pose donc de manière aiguë la question de l'interprétation des signes : le policier n'a plus affaire à des citoyens, mais à des silhouettes suspectes. Pour explorer l'ombre, tous les moyens lui sont apparemment permis : la nuit protège aisément la filature, l'infiltration, la rafle, la brutalité répressive, bref tous ces comportements qui peuvent contrevenir aux libertés fondamentales, tandis que manquent les témoins pour s'y opposer[30]. Si les patrouilles militaires sont chargées de la pacification banale de la rue, et presque destinées à empêcher que Paris ne soit pendant la nuit « livré au pillage et au meurtre, comme au XIVe siècle »[31], l'investigation policière, plus énigmatique, ne répond pas exactement aux mêmes préoccupations[32]. Dans la première moitié du siècle, et en particulier sous la Restauration, c'est en effet la police « inostensible » qui passe pour la plus active, et la complicité naturelle de ces pratiques avec la nuit n'a pas besoin d'être trop soulignée. Vêtus en bourgeois, espions, mouchards, observateurs et indicateurs divers[33] se fondent volontiers dans l'ombre pour la combattre de l'intérieur, comme si l'on ne pouvait combattre le mal que par le mal. Cette police secrète conspire à démanteler la conspiration, et trouve dans la nuit un terrain d'exercice idéal pour le ressentiment contre-révolutionnaire comme pour l'instinct policier de la traque. Mais à qui peut-on s'en remettre, dès lors que la police elle-même procède des ténèbres[34] ? Si la véritable police est celle que l'on ne peut voir, l'atmosphère nocturne du Paris d'avant 1848 doit revêtir quelque chose d'insondable, seul un œil exercé pouvant y distinguer les bons des méchants.

Particulièrement affirmée au cours du premier XIXe siècle, cette tendance ne fait que révéler, en l'exagérant, la nature profonde du regard policier, interprété par Michel Foucault dans *Surveiller et punir* comme l'une des expressions de l'ambition panoptique : la police cherche à exercer « une surveillance permanente, exhaustive, omniprésente, capable de tout rendre visible, mais à la condition de se rendre elle-même invisible. Elle doit être comme un regard sans visage qui transforme tout le corps social en champ de perception »[35]. Le jeu de cache-cache entre ceux qui voient et ceux qui sont vus tourne souvent, jusqu'aux années 1840, à l'avantage de délinquants qui savent user de la ville nocturne comme d'une sorte d'immense labyrinthe. Ensuite, les forces de l'ordre comptent de plus en plus sur la dissuasion visuelle exercée par l'uniforme et par leur présence ostensible dans l'espace nocturne pour rassurer l'opinion quant à la capacité du régime à protéger les biens et les personnes par des moyens plus francs que par le passé.

La police municipale et la sûreté entre nuit et jour

Commençons par dessiner l'organisation globale de la police municipale parisienne dans la première moitié du siècle, avant de constater comment elle s'ajuste à la nuit. La police municipale constitue la part ostensible de la surveillance quotidienne exercée sur la capitale, et la présence de ses membres dans les rues devient donc familière aux Parisiens[36]. Sous la Restauration, elle comprend une vingtaine d'officiers de paix[37], quarante-huit commissaires de quartier, une centaine d'inspecteurs (tous en civil) et, à partir de l'ordonnance du 12 mars 1829, une centaine de sergents de ville, en uniforme ceux-là. Leur service dure théoriquement de 5 h du matin à minuit en été, et de 7 h du matin à minuit en hiver[38] ; jusqu'aux années 1820, la surveillance est confiée, après minuit, aux rondes de la sûreté et aux patrouilles militaires[39], dont l'association est censée combiner investigation et dissuasion, répression et prévention.

Pour leur part, les commissaires de police n'offrent guère aux Parisiens dans l'embarras qu'un recours diurne. On prétend qu'ils s'impliquent de moins en moins dans la vie de la rue, absorbés qu'ils sont par des tâches administratives qui les retiennent longuement à leur bureau. Pour Jean-Marc Berlière, le fait que les bureaux des commissaires soient fermés pendant la nuit prouve qu'ils sont occupés par « des hommes de plume et de cabinet »[40] plus que par de réels pacificateurs de la voie publique. Les locaux sont signalés à l'extérieur par une lanterne rouge : l'arrêté préfectoral du 30 novembre 1836 ordonne de placer sur ces lanternes une inscription précisant la nature des lieux, afin que ces lumières secourables puissent être identifiées de plus loin[41]. À partir de la fin de la Restauration se manifeste, cependant, le mécontentement des préfets de police successifs à l'égard des commissaires, en direction desquels se multiplient les circulaires comminatoires. Leur assiduité et leur disponibilité sont en cause : les horaires d'ouverture des commissariats sont en fait peu adaptés à l'essor de la circulation vespérale et nocturne des Parisiens.

Face à la réitération des doléances émanant de personnes ayant trouvé porte close dès la fin de l'après-midi, Debelleyme prend un arrêté le 14 mars 1829[42] : il prévoit que les bureaux des commissaires de police devront être ouverts de 8 h du matin à 10 h du soir[43], « et à toute heure pour affaire grave et urgente ». L'article 5 de cet arrêté indique également que « les commissaires de police feront au moins une fois par semaine une ronde municipale (de 10 à 11 h du soir). Ils visiteront les postes, les Maisons publiques, les lieux signalés comme devant être l'objet d'une surveillance spéciale » : on attend du commissaire qu'il s'implique davantage dans la coordination de la surveillance nocturne, coordination assurée à l'échelle de l'arrondissement plus qu'à celle du quartier, ce qui peut nuire à l'acuité de l'observation. On en demande donc de plus en plus aux commissaires, sans leur donner peut-être les moyens correspondants : il leur faut à la fois connaître leur quartier jusque dans ses nuits, y faire acte de présence régulière, servir de conciliateurs lors des conflits mineurs de la vie quotidienne, et assumer des obligations administratives croissantes. Dans une grande ville où les événements heureux ou malheureux n'ont plus de trêve, il importe sans doute d'accélérer les mécanismes de la poursuite des crimes et délits, le mouvement de translation du policier au judiciaire – alors qu'habituellement l'obscurité interrompt brusquement la procédure pour renvoyer les affaires de la nuit au lendemain matin. Dès les débuts de la monarchie de Juillet, les remontrances reprennent pourtant[44], sans parler des litiges relatifs au système confus de l'alternat[45], qui oblige les Parisiens, dans la soirée ou le dimanche, à courir d'un quartier à l'autre afin de trouver un commissariat ouvert.

Tout cela contribue à faire de la nuit le temps de la pure capture des suspects, sans que l'on puisse statuer sur leur sort avant le retour du jour. Le coup de filet nocturne est comme donné au hasard au sein d'un peuple de la nuit intégralement soupçonnable. L'arrestation arbitraire semble monnaie courante : la nuit portant conseil, il sera bien temps d'opérer, au matin, un tri entre les inoffensifs et les autres. Dans l'obscurité, on se contente de parer au plus pressé, de mettre en application une sorte de couvre-feu insidieux et souvent socialement discriminatoire… Le commissaire de police, autorité morale dans un quartier dont il est censé bien connaître les mœurs et les habitants, ne montre donc guère sa silhouette rassurante dans la nuit, à quelques rondes ponctuelles près, qui ressemblent plus à des coups de sonde dans l'état moral de la population qu'à la régulation nuit après nuit de son existence[46]. La nuit, un maintien de l'ordre plus fruste, et souvent plus brutal, est assuré par des soldats inégalement familiers de la vie parisienne. Sous la Restauration, au règne supposé de la sauvagerie nocturne répondent, en manière d'expédients, des méthodes presque guerrières de contrôle, comme si le Paris de l'ombre était constamment travaillé par l'insurrection à venir. Sans doute provoquée par l'excès de ses obligations diurnes, la dérobade nocturne du commissaire de police inspire en tous les cas les plaintes de certains habitants, comme dans la venimeuse *Biographie des commissaires de police et des officiers de paix de la Ville de Paris* proposée par Guyon en 1826. Dessinant le portrait du commissaire Monestier, chargé du quartier des Champs-Élysées, l'auteur blâme sa désinvolture, dans une partie de Paris où à cette date, l'insécurité le dispute à l'immoralité : « Il traite ses administrés comme des âmes bienheureuses, et qui habitent un séjour de paix et de jouissance. Il serait pourtant bon que M. Monestier, mettant un peu de côté sa mythologie, s'occupât davantage de la police de son arrondissement, surtout la nuit, et qu'il dirigeât principalement sa surveillance du côté des Champs-Élysées, où l'on dévalise assez souvent les passants, et où s'établissent, avec une impudeur sans exemple, les disciples de Sodôme[47]. »

On est tenté de penser que jusqu'aux dernières années de la Restauration, police de nuit et police secrète sont souvent synonymes, sans trop savoir si l'incertitude qui caractérise les méthodes de la surveillance nocturne sous les Bourbons provient d'une déficience des sources, ou d'une volonté politique de masquer le caractère brutal ou maladroit de la répression. La vocation inostensible de la brigade de sûreté[48] dirigée par Vidocq depuis 1811, clé de voûte de la police nocturne jusqu'aux années 1820, laisse à penser qu'au propre comme au figuré, la sûreté relève de l'ombre. La mission spécifique de cette brigade, c'est en effet l'inquisition et l'infiltration au sein de ces milieux criminels dont la nuit favorise les desseins. Il ne s'agit pas, comme pour les soldats, de patrouiller au petit bonheur la chance, de prendre possession de la rue selon un rythme et un parcours prédéfinis, mais de localiser ceux dont on sait déjà qu'ils sont coupables d'un méfait[49] ou dont on pressent qu'ils en méditent un. En l'absence de casier judiciaire[50], on s'efforce de connaître les classes dangereuses de l'intérieur, et le forçat en rupture de ban constitue, dès lors, la proie idéale des enquêtes nocturnes de la sûreté. Ces agents, peu nombreux[51] mais aguerris, ne répugnent pas à se déguiser pour se faufiler dans les repaires des criminels et se faire passer pour des habitués. Ils y parviennent d'autant mieux que Vidocq s'est entouré, comme on le sait, d'anciens bagnards, employés au décryptage d'une criminalité qui n'est pas encore analysée comme une plaie sociale liée à la crise urbaine, mais comme le produit d'un monde délinquant circonscrit, d'individus asociaux dont il suffit de connaître les stratagèmes pour les réduire à l'impuissance. Les hommes de « la Rousse » sont donc, sous la Restauration, des êtres doubles[52], ressortissant à la fois à l'ordre et au désordre, ou plutôt usant du second au profit supposé du premier.

Qu'en est-il des fonctions exactes de la brigade de sûreté après le coucher du soleil ? Les silences des sources enfoncent un peu plus dans la nuit les pratiques concrètes de cette brigade. Il faut donc s'en tenir aux prescriptions théoriques. Le 1er novembre 1816, une note de la Préfecture de police indique que « cette brigade composée de douze hommes marchera par quatre escouades, chaque nuit il y en aura une qui fera patrouille jusqu'au jour, et elle surveillera toujours plus particulièrement les lieux connus pour être les rendez-vous [...] des malfaiteurs qui rôdent la nuit pour commettre des crimes »[53]. Pour employer aussi peu d'agents à l'exploration nocturne des bas-fonds parisiens, les responsables doivent les considérer comme déjà délimités. Au début de la Restauration, le désordre, contenu par les patrouilles militaires, requiert peut-être davantage d'attention et d'effectifs que le crime, socialement et spatialement plus localisé. La mission de purgation assignée au service de sûreté est précisée dans la circulaire adressée par Mangin aux commissaires de police et aux maires des communes du ressort de la Préfecture le 16 septembre 1829 : « Nous allons bientôt entrer dans la saison où, favorisés par la longueur et l'inclémence des nuits, les crimes et les délits deviennent plus multipliés, leurs caractères plus alarmants. [...] Éloigner de la capitale les individus étrangers à ses murs, qui n'y ont aucun moyen assuré d'existence, purger son enceinte et ses campagnes des repris de justice qui ne sont pas autorisés à y résider [...] sont des moyens de sûreté que le succès a toujours justifiés[54]. » L'obscurité fournit aux agents de la sûreté le voile qui convient à leurs ténébreuses méthodes d'investigation, comme le relève encore Armand Durantin en 1843 dans *Les Français peints par eux-mêmes*, à une époque où dans la police, les agents en civil n'ont plus, toutefois, le monopole de la vigilance nocturne : « Chaque nuit la brigade de sûreté fournit à la Préfecture son contingent pour surveiller les rues. Vous les voyez, après minuit, se glisser dans les ténèbres, marchant à pas de loup, sans bruit, comme des démons, enveloppés dans une redingote grise, jamais plus de six, sous les ordres d'un chef, et se précipitant au moindre cri pour protéger les citoyens. [...] Il y a quelques années ces rondes de nuit, la bande grise, étaient armées de couteaux-poignards ; on les a supprimées depuis[55]. »

Dans le flou d'une nuit encore mal dominée, jusque dans les années 1820, il arrive que les délinquants interceptés par les patrouilles militaires usent d'un moyen de défense tout à fait révélateur de la confusion ambiante. Offusqués, ils prétendent être des agents de la sûreté chargés d'une mission secrète ; privés de moyens de vérification par la nuit, les gardes hésitent souvent quant à l'attitude à adopter face à ces récriminations. Le 19 août 1816, on peut relever l'épisode suivant dans un rapport de la garde nationale : « Vingt-cinq individus, se disant agents de police, ont été rencontrés, de minuit à 1 h du matin, par une patrouille sortie du poste : plusieurs d'entre eux ont ouvert leur redingote sous laquelle on a aperçu un ruban blanc semé de fleurs de lys, marque distinctive des agents de police[56]. » Dans la nuit du 11 au 12 octobre 1824 encore, on apprend qu'« une patrouille sortie du poste a arrêté un jeune homme qui maltraitait deux filles publiques. Cet individu, qui a dit être attaché à la brigade de Vidocq, mais n'a pu en donner des preuves, a été déposé au poste de l'Hôtel-de-Ville »[57]. La noirceur attachée, dans la tradition de Fouché et de Vidocq, aux tactiques policières nocturnes sous la Restauration illustre parfaitement, aux yeux des libéraux, la nature archaïque et despotique d'un régime qui ne subsiste qu'au moyen d'expédients, et dissimule la persécution politique derrière les prétendues nécessités de la sûreté publique. La tendance du préfet congréganiste Delavau à consacrer l'essentiel des crédits à la police secrète et politique, au mépris des besoins réels de la police municipale, semble administrer la preuve de cette dérive autoritaire.

À la fin de la Restauration, c'est en fait la circulation nocturne des « patrouilles grises », auxquelles collabore éventuellement la sûreté, qui résume tout ce que la police de nuit a d'indiscernable. Le *Grand Dictionnaire universel du XIXe siècle* de Pierre Larousse se souvient, bien après leur disparition, de ces « agents de police vêtus en bourgeois, qui marchaient à une certaine distance les uns des autres, à petit bruit et le long des maisons, afin de surprendre les malfaiteurs »[58]. Initialement, il s'agissait de mesures temporaires, destinées à apaiser les craintes suscitées par les longues nuits d'hiver. C'est ce qu'illustre la circulaire envoyée le 22 brumaire an X par le préfet aux commissaires de police parisiens : « Les patrouilles grises peuvent seules prévenir et empêcher les délits nocturnes, il faut donc les mettre en usage dès à présent, et les continuer jusqu'à la fin de l'hiver. Ces patrouilles seront, chaque nuit, au nombre de douze. Elles commenceront à 11 h précises du soir jusqu'à 4 h 30 du matin[59]. Elles se feront par arrondissement municipal et seront composées de l'un des quatre commissaires de police de chaque arrondissement, d'un officier de paix, de deux ou trois inspecteurs et de six ou sept hommes de la force armée qui suivront de loin, munis seulement de leur baïonnette et sans marcher ensemble[60]. » Un arrêté du préfet de police du 23 brumaire an XII mentionne des dispositions légèrement différentes, ce qui montre que la procédure n'est pas encore institutionnalisée : chaque nuit, dans chaque arrondissement, une « patrouille grise » composée d'un commissaire de police ou d'un officier de paix, accompagnés de quatre inspecteurs, parcourera les rues de 11 h du soir à 3 h du matin ; lui succéderont de 3 h du matin « au grand jour » des patrouilles de sûreté[61], plus adaptées sans doute aux obstacles de la nuit avancée. Le 23 novembre 1825, face au retour des périls de la nuit, un arrêté du préfet Delavau ajoute aux bruyantes patrouilles militaires et aux explorations ténébreuses de la sûreté des rondes nocturnes d'inspecteurs de police, renouant ainsi avec la tradition de la patrouille grise. Les inspecteurs concernés sont habillés en bourgeois, portent un chapeau et, pour être fidèles à l'appellation de « patrouille grise », un grand manteau couleur de muraille[62]. Ils cherchent à prendre les malfaiteurs sur le fait, tandis que les patrouilles militaires ont une fonction plus préventive. Les patrouilles grises doivent « marcher lentement et les agents qui les composent s'échelonner deux à deux, de manière à ne pas circuler en troupe »[63] ; chaque inspecteur de police participe une fois par semaine au service des rondes de nuit[64]. Le 12 février 1828, Debelleyme décide en outre que « vu l'insuffisance des moyens actuels de surveillance pendant la nuit [...], il sera adjoint à la Brigade particulière de sûreté douze agents auxiliaires spécialement affectés au service des rondes de nuit » ; élément significatif, ils seront rétribués sur les fonds de la police secrète[65].

L'aspect mystérieux de la patrouille grise est commenté rétrospectivement par les chroniqueurs parisiens des années 1830 et 1840 – qui ignorent apparemment sa disparition, en vertu du décalage chronologique qui sépare souvent la réalité parisienne de son enregistrement par ces divers opuscules[66]. Dans *Paris, ou le Livre des Cent-et-un*, paru au début de la monarchie de Juillet, il est dit non sans exagération que « familiers de l'inquisition politique, recors de l'ordre public, les hommes qui forment ces bandes marchent muets et armés de bâtons, de poignards et de pistolets cachés. Une voiture arrêtée, le bruit d'un marteau de porte, un mot d'adieu, un refrain, un éclat de rire, tout est délit à leurs yeux. Ils entourent et cernent le coupable ; ils font résonner à son oreille ce terrible mot de *papiers* ; ils infestent la nuit de Paris [...]. Les patrouilles grises peuvent être comparées aux sbires de l'État de Venise, qui, sans uniforme, vêtus d'habits de grande route, effraient le voyageur qu'ils doivent protéger. La soif de l'arrestation les dévore »[67]. En 1835, dans le *Nouveau Tableau de Paris au XIXe siècle*, Alphonse Leclerc offre de la patrouille grise une image inquiétante : « La patrouille grise est fille de la nuit [...]. Armée jusqu'aux dents d'épées, de poignards, de cannes à dard, être fantastique, presque invisible, elle passe près de vous comme une ombre sans que vous ayez jamais le temps de la reconnaître[68]. » Enfin, dans *Les Français peints par eux-mêmes*, en 1843, Armand Durantin ranime le souvenir du temps où « lorsqu'un bon habitant de Paris rentrait chez lui longtemps après l'heure antique du couvre-feu, il rencontrait parfois sur sa route une escouade d'hommes se glissant avec lenteur le long des maisons, ne trahissant leur présence par aucun bruit »[69]. Usant des mêmes moyens furtifs que ceux qu'ils traquent, les hommes de la patrouille grise contribuent sans le savoir, lors du premier tiers du XIXe siècle, à l'opacité de ces nuits parisiennes qu'ils hantent silencieusement. À Paris ombreux et tortueux, police ténébreuse et retorse.

De 1828 à 1834, à l'instigation de Debelleyme, l'action nocturne des patrouilles grises est d'ailleurs renforcée par un service de voitures silencieuses, dites voitures Wurtz (qui ne furent jamais plus d'une vingtaine). Les roues de ces voitures et les sabots des chevaux qui les tirent sont recouverts de cuir ou de feutre, pour amortir leur bruit sur le pavé. Basses et légères, ces voitures découvertes transportent une douzaine d'inspecteurs et de gendarmes bien armés, qui peuvent en descendre très rapidement en cas de flagrant délit[70]. Ici encore, c'est l'effet de surprise qui est visé par cette amélioration de la mobilité policière. Le modèle de la traque et du piège est transposé dans la nuit profonde d'un Paris désert, la police de la Restauration tendant décidément à se mouvoir avec autant de discrétion que ceux qu'elle pourchasse, à utiliser à son profit ce défaut de lumière que dissipera ensuite la généralisation de l'éclairage au gaz. À une autre configuration de la rue parisienne comme des débats autour de la sûreté publique répondent, plus avant dans le siècle, de nouveaux procédés d'enquête.

Le recul du secret

La tendance au secret est inversée en 1829 par le préfet Debelleyme, sensible à la montée des inquiétudes nocturnes, et soucieux de rendre la présence policière plus tangible aux yeux d'une opinion parisienne qui exige des nuits plus sûres : il crée, en mars 1829[71], les premiers sergents de ville en uniforme[72]. Dans son *Histoire de la police de Paris*, Horace Raisson fait remarquer que c'est le propre d'un pays libre que d'avoir une police ostensible, seuls les despotes faisant reposer leur tyrannie sur les services de « sbires secrets »[73]. La création des sergents de ville en 1829 marquerait la volonté du préfet libéral de dépolitiser la police parisienne, après les agissements obscurs de Delavau, son prédécesseur sous Villèle. Les sergents de ville sont, en tous les cas, les premières forces de l'ordre non militaires mais revêtues d'uniformes à être impliquées dans les rondes de nuit : par cette visibilité nouvelle, la mission dissuasive de la police nocturne pourrait l'emporter sur sa fonction répressive, et les méthodes employées gagner en clarté. Dans *Les Français peints par eux-mêmes*, en 1843, Armand Durantin célèbre ainsi la figure loyale du sergent de ville : « Ce n'est point un mouchard, cet homme ; il ne se cache pas dans l'ombre, il n'a point jeté dans un coin son costume officiel pour se couvrir du masque de l'espion[74]. » Les sergents de ville, recrutés parmi d'anciens soldats ou parmi les inspecteurs, porteront un uniforme de drap bleu, un chapeau à cornes et une canne à pomme blanche, auxquels viennent s'ajouter, pour les rondes nocturnes dont ils sont chargés, un ceinturon noir et un sabre (qui, le soir, vient remplacer la canne, en milieu plus hostile…)[75]. Ils sont une petite centaine au début de la monarchie de Juillet, et un peu moins de trois cents en 1846[76], soit un pour trois ou quatre mille habitants – ce qui est sans commune mesure avec les effectifs policiers du Second Empire[77]. Ajoutons qu'en 1829 les *policemen* londoniens sont créés : trois mille hommes en uniforme succèdent à des *watchmen* peu efficaces[78]. Mais l'unification et la coordination du service sont, à cette date, meilleures dans la capitale anglaise que dans la capitale française : un véritable îlotage est instauré, qui permet la présence continuelle des patrouilles diurnes et nocturnes[79], ce dont les autorités parisiennes devront s'inspirer à leur tour en 1854.

Pour atteindre à un meilleur quadrillage du temps de la grande ville est également créé en 1829 le service des « petites rondes », parcourant les rues entre 5 et 10 h du soir. Cette mesure est prise à l'instigation de Thouret, chef de la police municipale, soucieux de forger une police du soir capable de s'intercaler entre celles, refondues, du jour et de la nuit. Désormais, à 5 h du soir, six escouades de cinq sergents de ville et inspecteurs partiront de la Préfecture pour surveiller les quartiers sensibles ; elles seront relevées à 10 h par les rondes de nuit proprement dites[80]. Le chef de la police municipale attire l'attention des inspecteurs employés à ces rondes sur la spécificité de la soirée : leur attention doit surtout se diriger vers les « filous », les mendiants, les filles publiques, l'efficacité de l'éclairage, et la ponctualité de la fermeture des lieux publics[81]. Avec la tombée du jour affleurent ces premiers dangers qu'il faut contenir avant que la nuit ne les dramatise.

La monarchie de Juillet, confrontée au réveil du peuple de Paris et à une médiatisation accrue du sentiment d'insécurité nocturne, prête une attention toute particulière à la surveillance du côté sombre de la capitale. Le réseau, observé de près par une presse plus critique que sous la Restauration, se trouve en réagencement quasi-permanent, et tend à se resserrer peu à peu, avant les mesures plus radicales du Second Empire. « Maintenant, assure-t-on dans les années 1830, des patrouilles nombreuses, armées de soupçons et d'un certain appétit de captures, parcourent la ville à toute heure et en tous sens[82]. » En 1831, les rondes de nuit du service de sûreté emploient encore deux contrôleurs, douze chefs de ronde et trente-six agents : la brigade de sûreté fournit ainsi cinq rondes nocturnes quotidiennes en hiver et trois en été, s'ajoutant aux huit rondes nocturnes fournies par la police municipale (composées de cinq hommes chacune)[83]. Une réforme de ce mode de répartition est envisagée dès les débuts du régime, réforme visant à confier les nuits parisiennes à des « agents spéciaux d'une moralité éprouvée et d'une forte constitution physique »[84], et à mieux contrôler leurs itinéraires, afin qu'ils ne s'attardent pas dans les corps de garde ou les cabarets. On repousse cependant l'idée de leur faire porter un uniforme : « Nous aurions voulu qu'on pût donner à tous ces agents un costume propre à les faire reconnaître et à rassurer les bons citoyens par lesquels ils seraient rencontrés pendant la nuit. Mais à côté de cet avantage se trouverait le grave inconvénient de mettre sur leurs gardes les malfaiteurs[85]. » Reste que le laisser-aller éventuel et la relative liberté de manœuvre des enquêteurs nocturnes de la Restauration se trouvent menacés.

Les troubles du printemps 1832 accélèrent la réforme du service des rondes de nuit[86]. Le système-Vidocq, accusé de toutes les turpitudes que l'obscurité peut abriter, paraît trop propice au scandale pour durer. Vidocq avait été remplacé par Coco-Latour, lui-même ancien voleur, en 1827. Après un bref retour du premier en 1832, Gisquet met fin au règne des forçats repentis sur la sûreté[87] en décidant, par l'arrêté du 15 novembre 1832, d'exclure de cette brigade tous les anciens condamnés[88]. Dans la lutte contre les ombres indésirables, les rôles sont désormais plus nettement assignés. À partir de 1832, en outre, la dépense des rondes de nuit n'est plus prélevée sur les fonds spéciaux mis par le ministre de l'Intérieur à la disposition du préfet de police pour financer la police secrète, mais sur les fonds de la police municipale. Initialement rattaché à la brigade de sûreté, le service des rondes de nuit en est séparé par Gisquet, avec l'arrêté du 27 mars 1833, pour être rattaché à la police municipale[89]. La clarification se poursuit au printemps 1833, au cours duquel le chef de la police municipale s'efforce de réprimer les mauvaises habitudes prises par certains inspecteurs des rondes de nuit[90]. À l'issue d'une enquête interne, le verdict de Carlier, chef de la police municipale, est plus que sévère : dans un « Rapport sur le service des rondes de nuit », le 2 août 1833, il prétend que ce dernier est « composé en partie d'employés incapables ou dont la conduite nécessite l'éloignement » ; la discorde, la corruption, la lâcheté, la bêtise, l'ivrognerie, la fainéantise et le vice gouverneraient ces hommes, parmi lesquels douze révocations sont prononcées[91].

L'accentuation de la hantise criminelle nécessite une nouvelle réorganisation du service des rondes de nuit, par l'arrêté du 11 janvier 1836. Elles ne sont plus confiées à des agents spécifiques, les précédents ayant en quelque sorte été contaminés par la nuit, mais à quarante sergents de ville supplémentaires. Delessert s'efforce de combiner les heures de circulation des diverses patrouilles (militaires ou civiles) afin que toutes les demi-heures, les rues désertes des quartiers périphériques soient parcourues[92]. Les hommes de ronde circulent en groupes plus nombreux que par le passé, pour pouvoir se porter mutuellement secours en cas de danger : ils se déplacent par sept, vêtus d'un costume léger qui doit leur permettre de courir sans entraves, et portent un sabre sous le bras[93]. Bientôt, la réussite du dispositif rénové est célébrée dans la presse, comme dans la *Gazette des tribunaux* du 21 janvier 1836 : « La nouvelle combinaison des rondes de nuit auxquelles concourent les services de la police municipale [...] continue de porter ses fruits. [...] Ces arrestations viennent très à propos dans la saison où les bals se multiplient. On pourra désormais avec plus de sécurité [...] circuler dans Paris à toute heure de la nuit. » Le régime se trouve dans l'obligation de garantir l'insouciance de leurs allées et venues à des Parisiens fortunés plus avides que par le passé de sorties nocturnes, et de rendre des comptes sur l'efficacité de cette canalisation des risques.

Le chassé-croisé entre vigilance policière et ingéniosité criminelle n'a pas disparu pour autant : les années 1836 à 1845 sont très marquées, à Paris, par la terreur médiatisée de l'ombre assassine, qui impose aux responsables un redoublement de fermeté, au moins dans les déclarations d'intentions. Les propriétaires attendent d'eux qu'ils mènent chaque nuit une véritable guerre à ces classes dangereuses dont l'existence ne fait désormais plus de doute. Alors qu'aux assises défilent ces bandes dont les exploits ténébreux sont livrés en pâture à une opinion épouvantée, les projets prêtés par la presse aux autorités sont à la mesure du besoin de réassurance. On prétend ainsi en octobre 1844 qu'« à la suite des assassinats journaliers ou plutôt nocturnes, et des procès d'escarpes et d'étrangleurs qui viennent de jeter l'épouvante dans les esprits, la Ville de Paris et le gouvernement seraient sur le point de s'entendre [...] pour ajouter à la police de sûreté les mesures suivantes. Il y aurait une garde spéciale de nuit, indépendamment des gardes nationale et municipale et de la troupe de ligne ; cette garde serait distribuée dans Paris en deux cents postes. [...] Ces hommes seraient vêtus en bourgeois, porteraient un sabre-poignard et des pistolets sous leur redingote, et tiendraient à la main une canne plombée »[94]. Contre ce mélange de retour à des méthodes anciennes et de rationalité nouvelle, la *Gazette municipale de la ville de Paris et du département de la Seine*[95] cherche à calmer les esprits en octobre 1844. Elle affirme que les projets du préfet se résument, en réalité, au dédoublement des trois cents patrouilles qui parcourent déjà le Paris nocturne, et occupent en tout un peu plus de mille hommes[96]. De fait, par-delà l'effet d'annonce, l'originalité de la réforme de la surveillance nocturne de Paris en décembre 1844 tient essentiellement en une approche enfin globale de la disposition des patrouilles (qu'elles soient policières ou militaires), et en une première tentative d'îlotage[97].

Le constat dressé par *Le Constitutionnel*, le 8 décembre 1844, dans un long article de première page intitulé « Les Gardes de nuit et les Souricières », s'avère plus qu'alarmiste. Le journal, que ne satisfait pas ce simple réaménagement, plaide pour une refonte complète du système de garde nocturne de la capitale. Il rappelle que la bande d'agresseurs nocturnes (les « escarpes » ou « étrangleurs ») jugés au même moment par les assises a pu commettre ses crimes en toute impunité depuis 1836. C'est par le biais de dénonciations, donc du hasard, et non de flagrants délits, que les bandes criminelles ont été démantelées. Par conséquent, « si la police ne pourvoit pas à la sécurité publique, il faut permettre aux honnêtes gens de songer à leur défense » ; pour un peu renaîtrait « le temps où les gentilshommes se faisaient escorter la nuit, dans les rues de la capitale, par une escouade de domestiques armés jusqu'aux dents ». Les forces en présence paraissent inégales, et le Paris de la nuit appartenir à ces sauvages qui savent faire de l'ombre une alliée. Si les criminels portent une blouse légère, ainsi que des chaussons qui assourdissent le bruit de leurs pas, les sergents de ville sont en revanche trop souvent encombrés de leur redingote et de leur épée, et chaussés de souliers ferrés, « dont le retentissement résonne au loin, dans le silence de la nuit ». Quant aux patrouilles militaires, elles sont si prévisibles qu'elles n'arrêtent guère que les hommes ivres : « En vérité, on se croirait revenu à cette époque où le guet de Paris s'imaginait avoir payé sa dette envers les citoyens quand il était rentré dans son gîte sans mésaventure. » Au total, rien ne semble annoncer aux passants nocturnes « la présence d'un pouvoir tutélaire qui veille sur eux » dans ce « désert qu'on abandonne aux bêtes féroces »[98] : la police nocturne est tellement discrète qu'on peut la penser absente… Pour l'auteur de l'article, la solution réside en amont, dans la fermeture des repaires nocturnes des classes dangereuses, que la police laisse sciemment ouverts à titre de souricières, pour pouvoir y procéder à des rafles périodiques : ces refuges disparus, les criminels de nuit seraient projetés dans un espace public où les gardes n'auraient plus qu'à les « cueillir », car leur défaut de papiers et de moyens d'existence les exposerait immédiatement à la répression du vagabondage. Dès lors, Paris serait libéré de ses mystères, et les hommes de la Préfecture n'auraient plus besoin de se cacher, leur action devenant ainsi plus accessible au jugement des citoyens. La rue nocturne s'offrirait à une circulation sereine, protégée par des forces de l'ordre immédiatement identifiables et ne tenant plus la ville obscure pour leur espace réservé.

À travers tous ces tâtonnements et les débats ouverts sur l'efficacité de la surveillance nocturne de la capitale dans les années 1840, on devine que l'espace parisien n'est pas contrôlé à la hauteur de ce qu'exigent les déploiements nouveaux de la vie de nuit. Si la présence muette des espions de l'ombre, et les malentendus qui s'ensuivent régressent au profit d'une vigilance policière plus explicite, aucune solution d'ensemble n'est encore vraiment planifiée. C'est en tous les cas le sentiment majoritaire de Parisiens qui exigent tout à la fois de pouvoir aller et venir librement pendant la nuit sans être l'objet d'une inquisition policière trop vexatoire, et d'être délivrés par une police moins brutale mais plus perspicace que par le passé de l'omniprésence criminelle dont la presse alimente quotidiennement la hantise. Confusément associée à une police en clair-obscur, la contribution plus apparente des diverses formes de garde, héritières du guet ancien, à la pacification du Paris de la nuit pendant la première moitié du siècle mérite donc l'examen.

LES SENTINELLES DE LA NUIT : GARDES, POSTES, PATROUILLES (1815-1848)

Si la police du premier XIXe siècle se fond dans l'ombre avec une telle aisance, c'est peut-être que les patrouilles militaires occupent plus ostensiblement qu'elle ne le fait le territoire nocturne. À en croire la définition donnée du mot « patrouille » dans le *Grand Dictionnaire universel du XIXe siècle* de Pierre Larousse, il y aurait en fait quelque pléonasme à parler de « patrouille nocturne » : le mot de patrouille « signifie proprement une marche pesante et lente », et s'applique à la « ronde ou marche que fait pendant la nuit un détachement de soldats ou d'agents de la force publique pour veiller à la tranquillité publique » ou au « guet de nuit des troupes de garde, ayant pour but d'observer ce qui se passe dans les rues »[99]. La circulation des patrouilles permet de relier et de faire communiquer entre eux les différents postes ou corps de garde disséminés dans la ville. Dans le Paris du premier XIXe siècle, faute de mieux ou en guise d'appoint, on impose à une partie des troupes de garnison des tâches banales de police urbaine, où l'ennemi est donc un ennemi intérieur, rendu plus insaisissable par le jeu des ombres. Elles sont associées en cela à des corps de troupe que l'on pourrait dire « para-militaires » : la milice bourgeoise qu'est la garde nationale, et les troupes spéciales qui, sous des appellations changeantes (*Gendarmerie Royale de Paris* de 1815 à 1830, *Garde municipale de Paris* sous la monarchie de Juillet) dépendent de l'autorité du préfet de police[100]. Sous les monarchies censitaires, les attributions de police nocturne de la garde nationale régressent globalement au profit du maintien de l'ordre vigoureux assuré par ces corps professionnels plus coûteux mais plus disciplinés, gouvernés directement par la Préfecture de police.

Les Parisiens n'entrent pas toujours dans toutes ces nuances, et englobent souvent, sous Louis-Philippe, l'ensemble des patrouilles militaires ou « quasi militaires » dans la même ironie, fruit d'une longue familiarité avec ces soldats de l'ombre. Maurice Alhoy mesure en 1834 ce qui sépare les patrouilles de la monarchie de Juillet de celles du XVIIIe siècle, et minimise les risques affrontés par les premières, le Paris de la nuit n'étant plus, selon lui, le dédale d'autrefois : « Une ronde de nuit, il y a cent ans, était une campagne où le guet mis en déroute était obligé [...] de jouer une partie de Collin-Maillard. Aujourd'hui une ronde de patrouille est une promenade sentimentale[101]. » Le Paris nocturne de 1840 est décrit de même par L. Roux comme « un Paris honnête et silencieux, troublé tout au plus par quelques patrouilles de la garde civique qui se cherchent, s'observent, s'épient »[102] : le passage souligne l'habitude prise par les Parisiens de reconnaître le pas des patrouilles comme un des bruits caractéristiques d'une nuit quelque peu normalisée. En réalité, une certaine balourdise est prêtée à ce mode de surveillance des nuits parisiennes, par opposition aux stratagèmes de la sûreté. Les soldats sont chargés du « maintien de l'ordre » dans ce qu'il a de plus grossier, alors que la nuit et ses énigmes requièrent une plus grande sophistication des procédures de contrôle. Quant aux noctambules du Boulevard, ils moquent les patrouilles militaires avec les mêmes mots qu'ils rient des lanternes à huile, comme d'anachroniques guetteurs égarés dans la nuit nouvelle. En 1843, Armand Durantin règle le sort de ces patrouilles en quelques lignes sarcastiques : « Quant aux patrouilles que la troupe de ligne et la garde nationale envoient se promener à travers la ville endormie, elles sont assurément très bonnes pour remettre dans leur route les Trinquefort qui reviennent de la barrière la tête légèrement émue par les fumées du vin [...] ;

mais il suffit de jeter un seul coup d'œil sur leur costume et sur leur allure pour se convaincre de leur insuffisance[103]. » Le ton de Gisquet, dans ses *Mémoires*, n'est pas moins dédaigneux lorsqu'il évoque ces présences aveugles, inadaptées aux formes modernes de la délinquance citadine : « Je ne parlerai pas [...] des postes de troupe établis dans Paris et aux barrières, et du peu d'utilité des patrouilles qu'ils font circuler durant la nuit ; les militaires ne connaissent pas assez [...] les rues de la capitale, surtout les endroits exploités par les malfaiteurs, et les ruses qu'ils emploient pour ne pas être remarqués[104]. »

La vigilance fournie, pendant la nuit, par les patrouilles de la garde nationale, de la ligne, de la gendarmerie royale puis de la garde municipale de Paris semble victime, à la différence de la présence policière, d'une trop grande prévisibilité. Des arrière-pensées politiques sont également invoquées : la fonction inavouée de ces patrouilles pourrait être d'intimider le peuple de Paris par une démonstration quotidienne de force, de s'assurer que son sommeil ne prélude pas à quelque sursaut révolutionnaire. Il est vrai que les autorités n'attendent pas de ces gardes qu'ils déstabilisent les milieux criminels par l'investigation, mais qu'ils étouffent dans l'œuf les prémices de désordre dont les rues obscures pourraient être la scène. La réapparition métronomique de la patrouille doit décourager les entreprises subversives de toute sorte, en un temps où l'insurgé, le fauteur de troubles et le criminel ne sont guère distincts, dans les frayeurs bourgeoises. Comme l'indique d'ailleurs le commissaire Alletz dans son *Dictionnaire de police moderne* en 1820, la mission de la gendarmerie royale de Paris est de pure vigilance : dès qu'un délit a été constaté, les soldats en patrouille doivent se décharger de l'affaire sur l'autorité civile, incarnée par le commissaire de police[105]. Dans la première moitié du siècle, la circulation des patrouilles armées pourrait viser à réduire la vie nocturne au strict nécessaire. Elle reflète ou même entretient la réputation de parenthèse critique attribuée à la nuit parisienne. Ainsi, le deuil décrété en février 1820 après l'assassinat du duc de Berry, commis non loin de ce lieu suprême du plaisir nocturne qu'est le Palais-Royal, confère provisoirement aux nuits de la capitale l'atmosphère recueillie et austère que les autorités de la Restauration voudraient pouvoir lui imposer plus fréquemment. Les gendarmes rapportent fièrement le 15 février qu'« à la nuit tous les groupes se sont dispersés, chacun est rentré chez soi ou est rentré paisiblement dans des lieux de réunion. À 10 h tout était fermé, et parfaitement calme. On n'a plus entendu le reste de la nuit que le bruit des patrouilles »[106].

En temps ordinaire comme dans les périodes de tourmente, le système de garde se répartit, quoi qu'il en soit, entre surveillance mobile et surveillance fixe. Grâce aux postes, tandis que les commissariats de police sont clos, les Parisiens disposent d'un recours immédiat[107]. Ce monopole accroît la domination symbolique des forces militaires sur le Paris d'après-minuit. Le réseau quadrille – insuffisamment, au goût des habitants de certains quartiers – le territoire nocturne, et forme pour la Préfecture de police une source de renseignements quotidiens sur les « événements de la nuit », les chefs de poste transmettant chaque matin leur rapport en haut lieu, et l'ensemble de ces informations remontant, par l'intermédiaire du préfet de police, vers le ministre de l'Intérieur. Théoriquement très disciplinée, cette surveillance n'a sans doute pas toute l'efficacité voulue, puisqu'elle laisse la place à de multiples projets de refonte, révélant l'aspiration à un service de nuit unifié et « géométriquement » plus harmonieux, jusqu'à ce que le nombre des sergents de ville soit spectaculairement augmenté au début du Second Empire. Le recours aux patrouilles militaires répond sans doute en partie à la peur de l'émeute ; il n'est pas sans effet sur les représentations d'une nuit parisienne où la déambulation quotidienne de troupes armées de baïonnettes et de fusils laisse entendre que le pire est toujours possible, comme au plus fort des moments insurrectionnels.

Le maintien de l'ordre nocturne : forces disponibles et enchevêtrement des systèmes

Il existe indéniablement une filiation entre la *Garde Royale de Paris* de 1814[108], la *Gendarmerie Royale de Paris* de 1816 et la *Garde municipale de Paris* de 1830. Toutes sont des corps spécialisés dans le maintien de l'ordre, formés de gendarmes spécifiques à la capitale, rétribués par la Ville et dirigés par un colonel placé sous les ordres du préfet de police. Ces hommes, assimilés par les Parisiens à des soldats, peuvent en fait être requis par les commissaires de police, les officiers de paix, les inspecteurs de police et les employés de l'octroi[109]. L'existence de ces gendarmes évite en outre au préfet de police de devoir trop recourir aux troupes de ligne, dont on peut craindre la méconnaissance des mœurs parisiennes, mais que l'on veut aussi protéger de la fréquentation de ce Paris nocturne où les guettent la rixe et la contamination vénérienne. D'ailleurs, les soldats ne cachent pas leur mépris pour ces gardes en uniforme qui ont les apparences de la rigueur militaire, mais n'affrontent que des combats peu glorieux, et sont subordonnés à des autorités civiles.

Au début de la seconde Restauration, par l'ordonnance royale du 10 janvier 1816, on a donc créé la gendarmerie royale de Paris, dont l'effectif initial s'élève à 1 021 hommes, dont 471 à cheval[110] ; on lui ajoute vingt-quatre « adjudants de ville », officiers chargés d'inspecter les postes tenus par ces gendarmes[111]. En 1820, les effectifs sont portés à 1 528 hommes, dont 628 à cheval[112]. On leur assigne le devoir de faire fuir les délinquants nocturnes par leur omniprésence dans les rues tout en rassérénant, par la régularité de leur marche, la partie honnête et paisible de la population[113]. Après les Trois Glorieuses, un autre corps voué au service d'ordre et de police de la capitale se substitue à la gendarmerie royale : il s'agit de la garde municipale de Paris, créée par l'ordonnance royale du 26 août 1830. L'effectif initial s'élève à 1 443 hommes (dont 400 à cheval), et beaucoup sont d'anciens soldats ; en 1839, il passe à 2 596 hommes (dont 450 à cheval), puis à 3 244 (dont 692 à cheval) en 1841[114]. Tous ne sont évidemment pas requis quotidiennement au service des patrouilles nocturnes[115] : rappelons qu'à l'automne 1844, on évalue à un peu plus de mille hommes (police municipale incluse) l'effectif employé chaque nuit aux diverses rondes et patrouilles qui sillonnent la ville.

Le gonflement des effectifs de la gendarmerie royale de Paris puis de la garde municipale, plus rapide que l'accroissement démographique parisien, doit aussi pallier le retrait d'une garde nationale qui répugne aux veilles nocturnes et dont la bouderie politique compromet le zèle. Chargée de nombreuses tâches de police en 1814-1816, la garde nationale est dissoute en 1827 et réapparaît dans les rues de Paris au cours des Trois Glorieuses pour s'ouvrir, à partir de la loi du 22 mars 1831, aux catégories supérieures des milieux populaires[116]. C'est elle qui veille sur les nuits de Paris immédiatement après la Révolution de 1830, le temps d'un retour à la normale qui passe notamment par la réparation des réverbères. Mais le prestige retrouvé de la garde nationale parisienne ne dure pas, et la milice bourgeoise ne se montre guère à la hauteur de l'épreuve nocturne, si l'on se fie à la floraison des caricatures sous la monarchie de Juillet ; le service nocturne exigé des gardes nationaux tend en fait à s'alléger sous Louis-Philippe[117].

Enfin, les autorités parisiennes de la première moitié du XIXe siècle disposent, pour les patrouilles nocturnes, d'une partie des troupes de la garnison de Paris, même si la turbulence des soldats lâchés dans les nuits de la capitale rend parfois cet appoint encombrant. Sous la Restauration, quinze mille hommes seraient virtuellement concernés[118], mais les autorités militaires ne cèdent aux demandes de l'autorité civile qu'avec réticence. Les effectifs de la garnison s'élèvent ensuite à 24 300 hommes environ en 1846, en un temps où l'on préfère ne pas les épuiser en patrouilles nocturnes, vraisemblablement afin qu'ils soient plus opérationnels dans un contexte insurrectionnel. Quant à la garde royale constituée par l'ordonnance royale du 1er septembre 1815 pour la protection du trône, elle contribue elle aussi sous la Restauration, avec une intensité variable, mais un mécontentement jamais démenti, à la sécurité du Paris de la nuit. Ces jeunes soldats ombrageux refusent souvent de se faire reconnaître par les patrouilles de la garde nationale ou de la gendarmerie royale de Paris qu'ils croisent quotidiennement dans les rues, ce qui donne lieu à d'innombrables querelles.

Le cas de la garde royale illustre à quel point la surveillance nocturne repose encore, au début du XIXe siècle, sur une fragile improvisation. Ainsi, le 14 juin 1823, le major général de la garde royale adresse au ministre de la Guerre une lettre où il lui rappelle que la mission essentielle et l'honneur de ce corps sont d'entourer la famille royale, non d'assurer la police quotidienne de la capitale : les patrouilles nocturnes et les postes exigés abusivement de ces troupes d'élite depuis 1818 pour compenser le défaut de troupes de ligne et de gendarmes ne sont pas dignes d'elles[119]. La solution « temporaire » adoptée en 1818 tend à se prolonger indéfiniment, et le contact permanent entre la garde royale et les « individus de la basse classe » dans les nuits de Paris menace le bon esprit du corps. Aux yeux du major général, ce qui n'était initialement qu'un « service extraordinaire » a pris des proportions injustifiées. La fin de la guerre d'Espagne et le retour des troupes de garnison en janvier 1824 laissent espérer que certains postes pourront être remis à la ligne, mais les fluctuations des effectifs de la garnison conduisent la garde royale à poursuivre, bon gré mal gré, son « dépannage » nocturne[120]. À la fin de la Restauration, ce corps n'est toujours pas rendu à sa mission originelle : assurant dans Paris le service d'une trentaine de postes[121], il est aspiré, contre le gré de ses chefs, par les besoins nocturnes de la grande ville.

L'entrelacement de quatre réseaux de patrouilles nocturnes (police, garde nationale, gendarmerie, ligne) pose sans cesse le problème de leurs télescopages, et les responsables eux-mêmes semblent parfois s'égarer dans ce dédale changeant. En octobre 1819, on dresse ainsi, pour répondre aux interrogations des uns et des autres, un plan de Paris indiquant « les postes fournis par les diverses armes qui concourent au service de la capitale ». Sa validité dut n'être qu'éphémère, la géographie et la répartition des postes entre les différents corps de troupe étant marquée par une grande instabilité. De même, le 8 janvier 1822, le colonel de la garde nationale à cheval envoie au maréchal commandant la garde royale une lettre symptomatique de la méconnaissance réciproque de ceux qui veillent sur les nuits de Paris sous la Restauration : « J'ai l'honneur de vous informer qu'effectivement la garde nationale à cheval fait chaque nuit des patrouilles sur tous les points et que, dans l'itinéraire qui lui a été donné, se trouve le boulevard des Invalides, ce qui fait que le 3 du courant elle s'est rencontrée avec une patrouille d'Infanterie de la garde royale. Toutes les nuits, nos patrouilles se rencontrent dans l'intérieur de Paris avec celles de la gendarmerie royale et de la ligne[122]. » Chacun se plaint de la fatigue occasionnée par le service nocturne, et réclame l'arbitrage du pouvoir central : arpenter les nuits parisiennes est, dans la première moitié du XIXe siècle, une corvée que les responsables militaires rechignent à assumer, incriminant les déficiences policières. De fait, la nécessité de soulager la ligne de ses obligations nocturnes pour la réserver à des tâches plus « élevées » est davantage prise en considération sous la monarchie de Juillet, comme le laisse entendre la circulaire diffusée par la Préfecture de police le 3 juillet 1839 : « Pour la sûreté individuelle des militaires et prévenir un désarmement dans un moment d'émeute, l'autorité s'est vue dans la nécessité de supprimer un certain nombre de petits postes de la ligne. [...] J'ai, en ce qui me concerne, organisé un service de rondes de nuit sur les quartiers qui se trouvent dépourvus de postes, et auquel concourront tout à la fois les agents de mon administration et la garde municipale[123]. »

L'incompréhension réciproque entre les diverses patrouilles nocturnes se manifeste, au début du siècle, par un maniement hasardeux des codes de reconnaissance. Théoriquement, les patrouilles qui se rencontrent la nuit dans les rues doivent échanger les mots de « Qui vive ? » et de « Patrouille ! », puis les mots d'ordre et de ralliement[124]. Les patrouilles qui ignorent le mot d'ordre sont arrêtées, désarmées et conduites à l'état-major[125] : on craint que de faux vigiles ne se faufilent dans le dispositif nocturne et n'y sèment le chaos. Or les malentendus sont monnaie courante sous la Restauration. Dans la nuit du 1er au 2 octobre 1819, « les factionnaires de la garde royale placés sur le pont Royal et sur la place du Carrousel avaient pour mot de ralliement Diane au lieu de Dinam, et le poste de la place Saint-Michel avait pour mot d'ordre David au lieu de Denis »[126]. Confrontés à ces ratés, les gardes nationaux n'insistent guère, en général : dans la nuit du 6 au 7 juin 1820, une de leurs patrouilles, traversant le faubourg du Temple, en rencontre une autre de « vingt-cinq hommes de troupe de ligne qui n'avait ni mot d'ordre ni mot de ralliement », et renonce vite à arrêter la marche de soldats aussi nombreux et aussi résolus[127]... C'est que les gardes nationaux de la Restauration sont trop heureux que les soldats ne profitent pas des promiscuités nocturnes pour les insulter : le 9 février 1820, le chef d'une patrouille de la garde nationale rapporte que vers 11 h du soir, la veille, alors qu'il s'étonnait de ne pas avoir été reconnu par un factionnaire place du Palais-Royal, celui-ci lui répondit que les gardes nationaux étaient des « paysans »[128].

L'entrecroisement des systèmes de garde, les négociations conflictuelles entre autorités militaires et autorités civiles, de même que l'absence, dans les sources disponibles, des rapports quotidiens dressés par la garde royale ou par la ligne embrouillent à souhait le tableau du quadrillage théorique de la ville par les patrouilles militaires. Le sentiment prévaut, dans l'opinion parisienne de la première moitié du siècle, que la confusion est chronique et confine à l'inefficacité, au sein d'un système de vigilance nocturne fondé sur la combinaison aléatoire. Il faut donc étudier plus précisément la codification de ce type de maintien de l'ordre, non pas dans ces grands moments de crise qui ont surtout retenu l'attention des historiens jusqu'à présent, mais nuit après nuit, au fil de l'existence des Parisiens.

Postes et patrouilles dans la nuit : « Qui vive ? »

La localisation des corps de garde nocturnes dans l'espace parisien du XIXe siècle est difficile à établir, les quelques documents disponibles ne distinguant qu'insuffisamment service de jour et service de nuit. Dans le Paris de 1818, il y aurait au total, selon Louis Girard, 133 postes, dont 49 permanents et 8 de nuit sont tenus par la garde nationale, 53 par la ligne, 16 par la gendarmerie royale et

7 par les pompiers[129], ce qui exigerait chaque jour 985 gardes nationaux, 707 soldats, 173 gendarmes et 36 pompiers[130]. Le *Dictionnaire de police moderne* publié en 1820 par M. Alletz ne mentionne l'existence que de 60 postes dans Paris[131]. Dans son *Petit Atlas pittoresque des quarante-huit quartiers de la ville de Paris*, en 1835, A. M. Perrot fait figurer, pour sa part, une centaine de corps de garde, mais sans préciser lesquels sont occupés pendant la nuit[132]. Dans les rapports de la seule garde municipale de Paris, une petite vingtaine de postes sont impliqués dans les événements de la nuit en 1836[133]. La même quantité de postes est mentionnée dans une note de la Préfecture de police sur la garde municipale en mars 1847[134]. On doit se contenter de constater que la densité d'implantation de ces postes est moins proportionnelle à l'étendue du quartier surveillé ou au nombre de ses habitants qu'à sa proximité avec les centres stratégiques du pouvoir.

Des constantes peuvent cependant être dégagées dans les techniques de maintien de l'ordre, applicables aux postes de gendarmes, de soldats de ligne comme de gardes nationaux, veilleurs dont les nuits respectives sont soumises à la même réglementation de type militaire. C'est d'abord une solitude absolue et un épais silence qui, idéalement, doivent caractériser les corps de garde parsemant le Paris de la nuit, afin de faciliter les procédures de reconnaissance et d'éviter toute attaque-surprise. La sentinelle placée à proximité du poste garantit le respect de ces normes, comme le prescrit dès 1768 la *Consigne générale pour les postes de la place de Paris*, encore en vigueur, pour l'essentiel, au siècle suivant : « Les sentinelles auront toujours la baïonnette au bout du fusil [...] ; elles ne pourront sous aucun prétexte la quitter, pas même dans la guérite, ni s'asseoir, chanter, siffler, fumer, manger, boire, ni parler à qui que ce soit sans nécessité ; enfin, elles ne pourront s'écarter de leur poste à plus de trente pas.[...] Lorsqu'une sentinelle verra ou entendra des personnes en querelle, elle criera : *À la garde !* Et cet avertissement passera de sentinelle en sentinelle jusqu'au poste [...]. Les sentinelles ne se laisseront jamais approcher de trop près la nuit, et surtout à heure indue ; elles feront passer autant que possible les allans et venans du côté opposé à leur position et, à cet effet, elles crieront d'une voix forte et décisive : *Qui vive ! Passez au large.* Si, après qu'une sentinelle aura crié trois fois : *Qui vive !* on continue de s'approcher d'elle sans répondre, elle criera : *Halte-là*, apprêtera l'arme ou croisera la baïonnette pour se mettre en défense, et appellera la garde[135]. » Dans la première partie du XIXe siècle, le service nocturne des gardes nationaux est réglé par ces mêmes dispositions[136] ; les factions nocturnes devant les corps de garde durent deux heures pour chaque homme[137].

Il faut se tourner vers les rapports quotidiens de la gendarmerie royale puis de la garde municipale de Paris pour rencontrer ces épisodes tendus où la sentinelle se trouve pour ainsi dire débordée par l'obscurité qui l'entoure. Aux gardes nationaux qui leur lancent un « Qui vive ? » inquiet ou agressif, les passants nocturnes répondent volontiers par des insultes retentissantes, signifiant véhémentement la revendication de la libre déambulation tardive. De leur côté, les factionnaires ont tendance à laisser partir trop rapidement leurs fusils : se répercutant sur fond de silence général, ces détonations déclenchent, de proche en proche, une procédure d'alarme qu'il faut du temps pour inverser. Un officier de paix rapporte par exemple le 27 mai 1816 que « sur les minuit, un particulier rôdant autour du poste de la garde nationale des Champs-Élysées, place Louis XV, a été poursuivi par un garde national de ce poste dont le fusil est parti ayant l'arme au bras. Ce coup de fusil a donné l'alarme au poste de la Place, qui s'est mis de suite sous les armes »[138]. Le 4 mars, à 8 h 30 du soir, « le sieur Laporte, miroitier, [est] blessé d'un coup de baïonnette par la sentinelle placée à la porte d'entrée principale du Mont-de-Piété. Le sieur Laporte courait fort vite et la sentinelle lui ayant crié *Qui vive* et ne le voyant pas s'arrêter quoi qu'il eût répondu *Bourgeois*, crut être attaquée et se mit alors en défense »[139].

La surveillance fixe assurée de façon plus ou moins fébrile par les hommes restés au poste est relayée par une surveillance mobile, celle des patrouilles de soldats, de gardes ou de gendarmes. Mais l'équipement des soldats ou des gardes en patrouille dans la première moitié du XIXe siècle n'est pas fait pour améliorer leur discrétion ou leur vélocité : ils portent un sabre au côté, un shako sur la tête, et des « manteaux de patrouille » en cas de mauvais temps[140]. Le rythme de circulation de ces patrouilles varie selon les corps, mais la plupart durent deux heures chacune. Les instructions soulignent leur lien avec l'obscurité, puisqu'on recommande de les faire commencer à la nuit tombante et de ne les arrêter qu'au lever du jour[141] – le service hivernal est donc, à tous égards, le plus éprouvant. En octobre 1816, un officier de paix fait remarquer qu'« il serait bien à désirer que par un ordre du jour, MM. les commandants des troupes de ligne et de la garde nationale ordonnassent que les patrouilles chargées de veiller à la sûreté ne sortissent que depuis minuit jusqu'à 4 h du matin, puisqu'il est reconnu que tous les vols ou tentatives de vol se font dans cet intervalle »[142]. Le 12 mai 1816, l'ordre du jour de la garde royale ne prescrit encore que quelques patrouilles nocturnes autour des casernes occupées par ce corps[143], afin de ramasser les soldats sortis après la retraite, et d'arrêter les « bourgeois » fauteurs de troubles : ces tâches, qui exigent un certain déploiement de force, sont prioritaires, l'arrestation des criminels étant essentiellement du ressort de la brigade de sûreté. On précise que ces patrouilles doivent être faites « avec le même soin que dans une place de guerre »[144] : la nuit parisienne, encore insoumise, ne doit pas être prise à la légère, alors que les soldats de la garde royale s'y comportent fréquemment comme en pays conquis, et en usent comme d'un espace de défoulement. La régularité horaire des patrouilles nocturnes de la garde royale n'est d'ailleurs fixée que par l'ordre du jour du 8 janvier 1821, visant à mieux les synchroniser avec celles de la ligne : des patrouilles de quatre hommes partiront de chaque caserne toutes les heures et demie, de 7 h 30 du soir à 3 h 30 du matin ; chaque patrouille de la garde royale, dont l'itinéraire est fixé à l'avance, devra suivre le chemin inverse de celle qui l'aura précédée[145], ce qui n'apporte qu'un peu d'inattendu à une marche globalement sans surprise.

Les recommandations adressées aux soldats et gardes en patrouille au cours du premier XIXe siècle traduisent la spécificité du temps de nuit. Ils doivent, en effet, marcher au pas, l'arme au bras, en longeant les maisons de part et d'autre de la rue, et en changeant souvent de direction. C'est l'indice sonore, guetté par des stations prolongées aux carrefours, qui doit les alerter. Quant aux patrouilles à cheval, elles se font au petit pas ; vouées à l'épuration massive, elles doivent « être tantôt divisées ou subdivisées, tantôt réunies pour battre devant elles et serrer, comme dans un filet, les rôdeurs, gens suspects et malfaiteurs »[146]. L'énumération des individus ou des situations vers lesquels les patrouilles à pied ou à cheval ont appris à diriger leur méfiance dessine la configuration habituelle de la déviance nocturne : on lutte pêle-mêle contre les mendiants, les vagabonds, les ouvriers insubordonnés, les soldats sans permission, les rassemblements, les rixes, les jeux, les petits commerces illégaux, les cafés et cabarets turbulents, les portes des maisons ouvertes pendant la nuit, les individus porteurs d'armes ou poursuivis par la clameur publique, les auteurs de tapage et de voies de fait, les voitures qui circulent sans lanterne, les querelles aux barrières[147], etc. En outre, passé minuit, il est ordonné d'arrêter « indistinctement [...] tous les individus porteurs d'effets ou de meubles »[148]. De même, les hommes couchés dans la rue doivent être emmenés, « parce qu'il arrive souvent que ce sont des voleurs qui se couchent ainsi pour éviter d'être arrêtés et faire l'homme ivre »[149] : dans le doute, la prudence est de mise. Les individus arrêtés, quels qu'ils soient, doivent être déposés au poste le plus proche ; en cas d'événement grave, le commissaire de police doit être immédiatement prévenu. Enfin, en cas de brouillard épais ou de troubles particuliers, des patrouilles extraordinaires à cheval de gendarmes ou de municipaux sont ajoutées à l'organigramme habituel pour affronter le redoublement de nuit qui s'abat soudain sur la capitale.

Finalement, la patrouille accomplie par ces gardes nationaux pendant la nuit du 25 au 26 décembre 1824 peut faire figure, grâce à l'éventail des situations rencontrées, de patrouille type : « Une patrouille sortie du poste à 11 h du soir et rentrée à 3 h du matin a fait les arrestations suivantes : 1° près de la halle aux draps, deux hommes qui criaient *À la garde !* et qui ont été remis aux gendarmes du poste de cette halle ; 2° rue du Temple, un homme se disant cocher de fiacre, qui portait un paquet de linge et qui a répondu au *Qui vive ?* par les mots *Ronde major* ; on l'a déposé au poste du Château-d'eau ; 3° deux autres hommes qui troublaient la tranquillité publique par leurs chants [...] ainsi qu'un autre homme pris au moment où il cherchait à ouvrir une porte avec un instrument qu'il a jeté au loin à l'approche de la garde et que l'on n'a pu retrouver. La même patrouille a arrêté : 1° [...] les nommés *** trouvés couchés sous l'auvent d'un pâtissier près la porte Saint-Martin ; 2° le nommé *** et le nommé *** qui erraient sur la voie publique à une heure indue, sans en pouvoir donner de motifs plausibles[150]. » Dans l'esprit de ceux qui veillent à sa tranquillité quotidienne au moyen d'une marche cadencée, le Paris de la nuit ressemble à une collection d'incidents répartis sur une échelle de gravité prédéfinie, et, comme dans tout rapport de type « policier », la narration est fatalement étouffée par la classification. Mais l'exposé de ce que les sentinelles et gardes nocturnes doivent faire ou disent avoir fait ne suffit pas à juger de leur empire réel sur l'espace public : une confrontation s'impose avec les appréciations portées sur eux par les usagers ou les observateurs de la nuit dans le deuxième tiers du XIXe siècle.

Un dispositif contesté

Sous la monarchie de Juillet, tandis que s'accroît l'exigence globale de liberté individuelle, s'installe en effet la conviction que l'omniprésence militaire n'est plus adaptée au Paris de la nuit. On déplore au début du règne de Louis-Philippe, dans *Paris, ou le Livre des Cent-et-un*, qu'à 3 h du matin, autour du Palais-Royal et des Tuileries, tout soit soldats et « Qui vive ? » : les yeux des gardes municipaux seraient, posés sur les noctambules, « comme un interrogatoire ou un procès-verbal »[151]. Envahissante, la surveillance est pourtant jugée peu opérationnelle : le maintien de l'ordre pratiqué depuis la Restauration ne serait plus apte à contenir les méfaits de plus en plus habiles des classes dangereuses, promptes à se glisser entre les mailles d'un filet dont elles connaissent trop le dessin. Les patrouilles militaires, complément ostensible, sous les Bourbons, d'une police de sûreté à la présence insoupçonnable, sont sans doute disqualifiées aussi par les progrès d'une police nocturne plus visible, celle des sergents de ville. Ces « patrouilles dont le pas bruyant et les armes étincelantes préviennent le coupable, mais ne l'attrapent pas »[152] devraient, selon Armand Durantin en 1843, pouvoir s'écarter plus aisément de l'itinéraire immuable prescrit à chacune d'entre elles[153], car leur pouvoir d'intimidation est désormais éventé. Prévoyant sans grand mal le tracé du parcours des soldats, les criminels de l'ombre n'ont plus qu'à deviner leur heure de passage, comme l'un d'entre eux s'y aventure en janvier 1836 : « La nuit dernière, un inconnu s'est présenté à la sentinelle du poste du Port-au-blé, occupé par la garde municipale, simulant d'être dans un état d'ivresse : il demandait à passer la nuit au poste. Pendant ce temps, une ronde de police de la brigade de sûreté est arrivée, et l'on a reconnu et arrêté un forçat évadé dans celui qui réclamait cette hospitalité bienveillante. On a conjecturé que son intention était de connaître l'heure de la sortie des patrouilles, attendu qu'un instant après, rue de la Mortellerie, plusieurs rôdeurs de nuit ont été arrêtés[154] » ; sans l'intervention opportune des limiers de la sûreté, les municipaux, inaptes au décryptage de tels stratagèmes, auraient été abusés, la nuit confrontant dans un équilibre instable la force et la ruse.

Dans la première partie du XIXe siècle, les gardes nationaux alimentent abondamment la réputation de maladresse attachée aux patrouilles nocturnes non policières, comme aux soldats du guet sous l'Ancien Régime. Ceux d'entre les gardes qui n'ont pas réussi à échapper au service n'aspirent qu'à réintégrer leur logis au plus vite – ce qui nous ramène à la représentation du bourgeois frileux et inadapté à la nuit véhiculée par les chroniqueurs des années 1830-1840. Les gardes nationaux s'absenteraient donc volontiers de ces corps de garde inconfortables où le sommeil, l'ennui et le froid ne tardent pas à avoir raison de leur civisme. Si les moqueries à l'égard de la garde nationale s'amplifient dans la presse satirique au cours des années 1830, les procédés de dérision sont codifiés dès 1815, avec le vaudeville de Delestre-Poirson et Scribe, *Encore une nuit de la garde nationale, ou le poste de la barrière*. Dans ce poste, des gardes trompent nonchalamment leur ennui : ils jouent aux dominos, et reçoivent la visite de M. Cassis, vendeur de petits pains et de liqueurs ; quant à ceux qui patrouillent, ils consacrent leurs efforts à observer les fenêtres d'un ami de garde, pour s'assurer qu'en son absence, sa nièce reste vertueuse[155]. Dans un ouvrage satirique de 1840 intitulé *Les Parisiens en 1840 : Joies et Douleurs de la garde nationale*, l'ironie est plus mordante : un charcutier de faction la nuit devant le poste se fait apporter par son garçon étalier un bonnet de coton, des pantoufles, du bouillon, et se les fait donner avec une longue perche car la nuit, « la sentinelle ne doit pas laisser approcher du poste à plus de dix pas » ! ; pendant ce temps, sa femme dispose de quelques heures pour s'amuser à sa guise[156]. L'absentéisme des gardes est également raillé : « Le sergent-major avait commandé vingt-quatre hommes [...] pour protéger un quartier contre les malfaiteurs sans asile et les chiens sans aveu. Il s'en trouva juste huit [...] pour répondre à l'appel[157] », de sorte que le garde Coquelet, qui a reçu son billet de garde le matin même, se voit chargé de six heures de faction au lieu de deux ; peu rassuré d'être seul à garder le poste, il demande à la patrouille de ne pas trop s'éloigner, et siffle un air pour éloigner chiens et voleurs... Il lui est défendu de faire entrer les « femmes vagueuses » et vivandières au poste ; son ennui n'est donc entrecoupé que par la visite de deux patrouilles (appelées « trouilles »...) venues se faire reconnaître ; à 6 h, quand celle du poste rentre enfin, elle le trouve furieux, hurlant *La Marseillaise* à tue-tête[158]. En 1841, la *Physiologie du Garde national* de Louis Huart ne restaure guère la réputation de ces vigiles improvisés. Les « trouilles » y portent particulièrement bien leur nom : « Quand le poste fournit à son tour quatre guerriers destinés à se promener pendant trois heures dans les rues et dans les boues de la capitale, c'est […] au caporal qu'est dévolu l'honneur […] de marcher en avant. […] C'est son pied qui sonde le premier tous les mystères des carrefours […] ; et quand la patrouille voit disparaître aux trois-quarts son chef, qui a de la boue jusqu'à la giberne, elle s'arrête immédiatement, et ne s'aventure pas dans ces parages dangereux. […] Nous ne parlerons pas des arrestations de voleurs, parce que, de mémoire d'homme, de volés et de patrouilles, jamais une patrouille de la garde nationale n'a arrêté un voleur, attendu que ces industriels, à moins d'être sourds comme des pots, entendent l'arrivée d'une patrouille d'un bout de la rue de Richelieu à l'autre bout[159]. » De fait, les gardes nationaux décrits par Louis Huart chantent aussi fort qu'ils le peuvent lorsqu'ils patrouillent la nuit et, arrivés dans leur rue, ne craignent pas de claironner sous la fenêtre d'un ami pour le réveiller, dans le simple but de lui demander l'heure qu'il est. Pire, certains caporaux font dévier l'itinéraire de la patrouille pour aller surveiller les ombres chinoises qui se dessinent aux fenêtres du domicile conjugal[160] : les inévitables incidents de la voie publique les préoccupent moins que ceux dont leur absence nocturne presque contre nature pourraient menacer le nid privé… En 1852 encore, Delacour et Lambert Thiboust font figurer dans leur pièce, *Paris qui dort. Scènes de la vie nocturne en cinq actes*, des « trouilles » de gardes nationaux : sur le boulevard des Italiens désert, à 3 h du matin, un caporal déambule seul et sursaute d'épouvante à chaque bruit, car il a perdu les quatre hommes de sa patrouille en route – l'un d'entre eux ayant subitement décidé d'aller voir l'aurore se lever sur Paris à Montmartre[161]…

Si, en principe, les gardes nationaux connaissent mieux le quartier où ils patrouillent que les jeunes soldats, cette familiarité est donc annulée par le moment nocturne, qui estompe leurs repères. Ces hommes, sortis des catégories stables de la population, sont des êtres du jour que l'on a propulsés dans la nuit contre leur gré et contre leurs habitudes[162]. Sous la monarchie de Juillet, la garde nationale n'est plus guère « cette association volontaire des habitants d'une même ville où chacun, tour à tour soldat et citoyen, veille pour le repos de tous, et s'endort le lendemain dans une sécurité dont il trouve à son tour la garantie dans la vigilance des autres »[163]. La longueur des nuits passées au corps de garde est trompée par divers moyens, peu conciliables avec le principe de vigilance : pendant que les « trouilles » tremblent dans les rues, et que dehors le factionnaire maugrée contre son immobilité forcée, les autres dorment dans les lits de camp du poste, fument, jouent aux cartes ou reçoivent des filles publiques. Et la réputation entretenue par la littérature pittoresque semble ne pas être complètement usurpée[164] : ainsi, malgré l'interdiction faite aux vivandières, colporteurs et marchand(e)s d'eau-de-vie et de comestibles d'entrer dans les corps de garde, le commissaire de police du quartier de l'Hôtel de Ville signale au préfet de police le 28 février 1816 que « le poste de la garde nationale de ce quartier a fait une espèce de pique-nique à la suite duquel il y a eu un punch qui s'est prolongé dans la nuit et auquel ont été invitées de prendre part toutes les patrouilles qui se sont présentées »[165]. Les gardes nationaux s'octroient donc au corps de garde quelques consolations nocturnes illicites, quand ils n'en viennent pas, plus radicalement, à abandonner leur poste. Peut-être est-ce pour oublier les multiples vexations subies dans ces rues obscures où les patrouilles de la milice citoyenne se sentent en territoire ennemi. D'ailleurs, dans le silence général, le bruit de leurs pas sur le pavé fait des gardes en patrouille des cibles parfaites, sans parler des règlements de compte privés visant des hommes souvent connus dans les localités qu'à leur corps défendant ils doivent arpenter. Le 17 décembre 1816, « un garde national de service en se rendant la nuit à son poste [heurte] une pierre placée à dessein au milieu d'une rue et [...] dans sa chute [se démet] le bras et [se casse] un doigt »[166]. Le 25 mars 1821, à minuit et demi, des immondices sont jetées sur une patrouille de gardes nationaux depuis une fenêtre de la rue Saint-Martin : « Il paraîtrait [...] que le fait aurait été commis avec intention, car on a attendu que la patrouille fut précisément sous la fenêtre, afin que chacun en reçut, et la fenêtre est restée ouverte quelques instants, comme pour voir le résultat[167]. »

Avec l'affirmation progressive d'un droit au repos et au confort privé, les Parisiens contribuent de moins en moins directement à la sécurité nocturne de leurs rues. Sous la monarchie de Juillet, les professionnels de la surveillance nocturne prennent de plus en plus de place, assurant la sécurité des « professionnels » du plaisir nocturne dont nous avons remarqué l'émergence. Car si les défaillances et bévues nocturnes de la garde nationale provoquent l'essentiel des moqueries littéraires, les sources plus « brutes » que sont les rapports conservés aux Archives nationales révèlent que les gardes nationaux n'ont pas le monopole d'une négligence qui caractérise aussi les soldats employés à la surveillance nocturne de la capitale sous la Restauration. Ainsi, on relève à de multiples reprises, dans les rapports de la gendarmerie royale de Paris, que les occupants des postes militaires les abandonnent sans raison ou profitent de la nuit pour abuser de l'alcool, en particulier dans les quartiers écartés. Le 18 juillet 1819, « à 11 h 10 minutes du soir, l'un des adjudants de la ville de ronde, visitant le poste de la Salpêtrière, a trouvé le caporal ivre, et dormant sur l'herbe près du corps de garde, n'ayant pu se lever pour le reconnaître, cet officier a été obligé de remettre la feuille de rapport au plus ancien fusilier de la garde »[168]. Mais dans ces domaines, la somnolence se révèle peut-être moins périlleuse pour l'ordre public que l'excès de zèle, comme le laisse à penser ce début d'émeute provoqué par un militaire le 18 septembre 1818 : « À 11 h 1/2 du soir il y eut un rassemblement très considérable et tumultueux devant le poste de la Banque de France, parce que l'officier commandant ce poste, étant très ivre, s'était permis des arrestations arbitraires et avait ensuite fait sortir la garde, au nombre de vingt-cinq hommes, pour repousser l'attroupement[169]. » L'empressement commercial des vivandières n'est pas seul en cause : les officiers de la garde royale ont ainsi, sous la Restauration, l'habitude de faire distribuer aux soldats de garde une ration d'eau-de-vie, doublée lorsqu'on exige d'eux un supplément de service, afin de rendre leurs nuits moins pénibles ; dans le même temps, les responsables s'étonnent, en octobre 1825, du relâchement de vigilance observé par de nombreux Parisiens chez ces soldats[170]...

En bref, les soldats de la Restauration comme les gardes nationaux de la monarchie de Juillet ont la réputation de n'être pas suffisamment pénétrés de la gravité de leurs devoirs nocturnes, ou de ne pas être aptes à les remplir, et de ne fournir donc qu'un simulacre de police des rues – alors même que le développement des circulations nocturnes accroît le besoin de sûreté. Ce besoin se fait notamment entendre dans les réclamations adressées par les particuliers ou par les commissaires de police au préfet ou au ministre de l'Intérieur, dans le but d'obtenir un surcroît de surveillance dans leur quartier, le maillage se distendant sensiblement à mesure que l'on s'éloigne du centre de la ville. Les demandes s'expriment volontiers à la suite de vols nocturnes répétés commis dans ce Paris de la nuit excentré mais « honorablement » habité que les autorités délaissent – en matière de police comme d'éclairage public, d'ailleurs. Dès le 14 novembre 1815, les Champs-Élysées sont désignés comme un coupe-gorge, et cela dès la fin du jour : « Hier, rapporte le commissaire du quartier, à 7 h 30 du soir, le nommé Charles, domestique de M. le marquis de la

Tour du Pin […] se rendant de la rue d'Angoulême rue du faubourg Saint-Honoré, fut arrêté et dépouillé de son habit de livrée par deux militaires anglais qui lui prirent aussi 12 francs qu'il avait dans son gousset» ; ce commissaire prie donc le Préfet de «faire placer des postes, et à l'entrée des Champs-Élysées et près du Jeu de Paume»[171]. En janvier 1816, c'est d'un officier de paix de la rive gauche (au sujet du quartier de Saint-Thomas d'Aquin) que proviennent les appels: «Depuis quelques jours, il se fait des tentatives de vol, pendant la nuit; il s'en est même commis un chez M. Curial, pair de France; ce qui donne occasion […] de rappeler la demande […] faite nombre de fois au sujet de l'établissement d'un corps de garde dans le bâtiment des Incurables […]. La réorganisation des patrouilles grises serait aussi très nécessaire[172].»

Les années 1820-1826, riches elles aussi en inquiétudes nocturnes, constituent également un moment de plaintes répétées contre le défaut de surveillance dont pâtissent certaines parties de Paris. Des gardes nationaux eux-mêmes font remarquer le 18 août 1824 qu'«il serait utile que de fréquentes patrouilles parcourussent le haut du faubourg Saint-Germain, que les voleurs et les vagabonds semblent avoir pris pour repaire» – il arrive ainsi que le poste de la rue de Sèvres, enfin établi, ne reçoive aucune patrouille pendant la nuit[173]. De son côté, le préfet de police fait part le 3 février 1825 aux autorités militaires du mécontentement des Parisiens depuis que l'affaiblissement de la garnison a provoqué la suppression de certains postes[174]. Aux peurs nocturnes des années 1835-1836 correspondent d'autres récriminations, comme celles des habitants du quartier de l'École de Médecine, qui se plaignent en octobre 1835 de la fermeture du poste de ligne de la place Saint-André-des-Arts: «Six hommes et un caporal suffisaient pour éloigner les malfaiteurs d'un quartier très dangereux le soir par le labyrinthe de rues dont il se compose[175].» Dès lors que la vigilance se relâche dans un endroit donné, le champ est libre pour les fauves censés rôder dans les ténèbres. L'hiver multiplie en outre les sources d'inquiétude: les nuits sont interminables, et les sergents de ville comme les municipaux sont accaparés, durant le carnaval, par la surveillance des lieux publics de réjouissance.

La pacification des quartiers périphériques, catégorie à laquelle la rive gauche paraît appartenir tout entière dans la première partie du siècle, n'est que partielle ou inconstante. Dans l'*Instruction sur le service de la Garde municipale* de 1845, par exemple, on ne recommande une attention soutenue aux barrières que jusqu'à 1 h du matin[176]. Les nuits populaires des faubourgs et des barrières se signalent par l'entremêlement de la fête, du désordre et de la délinquance mais, éloignés des centres du pouvoir, ces lieux ne sont contrôlés avec assiduité que lorsqu'ils sont fréquentés par la foule. Et encore dans ce cas les moyens ne sont-ils que rarement adaptés : le 17 février 1816 déjà, un adjudant de ville ayant visité pendant la nuit le poste de la barrière de Belleville indique que « cette garde est insuffisante pour maintenir l'ordre et obtempérer à la réquisition de l'autorité civile, surtout les *dimanches et lundis*, où il y a bal dans tous les cabarets de cette commune »[177]. À partir de la fin de la Restauration, c'est le quartier du Montparnasse et les parages de Montrouge, confrontés à l'afflux de visiteurs turbulents, qui sont décrits comme sous-équipés en matière de surveillance nocturne[178]. Quant à la banlieue proprement dite, c'est, sur le plan de la sécurité de nuit, une terre en friche : les contrôles n'y sont opérés que par à-coups, au moyen d'opérations spectaculaires, et souvent à la demande expresse des maires concernés. Comme l'explique Gisquet en 1840, il s'agit alors de « cerner les repaires nocturnes » dont la banlieue fourmillerait et d'organiser, dans ces communes où se réfugient les récidivistes, de « grandes battues »[179], qui ratissent suffisamment les lieux pour en dénicher temporairement les indésirables.

À la recherche de la trame idéale

Les imperfections du dispositif de maintien de l'ordre nocturne donnent lieu, au cours de la période, à une étonnante floraison de projets de refonte globale du système, soumis par des particuliers aux responsables parisiens de la sécurité. Émanant parfois de solliciteurs obscurs et farfelus, ils ne retiennent pas tant par eux-mêmes que par les aspirations nouvelles qu'ils révèlent. Ce n'est pas un hasard si, au temps des discours sur les classes dangereuses, les particuliers en quête de reconnaissance ou de récompenses matérielles choisissent d'adresser au préfet de police ou au ministre de l'Intérieur le fruit de leurs réflexions sur la meilleure manière de garder Paris des dangers de la nuit – sujet sensible pour une opinion conservatrice qui croit voir se manifester entre le crépuscule du soir et celui du matin, plus qu'à tout autre moment, les séquelles du traumatisme révolutionnaire.

Dès le 24 janvier 1812, le baron de Gérando, conseiller d'État et président de la Commission des pétitions, transmet au préfet de police un « Projet de formation d'une garde de nuit » pour la ville de Paris, projet initialement envoyé par un certain Lesavre-Caillier, ancien soldat habitant le quartier des Champs-Élysées, au Conseil d'État, à l'intention de l'empereur[180]. L'auteur y exprime longuement l'ambition d'ouvrir enfin la nuit parisienne aux hommes de bien : « C'est dans l'obscurité que se forment les complots, c'est dans les Ténèbres de la nuit que les Citoyens paisibles craignent de trouver des êtres malfaisants.[...] Il serait urgent, Sire, qu'au milieu de la nuit aucun événement malheureux n'exista *(sic)*, et que le négociant, l'artisan et le marchand n'aient plus à redouter ces hommes avides de rapts, et les coups de l'affreux meurtrier. Cette garde de nuit que j'ai l'honneur de proposer à Votre Majesté parviendrait à faire disparaître entièrement ces perturbateurs qui, en pleine paix, exigent que le tranquille habitant se tienne sur ses gardes. [...] L'approbation de Votre Majesté, l'estime de vos Sujets en devenant le gardien de leur vie et de leurs propriétés, doit devenir la seule ambition du Chef qui aurait l'honneur de commander cette Garde, qui doit [...] se signaler en purgeant la capitale d'êtres corrompus, qui ne doivent plus compter parmi un peuple aussi poli et aussi civilisé que le français[181]. » Un corps unique et spécifique, la « Garde de nuit », veillerait donc à défendre la civilisation menacée « depuis le coucher du soleil jusqu'à l'aube du jour »[182]. Grâce à un effectif total de 2 245 hommes, dont chacun serait de service une nuit sur deux, chaque arrondissement serait protégé, la nuit, par une centaine de gardes ; leur entretien serait assuré par une taxe prélevée sur les propriétaires et locataires les plus fortunés. Les gardes recrutés seraient des militaires en congé, ayant dépassé quarante ans, et munis d'un certificat de bonnes mœurs. L'itinéraire des patrouilles envisagées dessine un quadrillage strict, la « Garde de nuit » de Lesavre-Caillier étant présentée comme « mobile et sans relâche » : c'est à force de marcher qu'elle « finirait par anéantir (la) troupe infâme (des criminels nocturnes) »[183]. Détail fort révélateur, Lesavre-Caillier envisage, par ailleurs, de contrôler impitoyablement l'identité et la liberté de circulation nocturne des Parisiens, cette dernière étant soumise, dans son projet, à l'obtention d'un laissez-passer payant, qu'assurément bien des Parisiens modestes seraient dans l'incapacité de s'offrir : « Exception faite des Membres de la Légion d'honneur, des fonctionnaires publics, des Médecins, Chirurgiens, Accoucheurs, Sages Femmes et Conducteurs de Voitures, tout individu qui serait trouvé à pied dans les rues, depuis minuit jusqu'à l'aube du jour, serait conduit au corps de garde le plus proche, où il serait tenu de payer 50 centimes pour un laissez-passer qui, sur le vu de sa carte de sûreté, lui serait délivré par le Commandant du poste[184]. » Malgré cette débauche d'intentions épuratrices, le projet de Lesavre-Caillier fut jugé irrecevable : le recours à la garnison et aux gendarmes devait suffire à la sécurité nocturne et se révélait moins coûteux que la création d'un corps spécifique[185]. Sans doute répugnait-on aussi à taxer des Parisiens fortunés qui, circulant la majeure partie du temps en voiture, ne risquaient guère leur vie dans les rues obscures.

À la fin de l'année 1826, tandis que les récits d'attaques nocturnes se multiplient, un colonel de Gendarmerie en retraite, Lemoyne[186], adresse à son tour au préfet un « Projet d'organisation d'une garde de Nuit pour la ville de Paris »[187]. Le corps des gardes de nuit recevrait ses ordres du préfet de police, et serait composé de 5 036 hommes, dont un sur quatre serait de service chaque nuit. Ici encore, chaque arrondissement serait protégé la nuit par cent gardes environ, rétribués au moyen d'une souscription. Les postulants seraient soigneusement sélectionnés, les fonctions de garde de nuit exigeant une moralité à toute épreuve, ainsi qu'« une constitution assez forte pour suffire à une surveillance continuelle pendant la durée des nuits et pouvoir en imposer aux malveillants qui portent la désolation, particulièrement dans les quartiers isolés de la capitale »[188]. Ces « sentinelle(s) vigilante(s) »[189] doivent être entourées de l'estime publique, faire preuve dans leurs fonctions de sang-froid et de discrétion ; elles seront armées d'un bâton ferré, d'un sabre, et d'une crécelle – pour pouvoir s'appeler entre elles[190]. La réponse du préfet à Lemoyne témoigne des fonctions implicites que les autorités assignent à la surveillance nocturne : il lui fait remarquer que les gardes de nuit ne sauraient pas faire face à des situations d'attroupement, à des « hommes qui, par caractère, sont toujours prêts à se porter à des voies de faits ». Lemoyne souhaite que son système de garde de nuit ne supplante pas la gendarmerie royale ou la garde nationale, mais s'ajoute aux patrouilles préexistantes, car « dans la position où se trouve la capitale, par l'accroissement considérable de ses nouvelles rues, par la grande quantité d'étrangers de toutes classes qui y abondent, l'industrie faisant de jour en jour de grands progrès attire nécessairement à Paris une foule de prolétaires qui nécessitent, de la part du gouvernement, un surcroît de force et de surveillance »[191]. C'est par le biais nocturne que pourrait se profiler, dès la fin de la

Restauration, l'amalgame entre laborieux et dangereux, et se préparer les nouveaux moyens de leur contrôle.

Sous la monarchie de Juillet, les responsables parisiens, confrontés à l'aggravation de l'angoisse nocturne, songent en effet à une ample réorganisation de la surveillance. Le préfet Gisquet avance en 1840 dans ses *Mémoires* que « l'insuffisance des rondes de nuit et des patrouilles est démontrée par trop de faits pour qu'il soit besoin d'en produire de nouvelles preuves. La presque généralité des malheurs qui affligent la population arrivent entre 10 h du soir et 4 h du matin »[192]. Il propose, pour y remédier, la création de 1 200 à 1 500 gardiens de nuit, répartis dans la ville tous les cent cinquante mètres, dotés du titre d'inspecteurs de police, munis d'un sabre et d'un sifflet (ou d'un cornet d'appel). Ils compléteraient les patrouilles militaires par une vigilance plus minutieuse : « Chacun d'eux […] [circulerait] dans un espace déterminé et de fort peu d'étendue[193]. » Le défi de la sécurité nocturne est encore relevé par Aimé Lucas, auteur en 1844 d'un « Projet d'institution d'une Surveillance spéciale de nuit pour la Sûreté publique de la capitale »[194], au plus fort des hantises déclenchées par les agressions de passants attardés. On peut encore citer le projet formulé par Léon Vidal en 1845 : il propose de faire arpenter des circonscriptions précises par des « cantonniers de police »[195]. On sent donc poindre dès la monarchie de Juillet la solution géométrique de l'îlotage, appliquée au Paris nocturne à partir de 1854 seulement. La question de la distribution des forces de l'ordre à la surface de la grande ville après minuit devient objet de débat à mesure que les formes turbulentes de la présence populaire concurrencent l'usage nouveau de l'espace nocturne par une population plus « choisie ». Contre l'improvisation antérieure, la volonté de systématisme affleure.

La Deuxième République est particulièrement fertile en projets de garde de nuit : les solliciteurs précédemment éconduits espèrent être entendus des nouvelles autorités, à la faveur de la réorganisation des vigilances. La garde municipale et les sergents de ville ont été licenciés par le gouvernement provisoire dès février 1848[196], et la police de la capitale est initialement confiée aux bandes révolutionnaires (les Montagnards, notamment) dirigées par Caussidière, tandis qu'en mars 1848, deux mille gardiens de Paris remplacent les sergents de ville et assurent un service diurne et nocturne apparemment peu efficace. En mai, une garde républicaine de deux mille six cents hommes (dont six cents à cheval) est organisée et placée sous les ordres du préfet de police : les troupes hétérogènes et peu disciplinées de Caussidière ont disparu, et ce dernier a été remplacé par Trouvé-Chauvel[197]. Enfin, le 8 avril 1849, l'appellation de « sergents de ville » est rétablie : ces hommes, souvent anciens gardiens de Paris, sont chargés de rondes de nuit partant de la Préfecture de police et dirigées par un officier de paix[198]. La confusion des années 1848-1852 stimule donc l'inventivité de certains particuliers, dont les projets respectifs de surveillance nocturne peuvent être énumérés succinctement[199] ; il s'agit parfois, d'ailleurs, du simple retour opportuniste de plans déjà présentés sous la monarchie de Juillet.

Le 20 février 1848, Daler, habitant de la rue Grenelle Saint-Honoré, fait parvenir aux autorités un « Plan de surveillance nocturne permanente et gratuite ». Il suggère que les gardes nationaux, au lieu de servir loin de chez eux, montent la garde dans leur propre rue chacun une fois par mois pendant six heures, et cela jusqu'à 4 h du matin, heure à laquelle « la classe laborieuse se rend déjà à son occupation » ; les rues seraient parcourues sans cesse par deux factionnaires. Selon lui, héritier du « guet bourgeois » médiéval, on peut attendre de celui qui veille sur ses propres intérêts qu'il se montre plus zélé que les gardes soldés, que de toute façon on ne pourrait employer si nombreux (chaque nuit, quatre à cinq mille citoyens pourraient être mobilisés). Le 29 mars 1848, Fulchier, inspecteur général des Omnibus, adresse au préfet de police un projet relatif à la formation d'un corps de 2 400 hommes veillant jour et nuit à la sécurité de Paris, corps appelé Garde de Sûreté : le service de nuit durerait de 6 h du soir à 6 h du matin, et serait assuré par 1 200 gardes (ici encore, d'anciens militaires âgés de 25 à 45 ans). Jusqu'à 10 h du soir, chaque garde surveillerait une portion de rue correspondant à cinquante maisons ; ensuite, dix patrouilles de cinq hommes partiraient toutes les deux heures de la mairie de chaque arrondissement.

Après les événements de juin, le rythme des suggestions s'accélère. Fin juillet 1848, un nommé Canolle expose minutieusement au préfet comment sont organisés les « Gardiens de villes » dans les pays nordiques et germaniques. La nuit, un gardien est placé à l'entrée de chaque rue (toujours le même pour chaque rue), où se trouve un petit corps de garde ; ces hommes portent des bottines fourrées dotées de semelles sans clous, parfaitement silencieuses lorsqu'ils marchent ; ils sont munis d'un bâton plombé, d'une arme à feu et d'une lanterne discrète. Ils sont payés grâce à une taxe prélevée sur les propriétaires et sur ceux qui organisent des bals, des concerts, des soirées. Durant la nuit, le service du gardien de ville consiste à surveiller tous les passants retardataires, auxquels cependant il ne doit pas crier « Qui vive ? », mais parler à demi-voix ; il s'assure que les boutiques sont fermées, qu'aucun incendie ne se déclare, et reconduit les ivrognes chez eux ; en cas d'incident grave, il donne l'alarme au moyen d'un sifflet. Le 31 juillet 1848, Lemoyne, inlassable défenseur de la cause de l'ordre, revient à la charge depuis Château-Thierry, en présentant de nouveau son projet de 1826 au « Citoyen Ministre » de l'Intérieur : « Je pense que les déplorables événements qui viennent d'avoir lieu dans Paris le mois dernier exigent une surveillance des plus rigoureuses pour connaître et déjouer les manœuvres coupables des ennemis de l'ordre[200]. » Le 9 août suivant, Carlotti, habitant de Belleville, propose, pour éviter des dépenses supplémentaires, de confier la surveillance nocturne aux portiers, en étendant leurs fonctions de l'intérieur de la maison vers l'extérieur : à tour de rôle, ils monteraient la garde dans la rue. Puisqu'« il faudrait que la police fut partout en même temps, et que sa surveillance fut de tous les instants et en tous lieux »[201], mais que cette parfaite ubiquité est irréalisable, pourquoi ne pas utiliser ces concierges, au regard naturellement inquisiteur[202], et faire surveiller la nuit publique par les principaux garants de l'ordre privé ?

En octobre 1848, Calemard de Lafayette, habitant de la rue du Faubourg-Montmartre, propose quant à lui la création de « Gardiens de rues »[203] domiciliés dans la rue même dont ils assumeraient la surveillance toutes les nuits ; le projet possède de nombreux traits communs avec ceux qui précèdent. Ces protecteurs vigilants, sortes de magistrats de leur rue, maintiendraient l'ordre par leur seule « force morale », et n'auraient besoin ni d'arme ni d'uniforme ; ils seraient entretenus par ces propriétaires qui aspirent à « dormir tranquilles ». Leur vigilance immobile se combinerait avec des « patrouilles pemanentes » circulant dans les principales rues. Dès lors, l'insurrection disparaîtrait de Paris, et « la circulation des malfaiteurs par petites bandes devien[drai]t impossible ». Le matin, un service d'inspecteurs recueillerait les rapports des gardiens, et « tous les jours à 10 h le préfet de police saurait tout ce qui s'est passé dans Paris la nuit précédente »[204]. Le 8 janvier 1849, un anonyme écrit enfin au préfet que les gardiens de Paris récemment créés sont inefficaces la nuit, et qu'il faudrait placer chaque soir, au coin des rues, un poste de gardiens de nuit munis d'une lanterne rouge. Ce fourmillement de suggestions finit d'ailleurs par filtrer dans la presse : la *Gazette des tribunaux* doit cruellement décevoir ses lecteurs lorsqu'elle dément, le 12 février 1851, la rumeur selon laquelle la Préfecture de police s'emploie à la formation d'un corps de gardiens de nuit.

La sécurité du Paris de la nuit est donc devenue, pendant le deuxième tiers du XIXe siècle, l'occasion d'un débat où éclatent les contradictions entre la tentation du retour au couvre-feu et l'exigence nouvelle d'une nuit accessible à tous. Face à la relative inadaptation des procédures de contrôle perpétuées depuis 1815, les projets des uns et des autres combinent les résurgences médiévales (l'utilisation des habitants à la sauvegarde de leurs propres biens et de leur repos – solution économique –, le cloisonnement dans le cadre du quartier…) et les anticipations vers un corps homogène de vigiles professionnels. Ces hésitations viennent peut-être aussi de la récurrence de la menace insurrectionnelle et de l'indifférenciation des formes de désordre qui retardent, jusqu'aux années 1850, la démilitarisation des nuits parisiennes. Nombreux sont ceux qui, dès la monarchie de Juillet, pensent pouvoir éradiquer l'envahissement criminel par une arithmétique implacable, la formation d'un filet de protection nocturne auquel nul délit ne pourrait échapper. Cependant, les périodes d'instabilité politique sont peu favorables aux réformes durables des infrastructures de la vie urbaine. Succédant à une époque d'interrogation sur les fondements de l'ordre nocturne, le Second Empire, soi-disant plus soumis que les régimes précédents à l'acclamation populaire, plus soucieux aussi d'intervention étatique dans les vies quotidiennes, répond aux attentes antérieures en appliquant à la rue obscure des méthodes simplificatrices très comparables à celles qui gouvernent l'urbanisme haussmannien. La planification globale est accentuée, le jour et la nuit sont presque mis sur le même plan, et la seconde se trouve donc banalisée, enserrée dans la rationalité nouvelle d'un damier policier où, plus que jamais, tout semble prévu.

Le Second Empire : la nuit quadrillée

Empressées, après la crise de la mi-siècle, de rassurer les « bons » et de faire trembler les « méchants », les autorités du Second Empire se doivent d'appliquer aux rues de la capitale, quelle que soit l'heure, le principe d'ordre cher au camp bonapartiste. Dans ce but, les recettes et compromis anciens sont remis en cause, et l'exemple londonien est mobilisé. De jour comme de nuit, la police des arrondissements doit devenir, aux yeux des Parisiens, un service fourni par des professionnels pondérés et disponibles, ne plus être perçue comme une présence insinuante ou importune, lâchement appuyée, lorsque le jour disparaît, sur la brusquerie militaire. À partir de 1854, l'omniprésence policière constitue, en théorie, une offre permanente d'assistance aux honnêtes gens, auxquels la rue doit être rendue – bons ouvriers compris, la séparation des classes dangereuses et des classes laborieuses par l'intégration sociale des secondes étant rendue nécessaire par le suffrage universel (ou même par sa fiction). Les sergents de ville deviennent ainsi les guides du bon usage de la grande ville. L'instauration de l'îlotage est destinée à les rapprocher des citoyens, à les poser, dans une unité géographique restreinte, comme les pacificateurs et les médiateurs capables de faire contrepoids aux mutations rapides de la société urbaine. Dans le contexte nocturne, on compte sur la fréquence et sur la régularité nouvelles de leur passage, ainsi que sur leur familiarité avec les lieux arpentés, pour en garantir la tranquillité. La présence ostensible de sergents de ville en uniforme dans les arrondissements se trouve donc considérablement accrue à partir de 1854, tandis que les forces militaires sont de moins en moins dispersées dans l'ordinaire des nuits et des jours, mais réservées aux circonstances exceptionnelles, celles où le peuple de Paris doit être collectivement contenu.

Du camp de l'ordre, où l'on cherche à réconcilier notables, peuple méritant, et représentants du pouvoir, ne sont plus exclus que ces inadaptés sociaux que les criminologues du second XIXe siècle ravaleront au rang de sous-hommes. D'ailleurs, les éléments les moins corrompus des classes dangereuses n'en sont-ils pas peu à peu extirpés par l'appel de la prospérité industrielle et par le renforcement de la dissuasion légale ? Contre l'infime minorité de ceux qui résistent, et pour qui l'appellation d'« irrécupérables » s'affirme, des méthodes plus radicales sont de mise : on leur dispute vigoureusement la possession de la nuit après celle du jour, de même qu'on les poursuit loin de la ville, jusqu'à ce que leur image s'évanouisse. Pour que la nuit parisienne ressemble davantage au jour, on y procède en effet à des rafles massives, on y travaille à la résorption systématique de tout ce que le premier XIXe siècle a légué au second d'ombres suspectes[205]. La distribution des forces policières en fonction d'une grille plus harmonieuse que par le passé semble, en outre, devoir garantir à chaque quartier de la capitale un niveau de sécurité équivalent et démontrer que nulle parcelle du territoire comme de l'emploi du temps parisiens n'est négligée par la Préfecture de police. Mais ces prétentions sont durement éprouvées par l'annexion de la petite banlieue en 1860 : les nuits incontrôlées de la périphérie semblent rester à l'écart et, dans les lieux peu habités où le passant est d'autant plus exposé aux pièges de l'ombre qu'il est rare, le dispositif policier réformé en 1854 révèle quelques carences. Cependant, il nous faut préciser d'emblée qu'à ce changement de période correspond un appauvrissement de la gamme des sources[206], qui nous enferme plus qu'auparavant dans une vision idéalisée où les souvenirs de la nuit ancienne tendent à être oubliés plus rapidement peut-être qu'ils ne le furent dans la réalité. Jusqu'aux années 1860, l'on est souvent réduit à retracer l'histoire du sentiment de sécurité forgé par une presse parisienne docile, qui a provisoirement renoncé à exploiter la peur de l'ombre.

La réforme de 1854 : deux hommes dans la nuit

À l'approche de l'Exposition universelle de 1855, et pour que la capitale soit digne des promesses de lumières que l'événement recèle, une réforme globale du service des sergents de ville, adossée à une nette croissance des effectifs, est donc entreprise[207]. Le Paris nouveau mérite un réseau policier rénové, adapté au principe d'alignement et de symétrie qui est à l'œuvre dans la recomposition du réseau viaire. On sait que le dispositif londonien avait favorablement impressionné l'empereur : après avoir imité Paris en 1829 en adoptant les *policemen* en uniforme, la capitale anglaise devenait modèle à son tour, quant à la meilleure façon d'utiliser ces hommes. La prévention des délits serait donc assurée, à Paris comme à Londres, par la pratique de l'îlotage, qui suppose le découpage du territoire urbain en une multitude de circonscriptions de taille réduite, arpentées continuellement par des agents qui en connaissent parfaitement les mœurs particulières. « Ce que l'on remarque dès l'abord dans l'organisation de la police à Londres, [...] c'est la présence partout, jour et nuit, à toute heure, de nombreux agents dont chacun, chargé de la surveillance exclusive d'un espace très circonscrit, le parcourt constamment, en connaît à fond la population et les habitants[208] », explique en 1854 Billault, le ministre de l'Intérieur, dans un rapport à l'empereur. Dans le Paris du Second Empire, de la même façon, la police doit être disponible partout et à toute heure : entre jour et nuit, les différences de traitement s'estompent. En bref, les îlotiers, par leur circulation méthodique, doivent affirmer la sujétion croissante des deux faces de l'existence urbaine aux mêmes normes.

Si les sergents de ville, rétablis le 8 avril 1849, sont 450 à surveiller les arrondissements en 1850 (tandis que les 300 restants sont voués à d'autres tâches), leur véritable renaissance date donc du décret impérial du 17 septembre 1854, qui fixe d'un coup leur effectif à 2 876 hommes[209], ce qui représente une sorte de changement d'échelle. Le Second Empire accélère ainsi le processus modernisateur entamé sous la monarchie de Juillet et répudie, en matière de sécurité, les expédients et les avarices antérieures – la garde nationale venant d'ailleurs de montrer qu'elle n'était plus un recours possible contre les menaces nocturnes ni contre le risque de l'émeute. Grâce au déploiement nouveau de ses forces, la police municipale parisienne accroît son ascendant sur l'espace nocturne entre 1850 et 1860, ce qui simplifie les problèmes quotidiens de concertation avec l'autorité militaire. Dans son rapport explicatif à Napoléon III, Billault juge désuètes les rondes nocturnes telles qu'elles étaient pratiquées avant 1854 : chacune devait, selon lui, surveiller 82 à 83 hectares, et protéger 26 325 habitants en moyenne. À l'en croire, les *policemen* londoniens sont, en outre, cinq fois plus nombreux que les agents parisiens, alors que la population londonienne est seulement double de la population parisienne[210]. Grâce au net accroissement numérique consenti en 1854, Paris rattrapera ce qui semble un retard, et les forces militaires pourront être rendues à des tâches plus conformes à leur vocation. Pour atteindre ces objectifs, Billault propose à l'empereur la création d'un corps de 3 000 sergents de ville marchant à tour de rôle huit heures sur vingt-quatre[211].

Juste avant le décret du 17 septembre 1854, les sergents de ville parisiens étaient 915, soit un pour 1 150 habitants environ[212] ; après le décret, il y a dans la capitale un sergent de ville pour 365 Parisiens. L'annonce de la réforme n'a pu que rassurer les plus anxieux d'entre les promeneurs nocturnes, certains, à partir de 1854, de toujours croiser une ronde sur leur itinéraire. En 1859, juste avant l'annexion, les sergents de ville sont au nombre de 4 616 (soit un pour 360 habitants environ) et à la veille de l'Exposition universelle de 1867, leur effectif s'élève à 5 768 hommes, soit un pour 350 habitants (dans un Paris très agrandi, il est vrai)[213]. La progression numérique des effectifs policiers est donc globalement parallèle à celle de la population ;

la croissance urbaine est accompagnée d'un réajustement fréquent des structures d'encadrement de la vie quotidienne (sauf dans les arrondissements périphériques), alors que sous les monarchies censitaires, ces mesures n'étaient prises que par à-coups, en fonction des oscillations du risque insurrectionnel. Des allées et venues incessantes du matin au soir et du soir au matin remplacent, au total, l'ancienne bipartition entre plantons diurnes et rondes nocturnes[214].

On insiste sur la bonhomie de la surveillance exercée selon ces nouvelles modalités. Le sergent de ville, faisant oublier aux Parisiens la rouerie des agents en civil de la Restauration comme la maladresse souvent brutale des patrouilles militaires, est promu, dans son îlot, comme un personnage presque cordial : « La ville sera parcourue, pendant toute la nuit, par un nombre égal de sergents de ville, assez rapprochés pour se prêter main-forte, et qui pourront dans tous les cas réclamer l'appui des postes d'arrondissement. Leur action vigilante et protectrice s'étendra à tous les points, même les plus reculés de la capitale. [...] Ils préserveront de tout attentat les personnes et les propriétés. Ils fourniront des renseignements aux citoyens ; ils rempliront, enfin, tous les devoirs de cette autorité pour ainsi dire paternelle[215]. » La police parisienne, à la fois diurne et nocturne, se fait plus proche et l'on peut imaginer, en 1854, qu'elle n'est pas prédisposée à la répression des troubles politiques. N'ignorant rien de la topographie ni de la population de leur îlot, capables d'apprécier la légitimité des déplacements nocturnes des uns et des autres, les sergents de ville d'après 1854 pourront toutefois y repérer plus aisément que leurs prédécesseurs les anomalies. Si leur popularité se trouve réhaussée parmi la population stable, c'est peut-être que plus nombreux, plus mobiles, plus harmonieusement répartis dans Paris que sous la monarchie de Juillet, les sergents de ville du Second Empire sont censés y déployer une vigilance plus constante et moins exclusivement répressive : selon Du Camp, « une sorte de gronderie familière qui avertit plutôt qu'elle ne menace »[216] a succédé à la brutalité antérieure... Vitrine du régime, la police parisienne ne doit plus être comparée, lâchée dans la nuit, à une meute de chiens de chasse : la civilisation des mœurs citadines se révèle notamment dans celle des gardiens qui leur sont assignés.

La tombée du jour n'interrompt donc pas la déambulation de ceux que l'on décrit d'abord comme des marcheurs inépuisables. Leur attention doit être aiguisée par la nuit, même si les consignes sont moins sévères que pendant la première moitié du siècle : nuit et jour sont moins radicalement opposés qu'autrefois, comme si les dangers n'y étaient plus séparés que par une différence de degré, non plus de nature. Le *Règlement général du service ordinaire de la police dans la ville de Paris*, publié en 1856, définit comme service de jour celui qui s'étend de sept heures du matin à minuit (les soirées de la fête impériale font donc partie du jour…), et comme service de nuit celui qui dure de minuit à sept heures du matin (de la fermeture des lieux publics au lever de la petite bourgeoisie). Si pendant le jour, un seul sergent de ville parcourt inlassablement chaque îlot pendant huit heures d'affilée, la nuit, c'est deux par deux que ces hommes déambulent, tandis que les autres agents restent au poste en réserve[217]. Les hommes de ronde prennent la rue nocturne en tenaille : ils marchent l'un d'un côté et le second de l'autre côté de la rue, sans avoir le droit d'échanger la moindre parole[218]. « Ils vont deux à deux, marchant sur les trottoirs et parfois s'enfonçant tout à coup dans une ombre portée où ils restent immobiles, guettant autour d'eux et prêts à courir où leur présence est nécessaire[219]. » Dans les lieux où la nuit est réputée mauvaise, en attendant que la normalisation impériale ait partout fait son œuvre, les deux sergents de ville sont, en fait, précédés d'agents vêtus en bourgeois, afin de pouvoir surprendre plus aisément les malfaiteurs[220]. Tout se passe comme si le système de l'îlotage réconciliait l'action feutrée des anciennes patrouilles grises, l'autorité morale des commissaires de police ou des officiers de paix et la force dissuasive des soldats. Plus tard, l'allure « mécanique et métronomique »[221] de ces rondes sera critiquée comme susceptible de faciliter l'action des membres les mieux informés des milieux criminels[222]. Mais la consolidation du tissu de la vigilance nocturne semble globalement donner satisfaction jusqu'au milieu des années 1860.

Pour que le système soit cohérent et que la coordination globale des tâches quotidiennes de police s'améliore, on installe peu à peu les îlotiers dans une sorte de monopole nocturne. La garde nationale parisienne n'assume plus guère d'activités de police urbaine ; quant à la garde républicaine, qui avait succédé en 1848 à la garde municipale de Paris, elle est devenue le 11 décembre 1852 la garde de Paris, forte de 2 441 hommes et 624 chevaux, et rattachée à la gendarmerie[223]. Cette garde de Paris assure essentiellement la surveillance des théâtres, des bals publics, des cérémonies exceptionnelles[224], et permet aux sergents de ville d'arrondissement de se consacrer à arpenter les rues. Enfin, la ligne n'apparaît plus qu'en cas de péril majeur – en un temps où l'émeute s'avère moins chronique qu'entre 1830 et 1848, ce qui autorise sans doute un traitement plus sélectif des différentes formes du désordre. Quoi qu'il en soit, la raréfaction du soldat et des rites militaires dans la ville nocturne se traduit, après le décret du 17 septembre 1854, par l'évacuation progressive par la ligne des différents postes parsemant la ville, et par leur transfert aux sergents de ville. En 1859, un *État des postes* en mentionne au total 57 occupés par des sergents de ville, dont 16 sont d'anciens postes militaires (souvent situés sur ces lieux de passage que sont les barrières, les places, les ports, les marchés…)[225]. En 1868, les quatre-vingts postes disséminés dans Paris sont tous occupés par des sergents de ville[226], et il semble qu'en temps ordinaire les troupes ne sortent plus guère des casernes[227]. Cela a pu apparaître aux contemporains comme le signe de la banalisation d'un temps de nuit où l'intimidation policière ne viserait plus que les ultimes représentants d'une obscurité morale et sociale vouée à être dissoute.

Le temps de l'épuration

Pour s'assurer la confiance des propriétaires couche-tôt comme des noceurs du Boulevard (encouragés à « consommer de la nuit »), le Second Empire mise donc sur l'omniprésence nouvelle de sergents de ville montrés comme des êtres bienveillants à la fonction essentiellement dissuasive, mais ne renonce pas pour autant aux tactiques plus complexes de la traque policière – quelque peu infléchies, toutefois, par l'évolution des représentations des bas-fonds nocturnes. La nuit demeure, en partie, le temps des tâches ingrates, et la figure paisiblement conquérante de l'îlotier ne doit pas masquer l'affirmation de formes plus vigoureuses de lutte contre le désordre – puisqu'elle en est le complément. Les classes dangereuses parisiennes, transformées peu à peu en une « armée du crime » peuplée d'obstinés de la déviance, font ainsi l'objet, sous Napoléon III, d'opérations spectaculaires d'encerclement et de capture : on s'infiltre moins qu'on ne circonscrit, et le combat oppose plus explicitement qu'auparavant les forces de la lumière aux vestiges de l'obscurité. La police parisienne, si elle n'a pas abandonné la tradition de la ruse de nuit, y associe fréquemment la force[228]. La capitale nocturne, qu'on dit minée, dans les années 1850, par les conséquences ombreuses du laxisme libéral ou républicain antérieur, est traitée comme un vivier où il suffit de déployer un grand filet pour y recueillir le nombre d'arrestations quotidiennes exigées par les partisans de l'ordre – peu importe si, dans ce lot, beaucoup de suspects (vagabonds ou rôdeuses de nuit) seront relâchés dès le lendemain matin, faute d'accusations précises. Le recours à la rafle périodique se développe donc, en une succession de « coups de balai » pensés comme autant de mesures prophylactiques – tandis que les effets de la maladie urbaine sont également traités en profondeur, par le durcissement des dispositions légales destinées à éloigner de Paris et même de la France tous les indésirables. Lorsqu'on se réclame du principe d'ordre et du mythe du sauveur qui châtie d'autant plus les uns qu'il chérit les autres, il faut à la fois surveiller, punir, et faire savoir qu'on y met de la fermeté.

C'est ainsi que dès avant la restauration de l'empire, au cours des années 1849 à 1851, les succès presque miraculeux de Canler, chef de la brigade de sûreté, sont complaisamment rapportés. Dans ses *Mémoires*, publiés en 1862, l'intéressé présente bien entendu son action passée comme une purge radicale, motivée par l'ampleur du laissez-aller républicain. Avant son arrivée, à l'en croire, « Paris et la banlieue étaient infestés de malfaiteurs de toute espèce qui avaient espéré profiter du désordre qui accompagne toute révolution. Il n'y avait pas de jour, il ne se passait pas de nuit que de nombreux vols qualifiés ne fussent commis »[229]. Canler s'engage dès lors dans une chasse méthodique aux bandes organisées qui, dans l'ombre, dévalisent passants et boutiques, et affirment, face à la désorganisation récente de la société légale, la structuration d'une contre-société néfaste. Et s'il emploie des indicateurs, il prétend qu'ils n'ont plus, dans son service, qu'un rôle d'appoint, alors que sous Vidocq ou Coco-Latour ils étaient placés au cœur même du fonctionnement de la brigade de sûreté. Dans ces « nouveaux Mystères de Paris où tout est vrai »[230] que sont ses *Mémoires*, l'exposé des opérations menées entre mars et mai 1849 est constellé de morceaux de bravoure et de succès faciles, grâce auxquels les malfaiteurs passent devant la justice par dizaines, au terme d'un cycle enchaînant implacablement l'enquête, l'arrestation et la punition. Après plus de trente ans d'atermoiements, le temps de la remise en ordre est enfin venu : la nuit est le laboratoire de cette entreprise purificatrice de grande ampleur, et la rue son premier terrain d'exercice.

La célébration du courage et de l'habileté nocturnes des hommes de la sûreté devient, dans les années 1850, un *leitmotiv* de la chronique parisienne de la *Gazette des tribunaux*, où se succèdent les

« razzias » dans les « bandes d'attaqueurs nocturnes »[231]. Le coup d'État purificateur du 2 décembre apparaît comme le point de départ de l'indispensable remise au pas d'une plèbe parisienne pour qui « République » était synonyme de « tout est permis ». Les messages lénifiants dispensés par la presse se résument en un « Dormez tranquilles, nous veillons pour vous ». Dans les cas rapportés, les desseins ténébreux des fauteurs de trouble sont déjoués avant même leur mise à exécution – alors que sous la Restauration ou la monarchie de Juillet, le récit des attaques nocturnes déjà consommées se refermait le plus souvent sur une lancinante interrogation quant à l'identité des coupables. De même, le traitement narratif des crimes nocturnes jugés aux assises tend, jusqu'aux années 1860, à minimiser la peur, alors qu'une génération auparavant il l'attisait. Pendant la phase autoritaire du Second Empire, les arrestations de forçats en rupture de ban sont exhibées comme autant de trophées, de jalons sur le chemin assuré vers la lumière, puisque au temps de l'impuissance a succédé celui de l'inflexibilité. La *Gazette des tribunaux* devient la chronique des crimes empêchés ou punis avant d'être celle des crimes commis, et le Paris nocturne qu'on y aperçoit semble contrôlé et pacifié sans peine par une police omnisciente. Lorsque d'autres journaux annoncent imprudemment, en septembre 1856, qu'« une patrouille [a] trouvé, dans la nuit de mercredi à jeudi, sur le quai de la Conférence, des vêtements ensanglantés » et que « le bruit [se répand] qu'une femme [vient] d'être assassinée de ce côté », le démenti ne tarde pas : l'autorité paternelle de l'empereur et le zèle de ses serviteurs ne permettent pas la résurgence de terreurs nocturnes qui rappellent trop un Paris qui n'est plus, et sont donc d'origine « purement imaginaire »[232].

Dans l'exercice de leurs fonctions nocturnes, les agents de la sûreté ne sont plus, comme au temps de Vidocq, partie prenante de l'ombre. Leur courage physique et leur moralité irréprochable les placent dans le camp de la lumière, comme on le constate en lisant Maxime Du Camp : ces hommes ont selon lui « le vrai, le grand courage, [...] le courage de 2 h du matin, le courage la nuit, en présence d'un danger certain, mais dont la forme est toujours inconnue »[233]. Comme des Indiens sur la piste de guerre, ils savent rester immobiles sous la pluie pendant des heures, dans l'attente de l'indice et de la preuve[234]. L'observation directe et le guet patient, suivis d'arrestations en groupe, sont privilégiés par rapport à une infiltration plus caractéristique de la police politique : « Abrité derrière un pan de mur, courbé sous un banc, accroupi à l'angle d'une maison, rester là immobile [...] sous le givre des nuits d'hiver, non pas une heure ou deux, mais parfois pendant dix ou douze heures de suite, résister à l'ennui, à l'engourdissement, au sommeil, ne point parler à son camarade pour ne pas attirer l'attention, ne correspondre avec lui que par des gestes insaisissables ou des clignements d'yeux, cela paraît tellement en dehors de nos habitudes remuantes et civilisées que je n'y croirais pas, si je n'en étais certain[235] », écrit encore Du Camp au sujet de l'impassibilité nocturne des agents de la sûreté. Les individus dangereux étant mieux localisés et mieux identifiés que sous la monarchie de Juillet, les prendre au piège devient apparemment affaire de ténacité et de méthode plus que de décryptage.

Quant aux rafles dont les nuits parisiennes sont devenues un théâtre plus fréquent que sous les monarchies censitaires, elles impliquent des forces de l'ordre nombreuses, et mettent à contribution la police municipale, la sûreté, parfois assistées de quelques soldats. Pour qu'il y ait rafle, il faut qu'il y ait concentration spatiale de suspects, localisation d'un abcès criminel à vider. Or, une nouvelle « Cour des Miracles » passe pour s'être reconstituée dans le Paris de Napoléon III, aux Carrières d'Amérique, dans le quartier des Buttes-Chaumont. La purge assénée à la société parisienne ne saurait être complète, et certains lieux excentrés recueillent ce qui persiste d'obscurité sociale, décrite vers 1860 comme un déchet provisoire. Dans ces cavernes et ces souterrains qui commencent sous les Buttes-Chaumont et se prolongent jusqu'à Belleville, on prétend que les scélérats pullulent : chassés des rues par des rondes plus dissuasives qu'autrefois, ils auraient, en dernier recours, fait de ce labyrinthe leur repaire nocturne. Des expéditions régulières sont donc organisées dans ces « ténébreuses et ignobles cavernes »[236] désignées comme le refuge d'êtres nuisibles, ayant régressé au stade primitif et tribal. En réalité, on n'y arrête la plupart du temps que de pauvres hères dont les condamnations antérieures n'ont pour origine que le vagabondage, et pour qui l'étiquette « repris de justice » n'a que peu de signification. Montrant les Carrières d'Amérique comme un haut lieu criminel et noircissant les intentions de ceux qui s'y abritent, les responsables de la police parisienne ont inventé une « souricière » où le harcèlement périodique infligé aux rebelles à l'ordre du travail leur permet de se glorifier de victoires numériquement significatives sur les prétendus ennemis de la société.

Au cours des années 1860, et tout particulièrement l'hiver, les arrestations massives se multiplient donc dans les fours à plâtre des Carrières d'Amérique. Pour mieux surprendre ces proies, la police fait irruption dans leur antre au beau milieu de la nuit, vers 2 ou 3 h du matin – preuve que les hôtes ordinaires des fours à plâtre y cherchent avant tout un abri lors de la saison froide, et ne passent pas leurs nuits à rôder dans les rues à la recherche d'un bourgeois à égorger. Selon la *Gazette des tribunaux*, 20 personnes sont ainsi arrêtées dans la nuit du 18 octobre 1864 : la plupart sont d'origine provinciale, et se trouvent sans asile ; 36 individus sont arrêtés le 19 novembre suivant, dont 21 ont moins de vingt ans. Les chiffres sont ensuite de 14 arrestations le 7 décembre (à nouveau de jeunes provinciaux, en majorité), 22 le 15 décembre 1864, et 41 le 31 janvier 1865. L'hiver suivant, le cycle des razzias reprend aux Carrières d'Amérique : 56 personnes en sont extraites de force pendant la nuit du 12 décembre 1865, et 55 pendant celle du 16 décembre. La répétition même de ces opérations montre que leur efficacité est douteuse, ou plutôt réside essentiellement dans un « effet d'annonce ». La déstabilisation de la micro-société qui se forme et se reforme chaque nuit dans ces souterrains n'est que très éphémère et, chassés un jour, les habitués des Carrières d'Amérique s'y réinstallent rapidement, puisqu'on ne peut pas leur imputer de crime précis. Jeunes et mal intégrés à la société parisienne, ils sont moins des « escarpes » que des déracinés, et c'est leur inoccupation qui fâche : « Tous préfèrent à une existence honnête et laborieuse la vie errante et misérable qui, des fours à plâtre des Carrières d'Amérique, aboutit aux bancs de la police correctionnelle[237]. » En fait, le nombre d'hôtes aux Carrières d'Amérique augmente avec le froid et, parmi eux, on trouve sans doute de nombreux laissés-pour-compte de l'embauche, réduite pendant la morte-saison. En novembre 1867, le ton se durcit pourtant (entre-temps, les attaques nocturnes, oubliées depuis les années 1850, ont refait leur apparition dans les rues de Paris) : la *Gazette des tribunaux* condamne l'« audace toujours croissante des rôdeurs qui infestent cette zone parisienne et semblent avoir choisi, pour leur quartier-général, les dites carrières », transformées en un véritable « Ghetto de malfaiteurs »[238]. Ce dont rêvent les hommes d'ordre, c'est d'une rafle complète et définitive qui viderait Paris de toutes ses ombres, pour les détruire au soleil de Nouvelle-Calédonie…

L'héroïsation des forces de l'ordre dans leur lutte contre les taches obscures qui résistent à la clarification impériale est ainsi indissociable de la noirceur croissante attachée à la silhouette du mauvais ouvrier. De même que le nettoiement des rues a lieu la nuit pour ne pas avilir le Paris du jour, de même la résorption de la menace sociale est-elle plus à sa place dans une nuit mise au service du jour, et dans le Paris désert des écarts. Au moment où s'édifie, au-dessus des Carrières d'Amérique, en un pesant contraste, le parc des Buttes-Chaumont[239], ces souterrains apparaissent comme le lieu du retranchement ultime de classes dangereuses irréductibles car non laborieuses : lors des rafles, affirme-t-on en 1867, « la partie la plus énergique de cette horde se sauv[e] au premier cri d'alarme dans le labyrinthe souterrain et s'y défend [...] »[240]. Dans *Les Curiosités de Paris*, en 1868, Charles Virmaitre met en scène dans ce dédale une véritable « Chasse à l'homme »[241] : sa vision hésite entre frissons faciles et misérabilisme apitoyé, tandis que son récit, inspiré de faits réels, dérive vers le roman noir. Pendant la nuit du 4 novembre 1866, vers 2 h du matin, « une nuée d'hommes gravissaient péniblement et en silence la rue de Belleville et les terrains boueux qui donnent accès aux fours à plâtre des Buttes-Chaumont » ; ils encerclent alors « une foule d'hommes, d'enfants, que l'on distinguait confusément »[242]. Ces gens sont réveillés en sursaut par les torches des cinquante agents, surgis l'épée à la main ; mais les agents eux-mêmes sont décontenancés par le sol glissant où ils dérapent, ainsi que par les oiseaux de nuit qui s'abattent sur leurs têtes. Le résultat de l'intervention est l'arrestation de soixante-deux « suspects », immédiatement conduits au poste central de La Villette, à vingt minutes de marche des Carrières. La plupart sont, selon Virmaitre, de simples sans-abri, victimes plus que coupables. Les véritables criminels ne dormiraient pas dans les fours à plâtre, mais sillonneraient le Paris nocturne, ne revenant aux Carrières que le matin pour y trier et y partager leur butin de la nuit. À la fin du Second Empire, Du Camp juge, pour sa part, que l'obstination policière est sur le point de porter ses fruits. La tactique est toujours la même : vers 2 h du matin, de nombreux agents encerclent discrètement ce vaste repaire et « à un signal donné, les torches sont démasquées, et l'on se précipite avec ensemble vers le grand dortoir improvisé sous les voûtes blanchies »[243]. Il concède que les prises sont diverses : nul ne songe sérieusement à résister à l'invasion policière, et dans ce « rebut de Paris », on rencontre plus d'êtres pitoyables que de fauves sanguinaires[244].

Mais peu de voix s'élèvent pour contester ce droit à l'assainissement périodique de l'ombre que l'administration impériale s'est arrogé et présente depuis les origines du régime comme une pratique salutaire pour tous, au même titre que la généralisation des réverbères à gaz ou l'amélioration du réseau des égouts[245].

Ce sont finalement les quartiers suburbains que les frissons nocturnes investissent de plus en plus, ces contrées sauvages n'étant qu'irrégulièrement pacifiées par les incursions de la sûreté parisienne : ainsi, le 30 août 1853, on apprend dans la *Gazette des tribunaux* que « des bandes d'individus étrangement costumés arrivent depuis quelques jours de grand matin et sous une escorte convenable à la Préfecture de police. Ce sont des vagabonds et des rôdeurs nocturnes recueillis dans différentes localités de la banlieue où la surveillance est devenue très active par suite des déprédations qui s'y commettaient ». Chassés d'un Paris en voie de purification, les hommes de la marge sociale vont former, aux marges territoriales de la grande ville, une ceinture menaçante qui révèle son existence à la tombée du jour et qu'en une deuxième étape il faudra disloquer.

Les marges urbaines : un désert nocturne ?

Dans le Paris de la deuxième moitié du XIXe siècle, la rafle nocturne est une pratique policière plus fréquente dans les quartiers excentrés que dans les autres. Moins minutieusement balayés que les quartiers centraux par le regard policier, ils ont besoin d'interventions compensatrices, sous la forme de contrôles ponctuels mais massifs. Les îlots, cadres habituels de la vigilance des sergents de ville sous le Second Empire, sont des subdivisions aux limites changeantes (car elles s'adaptent à l'évolution du cadre urbain), et malgré les proclamations d'égalité entre les quartiers, leur taille est en général plus réduite dans le Paris central[246], d'où une circulation plus intense des sergents de ville. Les échos inquiets venus des nuits de la périphérie dans les années 1860 laissent entendre, en effet, que dans les nouveaux arrondissements, plus vastes que les anciens, le maillage policier n'est pas suffisamment serré. Ce domaine est un de ceux où se manifeste le sous-équipement général du Paris annexé, comme le montre la taille des espaces vides de surveillance dans les arrondissements neufs – lesquels concentrent pourtant la population ouvrière la plus démunie et la plus instable. À cette date, le reste de la ville de nuit ayant perdu beaucoup de son étrangeté, les hantises nocturnes des Parisiens se portent davantage vers les lieux écartés – ceux-là mêmes où les récits de crime ont tendance à installer leur décor, puisqu'on peut y insister sur la tonalité lugubre et y faire la part de l'irrationnel : la présence des sergents de ville y est trop discrète pour briser l'étau de l'angoisse.

Les localités de banlieue proche sont évoquées, depuis les années 1830-1840, comme l'annexe des bas-fonds parisiens, faute de surveillance réelle pendant la nuit[247] – *intra-muros*, l'affinement des contrôles est lié à la proximité des lieux de pouvoir et à un essor de la vie nocturne que les communes de banlieue ignorent. Ainsi, les créations de commissariats de police, chargés de surveiller la population croissante et mobile des zones suburbaines, s'échelonnent-elles sans grande hâte de la Restauration au Second Empire[248]. Ces mesures successives sont destinées à mieux maîtriser la boucle d'impunité qui entoure Paris, et à empêcher les malfaiteurs de « se soustraire à la justice en se retirant hors barrière »[249] où ils risquent, en outre, de donner libre cours à leurs mauvais penchants. À Grenelle, par exemple, c'est à la suite des plaintes du maire qu'un commissariat avait été créé en 1841 (jusqu'alors, la commune dépendait de celui de Vaugirard) : l'augmentation de la population, la multiplication des boutiques de marchands de vin, la circulation tardive des soldats de l'École militaire ont peu à peu transformé l'ambiance nocturne de la commune, qui s'éloigne de son ancienne sérénité rurale pour être pervertie par la proximité de la grande ville. Sans identité, ni campagnarde ni urbaine, « la commune de Grenelle, qui avait joui de la tranquillité pendant longtemps, est aujourd'hui infestée de malveillants qui se livrent à des vols nocturnes »[250], écrit le maire au sous-préfet de Sceaux le 7 janvier 1841. Autre signe des mutations en cours et de l'apparition de nouveaux besoins aux portes de la grande ville, la Préfecture de police exige le 17 octobre 1850 des commissaires de police de banlieue qu'ils cessent de requérir les soldats des postes proches des barrières pour les accompagner dans leurs tournées nocturnes, et qu'ils n'aient recours à la force armée que dans les cas de force majeure, non pour l'utiliser comme une escorte personnelle[251]. C'est oublier que les agents affectés à ces communes sont trop peu nombreux pour assurer ce genre de mission, et que les commissaires de banlieue sont confrontés à une nuit plus intimidante qu'auparavant puisque s'y profilent, depuis la fin de la monarchie de Juillet, des silhouettes qu'on dit insaisissables.

Juste avant l'annexion, le décret du 17 décembre 1859 fixe à soixante-six, non à quatre-vingts, le nombre de commissariats de police qui protégeront les vingt arrondissements. Dans la plus grande partie du Paris annexé, il n'y aura donc qu'un commissariat pour deux quartiers, sous prétexte que ces endroits sont moins densément peuplés que les autres[252]. Ainsi, au cours de la soirée, les Parisiens des quartiers excentrés auront-ils à parcourir de grandes distances avant de trouver l'assistance recherchée. De la même façon, les nouveaux arrondissements ne sont initialement dotés que de deux postes de sergents de ville chacun, alors que les douze arrondissements anciens, pourtant moins étendus, en ont quatre[253]. Le 6 décembre 1866, le préfet Joseph Piétri pose en ces termes la question de l'insécurité des arrondissements excentriques au conseil municipal : « Depuis un an ou deux, on a vu renaître ces attaques nocturnes contre les personnes, ces vols sur la voie publique qu'on regardait comme presque impossibles à Paris, tant la nouvelle organisation de la police municipale avait été efficace pour en prévenir le retour[254]. » Mais il craint de dégarnir le centre pour réparer les inégalités de surveillance constatées par tous – les habitants des marges de la ville (ou de sa moitié orientale) n'étant pas, après tout, les plus attachés au régime. Le *Paris-Guide* de 1867 relève encore le déficit de sergents de ville dont souffrent les arrondissements périphériques[255] ; en banlieue, leur nombre total était passé de 62 à 94 à la suite du décret du 17 novembre 1862 sur la police des communes du département de la Seine[256] : c'est dire le décalage avec l'organigramme en vigueur dans le Paris central.

L'horreur du crime de Troppmann, commis dans la nuit déserte de la plaine de Pantin, souligne, à la fin du Second Empire, conjointement à la montée d'autres tensions, l'abandon où est laissée la périphérie urbaine, et rétablit des réflexes d'épouvante nocturne que l'on croyait disparus depuis la fin de la monarchie de Juillet. On s'aperçoit ainsi qu'au terme de plusieurs décennies d'aménagement urbain le cœur de la ville cumule l'éclairage le plus abondant, la circulation nocturne la plus intense et le réseau policier le plus dense. Tandis que les habitants de Pantin organisent de vastes battues dans l'espoir d'éliminer de leur horizon les rôdeurs de nuit[257], une circulaire du préfet de police cherche, le 30 septembre 1869, à stimuler le zèle des commissaires de police de banlieue, sans mettre pour autant beaucoup de moyens nouveaux à leur disposition : « Le crime horrible qui vient d'être commis sur le territoire de la commune de Pantin a jeté dans toute la banlieue de Paris une véritable inquiétude. […] Je compte sur votre dévouement pour ne rien négliger de ce qui est de nature à garantir efficacement la sûreté des personnes et à prévenir ces agressions criminelles que facilite l'isolement des espaces inhabités dans la banlieue de Paris. […] appliquez-vous à organiser des services de rondes de nuit ; que votre surveillance s'exerce surtout à ces heures qui facilitent le crime et sur les points où la circulation étant moins active, les passants sont exposés à plus de danger[258]. »

À la fin des années 1860, la subite résurgence des peurs nocturnes et le déplacement de leurs points de fixation fragilisent les certitudes que les édiles s'étaient employés à installer quant à la valeur bienfaitrice de la modernité et au rayonnement nouveau de la capitale. Que vaut la nouvelle civilisation urbaine si ses effets s'estompent à vue d'œil, et si la ville du luxe est cernée par une ombre dont on ne sait rien, sinon qu'elle abrite des germes destructeurs ? C'est en fait toute la périphérie nord-est de la ville qui a été oubliée, à mesure que s'éloignait l'espoir d'une répartition parfaitement homogène des habitants, des richesses, voire de l'animation nocturne à la surface du nouveau Paris. En effet, les lacunes n'affectent pas seulement les territoires *extra-muros*, et la banlieue (avec les connotations péjoratives du mot) semble commencer dans Paris même, comme le laisse entendre Louis Lazare en 1870 : « On nous charge […] d'adresser à l'autorité municipale une réclamation bien fondée contre l'absence complète de *postes de police* dans la partie culminante du 20e arrondissement. Il serait également à désirer, en raison de la grande étendue de ce territoire, dont plus de la moitié est un désert, un véritable coupe-gorge, qu'on augmentât le nombre des sergents de ville, trop clair-semés, perdus dans l'immensité de ces quartiers[259]. » Le principe de l'îlotage n'a plus de sens si on l'applique à des circonscriptions nocturnes certes peu animées, mais trop étirées dans l'espace, et favorables au guet-apens assassin. L'appartenance nouvelle de ces territoires à l'espace parisien accentue l'aspiration à la paix nocturne, ressentie comme un droit élémentaire, presque comme une consolation là où manquent ces ingrédients de la fête impériale qui ont fait du Boulevard le haut lieu de la parisianité en même temps que celui du noctambulisme brillant.

Dans le vide policier des marges urbaines prolifèrent donc après 1860 les hantises nocturnes, alors que la restructuration impériale dévoile ses manques. Si les nuits du Paris central ont été conquises, les nuits du Paris excentrique se révèlent encore largement insoumises lorsque disparaît le régime de Napoléon III. Au-delà de 1870, il s'agit, pour les édiles républicains, hommes d'ordre eux aussi, d'achever ce qui a été commencé en 1854. Juste après la Commune, la fidélité au maillage instauré en 1854 ne suffit pas à supprimer immédiatement, parmi les possédants, l'anxiété des nuits, non encore libérées des frayeurs de 1871. Mais la reconquête du centre par les hommes de la marge ayant échoué dans le sang, et les cendres de ce dernier incendie que fut la Commune étant dispersées, Maxime Du Camp tient en 1875 des propos rassurants : selon lui, la modernisation des structures urbaines a permis, depuis les années 1850, une spectaculaire régression du désordre, les transformations matérielles s'avérant plus efficaces que les sermons des moralistes[260]. Le Second Empire aurait donc transmis au régime suivant une organisation policière globalement opératoire, pouvant servir de trame aux améliorations futures – à condition de réussir enfin l'assimilation des marges.

Dans les années 1880, une nouvelle stratégie est ainsi envisagée pour perfectionner la tradition de l'îlotage. Le territoire parisien se révélant impossible à quadriller dans tous ses recoins, les hommes de la Préfecture de police songent, en 1881, à l'installation sur la voie publique de multiples « kiosques-avertisseurs », sortes de bornes d'appel grâce auxquelles les passants nocturnes pourraient joindre instantanément le poste de police le plus proche. Le modèle est celui du « Chicago Police Telephone and Patrol System », où l'utilisation du téléphone a permis de réduire le nombre d'agents affectés aux patrouilles de nuit[261]. Dans un *Rapport à M. le préfet de police sur les moyens d'augmenter la sécurité dans Paris par la création de kiosques-avertisseurs*, en 1882, les promoteurs du projet déplorent qu'après le passage des îlotiers les rues restent trop longtemps sans surveillance. Ils proposent d'établir, en particulier dans les endroits les moins densément peuplés (La Muette, Clignancourt, La Villette, les alentours du Père-Lachaise…), 464 bornes d'appel fixes, reliées au poste par un appel électrique[262]. Les emplacements suggérés pour l'implantation de ces postes dessinent la carte des risques nocturnes tels que les autorités les localisent en 1882. La moitié orientale de la grande ville et sa périphérie, mal contrôlées, exigent la multiplication des solutions de secours, et les sites sont choisis dans l'espoir manifeste de combler certains vides, là où la présence policière est inconstante. Les kiosques-avertisseurs proposés s'organisent donc en réseau le long des voies principales, notamment dans les zones aux nuits d'habitude inanimées : la rive gauche (et en particulier le 13e arrondissement), le nord-est (autour des Buttes-Chaumont), et l'ensemble des boulevards qui ceinturent Paris font l'objet d'une attention minutieuse. Dans ce Paris de 1882, le Marais, la moitié occidentale de la rive gauche, les quais (de la Seine ou du canal Saint-Martin) et les lieux proches des fortifications sont désignés comme les plus déserts pendant la nuit. Mais le danger, qui ne vient pas systématiquement du déficit de passants, est nettement localisé à l'est : dans le vieux Paris central (autour des Halles, entre la rue du Temple et la rue Saint-Denis), dans le 20e arrondissement (entre Père-Lachaise et place de la Nation), sur la rive gauche (dans les 5e, 13e et 14e arrondissements). Puisque le dispositif prévoit également l'installation de points d'appel là où la circulation nocturne est intense (sur les Grands Boulevards occidentaux – jusqu'au croisement des voies qui aboutissent aux Halles centrales –, aux alentours de la place du Châtelet, aux points d'arrivée des maraîchers de banlieue sur la rive gauche), et que s'y ajoutent des projets de kiosques aux carrefours et emplacements qui permettent une bonne visibilité, le Paris de la nuit peut sembler sur le point d'être intégralement dompté, grâce à l'instantanéité de l'alarme.

La recherche d'une maîtrise du territoire urbain associant, en vue de l'ubiquité de la protection policière, la souplesse et l'infaillibilité, se poursuit jusqu'à la Grande Guerre. En 1895 sont créés, à l'instigation du préfet Lépine, et à raison d'un par quartier, des « postes-vigies », occupés la nuit par deux agents, et destinés à augmenter le nombre de points fixes où les Parisiens pourront à coup sûr trouver un gardien de la paix[263]. En 1914, les kiosques-avertisseurs proposés en 1882 sont enfin expérimentés dans le faubourg Montmartre et dans le quartier de la Roquette. Entre-temps, l'étendue nocturne des arrondissements périphériques avait accueilli la circulation discrète des premières « hirondelles », agents cyclistes qui explorent silencieusement les rues sans allumer leur lumière[264]. Le succès est tel que le service est étendu à l'ensemble de l'espace parisien dès 1901 : chaque hirondelle parcourt une cinquantaine de kilomètres par nuit[265]. Ces patrouilles cyclistes s'inscrivent bien entendu, en même temps qu'elles la renouvellent, dans la logique de l'îlotage, et obéissent à la recherche d'une intimité entre le policier et la rue nocturne[266]. Le nouveau procédé ajoute aux pratiques antérieures ce qui leur manquait de discrétion, de mobilité, d'imprévisibilité, et resserre la densité des contrôles effectués dans les arrondissements annexés en 1860. À la même époque, c'est-à-dire au début du

XXe siècle, la peur de l'apache développe également le recours au gardiennage privé, moins voué bien sûr à la protection de la voie publique qu'à celle des propriétés des particuliers. Comme l'ont montré Jean-Marc Berlière[267] et Dominique Kalifa[268], c'est le temps de la floraison de ces sociétés qui proposent aux propriétaires parisiens, contre un abonnement, des patrouilles nocturnes de vigiles chargés de veiller sur leurs biens. Cette défense de la propriété privée contre les cambrioleurs de nuit trouve logiquement ses adeptes les plus nombreux dans les beaux quartiers de l'ouest parisien (7e, 8e, 16e ou 17e arrondissements), où exercent à la Belle Époque les « Vigiles de la Seine » ou la « Garde de nuit »[269]. À la veille de 1914, le camp des honnêtes gens paraît résolu à ne plus se laisser intimider par une ombre qu'il se donne les moyens de nier, sans que l'on puisse dire avec certitude si cette mise en défense est le fruit de la surenchère sécuritaire caractérisant les années 1900 ou des éventuelles carences de la police nocturne officielle.

La période du Second Empire accroît globalement la simplification et la professionnalisation des procédures de surveillance nocturne de la capitale, grâce à la massification des moyens mis à la disposition du préfet de police, et en accord avec les intentions « protectrices » affirmées dès les origines du régime. Mais, de même que l'haussmannisation creusa certaines inégalités spatiales, le quadrillage du territoire urbain par les sergents de ville réorganisés en 1854 n'est pas partout aussi impénétrable qu'on pouvait initialement l'espérer. Si une sorte de paix nocturne s'installe dans les douze arrondissements anciens du milieu des années 1850 à celui des années 1860, l'annexion de la petite banlieue met en évidence l'urgence qu'il y a à pacifier les lointains. Le désert oppressant qui les entoure à la nuit tombée est, en tous les cas, vécu par les populations excentrées comme une forme parmi d'autres de la ségrégation[270] dont elles sont victimes, ou du moins de l'indifférence dont elles font l'objet. Il appartiendra aux édiles des périodes suivantes, malgré la désunion sociale héritée des années 1860 à 1871, de réduire les possibilités d'immunité qui s'offrent aux malveillances obscures.

*

* *

Les rues nocturnes de Paris, au XIXe siècle, suscitent un débat sécuritaire plus animé qu'auparavant. Les hésitations initiales des techniques policières sont peu à peu gommées et, traitée selon des méthodes similaires à celles qui valent pendant le jour, la nuit du Second Empire se fait apparemment plus « diurne ». Mais on s'aperçoit au cours des années 1860, dans un contexte politique et social plus instable, que le Paris opulent, aéré, rénové, est entouré d'une ceinture d'ombre : la nuit plus sûre et plus saine que semblait promettre la réforme de la police parisienne en 1854 n'est pas accessible à tous, et repose en partie sur une logique de cloisonnement social. Sur fond d'amélioration globale du dispositif de vigilance nocturne, le sentiment d'insécurité connaît en fait, de la Restauration à la Grande Guerre, d'importantes variations. Au centre d'un faisceau inextricable de données économiques, sociales, politiques et psychologiques, le jeu de l'ordre et du désordre entremêle sans cesse les causes et les effets. Il faut donc s'en tenir à l'histoire de la signification sociale et de l'éventuelle instrumentalisation politique des peurs nocturnes, et ne pas se faire trop d'illusions quant à la possibilité d'une histoire positive, strictement comptable et linéaire, de la criminalité de nuit. L'essentiel, à ce stade, réside donc dans la description du glissement nocturne de l'image du chaos social vers les quartiers orientaux et marginaux de la grande ville, non encore domestiqués par le Second Empire.

5.
Soupçons

Nous pouvons désormais diriger notre attention vers ce peuple nocturne dont la libre déambulation est loin d'être considérée, au XIXᵉ siècle, comme un droit irrécusable. Sur fond de réglementation croissante de la rue parisienne, la mobilité et la turbulence persistantes[1] de milieux populaires dont on a appris à se méfier trouvent dans la nuit un révélateur particulièrement saisissant. Entre « infortunés » et « infâmes »[2], leurs membres sont tenus pour des marcheurs sans but légitime[3]. C'est pourquoi on ne peut, ici, dissocier la réalité sociale de sa représentation péjorative, puisque c'est essentiellement au travers de leur répression par les patrouilles nocturnes que les habitudes populaires de déambulation tardive peuvent être connues, dans un Paris du XIXᵉ siècle où l'on n'en finit pas de craindre, outre la contagion des maladies physiques, celle des maladies morales. À l'évidence, nos sources étant, en la matière, d'origine surtout répressive (puisqu'elles émanent en majeure partie de la série F^7 des Archives nationales), l'accent tend à être mis sur la volonté d'élimination, plutôt que sur les éventuelles visées préventives ou pédagogiques des autorités. Mais l'intolérance envers les silhouettes obscures des Parisiens les plus humbles, considérées au moment de leur rencontre plus ou moins conflictuelle avec les forces de l'ordre, nous place au cœur du débat sur la présence publique du peuple parisien, puisque c'est un perpétuel procès d'intentions qui lui est fait, dès lors que l'ombre s'empare de la ville.

C'est donc essentiellement par le biais de l'activité dissuasive ou régulatrice des patrouilles de gardes nationaux, de gendarmes ou de municipaux que nous entrons en contact avec l'ordinaire des nuits parisiennes du premier XIXᵉ siècle. Le souci pacificateur qui inspire théoriquement ce type de vigilance, organisée autour de milliers de « micro-événements » quotidiens, s'affiche chaque nuit. Vues de ce côté, les rues nocturnes de la capitale semblent continuellement arpentées d'ivrognes, de rôdeurs, de petits voleurs, de perturbateurs divers, de filles sans scrupules. Les confrontations ont lieu sous le signe de la défiance et de l'hostilité réciproques. Peu efficaces contre les menaces furtives, les patrouilles de nuit s'emploient à clarifier l'espace citadin en exerçant leur zèle contre les formes de trouble les plus évidentes ou les plus récurrentes – l'inquisition nocturne proprement dite étant abandonnée à cette brigade de sûreté dont l'action demeure un secret bien gardé. À la lecture des rapports de ces patrouilles, l'impression vient donc peu à peu, mêlée de lassitude, d'être plongée dans une banalité signifiante à force d'être répétitive, mais qui confronte aussi, au hasard de telle ou telle nuit, à l'inattendu ou à l'inespéré – grâce au fameux « effet de réel » produit par ce type d'enquête.

Reste que le moment nocturne met en relief de manière appuyée les reproches adressés globalement par les pouvoirs publics et par les élites sociales au peuple parisien, soupçonné de n'être mû que par la quête du plaisir, l'impulsion du moment supplantant dangereusement chez lui le principe de prévoyance. C'est la nuit que se dévoilent le mieux l'audace et l'insolence de ces déshérités que la vie au jour le jour et l'oisiveté capricieuse signalent comme des coupables plutôt que comme des victimes. L'absence de souci du lendemain (souci qui astreint normalement au lever matinal pour assurer sa subsistance) se traduit, notamment, par l'exacerbation nocturne des connotations sexuelles de la vie collective. La nuit, l'appartenance de chacun à son sexe paraît plus consciente que durant le jour, et la rue nocturne, espace majoritairement masculin, abrite un mode de rencontre où les arrière-pensées refont plus immédiatement surface que sous la lumière diurne. Toute femme seule dans l'ombre court ainsi le risque d'être identifiée comme vénale ou comme tenaillée par d'inavouables pulsions. Ainsi, partageant son royaume obscur avec les rôdeurs de nuit, la prostituée partage, du même coup, le destin précaire de ces êtres de l'ombre. Les filles publiques parisiennes ont partie liée avec la nuit ; à travers leur déambulation plus ou moins bien tolérée s'expriment à la fois « le secret des corps » et la part clandestine de l'existence urbaine[4]. Car la question de l'exhibition prostitutionnelle[5] n'est pas séparable de cette tendance globale au soupçon qui affecte le traitement de l'espace nocturne par les autorités dans le Paris du XIXe siècle. La propension au nomadisme, à la mobilité dans la ville, constitue une sorte de dénominateur commun à tous les indésirables. Dans les pratiques concrètes du maintien de l'ordre, prostituées et vagabonds nocturnes sont souvent victimes du même arbitraire[6]. Passant pour partager de coupables nuits d'oisiveté ou d'orgie, prostituées et « rôdeurs » divers sont donc unis, dans le regard des dominants, par un refus du labeur qui serait, en même temps, celui des convenances diurnes.

Un paysage social en clair-obscur : des ombres mauvaises

Avant de mieux caractériser ces attitudes nocturnes tenues pour suspectes, revenons sur la composition globale de la population parisienne dans la première moitié du XIXe siècle, sur ses caractéristiques sociales, et sur les perceptions du menu peuple urbain qui prévalent alors dans les milieux dirigeants[7].

C'est, on le sait, l'apport de l'immigration provinciale qui permet à Paris de croître démographiquement au cours du XIXe siècle – avec toutes les occasions de déracinement et de confusion sociale que cela comporte, dans une ville aux structures peu adaptées à cet afflux : pendant notre période, les deux tiers des Parisiens sont nés hors de la capitale[8]. Ainsi, la population double-t-elle une première fois entre 1801 et 1851, puis une seconde fois entre 1851 et 1876, les phases de croissance majeure se situant entre 1831 et 1836, entre 1841 et 1846, puis entre 1851 et 1856[9]. Cette originalité démographique définit la structure par âges et par sexe de la population parisienne : la surreprésentation des jeunes hommes célibataires forme un inépuisable vivier pour le noctambulisme populaire et ses éventuels débordements, en particulier dans les quartiers du vieux centre[10], où s'agglomèrent, sous la monarchie de Juillet, les contingents de laborieux – et, peut-être, de dangereux… L'ampleur et l'évolution du dénuement populaire doivent être considérées – puisque l'errance nocturne de certains Parisiens décide de leur appartenance au camp des « bons » ou des « mauvais » pauvres. Les limites fluctuantes de l'indigence dans la capitale au siècle dernier peuvent être confrontées à l'évolution des pratiques et des perceptions du vagabondage de nuit. L'incertitude de l'embauche, et donc des ressources, est alors une caractéristique essentielle de la vie ouvrière. La misère s'impose dès lors comme un horizon familier : elle peut survenir au moindre imprévu. Toutefois, la quantité des secours octroyés ne suffit pas à donner la mesure de la pauvreté dans le Paris des monarchies censitaires, cette assistance étant destinée prioritairement aux vieillards, aux malades ou aux infirmes – c'est-à-dire à ces victimes irrécusables de la fatalité dont on est sûr que c'est involontairement qu'elles sont exclues de l'ordre du travail. La détresse matérielle est une composante chronique de ces existences vulnérables (celles des moins qualifiés, en particulier – hommes de peine, journaliers…), où il est vital de savoir composer en permanence avec le nécessaire[11]. D'autres indicateurs de l'indigence sont sans doute à observer : sous la monarchie de Juillet, un Parisien sur trois meurt à l'hôpital ; et, pendant longtemps, deux Parisiens sur trois ne laissent pas, en mourant, de quoi payer leur linceul[12]. Une histoire purement quantitative de la détresse populaire exprimée dans la rue nocturne serait pourtant illusoire : nos sources ne nous permettent pas une grande précision statistique, et la corrélation avec les fluctuations économiques se révèle souvent incertaine. La répression de l'errance nocturne n'est-elle pas, d'ailleurs, plus sévère en période prospère, où le refus apparent du travail, et des obligations diurnes, peuvent être plus insupportables aux autorités ?

En outre, notre investigation cessera, faute de sources, avec la monarchie de Juillet : nous ne pourrons vérifier les effets de l'amélioration globale du sort matériel des ouvriers parisiens entre les années 1830 et les années 1850[13] sur leur manière d'utiliser l'espace nocturne. L'haussmannisation aboutit surtout à une translation du spectacle de la pauvreté : on a réduit la visibilité de la misère, sans pour autant en tarir la réalité. Après 1850, alors que les vieux quartiers centraux perdent des habitants[14], le nombre des indigents progresse dans les arrondissements plus écartés. La peur des marges nocturnes de la grande ville, qui s'amplifie dans les années 1860, ne se comprend pas hors de ce progressif glissement de l'obscurité sociale – même si le vieux centre ne s'en trouve pas pour autant miraculeusement « clarifié ». Avant 1848, les quartiers de l'errance ou du désordre nocturnes sont avant tout ceux du centre industrieux, là où les densités de population sont les plus élevées. Le 4e arrondissement ancien[15] est tout particulièrement concerné par les nuits de déambulation populaire. Dans les logements de ces vieux quartiers, pendant la première moitié du siècle, l'entassement humain s'aggrave, tandis que le confort de la rue nocturne s'améliore relativement après 1820, et que l'animation indéfectible des Halles continue de séduire – d'où peut-être la tentation, pour les plus mal logés, de prolonger indéfiniment les promenades de la soirée. Central, le 4e arrondissement ancien comprend les axes vitaux de la circulation urbaine : son opacité sociale n'est donc pas durablement tolérable par les pouvoirs publics, comme le notait naguère Jeanne Gaillard[16].

Quant à la rive gauche nocturne, elle apparaît davantage comme un lieu de déchéance que d'allées et venues oisives ou d'agitation : abandonnée à l'ombre, elle suscite moins l'anxiété des forces de l'ordre que la rive droite. Le faubourg Saint-Marcel est ainsi placé sous le signe de la disgrâce[17], du rebut, non de la turbulence (comme le faubourg Saint-Antoine, peuplé d'ouvriers beaucoup plus qualifiés ; ou comme les barrières et leur atmosphère licencieuse), ni de la tranquillité cossue (comme le faubourg Saint-Germain). Là, aux abords de la place Maubert, le long de la rue Mouffetard, on sombre dans une nuit épaisse, une nuit morale que rien ne peut vraiment dissiper, car elle enfonce ses proies dans des bas-fonds coupés du reste de la cité. D'ailleurs, le 12e arrondissement ancien apparaît durablement comme le plus misérable de la capitale[18]. La nuit passe pour y faire entendre plus de plaintes et de gémissements solitaires que de joies collectives – et par contraste, l'agitation tardive des ouvriers des quartiers industrieux de la rive droite apparaît, finalement, comme un signe de leur intégration à la vie citadine. En effet, dans la première moitié du siècle, « toute l'activité industrielle de Paris est pour les quartiers populeux de la rive droite de la Seine »[19].

La composition professionnelle globale du peuple parisien peut orienter non plus seulement les itinéraires, mais les rythmes de la circulation nocturne des uns et des autres. Selon la *Statistique de l'industrie à Paris* de 1848, les ouvriers de la capitale travaillent à 37 % dans le textile et le vêtement, à 12 % dans le bâtiment, à 12 % dans les métaux (précieux ou non), à 10,5 % dans l'ameublement, à 10,5 % encore dans les articles de Paris, à 5 % dans l'imprimerie et la papeterie[20]. Quant aux domestiques, ils sont environ 55 000 en 1841, dont 15 000 hommes[21]. L'étendue annuelle de la morte-saison dans l'industrie parisienne doit également rester présente à l'esprit, et être comparée à l'intensité variable de la présence populaire dans les rues obscures. Car l'activité de la capitale, dans maintes branches professionnelles, se réduit sensiblement durant certains mois[22] : cela représente, « pour l'ouvrier sans prévoyance ou chargé de famille, un temps d'épreuve, de privation et de souffrance »[23]. Cette morte-saison s'avère particulièrement sensible dans le bâtiment entre novembre et mars, mois au cours desquels le froid ralentit ou interdit les travaux de plein air. Or, c'est dans ce secteur que les ouvriers mobiles sont les plus nombreux : ayant tendance, sous la monarchie de Juillet, à ne plus retourner au pays pour la mauvaise saison[24], ils forment, pour les classes dirigeantes, une masse menaçante, dont le désœuvrement hivernal peut compromettre la sécurité des rues nocturnes. Dans son ensemble, l'industrie parisienne est marquée par l'alternance inconfortable de phases de sous-activité et de périodes d'activité intensive. Cette irrégularité affecte le temps de travail à l'échelle de la semaine comme à l'échelle annuelle – d'où la propension ouvrière à s'ajuster à ces rythmes chaotiques ou à les devancer en faisant alterner les temps de défoulement collectif (notamment nocturne : le dimanche et le lundi une fois par semaine, lors du carnaval une fois l'an) et les temps de surmenage.

Qu'en est-il des représentations et du traitement quotidien de la pauvreté[25] dans la grande ville au cours du premier XIXe siècle ? Nous n'en sommes plus, alors, au temps des fantasmes de « grand renfermement », mais la présence visible de Parisiens « sans aveu[26] ni moyens d'existence » dans l'espace citadin n'en continue pas moins à former une source de préoccupation, surtout quand l'ombre ajoute encore à l'indécision de l'apparence et des intentions de ces errants. Dans quelle mesure l'essor de l'observation sociale[27] et de l'hygiénisme[28] sous la monarchie de Juillet modifie-t-il le regard porté sur ces laissés-pour-compte du bien-être citadin, qui trouvent dans l'ombre un refuge ou un défouloir ? Les enquêtes sociales, mêlant diagnostic et remède, isolent au cœur même des grandes villes une nouvelle maladie, le « paupérisme »[29], dont Londres offre un observatoire privilégié[30]. Naturellement, parmi ceux qui gouvernent la grande ville, l'inquiétude s'attache moins aux pauvres physiquement inaptes à l'effort qu'aux hommes jeunes et vigoureux qui refuseraient le travail comme valeur morale et comme trame de leur existence. En système censitaire, la nécessité d'intégrer le peuple n'est pas aussi pressante qu'elle le sera après 1848, ce qui va avec le refus persistant de politiser la question sociale, et autorise l'exclusion explicite d'une part importante de la population. La réflexion libérale sur la pauvreté met ainsi l'accent sur l'explication moralisante du dénuement, en un temps où la notion conquérante de mérite individuel discrédite l'oisiveté (que la pause nocturne trahit tout en la rendant insaisissable) au profit d'une utilité sociale tangible. La tendance s'accompagne pourtant d'une médicalisation de la description de la misère – de la misère saisie « stagnante » dans l'insalubrité du taudis, du moins, celle de la rue semblant abandonnée au seul regard policier. Cela entraîne une rationalisation statistique du regard porté sur les pauvres, à l'endroit desquels on ne se contente plus d'un mouvement de répulsion outragée ou de compassion chrétienne. S'agissant du cas parisien, la prise de conscience de la maladie urbaine par l'opinion est datée par Louis Chevalier des années 1830-1840. Les mauvais sujets, attirés et corrompus par la grande ville, sont tapis dans le secret du labyrinthe nocturne. Présents mais invisibles, ils sont séparés du reste de la ville par une ombre qui les noircit intégralement ; censée former leur aire de complots malfaisants, elle pourrait, tout autant, dessiner leur prison. Et c'est bien dans le jeu entre le visible et le caché que s'insinue la peur des honnêtes gens.

Si les observateurs sociaux suggèrent, dans le même temps, de restructurer la société postrévolutionnaire par le patronage philanthropique, la consolidation de la famille ou l'amélioration de l'habitat, c'est sans doute que le pauvre le plus digne d'être assisté est celui qui se cache, loin du vertige provoqué par les foules insurgées ou les bandes d'errants obscurs. Le « bon pauvre », honteux de sa dégradation, ne se montre pas, souffre en silence, alors que le rôdeur nocturne, prototype du mauvais pauvre, présent dans la rue au moment où les autres l'ont quittée, exerce une coupable souveraineté sur la ville de l'ombre. D'ailleurs, le temps des enquêtes sociales est aussi celui de la peur sociale, dans un Paris qui prend conscience de sa complexité, sans pouvoir toujours la maîtriser. Affrontées à l'obstination du peuple de la nuit, les autorités de la Restauration et de la monarchie de Juillet sont donc convaincues de se trouver face à des individus dont la socialisation est déficiente, des êtres arrogants que la misère, entretenue par l'abandon aux vils instincts, pervertit davantage encore. Cette population aux contours vacillants présenterait un danger social répété et péniblement contenu chaque nuit. Les enquêtes sociales de la monarchie de Juillet ont pu montrer, parallèlement, qu'il était des pauvres innocents de leur misère, qui devaient être réinsérés dans une société parfois injuste, et dissociés de la part strictement « nocturne » du peuple parisien. Il importe de restaurer les premiers dans leur dignité morale, en les faisant réapparaître à la lumière – ceux qui continuent de préférer l'obscurité au jour ne s'en trouvant que plus marginalisés encore. La nuit parisienne peut donc être considérée comme un de ces filtres dont on attend qu'ils séparent d'un côté, les fourmis de l'atelier ou les victimes innocentes du destin ; de l'autre, les habitués irrécupérables du marécage délinquant – même si dans la réalité, les travailleurs parisiens continuent à s'écarter fréquemment de la morale de la prévoyance dont on essaie de les imprégner, et aiment toujours à profiter de la licence offerte par les heures les plus tardives, frayant en ces occasions avec les membres avérés de « bas-fonds » plus ou moins imaginaires.

Dans le registre alarmiste, l'ouvrage fameux de Frégier, *Des classes dangereuses de la population dans les grandes villes et des moyens de les rendre meilleures*[31], publié en 1840 après avoir été récompensé par l'Académie des sciences morales et politiques, mérite bien entendu une attention soutenue. Sa topographie morale pessimiste repose sur la conviction suivante : le tiers des ouvriers parisiens peut être classé dans la « classe vicieuse »[32], c'est-à-dire qu'ils se perdent dans une dépravation indolente[33]. Le thème de la sauvagerie tenace des classes populaires parisiennes[34] s'exalte ainsi avec le constat de leur propension au nomadisme nocturne : n'est-ce pas une primitivité insidieuse que la venue de l'ombre réveille en elles, les poussant à errer sans but rationnel ? La peur de l'obscurité qui noierait les dessous de la société bourgeoise transforme vite le refus de l'autre en une collection d'images apocalyptiques : le chaos, l'incendie, l'orgie sanglante, l'invasion dévastatrice – terreurs que les épisodes de 1832, de 1848 puis de 1871 attiseront fortement. Loin du ruissellement lumineux du Boulevard, les gens « du bas » semblent se complaire dans l'ombre, l'avoir choisie, n'attendre leur subsistance que des hasards de la prédation, elle-même liée à une infatigable pérégrination, et entretenir entre eux des relations de type bestial. Ils n'ont pas intégré le principe selon lequel le plaisir venait après l'effort ou la contrainte : voulant jouir immédiatement, ces libertins sans fortune refusent donc les valeurs qui fondent et unifient théoriquement la société postrévolutionnaire.

La nuit capturée

Les sources archivistiques permettant d'appréhender ces aspects de l'activité nocturne de la capitale entre 1814 et 1848 sont d'origine « policière ». Elles nous ont confrontée à ces étapes qu'Arlette Farge repérait dans *Le Goût de l'archive*[35] : la surprise initiale, née de l'incursion dans la réalité enregistrée des situations et des comportements passés ; puis, la monotonie étrange de l'activité de recopiage, qui paraît mettre l'interprétation en réserve pour quelques heures, et donne le sentiment d'accumuler aveuglément des richesses dont l'exploitation est différée dans le temps. S'opère pourtant, dès cette étape, une première hiérarchisation des épisodes rencontrés, avant même toute réintégration dans un propos personnel : le « dépouillement » patient des rapports des diverses patrouilles nocturnes conduit à ne « recueillir » mot à mot que ce que l'on considère plus ou moins opportunément comme des parcelles de vérité « brute ». Ainsi, les rapports des gardes nationaux, des gendarmes ou des municipaux, conservés dans la série F7 des Archives nationales, semblent au premier abord surprendre la ville nocturne en état de grave crise interne. Peu à peu, cependant, l'impression d'avoir affaire à des événements exceptionnels se retire au profit de l'évidence de la répétition. Ce qui est consigné dans ces rapports relève assurément de l'ordinaire, du quotidien, et permet sans doute, à ce titre, de reconstituer un paysage social cohérent de la nuit populaire pendant la première moitié du siècle dernier – quand bien même la population concernée ne se laisserait pas aisément caractériser selon les habituels critères socio-professionnels, mais se profilerait au hasard d'une existence laconique[36]. Nous ne sommes pas loin, en somme, de ces « Vies de quelques lignes [...], des malheurs et des aventures sans nombre, ramassées en une poignée de mots [...]. Vies infimes devenues couchées dans les quelques phrases qui les ont abattues »[37], chères à Michel Foucault.

Souvent vivants, parce que imparfaitement codifiés, les rapports exploités ici invitent à interroger le détail autant qu'à considérer leur masse globale – même si l'on reste conscient qu'ils sont le produit d'un système coercitif de plus en plus contraignant, et qu'ils procèdent à un inventaire et à une qualification de plus en plus standardisés des suspects croisés dans l'obscurité. La banalité apparente des nuits qui se suivent et qui se ressemblent est parfois rompue par des épisodes plus fertiles en suggestions[38]. De tels épisodes laissent espérer d'atteindre d'un coup le sens profond de ces confrontations nocturnes qui animent l'espace parisien. C'est pourquoi traitement quantitatif et approche qualitative de ces données peuvent être associés sans *a priori*. De ces rapports, les classes dominantes sont presque complètement absentes (comme si leur comportement nocturne était affranchi de tout contrôle). Et comme de juste, on ne trouvera pas ici la parole des êtres obscurs visés par cette répression – au mieux, elle est rapportée indirectement, dans de très rares cas. Il est évident, d'autre part, que la massification globale du nombre des individus arrêtés la nuit sur la voie publique du début de la Restauration à la fin de la monarchie de Juillet peut refléter l'intensification des contrôles tout autant que l'accroissement du nombre des conduites délictueuses. En somme, les comptages effectués auront essentiellement une valeur indicative : ils ne reflètent ni l'ensemble des désordres nocturnes dont la ville est le cadre, ni même l'ensemble de l'activité des patrouilles[39].

Comment cette chronique policière des nuits parisiennes du premier XIXe siècle se présente-t-elle au juste ? Sous la Restauration, les rapports journaliers de la gendarmerie royale de Paris[40] sont annoncés comme les « Rapports généraux résultant des rapports particuliers faits par les Adjudants de la Ville, les Chefs des postes de Sûreté et les commandants des détachements et patrouilles de la gendarmerie royale de Paris, employés au maintien du bon ordre » ; ils sont signés par le colonel dirigeant la gendarmerie royale de Paris, et destinés au ministre de l'Intérieur. Les rapports de la garde municipale de Paris, qui leur succèdent en janvier 1831[41], résultent eux aussi des « Rapports particuliers faits par les Ajudants de la Ville, les Chefs des postes de Sûreté, et les commandants des détachements et patrouilles de la garde municipale de Paris » : les appellations changent, mais le mode de remontée de l'information des forces de surveillance vers le ministre varie peu. Cette information quotidienne est distribuée par arrondissement pour la gendarmerie royale, par postes pour la garde municipale. La facture de ces rapports mêle les données brutes du comptage aux ressources plus ambiguës de la narration – à une époque où, malgré les avancées de la période impériale, le réflexe statistique n'est pas généralisé dans l'appréhension de la réalité sociale parisienne. En ce sens, les documents les plus riches sur le plan narratif sont, logiquement, ceux qui datent de la Restauration[42]. Sous la monarchie de Juillet, la nomenclature des déviances se fait plus rigide, les faits imprévisibles de la rue obscure tendent à être distribués dans les « cases » d'une grille d'interprétation déjà fixée, à être ramenés à des délits déjà connus, devenus des réalités sociales plus massives. Nous nous sommes donc efforcée, en déjouant les lacunes de la série sous la monarchie de Juillet, d'associer plusieurs types de traitement de ces « tranches de vie nocturne ». Une lecture exhaustive a été faite de ces rapports journaliers, dans le but de recueillir une collection de « scènes » susceptibles d'alimenter la compréhension des normes imposées à la présence populaire pendant les nuits de la Restauration et de la monarchie de Juillet – ce qui permet, indirectement, d'entrevoir les habitudes des plus humbles en la matière, grâce à l'opiniâtreté des résistances et des transgressions. En outre, pour répondre à la quête de preuves peut-être plus assurées, la quantification de certaines données a été tentée, sous la forme de sondages. Les années choisies sont 1816, 1826, 1837 (l'année 1836 étant trop incomplète), 1842[43] et 1846, c'est-à-dire des années sans troubles politiques majeurs, et où les rapports des patrouilles avaient été conservés de manière satisfaisante. À l'intérieur de ces années de sondage, nous avons fait le choix de ne prendre en compte qu'une semaine sur deux, ce que semble autoriser le rythme habituel de paiement des salaires dans le Paris de l'époque[44].

Pour ne pas s'abuser sur la fiabilité « scientifique » de ces comptages, il faut comparer ce qui est comparable, et considérer l'évolution du contenu même des rapports, car le niveau de précision des informations délivrées évolue sensiblement au cours de la trentaine d'années parcourue[45]. On s'achemine plutôt, en effet, vers une épuration aveugle, vers un « pêle-mêle » des suspects de la nuit. Ainsi, alors que la profession des individus arrêtés est mentionnée dans la moitié des cas en 1816[46] et dans 87,45 % des cas en 1826, elle ne l'est plus du tout sous la monarchie de Juillet (en 1826 déjà figurait la dénomination hésitante des individus enregistrés sans plus de précision comme « ouvriers », catégorie absente en 1816). Serait-ce que sous le règne du roi-citoyen, il semble évident aux responsables que les perturbateurs du repos ou de la sûreté publics font immanquablement partie de la classe laborieuse, et que les qualifications précises des uns et des autres comptent moins, dès lors, que cette appartenance globale ? On en arrive même, à la fin des années 1840, à ne plus relever systématiquement les noms des personnes interpellées : les rapports parlent alors d'« individus », ce qui empêche même de connaître leur sexe. La massification du nombre des arrestations nocturnes se traduit, sous la monarchie de Juillet, par l'indistinction croissante du profil des suspects. Alors que sous la Restauration, on variait les appellations (« sans asile », « couchés sur la voie publique », « sans papiers ni moyens d'existence », « rôdeurs de nuit »...), presque tous, dans les années 1840, sont désignés sans plus de détails comme des « vagabonds », dès lors qu'ils sont rencontrés sur la voie publique à une heure tardive et sans justification admise. En revanche, la précision de l'heure d'arrestation s'améliore : à la fin de la monarchie de Juillet, elle est mentionnée parfois à la minute près, alors qu'auparavant, la mention de « rôdeur de nuit » semblait se suffire à elle-même (ou lorsque l'heure d'arrestation était consignée, ce n'était que de manière approximative, au quart d'heure près).

Ainsi, le mobile officiel des arrestations de nuit sur la voie publique se résume de plus en plus à la simple « suspicion ». Rôdeurs de nuit, vagabonds, personnes sans asile, perturbateurs divers, prostituées, ivrognes, voleurs, soldats sans permission, auteurs d'attaques nocturnes, fraudeurs, individus en rupture de ban, libertins ne sont plus guère discernables en 1846, alors qu'ils pouvaient l'être encore en 1842 – malgré l'envahissement déjà sensible de la catégorie imprécise des « vagabonds »[47], l'errance et l'absence de toit donnant lieu, sous les monarchies censitaires, à environ deux tiers des arrestations nocturnes opérées sur la voie publique. La répartition observée est en effet la suivante :

LA CAUSE D'ARRESTATION[48] (en %)

	1816	1826	1837	1842	Moyenne
Rôd. de nuit, vagab.	41,1	48,4	42,4	61,4	48,3
Sans asile	13,3	15	28,6	/	19
Tapage	8	14,6	9,7	7,2	9,9
Rixe, voies de fait	9,4	9,1	6,7	6,7	8
Prostitution	13,5	3,5	3,6	3,2	5,9
Vol	5	2	2,9	6	4
Sans permission	1,4	5,3	0,4	/	2,4
Insultes	1,1	0,9	1,6	2,5	1,5
Attaque nocturne	/	1	1,8	0,2	1
Rupture de ban	/	/	0,8	0,7	0,8
Déménag[t] noct.	/	0,2	1,2	0,5	0,6
Attentat à la pudeur	/	/	0,3	0,7	0,5
Ivresse[49]	7,3	15,1	14	11	11,8

Au total, on en arrive aux chiffres approximatifs[50] de 1 900 à 2 000 arrestations nocturnes en 1816[51], 4 300 en 1826, 2 600 en 1837, 6 200 en 1842, et 9 800 en 1846 : la progression est bien plus rapide que celle de la population parisienne globale pendant la même période, puisque cette population fait alors moins que doubler. Le « creux » de 1837 est difficilement explicable : sans doute renvoie-t-il à un plus médiocre enregistrement de l'activité répressive. Il masque aussi un changement de stratégie de la part des forces de l'ordre sous la monarchie de Juillet : se multiplient alors, aux Halles, les rafles préventives dans les débits de boissons autorisés à demeurer ouverts toute la nuit ; et ces arrestations, mal comptabilisées dans les rapports des gardes municipaux, échappent à notre dénombrement. On passe cependant de cinq ou six interpellations par nuit en moyenne en 1816 à vingt-sept environ en 1846. Précisons encore que cette évolution reflète vraisemblablement, dans le même temps, un monopole croissant de la garde municipale sur le maintien de l'ordre nocturne.

Errances

Dans un Paris limité jusqu'en 1860 au mur des Fermiers généraux, le réflexe populaire est de marcher pour effectuer les déplacements nécessaires au travail ou au plaisir – d'autant que la faible spécialisation de l'espace parisien confère une grande place aux relations de proximité. Entre cette circulation diurne et l'errance nocturne, il y a peut-être davantage de continuité que les autorités ne consentent à le reconnaître. Le point de vue de l'administration consiste, à dire vrai, en une identification machinale entre le vagabond et celui qui passe la nuit (ou une partie de la nuit) sur la voie publique. Le spectacle involontaire donné dans les rues par l'infra-société des misérables est réputé comme une propriété du temps nocturne : « Paris au clair de lune [...], ce sont ses pauvres qui dorment dans l'ombre, sur ses dalles boueuses, ne sachant où porter leur misère et leur sommeil », assure-t-on dans *Le Voleur* le 30 novembre 1834[52]. Cette difficile survie s'ajuste au règne de l'ombre douteuse sur le Paris pré-haussmannien : « À ville malsaine, population malsaine, instable dans son travail et sa morale. Un vagabondage endémique sur fond de flaques d'eau et de demi-nuit inquiétante », suggère Jean-Claude Beaune dans *Le Vagabond et la machine*[53]. Cette errance citadine chronique diffère cependant du cheminement inlassable des vagabonds provinciaux[54], en ce qu'elle stagne dans l'espace clos de la ville, la harcelant continuellement de sa ténébreuse ubiquité[55].

C'est en fait dans sa virtualité criminelle, donc dans un doute permanent quant à ses intentions, que semble résider toute l'identité sociale du « rôdeur de nuit ». Errer n'est pas, en soi, une activité définissable, mais une attitude irrésolue face à l'espace et au temps urbains : du rôdeur de nuit, on se demande constamment ce qu'il fait et où il va. « On ne sait comment vivent ces êtres en haillons dont les faubourgs fourmillent, qui mangent on ne sait quoi, et qui couchent on ne sait où », déplore-t-on en 1839 dans *Paris au XIXe siècle*[56]. La même interrogation, plus lancinante et plus apitoyée, figure dans *Les Français peints par eux-mêmes* en 1843 : « Il est minuit : tout le monde est satisfait, excepté 30 000 individus qui, n'ayant pas mangé, ne savent où aller reposer leur tête. On leur abandonne la rue, que les chiens eux-mêmes ont abandonnée, car les chiens ont des protecteurs et des asiles. Cette population errante a réduit les statisticiens à considérer comme un mystère son existence pendant la nuit. On prétend qu'ils dorment dans les décombres, dans les maisons qu'on bâtit, sous les ponts, le long des quais ; quelques-uns ont appris à dormir debout comme les chevaux. Paris est à ces gens-là de minuit à 5 h du matin ; ils nous regardent être heureux et ne nous égorgent pas[57]. »

Car dans le Paris du XIXe siècle, la figure de l'errant nocturne hésite entre celle de la victime et celle, plus commune, d'un ennemi plus ou moins conscient de la société. Son occupation encombrante de la voie publique invite plutôt à le classer parmi les « mauvais pauvres », car elle dénote une absence de pudeur, de sentiment de culpabilité, incompatible avec l'humilité supposée du pauvre méritant. La propension à la mobilité se fait indice d'inadaptation sociale – *a fortiori* lorsqu'elle est nocturne, puisque semble alors s'y ajouter le besoin de masquer des desseins malveillants. Avant même tout passage à l'acte, le rôdeur de nuit relève davantage, par son mode de vie même, de la répression que de l'assistance. Les dispositions fixées par la loi peuvent ici être rappelées : l'article 270 du Code pénal définit le vagabondage comme l'état de « ceux qui n'ont ni domicile certain, ni moyens de subsistance, et qui n'exercent habituellement ni métier ni profession[58] » ; cet état est réprimé comme un délit dans la mesure surtout où la vie errante inciterait à des déviances plus graves. En 1875, dans *La Misère de Paris*, Pierre Mazerolle clame que le vagabondage est un délit qu'il faudra réprimer « tant qu'il se rencontrera par les rues, sur les routes, des malfaiteurs nocturnes »[59]. Ces gens dépenseraient à arpenter et à explorer la ville une énergie qui devrait l'être à travailler, opposant une résistance passive aux normes sociales que sont, de plus en plus, le travail, la famille, la sédentarité[60] – et s'ils choisissent en plus la nuit contre le jour, la mesure est pleine… Mais le caractère « flottant » d'une partie de la population parisienne pourrait tout autant répondre à la nature aléatoire de l'embauche, et à la précarité des petits métiers – la mobilité populaire relevant, selon la conjoncture, d'une indépendance choisie ou d'une instabilité subie. En somme, la notion de classes dangereuses pourrait servir de contre-modèle à une société prise de cours par la persistance ou le renouvellement des mobilités ouvrières. Or, c'est prioritairement par un contrôle accru de l'espace public que passe l'entreprise de fixation et de (re)mise au travail des êtres de l'ombre – ce que ne facilite pas l'accélération des bouleversements économiques et des déracinements individuels à l'échelle du pays, sous la Restauration et la monarchie de Juillet.

La population errante, sans attaches, dont la nuit est le refuge quotidien, paraît ne se définir que par la négative[61] : l'absence de ressources, de domicile, de travail, de famille, de passé et d'avenir, le manque de prévoyance, d'hygiène, de moralité, toutes ces déficiences qui s'entretiennent mutuellement la privent d'identité. Dès lors, on n'est plus surpris de la voir se confondre avec l'ombre, ni de constater que les qualificatifs qui lui sont appliqués de l'extérieur hésitent entre « rôdeur de nuit », « vagabond », « individu sans asile », etc. Plus généralement, Olivier Donnat souligne dans sa thèse la superposition croissante entre l'image de l'errant et celle de la grande ville au XIXe siècle : désormais, le vagabond est moins « le chemineau qui [parcourt] les campagnes » que « l'habitant instable de la ville [...], déménageant à la cloche de bois, circulant de taudis en garni »[62], celui qui, ne sachant choisir entre l'oisiveté et le travail, chemine d'atelier en cabaret et de guinguette en atelier. Très prégnante dans la deuxième moitié de la monarchie de Juillet, la représentation du mauvais pauvre dont le rôdeur de nuit forme comme le prototype désigne les écarts à combler entre la norme et la marge. Le vagabond, que le jour et la foule peuvent masquer, dans une grande ville, mais que la nuit trahit souvent, figure de plus en plus le « mythe négatif de la société industrielle en marche »[63]. Sa prétendue nonchalance contrarie les pédagogies moralisantes ; rien de ce qui tisse les débats de la société libérale ne semble l'atteindre : ni la revendication d'un droit au travail, ni l'espoir d'accéder à la propriété. Mais les membres de l'« en-dessous » social accueillent parfois l'ombre comme une délivrance, puisqu'elle leur promet une sorte de monopole de la ville, leur épargne les regards réprobateurs du jour, et assure une meilleure discrétion aux activités de subsistance auxquelles ils sont réduits. Cela les constitue en véritable peuple de la nuit.

En quête d'un asile

Si les rues nocturnes de la grande ville sont le royaume misérable des sans-asile au cours du premier XIXe siècle, c'est précisément que les lieux capables d'abriter le sommeil des plus pauvres sont presque inexistants dans la capitale. Les historiens de l'hôpital savent que pendant une bonne partie du XIXe siècle, ce lieu n'est pas encore dégagé de sa fonction ancienne de « régulateur social », ni de sa « réputation claustrale »[64] : avant d'être un centre de soins, il sert d'hospice, de refuge plus ou moins temporaire aux victimes de la misère urbaine ; sa médicalisation n'est pas encore assez nette pour lui permettre d'élargir sa fréquentation à d'autres personnes que les naufragés chroniques de l'océan parisien[65]. Sans doute une partie des sans-abri y trouve-t-elle tout de même périodiquement une consolation.

Car dans le Paris de la première moitié du XIXe siècle, l'administration n'entretient pas de refuges nocturnes permanents destinés aux déshérités. Les chauffoirs publics ouverts chaque hiver pour abriter les indigents ne le sont que de 7 h du matin à 6 h du soir, et, à partir de 1831, sur présentation d'une carte nominative, qui permet aux philanthropes finançant ces lieux de ne réconforter que les plus disciplinés[66]. Quant aux asiles de nuit proprement dits, ils restent étrangers à la période, contrairement à ce qui se passe dans certaines grandes villes européennes[67]. Comme beaucoup d'autres, Frégier se dit, en 1840, hostile à la création de tels asiles[68] : ne faut-il pas que la classe pauvre ait l'habitude de payer son coucher comme son pain, sous peine d'être confortée dans sa paresse et son intempérance ? Il faut attendre la Troisième République pour que soit fondée par la Société philanthropique[69] l'Œuvre de l'hospitalité de Nuit[70], qui promeut la charité nocturne comme un moyen de paix sociale et de remise des désœuvrés innocents sur le droit chemin. Le but affiché est de rendre aux pauvres non encore déchus le goût du labeur et du devoir, goût que la divagation nocturne, fertile en tentations de tous ordres, risquerait de leur faire perdre[71]. Le « Rapport lu à l'Assemblée générale des Conférences de Paris » le 10 décembre 1877 par le baron de Livois explique que la détresse des rues a jusqu'alors échappé à la charité chrétienne, et qu'il convient, en la matière, de combler le retard des œuvres parisiennes sur celles de Londres, Berlin ou New York, où existent depuis longtemps des maisons de refuge pour la nuit[72]. Il importe donc de recueillir les promeneurs nocturnes les plus désespérés, qu'une pente inéluctable fait glisser vers le pire : « Les uns, pour éviter de tomber entre les mains des agents de police, marchent devant eux toute la nuit, sont exténués de fatigue et de faim, jusqu'au moment où quelque église ouvrant ses portes matinales, ils entrent, s'asseoient dans un des coins les plus obscurs, et dorment quelques heures. [...] D'autres, ayant encore quelques sous, vont affronter le logeur en garni et sommeillent au milieu des propos licencieux et des blasphèmes. D'autres enfin, ne résistent pas aux tentations de la misère et sont fatalement entraînés à la débauche, au crime et au suicide[73] ! » Telles sont les composantes du sombre tableau que les asiles de nuit doivent éclairer. L'hébergement temporaire proposé par ces bienfaiteurs privés doit donc protéger les errants contre les pulsions destructrices inspirées par l'obscurité, comme le suggère encore l'allocution du duc de Broglie à l'assemblée annuelle de l'Œuvre, le 27 avril 1895. S'il est aisé pour le provincial, grâce au chemin de fer, de venir à Paris, ville de ses rêves, il est plus difficile pour lui d'y trouver un travail, et la déception est fulgurante, après l'épuisement de ses quelques économies : « Le voilà alors jeté en pleine rue, à cette heure où la cité s'illumine avec un éclat qui semble insulter à son dénuement ; c'est alors que s'élèvent et fermentent dans son âme des pensées corruptrices et des tentations coupables[74]. » Dans cette nuit urbaine dédoublée, à cet instant critique, celui du possible basculement vers le Mal, la porte de l'asile de nuit est la seule à s'ouvrir devant celui qui n'est pas encore un vagabond « d'habitude », et ne peut être suspecté de dépravation ; là, on lui proposera de réciter une prière, afin de lui rappeler l'église de son village...

Jusqu'à cette date tardive, l'absence d'initiatives municipales ou philanthropiques en matière d'asiles de nuit provient en partie de la conception selon laquelle l'errant nocturne est nécessairement coupable de quelque chose ou s'apprête à l'être. Ce sont donc les garnis les plus sordides, et les moins chers, qui servent de dortoirs aux Parisiens misérables lorsque le froid devient intolérable. Il s'agit bien d'un dernier recours : selon la *Statistique de l'industrie à Paris* de 1848, les plus pauvres, au fil de leur vie au jour le jour, dorment généralement dehors, et n'en viennent à payer le garni que lorsqu'ils sont « rompus de fatigue »[75], la priorité allant naturellement à la nourriture... Là s'amalgament alors, aux yeux des moralistes et des hygiénistes, toutes les tares morales et physiques que le nomadisme habituel de cette population empêche habituellement d'observer. Il ne faut pas oublier, toutefois, que loin d'être réservée à des marginaux, la vie collective en garni est fort répandue parmi les ouvriers parisiens tout au long du XIXe siècle. Comme le rappelle Olivier Donnat, Paris constitue alors une sorte de « nœud d'étranglement », un « espace saturé » où vient s'agglutiner, dans un habitat de fortune, la population flottante que la société industrielle et libérale a produite, mais peine à canaliser. C'est dans les garnis du vieux centre déjà surpeuplé, ceux des quartiers des Arcis, de l'Hôtel de Ville, de la Cité, ou encore de la place Maubert, que s'installent souvent les nouveaux arrivants provinciaux. Même si le pullulement des garnis clandestins rend les recensements partiellement illusoires, il y aurait, vers 1830, environ 4 000 maisons de ce genre à Paris[76]. Le dénombrement des garnis consigné dans la *Statistique de l'industrie à Paris* en 1848 indique leur multiplicité dans le 12e arrondissement (avec 325 maisons garnies déclarées), le 5e, le 7e ou encore le 9e ; à l'échelle des quartiers, ceux de l'Hôtel de Ville, Saint-Jacques, de la porte Saint Martin, des Arcis, des Lombards ou du Jardin des Plantes sont très concernés[77]. Au total, 21 % des ouvriers parisiens logeraient en garni en 1847[78], et la proportion est plus forte encore parmi ceux qui travaillent dans le bâtiment[79]. Au cours d'une année, cette population mobile varie entre un minimum pendant la morte-saison et un maximum au plus fort de l'activité parisienne[80]. Pour la frange la plus marginalisée du peuple parisien, celle pour qui le lit n'est qu'un confort rare et la nuit un moment de sombre intimité avec la ville, c'est pourtant l'hiver que l'entrée au garni est vitale – alors même que l'hibernation économique de la capitale rend les ressources plus maigres encore que l'été. Pour tous, le recours massif au garni renvoie naturellement à l'absence d'initiatives en faveur du logement populaire dans le Paris de l'époque[81]. L'haussmannisation a pu, d'ailleurs, faire augmenter la proportion d'ouvriers parisiens logés en garnis, en raison de cette résistance discrète opposée, par des travailleurs désireux de rester au centre, au mouvement d'exclusion des catégories populaires vers la périphérie ou vers des quartiers orientaux où l'offre de logements est inférieure aux besoins.

L'attention des autorités est ainsi requise par la présence, indésirable et pourtant structurelle, d'une population mobile à laquelle on impute volontiers tous les maux dont la capitale est affligée, au premier rang desquels la délinquance nocturne. Comme le laisse entendre, le 28 novembre 1826, un projet de circulaire du préfet de police, « il importe au bon ordre et à la tranquillité publique de surveiller ces établissements [les garnis de dernier ordre] avec d'autant plus de soin qu'aux approches de l'hiver, beaucoup d'ouvriers manquent de travail, que des vols sont journellement commis et que des attaques nocturnes ont eu lieu sur la voie publique de quelques quartiers »[82]. Le garni est regardé par la Préfecture de police comme le lieu privilégié de la contamination des ouvriers encore travailleurs par les individus dépravés. Aussi, dès que le niveau des angoisses nocturnes s'élève dans la capitale, le réflexe policier est-il de lancer des explorations tardives dans les garnis les plus mal classés. Tout le problème réside dans la fluidité des passages de la rue au garni et du garni à la rue. Changer de garni chaque nuit est un moyen d'échapper à l'inquisition, et de masquer un état de vagabondage plus ou moins chronique. Afin d'y parer, l'article 5 de la loi du 22 juillet 1791 prescrit aux logeurs de tenir un registre des entrées et des sorties, disposition renouvelée dans l'article 475 du Code pénal[83]. Chargé de faire respecter ces règles, le service des garnis de la Préfecture de police compte trente-sept inspecteurs en 1828[84]. Selon le préfet de police, dormir dans un garni de mauvaise réputation, ce devrait être ne dormir que d'un œil, s'attendre en permanence à l'imminence d'une visite. Le 30 janvier 1829, par exemple, « les chefs des postes de Gendarmerie de la Halle au Blé, du Marché saint-Martin, de la place du Châtelet et du Port-aux-Vins rendent compte que des gendarmes de leurs postes ont été requis par les commissaires de police de ces quartiers pour faire des perquisitions dans les maisons garnies de leur arrondissement de minuit à 4 h du matin, par suite desquelles il a été arrêté un grand nombre d'individus qui y ont été trouvés sans papiers »[85].

Les garnis où on loge « à la nuit », souvent clandestins, sont unanimement désignés comme les plus mal famés[86]. Y convergeraient tous ceux qui ont quelque chose à cacher : suspects divers, prostituées clandestines et forçats libérés y entrent à toute heure de la nuit, n'ayant pas à se lever à l'aube pour gagner leur pain. Ainsi, le 25 novembre 1826, un rapport du commissaire de police du quartier des Quinze-Vingts explique qu'« il conviendrait d'observer particulièrement dans les garnis les individus de la classe du peuple qui se trouvent sans ouvrage et qui néanmoins rentrent tard »[87]. Les locataires « passagers », ceux qui passent au plus deux nuits consécutives dans le même garni, apparaissent comme les plus louches : vivant d'activités mal définies, ils forment le terreau constamment renouvelé de la déviance nocturne, le garni ne leur servant que de point de chute entre deux expéditions dans l'ombre[88]. Proposant une « Enquête complémentaire sur les garnis »[89], la *Statistique de l'Industrie à Paris* de 1848 esquisse donc une topographie morale de la grande ville (sans pouvoir atteindre, cependant, les garnis clandestins), et attribue aux ouvriers ne logeant pas « dans leurs meubles » des certificats de bonne ou de mauvaise conduite, quartier après quartier[90]. Manger au cabaret, dormir épisodiquement dans un garni à la nuit, et se plaire en outre aux « parties de plaisir » prolongées tard dans la soirée sont les symptômes d'une existence trompeuse : « ils s'enivrent souvent et rentrent à toute heure de la nuit », dit-on par exemple des locataires d'un garni douteux du 4ᵉ arrondissement[91]. Organisée autour d'expédients divers (secours publics, petits métiers, mendicité, menus larcins...), l'existence de ces Parisiens est apparemment noyée dans l'insouciance trompeuse de l'alcool, la nuit et le jour y ayant perdu leur rôle normal de scansion quotidienne.

Dans une deuxième moitié du siècle où la persistance de poches d'ombre à la surface de la ville rénovée préoccupe davantage, la description sordide ou misérabiliste du « garni à la nuit » relève du passage obligé, pour les explorateurs de l'« enfer » parisien. À l'occasion de ses *Études sur la transformation du XII*ᵉ *arrondissement et des quartiers anciens de la rive gauche*, en 1855, Eugène Cramouzaud dépeint la maison garnie située au n° 25, rue Traversine, sur la montagne Sainte-Geneviève : « C'est ici un asile de nuit, c'est le sombre refuge où chaque soir, dans les ténèbres, se rencontrent fortuitement quelques malheureux sans ressources et sans nom. On donne deux sous, et on paie en entrant[92]. » L'enquête sur les maladies sociales laissées intactes (voire aggravées) par Haussmann est plus en vogue encore sous la Troisième République. Dans *La Misère de Paris, les mauvais gîtes*, en 1875, Pierre Mazerolle s'y essaie, pour s'apitoyer sur l'ignominie des vieux garnis à la corde (ceux dont les clients dormaient tous dans une même salle, sur un sol parfois couvert de paille, la tête reposant sur une sangle tendue le long du mur) en les comparant à un Waterloo social ou à un nouveau radeau de la Méduse : « Quand la lune pâle y pénétrant venait répandre sa clarté mystérieusement triste sur ces visages aux yeux fermés et sur tous ces corps étendus, le dortoir semblait un champ de carnage, une fauchée de la mort[93]. » C'est une forme de misère odieuse que l'on examine désormais, mais non sans une discrète fascination. En 1886, dans *Paris-police*, Charles Virmaitre énumère avec une sorte de gourmandise les noms des garnis parisiens les plus vétustes ; ces noms portent comme la revendication ironique, par les exclus du Paris-Lumière, de la sombre image qui leur est accolée depuis l'époque romantique : *Les Misérables, La Pégriote, Les Mystères de Paris, À La Belle Étoile, Les Noceurs, Brise-des-Nuits, Le-Radeau-de-la-Méduse, Le Choléra, Monte-à-Regret*, *L'Assommoir,* etc.[94]. Au cours des mêmes années 1880, Louis Bloch et Sagari, dans *Paris qui dort*, se donnent aussi pour objet d'investigation le sommeil volé de ceux qui n'ont pas de lit : la description du « garni à la corde » y est encore un morceau de bravoure[95]. Du même répertoire, celui de la plongée sociale, procède l'opuscule publié par Paul de Chamberet en 1897, sous un titre plein de promesses, *Une nuit de Paris, au pays du vice et de la misère* : une fois de plus, le simulacre de repos pris par les clients d'un garni à la corde, dans une atmosphère méphitique, est évoqué[96].

En somme, dormir dans les garnis de basse catégorie n'est pas un sort beaucoup plus enviable, dit-on, que de le faire dans la rue, si ce n'est en cas d'intempéries. Supporter l'insalubrité et la laideur de ces lieux n'est « tolérable la nuit que pour ceux qui viennent y dormir du lourd sommeil de la misère, après avoir travaillé ou rôdé sans interruption depuis le matin jusqu'au soir »[97]. Il n'y a là qu'une espèce de campement provisoire, mal séparé du « dehors », aux antipodes du nid douillet des retranchements bourgeois. Dès lors, il suffit que manquent les quelques centimes réclamés par le logeur, qu'on ait un peu trop bu, qu'on se refuse à la promiscuité de ce sommeil collectif, qu'on ne souhaite pas consigner son identité sur un registre[98], et surtout que la nuit soit à peu près clémente, pour qu'on choisisse de la passer dans la rue. « Ah ! que l'on comprend mieux alors ceux qui, fuyant l'horreur de pareils abris [les garnis à la nuit], vont dormir à la belle étoile, au hasard de la pluie qui peut tomber ou de la ronde de police qui peut survenir ! », s'exclame Du Camp lui-même[99]. Gisquet connaît bien, lui aussi, ces pauvres dormeurs des recoins obscurs : « Tant que dure la belle saison, une multitude d'individus sans asile, et ceux qui ont des motifs particuliers pour se cacher [...] peuvent, à cause de la douceur de la température, passer les nuits soit dans les localités obscures de l'intérieur de Paris, sous les arches des ponts, dans les chantiers de pierre, dans les quartiers inhabités rapprochés des murs d'enceinte, soit au milieu des champs cultivés, soit enfin dans les carrières environnantes[100]. » Si les brillantes soirées du Boulevard servent à se montrer, à l'autre extrémité de la hiérarchie sociale, les heures les plus sombres satisfont au besoin de se tapir dans une multitude de cachettes improvisées.

Le sommeil sur la voie publique, qu'il mêle ou non l'ivresse à la détresse, se niche, il est vrai, dans des abris de fortune à la diversité déconcertante. Tous les lieux offrant la possibilité de se dissimuler sont mis à profit, comme le révèlent les rapports journaliers des gendarmes, des gardes nationaux puis des municipaux. Chantiers, maisons en démolition ou en construction, carrières, terrains vagues, tranchées, fossés des fortifications, enclos, jardins publics, contre-allées du Boulevard, massifs des Champs-Élysées, arches des ponts, escaliers, caves, porches d'églises, portes cochères, allées de maisons non closes, chariots, tombereaux, tonneaux des porteurs d'eau, auvents, baraques des petits marchands, guérites, piliers des Halles, échoppes des marchés, chaises et tables des cafés du Palais-Royal et du Boulevard, coffres[101], bateaux amarrés sur les quais : la solution, souvent temporaire, est recherchée partout, puisque l'errant en arrive toujours à devoir s'arrêter quelque part. Il s'agit, pour lui, de n'être pas débusqué par une patrouille ou par une ronde, mais aussi d'éviter d'être dépouillé de ses quelques vêtements pendant son sommeil.

Dans cette liste hétéroclite, des pôles d'attraction nocturne plus récurrents peuvent être distingués. La Seine[102] est un lieu de prédilection pour les errants en quête d'abri, comme si l'univers des ponts et des quais constituait, en contrebas de la ville « officielle », une sorte de zone immune, où le camouflage et l'impunité seraient de mise. Pierre Mazerolle indique par exemple que le pont d'Arcole était, sous le Second Empire, le rendez-vous nocturne de nombreux sans-asile, qui se relayaient d'heure en heure pour guetter l'irruption éventuelle des sergents de ville[103]. Au cours de la période antérieure, dans une ville incomplètement urbanisée, les localités les plus désertes favorisent également l'installation feutrée des sans-asile, qui doivent échanger entre eux des informations sur la géographie des cachettes les plus utilisables. Le 1er août 1816, les gendarmes signalent notamment qu'« une petite maison isolée, non occupée, située derrière le corps de garde du poste de l'allée des Veuves paraît servir de refuge à des vagabonds. Un lit de paille, des pierres disposées dans la chambre basse pour aider à monter dans le grenier, et d'autres indices annoncent qu'elle est momentanément occupée pendant la nuit »[104]. Les chantiers de toute sorte offrent, eux aussi, une enclave propice à ce retranchement illégal – sans compter les possibilités de

« récupération » qu'ils recèlent[105]. De même, les « marais », jardins potagers *intra-muros*, sont-ils très prisés, à cause des tas de fumier qu'ils contiennent[106]. Malgré l'absence de témoignages, imputable au manque de surveillance, on peut imaginer que d'une manière générale, les marges urbaines, où la ville n'en est plus une, accueillent pendant cette période nombre de « voleurs de sommeil », échoués là au terme d'une longue marche, qui est aussi une longue quête d'invisibilité. Carrières et fours à plâtre (dont la chaleur est salvatrice) sont un autre recours important ; là peut s'organiser, souterrainement, une sombre vie de groupe. La pratique paraît ancienne[107], mais c'est surtout après 1850 qu'elle est commentée, peut-être parce que la voie publique est mieux quadrillée par les sergents de ville qu'auparavant. Les Carrières d'Amérique, les plus fameuses[108], forment alors un des derniers havres de relative paix nocturne pour ceux qui n'ont pas de toit. Leurs repères dérisoires étant bouleversés par l'assainissement impérial, les errants se replient de plus en plus sur ce quartier peu habité, peu animé, peu surveillé, puisque les rues nocturnes leur sont plus interdites que jamais. « Certaines nuits, quand un étranger passe près d'un four à plâtre [...], il croit voir une assemblée d'ombres. Ce sont des gens sans feu ni lieu qui dorment, et qui grognent si son pas vient les faire sortir du sommeil », écrit Pierre Mazerolle[109]. En manière de raccourci, l'argot désigne d'ailleurs les vagabonds parisiens comme des « fours à plâtre »[110]...

Si les quartiers écartés sont utilisés pour leur relative quiétude, l'attraction nocturne exercée sur les déshérités, pour d'autres raisons, par le quartier des Halles centrales[111], reste très puissante tout au long de la période. Avant que ne flamboient les amples pavillons de Baltard, et même après, cette espèce de forêt urbaine que forment les ruelles du quartier offre mille possibilités de dissimulation et de fauche nocturne aux Parisiens dans le besoin, à la poursuite d'un « arlequin ». L'endroit sert aussi de réceptacle aux nouveaux arrivants dans la capitale qui, coupés des réseaux migratoires organisés, n'ont pas trouvé de logement ni de travail et qui, à bout de ressources, se dirigent spontanément vers le seul lieu resté actif après minuit. En règle générale, tous les marchés parisiens, tous les lieux comportant des galeries et des parties couvertes[112] sont propices à l'installation nocturne des sans-asile, constamment délogés et constamment de retour. Par sa configuration disparate, que le percement de la rue Rambuteau entre 1838 et 1843 ne suffit pas à bouleverser, le quartier des Halles centrales pousse donc cette tendance à l'extrême. Comme l'observe Privat d'Anglemont au début du Second Empire, « il existe à la halle toute une population d'êtres vraiment problématiques. Ce sont des gens qui ne dorment jamais, ou du moins qui ne se couchent jamais dans un lit. Leur vie est une longue suite d'aujourd'hui, ils n'ont de lendemain que le jour où, ramassés par quelque patrouille de sûreté, ils sont jetés dans un lit d'hôpital pour y mourir. [...] La nuit, ils vivent du débris des festins des heureux de la terre, ils rongent les os comme des chiens, et se contentent des croûtes et des restes qu'on jette à la borne. Le jour, ils s'accroupissent dans l'angle de quelque cabaret [...], l'âme affaissée dans leur corps abruti, et ils dorment, effrayants, les yeux ouverts »[113]. Si les espaces libres de la périphérie urbaine abritent fréquemment les sans-asile pour un sommeil durable, l'affairement continu des Halles centrales capte leur pérégrination inquiète et leur procure plutôt un sommeil entrecoupé d'occupations diverses. Car le petit travail éphémère n'est pas exclu de ces nuits de survie. Le flux continuel de « suspects » qui convergent nuitamment vers les Halles centrales explique, par ailleurs, l'activité inlassable du poste de la Lingerie[114], chargé du filtrage des allées et venues en ces lieux sensibles. Si le niveau de vigilance dont cet endroit stratégique bénéficie peut exagérer le nombre des arrestations opérées chaque nuit dans le quartier des Marchés par rapport au reste de la ville, il n'explique pas à lui seul l'écrasante domination numérique dudit quartier dans les rapports journaliers des patrouilles. En 1816, 58,2 % des individus arrêtés la nuit dans la capitale par la gendarmerie royale le sont dans le seul 4e arrondissement[115] ; en 1826, la proportion est de 27,2 % (et de 44,1 % chez les « rôdeurs de nuit »)[116] ; en 1837, elle est de 53,5 % (et 59,5 % des « rôdeurs de nuit »)[117] ; en 1842, de 41,7 %[118] ; en 1846, de 40,6 %[119] ; soit une moyenne de 44,2 % pour l'ensemble de la période considérée...

N'oublions pas que figure, parmi les multiples ressources du lieu, celle de pouvoir sommeiller à la table d'un de ces cabarets ouverts toute la nuit, pour une somme équivalant au prix du vin ou de la soupe, donc inférieure au tarif des garnis les moins chers – même si le patron, pour ne pas abriter clandestinement des vagabonds, est censé empêcher les consommateurs de s'endormir[120]. Dans cette catégorie décriée, l'antre nocturne le plus célèbre est celui de Paul Niquet, près de la fontaine des Innocents. Les nombreuses descriptions de cet antre surenchérissent dans la noirceur. Ainsi dans *La Grande Ville, nouveau tableau de Paris*, en 1844, Paul Niquet est

« le pandoemonium de la nuit de Paris ; là sont les ténèbres extérieures de la misère infâme dans tout ce qu'elle a de plus hideux », un « égout dans lequel se sont jetées une à une les sentines qui roulaient la fange de la nuit de Paris et que la police a successivement fermées »[121]. Dans *Paris anecdote*, dix ans plus tard, Privat d'Anglemont n'est pas en reste : « Rassemblez toutes vos forces, assurez votre cœur contre le dégoût, et hasardez-vous, en observateur, en philosophe, chez les marchands de vin et surtout chez les liquoristes qui ont la permission d'ouvrir leurs bouges pendant toute la nuit[122]. » Chez Paul Niquet, devant l'entrée duquel se balance une lanterne triangulaire, on pénètre par une longue allée étroite et humide ; les clients, souvent chiffonniers, déposent leurs hottes et leurs fardeaux le long du mur, avant d'arriver à la salle principale, une ancienne cour surplombée par un vitrage douteux, où l'on sert du casse-poitrine. Au milieu du tapage, et entre deux rondes de police, certains consommateurs sont affaissés sur leur banc : « On vante le sommeil de Napoléon à la veille d'Austerlitz et celui de Turenne sur l'affût d'un canon [...] ; mais qu'est-ce que ces somnolences inquiètes, agitées, auprès du lourd et profond sommeil de ces parias, obligés, la plupart, de voler même le moment de repos qu'ils prennent à la dérobée[123]. » De même, dans *Paris vivant, par des hommes nouveaux*, en 1858, le chapitre 2 est intitulé « Chez Paul Niquet » : « Toutes les pauvres industries nocturnes sont là – tristes oiseaux ternes et pâles, qui se cachent et rentrent dans des repaires inconnus dès l'approche du jour[124]. » Sous la Troisième République, c'est rétrospectivement que Louis Bloch et Sagari peignent la clientèle interlope de ce cabaret détruit sous Napoléon III, cette grise assemblée d'« amants de la nuit » : « Tous les rôdeurs de nuit s'y retiraient à l'heure où les patrouilles [...] commençaient à battre le pavé. Il n'y avait point de couvre-feu pour tous ces nomades ; ils entraient là, buvaient, chantaient et dormaient, le tout sur place[125]. »

À l'échelle de la ville, le fait que certains en soient réduits à sommeiller sur le seuil des maisons où d'autres se reposent en toute sécurité est lourd de signification. Les individus surpris dans ce genre de position en sont chassés avec une sévérité particulière : n'exercent-ils pas une sourde contestation contre les principes de propriété et de tranquillité privées ? S'obstiner au seuil du privé, c'est être suspect de méditer un franchissement illicite de ces frontières que la tombée de la nuit a renforcées. Naturellement, la personne surprise en flagrant délit d'escalade ou d'effraction aura beaucoup de peine à faire croire qu'elle en est réduite à ces extrémités parce que son logeur refuse de lui ouvrir à une heure tardive, ou qu'elle s'est trompée de maison. Le passage de la porte d'allée (fermée dans la soirée par ordre de la police) des propriétés privées est une intrusion grave, quand bien même le coupable ne chercherait qu'à dormir dans le jardin. Le 23 octobre 1820, « Une patrouille rentrant à 1 h du matin a trouvé en passant sur la montagne Sainte-Geneviève un individu qui s'efforçait d'entrer dans une allée dont la porte était fermée » : sans papiers, il est incapable de donner le nom du logeur de cette maison où il prétend habiter, et propose aux gardes nationaux de leur payer à boire s'ils le laissent fuir[126]... Qu'il s'agisse d'ivrognes et qu'ils soient surpris en train de crier ou de frapper à une porte qui n'est pas la leur, et une plus grande indulgence, assortie d'une réprimande pour tapage nocturne, sera de mise.

D'autres, plus prudents ou plus découragés, choisissent la solution qui consiste, après une errance trop éprouvante, à demander asile dans les divers corps de garde, qui ont le mérite d'être chauffés. Cela revient en quelque sorte à « se rendre », à devancer l'appel, à éviter d'être ramassé et malmené par une patrouille plus avant dans la nuit. Pour être libre de quitter le poste à l'aube, il faut, cependant, être capable de présenter des papiers de sûreté en règle. Apitoyés, quoique non dégagés de la méfiance réglementaire, les gardes peuvent alors afficher la conviction de faire acte d'humanité en octroyant cet asile éphémère, tout en sauvegardant la sûreté publique. La certitude de panser une véritable détresse s'exerce surtout à l'endroit de ces provinciaux fraîchement débarqués dans une capitale dont l'immensité les a égarés. Pas encore corrompus par la Babylone moderne, ils ne présentent pas de danger apparent – d'ailleurs, la preuve majeure de leur innocence, aux yeux des gardes, est le réflexe qu'ils ont de ressentir la nuit parisienne comme hostile, alors que les classes dangereuses sont censées s'en délecter. Le 15 octobre 1820, des gardes nationaux donnent donc « asile pour la nuit au nommé Jean Constant Urbain, âgé de seize ans, porteur d'un passeport en règle et arrivant à Paris pour se placer chez un marchand de vin »[127]. Pour quelques-uns, cet expédient devient systématique, la multiplicité des postes permettant une certaine souplesse : le 20 février 1820, « à 4 h du matin, la nommée Thérèse Jourdain, ouvrière en cartonnage, paraissant atteinte d'imbécilité, s'est présentée au corps de garde, disant qu'elle n'avait pas d'asile, et qu'elle avait l'habitude de coucher dans les postes »[128]. Plus ponctuellement, des noctambules trop attardés pour pouvoir rentrer chez eux sont aussi hébergés : grâce à leur relative aisance matérielle, eux non plus ne ressortissent pas à l'univers des suspects. La législation du vagabondage laissant une marge d'interprétation, les cas plus indécis seront soumis, le lendemain matin, au commissaire de police, comme ceux de Frédéric Schmidt, tailleur, et de Justin Morin, domestique sans place, vaincus par le froid et venus réclamer un asile nocturne au poste du port Saint-Nicolas dans la nuit du 1er au 2 janvier 1819[129]. Ces actes de renoncement volontaire à la liberté nocturne, renoncement parfois accompagné d'une demande d'entrée au dépôt de mendicité de Saint-Denis, sont plutôt mobilisés par la presse comme un moyen commode de distinguer les rares cas d'errance nocturne innocente de la masse grouillante des malveillants et des rebelles. L'argument provient parfois des sans-asile eux-mêmes. La *Gazette des tribunaux* rapporte, le 8 janvier 1843, qu'« un jeune homme de dix-sept ans à peine[130] [...] rôdant la nuit dans les Halles [...] s'est présenté de lui-même à une ronde de police pour se faire arrêter : “Je n'ai, a t-il dit au chef de ronde, ni asile, ni moyens d'existence, je ne veux pas mal faire, et pour que la faim ne me donne pas de mauvais conseils, je vous demande pour toute grâce de me conduire en prison” »[131]. Solliciter un asile légal, se présenter au poste et avouer par là même son dénuement, c'est comme refuser de s'accoutumer à la nuit, de s'en faire une alliée, et se démarquer de ceux dont on dit qu'ils sont partie prenante de l'obscurité corruptrice.

Le peuple de la nuit : anonyme, coupable, traqué

« Enfermés » dans une rue qui seule peut les accueillir, mais qui les expose autant qu'elle les protège, les sans-asile et les vagabonds parisiens du premier XIXe siècle sont, par excellence, des « oiseaux de nuit »[132]... Rares sont ceux qui ne les jugent pas comme des êtres nuisibles, et qui concèdent que leur mode de vie chaotique les contraint à se trouver constamment sur le qui-vive. À y regarder de plus près, l'errant est souvent un citadin traqué, transformé en quasi-automate[133] à force de marcher sans but précis, loin des sombres préméditations qu'on lui impute volontiers. Mais l'absence des dossiers correctionnels pour cette période de l'histoire parisienne interdit de recomposer des itinéraires, et les sources ne mémorisent que le moment où cette course vague s'interrompt, par le hasard d'une rencontre avec les garants de l'ordre public. Pour les Parisiens privés de toit, circuler sans trêve permet sans doute de ne pas trahir immédiatement son statut de « sans-aveu », de donner le change. Mais cela peut aussi mener à être identifié comme un « rôdeur ». En réalité, la simple présence sur la voie publique à une heure tardive exige une justification ; ce sont ensuite manifestement des critères de discrimination sociale qui jouent, lorsqu'il s'agit de distinguer en un coup d'œil les suspects des inoffensifs.

Dans une seconde moitié du XIXe siècle où, transports en commun aidant, les Parisiens des couches sociales intermédiaires marchent moins que par le passé, la déambulation chronique des pauvres pendant la nuit attire de plus en plus l'attention et, éventuellement, la commisération. En 1867, le noctambule averti et compatissant qu'est Alfred Delvau s'efforce, dans *Paris-Guide*, d'apitoyer ses lecteurs sur la sombre condition de ceux qui sont privés du confort élémentaire, et ne goûtent aucune des beautés du Paris nocturne : « Quand vous reposiez, tranquille, ils veillaient, inquiets ; quand vous dormiez, ils se promenaient, faute d'un gîte pour se reposer comme vous, faute d'un lit où dormir comme vous. Ils se promenaient ! Épouvantable, ironique promenade ! Aller, aller sans cesse, à la lueur des étoiles, d'une extrémité de Paris à l'autre, sans s'arrêter un seul instant – de peur d'être arrêté comme suspect par les rondes d'agents de police ; marcher ainsi toute la nuit jusqu'à l'aube, souvent lente à paraître, malgré le vent, malgré le froid, – mais non malgré la pluie[134]. » Dans le tableau des Halles centrales qu'il tente à la fin du Second Empire, Maxime Du Camp réserve, lui aussi, une place au harcèlement nocturne dont seraient victimes les Parisiens les plus obscurs : « Sous cette immense voûte que la lumière du gaz semble rendre plus élevée encore, un insupportable courant pousse des nappes d'air froid. C'est là cependant [...] que les vagabonds, les misérables, chassés de place en place, des bancs où ils s'étaient étendus, des coins de porte où ils s'étaient pelotonnés, viennent chercher un asile qui leur est rapidement disputé. On les voit grelottants, les épaules courbées, les bras serrés contre la poitrine, s'asseoir derrière quelques mannes oubliées et essayer de dormir. Un agent de police les réveille, les secoue, les force à se relever, les renvoie ; ils font dix pas, et croyant n'être plus observés, ils se recouchent, la tête appuyée contre la muraille, et se hâtant de reprendre leur sommeil interrompu. Encore une fois, on les avertit, on les menace ; la fatigue est plus forte que leur volonté ; ils se font un nouveau gîte. On les découvre encore et on les conduit au poste, où le violon leur garantit du moins le droit de finir la nuit et de dormir en paix[135]. » Les arrestations sont nombreuses, mais les réprimandes ou les brimades doivent l'être plus encore, ce qui interdit encore de considérer les rapports des patrouilles comme de fidèles reflets de la réalité de l'errance nocturne.

D'autant que le réflexe répressif des patrouilles nocturnes avant 1848 n'est guère contrebalancé, dans d'autres types de sources, par une image moins suspicieuse du sans-asile. Tout se passe comme si la figure synthétique du rôdeur de nuit masquait les autres figurations possibles de l'errant, dont on a, ainsi, accrédité une légende noire. Les critères de suspicion appliqués par les forces de l'ordre aux passants nocturnes dans la première moitié du siècle semblent en effet peu nuancés, comme en témoigne la formule presque obsessionnelle « à une heure indue », qui résonne déjà, en particulier sous la Restauration, comme une présomption de délit. La fermeture obligatoire des lieux publics à 11 h du soir sonne le début d'un couvre-feu officieux. À la question rituelle « Que faites-vous si tard dans la rue ? », seuls les promeneurs sûrs de leur assise sociale peuvent se permettre une réponse ironique. La dénomination vague mais fortement péjorative de « rôdeur de nuit »[136], qui s'attache aux ouvriers sans ouvrage attardés dans les rues, assombrit une activité déambulatoire qui peut être parfaitement innocente. Le terme même de « rôdeur » est largement lié au contexte nocturne et/ou aux lieux écartés : le jour, dans la foule citadine, on ne peut guère être perçu comme « rôdant », avec ce que cela implique de desseins délictueux. La flânerie diurne de l'ouvrier en rupture d'atelier n'étant pas répréhensible en tant que telle, c'est sur la nuit que se reporte la réprobation. Sont donc arrêtés comme « rôdeurs de nuit », et à titre apparemment préventif, tous ceux à qui l'on n'a rien de précis à reprocher. Ce motif d'arrestation représente à lui seul 41,1 % des affaires nocturnes en 1816[137], 33,8 % en 1819[138], 48,4 % en 1826[139], 42,4 % en 1837[140], et 61,4 % en 1842, date à laquelle la catégorie floue des « vagabonds » a absorbé celles des « rôdeurs de nuit » et des « sans-asile » (d'où cet accroissement sensible du pourcentage)[141].

Jusqu'aux années 1830, le rôdeur de nuit se distingue du sans-asile en ce qu'il n'est pas trouvé couché sur la voie publique, mais rencontré dans une attitude de mobilité supposée sournoise. Il est évident que ces classifications n'ont d'étanchéité que dans l'esprit des vigiles nocturnes : ce sont les circonstances de la rencontre et l'interprétation des gestes qui décideront de faire du « sans-asile » d'un jour le « rôdeur de nuit » du lendemain… La tentative de délimitation proposée en 1826 par Lemoyne dans son « Projet d'organisation d'une garde de nuit pour la Ville de Paris » est aussi révélatrice que peu opératoire : « Les gens sans aveu sont ceux qui, étant en état de travailler, vivent dans l'oisiveté, sans avoir un métier, ni moyen de subsistance, ni répondant. Les gens suspects sont ceux qui refusent de déclarer ce qu'ils sont. On entend par mal intentionnés ceux qui sont convaincus d'avoir fait de fausses déclarations[142]. » L'intention imputée par les gardes à ceux qu'ils croisent peut seule établir une distinction entre les « noctambules » dangereux et les autres, ce qui ouvre la voie à toutes les formes d'arbitraire. Entre le simple errant et le rôdeur, un fossé de mystère souvent abusif est creusé par les connotations du regard policier. Et les individus trouvés allongés dans la rue, donc dans une posture de victime souffrante, ne sont pas nécessairement moins soupçonnables que les autres, comme le souligne la *Consigne générale pour les postes de la place de Paris* en 1851 : « Lorsqu'on rencontre des hommes couchés sur la voie publique, [il faut] les faire relever et les déposer au poste le plus voisin à la disposition du commissaire de police, parce qu'il arrive souvent que ce sont des voleurs qui se couchent ainsi pour éviter d'être arrêtés et faire l'homme ivre[143]. » L'impossibilité de présenter des papiers en règle est un facteur aggravant, de même que le refus de dire son nom, indice de récidivisme. Quant aux comportements d'attente, de guet ou de fuite, ce sont déjà des aveux.

Pour convaincre de l'étendue des soupçons (légitimes ou non) qui pèsent sur les noctambules en blouse sous les monarchies censitaires, qu'on nous permette un moment de pure énumération, les épisodes suivants ayant été choisis sans régularité chronologique, mais pour leur richesse narrative, et pour leur représentativité à l'égard de la chronique des nuits parisiennes tenue par les forces de l'ordre au cours du premier XIXe siècle[144]. Entre ordinaire et extraordinaire, cette collection de scènes furtives dessine un Paris des recoins, des murs qu'on rase, des portes dérobées, de l'esquive :

– Le 26 juillet 1815, un homme et une femme sont arrêtés à 3 h du matin par une patrouille de gardes nationaux et amenés au poste de la Lingerie « pour n'avoir pu donner une adresse positive »[145].

– Le 5 juin 1816, au poste de la rue Mauconseil : « La patrouille sortie de 11 h à 1 h du matin a arrêté plusieurs individus qui ont été relâchés sur l'inspection de leurs papiers trouvés en règle ; un seul d'entre eux n'a pu donner de motifs vraisemblables pour se trouver dehors à une heure indue[146]. »

– Le 3 août, le commissaire de police du quartier du Palais-Royal « a fait conduire à la Préfecture le nommé Chauvet, trouvé couché la nuit dernière dans la galerie noire du Théâtre-français. Cet homme n'a ni asile ni moyens d'existence. Ce n'est pas la première fois qu'il couche dans la même galerie. On est fondé à croire qu'il avait l'intention d'y commettre un vol. Il est bon de s'assurer d'un aussi mauvais sujet »[147].

– Le 17 novembre 1816, près du pont Neuf : « Une patrouille sortie du poste a conduit à la Préfecture les nommés Philippart et Lombard, qui refusaient de rentrer chez eux à minuit 1/2[148]. »

– Le 1er juin 1819 : « Une patrouillle de la Gendarmerie sortie du poste de la Barrière de l'Étoile a arrêté à 11 h du soir dans les Champs-Élysées un homme ivre qui a refusé de dire son nom et qui paraissait suspect[149]. »

– Le 4 janvier 1820, une patrouille « a arrêté à 2 h du matin et conduit chez le commissaire de police un nommé Henry Refut, garçon tailleur, trouvé couché le long du mur de l'hôpital Saint-Louis et n'étant porteur d'aucun papier »[150].

– Le lendemain : « Un nommé Sellier, qui a déclaré être fort malheureux et n'avoir aucun moyen d'existence, a été arrêté [...] par une patrouille dans la rue Saint-Antoine, et conduit chez le commissaire de police[151]. »

– Le 3 mai 1820, à 11 h 30 du soir, on voit sur le Pont Royal « deux hommes qui [...] ont paru suspects par l'hésitation qu'ils mettaient dans leur marche »[152].

– Le 10 décembre 1820 : « Une patrouille sortie du poste a rencontré à une heure indue sur la voie publique trois hommes [...] qui, n'ayant pas pu dire pourquoi ils se trouvaient si tard dans les rues, et s'étant d'ailleurs refusés à l'invitation que leur faisait le chef de patrouille de se séparer, ont été amenés au corps de garde[153]. »

– Le 27 avril 1821 : « À 3 h du matin, une patrouille sortie du poste a arrêté un homme caché contre une porte, rue du Poirier au coin de celle Saint-Merry ; on n'a pu obtenir de cet homme aucun renseignement, parce qu'il était ou faisait le muet, quoique paraissant comprendre tout ce qu'on lui disait, n'étant point sourd[154]. »

– Le 25 juillet 1821, « à la réquisition de M. Mounier, commissaire de police, plusieurs patrouilles ont été dirigées dans la rue Saint-Denis, dans les environs des rues Guérin Boisseau et Greneta, avec ordre d'arrêter toute personne qui paraîtrait suspecte, sauf à la relâcher après avoir vu ses papiers, plusieurs vols ayant eu lieu dans le voisinage. Vers 1 h du matin, une de ces patrouilles [...] aperçut plusieurs individus qui ont pris la fuite à son approche et que l'on ne put atteindre. La même patrouille ayant vu un homme couché rue Saint-Denis près le marché des Innocents, un des gardes nationaux [...] lui demanda ce qu'il faisait là ; cet individu répondit qu'il était attardé, qu'il demeurait rue de l'Oursine ; on l'invita à retourner chez lui, mais comme on s'aperçut qu'il remontait dans cette rue du côté opposé à celui qu'il avait indiqué, on l'arrêta pour le conduire au poste du chevalier du guet »[155].

– Le 29 juillet 1822, on arrête un individu « caché dans un recoin de la vieille rue de la place aux Veaux, [...] un autre, qui n'a pu être atteint, sortait avec précaution d'une maison sise au milieu de cette rue, où d'après la déclaration faite au poste des gendarmes de la place du Châtelet, un homme avait été dévalisé dans la nuit »[156].

– Le 12 mars 1823 : « Une patrouille sortie du poste a arrêté vers 2 h du matin près l'Opéra un individu de fort mauvaise mine, disant être espagnol[157]. »

– Le 25 juin 1823 : « Le nommé Noctruin, disant être garçon boulanger sans ouvrage et demeurer rue Saint-Jacques la Boucherie n° 14, trouvé courant sur la voie publique à 2 h du matin, a été arrêté et amené au poste par une patrouille[158]. »

– Le 2 juillet 1823 : « deux individus non dénommés, qui feignaient de dormir dans un marais rue des Fossés de la Chapelle, appartenant au sieur Olin, ont été arrêtés et déposés au corps de garde du Château d'eau[159]. »

– Le 21 mai 1824 : « Une patrouille [...] passant à 1 h du matin rue de Provence, y a aperçu un homme qui cherchait à se soustraire à sa vue en se cachant entre deux colonnes[160]. »

– Le 31 août : « Vers 1 h du matin, une patrouille [...] passant rue des Mathurins Saint-Jacques, trouva couché près les murs de la maison de Cluny un homme âgé d'environ 23 à 24 ans, qui feignait l'ivresse : une patrouille de la ligne, du poste de Montaigu, passant au même moment, toutes deux voulurent l'éveiller, mais il se leva et se révolta à un tel point que les deux patrouilles furent obligées de se réunir pour le conduire au poste des gendarmes de la place Maubert[161]. »

– Le 16 novembre 1826 : « Chevalier, ouvrier, arrêté à 8 h 15 du soir dans la rue Féron, posté de manière à faire croire qu'il y était pour attaquer les passants, étant avec un autre individu qui a pris la fuite, a été consigné au poste de l'abbaye Saint-Germain[162]. »

La répétition étant capable de forger des impressions, mais ne suffisant pas à la compréhension, efforçons-nous de tirer quelques enseignements plus positifs des sondages effectués dans cette série F^7, afin de faire émerger quelques traits généraux de la diversité des situations individuelles. L'évolution globale du nombre d'arrestations nocturnes fait passer de 4 300 affaires environ en 1826 à 9 800 environ en 1846, hausse qui traduit en partie, mais en partie seulement, la rationalisation du système de maintien de l'ordre. Pour le reste, la période qui va de 1816 à 1846 doit plutôt être traitée comme un tout, au sein duquel se dessinent seulement quelques grandes tendances, le mode d'enregistrement des données adopté dans les rapports journaliers des gendarmes et des municipaux n'étant pas immuable.

Comme l'indique la faible proportion de femmes arrêtées la nuit, et leur fréquente appartenance au monde de la prostitution, la rue nocturne est avant tout un monde d'hommes, où la femme n'est qu'un objet du désir masculin.

LE SEXE DES INDIVIDUS ARRÊTÉS[163] (en %)

	1816[164]	1826	1837	1842	Moyenne
Hommes	58,8	81,6	85,5	81,1	76,75
Femmes	41,2	18,4	14,5	18,9	23,25

S'agissant du lieu d'arrestation, nous avons déjà pu relever la part écrasante du 4e arrondissement en matière de présence populaire, alors même qu'il est très peu étendu. Dans le reste de la ville, c'est une dissémination peu significative qui paraît de mise[165], dissémination au sein de laquelle émergent peut-être d'autres parties du vieux noyau urbain central, comme les 6e et 7e arrondissements en 1826, ou l'île de la Cité dans les années 1840 ; s'y ajoutent les vieux quartiers de la rive gauche les plus proches des îles. Quant à la forte représentation du 2e arrondissement en 1816, liée à l'activité nocturne du Palais-Royal, elle s'estompe ensuite.

LE LIEU D'ARRESTATION (en %)
(12 arrondissements anciens)

	1816	1826	1837	1842	1846	Moyenne
1er	5,7	13	/	0,8	0,9	5
2e	16,7	2,8	9,8	8,3	8	9
3e	2,2	5,2	3,8	1,6	0,8	2,5
4e	58,2	27,2	53,5	41,7	40,6	44,2
5e	1,9	1,2	5,4	3,2	2,4	2,5
6e	5,6	11,4	3,1	1,9	1,3	4,5
7e	1,9	13,2	1,6	0,4	3,2	4
8e	1,5	7,9	8,1	6,2	6,6	6
9e	0,1	4,6	0,7	7,3	3,6	3,3
10e	0,9	3,5	1,8	0,7	0,6	1,5
11e	2,2	2	1,5	19,2[166]	23,5[167]	9,7
12e	3,1	8	10,7	8,7	8,5	7,8

Les variations de détail sont ici peu éclairantes (la répartition des postes et des patrouilles étant variable d'un sondage à l'autre), et il est plus prudent de s'en tenir au rôle clé des lieux de passage, des quartiers habituels de la circulation populaire, avec un resserrement autour du centre plus marqué que pendant le jour. Et il faut faire la part de la tolérance éventuelle des forces de l'ordre envers les passants rencontrés dans les quartiers attitrés de la vie nocturne, comme le Palais-Royal et le Boulevard.

Dans le domaine de l'influence des saisons, les résultats obtenus confirment l'affirmation habituelle selon laquelle le vagabondage et la violence ordinaire sont, en ville, des délits qui atteignent leur plus haut niveau pendant l'été. Malgré une répartition relativement homogène, la moyenne des années 1816, 1826, 1837, 1842 et 1846 fait apparaître que les mois d'août, de juillet, de septembre et de juin, soit précisément les mois estivaux, sont les plus favorables à la circulation des humbles et à l'éventuel échauffement des esprits au cours de leurs rencontres.

La répartition mensuelle des arrestations nocturnes
(en % annuel)

	1816	1826	1837	1842	1846	Moyenne
août	17,1	10,8	10,3	11	8,6	11,6
juill.	11,8	8,6	12,5	11,3	8,2	10,5
sept.	9,5	7,3	10,7	9,2	8,6	9,1
juin	10,8	6,3	10,2	9,6	7,6	8,9
déc.	5,5	10,8	8	10	9,3	8,7
oct.	9,1	7,5	8,2	8,3	8,5	8,3
janv.	?	8,2	8,4	5,9	10,3	8,2
nov.	6,4	10,5	8,3	7,6	7,7	8,1
mai	10,7	5,2	6,4	7,2	7,4	7,4
fév.	6	9	6,3	6	8,8	7,2
mars	6	8,5	5,5	6,8	7,7	6,9
avril	7,1	7,3	5,2	7,1	7,3	6,8

En ce sens, la portée de la morte-saison hivernale n'est pas criante, encore que le nombre des déviances nocturnes s'affaiblisse en mars-avril, au moment du retour à la pleine activité économique. La morte-saison qui affecte en général l'industrie tournée vers la consommation pendant les mois de juillet et d'août paraît, en revanche, trouver un écho dans ce tableau. Il faut remarquer, de plus, qu'en 1846 ce sont les mois de janvier, de décembre et de février qui abondent en arrestations nocturnes. Ainsi, bien des questions restent-elles en suspens quant à ces rythmes saisonniers : dans quelle mesure une mauvaise conjoncture économique brouille-t-elle les habitudes ? Quelle est l'influence des terreurs nocturnes périodiques qui s'emparent de la cité sur le traitement infligé aux habitués de l'ombre ? L'indulgence des patrouilles n'est-elle pas accrue pendant la durée du carnaval, qui coïncide avec la saison la plus éprouvante pour les pauvres ? Leur zèle est-il stimulé lors des nuits clémentes, et anesthésié lors des nuits froides ?

Une plus grande netteté caractérise la distribution hebdomadaire[168] des interpellations nocturnes. Les nuits du dimanche au lundi, du samedi au dimanche et, un peu moins sensiblement, celle du lundi au mardi sont les plus concernées, ce qui reflète les rythmes du loisir populaire dans le Paris de l'époque, le versement fréquent des salaires le samedi soir favorisant les réjouissances de fin de semaine (les plus pauvres sont-ils alors entraînés dans le sillage de ceux qui ont quelques sous en poche ?), prolongées par la Saint-Lundi. Un creux apparaît logiquement en milieu de semaine, du mercredi au vendredi.

LE JOUR DE LA SEMAINE (EN %)

	1816	1826	1837	1842	1846	Moyenne
dim.- lundi	19,6	17,8	13,4	18,3	16,6	17,1
sam.- dim.	17,6	20,5	17,2	14,8	14,5	16,9
lundi – mardi	15,9	16,1	12,2	12,8	16,4	14,7
mardi – mercr.	15	14,5	15,8	13,6	13,6	14,5
mercr.- jeudi	13,8	9,1	13,7	14,7	13	12,9
vendr.- sam.	10,9	9,9	14,3	12,4	12,3	12
jeudi – vendr.	7,2	12,1	13,4	13,4	13,6	11,9

En ce qui concerne l'heure d'arrestation, pour autant qu'elle soit précisée, les données sont, ici encore, assez parlantes. Pour l'essentiel, la vigilance nocturne s'exerce entre 11 h du soir et 3 h du matin, période pendant laquelle ont lieu 76 % des arrestations, pour l'ensemble des années sondées.

L'HEURE D'ARRESTATION[169] (en %)

	1816	1826	1837	1842	1846	Moyenne
Min.- 1 h	22,1	28,4	25,5	19,6	20,4	23,2
1 – 2 h	21,5	13,2	30,3	18,6	18,9	21
2 – 3 h	10,7	13,4	20,1	20	16,6	16,1
11 h-Min.	17,8	24,1	10,1	11,2	15,6	15,7
10 – 11 h	11,9	12,6	2,9	8,5	7	8,5
3 – 4 h	8,3	1,8	4,7	10,5	9,5	6,9
9 – 10 h	4,8	5	4,6	6,8	6	5,3
4 – 5 h	2,3	0,8	1,2	3,5	4,3	2,4
5 – 6 h	0,6	0,7	0,6	1,3	1,7	0,9

Il s'agit donc des quatre heures qui suivent la fermeture légale des lieux publics, fixée à 11 h, *intra-muros*, depuis 1819 – sauf aux Halles, où les patrouilles conservent pourtant une sorte de réflexe de sévérité, une fois passé ce seuil horaire. Le basculement de minuit s'impose comme une évidence : après un délai de tolérance d'une heure, pendant lequel chacun a eu le temps de rentrer chez lui, la chasse aux suspects s'intensifie soudain. Si la montée des tensions avec la soirée, entre 9 et 11 h du soir, se fait sentir, la venue de l'aube apaise la grande ville, le nombre des affrontements devenant infime après 4 h du matin, heure du retour des Parisiens laborieux sur la scène citadine. Il existe donc une sorte de « noyau dur » de la nuit, pendant lequel l'activité répressive se mêle à une visée préventive. Il est symptomatique, au total, que presque un quart des arrestations aient lieu entre minuit et 1 h du matin, temps du glissement vers la nuit profonde, au seuil de laquelle les plus gênants doivent être interceptés.

La profession habituelle des personnes arrêtées, quant à elle, n'est mentionnée avec une précision suffisante, parmi les années que nous avons choisies comme échantillon, qu'en 1819 et en 1826. Encore s'agit-il, bien entendu, de la profession que l'individu conduit au poste veut bien déclarer : il peut y avoir pure affabulation, ou mention d'une qualification qui n'est pas réellement exercée au moment de l'arrestation (le menuisier sans ouvrage, par exemple, sera généralement enregistré, sans plus de précision comme « menuisier » ; de même, le « domestique » semble fréquemment être en fait un domestique sans place, ce qui explique son désarroi nocturne[170]). Ces incertitudes sont assurément à l'image d'un marché du travail parisien où les fluctuations de l'embauche sont quotidiennes. Les moins qualifiés (journaliers, hommes de peine, commissionnaires, chiffonniers…) sont naturellement des victimes plus habituelles de la détresse nocturne que ne le sont les ouvriers pourvus d'un véritable « état », puisque les premiers se trouvent toujours à la lisière de l'indigence pure et simple[171]. Si l'on cherche, en déclarant une profession, à prouver aux gardes ou aux gendarmes que l'on n'est pas « sans aveu », afin d'amadouer le commissaire de police le lendemain matin, la réalité doit fréquemment se révéler plus sombre, la pénurie déclenchant vite le réflexe de la rapine. Mais tout n'est pas si simple : la hausse du nombre des arrestations entre le samedi et le lundi est vraisemblablement imputable à ces travailleurs qualifiés et bien intégrés à la vie parisienne, disposant de ressources régulières sinon confortables, et communiant avec les franges plus interlopes du peuple de Paris dans quelques nuits de licence hebdomadaire – au grand désarroi du préfet de police, attaché au cloisonnement de ces groupes, dont la rupture n'est pourtant pas encore consommée.

Quoi qu'il en soit, les catégories les plus présentes en 1819 sont les suivantes[172] :

LA PROFESSION DES HOMMES ARRÊTÉS EN 1819 (en %)

Soldat	16,4	Cuir	5,7
Sans profession connue	15,5	Bâtiment	5
Journalier	10,9	Articles de Paris	3,1
Petits métiers	8,8	Bois, meubles	3
Métaux	8,7	Domestiques	2,7
Vêtements, textile	6,8	Autres	6,5
Alimentation	6,8		

Il serait bien hasardeux, à partir de ces seuls comptages, de vouloir établir une césure entre les suspects qui se trouvent aux franges de la marginalité et ceux qui sont fondés à déclarer une activité plus régulière et plus qualifiée, même si la première catégorie paraît l'emporter. En 1826, la répartition est légèrement différente, ce qui traduit aussi l'évolution des dénominations, en un temps où celle, imprécise, d'« ouvrier », gagne du terrain (elle peut aussi désigner un simple homme de peine, ce qui brouille encore les pistes…) :

LA PROFESSION DES HOMMES ARRÊTÉS EN 1826[173] (en %)

« Ouvrier »	36,3	Métaux	3,6
Bâtiment	10,7	Vêtements, textile	3,1
Soldat	9,7	Non-ouvrier[174]	2,5
Petits métiers	7,4	Imprimeur	2,1
Alimentation	6,1	Cuir	1,9
Journalier	4,8	Cocher	1,8
Articles de Paris	3,8	Domestique	1,4
Bois, meubles	3,6	Paysan	1,2

La seule conclusion assurée que l'on puisse tirer de ces tableaux réside dans l'écrasante sur-représentation de milieux populaires mal caractérisés parmi les individus arrêtés la nuit sur la voie publique dans le Paris des Bourbons – ce qui ne saurait surprendre, étant donné les critères d'appréciation des patrouilles nocturnes. Sous la monarchie de Juillet, on ne s'embarrassera même plus de spécifications professionnelles.

Pour tenter de combler certains silences des chiffres, quelques indices supplémentaires peuvent être mentionnés. Parfois, l'individu interpellé expose lui-même les circonstances malheureuses expliquant sa présence dans l'ombre, ce qui nous permet de dépasser un peu les catégories immuables, mais peu révélatrices sur le plan sociologique, du « sans-asile » ou du « rôdeur de nuit ». Le fait que certaines de ces justifications aient été consignées par les rédacteurs des rapports peut attester qu'elles revêtent, à leurs yeux, un semblant de crédibilité. Ce choix précise en tous les cas les limites respectives assignées, au cours du premier XIXe siècle, à l'innocence et à la culpabilité du peuple de la nuit. L'arrivée récente de province, souvent invoquée, est regardée avec une certaine clémence, et permet de ne pas être classé parmi les rôdeurs de nuit, mais d'être tenu pour un passant nocturne accidentel, voire une victime potentielle des forces obscures. En effet, pour les moins prévoyants et les moins bien informés d'entre les immigrants, ne pas avoir trouvé d'ouvrage le jour même de son arrivée, malgré les promesses de la grande ville, conduit à en expérimenter d'emblée la face sombre, en passant sa première nuit dehors. Ainsi, dans la nuit du 2 au 3 mai 1816, on peut croiser dans le 5e arrondissement « la nommée Nanette Lalouette, femme errante et sans papiers, disant arriver à Paris venant de Mamert en Perche et avouant n'avoir aucun domicile »[175]. En sont aussi réduits à déambuler dans le noir ceux qui viennent de sortir de l'hôpital, et se trouvent encore plus démunis qu'en y entrant.

D'autres antécédents sont plus mal considérés par les forces de l'ordre, marquant ceux qui les avouent d'une sorte de stigmate : on pressent la fatalité sociale qui mènera ces gens à retomber, sous peu, dans la même ornière. Le 2 avril 1816 : « Le nommé Pierre-Nicolas Verjus, âgé de seize ans, s'est rendu à 10 h du soir au poste du marché des Innocents, déclarant être sorti de la veille de Sainte-Pélagie, où il a été détenu deux ans pour vol, et disant en outre qu'il s'était présenté chez ses parents qui avaient refusé de le recevoir[176]. » Le 21 août de la même année, une patrouille arrête à 11 h du soir, près du pont au Change, « un nommé Toussaint de Chambre, âgé de 19 ans, n'ayant ni papiers ni asile et se trouvant à Paris depuis huit jours sans pouvoir déclarer quels étaient ses moyens d'existence. On a trouvé dans sa poche quatre pièces de cinq francs et trois mouchoirs, dont il n'a pu rendre aucun compte. Cet individu est sorti depuis deux mois du dépôt de Saint-Denis, où il était détenu depuis deux ans »[177]. Mais ce ne sont que les fragments d'itinéraires heurtés qui sont ainsi aperçus ; pour le reste, le destin des errants reste plongé dans la nuit, et cela de plus en plus à mesure que l'on avance vers 1848, l'enregistrement de leur présence se faisant de plus en plus machinal et anonyme, comme celui d'un fléau social devenu massif.

S'impose, en définitive, le portrait type suivant : plutôt jeune et peu qualifié, confronté à une insécurité matérielle chronique, le suspect nocturne est capturé pendant l'été, au cours de la nuit du dimanche au lundi ou du samedi au dimanche, entre minuit et une heure du matin, comme « sans-asile », « rôdeur de nuit » ou « vagabond », dans le vieux centre industrieux de toujours.

Cependant, on peut s'arrêter sur une catégorie minoritaire – mais voyante – de « promeneurs » et de dormeurs de l'ombre, celle des enfants et des adolescents[178], qui forme une sorte de « cas-limite » dans le cadre d'une réflexion sur la « dangerosité » attribuée aux errants attardés dans le Paris du XIXe siècle. Car on croit discerner chez ces enfants, mais au plus haut degré, la même insouciance néfaste qu'au sein d'un peuple parisien souvent dit enfant, justement – et dédaigné ou corrigé comme tel par l'élite des personnes distinguées et responsables. L'âge des passants nocturnes indésirables n'est pas mentionné dans le cas des adultes d'âge moyen, la plupart des individus arrêtés ayant entre vingt et quarante ans. Aussi, le traitement spécifique infligé aux enfants de la rue, dont l'âge est toujours mentionné ou évalué, a-t-il retenu notre attention. De fait, la multiplicité des petits « Gavroches » sillonnant ce Paris obscur a, au premier abord, de quoi déconcerter[179]. De nos jours, avoir la permission de veiller marque, en effet, l'accès joyeux au monde des adultes. Au XIXe siècle, la nuit parisienne est le moment d'une initiation parfois plus cruelle, celui où l'enfant vagabond trahit sa rupture avec la famille ou avec l'atelier, et s'expose donc à être arrêté, au même titre que ces aînés dont on craint qu'il ne suive l'exemple funeste. C'est peut-être précisément que les enfants errants n'en sont déjà plus, mais sont obligés, jour après jour et nuit après nuit, de gouverner leur vie inconfortable comme des adultes déclassés[180], ce qui explique qu'ils « déambulent à travers Paris comme dans une forêt où ils braconnent »[181].

La plupart de ceux que nous avons rencontrés dans les rapports journaliers des patrouilles nocturnes ont entre dix et quatorze ans, et tous sont des garçons (les filles, risquant le déshonneur, sont-elles davantage surveillées par leurs mères ?). Cet âge charnière est, selon les observateurs, celui où se joue, déjà, l'orientation des individus vers le camp du labeur ou vers l'abîme de la dépravation. Dès le 18 novembre 1815, le commissaire de police du quartier de la Banque de France observe : « On remarque depuis quelque temps qu'une assez grande quantité de vagabonds, de l'âge de dix à quinze ans, demandent chaque nuit l'hospitalité dans les corps de garde et qu'ils y sont accueillis ; on leur donne même quelquefois à manger et de l'argent lorsqu'ils sortent le matin. Ces avantages qu'ils trouvent dans les corps de garde, qu'ils devraient au contraire redouter, ne peuvent qu'entretenir leurs inclinations vicieuses[182]. » La présence d'un jeune « essaim misérable qui s'abat la nuit sur les bateaux, sous les piliers des halles, dans les baraques, les caves, les voitures, les carrières, sur les fours à plâtre, dans les embrasures des portes » s'impose également comme une occasion de pessimisme social à Philarète Chasles, commentateur du livre de Frégier dans la *Revue de Paris* en 1840[183].

Remontant aux origines de ce nomadisme, on est tenté d'interpréter la présence tardive des plus jeunes dans les rues obscures comme un refus ou comme une fuite, face à une société qui ne reconnaît que lentement les droits individuels de l'enfant : refus de la misère oppressante du logement, de la violence familiale, de la discipline paternelle, des rudesses contraignantes de l'apprentissage[184], par exemple. Frégier, animé par la volonté de circonscrire les dangers sociaux des années 1830, se penche, non sans une certaine perspicacité, sur le cas préoccupant de l'enfant pauvre, apprenti-vagabond et donc, à l'en croire, futur criminel : « Son père et sa mère ne mesurent le temps que par le travail, et quand leur journée est finie, tout leur plaisir est dans le repos ; il faut donc qu'il se crée à lui-même ses propres amusements et plaisirs : or, il ne peut les trouver que hors du logis dont la nudité et la tristesse suffiraient seules pour l'en éloigner. Le pavé de la rue, les quais, les boulevards, voilà le théâtre de ses ébats. La liberté illimitée et précoce dont il jouit dans de pareils moments lui permet de tout voir, et développe en lui une surexcitation de curiosité qui a besoin d'être satisfaite[185]. » En novembre 1844, dans un article sur « Le Travail des enfants à Paris », Léon Faucher dénonce pour sa part l'exploitation des apprentis, qui finissent par prendre le travail en horreur, et par se perdre dans une ombre devenue maternelle[186]. L'ivresse du vagabondage, qui permet au gamin de tout conquérir du regard, est encore soulignée par le vicomte d'Haussonville dans les années 1870[187]. Un cercle fatal mènerait les jeunes fugueurs, grisés par l'air libérateur de la nuit, ou contraints d'y inventer les moyens de leur survie, à rester définitivement dans la rue, et à devenir des habitués du dépôt, où leurs parents résignés ou indifférents ont renoncé à venir les chercher à l'aube.

La première soirée d'escapade conduit volontiers les jeunes curieux sur le boulevard du Temple, puisqu'on leur a dit qu'on s'y amusait. S'exerce ainsi une sorte de continuité avec les habitudes de la petite enfance : pour les fils et filles des milieux modestes, la rue est le seul terrain de jeu possible, et les bandes se forment naturellement, dans le cadre du quartier. Après avoir gagné de quoi manger en faisant, par exemple, quelques courses, ceux qui sont livrés à eux-mêmes se glissent dans les salles de spectacle. L'héroïsation du monde criminel qui s'étale sur scène esquisse un premier contact avec un marais délinquant qui aura tôt fait, selon Chasles, de phagocyter le jeune errant[188]. À la fin de la pièce, on traîne sans y penser sur le boulevard, en parasitant ses derniers moments d'animation ; et l'heure raisonnable ayant insensiblement été dépassée, les petits groupes juvéniles restent soudés pour dormir sur place, plutôt que de rentrer au milieu de la nuit et de se faire battre. Des gardes nationaux retracent, le 21 février 1823, un parcours assez représentatif : « Le nommé Antoine Torin, âgé de douze ans, plumassier, ramassé à 1 h du matin sur le boulevard du Temple, a été déposé au corps de garde par une patrouille du poste de Beaumarchais. Cet individu sera conduit chez le commissaire de police. Il a dit être parti il y a quinze jours de chez son maître, M. Dufrenel, rue Saint-Denis n° 307, avoir logé deux jours rue Sainte-Marguerite chez son père peintre sur table rue Philippeaux n° 30 et avoir été errant le reste du temps[189]. » Le 21 mai suivant, une autre patrouille trouve encore « à minuit 3/4 les nommés Joseph Michel Nicolle, mulâtre, disant être arabe et demeurer rue Galande [...] et Louis Lefort, fils d'un maçon demeurant rue Saint-Antoine [...], tous deux âgés d'environ douze à quatorze ans, qui étaient couchés dans les barrières du théâtre des Funambules »[190] ; leurs adresses respectives laissent à penser que c'est dans ce haut lieu du divertissement populaire que leurs chemins ont dû se croiser pour la première fois.

S'installe bientôt, dit-on, l'« opiniâtreté de la vie errante »[191]. Le jeune nomade préférerait faire de la rue un dortoir, plutôt que d'encourir les brimades paternelles ou patronales. Ainsi, le 10 octobre 1816, « un inspecteur de l'éclairage de Paris a trouvé sur la voie publique à 1 h 1/2 du matin un jeune homme de treize ans nommé Roger, demeurant faubourg du Temple n° 5 avec ses parents, chez lesquels il ne voulait pas rentrer, de peur de recevoir la correction méritée. Ce petit vagabond avait vendu ses souliers pour jouer avec ses camarades »[192]. Toute fugue porte en elle une possible dérive vers la déambulation nocturne devenue mode de vie, et donc la rupture avec les attaches usuelles. Pour d'autres, le motif de l'errance reste inconnu, mais le cheminement semble déjà long, comme on le devine dans ce rapport du 2 février 1820 : « Un enfant de onze ans, nommé Denis Gressin, natif de La Queue, près Paris, ayant quitté ses parents depuis huit jours et se trouvant sans-asile, est venu passer la nuit au poste[193]. » Et qu'il s'agisse d'une fuite ou d'un acte d'abandon ne change finalement pas grand-chose à l'affaire, la rue obscure tendant, dans le Paris des monarchies censitaires, à recueillir toutes les formes de détresse ou d'isolement, sans qu'on sache toujours si elle les cache ou les dévoile, si elle creuse les solitudes ou les rapproche les unes des autres. Le 28 juillet 1820, un enfant est trouvé couché sur le port au Blé à 3 h du matin : il « a déclaré se nommer Alphonse Marriel, décroteur, fils d'un cocher de fiacre, demeurant à la barrière de Sèvres et que sa mère l'avait chassé de son domicile depuis environ huit jours »[194] ; lui aussi, s'est dirigé instinctivement vers le centre, où sont les autres, et a fini par y perdre le sentiment du temps. Dès lors, le regroupement plus ou moins éphémère en bandes[195] s'opère assez aisément : le soir, la bande est une garantie d'amusement ; la nuit, elle sert de rempart contre les menaces extérieures. Pendant celle du 8 au 9 janvier 1822 est ainsi arrêté sur le boulevard Bonne-Nouvelle, à 3 h 30 du matin, un groupe de cinq jeunes gens, entre 14 et 17 ans, avouant être allés ensemble hors-barrières, après être sortis de l'Ambigu vers 10 h 30 du soir et avoir fait connaissance sur le boulevard[196]. Le 21 avril suivant, six enfants et adolescents de dix à dix-sept ans sont, de même, trouvés couchés sur le boulevard du Temple à 2 h 30 du matin, répartis entre un tombereau et le comptoir d'un pâtissier[197]. À ceux, même très jeunes, qui sont débusqués en groupes autour des Halles, l'appellation de « rôdeur de nuit » est appliquée comme à des adultes : c'est le cas, le 4 septembre 1819, de « Pierre Gagneux, âgé de quinze ans, Jean-Charles Caour, âgé de douze ans, et François Pommier, âgé de dix ans, trouvés couchés à minuit sous les piliers des Halles ; Jean-Pierre Rousseau, âgé de dix-huit ans, et

Alexandre Allain, âgé de dix-sept ans, trouvés couchés à 2 h du matin sous les abris du marché des Innocents »[198].

Il n'est pourtant pas aisé de distinguer, dans l'ombre, les enfants perdus des enfants errants ou chapardeurs, les catégories étant aussi floues que parmi ces « suspects » adultes en un sens égarés, eux aussi, dont ils partagent la condition. L'âge est parfois un critère efficace de différenciation : le cas des enfants en plus bas âge (moins de huit-dix ans) et simplement perdus dans les rues semble, en effet, légèrement différent des autres. La tombée de la nuit fait de l'attitude éplorée des enfants esseulés une anomalie, et rend leur angoisse plus visible aux passants, qui les mènent généralement au poste. Ainsi, le 10 juin 1823, près de l'Hôtel de Ville : « Vers minuit, un petit garçon âgé d'environ cinq ans, paraissant s'être égaré, a été amené au corps de garde par plusieurs personnes qui l'avaient trouvé endormi[199]. » Le plus souvent perdus ou oubliés dans la foule de la soirée[200], ils seront réclamés le lendemain matin par leurs parents, lorsque les liens d'interconnaissance du quartier se seront reconstitués. Car ce phénomène quotidien procède des « accidents » que la vie collective rend inévitables dans une ville en croissance rapide, et non d'une errance structurelle. Quant à ceux qui, ramassés dans la rue, ont été victimes d'un véritable abandon, ils seront adressés à l'hospice des Enfants-Trouvés de la rue d'Enfer, où ils rejoindront bien d'autres laissés-pour-compte[201]. Mais il n'est pas impossible que quelques années plus tard, ils se retrouvent projetés sur cette même voie publique où ils ont été abandonnés : passé l'âge de douze ans, les enfants seuls au monde et livrés à eux-mêmes ne sont plus pris en charge par les institutions d'assistance[202], puisqu'ils sont alors, selon les pratiques du temps, en âge de travailler. À partir de ce jour, leur sort ne dépend plus que de leur capacité de débrouillardise, tout particulièrement sollicitée par l'univers nocturne. Les contrastes de fortune étant ce qu'ils sont dans une grande ville, la porte est bientôt ouverte, selon les moralistes, à l'envie, puis à l'esprit de revanche sociale. Si la flânerie des gamins est trop obstinée, si les multiples possibles de la rue les distraient trop durablement, c'est enfin, sous la monarchie de Juillet, la Petite-Roquette, prison spécialisée, qui les attend[203].

L'enfant errant, le gamin de Paris passe au total pour avoir « le corps agile, le geste prompt, l'œil vif, la langue bien pendue »[204]. Même s'il y va avant tout de sa subsistance quotidienne, ces signes de témérité sont tenus pour une menace par ceux qui s'inquiètent du très précoce esprit de bravade des petits pauvres. En novembre 1841,

Aimé Lucas, soucieux de la sécurité nocturne de la capitale, adresse au préfet de police un *Mémoire sur la répression de l'insurrection* : il y ajoute une annexe consacrée au « Gamin de Paris, auxiliaire des émeutes » ; le goût du désordre caractérisant les douze-dix-sept ans les rendrait fort prompts à quitter l'atelier pour aller élever des barricades[205], forme suprême de l'utilisation illicite de la rue. L'audace gouailleuse de Gavroche, symbole du Peuple de Paris en devenir, en quête de lumière, trouve dans les rues de la capitale, au siècle dernier, de nombreuses mais fuyantes incarnations. Il n'est donc pas indifférent qu'Hugo fasse de la nuit la complice obligée du petit vagabond, fin connaisseur des ressources secrètes de la grande ville[206]. La rue ombreuse ne l'intimide pas[207], puisque le gamin, âme de la ville, est comme un atome de sa nuit. Cet ancrage dans l'obscurité lui permet, sur la barricade rougeoyante, de se trouver à l'avant-garde de l'avenir lumineux des opprimés, dont il figure l'espérance[208].

À travers le cas ambigu des enfants, tantôt perçus comme coupables, tantôt comme victimes, s'exprime donc la trouble indépendance nocturne du peuple parisien, à la recherche d'un espace de liberté dans une nuit partiellement oppressante, puisqu'elle matérialise dans le même temps l'incertitude de sa condition, l'abandon où il se trouve, et le confronte aux insuffisances de la charité, donc aux rigueurs de la pénalité.

Si la nature même de nos principales sources peut, finalement, faire apparaître comme impitoyable la chasse nocturne dont les pauvres sont quotidiennement les proies dans le Paris du premier XIXe siècle, il est sans doute plus juste de la considérer comme une entreprise de contrôle par la tracasserie, une ponction régulière mais non radicale dans une vie populaire nocturne impossible à éteindre (et qui reste, à bien des égards, un continent inconnu). Les rapports quotidiens livrés par les patrouilles nocturnes sous les monarchies censitaires valent donc pour l'aperçu indirect qu'ils offrent des multiples expédients par lesquels les miséreux prennent possession de la ville désertée par les autres, beaucoup plus que pour l'efficacité répressive qu'ils sont censés traduire – car il faut songer à tous ceux qui se faufilent à travers les mailles relativement distendues du filet.

Le traitement de l'omniprésence du petit peuple nocturne par le biais de rafles répétées[209] n'est-il pas la meilleure preuve de la capacité inépuisable de renouvellement qui est celle de cette « armée des ombres » ? Dès lors, les lieux choisis pour ces coups de filet périodiques sont, au cœur des quartiers de pérégrination populaire tardive, ceux où les suspects ont coutume de faire des haltes collectives. Sous la Restauration, il s'agit par exemple de l'hôtel d'Angleterre, rue Saint-Honoré, qui parasite la vogue licencieuse du Palais-Royal[210]. Le 14 décembre 1818, un commissaire de police rapporte notamment que « pendant la nuit dernière, le sieur Vidocq, agent de sûreté », y a fait arrêter « environ quatre-vingts individus des deux sexes, pour cause d'ivrognerie, bruit, et comme n'étant porteurs d'aucuns papiers »[211]. Et jusqu'à la fin de la monarchie de Juillet, les « souricières » (c'est d'ailleurs le nom d'un de ces cabarets de nuit) abondent autour des Halles centrales. De plus en plus, à partir des années 1830, les forces de l'ordre optent donc pour ce type d'épuration facile[212]. À l'arrestation des rôdeurs de nuit (hommes ou femmes) sur la voie publique, s'ajoute, plus fréquemment, celle opérée dans leurs « antres » supposés. Après minuit, on va chercher au fond de leurs repaires, par dizaines, ceux qui sont susceptibles de pratiquer une divagation malveillante sur la voie publique aux heures les plus silencieuses. En 1837, par exemple, une ronde passe chaque nuit ou presque chez les « marchands d'eau-de-vie [la consommation d'alcools forts et abrutissants serait un trait distinctif de la « populace »...] et dans les souricières » de la rue aux Fers, de la rue de Viarmes et de la rue de la Vannerie entre 1 h et 4 h du matin[213], tandis que d'autres s'occupent des visites dans les garnis à la nuit et les maisons de prostitution les plus sordides. En 1842, les irruptions de la police chez Paul Niquet ont souvent lieu entre 2 et 3 h du matin[214]. Quels que soient ses résultats, cette stratégie de la capture collective laisse à penser que la tolérance horaire concédée aux débits de boissons du quartier des Halles joue essentiellement comme un moyen d'aimanter les errants vers ce lieu central afin de mieux les y « cerner ».

Le sort ultérieur des suspects de la nuit est difficile à apprécier. Après avoir passé la nuit au poste, certains, à qui l'on a trop peu de chose à reprocher, sont relâchés à l'aube, la crise nocturne étant passée – notamment les individus trouvés en état d'ivresse avancée quelques heures plus tôt, mais qui peuvent justifier de leur identité, une fois la lucidité revenue. Ceux dont l'identification laisse encore des doutes passent devant le commissaire de police du quartier : il opère un tri, dans la lumière simplificatrice du matin. Il libère à son tour ceux qui ont quelques sous en poche, ou peuvent prouver qu'ils ont travaillé récemment, pour ne retenir que les jeunes, les valides oisifs, ceux qui semblent nuisibles. Ces derniers sont conduits le matin sous escorte, au vu et au su de tous[215], au dépôt de la Préfecture de police, où la moisson de la nuit vient quotidiennement s'échouer. Comme le suggère Alain Faure, « la répression du vagabondage était l'écrémage permanent d'un sous-prolétariat [...] en renouvellement constant »[216]. Même si la part de récidivisme de l'errance nocturne reste inconnue, la répétition des arrestations entretient une sorte de contrat tacite entre les forces de l'ordre et ceux qu'elles pourchassent. L'énergie dépensée à arrêter chaque année des milliers d'individus dans le noir permet de procéder à des vérifications d'identité périodiques dans le réservoir des classes dangereuses. Mais le quasi-fatalisme des décisions judiciaires qui s'ensuivent n'est pas à la hauteur de ce que la police pourrait espérer[217]. La loi ne suffisant pas à éradiquer l'illégalisme[218], les errants nocturnes vivent une vie où des suspensions épisodiques de la liberté d'aller et de venir alternent avec des retours inéluctables aux hasards de la rue, malgré la rupture de ban. Et le tout finirait presque par former un système : à bien considérer la pire des sanctions encourues par les individus arrêtés la nuit sur la voie publique, le dépôt de mendicité ou la prison n'en sont-ils pas venus, pendant la saison froide, à assumer cette fonction d'hébergement gratuit qu'aucun édile et aucun philanthrope n'a su ou voulu organiser dans le Paris du premier XIXe siècle ?

Car les deux catégories de déclassés que sont mendiants et vagabonds, la plupart du temps condamnés à la rue, se trouvent fréquemment mêlées[219], au terme de leur vaine recherche d'un abri sûr, dans les institutions chargées de les amender peut-être et de les punir surtout : les dépôts de mendicité. Créés en 1808, ces dépôts interdisent théoriquement la mendicité dans les départements où ils existent[220] : c'est pour ne pas y être entrés spontanément que les sans-asile sont alors réprimandés[221]. Dans le département de la Seine, il s'agit, entre hôpital et prison, des dépôts de Saint-Denis et de Villers-Cotterets, où les mendiants et vagabonds arrêtés dans Paris passent jusqu'à six mois[222]. Même si tous, apparemment, ne sont pas acheminés vers Saint-Denis, mais relâchés à l'aube, les errants des ténèbres sont tout particulièrement confrontés à ce procès d'intentions perpétuel qui peut conduire à un enfermement durable. Et le dépôt de mendicité est plutôt tenu pour une prison que pour un asile réconfortant par ceux qui vivent dans la rue. Nous avons trouvé peu de mentions (explicites, du moins, car la mendicité est souvent peu distincte du vagabondage) de la présence de mendiants sur la voie publique pendant la nuit profonde[223]. On peut supposer que leur activité préfère le jour ou la soirée, plus propices, bien entendu, à l'abondance des passants, donc des actes de charité. Les mendiants du jour peuvent fort bien être les rôdeurs et les errants de la nuit. En outre, les vieillards sont plus nombreux parmi les mendiants que parmi les vagabonds : parfois domiciliés, les habitués de la mendicité diurne ou vespérale apparaissent moins préoccupants que ces hommes jeunes formant les gros bataillons de ceux que l'on appelle « rôdeurs de nuit ».

Quoi qu'il en soit, Vidocq met précocement en évidence, de son côté, la chaîne fatale qui entraînerait le pauvre à errer la nuit dans les rues de la grande ville, à y être ensuite arrêté comme rôdeur, à être emprisonné, puis à sortir de prison, école du crime, en étant devenu un voleur potentiel[224]. C'est pourquoi la coupure que nous avons dû établir, pour la clarté de la présentation, entre les simples errants et les membres avérés des « bas-fonds » parisiens, populations largement entremêlées dans la semi-opacité de la vie nocturne, n'a pas de réelle validité, si ce n'est au regard de la rigueur des peines respectives appliquées aux uns et aux autres. On pourrait finir par se convaincre que c'est dans une ombre enfermante, presque contaminante, et souvent discrimante, que se joue le sort du prolétaire parisien au XIXe siècle…

Silences, déviances, turbulences

À cette époque, bon gré mal gré, les membres les plus défavorisés de la population parisienne s'adjugent donc l'espace nocturne de la capitale comme un vaste labyrinthe, où se relaient des heures de circulation obstinée et des moments de halte pendant lesquels il faut savoir se faire invisible. Mais aux yeux des garants de l'ordre, toutes les déviances nocturnes ne se réduisent pas aux postures fuyantes du sans-asile, du vagabond ou du rôdeur, lesquelles qualifient moins un délit précis et ponctuel qu'un mode de vie habituel. En effet, en haut lieu, la volonté d'éradiquer les conduites subreptices de rupture avec l'ordre et celle d'entraver le franchissement plus explicite des limites de la bienséance complètent le rejet des simples présences indésirables. Le peuple nocturne est encombrant parce que, non content d'occuper abusivement la voie publique, il transforme la ville en une grande énigme, un cruel jeu de piste, où silence, murmures et cris se succèdent avec une troublante imprévisibilité. Comme si elle était, de nuit, la seule utilisatrice de la rue, la « populace » y donne libre cours à son goût de l'excès, à sa spontanéité disharmonieuse, malgré les encouragements à la civilité dont on l'abreuve pendant le jour. Pour les avis les plus alarmistes, l'ombre qui s'abat chaque soir sur Paris vient semblablement y obscurcir les âmes, libérant les pulsions sournoises ou belliqueuses d'un sous-prolétariat impossible à domestiquer. Levant les ultimes inhibitions, généralisant l'anonymat caractéristique de la vie parisienne, les heures obscures stimulent l'animalité prétendue des plus pauvres, laissés entre eux, en proie à leurs pires penchants.

La nuit parisienne du premier XIXe siècle coïnciderait donc avec la face clandestine de l'existence citadine, demeurée un mystère pour bien des Parisiens eux-mêmes. Ainsi, les rapports quotidiens des patrouilles et rondes nocturnes égrènent-ils une suite de scènes insolites ou brutales dignes des *Nuits de Paris* de Restif (elles en ont d'ailleurs le découpage), fragments d'une vie obscure dont seuls les plus hauts responsables obtiennent, le matin, une vue synthétique. Mais manque justement le narrateur, l'observateur discret et omniscient capable de décrypter chacun de ces épisodes, qui nous sont livrés avec crudité, mais sans avant ni après, ce qui accuse l'impression selon laquelle nuit et étrangeté sont, dans le Paris des monarchies censitaires, étroitement synonymes[225]. De fait, se glissent indéniablement dans cette ombre encore épaisse la plupart des conduites furtives capables de saper l'ordre citadin. Les réflexes de sourde protestation contre les règles venues d'en haut trouvent, dans l'obscurité, un moment d'épanouissement plus ou moins feutré. La nuit, ou plus exactement la fin de la journée de travail, est parallèlement marquée par une montée des tensions au sein de classes populaires dont la violence, supposée native, semble avant tout s'exercer entre elles-mêmes, contrairement à ce que redoutent les bourgeois attardés dans les rues.

L'histoire des déviances ordinaires traversant l'espace parisien du XIXe siècle n'a, jusqu'à présent, pas suscité une grande attention[226]. Il est pourtant légitime d'y percevoir un écho des modes de vie et des mentalités populaires du temps, et de vouloir prolonger la réflexion menée depuis longtemps par les historiens des sociétés traditionnelles (médiévistes[227], modernistes, spécialistes des communautés rurales[228]) sur la question de la violence banale[229]. Beaucoup ont remarqué, en effet, que cette dernière explosait volontiers pendant les soirées d'été, notamment à la sortie du cabaret, et qu'elle préférait logiquement les moments de loisir (le dimanche, le lundi) ou de défoulement collectif, comme le note Robert Muchembled dans une étude sur « La Violence et la nuit sous l'Ancien Régime »[230], portant sur l'Artois du XIVe au XVIIe siècle. En somme, les rythmes et les lieux de la brutalité populaire s'ajustent à ceux des passages, des contacts et des échanges, ce qui traduit son inclusion dans les réseaux du quotidien. Il en est de même, manifestement, dans le Paris du XVIIIe siècle : « Batteries et grêlées sont dans le paysage comme une conclusion imposée, partiellement contrôlée, à la fin d'un beau soir d'été, d'un beau dimanche d'automne », observe Daniel Roche[231]. Une étude de la question a été menée en 1979 par Arlette Farge et André Zysberg dans un article commun sur « Les Théâtres de la violence à Paris au XVIIIe siècle »[232]. La saison chaude, les jours qui s'allongent incitent les Parisiens du siècle des Lumières à s'attarder dehors, en particulier le dimanche et le lundi[233]. Dès lors, deux tiers des affaires relevées ont lieu dans la rue ou au cabaret, et près de la moitié des occurrences de la brutalité se situent entre six heures du soir et minuit, quand la discipline de l'atelier s'est éloignée. Les lieux de cette agressivité usuelle sont, eux aussi, placés sous le signe de l'ordinaire : il s'agit des quartiers proches de la Seine, des principaux lieux de passage, de ce système capillaire de rues étroites et animées qui structurent le centre actif. Comme dans la première moitié du XIXe siècle, c'est un Paris surpeuplé et effervescent, celui des marchés, des ateliers, des cabarets, celui où l'on habite, où l'on travaille, où l'on circule, qui est gagné par la fébrilité à la nuit tombée, quand la fréquentation des rues s'intensifie une dernière fois, avant de s'épuiser : « La violence suit les sinueux tracés des rues où la vie et la mort se passent[234]. »

Dans le Paris du premier XIXe siècle, la violence se perpétue comme un élément prévisible du spectacle de la rue – quand bien même les élites la tiendraient pour le vestige d'habitudes anachroniques qu'il importe de bannir. Louis Chevalier inclut dans sa caractérisation des « classes laborieuses » de cette époque le culte de la force comme un langage populaire spécifique, synonyme de courage moral et de sens de l'honneur[235]. Les rues de la capitale abritent, en effet, les formes de violence importées par des provinciaux qui y ont reconstitué les querelles de clocher, les rivalités compagnonniques[236], et, proliférants, les règlements de compte plus spécifiquement « parisiens ». Le contexte nocturne paraît moins propice, cependant, à des brutalités presque rituelles qui viendraient dénouer « à la régulière » les tensions du jour qu'à des frictions gratuites et épidermiques entre individus exaltés qui se heurtent par hasard et éprouvent soudain, à la sortie du cabaret, au coin d'une rue, le besoin irrépressible d'en découdre. Mais peut-être sommes-nous partiellement abusée par la nature particulière des archives que nous avons exploitées, et dont la formulation elliptique exagère l'allure confuse des batailles de l'ombre. L'impersonnalité des relations nocturnes, la promiscuité hasardeuse des lieux de divertissement collectif n'en brouillent pas moins le réseau d'interconnaissance et de contrôle diurnes. La nuit fait peut-être jouer des déséquilibres plus profonds que le jour, l'agressivité moyenne se trouvant, notamment, attisée par la présence de filles publiques, de soldats irritables, par la macération des frustrations, le tout amplifié par l'espoir d'impunité ou par les effets de l'alcool[237]. Cela incite à tenter d'adopter, face aux désordres nocturnes, une optique attentive à la reconstitution du vécu, là où les anthropologues chercheraient surtout de la ritualisation ou des symboles, et les sociologues des « modes de fonctionnement » ou des stratégies de « régulation » des tensions sociales[238].

Ici encore, les chiffres ne disent pas tout, et peuvent même masquer l'essentiel. Dans les rapports journaliers dressés à partir des observations de la gendarmerie royale puis de la garde municipale de Paris, le tapage, les rixes, les voies de fait, les violences verbales représentent en moyenne un cinquième des causes d'arrestations nocturnes. À cela s'ajoute que 11,8 % de la totalité des individus interpellés ou ramassés la nuit sur la voie publique sont explicitement signalés comme soûls, ce qui est sans doute bien inférieur à la proportion réelle. L'ivresse n'est pas, en soi, un délit, mais simplement une circonstance explicative ; elle n'est donc pas forcément retenue par les rédacteurs des rapports lorsqu'elle est cumulée avec un désordre plus grave. Quant aux menues transgressions de l'ordre public (déménagements à la cloche de bois, placards séditieux, petits vols…), elles ne représentent qu'une part infime des affaires traitées. Mais cela tient vraisemblablement à un système de maintien de l'ordre qui empêche les patrouilles, dont les pas sont d'abord guidés par le tumulte sonore, d'appréhender (si ce n'est pas le hasard des itinéraires) toute l'activité furtive, à peine bruissante, de la ville obscure – que, pour cette raison, nous ne pouvons que déduire ou suggérer.

Un peuple énigmatique et frondeur

La sensibilité moderne aux situations absurdes, aux spectacles capables de procurer une impression d'irréalité est sans doute largement étrangère aux soldats qui sillonnent le Paris nocturne du premier XIXe siècle. Aussi, vouloir ressusciter, en tant que telle, l'étrangeté de la rue obscure de cette époque, involontairement enregistrée dans les rapports laconiques des patrouilles, nous exposerait au risque de l'anachronisme. Il faut plutôt essayer de déceler les mobiles des uns et des autres, les tensions sociales sous-jacentes à des comportements nocturnes d'abord inexplicables. La nuit parisienne du début du siècle dernier nous est, il est vrai, montrée à travers le regard interloqué de vigiles fréquemment mis en échec, et pour qui la cité obscure s'est faite dédale. L'ennemi est à la fois partout et nulle part. L'espace parisien est alors comme parsemé d'indices mystérieux, et peuplé d'ombres glissant le long des murs ; la chaîne des causalités s'est comme rompue avec la tombée du soir. Le règne de l'obscurité détourne donc l'observateur moyen de l'attention normale aux phénomènes majoritaires, pour conférer un retentissement inédit aux événements plus isolés, qui seraient passés inaperçus durant le jour. Encore ne peut-on lever ici qu'un coin du voile recouvrant des pratiques clandestines qui restent, par définition, largement secrètes, et doit-on adhérer au constat interrogatif ou incrédule des observateurs qui nous en restituent quelques bribes. D'où, aussi, une tendance à l'inventaire aléatoire, puisqu'on ne peut guère que reproduire la succession désordonnée de « ce qui arrive » chaque nuit dans les rues parisiennes. Y remettre trop de cohérence reviendrait à être infidèle à la nature de l'ombre qui couvre alors la ville, et à la réception perplexe de ces incidents par leurs témoins accidentels, dans une capitale qui échappe à ceux qui prétendent la gouverner.

Ainsi, tout ce que les gardes qualifient eux-mêmes d'« événements » (accidents divers, chutes, blessures, suicides, incendies) est juxtaposé dans la rubrique de ces malheurs imprévisibles[239] que la complexité urbaine fait pourtant se répéter, et dont la nuit, atténuant les réflexes de vigilance, facilite et dramatise l'irruption. L'impénétrable obscurité des terrains vagues, des tranchées, des chantiers, des abords de la Seine ou du canal Saint-Martin leur semble devoir annoncer l'imminence de la catastrophe, parfois fatale : encore mal domestiquée, la nuit fragilise la sécurité individuelle des passants, rend la ville à une nature hostile, et fait planer la souffrance ou la mort sur un Paris où tout est assourdi[240]. L'accident prend donc de multiples formes, et d'abord celle de la collision entre voiture et piéton : circulant plus vite que pendant le jour, alors même que les cochers sont souvent moins lucides, les voitures particulières qui font passer les passants ordinaires sous leurs roues matérialisent brutalement l'écart, creusé par la nuit, entre les « gros », épargnés par l'ombre, et les « petits », engloutis par elle.

Folie et nuit entretiennent, dans ce Paris mal ordonné, des relations d'affinité dramatique, comme si l'aliénation était, pour l'individu, l'errance suprême, gouvernée par les caprices d'une nuit intérieure synonyme de fermeture au monde : « Être vagabond, écrit Jean-Claude Beaune, c'est errer en soi-même au point de ne plus se reconnaître[241]. » Le cas de ceux dont la solitude tardive trahit la détresse mentale est traité par les gardes comme un désordre bénin et vaguement pathétique, alors que la capture du « rôdeur de nuit », jamais « égaré » mais supposé guidé par de sournoises préméditations, relève d'un autre registre d'anxiété. Le 28 avril 1818, par exemple, un commissaire de police rapporte que Mlle Mezerai, actrice retirée du Théâtre-Français, est tombée, pendant la nuit, dans l'égout de l'École militaire : « On demande pourquoi Mlle Mezerai se trouvait au milieu de la nuit dans un endroit aussi écarté ? Cela ne peut s'expliquer que parce qu'il paraît qu'elle a des moments peu lucides[242]. » Le 27 mai 1819, à 11 h 30 du soir, on trouve sur le pont Neuf un homme se disant maréchal de France et se jetant au devant des voitures[243]. Le 25 octobre suivant, « à 4 h du matin, le nommé Antoine, employé à l'administration de l'éclairage, demeurant rue Traversière n° 2, est venu prévenir au poste qu'un homme [un ancien colonel] qui paraissait avoir l'esprit aliéné était en ce moment dans la rue Saint-Honoré dans un état complet de nudité »[244]. Si nous n'avons que peu d'éléments d'appréciation quant à la tolérance des allées et venues des aliénés dans le Paris de cette époque, le fait de vaguer pendant les heures sombres est considéré comme un signe de l'« égarement » des exclus de la raison citadine, en un temps où sortir la nuit est encore loin d'aller de soi.

Sous les Bourbons de la branche aînée comme sous Louis-Philippe, la découverte macabre relève, elle aussi, de cet « ordinaire insolite » que le défaut de rigueur de la gestion urbaine nimbe d'un inévitable brouillard. Les rapports établissent rarement, en effet, les circonstances qui ont mené au drame ; la voie publique apparaît simplement comme le lieu où s'exposent la mort indigne ou scélérate, le ravalement des corps au rang de déchets, alors même que la main des éventuels coupables reste invisible. Le 10 août 1819 par exemple, les gendarmes rapportent sans plus de précisions qu'« une patrouille sortie du poste de la barrière Belleville, après minuit, a trouvé couché entre cette barrière et celle de la Chopinette un homme assassiné, qui n'était pas encore mort, et elle l'a déposé au corps de garde, d'où il a été transporté à l'hôpital Saint-Louis »[245]. Afin d'obtenir la version « semi-clarifiée » de l'épisode, il faut se reporter au rapport du commissaire de police de la Porte Saint-Martin du 12 août suivant, miraculeusement conservé pour cette période : « Avant hier à 11 h du soir, le nommé Simon [mort, entre-temps], garçon de chantier, revenant de La Chapelle avec un nommé Roti, nourrisseur rue de Charenton n° 85, se trouvèrent sur les boulevards extérieurs entre les barrières de La Chopinette et de Belleville, lorsqu'ils firent rencontre de deux individus qui vinrent directement à eux sans rien dire. Étant en présence, l'un de ces individus porta un coup de couteau à Simon dans le bas ventre, et prit la fuite avec son camarade[246]... » Souvent, c'est de façon moins explicite, mais non moins angoissante, que l'on suggère la mort qui rôde, comme le 27 janvier 1817 où « au milieu de la nuit, dans un jardin de la rue Saint-Nicolas, un paquet de linge renfermant trois chemises d'homme tachées de sang à plusieurs endroits a été jeté par dessus le mur ; des gendarmes ont de suite été placés en observation. Leurs recherches ont été infructueuses »[247]. De même, dans un Paris où la présence de l'organique reste forte, l'abandon du fœtus mort sur la voie publique ou des débris des corps utilisés dans les dissections est avant tout une pratique nocturne[248], dont il faut camoufler les traces avant qu'au matin, le quartier ne s'en émeuve. Le 16 mars 1816, le commissaire du quartier de la Monnaie indique que la veille, « à 10 h 30 du soir, des étudiants en chirurgie ont déposé près d'une borne, rue de Nevers, le cadavre d'un enfant, nouveau-né, qu'ils avaient disséqué »[249] (il sera porté à la morgue). Le 4 mars 1817, on apprend encore que « le Peuple, les femmes surtout, s'entretiennent avec une sorte d'effroi d'une découverte faite par les agents de police : une petite charrette, entrée mystérieusement dans une maison pendant la nuit, a été arrêtée. On y a trouvé [...] plusieurs vases remplis de *chair et de graisse humaine* »[250], restes de dissection issus du trafic d'un garçon d'amphithéâtre de l'École de médecine. Attentifs à contrôler la dissémination des rumeurs dans leur quartier, les commissaires de police de la Restauration sont les plus prolixes au sujet de ces trouvailles morbides ; mais nous ne disposons des extraits de leurs rapports que pour les années 1815 à 1820, et de manière très incomplète : qu'en est-il ensuite[251] ? C'est en tous les cas à la morgue[252], située sur le quai du marché aux Fleurs[253], qu'aboutiront, pour être éventuellement reconnus le matin suivant, ces corps dont les incidents malheureux des rues obscures ou du fleuve ont escamoté l'identité.

La morgue est également l'ultime destination de ces Parisiens qui choisissent la nuit et la rue pour se donner la mort[254]. La tentative de suicide[255] constitue, à cette époque, un motif d'arrestation nocturne[256]. Dans ces domaines, il faut d'ailleurs se défaire d'un certain nombre d'idées préconçues : ce n'est pas la sombre nuit d'hiver qui incite le plus au suicide mais, comme l'a montré Émile Durkheim, les longues journées du printemps ou de l'été, qui accentuent le décalage entre l'activité résolue des uns et l'absence d'intégration sociale des autres. Sur 3 518 suicides (privés ou publics) constatés à Paris de 1834 à 1843, 2 094 l'ont été de jour (soit les trois cinquièmes), 766 le soir, et 658 la nuit. Les heures les plus « noires » se situent entre 6 h du matin et 4 h de l'après-midi, celles où le mouvement des affaires est le plus animé[257]. Le sociologue conclut donc à une absence d'incidence directe des « facteurs cosmiques », au profit d'une explication par les rythmes de l'activité sociale. La figure attendue de la mélancolie nocturne comme facteur déclenchant du geste fatal se révèle donc statistiquement erronée, et relève surtout de la construction romantique[258]. Reste que le suicide accompli la nuit sur la voie publique représente le dernier recours de ceux d'entre les Parisiens en détresse qui ne peuvent pas ou ne veulent pas se donner la mort dans un lieu privé, mais recherchent pourtant la discrétion indispensable à l'achèvement de leur acte. L'aspiration autodestructrice ressentie à la sortie des maisons de jeu du Palais-Royal n'est pas seulement un lieu commun littéraire. Le 8 juin 1821 : « Vers minuit 1/4, un jeune homme non dénommé, âgé d'environ vingt à vingt-deux ans, s'est tiré un coup de pistolet dans le jardin du Palais-Royal [...]. Il s'est porté à cet acte de désespoir à cause de quelques dettes qu'il ne pouvait acquitter[259]. » Quant aux autres mobiles spécifiques du suicide nocturne, rien ne permet, dans les documents à notre disposition, de les démêler : le code d'honneur qui prévaut dans le Paris de l'époque et le niveau d'intolérance au malheur, traduits dans l'ombre d'une société citadine en cours de laïcisation, restent insaisissables. De même, le vertige procuré par le spectacle ténébreux du fleuve demeure une énigme[260], même s'il préoccupe Horace Raisson (*alias* Balzac ?) en 1844 dans son *Histoire de la police 1667-1844* : « Des bateaux circulent la nuit autour des ponts pour guetter en quelque sorte le désespoir au passage[261]. » Les témoins sont essentiellement émus par la mise en scène pathétique de certains suicides féminins. Le 16 mars 1818, le commissaire de police du quartier du Palais-Royal note ainsi que la veille au soir, « une femme vêtue en noir avec chapeau et plumes également noirs, s'est jetée du Pont-Neuf dans la Seine » et qu'« il a été impossible d'aller à son secours » ; il ajoute qu'« elle a poussé un cri perçant en tombant »[262]. Pour sa part, la presse utilise le décor vespéral ou nocturne comme un élément de la théâtralisation mélodramatique du fait divers, comme *Le Journal de Paris* le 4 juillet 1836 : « Mercredi dernier, à 10 h du soir, une jeune et jolie jeune fille de dix-neuf ans, s'étant agenouillée pendant quelques minutes sur le bord du canal Saint-Martin, près du pont du Chemin-Vert, se releva tout à coup, et se précipita la tête la première dans le canal [...]. Attiré par les cris des passants, le sieur Bayard, garde de nuit, s'étant jeté à la nage, fut assez heureux pour saisir cette infortunée. » La mort volontaire dans la rue, toujours impénétrable, toujours individuelle, est spontanément classée, en dépit des statistiques, dans la rubrique nocturne, car ces drames laconiques[263] sont aisément associés au sombre anonymat de la vie parisienne, où se confrontent douloureusement droit au bonheur individuel et devoir de bonheur. Dans l'expérience quotidienne des soldats des patrouilles nocturnes, la tentative de suicide n'en demeure pas moins une transgression rare, qu'ils sont censés prévenir, mais qui est consommée en un instant, et que leur marche cadencée a donc peu de chances de surprendre. Ils se trouvent comme impuissants face à cette fatalité de la misère matérielle ou morale qui conduit quelques individus à se laisser vaincre par l'ombre ; ils ne font guère, en somme, que constater ou déplorer des gestes qui ne perturbent l'ordre nocturne qu'avec fugacité.

Il faut donc en revenir à la banalité des comportements plus ou moins subversifs que les patrouilles affrontent et signalent nuit après nuit. Dans le Paris du XIXe siècle, le maraudage, le passage de marchandises en fraude aux barrières ou par-dessus le mur d'octroi sont, aux lisières de la grande ville, des formes récurrentes de la négation nocturne des règles. Ils peuvent être le fait d'individus isolés ou de réseaux plus organisés, qui vont chercher, là où ils se trouvent, des lapins, une volaille, des fruits, du bois, quitte à s'imposer pour cela de longues courses dans l'obscurité. En 1816-1817, la faim endurée pendant le jour ou la volonté de spéculer sur les manques alimentaires collectifs pousse plus que jamais à ces excursions prédatrices. Le 20 janvier 1817, un commissaire de police rapporte que « ces jours derniers, à l'approche de la nuit, les employés de l'octroi ont aperçu seize individus qui après s'être partagés en deux bandes paraissaient se diriger sur deux points du mur d'enceinte, entre la barrière de Grenelle et celle de l'École militaire. On a cru reconnaître parmi eux plusieurs marchands de vin du quartier, et d'autres individus déjà signalés pour s'être livrés à la fraude. On croit, sans en avoir la preuve, que cette manœuvre avait pour but de faire sortir du pain de Paris par escalade »[264]. Pendant la nuit du 6 au 7 juillet 1817, une « maraudeuse de nuit » est surprise sur le chemin du retour, dans les Champs-Élysées, par les employés de l'octroi ; elle dissimule sous ses vêtements une faucille et une brassée d'avoine[265]. Le 14 juin 1823 se devine encore la vitalité de ces circuits alimentaires clandestins : « À 1 h 20 après minuit, le nommé Nicolas Jolivet, qui portait environ douze livres de viande dans un morceau de toile, a été arrêté et amené au corps de garde, où il a avoué que cette viande avait été passée en fraude[266]. » Ancien Régime ou Révolution, qu'importe : à Paris, la nuit est décidément utilisée par les petites gens comme une zone franche, un temps de survie débrouillarde.

Il n'est alors pas surprenant que la *Consigne générale pour les postes de la place de Paris* comporte les instructions suivantes : « Les chefs de patrouilles, comme les sentinelles, arrêteront indistinctement, passé minuit, tous les individus porteurs d'effets ou de meubles, et les feront conduire au corps de garde le plus voisin [...], à moins cependant qu'ils n'acquièrent la preuve qu'ils sont réellement propriétaires de ces effets, et qu'ils sont autorisés ou forcés de les transporter à heure indue[267]. » C'est d'abord le chapardage du linge, fort précieux pour les pauvres, et parfois destiné à être revendu, qui est ainsi visé Le 29 avril 1816, « une patrouille extraordinaire a rencontré sur le boulevard de l'Hôpital à 11 h du soir un homme portant un paquet ; le chef de patrouille ayant demandé ce que contenait ce paquet, on lui a répondu que c'était trois chemises que l'on venait de chercher chez la blanchisseuse. Après l'avoir visité, il s'est trouvé contenir trois serviettes. L'individu a été arrêté et conduit au poste de La Salpêtrière et a dit se nommer Mallet, bonnetier faubourg Saint-Antoine »[268]. En somme, le choix de transporter des objets dans les rues à une heure tardive est en soi suspect, alors même que les allées et venues populaires ne cessent pas, dans le Paris de la Restauration, avec la tombée de la nuit. Le 13 avril 1821 encore : « Le nommé Jean Dubois, fripier, demeurant Cour du Commerce n° 2, porteur d'un paquet, a été rencontré à 1 h 1/2 et amené au poste par une patrouille qui en était sortie. Cet homme a déclaré que ce paquet renfermait plusieurs objets qu'il avait achetés à la vente au Mont-de-Piété, et que s'étant réuni à plusieurs de ses amis, il s'était trouvé ainsi attardé[269]. » Le port d'un paquet peut, en fait, achever de faire considérer comme coupable une silhouette indécise, comme on le devine dans un rapport de la garde nationale le 1er février 1823 : « Vers 3 h du matin une patrouille du poste a arrêté sur les marches de Saint-Sulpice une femme qui a paru suspecte et qui était porteur *(sic)* d'un paquet contenant deux paires de vieux souliers qu'elle a dit ne pas lui appartenir[270]. »

Le déménagement à la cloche de bois[271], lapidairement qualifié dans nos sources de « déménagement nocturne », procède du même répertoire d'expédients. Si l'on s'en tient aux résultats de nos sondages, il ne constitue que 0,6 % des motifs d'arrestation nocturnes. Mais pour quelques tentatives surprises en flagrant délit, combien de réussites feutrées, entre deux passages prévisibles de la patrouille ? On connaît la forte mobilité des ménages ouvriers de l'époque, peu lestés par l'abondance du mobilier, et prêts à déménager tous les trois mois, pour d'infimes différences de loyer. En outre, un peu avant le terme trimestriel, les locataires qui ne peuvent pas payer décident parfois de s'éclipser. En cas de rencontre malchanceuse, les effets transportés à plusieurs sont bien entendu trop encombrants pour pouvoir se dérober à l'inquisition policière. « Alphonse Maillet, par exemple, cuisinier chez Véry [...] a été arrêté à 10 h 1/2 du soir par l'un des adjudants de la ville de ronde, dans la rue Saint-Denis, étant avec une femme et portant un matelas, un lit de sangle et un carton ; ces effets présumés provenant d'un déménagement nocturne ont été consignés au poste de la rue Mauconseil[272]. » Le fait de pouvoir s'enfuir nuitamment en emportant le peu que l'on possède, c'est-à-dire sa couche et son linge, sans trop de crainte quant au risque d'être retrouvé ensuite par son propriétaire[273], confirme en tous les cas qu'une grande incertitude des identités et des domiciles affecte le Paris populaire du premier XIXe siècle.

En continuité avec les autres comportements furtifs, la malveillance ordinaire, dont les gardes font souvent les frais eux-mêmes, la protestation clandestine contre le gouvernement profitent amplement, elles aussi, du voile de la nuit. L'atteinte aux lumières publiques, symboles de souveraineté, est un geste courant. Pendant la nuit du 24 au 25 octobre 1823, « une patrouille de la garde royale a déposé au poste [de la Boucherie des Invalides] un individu non dénommé qu'elle avait surpris coupant les cordes des réverbères sur le pont d'Iéna »[274]. Le 23 décembre suivant, « à 1 h 3/4 de la nuit, le factionnaire [du poste de la rue Mouffetard] a prévenu que le réverbère au-dessus du Port-aux-Tripes venait de tomber et au même instant s'est présenté au poste M. Gratiot, capitaine de ronde, qui a déclaré que, passant sur le dit port, son cheval avait eu les jambes embarrassées dans les cordes du réverbère, que l'on avait tirées hors de la boîte et attachées au côté opposé au pont »[275]. Il ne faut pas considérer que c'est la terreur seule qui gouverne les confrontations entre patrouilles nocturnes et passants attardés : le rapport de force est plus ambigu que cela, les plus narquois aimant à jouer de la provocation puis de l'esquive, et comptant sur l'obscurité pour les protéger. Le 10 août 1819, dans le 6e arrondissement, Marie Bourges, ouvrière en soie, Charles Pourillon, ébéniste, et François Vaugrand, brasseur, sont ainsi interpellés pour avoir crié « Qui vive ? » sur une patrouille[276]. Les cris de « À la garde ! », « À l'assassin ! » retentissent fréquemment sans raison, pour éprouver et égarer les patrouilles alertées par l'indice sonore.

Pour les gardes et gendarmes, l'activité nocturne la plus préoccupante reste celle qui met le pouvoir central en péril, surtout au début de la Restauration, où la surveillance de l'ordre public est indissociable du contrôle quotidien de l'esprit public. L'ombre est interrogée et le silence écouté comme s'ils recelaient toujours l'émeute. La circulation agressive d'individus ou, pire, de groupes armés d'outils[277], de bâtons, de couteaux, de sabres ou d'armes à feu en figure le signe avant-coureur. Fidèles à leur réputation de frilosité nocturne, les gardes nationaux rapportent le 21 août 1816 qu'« une patrouille sortie du poste du marché Saint-Jean a déclaré, en venant signer, avoir rencontré dans la vieille rue du Temple huit ou dix hommes armés de bâtons, qui avaient l'air très déterminés. Ces gardes nationaux n'étant qu'au nombre de trois [...] n'ont pu arrêter ces individus »[278]. La détonation nocturne résonnant dans le lointain, et demeurée souvent inexpliquée, révèle que les agents de la force publique n'ont pas le monopole du feu. Pendant plusieurs nuits, de la fin du mois de mars à la fin du mois d'avril 1819, des coups de feu se font entendre sur l'île Louviers, sans que l'alerte déclenchée par le factionnaire du poste permette d'en élucider l'origine[279]. Le même phénomène se produit sur l'île de la Cité en octobre 1822[280]. Dans les deux cas, la proximité des centres névralgiques du pouvoir fait craindre le signal d'un complot de grande ampleur.

Le revers obscur de la vie de la capitale abrite donc, sous les Bourbons, la manifestation revancharde d'une opposition politique à laquelle les rigueurs policières du jour ou la peur d'être dénoncé interdisent une franche extériorisation, comme si l'espace parisien appartenait tout entier, une fois la nuit maîtresse de la ville, à une omniprésente société secrète. En réalité, c'est la spontanéité populaire qui semble surtout à l'œuvre. Les années 1815 à 1820, celles où la dynastie revenue « dans les fourgons de l'étranger » peine à installer sa légitimité dans un Paris marqué par le réflexe révolutionnaire, sont particulièrement fertiles en rumeurs nocturnes hostiles aux Bourbons, l'obscurité convoquant notamment la nostalgie bonapartiste. En 1816-1817, alors que le pain est rare et cher, la nouvelle du second retour du « Père du Peuple » circule dans le silence nocturne. Aux heures tardives, on casse aussi des carreaux au cri de « Vive la République ! ». L'inscription ou le placard séditieux prolifèrent. « Je pense qu'il serait essentiel de faire faire et par un inspecteur et par un gendarme en bourgeois des patrouilles fréquentes dans les faubourgs Saint-Antoine, Saint-Marceau et autre pendant quelques nuits à compter de 11 h 1/2 jusqu'au jour, parce qu'il serait très possible que les malveillllants recommençassent leurs placards », suggère le commissaire de police du faubourg Saint-Antoine le 19 mars 1817[281]. Le 28 mai suivant, celui de la Porte Saint-Martin rapporte que « la nuit dernière, au clair de la lune, des malveillants ont tracé, au crayon noir, diverses figures sur le mur d'une maison rue des Vinaigriers. On distinguait plusieurs têtes de morts, un rocher représentant l'île de Sainte-Hélène… »[282]. Dans la nuit du 13 au 14 février 1820, celle de l'assassinat du duc de Berry, s'étalent sur la devanture d'une boutique, rue Saint-Denis, ces mots hâtivement tracés à la craie : « Merde pour les Royalistes ; Vive Napoléon, Empereur des Français[283]. »

Cette contestation sporadique finit par devenir une réaction de moquerie irréfléchie à l'égard de patrouilles qui sont avant tout accueillies, dans leur action d'entrave à la liberté nocturne du peuple, comme les agents tyranniques d'un pouvoir lointain et arbitraire, incapable d'entendre la voix du peuple. On en vient, la nuit, à crier « Vive l'Empereur ! » comme une sorte d'interjection, comme le

Chourineur crie « Vive la Charte ! »[284]... Et l'ivresse favorise l'explosion : pour les autorités monarchistes, l'inclusion de cette parole véhémente dans les moments où la foule se débauche semble moins préoccupante que lorsque les cris d'hostilité envers le pouvoir en place sont proférés en toute lucidité, par des individus déterminés. Ainsi, ces ouvriers ivres criant le nom de Napoléon rue Popincourt vers minuit, le 4 février 1820, au retour des barrières, ne sont-ils pas véritablement pris au sérieux[285]. La notion de tapage l'emporte sur celle de sédition, et l'implication spontanée du nom de l'usurpateur dans les nuits de licence collective laisse à penser que ces cris exigent surtout la moralisation d'un peuple que les régimes non monarchiques auraient perverti depuis 1789, au point d'en faire une populace ingrate. La tendance des prostituées à jeter le nom de l'empereur à la face des soldats qui les arrêtent[286] la nuit, quitte à prétendre avoir tout oublié le lendemain matin, confirme cette vue condescendante, qui dénie au peuple parisien la possession d'une authentique conscience politique. Dans la nuit du 18 septembre 1817, « une femme ivre a été arrêtée dans la rue du faubourg Saint-Antoine par deux gendarmes qui l'ont entendue invoquer le nom de Bonaparte »[287]. Soutenus par une foule avinée, les concurrents des Bourbons inquiètent moins, à travers ces épisodes, que lorsqu'on les devine, pendant les années 1820, appuyés par des sociétés secrètes structurées. L'esprit embué par l'alcool, les petites gens ont cependant le réflexe d'en appeler à ce père consolateur que Louis XVIII ne parvient pas à incarner, tandis que la figure de la République est peut-être trop abstraite encore, ou les souvenirs de la Terreur trop proches, pour que l'attachement à la souveraineté populaire, contenu pendant le jour, s'extériorise sous une forme républicaine dans la protestation nocturne. Et le fait même que la spontanéité populaire mobilise les mots de Napoléon ou, plus rarement, de République, pour dire le refus, en bloc, de l'ordre moral, du couvre-feu que la monarchie catholique fait peser sur la capitale, et de ce qu'elle représente à l'échelle nationale, est peut-être un signe plus patent de la survie, malgré la torpeur de 1814, de cet esprit de liberté – liberté des mœurs, aussi –, qui a enclenché le processus révolutionnaire.

L'attention des responsables politiques s'attache tout de même, çà et là, au possible effet d'entraînement de la fronde nocturne, capable de répandre des rumeurs, et d'ébaucher des attroupements. La clameur publique est susceptible, en effet, de réveiller tout un quartier et d'y jeter l'alarme, comme le 29 août 1819, à 3 h du matin :

les abords du Palais-Royal sont troublés par des noctambules qui, sortant d'un repas place Vendôme, courent en tous sens dans le marché Saint-Honoré en criant « Au voleur ! »[288]. Le 20 août 1819, un commissaire signalait de même que « des commissionnaires réunis en troupe ont parcouru pendant la nuit les rues Beauregard et celles adjacentes en frappant aux portes et criant : ouvrez ! Bonaparte est arrivé. Vive l'Empereur ! Ces cris de malveillance ont alarmé les habitants de ce quartier »[289]. La hantise de l'attroupement, prémice de l'émeute, se manifeste pendant plusieurs soirs du même mois d'août 1819 au carrefour Montesquieu : des inconnus s'amusent à jeter des pièces sur le pavé depuis une fenêtre pour attirer les curieux ; quelques chiffonniers s'en mêlent pour aider à la recherche des pièces avec leur falot. La foule, où se glissent des pickpockets, grossit de soir en soir, la presse ayant répandu la nouvelle de cette aubaine vespérale ; et le rassemblement se reforme aussitôt après avoir été dispersé par les patrouilles[290]. La nuit, moment de tous les possibles, incite bien les tenants de l'ordre à guetter les soubresauts populaires comme le lait sur le feu[291].

Pendant la Restauration, l'ordre nocturne idéal rêvé par les hommes de la Préfecture de police se trouve, en tous les cas, ignoré ou bafoué par une multitude de gestes et de conduites symptomatiques du réflexe de liberté (lié aux expédients nécessaires à la simple subsistance) qu'entretient depuis longtemps le commun des mortels, non pas ou pas seulement ces êtres asociaux auxquels on assimile hâtivement les usagers les plus humbles du Paris obscur. Ainsi, le mythe du « rôdeur de nuit » ne résiste pas durablement à l'évidence de l'attachement populaire à une nuit publique que les petites gens revendiquent comme leur, cherchant à y fuir l'insalubrité du logis ou les peines de l'atelier.

Un peuple titubant et tonitruant

Logiquement, cette résistance « passive » au monopole de la circulation nocturne dont les forces de l'ordre se prétendent investies est associée, en d'autres occasions, à une résistance plus explicite, plus bruyante, censée vérifier la propension populaire au débordement, l'incapacité au contrôle de soi, à la mesure. Ces scènes de désordre chronique, souvent plus caractéristiques de l'orée de la nuit que de la nuit profonde, invitent à interroger plus franchement l'habitude qu'ont les autorités parisiennes de traiter le temps nocturne comme un moment de fragilisation quotidienne de la tranquillité comme de la moralité de la grande ville, constamment sapées d'« en bas ».

Il faut constater, cependant, que la définition du « tapage » appliquée par les patrouilles nocturnes n'est guère assurée, et recouvre en fait des conduites diverses (rixes, ivrognerie, disputes, voies de fait, insultes, chants et cris insistants, etc.) reliées entre elles par une tendance commune à l'excès, à l'oubli des règles de la civilité[292]. Plutôt que d'auteurs de « tapage nocturne », on parlera d'individus ayant « perturbé le repos public », ou causé du « trouble », du « scandale » sur la voie publique[293]. En 1837, un article anonyme du *Recueil administratif du département de la Seine* sur les « Agents de police dans la ville de Londres » reproche d'ailleurs aux forces de l'ordre parisiennes, par opposition à celles de la capitale anglaise, leur désinvolture à l'égard des comportements débridés de la nuit, désinvolture capable d'engendrer de dangereuses confusions : « Cette tranquillité maintenue dans la ville de Londres pendant la nuit est un avantage immense ; elle rend presqu'impossibles les attaques nocturnes, puisque le moindre cri met la police en éveil. Il n'en est pas de même chez nous, où les ivrognes, les personnes qui sortent d'un bal, s'amusent souvent sans réfléchir à l'inconvénient qui en résulte, à faire retentir les rues de Paris de cris plus ou moins bizarres[294]. »

En effet, la turbulence des heures sombres n'est pas seulement physique, mais commence souvent par un débordement sonore, le silence officiel des rues de la capitale procurant à celui qui le rompt brutalement une sorte de sentiment de puissance, d'exultation. À en croire les rapports journaliers des patrouilles nocturnes, hurlements, insultes et injures divers jaillissent de l'ombre au moindre prétexte, le caractère éphémère des rencontres faites dans la rue favorisant ce défoulement sans lendemain. Cochers[295], soldats, ouvriers moquant les gardes nationaux, les femmes seules, les filles publiques ou les couples respectables qui se pressent vers leur domicile, expriment par cette agressivité verbale la volonté d'avoir la rue à eux seuls, comme cette bande d'hommes en chemises qui s'amusent à injurier tous les passants près du marché Saint-Martin, le 10 juin 1822, à 1 h du matin[296]. Les gardes nationaux, peu intimidants, essuient plus que les autres l'acrimonie ou les bravades de leurs concitoyens, qu'ils dérangent dans leur libre évolution nocturne, comme le suggère cette scène du 8 février 1820 où à 1 h du matin, une femme ivre, demeurant rue des Arcis, est accusée par un homme de lui avoir volé 50 francs : « Cette femme, qui a cherché à s'échapper des mains de la patrouille, a insulté grossièrement les gardes nationaux qui en faisaient partie. Arrivée au corps de garde, elle a recommencé ses invectives et a été jusqu'à dire au Commandant du poste qu'elle le connaissait bien, qu'elle demeurait dans son quartier, et que si elle n'était pas aussi discrète elle dirait bien des choses[297]... » Mais le plus souvent, c'est simplement l'exaltation produite par l'émancipation vis-à-vis des convenances diurnes qui déclenche les excès de passants n'ayant rien de dangereux malfaiteurs. Ainsi, le 27 février 1821, un habitant du faubourg Saint-Antoine est intercepté à 1 h du matin sur le pont Marie, « parce qu'il chantait et sifflait très fort. Il a déclaré revenir de Vaugirard, où il avait un peu bu, ce qui l'avait attardé, et a demandé avec insistance qu'on le mit en liberté, ayant sa femme et ses enfants qui l'attendaient avec impatience »[298] – ce qu'on lui accorde.

Pour qu'il y ait à proprement parler « tapage », et interposition résolue de la force publique, il faut que les frontières privé / public soient nettement méprisées. C'est la cause, le 10 juin 1822, de l'arrestation du « nommé Christophe, qui troublait l'ordre à 2 h 1/2 du matin en frappant à toutes les portes et donnant des coups de sifflet »[299]. Heurter avec insistance la porte d'une maison ou d'un garni est en effet un motif fréquent d'arrestation, dans un Paris nocturne où les passages du dehors au dedans ou du dedans au dehors sont, naturellement, moins aisés que durant le jour. De leur côté, les patrouilles nocturnes sont fondées à intervenir à l'intérieur d'une maison dès lors que ses habitants la requièrent pour y rétablir l'ordre, comme cela arrive par exemple pendant la nuit du 15 au 16 mai 1820 : « Sur la réquisition des Sieur et Dame Lefèvre, propriétaires de la maison, rue Pagevin n° 16, une patrouille sortie du poste s'introduisit à minuit 1/2 dans ladite maison pour y arrêter un homme et une femme qui troublaient la tranquillité par leurs cris. Arrivés au corps de garde, la femme, nommée Victoire Tinon, couturière, a déclaré qu'à la suite d'une altercation avec l'individu ci-après dénommé, ce dernier l'avait frappée à la figure, ce qui l'avait obligée de crier “À la Garde”. Le nommé Jean-Baptiste Stierbois, demeurant hôtel de Bordeaux, rue du Petit-Reposoir, est convenu que la dame Tinon, avec laquelle il avait une liaison, étant rentrée trop tard à son gré, il s'était emporté contre elle[300]. » Si les disputes privées opposent entre eux des familiers, celles qui éclatent dans les rues assombries font plus couramment s'affronter des passants qui ne se connaissaient pas quelques minutes auparavant, et dont la rencontre conflictuelle semble le produit des tensions propres à une ville surpeuplée mais désunie, où la coexistence des groupes sociaux ou professionnels se fait plus fébrile.

L'alcool dont, au terme d'une longue journée de travail, les classes populaires sont censées user comme d'un remontant convivial[301] ou comme d'un substitut alimentaire, et dont les effluves prolongent indéfiniment la soirée passée au cabaret[302], demeure le grand facteur démultiplicateur de l'excès nocturne, lorsque le vin devient mauvais… Or, en la matière, une sorte de fatalisme régit l'attitude des gendarmes, des gardes nationaux ou des municipaux, accoutumés à ramasser chaque nuit sur la voie publique leur lot d'ivrognes belliqueux ou somnolents[303]. La perte de lucidité occasionnée par l'excès de boisson empêche l'ouvrier noctambule d'endosser le rôle du rôdeur, qui suppose au contraire, à en croire la police, une acuité du regard et de l'ouïe comparable à celle des plus cruels prédateurs. Ivre, l'ouvrier attardé dans les rues n'est plus que pitoyable ou répugnant. Il accrédite l'image d'un peuple avant tout victime de sa faible structure morale, indigne mais assez inoffensif. À la fin de la monarchie de Juillet, Vidocq conteste cette banalisation de l'ivresse populaire : selon lui, si elle n'est pas punie par la loi, l'habitude de boire trop dégrade l'humanité en bestialité et désocialise l'individu[304]. Il faut, on le sait, attendre le dernier tiers du siècle pour que cet avis soit davantage entendu[305].

À dire vrai, le buveur nocturne a ceci d'inquiétant, pour les tenants de la morale, que son comportement fait alterner léthargie et irascibilité : ce n'est que lorsqu'il devient violent que l'ivrogne se trouve sous le coup de la loi. Le 5 décembre 1843, La *Gazette des tribunaux* esquisse le portrait suivant, avec le ton paternel qui est souvent le sien lorsqu'il s'agit de commenter les errements tenaces mais bénins du petit peuple parisien : « Guimonneau est un petit bonhomme de trente-deux ans qui exercerait la profession de taillandier s'il ne passait pas tout son temps à boire. Vingt-cinq fois au moins par mois, il rentre chez lui en battant les murailles, heureux quand il ne tombe pas à moitié route, auquel cas il s'endort philosophiquement au coin d'une borne. » Le 10 novembre 1842, à 10 h du soir, ce noctambule peu menaçant remonte le faubourg Saint-Antoine en hurlant et en chantant, puis lance des pierres contre un réverbère. Le tribunal correctionnel le condamne donc, pour tapage nocturne et cris séditieux, à dix jours de prison et à 16 francs d'amende. Du point de vue policier, ces égarements sont sans rapport avec le complot des rôdeurs, dont le silence est le principal allié. Loin de concerner uniquement les individus « sans aveu », la hausse hebdomadaire du nombre des arrestations nocturnes constatée, de 1816 à 1846, entre le samedi et le lundi soir, reflète le rythme du versement de la paye ouvrière dans le Paris du siècle dernier – et l'ouvrier qui sombre périodiquement dans l'excès alcoolique n'est pas nécessairement le plus paupérisé. Le samedi soir, on peut ainsi régler l'ardoise de la quinzaine, et les quelques sous encore en poche incitent à ne pas rentrer immédiatement chez soi, mais à rester entre camarades pour croire ensuite, une fois le débit de boissons fermé, que la ville est à soi.

Les lieux propices aux troubles suscités par l'abus alcoolique sous les monarchies censitaires sont, dès lors, les lieux attendus : le Palais-Royal sous la Restauration, les Halles, les barrières (surtout en fin et en début de semaine), mais aussi la multitude des débits de boissons dispersés dans tous les quartiers populeux. Tout naturellement, l'intérieur et les abords immédiats des cabarets polarisent l'agitation[306]. Dans la boutique du marchand de vin, la rixe naît souvent du refus de tel ou tel consommateur de régler son dû, comme si l'heure avancée donnait droit à la gratuité de cet alcool qui comble si bien le vide de la nuit. L'intrusion de la patrouille chez le marchand de vin est aussi une occasion d'amplification du chahut, en raison de l'hostilité épidermique qu'elle ne manque pas de provoquer. L'émeute n'est donc jamais loin ; elle affleure notamment pendant la nuit du 20 décembre 1816 : « Une patrouille composée seulement de cinq gardes nationaux traversait à 1 h 1/2 du matin une rue écartée du faubourg Saint-Marcel. Un bruit effroyable l'attira chez un marchand de vin, où quarante ouvriers tisserands plongés dans l'ivresse la plus complète se livraient à de coupables excès. » Les gardes sont obligés d'aller chercher du renfort, mais les ouvriers cherchent à les désarmer : cinq d'entre eux seulement peuvent être arrêtés[307]. Et dans le Paris du premier XIXe siècle, les crises de la soirée culminent au moment où les cabarets rejettent leurs clients éméchés sur le pavé. Au dehors, vers 11 h – minuit, éclatent en effet les règlements de comptes entre les buveurs qui se sont longuement toisés d'un bout de la salle à l'autre. Les devantures des boutiques subissent de même la colère de ceux pour qui, malgré la Préfecture de police, la nuit n'est pas achevée à 11 h, qui se heurtent à une porte close alors qu'ils souhaitent continuer à boire, et cherchent à se faire ouvrir la boutique de force[308].

L'ivresse collective, productrice d'attroupement, est bien entendu la plus surveillée. Aux moments critiques qui suivent minuit correspond, dans la plupart des quartiers, la sortie tapageuse de chez les marchands de vin. Il est rare, alors, que ce soit une ligne droite qui ramène chacun chez soi, et de dangereux regroupements peuvent s'opérer. Considérée à l'échelle de la foule et de la ville entière, la réjouissance populaire se placerait sous le signe de la démesure et de l'insouciance fatales, noircies par la nuit, comme on s'en inquiète en haut lieu au début de l'année 1817 : « On a remarqué avec étonnement les dépenses auxquelles se sont livrés pendant les premiers jours de l'an un assez grand nombre d'ouvriers, dont la misère n'est que trop connue. À 3 h du matin, leurs bruyantes réunions n'avaient point quitté les cabarets. L'ivresse leur inspirait à la fois la gaité, les querelles, les chansons, les coups de poing. La surveillance de la police a réprimé leurs excès, elle aura plus de peine à détruire les alarmes chimériques de quelques personnes qui ont appliqué à tout cela une cause politique, oubliant sans doute que l'époque des Étrennes était aussi une occasion de satisfaire des goûts devenus plus impérieux par une abstinence forcée de plusieurs mois[309]. » Nuit après nuit, les quartiers du centre laborieux résonnent de la véhémence d'un peuple qui s'oublie, et dont on tolère mieux les excès lorsqu'ils restent cantonnés dans leurs espaces réservés, aux barrières, le lundi et pendant le carnaval. Le 16 août 1825, le commissaire du quartier de l'Hôtel de Ville se plaint donc auprès du préfet de police de la libre circulation nocturne des milliers d'ouvriers logés en garnis qu'il est censé surveiller, et dont la débauche s'étale tout au long de la semaine : « Ces jeunes gens, sûrs de pouvoir rentrer à toute heure, passent les nuits chez des marchands de vin complaisants qui les cachent dans des chambres sur le derrière, inaccessibles à la surveillance de la police ; de là, ils se répandent ivres dans les rues et troublent le repos des habitants. [...] Il serait à désirer qu'on pût obliger les logeurs [...] à fermer les portes à la grosse clef à 11 h du soir, avec défense de rouvrir passé cette heure, assimilant ces maisons aux autres maisons publiques telles que les boutiques des marchands de vin et cafés[310]. » Les autorités de la Restauration observent monter le flot des turbulences nocturnes ordinaires, qui contreviennent à la volonté de ramener le peuple parisien dans le giron consolateur et pacificateur de l'Église. Du faubourg Saint-Antoine, on craint la rébellion, et l'on obtient d'abord le chahut alcoolique. Dans ce domaine, le tumultueux retour des barrières est une occasion immanquable de consternation. En vain le Bulletin de Paris du 26 mai 1819 se veut-il précis et rassurant : « C'est surtout les jours de fêtes et les dimanches que la réunion des ouvriers et des militaires dans les cabarets et dans les guinguettes extérieures exige la présence et l'attention des agents, de la Gendarmerie et des postes de garde. La rentrée de beaucoup d'individus ivres [...] et le trajet des barrières aux domiciles des bourgeois [sont] souvent marqué[s] par des querelles et des voies de fait[311]. »

Le spectacle de ce cortège aviné et tardif est suivi comme un baromètre hebdomadaire du niveau de moralité populaire. Combien étaient-ils ? Quel a été leur itinéraire ? N'ont-ils rien cassé en chemin ? À quelle heure les derniers sont-ils rentrés ? Tels sont les objets habituels de la vigilance[312]. L'habitude perdurant sous la monarchie de Juillet, le tableau affligeant du retour des barrières[313] est brossé par le Polonais Charles de Forster en 1848 : « Ceux qui peuvent encore se lever et marcher se lèvent et s'en vont, ceux qui ne le peuvent pas sont poussés dehors, et s'endorment en plein ruisseau, jusqu'à ce qu'une patrouille les ramasse et leur fasse cuver leur vin au violon le plus voisin[314]. » Évoquant encore la Saint-Lundi en 1850, Th. H. Barrau n'est pas en reste : « Le soir on ne peut faire un pas sans entendre hurler à tue-tête autour de soi des chants bachiques et obscènes. Les patrouillles ne peuvent suffire à ramasser ceux que leurs jambes affaiblies ont laissés sur la voie publique. On est réveillé la nuit par les cris : *À la garde !* et les hurlements et les jurements ne cessent que quand les assaillants se sont endormis côte à côte dans la fange du ruisseau, ou ont été péniblement traînés au violon[315]. » La soûlerie nocturne avilit, mais elle ne dégrade que le peuple lui-même, et elle est donc considérée avec une certaine distance, celle qui sépare l'homme civilisé du primitif, abandonné à la fange où l'on dit qu'il se vautre.

L'ivrogne titubant isolé dans l'obscurité doit pourtant être protégé contre lui-même et contre les périls de l'ombre. Il y a, notamment, celui de la noyade dans le canal Saint-Martin, mal éclairé[316]. En dehors des cas de tapage, l'arrestation nocturne de l'ivrogne est justifiée, en effet, par la nécessité de ne pas laisser divaguant ou somnolant sur la voie publique une proie possible pour les rôdeurs, ce qui revient, en quelque sorte, à prémunir la part simplement hagarde du peuple contre sa part définitivement corrompue, les êtres du clair-obscur contre ceux de la nuit profonde. Dans le Paris du XIXe siècle, le « vol au poivrier », qui consiste à dépouiller les ivrognes pendant leur sommeil, appartient, il est vrai, à la gamme des crimes nocturnes récurrents. L'obscurité promet le pire à ceux qui s'y exposent sans défense, comme en témoigne le Bulletin de Paris du 21 mars 1820 : « Ce matin à 1 h on a transporté à l'Hôtel-Dieu le nommé Clément Félix, âgé de quarante-deux ans, chiffonnier, demeurant rue Traversine. Cet individu qui n'a pu recouvrer l'usage de la parole que vers 9 h a déclaré qu'il a été frappé de plusieurs coups de couteau par deux particuliers qui l'avaient trouvé rue de la Bûcherie et qui l'auraient tué s'il n'avait appelé la garde. Il était tellement ivre qu'il ne sait s'il leur a tenu les propos le premier[317]. » Ainsi se justifie la fonction de l'« ange-gardien », cet individu employé par certains marchands de vin, contre quelques centimes, pour raccompagner chez eux, après l'heure de fermeture, ceux d'entre les consommateurs qui ne sont plus capables de se tenir droits[318].

La tolérance relative dont bénéficient, pendant la première moitié du XIXe siècle, les Parisiens attardés dans les rues à la sortie du cabaret, n'est pas applicable, théoriquement, à une catégorie plus encombrante de perturbateurs de l'ordre nocturne, c'est-à-dire les soldats. Sous la Restauration, leur agressivité aveugle, conjuguée au port de l'uniforme, fait encourir à la capitale le risque d'une collision plus lourde de conséquences entre ceux qui sont liés au roi, les militaires, et ceux qui, dans le peuple, lui sont hostiles. Au début de la période, les soldats alliés, mais aussi ceux de la garde royale, se conduisent cependant, à l'extérieur de leur caserne, comme s'ils étaient détenteurs d'une sorte de souveraineté nocturne. Souvent jeunes et célibataires, tenus sous le joug pendant la journée, ils font de la nuit parisienne, dont on leur a sans doute vanté les plaisirs depuis longtemps, un espace de défoulement où jeux guerriers, provocations diverses et souci de virilité se combinent dans une semi-impunité, ces hommes étant soumis à un régime disciplinaire qui leur est propre, et leurs chefs considérant que la turbulence nocturne est une sorte de mal nécessaire à leur docilité diurne. Aux Parisiens éclairés, la circulation belliqueuse des soldats dans les rues obscures, conjuguée à la faible fiabilité des patrouilles ordonnées par la Préfecture de police, laisse du même coup à penser que la vie de nuit obéit, comme au Moyen Âge, à la loi du plus fort, et dévoile l'insuffisance du progrès des Lumières…

Si les enfants sont des errants nocturnes plus repérables que les autres, les soldats sont donc, au début de la Restauration, les trublions nocturnes les plus voyants et les plus audacieux. Les guerres de l'Empire canalisaient l'ardeur militaire vers l'extérieur, mais le désœuvrement des années suivantes retourne peut-être la violence des soldats vers un champ de bataille intérieur qui serait, par exemple, le Paris nocturne. L'occupation de Paris par les Alliés au début de la période ajoute encore à la confusion, qui se déploie essentiellement autour du Palais-Royal, où s'agglutinent les filles publiques[319], accompagnatrices habituelles du temps libre des militaires de toute origine. Pour la paix publique, le danger est grand, car les habitudes de soudards de ces hommes armés et attardés dans Paris après la retraite provoquent des heurts avec un peuple auquel ils n'appartiennent pas, mais auquel ils se frottent en permanence dans les rues, dans les cabarets, aux barrières[320]. La garde royale en particulier, censée être une troupe d'élite attachée à la défense du trône, se trouve constamment impliquée dans les incidents nocturnes, risquant ainsi d'indisposer le peuple de Paris à l'endroit de tout porteur d'uniforme. De janvier à juin 1819, par exemple, 15,6 % des individus arrêtés la nuit dans Paris par la gendarmerie royale sont des militaires ; près de 10 % des arrestations de 1826 les concernent encore.

Ces soldats, français ou non mais de toute façon étrangers à Paris, sans doute déracinés, y évoluent la nuit comme en territoire conquis, comme en temps de guerre, s'attaquant à tous ceux qu'ils rencontrent, alors qu'ils continuent de porter, pendant leur permission, sabre et uniforme. Lorsqu'on se rappelle que ces mêmes hommes sont chargés, à d'autres moments, d'assurer des patrouilles nocturnes pour compléter celles des gendarmes ou des gardes nationaux, on saisit mieux la confusion des nuits parisiennes de la Restauration… C'est le temps de la permission, celui où les soldats sont « lâchés » dans les rues de la capitale, qui donne lieu aux incidents les plus sérieux[321], car pour se désennuyer, ils multiplient les attitudes de défi vis-à-vis des soldats des autres corps ou de la population civile. Normalement, tout soldat trouvé sans permission dans les rues après la retraite doit être arrêté comme « retardataire », et conduit le matin à l'état-major. Le 1er septembre 1816, par exemple, « à 11 h du soir, la Gendarmerie a conduit au poste de la rue de Valois le nommé Prince, sergent à la 2e Compagnie du 3e régiment de la Garde, qui se trouvait sans permission et voulait […] se promener dans le jardin du Palais-Royal, dont les grilles étaient fermées »[322]. On imagine que les militaires ne se laissent pas aisément capturer, toutefois, par ces gendarmes ou gardes nationaux qu'ils considèrent comme des civils déguisés, et dont ils ne reconnaissent pas l'autorité. Les interventions brutales pour libérer des camarades arrêtés par telle ou telle patrouille sont la traduction la plus courante de ce déni d'autorité. Un Bulletin de Paris consigne, le 1er février 1820, que, la veille, « des gardes nationaux s'efforçaient d'emmener au corps de garde deux lanciers de la Garde qui avaient causé du trouble chez un marchand de vin rue Saint-Martin. Ces deux militaires ont fait une vive résistance. Il a fallu pour les emmener le secours de plusieurs gendarmes et pompiers. Cette scène avait occasionné un rassemblement nombreux »[323].

Le contrôle du temps libre des soldats en garnison dans la capitale reste apparemment inopérant[324], malgré les demandes réitérées de l'autorité civile. Les sous-officiers, chargés de surveiller le comportement des hommes de leur corps dans les lieux publics, n'exercent pas une censure très rigoureuse, et les chefs militaires, qui se disent affligés par cette indiscipline chronique, ne se donnent guère les moyens de la contenir durablement, puisque les plaintes se répètent. Ainsi, s'agissant de la garde royale, l'ordre du jour du 9 mai 1816 prévoit que « tout sous-officier et soldat de la garde royale qui sera rencontré hors de sa caserne après l'appel du soir et jusqu'à 10 h du soir par une patrouille quelconque sera tenu de montrer sa permission, qui devra être nominative et signée de son colonel ; si la permission n'est point telle qu'il vient d'être prescrit, le militaire sera arrêté. Tout sous-officier ou soldat qui sera rencontré par une patrouille après 10 h du soir sera arrêté si sa permission n'est point intitulée “permission et spectacle”. Dans ce cas-là même, le militaire qui en est porteur doit rentrer à la caserne après le spectacle. Il sera arrêté si on le trouve dans quelque cabaret, guinguette ou lieu public »[325]. Mais dès le 29 juillet suivant, le major général de la garde se dit préoccupé des récriminations incessantes qu'il reçoit, et recommande de ne plus laisser sortir après la retraite que les « sujets d'une sagesse exemplaire »[326]. Et le 21 janvier 1817, la lamentation resurgit en ces termes : « Le Major général est instruit des abus qui résultent d'une trop grande extension de la faculté de permettre à un certain nombre de sous-officiers et soldats de la Garde de rester en ville après l'appel du soir. Les rapports journaliers qui lui sont adressés confirment qu'il ne se passe pas de nuit où des sous-officiers et soldats de la Garde ne soient rencontrés dans les rues et les lieux publics, sans permission, et souvent se livrant à des excès très condamnables »[327], alors que ces hommes devraient être des exemples pour le peuple.

Les pôles de cette périlleuse promiscuité avec le peuple sont sans surprises : le Palais-Royal, dont les promesses de frôlement féminin attirent (même si elles dégénèrent parfois en invectives réciproques[328]) ; les Halles et la rue de Viarmes (en raison de la libéralité des heures d'ouverture des marchands de vin) ; les barrières, et leurs boissons à bon marché. Ces barrières, près desquelles les régiments sont souvent casernés (notamment celle de Vaugirard, proche de l'École militaire), sont donc un lieu de frictions avec les civils, alors même qu'elles sont moins bien surveillées, la nuit, que le centre de la capitale. La sortie des cabarets et guinguettes périphériques exige, par conséquent, une attention renforcée. Une circulaire de l'état-major général de la garde royale constate ainsi, le 6 novembre 1818, que les dimanches et lundis soirs, nombre de soldats vont boire aux barrières des Martyrs, de Rochechouart, de Belleville, de Charonne, de Montreuil, de l'École militaire, de Sèvres, de Vaugirard, du Maine et du Montparnasse : désormais, des sous-officiers chargés de contrôler les soldats seront placés à chacune de ces barrières les dimanches et lundis de 4 h du soir à la fermeture des guinguettes[329]. Mais les fraudes sont multiples : permissions falsifiées[330], passages clandestins par les barrières dépourvues de plantons signalent la volonté forcenée de profiter en toute liberté des marges urbaines aux heures tardives. Bientôt, les incidents occasionnés aux environs de la grande ville sont tels que les troupes de la garnison sont, de juin 1819 à février 1821, consignées dans l'intérieur de la ville, ne pouvant sortir des barrières qu'avec des permissions spéciales[331]. Pourtant, cette forme d'agitation nocturne perdure, comme le laisse à penser l'ordre du jour de la garde royale du 2 août 1825 : « Le Major général de service a remarqué dans les rapports qui lui sont adressés que depuis quelque temps les militaires de la Garde sont fréquemment arrêtés pour cause d'ivresse et de tapage [...] et autres atteintes au bon ordre, principalement aux barrières de la capitale[332]. »

À l'intérieur des murs, les épreuves de force entre soldats ou l'intimidation des civils passent par l'usage incontrôlé du sabre, qui permet de s'accaparer ce que l'on souhaite, rues, cabarets, femmes ou argent. L'abus n'étonne pas lorsqu'il vient de soldats étrangers, comme le 9 juillet 1815, où « deux personnes demeurant rue des Fossés-de-la-Bastille sont venues à 10 h 30 du soir requérir la garde du poste de la Porte Saint-Antoine, à l'effet de rétablir l'ordre dans une maison où dix militaires alliés exigeaient au-delà de ce qui leur était dû »[333]. Mais dès 1815, et même après l'évacuation du territoire par les vainqueurs de Napoléon, l'imitation de ces pratiques brutales par les soldats français fidèles aux Bourbons accentue l'humiliation de Parisiens sensibles à la légende napoléonienne en gestation. Le Paris de la nuit se trouve, en effet, assimilé à une place de guerre conquise par des forces hostiles à la population, comme si la légalité était suspendue, après le coucher du soleil, au profit des caprices de soudards tyranniques – ce qui en dit long quant au manque d'emprise de l'autorité civile sur le territoire nocturne au début du règne des Bourbons. Le 26 août 1816 par exemple, à 3 h 30 du matin, un soldat est arrêté rue Montorgueil pour avoir menacé de son sabre toutes les voitures qui passaient, afin d'extorquer 5 francs aux passagers, en vertu d'un droit de péage imaginaire[334]. Le lendemain, dans le faubourg Saint-Jacques, « à minuit moins 1/4, trois soldats de la compagnie départementale de la Seine ont attaqué le sabre à la main un fiacre chargé de monde, avec l'intention de faire contribuer les personnes qui étaient dedans »[335]. L'agressivité gratuite est cependant la plus courante, comme le 20 juin 1816 : « Cette nuit à 1 h du matin, des hussards de la garde royale ont insulté des bourgeois dans la galerie de pierres près le n° 9 au Palais-Royal. Un bourgeois a été blessé d'un coup de sabre sur le bras. Ces militaires au nombre de trois ont été arrêtés et conduits à l'État-Major à 3 h du matin. […] Ils s'étaient enivrés de punch au Café de la Paix d'où ils étaient sortis à minuit[336]. » Le 26 août 1817, un commissaire de police fait longuement état d'une affaire très représentative du climat tendu des soirées parisiennes de l'époque : « Hier, […] le quartier de la Cité était rempli de militaires qui ont abusé de la permission de se divertir. Plusieurs insultaient les passants et leur cherchaient querelle. À 9 h 1/2 du soir, un homme ivre qui se trouvait sur le quai aux Fleurs reçut un coup de sabre sur l'épaule droite, de la part d'un militaire de la garde royale, suivi de son camarade. Ils furent arrêtés tous deux par des bourgeois qui se mirent en mesure de les conduire au corps de garde. Mais, chemin faisant, ils ont été assaillis par une quinzaine d'autres militaires de la garde royale qui annonçaient hautement l'intention de faire sauver les coupables. Ils frappaient à coups de poing, et faisaient briller leurs sabres nus. Cependant, la garde du poste du Palais-de-Justice étant accourue, on parvint à les emmener[337]… »

L'irrégularité du comportement des soldats sous la Restauration entretient finalement la réputation d'un Paris nocturne abandonné à la loi du plus violent, gouverné par des règles arbitraires, dont les militaires sont les plus farouches adeptes, mais non les seuls. Il est fréquent que, rentrant chez eux, des Parisiens attardés reçoivent des coups, sans comprendre pourquoi ni même, quasiment, sans voir d'où ils viennent. Lorsque arrivent au poste, couverts de sang et de boue, les acteurs d'une rixe, qui s'accusent mutuellement d'agression, l'attribution des responsabilités est impossible. Le 26 octobre 1822, à minuit, une couturière ivre et ensanglantée, sortie de La Force depuis peu, se présente au poste de l'Hôtel de Ville : elle affirme avoir été volée et frappée à coups de couteau par un homme. Les gardes nationaux semblent dubitatifs, les habitués de la nuit étant en quelque sorte, à leurs yeux, collectivement coupables, ne serait-ce que de faiblesse et d'inconscience[338]. L'apparition du sang est pourtant un signal d'alarme pour les forces de l'ordre, en conférant de la gravité au tout-venant de la violence nocturne. L'usage du couteau dans les règlements de comptes fait sortir de l'agitation banale pour toucher à l'univers délinquant, celui qui joue avec la mort. Ces affaires ont d'ailleurs, en général, les honneurs des Bulletins de Paris, comme c'est notamment le cas le 13 janvier 1819 : « Le nommé Lejeune, âgé de vingt-trois ans, chapelier, demeurant rue Saint-Antoine, par suite d'une rixe qui s'éleva, le 10 de ce mois vers 11 h du soir dans le cloître Saint-Marcel entre plusieurs mauvais sujets, a reçu un coup de couteau. La blessure était grave et il a été porté à l'Hôtel-Dieu[339]. »

La turbulence souvent observée dans le Paris de la fin du XVIIIe siècle se prolonge donc sous la Restauration, par-delà le choc révolutionnaire, sur un territoire nocturne encore mal maîtrisé par un pouvoir monarchique soucieux de police politique plus que de régulation de la violence interne aux milieux modestes. Les limites officielles de la bienséance n'étant pas admises comme légitimes par les usagers des rues obscures, habitués à voir certains porteurs d'uniforme participer de la brutalité ambiante, les chocs frontaux ne sont pas rares entre les camps confusément antagonistes de l'ordre et du désordre, c'est-à-dire entre des vigiles nocturnes peu respectés et un peuple sûr de son bon droit ou indifférent à la loi. La solidarité des passants envers les personnes arrêtées le soir pour ivresse, rixe, vagabondage ou même prostitution, pour la défense desquelles on s'interpose volontiers, traduit l'absence de césure nette entre « classes laborieuses » et « classes dangereuses ». De même, il est habituel de siffler pour prévenir à l'approche de la patrouille. Les représentants de la force publique font irruption dans une vie populaire nocturne close sur elle-même, régie par ses propres normes. Interrompus au cœur d'une rixe, les adversaires, furieux qu'on les prive de vider complètement leur querelle, se rangent soudain dans le même camp, et retournent leur colère contre des gendarmes dont l'intervention est considérée comme un abus de pouvoir. Ces affrontements chroniques alimentent une sorte d'esprit revanchard : cibles faciles, les sentinelles des corps de garde sont périodiquement victimes d'agresseurs inconnus. Le 5 août 1819, par exemple, « vers 1 h du matin, le factionnaire du poste du Parc-aux-Moutons, placé dans la rue de Vaugirard, ayant été assailli par un homme qui l'a saisi par derrière, par sa capote, lui a tiré un coup de fusil, et porté trois coups de baïonnette ; cet individu a encore eu assez de force pour s'enfuir »[340]. À la fin du même mois, le factionnaire du poste du Grenier d'Abondance reçoit chaque nuit une grêlée de pierres, jetées par une main invisible[341]. Au moment de l'arrestation, l'essentiel réside en fait dans le rapport des forces en présence, défavorable aux gendarmes le 7 novembre 1819 : « Entre 10 et 11 h du soir, trois individus qui troublaient la tranquillité publique ayant été arrêtés par la garde du poste de la grande rue de Chaillot, une trentaine de jeunes gens ont entouré le poste et forcé la garde qui n'est que de cinq hommes de relâcher les détenus ; un moment après, on a assailli le factionnaire à coups de pierres, qui a été forcé de charger son fusil et de menacer de tirer ; les assaillants se sont alors retirés[342]. » L'audace nocturne de la fraction la moins docile du peuple va en effet jusqu'à l'attaque du corps de garde, acte séditieux dans lequel explosent les contentieux remâchés de la coexistence quotidienne entre les uns et les autres.

Si les jours du Paris des Bourbons sont réputés paisibles, peu taraudés par l'émeute, ses nuits révèlent la vitalité de mentalités, de réflexes et de comportements populaires largement hérités du Paris de la fin du XVIIIe siècle. Mais le caractère lacunaire de nos sources laisse fatalement sur une impression d'inachevé, car la confrontation de ces traits persistants avec la volonté de (re)prise en main manifestée par les pouvoirs publics sous la monarchie de Juillet, qui a vu renaître l'insurrection, ne peut être appréciée. Une trace d'inflexion réside peut-être dans la mention, de plus en plus fréquente sous Louis-Philippe, d'individus arrêtés la nuit sur la voie publique « par des bourgeois », et conduits par eux au poste[343]. Plus familiers que par le passé d'une nuit en voie de « civilisation », les Parisiens des classes sociales intermédiaires, atteints par les rumeurs alarmistes sur les classes dangereuses, refuseraient-ils désormais d'abandonner au peuple un territoire nocturne qui semblait son quasi-monopole au début de la Restauration ?

Séductions

Considérées depuis le sommet de la hiérarchie sociale, les pratiques illicites ou turbulentes qui émaillent la sombre vie des quartiers populeux ou des faubourgs isolés sont condamnables au nom de l'ordre public, mais aussi de la morale, qui entre notamment en contradiction avec l'aspiration individuelle à la libre gestion des sentiments et des désirs. Pourtant « la ville, nouvelle frontière, desserre les contraintes familiales ou locales [...], atténue les convictions » ; dispensatrice de plaisirs spécifiques, « elle engendre à la fois les foules et les individus solitaires »[344]. À la périphérie du modèle conjugal, dans les marges (la rue, le bordel, le concubinage, la relation adultère) s'insinue et se renouvelle une volupté citadine qui « façonne les modalités de la jouissance »[345].

C'est pourquoi l'implication des femmes (partie du peuple réputée la plus aisément corruptible, mais aussi la plus corruptrice) dans les allées et venues nocturnes de la population forme un motif supplémentaire d'inquisition[346]. Par le biais des plaisirs de l'ombre, l'élite peut en outre se trouver atteinte, puisque les besoins du corps incitent à l'abolition des cloisons sociales. Pour parachever la réputation de sauvagerie des nuits parisiennes, il ne manque plus que l'argument de la bestialité des conduites – d'abord imputée à des ouvriers indifférents aux injonctions de la pudeur, se comportant en public comme en privé. Si Paris est capitale du vice, comme on s'en convainc alors[347], si son image est de plus en plus sexuée, c'est peut-être à ses heures sombres qu'elle l'affiche le plus crûment, puisqu'on les évoque souvent avec un clin d'œil entendu[348]. Ces connotations égrillardes de la nuit parisienne font de la circulation des femmes dans la ville obscure une véritable épreuve, leur présence sur la voie publique les assimilant à des filles *publiques*, justement. Significativement, l'appellation de « rôdeuse de nuit » implique, dans les rapports journaliers des patrouilles, la possibilité de la vénalité sexuelle qui, pour l'équivalent masculin, est remplacée par le soupçon d'une propension au vol ou à l'agression : à chacun ses stratagèmes contre la misère.

En vérité, dans le regard masculin, les appartenances sociales sont commes occultées par cet air d'incognito qui plane sur la ville nocturne. Les pérégrinations féminines dans la nuit parisienne du XIXe siècle ne nous parviennent que dans une ombre fantasmagorique, filtrées par la rhétorique du désir masculin. On dit de « la » femme dans la nuit qu'elle figure la puissance de l'irrationnel, qu'elle envoûte les hommes dans son sillage. L'apparition laconique de l'« inconnue » bouleverse les sens et enclenche la rêverie par le mystère de son pas et de toute sa silhouette, comme Balzac le suggère dans *Ferragus* : « Il se rencontre dans Paris des effets de nuit singuliers, bizarres, inconcevables. Ceux-là seulement qui se sont amusés à les observer savent combien la femme y devient fantastique à la brune » car « les clartés incertaines d'une boutique ou d'un réverbère donnent à l'inconnue un éclat fugitif, presque toujours trompeur, qui réveille, allume l'imagination et la lance au-delà du vrai[349]. » Que la séduction soit volontaire ou non, le fait même de déambuler dans la pénombre, contraire aux convenances, est interprété comme un appel. Puisque la plupart des autres femmes dorment décemment, à l'abri du *home*, celles qui se trouvent dehors à une heure tardive doivent être animées d'intentions précises (et peu importe, à la limite, qu'elles soient vénales) : leur solitude énigmatique demande à être comblée. La nuit citadine, temps de la chute des masques ou des aveux à demi-voix, offre en effet aux pulsions qui n'ont pas leur place dans l'ordre matrimonial et dans l'espace privé une occasion d'extériorisation. S'agissant de celles qui font métier de répondre à la « misère sexuelle »[350], les attaches de la prostitution (clandestine, surtout) avec le monde criminel, ainsi que la nécessaire discrétion de son activité la relient naturellement à la nuit, d'une manière qui fluctue cependant avec les variations du réglementarisme.

Il faut ajouter que si les femmes sont relativement rares sur le terrain nocturne, et donc tellement « entourées » (bon gré mal gré), c'est en vertu de l'exagération, aux heures obscures, du déséquilibre entre les sexes qui affecte la population parisienne du XIXe siècle[351]. L'afflux des jeunes migrants provinciaux célibataires forme une masse masculine de travailleurs en situation de demande sexuelle, tout particulièrement dans les quartiers centraux, où le manque de femmes jeunes est de plus en plus sensible sous la monarchie de Juillet[352]. Cette caractéristique se reflète d'ailleurs dans les arrestations opérées chaque nuit par les gendarmes et par les municipaux : les femmes n'en représentent que 23,25 % en moyenne de 1816 à

1846[353]. La nuit, la raréfaction des représentantes du « beau sexe » dans les rues fait de leur contact un objet de convoitise ardente, et de chaque rencontre une sorte de défi. La place inconfortable des femmes sur ces terres nocturnes provient donc d'une sujétion plus forte que pendant le jour au désir masculin, tendance que l'exhibition de la prostituée traduit plus outrageusement.

L'inhospitalité de la rue nocturne à l'égard des femmes peut, ainsi, s'avérer riche d'enseignements quant au rapport des sexes[354] dans le Paris du XIXe siècle et compléter la compréhension des critères de moralité assignés par l'administration à la voie publique lorsqu'elle est désertée par les passants « honorables ». Pour les responsables de la tranquillité publique, la part nocturne du temps citadin peut servir à la dissimulation des désirs coupables, mais tolérés, d'une population dont on espère ainsi la bienséance diurne. Du côté des habitués de l'ombre, la contrainte de discrétion, d'initiation, la subtilité des stratégies mobilisées pour atteindre le plaisir peuvent stimuler le renouvellement du désir. La rue obscure est tout à la fois lieu de rencontre, de séduction, de consommation, puisque les relations entre les adeptes des plaisirs volés sont le plus souvent anonymes, confinées dans cette semi-clandestinité qui s'accorde bien avec la pénombre. Reléguer la sexualité furtive dans la nuit, c'est peut-être, en tous les cas, une autre façon de la traiter, à l'échelle de la capitale, comme un « mal nécessaire », comme une de ces coutumes honteuses indispensables à l'harmonie de la grande ville, mais dont il faut contrôler la visibilité.

Le voile de la nuit

La surveillance de l'espace nocturne s'avérant lacunaire, tout ce qui ne peut s'exprimer ouvertement pendant le jour glisse spontanément vers les heures obscures. Ceux qui comptent sur l'immensité parisienne pour les protéger des regards accusateurs obtiennent une sécurité supplémentaire une fois les « honnêtes gens » retirés de la voie publique. Dès lors, la circulation tardive des femmes seules les désigne comme des proies et des victimes potentielles, plutôt que comme de libres promeneuses. Avec la tombée du jour s'abat en effet sur la ville une atmosphère lourde de sous-entendus.

L'ombre parisienne est régulièrement désignée, dans la littérature descriptive du temps, comme l'abri naturel des amours furtives ou interdites, celles que favorise la licence morale de la grande ville. Les commissaires de police du début de la Restauration, seuls capables d'avoir accès au détail des vies privées, se montrent curieux des émois de l'obscurité. Le 26 février 1817, un Bulletin de Paris rapporte par exemple qu'« un individu qui depuis un mois se postait chaque soir à la chute du jour et jusqu'à une heure avancée de la nuit près d'une maison de la rue Neuve Saint-Paul a été conduit au corps de garde le plus voisin par deux particuliers à qui sa présence inspirait quelques soupçons. Interrogé sur les motifs de cette singulière conduite, il répondit qu'il était éperduement épris d'une jeune femme qu'il n'avait jamais vue, et qu'il venait sous ses fenêtres épier ses démarches, et guetter l'occasion de lui parler de son amour. Le commandant du Poste, qui n'avait jamais été, sans doute, aussi passionné *(sic)*, envoya le malencontreux amant chez le commissaire de police »[355]. Quelques jours plus tard, le 1er mars, la curiosité du ministre à l'égard des amours secrètes des Parisiens est satisfaite d'une autre manière, mais toujours avec l'ironie légère qui sied à ces saynettes : « Une dame jeune encore a été rencontrée à une heure avancée de la nuit, chargée de paquets et de cartons, et accompagnée d'un homme dont la contenance et la tournure ont éveillé les soupçons d'un chef de patrouille. Amenés tous deux au poste prochain, la Belle fugitive déclara qu'elle fuyait sa maison avec un parent assez obligeant pour la soustraire aux persécussions *(sic)* de son mari. Quelques touchantes que fussent les prières de cette épouse infortunée, elles ne purent attendrir des gardes nationaux protecteurs nés de la foi conjugale. La Dame fut rendue à son Époux, et l'officieux cousin conduit chez le commissaire de Police[356]. » Le caractère nocturne de ces rêveries ou de ces échappées ne fait, à l'évidence, que traduire la réclusion des femmes dans la famille ou dans le couple légal, et l'espoir d'y échapper grâce aux heureux hasards de l'immensité parisienne.

À l'époque romantique, la pudeur féminine s'accommode, en outre, de la douce langueur vespérale des parcs ou des jardins, du flou de l'ombre mélancolique[357]. Et les enclaves bucoliques disséminées dans la grande ville ou autour d'elle n'incitent pas seulement au rapprochement des âmes. Observant l'obscurcissement progressif des ombrages parisiens avec le soir, Alfred Delvau écrit : « La nuit est venue, l'ombre est trop épaisse sous les marronniers des Tuileries et du Luxembourg pour que la morale ne s'en effarouche pas un peu »[358] ; sous les tilleuls et autour des parterres du Palais-Royal, « il y a encore [...] assez d'ombre pour favoriser les conversations mystérieuses des élégantes promeneuses et des galants promeneurs »[359]. Aux effleurements vespéraux succèdent parfois, dans les quartiers plus retirés, et pendant la nuit profonde, des plaisirs moins timides, comme s'en lamente un particulier anonyme, et outragé, le 5 juin 1866 : « Depuis que les portes des villes restent ouvertes pendant la nuit, bien des scènes scandaleuses ont lieu de la part des jeunes gens et des filles qui se donnent *extra-muros* rendez-vous pour se livrer dans l'obscurité à la débauche. Oh ! c'est effrayant. Veuillez donc, M. le Ministre, user de tout votre pouvoir pour empêcher ces désordres nocturnes[360]. » Ni vraiment visible ni vraiment cachée, l'indécence des recoins obscurs est d'autant plus décriée qu'elle appelle tous les fantasmes d'un observateur scandalisé, qui devine plus qu'il ne constate[361].

S'il y a, au XIXe siècle, « hystérisation » du corps féminin[362], le fait de circuler ou non dans la ville nocturne est indéniablement, pour les bien-pensants, un argument de différenciation entre celles qui se trouvent dans le camp de la décence et celles qui l'ont déserté pour se faire tentatrices – puisqu'il semble entendu que les femmes déclenchent une dépravation à laquelle les hommes se contentent de succomber… Celles qui se vendent ne se signalent-elles pas, d'ailleurs, par le goût du lever tardif, en particulier lorsqu'elles vivent en maison[363] ? La nuit publique introduit une césure commode entre les femmes de mauvaises mœurs (celles qui fréquentent les cabarets[364], notamment) et les autres. La promeneuse nocturne est repoussée du côté de l'obscénité et du scandale. Les commentaires fielleux de la Préfecture de police (qu'on imagine renseignée par le portier) sur le compte d'une veuve prétendant avoir été attaquée pendant la nuit du 16 novembre 1826 par des inconnus qui l'auraient renversée, blessée, et lui auraient volé des effets, parlent d'eux-mêmes : « Les mœurs de la Veuve Duchesnois paraissent fort mauvaises. Elle vit seule dans une chambre garnie, n'exerce aucun état qui puisse lui donner de moyen d'existence, sort tous les soirs et ne rentre que fort tard. Elle avait été accostée par deux individus, et s'était arrêtée quelque temps avec eux dans la rue du Cadran : quelques passants les auraient vus avec elle dans une position qui paraissait peu menaçante… Les coups dont elle a été frappée auraient été la suite de ces premières approches[365]. » La rudesse de la répression appliquée à la circulation tardive des femmes est encore sensible dans cet incident opposant gardes nationaux (représentatifs ici du bon sens des classes moyennes ?) et soldats de ligne en juillet

1817 : « Cette nuit à 11 h 30, une femme qui était pourchassée par une patrouille de militaires s'est réfugiée, comme dans un asile, au corps de garde du Petit-Pont de l'Hôtel-Dieu ; mais la patrouille y entra brusquement sans s'être fait reconnaître. De là une altercation entre les gardes nationaux du poste et les militaires : ceux-ci réclamaient la femme pour l'emmener en disant qu'il leur avait été donné pour consigne d'arrêter toutes les femmes qu'ils trouveraient dans les rues après 11 h. Cependant, celle dont il s'agit n'était point femme publique et l'on voit par là une preuve des abus et inconvénients auxquels peut donner lieu une mesure, bonne en elle-même, quand l'exécution en est confiée à des hommes sans discernement[366]. »

De fait, en 1816, 47,1 % des femmes arrêtées la nuit dans les rues par la gendarmerie sont des prostituées, 43,2 % sont de profession inconnue, tandis que 9,7 % seulement peuvent déclarer un métier régulier (couturière, blanchisseuse, marchande...)[367]. Parmi l'ensemble des « rôdeurs de nuit » de cette même année, la moitié environ sont des femmes, ce qui signifie qu'on les soupçonne de prostitution clandestine. Cette forte proportion traduit surtout l'habitude qu'ont les hommes et les femmes du peuple de traîner ensemble, la nuit, dans les rues, la plupart des femmes arrêtées comme « rôdeuses de nuit » l'étant au sein de groupes mixtes. En 1826, parmi les femmes interpellées de nuit sur la voie publique, la répartition professionnelle est la suivante : 39,2 % de prostituées, 26,7 % d'« ouvrières », 19,7 % de « profession inconnue », 13,2 % de marchandes ou de représentantes des petits métiers, 1,2 % de couturières et de blanchisseuses[368]. Si la vénalité sexuelle n'est pas avérée, elle est toujours sous-entendue. Sous la monarchie de Juillet, ces catégories aux frontières ténues disparaissent, et le soupçon s'en accroît d'autant[369]. La nuit, au cours du premier XIXe siècle, la partie féminine du peuple est comme représentée, dans les rues, par des filles perdues qui figurent la difficulté, pour les femmes, d'accéder à la scène publique sans être condamnées à la disgrâce, comme le discours horrifié tenu sur les communardes le démontrera encore en 1871.

Ainsi la femme « honnête » accidentellement attardée sur la voie publique est-elle encouragée à baisser les yeux, à raser les murs, et à se hâter vers cette sphère privée qui est son royaume de compensation, sous peine d'être vite harcelée et bousculée par des hommes trop empressés. Il y a là comme une métaphore de l'absence de statut de la femme seule dans la société du XIXe siècle. On craint que la jeune fille égarée dans le Paris nocturne[370] ne se trouve immédiatement abordée par des inconnus qui mettront sa vertu en péril : « Une honnête fille, à pareille heure, sur le macadam ! » s'exclame un caporal de la garde nationale en patrouille sur le boulevard des Italiens à 3 h du matin dans la pièce de Delacour et Lambert Thiboust, *Paris qui dort*, donnée aux Variétés en 1852[371]. En 1835, dans *Le Nouveau Tableau de Paris au XIXe siècle*, Raymond Bruker s'apitoyait de même sur le sort probable de la femme égarée dans le dédale de la cité obscure : « Je parie pour un cauchemar, à chaque vingt pas qu'il lui faudra faire ; et ce n'est pas trop parier, si quelque goguenard arriéré de sa patrouille, un ivrogne étonné de la vacillation des édifices, ou l'un de ces industriels nocturnes qui battent le pavé pendant la nuit, veulent être polis, et rien que polis envers la pauvre petite. La politesse est rare, la nuit, dans les rues. C'est absolument comme au bal de l'Opéra, sous le masque[372]. » Si nuit et innocence sont à ce point antinomiques, la femme doit être rendue au jour.

Et comme de juste, on reproche à certaines leur complaisance à se laisser frôler par ceux que l'on appelle les « suiveurs », ces chasseurs de femmes dont la tombée de la nuit décuple l'audace. Décrivant l'aspect vespéral de la rue Rambuteau, de la rue Saint-Martin et du boulevard Sébastopol, Julien Lemer affirme dans *Paris au gaz*, en 1861 : « Partout dans ces parages, nous rencontrerons, de 8 h à 10 h du soir, l'ouvrière laborieuse sortant de sa journée en modeste toilette de travail ; souvent nous la verrons fermer à demi l'oreille aux galanteries des *suiveurs de femmes*, obstinés chercheurs de bonnes fortunes[373]. » La « bonne fortune », telle est la promesse qu'adresse l'ombre aux « chasseurs » des rues. Alfred Delvau reprend le motif en 1866 dans ses *Heures parisiennes* : il précise galamment qu'à 8 h du soir, seules les plus laides d'entre les jeunes ouvrières parisiennes regagnent directement leur mansarde, tandis que les fameux « suiveurs » s'épuisent sur les traces des passantes rue Saint-Martin, rue Saint-Denis ou rue du Temple[374]. Un peu plus tard dans la soirée, les frustrations sexuelles s'exprimeront plus franchement, notamment par la tendance des jeunes ouvriers à railler ou à bousculer les couples qui rejoignent leur logement, comme le font six garçons pâtissiers le 11 mai 1819 à 11 h 30 du soir : ils sont arrêtés près de l'allée des Veuves pour avoir voulu faire violence à la femme d'un gainier, et avoir frappé son mari qui faisait mine de la défendre[375].

Les rumeurs diffusées au sujet de l'activité des « piqueurs » dans les rues de la grande ville en 1818-1819[376], si elles ne concernent pas exclusivement la nuit, sont révélatrices d'un climat de suspicion affectant globalement le coudoiement des hommes et des femmes dans la foule parisienne du XIXe siècle. L'habitude de piquer les derrières féminins avec une aiguille suppose, pour rester impunie, un minimum de circulation autour de l'auteur du geste. Mais la hantise d'en être victime croît avec l'obscurité, notamment aux abords du Palais-Royal et du Boulevard. Ainsi, le 10 décembre 1819, on apprend que « vers 9 h du soir, le nommé Antoine Joussant, professeur d'écritures, demeurant rue de l'Odéon [...], poursuivi à la clameur publique par une foule d'individus qui, l'accusant d'avoir *piqué une femme*, le maltraitaient et voulaient l'assommer, a été arrêté dans la rue Montmartre »[377]. Embarrassées, les autorités prétendent que la presse a considérablement amplifié la manie singulière d'un individu isolé[378], ou qu'il s'agit d'un complot des ennemis du gouvernement, destiné à ébranler la sûreté publique, et à faire péricliter le commerce. Il n'en reste pas moins qu'au plus fort de ces rumeurs, le pas des femmes seules, inquiet, s'accélère encore.

Plus la nuit gagne, plus la hardiesse masculine s'affirme en effet, tournant à la brutalité. On se met à tirer les châles ou les jupes des passantes. Puis, on les poursuit explicitement, en les obligeant à transformer leur marche pressée en course fébrile. Au début de la Restauration, les militaires, pas toujours disposés à faire la dépense qu'exige la sexualité tarifée, choisissent parfois le « braconnage » : « Vers minuit, quatre soldats du 52e Régiment d'Infanterie légère anglaise, poursuivant deux femmes, ont été rencontrés par une patrouille sortie du poste du Pont-Neuf[379]. » Et les plus jeunes d'entre les Parisiens sont parfois les plus impatients, comme « le nommé Rose, Joseph Charles, âgé de seize ans, tailleur rue de la Potterie n° 21, quartier des Marchés » qui, le 30 avril 1816, « a été arrêté à 2 h 1/2 du matin pour s'être permis de courir après toutes les femmes qui passaient dans la rue »[380]. Les instances policières, voulant dédramatiser l'agression dont une cuisinière prétend avoir été victime le 20 novembre 1826 sur le quai Voltaire (où elle a été renversée par trois hommes qui la suivaient depuis la rue de Rivoli), usent de cet argument significatif : « Ce fait présenté d'abord comme une attaque nocturne avec tentative de vol n'en a aucun caractère. Les individus qui suivaient la femme Potreux paraissaient en état d'ivresse, et ne la suivaient, à ce qu'il paraît, qu'à cause de son sexe[381]. » Mais lorsque les femmes pourchassées osent se plaindre, le doute est souvent jeté sur leur bonne foi, comme c'est le cas pendant la nuit du 8 au 9 mai 1822, où deux ouvriers bottiers et une cuisinière s'affrontent devant les gardes nationaux, rue Saint-Martin : « Les deux hommes ont prétendu que, revenant de la Courtille avec cette femme, ils la reconduisaient chez elle ; mais elle au contraire dit qu'elle retournait seule chez sa tante, et que n'ayant pas voulu accepter leur offre de l'accompagner, ils avaient voulu la suivre malgré elle, ce qui avait occasionné les cris qu'elle proférait lorsqu'on les a arrêtés[382]. »

Bientôt, une violence plus débridée apparaît. Les prétendues forces de l'ordre ne sont pas à l'abri de ce genre de facilités, forme parmi d'autres des divers abus de pouvoir qu'elles font subir aux plus faibles, dans l'incognito nocturne. On le relève, entre autres occurrences, dans ce rapport de la garde nationale, le 12 septembre 1819 : « La patrouille [...] a rencontré une patrouille de troupe de ligne de quatre hommes au bout de la rue Saint-Merry et de Saint-Avoye : après avoir répondu au mot d'ordre, les soldats demandèrent leur chemin pour s'en aller au poste du Mont-Piété [...] ; il était alors 3 h 1/4. En poursuivant son chemin, [...] elle rencontre dans la rue Sainte-Croix-de-la-Bretonnerie [...] une femme [...] [qui] a dit se nommer Barbe Noël, marchande à l'inventaire demeurant rue du Pot-de-Fer n° 12, faubourg Saint-Marceau. Cette femme qui n'avait ni fichu ni bonnet a déclaré qu'ayant été rencontrée rue de la Juiverie [...] par une patrouille de cinq hommes de troupe de ligne, le caporal [...] prit la femme Noël par le bras pour, disait-il, la conduire au corps de garde du Petit-Pont. Au lieu de la conduire à ce poste, il la conduisit rue du Renard-Saint-Merry : c'est dans cette rue qu'il lui prit ses deux fichus, qu'il lui fouilla dans la poche et qu'il prit huit sols qu'elle avait, et qu'il exerça sur elle divers outrages à la pudeur[383]. » Sous prétexte d'obscurité ambiante, toutes les formes d'agressivité s'associent, dont la plus gratuite. Le 30 janvier 1820, « une patrouille, sortie du poste, a arrêté à minuit la nommée Joséphine Bonnefait, blanchisseuse, rue de la Mortellerie n° 20. Cette femme qui avait une blessure assez profonde sur le nez et sous l'œil droit a prétendu avoir été ainsi maltraitée dans la rue Vieille-du-Temple par trois inconnus »[384]. Les femmes sont attaquées parce qu'elles sont femmes, mais aussi parce qu'elles sont physiquement plus vulnérables, ce qui permet un défoulement à bon compte. Les prostituées sont les victimes toutes désignées de ce harcèlement des heures sombres, puisqu'elles sont réputées disponibles pour tous, que leur refus est inacceptable, et que l'humiliation fait partie de leur condition quotidienne[385]. Ainsi, le 21 juillet 1817, « le nommé Charles

Foreze, sapeur-pompier, passant […] vers minuit dans la rue Marivaux a accosté la nommée Roux, fille publique, et lui a fait violence, parce qu'elle ne voulut pas le suivre. Il a même tiré son sabre sur elle et lui a fait une légère blessure à la main gauche »[386]. De même, le 16 avril 1820, « à 1 h, Joséphine Fayole, fille publique, demeurant faubourg Saint-Martin n° 4, et sortant de La Force, a […] demandé à passer la nuit au poste, prétendant qu'un homme la poursuivait »[387]. Pourtant, la tentative de viol commise la nuit sur la voie publique reste une mention extrêmement rare dans les rapports journaliers des patrouilles nocturnes. L'indifférence ou la complaisance des gardes doit se conjuguer avec la honte des victimes pour laisser ces actes dans l'ombre[388], et l'on ne rencontre guère que le tapage suscité par les prémices des agressions sexuelles. De même, rares sont les cas explicites d'attentat à la pudeur ou d'indécence publique[389] : l'abus sexuel n'est repéré et sanctionné que dans la mesure où il est à l'origine d'un désordre retentissant[390].

D'une manière générale, les pratiques sexuelles les moins bien tolérées par la société du temps se réfugient pourtant dans le secret de la nuit[391], notamment celles des « invertis » ou « antiphysiques »[392]. Au début de la période, le Palais-Royal, lieu de bousculade vespérale, favorise les « propositions indécentes » faites, au petit bonheur la chance, par des hommes à d'autres hommes – ce qui, dans un endroit voué à l'hétérosexualité vénale, suscite parfois des refus tonitruants : se signaler comme pédéraste dans un quartier très fréquenté le soir, c'est prendre le risque d'être brutalisé. Le 26 février 1818, « un sieur Montejean, se disant propriétaire à Neuilly, et ayant un logement à Paris […] a été assailli […] à 11 h du soir, en sortant du Café de la Paix, au Palais-Royal, par beaucoup de jeunes gens qui l'accusaient hautement d'être un pédéraste. Ils lui ont porté plusieurs coups de canne et, sans la sentinelle qui se trouvait près le Café […], il aurait été assommé »[393]. Les rapports journaliers des gardes ou des gendarmes se révèlent en revanche fort discrets sur le sujet, les patrouilles nocturnes étant sans doute trop bruyantes pour prendre sur le fait ceux à qui, hors du cas de flagrant délit, on ne peut rien reprocher, si ce n'est de « rôder », comme tant d'autres[394]… Le 27 avril 1823, cependant, « à 1 h du matin, une patrouille […] a arrêté rue Cartel les nommés Louis Henri Durand, âgé de 52 ans, tonnellier rue Contrescarpe n° 72, et Nicolas Auguste Deschamps, âgé de 20 ans, demeurant au Port au Blé n° 12, qui se livraient à des plaisirs contre nature »[395]. Si un membre de la haute société avait été impliqué, on peut supposer que le fait n'aurait pas été consigné aussi précisément, et la part socialement transgressive de la clandestinité sexuelle nocturne nous échappe donc. On sait, pour le reste, qu'aux abords des casernes, sur l'esplanade des Invalides, les jeunes soldats se prêtent parfois la nuit à la sodomie, contre argent[396]. Les endroits déserts mais assignés de longue date aux rencontres homosexuelles sont en fait les plus appropriés, à une époque où la pédérastie est de moins en moins perçue comme un libertinage parmi d'autres, mais de plus en plus comme une perversion pathologique[397].

Ainsi, l'obscurité profonde des Champs-Élysées sert-elle traditionnellement, le soir, de rendez-vous aux « antiphysiques », en quête de lieux de reconnaissance mutuelle, comme en témoigne le commissaire de police du quartier le 20 décembre 1848 : « Le théâtre choisi par ces individus a toujours été de préférence la partie gauche des Champs-Élysées, dans le quinconce qui s'étend le long du Cours-la-Reine. » Soucieux d'équité, il ajoute impassiblement que, « une fois la nuit tombée, l'isolement de cette localité peut déterminer des voyageurs à y pénétrer pour y satisfaire à certains besoins ce qui, en raison des vêtements en désordre, leur donne quelque analogie avec ceux que nous traquons, cette similitude pouvant donner lieu à des erreurs graves »[398], ce qui fait entrevoir la furtivité des accouplements qui s'opèrent habituellement dans ces parages. La longue pérennité de ce lieu de rencontres donne à penser, en même temps, que la répression n'y est qu'épisodique, la méthode du « coup de filet » autorisant le retour régulier des séductions du soir en même temps que leur contrôle ponctuel[399]. Le 25 avril 1865, un Parisien écrit d'ailleurs à la police pour relater la mésaventure suivante, révélatrice de la nécessaire clandestinité nocturne des stratégies homosexuelles : « Hier au soir, vers les 10 h, je revenais de dîner chez des amis, j'avais à traverser les Champs-Élysées. Passant devant les marionnettes, je m'étais arrêté une seule minute, lorsque je me sentis prendre par la main ; je me retournai en la retirant brusquement, et je vis un homme de haute taille, d'environ trente ans, en blouse blanchâtre, qui me serrait de près » ; l'homme le suit de ses murmures, et l'objet de son empressement ne trouve pas de sergent de ville avant le pont de la Concorde, où le pédéraste s'enfuit, tandis qu'on apprend à l'auteur de cette plainte que « ces gens savaient bien où l'on ne rencontrait pas d'homme de police »[400]. Sous le Second Empire, le service des mœurs s'essaie à un inventaire des lieux de la prostitution masculine du soir : on désigne le square des Arts-et-Métiers entre dix heures et minuit ; le boulevard Montmartre de sept heures du soir à 1 h du matin ; le boulevard des Italiens de 7 h du soir à minuit (passage Jouffroy, passage des Panoramas) ; la galerie d'Orléans, au Palais-Royal, de sept heures du soir à minuit ; les Champs-Élysées, autour des cafés-concerts[401]. Ces lieux attirent une clientèle qu'on imagine plutôt fortunée, à considérer leur proximité vis-à-vis des pôles de l'hédonisme élégant. Dans ces cas, le racolage de la soirée trouve sans doute sa concrétisation à l'abri d'un appartement, alors que les rencontres des quartiers peu fréquentés et des heures tardives, peut-être recherchées par les pédérastes les plus inquiets, sont fréquemment suivies d'un rapprochement immédiat.

Moraliser l'ombre

Ainsi le Paris de l'ombre s'affirme-t-il au XIXe siècle[402] comme celui où la ville est à la hauteur de sa réputation libertine[403], et remplit là, en un sens, son rôle de capitale. Il est difficile, cependant, d'apprécier la diffusion sociale de ces conduites discrètes qui reviennent, à la faveur des heures silencieuses, à faire de la voie publique un usage privé sans heurter de front les règles de la décence. Les heures nocturnes semblent fonctionner, en tous les cas, comme une soupape de sécurité dans la régulation des désirs, sans que l'on discerne toujours si l'aménagement progressif des nuits parisiennes sert ou contrarie ce type de desseins.

Quelle est la marge de tolérance accordée à cette libération quotidienne par les pouvoirs publics ? L'offre nocturne et publique de plaisirs tarifés, décrite, dans le Paris du second XIXe siècle, comme massive, voire envahissante, se trouve au cœur du débat réglementariste – trop exploré par Alain Corbin[404] pour qu'il soit nécessaire de nous y arrêter longuement. Tout au long du siècle, le danger est moins représenté, en effet, pour la morale publique, par la demi-mondaine, qui dissimule son activité dans une alcôve, que par la prostituée « vulgivague »[405], celle qui s'exhibe dans la rue, et développe donc une « provocation à la débauche » dont tous et toutes peuvent être témoins ou victimes. C'est l'outrage infligé à la pudeur par un usage abusif de la voie publique qui fait incliner vers la tentation d'enfermer les filles « publiques », le spectacle de l'immoralité devant rester confiné dans les strictes limites du mal nécessaire. La nuit, marge temporelle, offre-t-elle dans ce domaine l'espace d'un compromis ? Puisque la prostitution n'est pas, en soi, un délit (ce qui n'empêche pas de traiter les filles comme des délinquantes), c'est au nom de la santé et de l'ordre publics qu'elle est réprimée. Peut-on et doit-on pour autant drainer toute l'« ordure morale » de la grande ville vers ses soirées ou ses nuits, pour mieux l'y contenir ?

Rappelons pour commencer qu'au dispositif réglementariste appartiennent les filles « inscrites » à la Préfecture de police[406], ou filles « en carte », « soumises » – qu'elles travaillent dans une maison de prostitution ou qu'elles soient « isolées », donc plus proches des « insoumises », prostituées clandestines, occasionnelles ou professionnelles, qui racolent illégalement dans les rues, hantent les garnis clandestins, les arrière-boutiques des marchands de vin, etc. Le regard porté par les Parisiens sur l'exhibition prostitutionnelle n'est guère sensible à ces nuances, brouillées par la nécessité où se trouvent toutes les filles de se montrer le plus possible, aux heures où les hommes sont disponibles à leurs avances. Les contemporains sont donc frappés, dès le deuxième tiers du siècle, par la multiplicité des contraventions aux règlements : « On est d'abord porté à croire à un grand nombre de filles publiques par le fait d'une espèce de fantasmagorie que produisent les allées et venues de ces filles toujours sur les mêmes points, ce qui semble les multiplier à l'infini », résume Béraud sous la monarchie de Juillet[407].

Dans le Paris du XVIIIe siècle, où circuleraient entre dix et trente mille prostituées, Érica-Marie Benabou discerne ainsi une géographie du racolage très dépendante des lieux de passage et de distraction : les ponts, les marchés, les foires, les abords des églises et des salles de spectacle, les casernes attirent les femmes publiques[408]. Sous les monarchies censitaires, les zones privilégiées du racolage vespéral et nocturne sont d'abord celles du Paris festif, entre Palais-Royal et Boulevards. Dès le 8 août 1816, le commissaire de police du quartier du Marais annonce avoir « fait [...] à 10 h du soir une ronde de surveillance [...] afin de mettre ordre au libertinage affreux qui a lieu tous les soirs et fort avant dans la nuit sur les Boulevards, dans les rues adjacentes et dans les cabinets particuliers que tiennent les marchands de vin établis sur ces Boulevards. À 11 h 30 du soir il a fait arrêter dix-huit sales prostituées et six mauvais sujets trouvés avec elles soit dans ces cabinets soit sur les Boulevards »[409]. Au Palais-Royal[410], longtemps quartier réservé de la licence nocturne, se regroupent des prostituées parfois élégantes, du moins celles qui s'exposent dans les parties les plus éclairées des galeries, y déployant les artifices d'une séduction enveloppante[411]. Les plus disgraciées se dispersent dans les rues proches (Saint-Honoré, notamment), où leurs manœuvres peuvent être plus agressives, à mesure que la soirée avance. « Le Palais-Royal étant le rendez-vous de tous les vices de la capitale, écrit Déterville en 1815, c'est le soir surtout qu'il faut le voir pour le juger : filles, joueurs, escrocs, marchands de livres obscènes, vieilles pourvoyeuses, mouchards, voleurs, toutes les classes se trouvent en confusion dans les galeries ; on vous coudoie, on vous heurte [...]. Quand vient minuit, le bruit cesse petit à petit, les galeries deviennent désertes... Les boutiques sont fermées, excepté deux ou trois endroits privilégiés [...] ; le plus grand silence règne partout, et l'on finit par n'entendre de loin en loin que les hurlements de quelques filles que l'excès de liqueurs ont rendues furieuses, ou les cris de quelques infidèles à qui leurs amants donnent une petite correction amicale[412]. » Les endroits les plus sombres de la capitale accueillent, pour leur part, une sexualité furtive, miséreuse, bâclée à l'abri d'un bosquet ou au fond d'un chantier. Les Champs-Élysées sont aussi connus pour associer demi-nuit et obscénité[413]. Après la défaite de Napoléon, le campement des troupes alliées avait transformé les quinconces en lieux de plaisirs. Mais cette réputation survit durablement au départ des soldats, comme le confirme un officier de paix le 4 juillet 1868 : « Toujours depuis vingt ans, les Champs-Élysées, grâce à la demi-obscurité de leurs promenades, ont été le soir le rendez-vous des insoumises, des filles publiques [...] et des pédérastes » ; dans les jardins, « les passions même les plus immondes trouvent sur un banc une satisfaction immédiate »[414], ce que l'animation tardive des Boulevards ne permet pas.

La géographie du racolage nocturne répond, en fait, à une hiérarchie de l'élégance, de la beauté et, souvent, de l'état sanitaire des filles. Si les plus séduisantes se joignent aux fastes vespéraux du Boulevard, et procurent aux hommes l'illusion de la conquête avant de les attirer dans de discrets appartements, à l'autre extrémité de la gamme des plaisirs, les filles de basse classe et autres « pierreuses » se confinent dans les marges urbaines et/ou dans la nuit profonde, où elles s'offrent à des échanges expéditifs. Après onze heures ou minuit, murmure-t-on, les filles les moins belles, en général insoumises, ramassent les miettes abandonnées par les autres[415]. Les tentatrices nocturnes évoluant dans l'obscurité la plus complète passent donc pour les plus vulgaires, en vertu d'une sorte de mimétisme secret entre l'individu et le milieu. Ainsi, celles des replis sordides du vieux centre, qui « rôdent dans les rues Pierre-Lescot, dans les rues étroites et sombres de la Cité »[416], et dont on affirme les liens avec le crime. En effet, la fille insoumise est volontiers assimilée à une voleuse jouant de l'ombre et de la honte de ses victimes, qui n'oseront aller se plaindre[417]. Parmi celles que l'on arrête comme « rôdeuses de nuit »[418] se trouvent également des ouvrières se livrant, dans les lieux les plus anonymes, à une prostitution occasionnelle, et incriminées de « conduite indécente » plus souvent que de tapage, puisqu'il leur faut passer inaperçues.

La « pierreuse », indissolublement associée à la nuit avancée et aux endroits où la ville n'est plus elle-même, concentre tout ce que la prostituée représente d'immonde et de menaçant – à y regarder de plus près, elle subit surtout le comble de la misère et de l'inconfort constitutifs de cette existence itinérante. Ces femmes « couvertes de haillons [...] font pratique au clair de lune, sur les quais et dans les endroits un peu solitaires »[419], contrairement aux filles de « bon genre », paradant au Palais-Royal ou sous les lumières du Boulevard. Pierreuses, filles à soldats[420], filles de barrières et filles voleuses sont regroupées par Parent-Duchâtelet dans la même catégorie de prostituées laides (on connaît son attention à leurs traits physiques), flétries, qui recherchent instinctivement le noir pour n'être plus qu'un corps à vendre. C'est avec un haut-le-cœur que Béraud se penche à son tour sur ce « rebut » en 1839 : « Mais voici [...] une prostituée qui, même dans sa sphère de turpitudes, est tombée à un plus bas degré d'abjection. Misérable, malpropre, elle inspirerait le dégoût le plus repoussant, si elle était aperçue à la plus pâle des clartés ; mais elle cherche toujours les ténèbres et, comme les oiseaux de nuit, elle ne fréquente que les lieux les plus obscurs, conséquemment les plus isolés. Derrière des monceaux de démolitions, des tas de pierres, des restes d'édifices en ruine[421], elle traque l'homme que le hasard amène sur cette route écartée. [...] C'est la *pierreuse*[422] ! » Ainsi, plus la prostituée fréquente les déserts et les ténèbres, moins elle est accessible aux contrôles, et plus elle est stigmatisée comme odieuse, dépravée, bestiale, malfaisante. Si ses clients ressortissent aux classes laborieuses, son souteneur éventuel ou ses complicités la rattachent aux classes dangereuses, de même que son absence supposée de scrupules.

Dans les quartiers plus fréquentés, l'implication régulière des filles, soumises ou non, dans les scènes de tapage nocturne, et leur habitude de se rassembler sur la voie publique[423], tandis que de « mauvais sujets » gravitent autour d'elles, est une source de contrariété pour les citoyens-propriétaires. Le 21 janvier 1823, les gardes nationaux, garants sourcilleux du sommeil bourgeois, font observer « que la place du Caire et la Cour des Miracles *(sic)* sont des lieux de réunion pour une quantité de femmes publiques et de vagabonds qu'elles s'adjoignent et qui depuis 11 h du soir jusqu'à 3 h du matin ne cessent d'arrêter les passants, que tous les jours on entend des disputes et des cris “au voleur” ; qu'enfin le repos et la sûreté publique sont compromis toutes les nuits par leur présence »[424]. Plus systématique, le commissaire de police du quartier de la Banque de France écrit au préfet le 26 décembre 1824 qu'« il n'est pas de soir qu'il n'y ait dispute et voies de fait au cloître Saint-Honoré, dans les rues du Pélican, de Grenelle [...], P. Lescot [...], de Viarmes, etc. Plus des 7/8e des querelles qui amènent des arrestations sont causées par les filles qui sont sur la voie publique »[425]. En 1828, une pétition est encore adressée au Préfet par les propriétaires de la rue des Boucheries Saint-Honoré où, sur dix-sept maisons, huit sont vouées à la prostitution : « La nuit, le citoyen paisible est vingt fois réveillé par les cris les plus obscènes et les rixes les plus effrayantes[426]. » Autour de ces femmes du peuple déchues s'exacerberait donc toute l'insoumission nocturne des classes pauvres. Mais que faire des filles publiques, si elles offensent la vue pendant le jour, et dérangent le repos des habitants pendant la nuit ?

Au cours des dernières années de la Restauration s'organise, comme on le sait, une tentative de resserrement de la réglementation. En mars 1828, à la suite de nouvelles plaintes, le chef de la police municipale organise des rondes de huit heures du soir à minuit pour disperser les attroupements de filles dans le quartier Saint-Honoré, autour du Palais-Royal[427]. Le 11 mars 1829, la Commission spéciale formée pour la répression de la prostitution prévoit de « débarrasser les Boulevards sud et nord voisins des Théâtres Royaux des Italiens et de l'Opéra des filles publiques qui les encombrent, surtout pendant les soirées d'été » ; il s'agit explicitement de « voir ces promenades rendues à la bonne société qu'en avait éloignée ce spectacle repoussant »[428]. Mais dès le 9 septembre suivant, la commission admet ne pouvoir « s'empêcher de reconnaître que l'expulsion des filles publiques du Palais-Royal et l'interdiction presque absolue des Boulevards a [...] obligé [ces femmes] à se jeter dans les rues les plus fréquentées des environs » (notamment autour de la Bourse)[429]. Ces flux et reflux des vagues prostitutionnelles alimentent toutefois une impression d'omniprésence promise à une longue postérité.

Aspirant à une solution plus radicale, le préfet Mangin décide, par l'arrêté du 14 avril 1830, d'interdire complètement la voie publique aux prostituées parisiennes, pour les cantonner dans les maisons de tolérance[430]. Ni la nuit ni le jour ne doivent donc plus être souillés par cette présence. Mais dans la confusion de l'été suivant, ces dispositions, inapplicables car propices à l'explosion de la prostitution clandestine, cessent d'être appliquées[431]. On éprouve alors la double nécessité d'empêcher l'exhibition diurne des filles soumises (qui risque de heurter les personnes prudes[432]), et de leur défendre l'accès à une nuit publique dont, en raison de leur proximité avec certains noctambules malveillants, elles rendent la surveillance plus éprouvante pour les patrouilles ou pour la police[433]. Le 7 septembre 1830, une ordonnance de Girod de l'Ain prend acte de cette double exigence et revient à une solution de compromis (dont les principales mesures figureront au dos des cartes dont les inscrites sont munies). Selon l'article 1, les filles soumises ne peuvent paraître dans les rues avant l'allumage des réverbères (et en aucune saison avant 7 h du soir), et elles doivent en avoir disparu à 11 h du soir. Le recours à la sexualité payante est assimilé à ces distractions du soir, vaguement licencieuses et liées aux lumières artificielles, que la Préfecture de Police canalise en leur imposant des horaires restrictifs. Comme le conclut Alain Corbin, la prostituée contrôlée par l'administration « doit éviter tout à la fois de troubler la pureté du jour et de hanter l'ombre licencieuse de la nuit profonde ; elle ne dispose, pour s'exhiber, que du court intervalle qui respecte l'horaire de travail et de sommeil de ses éventuels clients »[434]. Les articles 5 et 6 de l'ordonnance interdisent aux filles, en outre, la fréquentation de certains lieux : les passages, les boulevards (de la rue Montmartre à la Madeleine, et les boulevards extérieurs), les jardins publics (dont le Palais-Royal, les Tuileries, le Luxembourg), l'esplanade des Invalides, les Champs-Élysées, les abords des églises, les quais, les ponts, et, d'une manière générale, tous les « lieux déserts et obscurs »[435] (mais qui viendra les y débusquer ?) – autant dire les terrains habituels de leur chasse nocturne… Tout se passe donc comme si ces interdictions visaient moins à être respectées à la lettre qu'à légitimer l'arbitraire de la répression préexistante, la localisation de la prostitution n'étant pas aisément réorientable par décret[436].

De toute façon, rien n'y fait : se perpétuent le thème de l'ombre infestée par la lubricité et la conviction selon laquelle, au-delà d'une certaine heure, les forces du mal disposent de la capitale à leur guise, comme l'indique le ressassement des plaintes adressées par des particuliers au préfet de police de part et d'autre de la césure de 1830. D'ailleurs les « nymphes », familières des pièges de la nuit, ne saventelles pas « éviter les patrouilles en s'avertissant mutuellement », tandis que les clients se dispersent « comme d'honnêtes gens qui se rendent à leur domicile »[437] ? L'avocat Sabatier déplore en 1830 l'affinité indestructible des filles les plus indociles avec l'obscurité : « Quiconque a parcouru de nuit les rues de nos grandes villes peut attester les impudentes sollicitations, les scandaleuses importunités que s'y permettent les suppôts de la prostitution[438]. » La certitude de l'ubiquité nocturne de la luxure est également exprimée par l'auteur anonyme de *Paris le jour et la nuit* en 1846, comme si les filles prenaient possession des trottoirs et des quartiers neufs à mesure qu'ils apparaissaient : « Quand vient le soir, quand le gaz est allumé, vous voyez s'ouvrir les repaires de milliers de femmes immondes, jeunes, de moyen âge, même vieilles, qui vont par les rues, sur les trottoirs, solliciter le salaire de la débauche.[…] Si vous sortez avec votre femme, avec vos filles, vous avez à rougir et à pleurer pour leur pudeur[439]. » Et plus loin : « On pense généralement que la libre circulation des prostituées ne devrait pas être tolérée. Combien de jeunes gens au sortir d'un café où ils se sont échauffés la tête ; combien de pauvres ouvriers au retour de la paie ; combien même de vieillards surpris par un dernier vertige, ont été perdus à jamais, parce qu'il leur est arrivé de rencontrer sur leurs pas une marchande *d'amour tout fait* ! […] on devrait au moins les empêcher de se montrer en public, leur assigner un quartier spécial, et indiquer avec une lanterne rouge leurs repaires, d'où elles ne sortiraient jamais. Le soleil n'est point fait pour les monstres[440]. » Selon cette logique fatale, si la tentation diurne à l'œuvre dans la grande ville n'a pas pu faire son œuvre, la soirée et la nuit consommeront en effet la perdition des plus vulnérables.

Dans la seconde moitié du siècle, la théorie du mal nécessaire convainc toujours aussi peu les habitants des rues où les prostituées se regroupent à la nuit tombée, et les distinctions entre filles soumises et insoumises semblent ne plus avoir cours à leurs yeux. Dans le contexte troublé de la Deuxième République agonisante, un habitant de la rue du Coq-Saint-Honoré, incluant les prostituées dans le marais des classes nocturnes donc dangereuses, constate, le 10 janvier 1852, que « la voie publique après la chute du jour est encombrée de gens sans aveu. Ici c'est une fille qui vous barre le passage avec des gestes et des paroles obscènes. Plus loin vous arrêtez-vous devant les étalages, vous êtes aussitôt en but *(sic)* aux mêmes inconvénients, de la part d'une foule d'individus qui font un métier sans nom, qu'ils alternent avec celui de souteneur de filles ». Il demande, par conséquent, d'interdire aux filles publiques (au contact desquelles éclaterait toute la part obscure d'un peuple dont on aimerait également qu'il renonce à la rue) « de stationner et circuler sur la voie publique sous aucun prétexte dès la chute du jour »[441]. Si le jour n'est pas compatible avec l'exposition vénale, la soirée lui est de plus en plus contestée, après 1850, par ces particuliers qui, au nom du droit de propriété et de libre circulation, se font entendre du préfet de police. C'est le souci, entre autres, d'un habitant du quartier Bonne-Nouvelle, qui s'adresse en ces termes, le 6 octobre 1859, au responsable de l'ordre public : « L'ordonnance que vous avez rendue il y a quelque temps pour la fermeture des établissements publics qui s'ouvraient la nuit dans le Quartier Latin pour assurer de leur perte un grand nombre d'étudiants qui s'y rendaient avec des femmes publiques, [...] cette ordonnance m'enhardit à vous adresser une plainte sur les nombreuses filles qui parcourent le soir presque toutes les rues de Paris, et surtout celles du quartier Bonne-Nouvelle, que j'habite comme propriétaire[442]. » Dans le même temps, ne clame-t-on pas en effet que l'activité réformatrice du préfet de la Seine vise à rendre la voie publique à une population plus présentable, notamment le soir ?

La maison de tolérance entre le visible et le caché

Si l'envahissement du territoire nocturne par les filles reste une donnée quotidienne dans le Paris du XIXe siècle, c'est bien que les théories réglementaristes subissent l'épreuve d'une obscurité révélatrice de leurs limites. Quelle est, dans ce contexte, la fonction des maisons de tolérance, ces lieux où l'on préfère entrer la nuit, et où les opposants à l'exhibition prostitutionnelle voudraient confiner celle-ci ? Puisque la vénalité sexuelle ne peut être éradiquée, du moins pourrait-on la retrancher derrière des murs discrets, et la signaler, dans des quartiers spécialisés, par une lanterne d'une couleur précise. L'opinion de Parent-Duchatelet est plutôt favorable à la dissémination. À l'en croire, il convient, pour l'installation de ces maisons, de privilégier les quartiers peuplés et animés, où elles passeront plus inaperçues ; la proximité d'un poste militaire est bienvenue pour assurer la tranquillité des quartiers où les femmes vivent en plus grand nombre – le modèle réglementariste associant, par définition, tolérance et surveillance. Le pragmatisme de Parent-Duchatelet le pousse d'ailleurs à constater que la localisation de l'offre sexuelle s'ajuste toujours aux besoins de la population, et que vouloir forcer sa concentration spatiale conduirait à créer des poches de fixation des maux citadins, ou à favoriser la prostitution non réglementée[443].

Qu'en est-il au juste, dans les deux premiers tiers du siècle ? Une fois le maximum atteint sous la monarchie de Juillet, le déclin du nombre des maisons de tolérance dans le Paris du second XIXe siècle est symptômatique, comme Alain Corbin l'a expliqué, d'une crise du réglementarisme : on passe en effet de 250 maisons autorisées environ vers 1840 à 150 établissements environ en 1870[444]. La carte des tolérances se modifie dans le même temps, invitant à de nouveaux itinéraires nocturnes. Au XVIIIe siècle, Érica-Marie Benabou repère essentiellement les maisons de prostitution dans le quartier du Louvre et de Saint-Germain-l'Auxerrois, puis dans ceux du Palais-Royal et de Saint-Eustache[445]. Il en est de même sous les monarchies censitaires, où les maisons de tolérance se concentrent toujours dans les quartiers centraux de la rive droite, à l'intérieur d'un arc-de-cercle délimité par les Boulevards : en 1832, les 2e, 4e et 9e arrondissements sont les plus concernés (dans le dernier cas, essentiellement sur l'île de la Cité et autour de l'Hôtel de Ville)[446], tandis que la dispersion de la prostitution clandestine dans les garnis et cabarets les plus modestes est impossible à cartographier. Comme on peut s'en douter, le Second Empire amène une redistribution spatiale du commerce sexuel : l'assainissement des vieux quartiers centraux détruit les maisons de prostitution comme les autres ; certaines ne réapparaissent pas, les patronnes étant découragées par le niveau des nouveaux loyers, et les nouveaux établissements qui s'implantent dans les quartiers périphériques sont fréquemment des maisons clandestines[447].

La géographie changeante des maisons de plaisir définit des lieux de sociabilité nocturne plus ou moins officieux. En effet, contrairement au vœu des plus prudes, la maison de tolérance n'est pas entièrement close sur elle-même, le soir, puisqu'elle est autorisée à étaler une partie de ses séductions sur la voie publique – cette exposition aguicheuse étant en général plus durable et plus ostensible que ne le souhaite la Préfecture de police. La mission de « rabattage » est notamment confiée aux « marcheuses », ces femmes d'âge mûr, anciennes prostituées pour la plupart, dont on tolère qu'elles stationnent de la chute du jour à 11 h du soir (heure à partir de laquelle l'établissement redevient en théorie un lieu privé) devant les maisons afin d'y attirer les clients[448]. Et comme l'indique une instruction réglementaire, le 16 novembre 1843 : « La fixation de l'heure de fermeture des maisons a pour objet d'obliger les maîtresses de maisons de faire rentrer la fille ou la domestique qu'elles peuvent être autorisées à laisser circuler ou faire stationner, afin de mettre ainsi fin, à une heure convenable, par la clôture de la porte, aux moyens de provocation que l'Administration tolère. Mais quant aux entrées et aux sorties qui ont lieu furtivement après l'heure de la fermeture, elles ne constitueraient une contravention punissable qu'autant qu'il en résulterait un bruit de nature à troubler le repos public[449]. » La règle veut que le soir, en plus de la « marcheuse », une ou deux femmes publiques servent d'« enseigne » sur le seuil de la maison. En réalité, elles sont souvent plus nombreuses et plus turbulentes[450]. Partie prenante des plaisirs vespéraux et de l'animation des rues pendant la soirée, la maison de tolérance doit ensuite se faire indécelable[451], de même que les filles isolées et inscrites doivent quitter la voie publique, afin de ne pas interférer dans le combat des forces de l'ordre contre les membres masculins des classes dangereuses.

Dans les quartiers les plus passants, les maîtresses des maisons autorisées, soucieuses d'obtenir quelques compensations aux contrôles auxquels elles consentent, se plaignent toutefois sous la monarchie de Juillet de ce que les horaires qui leur sont imposés pour l'exhibition de leurs pensionnaires ne sont pas adaptés à l'évolution des mœurs nocturnes. Elles se sentent défavorisées, en cela, par rapport aux filles isolées, qui circulent assez librement sur la voie publique, et plus encore vis-à-vis des clandestines, encore présentes dans les rues pendant la nuit avancée. En décembre 1835, une pétition adressée par certaines maîtresses de tolérances au préfet expose les arguments suivants : « Autrefois, on tolérait l'ouverture des maisons jusqu'après la sortie des spectacles [vers minuit]. Les maîtresses étaient autorisées à recevoir, en passe, toutes les femmes qui se présentaient.[…]. Mais aujourd'hui […] toutes les restrictions imposées aux maisons tournent au profit d'une quantité considérable de marchands de vin », dont beaucoup se sont lancés dans l'hébergement de la prostitution clandestine. Elles demandent, par conséquent, la permission de garder des filles dehors jusqu'à l'heure de la sortie des théâtres, à 11 h 30 du soir[452]. Il faut attendre le

17 décembre 1842 pour que ce droit soit accordé aux seules maisons des 1er, 2e et 3e arrondissements, dont les marcheuses pourront rester une demi-heure de plus devant la porte, ce qui permet de capter les hommes qui flânent après les spectacles. Cette faveur est spatialement, et donc socialement sélective, « dans des quartiers aussi fréquentés et éclairés à minuit qu'à midi », et ne doit apporter « aucun trouble à la sécurité de la nombreuse population *bourgeoise* [souligné dans le texte] sortant des théâtres, bals, concerts et cafés ». Significativement, les patronnes affirment que cette demi-heure-là leur sera « plus profitable que la soirée entière »[453], car les clients potentiels seraient dans de meilleures dispositions entre les derniers frémissements du soir et l'entrée dans la nuit avancée. Il y a là une volonté d'ajuster l'ouverture de la maison de tolérance sur l'extérieur aux nouveaux horaires de la sociabilité nocturne, mais dans les seuls quartiers où elle reste bienséante[454].

Car pour le reste, les débits de boissons annexés aux maisons plus modestes ne laissent pas de préoccuper, la surenchère de tous les vices y engageant à une sociabilité bruyante et équivoque, là où les autorités voudraient de la furtivité. La Préfecture de police échoue dans sa volonté de les supprimer en janvier 1823[455]. Ces estaminets tolérés sont, eux aussi, soumis à la limite de 11 h pour leur heure de fermeture, comme la plupart des débits parisiens. Mais les avis sont partagés quant à l'opportunité même de leur existence. S'ils permettent aux maîtresses des maisons de faire des affaires, et les détournent ainsi de la clandestinité, s'ils empêchent que les filles ne circulent trop dans les rues pour emmener les clients boire ailleurs, ils favorisent les rixes tardives, et ne ferment que rarement à l'heure prescrite. Dans les années 1840, les commissaires de police des lieux « sensibles » reviennent fréquemment à la charge afin d'obtenir la suppression de ces débits où, selon le rapport du commissaire du quartier de la Cité, adressé au préfet le 28 avril 1843 (en pleine vogue du feuilleton des *Mystères de Paris*…), les voleurs et les filles, « écume de population », se concentrent dangereusement, ressuscitant la « cour des miracles du Moyen Âge »[456]. Mais la fonction de « souricière » nocturne assignée par les autorités à ces débits destinés à recueillir et à fixer la « lie » de la population masculine, attirée là par la promesse de la luxure, du vin et du profit faciles, est exposée le 15 février 1855 par le préfet de police dans sa réponse à une demande d'information du préfet de la Moselle sur les estaminets annexés aux tolérances dans la capitale : « Il existe un certain nombre de filles crapuleuses, tellement abjectes qu'elles sont exclues des maisons de tolérance ordinaires et sont reçues seulement dans des lieux infimes qui ne sont jamais fréquentés par la population ordinaire, mais qui sont hantés seulement par des malfaiteurs et des êtres dégradés que la police a intérêt à placer dans son action immédiate. Ces sortes de lieux sont établis dans certains quartiers perdus, quelquefois dans le voisinage des casernes ; c'est là seulement que l'administration tolère, par force majeure, l'annexion d'un débit de vin[457]. » Ainsi, le 17 octobre 1846, un rapport du service du dispensaire sur les avantages de la présence de ces annexes n'indiquait-il pas que « la femme Sainte-Beuve, boulevard de Courcelles, a donné lieu à l'arrestation du fameux Bourgeois, l'un des principaux membres des voleurs assassins de grandes routes, qui était venu dans son débit de boissons offrir des châles cachemire à vendre, faisant partie d'un des vols nombreux effectués la nuit sur les voitures de roulage »[458] ? La tolérance de taches d'ombre productrices de nuisances est donc légitimée par l'intérêt supérieur de l'ordre public, qui ordonne de laisser s'agglutiner le vice et le crime, comme ils y tendent naturellement. Mais les rôdeurs, suspicieux à l'égard d'établissements autorisés dont ils savent les contacts avec la police, ne préfèrent-ils pas en réalité fréquenter les débits clandestins, plus en accord avec leur propre mode de vie, aux horaires libres, et ne sont-ils pas plutôt liés aux insoumises, qu'ils exploitent et protègent tout à la fois ?

Se pose plus généralement le problème de la signalisation extérieure des maisons de tolérance dans le noir. Il est des particuliers pour réclamer l'apparition de signes explicites afin de pouvoir les distinguer de loin dès la tombée du jour, et ainsi être en mesure de les éviter… Une lanterne de couleur spéciale pourrait faire fuir les personnes chastes tout en informant celles qui le sont moins, comme le suggère le nommé Simiez le 15 février 1843 : « Si on forçait toutes les maisons de prostitution à avoir pour enseignes deux réverbères d'une couleur uniforme partout, au-dessus de la porte, on éviterait […] bien du scandale », notamment celui de voir les mères et les jeunes filles se retrouver sans s'en apercevoir parmi les nymphes nocturnes. Ces « phares » rendraient toute présence inutile sur le seuil, et permettraient d'atteindre au but final, celui de « refouler dans les maisons toutes scènes de prostitution »[459]. Le 11 août 1837, la Préfecture de police, soucieuse d'éviter les quiproquos, impose pourtant la disparition des indices extérieurs des estaminets annexés aux tolérances parisiennes[460]. Dans les zones isolées et suburbaines, là où la lanterne du bordel est souvent la seule source nocturne d'éclairage public, la forte visibilité de certains établissements se révèle encore plus gênante, parce qu'elle attire plus qu'elle ne repousse. Le 8 novembre 1845, les enseignes et signes extérieurs des annexes des tolérances situées en banlieue sont donc eux aussi interdits[461]. Afin d'empêcher la possible confusion avec la boutique d'un marchand de vin normal et de voiler le spectacle de leur débauche intérieure, les vitres de ces débits d'un genre particulier seront désormais dépolies[462]. Dans le Paris du XIXe siècle, le statut de la maison de tolérance, pendant les heures obscures, oscille toujours entre l'explicite et l'implicite ; mais on choisit plutôt de la laisser dans l'ombre passée une certaine heure, comme pour la réserver à des initiés mus par une irrésistible pulsion, et en détourner les passants simplement orientés par le hasard.

Pourtant, dans les quartiers excentriques, l'ordre public a souvent à pâtir de cette opacité plus ou moins calculée. La maison de prostitution s'y éloigne du milieu contrôlable sur le plan horaire et sanitaire qu'elle est censée être, pour ressembler davantage à un égout nocturne où clandestinité est synonyme de menace vénérienne. Au milieu de la monarchie de Juillet, en particulier, les ouvriers et soldats occupés aux travaux des fortifications trouvent un réconfort nocturne auprès de filles des barrières qui accumulent de nombreux clients au cours d'une même soirée et les entraînent dans des bordels clandestins où la contamination les guette[463]. Les endroits incriminés sont Courbevoie, les Invalides, Grenelle, Vaugirard, Ivry, Vincennes ; mais les clandestines circulent en fait des garnis et cabarets clandestins de Paris à ceux de la banlieue, et c'est donc la santé de la ville entière qui est mise en péril. C'est ce qui décide le préfet de police à autoriser pour la première fois, le 28 novembre 1840, la création de maisons de tolérance en banlieue. Cela revient souvent à régulariser la situation d'établissements clandestins déjà existants[464] : la peur de la contagion l'emporte sur celle du désordre nocturne. Car les maires des communes concernées se montrent toutefois hostiles à cette légitimation, dans la mesure où leur manquent les moyens de surveiller, la nuit, le respect des règlements dans ces repaires tolérés et à leurs abords. À Ivry, autour de la barrière des Deux-Moulins, s'opère notamment le contact entre soldats, prostituées vénériennes et « mauvais sujets ». En 1844, ses maisons de tolérance, fréquentées par des repris de justice, sont interdites aux soldats de la garnison de Paris[465], afin d'éviter la contamination morale comme la contamination physique. Mais la crainte qu'ils ne s'adressent constamment à des insoumises incite les autorités militaires à fermer les yeux sur l'habitude qu'ont les militaires de passer toute la nuit, sans permission, dans les tolérances qui avoisinent les casernes[466]. Et les clandestines continuent, malgré la décision de 1840, à rôder le soir autour des forts ou dans les endroits discrets, où elles savent les attentes nombreuses. Le chirurgien de l'hôpital de Charonne observe ainsi en 1845 que « depuis quelque temps, les militaires infectés ne peuvent plus indiquer d'adresses. Ils déclarent pour la plupart qu'ils ont été accostés le soir par des femmes, principalement sur les boulevards, quelquefois sur les quais et les ponts »[467].

Face à l'obstination de la sexualité incontrôlée, et puisque tout est mêlé, les visites de nuit prescrites dans les maisons de tolérance ou dans les bordels clandestins visent surtout à y surprendre les gens sans aveu et les individus en rupture de ban, qui y passent la nuit sans avoir à inscrire leur nom sur un registre (tandis que les garnis à la nuit, souvent clandestins, peuvent être dans le même temps des maisons de passe). Le 6 octobre 1827, une circulaire du Préfet congréganiste Delavau invite les commissaires de police parisiens à multiplier les explorations nocturnes dans ces maisons, pour y contrôler les papiers des clients[468]. S'animant à la nuit tombée, le bordel ne devrait jamais cesser d'être un lieu public, parfaitement perméable à l'investigation policière, tout en ne laissant pas déborder vers la rue son activité, qui se trouve au comble de l'intimité et que l'administration tient pour strictement « hygiénique ». L'indécision de la place de ces établissements dans l'ordre nocturne de la grande ville tient en fait à leur fonction de « repaire » ténébreux, à l'espoir que nourrit l'administration d'y piéger pour quelques heures la circulation d'individus habituellement insaisissables. Clandestin n'est pas toujours synonyme de secret, et la police a intérêt à laisser subsister quelques antres vaguement illicites où la capture des rôdeurs s'opère par à-coups. Ce n'est sans doute que lorsque la peur de la contagion vénérienne s'en mêle, à partir de la monarchie de Juillet, que ces compromis le cèdent un peu à un réglementarisme plus soucieux de faire de la maison de tolérance un véritable isolat nocturne[469].

Vers l'omniprésence des ombres séductrices

Dans la deuxième moitié du siècle, la baisse conjuguée du nombre des inscrites et du nombre des maisons réglementées libère cependant dans les rues de la capitale une nuée d'insoumises prêtes à circuler toute la nuit pour gagner leur vie. Comme Alain Corbin l'a démontré dans *Les Filles de noce*, l'échec du réglementarisme est patent sous le Second Empire, au cours duquel le clivage entre filles soumises et clandestines perd de sa validité tant ces dernières, qu'il convient plutôt d'appeler « insoumises », gagnent ostensiblement du terrain. L'ampleur des interdictions spatiales et horaires prévue par l'ordonnance de septembre 1830 aboutit au développement de la prostitution « sauvage ». Au lieu de la sexualité discrète et assainie que l'on espérait, c'est à un investissement de l'espace nocturne par la circulation provocante de filles soumises en contravention ou de filles insoumises que l'on assiste après 1850, ce qui conforte l'idée selon laquelle le pays s'est abandonné à une autorité non seulement illégitime, mais elle-même dépravée.

L'arrestation, le plus souvent nocturne, devient dès lors une composante de plus en plus fréquente de l'existence des femmes publiques[470]. Selon C.-J. Lecour, 4 353 femmes sont arrêtées pour infraction aux règlements et 1 323 comme insoumises en 1855 ; ces chiffres passent respectivement à 4 131 et 1 650 en 1860, puis à 4 798 et environ 2 000 en 1868[471]. Les heures tardives, qui conduisent les filles isolées à enfreindre les règlements pour continuer à racoler, sont, du reste, clairement désignées comme les plus propices pour surprendre les insoumises en flagrant délit, seul moyen de les contraindre à l'enregistrement[472]. Auparavant, il pouvait arriver que les soldats en patrouille laissent filer les filles arrêtées, contre le dédommagement qu'on imagine, parfois consommé au poste. Pour parer à ce type de connivences entre les personnages nocturnes obligés que sont militaires et prostituées, une circulaire du préfet de police précisait le 10 février 1841 que seize « postes sûrs » seraient désormais affectés au dépôt des filles publiques[473], ce qui signale déjà la chasse aux « nymphes du pavé » comme une activité nocturne inévitable. Ensuite, la stratégie du Service des mœurs s'oriente plus nettement vers la ponction collective permise par les rafles nocturnes, dont l'ampleur et la répétition doivent rasséréner l'opinion, même si elles témoignent surtout, en réalité, de l'impossibilité qu'il y a à débarrasser définitivement les rues de Paris de leurs « marcheuses » les plus entêtées… Si les causes de l'arrestation des prostituées pendant la nuit n'étaient pas très limpides sous les monarchies censitaires (comme le fait entrevoir l'appellation de « rôdeuse de nuit »), la négation de leurs droits individuels[474] et leur soumission à l'arbitraire policier[475] éclatent de manière plus spectaculaire dans les nuits parisiennes du second XIXe siècle. L'itinérance nocturne, conséquence de la condition précaire des prostituées parisiennes, est aussi, et de plus en plus, la principale occasion des vexations policières dont elles sont la cible[476].

La tactique de la capture par razzias nocturnes répond en fait aux mutations de l'exhibition prostitutionnelle, qui s'adapte elle-même, dès les années 1840, à l'attraction croissante exercée sur les clients potentiels par les divers plaisirs des soirées parisiennes. Le Paris de Napoléon III serait-il devenu, sur son versant nocturne, une sorte de monstre dévergondé, par l'audace accrue de celles qui parasitent l'esprit de jouissance à courte vue censé régner sur la capitale ? La conquête des trottoirs et boulevards les plus éclairés par les insoumises, et sa répression irrégulière laissent à penser que le réglementarisme est défaillant ou mensonger, qu'un laxisme de fait, masqué par des démonstrations policières tapageuses mais aveugles, l'emporte sur la vigilance quotidienne[477]. L'insistance de la police des mœurs sur la moralisation de la voie publique paraît ne relever que d'un maintien de l'ordre assez fruste, inspiré par la nécessité de maintenir la fluidité de la circulation[478] – s'il est vrai qu'à la fin de la soirée, vers minuit, les filles tendent à se regrouper et à obstruer le passage pour former de véritables « barricades vivantes »[479]. S'essayant à un bilan vers 1870, Félix Carlier dresse le constat de l'omniprésence d'une prostitution insoumise qui, loin d'être « clandestine », se révèle beaucoup moins discrète qu'en 1830. Ces femmes, sachant qu'elles seront accueillies dans les bals, les cafés ou les restaurants de nuit, ne se contentent plus de passes occasionnelles, ni de la semi-obscurité où se glissaient leurs aînées, mais ont opté pour un racolage professionnel et ostensible[480], difficilement répréhensible dès lors que la rue est à tous… Ainsi, dans les années 1860, celles de l'avènement de la « sexualité » et du brouillage du code romantique, « le mirage d'une sexualité populaire, bestiale et libre, avive la tentation de la fugue sociale ; le pli d'ombre de la prostitution se pare d'attraits nouveaux »[481].

Est-ce là la conséquence d'une dissémination plus générale de la réjouissance nocturne, de l'extraversion croissante des joies collectives ? L'offre prostitutionnelle dépend étroitement des rythmes et des lieux que lui imposent les mutations globales du mode de vie citadin. La confusion d'apparence entre les insoumises et les demimondaines ou les femmes d'une élégance un peu trop voyante confère une certaine brutalité à la « police des mœurs », en particulier entre minuit et une heure du matin, heure-charnière de la sortie des cafés et des salles de spectacle – cette étape de la nuit laissant espérer aux filles affamées que l'euphorie des viveurs tournera à leur profit. En juillet 1868, une note de la Préfecture de police rappelle que, sur les Boulevards, il faudrait que tous les cafés ferment à l'heure réglementaire, « laissant ainsi sans base d'opérations et sans refuge la prostitution clandestine qui prolonge ses courses sur la voie publique jusqu'à une heure avancée de la nuit »[482]. La sexualité tarifée n'est pas à l'écart de la commercialisation de plus en plus explicite des plaisirs, et l'Exposition universelle de 1867 accentue la tendance à l'ostentation de ces prostituées qui se joignent à la prise de possession de la capitale par les masses.

La salissure produite par cette extraversion du soir en vient à éclabousser le régime lui-même, trahissant ses incohérences et ses complaisances : « Sous l'Empire, les Boulevards, les cafés regorgent de filles publiques. Sous l'Empire, toute liberté supprimée, sauf celle de la prostitution », écrit laconiquement au préfet un opposant anonyme, en 1862[483]. Noyée dans un flot de haine visant pêle-mêle les femmes adultères, les enfants errants, les concubins, les ivrognes, les voleurs ou les révolutionnaires, la diatribe de cet autre correspondant anonyme, qui attendait mieux du régime d'ordre promis, vise également l'étalage de la luxure dans le Paris modernisé : « C'est réellement bien effrayant et bien épouvantable de voir ces viles et maudites femmes publiques dès le soir à la fin du jour dans le milieu des rues à raccrocher tout le monde[484]. » Plus lucide, un « Honnête Parisien », comme il s'intitule lui-même en guise de signature, s'interroge en 1862, à travers la question horaire, sur la viabilité de la césure entre soumises et insoumises : « Pourquoi voyons-nous à Paris deux classes de femmes publiques ? L'une, munie de cartes, soumise à une inspection sanitaire et obligée de disparaître du trottoir à l'heure du couvre-feu ; l'autre, exempte de cartes et d'inspection, promenant jusqu'à 1 h du matin non seulement sur les boulevards, mais dans les cafés son dévergondage et ses maladies[485] ? » L'écart entre les règlements et les faits se creuse avec l'Exposition universelle de 1867, apothéose du régime, mais aussi apogée de ses contradictions internes : l'événement aurait attiré à Paris de nombreuses insoumises désireuses de détourner vers elles des allées et venues nocturnes devenues plus nombreuses et qui, selon un habitant de la rue de la Chaussée-des-Martyrs, « ne craignent pas d'accoster le soir dans les rues le passant attardé qui rentre à son domicile, et d'offenser [sa] délicatesse » en l'insultant s'il choisit de décliner l'offre[486].

Au cours de cette période pendant laquelle la mobilité et la visibilité des filles s'accroissent donc, Alain Corbin remarque que la localisation de la prostitution perd de sa précision avec la tombée de la nuit, pour virer à l'éparpillement[487]. Le thème de la déferlante prostitutionnelle déclenchée par la venue de l'obscurité a toutefois son passage obligé : la description du torrent des filles qui descendent chaque soir, à la brune, des quartiers Bréda et Notre-Dame de Lorette (où les loyers modérés avaient attiré les femmes entretenues dès la monarchie de Juillet) vers les Boulevards ou vers les Champs-Élysées[488]. Quand « le faubourg descend », les frissons de la soie et l'odeur entêtante du musc désignent son sillage. Selon Flévy d'Urville, dès que le jour faiblit, « le quartier Bréda se met en révolution, et tous les oiseaux de nuit sortent de leurs repaires pour inonder les lieux publics de la capitale », car « leur journée commence quand celle des autres finit »[489]. Et le Boulevard reste le lieu d'exposition privilégié des séductrices du soir, qui usent de la prodigalité des lumières, puis des messages équivoques de la pénombre. À la fin de la monarchie de Juillet déjà[490], Alexandre Dumas observait les promenades crépusculaires de cette bourgeoisie de la prostitution que représenteraient les « filles du Boulevard » ; l'activité consistait à « faire le vague », mais, en vertu de l'ordonnance de 1830, la fille du Boulevard n'était alors qu'une apparition assez fugace : « Au crépuscule, elle sort, comme ces phalènes qui viennent tournoyer aux lumières. À 11 h 1/2, elle commence à rentrer ; à minuit elle a disparu », note-t-il[491]. Quelques décennies plus tard, la fille publique est devenue une promeneuse moins évanescente. Par la circulaire du 27 septembre 1853, Pietri s'est efforcé, en vain, d'interdire de nouveau la circulation des filles publiques sur la ligne des Boulevards, de la rue Montmartre à la Madeleine[492]. Car la prostituée a désormais un besoin vital des lumières flatteuses de cette grande artère du divertissement où l'activité s'éteint de plus en plus tardivement et où elle s'offre à une clientèle parfois fortunée, ou plus certainement à ces messieurs des classes sociales intermédiaires pour qui la maîtresse entretenue est un luxe inaccessible. Puisque les cafés-concerts y attirent également des flâneurs nombreux, les Champs-Élysées sont, le soir, un autre lieu d'essor de la prostitution insoumise, pendant les années 1860. Assises sur les chaises dans des postures suggestives[493], les filles y compromettent la promenade vespérale des familles, tandis que les contrôles se heurtent à la spécificité du lieu, comme un officier de paix l'explique au préfet le 3 juillet 1868 : « La répression est d'autant plus difficile que cette promenade n'est fréquentée le soir que par des gens appartenant pour la plupart à la classe élevée de la société[494]. » De même que la rénovation haussmannienne a profité aux spéculateurs, de même les agréments nouveaux des soirées parisiennes semblent-ils favoriser l'exhibition du vice dans une capitale adonnée pendant le jour à l'enrichissement, puis à la jouissance.

Le soir, ces inlassables trotteuses que sont les filles publiques semblent à la fois partout et nulle part, car les identifier n'est pas toujours aisé. Elles jouent d'une séduction plus ambiguë que par le passé, comme l'observe Auguste Villemot dans *Paris-Guide* : sous le premier Empire, les « nymphes du Palais-Royal [...] se promenaient le soir dans les galeries en robes de bal décolletées, lamées de galons d'or et d'argent, la tête empanachée et le cou chargé de verroteries qui figuraient des rivières de diamants », alors que désormais, la prostitution « porte chapeaux et marche les yeux baissés sur le boulevard »[495]. Par la comédie de la promenade vespérale et de la libre participation aux divertissements collectifs, mise en scène faisant alterner coquetterie minaudière et provocation ouverte, les filles qui le peuvent s'extraient des rues ténébreuses où elles stationnaient sous les monarchies censitaires (pour les plus talentueuses, une carrière de demi-mondaine peut alors s'ouvrir) : « La fille sort de l'ombre ; [...] elle recherche l'éclairage qui fera ressortir son maquillage[496]. » Elle devient un objet de consommation mis en valeur par les artifices du gaz : le mensonge séducteur s'impose mieux sur fond de nuit[497].

Pendant la soirée, il faut en effet se faire actrice, attirer l'œil, adapter le maquillage à la profusion des lumières artificielles, notamment aux terrasses des cafés. On ne se contente plus de guetter le client, on va à sa rencontre à la lueur du réverbère ou de la vitrine – puisque ce qui est désirable est maintenant éclairé. On l'accoste de plus en plus ouvertement dans les lieux où il a l'habitude de s'amuser, en anticipant ses envies et en faisant mine de l'avoir choisi. De ces nouvelles « sirènes », Alfred Delvau remarque en 1866 que « c'est quand le soleil se couche que leur étoile se lève sur le ciel parisien [...]. Maquillées comme elles le sont, dans le jour elles seraient affreuses comme des momies échappées de leur sépulcre ; mais le soir, avec ces lumières perfides des becs de gaz qui n'éclairent que ce qu'on veut montrer et rien de ce qu'on a intérêt à dissimuler, elles ont des séductions irrésistibles, – surtout pour des gens qui ont bien dîné », notamment les crédules provinciaux venus s'encanailler à Paris[498]. L'institutionnalisation du clandestin est encore consignée par les Goncourt dans leur *Journal* en 1864 : « Il s'est fait un grand changement dans la prostitution. Tout à l'heure, elle était vaguante, ambulante, trottinante, fuyante à l'œil. C'était quelque chose qui vous parlait discrètement, passait, filait dans le lointain. Paris aujourd'hui a une prostitution assise, carrément installée aux cafés des boulevards, en plein gaz, rangée en ligne faisant front aux passants, et tout à la fois insolente avec le public et familière avec les garçons à tablier blanc[499]. » La fréquentation tapageuse des cafés et des bals publics, qu'on a renoncé à purger, s'explique, pour la « nomade tribu des filles nocturnes en quête d'un souper »[500], par la nécessité de « lever » un homme qu'elles accompagneront pendant le reste de la nuit[501], ce qui est moins éprouvant que de continuer à racoler sur la voie publique.

Car lorsque la nuit s'approfondit, que la foule s'est dispersée et que le risque de ne pas manger se précise, la stratégie de séduction se fait plus divagante, plus insinuante ou plus pressante, pour éviter de rentrer bredouille : « à mesure que la nuit s'avançait, [...] elles tournaient à la sale garce, leur chasse devenait plus âpre. Il y avait, au pied des arbres, le long des boulevards assombris qui se vidaient, des marchandages féroces, des gros mots et des coups », commente Zola[502]. Une fois les cafés éteints, sous les arbres des Boulevards, les hommes attardés se sentent frôlés par des femmes devenues moins regardantes sur le choix du client[503], à demi-dénudées, prêtes à se vendre pour moins cher que quelques heures plus tôt. Quand la nuit avance, la parade solitaire des moins chanceuses renoue, contrainte et forcée, avec cette obscurité dans lesquelles les clandestines se faufilaient pendant la première moitié du siècle[504]. Ces femmes ont affaire à des passants pressés qui les dévisagent et peuvent discerner dans leurs physionomies un mélange d'appel et d'anxiété, dessinant un masque séducteur crispé, comme J. de Neuville croit le déceler en 1867 : « Si, du haut d'une fenêtre ou de l'angle d'une rue, vous plongez vos regards sur les trottoirs de la rue Laffitte ou de la rue du Faubourg-Montmartre, vous apercevez quelques fantômes inquiets qui se perdent dans la nuit : ce sont les retardataires. Vous avancez, vous les dépassez : elles sont tremblantes et gracieuses, caressantes et farouches. Leurs yeux fouillent les profondeurs de la nuit, pour distinguer les sergents de ville qui font leur ronde deux à deux, et quand elles voient luire un galon de képi ou une garde d'épée, elles se sauvent effarouchées[505]. » Dans cette nuit plus dramatique, la sentinelle se transforme vite en fugitive.

Quant aux épisodes où, plus occasionnellement, et plus loin des pôles de la nuit élégante, des non-professionnelles cherchent à obtenir le « cinquième quart de la journée » (dans une ville où les revenus des lingères, couturières, domestiques, marchandes, blanchisseuses, etc., sont souvent trop étriqués pour survivre seule), ils demeurent difficilement repérables. On devine cependant que tout au long du siècle, la venue de l'obscurité facilite la transfiguration de l'ouvrière en séductrice plus ou moins hésitante. Les « rôdeuses de nuit » du premier XIXe siècle ne ressemblent-elles pas à ces ouvrières dont Frégier craignait, en 1840, qu'elles ne se « hasardent à parcourir dans l'ombre de la nuit les rues et les boulevards, seules et avec un embarras involontaire, dans l'espoir d'attirer l'attention des passants »[506] ? Cette humiliation obscure de la femme déchue donne lieu à des pages célèbres de *Germinie Lacerteux*[507] et de *L'Assommoir*[508], qui en étendent la portée à une métaphore de la condition humaine, comparée à un voyage aveugle dans une nuit hostile et déserte. Car la vérité de la prostitution tout au long du XIXe siècle, comme celle de la misère en général, n'est-ce pas toujours la nuit, faussement dissoute par les lumières du nouveau Paris, mais qui finit par reprendre ses droits pour révéler l'égarement des plus modestes accompagnatrices de la fête impériale, pas toujours capables de ramasser les miettes du festin ?

Ainsi la moralité de la ville diurne est-elle conditionnée ou subvertie, au siècle dernier, par l'érotisation de la ville nocturne, tolérée dans la mesure où elle reste confinée dans certaines limites horaires et spatiales, comme le commande peut-être une décence bourgeoise, victorienne, si l'on veut[509], prioritairement attachée à la préservation des apparences et de la déférence sociale – celle qui veut qu'à l'aube, l'ange chasse la bête.

Cependant, la nuit vécue par ceux qui en usent pour s'y libérer reste une énigme, puisque nous restons prisonniers, en voulant accéder à elle, de l'enregistrement policier ou de la vision de l'observateur bien-pensant. Il est difficile d'interpréter ces quelques gestes impudiques, ces corps-à-corps rapides qui sortent du huis clos habituel des désirs et font de la rue obscure une inconfortable alcôve. Tout ne se résume pas, en effet, au commerce des corps, même si la prostitution, toujours partagée entre le public et le privé, tient évidemment le devant de la scène nocturne. Plus généralement, en un siècle qui enferme les femmes dans leur rôle domestique, leur présence dans la nuit publique est envisagée en haut lieu avec autant de réticence que leur participation politique. Mais que pensent les hommes du peuple de la circulation tardive des « rôdeuses » qui, accompagnant leurs nuits, sont souvent aussi leurs concubines épisodiques ? Le critère de l'appartenance au continent populaire, dont les membres sont accoutumés à survivre dans la rue obscure, ne l'emporte-t-il pas, au fond, sur celui de l'appartenance à un sexe, pour rendre compte des itinéraires nocturnes des uns et des autres ?

Nuit et érotisme semblent au premier abord être faits pour s'accorder. Mais la rue exagère les tensions, et les sources retiennent surtout les rapports de force et les problèmes policiers. Le souci de la morale publique, celui de l'ordre public et celui de la santé publique se soutiennent et se contredisent tour à tour pour définir les limites à ne pas dépasser. Et puisqu'on ne peut guère atteindre l'histoire des intimités dévoilées dans les rues nocturnes, passé le seuil de la nuit profonde, la fille « publique » reste seule sur la scène parisienne, affrontée aux périls de la vie du dehors. Elle passerait, entre la Restauration et le Second Empire, de l'ombre à la lumière. Mais cela signifie-t-il pour autant que l'opprobre jeté sur son activité s'affaiblit ? L'intégration de la fille vénale aux divertissements publics de la soirée (explicite au Palais-Royal, plus ambiguë sur le Boulevard), si elle répond à de nouveaux besoins, masque sans doute dans le même temps, par sa forte attraction visuelle, la persistance et la dispersion dans la ville d'expédients sexuels plus sordides, nés de la simple promiscuité miséreuse entre les hommes et les femmes.

La violence qui éclate régulièrement autour des prostituées, mais aussi le nomadisme de leur existence, dont la parade des terrasses ou des galeries illuminées n'est que l'ornement éphémère, les désignent en dernière analyse comme parties prenantes d'une population flottante qui subsiste grâce à la nuit. Ils les ramènent toujours au rôle de femmes de l'ombre, comme il est aussi des hommes de l'ombre, dont elles sont les sœurs. Dans le Paris du XIXe siècle, la fille publique, moins pourchassée que le révolutionnaire, paraît toujours devoir évoluer entre le centre festif, où elle trouve ses clients, et la périphérie ombreuse, où plongent ses racines sociales.

*

* *

Au terme de cette longue immersion dans la nuit furtive, clandestine, immorale ou illicite de la grande ville, la synthèse est malaisée. L'évidence du grouillement de la vie populaire nocturne, deviné à travers les contrôles non systématiques qui l'émaillent, s'estompe dans la deuxième moitié du siècle, faute d'archives exploitables. Après 1850 se dessine dans la capitale l'image d'un théâtre nocturne où la présence des misérables n'est plus aussi perceptible, mais où s'affiche une liberté de mœurs que les pouvoirs publics ne songent pas réellement à éradiquer, la tenant peut-être pour moins menaçante que la pression exercée sur le Paris repu par la stagnation, dans les rues obscures, des légions de « mauvais pauvres » que le premier XIXe siècle y avait entassés. Pourtant, la figure fallacieusement élégante de la fille publique qui, seule, s'expose le soir sur le Boulevard, ne doit pas occulter la cohésion profonde d'un peuple nocturne original, formé d'hommes, de femmes, et même d'enfants, décidés à se « débrouiller » quoi qu'il arrive et réunis, aux franges d'un monde plus noir encore, par l'habitude de jouer de la mobilité et des occasions de l'ombre pour résister. Maîtres du Paris nocturne mais aussi victimes de son âpreté, se heurtant souvent entre eux, ils se font sporadiquement voir et entendre de ceux qui voudraient les oublier, et ne sont inquiétés, jusqu'en 1848, que dans la mesure où ils semblent ourdir une possible revanche sociale. Leur trace se perd ensuite dans le Paris haussmannien : peut-être pourrons-nous les retrouver au travers de leur connivence avec des délinquants plus audacieux.

Le vaste assainissement de la ville entrepris sous la monarchie de Juillet gagne peu à peu ses nuits, et se prolonge en fait sous la Troisième République : il s'agit d'assigner à chacun une place fixe – l'homme à l'usine, la femme au foyer, l'enfant à l'école, le criminel en prison, ce qui ne laisse plus de place aux derniers représentants de la confusion sociale du premier XIXe siècle. La conscience des périls que fait peser la chronicité des déviances nocturnes sur l'ensemble de la société parisienne s'avive en effet après 1870, la Commune ayant montré, croit-on, que le peuple livré à lui-même finissait fatalement par faire luire les flammes de l'Enfer dans le noir. Ainsi le seuil de tolérance s'abaisse-t-il face à la tendance à l'abus alcoolique devenu un fléau social autour duquel s'agglomèrent tous les autres. C'est cette croyance en la corrélation généralisée des tares sociales que sanctionne, malgré le caractère aléatoire de son application, la loi de janvier 1873 contre l'ivresse publique. Quant à l'intolérance envers ceux qui n'ont rien et ne vont apparemment nulle part, elle s'accuse avec la hantise de la dégénérescence, laquelle contribue à hâter l'exclusion des rebelles à la normalité diurne par la multiplication des interdits et la fixation des normes. La loi de 1885 sur la relégation des petits voleurs et des errants multirécidivistes[510] vise donc à transformer les « sauvages » en travailleurs. Des années 1880 à la Belle Époque, le développement de la législation sociale succède à la normalisation haussmannienne[511] pour définir des critères précis de marginalité, alors qu'au cours du premier XIXe siècle la loi tout comme la providence publique ne faisaient que de fugitives percées dans les nuits populaires[512]. On passe dès lors du « vagabond » au « clochard », être inoffensif qui représenterait le dernier vestige d'un univers de déviances populaires majoritairement domestiquées[513].

En somme, ce qui se passe la nuit dans le Paris du siècle dernier fait affleurer les figures profondes de l'imaginaire social, dévoile ce qui reste habituellement à l'état sous-jacent. En ce sens, la représentation dominante du peuple nocturne pourrait n'être qu'une version outrée des travers que l'on attribue au peuple parisien en général. Terre de la misère, donc du vice, donc du crime, la nuit parisienne du XIXe siècle exige donc qu'on s'y enfonce un peu plus encore, vers ces « bas-fonds » réels et fantasmés dont l'exploration en dit autant sur leurs explorateurs que sur la configuration sociale réelle des milieux observés.

6.
Bas-fonds

Pendant les deux premiers tiers du XIXe siècle au moins, une bonne partie de l'opinion parisienne confond temporalité nocturne et espace criminel. Les heures noires sont, pour beaucoup, le moment d'émergence de bas-fonds dont vagabonds et prostituées ne seraient que les habitués les plus visibles, donc les plus inoffensifs. L'existence muette de ces ténèbres sociales inquiète plus particulièrement au cours de la deuxième moitié de la monarchie de Juillet, période où l'on découvre, derrière le Peuple, et comme dans une arrière-grotte obscure, le spectre de la « populace ». Nuit, orgie et sang, inséparables, servent alors d'image-repoussoir à une société dont Louis Chevalier a, le premier, perçu les tourments profonds, l'obsession de la noirceur. C'est le temps, comme le note également Claude Duchet, où « des mues agitent les profondeurs du social, irréductibles aux langages politiques. Le centre de gravité de l'espace vécu s'est déplacé vers la ville [...], vers le peuple du Peuple, l'exclu [...], vers ces bas-fonds où se confondent le hors-la-loi et le prolétaire, vers l'en-dessous »[1]. La présence réelle ou supposée de cet en-dessous, faisant de Paris la capitale des mystères sociaux comme des passions inavouables, entretient les Parisiens des classes alphabétisées dans l'impression que leur ville est devenue autre, que ses nuits leur livrent les symptômes les plus insistants (mais aussi les moins intelligibles) de la maladie morale qui rongerait la civilisation. Tenter une exploration de cette infra-société nocturne oblige donc, comme précédemment, à entrelacer patiemment examen des réalités sociales et de leurs représentations, des logiques de comportement comme des logiques rhétoriques. La chronique criminelle du Paris nocturne au siècle dernier n'a pas d'intérêt en soi, sinon anecdotique, et doit autant que possible être traitée comme un reflet croisé des banalités et des marginalités sociales de l'époque.

Comment définir cette pression de l'ombre criminelle dont nos sources, de quelque nature qu'elles soient, enregistrent la hantise pendant la majeure partie de la période ? L'interrogation porte essentiellement sur le nouveau fléau social créé par le dispositif pénal du XIXe siècle, c'est-à-dire les récidivistes, ceux que déjà l'on imagine comme des professionnels de la malveillance. Les hôtes des bas-fonds criminels semblent avoir retourné l'humiliation sociale dont les pauvres sont habituellement victimes en agression silencieuse contre la civilisation qui les bannit. Ils se signalent par une attitude qui a cessé d'être passive pour s'orienter vers la formation d'une contre-société, dont les heures nocturnes seraient le royaume. De pauvres, ils sont devenus « misérables », dit-on. S'obscurcissant davantage sous Louis-Philippe, les représentations usuelles du monde criminel parisien du premier XIXe siècle ne sont pourtant pas sans traits communs avec celles des « bas-fonds » décrits par Arlette Farge à travers le regard de l'inspecteur Poussot, chargé d'arrêter les suspects du quartier des Halles entre 1738 et 1754, et parcourant « Paris nocturne enserrant dans ses innombrables repaires de l'ombre la *canaille* qui fait si peur et fascine en même temps : celle qui semble toujours ajouter la débauche à ses mauvaises actions, celle qu'on peut vraiment nommer criminelle et qui connaît les mille et un abris de la capitale »[2]. Plus qu'à des délinquants occasionnels et poussés par la nécessité, les responsables considèrent de même, au siècle suivant, qu'ils ont affaire, la nuit, à des individus englués dans le crime comme dans une seconde nature – ce qui peut renvoyer, tout aussi bien, à l'omniprésence de cet illégalisme populaire dans lequel il faut bien isoler, pour mieux le stigmatiser, un noyau de « sauvages » imperméables aux principes nouveaux de l'autocontrôle et du conditionnement social.

Pour nous guider dans cette ultime investigation, la bibliographie est à la fois abondante et inadaptée. Sur la voie de l'histoire des conduites criminelles et des peurs collectives qu'elles engendrent comme possibles miroirs de la société, les contemporanéistes se sont en effet montrés plus circonspects que les spécialistes d'histoire médiévale ou moderne[3] – ou plutôt, soucieux, peut-être, de ne pas salir le « prolétariat » en sondant la « populace », ils ont dirigé prioritairement leur attention vers les inquiétudes nées des grandes crises insurrectionnelles. La curiosité pour le système pénal suscitée par

Michel Foucault n'a guère été complétée par une investigation qui serait remontée vers l'amont[4], vers la définition des « classes dangereuses » urbaines, ce qui laisse sans grande postérité l'enquête de Louis Chevalier[5]. Confrontés, pour leur part, à l'audace des bandes de brigands, les historiens des communautés rurales ont souvent intégré ces exactions à une réflexion sur la constitution des identités locales – le monde de la lisière, du maquis, faisant contrepoint au village resserré autour du clocher[6]. Ils n'ont guère été suivis sur cette piste par les spécialistes des sociétés urbaines du siècle industriel. Pourtant, la juxtaposition, dans les grandes villes, de la misère la plus noire et de l'opulence la plus criante déplace, au XIXe siècle, les tentations et les anxiétés vers une capitale qui fonctionne, la nuit, comme une immense forêt propice à l'embuscade.

Depuis longtemps déjà, des historien(ne)s comme Michelle Perrot[7] ont mis en garde, toutefois, contre l'illusion d'une approche strictement positiviste des statistiques criminelles, dont la publication du *Compte général de l'administration de la justice criminelle en France* inaugure le règne en 1826. La vigilance doit plutôt s'attacher aux inflexions du discours tenu sur le crime[8] et au traitement pénal dont il fait l'objet – tant le décalage est béant entre criminalité *réelle* (celle que recouvre le fameux « chiffre noir »), criminalité *apparente* (enregistrée par la police) et criminalité *légale* (punie par la justice)[9]. Ainsi, l'impression d'une poussée délinquante dans le Paris du XIXe siècle doit-elle être rapportée aux rigueurs variables du contrôle social et policier. Le sentiment d'insécurité nocturne, qui soude la communauté des « honnêtes gens » contre les autres, doit retenir davantage que les données « objectives » de la délinquance nocturne, dont la quête est vaine.

D'ailleurs, c'est de l'envahissement de la fiction par le « thème criminel »[10] qu'est parti Louis Chevalier, il y a quarante ans, pour le confronter ensuite aux conclusions statistiques, aux « faits biologiques » pouvant éclairer la nature et l'étendue de la maladie urbaine. « C'est la documentation qualitative, avance-t-il, et d'abord la documentation littéraire, qui enregistre le plus tôt et le plus facilement [...] une angoisse collective qui concerne bien moins le crime que l'évolution générale de la société et qui confère à tant d'ouvrages une teinte uniformément sombre qu'aucune influence romantique ne suffit à expliquer[11]. » Sous la monarchie de Juillet, régime qui peine à assumer ses origines populaires, le décryptage statistique des mœurs des « classes dangereuses »[12] agirait comme un « multiplicateur d'opinion »[13]. Le Paris des mystères nocturnes n'est autre, en effet, que celui que l'explosion démographique et les troubles séditieux des années 1830[14] rendent impénétrable. Sous la Restauration, le choix du bien ou du mal relevait davantage, apparemment, de l'anomie individuelle que de l'appartenance sociale. Le régime de Louis-Philippe, aux prises avec les ambiguïtés de la souveraineté populaire, se trouve affronté, selon Louis Chevalier, à une criminalité devenue sociale, impersonnelle (donc plus « nocturne » ?), qui « pénètre la ville comme une brume malsaine »[15].

Les Mystères de Paris puis *Les Misérables*, longues plongées dans l'obscurité, marqueraient à cet égard un tournant : dans ces romans, « Comment distinguer les différentes catégories populaires, les honnêtes ouvriers et les autres, dans la masse obscure qui se bat et agonise […], dans "ces lueurs qui passent", dans ces aurores endeuillées d'ombre, ou dans ces crépuscules ? Nous ne trouvons jamais chez Balzac de telles hordes confuses », écrit Louis Chevalier[16]. L'envahissement de ces deux romans de la misère[17] par le noir pourrait figurer l'inintelligibilité qu'une partie de la société parisienne oppose à l'autre. De la nuit lugubre initiale, sur l'île de la Cité, à l'aube carnavalesque de l'exécution capitale, qui clôt le roman à la barrière Saint-Jacques, *Les Mystères de Paris* laissent à penser que la ville dans son ensemble est dominée par l'antithèse du Bien et du Mal, l'enchaînement des crimes et des peines. Les abonnés, plutôt bourgeois, du *Journal des débats*, découvrent donc de juin 1842 à octobre 1843 la sauvagerie des nuits parisiennes grâce à un Eugène Sue qui, sous la pression de ses lecteurs les plus humbles, aurait peu à peu fait du livre des « classes dangereuses » celui des « classes laborieuses »[18]. Selon Jean-Louis Bory (inspiré par Louis Chevalier), « *Les Mystères de Paris* assurent le passage entre le criminel balzacien individuel […] et le criminel hugolien, obscure parcelle d'une foule obscure. La Chouette fait la liaison entre Vautrin et Thénardier. Elle a besoin de la nuit, c'est-à-dire d'une foule où se perdre, c'est-à-dire de Paris »[19]. Souvent familiers de la *Gazette des tribunaux*, les lecteurs de Sue sont enclins à confondre le Paris où ils vivent avec celui dont le feuilleton leur montre les noirceurs comme authentiques[20]. D'ailleurs, la forme feuilletonesque juxtapose chaque jour, sur une même page de journal, les faits divers criminels émaillant les nuits parisiennes des années 1840 et le rez-de-chaussée qui les romance[21]. Entretenant des hantises répandues dans la ville depuis la fin de la Restauration, et réactivées par la prise de conscience de la question sociale après 1830, la nuit des *Mystères de Paris* est avant tout une nuit mélodramatique, de mauvais augure, gouvernée sans beaucoup de nuance par les forces hostiles, le sifflement du vent, l'insinuation de la pluie, le froid mortifère. Par contraste, elle valorise la pureté de Fleur-de-Marie ou la bravoure de Rodolphe. Elle est, sans partage, l'espace des mauvaises actions, ce qui ne veut pas forcément dire que le crime a contaminé l'ensemble de la ville, mais qu'il l'habite souterrainement, derrière une sorte de cloison perméable, qu'il la mine comme un mal insidieux, où gît le « mystère ».

Reste que pendant ces années confuses, la « mise en roman » du peuple de Paris paraît devoir passer par l'histoire mêlée de ses souffrances et de ses crimes, histoire dans laquelle la vie nocturne concrétise une mise à l'écart et accélère la dégradation morale qui s'ensuit. Ceux qui l'ont considéré désignent le cas du « Paris-taupe » des *Misérables* comme plus complexe, la nuit hugolienne et ses hôtes relevant de la métaphore plus que du réalisme. En effet, les commentateurs les plus minutieux du roman ont montré que c'est le couple charité-pénalité qui en faisait le principe organisateur : achevée dès 1848, la première version des *Misérables* fait directement écho au *Dernier Jour d'un condamné*[22]. Le projet de Hugo, exposé dans l'une des préfaces du livre, pourrait tenir dans ces quelques lignes : « Montrer l'ascension d'une âme et, à cette occasion peindre, dans leur réalité tragique, les bas-fonds d'où elle sort, afin que les sociétés humaines se rendent compte de l'enfer qu'elles ont à leur base et qu'elles songent enfin à faire lever une aube dans ces ténèbres[23]. » Les « misérables », impossibles à caractériser socialement hors de la charité qui les élève ou de la pénalité qui les écrase, figurent une masse populaire relevant du fait divers parce qu'on lui refuse l'entrée dans l'Histoire, indécision symbolisée, comme le suggère Guy Rosa, par les frontières que dessinent le bagne, la barrière et la barricade[24]. Pour Alain Pessin, le « mouvement du peuple » n'y est encore qu'une « oscillation fragile »[25] entre le Bien et le Mal ; c'est pourquoi le romancier le montre enfant et orphelin, proche du gouffre, silencieux et errant dans la nuit[26]. Il conteste ainsi la thèse de Louis Chevalier selon laquelle le peuple criminel aurait envahi la ville : plus subtilement, *Les Misérables* mettent au jour le rapport fatal et complice liant la criminalité et un système pénal injuste[27], qui lamine le peuple sous la loi après qu'il a été perverti par la misère. Dès lors, l'image forte du roman serait celle de la chaîne des bagnards ou de la barricade, plutôt que celle d'un Paris subverti par les hors-la-loi :

souterraine, la présence des criminels obéit au régime de la séparation et, loin de conspirer contre la société, le crime, « puissance sans projet », exerce une « poussée atroce précisément parce que dérisoire et désespérée »[28], nocturne parce que absurde et grimaçante.

Dans une mise au point récente, Guy Rosa confrontait encore son point de vue à celui de Louis Chevalier[29] et montrait que l'ombre sociale des *Misérables* est d'une nature particulière, le romancier y plongeant pour annoncer la victoire finale de l'âme sur la matière. Si le crime est aussi présent dans ce livre « religieux », c'est que les misérables « ne sont visibles qu'une fois devenus criminels »[30], et non pas qu'ils sont tous criminels. De même la sauvagerie nocturne des barrières ne révèle-t-elle pas l'envahissement de la capitale par le crime, mais représente-t-elle le « non-lieu de la misère »[31] : « Si Hugo met le crime au bord de Paris, à la marge de la société, ce n'est sans doute pas pour dire qu'il est partout en elle et dans la ville, mais parce que le crime [...] est le point de contact de la misère et de la société et que la société [...] ne peut connaître de la misère que sa jointure avec elle-même, qui est la pénalité[32]. » On nous permettra de considérer surtout, par-delà les intentions des auteurs, les modalités d'un « détournement » des deux romans par les Parisiens ordinaires du second XIXe siècle et l'étonnant réinvestissement de la fiction dans l'expérience vécue. Car les peurs nocturnes des contemporains déclenchent souvent le réflexe de la référence au Paris de Sue ou de Hugo. Et la publication des *Mystères de Paris* comme la genèse des *Misérables* coïncident indéniablement avec des moments de modification de la sensibilité collective : à Paris s'aiguise alors la conscience d'une présence populaire occulte et porteuse de dangers, que la nuit fait percevoir tout à la fois comme lointaine et comme proche. Y insister ne consiste pas à réduire ces romans clés au statut de « documents » pour l'historien en mal d'archives policières sûres, mais simplement à tenir compte de leur rôle dans la diffusion d'un nouvel imaginaire des nuits parisiennes au XIXe siècle.

En tous les cas, la nuit criminelle des *Misérables* semble conforter les modèles explicatifs proposés en 1975 par Michel Foucault dans *Surveiller et Punir*[33]. Clé de voûte du sytème pénal institué en 1791[34], la prison du XIXe siècle (comme le bagne, qui survit aux Lumières)[35] a ceci de particulier que, contrairement aux principes initiaux, elle fabrique et « professionnalise » des criminels dont elle empêche la réintégration sociale. Au supplice des corps ont certes succédé, en théorie, l'enfermement des coupables et l'idéal panoptique, parfaite antithèse de l'opacité des repaires douteux du Paris nocturne, mais cette opacité persiste pourtant dans les prisons grouillantes du premier XIXe siècle, véritables écoles du crime. Si le spectacle punitif perd de sa franchise et de sa vocation à l'exemplarité, c'est pour céder la place, il est vrai, à une discipline visant le peuple dans son ensemble et dans le détail de ses activités. En même temps, la prison isole et constitue en groupe clos un monde criminel qui est progressivement coupé des classes populaires dont il émane. Dans l'échec de la prison, c'est-à-dire la récidive, réside aussi selon Michel Foucault sa réussite, puisqu'elle rend connaissable une délinquance devenue pathologie marginale, séparée de la multitude des illégalismes populaires occasionnels[36].

De cette visée pourrait procéder la sacralisation de la propriété privée et de la sécurité individuelle (fragilisées avec l'ensauvagement nocturne) par le Code pénal. Devant les cours d'assises créées en 1810, le Code pénal prévoit l'application de peines sévères contre les vols qualifiés, ceux qui sont accompagnés d'une circonstance aggravante. Selon l'article 381, seront punis des travaux forcés à perpétuité les coupables de vols commis avec la réunion des cinq circonstances suivantes : de nuit ; par deux personnes ou plus ; avec des armes apparentes ou cachées ; avec effraction, escalade ou fausses clefs ; avec violence. Et l'on affirme généralement que la circonstance de nuit est à prendre en compte lorsqu'il fait réellement sombre, puisque la vulnérabilité des victimes est alors accrue. « Si la loi considère d'une manière *absolue* la circonstance de nuit comme étant aggravante, précise le Président des assises de la Seine en avril 1826, le jury, résistant à l'application de la loi, ne résoud jamais affirmativement la question qui lui est posée que lorsque *la nuit* a favorisé l'auteur du vol dans l'action ; [...] il décide négativement cette question lorsque la circonstance de la nuit est *indifférente dans la formation du crime*[37]. » Dès lors, la proportion de vols nocturnes jugés aux assises de la Seine n'est pas réellement fiable, les jurés ayant, en outre, tendance à écarter volontairement cette circonstance aggravante lorsqu'ils souhaitent adoucir, au profit de délinquants occasionnels, la sévérité du Code pénal en matière de vols. Tout n'est pas pour autant affaire d'indulgence : d'une manière générale, nombre de spécialistes ont décrit l'ambiguïté du mouvement de correctionnalisation des peines qui affecte la justice française au XIXe siècle ; l'oubli des circonstances aggravantes permet, par exemple, de faire du vol qualifié un vol simple et d'éviter le risque d'acquittement par le jury, pour confier le jugement aux professionnels du tribunal correctionnel (qui infligeront des peines moins lourdes, mais plus sûres)[38]. La nuit se prête aussi à l'agression physique et à l'assassinat, c'est-à-dire au meurtre commis avec guet-apens[39] : rares, ces crimes hantent pourtant l'imaginaire social. Or, si le meurtre seul vaut déjà les travaux forcés à perpétuité à son auteur, il appelle la peine de mort s'il accompagne un autre crime ou s'il facilite un délit[40]. Et dès lors que les corps sont menacés pendant la nuit, la magnanimité des jurys ne s'exerce plus guère. Autant dire que dans l'arsenal des peines, la criminalité des rues nocturnes, plus souvent brutale que le jour, expose aux punitions suprêmes. Les « escarpes » des nuits de la monarchie de Juillet seront des « trompe-la-mort » autant que des donneurs de mort. Plutôt que de les ramener à la lumière, la peine capitale les renverra définitivement du côté des ténèbres.

Pour saisir l'horreur nouvelle qu'inspirent les bas-fonds nocturnes aux Parisiens honorables du deuxième tiers du XIXe siècle, il faut également savoir comment progresse alors la connaissance du monde criminel, et inscrire la criminalité de nuit dans le processus de recul de la violence contre les personnes en ville, où s'accroîtraient en revanche, au cours du siècle, les crimes contre les propriétés. L'essor des échanges urbains et celui de la civilisation marchande stimuleraient l'essor de la criminalité rusée ou astucieuse (comme l'escroquerie ou l'abus de confiance), marginalisant l'agression contre les corps. Dans ces domaines, la criminologie balbutiante, celle de Guerry et de Quetelet, n'a pas distingué délinquance diurne et délinquance nocturne, ni crimes privés et publics, mais a mis en évidence une sorte de loi thermique[41] selon laquelle les crimes contre les personnes dominent dans les régions méridionales et pendant la saison chaude (notamment à cause des viols et attentats à la pudeur), tandis que les crimes contre les propriétés l'emportent au nord et pendant la saison froide. C'est à la fin de la Restauration, en effet, que se manifeste la volonté d'instituer le crime en baromètre moral de la société, et de lui appliquer les mêmes méthodes statistiques qu'aux sciences physiques ou naturelles : il ne s'agit pas de disserter, mais de compter en vue d'agir. À partir de 1826 paraît annuellement le *Compte général de l'administration de la justice criminelle en France* ; voué à la prévision, à l'utilité sociale, il attire aussi l'attention sur la vulnérabilité particulière du département de la Seine, alarme l'opinion sur la question du récidivisme, et fait du crime l'objet d'un nouveau discours public[42] – laissant toutefois à la presse et au roman le soin de le nimber de mystère en dévoilant complaisamment les détails de sa hideuse face nocturne.

Le *Compte général* n'est exploitable par nous que dans la mesure où la circonstance de nuit et de voie publique est précisée, ce qui n'est pas fréquemment le cas à l'époque que nous parcourons. Les sources judiciaires disponibles pour apprécier le traitement de la criminalité nocturne à Paris de la Restauration au Second Empire sont d'ailleurs lacunaires[43]. La série *D^2U8* des Archives de la Seine ne conserve les dossiers d'instruction des assises qu'à partir de 1863. La série *BB^{20}* des Archives nationales rassemble les comptes rendus d'assises rédigés chaque trimestre par leurs présidents, et offre une vue synthétique des affaires jugées – malgré l'absence de nombreuses années[44]. Même si la présentation formelle de ces documents récapitulatifs gagne globalement en clarté avec le temps, les comptes rendus que nous avons exploités ne sont pas standardisés. En fait, leur degré de précision et de fiabilité change tous les trimestres, avec le rédacteur : on trouve tantôt des tableaux impersonnels et peu informatifs, tantôt de petits textes narratifs exposant scrupuleusement les antécédents des accusés, les circonstances du crime, et commentant l'attitude du jury. Reste que considérée dans son ensemble, cette source compense utilement la sécheresse du *Compte général* quant aux heures et aux lieux des crimes commis dans la capitale.

En outre, la discontinuité des archives policières et judiciaires est partiellement comblée par la *Gazette des tribunaux*, dont la parution, à partir de novembre 1825 coïncide avec l'essor de la statistique morale et sociale, mais aussi avec une période d'approfondissement des angoisses nocturnes des Parisiens. L'immense autorité de ce titre dépasse le cercle des professionnels auquel il était initialement destiné. On sait quelle inspiration y trouvèrent les romanciers et chroniqueurs du temps, et le nombre modeste de ses abonnés ne présage pas du nombre réel de ses lecteurs[45]. Nous avons donc placé la *Gazette des tribunaux* au cœur de notre enquête, d'autant que les autres journaux, dont la chronique criminelle s'enrichit progressivement sous la monarchie de Juillet, la citent comme une référence sûre, lorsqu'ils ne la recopient pas mot pour mot. Sa chronique quotidienne permet d'appréhender la formation des rumeurs, consignant des délits nocturnes que les sources judiciaires ne livrent, par définition, que s'ils ont été punis et élucidés. La *Gazette des tribunaux* restitue la théâtralité des grands procès des bandes criminelles de la monarchie de Juillet, seule occasion où se font entendre, alternant avec les tirades apocalyptiques des hommes de loi, les voix dissonantes des criminels de l'ombre. Elle y associe l'écume quotidienne des incidents du Paris obscur, énumérés en vrac. Cela nous a conduite à observer le sort de l'attaque nocturne, crime à la brutalité et à la représentation très codifiées (il figure, par périodes, dans l'index du journal), de la Restauration jusqu'à la Belle Époque, où les apaches s'en font une spécialité.

Le ton sobre et relativement mesuré de la *Gazette des tribunaux*, qui fait d'elle une sorte de bulletin officiel du crime nocturne, ressortit à la préhistoire du « fait divers »[46] (l'expression aurait été lancée par *Le Petit Journal* en 1863)[47]. Sans surenchère, sans effets sensationnels, elle installe l'idée, parmi la classe censitaire, que l'activité judiciaire n'assainit qu'imparfaitement une société du « dessous » dont l'impunité partielle, menaçant à la fois les biens et les personnes, s'étale quotidiennement dans la chronique des événements de la grande ville. Par ce biais, le crime nocturne entre donc, à la fin du règne des Bourbons, dans la culture citadine comme un indicateur quotidien de la santé morale de la grande ville. S'agissant de l'imaginaire du crime, les travaux de Dominique Kalifa, portant sur une « Belle Époque » qui n'est pas vécue comme telle par ses contemporains, sont un apport précieux, mettant au jour les modalités de production et de consommation de récits criminels qui ont intégré, en ville, la « culture du quotidien ». Il rappelle que les premières atteintes de la fièvre se firent sentir sous les monarchies censitaires, temps de la banalisation de l'esthétique romantique de la noirceur[48]. Si l'alphabétisation de masse et la « civilisation du journal » ne concernent pas massivement le Paris du premier XIXe siècle, la litanie de ses malheurs nocturnes n'en est pas moins connue des habitants modestes, grâce à la transmission orale. « Honnêtes gens », « laborieux » et « dangereux » baignent alors dans cette rumeur criminelle dont les voies de propagation sont partiellement insaisissables. Pour le tournant du siècle, la thèse de Dominique Kalifa est que la prolifération soudaine de l'imaginaire du crime consacrerait et compenserait le processus de bannissement de la violence physique dans la vie réelle. Ce recul s'accompagnerait d'une fascination accrue envers les formes résiduelles des atteintes au corps et à l'intimité[49], interprétation qui n'est sans doute pas transposable sans précautions au premier XIXe siècle, car cela engage un rapport à la violence dont l'histoire, peu linéaire, est nécessairement hésitante[50].

On peut parler, toutefois, de faits divers criminels avant l'heure, dans la mesure où les incidents nocturnes de la vie de la capitale s'inscrivent, à partir des années 1825-1827, dans une trame narrative dominée par la réitération, et productrice d'un fort sentiment d'insécurité. Dès 1975, Michel Foucault incluait l'essor du fait divers dans l'entreprise coercitive ou feutrée visant, au XIXe siècle, à compenser l'« adoucissement » des peines par la marginalisation des déviants : « Le fait divers criminel, par sa redondance quotidienne, rend acceptable l'ensemble des contrôles judiciaires et policiers qui quadrillent la société ; il raconte au jour le jour une sorte de bataille intérieure contre l'ennemi sans visage ; dans cette guerre, il constitue le bulletin quotidien d'alarme ou de victoire[51]. » Le phénomène coexiste avec la tradition de la description pittoresque du monde criminel, notamment dans les « canards » (feuilles volantes nourrissant l'imagerie populaire, et participant encore à la dissémination de la renommée des grandes bandes criminelles de la monarchie de Juillet), ou dans les mémoires des responsables de la police parisienne que furent Vidocq (dont les *Mémoires* paraissent en 1828), Gisquet, Canler puis M. Claude. Mais s'agit-il, aux yeux du peuple, d'un pittoresque de la proximité, ou d'un pittoresque infléchi vers l'intolérable ou l'horrible ? L'essentiel est de se rappeler, ainsi qu'y invite Dominique Kalifa, que le fait divers criminel n'est pas un « invariant culturel », mais « s'articule aux imaginaires sociaux dans une historicité mouvante »[52], contribuant au renouvellement des représentations de la marge sociale.

Si l'on veut résumer à gros traits, le crime serait objet de description pittoresque et individuelle dans le premier tiers du siècle, d'angoisse sociale et de curiosité statistique dans le deuxième tiers, de refoulement pénal sous le Second Empire, et de qualification scientifique dans le dernier quart du siècle (ce qui ramène à l'individu délinquant)[53]. Au gré de cette évolution, l'appartenance du criminel à un « autre monde », qui serait pourtant un monde limitrophe, devait trouver dans le fond nocturne une évidente facilité de représentation. Si le récit de crime se dramatise avec la rue et se théâtralise avec la nuit, c'est qu'il présente à la société parisienne du temps l'exacte image renversée de son aspiration au bien-être privé et à la paix publique. Et plutôt qu'un inventaire cloisonné des sources, passablement dispersées, il semble opportun de proposer un croisement de leurs apports respectifs : la réalité du crime nocturne ne gît pas exclusivement dans les archives judiciaires, ni les fantasmes qu'il déclenche dans les sources littéraires. S'impose plutôt, par une sorte d'infiltration générale, une atmosphère sombre qui incline à traiter l'ensemble de la documentation, ainsi que l'a fait Dominique Kalifa, comme « un vaste intertexte anonyme et collectif, à la fois source et produit de l'imaginaire social »[54].

Pour ce faire, la nuit parisienne du XIXe siècle sera d'abord envisagée comme le temps des plus grands périls pour les biens et pour les corps, ce qui permettra d'évoquer la genèse, des années 1820 aux années 1840, d'un discours sur l'insécurité des « heures noires ». Puisque la curiosité anxieuse des hommes de ce temps va du crime au criminel, la délimitation progressive d'un « monde obscur », le mythe, très prégnant sous la monarchie de Juillet, d'une conspiration criminelle prenant chaque nuit la ville à revers seront ensuite examinés. Le remodelage partiel de ce paysage social et de cet imaginaire ténébreux après 1848 mérite également réflexion, afin de mettre à l'épreuve le préjugé d'une marche inéluctable vers la lumière. Enfin, la représentation des bas-fonds criminels dépendant aussi des punitions publiques qui les frappent, l'évolution vers des châtiments de plus en plus « obscurs » (pour paraphraser Jacques-Guy Petit) doit compléter la description des relations inextricables entre ordre et désordre, entre criminalité et pénalité, qui se nouent dans les rues nocturnes du Paris d'alors.

LES PÉRILS DES NUITS PARISIENNES (PREMIER XIXe SIÈCLE)

En 1823, *Le Petit Diable boiteux, ou le Guide anecdotique des étrangers à Paris* convainc ses lecteurs que lorsqu'« une nuit sombre enveloppe tout Paris dans ses voiles épais », le criminel « allume sa lanterne sourde », qui lui permet de voir sans être vu ; bientôt, il « s'embusque, tend des cordes invisibles, et vous tombez exposé à ses coups de poignard ! »[55] Dans la ville-labyrinthe, la foule diurne est importune, mais la solitude nocturne est périlleuse : telle est l'impression qui domine parmi les Parisiens sous les monarchies censitaires, temps de transition entre la tradition du couvre-feu et la nuit « désenchantée » du second XIXe siècle. Car l'obscurité « n'est vraiment ténébreuse, et non pas seulement obscure, que si elle couvre une menace ; et l'obscurité menace quand on sait qu'elle n'est pas obscurité pour tous »[56]. Avec la venue de l'ombre, l'activité citadine normale – éteinte – est remplacée, s'imagine-t-on, par l'industrie des auteurs de mauvaises actions, dans un Paris dont les forces de l'ordre connaissent moins bien les détours et les replis que ceux qu'elles pourchassent. En cela, les « mystères » nocturnes de Paris commencent à rivaliser avec ceux de Londres[57], même si les détrousseurs anglais ont l'avantage de l'estompage des silhouettes et des bruits par le « smog ». Apercevant une présence criminelle quotidienne dans leurs nuits, les Parisiens prennent du même coup conscience de la complexité sociale qui distingue les grandes villes des autres.

Dominant de toute sa charge dramatique la multitude des infractions nocturnes à la loi, se trouve mis en exergue le plus violent des crimes de l'ombre, c'est-à-dire l'attaque nocturne, qui consiste à guetter les passants attardés, à faire mine de les étrangler ou de les égorger (voire à le faire vraiment), puis à les détrousser. Visant à la fois les corps et les biens, impliquant un contact physique direct avec la canaille, elle révulse dans la mesure même où elle semble attester la résistance de certaines mœurs populaires à la sophistication croissante des gestes criminels, conforme, elle, à la dynamique globale de la vie citadine du siècle dernier. Peu subtile, inspirée par d'ignobles pulsions, elle montre que les « barbares » ne respectent pas même le bien suprême des gens civilisés, c'est-à-dire leur intégrité physique[58]. La hantise de cet affrontement implacable entre passants honorables et bêtes fauves de l'ombre ferait presque oublier que les vols furtifs sont sans doute plus nombreux, la nuit, que les vols violents[59] : ruse et adresse sont mobilisées dans le maraudage et les effractions diverses qui émaillent les heures nocturnes, y perpétuant les pratiques diurnes de ramassage, de récupération[60]. Mais la nuit, la « fauche » prend nécessairement une allure plus transgressive que le jour : la séparation entre voie publique et maisons privées s'est renforcée, et le vol subreptice permis par l'agitation diurne n'est plus possible ; l'effraction et la brutalité s'imposent dès lors comme des recours inévitables à ceux qui, veillant pendant que les autres dorment, nourrissent l'intention de vivre à leurs dépens.

Du chapardage banal à l'effraction audacieuse

L'inclusion du vol dans les expédients de la survie populaire gagne en facilité avec la nuit, qui desserre l'étreinte du contrôle social. Une note de police sur la dépense des agents secrets et des agents de sûreté précise le 7 septembre 1814 que « l'obscurité de la nuit étant toujours favorable aux malfaiteurs, ils commettent ordinairement beaucoup moins de vols pendant l'été que pendant l'hiver, où les besoins de la vie sont plus multipliés et plus impérieux, et où d'ailleurs certaines professions manquent de travail, tels que les maçons, tailleurs de pierres, couvreurs, charpentiers, peintres en bâtiment, etc. »[61]. En 1829, à une époque où l'on s'efforce de vérifier les lieux communs par la rigueur statistique, le *Compte général de l'administration de la justice criminelle* propose, en appendice à son tableau général de l'état moral du pays, une enquête spéciale sur les vols commis à Paris, capitale incontestée du crime, en 1828 : sur 706 affaires jugées, 249 correspondent à un vol diurne, 337 à un vol nocturne, et 214 à un vol commis à une heure indéterminée. Parmi les 337 vols nocturnes, 12 ont eu lieu dans un garni, 20 sur des passants dans la rue, 54 dans un cabaret, 105 dans une boutique, et 139 dans un logement[62]. À cette date, c'est donc le vol nocturne avec effraction qui est repéré comme le plus courant dans la capitale.

Décryptant les « stratagèmes » des « filous » à Paris, Vidocq, Frégier, Gisquet ou Canler les énumèrent en une nomenclature pittoresque où s'échelonnent méthodiquement risques diurnes et risques nocturnes. Dans cette liste presque immuable, le vol à « la tire », au « bonjour », à « l'américaine », à « la vrille », ou le « charriage à la mécanique » forment autant de spécialités, de quasi-professions chacune assignées à un « métier » délinquant. En réalité, dans les expéditions nocturnes, c'est avant tout l'occasion qui fait le larron. En témoigne par exemple l'énumération des vols commis au hasard des rencontres, et à la surface de la ville entière, par une seule et même bande, la bande Courtot (ou bande du faubourg Saint-Antoine), en août-septembre 1842 : 160 paires de bottes rue Rambuteau ; une effraction rue Plumet ; un vol avec fausses clés à Grenelle ; quelques hardes, du chocolat, des bougies, des volailles, des oreillers dans les garnis ; une effraction chez un cultivateur à la barrière de Montreuil ; des vols dans un jardin à Saint-Mandé ; d'autres vols avec fausses clés dans le faubourg Saint-Antoine ; des vols de plomb sur les toits en banlieue, etc.[63].

La contrebande nocturne aux barrières relève davantage, en général, d'un refus insidieux de la loi que d'une criminalité organisée. Sont pourtant condamnés le 17 février 1827 à cinq ans de travaux forcés deux jeunes gens de 17 et 18 ans qui avaient été arrêtés par un employé de l'octroi, le 20 octobre 1826 à 2 h du matin, tapis dans un fossé, et cachant trois lapins vivants dans leurs blouses[64]. Le butin compte moins, dans ce cas, que la manière de l'acquérir, c'est-à-dire la violation nocturne des limites entre espaces publics et espaces privés. Dans la campagne environnant Paris, certains se croient, il est vrai, investis d'une sorte de droit d'usage, qu'ils préfèrent toutefois exercer dans l'ombre, comme ce terrassier arrêté le 19 mars 1829 par les employés de l'octroi de la barrière du Trône à 5 h du matin, « étant porteur d'une botte de coudrettes et d'ormeaux qu'il avait coupés dans des bois particuliers à Neuilly-sur-Marne »[65]. Plus préoccupant, autour de la capitale se répand, aux heures sombres, un banditisme de « grand chemin » ressemblant fort à celui qui se pratique en province, et constituant la version la plus agressive du maraudage nocturne. Les maraîchers et marchands venant ravitailler Paris constituent des cibles évidentes. Le 4 septembre 1835 sont condamnés aux travaux forcés à perpétuité deux frères, terrassiers à Saint-Denis, pour vol commis conjointement, la nuit, sur un chemin public, avec armes : « La route de Saint-Denis à Paris était depuis longtemps infestée par une bande qui attaquait les voitures de roulage et celles des marchands qui se rendaient la nuit à Paris », précise le président des assises[66]. En janvier 1845, la table des pièces à convictions des assises de la Seine croule encore sous « une hotte, des sacs [...], des cordes à crochet [...], des couvertures de cheval, des blouses, des limousines, deux parapluies et une foule d'autres petits objets », traces de l'activité nocturne de « rôdeurs de grandes routes » qui profitaient, parfois violemment, de la « bienheureuse somnolence des maraîchers » se fiant à leurs chevaux pour arriver à Paris[67]. Ces nouvelles alarmantes des « environs » laissent à penser que la capitale est circonscrite, la nuit, par des « hors-la-loi » résolus à prélever leur part illicite des circuits marchands, et que rien ne peut atteindre, dans une ombre suburbaine anarchique.

À l'intérieur de la ville, où l'emprise de la loi passe pourtant pour plus forte, les vols nocturnes lèsent d'abord les classes populaires elles-mêmes, puisqu'ils sont conditionnés par la promiscuité entre les pauvres – les voleurs les moins inventifs abusant d'abord, autour d'eux, du fléchissement des vigilances aux heures du repos public. Ainsi du vol en garni, qui permet de s'emparer d'un peu de nourriture, d'un drap, d'une chemise, d'un mouchoir, comme on le fait aussi du linge qui sèche dans les cours et les jardins[68]. Autre délit restant interne aux classes pauvres, le « vol au poivrier », qui ne demande ni audace ni aptitude particulières, puisqu'il s'agit de dépouiller les ivrognes écroulés sur le pavé. Il se pratique fréquemment aux barrières pendant les nuits du samedi, du dimanche, du lundi ; les plus saouls peuvent se réveiller presque nus au coin d'une borne le lendemain matin. Mais déployant tout de même une lucidité sournoise que la pauvre victime a égarée dans le vin, et ne craignant pas de s'attaquer directement à ses semblables, le voleur au poivrier, escarpe en puissance, inquiète davantage que ceux qui n'osent s'approprier le bien d'autrui qu'en l'absence du propriétaire légitime. Est donc condamné à cinq ans de travaux forcés, en janvier 1838, Henri Aiz, un journalier de 25 ans, « signalé comme un rôdeur de nuit dépouillant les gens ivres ou cherchant querelle aux passants afin de profiter du désordre pour les voler »[69].

La convoitise nocturne des « misérables » se porte en fait sur tout ce qui est susceptible d'être consommé ou revendu, en particulier la ferraille[70]. La nuit disparaissent fréquemment les barreaux de fer des grilles, les boutons de porte et de sonnette en cuivre, les enseignes des boutiques, etc. ; le vol de réverbère est également très prisé, au temps où couper la corde suffit pour s'emparer de la lanterne. On démantèle le 6 février 1840 une bande de dix-neuf personnes coupables de vols nocturnes et de recel de réverbères, d'outils et de matériaux (plomb, zinc, corde...) sur les chantiers ou sur les bateaux ; dispersés dans la Cité, le quartier Saint-Jacques ou le faubourg Saint-Antoine, les voleurs fournissaient brocanteurs et maîtres chiffonniers[71]. Les endroits déserts que sont les cimetières se trouvent très exposés à ce grappillage illégal. Le 22 avril 1836, Gisquet finit par adresser aux maires des communes de banlieue une circulaire destinée à attirer leur attention sur la répétition des vols nocturnes dans ces lieux ; ils « consistent principalement en grilles, boulons, clous et autres objets en fer ou en cuivre », et selon lui, leur récurrence « démontre que ceux qui s'y livrent éprouvent peu de difficulté à se défaire du produit de leur coupable industrie »[72], dont on imagine qu'il est réintroduit, le jour, dans le cycle productif normal des ateliers parisiens. De la même façon, les divers chantiers offrent, la nuit, de multiples possibilités de récupération. Muni d'outils qui, à une heure où il est censé restaurer sa force de travail, ne peuvent lui être d'aucune utilité avouable, l'ouvrier devient coupable – tel ce « Loit, Auguste, arrêté par la garde municipale à 3 h 1/2 du matin sur le boulevard de l'Hôpital, étant porteur de plusieurs objets tels que cercles en fer, deux scies, de la ferraille, des clous, etc. »[73]. Le vol nocturne dans les chantiers est une pratique d'autant plus rédhibitoire qu'elle consiste dans le détournement d'objets ou de matériaux normalement destinés au labeur diurne. La césure entre bons et mauvais pauvres est alors facile à dessiner, comme le fait la *Gazette des tribunaux* le 16 mars 1840, indiquant à ses lecteurs qu'« une ronde de sûreté a arrêté cette nuit, rue de la Roquette, le nommé L. K., âgé de dix-huit ans, qui après s'être introduit dans un chantier, rue du faubourg Saint-Martin 169, et y avoir chargé une hotte d'outils, de matériaux et d'effets appartenant à des ouvriers, cheminait pour regagner le domicile de quelques recéleurs » ; le chroniqueur ajoute, soulagé, que les objets ont été rendus « de grand matin aux pauvres ouvriers dont le désappointement avait été extrême quand, en arrivant avant le jour au travail, ils avaient reconnu qu'ils étaient volés ». Le plus alarmant pour les hommes d'ordre est que dans ces actes de « piraterie nocturne », la jeunesse des malfaiteurs s'avère souvent un gage de témérité. La *Gazette des tribunaux* prétend ainsi le 26 janvier 1843 qu'« au commencement du mois de septembre dernier, les nommés Augé et Guersbach avaient formé avec Estebelle, âgé de quinze ans, et Demichi, âgé de douze ans 1/2, une sorte d'association dont l'objet était de s'introduire pendant la nuit dans les nombreux ateliers de marbrerie et de menuiserie qui sont établis dans les environs du cimetière du Père-Lachaise, et d'y voler tous les objets qu'ils y trouveraient ». Cette école nocturne du crime s'avère apparemment efficace, puisque, « à mesure que les petits maraudeurs avançaient dans leurs expéditions, ils s'y montraient plus audacieux et plus habiles ».

Une étape supplémentaire dans la stigmatisation sociale est franchie lorsque les délinquants exercent une menace explicite sur le domaine privé, par le biais de l'escalade ou de l'effraction, redoublant la circonstance aggravante du vol qu'est déjà le contexte nocturne[74]. Les adeptes de ces transgressions se trahissent par l'attirail qu'ils transportent avec eux dans les rues désertes. Le 22 juillet 1815, vers 2 h du matin, une patrouille de la garde royale, informée qu'un vol avec effraction a eu lieu chez un chapelier de la rue des Fossés-Saint-Germain-des-Prés, arrête rue Guénégaud un homme portant un gros paquet : « Sommé de déposer ce qu'il avait dans ses poches, il en a sorti un briquet oxygéné avec des allumettes, un couteau à manche de corne de cerf et dont la lame était enduite d'huile à quinquet, une paire de ciseaux, un canif, un cachet armoirié, et le paquet qu'il portait renfermait plusieurs habillements militaires étrangers et bourgeois, dont une partie n'était point achevée[75]. » Le 12 novembre 1825, la *Gazette des tribunaux* signale que l'avant-veille, « des enfants ont trouvé […] sous une des baraques du Marché-Neuf, un paquet de clefs toutes neuves, des pinces et des rossignols, enfin un assortiment d'instruments à l'usage des voleurs. Ce matin cette baraque était renversée, il paraît qu'elle l'avait été par les malfaiteurs, qui étaient venus, pendant la nuit, chercher ce qu'ils y avaient déposé. Cette découverte […] indique l'existence d'une bande de voleurs dans le quartier de la Cité ». On en déduit aussitôt que ces artisans de l'ombre, équipés comme pour un travail régulier, n'en sont bien déjà plus au chapardage occasionnel.

Car les astuces techniques du vol nocturne sont une source de curiosité pour les Parisiens du second tiers du XIXe siècle, abondamment mis en garde contre les ruses les plus éprouvées des malfaiteurs. Ainsi, la pénétration dans les boutiques s'opère-t-elle par le « vol à la vrille », qui consiste à percer les volets au moyen d'un vilebrequin[76]. Cela suppose ingéniosité, préméditation, et l'organisation d'une « équipe » de travail. Dans ses *Mémoires*, Vidocq désigne les voleurs spécialisés dans le cambriolage des boutiques pendant la nuit comme les « boucarniers » : après quelques jours de reconnaissance, ils reviennent la nuit pour commettre leur forfait, attentifs au moindre signe d'alarme[77]. Bijoutiers, horlogers, marchands d'habits et de nouveautés[78] sont particulièrement visés par les intrusions nocturnes, car leurs marchandises se revendent aisément. Classant, comme de juste, « les voleurs par catégories », Canler ajoute que les « boucarniers » utilisent souvent un « pégriot » pour dévaliser la boutique sans effraction : l'enfant, apprenti voleur, se glisserait dans la boutique à la fermeture, s'y cacherait, puis ouvrirait la porte aux complices pendant la nuit, de l'intérieur[79]. Le 8 mars 1816, le commissaire du quartier Montorgueil déclare que dans ce quartier où les vols nocturnes avec effraction sont nombreux, la nuit précédente, « des voleurs avaient posté un enfant dans un endroit obscur de la rue Saint-Denis, afin de s'en servir pour s'introduire dans l'intérieur des maisons »[80]. Sur ces mystérieuses effractions, nombreuses en 1816-1817, finissent par se greffer certaines affabulations, comme celle de ce garçon limonadier qui, en janvier 1817, « s'est fait avec un couteau cinq ou six blessures très légères et a prétendu ensuite avoir été ainsi maltraité par des voleurs qui s'étaient, disait-il, introduits dans la boutique à 2 h du matin. Interrogé par le commissaire, il a enfin avoué la vérité. Ce malheureux croyait par cette ruse rentrer en grâce auprès de son maître qui lui avait, la veille, signifié son congé »[81]. Requis tout à la fois comme un incident vraisemblable et comme une circonstance exigeant de la bravoure, le risque de l'effraction nocturne semble, dès cette date, être familier aux petits boutiquiers parisiens, dont l'activité est ouverte sur la rue pendant le jour, et dont les marchandises ne sont séparées des convoitises publiques de la nuit que par une mince protection.

À la même famille de noctambules habiles que les « boucarniers » appartiennent, selon les classifications pittoresques du crime parisien, les « vanterniers » (ou « venterniers »), ceux qui osent s'introduire la nuit par les fenêtres restées ouvertes (à l'entresol ou au premier étage). Écoutons encore Vidocq : « Les premiers vols à la venterne furent commis, à Paris, en 1814, lors de la rentrée en France des prisonniers détenus sur les pontons anglais ; [...] à leur retour, ils se formèrent en bandes et commirent une multitude de vols ; dans une seule nuit plus de trente vols commis à l'aide d'escalade vinrent effrayer les habitants du faubourg Saint-Germain[82]. » De fait, les commissaires de police du début de la Restauration confirment cette présentation, comme celui du quartier Saint-Thomas d'Aquin le 18 octobre 1815 : « Les vols faits avec escalade, par les croisées, se multiplient dans ce quartier. Il paraîtrait que les patrouilles ne se font pas assez fréquemment. On pense que prévenir les habitants de la capitale d'avoir soin de tenir fermées, pendant la nuit, les croisées ouvrant sur la rue serait l'objet d'un article utile à insérer dans les journaux[83]. » Car aux ruses nocturnes des filous doit répondre la mobilisation des citoyens respectables, hommes du jour encore peu au fait, à cette date, de la question criminelle. Aventureuse, la pratique concerne apparemment des malfaiteurs organisés en bandes, dont les procès dévoilent la longue impunité. Le 27 mars 1828 est jugée aux assises de la Seine une bande de neuf hommes accusés de 17 vols nocturnes avec escalade dans des maisons habitées, commis pendant l'été 1827[84]. Les violateurs nocturnes des propriétés privées défilent plus nombreux aux assises dans les années 1840. Dans la bande Courvoisier, jugée du 23 octobre au 1er novembre 1843 pour 65 vols qualifiés commis à Paris et en banlieue et impliquant vingt-trois personnes, L'Écureuil est le surnom du membre le plus doué pour l'escalade[85]. S'instaure alors la conviction selon laquelle l'abus des biens d'autrui par les Parisiens les plus obscurs alimente, dans la capitale, toute une économie parallèle.

Mais ces diverses atteintes à la propriété privée, facilitées par la léthargie nocturne d'une ville encore peu fréquentée aux heures tardives, passent tout de même relativement inaperçues au regard de la panique engendrée par le corps-à-corps violent dont la nuit est par excellence la complice, cette « attaque nocturne » (l'expression relève du langage courant à la fin de la Restauration) dont la seule évocation glace des générations de Parisiens jusqu'à la Belle Époque.

Malheur à qui s'attarde : l'« attaque nocturne »

Certains matins de 1826, des années 1830 ou des années 1840, il arrive que l'on découvre à l'aube, sur le pavé de Paris, des hommes gisant dans leur sang, « surinés » par d'anonymes agresseurs après avoir été dépouillés. Le jour, peut-être n'auraient-ils été victimes que d'un vol à la tire[86]. La nuit figure, en revanche, le temps des « voleurs brutaux se fiant à leur force »[87]. L'attaque nocturne correspondrait à un scénario réglé, avec les phases successives duquel l'opinion se familiarise peu à peu. Les détrousseurs pratiquent l'embuscade, et cherchent à immobiliser leur proie par l'étranglement (geste angoissant s'il en est, car il suppose une forte réserve de haine, et une intolérable promiscuité physique)[88], parfois obtenu au moyen d'un lacet ou d'un foulard jeté autour de son cou. L'un des voleurs soulève alors le passant sur son dos, ce qui l'étourdit et l'asphyxie, tandis que l'autre lui « nettoie » tranquillement les poches. C'est le fameux « coup du père François », pratiqué par les « charrieurs au scion », ou « scionneurs », et susceptible de laisser aux rescapés des séquelles à la fois psychologiques et physiques – une longue difficulté à articuler et une répulsion devenue insurmontable à l'égard de la nuit citadine, notamment.

Les avatars de cette formule tout au long du siècle témoignent d'une association spontanée entre la rue obscure et les crimes les plus lâches et odieux. En effet, si elle est rare dans les archives judiciaires, car elle ne correspond pas au vocabulaire juridique, elle se répand à partir de 1826 dans la presse, les chroniques et les rapports policiers. Il est révélateur de cette ample dissémination que, dans une circulaire lénifiante du 4 décembre 1845, Delessert demande aux commissaires parisiens de ne pas utiliser improprement la qualification d'« attaque nocturne ». Selon lui, il faut la réserver « aux faits réunissant les circonstances graves d'un véritable guet-apens accompagné de violences et de vol ou de tentative de vol. Cette expression d'attaque nocturne [...], outre qu'elle définit mal un fait judiciaire, a d'ailleurs l'inconvénient fort grave d'alarmer la population et de faire croire à des dangers imaginaires »[89]. Le plus haut responsable de la police parisienne reproche ainsi à ses agents de faire accroire que les rues de Paris sont aussi peu sûres, la nuit, que le coin d'un bois. Mais la formule d'« attaque nocturne » revient spontanément sous la plume des uns et des autres jusqu'à la Belle Époque, preuve qu'elle procède désormais de la mémoire durable et de l'imaginaire du crime, qu'elle a intégré la liste des malheurs spécifiquement parisiens. L'appellation ne prend guère sens, en réalité, que dans une série, ou par référence à des séries antérieures : l'attaque nocturne est réputée ne s'abattre sur la ville que par vagues, par épidémies cycliques (« Encore une attaque nocturne ! », s'exclame-t-on alors chaque matin dans la chronique parisienne des journaux). Et s'il arrive que l'attaque nocturne disparaisse longuement des colonnes de journaux (sous l'Empire autoritaire, notamment), elle y refait surface après de longues années sans qu'aucune explication soit nécessaire, chacun étant censé savoir immédiatement de quoi il s'agit. Elle est donc devenue, pour les Parisiens du XIXe siècle, une sorte de traumatisante évidence, et relève durablement du vocabulaire courant par lequel ils appréhendent les événements de leur vie quotidienne.

On peut discerner, en fait, une sorte de « préhistoire » de l'attaque nocturne en tant que stéréotype criminel dans le Paris du XIXe siècle. La réalité de l'attaque nocturne préexiste bien entendu, dans les rues de la capitale, au moment où une dénomination précise lui est attribuée. Le 19 novembre 1816, par exemple, « à 2 h du matin, une patrouille sortie du poste de la Halle aux Vins a déposé audit poste le nommé Chasseriau [...], lequel avait la tête tout ensanglantée. Il a déclaré avoir été assailli, rue des Fossés-Saint-Victor, par des voleurs qui l'ont frappé à coups de bâton »[90]. C'est à la fin de l'année 1826, quelques mois après les débuts de la *Gazette des tribunaux*, qu'affleurent pourtant les traces d'une première véritable psychose : alors que la ville semble calme (ce qui n'était pas le cas en 1816-1817), les Parisiens apprennent que des turbulences inexplicables affectent ses nuits[91]. La panique, ou du moins sa médiatisation, s'apaise en 1827, puis reprend en 1836, en 1839, en 1844 et en 1845 – la deuxième moitié de la monarchie de Juillet abritant en fait l'attaque nocturne comme une menace permanente, plus concentrée dans certaines périodes paroxystiques.

NOMBRE D'ATTAQUES NOCTURNES RELEVÉES[92] (1815-1850)

1815 : 1	1824 : 5	1833 : 3	1842 : 10
1816 : 4	1825 : 3	1834 : 1	1843 : 10
1817 : 5	1826 : 31	1835 : 4	1844 : 22
1818 : 0	1827 : 2	1836 : 19	1845 : 36
1819 : 2	1828 : 2	1837 : 7	1846 -50 : 0
1820 : 1	1829 : 3	1838 : 6	
1821 : 1	1830 : 2	1839 : 51	
1822 : 1	1831 : 2	1840 : 2	
1823 : 6	1832 : 2	1841 : 3	*TOTAL : 247*

Les occurrences les plus sensibles du discours de la peur coïncident manifestement avec la période d'activité effective d'une bande nombreuse de malfaiteurs nocturnes restant impunis pendant quelques semaines ou quelques mois, activité autour de laquelle viennent se cristalliser des craintes plus diffuses, nées notamment du bouleversement rapide de la société parisienne sous les monarchies censitaires. Le portrait médiatique de l'attaque nocturne se précise en outre au moment où se banalisent, à Paris, les pratiques du noctambulisme. Sans doute la prolifération des propos alarmistes tenus sur elle provient-elle en partie des dangers nouveaux encourus par les membres de groupes sociaux intermédiaires qui, auparavant, n'étaient guère agressés dans les rues obscures, tout simplement parce qu'ils les fréquentaient peu. La violence nocturne restait alors interne aux classes pauvres, donc ignorée ou réservée à la rumeur orale du quartier[93]. Sur la longue durée, les mutations matérielles et démographiques de la capitale jouent sans doute leur rôle pour expliquer la concentration des dangers dans ses nuits. Mais la conjoncture courte paraît sans effet flagrant sur les variations de la criminalité nocturne et les oscillations des rumeurs semblent partiellement indépendantes de celles de l'économie parisienne[94]. Elles subissent sans doute davantage les conséquences des phases de soubresauts ou d'accalmie politiques : en situation révolutionnaire, les mauvaises actions nocturnes passent inaperçues, et c'est dans le Paris plus silencieux (mais sourdement mécontent) d'après 1835 que s'amplifient les débats autour des périls nocturnes qui endeuillent la population « ordinaire ».

Plus riche d'enseignements s'avère la manière même dont le piège nocturne est figuré. De même que les voleurs de l'ombre sont censés être munis d'une lanterne sourde grâce à laquelle ils dissipent l'obscurité à leur seul profit, de même laisse-t-on entendre que la stratégie du guet-apens repose sur l'échange de signaux sonores interprétables par eux seuls. La rue se fait terrain de chasse, ce qui résume bien la vulnérabilité du passant attardé dans une ville soudain privée des certitudes de la civilisation. Dans *Le Paravoleur*, en 1830, Vidocq place donc la recommandation suivante : « Lorsque vous rentrez tard, si vous entendez pousser à vos côtés un cri sauvage et barbare, ou prononcer un mot inconnu, soyez sur vos gardes : vous êtes escorté d'un voleur, qui fait connaître à ses affidés qu'il est sur la trace d'une pièce de gibier, et les avertit de se tenir prêts au second signal[95]. » Le codage du comportement nocturne des hors-la-loi laisse plus perplexes ces gardes nationaux qui, le 5 août 1822, font remarquer que « du côté du carré Saint-Denis [...], des individus se trouvent postés et sifflent à la première apparition d'une patrouille afin de faciliter la fuite de ceux qui commettent quelques délits »[96]. Pour sa part, la presse se délecte évidemment de ce genre de détails intrigants, comme lors de l'attaque qui aurait frappé un négociant allemand nommé Hallerig, le 19 novembre 1826, vers minuit, sur la place des Victoires : « L'un des deux individus qui ont rencontré M. Hallerig s'est rappelé qu'avant d'arriver à la rue des Fossés-Montmartre, il a entendu frapper trois coups sur une borne avec un morceau de fer. C'était sans doute le signal convenu entre les assassins pour indiquer le moment de la fuite[97]. » C'est bien sûr dans les lieux isolés que les fils du guet-apens se nouent avec la plus grande aisance. L'horreur de ces préméditations est dépeinte par le commissaire Achille Rabasse dans les années 1870 : habituellement, « les malfaiteurs se tiennent cachés dans l'ombre, dans une impasse, au coin d'une rue, dans une embrasure de porte, derrière des palissades, dans des maisons en construction. Là sont leurs embûches, ils observent, attendent, épient, en un mot sont à l'Affût »[98].

Les tactiques d'approche sont multiples, mobilisant fugacement l'astuce avant l'explosion de la violence. Puisque la nuit est un temps singulier, s'approcher pour demander l'heure peut sembler naturel, et préluder à l'arrachage de la montre. Une convivialité factice peut également être entretenue pendant quelques instants par les futurs agresseurs, la liberté nocturne facilitant le rapprochement de ceux qui ne se connaissent pas. Il faut aussi savoir repérer les flâneurs déambulant dans les rues à la recherche de plaisirs illicites, et dont les espoirs peuvent être exploités, comme ceux de cet Anglais attiré sous un pont par un homme « sous prétexte d'y commettre des turpitudes », et dévalisé aussitôt après par des complices[99]. Lorsque le rapport numérique apparaît très défavorable à la victime, on s'oriente vers l'encerclement, moins feutré. Le 27 octobre 1826, vers minuit, dans la rue de Provence, Pellegrini voit venir quatre hommes à sa rencontre, « qui chantaient d'une voix rauque et semblaient pris de vin » : arrivés à sa hauteur, ils l'entourent soudain et le dévalisent[100]. Le 2 novembre suivant, un certain Laporte se trouve nuitamment rue d'Artois : au procès de ses agresseurs, il exprime la confusion visuelle des forces de l'ordre et des fauteurs de désordre dans le Paris nocturne du temps, et donc la facilité de ces derniers à s'y mouvoir en groupe : « J'aperçus de loin, à la lueur des réverbères, six hommes qui venaient à moi. Comme ils marchaient en ordre, je les pris pour une patrouille. Un peu plus près, leur voyant des bâtons à la main, je crus que c'était une ronde d'inspecteurs de police. Plus près encore, je reconnus bien à qui j'avais affaire. Ils se rangèrent de manière à me barrer le chemin. Quatre tenaient, deux à deux, chacun des côtés de la rue. Les autres occupaient le milieu de la chaussée[101]. » On ne saurait mieux représenter le monopole de la voie publique revendiqué, dans le Paris du XIXe siècle, par les hommes de l'ombre, passé une certaine heure.

La complicité féminine apportée à ces entreprises douteuses est de celles qui font précéder l'agression par la duperie. Des gardes nationaux indiquent le 8 septembre 1819 qu'« à minuit, un nommé Louis-Antoine Dumouzat, employé demeurant rue de Rochechouart n° 21, s'est présenté au corps de garde et a déclaré que, traversant à minuit moins 1/4 la rue Traversière-Saint-Honoré pour se rendre à son domicile, il avait été entraîné par des filles publiques vers l'allée du boulanger à l'extrémité de ladite rue près celle de Richelieu ; que tandis qu'il se débattait contre elles pour reprendre son chapeau dont une de ces filles s'était emparée, il fut tout à coup environné par des hommes armés de bâtons et sortis de ladite allée qui le frappèrent violemment »[102]. D'autres promeneuses solitaires feindraient d'implorer la protection du passant parce qu'elles seraient terrorisées par la nuit ; bientôt, celui qui a offert un bras secourable est étreint de façon beaucoup plus virile qu'il ne pouvait s'y attendre. Vidocq fixe la scène : « Un étranger qui rentrait dans son hôtel vers l'heure de minuit est abordé par une jeune femme vêtue avec quelque recherche, qui le supplie, d'une voix douce et tremblante, de lui servir d'escorte jusqu'à son logement, qui n'est qu'à quelques pas de là. Elle est désolée de s'être ainsi attardée ; elle sort de chez une femme qui vient d'accoucher, et à qui elle a dû prodiguer des secours… […] Elle vient de voir rôder des gens de fort mauvaise mine… » : cette femme est en réalité une prostituée, et sa demande prélude à une attaque nocturne, commise quelques mètres plus loin par ses acolytes[103]. La chronique de la *Gazette des tribunaux* du 20 février 1840 révèle un épisode fort proche (initialement, du moins), de ce modèle théorique : « Minuit était sonné depuis longtemps, et le jeune Ch…, commis-marchand, regagnait son domicile situé rue Saint-Honoré, lorsqu'en passant rue Vivienne, il fut accosté par une femme vêtue avec assez d'élégance et qui semblait, par crainte ou pour tout autre motif, vouloir faire route avec lui. » Rue Notre-Dame-des-Victoires, elle l'enlace, mais c'est pour lui voler sa montre, qu'elle glisse aussitôt à deux de ses compagnes, surgies d'on ne sait où. Puis, alors qu'il s'est mis à crier, « une main vigoureuse le saisit à la gorge, et alors seulement il reconnut que sa conquête était un garçon constitué en hercule » – les voleurs, travestis en femmes, seraient des repris de justice. Et dans la bande des Escarpes, jugée aux assises de la Seine en novembre 1844, la fonction de la fille Legrenier (fille soumise) est de faire le guet ou de ralentir le pas des promeneurs : « Elle se tenait à l'encoignure des rues, le sourire à la bouche, et adressait aux passants quelques-unes de ces paroles familières aux sirènes de carrefour. Ceux qui avaient le malheur de la suivre dans le dédale des rues désertes ne tardaient pas à rencontrer Teppaz ou Fourrier »[104], cruels prédateurs… La nuit publique des monarchies censitaires, entremêlant le vice et le crime, est donc bien présentée comme le refuge de toutes les duplicités.

Tels qu'ils apparaissent dans les archives policières, judiciaires et dans la presse du premier XIXe siècle, les lieux de ces malveillances chroniques sont relativement éparpillés dans Paris :

LES LIEUX D'AGRESSION (1815-1860) (en %)
(arrondissements actuels)

1er	15,5	6^e^	6,4	11^e^	2,3	16^e^	1
2^e^	6	7^e^	2,7	12^e^	2	17^e^	2
3^e^	4,7	8^e^	7	13^e^	3	18^e^	4
4^e^	13,4	9^e^	3,7	14^e^	3,4	19^e^	3,4
5^e^	8,4	10^e^	5,4	15^e^	4	20^e^	1,7

Les 1er, 4e et 5e arrondissements actuels sont un peu plus exposés que les autres. À l'échelle de la ville entière, un certain équilibre des risques affleure tout de même entre centre et périphérie – d'autant qu'avant 1860 les attaques nocturnes commises dans la proche banlieue subissent un sous-enregistrement, la presse parisienne privilégiant le récit des agressions commises dans la ville elle-même. On peut également observer, dans les deux premiers tiers du siècle, une certaine homogénéité de la distribution des attaques entre l'Est et l'Ouest, et une conformité globale des données avec la répartition de la population entre rive droite et rive gauche.

LES TYPES DE LOCALISATION (1815-1860) (en %)

Boulevard	16,8	Arr^{ts} centraux[105]	39,6
Quai, pont	8,8	Arr^{ts} interméd.[106]	35,9
		Arr^{ts} périph.[107]	24,5
Rive droite	72,1	Est[108]	48,3
Rive gauche	27,9	Ouest[109]	51,7

La localisation de l'arrondissement ou du quartier compte moins, à cette époque de l'attaque nocturne, que la configuration précise de telle ou telle rue ou de tel ou tel boulevard, c'est-à-dire les possibilités de dissimulation qu'ils recèlent. Apparemment, un même groupe d'agresseurs exerce son « art » n'importe où dans la grande ville, où il rôde inlassablement, et dont l'ombre lui appartient tout entière. Reste que l'attaque nocturne commise aux limites de la ville retient davantage l'attention que celle commise au centre, qui peut passer pour une occurrence parmi d'autres de la dissipation générale des mœurs populaires. À la périphérie, dont le remodelage rapide forme une source d'interrogation sur cela-même qui constitue la spécificité urbaine, l'attaque nocturne prend davantage les allures d'un drame inéluctable, puisqu'il s'accorde à la sinistre physionomie des lieux. Les limites méridionales de Paris, en particulier, sont dénoncées comme un coupe-gorge nocturne, puisqu'elles forment l'extrémité d'une rive gauche elle-même bien trop silencieuse. Et ce n'est pas tout à fait par hasard si Hugo voit de la noirceur du côté de la Salpêtrière, où Paris se dissout ; sur le boulevard de l'Hôpital, « le passant ne [peut] s'empêcher de songer aux innombrables traditions patibulaires du lieu. On [croit] pressentir des pièges dans cette obscurité, toutes les formes confuses de l'ombre paraissent suspectes »[110]. Aux barrières s'additionnent en quelque sorte, dans le noir, toutes les formes de limite : la marginalité temporelle de la nuit, la marginalité spatiale du Paris excentré et la marginalité sociale du « rôdeur » qui s'y complaît.

En accord avec ce type de représentations, les heures les plus tardives sont figurées comme les plus sinistrement sensibles. Le dénombrement montre qu'en fait, 60 % des attaques nocturnes ont lieu entre 11 h du soir et 2 h du matin. Ce n'est pas seulement dans les romans noirs que minuit est l'heure du crime : dans ce Paris-là, il s'agit réellement d'une heure critique, parce qu'elle fait transition vers la nuit profonde, après la fermeture des débits de boissons. C'est celle où l'on s'empresse de rentrer chez soi, dans la crainte d'une rencontre funeste.

L'HEURE DE L'ATTAQUE[111] (1815-1870) (en %)

Min. – 1 h :	23,4	10 h – 11 h :	7,9
1 h – 2 h :	18,4	2 h – 3 h :	7,9
11 h – Min. :	18,2	5 h – 6 h :	3
9 h – 10 h :	9,3	3 h – 4 h :	3
8 h – 9 h :	8,2	4 h – 5 h :	0,7

De fait, l'attaque nocturne perpétrée à la sortie du cabaret fait l'objet de descriptions récurrentes, qui la montrent comme une variante brutale du « vol au poivrier ». Une fois projetés dehors par la fermeture de la boutique du marchand de vin, les buveurs imprudents qui ont laissé voir leur bourse ou leur montre pendant la soirée se trouvent, vers minuit, à la merci d'aventures malheureuses, notamment aux barrières. Entre aménité doucereuse (les détrousseurs insistent souvent auprès du buveur hagard pour le reconduire jusqu'à sa porte, afin de le protéger des pièges de la nuit…), esquisse d'une rixe et guet-apens avéré, leurs compagnons de beuverie peuvent être tentés de les circonvenir rapidement. Le 8 juillet 1829 témoigne, par exemple, devant les assises de la Seine, Jean-François Pliet, dit Tartare : accosté un soir de Pâques à La Chapelle par deux individus et une femme qui lui ont demandé l'heure puis l'ont fait boire chez un marchand de vin, il se réveille ensuite sur le boulevard, « seul, sans souliers, sans casquette, sans montre et sans argent »[112]. Mais dans l'ombre impénétrable des nuits populaires, les occasions de rupture avec la loi ou avec la morale sont trop nombreuses pour pouvoir distinguer avec assurance coupables et victimes.

L'itinéraire nocturne des groupes d'agresseurs affiliés aux bandes les plus célèbres signale, par ailleurs, une certaine facilité d'action, et une sorte d'ajustement permanent aux hasards multiples de la voie publique. En une seule nuit, un même groupe commet fréquemment plusieurs attaques successives, parfois dans les mêmes parages[113], ce qui accentue l'impression d'une omniprésence insinuante. Les paroles prononcées par les détrousseurs au moment du forfait sont, en outre, complaisamment rapportées par la presse, qui veut y entendre les dialogues d'un mélodrame ténébreux. Au traditionnel « La bourse ou la vie ! », récapitulant si bien le dilemme (en général vite résolu) auquel les victimes se trouvent confrontées, les assaillants ajoutent, selon les journaux, des justifications plus ou moins vraisemblables ou cyniques. En 1826, les agresseurs de Pellegrini se seraient, par exemple, excusés auprès de lui de la misère qui les réduisait à de telles extrémités[114]. Après un tutoiement qui ressemble déjà à une agression, ceux qui s'en prennent à Angulo le 27 octobre de la même année dans le faubourg Montmartre lui demandent de quoi souper, puis lui volent tous ses effets[115]. Au cours de la même série d'attaques, on aurait dit à un passant, rue du Bac : « N'ayez pas peur, nous sommes des ouvriers qui n'avons pas de subsistance », avant de le menacer de l'assommer s'il criait[116]. Décrits de manière plus uniformément sombre, les membres de la bande des Escarpes, jugés en novembre 1844, semblent familiers de la menace de mort : après un ironique « Je suis un malheureux ouvrier sans ouvrage… père de cinq enfants… donnez-moi votre bourse… je n'en veux pas à votre vie… », apparaît la lame d'un couteau et se font entendre tout à coup les mots de « ne crie pas, où tu es mort ! »[117] Le balancement entre bons et mauvais pauvres se lit jusque dans les détails verbaux livrés par les chroniqueurs du temps aux Parisiens curieux de ces obscures rencontres.

À l'évidence, le rapport de forces est défavorable à la victime qui peut, au mieux, opposer une canne ou un parapluie à des assaillants multiples et armés. Car l'attaque nocturne se pratique généralement en petites équipes qui dépouillent un passant isolé[118] : l'agresseur solitaire n'est présent que dans moins de 15 % des affaires. Cela contribue à la réputation de crime lâche et non occasionnel qui est accolée à ces affaires.

LE NOMBRE D'AGRESSEURS (1815-1872) (en %)

2 :	25,3	4 :	11,9
3 :	25,3	5 :	4,1
1 :	14,7	Plus de 5 :	6,2
« Plusieurs » :	12,5		

L'arme utilisée par les agresseurs n'est mentionnée explicitement, quant à elle, que dans de rares cas, où dominent nettement couteaux et poignards[119], ou bâtons. Si la simple force physique doit fréquemment suffire, la vue d'une lame dans la nuit[120] tend toutefois à démontrer à la victime qu'elle a affaire à d'authentiques « escarpes », dont le couteau[121] est l'instrument de travail. Plus que le vulgaire « surin », objet usuel dans le Paris de l'époque, c'est le redoutable « couteau-poignard » [122], vendu à bas prix et prédestiné à l'épanchement du sang, qui libère les hantises. Parfaitement silencieux, il est d'ailleurs fait pour la nuit. Victime de la bande des Escarpes sous la monarchie de Juillet, un certain Favre, huit ans après, est « encore malade d'une affection nerveuse provoquée par la vue des couteaux dirigés contre sa poitrine »[123]. Lors du procès de cette bande, en novembre 1844, on demande à l'un des accusés, Teppaz, pourquoi ses complices avaient toujours, pendant les attaques nocturnes, un couteau à la bouche. Il répond froidement : « Pour intimider ceux qu'on attaquait ; on leur montrait les armes et on avait les mains libres ; si les personnes avaient crié, on aurait joué du couteau »[124], technique d'intimidation qu'à Paris seule l'obscurité autorise.

Dès lors, l'apparition du sang et la possibilité de l'assassinat figurent à l'arrière-plan de la scène d'attaque nocturne. Jeter un homme à l'eau, par exemple, permet d'escamoter aisément un témoin ou un cadavre encombrants. Et c'est le canal Saint-Martin qui est censé engloutir le plus fréquemment les traces de l'activité des « dessaleurs » et autres « charrieurs à la mécanique ». Sur ces berges terribles, l'attaque nocturne, camouflée en suicide ou en accident, prend son visage le plus noir. Mal surveillés et interminables, les quais du canal Saint-Martin représentent un lieu d'embuscade idéal. En 1844, Magnier, membre de la bande des Escarpes, relate un de ces épisodes lugubres : « Nous attendions près du canal qu'il passât quelqu'un ; mais personne ne venait. “Cré mâtin ! disait Cornu, il ne viendra donc personne ?” À ce moment, un monsieur passa ; nous

nous jetâmes sur lui ; nous le fouillâmes, et prîmes tout ce qu'il avait sur lui[125]. » En 1849, Charles de Forster cède encore à la tentation alarmiste : « Malheur à quiconque s'aventure pendant la nuit à franchir seul cette contrée solitaire ! Un coup de poignard est vite donné ; l'eau silencieuse est là, et elle ensevelit la victime, qui n'a même pas le temps de crier au secours[126]. » La réputation funèbre du lieu perdure jusqu'à son réaménagement par Haussmann. Et l'image sinistre de cette artère des quartiers excentrés est exploitée, au moment même où la réalité la modifie, par le roman très sombre de Charles Deslys, *Le Canal Saint-Martin* ; publié en 1862, il reconstitue le désert criminogène du quai de Valmy et du quai de Jemmapes à l'époque de la monarchie de Juillet, ranimant des répugnances encore toutes proches[127].

S'agissant de l'appartenance sociale des victimes, la naïveté supposée du bourgeois provincial en visite à Paris doit le prédisposer aux mésaventures nocturnes. Demander son chemin à des inconnus, dans ce dédale obscur dont seuls les êtres malveillants détiendraient le fil d'Ariane, ressemble à un acte suicidaire. Ainsi, pendant la soirée du 1er juin 1843, le nommé Poterlot, Rémois logeant momentanément à Paris, se perd en voulant regagner la rue Saint-Maur et demande à quatre hommes de le renseigner. Ils l'invitent alors à le suivre, mais « à peine eurent-ils fait ensemble quelques pas que, se trouvant dans l'endroit le plus obscur de la rue », l'un de ses accompagnateurs « passa derrière lui, l'assaillit brusquement en le saisissant avec violence par la cravate et lui serrant fortement le cou. Un second se joignit à cette agression en disant : “Si tu cries, je te coupe la gorge.” Pendant ce temps, les autres le fouillaient et lui enlevaient son parapluie, sa montre en or et un portefeuille contenant un billet de 500 F »[128]. La *Gazette des tribunaux* du 18 janvier 1845 ajoute que les vols nocturnes sont souvent perpétrés « au préjudice d'étrangers ou de provinciaux, que la manie de pénétrer dans ce que l'on est convenu d'appeler les mystères de Paris rendait facilement dupes de ces misérables ». À la fin de la monarchie de Juillet, le thème du complot ténébreux contre les honnêtes gens, nouant très étroitement pratiques et représentations, en arrive à s'auto-entretenir.

Mais le profil social réel de la victime d'attaque nocturne se révèle fréquemment plus commun que la seule lecture de la presse ne le laisse à penser. Certes, s'avancer sur le territoire nocturne en étant « bien mis » est une sorte de défi, car savoir « dépouiller le pante » représente le B.A.-ba du voleur parisien. Dans les récits d'attaque nocturne, destinés à un lectorat plutôt bourgeois, l'identité de la victime est souvent celle d'un « monsieur » dont l'état et l'adresse sont clairement définis, tandis que ceux de l'agresseur restent énigmatiques. De même indique-t-on que les personnes de condition sont agressées sur le trajet qui les ramène chez elles : elles ne font que passer dans la nuit, tandis que leurs assaillants en sont les parasites permanents. Les plus « professionnels » des voleurs jaugent rapidement la vulnérabilité et la « rentabilité » de leur victime : le vieillard respectable est donc une proie rêvée. Le 23 février 1826 comparaissent aux assises de la Seine « les frères Lepaute, qui avaient passé la journée du 15 novembre à boire », et « suivaient les boulevards extérieurs en se dirigeant sur leur logement lorsqu'ils rencontrèrent André Truffaut, entrepreneur de maçonnerie près la barrière Poissonnière. C'est alors que, profitant de l'obscurité de la nuit, Jean Lepaute repousse avec violence ce vieillard qui fut renversé dans un des larges fossés qui bordent la route et qu'après lui avoir arraché le parapluie qu'il avait sous le bras, il prit la fuite en toute hâte »[129]... Dans l'esprit des Parisiens de l'époque censitaire, l'attaque nocturne oppose commodément jeunes et vieux, pauvres et riches, « flottants » et « notables ».

Pendant l'automne 1826, c'est au travers des malheurs survenus à des citadins illustres, dont le noctambulisme est une forme d'élégance, que les Parisiens honorables prenaient conscience des périls nocturnes planant sur les beaux quartiers. La *Gazette des tribunaux* annonce en effet le 31 octobre 1826 que « M. Pellegrini (fameux chanteur turinois), dont la retraite prématurée a causé de si vifs regrets aux habitués du Théâtre- Italien, vient d'être victime d'une de ces attaques nocturnes qui depuis quelque temps semblent se multiplier dans Paris [...]. M. Pellegrini sortait à minuit d'une soirée de la rue de Provence [...] lorsqu'il fut accosté au coin de la rue Taitbout par quatre hommes vêtus de vestes courtes et coiffés de casquettes, qui lui demandèrent la bourse [...]. Sans crainte de compromettre la voix du sémillant Figaro, par une nuit pluvieuse, ils lui dérobèrent jusqu'à son parapluie. Des voleurs non moins audacieux avaient, peu de jours auparavant, dans le même quartier, forcé un gentilhomme espagnol [Angulo, homme de lettres] à leur livrer son habit après lui avoir pris tout son argent ». Puis, les dangers de l'ombre semblent s'étendre à une population moins spécifique. Les 29 et 30 octobre 1842, le procès de Vallet, Mirault et Villetard qui, à coups de couteau dans la poitrine, ont assassiné un soir d'avril Cataigne, un homme mûr, ancien et valeureux soldat de l'Empire (dont ils ont jeté le corps dans une carrière des Buttes-Chaumont), révèle la fonction ambiguë des apparences dans le déclenchement de l'agression. Ici, les assaillants se plaignent d'avoir été trompés par l'aspect de cet homme endimanché, porteur de la Légion d'honneur, mais qui n'est en réalité que cocher, et possède peu d'argent sur lui au moment du crime[130]. Dans la nuit du 25 au 26 août 1843, c'est le marquis de Gastria, rentrant chez lui rue d'Anjou-Saint-Honoré vers minuit 3/4, qui est assailli[131]: à cette date, l'épisode frappe d'autant plus qu'il est d'une espèce rare, les personnes de qualité ne traversant plus, en général, les terres nocturnes qu'à l'abri d'une voiture particulière.

Car l'attaque nocturne ne prend que très occasionnellement la forme d'une lutte des classes. La surreprésentation des couches sociales intermédiaires ou supérieures dans la liste médiatique des victimes ne doit pas occulter le fait que cette violence de l'ombre sévit prioritairement au sein même des catégories les plus humbles de la société parisienne.

La profession de la victime[132] (1815-1870) (en %)

Ouvrier :	35,6	Soldat :	5,4
Cocher :	12,9	Monde du spectacle :	4,8
Employé :	7,5	Rentier, propriétaire :	4,8
Marchand, patron :	7	Profession libérale :	4,8
Commis :	5,9	Étudiant :	4,3
Étranger, provincial :	5,4	Domestique :	1,6

Si les non-ouvriers représentent plus de 65 % des victimes mentionnées dans l'ensemble des sources entre 1815 et 1870, c'est sans doute qu'aux yeux des témoins et des journalistes, la profession des victimes, relevée dans la moitié des affaires seulement, mérite surtout d'être précisée lorsque l'attaque nocturne opère une transgression des barrières sociales. En outre, les victimes les plus anonymes de ces attaques sont, selon toute vraisemblance, moins disposées que les Parisiens plus fortunés ou plus instruits à aller se plaindre. S'adressant à un public alphabétisé, la presse lui renvoie naturellement l'image de crimes nocturnes inouïs et qui peuvent pourtant le frapper à tout moment. Quant aux affrontements internes à la classe pauvre, peut-être majoritaires, on n'en extrait guère que quelques exemples édifiants, comme celui du 11 août

1836 : « Un honnête ouvrier, qui revenait dimanche après minuit, chez lui, rue des Marmouzets, a été arrêté et horriblement maltraité par un voleur, au moment où il entrait dans la petite rue du Haut-Moulin. Une voisine, éveillée par les cris de la victime, s'est montrée à sa fenêtre pour crier elle-même contre l'assassin qu'elle voyait et qui frappait encore[133]… »

Il n'en reste pas moins que certaines professions se trouvent réellement surexposées, dans la mesure où ceux qui les exercent rentrent tard et/ou sont connus pour transporter de fortes sommes sur eux. Le développement des services dans la grande ville favorise sans doute ces agressions préméditées. Le 2 novembre 1826, vers minuit, Balthazard, cocher de fiacre, aurait été arrêté vers minuit dans l'allée des Veuves par trois voleurs[134]. De même les rapports de la garde municipale de Paris consignent-ils le 19 juillet 1842 l'affaire suivante : « Ce matin, à 3 h 1/4, des cris de détresse s'étant fait entendre dans la direction du passage Pelletier rue des Blancs-Manteaux, plusieurs gardes s'y sont portés rapidement. Ils ont aperçu un individu qui venait d'être terrassé par plusieurs malfaiteurs qui ont pris la fuite […]. Cet individu se nomme Potel, facteur au Grand Bureau rue Jean-Jacques Rousseau, demeurant rue de la Poterie 7. Il nous a déclaré que se rendant à son bureau porteur de sa boîte, il venait d'être culbuté, que sa boîte lui avait été arrachée et qu'on lui avait volé une vingtaine de francs qui se trouvait dedans. Il prétend qu'à l'approche des gardes, on allait le frapper d'un coup de poignard, que ce n'est qu'à leur secours qu'il doit la vie[135]. » En août 1843, Nicolas, conducteur d'omnibus, semble avoir été deux fois victime d'attaque nocturne en dix jours, dans le quartier Poissonnière : il entend l'un des assaillants dire : « Il doit avoir de l'argent[136]. » Au tout-venant de l'assaut nocturne, socialement aveugle, s'ajoutent donc quelques attaques mieux « ciblées », attestant, pour les contemporains, qu'une partie des « escarpes » en sont venus à une activité presque professionnelle, sans abandonner pour autant des méthodes criminelles d'un autre âge.

Mais le butin au nom duquel ces complots plus ou moins frustes sont ourdis s'avère en général modeste : pour assurer à ses auteurs des « revenus » suffisants (d'autant que le fruit du vol est fréquemment partagé entre plusieurs complices), l'attaque nocturne doit être répétée souvent ou associée à d'autres types de délits.

LE BUTIN DU VOL[137] (1815-1870) (en %)

Montre :	27,7	Plus de 50F :	7,6
Moins de 50F :	27,7	Bijoux[140] :	6
Vêtements[138], chapeau :	18,5	Parapluie :	4,3
Mouchoir[139], gants :	8,2		

Le profit de l'attaque dépend tout simplement du niveau social de la victime, qu'on détrousse aussi complètement que possible – même de ses vêtements, lorsqu'ils sont revendables[141]. Chapeaux, casquettes, gants, tabatières, pipes, épingles, pommeaux de canne, parapluies, cravates, chemises, paletots, châles : tout est bon à prendre, dans la précipitation de l'agression[142]... Mais obtenir en une seule attaque une forte somme d'argent est une chance presque inespérée pour les assaillants[143], qui procèdent le plus souvent au petit bonheur la chance. L'attaque nocturne correspond bien, majoritairement, à une criminalité d'expédients, peu gouvernée par la ruse – moins, en tous les cas, que le cambriolage ou l'escroquerie, qui mime les mœurs policées du monde des affaires pour mieux l'exploiter de l'intérieur, tandis que les « escarpes » se vautreraient dans un « ailleurs » social dont la nuit serait le fief, et où il est imprudent de pénétrer...

Les murmures de la grande ville : Paris coupe-gorge (1826-1845)

Frappant la capitale par accès soudains, relayées par une presse de plus en plus présente dans la vie collective, les attaques nocturnes finissent donc par être tenues, au cours du premier XIXe siècle, pour les ingrédients inévitables d'une vie citadine encore imparfaitement pacifiée. Sous les monarchies censitaires se construit dès lors un premier débat public sur le thème de l'insécurité nocturne de Paris, débat aux accents révélateurs d'anxiétés plus souterraines. L'insécurité objective est alors débordée par le sentiment de l'insécurité[144]: chaque matin, la population parisienne peut dresser le bilan mêlé des incidents mineurs de la nuit (dont le ressassement quotidien intoxique toutefois les esprits) et des attentats sanglants qui les dramatisent périodiquement, « enténébrés d'horreur et comme auréolés d'une sombre gloire » au point d'intégrer bientôt l'histoire de Paris[145]. D'ailleurs, le contexte nocturne et sa perte de repères appellent tout particulièrement l'anticipation fantasmatique du danger par le passant attardé, abreuvé de mises en garde, et perdu dans une sorte de « brouillard moral »[146].

À la fin de la Restauration, les autorités, confrontées à la médiatisation naissante du crime nocturne, s'emploient surtout à faire retomber ce qu'elles considèrent comme des rumeurs[147] malveillantes, en particulier pendant la vague d'agressions de l'automne 1826. Elles ne sont guère tentées, apparemment, par l'envie d'authentifier la réputation ténébreuse des rues nocturnes pour légitimer une plus grande inquisition policière[148], mais cherchent plutôt à rassurer verbalement une opinion mécontente de voir la police politique prévaloir sur celle d'une voie publique comme abandonnée aux fauves, après minuit. Avant l'envolée de la presse populaire, la lecture des journaux où s'amoncellent les récits d'attaques nocturnes concerne surtout la classe censitaire et la classe moyenne, soucieuses de la préservation des biens autant que de celle des libertés. Interprétant l'insistance des avertissements sur l'ombre criminelle comme le fruit de machinations orchestrées par les opposants au régime, le procureur général de Paris adresse au garde des Sceaux, au début de l'année 1827, un long « Rapport sur les crimes d'attaques et de vols nocturnes commis dans les rues de la capitale »[149] depuis l'automne 1826[150]. Il s'y attache à minimiser le nombre et la gravité des agressions rapportées par la presse, inconséquente semeuse d'« épouvante » : « Les rédacteurs de ces journaux, peu soucieux de remonter aux sources, se faisaient un jeu d'effrayer le public, insérant comme vrais tous les faits qui leur étaient indiqués par des inconnus[151]. » Cherchant à endiguer l'effroi nocturne, la Préfecture de police et la justice enquêtent ici sur 121 affaires (qui ont eu lieu ou ont été rapportées entre octobre et décembre, ce qui suppose un rythme d'une ou deux par jour pendant cette période), affaires dont on fait parvenir au ministre une liste circonstanciée, accompagnée d'une notice explicative pour chacune. La vague des attaques monte en octobre, atteint des sommets en novembre, puis retombe en décembre. Parmi les 121 agressions décrites, 91 correspondent à des plaintes effectivement adressées à la police, et trente ont été relevées par la justice dans la presse. Au total, 35 affaires seraient douteuses ou non vérifiées, 11 seraient fictives[152], 11 ne seraient pas des attaques nocturnes au sens strict, et 5 correspondraient à des méprises entre des passants trop suspicieux. Au terme de l'énumération, il ne reste donc plus « que » 59 affaires réelles (la vérification judiciaire a réussi à en éliminer la moitié environ), dont 24 simples *tentatives* d'agression – le procureur prétend que « dans la plupart, il y a lieu de présumer que la terreur des plaignants leur a fait exagérer les faits »[153].

Devant maintenir la paix sociale dans la ville du roi, les autorités judiciaires de la fin de la Restauration choisissent d'opposer, terme à terme, l'examen des faits à ce qu'elles tiennent pour des hantises irrationnelles ou des menées subversives, refusant de concéder que l'angoisse se développe tout de même à partir de pratiques criminelles et de défaillances policières concrètes. Annonçant au début de 1827 que tous les coupables de ces violences nocturnes ont été arrêtés (de fait, il ne fait pas bon être jugé aux assises de la Seine pendant la première session de février 1827, au cours de laquelle la peine des travaux forcés à perpétuité a été prononcée treize fois, essentiellement contre des auteurs d'attaque nocturne), le président de la cour en vient à prétendre que « les récits mensongers qui remplissaient les journaux, en donnant plus de hardiesse aux malfaiteurs, ont pu jusqu'à un certain point provoquer des crimes réels »[154]. Promise à une longue postérité, l'interrogation sur la valeur potentiellement « criminogène » des récits de crimes, pour reprendre le mot de Dominique Kalifa, était déjà posée.

Au cœur de ce débat, le 11 novembre 1826, le *Journal de Paris* se défend, pour sa part, des accusations des journaux royalistes, selon lesquels « les bourgeois qui se plaignaient d'être volés regrettaient les bons temps de 1793 et 1794 » – ceux, donc, d'une « Terreur » nocturne distillée par l'État lui-même. Réaliste, l'auteur de l'article insiste sur le fait que « des vols et des attaques ont eu lieu ; il serait impossible de les contester ; des noms, des dates, des heures sont mentionnés ; les témoignages les plus respectables le certifient ». Mais il reconnaît que « sans doute de fausses rumeurs augmentent le bruit qu'on en fait », car « la publicité, inconnue dans l'Ancien Régime, rend ces clameurs plus éclatantes », accentuant le poids de l'opinion publique sur les gouvernants. Enfin, selon lui, « il est juste aussi de dire que l'entrée de l'hiver est ordinairement signalée par des accidents de ce genre : plus juste encore d'ajouter qu'ils se multiplient peut-être en raison de l'accroissement de la population, si rapide depuis dix ans, et du mouvement de l'industrie… » Les remèdes proposés par ce journal sont les suivants : rendre à la police municipale les ressources qui lui sont ravies par la police politique ; élargir les rues, établir des trottoirs ; arrêter les « mendiants imposteurs » ; empêcher le retour à Paris des forçats libérés. Moins indifférents que les pouvoirs publics de la Restauration à l'ordre de la rue, plus conscients de l'existence d'une « opinion » en quête de sécurité, les libéraux sont alors prêts à renoncer à certains de leurs principes pour améliorer cette dernière. Et sous cette férule moyen-âgeuse qui cherche en vain à « renouer la chaîne des temps », les opposants aux Bourbons constatent ironiquement que les Parisiens pensent ne plus pouvoir sortir la nuit qu'armés jusqu'aux dents, ainsi qu'ils le faisaient pendant les « siècles obscurs » – comme ce « Libry, employé à Frascati, arrêté par une patrouille du poste rue Montmartre à 2 h du matin, ayant en mains deux pistolets chargés, soit disant pour sa défense en cas d'attaque »[155].

Ponctuellement exaltés par l'entêtante présence de la rumeur criminelle, certains habitants font, il est vrai, du risque de l'attaque nocturne un commode alibi, ce qui pourrait être le signe d'une large dispersion des bruits alarmants. Énumérer quelques exemples de ces détournements est aisé. Le 14 novembre 1826, à 2 h du matin, un garçon tailleur passe devant le poste de la Pointe Saint-Eustache, vêtu seulement d'un pantalon, et couvert de sang de la tête aux pieds. Chez le commissaire de police, il affirme avoir été attaqué rue Montmartre par trois hommes qui lui auraient coupé le pouce de la main droite ; mais le marchand de vin de chez qui il sortait déclare que, « voulant mettre celui-ci à la porte de son cabaret, parce qu'il s'y battait, cet homme avait enfoncé une vitre avec sa main, et s'était coupé le pouce… »[156]. D'autres, accusés d'attaques nocturnes, se font de fausses blessures (au bras gauche…), afin de feindre d'avoir eux-mêmes été victimes d'une agression[157]. La hâblerie peut s'en mêler : Lapotère, qui prétendait avoir été attaqué le long du canal Saint-Martin le 23 novembre 1826, avoue à Vidocq qu'il avait menti pour se faire valoir. Certaines victimes supposées, enfin, imaginent de faire croire qu'elles ont été volées, afin de se soustraire à leurs créanciers, ou aux récriminations de leur épouse, après avoir bu leur paye au cabaret[158].

Le jeu des méprises et des malentendus nocturnes permet, lui aussi, d'avoir une idée combinée de l'intensité des défiances et de l'ampleur de la confusion. Dans ce Paris affolé du règne de Charles X, la suspicion se généralise, et le moindre bruissement déclenche un réflexe de défense. La terreur de l'automne 1826 est génératrice, en effet, d'innombrables quiproquos, qui transforment le drame potentiel en scène grotesque[159]. Ici encore, les exemples foisonnent. On apprend ainsi que Lebel, trompette de gendarmerie qui disait avoir été attaqué rue Cassette, à minuit, le 16 novembre 1826, a en réalité fui à l'approche d'une patrouille d'agents de police, dont l'allure conspiratrice l'a terrifié : « Il a raconté son effroi dans le quartier, les journaux s'en sont emparés, et l'ont raconté comme le résultat d'une attaque nocturne[160]. » Assaillants et assaillis se confondent souvent : dans la nuit du 19 au 20 novembre 1826, « Les SS. Fontan et Vernon, rencontrant rue de Vaugirard les deux frères Beaugi, ceux-ci se croyant attaqués, ils fondent sur les premiers qui se croient également l'objet d'une agression nocturne. Enfin, après une lutte et des coups, ils reconnaissent leur erreur[161]. » Le 20 novembre 1826, la *Gazette des tribunaux* observait d'ailleurs que « les attaques nocturnes, qui se renouvellent si fréquemment depuis quelque temps ont fait naître partout la méfiance », et que « les personnes obligées de se trouver encore à minuit dans les rues de Paris observent avec anxiété tous les passants qu'elles rencontrent ». De Houillon, cordonnier du faubourg Saint-Martin assurant avoir été frappé de deux coups de couteau le 25 novembre, on dit qu'il « paraît avoir l'esprit égaré : on soupçonne que cette prétendue attaque est le résultat de la terreur imaginaire »[162]. Il est aussi des noctambules facétieux pour ne pas dédaigner la farce, comme ces deux charpentiers d'habitude irréprochables, mais un peu dissipés, qui comparaissent aux assises le 7 février 1827 pour une attaque commise le 22 octobre 1826 dans la plaine de Montrouge : « Ces hommes, la tête remplie du récit de ces vols nocturnes que les journaux exagéraient ou inventaient chaque jour, avaient trouvé plaisant d'effrayer le vieux Bernier pour lui faire payer du vin » (l'un d'eux se voit tout de même infliger par le jury deux ans de prison, ce que le président des assises lui-même trouve sévère pour une affaire bénigne)[163].

Au milieu des années 1830, les frissons nocturnes gagnent de nouveau la capitale. Mais le précédent de 1826, présent à tous les esprits, déclenche une mobilisation plus prompte des habitants, dont certains organisent eux-mêmes leur défense, dans le cadre du quartier – la répétition des épisodes insurrectionnels au cours des années 1830 ayant peut-être facilité l'instauration de tels automatismes. En août 1836, c'est le faubourg Saint-Germain qui tremble ; et les chassés-croisés nocturnes ne tardent pas à resurgir, au rythme des patrouilles spontanées des habitants. La *Gazette des tribunaux* signale par exemple, le 9 août, que « M. Lejars, pâtissier au théâtre du Luxembourg, deux de ses garçons [...], MM. Dufetel, étudiant en médecine et Gesler, médecin, ayant entendu parler de l'attaque exercée contre le capitaine Billoux, s'armèrent les premiers de grands couteaux de cuisine, les autres de bâtons, et parcoururent les rues voisines pour découvrir les malfaiteurs. Ils furent eux-mêmes arrêtés par d'autres personnes qui s'étaient mises en compagnie dans la même intention. De là l'erreur qui a grossi en apparence le nombre de ces bandits ». Le 15 août 1836, le même journal indique que la veille, « au milieu de la nuit, une ronde de police débouchait de la rue de Fourcy, lorsqu'elle aperçut un individu qui en tenait un autre au collet, et le traînait après lui en lui mettant sur la poitrine le canon d'un pistolet ». On apprend qu'il s'agit en réalité du nommé Fournol, porteur aux Halles, qui « après avoir fait une copieuse libation, cherchait à regagner son gîte, tout en heurtant les murailles. Apercevant un individu qui venait à lui, il voulut poliment demander son chemin ; mais l'incertitude de sa marche, l'heure avancée de la nuit, et peut-être aussi la peur qui grossit tout, firent croire au passant (un horloger de la rue Saint-Denis) qu'il avait affaire à un voleur. Aussitôt il saisit le pistolet qu'il portait par précaution depuis deux jours... »[164]. Sous la monarchie de Juillet, le décodage des attitudes nocturnes des uns et des autres se fait plus vétilleux, et plus explicite le besoin de purger la voie publique de ses parasites, au point de susciter des « milices » improvisées, soucieuses de pallier les manquements publics.

À la fin de la décennie 1830, la réputation terrible des nuits parisiennes est donc durablement installée. L'attaque nocturne est définie comme un risque chronique de la grande ville, risque qui ne connaîtrait que d'éphémères et illusoires accalmies. Le 23 octobre 1839, constatant que « les journaux ne se font habituellement aucun scrupule d'inquiéter la population de Paris par des récits d'attaque nocturne », la *Gazette des tribunaux*, qui se place toujours un peu en surplomb par rapport aux autres titres, procède à un décompte voulu rassurant, dont il ressort que les neuf premiers mois de l'année 1839 n'ont abrité « que » 47 agressions de ce type à Paris. Cela suffit pourtant à légitimer les angoisses collectives. Cette continuité de la peur, qui persiste de façon au moins latente tout au long du règne de Louis-Philippe[165], s'explique notamment par un délai plus long entre le constat des crimes nocturnes dans la presse et leur dénouement aux assises. On apprend ainsi que les « exploits » de certains membres de la bande des Escarpes, jugée en novembre 1844, remontent à 1836 – tandis que les détrousseurs de 1826 avaient, pour la plupart, été arrêtés et condamnés dès le début de l'année 1827. Le procès de cette bande des Escarpes consacre donc, sans en délivrer tout à fait les Parisiens, un long sentiment d'épouvante vis-à-vis de l'obscurité assassine[166]. Et pendant ce « moment Guizot » à la tranquillité trompeuse, les témoins mondains de la vie parisienne s'émeuvent des traumatismes nocturnes qui tourmentent la ville en profondeur. Delphine de Girardin enregistre le phénomène le 21 décembre 1844 dans ses chroniques : « Nous voilà revenus aux jours heureux du Moyen Âge, alors que les rues étaient désertes et sombres, et qu'on n'osait sortir après le couvre-feu que bien armé de sa bonne dague de Tolède [...]. On n'entend parler depuis un mois que d'attaques nocturnes, de guet-apens, de vols audacieux.[...]. Après 8 h du soir, tout homme qui marche derrière vous est suspect ; vous écoutez le bruit de ses pas avec effroi ; vous saisissez votre arme, et, bravement, vous vous arrêtez pour le laisser passer ; mais à peine est-il passé devant vous que la situation change : c'est vous-même qui lui devenez suspect », pour que chacun découvre enfin qu'il a affaire à un ami qu'il n'avait pas reconnu[167]... Le 13 janvier 1845, Victor de Balabine, secrétaire de l'ambassade de Russie, confie à son journal des réflexions où s'exprime plus schématiquement l'intensité de la peur sociale, traduite en une manichéenne opposition géographique : « Avec le froid, d'épais brouillards sont venus envelopper Paris de leur impénétrable et mystérieux linceul. C'en était assez pour que le crime, ce fils de la misère, descendît dans la rue et jetât l'effroi dans l'âme du piéton attardé. De ces quartiers sombres et isolés que ne connaît pas, même de nom, l'opulent habitant des quartiers riches qu'inondent de lumière des milliers de réverbères, les escarpes, car c'est là le nom de ce fléau, se rapprochant peu à peu, s'enhardissant par le succès facile de leurs entreprises nocturnes, vinrent fondre dans nos quartiers. [...] Les escarpes cependant, et c'est justice à leur rendre, ne vous assassinaient que si vous résistiez et, le plus souvent, se contentaient de vous étourdir pour vous dévaliser[168]. »

Ce type de témoignage, selon lequel les heures tardives creusent dramatiquement le fossé entre « honnêtes gens » et « classes dangereuses » pour le « combler » ensuite par l'agression, participe de la polémique sur les défauts du système de surveillance nocturne de la capitale. L'article consacré à la sûreté des rues par la *Gazette municipale de la ville de Paris et du département de la Seine* en octobre 1844 se veut plus mesuré mais ferme, comme *Le Journal de Paris* en 1826 :

« Sans doute, un certain nombre de faits annoncés par les journaux ne sont pas d'une rigoureuse exactitude, quelques-uns sont exagérés, d'autres mêmes complètement faux ; mais ce que l'on ne peut nier c'est que que, malgré la surveillance de la police, il se commette chaque jour des crimes contre les choses et contre les personnes [...]. Toutes ces bandes qui garnissent, à tour de rôle, les bancs des assises, toutes ces arrestations que la police annonce et qui lui font honneur, ont eu pour origine d'innombrables attaques nocturnes, des bas-faits plus ou moins mémorables qui ont causé de nombreuses victimes[169]. » La prolifération subite du thème criminel n'aurait qu'une autonomie partielle vis-à-vis d'une réalité dont elle est l'écume. Toutefois, à l'heure où la *Gazette des tribunaux* s'efforce, au sujet des « escarpes », de ne pas verser dans la surenchère (mais la froideur, toute crédible, du simple compte rendu, n'est-elle pas, d'une autre façon, productrice d'anxiété ?)[170], *Le Constitutionnel* (quelques mois après la publication des *Mystères de Paris*), donne au récit des méfaits nocturnes qui s'étalent alors aux assises une forme tout à fait feuilletonesque (on pourrait aussi songer au prologue d'un mélodrame du boulevard du Crime). Le 27 novembre 1844, on y trouve une reconstitution très noire des crimes passés des « Étrangleurs ». L'article s'ouvre ainsi : « Par une nuit sombre de l'année 1836, trois individus couverts de blouses, ayant aux pieds des chaussons de lisière qui amortissaient le bruit de leurs pas, se trouvaient au coin de la rue du faubourg du Temple. » Ces deux hommes, accompagnés d'un enfant pâle et grêle, se concertent à voix basse – « À ce moment, on vit s'avancer dans les ténèbres un jeune homme vêtu du costume élégant qu'on porte dans les bals. Tout à coup, avec le bond du tigre, l'un de ceux qui attendaient leur proie s'élance sur ce jeune homme, le saisit à la gorge et le contient par terre. Le second s'empara de ses jambes et le condamna à l'immobilité. Ils s'adressèrent alors à l'enfant qui les accompagnait : “Viens, fouille-le.” L'enfant obéit. Il prit 40 F en or, quelques bijoux ; puis, tout ému de son action, il se retira à quelque distance, suivant d'un œil inquiet les suites de cette scène affreuse. Il entendit quelques cris étouffés, un râle d'agonie. Les deux assassins continuèrent à frapper. » Ils jettent enfin le corps dans le canal Saint-Martin, et la scène se clôt sur elle-même : « Un bruit sourd retentit : l'eau se referma, et tout fut dit... » En matière de délinquance nocturne, la narration et la fascination pour le mystère l'emportent spontanément, à l'époque d'Eugène Sue, sur l'information brute.

La réponse des tenants de l'ordre public à ces peurs collectives et à leur mise en scène journalistique est évidemment la razzia (nocturne, elle aussi) dans le vivier supposé des « classes dangereuses ». Dans la *Gazette des tribunaux*, l'exposé de ces opérations purificatrices, placé dans la chronique, doit former une sorte d'antidote immédiat au récit des procès d'escarpes, à l'exploration de leurs desseins ténébreux. En même temps, le récit des rafles nocturnes confirme le pressentiment, de plus en plus répandu, de l'existence même d'un tel vivier, de son caractère inépuisable, d'où les effets contradictoires de telles informations. Ainsi, le 12 novembre 1826, on observe dans ce journal que la nuit précédente, « des patrouilles ont parcouru de nouveau la commune de La Villette et les quartiers de Paris. Quinze individus ont été arrêtés. Des confrontations ont eu lieu [...] et on a découvert quelques-uns des malfaiteurs nocturnes qui infestent en ce moment les rues de la capitale ». Le 17 août 1836, alors que les attaques nocturnes semblent pulluler de nouveau, la police de sûreté annonce avoir arrêté plus de quarante repris de justice compromis dans les agressions récentes – mais c'est pour reconnaître dès le 3 septembre que la majorité des prévenus ont dû être remis en liberté, faute de preuves[171]... Le 20 décembre 1844, on proclame encore dans *Le Constitutionnel* que des rafles ont été opérées pendant les nuits précédentes dans les lieux mal famés de la barrière des Martyrs, de la barrière Montmartre, des Halles et des boulevards extérieurs : au milieu de l'« orgie », des « rixes » et des « danses indécentes », quarante récidivistes ou forçats évadés auraient été capturés, afin d'épurer complètement Paris des « débris » des bandes précédemment démantelées. Affrontées à une obscurité sociale plus massive et à une exigence de sécurité nocturne plus contraignante, les autorités policières de la fin de la monarchie de Juillet accélèrent le rythme de leurs ponctions dans les bas-fonds, de la réalité desquels personne ne doute plus. En janvier 1845 reprend donc la litanie de la chasse aux criminels de l'ombre, et le chiffre de « quarante voleurs » revient, presque magiquement, comme dans un conte oriental : « À la Halle particulièrement et dans ses environs, au quartier de la place Maubert, dans les faubourgs Saint-Marceau et Saint-Jacques, aux barrières des Martyrs, de la Courtille, du Montparnasse, de l'École militaire, les arrestations ont porté sur des libérés en rupture de ban, sur des gens sans aveu et sans domicile connu, signalés comme ne vivant que de coupables industries[172]. » Bientôt, l'explosion de l'insurrection effacera les frontières de ces poches d'ombre sociale, relativement circonscrites, pour donner l'impression aux gens de bien que la populace et la noirceur se sont éparpillées dans Paris tout entier.

Tout aussi énigmatique que la logique de son affleurement s'avère la lente érosion des rumeurs sur la nuit mortifère, que l'extériorisation des angoisses dans un long procès d'assises suffit apparemment à dissiper pour quelque temps. Ces vivantes fièvres collectives retombent d'elles-mêmes, après une sorte d'auto-épuisement[173], qui ne signifie pas pour autant que les anxiétés profondes soient apaisées, mais simplement que l'intérêt pour leur médiatisation s'émousse. Les hantises nocturnes sont fuyantes de leur naissance à leur mort, quittant au bout de quelques semaines une ville interloquée mais brusquement muette. Les hommes au pouvoir interprètent évidemment cette trêve comme la preuve de leur efficacité personnelle, ainsi que le fait le procureur général de Paris en janvier 1827, mêlant criminalité effective et bruits colportés sur elle dans un même opprobre : « L'action de la justice a imposé aux malfaiteurs, comme à ceux dont les publications inconsidérées avaient jeté l'effroi dans la capitale. Tout est rentré dans l'ordre ; les vols nocturnes ne sont pas plus fréquents à Paris qu'autrefois, et les journaux n'en parlent plus[174]. » Plus sceptique, Delphine de Girardin s'étonne de cette versatilité citadine comme d'un signe d'immaturité de l'opinion dans ses chroniques, le 25 janvier 1845 : « Il y a un mois, nous l'avons dit, Paris était dans la stupeur, on ne parlait que d'assassins, on ne voyait que des victimes ; telle femme était tombée suffoquée par un affreux masque de poix, tel jeune homme avait été frappé de dix coups de stylet [...] ; l'on s'armait de couteaux et de poignards malgré la loi [...] : défense de se défendre. Eh bien, aujourd'hui, de toute cette belle peur, il ne reste rien, absolument rien ; on nous a repris, l'une après l'autre, toutes ces affreuses nouvelles qu'on nous avait données. [...] l'attaque nocturne contre le jeune dandy n'était qu'un roman, le malfaiteur n'était qu'un rival. [...] On est en train de confiance, c'est la veine. [...] Les brigands auront beau jeu, pendant quelque temps du moins ; on ne croit plus en eux[175]. » Autour des dangers nocturnes des rues parisiennes, réels ou fantasmés, se relaient les certitudes et les interrogations sociales capables, tour à tour, de désunir et de ressouder la communauté des habitants de la grande ville.

Quoi qu'il en soit, on peut dater des monarchies censitaires l'émergence d'un discours sur les périls spécifiques du Paris nocturne (ou son retour, la période révolutionnaire et impériale restant, dans ce domaine, une grande inconnue), périls qui s'illustrent en une succession de vagues criminelles de plus en plus répétées à mesure que l'on s'approche de 1848. Ainsi s'explique la réitération des conseils de prudence adressés aux étrangers, aux provinciaux et aux Parisiens les moins familiers de l'ombre, à l'endroit desquels se multiplient les recommandations destinées à les prémunir contre la fausse tranquillité nocturne d'une capitale où l'adresse des criminels le disputerait à leur brutalité. Dès 1815, dans ses *Winter Evenings in Paris*, Benjamin Brevity déconseillait aux étrangers de se trouver dans les rues de Paris après la fermeture des magasins, de prolonger leur séjour au café ou au restaurant, ou encore de demander qu'on leur montrât l'emplacement de la morgue lorsqu'ils se promenaient la nuit sur les quais, sous peine de ne plus jamais pouvoir y flâner[176]... Quelques années plus tard, *Le Paravoleur* de Vidocq fait encore de cette circonspection nocturne une règle d'or, dans la guerre de ruses instaurée entre ceux qui possèdent et ceux qui n'ont rien, guerre excluant, après minuit, toute forme de commisération : « Quand, en passant dans une rue déserte ou mal éclairée, vous rencontrez un homme chancelant, cherchant un appui contre la muraille, et toujours prêt à tomber sur vous, parlez-lui d'une voix ferme, menacez-le de votre canne ou d'une arme que vous n'avez pas, et vous le verrez prendre l'autre côté de la rue, chanceler encore une fois ou deux, puis marcher droit et disparaître » ; pareillement : « Si, dans un endroit peu fréquenté, vous trouvez le long de la muraille un homme assis à terre, poussant des gémissements, et paraissant souffrant ou blessé, gardez-vous d'en approcher : au moment que vous vous baisserez pour lui porter secours, il vous jettera deux bras nerveux autour du cou, vous tiendra comme dans un étau ; deux ou trois de ses affidés tomberont sur vous, vous dépouilleront et disparaîtront avec lui, sans que vous deviniez quel chemin la bande a pu prendre[177]. »

Il faut, en somme, traverser le Paris de la nuit, là où il est trop farouche, le plus rapidement et le plus discrètement possible, sans un regard pour ses silhouettes obscures, en prenant garde à ne jamais avoir l'air « provincial ». La nuit des monarchies censitaires durcit, en un sens, les préjugés de classe du jour, et radicalise la défiance réciproque des passants, la mixité sociale et la procession mécanique des foules diurnes n'ayant plus cours passé un certain seuil horaire. En même temps, ce souci croissant de la sûreté nocturne des honnêtes gens atteste, plus que l'accroissement objectif des risques, l'intensification des allées et venues tardives dans le Paris de cette époque. L'art nouveau de se conduire prudemment dans les rues obscures, enseigné par divers opuscules, est sans doute le fait d'une époque de passage vers la banalisation du noctambulisme. Les parcourant davantage que par le passé, les Parisiens du deuxième tiers du XIXe siècle se persuadent toutefois périodiquement (par une sorte de retour imaginaire aux frilosités moyen-âgeuses) que leurs rues recèlent, aux heures sombres, le pire de ce qui peut leur arriver. Retranchés chez eux lorsque la ville frissonne, ils sont tentés de se plonger avec une fascination horrifiée dans l'exploration livresque de bas-fonds dont les méfaits ne seraient que la manifestation la plus tangible, le seul point de contact avec la population ordinaire. Ils apprennent donc peu à peu que les membres du Paris ombreux vivent, dans un autre monde, forcément obscur, une vie sur laquelle les principes régulateurs de la société libérale et bourgeoise n'ont qu'une faible influence.

UNE CONTRE-SOCIÉTÉ NOCTURNE ? LA « NATION SOUTERRAINE[178] »

Si l'on en croit Frégier, « les voleurs consommés se piquent de connaître et connaissent en effet l'organisation des grandes villes, ainsi que les replis et les détours de la vie sociale »[179]. Dans l'obscurité, cette science particulière des villes (plus fruste et plus instinctive chez les voleurs de nuit, brutaux plutôt que rusés ?) permettrait à la sous-société criminelle d'espérer ressources et divertissements faciles. La capitale corromprait et conforterait dans leurs penchants funestes les individus les plus anomiques, en même temps qu'elle promeut le bien-être matériel et l'hédonisme – fins que certains cherchent dès lors à atteindre par de vils moyens, par le raccourci qu'est l'illégalité. Les heures de nuit fonctionnent ici encore, entre 1815 et 1848, comme une sorte de coulisse de la société parisienne officielle, comme le révélateur de ses tensions sous-jacentes.

Sous la monarchie de Juillet, la société bourgeoise, contestée dans son assurance libérale, aperçoit donc le Paris ténébreux comme l'espace d'une conspiration, d'une émeute larvée, dont les instigateurs se caractériseraient par une sorte de « différence anthropologique radicale »[180], une brutalité les privant d'une partie de leur humanité. Ces noctambules mal intentionnés sont apparemment les barbares d'entre les « barbares », eux-mêmes définis par Emmanuel Fureix comme tous ceux qui « menace[nt] la société post-révolutionnaire de l'intérieur », et en révèlent donc indirectement les normes[181]. La sous-culture qu'ils ont élaborée dans l'ombre assurerait la pérennité de leurs conduites criminelles, retournées en modes de vie, et les placerait hors de portée des injonctions des élites conservatrices. Ces dernières découvrent en effet les « bas-fonds » parisiens comme la face la plus repoussante de la « question sociale », face qui permet de dissiper tout sentiment de culpabilité à l'égard d'un peuple dont les nuits innommables signaleraient la perversion morale.

S'agissant des discours et des représentations dominantes, le processus de différenciation nocturne des « classes laborieuses » et des « classes dangereuses » parisiennes semble pourtant se vérifier entre la Restauration et la monarchie de Juillet, préludant à une marginalisation plus générale des « illégalismes ». Déjà pointe, isolée par le contretemps qui ordonne son existence, l'« armée du crime », la « république » des malveillances ombreuses, parfaite antithèse du cercle respectable des notables, puis de la communauté lumineuse du Peuple responsable et souverain. Cette quasi-secte est retranchée, avec ses mœurs, sa morale et son langage propres, derrière une sorte de frontière commodément matérialisée par le coucher du soleil. Ainsi, dans l'érudition horrifiée des bourgeois de la monarchie de Juillet, les noms des grappes de criminels qui se bousculent aux assises dans les années 1840 alternent-ils avec ceux des héros de romans-feuilletons[182]. Et s'actualise alors la nécessité de connaître les lieux, les rythmes, les codes qui régissent l'existence de ces espèces nocturnes, lesquelles entremêlent, pour nombre de Parisiens du temps, des personnages de fiction et des êtres de chair. Ce savoir ambigu sur le crime nocturne, se diffusant plus spécifiquement dans les années 1840, esquisse les contours d'un complot contre la civilisation, déjoué au tribunal étape après étape. De ces procès en chaîne, qui se succèdent dans la deuxième moitié du règne de Louis-Philippe, on se demande s'ils ne terrorisent pas l'opinion par l'exposé minutieux des audaces nocturnes de la plèbe autant qu'ils la rassérènent ensuite par l'énumération des lourdes peines prononcées contre ceux qu'on a préalablement et longuement dépeints comme de nuisibles oiseaux de nuit.

Repaires et comportements : le « monde obscur »

Si contre-société nocturne il y a, l'appréhension de ce monde méconnu relève spontanément de l'exploration, du dévoilement. En ce sens, la référence fréquente aux cours des Miracles de l'ancien Paris[183] traduit la perception du monde criminel nocturne du premier XIXe siècle comme une indésirable rémanence du passé – s'il est vrai, ainsi que le pense Christian Amalvi, que « la génération cultivée de 1830 décrit le Moyen Âge comme une splendide cathédrale gothique encerclée par l'inquiétante Cour des Miracles grouillante de gueux et enveloppée par la fumée de sinistres bûchers allumés par des inquisiteurs fanatiques »[184] (vision reproduisant le double rejet libéral du péril clérical et des classes dangereuses). Et en matière criminelle, les « siècles noirs » passent pour ne s'être pas arrêtés avec la Renaissance : quelques années après la parution de *Notre-Dame de Paris*[185], en 1834, Henry Martin évoque dans le *Nouveau Tableau de Paris au XIXe siècle* ce XVIIe siècle où « les *Cours des Miracles*, provinces hideuses du royaume d'Argot, offrent toujours un repaire assuré à des milliers de *mauvais pauvres*, que chaque nuit change en larrons et en meurtriers »[186]. Toute tache sombre sur la carte du Paris moderne convoque ensuite cette image de ville (délinquante) dans la ville, d'occlusion criminelle tenace. Le regard rétrospectif posé par Du Camp sur le Paris du premier XIXe siècle procède du même réflexe : selon lui, jusqu'en 1849, l'enclos Saint-Jean-de-Latran (détruit par l'ouverture de la rue des Écoles et du boulevard Saint-Germain), en face du Collège de France, était lui aussi une sorte de cour des Miracles : « C'était une sentine où le soir venaient se remiser tous les estropiés, les monstres à face humaine, les bateleurs, les montreurs d'animaux savants qu'à cette époque encore on laissait circuler dans Paris[187]. »

La dissidence nocturne de l'étrange peuplade des classes dangereuses, sorte de tribu des cavernes ou de horde médiévale, trouve pareillement dans le motif du souterrain une concrétisation marquante. Les « bas-fonds » n'ont-ils pas d'abord une signification topographique ? Nombre de commentateurs ont mis en évidence, par exemple, le rôle clé de la Seine dans *Les Mystères de Paris* : l'île de la Cité, la cave du cabaret de Bras-Rouge (véritable « terrier » humain) au Cours-la-Reine, et l'île des Ravageurs, à Asnières, où sévissent les pirates d'eau douce que sont les Martial, forment la limite inférieure, boueuse, d'une société instable (car ses fondations sont noyées de fange), et relient entre eux les malfaisants. Alain Pessin observe donc que, dans ce roman, le mal prend volontiers la forme d'une dérive et d'une liquéfaction : « Les images de l'eau, et d'une eau lourde et maléfique, accompagnent la plupart du temps ce trajet de descente fatale. La topographie entière du Paris mystérieux est composée de niveaux, de marches qui ne peuvent qu'être descendues. Les hommes s'y enfoncent, s'y tapissent, y rampent. Paris lui-même n'est qu'un vaisseau malade, percé de voies d'eau[188]. » La tendance est prolongée en 1852 par Marc-Fournier dans *Les Nuits de la Seine*[189], mélodrame représenté au théâtre de la Porte Saint-Martin avec un grand succès. Il met en scène, dans le Paris de 1822 (car nous sommes censément, en 1852, au temps où l'exploration de l'ombre ne peut plus être que rétrospective), une bande de voleurs nocturnes et de rôdeurs de rivière appelés Poussier, Frise-Linotte, Torpille et Ruclon. Ce sont les « rats de Seine »[190], qui se donnent rendez-vous dans le cabaret clandestin (situé sur une berge éloignée du centre de la capitale) du vil Mariolle, lequel redevient, le jour, le brave cabaretier François[191].

Il est inutile de s'appesantir, par ailleurs, sur la place conférée par Hugo au souterrain ténébreux dans le double phénomène d'exclusion et de rédemption des « misérables ». L'égout, c'est « de la nuit »[192], la « caverne »[193] de la grande ville. De fait, la quête permanente d'invisibilité qui est celle des hors-la-loi dans le Paris du XIXe siècle peut alimenter concrètement ces représentations. Ainsi, le 7 octobre 1816, « les nommés François Binet, domestique sans place et sans domicile, Pierre Marie, carrier de profession, et Joseph Bain ont été arrêtés tous les trois à 11 h du soir derrière les abattoirs de Montmartre, cachés dans un souterrain. Ces hommes ont été déposés au poste de la place Cadet comme prévenus de faire partie d'une bande de voleurs qui rôdent depuis quelques jours dans ce quartier »[194]. Le 7 février 1827, la *Gazette des tribunaux* indique de même à ses lecteurs que « dans le quartier nouveau qui s'élève du côté du boulevard Poissonnière, près la rue Charles X, il existe plusieurs rues qui ne sont encore que tracées. La place des maisons à construire est remplie par des arbres. Dans une de ces rues, nommée rue de la Chopinette, se trouve un immense buisson de 54 pieds de longueur, extrêmement touffu, et dans l'intérieur duquel on avait pratiqué de petites allées et une salle abritée de toutes parts. C'est dans cette espèce de caverne que s'était retirée une bande de voleurs, qui s'élançaient de là pour attaquer et détrousser les passants [...]. La colonie se retirait pendant le jour dans le buisson ; des bottes de paille servaient de lit ». Les sauvages sachant se faire insoupçonnables, jouer des interstices et rendre l'espace citadin indéchiffrable, le canard présentant les hauts faits de la bande Charpentier en 1842 décrit pour sa part comme un labyrinthe insondable le garni clandestin où ses membres se retrouvaient : « Des cachettes obscures et souterraines, des communications pratiquées dans l'épaisseur des murs ou derrière les plaques de cheminées, des chausses-trappes et faux pans de toiture, donnant le moyen de pénétrer dans les maisons voisines [...] permettaient, au moindre signal, de faire disparaître les objets suspects, et même les individus que l'on viendrait y chercher[195]. » Et l'on sait à quels fantasmes donne lieu, ensuite, la fréquentation nocturne des cavernes des Carrières d'Amérique, difficiles d'accès pour les forces de police[196].

À la surface de la ville, les lieux de séjour des « ténébreux », fuyant jusqu'au moment où ils s'agglomèrent discrètement dans d'ignobles « repaires », sont montrés comme autant d'abcès navrants. La perméabilité du garni insalubre vis-à-vis des incertitudes de la rue, et la facilité d'y masquer son identité, en font un refuge commode. Aux réclamations des logeurs à la nuit de la rue Pierre-Lescot et de la rue Contrescarpe-Saint-Antoine, qui demandent en juillet 1837 à pouvoir recevoir des prostituées, la Préfecture de police oppose une fin de non-recevoir, craignant de multiplier les possibilités d'esquive pour les suspects nocturnes[197]. Le jeu du visible et de l'invisible, du public et du privé (car la vie des marges sociales ne devrait-elle pas être intégralement publique, tant que la moralité y fait défaut ?) préoccupe également Renaudin, ancien employé de la Préfecture, qui écrit le 7 octobre 1842 au préfet : « Les visites de garnis et surtout dans les hôtels à la nuit sont actuellement négligées, et l'insouciance que la police apporte pour ces sortes d'investigations la prive d'une capture de bon nombre de criminels qui restent impunément cachés ou sous de faux noms, comme par exemple dans les rues : du Musée, du Chantre [...], des Poulies, du Pélican, Traversière Saint-Honoré, Saint-Nicolas-d'Antin, Tannerie, Coutellerie, Savonnerie, Vieille Place-aux-Veaux, du Verbois, Cœur Volant... Je signalerai aussi la Chapelle Saint-Denis et le boulevard Saint-Ange (dit du Crime) comme recélant [...] une grande quantité de repris de justice et voleurs de profession[198]. » Paris est ainsi entrevu, sous la monarchie de Juillet, comme truffé de sinistres cachettes, dont on s'étonne que la police les laisse subsister. Car on sait que les criminels nocturnes de 1842 (Vallet, Mirault, Villetard) ou de 1844 étaient des habitués des garnis suspects, où personne ne demande de comptes à personne. En août 1836, c'est d'un « ignoble garni de la rue Planche-Mibray » que seraient partis Poildevache et Teppaz pour leur première expédition sur les bords du canal Saint-Martin ; au procès de cette bande des Escarpes, Loirot avoue : « Je n'avais pas d'endroit ; j'allais dans un garni et puis dans un autre[199]. » La même fonction dissimulatrice est dévolue aux maisons de tolérance, en particulier à celles qui disposent d'une sortie sur l'arrière : « Sans ces demoiselles-là [les « raccrocheuses »], les filoux de Paris ne sauraient où s'esquiver la nuit quand les gendarmes les poursuivent », peut-on lire dans les *Plaintes et révélations nouvellement adressées par les filles de joie* au préfet après l'ordonnance répressive de 1830[200]. La cachette nocturne des classes dangereuses n'abrite pas un sommeil réparateur, ne relève en rien des doux secrets du *home*, mais les soustrait sporadiquement à la rue, lorsqu'elles pressentent que leur souveraineté habituelle y sera contrariée.

Plus facile à saisir paraît le séjour des hommes de l'ombre dans les cabarets louches où ils passent quelques heures, entre débauche et préméditations diverses. Sans doute la passion de peindre les « bouges » et autres « tapis-francs » qui s'empare des littérateurs et chroniqueurs sous Louis-Philippe s'explique-t-elle notamment, en effet, par l'impression de ne pouvoir fixer une image arrêtée du crime nocturne que dans les « repaires » où il stagne épisodiquement, avant de s'emparer de nouveau de la voie publique. Pour Achille Rabasse, le *« Monde obscur »* ne se rencontre que « dans des crèmeries de bas-étage où grouillent entassés pêle-mêle dans une salle basse enfumée, des hommes et des femmes, parmi lesquelles dominent les ignobles prostituées »[201]. Il y a là une insulte permanente à l'ordonnance de police du 8 novembre 1780, qui interdisait à ceux qui tiennent des lieux publics de recevoir chez eux des filles, des vagabonds ou des filous ; mais quelle autre clientèle des cabaretiers eux-mêmes hors-la-loi lorsqu'ils restent ouverts après 11 h du soir peuvent-ils espérer[202] ?... De son côté, Frégier aperçoit les retranchements privilégiés de la classe dangereuse, ceux où prolifèrent les mauvais repaires, dans la Cité, le quartier des Arcis, les quartiers Saint-Honoré, Saint-Jacques et dans le faubourg Saint-Antoine[203]. Quelques mois plus tard, dans son *Mémoire sur les dangers de la prostitution*, Aimé Lucas discerne essentiellement les « estaminets dangereux » et leur « agglomération impure » de gens désœuvrés sur le boulevard du Temple, dans le quartier du Château-d'Eau, sur la place de la Bourse et la place Favart, dans la Cité[204]. L'ensemble du Paris populaire est en fait susceptible d'être contaminé par cette sociabilité tardive, qui est progressivement caricaturée, dans quelques « hauts lieux », par des scènes à l'eau-forte.

En 1844, le procès de la bande des Escarpes, auquel aucun motif de consternation publique ne fait défaut, renforce le dégoût des « bouges » et des « souricières ». Chez Paul Niquet, à toute heure de la nuit, on aurait souvent vu Poildevache et Teppaz arriver en cachant sous leurs blouses des objets à la sonorité suspecte. Selon *Le Constitutionnel* du 1er décembre 1844, la difficulté est donc de poursuivre les malfaiteurs dans leurs lieux de retraite nocturne, lieux clos sur eux-mêmes, et où s'agglutinent les condamnés libérés pour « rentrer dans la conspiration des classes dangereuses contre l'ordre social ». Car dans les « débits de consolations », la physionomie des clients est censée changer avec la venue de la nuit, qui coïncide selon Paul de Kock avec l'arrivée des « hommes à figures suspectes, hétéroclites, dont toute la défroque ne paierait point le petit verre qu'ils consomment, et qui pourtant sortent quelquefois des poignées d'argent de leur poche. Ces individus, qui ont sans doute leur raison pour ne se montrer que la nuit, arrivent fort tard [...] ; s'ils sont seuls, ils ne tardent pas à être rejoints par des camarades. Ils parlent argot ; ils examinent d'un œil farouche les personnes qui entrent dans la boutique, et ils disparaissent quand ils aperçoivent une patrouille ou un sergent de ville »[205]. C'est ainsi que se révèle la duplicité de la grande ville, candide le jour, machiavélique et inconnaissable pendant la nuit[206].

La stigmatisation pittoresque du « repaire nocturne » de la pègre est bien entendu à son apogée avec *Les Mystères de Paris* et leur fameux tapis-franc de la rue aux Fèves, le cabaret du « Lapin-Blanc » (dont les vitres sont intérieurement enduites de blanc d'Espagne, puisque ce qui s'y passe doit rester discret)[207], ou celui de Bras-Rouge, le « Cœur saignant », aux Champs-Élysées[208]. Dans un quartier de la Cité qui, sous la monarchie de Juillet, ne participe plus à la « respiration urbaine », vit dans une oppressante réclusion, et produit des « mœurs spécifiques »[209], l'observation du crime se fait comme dans un milieu fermé, et selon une présentation réaliste. Le succès du roman d'Eugène Sue déclenche donc rapidement une curiosité touristique[210] pour la rue aux Fèves et le cabaret du Lapin-Blanc, qui en réalité n'existait pas, mais dont un marchand de vin aurait opportunément créé dès 1844 une sorte de réplique, dans cette même rue[211]. Pour mieux frissonner, les curieux y viennent la nuit, mais sont déçus par l'aspect bon enfant du lieu, dont les habitués sont d'honnêtes gens du quartier[212]. Transportés de la fiction dans la réalité, les mystères du Paris d'avant 1848 subissent une espèce de désenchantement ; ils ne se trouvent apparemment jamais là où on les guette, et la désillusion rend leur conquête plus désirable encore.

Les dénégations imposées par la réalité à la fiction n'empêchent pas la multiplication, dans ces années inquiètes, de tableaux des repaires criminels parisiens comme parcelles de l'enfer nocturne, chargés d'un air lourd de mauvaises pensées et de miasmes. Le *Paris la nuit, silhouettes* d'Édouard Gourdon, en 1842, relève de cette tendance : à la halle, le narrateur entre dans un cabaret sordide, pour constater que les « faces hideuses » des consommateurs « projetaient sur les murs des ombres fantastiques qui s'embrassaient, se mordaient, s'allongeaient jusqu'au plafond ou rampaient sur le sol. On riait, on buvait et on chantait » ; il se croit donc à la cour des Miracles[213]. *Les Mohicans de Paris* s'ouvrent sur une longue scène nocturne d'une tonalité assez similaire : une nuit de carnaval, en 1827, un poète, un peintre et un médecin arrivent chez Bordier, à la Halle[214], où ils sont impliqués dans une bataille contre des gens supects et ivres (dont Jean Taureau, criminel d'une force surhumaine, et Croc-en-Jambe, ravageur), puis secourus par un inconnu, Salvator, carbonaro et maître mystérieux du Paris populaire[215]. Et l'antre réserve des surprises : « Au 3e, c'était pis encore. Il y avait sur les tables et sous les tables, sur les bancs et sous les bancs une cinquantaine de créatures humaines[…].Un seul quinquet éclairait ténébreusement la salle. On eût dit la lampe d'un sépulcre, si de rauques ronflements partis de quelques poitrines n'eussent hautement révélé l'existence matérielle de ces ivrognes morts intellectuellement[216]. » Puis, la bagarre déclenche « des vociférations semblables aux rugissements de la mer pendant l'orage. C'était l'écume de la halle qui montait, et bientôt, par la porte béante, on vit la salle s'emplir de personnages étranges, avinés, hébétés »[217]. On sort alors les couteaux : « Le vin était bu, le sang allait couler : les choses suivaient la progression ordinaire »[218] ; ce qui serait extraordinaire de jour est rendu banal par la nature indomptable du peuple nocturne.

Sur fond de sang et d'orgie, à chaque bande de malfaiteurs nocturnes correspondrait un repaire particulier, comme à certaines espèces animales correspond un terrier. Pour le dire, Vidocq préfère user de la comparaison guerrière : « Le quartier général de chaque troupe est ordinairement un mauvais cabaret enfumé […]. C'est là que se tiennent les chefs principaux qui, sur un banc éclopé, dirigent les manœuvres extérieures, poussent des reconnaissances, font commencer l'attaque, envoient du renfort où besoin est, et suivant les avis qu'ils reçoivent, ordonnent la retraite, et reçoivent les blessés et les vaincus. Le maître de la maison est ordinairement chargé de la garde du butin[219]. » Faux lieu public, le repaire se signale dès lors par la résistance qu'il oppose à la pénétration de qui n'appartient pas au camp de l'obscurité ; spatialement réduit, il n'accueille que des affidés[220]. Dans cette liste officieuse, des noms reviennent souvent : la Souricière, aux Halles ; le cabaret du Petit-Ramponneau, à Belleville ; les Quatre-Billards et le Caveau, boulevard du Temple[221]. Ces lieux infâmes, dont on s'étonne qu'ils puissent encore servir de souricière étant donné la publicité qui leur est faite par les littérateurs, ne seraient tolérés par la police que pour faciliter la capture de ces hommes-ombres qui lui échappent trop souvent. Le 8 février 1845, par exemple, on effectue une rafle de 297 « suspects » dans les estaminets souterrains du boulevard du Temple, après avoir encerclé cette foule compacte ; parmi eux, une centaine de repris de justice ou de membres de bandes criminelles auraient été maintenus en état d'arrestation[222].

Littérairement dissimulée derrière de sombres voiles, qui cachent autant qu'ils révèlent, la logique de ces regroupements criminels, de cette concentration dans un certain nombre de « repaires » plus ou moins clandestins est pourtant relativement limpide. Il s'agit, pour les malfaiteurs, de disposer d'un lieu de « conciliabules » dans l'élaboration qui précède et dans la délibération qui suit leurs expéditions sur la voie publique[223]. Il s'agit également de dépenser un temps libre dont la plupart des ouvriers réputés honnêtes ne disposent pas dans la même mesure. Le repaire est donc indissociable de la bande, qui en fait son domicile collectif. Et pour ces machinations supposées, le Paris de la nuit use bien entendu de l'argot – Hugo remarque donc, en un constat ramassé, que pour les hors-la-loi, « l'idée de l'homme ne se sépare pas de l'idée de l'ombre. La nuit se dit la *sorgue* ; l'homme, l'*orgue*. L'homme est un dérivé de la nuit »[224]. Si la nuit se dit la *sorgue*, la pauvreté est la *philosophie*[225] ; le voleur de nuit, le *doubleux de sorgue* ; l'assassin, l'*escarpe* ; le réverbère, le *pendu glacé* ; le gendarme, le *balai* ; la patrouille, la *patraque* ; la patrouille grise, la *gafe de sorgue* ; le corps de garde, le *corps de grives* ; minuit se dit *nègre* ; la lune, plus versatile, est appelée la *moucharde*, la *cafarde*, la *cardinale* ou la *luisante*[226]. Le peuple des marges possède ses mots propres pour vivre l'expérience chaotique des « heures noires ». Dans ce registre, Vidocq cite encore une « Chanson morale » où s'exprime la prédilection nocturne des malfaiteurs parisiens : « Un jour à la Croix-Rouge, / Nous étions dix à douze, / Tous pègres de renom ; / Nous attendions la sorgue / Voulant poisser des bogues [voler des montres] / Pour faire du billon[227]. »

Prétendant en 1844 livrer les *Vrais Mystères de Paris*, le même Vidocq fait le portrait d'une bande très structurée, dont le chef dispense des instructions dans un tapis-franc (« Chez la mère Sans-Refus »...) à la tombée de la nuit, avant que ses complices ne s'égaillent à la surface de la ville pour y commettre vols au poivrier, attaques nocturnes et vols à la venterne : « Il y aura gras pendant la sorgue » (le butin de la nuit sera gros), se disent-ils[228]. Et *Le Constitutionnel* du 1er décembre 1844 assure que dans les bouges parisiens, les jeunes ouvriers peu courageux glissent inéluctablement vers le mal, car « à la lueur de l'alcool, au bruit des éclats de rire et des applaudissements, au milieu d'un auditoire composé d'apprentis-voleurs et de filles perdues, d'anciens forçats s'érigent en professeurs émérites du crime ». D'ailleurs, Vallet, Mirault et Villetard étaient des habitués des cabarets de la Courtille[229]. Norbert et Dépré, jugés le 1er février 1843, se voyaient dans les cabarets des barrières[230]. Au procès des Escarpes, Teppaz raconte : « J'ai connu Fourrier en 1843, chez un marchand de vins [...] rue de Bièvre. J'ai dévalisé un homme ivre, et Fourrier, qui m'avait vu faire, m'a dit : "Part à deux." J'ai partagé avec lui, nous avons été à Belleville, et il m'a proposé de travailler ensemble, ce que j'ai accepté[231]. » Au procès de la même bande, on rapporte que Magnier, sortant du bagne en mai 1843, a aussitôt rencontré Loirot, qu'il avait connu au bagne, chez le marchand de vin Mulot. Ce soir-là, ils boivent pendant des heures, puis rebasculent dans le crime en dévalisant un homme ivre. Le cabaret de Mulot devient ensuite le point de départ d'entreprises nocturnes moins improvisées[232]. Membre de la bande des Endormeurs, spécialisés dans le vol commis contre les gens ivres, Lemay retrace de même, le 20 septembre 1845, la généalogie du crime, fortement lié aux habitudes de la sociabilité nocturne : « Une nuit, j'étais près de la Halle avec ma maîtresse. Labriche me rencontra et me fit remarquer un homme qui dormait près d'une borne. Il me dit : “Lemay, si tu veux, nous allons le voler, et s’il fait résistance nous lui tordrons le cou” […]. Nous avons été ensuite chez un marchand de vins, nous y avons pris un bol de vin sucré. Une dispute s’est élevée, et nous a forcés à sortir. Après cela, nous avons été prendre un potage à la halle[233]. »

Après leurs méfaits nocturnes, les voleurs sont censés aimer à se vanter de leurs exploits à l’abri de leur bouge de prédilection, puisque leur code d’honneur implique le culte de la force et de l’audace. Ainsi de Jean-Baptiste Maine et de Louis Masse, chiffonniers de 21 et 22 ans, de la fille Garnier, marchande des quatre saisons de 17 ans et d’Alexandre Martin, journalier de 30 ans, retrouvés tous quatre dans un cabaret où ils racontaient fièrement leur attaque nocturne contre un passant au début de la monarchie de Juillet[234]. Un détenu déclare également au procès des Escarpes de 1844 que « bien souvent Cornu s’est vanté dans la prison des attaques nocturnes auxquelles il avait pris part » comme d’autant de titres de gloire[235]. Le partage du butin dans le secret du bouge, où les membres de la bande éparpillés dans les rues obscures convergent à une heure dite, complète le répertoire des scènes attendues. L’inventaire des objets illégalement recueillis s’opère lentement tandis qu’au-dehors, la nuit prend fin. Et la boucle est bouclée lorsque le fruit du crime sert à entretenir le vice, c’est-à-dire la paresse et l’alcool – piliers, croit-on, du genre de vie nocturne choisi par les criminels parisiens. C’est avant tout la dissipation du temps et de l’argent par les escarpes qui signale leur dépravation, leur absence d’intégration sociale[236]. Bien avant les apaches, le délinquant parisien le plus nuisible se trahit par le refus des rythmes du travail[237], par l’abandon délétère aux tentations que la grande ville multiplie, sans que son peuple soit suffisamment conditionné pour résister à la tyrannie du désir. La nuit noceuse des ouvriers parisiens est donc un ferment de désunion sociale : ce qui s’ébauche le soir avec la fascination populaire pour les mélodrames du boulevard du Crime peut s’achever, au cœur de la nuit, dans l’assassinat crapuleux.

L’allusion à la manière immorale dont le produit du vol est dépensé par les criminels nocturnes est donc systématique, puisque ce qui régit ou dérègle ces itinéraires serait le goût effréné de la jouissance. Observant du matin au soir, en 1835, les « existences problématiques » (en l’occurrence, celles des souteneurs), Frédéric Soulié insiste sur la désolante indolence des journées de certains Parisiens : « Vous les verrez sortir le matin de quelque rue mal famée, mal éveillés d'un mauvais sommeil, mesurant avec rage les persiennes fermées des paisibles dormeurs des quartiers honnêtes. Ils entrent d'abord chez un marchand de consolation, et avalent sans mâcher quatre ou cinq verres d'eau-de-vie. » Après avoir mollement suivi des yeux les ouvriers qui se rendent à leurs ateliers, ils traînent tout le jour. « Enfin la nuit arrive ; et la patrouille grise, qui se connaît en physionomies, est peu indulgente pour la rencontre de ces messieurs ; aussi les voyez-vous disparaître comme des frelons dans les guêpiers d'où ils sont sortis[238]. » On ne doute pas, en somme, que l'argent du crime n'aille aussitôt à la débauche – qu'il serve à rétribuer les services d'une prostituée, ou à sombrer dans l'alcool jusqu'à l'aube. « Ainsi, voilà un homme assassiné pour 5 F, qui ont été dépensés par les trois accusés dans un cabaret », résume le président des assises au sujet de Vallet, Mirault, et Villetard en octobre 1842[239]. En réponse à ces accusations, et puisqu'il s'agit aussi du procès de l'oisiveté populaire, Villetard prétend se lever chaque jour à 4 ou 5 h du matin pour aller travailler ; ses complices insistent tous sur leur goût forcené du labeur, afin de couvrir les vides suspects d'un emploi du temps en réalité partagé entre la noce et des travaux épisodiques[240]. Le soir du crime, Villetard avoue être sorti à 11 h 30 de chez Ramponneau, ce qui était trop tard pour rentrer au garni, et affirme s'être promené toute la nuit. Il cherche à convertir son image de rôdeur en celle d'un flâneur, ce que le contexte particulier des heures tardives et des barrières compromet. La logeuse des trois accusés les accable enfin en révélant qu'il leur arrivait souvent de rester au lit jusqu'à 11 h du matin[241], c'est-à-dire à l'heure où la plupart des ouvriers parisiens ont déjà accompli près de la moitié de leur labeur quotidien… Au sujet de Norbert et Dépré, l'avocat général s'écrie pareillement, le 1er février 1843 : « Nous vous les montrons, réunis dans le crime, dans cette ruelle où ils se croyaient protégés par les ombres de la nuit ; nous vous les montrons encore réunis le lendemain dans les divers cabarets qu'ils parcourent, et où ils dépensent l'argent de la victime qu'ils ont égorgée[242] ! » Une même opacité masque les comportements publics et privés des classes dangereuses : comment ne pas voir dans la nuit leur « milieu » naturel ?

La bande Courvoisier se prête, elle aussi, à l'amalgame du crime et du vice : rien ne restait à ces brutes quelques heures après l'attaque, car tous leurs gains étaient « aussitôt dépensé[s] dans de sales et dégoûtantes orgies »[243]. Quant aux Escarpes de 1844, ils « mangent » leur argent chez le cabaretier Mulot (dont la boutique se situe hors-barrières), ou se paient des parties de campagne à Romainville avec la fille Legrenier… Chez Mulot sont également clients les membres de la bande des Endormeurs (jugée quelques mois plus tard), comme le révèle Henon : « On y restait toute la journée. Lorsque onze heures, minuit arrivaient, chacun sortait de son côté. Le lendemain on revenait boire le produit des vols. On passait une grande partie de la nuit à s'amuser. La porte était fermée, mais dans l'intérieur il y avait de la lumière. Le lendemain, on recommençait[244]. » Dans la course interminable du plaisir, des heures et de l'argent gaspillés, les pauvres prennent des habitudes libertines funestes à l'harmonie et à la hiérarchie sociales. Lépine, Boudry et Sandré, jugés le 4 février 1865 pour attaque nocturne, sont encore peints par l'autorité judiciaire en quelques lignes qui récapitulent les angoisses sociales les plus constamment exprimées depuis la fin de la Restauration : « Ils ne se livrent à aucun travail, font de la nuit le jour, et errent de garni en garni, changeant fréquemment de nom, et saisissant toutes les occasions de commettre des vols. » La veille de leur crime, ils étaient sans ressource ; le lendemain, ils se font conduire en voiture dans un garni de la place Maubert, où, inscrits sous un faux nom, et apparemment sans l'ombre d'un remords, ils dégustent des huîtres arrosées de bon vin[245], en invités subreptices de la fête impériale…

Un complot nocturne contre les « honnêtes gens »

Jouisseurs, insouciants, cruels : c'est sous ces masques grimaçants qu'apparaissent au cours des années 1840, dans la dure lumière judiciaire de la France des notables, les escarpes censés (eux ou leurs frères) avoir infesté les rues nocturnes de la capitale depuis les débuts du régime. Leur déferlement aux assises sous forme de bandes successives accrédite la thèse du complot, commune à toutes les périodes d'anxiété collective. Dans la somnolence apparente de la France de Guizot, leur élimination physique – les peines capitales et les travaux focés à perpétuité s'abattent sur eux dans les années 1840 – ne procède-t-elle pas en partie d'une revanche tardive contre les soubresauts de 1831, 1832, 1834, 1835 ou 1839 ?

L'urgence consiste d'abord à identifier[246] ces comploteurs, derniers trublions d'un régime qui pense avoir achevé la Révolution. On sait que jusqu'au casier judiciaire institutionnalisé par Rouher en 1850[247], l'essentiel repose sur la clairvoyance physionomique des policiers[248]. Le 8 juin 1837, invoquant le talent dissimulateur des auteurs récents d'attaques nocturnes, Delessert recommande donc une nouvelle fois aux commissaires de toujours mentionner le costume et le signalement des individus arrêtés, « ces prévenus ayant grand soin [...] d'apporter dans leurs vêtements, leur figure et leur tenue [...] des changements qui puissent les rendre méconnaissables lors des confrontations »[249]. L'habitude ancienne du travestissement criminel n'est pas seulement paysanne : familières des détours du Paris nocturne, les classes dangereuses peuvent tout aussi bien jouer des ressemblances des blouses entre elles. Les malfaiteurs faisant des défaillances policières une arme de défense, la duplicité nocturne risque alors d'être transposée dans le jour, pourtant de moins en moins propice au carnaval social permis par l'obscurité.

Or, derrière le crime à la fois furtif et brutal qu'est l'attaque nocturne peut souvent se cacher un forçat en rupture de ban[250], c'est-à-dire le plus craint des criminels alors en circulation, puisque les travaux forcés figurent juste en dessous de la peine capitale dans la hiérarchie fixée en 1810, qui interdit Paris et la Seine aux libérés. Là se trahit, naturellement, l'invention du criminel récidiviste par le XIXe siècle[251] : si l'ancien condamné en est réduit au faufilement nocturne et à ses accommodements éventuels avec la loi, c'est précisément que la clarté sociale du jour lui est interdite par son passé. La recherche de l'anonymat permis par la grande ville[252], où les patrons sont souvent moins regardants sur la nature du passeport ou du livret, est spontanée, et avec elle celle de la relative clandestinité d'après-minuit, où l'on se retrouve entre soi. Le 2 décembre 1843, la *Gazette des tribunaux* annonce ainsi qu'on vient d'arrêter Alphonse Pansard, dit Eugène Petit, forçat libéré âgé de 37 ans, se trouvant illégalement à Paris, où il vivait de vols au poivrier : le commissaire de police du faubourg Saint-Antoine l'avait signalé au service de sûreté comme « menant une existence mystérieuse, ayant des allures suspectes, et passant toutes les nuits dehors, ce qui n'annonçait rien de bon ».

Êtres nocturnes, donc, que les membres supposés des bas-fonds parisiens du premier XIXe siècle, tendance que le quatuor *Patron-Minette*, intégré par Hugo à la masse des « misérables »[253], porte à son comble – rappelons que la genèse du roman est antérieure à 1848. Le surnom de la bande désigne une espèce singulière d'êtres dégradés, à peine humains, et provient de l'heure blafarde à laquelle leurs activités prennent fin. De fait, les spécialistes du crime parisien qui s'expriment dans la deuxième moitié du Second Empire reprennent volontiers à leur compte, comme s'il s'agissait d'un texte réaliste, ce passage du roman de Hugo, ce qui dit la puissance d'infiltration de la fiction romanesque dans l'évaluation du réel, en un temps où, nous le verrons, la menace nocturne est analysée comme un vestige. Dès 1865, dans le fameux *Monde des Coquins*, l'ancien inspecteur général des prisons qu'est Moreau-Christophe montre avec conviction les escarpes comme des « oiseaux de proie, bêtes fauves [qui] se cachent avec soin pendant le jour, et ne sortent que la nuit pour se jeter sur leurs victimes »[254] ; il assure que les membres du quatuor Patron-Minette sont « des êtres réels sous des noms supposés »[255]. Son texte fait en même temps écho, avec une génération de distance, au long réquisitoire lancé par l'avocat général Jallon, aux assises de la Seine, contre les membres de la bande des Escarpes le 1er décembre 1844. La sombre description fixée à la fin de la monarchie de Juillet est reprise telle quelle, n'en finit pas de retentir, sans que Moreau-Christophe cite le procès où il puise directement son appréciation des délinquants de l'ombre : « Embusqués dans les rues désertes, les pieds couverts de chaussons de lisières qui assourdissent les pas, l'œil fait à l'obscurité, l'oreille ouverte au moindre bruit, et souvent collée contre terre pour entendre venir de plus loin, ils épient et guettent l'arrivée d'un passant, tombent sur lui à l'improviste, l'étranglent [...] ou le poignardent ; après quoi, ils ramassent dans le sang ou dans la boue quelques pièces d'argent destinées à nourrir leurs femelles et leurs petits, quand ce n'est pas aux orgies de la débauche[256]. » Les escarpes de la monarchie de Juillet, retranchés dans l'obscurité, constituent sans doute une forme primitive de l'« armée du crime » isolée à la fin du siècle, et leur description stéréotypée, anticipant sur la séparation progressive des « classes laborieuses » et des « classes dangereuses », peut être réutilisée comme un référent commode dans les discours pessimistes du second XIXe siècle.

En 1872, un commissaire de police parisien affirme ainsi, dans un ouvrage manuscrit, que Paris abrite encore, malgré la Semaine sanglante, un « Monde obscur » qu'il définit en empruntant à Hugo, presque mot pour mot, les lignes où il qualifie les membres de la bande Patron-Minette. Mais contrairement au romancier qu'il plagie, il en reste au blâme moral que semble devoir aux « misérables » l'acception condamnatrice du mot : « Il y a dans la société, une autre société, si on peut l'appeler telle, qui est composée de *gens obscurs*, des bandits qui sont la haine sans exception et font l'unique péril social. – Ils sont paresseux, menteurs, ivrognes, voleurs, meurtriers et assassins. – Ils attendent pour se montrer que le ciel soit noir, ils sortent le soir d'un trou, d'un bouge où ils étaient entrés avant les faibles lueurs du jour. [...] Trouveurs d'idées en tous genres, reptiles humains, hommes à imaginations féroces, troupes d'acteurs ténébreux, [...] se réunissant habituellement à la nuit tombante, heure de leur réveil, pour conférer et régler l'emploi des heures de la nuit qui doivent être consacrées au repos des honnêtes gens dont le travail a été pénible pendant le jour [...]. Ils sont peu prodigues de leurs visages pendant le jour, fatigués des nuits farouches, ils s'en vont dormir, tantôt dans leurs repaires, tantôt dans les carrières abandonnées, sur les fortifications ou dans les bois [...]. On dirait qu'ils font bloc avec les ténèbres, qu'ils n'ont pas d'autre âme que l'ombre et que c'est momentanément et pour vivre quelques minutes d'une vie monstrueuse qu'ils se sont désagrégés de la nuit[257]. » Viennent ensuite les comparaisons animalières (avec la fouine, le renard, le chacal, la hyène[258] – animaux nuisibles ou charognards...)[259] souvent repérées par les historiens des représentations haineuses des insurgés de juin 1848[260] ou de 1871[261], auxquels toute véritable conscience politique fut déniée au profit d'interprétations d'ordre biologique – ce répertoire ayant été inauguré par la contre-révolution. On les trouve aussi chez Du Camp en 1869, dans un tableau moral de la pègre où le noctambulisme délimite une sorte de sous-espèce criminelle (comme la vie nocturne en zoologie) : l'escarpe se couche lorsque le soleil se lève car « il est par-dessus tout, comme les félins avec lesquels il a tant de points de ressemblance, un animal nocturne »[262]. De 1830 à la Commune, tous les types de sédition ou de refus de la norme sociale sont ainsi ramenés à l'explication par l'instinct mauvais. L'ombre est aussi, à elle seule, une sorte de travestissement permanent, et recèle toujours une virtualité carnavalesque, comme l'émeute. Les escarpes nocturnes figurent ainsi une version outrancière de la plèbe hostile, licencieuse, close sur elle-même – quand elle n'est pas ouvertement agressive.

Le défaut de civilisation fournit, dès lors, un facteur d'explication facile : la nuit parisienne est le milieu le plus propice à l'épanouissement d'une zoologie ou même d'une tératologie des classes dangereuses. L'escarpe, paresseux et avide de plaisir, est moins proche du fou que de ce qu'on croit être l'animalité du sauvage[263]. Bien avant les théories de Lombroso, le criminel nocturne est rejeté comme un homme primitif, dont la physionomie éclaire l'intériorité[264]. En 1845, dans le roman *Les Bohémiens de Paris*, Roland Bauchery présente les carrières de Belleville comme de nouvelles cavernes préhistoriques, où se réunit nuitamment une tribu d'hommes de mauvaise mine, du gamin au vieillard, accompagnés de « femelles » et de chiens féroces : « Un appétit glouton, une soif ardente, un silence farouche régnaient dans cette assemblée, que la clarté du feu de dehors seule éclairait ; mais avec des effets de lumière et d'ombre si bizarres qu'ils en faisaient des figures fantastiques sans formes distinctes et des silhouettes horribles à reflets rouges et vacillants. C'était l'enfer de notre Paris qui s'était donné rendez-vous là… les cannibales de notre civilisation qui s'étaient réunis pour se repaître, se reposer[265]. » Même argument de régression culturelle aux assises, lors du procès de la bande des Escarpes ou des Étrangleurs, en novembre 1844 : Teppaz avoue qu'il avait coutume de s'allonger la nuit sur le pavé pour « entendre les pas de plus loin », ce qui conduit le président – peut-être lecteur de Fenimore Cooper – à s'exclamer : « C'est le procédé des sauvages[266] ! » Il est vrai qu'Eugène Sue n'est pas loin, dont la description bestiale du Maître d'École, inspirée par la phrénologie, est aussi une sorte d'anticipation des théories de Lombroso ; comme le Chourineur, comme Tortillard, comme la Chouette, le Maître d'École est d'une espèce nocturne. La *Gazette des tribunaux* ne dit-elle pas encore en septembre 1845 d'un membre de la bande des Endormeurs (ou des Vinaigriers), Feninger, qu'« en tenant compte des exagérations qu'autorise la fiction, c'est la physionomie du *Maître d'École* »[267] ? Et *Le Constitutionnel* distingue de même, parmi les membres de la bande des Escarpes, « quelques physionomies plus accentuées que les autres » : Fourrier, dont la « figure anguleuse », les « yeux à fleur de tête », les lèvres minces, l'incarnat vif « révèlent des instincts de violence » ; Poildevache, dont l'air doucereux dissimulerait un tempérament plus calculateur ; Teppaz, le révélateur, sans âge, les yeux éteints dans un visage livide, dont les dents pourtant sont « aiguës et blanches comme celles d'un loup » ; Cornu, l'Hercule de foire, qui divertit ses camarades par ses démonstrations de force, etc.[268]. Les mauvais lieux fréquentés, la familiarité avec le pavé et le goût des heures tardives auraient donc imprimé une noirceur commune à la physionomie de ces hommes, salis extérieurement comme intérieurement. Le réquisitoire de l'avocat général Jallon contre les Étrangleurs, qui dura plus de trois heures à la fin du mois de novembre 1844, est à cet égard significatif : « Je cherche vainement parmi ces accusés une figure honnête qui puisse nous reposer de ces visages de forçats et de réclusionnaires qui appartiennent à la plupart d'entre eux[269]. » Glissant inéluctablement de la débauche au vagabondage, du vagabondage au vol, puis du vol au meurtre, portant cette déchéance sur leurs visages, les escarpes peuvent être désignés comme ceux d'entre les sauvages parisiens pour qui l'humanité n'a plus de valeur, ceux qui tuent avant même de voler, ceux qui arrachent la vie avant la bourse. Leurs pulsions sanguinaires sont incontrôlées, leurs méfaits ne sont pas proportionnés à leurs mobiles : ils menacent la propriété, mais aussi la sécurité physique des passants honorables, comme par une vengeance nocturne du pays « illégal » contre le pays légal.

Perpétuant le culte populaire de la force dans une société dont les élites la récusent, préférant le crime brutal au crime d'astuce qui l'emporte pourtant dans les statistiques criminelles, ils sont d'un autre temps, et donc d'autres lieux : leur nature est celle de la brute qui se tait et qui frappe, moins complexe sans doute que l'hybridation verbeuse d'un Lacenaire, à la fois monstre chaud et monstre froid, metteur de ses propres crimes en discours[270]. Dénombrant 10 000 « fripons » dans Paris, Gisquet évalue ainsi à 2 000 le nombre de ceux d'entre eux qui seraient capables de crocheter une porte, à 1 000 ceux qui oseraient s'introduire la nuit chez autrui avec effraction, et à 600 seulement ceux qui sont prêts à assassiner pour voler[271] : les escarpes appartiennent à cette minorité résiduelle mais odieuse et obstinée, dont on dira à la fin du siècle qu'elle est dégénérée. Pour 4 F et un pantalon, Norbert et Dépré, rôdeurs de barrières jugés à la fin du mois de janvier 1843, ont frappé Geoffretin, un buveur attardé un dimanche soir à Vaugirard, de vingt-huit coups de couteau : on invoque l'âcre plaisir de voir couler le sang, ce que l'activité diurne normale de la grande ville défend[272]. Dans les nomenclatures criminelles qui abondent au cours du siècle, l'« escarpe », ou « scionneur », figure donc toujours au sommet de la hiérarchie des forces du mal[273].

Dès lors, la propension de ces malfaiteurs au regroupement, à la constitution d'une société autonome est de celles qui doivent mobiliser la vigilance. C'est, en effet, sous la forme de bandes fournies et complexes que le supposé complot nocturne s'expose aux assises de la Seine sous la monarchie de Juillet. Mais à y regarder de plus près, la structuration criminelle n'est jamais que conjoncturelle, et c'est le conglomérat éphémère qui domine le magma délinquant de ces années 1840. Les groupes de plusieurs dizaines de personnes auxquels sont consacrés maints procès pendant la deuxième moitié du règne de Louis-Philippe sont liés entre eux par des relations informelles, se dissocient et se recomposent au gré des rencontres et des brouilles successives[274], en une suite inépuisable de combinaisons. Reste que la communauté délinquante des nuits parisiennes, plus précocement coupée du peuple laborieux que celle du jour, inquiète dans la mesure peut-être où elle ranime l'Ancien Régime au temps du roi-citoyen, à moins qu'elle ne figure une forme préoccupante de la modernité urbaine et de son anonymat – tandis que le *Compte général* signale une tendance globale à la régression de l'association de malfaiteurs en France. L'espace nocturne de Paris revêt en ce sens quelque chose du « *grand chemin* », de ces zones de dilution du pouvoir que sont la montagne ou la frontière, avec le cabaret ou la prison comme lieu de recrutement et de confluence, plus que l'auberge, la clairière ou la croisée des chemins. Sans qu'il y ait exploitation méthodique du Paris nocturne par une bande unique et fermement hiérarchisée, la mobilité des petits groupes criminels dans un territoire citadin qu'ils considèrent comme leur monopole passé minuit est plus forte sans doute que durant le jour, et capable de procurer l'impression de leur ubiquité. C'est ainsi une longue certitude d'impunité que la crue des procès dans les années 1840 viendrait briser, sans que les criminels parisiens puissent, comme leurs homologues provinciaux, justifier leur solidarité collective par la nécessité d'affronter ensemble la rase campagne[275], de former des contre-villages itinérants.

Mais parmi ces groupes multiples et entrecroisés de détrousseurs nocturnes, pas de grande bande légendaire dominée par le charisme d'un chef unique et despotique. L'afflux des malfaiteurs de nuit sur les bancs des assises au temps de Guizot illustre plutôt, dans la presse, une espèce de marais de recrutement, une massification assez conforme aux observations de Louis Chevalier. Comme le note aussi Armand Fouquier, convaincu que les escarpes, hédonistes des heures obscures, sont incapables d'une discipline permanente qui dépasserait leur intérêt bien compris, et peuvent se contenter de guetter, sans véritable plan, les hasards quotidiens de l'activité parisienne, « à Paris [...], la bande n'est qu'une agrégation fortuite, composée de groupes de trois ou quatre individus, se réunissant rarement sous la conduite d'une intelligence ou d'une volonté supérieures »[276]. Selon l'article 266 du Code pénal, il suffit cependant qu'il y ait des « conventions tendant à rendre compte ou à faire distribution ou partage du produit des méfaits » pour qu'on parle d'association de malfaiteurs. Le 6 décembre 1844, afin d'apaiser les alarmes de la population face aux prétendues « associations ténébreuses » récemment jugées, la *Gazette des tribunaux* rappelle que leur cohésion était intermittente. L'essentiel réside, selon ce journal, dans « l'existence d'une classe d'hommes qui sait vivre dans le crime et échapper longtemps à l'action de la justice » grâce au voile de la nuit, et dont seul le système de la révélation a pu dénouer les liens lâches mais inextricables. Le Paris nocturne des années 1840 n'est pas sous l'emprise d'une franc-maçonnerie du crime, avec ce que cela supposerait d'obéissance commune et continue à une règle secrète, mais il est bien parasité par une « classe d'hommes », une nébuleuse dont l'organisation interne compte moins, au fond, que la nature semblablement corrompue de ceux qui la composent.

Les lecteurs de la presse parisienne, entre 1826 et 1846 surtout, n'en perçoivent pas moins l'insécurité nocturne à travers l'énumération obsédante de vastes groupes criminels qui paraissent s'agglomérer et se disperser tour à tour pour, par équipes de trois ou quatre, tirer parti des ressources de l'ombre, et ce jusqu'à l'épuration plus radicale de la fin du règne de Louis-Philippe (dont les suites se perdent évidemment dans la tourmente de 1848). La méthode d'investigation et de répression adoptée à la fin de cette époque y est vraisemblablement pour beaucoup. C'est désormais du système de la révélation, non plus de l'infiltration par d'anciens bandits, que dépend la punition des crimes nocturnes : grâce aux indications de quelques individus escomptant l'indulgence de la justice, cette dernière pénètre dans un réseau criminel dont elle doit ensuite parcourir les détours. De réaction d'orgueil en calculs divers, les révélations s'enchaînent bientôt les unes avec les autres, et les listes de suspects s'allongent dès la fin des années 1830 pour former des séries emboîtées. Le 25 novembre 1843, la *Gazette des tribunaux* affirme par exemple au sujet de l'affaire Souque, Jobert, Clivat et autres (45 vols, 24 accusés) que « dans sa marche, cette instruction a rencontré d'autres bandes, d'autres prévenus, d'autres crimes que ceux qu'elle cherchait, mais qui pourtant se rattachaient toujours les uns aux autres par quelque nœud ». On peut s'interroger, d'ailleurs, sur la capacité des jurys à démêler ces écheveaux face auxquels la justice elle-même s'avoue en partie impuissante. La nuit, glissent certains témoins, toutes les blouses sont grises, et c'est surtout la quantité, l'accumulation des délits qui fait la singularité de ces bandes artificiellement soudées pour le jugement, au risque de la désindividualisation des peines.

Si l'on s'en tient au niveau de présence du crime nocturne collectif dans les comptes rendus judiciaires du premier XIXe siècle, les précédents datent en tous les cas de 1826-1827, époque de la bande dite du Buisson de la Chopinette (près de la barrière des Amandiers), impliquant notamment Égé, Chanet, Vautemy, Denis, Pelletier[277], et deux femmes, tous âgés de 19 à 25 ans[278]. La *Gazette des tribunaux* conclut dès le 11 février 1827 : « Les affaires d'arrestations nocturnes se succèdent rapidement. Elles se présentent toutes avec des circonstances à peu près semblables, et les mêmes accusés reparaissent plusieurs fois devant la Cour. C'est ainsi qu'aujourd'hui, le nommé Cailleaux, condamné hier aux travaux forcés à perpétuité, figurait de nouveau à côté des nommés Bonté et Andréaux, accusés de vol commis la nuit, à l'aide de violence et de complicité. On serait tenté de croire que ces différents crimes se rattachent à une sorte de conspiration ourdie par une même bande de brigands, contre la paix publique et les propriétés particulières. » Vient ensuite une accalmie, puis la vague d'agressions nocturnes de l'été 1836, restée largement inexpliquée par la police, malgré les alarmes répandues par la presse.

L'élucidation est comme repoussée de quelques années. Car les années 1840 sont celles du déferlement des bandes criminelles aux assises de la Seine, à la suite de révélations en rafale. Bandes des 55 (février 1840), Hug (juin 1841), Chivat (novembre 1841), Jamet, Dagory (juin 1842), Vallet* (octobre 1842), bande du faubourg Saint-Germain* (ou Courvoisier, octobre 1843), bandes Gautier-Perez, Souque, Chapon (novembre 1843), Charpentier* (décembre 1843), Poulmann*, Boudin (mars 1844), Hénon, bande des Venterniers* (mai 1844), bande Courtot* (octobre 1844), bandes des Étrangleurs* (novembre 1844), des Habits noirs (qui contraste fortement avec la précédente en ce qu'elle utilise l'astuce), bande Mallet* (février 1845), bande des Porteurs d'eau (mai 1845), bande Peyron (juin 1845), bande des Endormeurs* (septembre 1845), bandes Lauckpaep, Privert, Pichery, Lepaire, Auquez, Marchand (octobre-novembre 1845), etc.[279]. Les délits concernés remontent fréquemment à la deuxième moitié des années 1830, celles où le régime a éloigné le spectre d'un droit permanent du peuple des grandes villes à l'insurrection.

Toutes ces bandes n'ont, évidemment, pas commis que des crimes nocturnes[280], car elles agissent surtout au gré des circonstances, dans l'espace public ou privé, la nuit ou le jour, dans les interstices du contrôle social. Mais en leur sein, les auteurs d'attaques nocturnes sont condamnés aux peines les plus lourdes, puisqu'ils font l'objet de la répulsion la plus forte – alors qu'une sorte d'admiration inavouée peut se porter sur l'inventivité technique du délinquant astucieux, qui relève en un sens de la modernité citadine, de son rythme diurne trépidant. La priorité consistant en la victoire contre les forces obscures qui participent d'une barbarie anachronique, Allard, chef de la sûreté de 1832 à 1848, se félicite de la visibilité éclatante et nouvelle de l'épuration nocturne, qui succède aux stratagèmes suspects du système Vidocq et Coco-Latour. La révélation aurait permis, pendant la décennie 1840, l'arrestation d'environ un millier de malfaiteurs parisiens, ce qui justifie un triomphalisme proportionné aux angoisses antérieures : « Replacez les voleurs dans les repaires qu'ils habitent, leurs concubines dans les antres de la population, les receleurs devant leurs fourneaux toujours allumés, les assassins, les rôdeurs de barrières, au coin des rues désertes, un couteau à la main, attendant, comme des tigres à l'affût, les passants attardés, et vous ne tarderez pas à comprendre l'utilité de la révélation », s'exclame pareillement la *Gazette des tribunaux* le 5 décembre 1844, juste après le procès de la bande des Escarpes ou des Étrangleurs, le plus saisissant de la période.

C'est que ce dernier est censé avoir fait passer le mot argotique d'escarpe dans le vocabulaire du Palais : la cruauté supposée de l'attaque nocturne intègre le répertoire au moins officieux des crimes parisiens usuels. Cette bande des Escarpes rassemble, en effet, les pires immondices des bas-fonds nocturnes (cette dernière formule étant elle-même, à l'époque, proche du pléonasme). Ses membres, pleins d'assurance et d'audace, ne fuient pas en cas de résistance de la victime, mais étouffent la résistance… Avec eux, l'« escarpe » devient un fléau nocturne archétypal, au point de valoir cette appellation générique à la bande de 1844. Celle-ci serait composée d'individus insaisissables depuis plusieurs années, et dont le châtiment exemplaire va enfin pacifier les nuits parisiennes (ils ne sont pourtant que seize…) : « Longtemps on a déploré que les auteurs des attaques nocturnes qui pendant longtemps ont jeté l'effroi dans les rues de Paris, et rendu impraticables les bords du canal Saint-Martin, ne fussent pas mis sous la main de la justice. Les seize accusés traduits aujourd'hui devant la Cour d'Assises paraissent avoir composé, en grande partie du moins, le personnel de cette bande dangereuse.

Rôdeurs de nuit, toujours porteurs de couteaux-poignards dont ils faisaient souvent usage, aidés dans leurs méfaits par une fille de mauvaise vie qui arrêtait les passants attardés, ces hommes si dangereux ont enfin été arrêtés[281]. » La ponction opérée dans la vase nocturne du Paris de Louis-Philippe s'achèverait, quelques mois plus tard, avec le procès de la bande des Endormeurs ou des Vinaigriers, du 19 au 21 septembre 1845, dans lequel d'ailleurs sont impliqués bien des membres de la précédente (Magnier, Lepeulle, Mulot, notamment).

D'une manière globale, le défilé judiciaire du second tiers du XIXe siècle dessine un portrait sociologique du criminel nocturne assez conforme au bon sens. Son âge, moins de 25 ans pour la grande majorité, pourrait justifier la conviction des observateurs sociaux selon lesquels la grande ville exerce une tentation spécifique et fatale sur la jeunesse ouvrière. L'attaque nocturne est, en effet, le crime des délinquants jeunes, qui ont déjà un passé de vagabondage adolescent, quelques violences ou vols simples et une rupture de ban derrière eux et qui, basculant dans le crime comme dans une vie adulte, synonyme de fuite du jour accusateur, recourent spontanément à la brutalité prédatrice permise par les imperfections du système des patrouilles.

L'ÂGE DE L'AGRESSEUR[282] (1824-1868) (en %)

18-21 ans :	34,5	Moins de 18 ans :	12
22-25 ans :	25,4	30-35 ans :	9,8
26-29 ans :	12,7	Plus de 35 ans :	5,6

Les autorités parisiennes se montrent précocement attentives à cette singularité : les comptes rendus d'assises du deuxième trimestre 1828 déplorent que « sur 100 individus accusés dans la capitale, il en est 40 âgés de moins de 21 ans, tandis que les accusés de cet âge ne sont pour le reste du royaume que dans la proportion de 15 au plus sur 100 », et désignent les « mauvaises mœurs » comme responsables de cette disproportion[283]. Les lecteurs de la *Gazette des tribunaux* peuvent aisément s'en convaincre, s'agissant tout particulièrement des spécialistes de l'agression nocturne. Le 27 novembre 1844, les bancs des assises alignent sous le nom d'Étrangleurs ou d'Escarpes (ici jugés pour des faits qui remontent jusqu'en *1836*) : Magnier, 25 ans ; Fourrier, 27 ans ; Cornu, 28 ans ; Dorange, 21 ans ; Pavie,

18 ans ; Teppaz, 23 ans ; Hennon, 22 ans ; Lepeule, 20 ans ; Durand, 19 ans ; Brunet, 22 ans ; Mayas, 22 ans. Le procès des Endormeurs, le 19 septembre 1845, associe de même Lampaëch, 24 ans ; Gasc, 23 ans ; Danzelle, 22 ans ; Beneski, 21 ans ; Labriche, 21 ans ; Feninger, 22 ans ; et une logeuse de 24 ans. Comme le conflit entre pays réel et pays légal, l'opposition entre agresseurs et victimes de la rue nocturne prend souvent, dans le Paris de la fin des monarchies censitaires, l'allure d'un conflit de générations.

Les professions mentionnées ne sont jamais, pour leur part, que celles déclarées par les suspects pendant l'instruction. La justice manque de moyens de vérification, mais ne prétend pas pour autant se laisser abuser par les affirmations de ceux qu'elle tient *a priori* pour des non-laborieux[284]. La diversité professionnelle, d'où ressortent les métiers du bâtiment et les activités peu qualifiées, a sans doute plus à voir, il est vrai, avec ce que les accusés supposent vraisemblable d'affirmer, qu'avec une spécialité professionnelle effectivement et surtout durablement exercée par eux.

La profession déclarée de l'agresseur[285]
(1819-1868) (en %)

Bâtiment :	37,1
Journalier :	14,7
Petits métiers :	12,9
Articles de Paris :	10,3
Autres (métaux, cuir…) :	25

Qu'il s'agisse d'alibis ou d'activités réelles (on peut, tout aussi bien, se trouver à mi-chemin entre les deux, l'accusé déclarant une activité qu'il a pratiquée dans le passé, de façon plus ou moins épisodique, avec l'attaque nocturne comme ressource complémentaire pour les périodes de creux ou de fâcherie avec le maître), les solidarités de métier sont peu apparentes dans ces groupes criminels. La bande des Escarpes, par exemple, juxtapose un corroyeur, un imprimeur, un ferblantier, une fille soumise, un bonnetier, un maçon, un chapelier, un bijoutier, deux journaliers, un sculpteur, un ouvrier en papiers peints, un couvreur, un serrurier et un distillateur : tout l'éventail de « l'industrie » parisienne semble parcouru, et ce sont en fait les rencontres de cabaret qui ont dû souder la bande[286].

Ces solidarités ont pu aussi s'instaurer dans les prisons du premier XIXe siècle, peu conformes à l'idéal panoptique et cellulaire et propices à la contagion délinquante[287] : les individus accusés d'attaque nocturne sont très majoritairement, et malgré leur jeune âge, des récidivistes. Un itinéraire type pourrait être celui de Joseph Martin, né en 1815 à Paris, et condamné à douze ans de travaux forcés en 1839 pour attaque nocturne : à 15 ans, il était arrêté pour vagabondage, et passait quatre ans en maison de correction ; ensuite, il est encore arrêté sept fois, condamné deux fois pour vol et trois fois pour coups et blessures. Libéré le 3 novembre 1838, il est arrêté pour « vol à l'escarpe » dès la nuit du 11 au 12 novembre suivants dans le faubourg du Temple, alors que ses deux complices sont en fuite[288]. Vallet, jugé avec Mirault et Villetard pour assassinat nocturne les 29-30 octobre 1842, et exécuté en février 1843, a été condamné pour vagabondage en 1838-1839, pour vol en 1841. Pendant son procès, il aurait maladroitement avoué avoir reçu un coup de sabre rue Saint-Merry en juin 1832 : « J'avais 14 ans, j'étais là comme les autres[289] ! » ; cela ne peut, en quelque sorte, que le désigner aux jurés comme un Gavroche devenu Montparnasse, à force d'errances nocturnes. La liste souvent longue des antécédents des accusés profile donc aux yeux du jury la pente fatale où le peuple risque toujours de se laisser glisser. Ainsi encore de Pierre-Louis Couillé, dit Taupin, ouvrier ciseleur de 22 ans jugé le 29 mai 1843 pour attaque nocturne, et déjà condamné six fois pour vagabondage et vol : « Paresseux, débauché, voleur audacieux, il n'a fait que s'enfoncer de plus en plus dans le vice et dans les voies du crime » ; sorti de prison à la fin du mois de novembre 1842, il attaque le soir même un cocher avec deux complices, et se trouve condamné à dix ans de travaux forcés[290]. Parmi les Étrangleurs de 1844, Magnier en est à sa neuvième arrestation (depuis 1831), Fourrier à sa douzième (depuis 1830), Loirot à sa sixième (depuis 1824), Dorange à sa neuvième (depuis 1839), Teppaz à sa sixième (depuis 1837)[291], etc. L'efficacité du système répressif n'est pas remise en cause, mais bien plutôt l'inexplicable entêtement des « misérables » à l'être de plus en plus.

Ajoutons que même si l'usage archaïque des surnoms est très courant pour distinguer entre eux les hommes jeunes qui forment les contingents délinquants du Paris nocturne, les figures saillantes des procès (en dehors des individus condamnés à la peine capitale, et promis à une gloire ultime, tandis que les condamnés au bagne ou à la prison vont vers une réparation plus anonyme) se situent plutôt parmi les « auxiliaires » : femmes, enfants, receleurs (souvent plus âgés que les autres). Dans les bandes criminelles de la monarchie de

Juillet, le rôle instigateur, corrupteur puis fatal de la femme qui trahit son ou ses amants prélude à la prééminence du souteneur au sein de la prétendue « armée du crime » de la deuxième moitié du siècle. Au rang de ces tentatrices de l'ombre, Pauline Ginder, dite La Blonde, blanchisseuse de 19 ans aux mœurs « dissolues ». Son cadavre sanglant fut retrouvé, pendant la nuit du 31 juillet 1840, parmi des piles de bois, sur un chantier de l'île Louviers, habituellement désertée après 9 h du soir (un corps de garde en interdit l'accès à ceux qui n'ont pas de lanterne)[292]. Le coupable serait son amant trompé, Charles, dit Barbier, un ouvrier sur les ports de 31 ans, déjà condamné plusieurs fois pour vagabondage, vols, voies de fait (il a tenté d'étrangler une de ses précédentes maîtresses, fille publique) et rupture de ban[293]. Dans la bande des Étrangleurs, c'est la fille Legrenier, maîtresse de Teppaz (atteint de syphilis), chargée d'attirer les passants puis de faire le guet pendant les attaques : elle ne cesse de lancer des regards de rancune à son amant pendant le procès, la complicité née du butin s'étant éteinte dans l'adversité. Dans la bande des Endormeurs, en 1845, voici Adèle Ceronetti, la maîtresse de Lampaëch, fille publique depuis l'âge de 14 ans : pour *La Gazette des tribunaux*, « l'histoire de la Ceronetti, c'est l'histoire de la Goualeuse, Fleur-de-Marie ! Comme elle, entraînée par la misère, elle est entrée dans une horrible maison de la rue aux Fèves »[294]. La présence d'une femme de l'ombre, ange ou démon, mais maîtresse toujours, est devenue, pour les procès de cette période, une sorte de nécessité dramatique : seule dans un univers masculin, elle est la faille, elle figure ce vice qui, en définitive, empêche le crime populaire d'être durablement efficace.

Puisque la femme finit toujours par diviser, les réseaux criminels exposés aux assises sous Louis-Philippe trouvent essentiellement leur unité dans la personne du receleur, vers lequel convergent les prises de la nuit – c'est d'ailleurs à partir de lui, bien souvent, que s'opère la reconstitution schématique du réseau par les enquêteurs. Le plus fameux de la période est Mulot, logeur et cabaretier de 33 ans, dont on prétend qu'il s'est fait une spécialité d'endormir les buveurs attardés grâce à des mixtures toxiques (un mélange entre vin, tabac, et rognures d'ongle, par exemple). Surnommé le « Père des voleurs », il est impliqué dans les agissements de la bande des Endormeurs comme dans celle des Escarpes, les plus connues des années 1840 ; ça n'est qu'en apparence que son établissement ferme à 11 h du soir, l'essentiel se tramant dans l'arrière-boutique. Logeurs, cabaretiers et revendeurs en tout genre assureraient donc une fonction de passage entre l'inacceptable et le douteux, de transition doucereuse de la nuit vers le jour, grâce à la façade légale de leur activité mi-nocturne mi-diurne, à une position sociale un peu moins précaire que celle de leurs clients les plus obscurs, et aux relations multiples qu'elle engendre. L'économie de la revente et du recyclage, voire du troc, si familière aux Parisiens pauvres du temps, joue ensuite à plein : mouchoirs, montres, parapluies, vêtements divers trouvent preneur auprès des fripiers du carreau du Temple, marchands de ferraille et autres brocanteurs, plus ou moins contrôlés par la Préfecture de police. Le recours au mont-de-piété entre également dans ce système : en 1843, Teppaz et Fourrier, de la même bande des Escarpes, y apportent une montre volée au cours d'une attaque nocturne, et utilisent la reconnaissance pour payer une gargotière à qui ils doivent un repas[295].

Cependant, le dévoilement permis par ces procès en série n'est jamais que partiel : au moment du verdict, la pénombre continue de cacher ces visages criminels mal individualisés. La difficulté d'identification de criminels nocturnes que leurs victimes n'ont souvent qu'entraperçus y contribue, ainsi que l'habitude qu'ont les accusés d'échanger leurs vêtements en prison pour éviter qu'on ne les reconnaisse trop formellement le jour du procès, ou encore celle de se rejeter les crimes les uns sur les autres, dans un climat de rancune macérée entre « révélateurs » et « révélés ». La théâtralité évidente qui régit la présentation de ces procès dans la *Gazette* expose donc la bande comme un antihéros collectif qui figurerait le pire visage du peuple, devant un public nombreux et choisi[296], convaincu de la culpabilité globale des accusés par les couteaux-poignards, les casquettes, les blouses et les divers objets volés qui jonchent la table des pièces à conviction comme autant d'attributs crapuleux de ces faux ouvriers trahis par leur goût de la nuit. S'ensuit donc, dans le cas des Étrangleurs de 1844, un réquisitoire long de trois heures (la lecture de l'acte d'accusation occupe, elle, une heure et demie), proportionné au péril social que les accusés semblent résumer à eux seuls, et contre lequel l'avocat général Jallon se sent investi d'une mission de salut public : « On se demande avec effroi quand arrivera le terme de cette lutte organisée par l'esprit du mal contre la société. [...] Ce n'est plus aujourd'hui la propriété seule qui se trouve attaquée, c'est en même temps la vie des citoyens que les accusés ont demandée, la menace à la bouche et le couteau à la main. [...]

Réfléchissez, Messieurs les jurés, que la vie des honnêtes gens est souvent à la merci de ces misérables [...] et que des exemples de sévérité deviennent nécessaires pour arrêter leurs criminelles entreprises[297]. »

Les tréfonds de la société parisienne étant le milieu de toutes les contaminations, il devient vital d'éradiquer le noctambulisme assassin de ces « misérables », incompatible avec les progrès de la libre déambulation nocturne des « honnêtes gens ». À cet égard, la fin de la monarchie de Juillet annonce les mesures de sûreté prises à l'avènement de Louis-Napoléon Bonaparte, comme si les insurrections de 1848 étaient enserrées entre ces deux entreprises purificatrices, la seconde sans doute plus méthodique et plus marquée par des arrière-pensées politiques. Mais en matière de châtiment, que permet au juste la législation, sous Louis-Philippe ? Les dispositions du Code pénal définissent l'attaque nocturne comme un vol accompagné d'une pléthore de circonstances aggravantes. Si le 28 avril 1832 disparaît la flétrissure (la marque TF ou TP pour les forçats), la loi sur les circonstances atténuantes[298] ne profite guère aux accusés d'attaque nocturne des années 1840, si ce n'est aux révélateurs. Leur inexcusable violence les voue à des peines exemplaires[299], même si le président des assises de la Seine se plaint auprès du ministre, en juin 1844, de ce qu'en général « la composition du jury [soit] évidemment mauvaise à Paris » ; selon lui, « On prend les jurés dans les classes les moins élevées. On s'en aperçoit de suite à leur peu d'éducation. Ils ne sont pas assez au-dessus des gens qu'ils ont à juger[300]. » Car une sorte d'instinct de conservation, lié peut-être au relatif mélange social de la ville pré-haussmannienne, donc à la proximité du risque, pousserait néanmoins les jurés les plus modestes (ceux du monde de la boutique, par exemple) à vouloir éliminer les escarpes comme ces êtres par qui le malheur peut faire irruption à la surface tranquille de leurs jours, et dont les mœurs sont irrémédiablement étrangères aux leurs.

Deux affaires de 1824 permettent d'apprécier les effets des réputations antérieures sur la gradation des peines. Le 24 avril 1824, François Chéry est condamné aux travaux forcés à perpétuité pour vol de complicité, la nuit, à l'aide de violence : le président des assises de la Seine propose que l'on commue sa peine en travaux forcés à temps, car le condamné n'a que 19 ans, et que sa conduite antérieure a été honorable[301]. Le 10 août suivant, Jean-Georges Spiess, jeune homme du même âge, est condamné aux travaux forcés à perpétuité et à la flétrissure pour une attaque nocturne commise une semaine seulement après sa sortie de la Force contre une marchande de marée, rue Rochechouart (ses complices et lui l'ont renversée, et lui ont volé un tablier contenant 28 francs) : malgré son jeune âge, celui qui est tenu pour un irrécupérable « mauvais sujet » passera à cause de ce vol toute sa vie au bagne[302]. C'est que d'une manière globale, la sensibilité des jurés à la gravité et à l'imparabilité de l'agression nocturne est particulièrement vive, comme le relève le président des assises le 8 octobre 1825 : « On peut remarquer qu'en général, les jurés sont très sévères pour les vols de cette nature ; ils sentent que leur sûreté à tous est intéressée à punir ces vols[303]. » Et il appartient parfois à l'autorité judiciaire elle-même de contenir cette rage punitive, en nuançant le rapport automatique instauré entre le crime et la peine pour proportionner cette dernière aux antécédents de l'accusé, ce que la seule formule d'« attaque nocturne » compromet, puisqu'elle est réputée comme le réflexe des obstinés de l'inconduite.

Le recours intégral, contre la violence de nuit, à la sévérité permise par le Code pénal demeure la règle sous les monarchies censitaires. Puisque la police prévient mal le désordre nocturne, il faut le punir, en aval, et miser sur l'exemplarité des peines, quand bien même elles entretiendraient aussi le discours sur l'insécurité des heures tardives. Irrécupérable, l'escarpe doit être définitivement écarté de l'espace parisien : Pelletier, dit Auguste, est condamné aux travaux forcés à perpétuité, avec ses complices, le 9 février 1827[304], à la suite de la série d'attaques de 1826. Plus significativement, si 208 personnes sont jugées par les assises de la Seine au cours du premier trimestre 1827, et que parmi elles, 17 ont été condamnées aux travaux forcés à perpétuité, 12 de ces condamnations graves sanctionnent des auteurs d'attaque nocturne (qui ne représentent pourtant au total que 16 accusés sur 208)[305]… Le bagnard est longtemps resté une sorte de héros populaire valorisé par la vaillance, l'endurance, le défi lancé au malheur. Et l'on dit que les délinquants du XIXe siècle préfèrent au confinement carcéral la peine au grand air purgée dans les bagnes (de Toulon, Brest ou Rochefort, pour la monarchie de Juillet)[306]. Les auteurs récidivistes d'attaque nocturne ont, quoi qu'il en soit, sous les monarchies censitaires, une place toute désignée dans la cohorte des bonnets verts, c'est-à-dire celle des condamnés aux travaux forcés à perpétuité, ou des bonnets rouges, celle des travaux forcés à temps. Ces derniers, ainsi que la prison, sont plutôt réservés aux acolytes, à ceux qui n'ont pas exercé de violence directe durant l'attaque, ont fait des révélations à la police, ou n'ont pas de passif judiciaire. Parmi les Escarpes, dix ans de travaux forcés sont ainsi prononcés contre Poildevache et Teppaz le 1er décembre 1844, six ans contre Mulot, sept ans de réclusion pour Henon, et cinq pour la fille Legrenier. En revanche, dans la même bande, Lepeule, Pavie, Dorange, Loirot et Cornu, les « révélés », sont tous condamnés aux travaux forcés à perpétuité. Après la loi de 1832, la sévérité des jurés à l'égard des auteurs d'attaque nocturne ne fléchit guère (si ce n'est par la disparition légale de la flétrissure et de l'exposition) dès lors que les accusés sont en état de récidive, et même si le délit antérieur était un vol simple[307].

Pour l'heure, c'est toujours la peine capitale qui sert d'ultime remède contre la bestialité des escarpes les plus farouches. En avril 1824, l'ancien forçat Joseph-Marie Marchant est condamné à la peine de mort pour attaque nocturne avec armes[308] : la récidive lui a été fatale. À la fin de la période ici considérée, c'est encore le sort de Vallet, le 30 octobre 1842, de Norbert et Dépré, exécutés le 24 mars 1843[309], ou de Fourrier, un des chefs de la bande des Escarpes (les autres, Teppaz et Magnier, ont su se ranger dans le camp des révélateurs), condamné à mort le 1er décembre 1844, pour expier à l'aube, à la barrière Saint-Jacques, la réitération des méfaits perpétrés pendant la nuit.

La longue croyance en l'omniprésence souterraine d'une « nation » de l'ombre, d'une espèce sociale incorrigiblement nuisible car nocturne trouve dans la purgation judiciaire opérée aux assises de la Seine selon Guizot un spectaculaire point d'aboutissement. La question sociale s'y pose comme une question morale et la connaissance nouvelle des dessous de Paris par l'opinion publique s'opère de plus en plus selon le régime de la répulsion physique. Une première « armée du crime » a jailli sous les yeux des « honnêtes gens » à la fin de la période censitaire, armée de fantassins obscurs, distincts seulement au moment de leur expiation. Comment ce jeu de la peur sociale et de la punition des forfaits nocturnes se réaménage-t-il après la fracture de 1848, dans une capitale où s'est modifiée la place sociale et politique d'un peuple qui s'est trouvé, au moins fugitivement, en pleine lumière ?

Les vestiges nocturnes des *Mystères de Paris* (second XIXe siècle)

Par la proclamation du 13 juin 1849, Louis-Napoléon Bonaparte entendait rassurer les « bons » et faire trembler les « méchants » : le premier camp était appelé à accueillir à la fois les possédants et les laborieux, dès lors qu'ils adhéraient à une morale commune, et se reconnaissaient les mêmes ennemis, tapis dans les replis du Paris ancien. De fait, la conjoncture criminelle des nuits parisiennes semble, après 1848, évoluer au rythme de l'histoire politique du régime telle qu'elle est classiquement périodisée : une crue initiale, propre à justifier l'autoritarisme refondateur du bonapartisme d'État ; une période de calme au cœur des années 1850 (qui sont aussi celles de la réforme de la police parisienne, réorganisée en vertu du principe d'îlotage) ; une résurgence du sentiment du désordre nocturne au milieu des années 1860[310], au moment où l'on découvre à la capitale une ceinture criminogène, pendant cette décennie où bien des historiens discernent un seuil important dans l'histoire longue des imaginaires et des sensibilités. Ce retour lancinant des images de l'ombre empoisonnée viendrait contredire le progrès global, dans les grandes villes, d'une criminalité plus savante que par le passé. Transformée, puisque sa présence n'a plus la forme souterraine d'antan, la nuit troublée des bas-fonds est réputée pour encercler dangereusement le Paris rénové. Les autorités impériales peuvent jouer de cette phobie de la lisière pour attiser la peur sociale, tout en misant sur la distance géographique séparant désormais les « honnêtes gens » des autres pour rassurer les premiers. Les effets pervers de l'haussmannisation, enfermant une population insatisfaite dans la nuit péjorative des quartiers excentrés, portent avec eux la preuve du caractère non linéaire, ou socialement discriminant, de l'avancée vers une modernité paisible, saine et lumineuse.

Car l'essor des circulations nocturnes à partir des années 1840, la présence massive d'une population ouvrière convoquée notamment par le développement des activités du bâtiment, et se voulant maîtresse des rythmes de sa déambulation dans la ville, ont pu conduire les habitants les plus frileux de la classe moyenne à rêver d'un retour au couvre-feu. L'existence des « classes dangereuses » semble avoir été attestée par l'explosion insurrectionnelle et avec celles-ci, que le neveu de Napoléon Ier a promis d'extirper du corps social, le contact direct répugne, depuis juin 1848 surtout. Leur appréhension par la moyenne bourgeoisie parisienne est de plus en plus livresque. Peu embarrassé de nuances, un Parisien anonyme écrit donc le 3 mars 1859 au préfet de police (nous respectons l'orthographe originale) : « On devrait donner l'ordre à la police d'arrêter tous ces individus que l'on voit rôder la nuit après 11 h du soir dans les mauvaises rues, barrières et Halles, car ce sont tous voleurs, assassins et attaqueurs de nuit, et par malheur on n'en arrête qu'un très petit nombre, et lorsqu'il y en a quelqu'un d'arrêté ils savent si bien couvrir leurs crimes qui disent tous qu'ils s'en revenaient de travailler, qui s'étaient trouvés avec leurs amis et que s'étant trouvés en retard on les avait arrêtés, et par malheur qu'on les crois et qu'on les mait en liberté et voyla comme un si grand nombre de victimes périssent assassinés par ces attaqueurs de nuit que l'on voit constamment rôder dans les rues, et que la police ne leur dit presque rien malheureusement[311]. » Cette vitupération malhabile de la licence nocturne n'est apparemment pas portée par la voix d'un notable, et laisse à penser que le manichéisme d'en haut a pu gagner des couches nouvelles, intermédiaires, de la société parisienne. Plutôt que de blâmer la parade nocturne des hôtes de la fête impériale dans ce qu'elle a de tapageur et d'improductif, on peut s'élever, au milieu du Second Empire, contre le parasitisme nocturne d'individus que les travaux d'assainissement ne suffisent pas à faire rentrer dans le rang, et qui occupent illégitimement la voie publique après minuit, quand ils devraient se sentir appelés à user du jour pour contribuer au progrès économique général. Incontestablement, la normalisation des années 1849-1854, visant Paris comme la capitale d'un régime fort qui ne peut tolérer la proximité spatiale des ennemis de la propriété, puis les premiers résultats des bouleversements haussmanniens ont impressionné les propriétaires parisiens et tout simplement produit des effets tangibles de retour à la tranquillité par le vide. Elle succède, dans leurs esprits, à une impression de chaos qui, s'agissant du pan nocturne de la vie populaire, n'a été que confirmée par les troubles de 1848, puisqu'elle s'annonçait dès 1842-1845 aux lecteurs les plus consternés de la *Gazette des tribunaux*.

« Bons Parisiens, dormez tranquilles. Le métier d'escarpe devient chaque jour de plus en plus inexerçable, et les artistes en surin commencent à s'expatrier », lance ironiquement Alfred Delvau, nostalgique du vieux Paris, en 1862[312]. Mais si les périls nocturnes effectifs de la grande ville relèvent de plus en plus, pendant les années 1850, de l'anomalie, la capacité des littérateurs à révéler les ressorts ultimes d'une menace criminelle devenue désespérée s'en trouve peut-être glorifiée – d'où la floraison, ensuite, de textes attentifs aux résidus ombreux négligés par le nettoyage policier et urbanistique. En 1855, dans *Voleurs et Volés*, Léon Paillet concède que parcourir Paris la nuit n'est plus aussi hasardeux qu'autrefois, mais y décèle la présence persistante d'une « armée de ténébreux qui en sont souvent la terreur »[313], et dont, à la veille de l'Exposition universelle, il convient d'évaluer la potentialité malveillante (il estime leur nombre à 40 000). La noirceur des romans de Dumas, Ponson du Terrail, Paul Féval, Pierre Zaccone[314] ou Charles Deslys[315], même s'ils transportent souvent le Paris « romantique » des escarpes dans les recoins du Paris d'après 1860, va dans le même sens[316]. Les chroniqueurs de la vie parisienne ne renoncent pas à la mission de dévoilement des dessous dont le premier XIXe siècle les a investis, et le thème des mystères de Paris survit au Paris ténébreux qui l'a fait naître, se portant vers d'autres lieux, plus écartés, s'adaptant à la nouvelle échelle de la ville, prenant la forme d'une écoute plus vigilante encore des frémissements de la nuit. Les effets de contraste qu'ils ont toujours recherchés ne sont-ils pas accusés, d'ailleurs, par la lumière de plus en plus éblouissante du Paris haussmannisé ? L'espace nocturne de la grande ville recèle dès lors une vérification quotidienne du projet impérial de modification des mœurs citadines par celle du cadre matériel. Pourraient s'y trahir plus sûrement que durant le jour les hésitations de la dynamique sociale et spatiale censée gouverner la capitale, vitrine ambiguë d'un régime voulant représenter une « troisième voie », plébiscitaire, entre oligarchie et démocratie. Et puisque la coupure de 1870 est, en la matière, en partie artificielle, que la Troisième République, fondée sur les cendres de 1871, a elle aussi avancé sur le chemin de la moralisation du peuple de Paris, nous dessinerons quelques prolongements de cette réflexion jusqu'aux jeunes « apaches » de l'avant-1914, héritiers directs, par leur nonchalance nocturne doublée d'agressivité, des « escarpes » du Paris pré-haussmannien.

De la purgation initiale au retour de l'anxiété (années 1850-1860)

À la fin de l'année 1849 et en 1850, alors que la présence séditieuse du peuple de Paris semble s'être retirée de la rue, la *Gazette des tribunaux* fait état de nombreux vols avec circonstances aggravantes, commis dans Paris et sa proche banlieue, sans leur donner toutefois le retentissement qu'ils auraient eu au début des années 1840. Canler, nommé chef de la sûreté le 3 mars 1849, s'enorgueillit dans ses *Mémoires* d'avoir purgé Paris de ces parasites postrévolutionnaires, piètres figurants d'un stade dégénérescent de l'émeute : « Paris et la banlieue étaient infestés de malfaiteurs de toute espèce qui avaient espéré profiter du désordre qui accompagne toute révolution[317]. » Cela se traduit notamment, le soir du feu d'artifice tiré pour la fête de la Constitution du 4 mai 1849, par l'arrestation sur les Champs-Élysées de l'ancien forçat Godmus, au cœur d'une foule idéalement unanime dans la célébration de la loi. La prise est faite par des inspecteurs venus débusquer là des voleurs à la tire, et l'appel de Godmus à l'interposition populaire (il hurle à la cantonnade qu'on l'arrête parce qu'il a fait partie des rebelles de juin 1848) résonne en vain dans la nuit. Il est ensuite condamné aux travaux forcés à perpétuité, avec son complice Renaud[318].

Quant aux attaques nocturnes, disséminées tout au long de l'année 1850, elles ne suscitent plus les commentaires atterrés d'antan. Mais leur rythme s'accélère étrangement en 1851 : « Depuis quelque temps, les attaques nocturnes paraissaient vouloir se renouveler ; seulement, cette fois, trop vivement pourchassés par les rondes de nuit dans l'intérieur de Paris, les malfaiteurs avaient choisi la banlieue pour théâtre de leurs méfaits », annonce la *Gazette* du 2 juin. Les repris de justice[319] semblent assiéger la ville, à défaut de l'avoir conquise en juin. Et la presse présente plus caricaturalement que jamais l'attaque nocturne comme un affrontement entre les « blouses » (ces hommes sont souvent aussi porteurs de barbes…) et des victimes systématiquement traitées par leurs agresseurs d'« aristos » qu'il faut « nettoyer » – l'autre cible privilégiée étant le soldat… L'attaque nocturne, très souvent mise en scène à partir de l'automne 1851, serait tournée contre les propriétaires, les hommes d'ordre et les ouvriers honnêtes. Elle est décrite comme une vengeance, arrachée dans les ténèbres, du désastre de juin 1848, et son mode de présentation prélude à l'un des thèmes de légitimation du coup d'État du 2 décembre, c'est-à-dire une clarification fondée sur l'indispensable séparation des « bons » et des « mauvais », après le brusque obscurcissement de la mi-siècle.

Du simple point de vue de la sécurité nocturne de la capitale, le décret du 8 décembre 1851 apparaît, dès lors, comme une conséquence naturelle des violences constatées depuis les années 1820 et aggravées par l'incertitude post-quarante-huitarde. La France y est dite menacée par les « tentatives insurrectionnelles des affiliés aux sociétés secrètes et repris de justice », par une « classe d'hommes » provoquant d'injustes calomnies contre l'autre peuple, la « saine population ouvrière » : on ne saurait mieux exprimer la volonté de scinder laborieux et dangereux comme le jour et la nuit. L'article 1er prévoit l'envoi à Cayenne ou en Algérie de tout individu surveillé coupable de rupture de ban, et l'article 4 donne dix jours aux surveillés pour quitter définitivement Paris et sa banlieue. La protection des honnêtes gens contre les menées des « classes récidivistes » se poursuit avec la loi du 30 mai 1854 sur la transportation outre-mer, mesure expérimentée dès la fin de 1851 contre les opposants au régime et les condamnés en rupture de ban. Les bagnes métropolitains ont montré leurs limites, et les condamnés à huit ans de travaux forcés ou plus devront désormais passer toute leur vie en Guyane, dont ils assureront la colonisation (le bagne de Nouvelle-Calédonie est créé, quant à lui, en 1863). La colonie agricole n'est-elle pas le parfait remède à la libre oisiveté nocturne de ces ouvriers pervertis par la grande ville depuis l'enfance ? Ces rôdeurs de l'ombre doivent devenir des travailleurs utiles, dont le labeur pourra s'accomplir en pleine lumière. Et Bonneville, conseiller à la Cour impériale de Paris, d'assurer que le département de la Seine, où le rapport entre le nombre de crimes et la population était le plus préoccupant avant 1854, aurait retrouvé une situation moyenne, grâce aux effets conjugués de la réforme de la police municipale et du bannissement des classes dangereuses[320].

Dès lors, l'attaque nocturne ne figure plus dans les colonnes des journaux que comme un reste du Paris d'avant. N'est-ce pas, d'ailleurs, le flagrant délit permis par l'ubiquité nouvelle des rondes nocturnes des sergents de ville, et non plus le système aléatoire de la révélation qui, majoritairement, conduit désormais les malfaisants devant la justice ? Une triple arrestation d'agresseurs nocturnes a été opérée dans un bal de barrière, selon la *Gazette* du 26 janvier 1853, ce qui « ne peut manquer de rendre la sécurité aux quartiers qu'alarmaient des attentats dont heureusement les exemples sont devenus très rares dans la capitale ». Pendant l'automne et l'hiver 1866, en un temps où pourtant, après les grandes étapes de l'haussmannisation et à la veille de l'Exposition universelle (qui accroît le nombre des crimes contre les personnes[321]), les attaques nocturnes se multiplient dans les quartiers excentriques, leur récit par la *Gazette des tribunaux* se fait sur un ton sobre excluant toute interrogation trop poussée sur une éventuelle insécurité chronique des rues de la grande ville. L'année 1852 est, cependant, celle où le « vol avec violence la nuit sur la voie publique », c'est-à-dire l'attaque nocturne, sorte de baromètre de la brutalité récidiviste des bas-fonds, devient une rubrique spécialisée au sein du rapport sur les « Arrestations opérées dans le département de la Seine » annuellement contenu dans le *Compte général de l'administration de la justice criminelle*. Ces affaires, particulières et traitées comme telles, sont au nombre de 53 en 1852, 43 en 1853, 14 en 1854, et se maintiennent à un niveau inférieur à 20 jusqu'en 1859, avant la flambée des années 1860, en partie liée à l'annexion qui vient de doubler la surface de la ville. On dénombre 113 agressions en 1861 et 296 en 1868, selon le *Compte général*.

Cette flambée est peu répercutée dans la presse, contrairement à ce qui se passera dans les années 1880. La *Gazette des tribunaux*, s'agissant de la chronique criminelle de Paris, inspire directement la presse à bon marché – c'est notamment le cas du *Petit Journal*, lancé en 1863. Elle adhère manifestement au discours sécurisant imposé par le régime jusqu'au milieu des années 1860. Ce dernier minimise la portée de la dissidence de classes populaires parisiennes dont il avait instrumentalisé la violence potentielle, pour asseoir un pouvoir fort, dans les années antérieures à 1854. Ainsi, du 10 au 13 février 1853, une bande de douze individus accusés de vols qualifiés (de nuit avec violence ou effraction) est-elle jugée aux assises de la Seine, et l'intonation du compte rendu est-elle radicalement différente de ce qu'elle aurait été une décennie plus tôt. Selon le journal, ces affaires sont désormais sans grand intérêt, car « la police et la justice ont jeté une telle terreur et une telle désorganisation dans ces associations de malfaiteurs que nous ne voyons plus apparaître de loin en loin que les pâles comparses des chefs célèbres qui expient aujourd'hui dans les bagnes les crimes pour lesquels ils ont été frappés ». Cette bande a pourtant bien des traits communs avec celles de la monarchie de Juillet : son effectif, la diversité des métiers déclarés, la présence d'une fille publique et d'un brocanteur, le jeune âge et les antécédents des accusés, la lourdeur des peines infligées. Mais elle ne fait pas partie d'une série de procès en chaîne, comme on en trouve dans les années 1840, et ne peut plus donner prise au fantasme de la conspiration criminelle généralisée. Paris commence à vivre dans la conviction que ses nuits sont en cours d'assainissement, et la *Gazette des tribunaux* des années 1850 n'évoque plus guère la délinquance nocturne qu'à travers les succès remportés contre elle par les forces de l'ordre, non plus sous la forme d'agressions impunies égrenées dans la « Chronique » de Paris dès le lendemain matin, comme c'était le cas sous les monarchies censitaires.

Le phénomène renvoie sans doute, en partie, au mouvement de correctionnalisation des peines affectant le second XIXe siècle, où l'on préfère une punition allégée au risque de l'impunité. La loi du 13 mai 1863 correctionnalise, en effet, les coups et blessures entraînant une incapacité de travail de plus de vingt jours, ce qui peut conduire à banaliser ces attaques nocturnes où le vol est mal avéré, peu distinctes en apparence de la rixe. Dans les comptes rendus d'assises qui reparaissent en BB^{20} après 1850 (mais jusqu'en 1865 seulement), l'on constate aisément l'accroissement des crimes sexuels, mais aussi celui des faux en écriture, des vols domestiques ou avec effraction, au détriment du tout-venant de la violence publique des heures tardives. L'angoisse liée au risque de l'attaque nocturne semble toutefois, indépendamment de son traitement judiciaire, étreindre de nouveau les Parisiens entre 1866 et 1870, comme si les exclus du luxe haussmannien devaient se rappeler, en ces années tendues, au bon souvenir de leurs concitoyens. Ces derniers ont d'ailleurs pu apprendre dans la presse parisienne qu'une épidémie de *garotting panic* a atteint, de même, le Londres de 1862[322], cette ville qui avait inspiré la volonté bonapartiste de transformation urbanistique. Les *garotters* de Londres sont les cousins proches des escarpes de la monarchie de Juillet : ils pratiquent l'assaut nocturne contre les passants attardés dans les rues désertes. Pendant les brouillards de l'automne 1862, et tandis que la presse anglaise amplifie les craintes collectives, les Londoniens des quartiers huppés créent des milices « antigarotting », avant d'être rassérénés par le *Garotting Act* de juillet 1863, qui prévoit la peine du fouet contre ce type d'agresseurs[323].

À Paris, l'année 1866 est, à partir du début février, celle du retour médiatique de « l'attaque nocturne », formule que les journalistes réutilisent de façon presque hebdomadaire, après quelques années d'oubli, sans avoir besoin d'en exposer le sens précis à leurs lecteurs puisqu'elle appartient depuis la fin de la Restauration à leur mémoire silencieuse. Le 28 avril, on apprend par exemple dans la *Gazette des tribunaux* que deux hommes ont assailli un cocher à 1 h du matin, place de l'Ourcq, mais qu'« heureusement, avant d'arriver à cette place déserte, le sieur F… avait eu la précaution de ramasser plusieurs grosses pierres qu'il avait mises dans son mouchoir ». Un procès vient alors légitimer les hantises renaissantes. Les 13 et 14 octobre 1866, treize individus sont jugés aux assises de la Seine pour association de malfaiteurs, trente vols qualifiés, treize attaques nocturnes – commises avec un lacet jeté autour du cou des passants, un peu partout dans Paris mais surtout à la périphérie méridionale de la rive gauche, entre février et mars 1866. Fait significatif, la bande ne porte pas de nom, comme si, en une génération, la culture du pittoresque criminel s'était affaiblie. Dans la presse, le rapprochement de ces jeunes repris de justice avec les « garrotteurs de Londres » est immédiatement opéré[324], sans qu'on atteigne cependant le niveau d'inquiétude publique de 1844, année du procès des Escarpes. Parmi eux, une majorité de journaliers et de maçons d'origine provinciale[325], comme désœuvrés au sortir du grand chantier haussmannien et trop empressés de goûter aux plaisirs promis pour 1867. Ils sont condamnés, pour la plupart, à dix ans de travaux forcés. On peut imaginer que vingt ans plus tôt, leur peine aurait été plus lourde ; mais la loi de 1854 suffit à les écarter définitivement de Paris et même de France, ce qui est sans doute l'essentiel, pour l'autorité judiciaire.

La réputation des nuits parisiennes n'est pas restaurée pour autant : elle reste entachée, jusqu'en 1870, d'épisodes sombres mettant en péril l'intégrité physique des passants – loin du cœur de la ville, cependant, ce qui transforme la perception du risque. Le procès de trois autres détrousseurs spécialistes du boulevard de l'Hôpital, le 19 décembre 1867, laisse entendre que « les plus mauvais renseignements ont été recueillis sur les habitudes de ces trois individus, dont les sorties nocturnes, la vie errante et les dépenses suspectes ont été attestées »[326]. Le 18 janvier 1868, au cours d'un nouveau procès, la *Gazette des tribunaux* retrouve même, comme machinalement, certains des accents de l'avant-1848 : « Le jury, avec grande raison, ne se départ pas de sa juste sévérité contre les auteurs de ces audacieuses attaques nocturnes, qui sont devenues une sorte de spécialité pour quelques malfaiteurs, et qui compromettent à un si haut degré la sûreté de nos rues et la tranquillité publique. » Le 29 août 1869, dans ce même journal, l'exclamation est de mise, comme face à un crime lâche moins préoccupant qu'auparavant, mais tout de même redevenu douloureusement ordinaire : « Encore une attaque nocturne ! Les prévenus sont deux jeunes gens. Ordinairement, quand les chenapans qui attaquent les passants à la nuit, pour les dévaliser, n'ont pas été pris en flagrant délit, ils nient comme de beaux diables ; pris en flagrant délit, ils prétendent que c'est la victime qui a commencé, même quand ils sont une demi-douzaine sur un seul homme. » C'est aussi que la localisation nouvelle de ces épisodes, dans les arrondissements récemment annexés dont on découvre par ce biais la noirceur, fait obstacle à une claire reconstitution des événements, en des territoires dévolus presque exclusivement aux franges inférieures de la société.

Du côté de l'opposition républicaine, revigorée à la fin des années 1860, le détournement des forces policières vers l'oppression politique est incriminé, comme sous la Restauration (alors que c'est plutôt le trop grand espacement des mailles de l'îlotage dans les arrondissements 11 à 20 qu'on pourrait invoquer) : « Pendant que MM. les commissaires de police assistent régulièrement aux réunions publiques où des citoyens exercent un droit que la loi leur confère, pendant que les brigades se massent aux abords des lieux des séances, les bandits attaquent dans la rue, certains de ne pas être dérangés dans leur travail[327] », peut-on lire en 1869 dans cette presse dont le bâillon est désormais plus lâche. Et l'après-plébiscite n'est en fait guère plus paisible : des attaques nocturnes sont relatées dans la *Gazette des tribunaux* au rythme d'une par semaine environ entre juin et août 1870, cette fois sans que soit mentionnée de façon systématique l'intervention miraculeuse de deux sergents de ville venus réparer, par le flagrant délit, l'outrage fait à la sécurité publique promise en 1851. Rien ne change-t-il donc dans l'ombre parisienne du XIXe siècle, et l'haussmannisation aurait-elle failli à calmer les convulsions de la société populaire nocturne, toujours séparée de la société honorable par une barrière infranchissable ?

Au sein même du prétendu « monde obscur », certaines inflexions sont perceptibles, derrière les déconcertants retours de l'attaque nocturne. Les plus nettes ont trait à la répartition spatiale de la menace. On discerne en effet, sans trop d'effort, une sorte d'haussmannisation des violences nocturnes, désormais concentrées dans la moitié orientale de la ville (elle abrite 62 % des affaires après 1860, contre seulement 48,3 % auparavant)[328] et dans les arrondissements annexés en 1860. Le cœur tranquille de la rive gauche demeure relativement épargné. Quant aux 1er et 4e arrondissements nouveaux, qui représentaient respectivement 15,5 et 13,4 % des affaires avant 1860, ils ne sont plus que faiblement concernés, alors que le 13e, le 15e et surtout le 19e accèdent à la réputation de coupe-gorge nocturnes (ce dernier arrondissement cumulant tous les facteurs de risque : la localisation à l'est, sur la rive droite, aux limites nouvelles de Paris).

LES LIEUX D'AGRESSION (1860-1881)
(en %) (arrondissements actuels)[329]

1er	2,8	11e	6,7
2e	2,4	12e	5,2
3e	3,6	13e	7,9
4e	1,6	14e	2,4
5e	6,7	15e	9,9
6e	2	16e	4
7e	2	17e	5,5
8e	4,4	18e	7,9
9e	2,8	19e	11,5
10e	4,4	20e	6,3

LES TYPES DE LOCALISATION (après 1860)

Boulevard	24,7	Arrts centraux[330]	10,3
Quai, pont	3,2	Arrts interméd.[331]	29
		Arrts périph.[332]	60,7
Rive droite	69,1	Est[333]	62
Rive gauche	30,9	Ouest[334]	38

Les boulevards qui ceinturent la ville ont donc supplanté les ruelles centrales sur la carte des lieux infréquentables aux heures sombres (ils ont ceci de commun avec les secondes qu'ils sont parfois encore éclairés à l'huile). La translation des périls nocturnes est conforme à celle de la population ouvrière globale. La répartition de la violence nocturne ressemble, après 1860, à une version outrageusement simplifiée des conséquences néfastes de la rénovation haussmannienne.

Ces lieux désolés bordant la capitale, jusqu'alors tout juste devinés et désormais officiellement « parisiens », ces boulevards bordés de fragiles clôtures donnant souvent sur le vide, ce Paris encore étranger à l'autre Paris, est alors stigmatisé comme le lieu du libre épanchement des natures grossières, impulsives. Et la venue de la nuit le sépare plus nettement encore du Paris civilisé. « Il y a longtemps que les maisons mal famées et les bals publics, dont le boulevard extérieur est bordé, y attirent une population interlope d'hommes et de femmes qui, à partir de la tombée de la nuit, y trône en souveraine », déplore Othenin d'Haussonville, nouvel explorateur de « La Misère à Paris » dans *La Revue des Deux-Mondes* en 1881[335]. Une terre non pacifiée ceint donc la capitale du luxe, qui se signale par la multiplication des attaques nocturnes à la fin du Second Empire, et qui préfigure la mythologie plus tardive de la zone, porteuse des figures contradictoires du peuple, entre tensions obscures et promenades familiales du dimanche aux Fortifs, entre cabarets douteux et bucoliques guinguettes[336]. Mais si minuit peut métamorphoser ces lieux à l'allure diurne parfois anodine, le danger est plus nettement cantonné qu'à la fin de la monarchie de Juillet : l'ombre a été remise à sa place, frontalière, là où d'avance, le bourgeois se sait en terre hostile.

Autre trait accentué par rapport aux nuits du premier XIXe siècle, le caractère juvénile de la population incriminée, constituée, la nuit, d'« apaches »[337] avant l'heure. Le petit vagabond nocturne des monarchies censitaires s'efface, dans nos sources, au profit d'une jeunesse que l'ombre morne des quartiers écartés rend plus audacieuse. Ces onze petits voleurs du faubourg Saint-Antoine, jugés en 1857 en correctionnelle, dont le plus âgé a 14 ans, et qui avaient l'habitude, la nuit, de crever les toiles des étalages pour s'y servir[338], incarnent une espèce de transition. Ils sont suivis par une bande de 35 jeunes maraudeurs nocturnes de moins de 18 ans, exerçant à Paris et en banlieue, cités dans la *Gazette des tribunaux* du 10 novembre 1858. Le 7 avril 1860, on évoque dans ce même journal la « Bande à passe-partout », formée par 10 gamins de 12 à 15 ans, organisés par une charte, porteurs de surnoms, et situant leurs activités à mi-chemin entre le jeu d'enfants et le vol nocturne organisé (vol de nourriture, essentiellement). Peu initiés encore aux subtilités de la profession criminelle, les moins dociles d'entre les jeunes ouvriers sont donc censés s'orienter rapidement, entre 16 et 18 ans, vers l'attaque nocturne, pratiquée dès que leur force physique y suffit. François Planis, serrurier de 18 ans, récemment sorti de maison de correction, et Louis Cornillon, journalier de 20 ans, entré en maison de correction à 13 ans, sont tous deux condamnés aux travaux forcés à perpétuité le 9 décembre 1864, pour avoir commis deux attaques pendant la nuit du 17 au 18 juillet, boulevard de la Santé et près de la barrière d'Enfer, en frappant leurs victimes à la tête[339]. Quelques jours plus tard, le 21 décembre, c'est au tour de François Petit, dit Larcher, dit Papa, dit Cavaignac (!), 17 ans ; François Polu, 16 ans ; Pierre Degrenne, 18 ans ; Nicolas Smitt, 16 ans. Ils sont charretier, fondeur, journalier, habitent Pantin ou La Villette et ont déjà été condamnés pour vagabondage ou vol, ce que des « renseignements de moralité détestables » ne rachètent guère. Pour avoir assailli ensemble « un ouvrier paisible », qui, pense-t-on, se satisfaisait placidement, lui, de la prospérité impériale (même déclinante), ils subissent des peines qui vont de six ans de travaux forcés à quatre ans de prison[340].

L'audience du 21 mars 1865 dessine plus précisément le type nouveau du jeune « rôdeur de barrières » : Angevin, corroyeur de 19 ans, et Beaussart, bijoutier du même âge, sont condamnés à huit ans de travaux forcés et à six ans de prison pour avoir brutalisé et dévalisé, sur un terrain proche des Fortifs, un homme rencontré chez un marchand de vin de la route d'Ivry. Le récit de leur procès les définit comme « paresseux, débauchés, véritables rôdeurs de barrières, abandonnés par leurs familles » et adeptes notoires du concubinage. Et puisque « ces sortes d'attaque nocturne sont fréquentes, l'exemple d'une punition relativement sévère était nécessaire »[341]. Quant au procès des treize agresseurs des 13-14 octobre 1866, on l'a vu, il implique surtout des moins de 25 ans, comme la *Gazette des tribunaux* l'avait annoncé au moment de leur arrestation : « Ce sont, pour la plupart, des jeunes gens forts et robustes qui avaient abandonné le travail pour se livrer à la débauche. [...] Au moment de leur arrestation, la plupart des inculpés étaient couverts de vêtements neufs et confortables achetés avec les produits d'un vol fructueux[342]. » Si le temps des conspirations ténébreuses est révolu, si les antres nocturnes des hors-la-loi ont été éventrés, il reste pourtant une traînée d'ombre autour de Paris où, dès les années 1860, une partie de la jeunesse ouvrière entame une longue rupture avec les valeurs d'ordre et de labeur, mais non avec l'hédonisme citadin... Le 2 août 1867, la *Gazette des tribunaux* se veut réconfortante : « Nous ne sommes plus, fort heureusement, au temps de ces bandes nombreuses de voleurs, constituées en sociétés dangereuses, et qu'on appelait la bande des Habits noirs, la bande Courvoisier ou la bande Flachat. » Sous Napoléon III, les malfaiteurs des nuits parisiennes sont de jeunes gens apparemment hostiles aux contraintes de l'atelier, qui pratiquent une chasse aveugle, peu concertée, adaptée au milieu sauvage vers lequel la rénovation urbaine les a rejetés.

On commence, parallèlement, à constater que cette jeunesse masculine noctambule et indisciplinée partage les lieux obscurs avec son équivalent féminin, c'est-à-dire les grappes de filles des boulevards. Elle refuserait le travail, le confort douillet du *home*, mais aussi les joies simples du couple procréateur. Émerge de cette mixité des heures tardives et des quartiers excentrés, à la fin des années 1860, la silhouette tout à la fois désinvolte et agressive du « souteneur-rôdeur de barrières »[343], avant que le proxénétisme ne soit puni comme une forme de vagabondage par la loi de mai 1885. Si, à la fin de la monarchie de Juillet, la fille publique était une figure obligée mais esseulée au sein d'une bande masculine de délinquants nocturnes, on souligne désormais comme une réalité systématique la présence d'une femme derrière chaque auteur d'attaque nocturne, même très jeune, conformément au thème de l'envahissement de Paris par les clandestines au cours du second XIXe siècle. Dès le 17 mai 1854, la *Gazette des tribunaux* observait : « Aux abords de la barrière de l'Étoile s'élèvent des tertres qui, dès la nuit tombante, étaient devenus depuis quelque temps le lieu de rendez-vous de ces filles de mauvaise vie que, dans la langue des voleurs, on appelle terrines. Prostituées de bas étage, accolées à des hommes repris de justice, ces malheureuses entraînaient dans ces parages déserts les passants assez faibles pour les écouter ; puis, faisant intervenir leurs odieux acolytes, elles les faisaient rançonner et souvent frapper brutalement. » Plus confortablement et durablement vautrés dans le vice que leurs prédécesseurs, les escarpes du Second Empire sont connus pour être aussi des proxénètes qui complètent éventuellement, au moyen de l'attaque nocturne, les revenus procurés par la « marmite », après une journée passée à flâner et une soirée passée au bouge (d'où s'exerce une surveillance intermittente sur les allées et venues des filles sur le boulevard)[344]. Le 29 avril 1870 apparaissent ainsi dans la *Gazette des tribunaux* trois repris de justice, rôdeurs-souteneurs familiers du boulevard de Belleville, coupables d'agressions nocturnes. Le 1er juin suivant, « une bande de rôdeurs et souteneurs de filles qui fréquentent actuellement le quartier de la barrière de l'École », et auraient attaqué au couteau un soldat, avenue de La Bourdonnaye, à 1 h 45 du matin. À la rubrique « souteneurs », en 1872, Achille Rabasse accole donc avec assurance la définition suivante : « Ils pratiquent le *vol au poivrier*, font généralement des *attaques nocturnes* et s'adonnent également à la *Sodomie*. Ils sont regardés dans le *Monde obscur* comme des êtres dangereux[345]. » Les brutalités nocturnes qu'ils commettent semblent d'ailleurs, pendant longtemps, la seule voie possible pour les punir, leur déambulation tardive n'étant pas assimilable au vagabondage, dès lors que ces hommes peuvent déclarer un domicile, fût-il celui de leur maîtresse.

Un nouvel exotisme des bas-fonds

Les nuits parisiennes de la fin du Second Empire révèlent les ambivalences de l'haussmannisation, qui a repoussé la menace sociale vers une périphérie urbaine où elle peut servir d'antimodèle, tout en étant suffisamment lointaine pour ne pas gêner la nouvelle ostentation nocturne de la « classe de loisir » dans les quartiers embellis. Avec la limitation des occasions de promiscuité sociale dans l'espace citadin et l'annexion de 1860, la séquence nocturne accentue le contraste centre/périphérie ou est/ouest, alimentant un imaginaire social manichéen – tout cela aux dépens sans doute de la réévaluation menée, contre la « légende noire » du régime, par une historiographie récente.

Comment le choc provoqué, en 1869, par le « crime de Pantin », a-t-il pu contribuer à l'ancrage de cette représentation peu nuancée de l'ombre périurbaine ? L'épisode a été étudié déjà[346], et nous ne prétendons que le situer dans le contexte plus large de la difficile intégration à la vie parisienne de quartiers tenus pour des terres de non-droit nocturne, refuges possibles de l'innommable, que le centre rationalisé et peut-être « humanisé » du Paris nocturne ne tolère plus[347]. Car ce « crime » est de la nuit au même titre qu'il est « de Pantin ». En septembre 1869, la réputation négative des nuits du 19e arrondissement, le plus coupé du centre de la capitale, n'est déjà plus à faire. Le paysage morose de la plaine des Vertus, le carrefour des Quatre-Chemins, près du canal de l'Ourcq et de la gare de Pantin, hésitent entre usines et champs, entre cabanes et entrepôts, entre chiffonniers et maraîchers. Dans ce faubourg éloigné, à l'habitat clairsemé, à peine éclairé par de vieux quinquets à l'huile, on se couche tôt, et rien ne vient normalement rompre le silence nocturne, si ce n'est les rixes des ivrognes (allemands, parfois, et Sadowa inquiète déjà) ou les hurlements des chiens, qui résonnent comme des signes attendus de la sauvagerie des lieux. Ici, les Parisiens vont pourtant apprendre que ce territoire négligé, cet horizon gris, partagés entre le passé campagnard et l'avenir industriel, peuvent devenir un théâtre de l'inqualifiable, délibérément choisi comme tel par un jeune ouvrier sanguinaire en quête d'impunité.

Or c'est résolument la nuit, circonstance aggravante d'un forfait déjà terrible, que le jeune Troppmann a adoptée comme cadre du passage à l'acte. Son « attaque nocturne » est d'un type particulièrement pervers, puisqu'elle vient soulager, dans le triste silence d'un chemin public, par un guet-apens prémédité et facilité par une familiarité doucereuse avec Mme Kinck et ses enfants, la longue macération de haines et de convoitises d'ordre privé. Le décor initial était celui, rassurant et moderne, de la gare du Nord, d'où l'assassin était parti dans une voiture avec la femme et les cinq enfants arrivés de Roubaix, pour rejoindre théoriquement leur père à Pantin. Ce jeune ouvrier alsacien, qui rêve d'aisance et d'ailleurs, attire donc dans un lieu situé aux antipodes de son univers familier la partie féminine et enfantine d'une honnête famille bourgeoise – dont il veut accaparer la fortune, amassée, dit-on, à force de labeur. Le 21 septembre 1869, le cocher du fiacre, Claude Bardot, s'étonne d'ailleurs, devant le juge d'instruction, du lieu et de l'heure tardive du rendez-vous. Il a quitté la gare avec ces clients à 11 h du soir et les a déposés en rase campagne à minuit passé, après s'être perdu dans des déserts inconnus de lui. Du moins les escarpes du premier XIXe siècle, autres utilisateurs des ressources nocturnes de la voie publique, mais moins réfléchis, s'attaquaient-ils aux passants au petit bonheur la chance, sans faire précéder l'agression par une prévenance hypocrite envers les victimes. Troppmann aurait, lui, agi seul ; sa froide détermination et sa force physique singulière auraient suffi à ôter la vie à l'exemplaire Mme Kinck et à ses cinq enfants – le père ayant été empoisonné par lui en Alsace. Seul témoignage direct, outre celui du paysan Langlois, qui a découvert les corps mutilés et enterrés dans son champ à l'aube du 20 septembre, le récit lacunaire du veilleur de nuit de l'usine des filateurs Cartier-Bresson, Antoine Gandner, 27 ans, dont les chiens ont aboyé, et qui affirme avoir entendu retentir vers minuit et quart, après des cris de détresse émis par une femme, les appels « Maman ! Maman ! », qu'il a ignorés en croyant avoir affaire aux habituels ivrognes du quartier. Pour le reste, le scénario précis du carnage reste plongé dans une ombre que perpétuent, pendant l'instruction, les dénégations de Troppmann.

Les insolubles débats criminologiques autour du monstre Troppmann (est-il un espion prussien ? un fou ? un homosexuel ? un jeune ouvrier corrompu par la lecture d'Eugène Sue ?)[348] nous intéressent seulement ici dans la mesure où ils situent le personnage entre la sauvagerie sanguinaire des escarpes du premier XIXe siècle (celle qui marque le mode d'exécution de son crime, trahi par l'énormité de son pouce), et la ruse, la capacité raisonneuse d'un Lacenaire (celle de sa longue préméditation et des falsifications qui l'ont accompagnée)[349]. Juvénile encore, Troppmann est cependant bien plus qu'un rôdeur de barrières : il guigne la fortune, la vie opulente en pleine lumière. Il ne se contente pas de faire du crime nocturne le moyen d'une survie marginale à moindre effort, et c'est pourquoi il déconcerte. La médiatisation de son crime relève, elle aussi, d'une transition, d'une hybridation : entre la tradition des canards et la naissance du fait divers véhiculé par la grande presse à bon marché – les républicains voyant dans cette dernière tendance les symptômes de la décadence d'un régime qui détourne le peuple de la conscience politique par l'étourdissement des plaisirs ou par la fascination morbide. Et le tourisme de l'horreur, la foire aux voyeurs qui envahit la plaine de Pantin après la découverte du massacre pour la « triomphante assomption de la banlieue au théâtre des faits divers »[350] pourrait traduire la curiosité du peuple laborieux et des classes moyennes envers les nuits de ces classes dangereuses dont, désormais, la vie ne leur est plus accessible que par presse interposée. C'est le même peuple insouciant qui, moins attaché qu'auparavant aux réjouissances interminables et spécifiquement ouvrières de la Saint-Lundi, se promène en masse aux Fortifs, mêlé aux classes moyennes qui constituent son nouvel horizon social, dans la lumière bon enfant et l'ambiance de kermesse du dimanche après-midi, sur les lieux mêmes des attaques commises la nuit précédente par les rôdeurs. Il se pourrait que, sans le savoir, il y déambule sur les traces de son passé collectif de proximité avec l'ombre criminelle.

Il nous faut maintenant considérer les conséquences de la lente mutation des représentations de la nuit citadine criminelle jusque vers les années 1880, la coupure de 1870 étant ici toute relative, et les travaux des spécialistes du crime étant, par ailleurs, plus nombreux sur la Belle Époque que sur le temps du triomphalisme républicain. La fixation des curiosités sur l'individu Troppmann coexiste en effet, comme au temps de Lacenaire, avec une interrogation sociale plus lancinante sur la manière dont cette nature criminelle si difficile à saisir s'incarne dans des groupes de délinquants nombreux. Car à l'évidence, les années 1848 à 1870 n'ont pas résorbé l'ombre sociale, mais l'ont traitée différemment. Elles ont consommé à Paris, grâce à la fonction sélective des mœurs nocturnes, la séparation (morale tout autant que spatiale) entre la part intégrable du peuple et cette « armée du crime »[351], cette masse de récidivistes que les mesures de 1851-1854 n'atteignent pas, et dont les boulevards extérieurs sont, après minuit, le fief fantasmé. Cette population excentrée et farouche y défie, par son rythme de vie même, quand ce n'est pas par ses méfaits, les valeurs ascendantes du XIXe siècle – travail, épargne, sobriété, mérite individuel. Mais l'on peut supposer que plus que d'une armée au recrutement immuable, il s'agit d'un groupe social en renouvellement permanent, et constamment rajeuni. La fatalité de la récidive enferme le délinquant dans la nuit, où il suppose le regard policier moins pénétrant. Et la gradation de la gravité des crimes commis par ces individus, du simple vagabondage au vol simple, puis au vol qualifié éventuellement assorti des circonstances aggravantes de nuit, de violence, de chemin public, de guet-apens et de complicité, conduit régulièrement certaines cohortes de cette prétendue troupe ombreuse à de lourdes peines. Ces dernières sont parfois purgées hors de métropole, loin du foyer corrupteur qu'est la ville de la révolution haussmannienne, celle de toutes les convoitises, celle de la consommation et des plaisirs convoités par les pauvres. Les piètres combats de l'« armée du crime » sont en fait cantonnés dans des territoires citadins oubliés de tous, aux heures obscures, où c'est avant tout elle-même qu'elle détruit.

En tous les cas, la coïncidence entre le retour de la stigmatisation de « classes nocturnes » constituées de jeunes gens dépravés et le débat sur la question scolaire est troublante. Entre 1879 et 1885 a lieu, selon la chronique de la *Gazette des tribunaux* et les exclamations de la presse populaire, une nouvelle crue de la brutalité d'après-minuit. L'attaque nocturne, repérée également dans les grandes villes de province que sont Lyon ou Marseille après 1870, resurgit, sur les boulevards des arrondissements périphériques, comme un désagrément chronique propre à la vie citadine. Ainsi, 37 attaques sont mentionnées en 1879 dans l'index de la *Gazette*, pourtant moins prompte à l'exagération que les journaux à bon marché, une cinquantaine en 1880, plus de 70 en 1881 et en 1882, avant que ne s'annonce une accalmie entre 1885[352] et 1890. Au même moment, la statistique des opérations de police dressée par la Préfecture mentionne, en 1879, 105 individus arrêtés pour attaque nocturne, 101 en 1880, 185 en 1881, 143 en 1882, 114 en 1883, et 89 encore en 1884 – part infime d'un total de 30 à 40 000 arrestations annuelles opérées à Paris, mais ce crime très médiatisé donne tout de même lieu à une classification séparée[353]...

C'est, de nouveau, une sorte de plèbe de la plèbe qui est incriminée, l'aristocrate du crime étant l'escroc. Cette opposition est notamment défendue en 1893 par Louis Puibaraud, ancien chef de cabinet du préfet de police, dans *Les Malfaiteurs de profession*[354]. Toutefois, il y minimise considérablement les terreurs de 1880-1882, affabulations répandues dans la ville par des maris cherchant un alibi plausible à leurs dépenses du cabaret, ou par des journalistes en mal de sensationnel[355]. Selon lui, désormais, seuls des ivrognes ou des idiots peuvent se laisser prendre au grossier piège nocturne des boulevards : « Paris n'est point un coupe-gorge. Il n'y a pas de surprises à redouter pour qui va droit son chemin, rentrant paisiblement dans ses pénates[356]. » La seule proie possible est l'ouvrier qui, précisément, ne va pas « droit son chemin » mais qui, après les échanges douteux de l'assommoir, se retrouve ivre dans la rue, sans boussole intérieure. Dans les années 1880, l'attaque nocturne semble n'être plus fléau social que dans la mesure où elle se conjugue avec les autres fléaux du temps, les excès où se dilapide la santé de l'ouvrier : alcoolisme, contagion vénérienne, paresse… La République ne protège-t-elle pas les citoyens méritants, leur assurant les libertés démocratiques, le bonheur de la foi dans le progrès et le bien-être matériel ?

C'est aussi que le décryptage des ultimes mystères de Paris a pris, à cette époque, une teneur touristique assez symptomatique des nouveaux chemins, de plus en plus indirects et éventuellement ludiques, empruntés par la peur sociale, devenue culture du dépaysement nocturne. La destruction du labyrinthe de la Cité, entre 1858 et 1868, n'a pas suffi à fermer l'accès des curieux aux frissons de la nuit médiévale. Certes, à la fin du Second Empire, on prétend que les repaires du Paris d'avant ont disparu du centre, comme le constate Du Camp : « On a moralisé ces quartiers misérables, car on en a chassé les malfaiteurs que le grand jour épouvante et qui ne trouvent plus à se cacher dans les vastes espaces où se dressaient autrefois leurs taudis lézardés[357]. » Une fois dressé le bilan contrasté de l'haussmannisation, une fois effacées les traces du drame communard, il faut donc aller chercher les éventuels descendants des héros d'Eugène Sue dans leurs nouveaux refuges, de plus en plus loin du Paris honorable : la logique du contact est celle de l'encanaillement planifié, non plus (ou plus seulement) du télescopage malencontreux et de la frilosité horrifiée[358].

De la fin du Second Empire à la république opportuniste, c'est à cette entreprise acrobatique que se risque Pierre Zaccone dans ses romans et chroniques. Ainsi, ses *Nuits du Boulevard* s'enracinent-elles explicitement dans une tradition de l'eau-forte parisienne remontant à la période censitaire : « Quelques-uns de nos lecteurs se rappellent encore l'espèce de stupeur qui se produisit à Paris [...] lorsque Eugène Sue publia les premiers chapitres des *Mystères de Paris*. [...] On en était arrivé à penser que les trois bagnes de Brest, Rochefort et de Toulon avaient chacun sa porte de sortie sur ce sombre quartier de la capitale et l'on frissonnait en songeant aux ignobles contacts que les nuits parisiennes vous réservaient. Depuis, Paris s'est pour ainsi dire transformé... De grandes voies se sont ouvertes ; on y a répandu à profusion l'air et la lumière, et il semble que l'on puisse désormais se railler des ténèbres et de la solitude. C'est une erreur. La nuit est toujours la nuit ! Si le danger s'est modifié, on ne peut pas dire qu'il ait tout à fait disparu. Et puis !... on a eu beau promener la pioche du démolisseur à travers les étroites ruelles où s'obstinaient les derniers vestiges du Moyen Âge, l'étranger, qu'un guide intelligent accompagne, peut remarquer encore, çà et là, de bizarres anomalies, au sein même des quartiers les plus élégants et les plus fréquentés[359]. » Ces irrégularités, perceptibles par un œil exercé, ouvrent de même le roman-feuilleton que Zaccone publie avec Jules Rouquette en 1879, *Les Rôdeurs de nuit* : « Les attaques nocturnes [...], les assassinats mystérieux qui se sont multipliés depuis quelque temps et qu'on a attribué aux rôdeurs de barrière, ont attiré l'attention sur cette population interlope de Paris qui vit du crime et grouille dans tous les vices : repris de justice, errants de nuit, souteneurs de filles, chevaliers d'industrie, habitants des carrières, tous ces êtres qui demandent à un mauvais coup, à quelques sombres aventures, à un hasard sanglant les moyens d'entretenir leurs infâmes penchants et leur crapuleuse paresse. MM. Pierre Zacconne et Jules Rouquette ont étudié avec soin les bas-fonds parisiens et fouillé les lieux sinistres où se réunissent les êtres dégradés à qui le travail fait horreur plus qu'un assassinat[360]. » Malgré la posture réaliste, le type de stupéfaction visé a déjà quelque chose de nostalgique ou d'anachronique, et l'ouvrage pourra faire sourire les abonnés les plus avisés de la *Gazette des tribunaux*.

La zoologie nocturne du Paris des années 1870-1880 peut donner lieu à ce type, archaïque, de dramatisation, mais la curiosité relève plus souvent, sous la crudité naturaliste, d'une quête de l'invraisemblable et de l'exotisme intérieur, loin des hymnes contemporains à la raison. Il s'agit d'une recherche presque archéologique des ruines de la laideur citadine, dissimulées sous les traits réguliers et le sein nourricier de Marianne. En 1878, P. L. Imbert a recours au vocabulaire ancien de l'obscurité grouillante, et se réclame de Callot, d'Hoffmann ou de Privat d'Anglemont. Il se propose, dans *Les Trappeurs parisiens au XIXe siècle*, de mettre au jour les derniers types sauvages qu'abriterait la capitale du monde civilisé, de procéder à des « recherches dans ces milieux étranges, ces bas-fonds voilés d'ombre mystérieuse où grouille une population [...] de bohèmes et de bandits, noctambules sans chemise, trappeurs d'un nouveau genre qui vivent, dans la boue, de leur chasse à la bouchée de pain ou à la bête humaine, figures grotesques ou sinistres qu'on réussit parfois à faire monter, comme certains insectes, à la pleine lumière du jour, en remuant la vase dans laquelle ils se traînent »[361]. En 1882, Georges Grison se dit, quant à lui, reporter minutieux de *Paris horrible et Paris original* : un pittoresque du malsain persistant dans Paris assaini fait l'objet de son exploration. Il concède que les *Mystères de Paris* sont d'un autre temps, mais prétend faire visiter les nouvelles cours des Miracles (les assommoirs, les brasseries à femmes ; la route de la Révolte, de Neuilly à Saint-Denis ; la Cité Jeanne d'Arc) enkystées dans la modernité : « J'ai été partout, [...] j'ai tout vu, tout su[362]. » Le risque n'est plus aussi imminent qu'autrefois, et c'est peut-être pourquoi il exige de nouveaux médiateurs, aventuriers d'une nuit qui n'est plus fidèle à sa réputation ancestrale que dans les endroits oubliés par les démolisseurs.

Même transparence affichée chez Louis Barron, auteur en 1883 d'un *Paris étrange* qu'il destine aux riches étrangers avides d'émotions violentes, de surins sanglants, de bouges enfumés et de « vols à la dure » (c'est le surnom de l'attaque nocturne). Alors que sous la Restauration, ce sont des conseils de prudence que l'on dispensait aux voyageurs fortunés pour leurs déplacements tardifs dans la capitale française, voici qu'on leur indique comment se fondre dans l'ombre parisienne afin de se frotter aux malfaisants. Soucieux lui aussi des effets de réel, Barron compare son excursion à celles de Frégier, Sue, Privat d'Anglemont, Du Camp, se réfère à la *Gazette des tribunaux*, et se prétend guidé par un ancien agent du service de sûreté. Le parcours, partagé entre l'archaïsme localisé du vieux Paris central et celui, plus global, des arrondissements lointains, va du quartier Maubert aux ruelles restées intactes autour des Halles, au faubourg Saint-Antoine, puis à la Croix-Nivert, à la route de la Révolte, à Montmartre, à La Villette, Belleville, La Glacière... Sur cette route sinueuse, l'élégance des souteneurs exclut le port de la blouse, et les véritables prolétaires sont absents des cavernes explorées. Barron leur préfère les « fuyards de l'usine et de la fabrique, se consolant de l'oisiveté par la noce »[363]. On peut encore songer à l'opuscule un peu plus tardif de Paul de Chamberet, intitulé sans ambages *Une nuit de Paris, au pays du vice et de la misère*[364]. Ici, le prétexte est fourni par une promenade accomplie en compagnie d'un haut fonctionnaire municipal et de deux inspecteurs du service de la sûreté ; la saisie sur le vif commence à 10 h du soir, et s'achève vers 4 h du matin. Elle s'arrête notamment aux prétendus bouges du *Château-Rouge* et du *Père Lunette*, près de la place Maubert, devenus, si l'on peut dire, des hauts lieux du tourisme des bas-fonds – que les malfaiteurs avérés ont vraisemblablement désertés[365].

La période des années 1850 à 1880 correspond ainsi à un moment de marginalisation plus complète du crime nocturne, où s'annonce la naissance d'un stéréotype asocial un peu plus tardif (le mot se répand entre 1890 et 1907), celui de l'« apache », figure synthétique (donc fallacieusement unificatrice) des travers multiples de la grande ville et de sa jeunesse, qui continuera à « peupler ce "troisième dessous" balzacien ou hugolien que la révolution haussmannienne n'est pas parvenue à résorber »[366]. Les « rôdeurs de barrière » de cette époque de clarification urbaine partielle ont déjà les attributs de l'« apache » : les écoles du crime que sont la prison et la rue ; les lieux de concertation que sont les bouges et les Fortifs ; l'abandon à l'instant, révélé dans la compagnie féminine et la propension à l'oisiveté festive ; le réflexe d'utiliser la voie publique comme un terrain conquis où le jour, on se gausse des passants, et où la nuit, on les moleste ; la conviction fataliste, peut-être aussi, que tout cela ne durera pas toujours, que le châtiment est au bout du chemin…

Encore les silences des sources créent-ils, de part et d'autre de 1860, un paysage nocturne sans doute exagérément contrasté. En matière de sécurité publique, la presse parisienne du temps n'assume pas encore tout à fait, censure impériale et alphabétisation limitée obligent, la fonction de contre-pouvoir revendiquée par la presse de masse dans la démocratie parlementaire de l'affaire Dreyfus, et mise en lumière par les travaux de Dominique Kalifa sur ce qu'il appelle la « civilisation du journal ». La névrose collective née du sentiment du déclin de la nation n'en est qu'à ses premières atteintes, et les suppléments illustrés des journaux, si tapageurs et sanglants à la Belle Époque, commencent à peine à conférer aux drames de la nuit une nouvelle publicité. Rares ou intermittentes sont encore les voix qui portent la revendication collective de confort et de sûreté vers un empereur dont le seul nom semble devoir les promettre à tous, et qui prétend avoir transformé l'activité nocturne des quartiers rénovés en une réjouissance ininterrompue.

Toutefois, notre période est sans doute celle de la transition insensible entre les représentations codifiées des « classes dangereuses », des « bas-fonds » et de « l'armée du crime »[367], et il convenait peut-être, malgré les carences documentaires, de restituer aux nuits parisiennes de la Deuxième République, du Second Empire et de la Troisième République naissante leur rôle de maillon dans la lente recomposition de la hantise criminelle, sur laquelle les changements de régime ont prise dans la mesure où ils modifient les discours majoritairement tenus sur un peuple résumé dans celui de Paris. Mais en l'occurrence, et puisque les intermèdes de 1848 et de 1871 sont fort difficiles à analyser de ce point de vue, prévalent la continuité et l'affirmation du processus de moralisation qui conduit à renvoyer les indésirables à l'obscurité des territoires périurbains, puis à aller éventuellement les y observer comme sur une terre de mission.

LE SPECTACLE DE L'EXÉCUTION CAPITALE : DES « PEINES OBSCURES[368] »

À la fin de la Restauration, le discours sur la vocation criminelle des nuits parisiennes se fait lieu commun. Il se perpétue, bon an mal an, jusqu'aux faits divers criminels de la Belle Époque, à tel point qu'on en vient alors à discerner, dans le choix incongru de la solution diurne par certains malfaiteurs, la preuve de l'audace inédite qu'ils mettent, « en plein jour », à défier les règles sociales[369]. Puisque le couple qu'ils forment est indissoluble, le dialogue ambigu du crime et de la peine dont Paris constitue, au XIXe siècle, une sorte de capitale, fera l'objet de cette investigation ultime. Car au temps où pullulent les commentaires sur les classes dangereuses, c'est par le spectacle public de l'exécution capitale, pratiquée à l'aube à partir de 1832, que le pouvoir politique et judiciaire doit adresser au peuple ce message intimidant qu'il n'interprète pas toujours de la façon escomptée. À mesure que la nuit se retire, l'accélération dramatique des heures autour de l'échafaud résume la difficulté, pour les autorités, de choisir entre la nécessaire publicité des châtiments et le risque de trouble que comporte leur trop forte exposition. La guillotine, machine rationnelle issue des Lumières, doit théoriquement matérialiser la capacité de l'État à contenir la délinquance dans ses formes les plus désespérantes. Pourtant, elle se retranche de plus en plus, entre 1830 et 1870, dans cette même obscurité qu'elle est censée purifier, comme par l'effet d'un déclin conjugué des dernières formes de la pénalité d'Ancien Régime et des illégalismes populaires d'antan, peu à peu plongés dans la pénombre parce qu'incompatibles avec la face diurne d'un Paris assaini.

Dans cette entreprise, notre dette est grande à l'égard du mémoire de maîtrise de Laurence Guignard, *Le Bruit et le Sang, les supplices publics à Paris de 1815 à 1870*[370]. Nous ne proposerons que quelques éclairages complémentaires sur l'acheminement subreptice vers la « sobriété punitive » qui, selon Michel Foucault[371], marque l'après-1830 en ces domaines. En effet, la lumière ambivalente du « crépuscule du matin » et des faubourgs dissimule au moins autant qu'elle n'éclaire le théâtre de l'exécution capitale. Celle-ci constitue, après la disparition des peines infamantes, la dernière mise en scène officielle (mais en fait furtive…) de la mort dans un espace public où l'épanchement du sang des animaux n'est pourtant plus admis. Et que dire de la foule assemblée à la barrière Saint-Jacques ou aux abords de la place de la Roquette autour de la silhouette funèbre de l'échafaud, quand son adhésion au châtiment n'est pas assurée, et qu'elle vient se masser là à une heure où un bon ouvrier ne devrait pas encore se trouver dans la rue ; quand on ne sait si les pouvoirs publics encouragent ou répudient cette curiosité populaire pour le moment étrange de l'entrée d'un anonyme dans l'histoire par la brèche du crime qui l'a rendu célèbre ? La police parisienne organise sa présence nocturne en fonction d'un idéal panoptique qui entre en concurrence avec la volonté populaire de tout voir et de tout savoir, avec le goût des pauvres de Paris pour ce que leur ville procure d'attractions gratuites. Purifier efficacement la ville exige certes des démonstrations de force et des mises en scène intimidantes, mais aussi du non-vu et du non-dit, ce qui pourrait faire suivre aux « hautes œuvres » la même évolution vers davantage de discrétion et de pudeur que celle subie au cours du siècle par les « basses œuvres ».

La souveraineté de fait exercée par le peuple sur les rues de la capitale tout au long du siècle se retrouve accidentellement au cœur de cette cérémonie publique où l'on ne sait au juste ce qu'il est venu célébrer ou constater, si ce n'est la puissance et la fragilité mêlées de sa propre existence. Alors que la réjouissance du commun des mortels pendant les fêtes publiques, aux feux d'artifice notamment, peut toujours passer pour un signe d'acquiescement au régime, celle qui est déployée à l'occasion de la peine de mort, au long de la nuit d'attente qui précède l'événement et brouille à l'avance sa signification, vient à contretemps, comme la manifestation de mœurs indécentes à force d'anachronisme. Pire, pour ce public de petites gens, le condamné risque fort de devenir un héros tutélaire. Les atermoiements libéraux sur la conduite à tenir à l'égard de la masse des non-citoyens et des punitions qu'il convient d'infliger à sa part la plus féroce se traduisent donc par la nausée affichée face à la populace que les sentines nocturnes de la grande ville semblent avoir fait rouler jusqu'à la barrière Saint-Jacques pour y achever une nuit déjà dilapidée dans l'excès. La réparation officielle du crime appelle idéalement, de la part du public, une attitude contrite, entre veillée funèbre et repentance collective pour tous les délits virtuellement ou effectivement commis par chacun. Or, les forces de l'ordre ont régulièrement affaire à des foules rien moins que passives, soumises à des réflexes carnavalesques (dans un Paris où le carnaval perd pourtant de sa vitalité), tournées vers cette licence de comportement que la nuit permet habituellement, et qu'elles transportent en un temps nocturne atypique – puisque l'administration, faute de pouvoir l'annuler complètement, le voudrait, pour une fois, solennel et ritualisé. Pour aller voir mourir le criminel, en ce moment d'expiation individuelle qui permet une exceptionnelle prise de possession collective du territoire nocturne, on ralentit le pas qui menait à l'atelier, ou l'on allonge celui qui fait sortir du bal, du cabaret. On suspend ou l'on remanie dans un sens plus lâche la participation au rythme usuel, utilitaire, des nuits et des jours. La mission moralisatrice qui légitime la présence populaire autour de l'échafaud peut alors se retourner en son contraire. Et voilà les autorités prises au piège de la dualité nocturne de Paris – quand elles s'efforcent, après la Restauration, de ne situer la guillotine ni tout à fait dans le jour, ni tout à fait dans la nuit.

Le choix de la pénombre

La translation des châtiments vers la nuit, dans le Paris du XIXe siècle, relève de cette mutation globale du système pénal dont Michel Foucault a longuement analysé la portée. La peine de mort infligée en public est, sous les monarchies censitaires, une coutume dont on dénonce déjà l'anachronisme et l'absence d'effet sur des sauvages qu'elle devrait tenir en lisière, et que parfois elle déchaîne.

Elle se dessine déjà comme une survivance, dont la relégation dans un décor nocturne (après 1832), presque clandestin, trahit l'inadaptation aux fonctions avouables de la ville moderne.

En 1832, on a supprimé le carcan, la marque au fer rouge, la possibilité d'amputer le poignet, et introduit la notion de « circonstances atténuantes » propre à raréfier, dans la capitale, le spectacle de la punition suprême – l'exposition sur la place du Palais de Justice étant, quant à elle, abolie en avril 1848. D'une sorte d'ancien régime des peines relevait, de même, la scène matinale du départ de la chaîne des forçats[372], cette « longue colonne de chair et de fer qui traverse la France en un mois »[373] et où les récidivistes dominent moralement les autres, supprimée en 1836 au profit du transport en voiture cellulaire. La veille du grand départ, les condamnés étaient ferrés dans la cour de Bicêtre, en présence d'un public choisi, avant une veillée rituelle permettant d'attendre l'aube, moment d'ouverture des portes de la prison, et du contact avec la foule parisienne venue assister aux débuts de la marche. Alors que les villes provinciales sont traversées en plein jour, le départ de Paris se fait, avant 1836, à une heure fort matinale (Jean Valjean et Cosette la sentent blême, sépulcrale, à la barrière du Maine) : on peut y deviner la crainte de démonstrations carnavalesques, à une époque où, comme le relève Michel Foucault, ce cortège qu'est la chaîne des forçats procède encore d'une forte prégnance, en ville, des cycles festifs saisonniers. Une tradition veut, en effet, que les forçats chantent, et que la foule qui les escorte jusqu'aux barrières leur réponde, entre connivence et ironie : il y a un peu là de la descente de la Courtille. Peut-être aussi ce départ gouailleur à l'aube signifie-t-il confusément, pour certains d'entre les hommes enchaînés, un adieu à ce que les nuits parisiennes, avant qu'elles ne les perdent, leur offraient d'indépendance. Et s'ils rompent un jour leur ban pour revenir illégalement à Paris, on peut présumer que ce sera le soir… Une foule composite de viveurs et d'ouvriers lève-tôt, habitués du réveil de Paris, serait témoin, jusqu'aux années 1830, de ce renoncement forcé à la liberté de la rue, arpentée cette fois les pieds enchaînés. Ces spectateurs peuvent songer que, toute chaîne en appelant une autre, ils ont affaire à une épuration sans cesse recommencée, dont les victimes assument la sombre fatalité comme une composante prévisible de leur existence.

En tous les cas, la réprobation, en haut lieu, de la récurrence de l'agitation développée autour de la chaîne au cours des années 1830 conduit, en 1836, à en supprimer la présence publique, au profit d'un trajet plus anonyme[374]. Autrefois acteurs plus ou moins consentants d'un théâtre citadin où ils figuraient les boucs émissaires, mais aussi le destin possible de tout homme du peuple venu les dévisager, les forçats deviennent, en gagnant désormais le bagne à l'abri de tous les regards, purs spectateurs d'un Paris qui leur est désormais interdit – et plus encore après 1854. Dans *Le Ventre de Paris*, Florent, arrêté en décembre 1851, quitte la capitale en janvier, au cours d'une nuit de carnaval, pour être déporté. En guise d'adieu au monde, la voiture qui le conduit à Saint-Lazare (pour s'embarquer ensuite au Havre) lui fait entendre un dernière fois les bruits du plaisir mondain et demi-mondain qui retentissent sur le Boulevard. À son retour, sept ans plus tard, il lui semble que « la nuit heureuse de carnaval » ne s'est pas interrompue, que la « ville gourmande » n'a fait que « s'épanouir »[375]. Les spectacles des nuits parisiennes sont moins marqués, désormais, par les cérémonies exutoires liées à la pénalité que par la jouissance insouciante du superflu – puisque les classes dangereuses n'ont plus le monopole de la rue obscure, et que la vigilance policière préventive quadrille mieux le temps comme l'espace.

S'agissant de l'exécution capitale comme ultime occasion d'une représentation du pouvoir de punir[376], c'est à un processus plus lent et plus complexe d'occultation que l'on assiste, dans un accommodement de plus en plus artificiel avec l'exigence de publicité prévue par le Code pénal, qui justifie la dureté de la peine par sa fonction dissuasive. Le nombre d'exécutions organisées à Paris ne régresse pas très fortement entre 1815 et 1870[377] ; mais de trimestriel, l'épisode a tout de même tendance à devenir annuel, et donc à s'extraire un peu du rythme de l'ordinaire citadin. Surtout, à la lumière du centre historique de la ville, celle de la place de Grève où les exécutions avaient lieu l'après-midi sous les rois Bourbons comme sous l'Ancien Régime[378], succède en 1832 l'aube lugubre de cette barrière Saint-Jacques dont Louis Chevalier a relevé, avec Hugo, la prédisposition apparente à la punition des crimes. Les méfaits de la nuit ne sont plus expiés en plein jour, mais au sortir même de l'obscurité. Ce glissement indique une transformation de la visée politique : devant l'Hôtel de Ville, au cœur des quartiers laborieux et au milieu des allées et venues populaires, l'exécution se veut encore, sous la Restauration, un spectacle adressé sans restrictions par le « roi de justice » à l'ensemble de la ville, dont il intègre quasiment les rythmes normaux d'activité. Après 1830, cette place, devenue celle « de l'Hôtel-de-Ville », est sacralisée par les souvenirs de Juillet, et ne peut plus être souillée par le sang de la frange délinquante du peuple, celle qu'on soupçonne justement de conspirer contre la souveraineté mal définie du « roi des barricades »[379]. Peut-être aussi le souci de la fluidité de la circulation a-t-il inspiré le transfert de l'exécution vers les faubourgs méridionaux, en des lieux plus impersonnels, déjà accoutumés au défilé matinal de la chaîne des forçats, peu marqués en outre par l'histoire et par la symbolique officielles, mais censés servir de refuge à ces « escarpes » qui se situent d'eux-mêmes à la marge de la société des honnêtes gens. Sous la monarchie de Juillet, pour les fameux escarpes, le châtiment tombera presque à l'heure même et sur les lieux mêmes du crime, dans les quartiers que la bourgeoisie ne fréquente pas, mais qui sont les plus mal réputés[380]. Là se fomentent, croit-on, les attaques nocturnes les plus lâches – même si c'est oublier un peu vite la turbulence persistante du vieux centre, qui survivra en partie à l'haussmannisation. Le funèbre, depuis l'élimination du cimetière des Innocents, ne fait plus partie, il est vrai, des fonctions explicites du centre parisien, que la mort ne saisit plus que par surprise, ainsi qu'elle l'a fait en 1832…

À ce déplacement dans l'espace correspond donc un changement horaire, lui aussi orienté vers un surcroît de discrétion, comme s'il suffisait désormais que l'on sache, par exemple grâce à la *Gazette des tribunaux*, que la justice exerce son droit de vie et de mort sur les criminels, sans forcément s'en assurer visuellement, pour que la dissuasion ou le message sécurisant soient opérants. Sous la monarchie de Juillet, l'exécution a lieu vers 8 h – 8 h 30 du matin, et déjà l'habitude se prend d'anticiper sur cette heure « honorable » pour les affaires « à risque » (les auteurs de tentatives d'attentat contre Louis-Philippe, par exemple), afin que la foule soit plus réduite encore. Dans *Les Mystères de Paris*, Eugène Sue dresse ce constat sans appel : « De grand matin, on prend le condamné, on le garrotte, on le jette dans une voiture fermée, le postillon fouette, touche à l'échafaud, la bascule joue, et une tête tombe dans un panier… au milieu des railleries atroces de ce qu'il y a de plus corrompu dans la populace !… Encore une fois, dans cette exécution rapide et furtive, où est l'exemple ? où est l'épouvante ? … Et puis, comme l'exécution a lieu pour ainsi dire à huis clos, dans un endroit parfaitement écarté, avec une précipitation sournoise, toute la ville ignore cet acte sanglant et solennel[381]. » Ce huis clos n'est pas aussi hermétique que Sue le laisse entendre, mais le choix de l'ombre des faubourgs, compromis douteux entre des exigences contradictoires (surveiller les uns et punir les autres ?) annihile à l'avance la valeur moralisatrice de ce qui n'est déjà plus une cérémonie : la justice se fait plus honteuse encore que le crime en optant, comme lui, pour les lieux désertiques et ténébreux. Tout cela transforme également les derniers moments du condamné, son dernier parcours, décisif puisqu'il est occasion de repentir : après 1832, la part de nuit qui lui reste avant les préparatifs est un peu trop réduite pour pouvoir porter conseil… Sous la Restauration, le condamné allait de la Conciergerie à la place de Grève sur une charrette lourde et découverte qui était son lieu d'exposition, et traversait pour cela lentement la foule de l'après-midi, au milieu des quolibets ou des signes de solidarité tacite. Après 1832, le trajet, plus secret, relie Bicêtre à la barrière Saint-Jacques, dans une voiture rapide et complètement close – qui croise pourtant les charrettes des maraîchers se dirigeant vers les Halles, puisque Paris continue indéfectiblement de se nourrir et de vivre, et que ses fonctions de vie comme de mort gagnent peu à peu, dans la nuit du XIXe siècle, en efficacité silencieuse.

L'inauguration du dépôt des condamnés à mort de La Roquette, en 1838, rendait le trajet vers la barrière Saint-Jacques plus incommode, à travers l'obscurité épaisse des quartiers populaires de l'est. Ce trajet est éliminé par l'abandon de la barrière Saint-Jacques au profit du rond-point de la Roquette en juin 1851 – et c'est maintenant l'itinéraire du condamné entre sa cellule et l'échafaud, ainsi que les attitudes de la foule, qui mobiliseront l'attention des observateurs. Le quartier de La Roquette, dans un arrondissement réputé indocile, est comme voué à la mort par la proximité du Père-Lachaise, et l'emplacement permet presque de contourner l'obligation de publicité assignée à l'exécution – d'autant que c'est désormais dès 6 h du matin que tombe le couperet. Devant le dépôt, des arbres touffus font obstacle à la vue, et l'échafaud sera aussi peu visible qu'il se peut, les curieux étant refoulés aux abords de la place, rue de la Roquette, par les cordons des forces de l'ordre. Du Camp juge ainsi le nouveau site : « Le lieu est sinistre par lui-même et semble avoir été choisi pour produire une impression profonde. Derrière l'échafaud s'allonge dans sa morne laideur la haute muraille du dépôt des condamnés […] ; en face, un mur d'enceinte non moins élevé, non moins triste d'aspect, entoure la prison des jeunes détenus […]. À gauche, la longue rue de la Roquette, bordée d'humbles masures fermées où pendant le jour s'agitent les industries funéraires

[…] s'enfonce dans la nuit, que combat à peine la clarté des réverbères[382]. » C'est une publicité toute mensongère qui est de mise dans ce lieu de rejet, sur cette place de la Roquette qui semble une version historiquement neutre de celle de la Bastille, assez proche. Et la logique aboutira comme on le sait, à partir de 1939, à situer l'exécution à l'intérieur même de la prison, dans sa cour.

Laurence Guignard fait remarquer qu'au total, en fonction de sa conception du peuple, chaque régime adopte un traitement différent de l'exécution capitale en tant que cérémonie publique[383] – et, pour ce qui nous concerne, un jeu différent avec les ressources respectives de la nuit et du jour. Sous le Second Empire, qui manifeste par là sa nature plébiscitaire, les exécutions sont peu nombreuses, mais sans qu'elle soit conviée officiellement, et même si la visibilité est fort réduite, la présence de la foule légitimante (laquelle peut atteindre plusieurs dizaines de milliers de personnes) est implicitement souhaitée, contrairement à la tendance observée sous la monarchie de Juillet[384]. Le Second Empire ne renonce pas pour autant à l'aube et aux quartiers déserts, qui pourtant ne peuvent guère concerner qu'une population interlope. Les ambiguïtés de la stratégie bonapartiste, acceptant la foule tout en soulignant ses travers, éclatent avec l'exécution de Troppmann, le 19 janvier 1870[385] : les forces de l'ordre déployées ne suffisent pas à contenir les incidents émaillant une veillée carnavalesque évocatrice d'un temps que l'on voudrait croire révolu, celui des rumeurs, celui-là même dont les derniers canards publiés pendant l'affaire rappellent le souvenir.

Au lieu de « pacifier » l'événement, la relégation nocturne de l'exécution capitale la marginalise davantage, fixe massivement auprès de la guillotine cette contre-société ombreuse dont habituellement on ne perçoit l'existence que par bribes, et qui ne tire nul enseignement d'une cérémonie dont elle subvertit l'intention théorique.

La nuit d'attente : une purification illusoire

Après 1832, le petit jour a donc succédé au grand jour comme arrière-plan de la punition ultime infligée aux criminels de la Seine, ce qui ne peut qu'assimiler les « hautes œuvres » aux basses opérations de nettoyage (balayage, vidange…) dont nous avons souligné qu'elles se faisaient de plus en plus nocturnes au cours du siècle, qu'elles s'opéraient de plus en plus à l'insu des habitants, comme une preuve de cette vigilance sanitaire dont il suffirait de constater les effets une fois le jour levé. Pour ajouter au caractère presque officieux du fonctionnement de la guillotine dans le Paris du siècle dernier, conçu parfois comme une mesure d'hygiène sociale dont l'efficacité n'exige pas l'acclamation populaire, il se trouve que dans la population ordinaire, nul ne sait vraiment, après le rejet du recours en grâce, dans quels délais l'exécution aura lieu. À partir de la monarchie de Juillet, assister à la mise à mort suppose donc une quête volontaire de l'information de la part de la foule – alors que la présence diurne à la place de Grève n'exigeait guère d'inventivité, au temps où, en outre, des crieurs publics annonçaient la nouvelle dans toute la ville au matin. Dès lors, le peuple agglutiné nuitamment pour ce spectacle qui n'en est plus un suscite lui-même une observation de plus en plus fébrile, puisque sa présence peut être tenue pour un défi, une intrusion abusive dans une sphère de l'autorité où il est impensable de glisser la moindre contestation, une sphère où il ne saurait être question d'opinion, mais seulement d'acceptation.

Or, la réforme de 1832 a ouvert une brèche imprévue, inventé un temps indéfinissable, celui de la nuit que la foule passe à attendre au pied de l'échafaud, dans l'espoir de mieux voir l'événement du petit matin. Cette nuit de patience ou d'impatience collectives théâtralise l'épisode, dilate le drame comme pour compenser la rapidité du geste matinal de mise à mort, et permet son détournement anticipé par une foule sans doute marquée encore par la réputation des supplices d'Ancien Régime ou des « fournées » de la Terreur. Cette foule « en retard sur son temps », et pour cela-même campée dans l'obscurité, est venue assister mais aussi contribuer à la « mise en scène du dévoilement d'un secret, rythmée par la levée du jour »[386], celui de la manière qu'ont les monstres d'affronter la mort. La nouvelle de l'exécution n'étant plus officielle, c'est par la voie de la rumeur, des solidarités invisibles et de la traque des indices que l'annonce circule pendant la soirée et la nuit, dans ce que Laurence Guignard appelle une « lutte d'information entre la foule et l'État »[387]. Pour masquer ce qui peut encore l'être, au gibet fixe de l'Ancien Régime a, en effet, succédé une machine escamotable, ainsi que le note Du Camp : « Aujourd'hui, on cache les bois de justice, on ne les monte que pendant la nuit, on ne les laisse debout que le temps strictement indispensable ; il y a cent ans, le gibet, scellé dans la pierre, tendait son bras sinistre dans nos rues, et semblait toujours attendre le patient[388]. » L'édification hâtive mais sonore de l'échafaud par les charpentiers de la ville, à la lumière des torches, est donc guettée chaque nuit par les Parisiens les plus décidés, observateurs de l'état des dalles prévues au sol pour recevoir les chevalets de la guillotine. Il appartient à ceux d'entre eux qui ont vocation à circuler pendant les heures sombres – maraîchers, laitières, gamins, cochers et fêtards divers – de tirer parti de la singularité de leur rythme de vie pour répandre alors la nouvelle dans la ville ensommeillée. Ainsi, lorsque Darmès, régicide, est exécuté à la barrière Saint-Jacques le 1er juin 1841, l'échafaud est-il monté à minuit, les cultivateurs diffusent-ils l'information sur leur route vers le centre de la ville entre minuit et quatre heures du matin, et les curieux, aux aguets depuis plusieurs nuits, commencent-ils très vite à affluer vers ce rond-point[389] où ils sont, à bien des égards, des hôtes indésirables.

Car cet afflux passe pour n'être pas représentatif de la tenue morale de la société parisienne « moyenne ». Aux heures noires choisies en haut lieu correspond l'insulte lancée à l'ordre par de sombres mines, celles de la plèbe, durement réprouvée sous Louis-Philippe. Cette dernière est élargie, pour l'exécution des criminels les plus fameux, à une population moins marginale, dangereusement gagnée, toutefois, à l'humeur gouailleuse de la première. À la solitude, longuement décrite, du condamné dans sa cellule ou dans un couloir, enfermé dans sa conscience avant de mourir, s'oppose une multitude populaire librement éparpillée dans l'espace obscur, animalement heureuse d'être présente, de vivre soudée dans la boue, et peu tentée apparemment, pour ses propres fautes, par le repentir qu'attend la justice de celui qu'elle a extirpé de cette même tourbe pour faire de lui un exemple. La foule des exécutions capitales utilise en fait la nuit des barrières comme un lieu de licence, ainsi qu'elle y est accoutumée, et si elle s'avère un peu plus sombre que celle des feux d'artifice, c'est tout simplement qu'elle est le produit de la double fonction de ségrégation qui est, dans le Paris du XIXe siècle, celle des faubourgs et des heures nocturnes. S'annexerait à cet échantillon des pires espèces faubouriennes le lot inévitable de viveurs, de soupeurs encanaillés, de souteneurs et de filles, de ces Parisiens familiers, en temps de carnaval, des longues équipées traversant la ville de part en part, et surtout indispensables pour achever le tableau de cette fameuse société nocturne des extrêmes qui est devenue, depuis le début du XIXe siècle, un *leitmotiv* littéraire.

Le Du Camp de 1870[390], héritier d'une littérature pamphlétaire ancienne, montre pour sa part la foule nocturne venue voir (ou entendre) mourir Troppmann comme une sorte de préfiguration de celle de 1871 (frappée selon lui, dans *Les Convulsions de Paris*, par une « crise d'épilepsie sociale ») : « La foule [...] s'agitait dans l'ombre. Elle est ignoble, cette foule [...][391]. » Car elle incarne, disséminé sur des milliers de faces au « teint jaune et morbide », « le vice à nu ». Lorsque Du Camp la détaille du regard, il ne voit qu'un campement primitif : « Des hommes, des enfants [qui] se couchent contre le rebord des trottoirs et tâchent de dormir une heure ou deux en attendant que le moment soit venu ; d'autres [...] [qui] font chauffer du café et du vin, chantent, s'interpellent, échangent des plaisanteries ». Et comme la foule des exécutions a, des femmes, l'habitude de l'abandon à la sensation, il ajoute : « À quelques cris de femmes mêlés à des rires, on peut facilement imaginer ce qui se passe dans certains groupes où les curieux sont plus pressés. » Persuadé d'avoir affaire aux bas-fonds, il poursuit : « De quoi se compose cette tourbe que Paris jette vers la place de la Roquette pendant la nuit qui précède les exécutions ? De gens du quartier alléchés par le spectacle et qui sont là, comme ils le disent eux-mêmes, en voisins, de rôdeurs de tout genre, vagabonds, filous et mendiants qui, ne sachant où trouver un asile, viennent dépenser là les heures d'une nuit qu'ils auraient sans doute passées sous un pont, aux fours à plâtre des carrières d'Amérique ou dans le violon d'un poste de police. » Puisque la nuit, il ne saurait y avoir de flâneur accidentel, tout se passe comme si les rôdeurs, escarpes virtuels, venaient instinctivement assister à la décapitation de l'un d'entre eux, partagés entre la jubilation procurée par leur propre impunité et la tentation de la provocation adressée aux « Messieurs » compassés[392].

Car s'installe parfois, quand la foule est nombreuse et cherche à se désennuyer, un bivouac tapageur, indifférent aux bousculades, aux intempéries, sillonné par des allées et venues vers les débits de boissons restés ouverts toute la nuit. On mange, on danse, on boit, en une suite d'attitudes scandaleuses qui pourraient justifier une immense rafle, et qu'il faudrait pouvoir comparer, par exemple, aux comportements collectifs adoptés dans les théâtres du boulevard du Crime. Tout est subordonné à l'instinct du plaisir ou de la cruauté, quand devraient s'imposer le recueillement et l'édification. C'est pourquoi cette foule vient s'illustrer dans l'avide passivité de ses femmes, et notamment des prostituées, exhibitionnistes et sensibles à l'exhibition, habiles à jouer des jeux de l'ombre et de la lumière, consommatrices irréfléchies de ce que l'espace parisien offre de scènes imprévues, filles de la noce, enfin, secrètement attirées ici par l'odeur de la mort[393]. Nulle surprise, dès lors, à ce que le tourbillon carnavalesque trouve autour de l'échafaud le point de fixation qu'il finit toujours par rencontrer. La description se fait diatribe révulsée lorsque la foule des masques imprime son rythme à l'événement, et que se creuse l'écart entre la nécessaire solennité du moment et la désinvolture du public. Vers le lieu d'exécution de Norbert et de Dépré, assassins nocturnes, convergent par exemple, le 24 mars 1843 (un lendemain de mi-carême…) vers 4 h du matin, et selon la *Gazette des tribunaux*, deux cents individus masqués et maquillés, « le visage fatigué encore des orgies du bal » ; les fenêtres, les arbres, les pignons sont envahis de curieux, « tandis que de l'autre côté de la barrière, dont les grilles étaient demeurées fermées, mouraient les derniers sons de la musique des orchestres de guinguettes ». Un peu plus tard Eugène Sue, se référant explicitement au cas de Norbert et de Dépré dans ses notes, popularise la scène en choisissant de montrer, pour sonder les plus viles pulsions des miséreux, un cortège populacier de mi-carême échouant (pour la mise à mort des femmes Martial) à la barrière Saint-Jacques, porteur des stigmates de sa démence nocturne[394]. Ce « torrent » fantastique d'êtres souillés, déguisés ou porteurs de guenilles, qui dansent le *chahut*, emporte le Chourineur presque malgré lui. Autour de lui, nature sanguinaire en rédemption, « tous ces visages, flétris par la débauche et par le vice, marbrés par l'ivresse, étincelaient d'une joie sauvage en songeant qu'après une nuit de crapuleuse orgie, ils allaient voir mettre à mort deux femmes dont l'échafaud était dressé »[395]. En ces années de « dansomanie »[396], la référence à Norbert et à Dépré resurgit dans la *Gazette des tribunaux* du 16 février 1846, pour l'exécution de Porthault, déshonorée elle aussi par l'alliance des rôdeurs de barrières et des porteurs de masques : « Cette fois encore […], une tourbe de gens avinés, ayant passé la nuit aux bals des barrières, assistaient, les uns avec leurs vêtements souillés des traces de l'orgie, les autres affublés de grotesques déguisements, à cette sanglante expiation. »

En ces domaines sensibles plus que dans d'autres, les années 1850 sont un temps d'occultation des éventuelles défaillances nocturnes de l'ordre bonapartiste. Mais le 24 juillet 1866, on déplore la résurgence des réflexes anciens (à moins qu'il ne s'agisse des débordements de la fête impériale, puisque nous sommes en été, et que le carnaval nocturne dure désormais toute l'année…) à l'occasion de l'exécution de Philippe, où une foule de 30 000 personnes environ a afflué dès 9 h du soir : « Vers 1 h du matin, les agents de la force publique ont dû mettre en état d'arrestation une dizaine d'individus qui, par leurs cris et par leurs chants les plus scandaleux, semblaient témoigner qu'ils étaient venus à cette exécution comme à une véritable partie de plaisir[397]. » Le cas Troppmann se révèle plus consternant encore, selon la *Gazette* du 19 janvier 1870, car au carnaval se mêlent le charivari ou la fête des fous, qui mettent les spectateurs plus bas que le condamné, les avilissent sans qu'on puisse vraiment les sanctionner : « Durant quatre nuits, des milliers de curieux et d'oisifs, auxquels se mêlaient des gens sans aveu, des vagabonds, pis encore peut-être, sont venus sous les murs du dépôt des condamnés ; ils ont ri, ils ont chanté, ils ont vociféré autour de cette prison. » Nulle insurrection n'a fait chuter le Second Empire, mais les grondements des nuits parisiennes de janvier 1870 ont été brièvement entendus comme une sorte de mauvais augure.

Cette foule inquiétante que l'exécution attire dans la rue alors que les forces de l'ordre ont pour consigne, tout au long du siècle, de disperser toute ébauche d'attroupement, produit des sonorités animales qui lui ressemblent : des vociférations, des hurlements, des murmures capricieux, interrompus seulement par les pas cadencés et le bruit des sabots des chevaux des gardes, qui arrivent sur les lieux du supplice au milieu de la nuit pour former ainsi un paysage sonore contradictoire, où pourrait se résumer tout une dimension du XIXe siècle parisien. Tourgueniev, hostile à la barbarie du supplice public, se montre attentif à la force de la rumeur populaire au moment où s'annonce la mort de Troppmann : « Ce brouhaha m'étonnait par sa ressemblance avec les mugissements lointains du flux et du reflux de la mer, le même crescendo wagnérien infini qui ne monte pas régulièrement, mais avec de grands chuchotements et des déversements gigantesques. Les notes aiguës des voix des femmes et des enfants jaillissaient comme des éclaboussures fines sur le bourdonnement colossal. La puissance brutale d'une force de la nature se montrait dans tout cela[398]. » Et puis voici que tout s'accélère, qui permet de comprendre que l'essentiel n'est pas de voir en détail[399], mais d'être là, pris dans cette atmosphère de liesse et de tension imbriquées. La houle sonore est singulièrement puissante lorsque, vers 5 h du matin, s'ouvrent devant Troppmann les portes de la prison. Ce mois de janvier 1870 est assombri par la rancœur politique contre le nom de Bonaparte, et l'exécution est prétexte à manifestation, comme le sont depuis longtemps les cortèges funéraires des opposants illustres.

À cette heure, écrit Du Camp, « le pâle crépuscule du matin a blanchi le ciel ; la foule est hideuse à contempler ; les faces hâves, fatiguées, ont un aspect morne et hébété qu'on ne peut guère voir sans dégoût »[400]. Après la paillardise et la réjouissance collective vient l'épuisement et la concentration de la foule enfin silencieuse sur le « grand mystère de la mort »[401], appréhendé de façon sans doute plus auditive (par le bruit du couperet qui tombe) que visuelle[402].

Puis l'attroupement se disperse, le corps est hâtivement emporté vers Ivry, jusqu'à la fosse commune (le « Champ des Navets ») du cimetière affecté aux morts des hôpitaux, de la morgue, de l'échafaud. Le trajet, selon Du Camp, croise les signes épars du réveil de Paris, de son retour à la normale, rue de la Roquette, place de la Bastille, sur le pont d'Austerlitz, le boulevard de l'Hôpital, etc. : « Des bandes d'ouvriers alertes et causant se rendent à leurs chantiers ; quelques-uns s'arrêtent et s'interrogent. » Au-delà de la place d'Italie, « tous les cabarets dégorgent leurs buveurs, qui se rangent sur la chaussée ; quelques hommes ôtent leur casquette »[403], comme si le jour naissant leur avait rendu le sens du respect des morts.

C'est enfin le temps du démontage de l'échafaud et du nettoyage de la place, dont les observateurs aiment à noter qu'il coïncide avec la venue du jour. « Les voitures des maraîchers, retenues à la barrière par des gardes de Paris à cheval, suivent la route qui les conduit aux halles, les boutiques s'ouvrent, la circulation est rétablie, et la place reprend son mouvement accoutumé. Tout le jour, des curieux stationnent sur les trottoirs, et cherchent en vain quelque trace de l'événement de la nuit[404]. » En attendant que s'éteignent à jamais les « classes dangereuses », on a choisi d'enfermer les peines dans la nuit, avec les formes les plus odieuses du crime, au risque qu'elles ne le découragent pas, mais demeurent partie intégrante de la culture du récidivisme et des bas-fonds. Peut-être est-ce parce qu'on croit davantage, désormais, à l'existence séparée d'un peuple diurne dignement laborieux, qu'il faut préserver de tout contact direct avec le sang et avec la noirceur de ses frères déchus, afin de le maintenir dans le camp de la lumière et de l'utilité sociale.

*

* *

Alors que circuler dans le Paris nocturne semble objectivement moins périlleux vers 1870 que vers 1815, l'hégémonie du thème criminel au sein des rumeurs qui animent l'ombre parisienne[405] est une donnée permanente de la période, accentuée par quelques pointes d'anxiété, souvent proches, comme de furtifs signes annonciateurs, des fins de régimes (1826, 1845, 1866…). Dans l'attaque nocturne, relativement rare mais lestée de connotations tenaces, le crime contre les corps se conjugue crapuleusement avec celui qui vise les biens. Elle est réputée comme une agression d'un autre temps capable de cristalliser périodiquement le sentiment d'insécurité, et donne à la peur sociale la forme tangible d'un combat sans pitié des méchants, criminels sanguinaires et non occasionnels, contre les bons.

L'inventaire chaque matin renouvelé des drames de la nuit conduit dès lors les observateurs de la vie parisienne à se faire anthropologues ou ethnologues, à risquer une incursion exploratoire dans le « monde obscur », assombri par l'étrangeté de ses valeurs et de ses rythmes. S'il est vrai, comme on s'en convainc alors, que le milieu dégrade l'état moral de l'individu, la nuit parisienne fait figure de véritable poison, et le choix populaire d'une vie nocturne menée dans un cadre sordide autorise de plus en plus la distinction entre bon et mauvais peuple. Dans le même temps, l'équivalence « classes dangereuses » – « classes malsaines » – « classes nocturnes » signale, au sommet et dans les couches intermédiaires de la société, le besoin d'une plus grande sécurité des déplacements tardifs, l'envie de voir comprimé le décalage entre des mœurs populacières ensauvagées et la modernité civilisatrice qui conquiert alors le territoire nocturne. Mais c'est précisément la fatalité du récidivisme qui cantonne les populations marginales dans les heures sombres, à mesure que la rénovation urbanistique les repousse vers les frontières de la ville. Le lieu commun criminel s'éloigne ainsi du centre en étant promis à une belle postérité, puisque la relégation nocturne des malveillants en vient à s'auto-alimenter, et que le XIXe siècle fait, par ailleurs, transition entre une nuit opaque et une nuit aménagée, suffisamment transparente celle-là pour que le discours sur les poches d'ombre à éliminer puisse s'imposer comme une évidence. Paris nocturne capitale des mystères diffus, capitale des bas-fonds malsains, puis camp retranché de l'armée du crime : la continuité des alarmes, tout juste estompées dans les années 1850, atténue la portée de la révolution haussmannienne, ou en révèle les ambiguïtés. C'est peut-être avant tout par le biais manichéen de la pénalité et donc de la séparation qu'est toujours la nuit que la bourgeoisie du XIXe siècle saisit l'existence du peuple de Paris, incarné en une collection de silhouettes fugitives pourchassées par des sergents de ville, de visages grimaçants alignés sur un banc de tribunal, ou de faces hébétées, aperçues en clair-obscur à l'ombre d'un échafaud. Là seulement (et sans doute au soir des émeutes, aussi) les « rôdeurs » et autres « escarpes », habituellement dissimulés et dispersés, s'agglomèrent, et là seulement se concrétise l'ampleur du complot qu'ils sont supposés ourdir en secret.

La figure du « rôdeur de barrières », hôte obstiné des heures nocturnes, vient ensuite résumer la peur à l'égard de ce que le Second Empire a laissé subsister du « Paris malade » d'avant 1848. S'annoncent à travers lui les apaches de la génération suivante, ni ouvriers ni bourgeois, rétifs à la discipline de la salle de classe puis de l'atelier, « anarchistes primaires » dont la zone est la « frontière », et qui se font « acteurs d'un western urbain »[406]. Ils ne considèrent pas nécessairement les ombres de la grande ville comme autant de cachettes, mais en font plutôt l'occasion d'un accaparement méthodique de l'espace parisien : disséminés, ils aiment à y parader insolemment, jusqu'au cœur reconquis de la cité. Les Halles attirent, après minuit, leur appétit de plaisirs citadins – « singulière récurrence si l'on songe que la Cité, les Arcis, les faubourgs Saint-Antoine, Saint-Honoré et Saint-Jacques formaient déjà, selon Frégier, l'essentiel du Paris criminel de 1840 »[407]. En septembre 1907, alors que le gouvernement Clemenceau songeait, l'année précédente, à l'abolition de la peine de mort, on déplore, dans *Le Matin*, que la nuit abolisse les frontières invisibles du Paris haussmannisé pour configurer un immense « Paris-apache ». Les apaches ne règnent pas seulement là où l'on est presque résigné à leur présence arrogante, sur les territoires lointains des Batignolles, de Charonne, de Ménilmontant, de Belleville[408], de Bercy, de La Villette ou de Grenelle, mais envahiraient, à la brune, la capitale toute entière, s'adonnant à des descentes nocturnes vers les vieux quartiers centraux du Paris pré-haussmannien, épicentre de leur violence gratuite et de leurs pratiques hédonistes, loin du fatalisme routinier des ouvriers employés dans les usines (dites les « bagnes »...) de la nouvelle banlieue industrielle. Les tranchées de 1914-1918 font disparaître les apaches plus sûrement que toutes les réformes pénales projetées, avant que les nuits de l'entre-deux-guerres n'enfantent le *Milieu*[409], plus cosmopolite, moins brutal peut-être parce que plus « professionnel » et plus roué – héritier toutefois de l'apacherie par l'intermédiaire du souteneur[410], et familier du dynamisme nocturne de la butte Montmartre[411].

Conclusion

À ce qu'il semble, pour restituer la réalité sensible des nuits parisiennes du XIXe siècle, il faudrait être tout à la fois allumeur de réverbères, viveur, balayeur, sergent de ville, mouchard, fille de noce, gamin de Paris, rôdeur de barrières ou escarpe. On peut aussi éprouver le sentiment, au cours d'une telle recherche, de pratiquer la même activité que celle du seul chiffonnier, qui recueille des débris disparates en vue d'un hypothétique recyclage. L'utilisation par les Parisiens du XIXe siècle de la palette des heures de nuit n'en permet pas moins de mesurer la pression temporelle globale exercée sur les citadins avant ou pendant l'émergence d'une culture de masse. Et il s'agit en définitive, en allant ainsi des « Lumières » aux « bas-fonds », d'apercevoir les effets de décalage ou de réciprocité instaurés entre pratiques et représentations nocturnes, de parcourir la distance séparant ce qui est montré de ce qui est caché, c'est-à-dire une sorte de « territoire de l'historien ».

Quand leurs prédécesseurs inclinaient vers le retranchement nocturne pur et simple, les Parisiens du XIXe siècle ont appris que les intensités mouvantes de l'obscurité et de la lumière artificielle pouvaient dessiner un paysage urbain tour à tour solennel et farouche, féerique et macabre. Car la ville nocturne, plus mobile qu'auparavant, appelle une écriture mobile : à ce titre, elle intègre l'immense entreprise de décryptage des énigmes parisiennes lancée à la fin du XVIIIe siècle. Ses jeux de lumière autorisent la distillation d'un nouveau savoir de la nuit citadine par une littérature descriptive jouant à la fois du besoin de familiarisation et de la quête du dépaysement[1]. Cette nuit appartient à la généalogie du mythe parisien en ce qu'elle combine le panorama et la coulisse, l'horizontal et le vertical, la surface et l'en dessous, le classement et la plongée, le mirage et la focalisation. Entre les scintillements inédits du gaz et la stagnation de la vase sociale, la pénombre parisienne du premier XIXe siècle confronte en fait à l'âme indécise de la grande ville. Dans ce registre nocturne, la tradition qui consiste à montrer la grande ville comme opaque et corruptrice tend cependant à l'emporter, comme Restif l'emporte en ce domaine sur Mercier, sur une lecture plus attentive à l'efficacité des fonctions citadines, la lisibilité des flux ou l'évidence monumentale. Une telle profusion descriptive paraît surtout destinée à satisfaire la double curiosité de ceux qui, dans les couches intermédiaires de la société parisienne, considèrent les bas-fonds obscurs entre dégoût et fascination, et qui contemplent d'autre part les lumières festives du Boulevard entre méfiance et envie.

C'est l'aménagement technique qui délimite, de prime abord, cette nuit publique en cours d'humanisation. Parmi les multiples fonctions de la lumière figure celle de civiliser et d'assainir. Les nuits parisiennes rompent peu à peu avec le temps de la flamme fragile, des économies de bouts de chandelles. La notion même d'éclairage public permanent, fixe et collectif dissipe les souvenirs de l'itinérance nocturne de type médiéval, véritable traversée de l'obscurité dans toute son épaisseur. Le triomphe du gaz au cours des années 1840, parti des quartiers du luxe et du plaisir exhibés, déprécie les anciennes gradations, plus subtiles, qui faisaient passer du sombre au clair. La révolution de l'éclairage, dans sa double visée d'utilité et de séduction, précède d'ailleurs la révolution haussmannienne ; elle prépare les quartiers prestigieux de la ville de nuit à se faire vitrines – au prix de l'abandon de certains autres au sous-équipement. Le Paris nocturne, redécoupé par la hiérarchie nouvelle entre des lumières parcimonieuses, ordinaires ou spectaculaires, obéit ainsi à de nouvelles normes visuelles, avec pour référence l'espèce de salon en plein air qui abrite les soirées enjouées du Boulevard, où la fluidité des circulations et la saturation lumineuse transgressent les frontières habituelles du privé et du public. La diffusion d'un éclairage au gaz public et permanent confère donc une unité chronologique à la période choisie, en procurant de nouveaux accès à la vie de nuit. Une sensualité nocturne inédite a pu affleurer du même coup, qui ne se réduisait plus à la sollicitation compensatrice et défensive de l'ouïe ou de l'odorat. Et l'intimité individuelle du piéton avec la ville artificielle des heures tardives semble, après 1820-1840, une possibilité ouverte à ceux qui peuvent ou qui savent veiller, à une époque où l'on célèbre les vertus apaisantes de la fraîcheur et de l'ombre. Toutefois, la question de l'évolution des formes de réceptivité à l'obscurité, qui pose celle de la suprématie du regard dans la hiérarchie des sens, apparaît difficilement soluble. De même, celle de l'évolution des attitudes corporelles adoptées dans Paris la nuit. C'est d'autant plus frustrant que la spécificité de la nuit tient justement à ce qu'elle développe une résonance sensorielle particulière, dans le creux de l'absence.

Avant même le Second Empire et l'accentuation des inégalités spatiales, le plan de Paris se lit dans ses nuits. La nuit idéalement didactique des fêtes publiques, qui appelle des foules dociles et passives sous le ciel du feu d'artifice, est un temps d'exception où le beau et le bien symbolisés par la lumière-parure ne sont dispensés à tous que de façon fugace, avant que la population laborieuse ne retourne à sa nuit coutumière. Inversement, l'habitude populaire de consteller les quartiers modestes de lanternes ironiques dans les moments de tension politique, ou celle de briser les réverbères pour faire de la rue un piège, au soir des émeutes, désignent peut-être tout ce contre quoi les autorités s'emploient à lutter au cours du second XIXe siècle. Contre le risque du pillage, de l'incendie, du massacre, relents d'une nuit archaïque, s'élève alors le projet d'un phare électrique immense, sorte d'anti-Bastille réconciliant la ville des masses dans l'instantanéité et l'uniformité de la lumière républicaine. Ce siècle est le premier à envisager ouvertement la suppression radicale de l'obscurité, ou plutôt la dissolution des ténèbres anciennes – et peut-être, avec elles, de la propension carnavalesque ou insurrectionnelle à inverser les valeurs habituelles du jour et de la nuit. Cette abolition est projetée, vers 1880, au profit d'une nuit parisienne surplombée par un immense phare central, et qui serait le témoin ou le garant du triomphe séculaire des Lumières.

Entre-temps, vie nocturne et vie parisienne deviennent synonymes. Ce mode de vie à rebours, associé à une « vie élégante » de plus en plus soumise aux signes extérieurs du luxe, s'émancipe alors partiellement des bornes saisonnières anciennes du carnaval et des aléas de la mixité sociale. La nuit rénovée et ses quartiers désormais attitrés répondent à la quête effrénée du bonheur et de l'éphémère qui caractérise les élites parisiennes depuis le XVIIIe siècle (le mot même de « noctambulisme » serait d'ailleurs apparu à cette époque). Dès lors, la littérature descriptive s'emballe. Elle fait souvent le choix, comme Alfred Delvau en 1860, de montrer Paris sous la forme de tableaux successifs correspondant chacun à des heures du cadran. Elle s'impose un devoir de surveillance continue des pulsations parisiennes, que désormais rien ne saurait plus interrompre. Inépuisable, la nuit ainsi dévoilée fait alterner, en l'individu qui la parcourt, les sentiments de modestie et de puissance : les promeneurs attardés se délectent d'être à la fois sujets et souverains de la cité enténébrée. De même, ils oscillent entre les lenteurs de la solitude choisie et l'entraînement de la foule tourbillonnante.

On rencontre vite, à partir de là, les tribus plus ou moins tapageuses et les quelques individus singuliers qui, chose nouvelle, s'auto-intitulent « noctambules », s'extrayant du lot pour affirmer leur volonté de goûter le temps dilaté de la vie de nuit, loin de toute routine horaire. Pour ces citadins d'un nouveau genre, la marche nocturne associe l'expérience de l'égout et du luxe, celle du fléau et de la merveille, celle du sordide et du sublime. Au gré de leur « déambulation-description », le paysage obscur de la capitale se fait réserve d'ailleurs et réserve d'autrefois. La nuit leur fournit un moment d'anticipation de la modernité, mais aussi un moment de lenteur, de régression possibles. Par-delà les effets sélectifs de la postérité, ce qu'on peut dire sans trop de risques de cette nouvelle espèce d'écrivains « noctambules », souvent née vers 1820, c'est qu'elle arrive à maturité dans une ville de transition, entre monarchie de Juillet et Second Empire. Elle associe des hommes de lettres qui se présentent comme une élite rêveuse, mais aussi comme un cercle de témoins et de passeurs. Ils se pensent comme seuls capables de discerner le général dans le particulier, de saisir le secret de Paris nocturne dans son étendue incommensurable comme dans le reflet évocateur de son pavé.

La nuit « aménagée » de l'ouest et du centre parisiens distingue en outre, sous les monarchies censitaires, des pôles hédonistes où la « classe de loisir » vient consommer une certaine qualité de temps, afficher sa différence avec les êtres platement diurnes qui ne participent pas intensément à l'intégralité de la vie citadine. Ce tempo exigeant conduit à la surenchère dans la quête de la distinction, incite au raffinement individuel susceptible de contrebalancer les nouveaux brassages sociaux. Une élite restreinte, unie dans la prédilection du contretemps et des levers tardifs, s'est constituée, faisant sien un périmètre spécialisé du noctambulisme, entre Palais-Royal, Halles et Boulevard. L'encanaillement, le goût de la digression et la curiosité littéraire pour les dessous de Paris relient sporadiquement la micro-société des noctambules patentés, qui occupe le devant de la scène, aux franges inférieures du peuple de Paris, accoutumé, pour sa part, à donner vie aux rues obscures par le libre usage du cabaret, le dérèglement du cycle nycthéméral enclenché par la Saint-Lundi. L'affadissement de la valeur outrancière du carnaval, auparavant explosion nocturne strictement conditionnée par le calendrier, offre pourtant un signe, entre ces usages extrêmes, de banalisation de la sociabilité de nuit.

À mesure que s'étend un éclairage public permanent s'installe ainsi une activité nocturne publique et permanente, elle aussi, et non plus seulement ponctuelle ou cyclique. Une réceptivité croissante à la dimension nocturne de Paris est discernable, qui a pu multiplier les attitudes spectatoriales, développer l'habitude se laisser griser par l'illusion. Cela fait la fortune du Boulevard, lieu d'extraversion, lieu de parade aéré et abondamment illuminé, et donc lieu d'une consommation plus désinvolte de noctambulisme. Il succède en cela au Palais-Royal, espace citadin mi-clos, galerie en clair-obscur dont la réputation orgiaque sous la Restauration témoigne d'une licence nocturne encore peu répandue. Au XIXe siècle, les chroniqueurs de la vie parisienne aiment à discerner sur le Boulevard éclairé un défilé des vanités de la ville-spectacle. Ils y montrent également un dégradé social est/ouest. Le Boulevard distribuerait de part et d'autre de la rue Montmartre deux sociétés nocturnes divergentes, et respectivement localisées sur le boulevard dit « de Gand » et sur celui dit « du Crime ». Les polygraphes qui en sont les habitués s'émerveillent bruyamment, au cœur du XIXe siècle, de ce que le Boulevard, avec une majuscule, accueille les adeptes nouveaux du plaisir de la nuit, ceux du « rafraîchissement » et du souper. Entre monde et demi-monde, entre privé et public, ils ne s'interdisent pas quelques excursions plus insolites ou discordantes. Car, après minuit, c'est à une logique d'initiation qu'obéissent les comportements nocturnes, en un siècle qui est aussi celui de la conspiration.

Mais la libération élitiste ou plus commune des déambulations nocturnes dans une cité devenue capitale européenne du divertissement n'est permise que par la rationalisation des fonctions assumées par les travailleurs de l'ombre. La nuit, la jouissance du superflu est juxtaposée au mal nécessaire, et ces sphères s'écartent de plus en plus l'une de l'autre. Le grouillement, en eaux troubles, des petits métiers de la rue ne peut plus avoir pleinement cours dans un espace nocturne rendu utile. La gestion de l'organique passe du régime de l'expédient et de la récupération hasardeuse à celui de la purification concertée. Ville de la complexité et de la continuité des besoins vitaux, Paris use désormais discrètement, mais résolument, de ses nuits pour y refouler l'ignoble, assurer l'efficacité des principes nouveaux de respiration, de circulation, de régénération quotidienne. La réglementation croissante des métiers de la nuit, assignés à des travailleurs de la marge, peu qualifiés, au nomadisme suspect, permet de les subordonner aux exigences de la purgation urbaine moderne, qui implique commodité et pudeur dans le maniement de l'abject.

Sur ce territoire nocturne plus intelligible se clarifie, il est vrai, le rapport de force entre le camp de l'ordre et celui du désordre. Le couvre-feu, le martèlement militaire du pavé, le « Qui vive ? », le guet statique de la sentinelle, la patrouille hésitante, les mouchards, la police occulte sont remplacés par une surveillance professionnalisée et plus ostensible, organisée selon le modèle du quadrillage, gouvernée par une arithmétique qu'on pense capable de soumettre l'ombre. Les résultats effectifs de cette réorganisation, difficilement mesurables, comptent moins que le message ainsi adressé à l'opinion parisienne : les hommes au pouvoir se réclament d'un idéal d'automatisme et d'ubiquité, se chargent officiellement de déjouer les duplicités et brutalités nocturnes, de répondre à l'exigence sécuritaire – notamment par l'intermédiaire de rafles spectaculaires opérées dans les ultimes réduits ténébreux de Paris. Répondant aux inquiétudes exprimées sous la monarchie de Juillet, une harmonie de fait s'instaure, dans les années 1850-1860, entre le réverbère, la rue rectiligne et l'îlotage policier – contribuant d'ailleurs à noircir davantage la réputation nocturne des faubourgs délaissés par la rénovation matérielle.

La liberté théorique de sortir la nuit s'accroît toutefois, sous l'égide de pouvoirs publics qui, au pire, traitent la circulation tardive comme un pis-aller, cela à partir d'une monarchie de Juillet qui, en la matière, semble tenir une partie de ses promesses libérales. L'« ancien régime nocturne », encore très sensible sous la Restauration, associait de façon aléatoire, sous le signe du double, les lanternes vacillantes, les porte-falots, le guet, les mouchards à la Restif ou à la Vidocq, le couvre-feu, la rumeur, le défoulement carnavalesque, le clocheteur des trépassés, les cours des miracles, la libre divagation du chiffonnier, la loi du plus fort… Cet ancien régime était caractérisé par la brutalité de toutes les formes d'alternance temporelle, jour/nuit comme été/hiver, cette dernière étant rythmée par le flux et le reflux des migrations temporaires. Par contraste, les années 1830-1860 correspondent à une certaine normalisation du temps de nuit, assortie d'un quadrillage de l'espace parisien. Ces mutations sont destinées à rendre plus sûre la circulation de ceux qui s'affirment comme des citoyens, des « honnêtes gens » composant une opinion publique. Un des droits fondamentaux de ces Parisiens honorables serait, en effet, celui de s'attarder dans les rues sous la protection d'une police désormais ostensible, régulière, démilitarisée. Ceci dans une ville toujours plus peuplée, dans une capitale où le système d'interconnaissances n'ayant plus l'immédiate solidité d'antan, d'autres formes de contrôle social, professionnalisées, doivent limiter les effets perturbateurs de la modernité.

Commencer par le plus ostensible conduisait à souligner la ritualisation, au XIXe siècle, d'une vie nocturne devenue attribut de parisianité. Mais en réalité, cette réflexion sur les rythmes collectifs de l'existence citadine fait croiser plus de silhouettes imprécises que de visages aux traits discernables. Le monde nocturne des monarchies censitaires, porteur précoce des traces de la lente érotisation de l'image de Paris au siècle dernier, exclut le juste-milieu, le monde de la rente et du Marais, encore marqué par les réflexes du couvre-feu. Il répugne à ceux qui se barricadent chez eux avant même que l'émeute ne gronde. Cela dit, il faudrait pouvoir mieux évaluer la portée de la commercialisation et de la standardisation nouvelles du loisir nocturne à la fin du siècle pour éprouver ce lieu commun d'une bourgeoisie moyenne fermée aux hasards de la ville nocturne. Auparavant, tout se passe comme si, aux yeux des Parisiens rangés, la rue nocturne, parfaite antithèse du *home* douillet, polarisait les groupes extrêmes de la société postrévolutionnaire. Ils se la figurent volontiers comme le royaume déchiré des plus civilisés et des plus barbares, de ceux qui s'exhibent sur le Boulevard et de ceux qui se tapissent dans les recoins, de ces viveurs et viveuses, mais aussi rôdeurs et rôdeuses restés seuls maîtres du pavé après 1 ou 2 h du matin.

La fréquentation des archives policières et judiciaires déplace en fait le centre de gravité vers une nuit plus morose ou tendue qu'uniformément hédoniste. La série F^7 des Archives nationales se révèle d'une richesse insoupçonnée, du moins pour le premier XIXe siècle. Elle recèle un inventaire aléatoire de « ce qui se passe dans les rues de Paris la nuit », une collection de ces micro-événements laconiques et répétitifs qui en forment le quotidien. Elle fait découvrir, au gré de « tranches de vie » peut-être illusoires, ceux pour qui l'itinérance nocturne est surtout liée à la simple nécessité de la survie, traduit une relation indécise au temps comme à l'espace urbains. Les rapports de police datant de la Restauration rendent ces « usagers » de la nuit très présents, par les quelques lignes qui consignent la réalité de leur passage, à tel endroit et à telle heure, donnant à la scène une certaine charge de vie. Mais ils les laissent en même temps fort énigmatiques, un peu comme les rencontres fugitives rapportées par Restif de la Bretonne. Sans oublier que l'enregistrement répressif opéré sous la monarchie de Juillet accroît encore l'effet de dépersonnalisation, d'anonymat, qui fait ressortir ces ombres sans identité claire au monde des « misérables ».

La multiplicité confuse de ces milliers d'individus reste, pour une large part, un bloc mystérieux, défini surtout par la négative, par de simples contours. On sait d'eux qu'ils vivent moins au jour le jour qu'« à la nuit la nuit », qu'ils nouent des amitiés de rue, de garni ou de cabaret plus que d'atelier. S'observent quoi qu'il en soit, dans l'ombre populaire du XIXe siècle, des formes de comportement public, celles des hommes comme celles des femmes et des enfants, qui s'opposent longuement, comme dans une zone franche, aux réformes urbanistiques, hygiénistes ou morales engagées à la fin de la Restauration. Et comme ce peuple nocturne n'est connaissable que de l'extérieur, ses attributs sont des abris improvisés (des tanières, dit-on à l'époque) et des objets dépareillés, ceux qu'on trouve sur les tables des pièces à conviction des assises, chez les brocanteurs, dans la hotte du chiffonnier, ou même sur la barricade. Les Parisiens démunis figurent donc dans cet univers comme une omniprésence difficile à interpréter, et dominée par ce que Privat d'Anglemont appelle les « existences problématiques ». Tout au plus constate-t-on que ces catégories sociales, douées d'une sombre science de la ville, tendent à jouer des heures noires, quand elles n'en subissent pas l'âpreté, comme d'un moment de résistance passive.

Là s'exprime, en un sens, la double vocation parisienne du XIXe siècle : la fonction de capitale du plaisir et celle de capitale du travail, encore illustrée par la longue habitude populaire de l'alternance entre noce et surmenage, par la plasticité horaire de l'activité des petits métiers et de bien des travailleurs accoutumés à une embauche « intermittente ». Mais l'historien est également une victime potentielle de la tendance de la génération de 1830 à penser que l'âme-même de Paris s'identifie à son Peuple, à ses silences ou à ses cris, à ses fuites comme à ses explosions. Cette conviction est alimentée par une bohème qui, s'identifiant à un chiffonnier mythique, s'amuse encore à cette date, de sa relégation nocturne, du fait de vivre dans les coulisses de la vie parisienne, avant la dérive d'un Nerval mort dans l'ombre, au seuil de l'haussmannisation. Une tension naît peut-être de ce que le modèle jouisseur exposé en vitrine et commercialisé sur le Boulevard ne peut guère être atteint, pour les Parisiens ordinaires, par des moyens légaux. D'où les discours alarmistes sur la convoitise attisée par la juxtaposition nocturne des plus riches et des plus pauvres, et les mesures prises pour limiter cette promiscuité sociale.

Quant aux présences féminines solitaires, aux « créatures » nocturnes, elles s'excluent comme d'elles-mêmes du cadre de la bienséance : perçue peu ou prou comme une femme publique, la passante attardée signale par sa seule circulation son appartenance aux tréfonds immoraux dont on ne tolère l'affleurement nocturne que pour que la ville se soulage dans une semi-clandestinité. Cette offre plus ou moins explicite pourrait venir compenser l'idéalisation platonique ou angélique régissant le code romantique des amours diurnes. Errantes, hagardes, les promeneuses de l'ombre peuvent enfin devenir, sous le nom de Fantine, d'Éponine, de Germinie, de Gervaise, de Nana, ces silhouettes dont on ne sait, à la fin du siècle, s'il faut attribuer le chancellement à l'hypoglycémie, à la phtisie, à l'hallucination ou à l'hystérie. Et si la mobilité nocturne de la partie masculine de la population démunie paraît régresser après la mi-siècle, celle des femmes progresse, mais c'est comme à leurs dépens. Elle prend la forme d'une sexualité vénale de moins en moins frôleuse et murmurante, de plus en plus prompte à sortir de son obscurité habituelle pour jouer insolemment de l'exhibition permise par les artifices lumineux du Boulevard. Cela procure aux honnêtes gens l'impression, vers 1860-1870, d'un envahissement des rues par des barricades de filles aguicheuses.

Hommes ou femmes, les pauvres n'abdiquent pas aisément, malgré les injonctions nouvelles à stabilité. Ici, puisque toute forme d'inoccupation est suspecte dès lors qu'on ne vit pas de ses rentes, l'appellation de « noctambule » le cède en effet à celle, péjorative, de « rôdeur » ou « rôdeuse de nuit ». La commisération est comme réservée au miséreux sédentaire, domicilié : diurne, en somme. Si le jour relève parfois de la charité, la nuit parisienne se place plutôt du côté de la pénalité. Et le rôdeur, homme de l'ombre, est stigmatisé comme ce pauvre qui se dérobe à l'observation sociale, trahissant la noirceur de son âme par le goût des heures noires. C'est pourquoi, comme Félix Pyat l'a senti en 1848, la période peut avoir pour emblème ambivalent le chiffonnier. Entre la fange et les étoiles, il porte en lui les contradictions de la rue parisienne, les interrogations sociales du XIXe siècle concentrées dans ses nuits. Il fait figure de parasite nocturne, de quasi-mouchard d'une société oligarchique où l'oisiveté et la dépense ostentatoire sont source de prestige, mais où progressent aussi l'exigence démocratique et la valorisation du travail. La scène rituelle de la visite nocturne des Halles par les viveurs qui s'encanaillent, c'est-à-dire la confrontation entre les gagne-petit et les dépense-gros, illustre ce même télescopage.

Car à sonder les nuits parisiennes du XIXe siècle, c'est toujours le peuple que l'on rencontre, obstiné, imprévisible, murmurant, frondeur, remuant. Dans le demi-secret des « heures indues » se pose continuellement la question de la légitimité de sa présence publique ; celle, en somme, de la friabilité du soubassement populaire exploré par les observateurs sociaux ou les romanciers des années 1830 à 1860. Le « rôdeur de nuit », catégorie spécifique du premier XIXe siècle, ne correspond pas seulement à une case de la nomenclature répressive : l'incertitude-même de cette dénomination, à elle seule procès d'intentions, illustre l'hésitation policière face aux silhouettes populaires divaguant dans l'espace public. Le parcours du gamin errant ou flânant avec entêtement dans les rues obscures résume, lui aussi, l'oscillation entre les figures du peuple coupable ou victime. La communauté de vie qui mêle hommes, femmes et enfants précoces de l'ombre, très perceptible avant 1848, conduit à penser que l'ouvrier parisien du premier XIXe siècle a souvent la nuit en tête. Elle recèle tout à la fois la fragilité et la liberté éventuelle de sa condition ; elle juxtapose les menaces et les plaisirs qui occupent son horizon social contrasté. Si les sources manquent, après 1848, pour appréhender les représentations du peuple nocturne, parfait opposé du cercle notabiliaire, il est patent que les critères de la marginalisation se sont précisés avec l'affinement de la réglementation de la rue nocturne : le nomadisme, le défaut d'identité et de ressources claires sont tout particulièrement stigmatisés.

La sophistication de ces règles isole en effet, dans le vaste et obscur continent des illégalismes populaires, une zone de dissidence plus ouverte : le monde des bas-fonds, dominé par les fameux « escarpes », monstres des lisières, ouvriers sans ouvrage, mais revanchards et cruellement jouisseurs. Cette plèbe se signale comme indissociablement vicieuse et brutale ; on dit que sa sensibilité et ses mœurs nocturnes n'ont pas évolué au même rythme que celles du reste de la population. Et la multiplication des mises en garde médiatiques déclenche des réflexes de défense face au prétendu complot des heures noires. Dans ce domaine comme dans d'autres, les années 1825 à 1845 sont décisives, qui égarent la ville dans le brouillard de l'anxiété collective : elles installent le stéréotype sanglant de l'« attaque nocturne » comme fléau citadin endémique. Il n'est ainsi jusqu'aux conspirations criminelles qui ne glissent dans le discours sur le dépaysement nocturne, symptômatique sans doute d'une période de lent apprivoisement de l'obscurité et de déréalisation des violences banales au profit de leur mise en scène imprimée. La consternation publique suscitée par la superposition « classes dangereuses » – « classes nocturnes » est, en tous les cas, facilitée par l'étrange fraternité de la criminalité et de la pénalité dans la séquence-nuit, des conciliabules tenus dans les repaires enfumés aux foules blêmes des exécutions capitales.

Les années 1840-1850 sont manifestement celles, aux assises, de la mise en procès de l'indolence où se complaît une prétendue populace nocturne. Les rues plus éclairées mais encore trop peu surveillées du Paris de Louis-Philippe ont trahi l'opiniâtreté d'une présence populaire auparavant plus méconnue. Défilent sur ces bancs d'assises des dizaines d'accusés mal individualisés, qui forment ensemble une espèce de anti-héros collectif. Du « moment Guizot » aux années 1860, tandis que la peur sociale semble progresser du même pas que les enquêtes sociales, le temps des soirées flamboyantes du Boulevard est aussi, de façon frappante, celui du discours le plus révulsé sur la macération nocturne de bas-fonds criminels réels ou fantasmés. Il est permis de deviner là un phénomène de « réenchantement » verbal, par le thème insinuant des « mystères de Paris », d'une réalité nocturne techniquement mieux dominée depuis les années 1820-1840, depuis que le seul mot de « minuit » ne suffit plus à donner le frisson. Ces années 1840-1860, qui sont celles d'une sorte de préhistoire de la fête impériale comme de préhistoire du fait divers criminel, ont alimenté, tout à la fois, une culture et une contre-culture nocturnes. Elles aboutissent en quelque sorte à forger, dans une opinion parisienne versatile comme la rumeur, le sentiment que la ville va « mieux ». Ce réconfort succède à des années 1820-1840 où le débat public sur la sûreté nocturne comme indicateur de l'état moral ou physique de la grande ville était revenu de façon lancinante dans la presse.

Le Second Empire, plus pragmatique encore que la monarchie de Juillet, et malheureusement délaissé par le diagnostic de Louis Chevalier, procède bel et bien à la rationalisation nocturne qu'on pouvait attendre de lui, et surtout le fait résolument savoir. Il accélère et systématise apparemment une mise en ordre entamée au cours du premier XIXe siècle. On cherche ainsi à canaliser, sur le Boulevard, une vie nocturne intense, mais policée et contrôlable. Toutefois, cette entreprise n'a pas la radicalité que les plans initiaux laissaient entrevoir. Et la vie populaire peut déborder de nouveau, comme le montre par exemple le retour rapide de l'effervescence nocturne autour des Halles rendues fonctionnelles par Baltard. Le projet haussmannien a produit sur cette ouverture à la nuit des effets contradictoires – ségrégatifs et différenciateurs. Car l'annexion de 1860, greffe incertaine qui fait changer l'espace parisien d'échelle, souligne que les mailles du filet jeté sur cette ville qu'on pense désunie sont inégales, qu'il est des lieux ou des moments plus critiques que d'autres. Et les fidèles de la chronique judiciaire se convainquent donc, en même temps, que la capitale rénovée est cernée par une réserve d'ombre qui porte depuis peu le nom de « Paris », comme la « Cité Reine » des Expositions universelles, mais qui n'obéit pas tout à fait aux règles de la civilisation. À mesure que les nuits du centre s'humanisent, celles des marges urbaines ont la réputation de s'animaliser, avant même le crime de Troppmann – acte de naissance nocturne du fait divers. Se dissémineraient alors autour de la ville ceux que, depuis les années 1820-1840, on a pris l'habitude de désigner comme les membres de classes indissociablement dangereuses et nocturnes car tout à la fois oisives, errantes, malodorantes, bruyantes et primitives.

Il est étonnant de noter, dès lors, avec quelle rapidité le second XIXe siècle invente et fixe une légende noire des nuits parisiennes du premier XIXe siècle, l'inscrivant dans une certaine continuité avec les cours des miracles médiévales. Au monde clos et feutré des électeurs censitaires répond en quelque sorte le thème nocturne des bas-fonds boueux. Après 1848, à l'avènement du peuple citoyen répond celui de l'armée du crime qui ceinture la ville obscure au lieu d'en former le souterrain. Et un peuple de la nuit, instinctif, mobile, voire malfaisant car débauché et préoccupants brutal, est continûment imaginé comme derrière une fragile barrière par les lecteurs de la *Gazette des tribunaux*. Ces derniers peuvent être persuadés de vivre une crise de civilisation dont les signes les plus préoccupants se manifestent quand ils dorment, c'est-à-dire « à heure indue », comme on le dit dans les rapports des patrouilles de gendarmes. Cette crise peut prendre la forme odieuse de l'attaque nocturne, pratiquée par l'escarpe, ancêtre de l'apache, qui laisse à penser que dans le camp des « méchants », les rusés n'ont pas tout à fait supplanté les brutaux.

Au fond, c'est toujours le problème de la visibilité du peuple qui est sous-tendu. La limite nocturne est devenue, au XIXe siècle, un impératif de représentation du pauvre. Cette limite est comparable et parfois superposée à ces autres limites que sont, comme le suggère Guy Rosa, le crime, le bagne, la barrière ou la barricade. La face nocturne de l'existence parisienne en vient à résumer la difficile intégration politique et sociale du peuple de Paris, sa douloureuse entrée dans l'Histoire du XIXe siècle. Certains se souviennent durablement, peut-être, de l'outrance singulière des nuits des années 1830, celle où le réflexe insurrectionnel était actif. Ces années ont été marquées par l'entremêlement nocturne de la fête et de la mort. Il y a, en effet, confusion fréquente, au temps du « roi-citoyen », entre exubérance carnavalesque, présence sourde de l'épidémie et spectacles crépusculaires liés à la pénalité, comme le départ de la chaîne des forçats ou l'exécution capitale. Qu'on la dise peuple ou populace, la frange la plus démunie de la population use plus ou moins savamment de la duplicité nocturne. Et les expédients du chiffonnage ou de la prostitution ne sont finalement que les formes les plus saillantes d'habitudes de débrouillardise beaucoup plus communes, où la différence entre légalité et illégalité a de moins en moins de sens à mesure que la nuit avance.

Les années 1830-1860 s'imposent en définitive comme un moment-clé, celui du passage complexe d'une culture nocturne à une autre. Dans ce jeu de la marge et de la norme, l'invention et l'humanisation des nuits parisiennes trouvent vraisemblablement leurs prémices au cours d'un second XVIIIe siècle qu'à regret, nous avons dû négliger ici. Et pour mieux comprendre la sélectivité sociale des nuits rénovées et assainies d'après 1850, ou la validité de la fameuse différenciation entre « classes laborieuses » et « classes dangereuses », il aurait fallu un éventail de sources dont on ne dispose guère. Il faut avouer le caractère inaccessible de l'ordinaire des nuits parisiennes du Second Empire, faute de documents équivalents à ceux de la période antérieure. En ce sens, le thème de la clarification haussmannienne traduit en partie la disparition des traces archivistiques de la résistance populaire que l'accentuation du nettoyage nocturne et du contrôle social ont dû rencontrer. Si les années 1880 dépoétisent les types nocturnes de transition qu'étaient le bohème ou le chiffonnier, c'est pourtant bien que quelque chose s'est passé entre-temps.

Cela n'empêche pas de constater que le second XIXe siècle nourrit l'espoir d'une subordination intégrale de la nuit aux exigences du jour. On parle alors d'encerclement puis d'éviction, de purge sociale, qui se substitueraient à la technique plus ambiguë de l'infiltration. Et à ce cantonnement du crime dans ses formes nocturnes correspond le glissement dans l'obscurité, après 1832, du spectacle de l'exécution capitale. Il reste significatif que le discours sur la vie de nuit ait été rattaché au patrimoine parisien, dans les années 1860, comme une donnée durable, au sujet de laquelle on se risque désormais à des récapitulations et à des projections. Il est tout aussi significatif que les plus pauvres n'y figurent guère que comme des masques entrevus sous un éclairage dissymétrique. Ce qui change surtout, pour paraphraser Michel Foucault, c'est l'angle du regard posé sur une forêt d'illégalismes nocturnes devenue peu à peu, au cours du siècle, un monde social frontalier, un camp retranché évoqué comme un bastion à prendre d'assaut.

Toutes ces pistes se rejoignent pour que la nuit puisse trahir les mutations conjuguées, et parfois contradictoires, qui affectent le Paris des années 1815 à 1870, organisme urbain confronté à une crise de croissance. Les usages et les images variables du temps de nuit, subi ou choisi, y relèvent tout à la fois des phénomènes d'individualisation de l'expérience, de ségrégation sociale, de massification des circulations, de rationalisation des contrôles, de relégation de la brutalité ordinaire, de spécialisation des espaces citadins. Le Paris du siècle dernier abrite une humanité nocturne hétérogène, dont la « représentativité » importe moins que le partage verbal entre nuit hostile des violences urbaines et nuit consolatrice des flâneurs mélancoliques. La nuit parisienne du XIXe siècle justifie, en fin de compte, les discours alternés de l'optimisme et du pessimisme urbains, la célébration du progrès et la déploration de ses effets pervers. En les contestant, elle désigne toute la subtilité des nouveaux clivages entre des espaces privés promus comme lieux d'épanouissement personnel et un espace public de plus en plus réduit à la fonction anonyme de circulation, de passage. Elle annonce ce trait majeur de la sociabilité publique moderne qu'est « la recherche, paradoxale, à la fois du côtoiement et de l'évitement »[2].

L'espace nocturne de la grande ville n'est plus tout à fait, vers 1870, la terre hostile qu'il était en 1815. La nuit est devenue une composante assumée de la singularité parisienne. À ce titre, elle est productrice de propos anxieux sur les vestiges supposés de la confusion sociale du premier XIXe siècle. De décennie en décennie, la ville moderne conquiert ses heures comme elle conquiert un territoire plus vaste. Paris fait alors une expérience des limites, subit un apprentissage de la nuit par le contraste, par la démultiplication des significations de l'obscurité. Cette expérience stimule l'envie d'identifier, de classer, de répertorier. La capitale construit son identité dans le brassage des temps et des espaces conflictuels qu'elle se découvre, dans le culte de l'instant et du passage. De fait, si le sujet a quelque chose d'inépuisable, s'il a tout d'une plaque sensible, c'est qu'il offre des points de vue croisés sur le rapport des hommes du XIXe siècle à l'ancien et au nouveau, à l'intimité et à la vie publique, à l'anonymat et à l'identité, au crime et à la peine, au contrôle de soi et à la liberté individuelle, à la sédentarité et à la mobilité, au malheur et à la jouissance.

Après le Second Empire, les résurgences d'une nuit parisienne militarisée, dans les temps de guerre civile ou de guerre tout court, sont donc un des signes par lesquels les habitants saisissent la rupture de la normalité, la subordination des aspirations individuelles à la sauvegarde collective : dès 1870-1871, l'extinction de la vie nocturne pour cause de couvre-feu et de bombardement[3] est devenue privation, anomalie temporaire. Malgré la dislocation de l'intimité citadine d'avant-Haussmann, ou la volonté de purification morale issue de la Semaine sanglante, l'errance et l'exploration nocturnes sont réinventées[4], des années 1880[5] à l'entre-deux-guerres, par des générations de promeneurs attentifs aux échancrures de l'insolite parisien[6] plus qu'aux plages de lumière uniforme. Alors que le détective, enquêteur ordinaire, parcourt la ville obscure pour y traquer l'indice au moyen d'une torche électrique, les écrivains noctambules du premier XXe siècle[7] renouent avec l'attitude romantique de plongée dans l'ombre pour ce qu'elle promet de visions inédites[8]. Leur marche est sans objet prédéfini. Elle poursuit plutôt, entre Montmartre et Montparnasse, l'initiation érotique et créatrice, dans le sillage d'une femme inconnue qui trace à la surface de la ville une carte de l'inconscient[9], loin du « *Paris by night* » institutionnalisé des circuits touristiques contemporains.

Chronologie

1662	Création du service des porte-falots.
1666	Réforme du guet.
1667	Premier service d'éclairage public régulier (hivernal) dans Paris.
1763	Concours de l'Académie des sciences sur « la meilleure manière d'éclairer une grande ville ». Apparition des réverbères.
1765	Création de la garde de Paris.
1781-1788	L.-S. Mercier, *Tableau de Paris*.
1788	Restif de la Bretonne, *Les Nuits de Paris*.
1816	Éclairage au gaz du passage des Panoramas.
	Création de la gendarmerie royale de Paris.
1819	Ordonnance fixant à 11 h du soir pendant toute l'année la fermeture des lieux publics dans Paris.
1822	Pierre Cuisin, *Le Peintre des coulisses […] et mystères nocturnes de la capitale*.
1823	Charles Nodier et Amédée Pichot, *Essai critique sur le gaz hydrogène*.
1825	Début de la parution de la *Gazette des tribunaux*.
1826	Début de la parution du *Compte général de l'administration de la justice criminelle*.
	C. Michaux, *Les Douze Heures de la nuit*.
	Theaulon et Étienne, *Le Chiffonnier, ou le Philosophe nocturne*.
	Lemoyne, *Projet d'organisation d'une Garde de nuit pour la Ville de Paris*.
1826-1827	Débat sur les attaques nocturnes.
1827	Procès de la bande du Buisson de la Chopinette.
1828	*Mémoires de Viaocq*.
	Réforme du service des rondes de nuit.
	Ordonnance sur les chiffonniers.

1829 Création des sergents de ville.
Création du service des « petites rondes ».
Éclairage au gaz de la rue de la Paix, de la place Vendôme et de la rue de Castiglione.
Victor Hugo, *Le Dernier Jour d'un condamné.*
1830 Mangin tente d'interdire complètement la voie publique aux prostituées parisiennes.
1831-1834 *Paris, ou le Livre des Cent-et-un.*
1831 Victor Hugo, *Notre-Dame de Paris.*
1832 Épidémie de choléra, pendant le carnaval. Émeute des chiffonniers.
Loi sur les circonstances atténuantes. Abolition de la marque et du carcan.
Déplacement du lieu de l'exécution capitale de la place de Grève à la barrière Saint-Jacques.
Gisquet exclut de la brigade de sûreté tous les anciens condamnés.
1833 Le service des rondes de nuit est rattaché à la police municipale.
1834 *Nouveau Tableau de Paris au XIXe siècle.*
1835 Touchard-Lafosse, *Les Réverbères, chroniques de nuit du vieux et du nouveau Paris.*
1836 Débat sur les attaques nocturnes.
Suppression de la chaîne des forçats.
1837 Alexandre Parent-Duchâtelet, *De la prostitution dans la ville de Paris.*
1839 *Paris au XIXe siècle, recueil de scènes de la vie parisienne.*
F. Béraud, *Les Filles publiques de Paris et la police qui les régit.*
Débat sur les attaques nocturnes.
1840 *Mémoires de M. Gisquet.*
Frégier, *Des classes dangereuses de la population dans les grandes villes.*
1842 Édouard Gourdon, *Paris la nuit, silhouettes.*
Dupeuty et Cormon, *Paris la nuit.*
Procès de Vallet, Mirault et Villetard.
1842-1843 Eugène Sue, *Les Mystères de Paris.*
1843 *Les Français peints par eux-mêmes.*
Procès de Norbert et Dépré.
Le nombre de lanternes au gaz l'emporte sur celui des lanternes à huile.
1844 Rénovation du jardin Mabille.
Expérience d'éclairage électrique sur la place du Carrousel.
Affaire de la Tour de Nesle.

	La Grande Ville. Nouveau Tableau de Paris.
	Aimé Lucas, *Projet d'institution d'une surveillance spéciale de nuit pour la sûreté publique de la capitale.*
	Vidocq, *Les Vrais Mystères de Paris.*
	Première tentative d'îlotage nocturne.
	Procès de la bande des Escarpes ou des Étrangleurs.
1844-1845	Débat sur les attaques nocturnes.
1845	Procès de la bande des Endormeurs ou des Vinaigriers.
1846	Jules Janin, *Un hiver à Paris.*
	Paris le jour et la nuit.
1847	Félix Pyat, *Le Chiffonnier de Paris.*
1848	Décret sur la journée de dix heures à Paris.
1849	Affaire Bertrand.
1851	Première pierre des nouveaux pavillons des Halles centrales.
	Déplacement du lieu de l'exécution capitale de la barrière Saint-Jacques au quartier de La Roquette.
	Débat sur les attaques nocturnes.
1851-1852	Paul Féval, *Les Nuits de Paris, drames et récits nocturnes.*
1852	Edmond Texier, *Tableau de Paris.*
	Marc-Fournier, *Les Nuits de la Seine.*
1853-1857	Réforme du service du nettoiement et du balayage.
1854	Alexandre Privat d'Anglemont, *Paris anecdote.*
	Alexandre Dumas, *Les Mohicans de Paris.*
	Réforme du service des sergents de ville : îlotage.
	Loi sur la transportation.
1855	Mort de Gérard de Nerval rue de la Vieille-Lanterne.
	Suppression des becs variables. Création de la Compagnie parisienne d'éclairage et de chauffage par le gaz.
	Création de la Compagnie générale des omnibus.
	Victor Fournel, *Ce qu'on voit dans les rues de Paris.*
	Eugène de Mirecourt, *Les Nuits parisiennes.*
1857	Baudelaire, *Les Fleurs du Mal.*
1859	*Les Rues de Paris, ou Paris chez soi.*
	C. Guéroult et P. de Couder, *Les Étrangleurs de Paris.*
	Transfert au préfet de la Seine des attributions de petite voirie.
	Suppression de la tolérance nocturne accordée aux débits de boissons des Halles.
1860	Paris passe de 12 à 20 arrondissements.
	Alfred Delvau, *Les Dessous de Paris.*
	Émile de Labédollière, *Le Nouveau Paris.*
1861	Julien Lemer, *Paris au gaz.*
1862	Victor Hugo, *Les Misérables.*
	Gustave Claudin, *Paris.*

	Charles Deslys, *Le Canal Saint-Martin*.
	Mémoires de Canler.
	Garotting Panic à Londres.
1864-1869	Baudelaire, *Le Spleen de Paris*.
1865	Moreau-Christophe, *Le Monde des coquins*.
1866	Alfred Delvau, *Les Heures parisiennes*.
	Débat sur les attaques nocturnes.
1867	*Paris-Guide*.
	Alfred Delvau, *Les Plaisirs de Paris*.
1868	Gustave Claudin, *Entre minuit et une heure, étude parisienne*.
1869	Affaire Troppmann.
	Paris at night.
1869-1875	M. Du Camp, *Paris, ses organes, ses fonctions et sa vie dans la seconde moitié du XIX*[e] *siècle*.
1870	Pierre Zaccone, *Les Nuits de Paris*.
1871	La Commune abolit le travail de nuit des ouvriers boulangers.
1873	Loi contre l'ivresse publique.
	Émile Zola, *Le Ventre de Paris*.
1876	Pierre Zaccone, *Les Nuits du Boulevard*.
1878	Expérience d'éclairage électrique avenue de l'Opéra.
	Installation de becs de gaz intensifs rue du 4-septembre.
	Fondation de l'Œuvre de l'hospitalité de nuit.
1879	Pierre Zaccone, *Les Rôdeurs de nuit*.
1881-1883	Débat sur les attaques nocturnes.
1883	Louis Barron, *Paris étrange*.
	Réformes du préfet Poubelle.
1885	Jules Bourdais et M. Sebillot, *Colonne-Soleil, projet de phare électrique pour la ville de Paris*.
	Loi sur la relégation des multirécidivistes.
1887	Charles Virmaitre, *Paris-escarpe*.
1889	Sylvester Wray, *The Nocturnal Pleasures of Paris*.
	Rodolphe Darzens, *Notes sur une ville, nuits à Paris*.
1891	La France adopte le temps moyen de Paris.
1897	Paul de Chamberet, *Une nuit de Paris, au pays du vice et de la misère*.

Abréviations

A.N. : Archives nationales

A.P.P. : Archives de la Préfecture de police

A.D.P. : Archives de Paris et du département de la Seine

A.A.T. : Archives de l'armée de terre (Vincennes).

B.N. : Bibliothèque nationale

B.H.V.P. : Bibliothèque historique de la Ville de Paris

Notes

INTRODUCTION

1. C'est ainsi que l'appréhendent les sociologues de la ville, comme Murray Melbin dans « Night as Frontier », *American Sociological Review*, vol. 43, n° 1, 1978, pp. 3-22 (il use de la comparaison entre la vie nocturne et celle des pionniers), ou les géographes, comme Jean-Michel Deleuil dans *Lyon la nuit. Lieux, pratiques et images*, P. U. de Lyon, 1994, 168 p.

2. Sur la rue comme espace social, voir la mise au point d'Alain Lemenorel dans « Rue, ville et sociabilité à l'époque contemporaine. Histoire et prospective », dans *La Rue, lieu de sociabilité ?*, Actes du colloque de Rouen 16-19 novembre 1994, Publications de l'université de Rouen, n° 214, 1997, pp. 425-442.

3. Cf. Alain Corbin, « L'Arithmétique des jours au XIXe siècle », in *Le Temps, le désir et l'horreur. Essais sur le XIXe siècle*, Paris, Aubier, coll. hist., 1991, pp. 9-22 (article paru dans la revue *Traverses* en 1985). Voir aussi Jean Mascart, *L'Heure à Paris*, Paris, Gauthier-Villars, 1907, 39 p.

4. La sociologie, à la suite de Durkheim, a depuis longtemps fait sienne cette problématique, relancée dans les années 1980 par les mutations de la société industrielle et par les recherches chronobiologiques : voir Georges Gurvitch, « La Multiplicité des temps sociaux », in *La Vocation actuelle de la sociologie*, Paris, P.U.F., 1963 (1re éd. 1950), t. II, pp. 325-430 ; Robert H. Lauer, *Temporal Man. The Meaning and Uses of Social Time*, New York, Praeger, 1981, 181 p. ; Roger Sue, *Temps et Ordre social. Sociologie des temps sociaux*, P.U.F., coll. Le Sociologue, 1994, 313 p.

5. Nous empruntons cette expression à Wolfgang Schivelbusch, *La Nuit désenchantée. À propos de l'histoire de l'éclairage artificiel au XIXe siècle*, Paris, Le Promeneur, 1993, 199 p. (Munich, Carl Hanser Verlag, 1983).

6. Cf. David S. Landes, *L'Heure qu'il est. Les Horloges, la mesure du temps et la formation du monde moderne*, Paris, Gallimard, 1987, 622 p.

7. Et l'on songe au titre choisi par Louis Chevalier pour son *Montmartre du plaisir et du crime* (Paris, Robert Laffont, 1980, 452 p.).

8. Pierre Sansot, *Poétique de la ville*, Paris, Klincksieck, 1971, p. 146.

9. *Op. cit.*

10. Paris, Fayard, 322 p. Le projet est de retracer, à partir des matériaux amassés au cours des enquêtes nocturnes menées pour rédiger *Les Parisiens*, « Des histoires de plaisir et aussi de nuit, comme si la nuit exprimait plus fortement encore que le jour cette intensité d'existence qui, dans ces années encore, était le secret du plaisir de Paris » (pp. 12-13).

11. Cf. aussi sa contribution au recueil *Encore une nuit à Paris. Du crépuscule à l'aube, parcours dans la ville en textes et en images*, Paris, L'Harmattan, coll. Vis-à-Villes, 1997, pp. 39-54 : « Mes nuits parisiennes ».

12. À l'exception de l'approche comparatiste adoptée par Joachim Schlor dans *Nachts in der grossen Stadt. Paris, Berlin, London 1840-1930*, Munich, Artemis & Winkler, 1991, 322 p.

13. Véronique Nahoum-Grappe, « Remettre à demain », dans « La Nuit », *Sociétés et Représentations*, CREDHESS, n° 4, mai 1997, p. 18.

14. *Les Structures anthropologiques de l'imaginaire*, Paris, Bordas, 1969, p. 308. Voir aussi l'« essai de psychologie de l'imagination » tenté par Hélène Tuzet, elle aussi influencée par Gaston Bachelard dans *Le Cosmos et l'Imagination* (Paris, José Corti, 1965, 539 p.) : entre le néant glacé des ténèbres et la tiédeur prénatale et apaisante de la pénombre, la Nuit est « femme ténébreuse, tantôt bienfaisante, tantôt fatale, le plus souvent l'une et l'autre à la fois. [...] Mère plus encore qu'amante, elle l'emporte sur l'homme en autorité, en connaissance des secrets de la nature, de la vie, de la mort » (p. 410).

15. Le jour sort des entrailles de la nuit, où tout commence et tout finit. Cf. Clémence Ramnoux, *La Nuit et les Enfants de la nuit dans la tradition grecque*, Paris, Champs Flammarion, 1986, 241 p.

16. Cf. « Les "butoirs de la pensée" », entretien de Véronique Nahoum-Grappe avec Françoise Héritier, in *Sociétés et Représentations*, *op. cit.*, pp. 39-45.

17. C'est Gérard Genette surtout qui, dans *Figures II*, s'est livré à une rêverie sur ce couple sémantique (« Le Jour, la Nuit », Paris, Seuil, 1969, pp. 101-122). La sonorité contrastée de ces deux mots indécomposables, comme deux substances, deux éléments, est à elle seule une stimulation pour l'imagination : par l'effet d'un « scandale linguistique », la voyelle aiguë de « nuit » évoque plutôt la clarté, alors que la voyelle grave de « jour » évoque le sombre, ce que l'argot répare en parlant du « reluit » et de la « sorgue » (*ibid.*, p. 112).

18. Sur les ressources picturales, poétiques, musicales et mystiques de l'obscurité, voir Paulette Chone (spécialiste de Jacques Callot), *L'Atelier des nuits. Histoire et signification du nocturne dans l'art d'Occident*, P. U. de Nancy, 1992, 156 p. ; *La Nuit*, textes réunis par François Angelier et Nicole Jacques-Chaquin, Grenoble, éd. Jérôme Millon, 1995, 296 p.

19. Cf., de Michel Dupuy, l'article « Nuit » du *Dictionnaire de spiritualité ascétique et mystique*, Paris, Beauchesne, 1981, pp. 519-525 ; Monique Piettre, *Les Nuits dans la Bible*, Paris, Mame, 1992, 215 p. À la nuit sont associées, dans la Bible, les forces du mal ; elle est le royaume du prince des ténèbres, abrite l'égarement et la tentation de celui qui se croit abandonné de Dieu. Mais par là même, elle peut devenir, comme traversée purifiante, le cadre privilégié de l'attente et de l'exigence chrétiennes, préluder à l'illumination mystique, comme dans *La Nuit obscure* de saint Jean de la Croix, au XVIe siècle. Plus généralement, le chrétien peut être défini comme l'« homme de l'aube » (Joseph Moingt, « Ce jour qui point », *Traverses*, n° 35, 1985, pp. 13-19), celui qui se trouve plongé dans une nuit illuminée à l'avance par la foi dans le retour du Christ, dont la mort avait été accompagnée par l'apparition prématurée de l'obscurité, et qui a promis la lumière éternelle aux bienheureux. Ainsi le temps chrétien est-il linéaire, gouverné par une espérance, non plus cyclique, comme le temps païen.

20. Paris, Seuil, 1987, t. IV, p. 416.

21. Parues en 1745.

22. Cette poésie de la nuit consolatrice fut surtout connue à Paris sous la monarchie de Juillet.

23. Paul van Tieghem, *La Poésie de la nuit et des tombeaux en Europe au XVIIIe siècle*, Bruxelles, Hayez, 1921, 177 p. ; *Le Sentiment de la nature dans le préromantisme européen*, Paris, Nizet, 1960, 275 p.

24. Max Milner a analysé ces « jeux du visible » récurrents chez Hugo dans *On est prié de fermer les yeux, le regard interdit*, Paris, Gallimard, coll. Connaissance de l'Inconscient, 1991, 284 p.

25. Cette « voie royale » de la critique hugolienne a retenu Edmond Huguet avec *La Couleur, la lumière et l'ombre dans les métaphores de Victor Hugo*, Paris, Hachette, 1905, 379 p. ; Charles Baudoin dans sa *Psychanalyse de Victor Hugo*, Genève, éd. du Mont-Blanc, vers 1940, 254 p. ; Philippe Lejeune, « L'Ombre et la lumière dans *Les Contemplations* », *Archives des lettres modernes*, 1968, n° 96, 77 p.

26. Paris, Payot, 1984, pp. 192-195 : « Le romantisme fait élection de domicile dans le domaine de la nuit ; il oppose aux prestiges aveuglants des lumières la clarté vraie de l'illumination ».

27. Nous empruntons ces analyses à Jean Verdon, *La Nuit au Moyen Âge*, Paris, Perrin, 1994, 285 p.

28. *La Peur en Occident XIVe-XVIIIe siècles*, Paris, Pluriel, 1978, 607 p. (p. 123 : « Au début des Temps modernes, comment était vécue la nuit ? Une thèse ne serait pas de trop pour répondre à cette immense question » ...).

29. Voir Jean-Pierre Verdet, *Le Ciel, ordre et désordre*, Paris, Découvertes Gallimard, 1987, 200 p.

30. Sur ce grand sujet d'histoire moderne, cf. Carlo Ginzburg, *Les Batailles nocturnes. Sorcellerie et rituels agraires aux XVIe et XVIIe siècles*, Paris, Champs Flammarion, 1984, 270 p. (Turin, 1966) ; *Le Sabbat des sorcières*, Paris, Gallimard, 1992, 423 p. (Turin, 1989) ; Nicole Jacques-Chaquin, « Nocturnes sorciers. Symboliques de la nuit chez quelques démonologues (XVe-XVIIe siècles) », in *La Nuit*, recueil cité, pp. 177-193 ; Robert Muchembled (dir.), *Magie et sorcellerie en Europe du Moyen Âge à nos jours*, Paris, A. Colin, 1994, 335 p.

31. Robert Muchembled, « La Violence et la nuit sous l'Ancien Régime », *Ethnologie française*, numéro « Violence, brutalité, barbarie », juillet-septembre 1991, t. XXI, p. 240.

32. Sur le cas de Venise et sur la volonté de contrôle nocturne développée par l'oligarchie marchande, dans cette ville dépourvue de portes (la lagune suffit...), contre le masque et contre la conspiration politique, cf. Élisabeth Pavan, « Recherches sur la nuit vénitienne à la fin du Moyen Âge », *Journal of Medieval History*, vol. 7, 1981, pp. 339-356.

33. Dans le Paris du XVIIIe siècle, il semble que le couvre-feu soit sonné vers 8 h du soir en été, et vers 7 h du soir en hiver. Sur la persistance de cette habitude dans les campagnes et les villes provinciales (la retraite incite à la fermeture des débits de boissons) au XIXe siècle, cf. Alain Corbin, *Les Cloches de la Terre. Paysage sonore et culture sensible dans les campagnes au XIXe siècle*, Paris, Albin Michel, 1994, pp. 129-136.

34. Sur la lenteur provinciale, voir Alain Corbin, « Paris province », dans *Les Lieux de mémoire*, Paris, Gallimard, 1992, vol. 5, pp. 777-823.

35. *La Petite Fadette*, Paris, Garnier, 1981 [1re éd. 1849], p. 104. On peut songer aussi à l'entrée nocturne de Jean Valjean à Digne en 1815, dans une ville aux portes closes (*Les Misérables*, Paris, Le Livre de Poche, 1985 [1re éd. 1862], t. I, pp. 62-76), ou au début du *Chevalier Des Touches*, et au voyageur mystérieux apparaissant comme un spectre dans Valognes déserte, un soir pluvieux de décembre (Paris, Le Livre de Poche, 1991 [1re éd. 1864], pp. 29-31).

36. Paris, Librairie centrale, 1866, pp. 3-5. Minuit est, à l'en croire, une « Heure lugubre au village, où l'on croit que les fantômes apparaissent, vêtus de longs suaires blancs, et secouant une ferraille mélodramatique destinée à épouvanter les gens qui ne dorment pas » ; elle est à l'inverse une « heure délicieuse à Paris, pendant l'été, où les noctambules commencent seulement à respirer et à vivre » (*ibid.*, p. 175).

37. Richard Cobb, *La Mort est dans Paris*, Paris, Le Chemin Vert, 1985 (Oxford U. P., 1978), p. 134.

38. *Ibid.*

39. Paris, Dentu, 1868, p. 37.

40. Véronique Nahoum-Grappe, Présentation du numéro de *Sociétés et Représentations* consacré à « La Nuit », *op. cit.*, p. 7.

41. Cf. Max Milner, *On est prié de fermer les yeux, op. cit.*, Paris, Gallimard, 1991, p. 199 : « Aucune œuvre de Victor Hugo ne fait [...] communiquer plus intimement l'obscurité matérielle et l'obscurité morale, le mystère de l'impénétrabilité cosmique et celui du mal social », dont l'exploration suscite le vertige.

42. Préface à *La Fée et la Servante, la société française face à l'électricité* XIXe-XXe *siècles*, Paris, Belin, 1991, p. 10.

43. Notre étude, qui n'a pas besoin de limites géographiques immuables, s'en tiendra, pour l'essentiel, à l'espace parisien tel qu'il est administrativement défini (et non intégralement construit, rappelons-le) au XIXe siècle : les douze arrondissements d'avant 1860, dans l'enceinte des Fermiers généraux (ce qui n'interdit pas une visite des faubourgs, des barrières et des prolongements de l'habitat le long des routes suburbaines, zones de vulnérabilité nocturne), les vingt arrondissements d'après 1860, étendus jusqu'aux fortifications. Cela consiste tout de même à passer d'une ville de piétons à une ville où se sont accentués les contrastes est/ouest et centre/périphérie (cf. Bernard Marchand, *Paris, histoire d'une ville,* XIXe-XXe *siècle*, Paris, Seuil, Points Histoire, 1993, p. 23).

44. Le goût du fait divers nocturne, à la fois imprévisible et reproductible à l'infini, ne témoigne-t-il pas, en un sens, de la tendance à considérer que les Parisiens vivent dans un endroit où tout peut arriver, et où, de fait, il advient toujours quelque chose de nouveau ? (cf. Vanessa R. Schwartz, *The Public Taste for Reality : Early Mass Culture in Fin-de-Siècle Paris*, thèse dir. par Susanna Barrows, Université de Berkeley, 1989, 415 p. ; publiée sous le titre *Spectacular Realities. Early Mass Culture in Fin-de-Siècle Paris*, University of California Press, 1998, 230 p.).

45. Nous devons beaucoup, bien entendu, à *Vivre dans la rue à Paris au* XVIIIe *siècle* (Paris, Archives Gallimard-Julliard, 1979, 248 p. ; rééd. Folio Histoire), ainsi qu'à *La Vie fragile, violence, pouvoirs et solidarités à Paris au* XVIIIe *siècle* (Paris, Hachette, 1986, 354 p. ; rééd. Points Seuil).

46. La population double de 1801 à 1851, passant de 550 000 habitants environ à un million environ.

47. *Classes laborieuses et classes dangereuses...*, *op. cit.*, pp. XVI-XIX.

48. *Paris la ville 1852-1870*, Paris, Champion, 1976, 676 p.

49. L. Roux, « Paris nocturne », in *Le Prisme, encyclopédie morale du* XIXe *siècle*, vol. 9 des *Français peints par eux-mêmes*, Paris, L. Curmer, 1841, p. 124.

50. C'est le constat dressé par Jeanne Gaillard dans *Paris la ville*, *op. cit.*, pp. 525-529.

51. Tout est dit, peut-être, dans cette formule de Lion Murard et Patrick Zylberman : « La ville, au XIXe siècle, est aux prises avec toute une série de multitudes explosives : masses travailleuses, masses d'indigents, masses criminelles, masses de marchandises, et puis ces masses invisibles, airs viciés, vermines, germes [...], eaux putrides, délits, conspirations criminelles et incitations à la débauche » (« Le Petit Travailleur infatigable, ou le prolétaire régénéré », *Recherches*, n° 25, 1976, p. 66).

52. APP D[A] *121. Éclairage (1830-1872).*

53. Les *Recherches statistiques sur la ville de Paris* paraissent à partir de 1821, et le *Compte général de l'administration de la justice criminelle* de 1825.

54. *Le Cours ordinaire des choses dans la cité du* XVIIIe *siècle*, Paris, Seuil, 1994, pp. 8-12.

PROLOGUE

1. Pour une vue plus large des manières de décrire Paris et les Parisiens au XIXe siècle, voir Daniel Oster et Jean-Marie Goulemot, *La Vie parisienne, anthologie des mœurs du* XIXe *siècle*, Paris, Sand-Conti, 1989, 354 p.

2. Alain Corbin, *Le Territoire du Vide. L'Occident et le désir du rivage (1750-1840)*, Paris, Champs Flammarion, 1990 (1re éd. Aubier, 1988), p. 7.

3. *Ibid.*, p. 163 : dans la lecture pittoresque du paysage, la volonté d'être surpris explique l'attention à la variabilité de la lumière et des saisons, la recherche de l'instant propice à l'observation, à « l'expérience fugitive de la simultanéité du monde et de soi ».

4. Daniel Oster et Jean-Marie Goulemot, *op. cit.*, p. 5.

5. *Ibid.*, p. 7.

6. Cf. Philippe Hamon, « Voir la ville », in *Romantisme*, « La Ville et son paysage », n° 83, 1994, pp. 5-7. Il parle d'une « posture-Asmodée » au sujet du décryptage vertical des dessous, et d'un « déchiffrage encyclopédique des champs juxtaposés » s'agissant de « l'écriture horizontale » de Paris.

7. Cf. Michel Condé, « Représentations sociales et représentations littéraires de Paris à l'époque romantique », in *Romantisme*, *op. cit.*, pp. 49-58.

8. En cela, l'attitude du noctambule approfondit la quête du flâneur diurne, par une plus grande réceptivité, une attention affectueuse aux scènes infimes qui échappent aux autres.

9. Joachim Schlor, *Nachts in der grossen Stadt, Paris, Berlin, London 1840-1930*, Munich, Artemis & Winkler, 1991, p. 12.

10. À ce sujet, voir la thèse de Pierre Citron, *La Poésie de Paris dans la littérature française de Rousseau à Baudelaire*, Paris, éd. de Minuit, 1961, 2 vol.

11. Voir une édition abrégée du *Tableau de Paris*, in *Paris le jour, Paris la nuit*, Paris, R. Laffont, coll. Bouquins, 1990, pp. 25-372.

12. Jean-Marie Goulemot, « Le Paris des philosophes », in *Écrire Paris*, présenté par Daniel Oster et Jean-Marie Goulemot, Paris, Seesam, 1990, p. 38.

13. Michel Delon, introduction au *Tableau de Paris*, in *Paris le jour, Paris la nuit*, *op. cit.*, p. 17.

14. *Ibid.*, p. 20.

15. Daniel Oster et Jean-Marie Goulemot, « La Leçon d'écriture parisienne de Louis-Sébastien Mercier », in *La Vie parisienne...*, *op. cit.*, p. 20.

16. Cité en exergue à *Paris le jour, Paris la nuit*, *op. cit.*

17. Cf. Michel Delon, préface à *Paris le jour, Paris la nuit*, *op. cit.*, p. X.

18. Le modèle est celui des *Mille et Une Nuits.* Cf. Béatrice Didier, « Les Mille et Une Nuits de Restif », in *Europe*, mars 1975, pp. 187-193.

19. Nous empruntons ces analyses à Ynsu Viscarra, intervenue lors d'une séance des Rencontres de l'*Association des jeunes historiens*, consacrée à la nuit, à l'École normale supérieure de la rue d'Ulm, le 11 février 1995.

20. Jean-Marie Goulemot, « Le Paris des philosophes », art. cité, p. 40.

21. Cf. encore l'édition des *Nuits de Paris* par Jean Varloot et Michel Delon, Paris, Folio Gallimard, 1986, 403 p. ; Jean-Marie Goulemot, « Protocoles d'une lecture : l'aveugle éclairé », in *Revue des Sciences humaines*, « Rétif de la Bretonne », n° 212, oct.-déc. 1988, pp. 21-29.

22. In *Paris le jour, Paris la nuit*, *op. cit.*, pp. 619-620.

23. Sur la ville comme matière à fiction, voir Catherine Lafarge, « Rêverie et réalité dans *Les Nuits de Paris* de Restif de la Bretonne », in *La Ville au XVIIIe siècle*, colloque d'Aix-en-Provence, avril-mai 1973, Édisud, pp. 91-105.

24. Michel Delon, introduction générale à *Paris le jour, Paris la nuit*, *op. cit.*, p. XV.

25. *Les Nuits de Paris*, *op. cit.*, p. 935.

26. Daniel Oster et Jean-Marie Goulemot, *Écrire Paris*, *op. cit.*, p. 9.

27. Jean-Marie Goulemot, « Le Paris des philosophes », art. cité, p. 40. Cf. aussi Michel Delon, « Un Siècle d'imitation inavouée », in *Paris le jour, Paris la nuit*, *op. cit.*, pp. XVIII-XXI. On pourra aussi se reporter à l'inventaire de Paul Lacombe, *Bibliographie parisienne, Tableaux de mœurs (1600-1880)*, Paris, Rouquette, 1887, 249 p.

28. Michel Delon, « Piétons de Paris », in *Paris le jour, Paris la nuit*, *op. cit.*, p. VII.

29. Voir Françoise Chenet-Faugeras, « L'invention du paysage urbain », in *Romantisme*, « La Ville et son paysage », n° 83, 1994, p. 34.

30. Auteur du *Peintre des coulisses, salons, mansardes, boudoirs, mœurs et mystères nocturnes de la capitale, ou Paris en miniature, par un lynx magicien*, Paris, Leroux, 1822, 305 p.

31. Journaliste et romancier né en 1820. Auteur de *Paris la nuit, silhouettes*, Paris, Charpentier, 1842, 192 p.

32. Auteur de feuilletons, des *Mystères de Londres* (1844), du *Bossu* (1857), il a aussi publié en 1851-1852 *Les Nuits de Paris, drames et récits nocturnes* (Paris, Administration des publications populaires, 4 vol.).

33. Publiciste né en 1812, biographe venimeux des célébrités du Second Empire dans sa *Galerie des contemporains*, auteur de *Paris la nuit* en 1855 (intitulé aussi *Les Nuits parisiennes*, Paris, Havard, 95 p.).

34. Auteur des *Dessous de Paris* en 1860 (Paris, Poulet-Malassis, 288 p.) et des *Heures parisiennes* en 1866 (Paris, Librairie centrale, 210 p.).

35. La tendance est ranimée par les « piétons de Paris » de l'époque surréaliste (voir Marie-Claire Bancquart, *Paris des surréalistes*, Paris, Seghers, 1972, 230 p.), fascinés par la multiplicité des possibles contenus dans la nuit : *Les Dernières Nuits de Paris* de Philippe Soupault (Paris, Seghers, 1975, 170 p. – 1re éd. 1928) évoquent une nuit parisienne où règnent le hasard et le chassé-croisé, et font explicitement référence à Restif. Michel Delon (*op. cit.*, p. XXII) mentionne aussi les *Passages* de Walter Benjamin comme un écho à la discontinuité formelle du *Tableau* et des *Nuits de Paris*, cette « flânerie parmi les textes » se situant entre vision poétique et explication sociologique.

36. Cf. Pierre Citti, « Restif de la Bretonne et la mémoire littéraire du XIXe siècle français », in *Revue des sciences humaines*, *op. cit.*, pp. 125-132.

37. Paris, Ladvocat, 1825, t. I, pp. 4-10.

38. Paris, Jung-Treuttel, 1861, p. 1.

39. Cf. Daniel Oster, « Paris-Guide : d'Edmond Texier à Charles Virmaitre », in *Écrire Paris*, *op. cit.*, pp. 110-113.

40. Paris, Paulin & Le Chevalier, 2 vol.

41. Journaliste et romancier né en 1816. Collabore au *Siècle* sous la monarchie de Juillet, rédacteur en chef de *L'Illustration* en 1860.

42. Daniel Oster, « Paris-Guide... », art. cit.

43. Michel Condé, « Représentations sociales et représentations littéraires de Paris à l'époque romantique », art. cité, p. 53. Voir aussi « Représentations de Paris », *Politix*, n° 21, 1993, 180 p.

44. Paris, L. Curmer, 1843, t. III, p. 66.

45. Paris, Barba, 1860, 440 p.

46. Cf. Philippe Hamon, *Expositions*, *op. cit.*, p. 80 : « L'éclectisme et l'exposition, qui sont juxtaposition et mise à distance d'objets ou de spectacles, création d'un discontinu et organisation de moments différenciés dans un parcours, vont remplacer le sublime, qui est (ef)fusion et "possession" du spectateur dans et par le spectacle. » Sur la « littérature panoramique », inspirée par l'idéal de la maison de verre, voir *ibid.*, pp. 95 et suiv.

47. « Paris-Guide... », art. cité, p. 108.

48. *Le Mythe et l'homme*, Paris, Gallimard, 1938, p. 184.

49. *La Poésie de Paris*, *op. cit.*, p. 256.

50. Cf. Ruth Amossy, « Types ou stéréotypes ? Les "Physiologies" et la littérature industrielle », in *Romantisme*, n° 64, 1989, pp. 113-123. *Paris, ou le Livre des Cent-et-un* (Paris, Ladvocat, 1831-1834, 15 vol.), *Les Français peints par eux-mêmes* (Paris, L. Curmer, 1843, huit volumes, dont cinq sur Paris), les physiologies (qui forment une collection, même si elles sont matériellement séparées en volumes distincts) composent aux yeux de leurs concepteurs une inextinguible encyclopédie des mœurs du XIXe siècle.

51. Paris, Lachapelle, 1833-1835, vol. 6, p. 401 : trois volumes sont consacrés aux « Nuits du vieux Paris (1667-1789) » et les autres aux « Nuits du nouveau Paris (1789-1833) ».

52. Voir par exemple James Rousseau, *Physiologie du viveur*, Paris, Laisné, 1842, 119 p., ou Louis Huart, *Physiologie du Garde national*, Paris, Aubert, 1841, 152 p.

53. Outre les nombreuses vignettes qui illustrent ces opuscules, leur style écrit possède de nombreuses similitudes avec les méthodes du dessin et de la caricature.

54. Voir les contributions d'Andrée Lhéritier et de Claude Pichois au numéro spécial de la revue *Études de presse*, « Les Physiologies », vol. IX, n° 17, 4e tr. 1957, 81 p.

55. Voir Ségolène Le Men *et alii*, *Les Français peints par eux-mêmes*, Dossiers du musée d'Orsay, 1993, 109 p.

56. Boston & Paris Publishing Company, 1869, p. 17.

57. Voir Daniel Oster et Jean-Marie Goulemot, *La Vie parisienne…*, *op. cit.*, p. 26.

58. *Paris, ses organes, ses fonctions et sa vie dans la seconde moitié du XIXe siècle*, Paris, Hachette, 1869-1875, 6 vol.

59. Daniel Oster, « Paris-Guide », art. cité, p. 35.

60. *Ibid.*

61. Cf. Balzac, *Ferragus*, Paris, GF Flammarion, 1988 (1re éd. 1835), pp. 77-79 : « Les rues de Paris ont des qualités humaines, et nous impriment par leur physionomie certaines idées contre lesquelles nous sommes sans défense. […] (Pendant le jour) La place de la Bourse est babillarde, active, prostituée ; elle n'est belle que par un clair de lune, à deux heures du matin : le jour, c'est un abrégé de Paris ; pendant la nuit, c'est comme une rêverie de la Grèce […] Mais, ô Paris ! qui n'a pas admiré tes sombres paysages, tes échappées de lumière, tes culs-de-sac profonds et silencieux ; qui n'a pas entendu tes murmures, entre minuit et deux heures du matin, ne connaît encore rien de ta vraie poésie, ni de tes bizarres et larges contrastes. »

62. Daniel Oster et Jean-Marie Goulemot, *La Vie parisienne…*, *op. cit.*, p. 21.

63. « Le Flâneur », in *Les Français peints par eux-mêmes*, Paris, L. Curmer, 1843, t. III, pp. 71-72.

64. Roger Caillois, *Le Mythe et l'Homme*, Paris, Gallimard, 1938, pp. 188-189. Selon lui, au début du XXe siècle, le Paris diurne des apparences et celui des mystères ne font plus qu'un : « Le mythe s'était d'abord contenté des facilités de la nuit et des quartiers périphériques, des ruelles inconnues et des catacombes inexplorées. Mais il a gagné rapidement la pleine lumière et le cœur de la cité » (notamment dans les romans policiers) (*ibid.*, p. 191).

65. Paris, Administration des publications populaires, 1851, t. I, p. XII.

66. *Les Dessous de Paris*, *op. cit.*, p. 9.

67. Paris, Delaunay, 1826, p. 6.

68. Drame populaire en 5 actes, représenté pour la première fois en juin 1842 à l'Ambigu-Comique, Paris, Barbré, 1861, p. 30.

69. Alexandre Dumas, *Les Mohicans de Paris*, Paris, Dufour, Mulat & Boulanger, 1859 (1re éd. 1854), t. I, p. 32. Cf. aussi Eugène de Mirecourt, *Paris la nuit*, *op. cit.*, p. 77 : « Il n'y a d'éveillés à cette heure […] que le riche qui s'amuse, le pauvre qui souffre, l'agonisant qui râle, et la sœur de charité qui veille à son chevet. Ailleurs, tu trouveras le joueur qui se ruine, le poète qui demande l'inspiration aux étoiles, le voleur qui crochète les serrures, l'assassin qui attend sa victime, la police qui guette assassin et voleur, et les paysans de la banlieue qui apportent au marché leurs légumes et leurs fruits. »

70. *Les Rues de Paris, ou Paris chez soi*, Paris, Boizard, 1859, p. 391.

71. *Op. cit.*, pp. 101-102.

72. Paris, Malepeyre, 1823, vol. 2, p. 250.

73. *Ibid.*, pp. 227-254.

74. Paris, *Journal du Dimanche*, vers 1870, p. 168 : « Pendant le jour […], vous avez vu la capitale dans toute l'expression insouciante de la sécurité. […] C'est le bruit, le

mouvement, l'agitation, c'est la vie ! […] Voici que les douze coups sont tombés du cadran des horloges, […] tout s'endort dans un silence étrange, plein de tressaillements singuliers. C'est la nuit. […] la ville n'entend et ne voit plus rien ; son sommeil tourmenté et plein d'agitation est cependant profond et elle s'abandonne elle-même et elle n'est plus de ce monde ; elle est morte à la vie et au mouvement. Il est 1 h. Heure fatale et sinistre. L'heure de la débauche, du jeu, du crime !… À ce moment, Paris appartient tout entier aux voleurs et aux assassins. »

75. *Op. cit.*, t. I, pp. I-II.

76. *Op. cit.*, pp. 1590-1591.

77. Voir bien entendu Émile Zola, *La Curée*, Paris, Folio Gallimard, 1981 (1re éd. 1871), 378 p. : l'avidité bestiale caractéristique du Second Empire prend toute son ampleur dans une nuit parisienne où le déploiement de l'orgie, l'obsession de l'or et de la chair prennent, à l'échelle de la grande ville, des apparences hallucinatoires.

78. Paris, Charpentier, 1842, 192 p. Voir par exemple le contenu du chap. VIII : « Un Boudoir – La Femme entretenue – Le Protecteur – Le Souper – L'Amant de cœur – L'Orgie – Les Tripots clandestins – Un Écarté – […] Les Dupes et les Fripons – Un Cabinet d'affaires secrètes – Une Maison de filles – Les Vierges folles… »

79. *Op. cit.*, p. 5.

80. *Ibid.*, p. 9.

81. Dans la Bible, c'est le démon des désirs impurs.

82. Le roman de Lesage repose sur le principe de la mise à nu des mesquineries et hypocrisies humaines (il est lui-même inspiré d'un roman espagnol antérieur).

83. Voir Max Milner, *Le Diable dans la littérature française de Cazotte à Baudelaire 1772-1861*, Paris, José Corti, 1960, 2 vol.

84. Membre de l'Académie française en 1815, conservateur du musée du Louvre sous la monarchie de Juillet. Auteur de pièces de théâtre, d'opéras, de romans. Il est aussi journaliste : les études de mœurs parisiennes qu'il publie dans *La Gazette de France* sont réunies et publiées sous le titre de *L'Hermite de la Chaussée-d'Antin* (1812-1814) puis *L'Hermite de la Guiane* (1816).

85. Paris, Pillet, 1816, vol. 3, pp. 59-73.

86. *Op. cit.*, p. 13.

87. *Op. cit.*

88. *Ibid.*, pp. 183-185.

89. *Op. cit.*

90. *Op. cit.*, pp. 17-18.

91. *Ibid.*, p. 62.

92. Auteur notamment des *Expériences publiques de magnétisme* (1826), d'un *Cours de magnétisme* (1831), de *La Magie dévoilée* (1852).

93. Eugène de Mirecourt, *op. cit.*, pp. 92-93.

94. Mais Restif de la Bretonne lui-même n'est-il pas un narrateur à l'omniprésence quelque peu énigmatique ?

95. *Tableau de Paris*, *op. cit.*, pp. 159-163.

96. *Op. cit.*, p. 6.

97. Paris, Librairie centrale, 1866, 210 p.

98. Paris, chez tous les libraires, 1867, 173 p. Voir encore Pierre Vidal, *Les Heures de la Femme à Paris* (Paris, Lahure, 1903, 192 p.), ouvrage parsemé de gravures illustrant par une activité féminine les diverses étapes horaires d'une journée parisienne : la balayeuse, la porteuse de pain, la chiffonnière, l'ouvrière, l'élégante, la soupeuse, la marchande des Halles, la vendeuse de petit noir…

99. Sur la conquête de Paris par le regard surplombant, voir Jeannine Guichardet, « Quelques Panoramas parisiens au XIXe siècle. Méditation et stratégie », in *Errances et parcours parisiens de Rutebeuf à Crevel*, dir. Jeannine Guichardet, Paris, Publications de la Sorbonne Nouvelle, 1986, pp. 115-126.

100. *Tableau de Paris*, *op. cit.*, pp. 34-35.
101. Françoise Chenet-Faugeras, art. cité, p. 32.
102. Cf. Daniel Oster et Jean-Marie Goulemot, *La Vie parisienne…*, *op. cit.*, p. 7.
103. L'habitude de contempler Paris de haut peut être rapportée aux observations d'Alain Corbin quant à la confrontation romantique de l'individu avec les éléments, le paysage sublime (*Le Territoire du Vide…*, *op. cit.*, pp. 141-158). Au XVIIIe siècle s'affirme en Angleterre, contre une certaine esthétique classique, une identification entre beauté et immensité stupéfiante du paysage marin ; ce goût nouveau produit une « attitude spectoriale » (p. 144), engage à diriger le regard vers l'horizon pour prendre « la mesure de l'incommensurable » (p. 146), ce qui alimente l'émotion pathétique.
104. Sur ces techniques, voir Laurent Mannoni, *Le Grand Art de la lumière et de l'ombre. Archéologie du cinéma*, Paris, Nathan, 1994, pp. 169-187 (« Du Panorama au daguerréotype »).
105. Jusqu'à présent, la question a surtout intéressé les historiens anglo-saxons : cf. Vanessa Schwartz, thèse citée ; Christopher Prendergast, *Paris and the Nineteenth Century*, Oxford & Cambridge, Blackwell, 1992, 283 p. ; Jonathan Crary, *L'Art de l'observateur. Vision et modernité au XIXe siècle*, Nîmes, éd. J. Chambon, 1994, 233 p. ; Haejong Hazel Hahn, *Street picturesque. Advertising in Paris 1830-1914*, Berkeley, University of California Press, 1997.
106. Sur l'attrait pour le « point de vue enserré dans les limites d'un tableau », fruit de la « révolution pittoresque » que connaît l'Angleterre au XVIIIe siècle, voir Alain Corbin, *Le Territoire du Vide…*, *op. cit.*, p. 163.
107. *L'Hermite de la Guiane…*, *op. cit.*, vol. 3, pp. 59-73.
108. *Op. cit.*, p. 203.
109. Du haut de *Notre-Dame de Paris*, Victor Hugo donne lui aussi, en 1831, un « Paris à vol d'oiseau » (Paris, Folio Gallimard, 1966, pp. 165-192), avant le « Paris à vol de hibou » des *Misérables* (Paris, Le Livre de Poche, 1985 [1re éd. 1862], t. III, pp. 166-168).
110. *Alias* Karol Frankowski.
111. *Op. cit.*, p. 217.
112. *Op. cit.*
113. Dans le *Paris la nuit* d'Eugène de Mirecourt (*op. cit.*, p. 16), elle est décrite comme une « sentinelle » placée au-dessus de la « mer houleuse des toits de Paris ».
114. Au XIXe siècle, la splendeur nocturne de Paris se mérite au moyen d'une escalade.
115. *Op. cit.*, pp. XIV-XVII.
116. Cf. Rodolphe Darzens observant lui aussi Paris nocturne depuis Montmartre (*Notes sur une ville, nuits à Paris*, Paris, Dentu, 1889, p. 169) : « Tandis que les rues sont des canaux où s'endiguent étroitement les ténèbres, les larges avenues semblent, pendant la nuit, des fleuves où coulent […] du silence et de l'ombre. »
117. Paul Féval, *op. cit.*, t. 1, p. XXVI.
118. Sur la modernité de la vue par la fenêtre, voir Christopher Prendergast, *op. cit.*, chap. 2.
119. *Op. cit.*, p. 7.
120. *Ibid.*, pp. 10-11.
121. *Ibid.*, pp. 17-18. Puis un nuage vient masquer le tableau, ce qui donne l'occasion à Speackwel de raconter à son ami ses aventures avec Asmodée.
122. Paris, Cadot, 1862, p. 8. Le chemin inverse est parcouru dans l'ouvrage intitulé *A Portion of the journal kept by Thomas Raikes from 1831 to 1847* (Londres, Longman, 1857, vol. 3, p. 357) : « Mardi 16 juillet 1839. Je pars ce soir pour Châlons-sur-Saône […]. C'était une belle nuit. Les boulevards étaient remplis de multitudes de flâneurs, et illuminés par des cafés, des théâtres, des concerts […]. À partir de là, l'éclat de la scène commença à faiblir jusqu'au boulevard extérieur, où les faubourgs sombres apparurent pour ce qu'ils sont vraiment, le refuge idéal des voleurs et assasins nocturnes. Passant le

pont en face du Jardin des Plantes, le reflet des lumières de la ville à la surface brillante de la rivière avait un joli effet, mais sur le chemin de la route de Lyon, tout redevint lugubre et solitaire à l'horizon. [...] Toute l'activité et la splendeur réelles de la France sont concentrées dans les rues de Paris. »

123. Sur cette image, voir Pierre Citron, *op. cit.*, t. II, pp. 42-43.

124. *Op. cit.*, pp. 10-12.

125. Voir par exemple L. Roux, « Paris nocturne », in *Le Prisme, encyclopédie morale du* XIXe *siècle*, vol. 9 des *Français peints par eux-mêmes*, Paris, L. Curmer, 1841, pp. 121-124 : Paris y devient Polyphème, ce cyclope qui se nourrissait de chair humaine.

126. Cf. Pierre Citron, *op. cit.*, t. I, p. 409, et Murray R. Schafer, *Le Paysage sonore*, Paris, Lattès, 1979, p. 319.

127. *Op. cit.*, t. I, pp. 394-399 et p. 403.

128. *Petites Études, l'âme de Paris, nouveaux souvenirs*, Paris, Charpentier, 1890 (1e éd. 1859), p. 287.

129. Paris, Jung-Treuttel, 1861, p. 4.

130. À ce propos, voir Pierre Sansot, *Poétique de la ville*, Paris, Klincksieck, 1971, p. 70. Cf. aussi Pierre Citron, *op. cit.*, t. I, p. 422.

131. Londres, Longman & Hurst, 1816, chap. 38, pp. 383-387.

132. Article paru dans *Le Voleur*, 30 novembre 1834.

133. *Op. cit.*, p. 14.

134. *Œuvres complètes*, éd. par Henri Mitterand, Paris, Cercle du Livre précieux, 1968 (1re éd. 1886), t. V, pp. 716-717.

135. P. L. Imbert, *Les Trappeurs parisiens au* XIXe *siècle*, Paris, Sagnier, 1878, p. 136.

136. Pierre Citron, *op. cit.*, t. I, p. 403. Sur le souterrain comme repaire des classes dangereuses, voir chap. 6. Dans la *Revue de Paris*, en octobre 1843, Esquiros propose « Un Voyage autour de Paris », où il dit des classes dangereuses que « ces races nocturnes [...] vivent, si c'est là vivre, couchées sous les fondements de cet incroyable Paris, qui est le centre du monde et la tête de la civilisation : elles sont là comme les ruines vivantes de la barbarie écroulée ».

137. Dietmar Rieger, « "Ce qu'on voit dans les rues de Paris" : marginalités sociales et regards bourgeois », *Romantisme*, n° 59, 1988, p. 21.

138. Ainsi l'inventaire photographique dressé par Marville dans les années 1860, à la suite d'une commande de la Ville, met-il différemment en scène le vieux et le nouveau Paris : les vues du Paris ancien sont prises dans la pénombre matinale ou crépusculaire, tandis que celle du Paris rénové sont montrées en pleine lumière (Marie de Thezy, *Marville Paris*, Paris, Hazan, 1994, 735 p.).

139. Paris, Dentu, 1868 (1re éd. 1864), p. XII.

140. Voir Claudette Combes, *Paris dans Les Misérables*, Nantes, CID éditions, 1981, 338 p. (les pages 223 à 281 sont consacrées au « Paris de la nuit »).

141. *Op. cit.*, p. 306. Mais l'ombre peut être protectrice comme menaçante (la nuit est le cauchemar de Cosette enfant dans la forêt de Montfermeil, mais elle est complice de ses amours de jeune fille dans le jardin de la rue Plumet : cf. Claudette Combes, *op. cit.*, p. 225).

142. *Les Misérables*, *op. cit.*, t. I, p. 438. Au sujet de la comparaison de Paris avec une forêt chez Hugo, voir Pierre Citron, *op. cit.*, t. I, pp. 291-292.

143. *Petites Études..., op. cit.*, p. 288.

144. Voir « Paris endormi », dans *Paris at night*, Boston & Paris Publishing Company, 1869, chap. XIII : y sont évoquées la paralysie de la place de la Concorde par une nuit de décembre, la circulation furtive des piétons, les silhouettes contemplatives des sergents de ville...

145. À ce propos, voir Pierre Citron, *op. cit.*, t. II, pp. 36-38.

146. Poète romantique (1797-1857) ; bibliothécaire des Tuileries à partir de 1852.

147. Ce texte est cité par Pierre Citron, *op. cit.*, t. II, pp. 37-38.

148. *Op. cit.*, p. 11.
149. *Ibid.*, pp. 12-13.
150. *Ibid.*, pp. 14-15.
151. Paris, Ladvocat, 1832, t. III, pp. 148-149.
152. *Op. cit.*, t. 1, pp. XVII-XX.
153. *Les Misérables*, *op. cit.*, t. II, pp. 534-535. Selon Guy Rosa, « dans ce roman où Paris tient une si grande place, il est curieux que le seul monument décrit soit une négation de monument : maquette ruinée d'un édifice futur et déjà passé, invisible derrière sa palissade et disparue au moment où l'on en parle. L'autre "architecture" est la barricade – dont une est implantée place de la Bastille, en 1848, deux ans après la disparition de l'éléphant. Toutes deux sont des monuments de la misère comme l'argot en est la poésie » (*ibid.*, p. 627, note de la page 535).
154. À ce sujet, voir Christian Amalvi, *Le Goût du Moyen Âge*, Paris, Plon, 1996, 315 p.
155. Aloysius Bertrand fait paraître *Gaspard de la nuit* en 1842 (cf. Max Milner, « La Nuit de Gaspard », in « La Nuit », *Sociétés et Représentations*, CREDHESS, n° 4, mai 1997, p. 203 : « La nuit n'est pas seulement, chez Bertrand, un thème littéraire ou une expérience existentielle, comme chez la plupart des romantiques, mais une sorte de dispositif optique, commandant une suite mélodique de surgissements et d'évanescences dont le lecteur peut jouer avec une relative liberté »).
156. *Op. cit.*, p. 215.
157. *Op. cit.*, t. 1, pp. 22-23.
158. *Op. cit.*, p. 14.
159. *Ibid.*, pp. 15-16.
160. *Op. cit.*, t. 1, p. LXXX.
161. Paris, Dufour, Mulat & Boulanger, 1859 (1re éd. 1854), t. I, p. 34.
162. *Ibid.*, pp. 78-80.
163. Dans la pièce de Dupeuty et Cormon intitulée *Paris la nuit*, et représentée à l'Ambigu-Comique dès juin 1842 *(op. cit.)*, la tension dramatique progresse avec la nuit, tandis que le lever du soleil annonce le dénouement heureux d'une intrigue fondée sur les dettes et les amours malheureuses de deux jeunes gens obligés de ne sortir que la nuit pour échapper à leurs créanciers.
164. *Op. cit.*, pp. 126-127.
165. *Les Mystères de Paris*, Paris, R. Laffont, coll. Bouquins, 1989 (1re éd. 1842), pp. 32-33. La ferme de Bouqueval (près d'Écouen), où Rodolphe conduit ensuite Fleur-de-Marie (p. 105), apparaît nettement comme un remède lumineux à l'insalubrité nocturne de la Cité.
166. *Ibid.*, pp. 517-520.
167. Claudine Amiard-Chevrel souligne que dans maints mélodrames parisiens du XIXe siècle, on aime à mettre en scène le vieux Paris central plongé dans la nuit, souvent sous la pluie, avec un tapis-franc (refuge de la conspiration criminelle) au premier plan du décor. Quant à la Seine, elle est le plus fréquemment représentée de nuit, comme le lieu des « mauvaises gens », appartenant au « monde du bas » (« Aux Sources d'une typologie. Représentations de Paris du romantisme au naturalisme », in *Images de la ville sur la scène aux XIXe et XXe siècles*, dir. Élie Konigson, Paris, éd. du CNRS, 1991, p. 25).
168. Voir par exemple la pièce de Paul Foucher et Jaime, *Les Étouffeurs de Londres, ou la taverne des sept-cadrans*, drame en 5 actes (représenté au théâtre de la Gaîté en 1847), Paris, G. Olivier, 1847, 83 p.
169. Boulogne-sur-Mer, chez tous les libraires, 1846, pp. 25-27.
170. Félix Pyat et Michel Morphy, *Le Chiffonnier de Paris*, Paris, Bourbier, 1892, p. 27.
171. *Ibid.*, p. 43.
172. Paris, Aux Bureaux de la Patrie, 1857, p. 27.

173. En avril 1844, dans la *Revue de Paris*, Léon Gozlan en propose une parodie (« Voyage de M. Fitz-Gerald à la recherche des mystères », p. 233), en décrivant les abords nocturnes du pont d'Iéna : « Vous tombez [...] dans le domaine de l'inconnu. Les brouillards qui s'élèvent constamment de ce plateau sablonneux et de la Seine lui donnent la forme d'un chaos traversé par un pont ; c'est celui d'Iéna. [...] Au-delà, rien ; à droite, rien ; à gauche, rien. Des soupçons de lumière, des apparences de bruit, des simulacres de choses, dansent et courent sous vos yeux comme les djins ; horribles djins d'Occident [...] qui vous dirigent vers un fossé où un assassin vous tue ignominieusement pour vingt sous avec un poignard rouillé et vous précipite ensuite dans la Seine afin de laver non pas son crime, mais ses mains. [...] Pour compléter le tableau, un coup de sifflet fend l'air près de vos oreilles, et un chien effaré glisse sans aboiement à vos côtés. Que dit ce sifflet ? où va ce chien qui galope dans la brume ? » (la valeur ironique du passage est aussi relevée par Pierre Citron, *op. cit.*, t. I, p. 402).

174. À ce propos, voir Pierre Citron, *op. cit.*, t. I, pp. 426-427.

175. En 1849, Léon Gozlan fait paraître un roman sensible à l'étrangeté du cimetière sous la lune, *Les Nuits du Père-Lachaise* (Paris, Lemerle, 3 vol.) : un homme retrace les causes de la mort des cadavres amenés au cimetière, prétexte au récit de la vie tumultueuse d'une lady anglaise.

176. Paris, Hachette, 1875, t. VI, p. 203. Voir aussi la *Gazette des tribunaux* des 4 mai, 5, 11 et 12 juillet 1849.

177. À titre de comparaison, cf. Alain Corbin, *Le Village des cannibales*, Paris, Aubier, 1990, 204 p.

178. Pour « Violations nocturnes de sépulture, mutilation de cadavres » (*Gazette des tribunaux* du 11 juillet 1849 – IIe Conseil de guerre de Paris).

179. Maxime Du Camp, *op. cit.*, p. 205.

180. *Gazette des tribunaux* du 11 juillet 1849. Bertrand n'est finalement condamné qu'à un an de prison, peine maximum pour une violation de sépulture : la relative légèreté de la sanction contraste singulièrement avec la large place accordée à l'affaire par la *Gazette des tribunaux* dans ses colonnes.

181. Paris, Folio Gallimard, 1973, pp. 56-57.

182. *Ibid.*, p. 57.

183. Tzvetan Todorov définit le fantastique comme le lieu d'une hésitation non résolue entre explication naturelle et explication surnaturelle (en cela, il se distingue du merveilleux, où l'irrationnel est imposé comme une loi, notamment dans les contes) : pour lui, « la littérature fantastique n'est rien d'autre que la mauvaise conscience de ce XIXe siècle positiviste » (*Introduction à la littérature fantastique*, Paris, Points Seuil, 1976, p. 176).

184. Cf. Roger Caillois, « Paris, mythe moderne » (in *Le Mythe et l'homme, op. cit.*, p. 184).

185. Paris, Terry, 1841, p. 57.

186. *Ibid.*, pp. 117-118.

187. *Op. cit.*, t. II, pp. 301-302. Cette « hallucination hypoglycémique » procède selon Guy Rosa d'une « étrange poétique de la misère » (*ibid.*, p. 609, note de la page 302).

188. Cf. Pierre Citron, *op. cit.*, t. I, p. 54 : il distingue ainsi le « fantastique extérieur des romantiques » du « fantastique intérieur » de Baudelaire (*ibid.*, t. II, p. 236).

189. Dans *Contes et nouvelles*, Paris, Albin Michel, 1957 (1re éd. 1887), pp. 1138-1143.

190. *Ibid.*, p. 1140.

191. *Ibid.*, p. 1141.

192. *Ibid.*, p. 1142.

193. Voir Marie-Claire Bancquart, *Images littéraires du Paris fin-de-siècle* (Paris, La Différence, 1979, pp. 153-155) : Paris permet dans *La Nuit* le déploiement d'un « réalisme fantastique » ; le promeneur en vient à « marche(r) dans son rêve » (comme le narrateur d'*Aurélia ?*) (p. 153).

194. Que l'on pourra toutefois mettre en rapport avec les analyses développées aux chapitres 1 et 2.

195. *Revue municipale*, n° 25, 1er juin 1849, p. 211.

196. *La Ville, la nuit*, Paris, P.U.F., 1977, p. 8.

197. *Ibid.*, p. 10.

198. Georg Simmel, *Philosophie de la modernité*, Paris, Payot, 1989 (1re éd. 1903) : « La Ville », pp. 233-277.

199. *Ibid.*, p. 234.

200. « L'Arithmétique des jours au XIXe siècle », in *Le Temps, le désir et l'horreur, essais sur le XIXe siècle*, Paris, Aubier, 1991, pp. 21-22.

201. « Les Réverbères », Paris, Béchet, 1834, t. I, p. 303.

202. AN *F7 4181. Rapports de la garde nationale de Paris.*

203. Paris, Desloges, 1841, p. 6.

204. Alexandre Dumas, Paris, Dufour, Mulat & Boulanger, éd. de 1859, t. II, p. 77.

205. *Op. cit.*, p. 13.

206. Poète né en 1843, opposant républicain à Napoléon III. Associé au mouvement du Parnasse.

207. In *Ciel, Rue, Terre et Foyer*, Paris, Lemerre, 1866, pp. 114-115 et pp. 121-122.

208. Journaliste et romancier né à Marseille en 1814.

209. Paris, Librairie internationale, 1867, pp. 1242-1243.

210. *Op. cit.*, t. II, chap. XXVI.

211. Paris, Delaunay, 1826, p. 4.

212. Pierre Citron, *op. cit.*, p. 332.

213. *Ibid.*, p. 336.

214. Cf. *Paris anecdote*, Paris, Jannet, 1854, 232 p.

215. Paris, Le Livre de Poche, 1972 (1re éd. 1857), 402 p.

216. Paris, Le Livre de Poche, 1972 (1re éd. 1864-1869), 279 p.

217. Il s'agissait inialement pour Baudelaire de pasticher le *Gaspard de la Nuit* d'Aloysius Bertrand, de « tenter quelque chose d'analogue, et d'appliquer à la description de la vie moderne, ou plutôt d'une vie moderne et plus abstraite, le procédé qu'il avait appliqué à la description de la vie ancienne, si étrangement pittoresque » (dédicace du *Spleen de Paris* à Arsène Houssaye, *op. cit.*, p. 24).

218. Pierre Citron, *op. cit.*, p 323.

219. Sur le goût particulier de Baudelaire pour la fugacité et la « plénitude spirituelle » du moment crépusculaire, « nourriture de l'âme nocturne », voir Marc Eigeldinger, « L'Image du crépuscule chez Baudelaire », in *Du visible à l'invisible, pour Max Milner*, dir. Stéphane Michaud, Paris, J. Corti, 1988, vol. 1, pp. 297-308.

220. Voir aussi le sonnet « Recueillement » (1861), dans *Les Fleurs du Mal*, *op. cit.*, pp. 273-274.

221. Pierre Citron, *op. cit.*, p. 343.

222. *Le Spleen de Paris*, *op. cit.*, pp. 47-49.

223. *Ibid.*, pp. 90-92.

224. Cf. aussi la traduction par Baudelaire de *L'Homme des foules* de Poe.

225. Si les « cris » de Paris faiblissent, le bourdonnement continu imputable à la circulation s'amplifie très certainement.

226. J. F. Destigny, « Minuit à Paris », in *Némésis incorruptible, satire de mœurs*, Paris, Paulin, 1838, p. 382.

227. Alain Corbin, préface au livre d'A. Beltran et P. Carré, *La Fée et la Servante, la société française face à l'électricité XIXe-XXe siècles*, Paris, Belin, 1991, p. 9. Cf. aussi R. Murray Schafer, *Le Paysage sonore*, Paris, Lattès, 1979 : aujourd'hui, « les sons nous massent de leur continuelle présence » (p. 219).

228. Eugène Briffault, « La Nuit de Paris », dans *Paris, ou le Livre des Cent-et-un*, *op. cit.*, t. III, p. 131.

229. *Le Bonhomme, ou Nouvelles Observations sur les mœurs parisiennes au commencement du* XIXe *siècle*, Paris, Pillet, 1818, pp. 217-218.

230. *L'Hermite de la Guiane, ou observations sur les mœurs et les usages français au commencement du* XIXe *siècle*, *op. cit.*, vol. 3, pp. 61-62.

231. *Les Nuits de Paris…*, *op. cit.*, t. I, p. XXV.

232. *Les Heures parisiennes*, Paris, Librairie centrale, 1866, p. 19.

233. *Ibid.*, p. 24.

234. *Le Peintre des coulisses…*, *op. cit.*, pp. 232-233.

235. Cf. Rodolphe Darzens, *Notes sur une ville, nuits à Paris*, Paris, Dentu, 1889, p. 172 : « Il se fait comme une transfusion lente pendant laquelle l'espace est bizarrement lumineux. »

1. LUMIÈRES

1. Cf. Maurice et Paulette Deribéré, *Préhistoire et histoire de la lumière*, Paris, Éditions France-Empire, 1979, 299 p.

2. Cf., notamment *Histoire de la vie privée*, vol. 4, « De la Révolution à la Grande Guerre », dir. M. Perrot, Paris, Seuil, 1987, p. 335.

3. L'éclat nouveau de l'éclairage au gaz est accessible aux particuliers à partir de 1825 (les abonnés sont 1 500 en 1828 et presque 100 000 à la fin de l'Empire, ces chiffres témoignant d'un usage essentiellement bourgeois). Cf. Jean-Pierre Williot, *L'Industrie du gaz à Paris au* XIXe *siècle 1799-1905, la mise en place d'un puissant monopole*, thèse dir. par François Caron, Université de Paris-IV, 1995, pp. 188-216.

4. Anne Martin-Fugier, « Les Rites de la vie privée bourgeoise », in *Histoire de la vie privée*, *op. cit.*, p. 212.

5. « Tous les abords de la maison, lorsqu'on donne une soirée ou un bal, doivent ressembler à ceux d'un endroit public ; il faut que tout le quartier soit dans la confidence » (L. Montigny, *Le Provincial à Paris, esquisses des mœurs parisiennes*, Paris, Ladvocat, 1825, t. 1, p. 28).

6. On songe aux pages célèbres écrites à la fin de sa vie par Gaston Bachelard, inspiré par la poétique du feu, sur ce rapport de familiarité des hommes avec le clair-obscur propice à la rêverie (*La Flamme d'une chandelle*, Paris, P.U.F., 1961, 112 p.), dans une pièce « aux murs flous et comme resserrée sur son centre, concentrée autour du méditant assis devant la table éclairée par la lampe » (p. 107).

7. Voir les études d'Édouard Fournier, *Les Lanternes, histoire de l'ancien éclairage de Paris* (Paris, Dentu/Jannet, 1854, 37 p.), et d'Eugène Defrance, *Histoire de l'éclairage des rues de Paris* (Paris, Imprimerie nationale, 1904, 125 p.), toutes deux caractérisées par le goût du pittoresque disparu.

8. Cf. Jean Verdon, *La Nuit au Moyen Âge*, Paris, Perrin, 1994, 285 p.

9. Cf. Edmond Neukomm, *Fêtes et spectacles du vieux Paris*, Paris, Dentu, 1886, 278 p.

10. À titre de comparaison, voir Corinne Walker (« Du plaisir à la nécessité. L'apparition de la lumière dans les rues de Genève à la fin du XVIIIe siècle », *Vivre et imaginer la ville* XVIIIe-XIXe *siècles*, dir. François Walter, Genève, éd. Zoé, 1988, pp. 97-124), qui retrace l'installation de l'éclairage public dans les rues de Genève un siècle plus tard, à partir de 1755, au même moment apparemment que dans maintes villes provinciales en France.

11. Wolfgang Schivelbusch, « Lanternes et police », *Traverses*, n° 35, sept. 1985, p. 88.

12. *L'Atelier des nuits, histoire et signification du nocturne dans l'art d'Occident*, Presses universitaires de Nancy, 1992, p. 34.

13. *La Nuit désenchantée. À propos de l'histoire de l'éclairage artificiel au* XIX*e siècle*, Paris, Le Promeneur, 1993, 199 p. (Munich, Carl Hanser Verlag, 1983).

14. Son projet s'intitule *Mémoire sur une nouvelle manière d'éclairer pendant la nuit les rues de Paris* (Paris, Gueffier, 1765, 10 p.). En 1769, sa compagnie obtient pour vingt ans l'entreprise de l'éclairage de Paris.

15. Pour plus de précision, voir Valérie Goutal, *La Vie nocturne à Paris au* XVIII*e siècle*, mémoire de maîtrise dirigé par Jean Meyer, Université de Paris-IV, 1988, 365 p.

16. À Londres, 1769, 16 p.

17. Paris, À la Petite Vertu, 1769, 12 p.

18. Un prospectus de la fin du XVIIIe siècle contient par exemple un *Projet lumineux proposé par souscription pour la décoration de la fameuse promenade du boulevard Saint-Antoine* : « Le Boulevard sera illuminé par une guirlande de lanternes qui règnera des deux côtés entre les arbres. [...] On commencera à allumer à 10 h ; tout sera illuminé à 11 [...]. Comme cette espèce de promenade nocturne ne peut convenir *qu'aux Seigneurs ou aux Gens riches qui ont des voitures*, ce n'est qu'à eux qu'on propose la souscription » (c'est nous qui soulignons). Cité par Walter Benjamin, *Paris capitale du* XIX*e siècle, le livre des passages*, Paris, éd. du Cerf, 1989, p. 582.

19. Il s'oppose au *demi-allumage*, qui consiste, les jours de lune, à n'allumer qu'un réverbère sur deux, et à faire cesser tout éclairage à 3 h du matin. L'*éclairage général* s'étend à tous les réverbères et dure toute la nuit.

20. « Nouvelle ville, nouvelle vie : croissance et rôle du réseau gazier parisien au XIXe siècle », in *Paris et ses réseaux, naissance d'un mode de vie urbain* XIX*e-* XX*e siècles*, dir. François Caron, Paris, BHVP, 1990, pp. 213-232.

21. Selon A. Trébuchet (*Recherches sur l'éclairage public de Paris*, Paris, Baillière, 1843, 67 p.), il n'y aurait eu que 449 lanternes supplémentaires de 1802 à 1817. J. P. Williot (thèse citée) dénombre 3 783 lanternes dans le Paris de 1790, 4 223 en 1802, 4 533 en 1818, et 5 123 en 1828 (p. 49).

22. Paris, chez les marchands de nouveautés, 1815, p. 86.

23. F. M. Marchant, *Le Conducteur de l'étranger à Paris*, Paris, Moronval, 1815, p. 25.

24. Certains réflexes des Parisiens le laissent entrevoir : en janvier 1815, lorsque les restes de Marie-Antoinette et ceux de Louis XVI sont exhumés du cimetière de la Madeleine pour être transférés à Saint-Denis, et que le char funèbre s'accroche malencontreusement dans les cordes d'un vieux réverbère, il se trouve des voix dans la foule pour crier, comme en 1789 : « *À la lanterne !* » (M. Du Camp, *op. cit.*, p. 376).

25. Raymond Bruker, « Le Plan de Paris », *Nouveau Tableau de Paris*, 1835, t. VI, p. 387.

26. Par M. ***, Paris, Painparré, 1823, p. 139.

27. Paul de Kock, *La Grande Ville, nouveau tableau de Paris*, Paris, Marescq, 1844, vol. 1, p. 45.

28. M. Du Camp, *op. cit.*, p. 379. Sur Lebon et ses prédécesseurs, voir Jean-Pierre Williot, *L'Industrie du gaz...*, thèse citée, pp. 11-27.

29. Cf. J. P. Williot, *ibid.*, pp. 28-35.

30. Cf. *Les Compagnies d'éclairage par le gaz de la Ville de Paris. Rapports et délibérations de la Commission municipale de la Ville de Paris, mémoires et documents divers*, Paris, Guyot & Scribe, 1856, 3 vol.

31. Rappelons tout de même que Paris se trouve à cet égard en retard sur Londres, où les premiers essais d'éclairage au gaz ont eu lieu dès 1805.

32. Cf. Louis Figuier, « Anciens et nouveaux procédés d'éclairage », *Revue de Paris*, fév. 1854, pp. 619-643.

33. Paris, Gosselin, 1823, 165 p.

34. Cf. ADP *VI1 32. Établissement de l'éclairage : arrêtés préfectoraux (1808-1832).*

35. APP *D*[A] *121. Éclairage : mémoires, rapports... (1830-1872).*

36. Cf. par exemple ADP *VO (N. C.) 570. Service de l'éclairage public, 3e arrondissement. Enregistrement des ordres de service, des rondes d'allumage et rondes de nuit, des rapports et communiqués, des rapports d'entretien du matériel (1865-1866).*

37. AN *F⁷ 4167. Rapports journaliers de la Gendarmerie Royale de Paris*. Rapport du 21 au 22 juillet 1819.

38. Ainsi, à partir de 1860, on installe dans les voies principales (comme le boulevard Sébastopol, le boulevard Malesherbes) des candélabres munis de lanternes rondes, plus coûteuses que les autres, mais ne produisant pas d'ombres, au contraire des lanternes à angles ordinaires. Ces candélabres culminent à 3 m du sol et sont placés à 25 m les uns des autres. (APP *DB 228. Éclairage public des rues de Paris.*)

39. Ces allumeurs sont environ 240 sous la Restauration. Leur doyen, nommé Mouton, est âgé de 66 ans ; c'est une figure débonnaire de la littérature pittoresque (cf. Maurice Alhoy, « Les Réverbères », *Nouveau Tableau de Paris au XIXe siècle*, Paris, Béchet, 1834, vol. 1, p. 308).

40. M. Du Camp, *op. cit.*, p. 405.

41. APP *D^A^ 121. Éclairage : mémoires, rapports… (1830-1872).*

42. *Ibid.*

43. AN *F^3II^ Seine 37. Éclairage (1817-1827).*

44. AN *F⁷ 3838. Extraits des rapports des officiers de paix et des commissaires de police de Paris (oct. 1815-déc. 1817).* Rapport du 30 sept. 1816.

45. Pour une histoire économique et sociale de la Compagnie créée en 1855, voir Lenard R. Berlanstein, *Big Business and Industrial Conflict in Nineteenth-Century France. A Social History of the Parisian Gas Company*, Berkeley, University of California Press, 1991, 348 p.

46. Rappelons qu'aux salles de spectacle éclairées même pendant la durée de la représentation sous l'Ancien Régime (la sociabilité pouvait ainsi s'y déployer plus longuement) ont succédé, au XIXe siècle, des salles obscures, où le spectacle n'a plus lieu que dans l'espace éclairé de la scène. Le lien entre lumière et monde de l'illusion s'en trouve resserré, comme il l'est aussi par la floraison des dioramas, puis du cinéma.

47. Voir par exemple Christopher Prendergast, *Paris and the Nineteenth Century*, Oxford et Cambridge, Blackwell, 1992, 283 p., ou Jonathan Crary, *L'Art de l'observateur. Vision et modernité au XIXe siècle*, Nîmes, éd. J. Chambon, 1994, 233 p.

48. APP *D^A^ 51. Enseignes, lanternes, transparents (1819-1841).*

49. « Le Palais-Royal », in *Paris, ou le Livre des Cent-et-un*, Paris, Ladvocat, 1832, t. I, pp. 20-21.

50. Sur 96 lanternes et transparents dénombrés par lui devant ces boutiques ou lieux de divertissement du boulevard du Temple, 8 seulement sont éclairés à l'huile.

51. C. Guéroult et P. de Couder, *Les Étrangleurs de Paris*, Paris, Chappe, 1859, vol. 1, pp. 129-130.

52. APP *D^A^ 30 Voirie.*

53. Julien Lemer, *Paris au gaz*, Paris, Jung-Treuttel, 1861, p. 15.

54. *Op. cit.*, p. 120.

55. BHVP, série *Actualités*, dossier bals.

56. Cf. Marc Gaillard, *Les Belles Heures des Champs-Élysées*, Amiens, Martelle, 1990, 240 p.

57. BHVP, série *Actualités*, dossier bals.

58. François Gasnault, *Guinguettes et lorcttes. Bals publics et danse sociale à Paris de 1830 à 1870*, Paris, Aubier, 1986, p. 196.

59. Concetta Condemi, *Le Café-concert à Paris de 1849 à 1914. Essor et déclin d'un phénomène social*, thèse dir. par Alberto Tenenti, EHESS, 1989, 2 vol. (publiée sous le titre *Les Cafés-concerts. Histoire d'un divertissement, 1849-1914*, Paris, Quai Voltaire, 1992, 205 p.).

60. Cf. Alain Corbin, Noëlle Gérome, Danielle Tartakowsky, *Les Usages politiques des fêtes aux XIXe-XXe siècles*, Paris, Publications de la Sorbonne, 1994, 440 p.

61. Nous empruntons ces remarques au texte de Jean-François Vilar, qui accompagne le recueil photographique de Michel Saloff, *Paris la nuit*, Paris, ACE éditeur, 1982, 124 p.
62. Anne Cauquelin, *La Ville, la nuit*, Paris, P.U.F., 1977, p. 43.
63. Cf. *Collection officielle des ordonnances de police...*, Paris, Dupont puis Boucquin, 1844-1874, 7 vol.
64. *Op. cit.*, p. 406.
65. Amédée Pommier, « Les Fêtes publiques à Paris », *Paris ou le Livre des Cent-et-Un*, t. IV, Paris, Ladvocat, 1832, p. 124.
66. Lors du mariage du Dauphin avec Marie-Antoinette, le 30 mai 1770, cent trente personnes environ étaient mortes écrasées entre deux mouvements contraires de la foule rue Royale, après le feu d'artifice donné place Louis XV. Parmi les morts, certains avaient les poches pleines de montres et de bijoux, volés dans la cohue : comme à Pompéi, la mort avait pris les travers humains sur le fait...
67. Émile de Labédollière, *Le Nouveau Paris, histoire de ses vingt arrondissements en 1860*, Paris, Barba, 1860, p. 118.
68. Alain Corbin, « La Fête de souveraineté », *Les Usages politiques des fêtes...*, *op. cit.*, pp. 25-38.
69. Cf. les programmes publiés par la préfecture de la Seine et conservés à la B. N. en Lb 48, Lb 49 ou Lb 51.
70. P. Bracco, E. Lebovici, *Ruggieri, 250 ans de feux d'artifice*, Paris, Denoël, 1988, 207 p.
71. Félix Mornand, *La Vie de Paris*, Paris, Librairie nouvelle, 1855, p. 87.
72. Préfecture de la Seine, *Programme de la fête du Roi. 1er et 2 mai 1841*, Paris, Chassignon, 1841, 2 p.
73. L. Montigny, *Le Provincial à Paris, op. cit.*, 1825, vol. 3, pp. 41-43.
74. Félix Mornand, *op. cit.*, p. 88.
75. Cf. par exemple Desessarts fils, *Physiologie des Champs-Élysées, par une ombre*, Paris, Desloges, 1842, 96 p.
76. *Les Nuits de Paris, drames et récits nocturnes*, Paris, Administration des publications populaires, 1851, vol. 1, p. XXVI.
77. *Paris la nuit, silhouettes*, Paris, Charpentier, 1842, pp. 136-137.
78. *Tableau de Paris*, *op. cit.*, pp. 237-238.
79. APP D^A *122. Éclairage des rues de Paris.*
80. *Les Compagnies d'éclairage par le gaz de la Ville de Paris...*, *op. cit.*, vol. 1, p. 63 (lettre du préfet de la Seine à la Compagnie française le 16 nov. 1836, au sujet de l'éclairage du faubourg Saint-Germain).
81. APP D^A *122. Éclairage des rues de Paris* (correspondance entre le préfet de police et le conseil municipal).
82. Au sujet de l'impression d'anachronisme et d'abandon suscitée par la survivance des lanternes d'Ancien Régime, voir par exemple le jugement porté par Vidocq en 1844 sur la rue de la Tannerie, une de celles où la nuit étend son règne déplaisant jusque pendant le jour : « La rue de la Tannerie est l'une de ces rues dans lesquelles on ne peut passer sans éprouver une sensation de malaise inexplicable, qui fait que l'on presse le pas, sans que pourtant on cherche à se rendre compte du sentiment auquel on obéit ; le soir elle est à peine éclairée par la flamme pâle et douteuse d'un antique réverbère, le jour elle est plus triste encore » (*Les Vrais Mystères de Paris*, Paris, A. Cadot, 1844, p. 27).
83. Cf. Alphonse Martel, *Manuel de la salubrité, de l'éclairage et de la petite voirie*, Paris, Cosse & Marchal, 1859, 359 p.
84. Voir l'inventaire photographique de ces dizaines de modèles donné par Marville (Marie de Thezy, *Marville Paris*, Paris, Hazan, 1994, pp. 209 à 245).
85. François Loyer, *Paris XIXe siècle, l'immeuble et la rue*, Paris, Hazan, 1987, p. 306.
86. *Ibid.*
87. L'expression est de Françoise Choay dans le vol. 4 de l'*Histoire de la France urbaine*, dir. M. Agulhon, Paris, Seuil, 1983, 665 p.

88. Lucien Lambeau, *Histoire des communes annexées à Paris en 1859*, Paris, E. Leroux, 1914-1926, vol. 5, pp. 510-512.

89. *Ibid.*, vol. 4, pp. 435-436.

90. *Ibid.*, vol. 3, pp. 261-263.

91. Cf. Jean Gay, *L'Amélioration de l'existence à Paris sous le règne de Napoléon III*, Genève, Droz, 1986, 257 p.

92. Le « record » dans ce domaine semble détenu par la commune d'Ivry, à en croire la lettre adressée par son commissaire de police au préfet de police le 3 août 1854 : « Parmi les rues de la commune d'Ivry, la plus mal peuplée et la plus mal fréquentée est celle de l'Hôpital, située près la barrière des Deux-Moulins ; [...] (elle) n'est composée en grande partie que de maisons de tolérance au nombre de douze. Cette rue qui n'a que 172 m de long et 4 m seulement de large n'est éclairée, comme toutes les autres, qu'environ six semaines de l'année par la commune, et pendant les dix autres mois 1/2, l'obscurité la plus grande et la plus effrayante y règne pendant la nuit » (APP *DA 226. Service des mœurs : maisons de passe et de tolérance*).

93. Cf. Ernest Thomas, *Histoire de l'éclairage*, Paris, Sauvaitre, 1890, 186 p.

94. *Op. cit.*, vol. 3, pp. 151-164.

95. Sur les conséquences de l'annexion de 1860, voir J.-P. Williot, *L'Industrie du gaz...*, *op. cit.*, pp. 495-501.

96. Jean Gay, *op. cit.*, p. 102.

97. *Les Quartiers pauvres de Paris, le 20e arrondissement*, Paris, Bureau de la Bibliothèque municipale, 1870, p. 26.

98. *Ibid.*, p. 222.

99. *Op. cit.*, vol. 5, p. 406. Cf. encore Louis Barron en 1883, à une date où l'on peut remarquer non plus une mais *deux générations technologiques d'écart* entre l'éclairage de certaines rues et celui de certaines autres : « Lorsque Paris connaît déjà la fulgurante lumière électrique, les carrefours de Clichy-la-Garenne ignorent encore le gaz, et le passage Trouillet, long boyau boueux, est éclairé à la manière d'il y a un demi-siècle, par un quinquet suspendu entre deux potences » (*Paris étrange*, Paris, Marpon & Flammarion, 1883, p. 255).

100. Pour une vue synthétique de ces questions, nous renvoyons aux actes du colloque international consacré à l'histoire de la barricade, co-organisé par le Centre de recherches sur l'histoire du XIXe siècle (Université de Paris I – Paris IV) et par la Société d'histoire de la révolution de 1848 et des révolutions du XIXe siècle, qui a eu lieu à Paris en mai 1995 (sous la direction d'Alain Corbin et de Jean-Marie Mayeur, Paris, Publications de la Sorbonne, 1997, 522 p.).

101. Dans *Les Misérables* (Paris, Le Livre de Poche, 1985, t. III, pp. 163-165), le trajet de Marius entre la rue Plumet et le quartier Saint-Denis (vers la barricade de la rue de la Chanvrerie) en juin 1832 est une descente de la lumière (les arcades de la rue de Rivoli et leurs luxueux magasins illuminés) vers l'ombre des quartiers populaires.

102. Pierre Sansot attire l'attention sur la sacralisation de chaque moment que suppose l'expression de « journées révolutionnaires », épisodes éphémères mais capables de réactiver un lien profond entre la ville et l'homme, dans une temporalité différente (*Poétique de la ville*, Paris, Klincksieck, 1971, p. 59) ; la nuit insurrectionnelle se prête tout spécialement à un tel approfondissement.

103. *Les Misérables*, *op. cit.*, t. III, pp. 166-168.

104. AN *F7 3839. Extraits des rapports des officiers de paix et des commissaires de police de Paris (1818-1820).*

105. *Ibid.*

106. Maurice Agulhon, « Fête spontanée et fêtes organisées à Paris en 1848 », *Fêtes de la Révolution*, Colloque de Clermont-Ferrand, Société des études robespierristes, 1977, pp. 243-271.

107. *Les Soirées d'un observateur, mélanges critiques et littéraires*, Paris, Méquignon-Havard & Compagnie, 1827, pp. 66-67.

108. Cf. Victor Hugo, *Les Misérables*, *op. cit.,* t. III, p. 209 : la scène montre Gavroche, venu depuis le quartier des barricades apporter vers minuit une lettre de Marius à Jean Valjean dans le Marais : « – Tiens, dit-il, vous avez encore vos lanternes ici. Vous n'êtes pas en règle, mes amis. C'est du désordre. Cassez-moi ça. Et il jeta la pierre dans le réverbère dont la vitre tomba avec un tel fracas que des bourgeois, blottis sous leurs rideaux dans la maison d'en face, crièrent : Voilà Quatre-vingt-treize ! Le réverbère oscilla violemment et s'éteignit. La rue devint brusquement noire. – C'est ça, la vieille rue, fit Gavroche, mets ton bonnet de nuit. »

109. M. Du Camp, *op. cit*, vol. 5, p. 377. Cf. aussi Victor Hugo, *Choses vues (1830-1869)*, Paris, Folio Gallimard, vol. 1, pp. 167-173 : il y décrit l'ambiance inquiétante des rues du Marais lors de la tentative d'insurrection lancée par la Société des Saisons, les nuits des 12 et 13 mai 1839, entre le rougeoiement des feux qui éclairent les bivouacs des soldats sur les places (comme sur des champs de bataille en rase campagne) et les réverbères brisés dans les rues du quartier du Temple.

110. *Les Misérables*, *op. cit.*, t. III, p. 153 : « On avait allumé un lampion dans la petite barricade, et, dans la grande, une de ces torches de cire comme on en rencontre le mardi gras en avant des voitures chargées de masques qui vont à la Courtille. [...] La rue et la barricade restaient plongées dans l'obscurité, et l'on ne voyait rien que le drapeau rouge formidablement éclairé comme par une énorme lanterne sourde. Cette lumière ajoutait à l'écarlate du drapeau je ne sais quelle pourpre terrible. »

111. Paris, Librairie internationale, p. 78.

112. Nous devons beaucoup au mémoire de maîtrise d'Emmanuel Fureix, *Représentations de l'insurrection et des insurgés de juin 1848*, dir. par A. Corbin, Université de Paris-I, 1993, 198 p. : il dit bien comment, dans le temps de l'insurrection, on passe de l'image de la « ville lumière » à celle de la « ville sépulcrale ».

113. Cf. Laurent Clavier et Louis Hincker, « La Barricade de Juin 1848 : une construction politique », in *La Barricade*, *op. cit.*, pp. 209-220.

114. *Mémoires de Canler, ancien chef du service de sûreté*, Paris, Mercure de France, 1986, p. 372.

115. *Les Misérables*, *op. cit.*, t. III, p. 167. Sur le traitement par Hugo de cette insurrection aux contours indécis, tenue pour mineure, cf. Thomas Bouchet, *Les 5 et 6 juin 1832. Expressions, usages, traces de l'événement*, thèse dir. par S. Wolikow, Université de Bourgogne, 1997, 841 p.

116. *Les Misérables*, *op. cit.*, t. III, p. 166 (c'est nous qui soulignons).

117. W. Schivelbusch, *op. cit.*

118. E. Fureix, *mémoire cité*.

119. *Les Misérables*, *op. cit.*, t. III, p. 166.

120. Cf. encore, dans *L'Éducation sentimentale*, la traversée de Paris par Frédéric Moreau dans la nuit du 25 juin 1848, celle où l'émeute fut vaincue : « Quelquefois, un battement de pas lourds s'approchait. C'était une patrouille de cent hommes au moins ; des chuchotements, de vagues cliquetis de fer s'échappaient de cette masse confuse ; et, s'éloignant avec un balancement rythmique, elle se fondait dans l'obscurité. [...] ; le cœur se serrait à ces bruits différant de tous les bruits ordinaires. Ils semblaient même élargir le silence, qui était profond, absolu, – un silence noir. Des hommes en blouse blanche [il s'agit de policiers déguisés] abordaient les soldats, leur disaient un mot, et s'évanouissaient comme des fantômes » (Paris, Seuil, L'École des Lettres, 1993, pp. 506-507 [1re éd. 1869]).

121. Cf. Frédéric Chauvaud, « L'Élision des traces. L'effacement des marques de la barricade à Paris (1830-1871) », in *La Barricade*, *op. cit.*, pp. 269-281.

122. Alfred Rey et Louis Feron, *Histoire du corps des gardiens de la paix*, Paris, Firmin-Didot, 1896, p. 99.

123. AN F^7 *12329. Bulletins de Paris* (15 août 1830).

124. Olivier Pelletier, « « Figures imposées ». Pratiques et représentations de la barricade pendant les *Journées* de décembre 1851 », in *La Barricade*, *op. cit.*, pp. 251-268 :

seules les barricades du 3 et du 4 furent véritablement défendues ; il met en évidence un jeu subtil de cache-cache stratégique, de provocations, de ritualisation des pratiques insurrectionnelles.

125. *Paris au gaz*, *op. cit.*, p. 1.

126. André Guillerme, « La Disparition des saisons dans la ville (années 1830-1860) », in *Les Saisons dans la ville*, actes du colloque tenu les 3-5 novembre 1993 à La Villette, Annales de la recherche urbaine, n° 61, mars 1994, pp. 8-14.

127. Cf. par exemple *L'Illustration* du 25 juillet 1844, n° 74 : « Nouvel éclairage au gaz », p. 352.

128. *Tableau de Paris*, Paris, Paulin, vol. 1, p. 342.

129. Alain Beltran et Patrice Carré, *La Fée et la servante. La Société française face à l'électricité* XIXe*- XX*[e] *siècles*, Paris, Belin, 1991, 1991, 348 p. ; Alain Beltran, *La Fée électricité*, Paris, Découvertes Gallimard, 1991, 160 p.

130. Cf. ses *Mémoires*, Paris, Havard, 1893, vol. 3, pp. 163-164.

131. Louis Figuier, « Anciens et nouveaux procédés d'éclairage », *Revue de Paris*, janv. 1854, p. 303.

132. *Ibid.*, fév. 1854, p. 639.

133. A. Beltran, « Du luxe au cœur du système. Électricité et société dans la région parisienne (1880-1939) », *Annales ESC*, sept.-oct. 1989, n° 5, pp. 1113-1136.

134. Voir François Caron et Fabienne Cardot dir., *Histoire de l'électricité en France*, t. I (1881-1918), Paris, Fayard, 1991, 999 p.

135. Voir Christophe Studeny, *L'Invention de la vitesse. France* XVIIIe*-XX*[e] *siècles*, Paris, Gallimard, Bibliothèque des Histoires, 1995, 408 p.

136. La compagnie d'éclairage par le gaz répond d'ailleurs au défi électrique en disposant en 1878 des becs *intensifs* dans la rue du 4-Septembre : ils soutiennent la comparaison avec l'éclairage électrique expérimenté de 1878 à 1881 avenue de l'Opéra et, à luminosité égale, s'avèrent moins coûteux (François Caron et Fabienne Cardot, *op. cit.*, pp. 386-387).

137. Dondey-Dupré, *Projet d'un nouveau mode d'illumination pour la ville de Paris présenté au premier consul*, Paris, Dondey-Dupré, an X, pp. 4-6.

138. *Paris la nuit*, Paris, Havard, 1855, p. 80.

139. « Paris futur », in *Le Diable à Paris*, Paris, Michel Lévy frères, 1857, pp. 146-147.

140. *Paris*, Paris, Dentu, 1862, p. 237.

141. *Paris nouveau et Paris futur*, Paris, Lecoffre, 1865, pp. 231-257.

142. *Ibid.*, p. 241.

143. *Ibid.*, p. 236.

144. Paris, Capiomont & Renault, 36 p.

145. *Ibid.*, p. 4.

146. *Ibid.*, p. 19.

147. Les auteurs envisagent également d'installer dans cette colonne une chambre spéciale, où l'on pourrait traiter, sans qu'ils aillent à la montagne, les malades ayant besoin d'air pur…

148. Paris, Hachette / Le Cherche Midi, 1994, 216 p. (manuscrit datant de 1863, jamais publié auparavant).

149. Alain Corbin, préface à *La Fée et la servante*, *op. cit.*, p. 8.

2. Noctambulismes

1. Cf. par exemple l'ouvrage très clair de Roger Sue, *Temps et ordre social. Sociologie des temps sociaux*, Paris, P.U.F., coll. Le Sociologue, 1994, 313 p.

2. *L'Avènement des loisirs 1850-1960*, Paris, Aubier, 1995, 471 p. Cf. aussi « Le Temps et l'histoire », dans *La France des Lumières* de Daniel Roche (Paris, Fayard, 1993, pp. 68-98).

3. Voir Alain Corbin, « L'arithmétique des jours au XIXe siècle », in *Le Temps, le désir et l'horreur. Essais sur le XIXe siècle*, Paris, Aubier, 1991, pp. 9-22 (article paru dans *Traverses* en 1985).

4. Alain Corbin, « Du loisir cultivé à la classe de loisir », in *L'Avènement des loisirs*, *op. cit.*, pp. 56-80. L'expression est du sociologue américain Thorstein Veblen, promoteur de la notion de « gaspillage ostentatoire » dans sa *Théorie de la classe de loisir* (Paris, Gallimard, 1970, 278 p. [1re éd. 1899]).

5. Cf. Julia Csergo, « Extension et mutation du loisir citadin. Paris XIXe-début du XXe siècle », in *L'Avènement des loisirs*, *op. cit.*, pp. 121-168.

6. Cf. Edmond About, *Le Progrès*, Paris, Hachette, 1864, pp. 185-191 : la ville aimable et spirituelle qu'était le Paris de la première moitié du siècle s'est transformée en cité de la foule, où s'affichent l'insolence des parvenus et l'avidité au plaisir des riches étrangers.

7. « Le Sommeil de Paris », in *Paris-Guide*, Paris, Librairie internationale, 1867, p. 1002.

8. *Philosophie de la modernité*, Paris, Payot, 1989, p. 234 (1re éd. 1903).

9. Paul de Kock, « Paris de ma fenêtre », in *Tyler le couvreur*, Paris, L. de Potter, 1841, p. 71.

10. *Les Joyeuses dames de Paris, le réveil de Paris*, Paris, chez tous les libraires, 1867, pp. 1-3.

11. *Paris, ses organes, ses fonctions et sa vie dans la seconde moitié du XIXe siècle*, Paris, Hachette, 1869-1875, 6 vol.

12. Gustave Claudin, *Paris*, Paris, Dentu, 1862, p. 78.

13. Cf. Sylvester Wray, *The Nocturnal Pleasures of Paris. A Guide to the Gay City*, Paris, Byron Library, 1889, 139 p.

14. Henry de Pene, « Le Sommeil de Paris », art. cité, p. 1000.

15. H. Gourdon de Genouillac, *Les Refrains de la rue de 1830 à 1870*, Paris, Dentu, 1879, pp. 46-47 (la pièce elle-même ne semble pas avoir été publiée).

16. Cf. Ernest Bourget, *Physiologie du gamin de Paris* (Paris, Laisné, 1842, p. 98) : « Quand vient la nuit, il lui faut des plaisirs…, des plaisirs à tout prix…; des émeutes ou du spectacle, du scandale ou des fêtes… Il ne songe qu'à jouir de la vie… » : le gamin est donc le « roi du boulevard », il y figure le peuple turbulent parasite des réjouissances bourgeoises.

17. Cf. Valérie Goutal, *La Vie nocturne à Paris au XVIIIe siècle*, mémoire de maîtrise dir. par Jean Meyer, Université de Paris IV, 1988, 365 p.

18. Voir *Essai sur la sensibilité alimentaire à Paris au XIXe siècle*, Paris, A. Colin, *Cahiers des Annales*, 25, 1967, 124 p., ou *Le Mangeur du XIXe siècle*, Paris, R. Laffont, 1973, 365 p.

19. L. Roux, « Paris nocturne », in *Le Prisme, encyclopédie morale du XIXe siècle*, Paris, L. Curmer, 1841, 480 p.

20. *Entre Minuit et une heure, étude parisienne*, Paris, Dentu, 1868, pp. 20-26.

21. *La Vie élégante ou la Formation du Tout-Paris 1815-1848*, Paris, Fayard, 1990, 447 p. (Points Seuil, 1993).

22. *Mémoires de M. Gisquet, ancien préfet de police*, Paris, Marchant, 1840, vol. 4, p. 221.

23. Cf. Émile Zola, *La Curée*, Paris, Folio Gallimard, 1981, pp. 162-163 (1re éd. 1871) : « La ville n'était plus qu'une grande débauche de millions et de femmes. […] Et il semblait, la nuit, lorsqu'on passait les ponts, que la Seine charriât, au milieu de la ville endormie, les ordures de la cité, […] tout ce que la brutalité du désir et le contentement immédiat de l'instinct jettent à la rue, après l'avoir brisé et souillé. Alors, dans le sommeil

fiévreux de Paris, et mieux encore que dans sa quête haletante du grand jour, on sentait le détraquement cérébral, le cauchemar doré et voluptueux d'une ville folle de son or et de sa chair. […] C'était comme une alcôve colossale où l'on aurait soufflé la dernière bougie, éteint la dernière pudeur. Il n'y avait plus, au fond des ténèbres, qu'un grand râle d'amour furieux et las ; tandis que les Tuileries, au bord de l'eau, allongeaient leurs bras dans le noir, comme pour une embrassade énorme. »

24. Sur ce thème, voir Alain Corbin, « Paris province », in *Les Lieux de mémoire*, dir. Pierre Nora, Paris, Gallimard, 1992, t. III, vol. 1, pp. 777-823.

25. Sur le caractère illisible des métropoles contemporaines, où la peur de « s'exposer » aurait conduit les individus à se retirer de la scène publique pour se retrancher dans la cellule privée (les espaces de la foule n'étant plus consacrés qu'à la juxtaposition des consommateurs), voir Richard Sennett, *La Ville à vue d'œil. Urbanisme et société*, Paris, Plon, 1992, 314 p. (1re éd. 1990).

26. APP *D^A 26. Commissariats de police, arrestations, visites domiciliaires…*

27. Cf. Pierre Larousse, *Grand Dictionnaire universel du XIXe siècle*, article « Nuit ».

28. Voir Odile Arnold, *Le Corps et l'âme, la vie des religieuses au XIXe siècle*, Paris, Seuil, L'Univers historique, 1984, 373 p.

29. *Ibid.*, p. 155.

30. Michelle Perrot, *Histoire de la vie privée*, vol. 4, *op. cit.*, p. 288.

31. Paris, Charpentier, 1842, p. 152. Cf. aussi *Paris-Étudiant*, Paris, Taride, 1854, pp. 91-92 : « Il existe toujours à une mansarde quelconque du quartier Saint-Jacques une lumière isolée, fidèle, qui éclaire souvent jusqu'à plus de minuit un jeune travailleur toujours incliné sur ses livres. »

32. À ce sujet, voir Jean-Claude Caron, *Générations romantiques 1814-1851, les étudiants de Paris et le Quartier latin*, Paris, A. Colin, 1991, 435 p. ; Jerrold Seigel, *Paris bohème, culture et politique aux marges de la vie bourgeoise 1830-1930*, Paris, Gallimard, Bibl. des Histoires, 1991, 419 p. ; Anne Martin-Fugier, *Les Romantiques. Figures de l'artiste 1820-1848*, Paris, Hachette, 1998, 416 p.

33. Alfred Delvau, *Les Heures parisiennes*, Paris, Librairie centrale, 1866, p. 164.

34. *Le Petit Diable boiteux, ou le Guide anecdotique des étrangers à Paris*, par M. ***, Paris, C. Painparré, 1823, p. 143.

35. Paris, Marescq, vol. 1, p. 78. Autre exemple : « Une soirée bourgeoise » dans L. Montigny, *Le Provincial à Paris*, Paris, Ladvocat, 1825, vol. 2, p. 49.

36. Cf. *Les Misérables* : le bourgeois du Marais est spatialement proche de l'insurrection de juin 1832, et cette proximité le conduit à se « barricader » chez lui (Paris, Le Livre de Poche, 1985, vol. III, p. 218).

37. On lui associe souvent l'île Saint-Louis, peuplée elle aussi de gens en moyenne plus âgés que les jeunes migrants provinciaux qui emplissent les garnis du quartier de l'Hôtel de Ville et des Halles centrales.

38. L'actuelle place des Vosges.

39. *Les Réverbères, chroniques de nuit du vieux et du nouveau Paris*, Paris, Lachapelle, 1839, vol. 1, p. 5 (3e éd.).

40. Alfred Delvau, *Les Heures parisiennes*, *op. cit.*, p. 165.

41. Hiérarchisant ainsi les quartiers de Paris en fonction du rythme de vie de ceux qui les habitent, les chroniqueurs peuvent moquer indirectement un régime orléaniste dont la rencontre de valeurs avec une bourgeoisie timorée irrite les républicains, alors que leur libre expression est bridée depuis les lois répressives de septembre 1835.

42. On songe à ces coupes transversales de maisons parisiennes dont *Le Magasin pittoresque* offre l'exemple en 1847, ces gravures montrant la société civile comme un « fourmillement d'alvéoles conviviales où grouillent les secrets » (Michelle Perrot, *Histoire de la vie privée*, vol. 4, *op. cit.*, p. 307).

43. APP *D^B 258. Fermeture des portes d'entrée* et *D^B 174. Débits de boissons.*

44. Voir notamment Barlet, *Le Guide des sergents de ville*, Paris, chez l'auteur, 1831, p. 203.

45. François Leuret, *Notice sur les indigents de la ville de Paris*, Paris, Renouard, 1836, p. 22.

46. Le spécialiste de la question est Jean-Louis Deaucourt, dont la thèse, publiée sous le titre de *Premières loges, Paris et ses concierges au XIX*[e] *siècle* (Paris, Aubier, collection historique, 1992, 261 p.) nous a été d'une grande utilité.

47. Voir Daumier, *Les Tracas de Paris*, Paris, Vilo, 1978, p. 35 (« Émotions parisiennes », *Le Charivari*, 19 décembre 1840).

48. Au XVIIIe siècle, dans l'habitat ordinaire, c'était souvent le propriétaire lui-même qui, résidant dans la maison, veillait aussi à ce qu'y règnent les bonnes mœurs, l'emploi d'un portier étant encore une sorte de privilège aristocratique. La pression conjointe des autorités, soucieuses de contrôler indirectement les vies privées, et l'entassement croissant des locataires dans les immeubles de rapport parisiens (qui augmente le risque de déménagement à la cloche de bois) provoquent la généralisation du portier sous la monarchie de Juillet (J.-L. Deaucourt, *op. cit.*, p. 61).

49. Cf. Gérard de Nerval, « Les Nuits d'octobre », in *La Bohème galante*, Paris, Michel Lévy frères, 1855, p. 188 : dans un dialogue avec un ami, le narrateur déplore qu'à Paris on soit obligé de se coucher trop tôt, à cause de l'irritabilité des portiers : « – Mais pourquoi, dis-je à mon ami, n'est-ce pas ici comme à Londres ? Une grande capitale ne devrait jamais dormir ? – Parce qu'il y a ici des portiers, et qu'à Londres chacun ayant un passe-partout de la porte extérieure, rentre à l'heure qu'il veut. – Cependant, moyennant 50 centimes, on peut ici rentrer partout après minuit. – Et l'on est regardé comme un homme qui n'a pas de conduite. »

50. Cf. Louis Huart, *Physiologie du flâneur*, Paris, Aubert, 1841, p. 92 : « Vers 1 h du matin, vous rentrez dans votre domicile, et comme il est *passé ménuit*, la portière, se conformant à la Charte, qu'elle a jurée, ne vous tire pas le moindre cordon. Mais si vous faites du tapage, la patrouille s'en mêle, et grâce à elle, vous couchez, enfin, – à la salle Saint-Martin. »

51. AN *F*[7] *4180. Rapport de la garde nationale du 30 au 31 mai 1819.*

52. Drame populaire en 5 actes et 8 tableaux, Paris, Barbré, 1861, p. 3. Les deux jeunes hommes, endettés, ont en réalité choisi de vivre la nuit pour échapper à leurs créanciers.

53. Paris, Aubert & Cie, 1842, pp. 91-97.

54. APP *D*[B] *143*, carton cité.

55. *Ibid.*

56. Cour de cassation, 4 oct. 1841, 26 août 1848 et 24 février 1859 (*La Grande Encyclopédie*, article « Bruit »).

57. APP *D*[B] *143*, carton cité (cour de cass., 14 mars 1850 et 21 sept. 1854).

58. *Le Paysage sonore*, Paris, Lattès, 1979, 388 p.

59. *Ibid.*, p. 15.

60. *Paris et Londres comparés*, Paris, Ducollet, 1830, p. 173.

61. *Le Paravoleur, ou l'Art de se conduire prudemment en tout pays, notamment à Paris*, Paris, Roy-Terry, 1830, p. 44.

62. Voir Victor Fournel, *Les Cris de Paris. Types et physionomies d'autrefois*, Paris, Firmin-Didot, 1887, 221 p. Sur ces cris comme caractéristiques de la grande ville au cours de la période précédente, voir Vincent Milliot, *Les Cris de Paris ou le Peuple travesti. Les représentations des petits métiers parisiens (XVI*[e]*-XVIII*[e] *siècles)*, Paris, Publications de la Sorbonne, 1995, 480 p.

63. Cf. déjà L.-S. Mercier, *Tableau de Paris*, in *Paris le jour, Paris la nuit*, Paris, R. Laffont, coll. Bouquins, 1990 (1re éd. 1788), pp. 162-163 : « Le marteau du forgeron et du maréchal-ferrant trouble quelquefois le sommeil du matin, pour les paresseux qui sont encore au lit. Si l'on en croyait nos sybarites, on relèguerait hors des villes tous les arti-

sans qui font frémir la lime mordante ; il ne serait plus permis au chaudronnier de battre sa marmite, au charron de cercler la roue d'un fer durable, aux différentes professions qui courent les rues, d'élever ces voix aigres et retentissantes qui se font entendre au sommet et jusque sur le derrière des maisons. Il faudrait que le bruit de la cité fût enchaîné de toutes parts, pour protéger leur oisive mollesse, et que, le calme du silence environnant leur paisible alcôve, tous ces voluptueux pussent presser la plume oiseuse jusqu'à la douzième heure, lorsque le soleil est au haut de sa carrière. [...] Si l'on écoutait toutes les prétentions de ces riches, il n'y aurait que des portes cochères dans la capitale, et l'on *matelasserait* les rues jusqu'à une heure, c'est-à-dire, jusqu'au temps où ils quittent l'édredon ou la chaise longue ; les cloches ne devraient plus retentir dans les airs ; et le tambour des Gardes, en passant sous leurs fenêtres, devrait être muet ; car il n'appartient qu'à leurs équipages de faire du bruit en roulant sur le pavé, et de réveiller à deux heures du matin ceux qui dorment. »

64. Selon Alain Corbin, les hommes du XIXe siècle seraient plus sensibles aux mauvaises odeurs qu'aux sons indésirables : cf. « Bruits, excès, sensations, discipline : tolérable et intolérable », entretien in *Équinoxe, revue romande des sciences humaines*, n° 11, 1994, pp. 13-23.

65. Cf. Alain Corbin, « L'opinion et la politique face aux nuisances industrielles dans la ville préhaussmannienne », in *Le Temps, le désir et l'horreur, essais sur le XIXe siècle, op. cit.*, p. 197.

66. M. Alletz, *Dictionnaire de police moderne*, Paris, Lottin, 1820, vol. 4, p. 177.

67. APP *D^B 143. Bruit, instruments bruyants, ouvriers à marteau, tapage nocturne.*

68. Circulaire n° 487, *Recueil officiel des circulaires émanées de la Préfecture de police (1797-1880)*, Paris, Imprimerie Chaix, 1882.

69. APP *D^A 226. Service des mœurs : maisons de passe et de tolérance.*

70. Grâce aux cartons *D^B 173* et *D^B 174 (Débits de boissons)*, conservés aux APP.

71. Le 9 décembre 1871, peut-être pour effacer les stigmates de l'Année terrible, la fermeture des établissements publics parisiens est fixée à minuit, avec une demi-heure de tolérance. La barre des 2 h du matin (et minuit pour les communes rurales, en toute saison) est franchie grâce à l'ordonnance du 28 juillet 1879 (APP *D^B 174*, carton cité).

72. APP *D^B 174*, circulaire du 11 janvier 1811.

73. AN *F^7 4166 à 4182.*

74. AN *F^7 4167. Rapports journaliers de la Gendarmerie Royale de Paris (1819).*

75. AN *F^7 4181.*

76. AN *F^7 4167.*

77. APP *D^B 26. Commissariats de police. Arrestations, visites domiciliaires...*

78. AN *F^7 4181.*

79. AN *F^7 3838. Extraits des rapports des officiers de paix et des commissaires de police de Paris* (28 oct. 1815).

80. AN *F^7 4167. Rapports journaliers de la Gendarmerie Royale de Paris* (19-20 oct. 1819).

81. AN *F^{21} 1046. Surveillance des théâtres de Paris (1824-1852)* et *Recueil officiel des circulaires..., op. cit.*, t. III, pp. 60-61 et 212-213.

82. Desnoyers à Belleville, notamment, où la fermeture à 10 h du soir semble impossible, surtout pendant le Carnaval.

83. APP *D^B 60. Bals et guinguettes. Réglementation et renseignements divers.*

84. « Les Nuits d'octobre », in *La Bohème galante, op. cit.*, p. 188.

85. *Ibid.*

86. APP *D^B 60.*

87. Circulaire du 13 mai 1867 (APP *D^B 174*).

88. *Ibid.*

89. Nous n'avons pas trouvé de liste des établissements bénéficiant de dérogations horaires pour la période que nous étudions, mais il en existe une pour le Paris des débuts

de la IIIe République (APP *D[B] 174*: « Établissements autorisés à rester ouverts après l'heure réglementaire », 21 mars et 11 avril 1877). Un rapide examen fait apparaître qu'il s'agit essentiellement des cafés voisins des Grands Boulevards, de l'Opéra, des principaux théâtres, des gares, des dépôts de voitures, des Halles et marchés, des abattoirs : les critères de tolérance relèvent des exigences du plaisir, mais aussi des fonctions de ravitaillement et de circulation indispensables à la ville moderne, conformément aux usages de l'avant-1870.

90. Cf. les différents volumes de la *Nouvelle Histoire de Paris*, publiée chez Hachette ; Marc Gaillard, *Paris au XIXe siècle*, Paris, Nathan, 1981, 240 p. ; Hervé Maneglier, *Paris impérial, la vie quotidienne sous le Second Empire*, Paris, A. Colin, 1990, 311 p.

91. Cf. L. Roux, « Paris nocturne », in *Le Prisme, encyclopédie morale du XIXe siècle, op. cit.*, 1841, pp. 121-124.

92. Julien Lemer, *Paris au gaz*, Paris, Jung-Treuttel, 1861, p. 32. Dans cette description du Paris nocturne, le sort de la rive gauche est réglé en une seule page !

93. *Ibid.*, p. 13.

94. Sur ce thème, voir Jeanne Gaillard, *Paris la ville (1852-1870)*, Paris, Champion, 1976, pp. 525-529.

95. Sur l'histoire de l'« arrachement de la France à la lenteur », voir Christophe Studeny, *L'Invention de la vitesse…*, *op. cit.* La rapidité des cabriolets parisiens est évoquée aux pages 67 à 71 pour le XVIIIe siècle, et 123 à 135 pour le XIXe.

96. Un exemple parmi d'autres dans *Paris, ou le Livre des Cent-et-un*, Paris, Ladvocat, 1831, vol. 3, p. 146.

97. Jean-Luc Pinol, *Le Monde des villes au XIXe siècle*, Paris, Hachette, coll Carré Histoire, 1991, p. 73.

98. *Panorama parisien, ou Indicateur général de toutes les voitures anciennes et nouvelles*, Paris, rue Mazarine, 1829, p. 10.

99. Édouard Gourdon, *Physiologie de l'omnibus*, Paris, Terry, 1841, p. 55. Selon *Paris-Guide* (Paris, Librairie internationale, 1867, vol. 2, p. 2099), les omnibus circulent sous le Second Empire de 7h 30 du matin à 11h 30 du soir.

100. C'est ce que conclut le mémoire de maîtrise de Marie-Florence Roncayolo, *Recherches sur la topographie des loisirs populaires dans Paris au XIXe siècle*, dir. par Maurice Agulhon, Université de Paris-I, 1977, 162 p.

101. On peut songer au déclin de la descente de la Courtille, à l'agonie des guinguettes et des petits bals publics de quartier, à la disparition des combats d'animaux, à celle des fêtes villageoises des communes annexées en 1860, à la destruction de la « foire permanente » du boulevard du Temple…

102. Sur ce thème, voir Julia Csergo, « Extension et mutation du loisir citadin. Paris XIXe-début du XXe siècle », in *L'Avènement des loisirs, op. cit.*, pp. 121-168.

103. Jacques Rougerie, « Recherche sur le Paris du XIXe siècle. Espace populaire et espace révolutionnaire : Paris 1870-1871 », Institut d'histoire économique et sociale de l'université de Paris I. Recherches et travaux, *Bulletin* n° 5, janvier 1977, p. 55.

104. Voir Lionel Richard, *Cabaret, cabarets. Origine et décadence*, Paris, Plon, 1991, 365 p. Le mot « cabaret » ne désigne un lieu de spectacle qu'à la fin du XIXe siècle, à Montmartre par exemple.

105. *Le Peuple de Paris. Essai sur la culture populaire au XVIIIe siècle*, Paris, Aubier, coll. historique, 1981, pp. 258-262. Voir aussi, du même auteur, « Le Cabaret parisien et les manières de vivre du peuple », in *Habiter la ville XVe-XXe siècles*, dir. Maurice Garden et Yves Lequin, Lyon, Presses universitaires de Lyon, 1984, pp. 233-251.

106. Sur l'image de l'« assommoir », cf. Didier Nourrisson, *Le Buveur du XIXe siècle*, Paris, Albin Michel, 1990, pp. 105-107.

107. On connaît la tendance populaire à voir dans l'alcool un fortifiant capable de compenser les manques caloriques : avant la journée de travail, on va « tuer le ver » ; après, on retourne chez le marchand de vin pour se « remonter ».

108. Florence Bourillon, *Étude de la sociabilité dans un milieu pré et post-haussmannien : le quartier des Arts-et-Métiers à Paris entre 1850 et 1880*, thèse de IIIe cycle, dir. par Philippe Vigier, Université de Paris-X, 1985, p. 279.

109. *Les Populations dangereuses et les misères sociales*, Paris, Dentu, 1872, p. 145.

110. Marie-Florence Roncayolo, *op. cit.*, pp. 95-103.

111. *Guinguettes et lorettes, bals publics et danse sociale à Paris de 1830 à 1870*, Paris, Aubier, coll. hist., 1986, 343 p.

112. Élie Frébault, *La Vie de Paris, guide pittoresque et pratique du visiteur*, Paris, Dentu, 1878, p. 63.

113. « Histoire et physiologie des boulevards de Paris », *op. cit.*, p. 100.

114. *Paris au gaz, op. cit.*, 1861, pp. 18-20.

115. *Ibid.*, p. 21.

116. Cf. Victor Fournel (*Le Vieux Paris, fêtes, jeux et spectacles*, Tours, Mame & fils, 1887, p. 119) sur le boulevard du Crime d'avant 1862 : « Dès que tombait le soir, toutes les façades s'allumaient [...]. On entendait retentir de toutes parts la sonnette des marchands de coco [...]. Puis tout s'engouffrait dans les salles. [...] Jusqu'après minuit, l'animation restait en permanence sur le large boulevard, entretenue par les curieux, les flâneurs, les ramasseurs de bouts de cigare, les acheteurs de contremarques, tous les petits industriels, parasites de l'art dramatique, vivant aux abords des théâtres, blottis dans leur ombre ; et sans cesse renouvelée sur quelque point par les bruyantes sorties des entractes, qui déchaînaient de nouveau la tempête des cris d'appel et des tintements de clochette. »

117. Pierre Gascar, *Le Boulevard du Crime*, Paris, Hachette/Massin, 1980, p. 14.

118. « Le Palais-Royal », in *Paris ou le Livre des Cent-et-un, op. cit.*, t. I, pp. 18-20.

119. Victor Champier et G.-Roger Sandoz, *Le Palais-Royal d'après des documents inédits (1629-1900)*, Paris, Société de propagation des livres d'art, 1900, vol. 2, p. 110.

120. Sur les pratiques du jeu clandestin au siècle des Lumières, voir Francis Freundlich, *Le Monde du jeu à Paris (1715-1800)*, Paris, Albin Michel, 1995, 294 p.

121. Pour une topographie précise, voir Jean-François Immarigeon, *Une Passion funeste, l'entreprise des jeux de Paris sous la Restauration*, mémoire de maîtrise dir. par Alain Corbin, Université de Paris-I, 1990, pp. 14-15.

122. Voir Jules de B. et A. T., *Statistique des jeux publics, crimes qu'ils occasionnent, nécessité de leur suppression*, Paris, chez tous les marchands de nouveautés, 1836, 16 p.

123. Sur la réglementation horaire, voir aussi APP *DB 190. Cercles, maisons de jeu, tripots*.

124. Jules de B. et A. T., *op. cit.*, p. 9.

125. « Le Jardin et les galeries du Palais-Royal », in *Paris-Guide, op. cit.*, p. 1308.

126. Dans son mémoire de maîtrise, *Le Jeu d'argent à Paris de 1838 à 1900* (dir. par Alain Corbin, Université de Paris-I, 1991, 261 p.), Claire Vidal décrit la survie clandestine du jeu à Paris après l'interdiction de 1836 : selon elle, « la fréquentation des tripots est la plupart du temps quotidienne et nocturne » (p. 76). Dans son livre *Les Faucheurs de nuit, joueurs et joueuses* (Paris, Librairie Nouvelle, 1860, 282 p.), Édouard Gourdon décrit les joueurs parisiens du Second Empire comme des « oiseaux de nuit ».

127. Auguste Villemot, art. cité, p. 1313.

128. *Ibid.*

129. À titre de comparaison, il n'y a dans Paris, en 1822, que 267 mètres de trottoirs (cf. Bernard Rouleau, *Le Tracé des rues de Paris*, Paris, Presses du CNRS, 1988, pp. 87-113).

130. Cf. Paul de Kock, *Paris au kaléidoscope*, Paris, Dolin, 1845, vol. 1, p. 99.

131. Catherine Coudert, *Les Passages couverts entre le Palais-Royal et les Grands Boulevards vers 1820-1850*, mémoire de maîtrise dir. par Christophe Charle, Université de Paris-I, 1994, p. 39.

132. Cf. Marc Gaillard, *Les Belles Heures des Champs-Élysées*, Amiens, Martelle, 1990, 240 p.

133. Cf. Paul de Kock, *Paris au kaléidoscope*, *op. cit.*, p. 116 : « Les Champs-Élysées sont la seule promenade champêtre que les Parisiens aient conservée dans leur ville. »

134. Cf. Concetta Condemi, *Le Café-concert à Paris de 1849 à 1914. Essor et déclin d'un phénomène social*, thèse dir. par Alberto Tenenti, EHESS, 1989, 2 vol. (publiée au Quai Voltaire en 1992, sous le titre *Les Cafés-concerts. Histoire d'un divertissement, 1849-1814*, 205 p.).

135. Cf. François Caradec et Alain Weill, *Le Café-concert*, Paris, Hachette/Massin, 1980, 190 p.

136. Émile Mathieu, *op. cit.*, p. 7.

137. *Paris au gaz*, *op. cit.*, pp. 11-13.

138. *Les Plaisirs de Paris*, Paris, Seesam, 1991 (1re éd. 1867), p. 34.

139. Cf. Pierre Gascar, *Le Boulevard du Crime*, *op. cit.*, p. 7.

140. Bernard Marchand, *Paris histoire d'une ville (XIXe-XXe siècles)*, Paris, Points Seuil, 1993, p. 45.

141. Henri Beaulieu, *Les Théâtres du boulevard du Crime (1752-1862)*, Paris, Daragon, 1905, pp. 6-8.

142. François Loyer, *Paris XIXe siècle, l'immeuble et la rue*, Paris, Hazan, 1987, p. 113.

143. Cf. Gaston Jollivet, *Souvenirs de la vie de plaisir sous le Second Empire*, Paris, Tallandier, 1927, 265 p.

144. Anne Martin-Fugier, *La Vie élégante, ou la Formation du Tout-Paris 1815-1848*, Paris, Fayard, 1990, p. 325.

145. « Les Boulevards, de la Porte Saint-Martin à la Bastille » (par Paul de Kock) / « Les Boulevards, de la Porte Saint-Martin à la Madeleine » (par Émile de Labédolliere), in *Paris-Guide*, *op. cit.*, pp. 1282-1304.

146. *Paris au gaz*, *op. cit.*, p. 31.

147. *Ibid.*, p. 25.

148. *Ibid.*, p. 15.

149. C'est le surnom du boulevard des Italiens sous la Restauration, en hommage à la ville où Louis XVIII trouva refuge pendant les Cent-Jours ; les habitués de ce boulevard sont les « gandins » (Anne Martin-Fugier, *op. cit.*, p. 325). Pour Pierre Gascar (*op. cit.*, p. 13), le fait que le boulevard des Italiens comme le boulevard du Temple (ou du Crime) reçoivent ainsi des sobriquets constitue un signe de leur parisianisme.

150. « Histoire et physiologie des boulevards de Paris », *op. cit.*, p. 89.

151. *Les Plaisirs de Paris*, *op. cit.* p. 31.

152. Pièce de Delacour et Lambert Thiboust, publiée chez M. Lévy frères, 1852, p. 3. Le même procédé de mise en scène est utilisé dans la pièce de Dupeuty et Cormon, *Paris la nuit*, drame populaire en 5 actes et 8 tableaux, Paris, Barbré, 1861, 39 p. (représentée pour la première fois en 1842).

153. Bernadille (= Victor Fournel), *Esquisses et croquis parisiens, petite chronique du temps présent*, Paris, Plon, 1879, vol. 2, p. 227.

154. *Les Nuits du Boulevard*, Paris, Dentu, 1876, vol. 1, pp. 168-169.

155. Anne Martin-Fugier, *op. cit.*, pp. 311-312.

156. Patrick Berthier, *Le Théâtre au XIXe siècle*, Paris, P.U.F., QSJ ? n° 2327, 1986, p. 12.

157. Cf. Pierre Gascar, *Le Boulevard du Crime*, *op. cit*, 1980, pp. 105-111.

158. Cf. Hervé Maneglier, *op. cit.*, p. 197.

159. *Paris au gaz*, *op. cit.*, p. 16.

160. Au 8 bd des Italiens, à l'angle avec la rue Le Peletier.

161. Au 13 bd des Italiens.

162. Au 20 bd des Italiens. Elle naît en 1848, après le déclin du café Hardy, entre les rues Laffitte et Le Peletier ; son succès s'estompe dans les dernières années du Second Empire.

163. Au 22 bd des Italiens.

164. Henri de Villemessant, *Souvenirs de jeunesse*, Paris, Dentu, 1867, chap. 9 (cité par Anne Martin-Fugier, *op. cit.*, p. 325).

165. Cf. Henry-Melchior de Langle, *Le Petit Monde des cafés et débits parisiens au XIXe siècle, évolution de la sociabilité citadine*, Paris, P.U.F., 1990, pp. 29-36.

166. Sur l'invention du « café » comme lieu civilisé, capable de se faire salon littéraire ou club politique, voir Benoît Lecoq, « Le Café », in *Les Lieux de mémoire*, *op. cit*, t. III, vol. 2, pp. 855-883.

167. Jean-Paul Aron, *Essai sur la sensibilité alimentaire à Paris au XIXe siècle*, *op. cit*, pp. 40-42. Voir aussi *Le Mangeur du XIXe siècle*, *op. cit*, pp. 207-218. Cf. encore les articles de Jean-Louis Flandrin (« Les Heures des repas en France avant le XIXe siècle », pp. 197-226) et d'Anne Martin-Fugier (« Les Repas dans l'horaire quotidien des ménages bourgeois à Paris au XIXe siècle », pp. 227-232), dans *Le Temps de manger. Alimentation, emploi du temps et rythmes sociaux*, dir. Maurice Aymard, Claude Grignon et Françoise Sabban, Paris, Éditions de la Maison de sciences de l'homme / INRA, 1993, 326 p.

168. Jean-Paul Aron, *Essai sur la sensibilité alimentaire…*, *op. cit.*, p. 17.

169. Cf. Hervé Maneglier, *op. cit.*, p. 223.

170. Le Café de Paris, au 24 bd des Italiens, ne peut rester ouvert, en vertu de son bail, que jusqu'à 10 h du soir ; il ne résiste pas longtemps à la concurrence vespérale et nocturne de ses voisins, qui peuvent servir des rafraîchissements pendant les soirées d'été et des soupers pendant les nuits d'hiver : il ferme définitivement en 1856. Cf. Jean-Paul Aron, *Le Mangeur du XIXe siècle*, *op. cit.*, p. 65.

171. *Entre minuit et une heure, étude parisienne*, Paris, Dentu, 1868, pp. 29-30.

172. *Paris*, Paris, Dentu, 1862, p. 200.

173. *Dictionnaire des idées reçues*, Paris, Aubier, 1978 (1re éd. 1911), p. 120.

174. Alfred Delvau, *Les Heures parisiennes*, *op. cit*, p. 181.

175. Né à Paris en 1825, mort en 1867. Secrétaire particulier de Ledru-Rollin en 1848, il publie quelques écrits politiques. Journaliste, il écrit ensuite de nombreuses chroniques sur Paris (il collabore notamment au *Figaro* et au *Siècle*) (sur sa biographie, cf. la réédition des *Plaisirs de Paris* chez Seesam en 1991).

176. Paris, Poulet-Malassis, p. 109.

177. Paris, Dentu, pp. 266-296 et pp. 156-157.

178. *Op. cit*, pp. 180-195.

179. *Op. cit*, pp. 92-93.

180. « C'est surtout vers minuit que le café des Variétés prend sa véritable physionomie, celle qui empêchera toujours de le confondre avec les autres cafés ses voisins ; car minuit, c'est l'heure de la soupe aux choux […]. À minuit, et surtout à 1 h du matin, on y voit beaucoup de gens gris […], et beaucoup de femmes aimables » (*Les Plaisirs de Paris*, *op. cit.*, pp. 68-69).

181. *Histoire anecdotique des cafés…*, *op. cit.*, p. 296.

182. *Les Heures parisiennes*, *op. cit.*, p. 191.

183. *Histoire anecdotique des cafés…*, *op. cit.*, pp. 156-157 et *Les Heures parisiennes*, *op. cit.*, pp. 193-194.

184. De même, à la brasserie du père Puff, boulevard Rochechouart, on peut entrer à toute heure grâce à un coup sur les volets (*Les Heures parisiennes*, *op. cit.*, p. 180). Dans *Le Constitutionnel* du 29 décembre 1844, on rapporte aussi que la veille, vers 1 h du matin, une patrouille de trois gardes municipaux a dû se faire ouvrir la porte d'un marchand de vin de la rue de Marivaux, qui faisait entrer des clients à heure indue, à l'aide d'un mot de passe. Le 11 avril 1877 encore, une liste des *« Établissements autorisés à ouvrir et à fermer à des heures non règlementaires »* mentionne les établissements Defert (17 rue des Halles) et Lenoble (14 rue Vauvilliers) qui jouissent « on ne sait en vertu de quel titre de la tolérance. Ils sont fermés, il est vrai, mais il suffit de frapper à la porte d'une certaine façon pour y être introduit, et cela pendant toute la nuit » (APP *DB 174. Débits de boissons*).

185. *Histoire anecdotique des cafés…*, *op. cit.*, p. 156.

186. *Les Joyeuses Dames de Paris, le réveil de Paris…, op. cit.*, pp. 165-166.

187. Mais mentionnée dès Restif de la Bretonne : « J'allai voir les cabarets des Halles, dont j'avais beaucoup entendu parler. Je croyais y trouver des scènes frappantes : je n'y vis que de la débauche : des gens qui fumaient, ou qui dormaient ; des filles perdues crapuleuses, avec des escrocs de billard ou d'académie, qui se battaient ou se disaient des injures : quelques tristes libertins, qui étaient là croyant s'y divertir, et qui s'ennuyaient » (« Les Nuits de Paris », in *Paris le jour, Paris la nuit, op. cit.*, pp. 668-669).

188. Alexandre Privat d'Anglemont, *Paris anecdote*, Paris, Jannet, 1854, p. 202.

189. Alfred Delvau, *Histoire anecdotique des cafés…, op. cit.*, p. 177.

190. Sous la IIIe République encore, les visiteurs étrangers de Paris sont orientés par leurs guides nocturnes vers Brébant, vers le café Bonnefoy (4 bd Montmartre), vers le Café Anglais, vers Peter's (bd des Italiens), et vers Hill's, restaurants ouverts toute la nuit dont les soupers sont signalés comme une curiosité. Ils y ajoutent les établissements des Halles, tout en invitant à la prudence (cf. *Paris after Dark, Night Guide for Gentlemen*, Lille, Vittez, vers 1880, 96 p., et Sylvester Wray, *The Nocturnal Pleasures of Paris. A Guide to the Gay City, op. cit.*, p. 91). Sur cette période et la codification du tourisme des bouges, voir Julia Csergo, « Dualité de la nuit, duplicité de la ville », in « La Nuit », *Sociétés et Représentations*, CREDHESS, nº 4, mai 1997, pp. 105-120.

191. In *La Bohème galante, op. cit.*, pp. 207-209.

192. *Paris at night, sketches and mysteries of Paris high-life and demi-monde. Nocturnal amusements : how to know them ! How to enjoy them !! How to appreciate them !!!*, Boston & Paris Publishing Company, 1869, chap. 13.

193. Mane (= Henry de Pene), *Paris aventureux*, Paris, Dentu, 1860, pp. 30-32.

194. *Histoire anecdotique des cafés…, op. cit.*, p. 173.

195. *Le Nouveau Paris, histoire de ses vingt arrondissements*, Paris, Barba, 1860, p. 13.

196. Paris, L. Marpon, 1860, pp. 74-75.

197. *Les Plaisirs de Paris, op. cit.*, p. 103.

198. Le bal public, à l'emplacement fixe, et où l'on paie le droit de s'amuser, se distingue du bal populaire, gratuit et improvisé.

199. Paris, Aubier, coll. hist., 1986, 343 p.

200. *Ibid.*, p. 7.

201. *Ibid.*, p. 13.

202. *Ibid.*, pp. 115-116.

203. Le « chahut », ou « cancan », est la déformation populaire du quadrille. Dans la polka, la danse a lieu en couple, d'un seul pas, et on abandonne donc les lignes et les enchaînements complexes de figures apprises (*ibid.*, p. 185).

204. *La Fête révolutionnaire 1789-1799*, Paris, Gallimard, 1976, p. 42.

205. *Paris la nuit, silhouettes*, Paris, Charpentier, 1842, pp. 126-127.

206. In *Les Rues de Paris, ou Paris chez soi*, ouvrage collectif, Paris, Boizard, 1859, p. 397.

207. Le premier jardin Tivoli est ouvert par les frères Ruggieri dans le quartier Saint-Lazare en 1766 ; trois jardins successifs portent ce nom avant la ruine en 1842. Il s'agit de véritables parcs d'attractions, avec grottes, montagnes russes, marionnettes, etc. (Anne Martin-Fugier, *op. cit.*, p. 332).

208. Cf. APP D^B *60. Bals et guinguettes : réglementation et renseignements divers.*

209. Selon François Gasnault, « sans élégance et avec énormément de tapage, les guinguettes ont peut-être fait beaucoup pour rendre vivable la surchauffe démographique qui faisait bouillonner Paris et sa banlieue » (*op. cit.*, p. 139). Il dénombre 138 guinguettes à Paris en 1830 et 229 en banlieue ; ces chiffres seraient respectivement de 235 et 261 en 1834 (p. 31).

210. François Gasnault, *op. cit.*, p. 17.

211. *Ibid.*, pp. 118-120. Les oscillations annuelles et mensuelles du droit des pauvres, taxe proportionnelle à la recette perçue sur les spectacles et lieux de divertissement pari-

siens depuis 1809, peuvent être observées aux APP, grâce aux relevés conservés en *D^A 1. Bals et guinguettes dans Paris et hors Paris. Droit des pauvres (1836-1853).* Les comptages sommaires que nous y avons opérés font apparaître l'intensité de la danse estivale jusqu'en 1842 ; la danse hivernale connaît pour sa part un succès particulier en 1844 et 1847.

212. François Gasnault, *op. cit.*, pp. 196-200.

213. APP *D^A 21. Stationnement des voitures près du bal Mabille* (pétition non datée).

214. François Gasnault, *op. cit.*, pp. 203-204.

215. *Ibid.*, p. 121.

216. Cf. APP *D^B 60. Bals et guinguettes. Règlementation et renseignements divers.*

217. François Gasnault, *op. cit.*, p. 265.

218. *Lettres parisiennes du vicomte de Launay* (texte présenté par Anne Martin-Fugier), Paris, Mercure de France, 1986, vol. II, pp. 78-80 [lettre du 8 mai 1841]).

219. Les salons Markowski sont au 12 rue Buffault. Des bals de nuit y ont lieu tous les mardis et samedis. BHVP, Série *Actualités*, dossier Bals.

220. Paris, Gagliani, 1815, pp. 49-51.

221. *Paris l'été, le jardin Mabille*, Paris, Martinon, 1847, pp. 5-8.

222. François Gasnault, *op. cit.*, pp. 297-300.

223. *Ibid.*, p. 289.

224. *Ibid.*, p. 287.

225. Paris, Sartorius, 1874, p. 154.

226. Pour un aperçu de la répartition topographique des lieux de la danse sous la Troisième République, voir *Paris after Dark, Night Guide for Gentlemen*, *op. cit.*

227. François Gasnault, *op. cit.*, p. 305.

228. *Paris-Guide*, *op. cit.*, p. 1003.

229. Cf. Benjamin Gastineau, *Le Carnaval*, Paris, Havard, 1855, p. 70.

230. Pour une vue d'ensemble, cf. Alain Faure, *Paris Carême-prenant, du Carnaval à Paris au XIXe siècle (1800-1914)*, Paris, Hachette, 1978, 176 p.

231. Auguste Luchet, « Les Bals champêtres en 1833 », in *Nouveau Tableau de Paris au XIXe siècle*, Paris, Béchet, 1834, t. II, pp. 370-371.

232. « Le Retour du bal », in *Paris au XIXe siècle, recueil de scènes de la vie parisienne*, Paris, Beauger & Cie, 1839, p. 49.

233. *Ibid.*, p. 49.

234. Paris, Aubert & Cie, 1845, p. 35.

235. *Un hiver à Paris*, Paris, Janet, 1846, p. 172.

236. Paris, Librairie nouvelle, 1855, pp. 70-71.

237. Sur les nuits du carnaval vénitien au Moyen Âge, voir Élisabeth Pavan, « Recherches sur la nuit vénitienne à la fin du Moyen Âge », *Journal of Medieval History*, vol. 7, 1981, pp. 339-356.

238. APP *D^B 58. Carnaval.*

239. Anne Martin-Fugier, *La Vie élégante*, *op. cit.*, p. 133.

240. Cf. François Gasnault, *op. cit.*, pp. 166-169 et p. 250 ; Anne Martin-Fugier, *op. cit.*, pp. 134-135.

241. François Gasnault, *op. cit.*, p. 70.

242. *Op. cit.*, p. 169.

243. Sur la tradition poissarde, voir Alain Faure, *op. cit.*

244. *Le Carnaval*, Paris, Havard, 1855, p. 80.

245. *Ibid.*, pp. 94-95.

246. Paris, Administration des publications populaires, 1851, t. I, pp. III-IV.

247. « Filles, lorettes, courtisanes », in *La Grande Ville, nouveau tableau de Paris*, ouvrage collectif, Paris, Marescq, 1844, p. 365.

248. *Tableau de Paris*, Paris, Paulin, 1852, vol. 1, p. 54.

249. Nous tirons ce qui suit de l'article de François Gasnault, « Bal, délinquance et mélodrame dans le Paris romantique, l'affaire de la "Tour de Nesle" (1844) », *RHMC*, t. XXIX, janv.-mars 1982, pp. 36-69.

250. *Ibid.*, p. 44.
251. *Ibid.*, p. 55.
252. *Ibid.*, p. 58.
253. *Ibid.*, p. 59.
254. *Ibid.*, p. 69.
255. François Gasnault, *Guinguettes et lorettes…*, *op. cit.*, p. 220.
256. *Paris carême-prenant…*, *op. cit.*, p. 133.
257. Alain Faure (*op. cit.*, p. 122) trouve l'origine de cette tradition en 1824 : cette année-là, la troupe du cirque Franconi organisa, à l'aube du mercredi des Cendres, une cavalcade en costume de scène dans les rues de Paris.
258. *Le Nouveau Paris, histoire de ses vingt arrondissements*, *op. cit.*, p. 303.
259. Par B. R., Paris, R. Ruel aîné, 1851, p. 89.
260. Jusqu'en 1840, la descente de la Courtille est marquée par la figure de « Milord l'Arsouille », *alias* lord Seymour, un aristocrate anglais vivant à Paris, qui fut le premier président du Jockey-Club. Alain Faure (*op. cit.*, pp. 58-61) remarque que son surnom associe la crapule et le dandy, place dans le même homme l'« abjection » et le « raffinement » ; le personnage évoque le mythe du grand homme proche des petits, et offre une possibilité de comparaison avec le Rodolphe des *Mystères de Paris*.
261. Sur le passage de la pénurie au gaspillage et sur la tradition scatologique du carnaval, voir encore Alain Faure, *op. cit.*
262. *La Vie de Paris*, Paris, Librairie nouvelle, 1855, p. 72.
263. Cf. par exemple Auguste Luchet, « La Descente de la Courtille en 1833 », art. cité, p. 41. En 1845, Louis Huart propose une version plus ironique de la coutume – même si elle atteste aussi indirectement du succès des nuits de carnaval (*Paris au bal*, *op. cit.*, pp. 105-107) : « Chaque année, la descente de la Courtille se compose uniquement des piétons qui montent la rue du faubourg-du-Temple pour aller jouir du spectacle dont eux-mêmes sont les acteurs. Comme ces personnages ont les joues cramoisies et le nez bleu – grâce au froid piquant qui règne toujours à 6 h du matin dans le mois de février, cette agréable teinture donne à nos flâneurs un faux air de masque en paletot, et chacun est convaincu que son voisin est un satané farceur qui vient de passer la nuit au bal. En réalité, tous les individus qui sont à la Courtille n'en descendent pas le mercredi des Cendres, à 7 h du matin, par la raison excellente qu'il leur est impossible de retrouver l'usage de leurs jambes avant 6 ou 8 h du soir de la même journée. »
264. Comme le souligne Jacques Rancière, la descente de la Courtille constitue pour les théoriciens de la dignité ouvrière le comble de l'humiliation (« Le Bon Temps ou la barrière des plaisirs », *Révoltes logiques*, n° 7, 1978, p. 45). Selon Matin Nadaud, la police de Louis-Philippe laisse faire, car avilir le peuple est un moyen de le rendre docile (cf. *Mémoires de Léonard, ancien garçon maçon*, édition établie et commentée par Maurice Agulhon, Paris, Hachette, 1976 pp. 142-143).
265. *Op. cit.*, p. 86.
266. La débauche nocturne s'achève de manière plus morbide encore lorsque le caprice des noctambules fortunés les conduit à terminer la nuit de plaisirs en assistant à l'aube au spectacle d'une exécution capitale, comme le déplore Joseph Mery évoquant en 1860, dans *Les Nuits parisiennes*, le Paris de 1836 (Paris, M. Lévy frères, p. 160) : « On est las, on est brisé, les femmes frêles ont succombé sous les voluptueuses étreintes de la valse délirante ; le blanc épiderme des épaules nues est écarlate de sueur ; les fleurs des corsets sont éparses sur le tapis. […] Non, non, il faut courir d'émotion en émotion ; un échafaud se dresse au faubourg Saint-Jacques ; il faut lier la dernière note amoureuse au dernier soupir d'un condamné. Cela fait un plaisir étrange, un plaisir neuf ; les plaisirs neufs sont recherchés. »
267. Conjonction exploitée par Eugène Sue dans *Le Juif errant* : « La Mascarade du choléra » (menée par la reine des orgies du faubourg, Bacchanal) y nargue l'épidémie (Paris, R. Laffont, coll. Bouquins, 1983 [1re éd. 1844], pp. 792-796).

268. Cf. « Le Retour du bal », in *Paris au XIXe siècle, recueil de scènes de la vie parisienne*, Paris, Beauger & Cie, 1839, p. 50.

269. *Les Bals d'hiver, Paris masqué*, Paris, Martinon, 1848, p. 70.

270. *Op. cit.*, p. 90.

271. Paris, Paulin, 1852, vol. 1, p. 57.

272. « Faire de la nuit le jour et du jour la nuit = donner la nuit au travail ou au plaisir et le jour au sommeil » (Pierre Larousse, *Grand Dictionnaire universel du XIXe siècle*, article « Nuit »).

273. Le mot même de « bohème », apparu vers 1840 pour qualifier la précarité de certaines « vies d'artistes », indique certaines affinités avec le nomadisme et l'incertitude des existences populaires (cf. Anne-Martin-Fugier, *Les Romantiques. Figures de l'artiste 1820-1848*, Paris, Hachette, 1998, pp. 305-368).

274. « Le Travail des enfants à Paris », *Revue des Deux-Mondes*, nov. 1844, p. 651.

275. Dans la *Statistique de l'industrie à Paris, résultant de l'enquête faite par la Chambre de commerce pour les années 1847-1848* (Paris, Guillaumin, 1851, p. 71), on relève bien l'habitude de ce chômage volontaire.

276. Alain Corbin, « Les Paysans de Paris. Histoire des Limousins du bâtiment au XIXe siècle », in *Ethnologie française*, t. X, n° 2, 1980, pp. 169-176.

277. *Mémoires de Léonard, ancien garçon maçon*, *op. cit.*, p. 104.

278. Chambre de commerce de Paris, *Enquête sur les conditions du travail en France pendant l'année 1872, département de la Seine*, Paris, 1875, p. 21.

279. Denis Poulot, *Le Sublime*, Paris, Marpon & Flammarion, 1870, première partie.

280. Cf. Jeffry Kaplow, « La Fin de la Saint-Lundi, étude sur le Paris ouvrier au XIXe siècle », *Temps libre*, 1981, n° 2, pp. 107-118.

281. APP *D^B 245. Sonnerie des cloches. Célébration des fêtes et dimanches.*

282. Pour plus de détails, voir « Dimanche, le temps suspendu », *Autrement*, n° 107, mai 1989, 204 p., et Robert Beck, *Jour du seigneur, jour de fête, jour de repos. Les mutations du dimanche en France 1700-1900*, thèse dir. par Michelle Perrot, Université de Paris-VII, 1995, 471 p. (publiée aux Éditions de l'Atelier en 1997 : *Histoire du dimanche de 1700 à nos jours*).

283. Bernadille (= Victor Fournel), « Le Dimanche à Paris », in *Esquisses et croquis parisiens…*, *op. cit.*, p. 290.

284. Robert Beck, *op. cit.*, p. 418.

285. En 1879, le vicomte d'Haussonville rapporte que sous le Second Empire, le samedi soir, les quartiers populaires retentissaient souvent de ces réjouissances collectives : « Je revenais un soir des hauteurs assez mal fréquentées de Charonne en suivant l'honnête rue du Faubourg-Saint-Antoine, qui est devenu aujourd'hui un quartier tranquille autant qu'industrieux, et qui a légué à Belleville l'héritage de sa mauvaise renommée. C'était un samedi, jour de paye, et, comme minuit venait de sonner, les cabarets se vidaient peu à peu. Le large trottoir du faubourg était aussi encombré que celui de la rue de Richelieu en plein midi » (*L'Enfance à Paris*, Paris, Calmann-Lévy, 1879, pp. 368-369).

286. Paris, Hachette, 1850, pp. 72-73.

287. Cf. *Le Lundi de l'ouvrier, par un chef d'atelier*, Annecy, Burdet, 1861, 231 p.

288. Un contre-exemple est exposé dans la *Statistique de l'industrie à Paris* de 1848 (*op. cit.*, p. 984), avec un groupe de tailleurs de pierre rangés et économes, originaires du Calvados, qui logent dans un garni correct du Ier arrondissement : « Ils rentrent le soir de bonne heure et prennent au garni leur dernier repas […] ; à l'exception du dimanche, ils ne ressortent plus jusqu'au lendemain, pour reprendre leur travail […]. Le soir, leur promenade habituelle est celle des Champs-Élysées » ; le dimanche soir, « ils vont dîner à la barrière et rentrent de bonne heure au logis ». L'enquête leur oppose l'image d'ouvriers à la conduite déréglée qui habitent dans un garni du 4e arrondissement : « Ils s'enivraient souvent et rentraient à toute heure de la nuit » (*ibid.*, p. 986).

289. Jeffry Kaplow, art. cité, p. 109.

290. Sur les nuits soustraites, pendant la première moitié du siècle, par les ouvriers les plus lucides à la pure reproduction de la force de travail, et sur le refus de la dissipation alcoolique comme stratégie gouvernementale d'abrutissement du peuple, voir Jacques Rancière, *La Nuit des prolétaires, archives du rêve ouvrier*, Paris, Fayard, 1981, 451 p. (Pluriel, 1997) : il s'attache à « l'histoire de ces nuits arrachées à la succession normale du travail et du repos : interruption imperceptible, inoffensive, dirait-on, du cours normal des choses, où se prépare, se rêve, se vit déjà l'impossible [...]. Nuits d'étude, nuits d'ivresse. Journées laborieuses prolongées pour entendre la parole des apôtres ou la leçon des instructeurs du peuple, pour apprendre, rêver, discuter ou écrire » (pp. 7-8) ; et il voit que « le discours des prolétaires épris de la nuit des intellectuels rencontre le discours des intellectuels épris des jours laborieux et glorieux du peuple » (p. 10).

291. *Paris au gaz, op. cit.*, p. 69.

292. *Traité de la vie élégante*, in *Les Parisiens comme ils sont, op. cit.* (ce texte, resté inachevé, est paru pour la première fois en feuilleton dans *La Mode* en oct.-nov. 1830).

293. *La Vie élégante, op. cit.*, chap. XI.

294. Eugène Briffault invoque les difficultés de la vie de journaliste et la menace du spleen pour expliquer cet appétit de changement : « On s'irrite contre ce bruit de Paris qui se tait, contre cette lumière qui s'éteint, contre ce sommeil qui, par une torpeur progressive, fait tout rentrer dans l'immobilité ; on s'indigne contre les ténèbres et contre toute cette existence industrielle, qui se retire et semble déserter la ville. Alors on veut et l'on cherche à tout prix la vie et le mouvement » (« La Nuit de Paris », in *Paris, ou le Livre des Cent-et-un, op. cit.*, t. III, pp. 130-131).

295. Anne Martin-Fugier, *op. cit.*, p. 376.

296. « Les Boulevards, de la Porte Saint-Martin à la Madeleine », in *Paris-Guide, op. cit.*, p. 1295.

297. *La Vie parisienne, anthologie des mœurs du XIXe siècle*, Paris, Sand-Conti, 1989, p. 31.

298. Pierre Citron, *La Poésie de Paris dans la littérature française de Rousseau à Baudelaire*, Paris, éd. de Minuit, 1961, vol. I, p. 320.

299. Jerrold Seigel, *Paris bohème, culture et politique aux marges de la vie bourgeoise 1830-1930*, Paris, Gallimard, 1991, 419 p. ; Anne Martin-Fugier, *Les Romantiques, op. cit.*

300. Sur la prédilection de la grisette (compagne traditionnelle de l'étudiant bohème) pour la nuit festive, voir Eugène Sue, *Les Mystères de Paris*, Paris, R. Laffont, coll. Bouquins, 1989, p. 456 (1re éd. 1842) : « En véritable enfant de Paris, Rigolette préférait l'étourdissement au calme, le mouvement au repos, l'âpre et retentissante harmonie de l'orchestre des bals de la Chartreuse ou du Colisée au doux murmure du vent, des eaux et du feuillage. [...] L'éblouissement des feux d'artifice, le flamboiement du bouquet, le fracas des bombes, à la sérénité d'une belle nuit pleine d'étoiles, d'ombre et de silence. »

301. Cf. Michelle Perrot, *Histoire de la vie privée, op. cit.*, t. IV, pp. 294-298.

302. À ce sujet, voir Pierre Citron, *op. cit.*, p. 310.

303. Michelle Perrot, *Histoire de la vie privée, op. cit.*, pp. 295-296.

304. En 1884 commence à paraître une revue hebdomadaire tirée à 6 000 exemplaires, dont nous n'avons pu retrouver que les six premiers numéros à la Bibliothèque nationale (du 8 novembre au 27 décembre) : *Paris-Nocturne, organe de la Bohème parisienne, des brasseries, des bals, théâtres et concerts de Paris*. Ses colonnes sont constellées d'annonces publicitaires pour divers lieux de divertissement.

305. Le mot de « dandy » serait apparu vers 1820. C'est en 1845 que Barbey d'Aurevilly publie *Du Dandysme et de George Brummel* (Anne Martin-Fugier, « Des Dandys », in *La Vie élégante, op. cit.*, chap. XII, pp. 351-387).

306. Cf. Roger Kempf, *Dandies, Baudelaire et Cie*, Paris, Seuil, Points Civilisation, 1977, 180 p.

307. Michelle Perrot, *Histoire de la vie privée, op. cit.*, pp. 296-298.

308. *Lettres parisiennes du vicomte de Launay, op. cit.*, vol. II, lettre du 20 avril 1844, p. 235.

309. Paris, Audot, 1829, p. 94.

310. *La Vie élégante, op. cit.*, p. 352.

311. Paris, Laisné, 1842, pp. 24-25.

312. Cf. Alfred Delvau, *Les Heures parisiennes, op. cit.*, p. 183 : « Une heure ! Que de rêves ont faits déjà les honnêtes bourgeois qui se sont couchés à 10 h ! [...] Les viveurs des deux sexes ne veulent pas rêver encore. Le rêve marché, bu, ri, ou chanté, vaut mieux pour eux que le rêve ronflé. Les banquettes de velours sont préférables aux oreillers de plume. »

313. *Les Heures parisiennes, op. cit.*, p. 197.

314. *Ibid.*, p. 198.

315. Cf. Pierre Zaccone, *Les Nuits du Boulevard*, Paris, Dentu, 1876, p. 172.

316. *Tableau de Paris, op. cit.*, vol. 2, pp. 60-61.

317. Émile Zola, *Nana*, Paris, Le Livre de Poche, 1984, p. 42 (1re éd. 1880).

318. *La Prostitution à Paris au XIXe siècle*, texte présenté et annoté par Alain Corbin, Paris, Seuil, coll. L'Univers historique, 1981 (1re éd. : *De la prostitution dans la ville de Paris*, 1836), p. 129.

319. *Les Cloches de la terre, paysage sonore et culture sensible dans les campagnes au XIXe siècle*, Paris, Albin Michel, 1994, p. 130. Ainsi, en 1831-1832, des plaintes s'élèvent dans le quartier Saint-Thomas d'Aquin contre les sœurs de la Charité, dont la maison centrale se trouve rue du Bac : « Ces dames sont dans l'habitude de mettre en branle tous les jours, à 4 h du matin, une cloche dont le timbre très fort s'entend au loin, surtout à une heure où tout est dans le calme : parmi les gens du voisinage, ceux qui ont besoin de se lever avant le jour se trouvent bien de ce réveil matin, mais d'autres en sont incommodés », alors que « MM. les curés eux-mêmes [...] dans toutes les églises de Paris ne commencent leurs sonneries du matin que de 5h 1/2 à 6 » (AN *F19 4374. Cloches, droit de sonnerie* : « Copie d'une lettre adressée à M. le préfet de police par M. le commissaire de police du quartier Saint-Thomas d'Aquin – 31 janv. 1832 ») (épisode signalé par Alain Corbin, *op. cit.*, p. 281).

320. Paris, Beauger & Cie, 1839, p. 47.

321. Dans sa thèse *(La Poésie de Paris..., op. cit.)*, Pierre Citron propose tout un chapitre sur « Les Noctambules de la bohème et Nerval » (pp. 308-331).

322. 1815-1893. Clerc de notaire, puis employé au ministère de la Marine, puis journaliste de mode, de théâtre, et chroniqueur politique ; dirige la Librairie centrale à partir de 1862 (Daniel Oster et Jean-Marie Goulemot, *La Vie parisienne, op. cit.*, p. 349).

323. 1823-1896. Né en Seine-et-Marne, venu faire des études de droit à Paris, puis journaliste (à *La Presse*, au *Moniteur universel*, puis au *Figaro*), critique dramatique, romancier, spécialiste du Boulevard (D. Oster et J.-M. Goulemot, *op. cit.*, p. 346).

324. *Paris au gaz, op. cit.*, p. 69.

325. *Ibid.*, p. 69.

326. *Ibid.*, p. 72.

327. *Les Heures parisiennes, op. cit.*, p. 199.

328. *Ibid.*, pp. 199-201. Cf. aussi la définition de Gustave Claudin, dans *Mes souvenirs, les boulevards de 1840-1870*, Paris, Calmann-Lévy, 1884, pp. 175-176 : « Avant 1860, il y avait encore à Paris des noctambules, mais le nombre de ces êtres intelligents est beaucoup diminué [...]. Je n'appellerai pas noctambules ceux qui s'attardent dans les cercles pour jouer au baccarat [...]. Les vrais noctambules, ce sont ces amants de la nuit qui la trouvent plus belle que le jour [...]. Ces veilles inutiles, dont les bons bourgeois n'ont jamais pu comprendre le charme ou la poésie, valent bien les sommes qu'on pourrait faire et sont en tout cas infiniment préférables aux insomnies. »

329. *Les Heures parisiennes, op. cit.*, p. 201.

330. Amédée Achard, *Les Rêveurs de Paris*, Paris, Librairie Nouvelle, 1859, pp. 3-4.

331. Sur l'exploration des « dessous » de la ville, voir Dietmar Rieger, « "Ce qu'on voit dans les rues de Paris" : marginalités sociales et regards bourgeois », *Romantisme*, n° 59, 1988, pp. 19-29.

332. Paris, Charpentier, 1890, pp. 288-291.

333. *La Vie de Paris, guide pittoresque et pratique du visiteur*, Paris, Dentu, 1878, pp. 221-223.

334. Châlons-sur-Marne, Impr. du Libéral de la Marne, 1883, non pag. (préface). Une génération plus tard, la vision de Jean de Tinan (1874-1898) renoue avec la tradition du noctambulisme et la rattache à la sensibilité fin-de-siècle (« Noctambulismes », in *Œuvres complètes*, Paris, 10/18, 1980, vol. 2, pp. 305-350 – 1re éd. 1898) : cet ami de Gide et de Toulouse-Lautrec, dont l'œuvre est fort brève, était un dandy célèbre des nuits parisiennes : « Je pense que les noctambulismes sont d'admirables procédés d'émotion. [...] dans les lieux de plaisir, les sensibilités attendries au soir par la journée d'intimités [...] doivent brusquement accueillir l'éclat des lumières, le fracas ou le chatouillement des musiques, l'énervement des rires, le trouble presque toujours sensuel des spectacles » (p. 305).

335. *Poétique de la ville*, Paris, Klincksieck, 1971, p. 153. L'exploration nocturne pourrait s'opposer à la promenade matinale du bourgeois qui « fait le tour du propriétaire et dénombre les richesses de la ville d'un œil calme, connaisseur » (p. 152).

336. *Ibid.*, pp. 172-173.

337. On peut songer dans ce registre aux deux héros du conte policier d'Edgar Poe intitulé *Double Assassinat dans la rue Morgue* (Paris, GF-Flammarion, 1996, 128 p. – 1re éd. 1841) : le narrateur fait la connaissance d'Auguste Dupin, « gentleman » ruiné, passionné de lecture et de vérité ; ils louent ensemble une petite maison dans une partie reculée du faubourg Saint-Germain, où ils vivent reclus. Dupin manifeste du goût pour le noctambulisme, désigné comme une preuve de son excentricité, de son talent analytique et de sa quête spirituelle : « Mon ami avait une bizarrerie d'humeur, – car comment définir cela ? – c'était d'aimer la nuit pour l'amour de la nuit. [...] nous nous échappions à travers les rues, bras dessus bras dessous, [...] rôdant au hasard jusqu'à une heure très avancée, et cherchant à travers les lumières désordonnées et les ténèbres de la populeuse cité ces innombrables excitations spirituelles que l'étude paisible ne peut pas donner » (pp. 32-33).

338. Pierre Sansot, *op. cit.*, pp. 195-196.

339. Paris, Aubert, 1841, p. 76.

340. *Ibid.*, pp. 50-51.

341. Edgar Poe, « L'Homme des foules », dans *Nouvelles Histoires extraordinaires*, traduction de Charles Baudelaire, Paris, Michel Lévy, 1859, pp. 52-64 (2e éd.).

342. Cf. la reprise de l'image par Rodolphe Darzens dans *Notes sur une ville, nuits à Paris*, Paris, Dentu, 1889, p. 21. L'avis de Gustave Claudin (*Mes souvenirs, les boulevards de 1840-1870*, *op. cit.*, p. 17), plus terre-à-terre, est que si vers 1840, le Boulevard était encore le domaine de l'élite parisienne, le lieu a été ensuite victime de son renom, et s'est trouvé confronté dans la seconde moitié du siècle à l'« invasion des barbares », c'est-à-dire de ces provinciaux et étrangers éberlués, amenés à Paris par le chemin de fer, et venus satisfaire leur curiosité naïve dans les Expositions universelles.

343. *La Poésie de Paris...*, *op. cit.*, p. 322.

344. *Ibid.*, p. 322.

345. *Les Dessous de Paris*, Paris, Poulet-Malassis, 1860, p. 96.

346. Dans la nouvelle de Maupassant intitulée « La Nuit, cauchemar » (in *Contes et nouvelles*, Paris, Albin Michel, 1957, pp. 1138-1143 – 1re éd. 1887), le motif devient obsessionnel, et le besoin de marcher presque compulsif – mais c'est en vertu d'une soumission amoureuse et sensuelle à la toute-puissance de la nuit, qui affranchit l'auteur de préoccupations réalistes et tourne vite à l'hallucination fantastique, puis à l'engloutissement tragique : « J'aime la nuit avec passion. Je l'aime comme on aime son pays ou sa

maîtresse, d'un amour instinctif, profond, invincible. Je l'aime avec tous mes sens, avec mes yeux qui la voient, avec mon odorat qui la respire, avec mes oreilles qui en écoutent le silence, avec toute ma chair que les ténèbres caressent » (pp. 1138-1139).

347. *Un hiver à Paris, op. cit.*, pp. 201-202.

348. *Paris au gaz, op. cit.*, pp. 75-76.

349. *Les Heures parisiennes, op. cit.*, p. 11.

350. *Ibid.*, p. 206.

351. *Les Heures parisiennes, op. cit.*, p. 201.

352. *Paris au gaz, op. cit.*, pp. 80-81.

353. 1804-1870. Né dans les Bouches-du-Rhône, venu à Paris à l'âge de 20 ans environ. Il écrit au *Figaro*, propose des chroniques dans *Le Constitutionnel* et *La Presse.* Il dirige de nombreux théâtres sous la monarchie de Juillet (les Variétés), l'Opéra de 1847 à 1854, l'Opéra-Comique de 1857 à 1860, puis le Châtelet. Selon Daniel Oster et Jean-Marie Goulemot (*La Vie parisienne*, *op. cit.*, p. 350), il est « la figure la plus « parisienne » de son temps, le type même du « lion ».

354. Paul d'Ariste, *La Vie et le monde du Boulevard (1830-1870)*, Paris, Tallandier, 1930, pp. 42 et 211 ; Anne Martin-Fugier, *op. cit.*, pp. 373-374.

355. Paris, Dentu, 1868, p. 6.

356. *Mes souvenirs, les boulevards de 1840-1870, op. cit.*, p. 172.

357. 1820-1859. Fils illégitime d'une mulâtresse de Guadeloupe. Vient à Paris à 20 ans et aspire au dandysme. Devient par manque d'argent chroniqueur et journaliste (*La Revue de Paris, Le Figaro, Le Siècle*...) (cf. Daniel Oster et Jean-Marie Goulemot, *op. cit.*, pp. 27-29).

358. *Op. cit.*

359. Il s'agit de deux recueils d'articles sur les petits métiers obscurs parus dans *Le Siècle* à partir de 1852.

360. *Op. cit.*, p. 28.

361. Jerrold Seigel, *op. cit.*, p. 133.

362. *Op. cit.*

363. *Petites Études*..., *op. cit.*, p. 291.

364. Selon Julien Lemer (*op. cit.*, p. 69), Nerval préparait avant de mourir un livre sur les bohèmes noctambules des années 1830, dont il prolongeait encore les errances dans son expérience quotidienne bien des années après la monarchie de Juillet.

365. Parues dans *L'Illustration* en 1852, reprises en volume chez M. Lévy en 1855 (in *La Bohème galante*, 314 p.). Pour Jean-Pierre Richard (« Géographie magique de Nerval », in *Poésie et profondeur*, Paris, Seuil, 1955, p. 27), il s'agit du récit d'une véritable descente aux Enfers (il y a ces carrières de Montmartre, ces bas-fonds du centre...), du « franchissement [...] d'une nuit dangereuse et maléfique ».

366. La vision peut être comparée avec celle de Maupassant dans « La Nuit, cauchemar », in *op. cit.*, pp. 1138-1143.

367. Nous nous appuyons sur le commentaire donné par Marie-Sylvie Juan dans *Paris la nuit (Nerval, Maupassant, Proust, Aragon)*, Paris, Quintette, 1991, 93 p.

368. Dans sa tendance avant-gardiste, tapageuse et excentrique, celle des « bousingots », « frénétiques », ou « Jeune-France », qui ont souvent livré la bataille d'*Hernani*. Arsène Houssaye, Théophile Gautier, Alphonse Karr, Philotée O'Neddy (*alias* Théophile Dondey, auteur en 1833 d'un *Feu et Flamme* qui, en dix « Nuits », manipule de nombreuses outrances gothiques et macabres), Pétrus Borel, Roger de Beauvoir, Alphonse Esquiros, quelques peintres sont de la partie. Anne Martin-Fugier s'est efforcée d'exposer les distinctions subtiles, parmi ces « romantiques excessifs », entre le Petit Cénacle des Jeune-France (1830-1833), peu politisés, et le groupe plus contestataire des « bousingots » (nom d'un chapeau ciré porté par les républicains) dans *Les Romantiques, op. cit.*, pp. 137-167 ; elle évoque la vie du Doyenné (groupe dispersé en 1836) aux pp. 169-190.

369. Cf. Balzac, *La Cousine Bette*, Paris, Garnier-Flammarion, 1977 (1e éd. 1846), pp. 103-104 : « La rue et l'impasse du Doyenné, voilà les seules voies intérieures de ce pâté sombre et désert où les habitants sont probablement des fantômes, car on n'y voit jamais personne. [...] Les ténèbres, le silence, l'air glacial, la profondeur caverneuse du sol concourent à faire de ces maisons des espèces de cryptes, de tombeaux vivants. Lorsqu'on passe en cabriolet le long de ce demi-quartier mort, et que le regard s'engage dans la ruelle du Doyenné, l'âme a froid, l'on se demande qui peut demeurer là, ce qui doit s'y passer le soir, à l'heure où cette ruelle se change en coupe-gorge, et où les vices de Paris, enveloppés du manteau de la nuit se donnent pleine carrière. » La cousine Bette s'est logée dans ces maisons délabrées dès 1823, le faible loyer l'y attirant, « malgré l'obligation que l'état du quartier lui faisait de se retirer avant la nuit close. Cette nécessité s'accordait d'ailleurs, ajoute Balzac, avec l'habitude villageoise qu'elle avait conservée de se coucher et de se lever avec le soleil, ce qui procure aux gens de la campagne de notables économies sur l'éclairage et le chauffage » (*ibid.*, p. 105).

370. Alfred Delvau, *Gérard de Nerval, sa vie et ses œuvres*, Paris, Bachelin, 1865, p. 38.

371. Le site n'est pas indifférent : cette oasis de silence et de liberté morale peut apparaître, face aux Tuileries, comme un défi lancé à la monarchie bourgeoise (cf. Jean Richer, *Nerval par les témoins de sa vie*, Paris, Minard, 1970, p. 79).

372. Une biographie récente de Nerval s'intéresse également à ce groupe : Claude Pichois et Michel Brix, *Gérard de Nerval*, Paris, Fayard, 1995, pp. 73-109.

373. À l'emplacement de l'actuel théâtre de la Ville.

374. Arsène Houssaye décrit ainsi la rue de la Vieille-Lanterne (détruite en 1856) en 1860 : « Il n'y avait que Gérard et Eugène Sue qui connussent la rue de la Vieille-Lanterne, cette patrie des rôdeurs de nuit. Elle n'avait pas six pieds de large et elle se terminait par un escalier brisé en deux, où se promenait sans cesse un corbeau. On y rencontrait un logeur à la nuit, peut-être à la corde, où, pour quatre sous, on prenait du café et de l'eau-de-vie. En face il y avait une écurie souterraine où venaient se coucher pêle-mêle les honnêtes gens qui n'avaient pas quatre sous pour payer leur lit » (*Paris qui s'en va et Paris qui vient*, Paris, A. Delâtre, 1860, non pag.).

375. Voir aussi les témoignages recueillis par Jean Richer, *op. cit.*, « Les Derniers Jours », pp. 287-385 ; lui-même se dit persuadé qu'il s'agit bien d'une mort volontaire (Nerval aurait programmé son acte en fonction de données astrologiques).

376. Quartier qu'il fréquentait beaucoup pour rassembler les matériaux du grand livre sur le Paris de la nuit auquel il travaillait alors, pensant connaître le sujet mieux que quiconque (voir Jean Richer, *op. cit.*, p. 66 ; Claude Pichois et Michel Brix, *op. cit.*, p. 324 : le 16 novembre 1852, Nerval avait signé un contrat d'édition pour un volume de 360 pages intitulé *Les Nuits de Paris*, contre 300 francs, mais le projet ne fut jamais exécuté). Il avait déjà été arrêté en août 1831 et en février 1832 pour tapage nocturne (en 1832, on le dit impliqué dans le complot de la rue des Prouvaires).

377. *Gérard de Nerval*, *op. cit.*, pp. 132-134.

378. *Ibid.*, p. 136.

379. *Ibid.*, pp. 143-144.

380. *Les Dessous de Paris*, *op. cit.*, pp. 28-29.

381. *Paris qui s'en va et Paris qui vient*, *op. cit.*

382. Jean Richer *(op. cit.)* souligne la tendance des témoins de sa vie à parler de Nerval comme d'un être de légende, confondu avec le narrateur de ses œuvres.

383. Alfred Delvau, *Gérard de Nerval...*, *op. cit.*, p. 136.

384. *Op. cit.*, pp. 107-108.

385. Bernadille, *Esquisses et croquis parisiens*, *op. cit.*, vol. 2, pp. 271-272.

386. « La Vie de Paris », *op. cit.*, p. 914.

387. À ce sujet, cf. Vanessa R. Schwartz, *The Public Taste for Reality : Early Mass Culture in Fin-de-Siècle Paris*, thèse dir. par Susanna Barrows, Université de Berkeley,

1989, 415 p. (publiée sous le titre *Spectacular Realities. Early Mass Culture in Fin-de-Siècle Paris*, University of California Press, 1998, 230 p. : elle aborde le thème à travers cinq chapitres traitant successivement du Boulevard, de la morgue, du musée Grévin, des dioramas et panoramas, du cinéma).

388. Sur ces questions, voir Alain Corbin, *L'Avènement des loisirs 1850-1960, op. cit.* (notamment Julia Csergo, « Extension et mutation du loisir citadin. Paris XIXe – début du XXe siècle », pp. 121-168).

389. Voir Christophe Prochasson, « De la culture des foules à la culture de masse », in *Histoire de la France. Les Formes de la culture*, dir. André Burguière et Jacques Revel, Paris, Seuil, 1993, pp. 421-455.

390. *Op. cit.*, 150 p.

3. Activités

1. Pierre Zaccone affirme dans *Les Rues de Paris, ou Paris chez soi* que les travailleurs nocturnes sont des sujets d'étude privilégiés pour le moraliste (Paris, Boizard, 1859, p. 394).

2. In *Le Prisme, encyclopédie morale du XIXe siècle* (vol. 9 des *Français peints par eux-mêmes*), Paris, L. Curmer, 1841, p. 123.

3. Paris, Hachette, 6 volumes.

4. *Ibid.*, p. 1.

5. *Ibid.*, p. 29. Les mêmes métaphores sont utilisées par A. Coffignon dans *Paris vivant. L'estomac de Paris* (Paris, Librairie illustrée, 1887, 333 p.), qui propose une étude des consommations de Paris vu comme une sorte d'ogre.

6. Cf. L. Roux, art. cité, p. 121.

7. Cf. Vincent Milliot, *Les Cris de Paris ou le Peuple travesti. Les Représentations des petits métiers parisiens (XVIe-XVIIIe siècles)*, Paris, Publications de la Sorbonne, 1995, 480 p. La volonté de perpétuer la tradition des « cris de Paris », et d'en compiler les survivances, s'exprime notamment chez Victor Fournel avec *Les Cris de Paris. Types et physionomies d'autrefois* (Paris, Firmin-Didot, 1887, 221 p.).

8. *Les Petits métiers parisiens et leurs fonctions au XIXe siècle. L'exemple des marchands des quatre saisons*, thèse de IIIe cycle dir. par Michelle Perrot, Université de Paris-VII, 1983, 386 p.

9. *Ibid.* (voir en particulier l'introduction et le début de la thèse).

10. *Ibid.*, p. 52.

11. Explorées par Alexandre Privat d'Anglemont.

12. À ce propos, voir Jules Janin, « Les Petits métiers », in *Paris, ou le Livre des Cent-et-un*, Paris, Ladvocat, t. III, p. 320.

13. *Paris au XIXe siècle, recueil de scènes de la vie parisienne*, Paris, Beauger & Cie, 1839, p. 47. Cf. aussi la chanson de Laurencin et Cormon dans *Paris qui s'éveille*, comédie-vaudeville en 5 actes, Paris, Bibliothèque dramatique, 1852, p. 5 : « Oui, de Paris la moitié dort encore / Quand l'autre, hélas ! s'éveille avant le jour / En travaillant le pauvre voit l'aurore / Qui va du riche éclairer le séjour / Bon ouvrier, fidèle à ton ouvrage / Sans murmurer de ton sort ici-bas / Suis ton chemin, travaille avec courage / Riche, à ton tour, tu te réveilleras ! »

14. Cf. Victor Fournel, *Ce qu'on voit dans les rues de Paris*, Paris, Dentu, 1867 (1re éd. 1855), pp. 346-347 : « Rien ne se perd dans Paris : cette industrie effrayante, gigantesque roue toujours en mouvement pour piler, broyer et renouveler, ne néglige pas le moindre atome [...], tout cela se recueille avec soin pour servir de matière première à une industrie occulte et ténébreuse [...]. On ne se doute pas de la multitude d'hommes dont l'unique profession consiste à parcourir nuit et jour les rues de Paris. »

15. Cf. APP *D[B] 195. Petits métiers, cris de Paris* : l'ordonnance sur les marchands ambulants du 29 septembre 1851 les oblige à porter une médaille (ils sont 4 500 en 1853) et leur défend de circuler sur la voie publique après la chute du jour. L'ordonnance du 28 décembre 1859 leur permet d'y rester jusqu'à minuit.

16. *Les Populations dangereuses et les misères sociales*, Paris, Dentu, 1872, pp. 253-255.

17. *Paris gagne-petit*, Paris, Taride, 1854, p. 92.

18. Sur ce motif, voir Émile Zola, *Le Ventre de Paris*, Paris, GF Flammarion, 1971 (1re éd. 1873), p. 77 : « Il entendait le long roulement qui partait des Halles. Paris mâchait les bouchées à ses deux millions d'habitants. C'était comme un grand organe central battant furieusement, jetant le sang de la vie dans toutes les veines. » Mais l'analogie avec le « ventre », retenue dans le titre, est moins noble que celle avec le cœur, et annonce que dans le roman les Halles seront du côté des « gras », non des « maigres ».

19. Pour une topographie précise des Halles centrales avant et après Baltard, voir Bertrand Lemoine, *Les Halles de Paris*, Paris, L'Équerre, 1980, 283 p. Nous empruntons l'essentiel de ce qui suit à ce spécialiste d'architecture et d'urbanisme, attentif à ce que la structure du marché couvert revêt toujours de temporaire et de léger.

20. *Question du déplacement de la population*, Paris, Vinchon, 1842, 32 p.

21. Sur ces étapes, voir Bertrand Lemoine, *op. cit.*, et Guy Chemla, *Les Ventres de Paris. Les Halles, La Villette, Rungis…*, Grenoble, Glénat, 1994, 222 p.

22. La tradition est inaugurée par Mercier (« Les Heures du jour », in *Tableau de Paris*, in *Paris le jour, Paris la nuit*, Paris, R. Laffont, coll. Bouquins, 1990, p. 161) : « La Halle est l'endroit où Morphée n'a jamais secoué ses pavots. Là, point de silence, point de repos, point d'entracte. […]. C'est un bourdonnement continu. Ces marchés nocturnes se passent dans les ténèbres. […] Ce tumulte non interrompu forme un contraste avec le sommeil qui occupe le reste de la ville. »

23. Cf. E. Grange, Delacour et L. Thiboust, *Les Rues de Paris*, mélodrame populaire en 6 actes et 8 tableaux, Paris, Librairie théâtrale, 1854, p. 12 : dans un « Tableau animé des environs de la Halle entre 3 et 4 h du matin », à l'acte V, un maraîcher s'écrie joyeusement : « La Halle, parlez-moi de ça ! À l'heure où Paris ferme ses cafés, la Halle ouvre les siens… Pas de nuit pour elle : c'est un lampion allumé au milieu d'une ville éteinte… un grand œil qui rit sur un visage morne… La Halle ! c'est la Bourse du maraîcher, la ressource du flâneur nocturne et l'oasis du chiffonnier… »

24. Paris, Ladvocat, 1831, t. III, pp. 318-319.

25. Paris, Barba, 1860, p. 13.

26. Cf. *Le Ventre de Paris*, *op. cit.*, pp. 69-70 : Claude Lantier « rôdait sur le carreau des nuits entières, rêvant des natures mortes colossales, des tableaux extraordinaires ».

27. *Paris anecdote*, Paris, Jannet, 1854, p. 211.

28. Boston & Paris Publishing Company, 1869, p. 108.

29. Paris, Librairie illustrée, 1887, 333 p.

30. Émile Zola, *Carnets d'enquêtes, une ethnographie inédite de la France*, textes présentés et établis par Henri Mitterand, Paris, Plon, 1986, p. 364.

31. Cf. *Le Ventre de Paris*, *op. cit.*, p. 67 (Florent découvre les Halles à l'aube) : « Quand il déboucha dans la grande rue du milieu, il songea à quelque ville étrange, avec ses quartiers distincts, ses faubourgs, ses villages, ses promenades et ses routes, ses places et ses carrefours, mise tout entière sous un hangar, un jour de pluie, par quelque caprice gigantesque. »

32. *Op. cit.*, pp. 61-62.

33. Cf. Eugène Briffault, « Le Marché des Innocents », in Paul de Kock…, *La Grande Ville, nouveau tableau de Paris*, Paris, Marescq, 1844, t. II, p. 33.

34. L. Roux, « Paris nocturne », in *Le Prisme…*, *op. cit.*, p. 123.

35. *Mémoires de M. Gisquet, ancien préfet de police*, Paris, Marchant, 1840, t. IV, p. 432. Dans la *Statistique de l'industrie à Paris* publiée par la Chambre de commerce en

1864 pour l'année 1860, on peut lire que « les arrivages aux Halles centrales commencent dès 11 h du soir et se prolongent jusqu'à 4 h du matin, heure à laquelle on procède aux ventes. 7 à 8 000 voitures apportent journellement le produit des environs de Paris » (p. 1005).

36. L. Montigny, « Les Halles », in *Le Provincial à Paris, esquisses des mœurs parisiennes*, Paris, Ladvocat, 1825, t. I, p. 295.

37. *Histoire anecdotique des cafés et cabarets de Paris*, Paris, Dentu, 1862, p. 172.

38. *Op. cit.*, p. 212.

39. Charles de Forster, *Quinze ans à Paris…*, *op. cit.*, vol. 1, p. 18.

40. Maxime Du Camp, *op. cit.*, t. II, p. 161.

41. Paris, Librairie centrale, 1866, p. 5.

42. Eugène Briffault, « Le Marché des Innocents », art. cité, p. 34.

43. Alexandre Privat d'Anglemont, *Paris anecdote*, *op. cit.*, p. 211.

44. Ce sont des assiettes qui assemblent, au petit bonheur la chance, les restes des grandes tables parisiennes récupérés à l'aube, et revendus quelques heures plus tard aux Parisiens dans la gêne.

45. Cf. « Les Débits de consolations », in *La Grande ville…*, *op. cit.*, t. I, p. 266.

46. « Le Marché des Innocents », art. cité, p. 35.

47. Cf. Adolphe Joanne, *Paris illustré*, Paris, Hachette, 1863, p. 957 : « Autrefois, on tolérait l'ouverture, aux abords des halles, pendant toute la nuit, d'établissements moitié restaurants, moitié marchands de vin, et de soi-disant liquoristes […]. La vérité, c'est que la plupart de ces établissements n'étaient que des cabarets de dernier ordre, […] servant uniquement de refuge à toute une population nocturne légitimement suspecte à la police. »

48. Paris, Lebigre-Duquesne, 1868, p. 134.

49. Cette conviction semble à l'œuvre notamment dans le livre d'Émile de Labédollière, *Les Industriels. Métiers et professions en France* (illustré par Henry Monnier), Paris, Janet, 1842, 231 p.

50. Georges Mereuil, *Sur le trottoir*, Paris, Cournol, 1863, p. 24.

51. *Op. cit.*, pp. 41-42.

52. À ce propos, voir Richard Sieburth, « Une idéologie du lisible : le phénomène des "Physiologies" », in *Romantisme*, 1985, n° 47, pp. 39-60.

53. Louis Berger, in *Les Rues de Paris, ou Paris chez soi*, *op. cit.*, p. 207.

54. *Paris, ou le Livre des Cent-et-un*, *op. cit.*, t. III, p. 147.

55. « Le Chiffonnier de Paris », in *Les Ouvriers européens*, Tours, A. Mame, 1877-1879 (2e éd.), vol. 6, p. 258 (l'étude de cette famille du faubourg Saint-Marceau a été réalisée vers 1850).

56. Mercier et Restif étaient déjà attentifs à la déambulation du « trouveur » (*Tableau de Paris*, *op. cit.*, pp. 281-282 / *Les Nuits de Paris*, Paris, Folio Gallimard, 1986, pp. 872-873).

57. Pour une nomenclature détaillée, voir Alexandre Privat d'Anglemont, « Les Industries inconnues », *Paris anecdote*, *op. cit.*, 232 p.

58. Cf. Élie Frebault dans *La Vie de Paris, guide pittoresque et pratique du visiteur* (*op. cit.*, p. 123).

59. Cf. *Voleurs et mendiants*, *op. cit.*, p. 143 : le chasseur de rats est « un de ces types inconnus qui exploitent le Paris nocturne ». Sa traque commence à minuit ; il est muni d'une lanterne, d'une tige de fer et d'une cage, et accompagné d'un terrier.

60. Paris, Charpentier, 1842, p. 132.

61. *Paris anecdote*, *op. cit.*, pp. 133-134.

62. Tous sont d'ailleurs visés par la même ordonnance répressive, celle du 1er septembre 1828.

63. *Les Industriels…, op. cit.*, p. 175.

64. Si l'on se réfère aux *Mystères de Paris*, on peut constater que la sauvagerie de l'« île du Ravageur », près du pont d'Asnières, où Eugène Sue situe le repaire de la famille de « pirates d'eau douce » que sont les Martial, est considérablement exacerbée par la nuit (Paris, Robert Laffont, coll. Bouquins, 1989 [1e éd. 1843], p. 708). Cela renvoie plus globalement à l'instabilité de la population des bords de Seine (le Chourineur a été débardeur de bois flotté au quai Saint-Paul).

65. À ce sujet, voir Dietmar Rieger, « "Ce qu'on voit dans les rues Paris" : marginalités sociales et regards bourgeois », *Romantisme*, n° 59, 1988, p. 23.

66. *Ce qu'on voit dans les rues de Paris*, *op. cit.*, p. 343.

67. Paris, Le Chevalier, 1868, 127 p.

68. *Les Industriels…, op. cit.*

69. Cf. Dietmar Rieger, *Diogenes als Lumpensammler : Materialen zu einer Gestalt der französischen Literatur des 19. Jahrhunderts*, Munich, W. Fink, 1982, 140 p.

70. *La Poésie de Paris dans la littérature française de Rousseau à Baudelaire*, Paris, éd. de Minuit, 1961, p. 315.

71. Cf. Alain Faure, « Classe malpropre, classe dangereuse ? Quelques remarques à propos des chiffonniers parisiens au XIXe siècle et de leurs cités », in *L'Haleine des faubourgs. Ville, habitat et santé au XIXe siècle*, dir. par Lion Murard et Patrick Zylberman, Fontenay-sous-Bois, *Recherches*, n° 29, déc. 1977, pp. 89-90.

72. Cf. Dietmar Rieger, art. cité, p. 26.

73. Cf. Émile de Labédollière, « Le Chiffonnier », in *Les Industriels…, op. cit.*, pp. 169-176.

74. Élie Frebault, *Les Industriels du macadam*, *op. cit.*, pp. 111-112.

75. Cf. Émile Colombey, *Le Monde des voleurs, leur esprit et leur langue*, Paris, Hetzel-Dentu, 1862, 353 p.

76. « Le Chiffonnier », in *Nouveau Tableau de Paris au XIXe siècle*, Paris, Béchet, t. II, p. 137.

77. « Les Petits métiers », *op. cit.*, t. III, p. 341.

78. Cf. par exemple Charles Yriarte, *Les Célébrités de la rue*, Paris, Dentu, 1868, p. 215.

79. Paris, Barba, 1826, 48 p.

80. La philosophie et l'eau-de-vie le réconfortent ; rentrant de sa tournée, il s'exclame : « Quel état que le mien !… obligé de courir toute la nuit… » (*op. cit.*, p. 7).

81. Drame en 5 actes, Paris, M. Lévy, 1847, 24 p.

82. Acte I, scène X: « Tout finit là tôt ou tard » (p. 7).

83. Pièce en 5 actes, Paris, Dondey-Dupré, 1847, 87 p.

84. Ces clichés sont encore utilisés par Georges Mereuil dans *Sur le trottoir*, Paris, Cournol, 1863, 59 p.

85. Paris, Boizard, 1859, p. 207.

86. *Ibid.*, p. 207.

87. *Gazette des tribunaux* du 6 juillet 1827.

88. Cf. Émile Zola, *Nana, op. cit.*, p. 338 : Satin et Nana observent l'avenue de Villiers la nuit, depuis une fenêtre : « Elles restèrent, intéressées par l'approche d'une lanterne, dansante au milieu des flaques de la chaussée. C'était une vieille chiffonnière qui fouillait les ruisseaux. Satin la reconnut. [c'est la reine Pomaré, une ancienne danseuse célèbre] […]. La chiffonnière […] leva la tête et se montra, à la lueur jaune de sa lanterne. C'était, dans ce paquet de haillons, sous un foulard en loques, une face bleuie, couturée, avec le trou édenté de la bouche et les meurtrissures enflammées des yeux. »

89. Cf. Nicolas Brazier, *op. cit.*, t. II, p. 141.

90. *Ce qu'on voit…, op. cit.*, p. 345.

91. Dans *Paris at night*, en 1869, il est dit que la silhouette nocturne de l'imperturbable chiffonnier ne semble, au premier aperçu, ni masculine ni féminine – est-elle encore humaine ? (« Paris endormi », *op. cit.*, p. 133).

92. Paris, Charpentier, 1842, p. 129.

93. « Ce n'est pas l'homme du peuple, c'est l'homme de la populace », dit Nicolas Brazier du chiffonnier en 1834 (« Le Chiffonnier », in *Nouveau Tableau de Paris*, *op. cit.*, t. II, p. 135).

94. AN F^7 *4174*. Rapport du 22 au 23 janvier 1829.

95. Paris, L. Curmer, 1843, t. III, p. 338.

96. *Quelques mots sur une question à l'ordre du jour, réflexions sur les moyens propres à diminuer les crimes et les récidives*, Paris, chez l'auteur, 1844, pp. 88-90. Sur le métier de chiffonnier comme refuge de l'ouvrier usé et du repris de justice repentant, voir Eugène Sue, *Les Mystères de Paris*, *op. cit.*, p. 67 : Le Chourineur répond à Rodolphe qui l'interroge sur sa vie que lorsqu'il ne pourra plus être débardeur, il se fera biffin : « Ça durera tant que j'aurai des bras ; quand je n'en aurai plus, je prendrai un crochet et un carquois d'osier, comme le vieux chiffonnier que je vois dans les brouillards de mon enfance. »

97. *Des classes dangereuses de la population dans les grandes villes*, Paris, Baillière, 1840, vol. 1, p. 34.

98. *Les Industriels…*, *op. cit.*, p. 175.

99. Paris, Paulin, 1852, vol. 1, p. 283.

100. Cf. Frédéric Le Play, « Le Chiffonnier de Paris », *op. cit.*, vol. 6, p. 258.

101. Paris, Chappe, 1859, t. III, p. 266. En juillet 1881, la Préfecture de police aurait ordonné d'arrêter tous les individus trouvés la nuit dans la rue le crochet à la main, la hotte sur le dos, et non pourvus d'une autorisation (ces « faux chiffonniers » étant soupçonnés de commettre des attaques nocturnes) (APP D^B *194. Chiffonniers*).

102. Lettre de Delavau du 11 décembre 1824, citée par Valéry Zanghellini, *Paris d'après les bulletins de police 1823-1826*, DES dir. par Louis Girard, 1960, p. 77.

103. *Recueil officiel des circulaires émanées de la Préfecture de police (1797-1880)*, Paris, Chaix, 1882, vol. 1, circulaire n° 165.

104. APP D^B *194. Chiffonniers*.

105. *Recueil officiel…*, *op. cit.*, vol. 1, circulaire n° 165.

106. Cf. Barlet, *Le Guide des sergents de ville*, Paris, chez l'auteur, 1831, article « Chiffonniers », pp. 80-81.

107. *Recueil officiel…*, *op. cit.*, vol. 1, circulaire n° 165.

108. Cf. APP D^B *194. Chiffonniers*.

109. N. Brazier, art. cité, p. 144. Émile de Labédollière, *op. cit.*, p. 172.

110. L. A. Berthaud, « Les Chiffonniers », in *Les Français peints par eux-mêmes*, Paris, L. Curmer, 1843, t. III, p. 333.

111. *Des Classes dangereuses*, *op. cit.*, vol. 1, p. 27.

112. Cf. Frédéric Le Play, « Le Chiffonnier de Paris », *op. cit.*, pp. 257-287.

113. Chambre de commerce de Paris, 1875, p. 115.

114. Les médailles passent de main en main, et les fraudes sont nombreuses.

115. Cf. Frédéric Le Play, « Le Chiffonnier de Paris », *op. cit.* : le chiffonnier décrit, même s'il n'est pas un mauvais homme, est devenu biffin par imprévoyance, et sa famille, qui habite le faubourg Saint-Marceau, doit souvent recourir à l'assistance ou à la charité.

116. Le 22 septembre 1828, le maire du 9e arrondissement écrit au préfet de police que presque tous les chiffonniers de son arrondissement sont inscrits au Bureau de charité (APP D^B *194 Chiffonniers*).

117. Calcul effectué à partir d'un recensement des chiffonniers médaillés conservé aux APP en D^B *194*.

118. Paris, Pagnerre, 1863, p. 26.

119. Paris, Guillaumin, 1851, p. 990.

120. *Op. cit.*, p. 258.

121. *Op. cit.*, p. 4.

122. L'article 10 de l'ordonnance du 1er septembre 1828 interdit aux chiffonniers de circuler sur la voie publique de minuit à cinq heures du matin en hiver, et de minuit jusqu'au lever du jour en été.

123. Georges Mereuil, *Sur le trottoir*, *op. cit.*, p. 26.

124. *Les Célébrités de la rue*, *op. cit.*, p. 217.

125. Nicolas Brazier, « Le Chiffonnier », *op. cit.*, t. II, p. 143.

126. Le recyclage transforme les vieux papiers et les chiffons en papier ou en carton neufs, les os en noir animal, le verre cassé est refondu, les clous sont utilisés comme de la ferraille, les cheveux donnent des perruques, les vieilles savates deviennent l'âme de souliers neufs, etc.

127. Paris, 1866-1876, article « Chiffonnier » (rééd. Nîmes, Lacour, 1991).

128. *Op. cit.*, p. 982.

129. *Ibid.*, pp. 982-983.

130. Selon Nicolas Brazier (*op. cit.*, t. II, p. 136), nombre de chiffonniers dorment l'été sur les gazons des Champs-Élysées ou dans les fossés des boulevards extérieurs ; l'hiver, ils s'arrêtent au corps de garde pour se réchauffer, comme les vagabonds nocturnes, leurs cousins.

131. H.A. Frégier, *op. cit.*, vol. 1, p. 108.

132. *Op. cit.*, p. 283.

133. Se traiter de « chiffonnier » est considéré comme une insulte grave dans les milieux populaires…

134. Ils passent ainsi, par exemple, du quartier Mouffetard à celui de la barrière d'Italie.

135. « Classe malpropre, classe dangereuse ? », art. cité, pp. 79-102.

136. *Voleurs et mendiants…*, *op. cit.*, p. 134. Sur la localisation des cités, cf. Alain Faure, art. cité, pp. 91-95. Voir aussi Louis Barron, *Paris étrange*, Paris, Marpon & Flammarion, 1883, chap. 8 (« Batignolles-Clichy »).

137. APP *D[B] 194. Chiffonniers.*

138. *Op. cit.*, p. 991.

139. La hiérarchie de la profession superpose donc le piqueur, le placier et le maître chiffonnier, négociant en gros parfois fortuné.

140. Art. cité, p. 89.

141. Rééd. Paris, Messidor, 1989, 423 p.

142. Cf. Dietmar Rieger, art. cité, p. 27.

143. Jules Vallès, *op. cit.*, p. 80.

144. Le « service du nettoiement » tel qu'il est compris par la Préfecture de police au début du XIXe siècle comprend l'enlèvement des boues, le balayage à la charge de la Ville, le curage des égouts, l'arrosement des promenades et boulevards (cf. APP *D[A] 30. Voirie. Service du nettoiement de Paris [1817-1858]*).

145. Rappelons en outre que le *Décret impérial relatif aux attributions du Préfet de la Seine et du préfet de police* du 10 octobre 1859 enlève au second, pour en charger le premier, les attributions de petite voirie, d'éclairage, de balayage, d'arrosage de la voie publique, de curage des égouts et des fosses d'aisances.

146. Les *Annales d'hygiène publique et de médecine légale* naissent en 1829. Sur le lien entre saleté et maladie, en dehors du *Miasme et la Jonquille*, déjà cité, on peut consulter, d'Alain Corbin, « L'Hygiène publique et les "excreta" de la ville préhaussmannienne », in *Ethnologie française*, t. XII, n° 2, 1982, pp. 127-130. Cf. aussi Roger-Henri Guerrand, « Le Problème de l'évacuation des déchets solides à Paris au XIXe siècle » et « La Bataille du tout-à-l'égout à Paris » (in *Mœurs citadines. Histoire de la culture urbaine XIXe-XXe siècles*, Paris, Quai Voltaire, 1992, pp. 23-35 et pp. 36-49). Voir enfin Sabine Barles, *La Ville délétère. Médecins et ingénieurs dans l'espace urbain XVIIIe-XXe siècle*, Seyssel, Champ Vallon, 1999, 377 p.

147. Dans le tome II du *Nouveau Tableau de Paris au* XIXe *siècle*, publié en 1834, l'article de B. T. Duverger consacré à la vidange s'intitule significativement « Paris nocturne. Les basses œuvres » (*op. cit.*, p. 397).

148. B. T. Duverger, « Paris nocturne. Les basses œuvres », art. cité, pp. 398-399. Sur le vacarme nocturne de la voiture de vidange, cf. aussi Eugène de Mirecourt, *Paris la nuit*, Paris, Havard, 1855, p. 13.

149. Cf. encore Bernadille (= Victor Fournel), *Esquisses et croquis parisiens, petite chronique du temps présent*, Paris, Plon, 1879, t. II, p. 268 : « Une voiture honteuse s'esquive au tournant de la rue ; elle est en retard et opère sa retraite à grand bruit, ébranlant les maisons et répandant des effluves empoisonnés sur son passage. »

150. APP *DB 157. Vidanges, vidangeurs.*

151. Cf. *Mémoires de M. Gisquet, op. cit.*, t. IV, p. 300.

152. APP *DB 157*, carton cité. Sur le nettoiement de Paris au XVIIIe siècle, cf. Pierre Saddy, « Le Cycle des immondices », in *Dix-Huitième Siècle*, 1977, n° 9 (« Le Sain et le Malsain »), pp. 203-214.

153. *Collection officielle des ordonnances…*, *op. cit.*, t. I, p. 169.

154. Cf. Barlet, *Le Guide des sergents de ville*, *op. cit.*, p. 129.

155. APP *DB 157*, carton cité.

156. *Ibid.* Pour ce qui est du curage des égouts, l'extraction des matières a lieu elle aussi pendant la nuit (APP *DA 9. Balayage, arrosement, nettoiement, égouts (an XII – 1855)).*

157. Cf. APP *DB 157.*

158. APP *DB 158. Vidanges, vidangeurs.*

159. *Premier Mémoire sur les eaux de Paris, présenté par le Préfet de la Seine au Conseil municipal (4 août 1854)*, Paris, Charles de Mourgues, 1858, p. 55 (« Des vidanges »).

160. Art. cité, pp. 397-398.

161. APP *DB 157. Mémoire présenté à M. le préfet de police par les entrepreneurs de vidange de Paris* (mars 1868).

162. La victoire du tout-à-l'égout n'a lieu qu'en 1894 à Paris. Cf. Jeanne-Hélène Jugie, *Poubelle-Paris. La Collecte des ordures ménagères à la fin du* XIXe *siècle*, Paris, Larousse, coll. Découvrir, 1993, 288 p.

163. Cf. APP *DA 30. Voirie. Service du nettoiement de Paris (1817-1858). Cahier des charges du nettoiement (1818-1827),* article 45.

164. *Ibid.*

165. Cf. ADP *VI1 32. Balayage et arrosage des rues ; enlèvement des ordures.* Plaintes contre les ouvriers préposés au nettoiement (1848-1857). Organisation, fonctionnement, matériels utilisés (1827-1857).

166. APP *DA 30*, carton cité.

167. *Ibid.* La *Statistique de l'industrie à Paris* de 1860 mentionne 2 436 employés pour le balayage (*op. cit.*, p. 970), mais ne précise pas la nature exacte de leur tâche.

168. *Les Industriels…*, *op. cit.*, p. 144.

169. APP *DA 9. Balayage, arrosement, nettoiement, égouts (an XII-1855).*

170. Pierre Mazerolle, *La Misère de Paris, les mauvais gîtes*, Paris, Sartorius, 1875, p. 92.

171. *Ibid.*, pp. 53-54.

172. *Ce qu'on voit dans les rues de Paris*, *op. cit.*, pp. 341-342.

173. *Op. cit.*, p. 135.

174. Un exemple de ce type dans « Les Balayeurs », in *Paris au* XIXe *siècle, recueil de scènes de la vie parisienne*, *op. cit.*, p. 48.

175. Paris, Poulet-Malassis, 1860, p. 103 (il cite une ex-chanteuse, un ex-millionnaire, une ex-courtisane, etc. : le balayeur est happé dans le même processus de recyclage social que le chiffonnier).

176. *Les Heures parisiennes*, *op. cit.*, p. 11.

177. Cf. Alletz, *Dictionnaire de police moderne*, Paris, Lottin, 1820, t. III, p. 47
178. *Collection officielle des ordonnances*, *op. cit.*, t. II.
179. *Ibid.*, t. III, pp. 166-169.
180. Cf. Alfred Rey et Louis Feron, *Histoire du corps des gardiens de la paix*, Paris, Firmin-Didot, 1896, p. 4.
181. APP D^A *30. Voirie. Service du nettoiement de Paris (1817-1858).*
182. *Mémoires…*, *op. cit.*, t. IV, p. 430.
183. APP D^A *9*, carton cité. *Commission municipale de la Ville de Paris. Propositions concernant le balayage à la charge des habitants (15 novembre 1852).*
184. APP D^A *30*, carton cité. *Projet de réforme du nettoiement (1853).*
185. *Ibid.*
186. APP D^A *30. Voirie. Service du nettoiement de Paris (1817-1858).*
187. *Ibid. Note sur le service du balayage en 1857.*
188. *Ibid.*
189. Cf. APP D^A *123. Service de salubrité. Nettoiement des voies de Paris.*
190. APP D^A *30*. Carton cité.
191. Cf. Louis Chevalier, « Le Choléra à Paris », in *Le Choléra, la première épidémie du* XIXe *siècle*, Paris, Bibliothèque de la Révolution de 1848, t. XX, 1958, pp. 3-45.
192. Dans la nuit du 1er au 2 avril 1832, les chiffonniers auraient brisé les lanternes des rues Saint-Martin et Saint-Denis (cf. Ange-Pierre Leca, *Et le choléra s'abattit sur Paris 1832*, Paris, Albin Michel, 1982, 296 p.).
193. *Mémoires…*, *op. cit.*, t. I, p. 465.
194. *Ibid.*, p. 497.
195. APP D^A *9*, carton cité. *Commission municipale de la Ville de Paris. Affaire du nettoiement. Mémoire de M. le préfet de police (15 novembre 1852).*
196. *Ibid.*
197. Cf. Joseph Barberet, *Le Travail en France : monographies professionnelles*, Paris, Berger-Levrault, 1886, vol. 4, chapitre sur les chiffonniers.
198. Cf. bien sûr la thèse de Jeanne Gaillard, déjà citée, et l'étude très claire de Jean-Michel Gourden, *Le Peuple des ateliers, les artisans du* XIXe *siècle*, Paris, Créaphis, 1992, 164 p.
199. Selon Léon Faucher (« Le Travail des enfants à Paris », *Revue des Deux-Mondes*, nov. 1844, pp. 643-665), c'est dans l'espace délimité par les rues Montmartre, de la Monnaie, du Temple, ainsi que par les quais et les Boulevards, que ces ouvriers en chambre sont les plus nombreux.
200. *Op. cit.*, p. 421.
201. Guillaume de Bertier de Sauvigny, « Les ouvriers d'industrie à Paris sous la Restauration », *Bulletin de la Société d'histoire moderne*, n° 14, 1976, p. 27.
202. *Ouvriers des deux-mondes*, rééd. À l'Enseigne de l'Arbre verdoyant, 1983, 336 p.
203. Cf. Georges Duveau, *La Vie ouvrière en France sous le Second Empire*, Paris, Gallimard, 1946, pp. 236-239.
204. *Conseils aux ouvriers sur les moyens qu'ils ont d'être heureux*, Paris, Hachette, 1850, p. 272.
205. Paris, Guillaumin, 1851, 1005 p.
206. Paris, 1864, 1088 p.
207. Jean-Pierre Aguet, *Contribution à l'étude du mouvement ouvrier français, les grèves sous la monarchie de Juillet (1830-1847)*, Genève, Droz, 1954, 406 p.
208. *Les Ouvriers en grève, France 1871-1890*, service de reproduction des thèses de Lille-III, 1975, vol. 1, pp. 293-295 (version abrégée : *Jeunesse de la Grève, France 1871-1890*, Paris, Seuil, coll. L'Univers historique, 1984, 324 p.).
209. Cf. Hilde Rigaudias-Weiss, *Les Enquêtes ouvrières en France entre 1830 et 1848*, Paris, P.U.F., 1936, chap. 6.
210. P. 644.

211. *Conseils aux ouvriers…*, *op. cit.*, p. 276.

212. AN *F*[12] *4717. Inspection du travail des enfants dans les manufactures (exécution de la loi du 22 mars 1841).*

213. Cf. Eugène Tallon et Gustave Maurice, *Législation sur le travail des enfants dans les manufactures*, Paris, J. Baudry, 1875, 600 p.

214. Paris, Baillière, 1822, pp. 192-195.

215. In *Le Prisme…*, *op. cit.*, p. 123.

216. Sur les débats autour du repos, voir Alain Corbin, « La Fatigue, le repos et la conquête du temps », in *L'Avènement des loisirs 1850-1960*, Paris, Aubier, 1995, pp. 276-298 (le propos concerne les années 1870 à 1930).

217. Cf. Th. H. Barrau, *op. cit.*, p. 349.

218. APP *D*[B] *515. Travail de nuit.*

219. *Ibid.*

220. « La Corporation des ouvriers boulangers au public parisien » (mars 1872), in Joseph Barberet, *Le Travail en France, op. cit.*, vol. 1, p. 451.

221. *Le Provincial à Paris, esquisses des mœurs parisiennes*, *op. cit.*, vol. 1, p. 206.

222. Cf. Bernadille (= Victor Fournel), *Esquisses et croquis parisiens…*, *op. cit.*, vol. II, p. 267 : « Paris, comme le Parisien, s'éveille à des heures très diverses, suivant les saisons et suivant les quartiers. Il faudrait être partout à la fois pour noter isolément chaque partie de ce grand tableau. »

223. *Paris au* XIXe *siècle, recueil de scènes de la vie parisienne*, *op. cit.*, p. 47.

224. *Ibid.*, p. 47.

225. *Ibid.*, p. 47.

226. Paris, Barbezat, 1830, p. 159.

227. Paris, Lebigre-Duquesne, 1868, p. 144.

228. Cf. par exemple Jules Janin, *Un hiver à Paris*, Paris, Janet, 1846, p. 50, ou Paul de Kock, « Paris de ma fenêtre », in *Tyler le Couvreur*, Paris, L. de Potter, 1841, p. 35.

229. Alfred Delvau, *Les Heures parisiennes*, *op. cit.*, pp. 15-17.

230. Alexandre Privat d'Anglemont, *Paris anecdote*, *op. cit.*, pp. 71-72.

231. Paris, Hetzel, 1889 (2e éd.), p. 46.

232. *Ibid.*, p. 40.

233. Sur les variations du nombre d'ouvriers présents chaque matin devant l'Hôtel de Ville, indicateur important, pour les autorités, de l'état de la conjoncture économique, voir les *Bulletins de Paris* des années 1819 à 1846 (AN *F*[7] *3874-3893*).

234. Émile de Labédollière, *Les Industriels…*, *op. cit.*, p. 223.

235. Bernadille, *op. cit.*, vol. II, p. 269.

236. *Ibid.*, p. 276.

237. *Le Provincial à Paris*, *op. cit.*, p. 92. Sur la visite matinale au cabaret, cf. aussi H.A. Frégier, *Des classes dangereuses de la population dans les grandes villes*, *op. cit.*, vol. 1, p. 76. Dans la *Statistique de l'industrie à Paris* publiée en 1851 (*op. cit.*, p. 71), on fait de même mention de l'habitude qu'ont les ouvriers parisiens de se réunir au cabaret avant de se rendre au travail.

238. *Conseils aux ouvriers…*, *op. cit.*, p. 204.

239. *Les Heures parisiennes*, *op. cit.*, p. 20.

240. Cf. *Paris, ses organes…*, *op. cit.*, t. VI, pp. 327-328.

241. Cf. Luc Passion, « Marcher dans Paris au XIXe siècle », in *Paris et ses réseaux : naissance d'un mode de vie urbain* XIXe*- XX*[e] *siècles*, dir. François Caron, Paris, BHVP, Hôtel d'Angoulême-Lamoignon, 1990, p. 42.

242. Lucien Lambeau, *Histoire des communes annexées à Paris en 1859*, Paris, E. Leroux, 1914, vol. 3 (« Grenelle »), pp. 234-235.

243. Sur les années 1890, voir Alain Faure, « Les Racines de la mobilité populaire à Paris au XIXe siècle », in *Changer de région, de métier, changer de quartier. Recherches en région parisienne*, dir. Odile Benoit-Guilbot, Université de Paris-X – Nanterre, 1982, pp. 103-119.

244. Paris, R. Ruel aîné, 1851, p. 126.

245. Jacques Rougerie, « Recherche sur le Paris du XIXe siècle. Espace populaire et espace révolutionnaire : Paris 1870-1871 », Institut d'histoire économique et sociale de l'université de Paris-I, Recherches et Travaux, *Bulletin* n° 5, janv. 1977, p. 68.

246. Paris, GF Flammarion, 1969 (1re éd. 1877), pp. 35-39. À la fin du livre (pp. 414-416), au terme de sa déchéance, c'est le spectacle crépusculaire de la « rentrée des ouvriers » qui s'offrira à Gervaise en ces mêmes lieux, avant qu'elle-même n'aille se prostituer dans la nuit du Boulevard : « L'heure devenait louche, les lointains se brouillaient d'une teinte boueuse. [...] À cette heure, les dames en chapeau, les messieurs bien mis habitant les maisons neuves, étaient noyés au milieu du peuple, des processions d'hommes et de femmes encore blêmes de l'air vicié des ateliers. [...] Puis, le flot s'épuisait, les groupes s'espaçaient, le travail était rentré ; et, dans les flamboiements du gaz, après la journée finie, montait la sourde revanche des paresses et des noces qui s'éveillaient. »

247. *Op. cit.*, t. V, pp. 347-348.

248. Cf. Léon Gozlan, « L'Homme du peuple », in *Les Français peints par eux-mêmes*, Paris, L. Curmer, 1843, t. III, p. 282 : « Sept heures sonnent : à chaque angle débouchent des groupes rapides ; il en sort de partout, de ce côté-ci et de l'autre côté de la Seine ; ce sont les abeilles de l'industrie, les 200 000 ouvriers de Paris. La journée va commencer pour eux. »

249. Cf. *Nouveau Tableau de Paris au XIXe siècle*, *op. cit.*, t. V, p. 349.

250. Alfred Delvau, *op. cit.*, p. 142.

251. Bernadille, *op. cit.*, vol. II, p. 271.

252. *Ibid.*, p. 269.

253. Paul de Kock, « Paris de ma fenêtre », *op. cit.*, p. 45.

254. Maria d'Anspach, « La Modiste », in *Les Français peints par eux-mêmes*, *op. cit.*, t. III, p. 105.

255. *Op. cit.*, 1855, p. 80.

256. Victor Hugo, *Les Misérables*, *op. cit.*, t. III, p. 314. Il est vrai que dans le roman, l'égout parisien rend aussi les hommes à la vie...

257. Cf. ordonnance concernant le balayage des rues dans Paris (14 nov. 1817), *Collection officielle...*, *op. cit.*, t. II, art. 11 : nombre de maraîchers ont passé des contrats en ce sens avec les entreprises chargées de l'enlèvement des boues.

258. *Paris, ses organes...*, *op. cit.*, t. II, p. 163.

4. CONTRÔLES

1. On peut citer le colloque organisé par la Société d'histoire de la révolution de 1848 et des révolutions du XIXe siècle, *Maintien de l'ordre et polices en France et en Europe au XIXe siècle*, Paris, Créaphis, 1987, 413 p., ou les thèses de Jean-Marc Berlière, *L'Institution policière en France sous la Troisième République 1875-1914*, dir. par Pierre Lévêque, Université de Bourgogne, 1991, 3 vol. et d'Annie Lauck, *Les Représentations de la police parisienne de la Restauration à la monarchie de Juillet (1814-1832)*, dir. par Alain Corbin, Université de Paris-I, 1996, 413 p.

2. Cf. *L'État et sa police en France 1789-1914*, Genève, Droz, 1979, 213 p., ainsi que Jean-Paul Brunet, *La Police de l'ombre, indicateurs et provocateurs dans la France contemporaine*, Paris, Seuil, 1990, 347 p.

3. Cf. Guillaume de Bertier de Sauvigny, « La Restauration », *Nouvelle Histoire de Paris*, Paris, Hachette, 1977, chap. II (« Les Forces de l'ordre »).

4. Il suffit de lire, de Jean Tulard, *La Préfecture de police sous la monarchie de Juillet*, Paris, Imprimerie municipale, 1964, 179 p., ou *Paris et son administration 1800-1830*, Paris, Imprimerie municipale, 1976, 575 p.

5. *Les Nuits du Boulevard,* Paris, Dentu, 1876, vol. 2, p. 185.

6. Gisquet, préfet de police d'octobre 1831 à septembre 1836, durant les débuts tumultueux du règne de Louis-Philippe, passe ainsi pour un despote. Delessert, qui lui succède en 1836, semble plus soucieux des questions d'édilité.

7. Nous ne disposons malheureusement pas, pour le Second Empire, de sources aussi vivantes que celles contenues dans la série F^7 des AN pour l'avant-1848, où l'on peut entrevoir les défaillances des hommes qui gardent le Paris de la nuit ; cela peut produire une adhésion exagérée, par défaut, à la thèse de la réussite bonapartiste en matière de sûreté publique.

8. *Les Misérables*, Paris, Le Livre de Poche, 1985 (1re éd. 1862), t. III, p. 370.

9. « Le Sergent de ville », in *Les Français peints par eux-mêmes...*, Paris, L. Curmer, 1843, t. V, p. 272.

10. Jean Delumeau a consacré quelques pages au renforcement de la sécurité nocturne dans les villes d'autrefois dans *Rassurer et Protéger. Le Sentiment de sécurité dans l'Occident d'autrefois*, Paris, Fayard, 1989, pp. 549-561.

11. Cf. H. A. Frégier, *Histoire de l'administration de la police de Paris depuis Philippe-Auguste jusqu'aux États-Généraux de 1789*, Paris, Guillaumin & Cie, 1850, vol. 1, p. 10 ; François Cudet, *Histoire des corps de troupe qui ont été spécialement chargés du service de la Ville de Paris*, Paris, Pillet, 1887, p. 15 ; Alfred Rey et Louis Feron, *Histoire du corps des gardiens de la paix*, Paris, Firmin-Didot, 1896, p. IX.

12. Cf. Bronislaw Geremek, *Les Marginaux parisiens aux* XIVe *et* XVe *siècles*, Paris, Champs Flammarion, 1990 (1re éd. 1976), pp. 26-31.

13. Cf. Eugène Defrance, *Histoire de l'éclairage des rues de Paris*, Paris, Imprimerie nationale, 1904, p. 23, ou A. Rey et L. Feron, *op. cit.*, p. 4.

14. Voir Jean-Pierre Leguay, *La Rue au Moyen Âge*, Rennes, Ouest-France éditions, 1984, p. 159 ; Édouard Fournier, *Les Lanternes, histoire de l'ancien éclairage de Paris*, Paris, Dentu/Jannet, 1854, pp. 11-14

15. Cf. Georges Carrot, *Histoire de la police française*, Paris, Tallandier, 1992, p. 69.

16. En 1667 est également créée, au profit de La Reynie, la charge de lieutenant général de police.

17. Jean-Baptiste Le Maire, *La Police de Paris en 1770*, mémoire inédit composé par ordre de Sartine, publié par la Société d'histoire de Paris et de l'Île-de-France, 1879, p. 18. Cf. aussi Arlette Farge, *Vivre dans la rue à Paris au* XVIIIe *siècle*, Paris, Archives Gallimard-Julliard, 1979, p. 207.

18. Cf. L.-S. Mercier, *Tableau de Paris*, in *Paris le jour, Paris la nuit*, Paris, R. Laffont, coll. Bouquins, 1990, p. 63 : « La sûreté de Paris, pendant la nuit, est l'ouvrage du guet et de deux ou trois cents mouchards, qui battent le pavé, qui reconnaissent et qui suivent les gens suspects. »

19. Jean Chagniot, « Le Guet et la Garde de Paris à la fin de l'Ancien Régime », *RHMC*, t. XX, janv.- mars 1973, p. 58. Voir aussi, dans sa thèse publiée en 1985 chez Economica sous le titre *Paris et l'armée au* XVIIIe *siècle*, la partie appelée « La Force publique à Paris au XVIIIe siècle » (pp. 45-196).

20. Jean Chagniot, *Paris et l'armée...*, *op. cit.*, p. 52.

21. *Ibid.*, p. 190.

22. Cf. Alfred Des Cilleuls, *La Garde républicaine et les sapeurs-pompiers de Paris. Origines et histoire*, Paris, Berger-Levrault, 1900, p. 35.

23. Jean-Baptiste Le Maire, *op. cit.*, p. 69.

24. Cf. Jeffry Kaplow, *Les Noms des rois, les pauvres de Paris à la veille de la Révolution*, Paris, Maspero, 1974, p. 54.

25. Jean Chagniot date des années 1740-1750 la naissance de ces rondes nocturnes dans les lieux mal famés ; selon lui, des soldats, habillés en bourgeois, sont également employés à des « patrouilles grises » (*Paris et l'armée...*, *op. cit.*, p. 62).

26. Jean-Baptiste Le Maire, *op. cit.*, pp. 80-83.

27. *La Vie fragile, violence, pouvoirs et solidarités à Paris au XVIIIe siècle*, Paris, Hachette, 1986, pp. 170-175.

28. Jean-Baptiste Le Maire, *op. cit.*, p. 82.

29. Voir plus loin : *Paris, ou le Livre des Cent-et-un*, Paris, Ladvocat, t. III, p. 137.

30. Il y a donc là contradiction avec le principe de publicité qui, selon Jürgen Habermas, est opposé par la bourgeoisie cultivée et libérale au secret du pouvoir absolu depuis la fin de l'Ancien Régime (*L'Espace public. Archéologie de la publicité comme dimension constitutive de la société bourgeoise*, Paris, Payot, 1978 [1re éd. 1962], 324 p.).

31. Armand Durantin, « Le Sergent de ville », art. cité, p. 278.

32. Cf. la fameuse traque nocturne de Jean Valjean et Cosette par Javert lors d'une nuit de pleine lune sur la rive gauche déserte (« À chasse noire, meute muette », *Les Misérables*, *op. cit.*, t. I, pp. 455-487) : les quatre hommes qui suivent les fugitifs en glissant le long des murs et en prenant bien soin de rester dans l'ombre sont « tous de haute taille, vêtus de longues redingotes brunes, avec des chapeaux ronds, et de gros bâtons à la main » ; ils évoquent « quatre spectres déguisés en bourgeois » (p. 458). Javert requiert ensuite une patrouille de soldats, armés de baïonnettes, dont la marche produit « un bruit sourd et cadencé » (p. 465). Les deux composantes du dispositif de surveillance nocturne dans le premier tiers du XIXe siècle sont ainsi représentées.

33. Annie Lauck souligne la multiplicité des « polices parallèles » sous la Restauration, et le silence pesant qui s'abat sur les cabarets parisiens lorsqu'un inconnu y fait intrusion : tous, y compris les sergents de ville (avant qu'ils ne portent des uniformes) sont appelés « mouchards » (thèse citée, pp. 8-66).

34. À ce sujet, voir Jean-Louis Bory, « Balzac et les ténèbres », dans *Vautrin*, Paris, La Jeune Parque, 1947, pp. 11-64.

35. Paris, Gallimard, coll. Tel, 1975, p. 249.

36. Cf. Maxime Du Camp, « La Préfecture de police et la sûreté publique à Paris », *Revue des Deux-Mondes*, t. LXXXII, juillet 1869, p. 152, et *Paris, ses organes, ses fonctions et sa vie dans la seconde moitié du XIXe siècle*, Paris, Hachette, 6 vol., 1869-1875, t. III, p. 87 (le chapitre XIII s'intitule « La Police »).

37. Cf. APP D^B *24. Commissaires de police, service général.* Plus mobiles, plus visibles que les commissaires, sur les attributions desquels les leurs tendent à empiéter, les officiers de paix ont un bureau dans leur arrondissement (cf. Jean Tulard, *Paris et son administration…*, *op. cit.*, pp. 145-146).

38. APP D^B *31. Police municipale de Paris, documents divers (1812-1870).*

39. *Mémoires de M. Gisquet…*, Paris, Marchant, 1840, t. I, p. 290.

40. Thèse citée, 1991, p. 624

41. APP D^B *24.* Carton cité.

42. *Ibid.*

43. APP D^B *40. Rondes de nuit.*

44. Cf. les circulaires accusatrices du préfet en APP D^B *24.* Carton cité.

45. On peut les suivre par le menu en APP D^B *24.* Les va-et-vient sont nombreux entre la tolérance de l'alternat et sa suppression, et l'on imagine les Parisiens (et même l'autorité militaire, qui s'en plaignait le 14 avril 1847) très désorientés face à ces multiples retournements.

46. APP D^B *40.* Carton cité.

47. Paris, chez Mme Goullet, 1826, p. 7.

48. Sur les moyens douteux qu'elle utilise, on pourra se reporter à Annie Lauck, thèse citée, pp. 350-359.

49. Cf. AN F^7 *3874.* Bulletin de Paris du 15 janvier 1819 : « La police de sûreté est parvenue à découvrir et a arrêté la nuit dernière sur la voie publique le nommé Rémy Kalmann, dit Auguste, dit Léopold, signalé comme complice du nommé Dassier, prussien et ancien officier hanovrien, dans la tentative d'assassinat commis le 31 décembre sur la domestique du sieur Levallois rue de Richelieu n° 44, et du vol avec effraction commis au même moment dans son appartement. »

50. Les sommiers et la marque permettent cependant des identifications.

51. Ils sont huit en 1811, douze en 1816, vingt-huit en 1824 (APP D^B *45. Service de sûreté*). Dans ses *Mémoires*, Vidocq rapporte que ses agents se plaignaient de la contrainte qu'il leur infligeait de devoir veiller plusieurs nuits par semaine pour mieux infiltrer le monde des voleurs (Paris, Amis du Club du livre du mois, 1959 [1re éd. 1828], p. 320).

52. À ce sujet, voir Jean-Claude Rioux, « Crime, nature et société dans le roman de la Restauration », in *Romantisme*, n° 52, 1986, pp. 3-18.

53. APP D^B *45.* Carton cité.

54. APP D^B *281. Mendicité, vagabondage.*

55. « L'agent de la rue de Jérusalem », *op. cit.*, t. II, p. 324.

56. AN F^7 *4180. Rapports de la garde nationale de Paris.*

57. AN F^7 *4182. Idem.*

58. Article « Patrouille », t. XII, p. 413 (rééd. Nîmes, Lacour, 1991).

59. On voit ici que la nuit « légale » est approximativement délimitée d'une part par l'heure de fermeture des lieux publics, et d'autre part par le début de la circulation matinale des ouvriers.

60. APP D^B *40.* Carton cité.

61. *Ibid.*

62. *Ibid.*

63. Barlet, *Le Guide des sergents de ville*, Paris, chez l'auteur, 1831, article « Rondes de nuit ».

64. APP D^B *31.* Carton cité. Arrêté de Debelleyme du 11 février 1828. Comme ces inspecteurs sont 98, on peut en utiliser quatorze chaque nuit.

65. APP D^B *40.* Carton cité.

66. Mettre en évidence les abus de la police passée et les étendre au régime de Louis-Philippe permet sans doute de dénoncer sourdement le renoncement orléaniste à certains principes libéraux.

67. *Op. cit.*, t. III, pp. 137-138.

68. « Les hôtels garnis », Paris, Béchet, 1835, t. VII, p. 231.

69. « Le Sergent de ville », art. cité, p. 277.

70. APP D^B *40.* Carton cité et D^A *9. Gendarmerie Royale. Voitures Wurtz employées aux rondes de nuit.*

71. *Collection officielle des ordonnances…*, *op. cit.*, t. II, p. 462.

72. Cf. Annie Lauck, *Les Représentations de la police parisienne…*, thèse citée, pp. 360-378.

73. Paris, Levavasseur, 1844, p. 306. Debelleyme est lié à Martignac ; significativement, quand Mangin arrive à la Préfecture de police en août 1829, au temps de Polignac, les sergents de ville perdent leur uniforme pour redevenir « inspecteurs » ; le corps des sergents de ville en uniforme n'est rétabli que par l'ordonnance du 8 septembre 1830 (A. Rey et L. Feron, *op. cit.*, p. 90).

74. *Op. cit.*, t. V, p. 279.

75. Selon l'article 3 de l'ordonnance du 12 mars 1829.

76. A. Rey et L. Feron, *op. cit.*, p. 104.

77. Sous la monarchie de Juillet, la Préfecture de police dispose aussi d'autres forces pour réguler la vie nocturne de la capitale, sans compter la surveillance spéciale affectée aux barrières et aux lieux publics comme les théâtres ou les bals. Le service des garnis procède à des visites nocturnes pour contrôler la population flottante. Les Halles et marchés possèdent des gardiens de nuit (ils sont quarante-huit en 1852 : cf. APP D^A *303. Halles et marchés*). La police municipale comprend également, depuis octobre 1834 et jusqu'en 1850, des gardes nocturnes pour la surveillance du canal Saint-Martin : armés d'un sabre et d'un poignard, ils peuvent appeler à l'aide d'un cornet (le service dure de 9 h du soir à 1 h du matin du mardi au samedi, et de 10 h du soir à 2 h du matin les dimanches et lundis, pour s'adapter aux mœurs nocturnes des ouvriers du quartier) (APP

D^B *40.* Carton cité. « Rapport de l'officier de paix De Beauvais, le 20 mars 1850, sur le service du Canal »).

78. Sur la juxtaposition complexe du guet et des veilleurs locaux à Londres avant 1829, voir J. J. Tobias, *Crime and Police in England 1700-1900*, Dublin, Gill & Macmillan, 1979, 194 p.

79. Cf. Clive Emsley, *Crime and Society in England 1750-1900*, Londres, Longman, 1987, 257 p. ; Wilbur R. Miller *Cops and Bobbies, Police Authority in New York and London 1830-1870*, University of Chicago Press, 1973, 233 p.

80. APP D^B *31.* Carton cité. « Instruction de Thouret, chef de la police municipale, aux officiers de paix, pour le service de la police municipale (31 mars 1828) ». Cf. aussi APP D^B *42. Règlements généraux sur le service ordinaire de la police à Paris.*

81. APP D^B *31.* Carton cité.

82. *Paris, ou le Livre des Cent-et-un*, *op. cit.*, t. III, p. 137.

83. APP D^B *45.* Carton cité.

84. APP D^B *40.* Carton cité. « Rapport, 28 juin 1831. Organisation du nouveau service de nuit (2e division – 1er bureau) ».

85. *Ibid.*

86. Cf. APP D^B *40.* Carton cité.

87. Cela ne l'empêche pas, par ailleurs, au temps des sociétés secrètes républicaines, d'utiliser abondamment la technique de l'infiltration politique par des mouchards et des agents provocateurs : la normalisation affichée des méthodes de surveillance nocturne est aussi faite pour apaiser l'opinion à peu de frais. Voir A. J. Tudesq, « Police et État sous la monarchie de Juillet », in *L'État et sa police en France…*, *op. cit.*, pp. 59-81.

88. Cf. *Mémoires de Vidocq*, Tenon, 1828 ; Maxime Du Camp, *Paris, ses organes…*, *op. cit.*, t. III, p. 109.

89. APP D^B *40* et *45.* Cartons cités.

90. APP D^B *40.* Carton cité. « Rapport sur plusieurs inspecteurs, chefs dans le service des rondes de nuit (2 mars 1833) » (Descampeaux, chef de la police municipale par interim).

91. APP D^B *40.* Carton cité.

92. *Ibid.* Cf. aussi *Mémoires de M. Gisquet*, *op. cit.*, t. IV, p. 292.

93. Armand Durantin, « Le Sergent de ville », art. cité, p. 278.

94. L'article est conservé en APP D^B *31* (carton cité), sans mention du journal d'origine.

95. Elle émane d'un comité de notables et de propriétaires parisiens qui veulent faire connaître leurs droits aux Parisiens face à l'administration.

96. « Police municipale ; service de sûreté », octobre 1844, pp. 716-717.

97. Cf. la *Gazette des tribunaux* du 13 décembre 1844 : « Une amélioration notable dans l'organisation de ce service est celle qui consiste à affecter plus spécialement les patrouilles à un même quartier qu'elles parcourent constamment dans tous les sens, en demeurant prêtes toutefois à se porter sur tous les points hors de leur circonscription où leur secours serait nécessaire. »

98. Au cours de leur interrogatoire, certains membres des bandes d'« escarpes » jugées à la fin de la monarchie de Juillet disent qu'ils craignaient les patrouilles, mais savaient aussi prévoir leur itinéraire, où les voies larges sont davantage surveillées que les rues étroites et écartées.

99. *Op. cit.*, t. XII, p. 413.

100. Cf. Elouin, A. Trebuchet, E. Labat, *Nouveau Dictionnaire de police*, Paris, Béchet jeune, 1835, vol. 1, articles « Garde » et « Gendarmerie » ; Alfred Des Cilleuls, *op. cit.*

101. « Les Réverbères », in *Nouveau Tableau de Paris au XIXe siècle*, Paris, Béchet, 1834, t. I, p. 299.

102. « Paris nocturne », in *Le Prisme, encyclopédie morale du XIXe siècle*, vol. 9 des *Français peints par eux-mêmes*, *op. cit.*, p. 121.

103. « Le Sergent de ville », art. cité, p. 278.

104. *Op. cit.*, t. IV, p. 312.

105. Paris, Lottin, 1820, t. II, p. 364.

106. AN *F[7] 3874. Bulletins de Paris.*

107. Cf. APP *D[B] 39. Postes de police. Postes militaires. Violons.*

108. Il ne faut pas la confondre avec la *Garde Royale* constituée pour la protection du roi et de sa famille en septembre 1815.

109. Cf. la *Consigne générale pour les postes de la place de Paris*, Paris, Librairie militaire de J. Dumaine, 1845, 51 p.

110. C'est la gendarmerie royale qui intervient lors des troubles politiques, par exemple rue Saint-Denis en novembre 1827 ; elle combat les insurgés de 1830 avec la ligne.

111. Ils disparaissent en 1830.

112. A. Des Cilleuls, *op. cit.*, p. 36.

113. Cf. l'instruction du préfet de police du 27 mai 1816 (APP *D[B] 260. Corps de troupe chargés de la police de Paris depuis 1800*).

114. APP *D[B] 262. Garde municipale.*

115. Les « municipaux » assurent aussi la police des spectacles, des ports, des marchés, sont présents lorsque de grandes foules sont réunies (pendant les cérémonies publiques, par exemple) ; ils se sont aliéné la sympathie des Parisiens en collaborant à la répression des mouvements populaires au début de la monarchie de Juillet, de même qu'ils lutteront contre les insurgés de février 1848 avec la ligne, la garde nationale étant passée du côté adverse.

116. Cf. Louis Girard, *La Garde nationale 1814-1871*, Paris, Plon, 1964, p. 250 : selon Louis Girard, 650 hommes sont de service par jour en temps ordinaire en 1832, ce qui ne représente que six services dans l'année pour chaque garde.

117. Il n'y a pas, dans la série F[7] des AN, de rapports de la garde nationale parisienne postérieurs à 1825 (encore les lacunes sont-elles nombreuses pendant les années antérieures).

118. Guillaume de Bertier de Sauvigny, « La Restauration », *op. cit.*, p. 45.

119. AAT. *X[AE] 8. Garde Royale. Distribution du service. Mots d'ordre. Consignes (1816-1826).*

120. *Ibid.*

121. La garde royale occupe essentiellement les casernes des Célestins, de Babylone, de la Pépinière, de l'École militaire. Sous la Restauration, la ligne est casernée notamment rue du Faubourg-Poissonnière, à Grenelle, à l'École militaire, à la Courtille, rue Popincourt, rue Mouffetard, rue de l'Oursine, rue d'Enfer. La gendarmerie royale de Paris est présente rue de Tournon, rue des Minimes, à la barrière du Trône, rue Mouffetard. (Cf. Richard, *Le Véritable conducteur parisien*, Paris, 1828, 340 p. [rééd. Les Yeux ouverts, 1970] ; APP *D[B] 39. Postes de police. Postes militaires. Violons.*)

122. AAT. *X[AE] 8.* Carton cité.

123. APP *D[B] 39.* Carton cité.

124. Cf. « Liste des mots d'ordre et de ralliement à l'usage des troupes de la garnison de Paris », *X[AE] 8.* Carton cité.

125. *Consigne générale pour les postes de la place de Paris* de 1845, *op. cit.*, pp. 26-30.

126. AN *F[7] 4167. Rapports journaliers de la Gendarmerie Royale de Paris.*

127. AN *F[7] 4181.* Carton cité.

128. *Ibid.*

129. En cas d'incendie nocturne, les diverses patrouilles peuvent requérir les passants ; on utilise les tonneaux des porteurs d'eau remplis chaque soir, en prévision de ces incidents, et entreposés à des endroits précis sous le contrôle du préfet de police (cf. *D[A] 320 bis. Stationnements nocturnes de tonneaux sur la voie publique*).

130. *Op. cit.*, p. 112.

131. *Op. cit.*, t. III, p. 139.

132. Paris, Garnot, 1835, 149 p.

133. AN F^7 *4176*.

134. APP D^B *262. Garde municipale*. « Emplacement des corps de garde de la garde municipale en mars 1847 » : Cours-la-Reine, Palais de Justice, Château-d'eau, port Saint-Nicolas, Lingerie, porte Saint-Antoine, Châtelet, marché Saint-Martin, place Maubert, pointe Saint-Eustache, port au blé, port au vin, port Saint-Paul, rotonde du Temple, Halle au blé, marché Saint-Germain, pavillon Montreuil, pavillon Peyronnet, rue Mauconseil, boulevard Bourdon.

135. APP D^B *39*. Carton cité. Cf. aussi l'*Instruction sur le service de la Garde municipale*, Paris, Léautey, 1845, 108 p. Voir encore la rubrique « Service des patrouilles de nuit » dans l'*Instruction sur le service journalier de la Garde républicaine de Paris*, Paris, Léautey, 1850, pp. 90-96.

136. *Consigne générale de la garde nationale*, Paris, Dupont, 1845, pp. 20-40.

137. *Consigne générale pour les postes de la place de Paris de 1845*, *op. cit.*, p. 7.

138. AN F^7 *3838*. Carton cité.

139. AN F^7 *3874. Bulletins de Paris.*

140. APP D^B *40. Rondes de nuit.*

141. APP D^B *39*. Carton cité.

142. AN F^7 *3838*. Carton cité.

143. Il s'agit de l'École militaire, de Grenelle (les patrouilles vont de là jusqu'au quai Voltaire), de Babylone (qui surveille le faubourg Saint-Germain), de la Pépinière (chargée du faubourg du Roule), de Clichy (qui veille sur la Chaussée-d'Antin) et des Célestins (contrôlant le faubourg Saint-Antoine).

144. AAT X^{AE} *8*. Carton cité.

145. AAT X^{AE} *24. Garde Royale. Service (1817-1830)*. Registre des ordres du jour.

146. M. Alletz (commissaire de police à Paris), *Dictionnaire de police moderne, op. cit.*, t. II, p. 360.

147. *Ibid.*, pp. 361-362.

148. *Consigne générale pour les postes de la place de Paris* de 1845, *op. cit.*, p. 27.

149. *Ibid.*, p. 13.

150. AN F^7 *4182*. Carton cité.

151. *Op. cit.*, pp. 138-139.

152. « Paris au clair de lune », article anonyme paru dans *Le Voleur* (journal paraissant tous les cinq jours), 30 novembre 1834.

153. « Le Sergent de ville », art. cité, p. 278.

154. *Gazette des tribunaux* du 14 janvier 1836.

155. Paris, Fages, 1815, 24 p. Pièce représentée au théâtre de la Porte-Saint-Martin.

156. Paris, chez les marchands de nouveautés, 1840, pp. 8-10.

157. *Ibid.*, p. 17.

158. *Ibid.*, p. 23.

159. Paris, Aubert, 1841, pp. 60-64.

160. *Ibid.*, pp. 65-66.

161. Paris, M. Lévy frères, 1852, p. 68.

162. En conseil de discipline, l'absentéisme matinal des gardes nationaux partis ouvrir la boutique ou faire leurs comptes est souvent relevé.

163. E. de Jouy, « Une Nuit au corps de garde », in *L'Hermite de la Guiane, ou Observations sur les mœurs et les usages français au commencement du* XIXe *siècle*, Paris, Pillet, 1816, vol. 1, p. 194.

164. Cf. Louis Festeau, « Tableau d'une nuit de Paris », in *Chansons et musique*, Paris, Desbleds, 1838, pp. 205-211 : « Dans maints corps de garde / Lise se hasarde / D'offrir à la garde / Kirch, rhum, tour-à-tour / La grosse Angélique / Montrant sa boutique / Offre à la pratique / Son *parfait-amour* ».

165. AN *F⁷ 3838.* Carton cité. La plainte contenue aux APP en *D^B 288 (garde nationale 1814-1852)* témoigne indirectement de l'existence de ces usages : « Veuve Degand, 2 rue de la Croix Blanche. Déclaration que dans la nuit du 12 au 13 octobre 1817, se rendant du corps de garde de la rue du Caire à celui de Bonne-Nouvelle pour vendre de l'eau-de-vie et des gâteaux aux gardes nationaux de service à ces deux postes, elle a été attaquée dans la rue Poissonnière par six individus auxquels s'étaient joints deux autres qui lui ont pris sa marchandise et l'ont maltraitée. »

166. AN *F⁷ 3837.* Carton cité.

167. *Ibid.*

168. AN *F⁷ 4167.* Carton cité.

169. AN *F⁷ 3839. Extraits des rapports des commissaires de police de Paris.*

170. AAT *X^AE 24.* Carton cité. Ordres du jour du 20 mai et du 25 octobre 1825.

171. AN *F⁷ 3838.* Carton cité.

172. *Ibid.*, rapport du 5 janvier 1816. Le 4 avril 1816, le commissaire du quartier Saint-Thomas d'Aquin revient à la charge, et « expose *de nouveau* combien il est urgent de rétablir le poste de la rue de Sèvres » ; d'autant que « plusieurs propriétaires des environs ont proposé de *payer eux-mêmes* le prix du loyer du corps de garde dont il s'agit » *(ibid.).*

173. AN *F⁷ 4182.* Carton cité.

174. AAT *X^AE 8.* Carton cité. On peut encore citer un rapport du commissaire de police du quartier des Quinze-Vingts, daté du 25 novembre 1826, et exceptionnellement conservé aux APP (en *D^A 29. Logeurs, hôtels meublés, maisons garnies*) : « L'opinion publique parmi la classe aisée de mon quartier [...] appelle de tous ses vœux une augmentation des patrouilles militaires propre à rassurer les personnes qui ne peuvent se dispenser de sortir le soir » (on n'ose pas encore invoquer le simple plaisir de la nuit, et le commissaire se pose en porte-parole d'une population rangée).

175. *Gazette des tribunaux* du 23 octobre 1835.

176. *Op. cit.*

177. AN *F⁷ 4166. Rapports journaliers de la Gendarmerie Royale de Paris.*

178. Selon Louis Chevalier, de nombreuses pétitions plaident pour la création de postes dans le quartier de la barrière Saint-Jacques, à Montrouge et à Ivry sous la monarchie de Juillet (*La Formation de la population parisienne au XIXe siècle*, Paris, P.U.F., 1950, p. 259).

179. *Mémoires de M. Gisquet..., op. cit.*, t. IV, p. 290.

180. APP *D^B 40. Rondes de nuit.*

181. APP *D^B 31. Police municipale de Paris, documents divers (1812-1870).*

182. *Ibid.*

183. *Ibid.*

184. *Ibid.*

185. APP *D^B 40.* Carton cité.

186. Il est officier de la Légion d'honneur, et maire d'une petite commune de l'Aisne.

187. APP *D^B 31.* Carton cité.

188. *Ibid.* Art. 2 du titre 1er du Projet.

189. *Ibid.* Art. 8 du titre 2e.

190. *Ibid.* Art. 13 du titre 3.

191. Lettre du colonel Lemoyne au préfet, le 27 octobre 1826. APP *D^B 40.* Carton cité.

192. *Op. cit.*, t. IV, p. 432.

193. *Ibid.*, p. 433.

194. AN *F⁷ 12242. Affaires de police, Seine (1840-1846) : attaques nocturnes (sept. 1843) ; garde de nuit (1844).*

195. A. Rey et L. Feron, *Histoire du corps des gardiens de la paix, op. cit.*, p. 697.

196. Sur le besoin de sécurité consécutif à la révolution de Février et le retour aux principes originels de la milice de quartier, voir cette *Circulaire pour l'organisation d'un*

service de nuit rue de Ménilmontant, datée du 1er avril 1848 et conservée à la BN (*Lb*[53] *122*) : « Citoyens, Depuis les derniers événements des 22, 23 et 24 février, un poste de sécurité a été établi rue Ménilmontant, 75. Il a été composé de plusieurs citoyens armés, et de quelques anciens gardes nationaux du quartier, qui ont fait jusqu'à ce jour un service de nuit, qui a été et qui sera encore bien nécessaire pendant quelque temps pour la sécurité du voisinage, c'est-à-dire une grande partie des rues Ménilmontant et Saint-Maur. Jusqu'alors ces mêmes citoyens, au nombre de douze à quinze, étaient rétribués moyennant une faible somme provenant des collectes qui ont été faites chez beaucoup d'entre nous. Maintenant nos ressources sont épuisées, et il nous coûterait beaucoup d'avoir recours à un nouvel appel de fonds. Pourtant nous jugeons très important de conserver ce poste de nuit, qui sera toujours d'une très grande sécurité pour le quartier, qui est très éloigné des postes, jusqu'à ce que les élections soient faites, et que le nouveau service de la garde nationale soit organisé. Aujourd'hui, ce n'est plus un secours de fonds que nous réclamons, mais seulement un service personnel de chacun de nous à tour de rôle. Signé : Villemont, Guy, Griset fils (79 rue Ménilmontant). »

197. Sur cette période complexe, cf. APP *D*[B] *263. Garde civique. Garde républicaine (1848-1852). Garde de Paris (1852-1870).* Voir aussi A. Des Cilleuls, *La Garde républicaine et les sapeurs-pompiers…*, *op. cit.*

198. A. Rey et L. Feron, *op. cit.*, pp. 165-170.

199. Ces projets sont conservés aux APP en *D*[B] *31* et *D*[B] *40.* Cartons cités, et relevés par A. Rey et L. Feron, *op. cit.*, pp. 697-715.

200. APP *D*[B] *31.* Carton cité.

201. *Ibid.*

202. On imagine cependant l'épouvante des portiers parisiens conformes au tempérament du Pipelet d'Eugène Sue si on les avait effectivement contraints à ces veilles en plein air…

203. APP *D*[B] *31.* Carton cité.

204. *Ibid.*

205. Dans le roman de Roland Bauchery, *Les Bohémiens de Paris*, en 1845, l'aspiration à une solution radicale (qui détruirait pourtant un filon littéraire très exploité) est exprimée : on évoque « Paris, la grande ville endormie, se fiant à la police qui […] ne s'émeut qu'à la nouvelle des crimes consommés, quand elle pourrait, en une seule nuit et d'un seul coup, écraser les germes qu'elle laisse développer pour la régularité de la marche de la justice » (Paris, Les Romans illustrés, 1845, vol. 1, p. 37).

206. Aucun rapport de patrouille nocturne (qu'elle soit policière ou militaire) n'existe aux AN ou aux APP pour l'après-1848, et la presse comme les chroniqueurs ne font guère que célébrer les réussites du régime en matière de sûreté publique.

207. Cf. Maryvonne Bernard, « La Réorganisation de la police sous le Second Empire (1851-1858) : “des bras infatigables” », in *Maintien de l'ordre et polices en France et en Europe au XIX*e *siècle*, *op. cit.*, pp. 119-135.

208. APP *D*[B] *32. Police municipale de Paris (Second Empire).*

209. Pour la plupart recrutés parmi d'anciens sous-officiers méritants *(ibid.).*

210. *Ibid.*

211. *Ibid.*

212. APP *D*[B] *31. Police municipale de Paris, documents divers (1812-1870).*

213. APP *D*[B] *32.* Carton cité.

214. Préfecture de police, *Règlement général du service ordinaire de la police dans la ville de Paris*, Paris, Boucquin, 1856, p. 13.

215. *La Patrie*, 12 octobre 1854.

216. *Paris, ses organes…*, *op. cit.*, t. III, p. 94. Du Camp distingue les îlotiers des sergents de ville membres des services généraux, chargés du maintien de l'ordre dans les grandes occasions, et appelés les « cognes » par des Parisiens qui ne les aiment guère (*ibid.*, p. 101).

217. *Réglement général…*, *op. cit.*, p. 14.

218. De 1854 à 1856, les sergents de ville sont munis de cornets d'appel pour donner l'alarme pendant la nuit, à l'imitation des crécelles des *policemen* (APP D^B *41. Gardiens de la paix : bâtons-sifflets, lanternes, hirondelles*).

219. Maxime Du Camp, « La Préfecture de police et la sûreté publique à Paris », *Revue des deux-Mondes*, t. LXXXII, juillet 1869, p. 158.

220. *Paris, ses organes…*, *op. cit.*, t. III, p. 100.

221. Jean-Marc Berlière, *Le Préfet Lépine, vers la naissance de la police moderne*, Paris, Denoël, 1993, p. 223.

222. Cf. Charles Desmaze, *Le Crime et la débauche à Paris*, Paris, Charpentier, 1881, p. 22 : « Les gardiens de la paix font leur évolution périodique et prévue ; eux passés, la ville appartient aux bandits, derrière chaque carrefour aux aguets, et qu'un coup de sifflet a vite réunis. »

223. APP D^B *263. Garde de Paris (1852-1870).*

224. Maxime Du Camp, *Paris ses organes…*, *op. cit.*, t. VI, p. 302.

225. APP D^B *39*. Carton cité. 1er avril 1859.

226. « Ordre de la place du 28 octobre 1868 » (*ibid.*).

227. « Les troupes de la garnison, renfermées dans leurs casernes et dans les forts, n'agissent plus au dehors, même par des patrouilles de nuit, et restent tout à fait en dehors du service de protection réclamé par les habitants » (Charles Desmaze, *op. cit.*, p. 6).

228. Dans la répression de la prostitution clandestine, la technique du « coup de filet » se répand également : entre minuit et une heure du matin, sur les Boulevards, des cordons policiers barrent complètement la voie publique et arrêtent toutes les femmes suspectées d'être des insoumises. D'ailleurs, la convergence de la prostituée insoumise et du rôdeur de nuit dans les bas-fonds parisiens devient, après 1860, un thème courant, à travers les méfaits nocturnes des souteneurs désœuvrés le long des fortifications (cf. plus loin).

229. *Mémoires de Canler, ancien chef du service de sûreté*, éd. présentée par Jacques Brenner, Paris, Mercure de France, coll. Le Temps retrouvé, 1986, p. 385 (1re éd. 1862).

230. Introduction de Jacques Brenner aux *Mémoires de Canler*, *op. cit.*, p. 10.

231. Voir par exemple le mois de janvier 1852.

232. *Gazette des tribunaux*, 24 septembre 1856.

233. Cf. Maxime Du Camp, *Paris, ses organes…*, *op. cit.*, t. III, p. 112.

234. *Ibid.*, p. 114-115.

235. « La Préfecture de police… », art. cité, p. 165.

236. *Mémoires de M. Claude* (il fut pendant un temps commissaire de police de ce quartier) (Paris, Les Amis de l'Histoire, 1968 (1e éd. 1881), p. 96).

237. *Gazette des tribunaux* du 31 janvier 1865.

238. *Gazette des tribunaux* du 12 novembre 1867.

239. Les travaux ont lieu entre 1864 et 1867.

240. A. Chenu, *Les Malfaiteurs*, Paris, Dentu, 1867, p. 27.

241. Paris, Lebigre-Duquesne, 1868, pp. 1-13.

242. *Ibid.*, p. 2.

243. *Paris, ses organes…*, *op. cit.*, t. III, p. 79.

244. *Ibid.*, p. 79.

245. Même si l'on peut aussi la soupçonner de laisser sciemment subsister quelques résidus d'obscurité, afin de désigner au camp des hommes d'ordre un ennemi commun, peu effrayant mais résistant, et de le vaincre sans gloire, mais plus souvent.

246. Maryvonne Bernard, art. cité, p. 127.

247. Cf. *ADP* DM^4 *13. Commissariats de police à Paris et en banlieue (1822-1874)*. Le dossier contient un « Rapport sur l'organisation de la police dans la commune d'Ivry et de Gentilly », rédigé par le commissaire de police de ces communes pour le sous-préfet

de l'arrondissement (daté du 6 avril 1826) : il insiste sur le manque de moyens dont il dispose, la turbulence incontrôlable des garnis et des débits de boissons de la barrière des Deux-Moulins, mal fréquentés.

248. Les principales dates sont les suivantes : Vaugirard, Belleville, Saint-Denis, Clichy, Ivry entre 1822 et 1828, Les Batignolles-Monceau, Montrouge, Charonne, Saint-Mandé, Bercy, Gentilly, La Villette, Neuilly, La Chapelle, Montmartre et Meudon entre 1834 et 1840, Grenelle en 1841, Passy en 1848, Auteuil, Charenton, Puteaux, Boulogne, Sèvres en 1851, Courbevoie, Pantin, Vincennes en 1855 (cf. APP D^B *20. Police de la banlieue depuis 1800*).

249. Note de la Préfecture de police. APP D^B *19. Police de la banlieue depuis 1800.*

250. Lucien Lambeau, *Histoire des communes annexées à Paris en 1859*, Paris, E. Leroux, 1914, vol. 3, p. 330.

251. *Recueil officiel des circulaires émanées de la Préfecture de police (1797-1880)*, Paris, Imprimerie Chaix, 1882, vol II, n° 612.

252. APP D^B *21. Commissariats de police.*

253. APP D^B *32.* Carton cité.

254. Mémoire de Piétri au conseil municipal, in A. Rey et L. Feron, *op. cit.*, p. 236.

255. Paris, Librairie internationale, 1867, p. 1710.

256. APP D^B *20. Police de la banlieue.*

257. Karine Salomé, *L'Affaire Troppmann, le crime de Pantin (1869-1870)*, mémoire de maîtrise dir. par A. Corbin, Université de Paris-I, 1991, p. 116.

258. APP D^B *40. Rondes de nuit.* En mai 1869, la commune de Neuilly avait établi un service de dix veilleurs de nuit, chargés notamment de reconduire à leur domicile les passants attardés et de livrer les rôdeurs aux gendarmes *(ibid.)*.

259. *Les Quartiers pauvres de Paris, le 20e arrondissement*, Paris, Bureau de la Bibliothèque municipale, 1870, pp. 220-221. Selon Jean-Marc Berlière, le rapport entre nombre d'habitants et effectifs policiers reste en 1885 très différent en banlieue de ce qu'il est dans Paris : il y a un policier pour 1 900 habitants en banlieue, contre un pour 300 dans Paris *intra-muros* (*Le Préfet Lépine…*, *op. cit.*, p. 49).

260. *Paris, ses organes…*, *op. cit.*, t. VI, p. 427.

261. APP D^B *38. Kiosques-avertisseurs pour le service de nuit (années 1880).*

262. *Ibid.*

263. APP D^B *39. Postes de police. Postes militaires. Violons.*

264. APP D^B *41.* Carton cité.

265. Jean-Marc Berlière, thèse citée, p. 718.

266. APP D^B *41.* Carton cité.

267. Thèse citée, p. 717.

268. *L'Encre et le Sang. Récits de crimes dans la France de la Belle Époque (1898-1914)*, thèse dir. par M. Perrot, Université de Paris-VII, 1994, p. 575 (publiée chez Fayard en 1995). Cf. aussi « Naissance de la police privée (France, XIXe-XXe siècles) », in *L'Infrajudiciaire du Moyen Âge à l'époque contemporaine*, actes du colloque de Dijon 5-6 octobre 1995, dir. Benoît Garnot, Éditions Universitaires de Dijon, 1996, pp. 337-347 et *Naissance de la police privée. Détectives et agences de recherches en France*, Paris, Plon, 2000.

269. APP D^B *40.* Carton cité. Il y a là comme un écho lointain des projets de garde de nuit rétribuée par les propriétaires que nous avons mentionnés pour la première moitié du siècle.

270. Sur la problématique de la ségrégation urbaine, voir, sous la direction d'Annie Fourcaut, *La Ville divisée. Les ségrégations urbaines en question. France XVIIIe-XXe siècles*, actes du colloque tenu en janvier 1994 dans les locaux de l'École normale supérieure de Fontenay / Saint-Cloud, Paris, Créaphis, 1996, 600 p.

5. Soupçons

1. Jusqu'à présent, le sujet a davantage retenu les historiens modernistes que les contemporanéistes. Parmi les exceptions qui ont soutenu notre propre réflexion, la thèse de 3e cycle d'Olivier Donnat, *La Clochardisation du vagabond*, dir. par M. Enriquez, Université de Paris-X Nanterre, 1980, 284 p. Cf. aussi Jean-François Wagniart, *Le Vagabond dans la société française (1871-1914). Recherches sur les procédures de construction d'une identité sociale*, thèse dir. par A. Corbin, Université de Paris-I, 1997, 866 p. (publiée chez Belin en 1999 : *Le Vagabond à la fin du XIXe siècle*, 352 p.).

2. C'est par ce balancement que Claudette Combes définit le mot « misérables » dans *Paris dans les Misérables*, Nantes, CID éditions, 1981, p. 271.

3. Les analyses de Jean-Claude Beaune dans *Le Vagabond et la machine. Essai sur l'automatisme ambulatoire. Médecine, technique et société en France 1880-1910* (Paris, Champ Vallon, 1983, 397 p.), bien que portant sur une période plus tardive, sont dans ce domaine très fécondes.

4. Pierre Sansot, *Poétique de la ville*, Paris, Klincksieck, 1971, p. 225.

5. Les analyses développées par Alain Corbin dans *Les Filles de noce. Misère sexuelle et prostitution (XIXe siècle)* (Paris, Champs Flammarion, 1982 [1re éd. 1978], 484 p.) nous serviront bien entendu de point de départ.

6. Mis en évidence par Jean-Marc Berlière dans *La Police des mœurs sous la IIIe République*, Paris, Seuil, 1992, 263 p.

7. À ce sujet, voir Catherine Duprat, *Usage et pratiques de la philanthropie. Pauvreté, action sociale et lien social à Paris au cours du premier XIXe siècle*, Paris, Comité d'histoire de la Sécurité sociale, 1997, 1 393 p. Cf. aussi André Gueslin, *Gens pauvres, pauvres gens dans la France du XIXe siècle*, Paris, Aubier, coll. historique, 1998, 314 p.

8. Voir Abel Chatelain, *Les Migrants temporaires en France de 1800 à 1914*, Publications de l'Université de Lille-III, 1976, 1 213 p.

9. Louis Chevalier, *La Formation de la population parisienne au XIXe siècle*, Paris, P.U.F., 1950, p. 40. Entre 1851 et 1856, il observe l'un des pourcentages de croissance les plus forts du siècle, avec 20,5 % d'habitants supplémentaires pour la ville et la petite banlieue.

10. Voir Elsie Canfora-Argandona et Roger-Henri Guerrand, *La Répartition de la population, les conditions de logement des classes ouvrières à Paris au XIXe siècle*, Centre de sociologie urbaine, 1976, pp. 126-128.

11. Pour Jeanne Gaillard, le Second Empire aurait cependant atténué cette détresse chronique (ou masqué ses manifestations les plus embarrassantes ?), en assainissant les quartiers-refuges des existences précaires, en contrariant la persistance des petits métiers, tandis que dans les nouveaux arrondissements, le recours à l'assistance devenait plus intermittent que dans les arrondissements centraux, où la population est plus âgée (*Paris la ville [1852-1870]*, Paris, Champion, 1976, pp. 226-228 et 308-309).

12. En 1846, sur un million de Parisiens, 650 000 sont exempts d'impôt. Pour Catherine Duprat *(op. cit.)*, la population « nécessiteuse » représente les 2/3 de la population parisienne sous la monarchie de Juillet, dont environ 1/3 d'indigents permanents.

13. Jacques Rougerie a bien montré que, globalement, le niveau de vie populaire stagne ou s'abaisse entre 1820 et 1850 (période d'emploi incertain), alors que la régularité de l'emploi et le niveau de vie s'améliorent entre 1850 et 1870. Voir « Remarques sur l'histoire des salaires à Paris au XIXe siècle », *Le Mouvement social*, avril-juin 1968, n° 63, pp. 71-108. L'auteur nuance cependant les conclusions de Louis Chevalier, qui a selon lui le mérite d'avoir mis en évidence la crise de croissance de la grande ville sous les monarchies censitaires, mais en l'exagérant, et en oubliant que ses effets se prolongent jusqu'en

1871 au moins : sous le Second Empire, le petit méfait (vagabondage, vol mineur, injure, rixe…) reste courant dans l'itinéraire de l'ouvrier parisien (*Paris libre 1871*, Paris, Seuil, 1871, pp. 15-16 et 261-262). Ce qui change le plus réside peut-être, en effet, dans le discours tenu par les classes dirigeantes sur le peuple : la dissociation des Parisiens laborieux et des dangereux pourrait n'être que verbale.

14. Cf. Jeanne Gaillard, *op. cit.*, p. 16 : en 1856, les quartiers des Marchés, du Louvre, Saint-Honoré, des Lombards, des Arcis, du Palais de Justice, sont moins peuplés qu'en 1800, après avoir atteint leur plus haut niveau démographique en 1848, ce qui révèle une désertion assez brutale.

15. Comprenant les quartiers du Louvre, Saint-Honoré, de la Banque de France et des Marchés.

16. *Op. cit.*, p. 15. Cf. encore Dr Henri Bayard, *Mémoire sur la topographie médicale du IV*e *arrondissement de Paris*, Paris, Baillière, 1842, 116 p.

17. Dr Henri Bayard, *Mémoire sur la topographie médicale des X*e*, XI*e *et XII*e *arrondissements de la ville de Paris,* Paris, Baillière, 1844, 75 p.

18. Cf. François Leuret, *Notice sur les indigents de la ville de Paris,* Paris, Renouard, 1836, p. 46 : plus de 62 000 Parisiens reçoivent à cette date des secours (dont presque 50 000 ont plus de soixante ans) : 1 pour 6 habitants dans le 12e arrondissement, 1 pour 7 dans le 8e, 1 pour 8 dans le 9e, mais seulement 1 pour 28 dans le 2e.

19. *Statistique de l'industrie à Paris, résultant de l'enquête faite par la Chambre de commerce pour les années 1847-1848*, Paris, Guillaumin, 1851, p. 47 : les 5 / 6e des ouvriers et patrons parisiens logent sur la rive droite.

20. *Ibid.*, p. 41 (sur un total de 342 500 ouvriers en 1847).

21. Armand Husson, *Les Consommations de Paris*, Paris, Hachette, 1875 (1re éd. 1856), p. 49.

22. Selon la *Statistique de l'industrie à Paris, résultant de l'enquête faite par la Chambre de commerce pour l'année 1860* (publiée en 1864), la morte-saison se répartit ainsi : *novembre-février* pour les couvreurs, *novembre-mars* pour les peintres, *décembre-mars* pour les maçons, *décembre-février* pour les paveurs, les menuisiers et les serruriers, *janvier-février* pour les charpentiers ; dans l'habillement, les articles de Paris, on subit deux mortes-saisons, en *janvier-février* et en *juillet-août* (la mauvaise conduite des tailleurs et des blanchisseuses est soulignée) ; quant aux imprimeurs et typographes, c'est l'été que leur activité se ralentit. Le secteur de l'alimentation semble globalement à l'abri de ces fluctuations.

23. *Ibid.*, p. XXXIX.

24. Le système des migrations temporaires se dérègle vers 1840 : les provinciaux passent plus souvent l'hiver à Paris, pour être sûrs d'être employés en mars.

25. Sur les identités sociales construites par le repérage, l'identification et la police des populations flottantes au cours du premier XIXe siècle, cf. Nicolas Veysset, « La Violence de la pauvreté », in « Violences », *Sociétés et Représentations*, CREDHESS, n° 6, juin 1998, pp. 85-102.

26. L'appellation médiévale de « sans aveu », qui se perpétue dans nos sources, désigne originellement l'homme qui n'est lié à aucun seigneur, celui dont aucune personne digne de foi ne peut se porter garante. Cf. Christian Romon, « Le Monde des pauvres à Paris au XVIIIe siècle », *Annales ESC*, juillet-août 1982, pp. 729-763.

27. À ce sujet, les travaux sont nombreux : voir Michelle Perrot, *Enquêtes sur la condition ouvrière en France au XIX*e *siècle*, Paris, micro-éditions Hachette, 1973, 104 p. ; Gérard Leclerc, *L'Observation de l'homme. Une histoire des enquêtes sociales*, Paris, Seuil, 1979, 362 p. ; Catherine Duprat, *« Pour l'amour de l'humanité ». Le Temps des philanthropes. La Philanthropie parisienne des Lumières à la monarchie de juillet*, Paris, éd. du CTHS, 1993, 485 p. (t. I de sa thèse) ; Giovanna Procacci, *Gouverner la misère. La question sociale en France 1789-1848*, Paris, Seuil, coll. L'Univers historique, 1993, 357 p.

28. Cf. Jacques Léonard, *La Médecine entre les savoirs et les pouvoirs. Histoire intellectuelle et politique de la médecine française*, Paris, Aubier, 1981, 384 p. : il montre que le discours hygiéniste oriente la naissance des sciences humaines, tout en procurant des certitudes idéologiques aux élites libérales. La croyance dans les rapports du physique et du moral, ancrée par Cabanis en 1802, accrédite l'idée selon laquelle l'observation peut fonder une morale et une action : compter permet de prévenir et de guérir, au nom du bien public. Or, la nuit provoque sans doute le fléchissement de la vigilance en matière de salubrité publique, l'action des pouvoirs publics se concentrant alors sur l'affleurement du désordre : l'ombre peut permettre la remontée à la surface et l'envahissement de la rue par toutes les impuretés que le jour a négligées.

29. Défini ainsi par Giovanna Procacci : « La catégorie du paupérisme et, par conséquent, la ligne de démarcation par rapport à un degré normal de pauvreté se définissent moins par le niveau effectif des ressources que par des traits "moraux" : son opacité, son indistinction, son caractère désordonné et inconstant » (*op. cit.*, p. 211).

30. Cf. Françoise Barret-Ducrocq, *Pauvreté, charité et morale à Londres au XIXe siècle. Une sainte violence*, Paris, P.U.F., 1991, 245 p. : la société victorienne, se sentant elle aussi menacée par une pauvreté endémique, se rassure par une distinction tranchée entre une classe laborieuse nombreuse mais paisible et une classe dangereuse à moraliser.

31. Paris, Baillière, 1840, 2 vol. (rééd. Slatkine, 1977). L'Académie des sciences morales et politiques, reconstituée en 1832, avait lancé un concours sur les classes dangereuses dès 1833. Dans la même veine, cf. encore Paul Cère, *Les Populations dangereuses et les misères sociales*, Paris, Dentu, 1872, 378 p. Selon Gérard Leclerc (*op. cit.*, p. 242), la notion de classes dangereuses « permet d'englober tous les comportements que réprouve le droit bourgeois ou la morale bourgeoise » : c'est ainsi que les milieux dirigeants libéraux de la monarchie de Juillet, qui pensent avoir achevé l'histoire, se défendent de la persistance de ces désordres populaires qui heurtent la raison.

32. *Des classes dangereuses…*, *op. cit.*, vol. I, p. 34.

33. *Ibid.*, p. 7.

34. Cf. Pierre Michel, *Un mythe romantique. Les Barbares 1789-1848*, Lyon, PUL, 1981, 656 p. : « Les "*nouveaux barbares*" sont une expression de la façon dont la société issue de la Révolution vit son histoire comme une crise de civilisation » (p. 19). L'exclamation lancée par Saint-Marc Girardin à propos des canuts et des menaces qui planeraient sur la civilisation dans le *Journal des débats* en décembre 1831 est fameuse, et codifie l'usage du mot : « Les Barbares qui menacent la société ne sont point au Caucase ni dans les steppes de la Tartarie : ils sont dans les faubourgs de nos villes manufacturières. » La publication en feuilleton des *Mystères de Paris* dans le même journal à partir de juin 1842 acclimate cet usage ; d'emblée, le lecteur est averti que les mœurs sanguinaires des tribus indiennes décrites par Fenimore Cooper ont des adeptes tout proches : « Les barbares dont nous parlons sont au milieu de nous ; nous pouvons les coudoyer en nous aventurant dans les repaires où ils vivent, où ils se rassemblent pour concerter le meurtre, le vol, pour se partager enfin les dépouilles de leurs victimes. » Mais faut-il dès lors éliminer ces ennemis de l'intérieur, ou les éduquer comme de bons sauvages, conformément à l'enseignement des Lumières ?

35. Paris, Seuil, 1989, 152 p.

36. *Ibid.*, p. 171.

37. *Ibid.*, p. 7.

38. Cf. la conclusion de Daniel Roche au *Peuple de Paris* : « Le peuple parisien n'est jamais aussi heureux et aussi malheureux qu'on l'imagine, son bonheur sauvage est toujours menacé et sa vie demeure un territoire où l'étrange s'allie au familier » (Paris, Aubier, 1981, p. 284).

39. En outre, les Archives nationales ne conservent pas les documents initiaux (détruits), mais les synthèses quotidiennes des rapports particuliers, synthèses rédigées par la Préfecture de police à destination du ministre de l'Intérieur.

40. AN *F[7] 4166 à 4174 (1816-1830).*

41. AN *F[7] 4175 à 4179 (1831-1846).*

42. Il en est de même pour les rapports de la garde nationale de Paris (AN *F[7] 4180-4182*). Réputés comme de piètres vigiles, les gardes nationaux nous sont apparus, en revanche, comme des chroniqueurs perspicaces des nuits de la capitale. Dans cette courte série, les années 1817 et 1818 sont malheureusement manquantes, et les lacunes nombreuses en 1823-1825 ; nous avons donc renoncé à un traitement statistique, d'autant que la surveillance nocturne exercée par la garde nationale se révèle, elle aussi, très lacunaire.

43. Il nous a paru intéressant d'effectuer ce sondage intermédiaire, car les années 1840 sont chargées d'une forte inquiétude nocturne, si l'on en croit la presse de l'époque.

44. Ils sont généralement versés un samedi sur deux, et la fin du mois n'a donc pas de sens particulier pour les budgets ouvriers de l'époque, plutôt gérés au jour le jour.

45. Si l'espacement volontairement décennal de ces sondages semble établir une continuité de part et d'autre de 1830, il faut rester prudent dans les comparaisons, car les rapports de la gendarmerie royale et ceux de la garde municipale n'enregistrent pas exactement la délinquance nocturne de la même manière, et l'emprise de ces forces de l'ordre sur l'espace public se transforme tout au long de la période.

46. Un sondage complémentaire effectué de janvier à juin 1819, mois au cours desquels l'information est meilleure, pallie en partie cette déficience de l'année de sondage initiale.

47. Dans ses *Mémoires*, publiés en 1840, le préfet Gisquet affirme que sur les 20-25 000 arrestations annuellement opérées à Paris, 5 000 concernent des prostituées en contravention, et 4 000 des « personnes ramassées par les rondes de nuit, et entrées seulement pour quelques heures au Dépôt », avant d'être relâchées le lendemain matin (ivrognes, perturbateurs, enfants égarés, errants divers) ; les « vraies » arrestations ne seraient donc que 15 000 par an environ (Paris, Marchant, t. IV, pp. 414-415).

48. Les rapports de 1846 ne sont pas suffisamment précis dans ce domaine pour permettre un comptage fiable.

49. Le pourcentage mentionné ici concerne l'ensemble des individus arrêtés, pour ivresse seule ou pour ivresse accompagnée d'une autre « infraction » (tapage, vagabondage…). C'est pourquoi la somme des pourcentages partiels dépasse 100 %.

50. Par extension, en doublant les résultats du dénombrement effectué une semaine sur deux.

51. Ce total peut être augmenté d'un douzième environ, car le mois de janvier 1816 est manquant dans ce carton.

52. « Paris au clair de lune » (article anonyme). À la fin du siècle, J. Barberet se plaint encore, dans *La Bohème du travail*, de ce qu'« à Paris, quand arrive l'heure de la pénombre, il est presque impossible de faire cent pas dans la rue sans être assailli, obsédé par des gens dépenaillés » (Paris, Hetzel, 1889 [2e éd.], p. 57).

53. *Op. cit.*, p. 255.

54. La différence est soulignée par Jean-François Wagniart, très attentif à la reconstitution des itinéraires vagabonds sous la Troisième République (*Le Vagabond dans la société française*…, thèse citée, p. 704). Mais s'il s'interroge sur le rapport de ces hommes à l'espace, il délaisse la question de leur rapport au temps : notre propos est de nouer, autant que possible, ces deux aspects de l'errance citadine.

55. Pour une confrontation avec la misère de Londres, ville des contrastes sociaux, voir Charles Dickens, « La Clé de la rue, ou Londres la nuit », *Contes*, Paris, Amyot, 1853, pp. 135-162. Le narrateur explique que chaque matin, à Londres, 70 000 personnes s'éveillent sans savoir où elles dormiront. Quand vient le soir, dans l'East End, sur les bords de la Tamise, le nombre de passants respectables régresse au profit des ombres errantes, qui seules ont « la clé de la rue » (rôdeurs de nuit irlandais couverts de haillons, femmes à vendre, maçons ivres…).

56. « Les Balayeurs », Paris, Beauger & Cie, 1839, p. 48.

57. Paris, L. Curmer, 1843, t. III, p. 283.

58. Les articles 269 à 273 concernent le vagabondage et les articles 274 à 276 la mendicité ; suivent, aux articles 277 à 282, des dispositions communes aux deux catégories. Les individus « sans aveu » risquent entre trois et six mois de prison, puis sont astreints à une surveillance de cinq à dix ans.

59. Paris, Sartorius, 1875, p. 162. Pour la Belle Époque, Dominique Kalifa repère également la représentation courante du vagabond comme « fantassin de l'armée du crime » (*L'Encre et le Sang. Récits de crimes à la Belle Époque*, Paris, Fayard, 1995, p. 149).

60. Sur la difficile question de la mobilité ouvrière dans la France du XIXe siècle, les analyses développées par Olivier Donnat, dans sa thèse déjà citée, sont fort éclairantes. Il forge l'appellation d'« ouvriers-vagabonds » (ni rebelles, ni victimes) pour mettre au jour l'entrelacement du normal et du marginal au cours du premier XIXe siècle. Le malaise marxiste face au *Lumpen-proletariat* des vagabonds est dépassé par le modèle *société disciplinaire-plèbe* forgé par Michel Foucault. Ce modèle, moins rigide que celui qui articule société capitaliste et prolétariat, permet de mieux penser l'obsession de fixer l'ouvrier « qui fuit » (*op. cit.*, p. 45), peut-être plus dangereux au total que celui qui lutte.

61. Comme l'ont déjà noté, autour de leurs objets respectifs, Olivier Donnat et Nicolas Veysset, déjà cités.

62. Thèse citée, p. 142.

63. Jean-Claude Beaune, *op. cit.*, p. 131. Il ajoute que « Fixer l'ouvrier, c'est supprimer son inconscient, son ombre, le vagabond », l'antidote contre la liberté des itinéraires parisiens étant la ville-usine, comme Le Creusot (*ibid.*, p. 257). L'éclairage public progressant, l'ombre de l'errant se fait moins supportable : à son image floue, fuyante, en négatif, succède selon Jean-Claude Beaune la photographie arrêtée et bien éclairée de l'ouvrier qui pose, fier de son travail et de sa famille (*ibid.*, p. 321).

64. Jacques Léonard, *La Médecine entre les savoirs et les pouvoirs, op. cit.*, p. 98. L'Hôtel-Dieu, où l'on peut être reçu à toute heure, reste longtemps un simple mouroir pour indigents.

65. Cf. Jeanne Gaillard, « Assistance et urbanisme dans le Paris du Second Empire » (article qui reprend une partie de sa thèse), in Lion Murard et Patrick Zylberman dir., « L'Haleine des faubourgs. Ville, habitat et santé au XIXe siècle », *Recherches*, n° 29, déc. 1977, pp. 395-422. L'assistance à domicile est privilégiée, notamment grâce aux Bureaux de charité présents dans chaque arrondissement depuis 1816 (et succédant aux Bureaux de bienfaisance). Toutefois, les nouveaux arrondissements se trouvent dépourvus de l'appareil charitable traditionnel, et dans les années 1860, confrontent les responsables locaux à une nouvelle misère, celle des migrants jeunes – tandis que les hôpitaux accueillent prioritairement les vieillards et les incurables que leur famille ne peut soigner.

66. ADP *VD[4] 4946-4953. Chauffoirs pour les indigents (1811-1831).* Le financement des chauffoirs est abandonné à la seule charité privée. En décembre 1831, un « Projet d'annonce » sur les chauffoirs pour les indigents, rédigé par le préfet de police, insiste sur la nécessité nouvelle de sélectionner les déshérités auxquels ces refuges temporaires seront ouverts, et encourage le patronage de chaque indigent par un bienfaiteur précis.

67. Voir Joachim Schlor, *Nachts in der grossen Stadt, Paris, Berlin, London 1840-1930*, Munich, Artemis & Winkler, 1991, pp. 142-161.

68. *Op. cit.*, t. II, p. 150.

69. Sous la Troisième République, elle est constituée d'aristocrates ou de grands bourgeois catholiques (le vicomte d'Haussonville, le duc de Broglie), protestants, et juifs (les Rothschild) – la crise du 16 mai 1877 conduisant ces notables conservateurs à se replier sur la bienfaisance.

70. Sur cette œuvre fondée en 1878, et reconnue d'utilité publique en avril 1882, voir Charles Le Roux, *Le Vagabondage et la mendicité à Paris et dans le département de la Seine, assistance et répression*, Paris, Michalon, 1907, 141 p. ; Othenin d'Haussonville, « La

Misère à Paris. II », *Revue des Deux-Mondes*, oct. 1881, pp. 611-651 ; APP *D^B 88. Asiles de nuit. Œuvre de l'Hospitalité de nuit. L'Œuvre de l'Hospitalité de nuit*, recueil de documents (1878-1896) (BN *8° Z Le Senne 5174*) ; Louis Barron, *Paris étrange*, Paris, Marpon & Flammarion, 1883, chap. 5 (« La Maison de l'Hospitalité de Nuit »).

71. Le premier asile, destiné aux ouvriers momentanément privés d'ouvrage, est installé rue de Tocqueville (dans le quartier des Batignolles) en juin 1878 ; le second boulevard de Vaugirard en 1879 ; un asile de nuit est également ouvert pour les femmes et les enfants rue Saint-Jacques en 1879. Le règlement de ces lieux d'accueil provisoire est très strict : il faut être entré le soir avant 9 h et parti le matin à l'aube pour chercher du travail. On ne peut être hébergé plus de trois nuits consécutives, le but étant de décourager les vagabonds chroniques censés préférer passer la soirée au cabaret, puis la nuit dehors. En février 1886 est ouvert, sur un modèle similaire, le premier refuge de nuit municipal, rue de la Bûcherie (dans le quartier Maubert). En 1898, il existe quatorze asiles de nuit (publics ou privés, pour hommes ou pour femmes) dans la capitale ; ils offrent deux mille lits environ.

72. *L'Œuvre de l'Hospitalité de nuit*, recueil cité, p. 7.

73. *Ibid.*, pp. 4-5.

74. APP *D^B 88. Asiles de nuit. Œuvre de l'Hospitalité de nuit.* « Rapport sur les travaux de l'Œuvre pendant l'année 1894 ».

75. Paris, Guillaumin, 1851, p. 991.

76. APP *D^B 46. Service des garnis*. En 1840, dans ses *Mémoires*, Gisquet dénombre pour sa part 3 900 garnis dans la capitale, qui logeraient 57 000 personnes (*op. cit.*, t. I, p. 292).

77. *Op. cit.*, p. 977.

78. *Ibid.*, p. 69.

79. Selon la *Statistique de l'Industrie à Paris en 1860*, 41 % des ouvriers du bâtiment logent en garni, et changent de logeur à chaque fois qu'ils changent de chantier (Paris, Chambre de Commerce, 1864, p. XLI).

80. Cf. APP *D^A 29. Logeurs, hôtels meublés, maisons garnies*. « État numérique des ouvriers logés en garni (1835-1848) ».

81. Cf. Ann-Louise Shapiro, *Housing the Poor of Paris 1850-1902*, University of Wisconsin Press, 1985, 224 p.

82. APP *D^A 29*. Carton cité.

83. *Ibid.*

84. APP *D^B 46. Service des garnis*.

85. AN *F^7 4174*.

86. Cf. le cabaret du Lapin-Blanc dans *Les Mystères de Paris* : « Cette taverne occupe le rez-de-chaussée d'une haute maison dont la façade se compose de deux fenêtres dites *à guillotine*. Au-dessus de la porte d'une sombre allée voûtée se balance une lanterne oblongue dont la vitre fêlée porte ces mots écrits en lettres rouges : "Ici on loge à la nuit" » (Paris, R. Laffont, 1989 [1re éd. 1842], p. 38).

87. APP *D^A 29*. Carton cité.

88. Un contre-exemple fameux : celui des maçons de la Creuse, souvent logés autour de l'Hôtel de Ville, et réputés pour leur sagesse, leur sobriété, leur sens de l'économie : vivant entre eux, avec le retour au pays comme horizon, ils ne se laissent guère happer par la fascination exercée par les plaisirs nocturnes de la grande ville. Cf. Alain Corbin, « Les Paysans de Paris. Histoire des Limousins du bâtiment au XIXe siècle », *Ethnologie française*, « Provinciaux et provinces à Paris », t. X, n° 2, 1980, pp. 169-176.

89. *Op. cit.*, pp. 949 à 993.

90. Dans le domaine des « Mœurs et habitudes des locataires » (p. 957), c'est le 4e, le 7e et le 12e arrondissement qui sont les moins bien classés (et plus précisément les quartiers suivants : Marchés, Saint-Avoie, Cité, Saint-Jacques, Jardin des Plantes).

91. *Ibid.*, p. 986.

92. Paris, Guillaumin & Cie, 1855, p. 149.

93. *Op. cit.*, p. 122.

94. Paris, Dentu, 1886, p. 269.

95. Paris, Librairie illustrée, s.d. (années 1880), 210 p.

96. Paris, Warnier & Cie, 1897, p. 7.

97. Othenin d'Haussonville, *L'Enfance à Paris*, Paris, Calmann-Lévy, 1879, p. 223.

98. Dans *Paris, ou le Livre des Cent-et-un*, dans les années 1830, il est question de la fréquentation des débits de boissons des Halles, ouverts toute la nuit (Paris, Ladvocat, 1832, t. III, p. 143) : on y trouverait « le vagabond qui n'ose pas même subir l'épreuve du registre des logements à la nuit ».

99. *Paris, ses organes, ses fonctions et sa vie dans la seconde moitié du XIXe siècle*, Paris, Hachette, 1872, t. III, p. 77.

100. *Mémoires*, *op. cit.*, t. IV, p. 289.

101. AN *F7 4174*, rapport du 16 mars 1829 : « Le chef du poste de la place de l'Odéon signale un grand coffre, de grandeur d'homme, placé sous les arcades de l'Odéon, côté de la rue Molière, qui reste ouvert pendant la nuit et qui sert de réceptacle aux vagabonds, et où il y en a déjà été arrêté plusieurs fois. »

102. Son rôle clé dans la vie populaire parisienne au XVIIIe siècle est souligné par Arlette Farge dans *Vivre dans la rue à Paris au XVIIIe siècle*, Paris, Archives Gallimard-Julliard, 1979, pp. 48-51 (le fleuve est à la fois une artère vitale et un lieu « glauque »). Sur le monde de l'eau, et sur l'idée d'une ville à deux niveaux, voir Carole Marteau, *Les Populations fluviales à Paris au XIXe siècle*, mémoire de maîtrise dir. par Alain Corbin, Université de Paris-I, 1990, 81 p. Cf aussi Isabelle Backouche, *La Seine et Paris (1750-1850). Pratiques, aménagements, représentations*, thèse dir. par B. Lepetit, EHESS, 1995.

103. *Op. cit.*, pp. 149-161.

104. AN *F7 4166.*

105. Cf. par exemple le rapport de la gendarmerie royale du 15 novembre 1819, sur le quartier du Pont au Change : « René Ricour, maçon, sans-asile, arrêté dans une maison en construction où il s'était introduit pour y passer la nuit, le gardien de cette maison, qui le prenait pour un voleur, lui ayant tiré un coup de fusil » (AN *F7 4167*).

106. Cf. AN *F7 4181.* Le rapport du 5 novembre 1822 consigne que des gens sans aveu « se réfugient la nuit dans l'intervalle de deux grands carrés de fumier » dans l'impasse Saint-Lazare, en haut du faubourg Saint-Denis (dix hommes y ont été surpris cette nuit-là ; ils ont entre vingt et trente ans).

107. AN *F7 3874*: rapport du 27 janvier 1819 : « Avant hier un ancien meunier, nommé Sénéchal, dans l'indigence, a été trouvé asphyxié dans une carrière à plâtre près d'un four auprès duquel il s'était retiré pour passer la nuit. » Cf. aussi *Les Mystères de Paris*, *op. cit.*, p. 49 et pp. 61-62 : le Chourineur raconte à la Goualeuse son habitude passée de dormir dans les fours à plâtre de Clichy et les carrières de Montrouge.

108. Voir P. L. Imbert, « Une nuit dans les carrières d'Amérique », *À travers Paris inconnu*, Paris, G. Decaux, 1877, pp. 251-253.

109. *Op. cit.*, p. 148.

110. Comme l'indique par exemple le lexique d'A. Chenu dans *Les Malfaiteurs*, Paris, Dentu, 1867, p. 25.

111. Voir les pages consacrées à ce quartier par Louis Chevalier dans *Histoires de la nuit parisienne (1940-1960)*, Paris, Fayard, 1982, 322 p.

112. Les hôtes clandestins ne sont pas rares, la nuit, dans le marché Saint-Martin, sous les pavillons de bois du marché du Temple, etc. En 1813 sont construits des abris en charpente autour du marché des Innocents : beaucoup viennent s'y blottir avant le début de la vente.

113. *Paris anecdote*, Paris, Jannet, 1854, pp. 207-208.

114. La rue de la Lingerie, élargie en 1854, est située le long du marché des Innocents.

115. AN F^7 *4167.*

116. AN F^7 *4172.*

117. AN F^7 *4176.* Et 10,2 % des arrestations ont lieu, en outre, aux abords de la place du Châtelet, toute proche.

118. AN F^7 *4178.*

119. AN F^7 *4179.*

120. Pour la Préfecture de police, il s'agit là d'asiles clandestins, mais on les tolère à titre de « souricières » (APP D^B *88. Asiles de nuit. Œuvre de l'hospitalité de nuit*).

121. Eugène Briffault, « Le Marché des Innocents », Paris, Marescq, 1844, vol. II, p. 36.

122. *Op. cit.*, p. 203.

123. *Ibid.*, pp. 204-205.

124. Paris, chez tous les Libraires, 1858, vol. 14, p. 26.

125. *Paris qui dort*, *op. cit.*, p. 92.

126. AN F^7 *4181.*

127. *Ibid.*

128. *Ibid.*

129. AN F^7 *4167.*

130. En conflit avec son beau-père, il a fui son domicile et son apprentissage de corroyeur.

131. Une génération plus tard, Maxime Du Camp examine un cas voulu édifiant, celui de Victor Tuleu, vingt ans, vagabond (déjà ?) incorrigible, arrêté pour la première fois en 1859 à l'âge de onze ans, qui en serait en 1868 à sa cinquante-troisième interpellation ; sa vie nomade est ainsi réglée : « s'il pleut pendant la nuit ou s'il fait froid, il va droit au poste le plus voisin, s'asseoit auprès du poële et dit : "C'est moi, je suis Tuleu, je n'ai ni ressources ni domicile, arrêtez-moi" » (« La Préfecture de police et la sûreté publique à Paris », *Revue des Deux-Mondes*, t. LXXXII, juillet 1869, p. 184).

132. C'est l'appellation utilisée par L. Barron dans *Paris étrange* (*op. cit.*,p. 223 et p. 71 : « Le soir, ces oiseaux de nuit n'hésitent pas à braver le dégoût public sur les trottoirs lumineux des grands boulevards »).

133. La notion centrale du livre de Jean-Claude Beaune, *Le Vagabond et la machine*, déjà cité, est ce que les aliénistes appellent à la fin du XIXe siècle « l'automatisme ambulatoire ».

134. « Le Mont-de-Piété ; la prostitution ; la misère », Paris, Librairie internationale, 1867, pp. 1889-1890.

135. *Paris, ses organes…*, *op. cit.*, t. II, pp. 163-164.

136. Elle existe déjà à la fin du XVIIIe siècle : cf. Jean-Baptiste Le Maire, *La Police de Paris en 1770*, mémoire composé par ordre de Sartine, publié par la Société de l'Histoire de Paris et de l'Ile-de-France, 1879, p. 69. Et le terme synthétique de « rôdeur » se perpétue durablement au XIXe siècle : cf. *Voleurs et mendiants*, *op. cit.*, p. 42 : « Celui-là rôde la nuit à travers Paris, il n'a pas un lieu où reposer sa tête. Il cherche une occasion : il ne reculera devant aucune extrémité pour se procurer ce qui lui est nécessaire. »

137. AN F^7 *4166.* La quasi-totalité (98 %) des rôdeurs de nuit sont arrêtés dans le 4e arrondissement.

138. AN F^7 *4167.*

139. AN F^7 *4172.*

140. AN F^7 *4176.*

141. AN F^7 *4178.*

142. APP D^B *31. Police municipale de Paris, documents divers (1812-1870).* Titre III, article 19.

143. APP D^B *39. Postes de police. Postes militaires. Violons.*

144. Les exemples cités datent tous de la Restauration, la standardisation des rapports après 1830 ne permettant plus guère de retrouver la singularité des situations.

145. AN F^7 *3837*.
146. AN F^7 *4180*.
147. AN F^7 *3838*.
148. AN F^7 *4180*.
149. AN F^7 *4167*.
150. AN F^7 *4181*.
151. *Ibid*.
152. *Ibid*.
153. *Ibid*.
154. *Ibid*.
155. *Ibid*.
156. *Ibid*.
157. AN F^7 *4182*.
158. *Ibid*.
159. *Ibid*.
160. *Ibid*
161. *Ibid*.
162. AN F^7 *4172*.

163. En 1846, les rapports relèvent l'arrestation d'« individus » non dénommés, ce qui laisse dans l'incertitude quant à leur sexe.

164. Au début de la Restauration, les prostituées sont très couramment impliquées dans les troubles nocturnes qui ont lieu autour du Palais-Royal.

165. En 1842, par exemple, quarante-huit postes sont cités dans les rapports, mais dix d'entre eux, plutôt centraux, représentent à eux seuls 80 % des arrestations (Lingerie 28,6 %; Palais de Justice 18,1 %; Château-d'eau 5,9 %; Châtelet 5,2 %; Saint-Antoine ; place Maubert ; Saint-Eustache ; Hôtel de Ville ; Saint-Martin ; Mouffetard).

166. Il s'agit presque uniquement du poste du Palais de Justice, représentatif de l'île de la Cité dans son ensemble, car si le quartier de la Cité proprement dit est agité, celui du Palais de Justice (moins populaire, il appartient, lui, au 11e arrondissement, donc à une rive gauche studieuse) apparaît comme un « îlot provincial », un peu comme l'île Saint-Louis (cf. Michel Deschamps, *L'Ile de la Cité au milieu du XIXe siècle*, mémoire de maîtrise dir. par Louis Girard, Université de Paris-IV, 1976, p. 20). Mais Eugène Sue s'interroge en 1842 sur la proximité entre le crime et la loi sur l'île de la Cité (« N'est-il pas étrange, ou plutôt fatal, qu'une irrésistible attraction fasse toujours graviter ces criminels autour du formidable tribunal qui les condamne à la prison, au bagne, à l'échafaud ! » : *Les Mystères de Paris*, *op. cit.*, p. 32).

167. *Idem*.

168. Un calendrier perpétuel a dû être utilisé pour retrouver les jours coïncidant avec chaque date, les rapports restant silencieux sur ce point.

169. On doit souvent se contenter de la mention « de nuit » ou « à heure indue ». L'heure précise est connue dans 65,5 % des affaires en 1816, 41,8 % en 1826, presque toutes les affaires en 1837, 81,1 % d'entre elles en 1842, et 23,8 % en 1846.

170. Dans le cas contraire, la turbulence des domestiques, souvent notée par les contemporains, est-elle liée à l'impunité que le prestige de leurs maîtres pourrait leur garantir ?

171. Dans les *Comptes généraux de l'administration de la justice criminelle en France*, la catégorie des journaliers est la plus massivement représentée parmi les personnes arrêtées à Paris et dans le département de la Seine (elle concerne entre un tiers et la moitié des arrestations, tous délits confondus, sous la monarchie de Juillet).

172. Comptage complémentaire effectué du 1er janvier au 1er juin 1819 (AN F^7 *4167*), afin d'obtenir un résultat plus fiable qu'en 1816, où soldats et prostituées sont très représentés (en raison du contexte), et où la profession des autres n'est indiquée qu'une fois sur deux en moyenne.

173. En 1826, elle est connue dans 87,45 % des cas. Après 1830, elle n'est plus précisée.

174. Rentiers, professeurs, écrivains, employés…

175. AN *F*^{7} *4166*.

176. *Ibid.*

177. AN *F*^{7} *4180*. Cf. encore le 6 juillet 1820 : « Une patrouille sortie du poste a arrêté, à 3 h du matin, rue Coquillère, la nommée Benderidet qui se cachait, à l'approche de la garde, et qui a déclaré être sortie, hier, du dépôt de Saint-Denis » (AN *F*^{7} *4181*).

178. Sur l'idéal de patronage, la crise de l'apprentissage et l'enfance errante ou délinquante (moins bien tolérée vers 1836-1840 qu'auparavant), cf. Catherine Duprat, *Usage et pratiques de la philanthropie…*, *op. cit.*, notamment pp. 686-695.

179. Cf. Alain Faure, « Enfance ouvrière, enfance coupable », *Les Révoltes logiques*, n° 13, 1981, p. 14 : « Mais pourquoi les petits des pauvres ont-ils le diable au corps ? » (l'étude concerne la Belle Époque).

180. On sait que l'émergence de la notion même d'adolescence est lente dans la France du XIXe siècle, la conception selon laquelle l'enfant doit produire (on peut songer, entre autres, à l'exploitation de Fleur-de-Marie par la Chouette dans *Les Mystères de Paris*) étant liée à l'insuffisance des salaires adultes.

181. Michelle Perrot, « Quand la société prend peur de sa jeunesse en France au XIXe siècle », in *Les Jeunes et les autres. Contributions des sciences de l'homme à la question des jeunes*, actes du colloque de Vaucresson, CRIV, 1986, vol. 1, p. 26.

182. AN *F*^{7} *3838*.

183. « Fabrique de vice à Paris en 1840 », t. XIV, février 1840, p. 137.

184. La *Statistique de l'Industrie à Paris* de 1848 relève la forte mobilité des adolescents entre onze et dix-sept ans : beaucoup s'enfuient de leur lieu d'apprentissage ou en sont chassés, et ont rompu avec leur famille (*op. cit.*, p. 993).

185. *Op. cit.*, vol. II, p. 199.

186. *Revue des Deux-Mondes*, p. 664.

187. « L'Enfance à Paris. Les vagabonds et les mendiants », *Revue des Deux-Mondes*, 1er juin 1878, pp. 598-627 ; *L'Enfance à Paris*, *op. cit.*, 473 p. Selon lui, 10 000 enfants parisiens vivent de ressources irrégulières, hors du domicile de leurs parents. En 1872, 3 004 moins de seize ans auraient été arrêtés à Paris, dont 1 644 pour mendicité et vagabondage (p. 190).

188. Art. cité, pp. 130-135.

189. AN *F*^{7} *4182*.

190. *Ibid.*

191. Philarète Chasles, art. cité, p. 137.

192. AN *F*^{7} *4180*.

193. AN *F*^{7} *4181*.

194. *Ibid.*

195. Le vicomte d'Haussonville fait remarquer dès les années 1870 que le reflux des pauvres vers les fortifications accroît la propension enfantine à constituer des bandes pour rôder le soir sur le boulevard extérieur (*L'Enfance à Paris*, *op. cit.*, p. 235).

196. AN *F*^{7} *4181*.

197. *Ibid.* Le 8 mai encore, sept adolescents sont délogés d'un tas de fumier, près du marché Saint-Martin ; ils disent être chiffonnier, couvreur, journalier, garçon marchand de vin, serrurier, tabletier : c'est la rue, non l'atelier, qui les réunit…

198. AN *F*^{7} *4167*. La crainte du chapardage enfantin est aiguisée par la proximité des commerces alimentaires : le 25 août 1820, vers 4 h du matin, des gardes nationaux arrêtent « quatre petits chiffonniers […] qui avaient volé des paniers de fruits dans le marché Saint-Honoré » (AN *F*^{7} *4180*).

199. AN *F*^{7} *4182*.

200. Selon le vicomte d'Haussonville, il y aurait eu, en 1877, 742 enfants perdus ramassés dans Paris (« L'Enfance à Paris. Les Vagabonds et les mendiants », art. cité, p. 601).

201. Il est chargé de 20 000 enfants environ vers 1840, dont ces nombreux « champis » placés à la campagne.

202. Sur la condition de l'enfance malheureuse au XIXe siècle, voir Martine Untrau, *Le Vagabondage des mineurs à Paris de 1870 à 1914*, mémoire de maîtrise dir. par Michelle Perrot, Université de Paris-VII, 1975, 149 p. ; Jean Sandrin, *Enfants trouvés, enfants ouvriers XVIIe-XIXe siècles*, Paris, Aubier, 1982, 255 p. ; Danielle Laplaige, « Le Vagabondage des mineurs à Paris au XIXe siècle », *Gavroche*, n° 21-22, mai-août 1985, pp. 27-32 ; *id.*, *Sans Famille à Paris. Orphelins et enfants abandonnés de la Seine au XIXe siècle*, Paris, Centurion, 1989, 204 p. ; Dr Yves Roumajon, *Enfants perdus, enfants punis. Histoire de la jeunesse délinquante en France*, Paris, Hachette, coll. Pluriel, 1989, 351 p.

203. Avant 1832, les mineurs sont mêlés aux adultes dans les prisons parisiennes, de même que dans les rues nocturnes de la capitale ou au violon. Pour une approche plus strictement quantifiée, voir Leonard R. Berlanstein, « Vagrants, Beggars and Thieves : Delinquent Boys in Mid-Nineteenth Century Paris », *Journal of Social History*, 1979, vol. 12, n° 4, pp. 531-552 (il a exploité statistiquement les registres d'écrou de la Petite-Roquette entre 1834 et 1862).

204. Michelle Perrot, « La Fin des vagabonds », *L'Histoire*, juillet-août 1978, p. 31.

205. Il cite l'exemple du quartier Saint-Merry en juin 1832 : « Au 6 juin, pendant le plus fort de la mêlée, au moment où le canon menaçait d'écraser les insurgés sous les décombres de la maison qui forme l'angle de la rue Saint-Martin et de la rue Saint-Merry, un enfant de douze ou treize ans franchissait les barricades au milieu des feux qui se croisaient de toutes parts, fit plus de vingt fois le trajet pour procurer aux révoltés qui tombaient de besoin des pommes de terre frites... On sait aussi que le drapeau de la Société des Droits de l'Homme fut longtemps tenu debout à la barricade Saint-Merry par un enfant de seize ans... » (APP *D[A] 221. Service des mœurs (1760-1867). Plaintes et mémoires des particuliers*).

206. Cf. *Les Misérables*, Paris, Le Livre de Poche, 1985 (1e éd. 1862), p. 536 : « Qu'on nous permette [...] de rappeler [...] qu'il y a vingt ans les tribunaux correctionnels eurent à juger, sous prévention de vagabondage et de bris d'un monument public, un enfant qui avait été surpris couché dans l'intérieur même de l'éléphant de la Bastille. »

207. Contrairement à Cosette enfant, peut-être parce que le fils Thénardier a un pied dans le mal, comme le montrent ses relations avec Montparnasse, membre du noir quatuor de « Patron-Minette ».

208. Claudette Combes, *Paris dans les Misérables*, *op. cit.*, pp. 229 et 275.

209. Dans ce domaine, la nuit, qui suscite déjà le regroupement des classes dangereuses, offre à la répression une discrétion que le jour lui interdit : en escamotant ainsi les arrestations massives, parfois productrices d'émotions populaires, on espère aussi éviter la solidarité des laborieux (censés dormir) envers les dangereux.

210. Les rapports du carton *F[7] 4166* font souvent mention de cet établissement douteux.

211. AN *F[7]. 3839*.

212. Dès 1819, 52,1 % des arrestations effectuées la nuit à Paris par groupes de plus de deux personnes à la fois ont lieu autour du seul poste de la Lingerie, et 10,1 % encore autour du poste de la halle au Blé (AN *F[7] 4167*: sondage de janvier à juin).

213. AN *F[7] 4176*.

214. AN *F[7] 4178*.

215. Selon Du Camp, ce n'est qu'à partir de 1856 que six voitures cellulaires visitent les postes à l'aube (« La Préfecture de police... », art. cité, p. 180).

216. « Enfance ouvrière... », art. cité, p. 32.

217. Selon Olivier Donnat (*La Clochardisation du vagabond*, thèse citée), la rigueur théorique du Code pénal (trois à six mois de prison et cinq à dix ans de surveillance pour

un délit de vagabondage) n'est pas aisément applicable, le vagabondage étant plus difficile à prouver que la mendicité ; la réponse sociale, au XIXe siècle, réside moins dans la punition pénale que dans la promotion du travail et de la famille, qui vise à barrer les chemins conduisant à l'errance.

218. Au sens où l'entendait Michel Foucault.

219. Dans les *Comptes généraux de l'administration de la justice criminelle*, on distingue les individus arrêtés à Paris pour vagabondage et ceux qui l'ont été pour mendicité, mais l'heure de l'arrestation n'est pas mentionnée (et les décisions correctionnelles ne sont pas disponibles aux Archives de Paris pour la période qui nous intéresse, rappelons-le). Le *Compte* égrène donc les chiffres suivants pour la capitale (nous n'avons retenu que quelques années repères) : 439 mendiants et vagabonds arrêtés en 1825 (les deux groupes sont confondus dans le relevé) ; 1 446 vagabonds et 824 mendiants en 1844 ; 5 657 vagabonds et 1 834 mendiants en 1854 ; 7 735 vagabonds et 2 139 mendiants en 1864 ; 14 095 vagabonds et 2 588 mendiants en 1869 : la rapide massification de la répression sous le Second Empire est évidente.

220. Cinquante-neuf dépôts furent créés en France en 1808, mais sept seulement sont encore en activité en 1837, et ceux du département de la Seine recueillent donc bien des provinciaux qu'il convient de remettre au travail et de renvoyer dans leur région d'origine. Olivier Donnat (thèse citée) montre bien que le pouvoir de punir l'oisiveté volontaire exige en contrepartie, dans une société libérale, que soit respecté le droit d'assistance pour les invalides et le droit au travail pour les autres. Mais dans sa fonction d'amendement des individus, le dépôt de mendicité, comme la prison, se révéla un échec, ne dépassant guère apparemment la fonction de « dépotoir » social.

221. On peut se référer à l'ordonnance de police du 20 septembre 1828, concernant la répression de la mendicité (*Collection officielle des ordonnances de police…*, *op. cit.*, t. II) : le préfet Debelleyme y dénonce l'afflux de provinciaux venus mendier à Paris alors qu'ils sont aptes au travail. Ces gens demanderaient des secours de manière agressive, ou en dévoilant (dignes en cela des habitués des anciennes cours des miracles…) le « spectacle hideux d'infirmités vraies ou feintes ».

222. Cf. Charles Le Roux, *Le Vagabondage et la mendicité à Paris et dans le département de la Seine, assistance et répression*, *op. cit.*, 141 p. Voir aussi Michèle Beau, *Les Dépôts de mendicité de la Seine (1808-1889)*, mémoire de maîtrise dir. par Michelle Perrot, Université de Paris-VII, 1986, 126 p. : Saint-Denis, qui comporte en théorie 700 places, mais se trouve vite surpeuplé, accueille plutôt les valides (ce dépôt fonctionne de 1775 à 1887, date à laquelle il est remplacé par Nanterre), et Villers-Cotterets les invalides, les reclus de longue durée ; mais la confusion est fréquente, en réalité, entre valides et non-valides, de même qu'entre mendiants et vagabonds.

223. Leur présence, dans les rapports que nous avons exploités, ne dépasse guère la soirée. Cf. le rapport d'un commissaire de police, le 8 décembre 1815, en *F[7] 3838* : « On rencontre chaque soir sur les Boulevards du nord des femmes et des enfants mendiants qui par leurs cris cherchent à exciter la commisération des passants. » Dans *Les Mystères de Paris*, c'est jusqu'à 11 h que la Chouette envoie Fleur-de-Marie enfant mendier chaque soir sur le Pont-Neuf (*op. cit.*, p. 49).

224. *Les Vrais Mystères de Paris*, Paris, A. Cadot, 1844, vol. I, p. 50. On sait que le prisonnier type, au XIXe siècle, est jeune, célibataire, journalier, illettré, vagabond et/ou migrant, et récidiviste : pour autant que nous puissions en juger, le profil incertain du rôdeur de nuit concorde largement avec cette silhouette.

225. Dans l'opacité nocturne, la rumeur a tôt fait de naître : « À 11 h du soir, une personne dont la frayeur avait troublé tous les sens s'est présentée à un poste de la garde nationale ; elle montrait du doigt une voiture bourgeoise et invitait à la poursuivre, ajoutant qu'elle renfermait deux dames qu'on venait d'enlever à sa vue » (AN *F[7] 3837*).

226. Manque qu'a essayé de combler le Centre d'histoire de la France contemporaine, à Nanterre : sous l'impulsion de Francis Demier s'est développée une enquête sur les

dossiers de procédure correctionnelle de la Seine (série D[2] U6 des Archives de Paris) après 1871 (avant cette date, seules quelques épaves subsistent). Voir par exemple Liza Chaboussant et Gaëlle Dupont, *La Violence au quotidien dans Paris et sa banlieue 1872-1896*, mémoire de maîtrise dir. par Francis Demier, Université de Paris-X-Nanterre, 1996, 299 p.

227. Claude Gauvard, *« De Grace especial », Crime, État et société en France à la fin du Moyen Âge*, Paris, Publications de la Sorbonne, 1991, 2 vol. ; Nicole Gonthier, *Cris de haine et rites d'unité, la violence dans les villes* XIIIe-XVIe *siècles*, Paris, Brepols, 1992, 246 p.

228. Cf. Frédéric Chauvaud, *De Pierre Rivière à Landru, la violence apprivoisée au* XIXe *siècle*, Paris, Brepols, 1991, 271 p. ; François Ploux, *Les Formes du conflit et leurs modes de résolution dans les campagnes du Lot (1810-1860)*, thèse dir. par Alain Corbin, Université de Paris-I, 1994, 3 vol.

229. Récemment, Frédéric Chauvaud a dirigé le numéro « Violences » de *Sociétés et Représentations*, CREDHESS, n° 6, juin 1998, 503 p.

230. *Ethnologie française*, « Violence, brutalité, barbarie », juillet-septembre 1991, t. XXI, pp. 237-238. On peut également consulter *La Violence au village. Sociabilité et comportements populaires en Artois du* XVe *au* XVIIe *siècle*, Paris, Brepols, 1989, 419 p. (tiré de sa thèse) : il y note que la nuit est un moment de licence pour de jeunes célibataires cherchant à y « compenser leur sujétion diurne aux adultes » (p. 123).

231. « Le Cabaret parisien et les manières de vivre du peuple », in *Habiter la ville* XVe-XXe *siècles*, dir. par Maurice Garden et Yves Lequin, Presses universitaires de Lyon, 1984, p. 243.

232. L'étude porte sur les années 1760 à 1785. *Annales ESC*, septembre-octobre 1979, n° 5, pp. 984-1015.

233. Les jours de travail, la violence serait plutôt diurne ; les jours de distraction, elle est plutôt vespérale et nocturne (p. 987).

234. *Ibid.*, p. 992.

235. *Classes laborieuses et classes dangereuses à Paris dans la première moitié du* XIXe *sicèle*, Paris, Hachette Pluriel, 1984 (1re éd. 1958), pp. 687-711.

236. À ce sujet, voir François Andelkovic, *L'Ordre de la violence. Les conflits compagnonniques dans la première moitié du* XIXe *siècle (1817-1855)*, mémoire de maîtrise dir. par Alain Corbin, Université de Paris-I, 1996, 175 p. 52 % des affaires relevées par François Andelkovic ont lieu en fin de soirée ou la nuit, et les conflits éclatent fréquemment le dimanche et le lundi, ce qui souligne leur lien avec les temps de loisir (pp. 41-43).

237. Le sujet intéresse Véronique Nahoum-Grappe dans *La Culture de l'ivresse, essai de phénoménologie historique*, Paris, Quai Voltaire, 1991 : « Il y a une spécificité du temps social de la nuit, ce qui s'y passe n'est pas tourné vers la suite diachronique des projets du lendemain, mais s'abîme dans une diagonale indéfinie, comme si le jour n'arrivait jamais » (p. 37) ; « la nuit et l'ivresse multiplient l'une par l'autre leur différence » (p. 101).

238. Nous empruntons ces remarques à François Andelkovic, mémoire cité, p. 172.

239. Étudiés par Jean-Claude Chesnais (avec les homicides et exécutions capitales) dans *Les Morts violentes en France depuis 1826*, Paris, P.U.F., 1976, 346 p.

240. De même qu'une étude de la nuit insurrectionnelle serait fructueuse, de même une réflexion sur l'atmosphère nocturne de la capitale pendant les périodes d'épidémie, où chacun est invité à rentrer chez soi de bonne heure, pourrait compléter la connaissance des manières d'affronter fléaux et malheurs collectifs au XIXe siècle. Les rumeurs d'empoisonnement, au printemps 1832, font ainsi entrevoir la nuit comme temps du complot contre le peuple. Et Jules Beaujoint affirme qu'au Palais-Royal, « des croquemorts descendaient la nuit sous la galerie du nord et pénétraient dans le jardin ; là, ils agitaient une clochette en jetant à droite et à gauche des regards scrutateurs. Les habitants avaient été prévenus de placer une lumière devant leur porte sous l'arcade, lorsqu'ils auraient un mort à enlever » (*Histoire du Palais-Royal*, Paris, Fayard, 1871, p. 429).

241. *Le Vagabond et la machine…*, *op. cit.*, p. 90. Sur le cas féminin, et en particulier la fragilité des limites entre folles, vagabondes, prostituées, nymphomanes, voleuses trou-

vées dans les rues, voir Yannick Ripa, *La Ronde des folles. Femmes, folie et enfermement au XIXe siècle (1838-1870)*, Paris, Aubier, 1986, 216 p.

242. AN *F[7] 3839.*

243. AN *F[7] 4180.*

244. *Ibid.*

245. AN *F[7] 4167.*

246. AN *F[7] 3839.*

247. AN *F[7] 3837.*

248. Mentionnée par Restif de la Bretonne dans *Les Nuits de Paris* in *Paris le jour, Paris la nuit*, Paris, R. Laffont, coll. Bouquins, 1990, pp. 678-679 et 892-893 (Les Débris de cadavres. Les Violateurs des sépultures. La Morte vivante). Voir également L.-S. Mercier, *Tableau de Paris* in *Paris le jour, Paris la nuit*, Paris, R. Laffont, coll. Bouquins, 1990, p. 140 : les corps des morts de l'Hôtel-Dieu partent chaque matin à 4 h pour Clamart sur un chariot précédé d'une cloche ; dans ce cimetière, « les jeunes chirurgiens vont la nuit, franchissant les murs, enlever des cadavres pour les soumettre à leur scalpel inexpérimenté : ainsi après le trépas du pauvre on lui vole encore son corps : et l'empire étrange que l'on exerce sur lui, ne cesse enfin que quand il a perdu les derniers traits de la ressemblance humaine ». Sur le transfert des cimetières à la périphérie de la ville à la fin du XVIIIe siècle (Clamart et Vaugirard pour la rive gauche, Montmartre et le Père-Lachaise, à partir de 1804, pour la rive droite), voir Philippe Ariès, *L'Homme devant la mort* (2. *La Mort ensauvagée*), Paris, Points Seuil, 1985 (1re éd. 1977), p. 205. Pour lui, la difficulté des jeunes chirurgiens à trouver des corps, et le sacrilège nocturne qui consiste à violer les sépultures puis à disséquer les cadavres viennent de la concurrence des dissections faites par les particuliers, sensibles à la mode de l'anatomie (pp. 74-78).

249. AN *F[7] 3838.*

250. AN *F[7] 3837.*

251. Le phénomène du trafic nocturne des cadavres semble cependant résiduel, par rapport à ce qu'il était à la fin du XVIIIe siècle, où les corps fournis par les prisons ou par les supplices publics n'étant pas assez nombreux, les jeunes chirurgiens s'étaient tournés, au grand scandale du peuple, vers les corps des pauvres morts à l'hôpital, ou vers les fosses communes des cimetières.

252. Cf. APP *D[B] 210. Morgue.* Sous la monarchie de Juillet, la morgue reçoit entre deux cents et trois cents cadavres par an. Sur cette institution, voir Bruno Bertherat, *La Morgue et la visite de la morgue à Paris au XIXe siècle*, mémoire de maîtrise dir. par Alain Corbin, Université de Paris-I, 1990, 239 p. Les registres de la morgue, conservés aux Archives de la Préfecture de police, mais peu informatifs quant à l'heure et au lieu du décès, n'ont pas pu nous servir.

253. Puis, en 1864, derrière le chevet de Notre-Dame. Cf. Dr Ambroise Tardieu, « La morgue ; les morts violentes, crimes et suicides », in *Paris-Guide, op. cit.*, p. 1996.

254. *Les Recherches statistiques sur la ville de Paris et le département de la Seine* (Paris, Imprimerie Royale, 1821-1860, 6 vol.) consacrent des tableaux au mouvement des suicides, mais sans relever leur heure ni leur cadre. Le *Compte général de l'administration de la justice criminelle en France* désigne la Seine comme le département où le nombre des suicides est le plus élevé entre 1830 et 1879 (39 pour 100 000 habitants, alors que la moyenne nationale est de 10 environ), et montre qu'ils ont plutôt lieu au printemps ou en été, mais sans précision horaire.

255. La période antérieure a été étudiée par Richard Cobb dans *La Mort est dans Paris*, Paris, Le Chemin Vert, 1985, 183 p. (Oxford U.P., 1978). Cette « enquête sur le suicide, le meurtre et autres morts subites à Paris au lendemain de la Terreur » est menée à partir des archives de la Basse-Geôle de la Seine, ancêtre de la morgue, où sont envoyés les corps des plus pauvres ; elle montre que les suicides par noyade ont généralement lieu entre neuf heures et midi, comme « aboutissement d'une réflexion solitaire sans doute mûrie au cours d'une longue nuit de veille » (p. 27).

256. Selon Georges Minois (qui ne consacre malheureusement au XIXe siècle que les pages 362 à 370 de son *Histoire du suicide*, publiée chez Fayard en 1995), si la Révolution a dépénalisé le suicide, les régimes suivants « s'emploient avec vigueur à refouler le suicide dans la masse des interdits contre nature qu'il n'aurait [...] jamais dû quitter » ; on l'identifie à une sorte de délire ou de maladie, alors même que les « effets désagrégateurs » de la modernité (soulignés par Briere de Boismont dans *De l'influence de la civilisation sur le suicide*, en 1855) en multiplient les mobiles possibles (p. 363). Cf. aussi Louis Chevalier, qui tient la tendance suicidaire comme un symptôme de la « maladie urbaine » dans *Classes laborieuses et classes dangereuses...* (*op. cit.*, pp. 462-486) et Alain Corbin, « Cris et chuchotements », in *Histoire de la vie privée*, t. IV, dir. par Michelle Perrot, Paris, Seuil, 1987, pp. 591-594.

257. *Le Suicide, étude de sociologie*, Paris, F. Alcan, 1897, p. 98. Le même constat avait été établi par André-Michel Guerry dans les *Annales d'hygiène publique et de médecine légale* en janvier 1831 : c'est entre six heures du matin et midi que les suicides sont les plus nombreux à Paris (voir son *Essai sur la statistique morale de la France*, Paris, Crochard, 1833, pp. 64-65).

258. Devant les yeux de son *Peintre des coulisses, salons, mansardes, boudoirs, mœurs et mystères nocturnes de la capitale ou Paris en miniature, par un lynx magicien*, en 1822, Pierre Cuisin fait passer un « convoi mystérieux », une « voiture oblongue qui, toute noire, paraît construite en cuir, et par sa forme lugubre et sa couleur de deuil comprime le cœur à la première vue [...]. C'est, écrit-il, le *corbillard du suicide* [...]. Tous les jours, il part de Saint-Cloud, et se rend à la morgue avant la pointe du jour ; il contient les victimes du désespoir qui ont été recueillies dans les filets de Saint-Cloud » (lesquels n'ont apparemment jamais existé, en fait) (Paris, Leroux, 1822, pp. 220-221) ; cette nuit-là, les victimes sont une jeune fille enceinte abandonnée par son amant, un jeune soldat qui vient de perdre gros dans une maison de jeu du Palais-Royal, et un « Anglais *spleeniste*» qui « s'est tué par originalité » (p. 222). De même, dans le *Paris la nuit, silhouettes* publié par Édouard Gourdon en 1842, on aperçoit un homme qui se jette dans une Seine bourbeuse (Paris, Charpentier, 1842, p. 141). Sur la fascination morbide, d'inspiration sadienne, qui caractérise le romantisme, voir Michel Vovelle, *La Mort et l'Occident de 1300 à nos jours*, Paris, Gallimard, 1983, pp. 582-594.

259. AN *F^7^ 4181*. On se rappelle la scène, dans *La Peau de Chagrin*, où Raphaël, venant de perdre au jeu, sort du n° 36 du Palais-Royal et se dirige vers le pont Royal, puis se ravise : « Une mort en plein jour lui parut ignoble, il résolut de mourir pendant la nuit, afin de livrer un cadavre indéchiffrable à cette Société qui méconnaissait la grandeur de sa vie » (Paris, Le Livre de Poche, 1966 [1e éd. 1830], p. 29).

260. Sur la dérive du citadin vers cette « mort sale », voir Pierre Sansot, *Poétique de la ville, op. cit.*, pp. 68-72. On songe aussi à la mort ténébreuse de Javert ou à la scène inaugurale du *Chiffonnier de Paris*, de Félix Pyat.

261. Paris, Levavasseur, 1844, p. 369. Les gardiens de nuit du canal Saint-Martin sont censés, eux aussi, décourager les candidats à la noyade volontaire.

262. AN *F^7^ 3839*.

263. Anne-Claude Ambroise-Rendu note l'« embarras » des journalistes de la fin du XIXe siècle face au suicide, épisode dépouillé de son aura romantique et difficile à intégrer à la rubrique « fait divers », dans « Le Suicide ou les silences de la chronique des faits divers », in *Romantisme*, « Le Fait divers », 3e trimestre 1997, n° 97, pp. 77-89.

264. AN *F^7^ 3837*.

265. AN *F^7^ 3027*.

266. AN *F^7^ 4182*.

267. APP *D^B^ 39. Postes de police. Postes militaires. Violons.* (1851).

268. AN *F^7^ 4166*.

269. AN *F^7^ 4181*.

270. AN *F^7^ 4182*.

271. C'est une des scènes des *Nuits de Paris* de Restif (*op. cit.*, pp. 903-904). Ce passage nocturne obligé est également décrit, sous la forme d'une fuite par la fenêtre, par Édouard Gourdon dans *Paris la nuit, silhouettes*, *op. cit.*, p. 128.

272. AN *F[7] 4167* (18 août 1819).

273. Selon François Leuret, certains propriétaires « ont fait mettre, derrière la porte d'entrée de leurs maisons, une sorte de bras en fer que l'on dresse le soir, pour empêcher la porte de s'ouvrir complètement ; c'est afin de s'opposer à la sortie des meubles pendant la nuit » (*Notice sur les indigents de la ville de Paris*, *op. cit.*, p. 21).

274. AN *F[7] 4182.*

275. *Ibid.*

276. AN *F[7] 4167.*

277. Le 23 mai 1822, un tailleur de pierre est interpellé à 2 h du matin place Saint-Antoine, alors qu'il rentre chez lui : «Il était porteur de ses outils, dont on a soupçonné qu'à cette heure indue il pouvait faire un mauvais usage » (AN *F[7] 4181*). L'interprétation laisse à penser, une fois de plus, que passé une certaine heure, l'ouvrier perd la légitimité laborieuse qui est la sienne durant le jour pour n'être plus qu'un criminel en puissance.

278. AN *F[7] 4180.*

279. AN *F[7] 4167.*

280. AN *F[7] 4181.*

281. AN *F[7] 3838.*

282. *Ibid.*

283. AN *F[7] 4181.*

284. Le 12 mars 1816, on observe que « la nuit dernière, beaucoup d'individus passant dans les environs de la rue Frétillon, quartier Saint-Martin-des-Champs, hommes, femmes, et enfants, ont encore proféré des cris de Vive l'Empereur. Il serait bon de multiplier les patrouilles dans ces rues populeuses » (AN *F[7] 3838*).

285. AN *F[7] 3839.*

286. Ce mépris du gendarme est relevé par Jill Harsin : *Policing Prostitution in XIXth Century Paris*, Princeton U.P., 1985, p. 178.

287. AN *F[7] 3838.*

288. *Ibid.*

289. AN *F[7] 3874.*

290. AN *F[7] 4167.* Le 14 août sont arrêtés pour trouble, dans ce rassemblement : deux chiffonniers, un ramoneur, un menuisier, trois tailleurs, un poêlier, un médecin, six cordonniers, deux mécaniciens, deux selliers, un doreur, deux raffineurs, un bourrelier, un journalier, un joaillier, un commis marchand, un clerc de notaire, un crémier, un imprimeur, un bijoutier, deux clercs d'avoué, un frotteur, trois domestiques, un ébéniste, un maçon, un boulanger, un monteur de bronze, un couvreur, trois commissionnaires, un perruquier, un fourreur, un enfant de quinze ans, un tailleur de pierre, un bouchonnier…, soit un échantillon intéressant d'une population avide de spectacles insolites.

291. Malheureusement, le devenir de ces tendances sous la monarchie de Juillet et sous le Second Empire nous reste inaccessible, faute de sources.

292. Rappelons qu'un cinquième environ des arrestations nocturnes opérées par la gendarmerie royale et la garde municipale de Paris sont motivées par ces conduites, sans parler des seuls cas d'ivresse, sous-enregistrés. Mais nous ne disposons pas, pour cette période, des jugements correctionnels capables de préciser ces données.

293. Il serait artificiel de parler de « conduites de bruit », au sens où l'entendent médiévistes et modernistes, avec ce que cela suppose de codification du chahut : nous n'avons rencontré aucun cas de charivari, par exemple.

294. Paris, Lottin, 1837, p. 257.

295. Souvent impliqués dans les désordres, qui peuvent commencer par une querelle avec le client au sujet du prix de la course.

296. AN *F[7] 4181.* Les rapports de la garde nationale sont les plus riches dans ces domaines, comme si la milice citoyenne était la plus soucieuse du sommeil de ses

semblables (il est vrai que ceux de ses membres qui se trouvent astreints à la vigilance nocturne n'aspirent eux-mêmes qu'à retrouver leur lit).

297. *Ibid.*

298. *Ibid.*

299. AN *F[7] 4181.*

300. *Ibid.*

301. Cf. Alain Corbin, « Cris et chuchotements », in *op. cit.*, pp. 579-585 ; Didier Nourrisson, *Le Buveur du XIXe siècle*, Paris, Albin Michel, 1990, 378 p.

302. La mesure est comble quand pour le buveur, nuit et jour ont cessé d'être distincts, comme pour Coupeau dans *L'Assommoir* (Paris, GF-Flammarion, 1969 [1re éd. 1877], p. 281) : « Il couchait sur un tas d'ordures, sur un banc, dans un terrain vague, en travers d'un ruisseau. Le lendemain, avec son ivresse mal cuvée de la veille, il repartait, tapait aux volets des consolations, se lâchait de nouveau dans une course furieuse, au milieu des petits verres, des canons et des litres, perdant et retrouvant ses amis, poussant des voyages dont il revenait plein de stupeur, voyant danser les rues, tomber la nuit et naître le jour, sans autre idée que de boire et de cuver sur place. »

303. Toujours aussi tranché, Frégier estime que la moitié des ouvriers parisiens sont portés à l'ivrognerie (*Des classes dangereuses…*, *op. cit.*, t. I, p. 34).

304. *Quelques mots sur une question à l'ordre du jour, réflexions sur les moyens propres à diminuer les crimes et les récidives*, Paris, chez l'auteur, 1844, p. 95.

305. L'ivresse publique n'est pas un délit avant la loi de 1873 : il faut que s'y joigne la violence ou le tapage. Mais ce sont les heures tardives qui révèlent le plus la propension populaire à boire, car la consommation d'alcool, de moins en moins possible au cours de la journée de travail, se réfugie dans la soirée, se prolonge tard dans la nuit, conduisant à rompre avec l'atelier le lendemain.

306. Cf. l'errance nocturne de Gervaise dans *L'Assommoir* (*op. cit.*, pp. 421-422), sur fond de nuit orgiaque : « Cependant, il devait être très tard. Ça se gâtait, dans le quartier. Les gargots étaient fermés, le gaz rougissait chez les marchands de vin, d'où sortaient des voix empâtées d'ivresse. La rigolade tournait aux querelles et aux coups. […] La soûlerie soufflait dehors un besoin de s'assommer, quelque chose de farouche, qui donnait aux passants plus rares des visages pâles et convulsés. […] Nom de Dieu ! les couteaux sortaient des poches et la petite fête s'achevait dans le sang. Des femmes marchaient vite, des hommes rôdaient avec des yeux de loup, la nuit s'épaississait, gonflée d'abominations. »

307. AN *F[7] 3837*. Parfois, le rapport de force tourne mal : le 19 décembre 1819, « Vers 10 h du soir, trois hommes faisant du tapage dans un cabaret de la rue Basse-du-Rempart, le maître de ce cabaret, qu'ils voulaient maltraiter, a requis l'assistance des postes voisins […] ; à leur approche, les individus précités ayant pris la fuite, ces militaires ont fait feu sur eux et en ont tué un qui a été atteint d'une balle aux reins » (sur le cadavre conduit à la morgue, car sans papiers, on trouve deux francs, un mauvais mouchoir, deux couteaux, une pipe) (AN *F[7] 4167*).

308. Le 29 mars 1819, « plusieurs ouvriers ivres rentrant à 11 h du soir par la barrière de Charonne voulurent forcer un limonadier de la rue de Montreuil à leur donner à boire, et firent ensuite résistance à la garde nationale qui était survenue pour rétablir l'ordre » (AN *F[7] 3874*).

309. AN *F[7] 3837*. Bulletin de Paris du 3 au 4 janvier 1817.

310. APP *D[A] 29. Logeurs, hôtels meublés, maisons garnies.*

311. AN *F[7] 3874*.

312. L'observation est généralement synthétisée, pour l'ensemble de la ville, dans les Bulletins de Paris du lundi et du mardi.

313. Qui peut être comparé à une version atténuée de l'annuelle descente de la Courtille.

314. *Quinze ans à Paris (1832-1847), Paris et les Parisiens*, Paris, Firmin-Didot, 1848, vol. 1, pp. 197-198. Ce n'est, selon lui, qu'après la fermeture des cabarets que se montrent les « rôdeurs de barrières ».

315. *Conseils aux ouvriers sur les moyens qu'ils ont d'être heureux*, Paris, Hachette, 1850, p. 334.

316. Dans ses *Mémoires*, Gisquet se flatte d'avoir créé les gardiens de nuit du canal Saint-Martin, munis de perches et de crochets, qui repêchent ceux qui tombent à l'eau, au retour des barrières du nord, pendant les nuits du dimanche ou du lundi (*op. cit.*, t. IV, p. 245).

317. AN *F[7] 3874.*

318. Cette fonction est décrite par Privat d'Anglemont, parmi d'autres « industries inconnues », dans *Paris anecdote, op. cit.*, pp. 73-76.

319. Le problème de la mise en contact des soldats avec les classes dangereuses par l'intermédiaire des prostituées est souligné par Parent-Duchâtelet (*De la prostitution dans la ville de Paris…*, Paris, Baillière, 1837, p. 552).

320. En 1817, le casernement des militaires dans la capitale répond à la répartition suivante : 2 187 hommes dans le 1er arrondissement, 1 606 dans le 3e, 5 076 dans le 10e, 1 095 dans le 11e, 2 596 dans le 12e (*Recherches statistiques sur la Ville de Paris et le département de la Seine*, Paris, Imprimerie Royale, 1821, vol. I).

321. Le problème n'est pas neuf : dès 1742 étaient organisées des patrouilles nocturnes destinées à ramasser les soldats qui traînent dans les cabarets (Jean Chagniot, « Le Problème du maintien de l'ordre à Paris au XVIIIe siècle », *Bulletin de la société d'histoire moderne*, 1974, n° 8, p. 37).

322. AN *F[7] 4166.*

323. AN *F[7] 3874.*

324. En 1818, la retraite est battue à 8 h du soir en hiver et à 9 h en été, et l'appel a lieu une demi-heure plus tard. En 1819, à la suite de plaintes, elle est battue à 6 et 7 h du soir. En 1822, elle est battue entre 6 et 9 h, selon les saisons, et en étroite adéquation avec les heures de coucher du soleil (AAT *X[AE] 8. Garde Royale. Distribution du service, mots d'ordre, consignes [1816-1826]*). Sous la monarchie de Juillet, les membres de la garde municipale, dépendants du préfet de police doivent être présents à la caserne pour l'appel de 9 h du soir en hiver, et 9 h 30 en été ; il existe pour eux des permissions de 10 h ou de minuit ; il leur est interdit d'aller aux barrières après la retraite, même avec une permission (*Instruction sur le service de la Garde municipale*, Paris, Léautey, 1845, 108 p.).

325. AAT *X[AE] 21. Garde Royale. Ordres du jour et de service (police, discipline) (1816-1830).*

326. *Ibid.*

327. AAT *X[AE] 21.* Carton cité.

328. Autour du Café de la Paix, en particulier.

329. AAT *X[AE] 8.* Carton cité.

330. À la fin de la monarchie de Juillet, une circulaire du préfet de police déplore que « des militaires font usage de fausses permissions, à l'aide desquelles ils s'absentent illégalement de leurs corps pour aller passer la nuit dans les maisons garnies ou de tolérance » (« Police militaire. Surveillance à l'effet de découvrir les porteurs de fausses permissions. 13 mai 1845 ». *Recueil officiel des circulaires émanées de la Préfecture de Police (1797-1880)*, Paris, Imprimerie Chaix, vol. I, n° 494).

331. APP *D[B] 19. Police de la banlieue (depuis 1800).*

332. AAT *X[AE] 24. Garde Royale. Service (1817-1830).*

333. AN *F[7] 3837.* Rapport de la garde royale de Paris.

334. AN *F[7] 4167.*

335. AN *F[7] 3838.* Rapport d'un officier de paix.

336. *Ibid.*

337. *Ibid.*

338. AN *F[7] 4181.*

339. AN *F[7] 3874.*

340. AN *F[7] 4167.*

341. *Ibid.*

342. AN *F[7] 4167.* Dans les quartiers, on a parfois la rancune tenace : le 16 juillet 1816, cinq cordonniers, un menuisier, un charbonnier et un corroyeur attaquent les gardiens de la Halle à 1 h du matin, « pour avoir arrêté il y a quelques jours un de leurs camarades » (AN *F[7] 4166*).

343. Cf. AN *F[7] 4176* : « Joseph Fournier arrêté par des bourgeois pour coups de couteau sur un homme », à 11 h du soir, rue Vieille-du-Temple (20 février 1837) ; « Houy Joseph, arrêté par des bourgeois, rôdant sur la voie publique comme vagabond, sans papiers, à minuit 1/4 » (7 mai 1837).

344. Michelle Perrot, in *Histoire de la vie privée*, t. IV, « De La Révolution à la Grande Guerre », *op. cit.*, p. 416.

345. Alain Corbin, *ibid.*, p. 531. Au début de *La Volonté de savoir*, Michel Foucault oppose la franchise des pratiques sexuelles du XVIIe siècle à leur privatisation au XIXe : « À ce plein jour, un rapide crépuscule aurait fait suite, jusqu'aux nuits monotones de la bourgeoisie victorienne. » (*Histoire de la sexualité. I*, Paris, Gallimard, 1976, p. 9). Dans ses travaux, Anne-Marie Sohn a cherché, pour sa part, à quitter les discours pour connaître la sexualité vécue, la libération sexuelle à l'œuvre dans des « avant-gardes anonymes » (*Du premier baiser à l'alcôve. La sexualité des Français au quotidien [1850-1950]*, Paris, Aubier, coll. hist., 1996, p. 8).

346. Sur la ville comme lieu de périls pour la femme qui quitte le foyer, cf. Judith R. Walkowitz, « Jack l'Éventreur et les mythes de la violence masculine », in « Violences sexuelles », *Mentalités*, n° présenté par Alain Corbin, Imago, 1989, pp. 135-165 ; *City of Dreadful Delight. Narratives of Sexual Danger in Late-Victorian London*, University of Chicago Press, 1992, 353 p.

347. C'est notamment l'objet de l'ouvrage de Pierre Cuisin, *Le Peintre des coulisses [...] et mystères nocturnes de la capitale, op. cit.*, 305 p.

348. La tendance s'accuse dans la seconde moitié du siècle, où les plaisirs nocturnes deviennent un argument commercial d'attraction touristique, comme en témoignent la publication du guide *Paris at night* à Boston en 1869 (Boston & Paris Publishing Company), ou celle d'un *Paris after dark, night guide for gentlemen* dans les années 1880.

349. Paris, GF-Flammarion, 1988 (1e éd. 1835), p. 82.

350. Pour reprendre le sous-titre des *Filles de noce* d'Alain Corbin *(op. cit.)*.

351. Alain Corbin insiste sur l'« intense demande sexuelle préconjugale » animant cette grande ville où « les migrants temporaires [...], les militaires en garnison, les étudiants, les employés et les commis de boutique aux revenus insuffisants pour établir le ménage petit-bourgeois dont ils rêvent entretiennent une pression constante sur la vertu féminine » (*Histoire de la vie privée*, *op. cit.*, p. 532).

352. Cf. Toussaint Loua, *Atlas statistique de la population de Paris*, Paris, J. Dejey, 1873, pp. 13-17 : en 1846, les arrondissements les plus déficitaires en population féminine sont le 9e (79 femmes pour 100 hommes), le 8e (82 %), le 7e (84 %) et le 4e (85 %).

353. En 1816, les prostituées représentent à elles seules 41 % des personnes arrêtées la nuit dans les rues par les gendarmes (mais la profession des suspect(e)s n'est connue que pour la moitié d'entre eux environ) ; puis, la répression des déviances féminines se stabilise entre 14 et 19 % du total (en 1842, les arrestations en groupes empêchent cependant de connaître le sexe de la moitié des individus).

354. Sur la séparation des sphères entre les sexes, et sur les fondements de l'honorabilité et de la virilité bourgeoises dans la France d'avant 1914, voir Robert A. Nye, *Masculinity and Male Codes of Honor in Modern France*, Oxford U.P., 1993, 316 p. (surtout les pp. 47 à 71).

355. AN *F[7] 3837.*

356. *Ibid.*

357. Cela s'accorde au code amoureux romantique et à la prétendue double nature féminine, la pénombre permettant la conciliation du modèle angélique et des égarements passionnels ; sur cet érotisme subtil, voir Alain Corbin, *Histoire la vie privée, op. cit.*, pp. 450-453 et 518-525.

358. *Les Heures parisiennes*, Paris, Librairie centrale, 1866, p. 145.

359. *Les Plaisirs de Paris*, Paris, Seesam, 1991 (1e éd. 1867), p. 50.

360. APP *D^A 221. Service des mœurs (1760-1867). Renseignements généraux. Plaintes et mémoires des particuliers.*

361. Alain Corbin, explorant « l'archipel du plaisir illégitime », observe qu'en ville, « Une sexualité dégradée fonctionne à plein, qui compense l'idéalisation des élans » (*Histoire de la vie privée, op. cit.*, p. 532).

362. C'est le point de vue de Michel Foucault (*La Volonté de savoir, op. cit.*, p. 137), repris par Jann Matlock dans *Scenes of Seduction. Prostitution, Hysteria and Reading Difference in Nineteenth-Century France*, New York, Columbia U.P., 1994, 422 p.

363. Elles ont ce trait en commun avec les actrices et les danseuses, autres « créatures » nocturnes. Voir Alexandre Dumas, « Filles, lorettes, courtisanes », in *La Grande Ville, nouveau tableau de Paris, op. cit.*, t. I, p. 336 : ces femmes sont caractérisées par le défaut de la paresse, mais « en général, elles voient venir le soir avec une grande tristesse ». Voir aussi Alain Corbin, *Les Filles de noce, op. cit.*, pp. 21 et 125 : cela traduit l'immaturité supposée de filles inaptes à l'effort, leur goût de l'excès (alimentaire, verbal...), etc.

364. Selon Arlette Farge, il faut attendre le XIXe siècle pour que la présence des femmes dans les débits de boissons passe pour indécente (*Vivre dans la rue à Paris au XVIIIe siècle, op. cit.*, p. 75).

365. AN. *BB^{18} 1145. Rapports sur les crimes d'attaques et de vols nocturnes commis dans les rues de Paris (1826-1827).*

366. AN *F^7 3838.*

367. AN *F^7 4166.*

368. AN *F^7 4172.* La profession (ou son absence...) est relevée par les rédacteurs des rapports dans près de 90 % des cas.

369. Au total, les arrestations nocturnes de prostituées clandestines ou en contravention représentent 5,9 % de l'ensemble des motifs d'interpellation de la nuit, en moyenne, sous les monarchies censitaires ; mais nous n'avons pas pris en compte les arrestations pour « provocation à la débauche » lorsqu'il n'était pas précisé si elles étaient diurnes ou nocturnes, ce qui conduit à une sous-estimation.

370. Comme celle-ci, déjà loin de l'idéal virginal : « La garde a conduit chez le commissaire de police du quartier la nommée Louise Gilet, âgée de quinze ans, trouvée dans la rue des Jeuneurs à 1 h du matin. Cette fille native du Mans, où elle a plusieurs parents, a quitté son pays et se trouve à Paris sans asile et sans aucun moyen d'existence. Après avoir travaillé pendant huit jours chez la dame Dufour, blanchisseuse rue de l'Arbre-Sec, elle a quitté cette maison pour vivre avec un garçon boulanger du passage Saint-Guillaume » (AN *F^7 4180*). L'innocence bafouée est parfois revendiquée : on trouve, dans un rapport de la garde municipale, daté du 30 avril 1845 la mention suivante : « Verzinet Emeline, dite *Fleur-de-Marie* (souligné dans le texte), arrêtée par la garde municipale à 1 h du matin pour ivresse, consignée au poste de la Madeleine » (AN *F^7 4179*).

371. *Scènes de la vie nocturne en cinq actes*, Paris, M. Lévy, 1852, acte V, p. 68.

372. « Le Plan de Paris », Paris, Béchet, 1835, t. VI, pp. 387-388.

373. Paris, Jung-Treuttel, 1861, p. 32.

374. *Op. cit.*, p. 142.

375. AN *F^7 4167.*

376. Voir les bulletins de Paris de décembre 1819 (AN *F^7 3874*).

377. AN *F^7 4167.*

378. Le 1er février 1820, le tribunal correctionnel aurait condamné un garçon tailleur (donc familier du maniement des aiguilles…) de trente-cinq ans, Auguste-Marie Bizeul, pris sur le fait (Pierre Drachline, *Le Fait-divers au* XIXe siècle, Paris, Hermé, 1991, p. 48). L'habitude semble pourtant survivre à cette condamnation : en 1878, dans *La Vie de Paris, guide pittoresque et pratique du visiteur* (Paris, Dentu, p. 102), Élie Frebault mentionne l'arrestation récente d'un piqueur armé d'un stylet : « Celui-là s'embusquait à la nuit dans les rues sombres et désertes du fond des Batignolles, guettant le passage des petites ouvrières revenant de leur travail. »

379. AN *F[7] 3837*. Rapport de la garde royale de Paris (20 juillet 1815).

380. AN *F[7] 4166*.

381. AN *BB[18] 1145. Rapports sur les crimes d'attaques et de vols nocturnes commis dans les rues de Paris (1826-1827)*.

382. AN *F[7] 4181*.

383. AN *F[7] 4180*.

384. AN *F[7] 4181*.

385. Sur la prostituée comme victime et comme actrice de la violence de la rue, voir Jill Harsin, *op. cit.*, pp. 166-201.

386. AN *F[7] 3838*.

387. AN *F[7] 4181*. Des compensations sont-elles de rigueur, dans ce type d'hospitalité ?

388. Voir le numéro de *Mentalités* consacré aux « Violences sexuelles » (Imago, 1989, 165 p.), et présenté par Alain Corbin, selon lequel ces agressions, souvent liées aux lisières des territoires urbains ou ruraux, peuvent se faire « métaphore(s) de la femme, de la ville, de la misère sociale » (p. 9).

389. Ces mentions sont indiscernables avant 1830, et ne représentent que 0,5 % du total des arrestations nocturnes sous la monarchie de Juillet.

390. Dans sa récente *Histoire du viol* XVIe-XXe *siècles* (Paris, Seuil, coll. L'Univers historique, 1998, 357 p.), Georges Vigarello désigne le premier XIXe siècle comme placé sous le régime de « l'accommodement » : le viol, perçu comme une pratique plutôt rurale, inquiète moins que le vol ou le meurtre. Les plaintes progressent fortement après 1840. Le discours sur le viol est intégré, alors, au discours sur la promiscuité et l'obscénité de milieux populaires ensauvagés par l'afflux de jeunes migrants (pp. 181-190).

391. Mais l'absence de sources continues sur ce sujet aux Archives de la Préfecture de police empêche d'aller au-delà d'une approche quelque peu anecdotique. On sait, par exemple, que les urinoirs publics sont un lieu traditionnel d'exhibitionnisme ; le 13 janvier 1852, un Parisien s'en plaint auprès du préfet de police : « au lieu d'un individu qu'on apercevait çà et là, on en remarque maintenant plusieurs, surtout quand vient le soir, entourant les colonnes et se mettant à découvert à la vue des femmes qui passent » (APP *D[A] 221*. Carton cité). Sous la monarchie de Juillet, F. Béraud évoque aussi la clientèle pédophile et habituée des prostituées mineures, ces jeunes pierreuses « que leurs mères ou leurs pères envoient, à la nuit close, sur la voie publique […] où, vers la fin du jour, ces petites filles de dix à quinze ans accostent franchement de vieux libertins », souvent dans les rues désertes proches des barrières, car « un vieux libertin aime mieux […] que ces rencontres se fassent dans l'ombre de la nuit et en plein vent, plutôt que d'attirer ces petites filles chez lui » (*Les Filles publiques de Paris et la police qui les régit*, Paris et Leipzig, Desforges & Cie, 1839, pp. 212-214).

392. Sur cette question, voir Jean-Paul Aron et Roger Kempf, *Le Pénis et la démoralisation de l'Occident*, Paris, Grasset, 1978, pp. 47-78 (« Canum more ») ; Pierre Hahn, *Nos ancêtres les pervers. La vie des homosexuels sous le Second Empire*, Paris, O. Orban, 1979, 335 p. ; Anne-Marie Sohn, *op. cit.*, pp. 41-57.

393. AN *F[7] 3839*. Le même jour, un commissaire fait peser des soupçons sur deux habitants du Marais : « Un individu et son domestique, tous deux portant moustaches, logent rue des Tournelles n° 66, pendant le jour seulement ; tous les soirs à la brune, ils sortent et ne rentrent que le lendemain matin de bonne heure » *(ibid.)*.

394. La pédérastie n'est un délit que dans le cas du racolage sur la voie publique, de l'outrage aux bonnes mœurs, ou de l'attentat à la pudeur commis sur un enfant.

395. AN *F[7] 4182.*

396. APP *D[A] 223. Service des mœurs. Répression, voie publique.*

397. Cf. Alain Corbin, « Cris et chuchotements », in *Histoire de la vie privée, op. cit.*, pp. 586-589 : au XIXe siècle, l'homosexuel émerge, « sous le regard clinique », comme un type, comme « une espèce nouvelle », alors qu'au XVIIIe siècle il appartenait au « monde confus de la débauche ». La médicalisation du discours tenu sur les sexualités non conjugales a été mise en évidence par Michel Foucault dans *La Volonté de savoir, op. cit.*

398. APP *D[A] 223.* Carton cité.

399. Dans la soirée du 20 juillet 1845, par exemple, une rafle de quarante pédérastes aurait eu lieu aux abords des Tuileries (Pierre Hahn, *op. cit.*, p. 39).

400. APP *D[A] 221.* Carton cité.

401. *Ibid.* S'y ajoute le bal du Salon de Mars, situé rue de la Croix-Nivert, à Grenelle, et fréquenté par les soldats homosexuels, de même que le Café de France, avenue de Latour-Maubourg (APP *D[A] 232. Service des mœurs. Bal du Salon de Mars*).

402. Mais ne l'était-il pas plus publiquement au siècle du libertinage, le précédent ?

403. Sur le thème de l'immoralité nocturne des grandes villes, voir Joachim Schlor, « Nacht und Sittlichkeit », *op. cit.*, pp. 162-228.

404. *Les Filles de noce, op. cit.* Voir aussi la présentation des extraits de l'enquête célèbre d'Alexandre Parent-Duchâtelet (commencée en 1827) : *La Prostitution à Paris au XIXe siècle*, Paris, Seuil, coll. L'Univers historique, 1981, 216 p. L'hygiéniste est favorable à la dissémination, non à la concentration des prostituées, leur dispersion devant former une sorte d'« égout séminal ».

405. C'est ainsi que L.-S. Mercier désigne les prostituées errantes, mobiles (*Tableau de Paris, op. cit.*, p. 126).

406. Les inscrites sont 3 617 en 1832 (A. Parent-Duchâtelet, *De la prostitution dans la ville de Paris…, op. cit.*, 1857 [1e éd. 1837], vol. 1, p. 544). Après avoir progressé sous la monarchie de Juillet (il atteint 3 861 filles en 1844 et 4 232 en 1854, selon la réédition complétée de l'enquête de Parent-Duchâtelet par A. Trebuchet et Poirat-Duval en 1857), le nombre des filles soumises régresse sous le Second Empire au profit des clandestines, ce qui procure des arguments aux opposants du réglementarisme.

407. *Les Filles publiques de Paris et la police qui les régit, op. cit.*, t. I, p. 51. Ancien commissaire de police, chargé des mœurs, Béraud complète l'enquête sociale et médicale de Parent-Duchâtelet par le regard policier. Son réglementarisme est exigeant ; il est proche de Mangin, qui essaya d'interdire complètement la voie publique aux prostituées au printemps 1830.

408. La dissémination est forte, malgré la prédominance de la rive droite, où le Palais-Royal, les Halles et les Boulevards sont des pôles importants de l'offre prostitutionnelle ; les maisons galantes des faubourgs accueillent, d'autre part, les soupers et les orgies de la haute société, qui recherche la discrétion pour ses plaisirs (*La Prostitution et la police des mœurs au XVIIIe siècle*, Paris, Perrin, 1987, pp. 195-209). La revendication par les filles du droit à l'ombre complice est portée, au temps des premiers réverbères, par diverses complaintes satiriques : *Les Ambulantes à la brune, contre la dureté du temps* (Paris, À La Chine, 1769, 12 p.) ; *Les Sultanes nocturnes et ambulantes, contre nosseigneurs les réverbères* (Paris, À La Petite Vertu, 1769, 12 p.) ; Jean-Henri Marchand, *Complainte des filles auxquelles on vient d'interdire l'entrée des Thuileries à la brune*, vers 1770, 15 p.

409. AN *F[7] 3838.*

410. Voir L.-S. Mercier, *op. cit.*, p. 189 : « Il devrait être enjoint à ces créatures d'attendre du moins l'ombre et les ténèbres […] afin que le désordre n'eût point ce front scandaleux qui déshonore un jardin royal, et qui force la mère de famille à sortir précipitamment de telle allée et à n'oser s'asseoir sur tel banc. »

411. Les hommes arrêtés comme « rôdeurs de nuit » dans ces parages sont-ils des clients qui tergiversent ?

412. *Le Palais-Royal, ou les Filles en bonne fortune*, Paris, chez l'écrivain, 1815, pp. 81-83. En 1844, Alexandre Dumas décrit à son tour le Palais-Royal (du temps jadis) comme une ronde infernale de plaisirs funestes (dans *La Grande Ville, nouveau tableau de Paris*, art. cité, p. 319) : « Puis, minuit venu, tous ces démons de la luxure s'évanouissaient comme si la baguette de quelque enchanteur les eût anéantis ; en un instant tous avaient fui par les portes étroites, par les allées bâtardes, par les rues obscures ; avec eux disparaissait toute la foule qui venait là pour eux. Puis peu à peu les boutiques se fermaient, le bruit allait diminuant, les ténèbres reprenaient leur empire. Alors devant certaines maisons s'allumaient des numéros de feu, enseignes infernales, à la lueur desquelles on voyait entrer et sortir des hommes au visage pâle, aux joues caves, aux regards fiévreux. »

413. Ainsi, c'est par « Une ombre » (*alias* Dessessarts fils) qu'est signée en 1842 la *Physiologie des Champs-Élysées* (Paris, Desloges, 96 p.).

414. APP *D*[A] *223. Service des mœurs. Répression, voie publique.*

415. Au début de la monarchie de Juillet, l'un des auteurs de *Paris, ou le Livre des Cent-et-un* évoque les intrigues d'une femme mystérieuse qui parlerait plusieurs langues et qui ne sortirait que la nuit ; près de la place Vendôme, elle se jette sur les passants pour leur demander assistance et pour les prier de la raccompagner chez elle, où son prétendu protecteur est déclaré absent par le portier, ce qui lui permet d'implorer un asile auprès de son chevalier servant d'un soir : « Malheur à celui qu'elle séduit et retient, il se trouve possesseur d'une femme, réduite par sa laideur à ne faire un aussi ignoble trafic que la nuit, au sein de la plus complète obscurité » (*op. cit.*, t. III, pp. 146-147).

416. *Mémoires de M. Gisquet*, *op. cit.*, t. IV, p. 350. Pour Alexandre Dumas, il y a trois classes de prostituées : les filles en maison, les filles du Boulevard, les filles de la Cité (« Filles, lorettes, courtisanes », art. cité, pp. 324-325) : ces dernières parlent argot et sont souvent affublées d'un défaut physique, comme l'indiquent leurs surnoms (« La Chouette », « La Bancale »...).

417. Il arrive pourtant que des passants nocturnes amènent des filles au poste en leur reprochant d'avoir essayé de leur voler leur montre, alors qu'ils s'étaient approchés pour « discuter ». D'autres femmes, comptant sur l'obscurité pour faire tomber les ultimes résistances, sont arrêtées pour des manœuvres séductrices un peu trop appuyées : le 26 mai 1821, une patrouille arrête sur le Boulevard à 1 h 15 du matin « les nommées Rose Bean, rue Geoffroy-L'Angevin n° 19, et Marie Doulcet, rue Beaubourg n° 19, toutes deux filles publiques, au moment où elles cernaient un particulier qui voulait les éviter » (AN *F*[7] *4181*).

418. Aux Archives de la Préfecture de police, une « Liste de filles libérées en surveillance » datant de la monarchie de Juillet assimile les « rôdeuses de nuit » aux plus dangereuses des prostituées (dans le tableau, cette qualification s'oppose significativement à celle de « tranquille »). Ces filles de « la plus basse classe » ont souvent été arrêtées pour vol nocturne sur la voie publique, commis sur les hommes accostés. La liste énumère, par exemple : *Angélique Mazier*, née dans la Seine-et-Oise, « estropiée, l'air canaille, dangereuse, tatouée », condamnée pour vol en 1826, 1828, 1830, 1832, habituée de la Cité et de la Montagne-Sainte-Geneviève ; *Justine Noël*, née à Paris, « grande, laide, air canaille, sale, ivrognesse », « habituée des terrains, surtout des boulevards de la Madeleine et des Capucines », qui a essayé en 1829 de voler une montre, la nuit, à un homme qu'elle avait abordé ; *Henriette Jourdan*, née à Paris, « air canaille et dur, très dangereuse », arrêtée pour vols nocturnes sur la voie publique en 1825, 1830, 1831, 1834, familière des rues Maubuée et Saint-Denis (APP *D*[A] *222. Service des mœurs. Renseignements généraux, projets de règlements. Répression, lieux interdits, surveillance légale...*).

419. *Plaintes et révélations nouvellement adressées par les filles de joie.* ., Paris, 1830, p. 31 (BN *Li*[5] *119*).

420. Pour C. J. Lecour, la fille à soldats est « tombée dans une sorte de bestialité, vit dans les bois, rôde près des forts et des casernes et couche à la belle étoile » (*La Prostitution à Paris et à Londres 1789-1870*, Paris, Asselin, 1870, p. 152).

421. Le 8 novembre 1815, une ronde d'officiers de paix arrête le soir « dans les démolitions du Louvre et rue Royale, six femmes qui y provoquaient à la débauche» (AN *F[7] 3838*).

422. *Op. cit.*, t. I, pp. 79-80. D'abord décrite par Parent-Duchâtelet, la « pierreuse » est définie par Frégier comme la dernière des prostituées : « Ces femmes ne se montrent que la nuit, elles errent dans des endroits écartés, parmi les décombres, sur les marches des escaliers ou sur les chaussées basses qui mènent à la rivière » (*op. cit.*, pp. 182-183). Elle fait également partie de la classification établie sous le Second Empire par Canler, qui l'associe, dans le groupe des « voleuses », aux « terrinières » (les filles sans domicile, qui entraînent leurs conquêtes dans les terrains vagues) et aux « pontonnières » (celles qui se vendent en dessous des ponts) (*Mémoires de Canler, ancien chef du service de sûreté*, Paris, Mercure de France, 1986 [1re éd. 1862], p. 346).

423. Selon un rapport du commissaire de police attaché à l'attribution des mœurs, daté du 17 juillet 1829, les lieux de réunion les plus fréquents des filles en circulation le soir sur la voie publique sont la rue de Richelieu, la rue Saint-Honoré, la rue Feydeau, la rue Vivienne, la place de la Bourse, le carré Saint-Martin, le carré Saint-Denis (APP *D[A] 227. Service des mœurs. Maisons de tolérance. Surveillance générale. Débits de boissons annexés*).

424. AN *F[7] 4182.*

425. APP *D[A] 221.*

426. APP *D[A] 224. Service des mœurs.*

427. *Ibid.*

428. APP *D[A] 221.* Recueil des procès-verbaux des séances de la Commission spéciale pour la répression de la prostitution (ce registre permet de suivre clairement le cheminement vers l'interdiction d'avril 1830).

429. *Ibid.*

430. Les filles isolées qui n'habitent pas dans les maisons de tolérance ne pourront s'y rendre qu'après l'allumage des réverbères (article 3), et devront être rentrées chez elles à 11 h du soir (article 5).

431. Voir les brochures publiées en réaction à cette décision brutale, dont *50 000 Voleurs de plus à Paris, ou Réclamation des anciens marlous de la capitale*, signée par le « beau Théodore » : les souteneurs sont censés y exprimer cyniquement leur goût du plaisir sans effort, et annoncer la dangereuse reconversion à laquelle l'arrêté d'avril va les contraindre.

432. Cf. la circulaire aux commissaires de police du 20 février 1828 : « Je vous ferai [...] observer que c'est principalement pendant le jour qu'il importe que la prostitution ne soit en aucune manière apparente et ostensible » (APP *D[B] 407. Prostitution. Renseignements généraux*). Le thème des chastes oreilles outragées par les propos obscènes des prostituées est souvent mobilisé pour signifier cette incompatiblité avec le jour, la débauche diurne, plus choquante, semblant le fait d'une ville intégralement vouée au vice.

433. Béraud, qui voudrait revenir à l'esprit de l'arrêté d'avril 1830, propose en 1839 un projet dans ce sens : s'il souhaite que les filles soient rentrées sans faute à minuit, c'est que « la sûreté des citoyens exige impérieusement cette mesure à une heure où la vigilance de l'autorité ne doit plus être distraite du but qu'elle se propose, d'atteindre les malfaiteurs, et d'empêcher l'exécution de leurs criminels projets » (*op. cit.*, p. 148) : à chaque heure ses périls, donc.

434. « L'arithmétique des jours au XIXe siècle », in *Le Temps, le désir et l'horreur, essais sur le XIXe siècle*, Paris, Aubier, coll. historique, 1991, p. 16 (article paru dans *Traverses* en 1985).

435. Ordonnance reproduite dans l'ouvrage cité de Béraud, t. I, pp. 140-141.

436. Selon Béraud, les propriétaires et marchands du quartier Saint-Honoré écrivent à leur commissaire de police dès le 2 octobre 1830, car les filles ont recommencé à arpenter nuit et jour les environs du Palais-Royal (*ibid.*, p. 210).

437. Lettre d'un particulier au préfet de police, 10 octobre 1846 (APP *D^A 221*).

438. *Histoire de la législation sur les femmes publiques et les lieux de débauche*, Paris, Gagniard, 1830, p. 212.

439. *Histoires, aventures, crimes, belles actions, les bonnes et les mauvaises compagnies...*, Paris, chez tous les libraires, 1846, pp. 9-10. Ce tableau moral de la capitale oppose les « Mystères du Mal » aux « Mystères du Bien » en même temps que la nuit au jour.

440. *Ibid.*, pp. 10-11.

441. APP *D^A 221*.

442. *Ibid.*

443. *Op. cit.*, vol. 1.

444. *Les Filles de noce...*, *op. cit.*, pp. 171-172. Cf. aussi APP *D^A 227. Service des mœurs. Maisons de tolérance.*

445. *Op. cit.*, p. 204.

446. Sur la rive gauche, qui compte seulement 19 des 220 maisons de tolérance parisiennes en 1832, les filles isolées sont plus nombreuses, notamment dans le quartier Saint-Jacques (Dr Henri Bayard, *Mémoire sur la topographie médicale des Xe, XIe et XIIe arrondissements de la ville de Paris*, *op. cit.*, p. 53).

447. Alain Corbin, *op. cit.*, p. 174. Pour un bilan des localisations après l'annexion de 1860, voir l'« État des maisons de tolérance à Paris et en banlieue » de 1864 (APP *D^A 222. Service des mœurs. Renseignements généraux...*).

448. Voir F. Béraud, *op. cit.*, t. I, p. 78.

449. APP *D^B 407*. Carton cité.

450. Le 1er septembre 1842, une note de Delessert prévoit que désormais, les maisons abritant six pensionnaires et plus pourront avoir à la fois une fille en circulation et une domestique sur la porte ; les maisons regroupant moins de six pensionnaires n'auront en revanche qu'une domestique sur la porte, et aucune fille en circulation (APP *D^A 226*).

451. Le 6 novembre 1861, les habitants du quartier de l'École militaire adressent une pétition au maire du 15e arrondissement pour signaler que « les habitants paisibles sont souvent dérangés pendant la nuit par les visiteurs habitués de ces maisons », sur le seuil desquelles les rixes seraient continuelles (APP *D^A 226*).

452. APP *D^A 223. Service des mœurs. Répression, voie publique.*

453. Lettre des tenancières des maisons du 4e arrondissement, qui sollicitent le 22 février 1845 la même faveur que celle accordée fin 1842 aux maisons des trois premiers arrondissements (APP *D^A 226*).

454. Un rapport au préfet précise, en décembre 1842, que « pendant longtemps les filles ont été tolérées dehors jusqu'à 11 h 1/2 dans la belle saison seulement ; on est ensuite revenu à 11 h et cette limite a été maintenue par avis de la commission du 8 février 1838. Mais les habitudes de la vie parisienne qui prolongent les soirées tendent plutôt à accroître qu'à restreindre ce mouvement, car il est peu de théâtres qui ferment aujourd'hui avant 11 h 1/2 quand ce n'est pas à minuit » (APP *D^A 226*). Inversement, en janvier 1844, les maîtresses des maisons de la rive gauche demandent au préfet de pouvoir laisser sortir une fille dès 6 h du soir et non à 7 h, heure à partir de laquelle leur quartier « devient presque désert » *(ibid.)*.

455. En mars 1844, sur 187 maisons de tolérance, 42 ont un estaminet, surtout localisées dans les quartiers de la Cité, de la Banque, des Lombards, des Arcis, de l'Hôtel de Ville, c'est-à-dire ceux où les maisons sont les moins luxueuses. En janvier 1872, sur les 142 maisons autorisées existant à Paris et en banlieue, 84 auraient un estaminet, essentiellement dans les quartiers excentriques et les rues mal famées ; cette concentration au profit des repaires les plus douteux donne à penser que la stratégie de la souricière se développe, dans un contexte d'essor de la vénalité clandestine incitant à user de tous les moyens pour retenir les clients dans les lieux réglementés (APP *D^A 227*).

456. *Ibid.*

457. *Ibid.*
458. *Ibid.*
459. APP D^A *221.*
460. APP D^A *227.*
461. *Ibid.*
462. En 1854, on dresse un « État indicatif des tolérances de la banlieue aux portes desquelles se trouvent des lanternes sans autorisation » ; les maîtresses invoquent, pour se défendre, la sécurité indispensable à ces endroits isolés (APP D^A *226*).
463. APP D^A *226.*
464. En décembre 1840, les rapports du dispensaire sur les maisons de tolérance à ouvrir en banlieue signalent qu'il existe déjà : deux établissements à Gentilly, un à La Villette, un à Montmartre, un à Courbevoie, quatre à Neuilly, quatre à Vincennes, trois à Saint-Mandé, trois à La Chapelle, trente-trois à Vaugirard, neuf à Ivry, quatre à Montrouge, six à Puteaux ; chacun entretient en général cinq ou six filles (APP D^A *226.* Carton cité).
465. APP D^A *224. Service des mœurs. Rapports avec l'autorité militaire.*
466. APP D^A *225. Service des mœurs. Rapports avec l'autorité militaire.*
467. *Ibid.*
468. APP D^A *227.* Le 17 mars 1831, on prescrit encore de visiter les tolérances deux fois par semaine au lever du soleil, car les malfaiteurs les préfèrent aux garnis.
469. Sur la maison de tolérance comme « milieu clos » et comme axe du dispositif réglementariste, voir Alain Corbin, *Les Filles de noce*, *op. cit.*, pp. 24-25.
470. Selon Jill Harsin, les filles sont arrêtées une fois par mois en moyenne dans la première moitié du siècle (*op. cit* , p. 222).
471. *La Prostitution à Paris et à Londres 1789-1870*, *op. cit.*, p. 143 et pp. 149-150.
472. APP D^A *223.*
473. APP D^B *407.*
474. Les amendes ou la détention infligées pour contravention aux règlements de police sont des mesures illégales l'article 334 du Code pénal ne mentionnant que l'outrage aux bonnes mœurs (*Les Filles de noce...*, *op. cit.*, pp. 152-157).
475. Le Service des mœurs, organisé par Debelleyme en 1828 pour la surveillance sanitaire et administrative des filles publiques, compte sous le Second Empire, dans son personnel actif, quarante-cinq inspecteurs, dirigés par un officier de paix (Maxime Du Camp, *Paris, ses organes...*, *op. cit.*, t. III, pp. 424-426). Voir Annie Lauck, *Les Représentations de la police parisienne de la Restauration à la monarchie de Juillet (1814-1832)*, thèse dir. par Alain Corbin, Université de Paris-I, 1996, pp. 317-350 ; Jean-Marc Berlière, *La Police des mœurs sous la IIIe République*, *op. cit.*, 263 p.
476. « Une femme rôde la nuit, rasant les murailles, se cachant, glissant tout bas un mot au passage au soupeur attardé : on l'arrête. La même femme s'étale le jour sans vergogne [...] : on ne lui dit rien ! » (Georges Grison, *Paris horrible et Paris original*, Paris, Dentu, 1882, p. 297).
477. L'essor de l'abolitionnisme est toutefois postérieur.
478. Alain Corbin, *op. cit.*, p. 303.
479. Flevy d'Urville, *Les Ordures de Paris*, Paris, Sartorius, 1874, p. 140.
480. *Études de pathologie sociale. Les deux prostitutions (1860-1870)*, Paris, Dentu, 1887, 514 p.
481. Alain Corbin, in *Histoire de la vie privée*, *op. cit.*, p. 544.
482. APP D^A *223. Service des mœurs. Répression, voie publique.*
483. APP D^A *221. Service des mœurs (1760-1867). Plaintes et mémoires des particuliers.*
484. *Ibid.*
485. *Ibid.*
486. Lettre signée Ernest Pettier, 15 octobre 1867, *ibid.*

487. *Les Filles de noce*, *op. cit.*, pp. 208-211. Le jour, les filles sont nombreuses sur les Boulevards, et entre la Bourse et le Palais-Royal ; la nuit, les fortifications, les bois, les Champs-Élysées, les Boulevards, les passages, le Palais-Royal, la rue Saint-Jacques, le vieux centre les attirent.

488. La description de cette coulée dans *Nana* est fameuse (Paris, Le Livre de Poche, 1984 [1re éd. 1880], p. 266).

489. *Les Ordures de Paris*, *op. cit.*, pp. 121 et 124.

490. Cette « préhistoire de la fête impériale » est encore méconnue, comme le notait Alain Corbin en 1987 (*Histoire de la vie privée*, *op. cit.*, p. 540).

491. « Filles, lorettes, courtisanes », art. cité, p. 325. Cf. aussi Pierre Cuisin, *Les Soirées du boulevard Coblentz*, Paris, chez les marchands de nouveautés, 1815, p. 57 : sous la Restauration, entre onze heures et minuit, la galanterie vénale profite de l'obscurité pour se répandre et, dans les endroits sombres, ces « belles de nuit » ressemblent à des « ombres fantasmagoriques ».

492. *Recueil officiel des circulaires*, *op. cit.*, vol. II, n° 672.

493. Selon le rapport d'un commissaire de police le 9 juillet 1868 (APP *DA 223. Service des mœurs. Répression, voie publique*).

494. *Ibid.*

495. « Le Jardin et les galeries du Palais-Royal », *op. cit.*, pp. 1307-1308.

496. Alain Corbin, *Les Filles de noce*, *op. cit.*, p. 302.

497. « En plein jour, leur jeu n'est pas aussi libre ; elles acceptent moins facilement la honte de leurs provocations, et sont moins sûres d'elles-mêmes ; leur travail, enfin, est nocturne [...] les tons du visage s'adoucissent et se fondent comme ceux d'une grossière ébauche ; on n'entend plus que le frou-frou des robes de soie, sans en voir les taches » (Flevy d'Urville, *op. cit.*, p. 123).

498. *Les Heures parisiennes*, *op. cit.*, p. 153.

499. Paris, Charpentier, 1888, t. II, p. 140, 16 janvier 1864.

500. Rodolphe Darzens, *Notes sur une ville, nuits à Paris*, Paris, Dentu, 1889, p. 187.

501. La différenciation entre filles de soupers et filles de trottoirs peut être reliée, par ailleurs, à l'essor des brasseries à femmes et au caractère de plus en plus explicite du racolage qui s'opère dans les restaurants de nuit, de la fin des années 1860 à la Belle Époque (Alain Corbin, *op. cit.*, p. 250).

502. *Nana*, *op. cit.*, p. 267.

503. L'auteur du guide *Paris at night*, publié en 1869, dépeint comme un spectacle pathétique la silhouette d'une femme dont le parfum l'enveloppe et qui, rentrant de Mabille affamée, se glisse entre les arbres du Boulevard, dans une robe de soie qui balaie la poussière ; elle accélère et ralentit sa marche par intervalles, jetant des regards d'envie vers les restaurants à la mode (*op. cit.*, p. 72).

504. « Une voix par derrière, en riant, me tutoie, / Un bras lascif et nu dans l'ombre me coudoie, / Une femme, en passant, que je n'ose toucher, / Plus vile sous mes pieds que la fange du monde, / Avec un sein qui gonfle, avec un rire immonde, / Me dit : Ange, viens donc coucher ! » (Alphonse Esquiros, « Paris aux réverbères », dans *Les Hirondelles*, Paris, Renduel, 1834, p. 106).

505. *Op. cit.*, pp. 171-172.

506. *Op. cit.*, t. I, p. 97. On en trouve des exemples dans les rapports des patrouilles nocturnes, comme « Jeanne Malfond et Augustine Bernaud, couturières, arrêtées à minuit comme rôdeuses de nuit, cherchant à débaucher les hommes du poste du Pont-au-Change » le 27 août 1819 (AN *F7 4167*). C'est, il est vrai, l'époque où pour le bourgeois, la prostituée est « la fille de l'ombre », embusquée dans les ruelles sordides : « comme les autres personnages du peuple, elle n'est bien souvent, pour lui, qu'un masque, parfois brutalement éclairé par un jet de lumière » (Alain Corbin, *op. cit.*, p. 277).

507. Paris, Le Livre de Poche, 1990 (1re éd. 1864), pp. 184-199. Sans qu'il y ait prostitution, l'errance de Germinie, attendant Gautruche et dévorée par le désir, la conduit

sur l'ancien boulevard extérieur pendant une nuit d'hiver, où elle marche tandis que le lieu se fait de plus en plus désert et que le décor, sinistre, se dégrade progressivement : elle affronte le vertige du suicide, parcourant « tout l'espace où la crapule soûle ses lundis et trouve ses amours, entre un hôpital, une tuerie et un cimetière : La Riboisière, l'Abattoir et Montmartre » (p. 185). Le tout s'évanouit dans l'hallucination maladive produite par la phtisie, dans le « cauchemar » d'une « nuit noyée » (p. 189).

508. Paris, GF-Flammarion, 1969 (1re éd. 1877), pp. 418-423. L'hostilité de l'environnement, avec les abattoirs et Lariboisière en arrière-plan, est très proche de ce que l'on trouve dans le roman des Goncourt. Comme le mendiant (le père Bru, autre crève-la-faim, vieil ouvrier qui « toute la soirée, avait rôdé, n'osant aborder le monde »), la femme dans la nuit, entre deux « Monsieur, écoutez donc... », s'abandonne à une dérive hébétée, dans « cet infini noir et désert de Paris endormi » (p. 423) qui l'amène à récapituler l'étendue de sa déchéance sociale comme de son délabrement physique et moral.

509. Michel Foucault, après avoir observé qu'au XIXe siècle, « le couple, légitime et procréateur, fait la loi » (*op. cit.*, p. 10) et que le « puritanisme moderne » joue sur une tolérance hypocrite, le « mutisme » et l'« insularisation » des plaisirs illicites (p. 11), voit dans ces stratégies un raffinement des savoirs et des pouvoirs : « Ce qui est propre aux sociétés modernes, ce n'est pas qu'elles aient voué le sexe à rester dans l'ombre, c'est qu'elles se soient vouées à en parler toujours, en le faisant valoir comme *le* secret » (p. 49).

510. Ses modalités d'application (puis de non-application) sont longuement exposées par Jean-François Wagniart, qui l'inclut dans la description d'« une société en crise qui arrive difficilement à sceller son unité sur le dos fragile de ses marginaux » (*Le Vagabond dans la société française [1871-1914]*, thèse citée, p. 780).

511. Sur ce thème, voir Jeanne Gaillard, « Les Migrants à Paris au XIXe siècle. Insertion et marginalité », in *Ethnologie française*, « Provinciaux et provinces à Paris », t. X, n° 2, 1980, pp. 129-136.

512. Pour Olivier Donnat (*La Clochardisation du vagabond*, thèse citée), la virulence des discours condamnant la population nomade et oisive surgit à deux tournants de la société industrielle, et mobilise à chaque fois les schémas dominants de l'observation sociale (hygiénisme, regard policier, puis psychiatrie et criminologie) : au moment de la découverte du paupérisme, dans les années 1840 ; au moment de la Grande Dépression et de l'entrée définitive dans l'ordre industriel, qui conduit, entre 1885 et 1895, à isoler cette pathologie sociale en fait moribonde.

513. Olivier Donnat (*ibid.*) montre en quoi le « clochard » s'impose, à l'aube du XXe siècle, comme un nouveau type social de l'improductivité, comme un « hibernant » dérisoire marqué par une moindre mobilité et une moindre « dangerosité » que ces « ouvriers-vagabonds » qui embarrassaient tant les autorités du premier XIXe siècle.

6. Bas-Fonds

1. *Histoire de la France littéraire*, Paris, Éditions sociales, 1977, vol. 8 (dir. Pierre Barberis et Claude Duchet), p. 12.

2. *Le Désordre des familles, lettres de cachet des Archives de la Bastille*, présenté par A. Farge et M. Foucault, Paris, Archives Gallimard-Julliard, 1982, pp. 13-14 (passage repris dans *La Vie fragile, violence, pouvoirs et solidarités à Paris au XVIIIe siècle*, Paris, Hachette, 1986, pp. 165-166). Cf. aussi Pierre Deyon : « Les classes dangereuses ne se sont pas abattues sur Paris et les grandes villes de province au lendemain de 1815 comme par l'effet d'un soudain maléfice. Elles préexistent en partie à l'événement révolutionnaire » (*Le Temps des prisons. Essai sur l'histoire de la délinquance et les origines du système pénitentiaire*, Université de Lille-III / Éditions universitaires, 1975, p. 49) ; mais

précisément, la Révolution modifie les présupposés du discours tenu sur la marginalité sociale.

3. Ce que Jean-Claude Farcy a fait remarquer à plusieurs reprises, notamment dans « Archives judiciaires et histoire contemporaine », in *Les Archives du délit : empreintes de société*, Actes du colloque « Archives judiciaires et histoire sociale », Toulouse, Éditions universitaires du Sud, 1990, pp. 47-59 (l'histoire de la criminalité reste souvent, pour le XIXe siècle, au niveau du mémoire de maîtrise). Voir aussi « L'Historiographie de la criminalité en histoire contemporaine », in *Histoire et criminalité de l'Antiquité au XXe siècle. Nouvelles approches*, Actes du colloque de 1991, dir. Benoît Garnot, Éditions universitaires de Dijon, 1994, pp. 31-44.

4. Les historiens anglo-saxons semblent plus féconds en la matière : nous ne disposons pas, en France, d'une synthèse équivalente à celle qu'a publiée en 1987 Clive Emsley, *Crime and Society in England 1750-1900* (Londres, Longman, 257 p.).

5. Pour un bilan plus de trente ans après la publication de 1958, cf. Barrie M. Ratcliffe, « Classes laborieuses et classes dangereuses à Paris pendant la première moitié du XIXe siècle ? The Chevalier Thesis Reexamined », *French Historical Studies*, vol. 17, n° 2, 1991, pp. 542-574.

6. Pour le XIXe siècle, voir par exemple Philippe Grandcoing, *La Bande à Burgout et la société rurale de la châtaigneraie limousine 1830-1839*, Limoges, SELM, 1991, 302 p. ; Annick Tillier, *Brigandage et bandes criminelles en province sous la monarchie censitaire (1815-1835)*, mémoire de maîtrise dir. par Alain Corbin, Université de Paris-I, 1989, 163 p.

7. Notamment dans « Délinquance et système pénitentiaire en France au XIXe siècle », *Annales ESC*, janvier-février 1975, pp. 67-91.

8. C'est l'objet de la thèse de Dominique Kalifa, *L'Encre et le Sang. Récits de crimes dans la France de la « Belle Époque » (1894-1914)*, dir. par Michelle Perrot, Université de Paris-VII, 1994 (publiée chez Fayard en 1995, 351 p.).

9. À ce propos, voir par exemple André Davidovitch, « Criminalité et répression en France depuis un siècle (1851-1952) », *Revue française de sociologie*, janv.-mars 1961, vol. II, n° 1, pp. 30-49.

10. C'est le sujet du livre premier, pp. 65-259 (*Classes laborieuses et classes dangereuses à Paris dans la première moitié du XIXe siècle*, Paris, Plon, Hachette Pluriel, 1984 [1re éd. 1958]).

11. *Ibid.*, pp. 3-4.

12. L'expression est également utilisée à Londres dans les années 1840.

13. *Classes laborieuses…*, *op. cit.*, p. 60.

14. En mai 1842, Aimé Lucas, dont nous avons déjà pu apprécier le zèle réformateur, propose au ministre de l'Intérieur un mémoire sur « La Répression de l'émeute », grosse selon lui de milliers de « misérables » (c'est-à-dire voleurs et souteneurs) dont l'impunité nocturne met en péril l'ensemble de la société (APP *D[A] 221. Service des mœurs (1760-1867). Plaintes et mémoires des particuliers*).

15. *Op. cit.*, p. 48.

16. *Ibid.*, pp. 64-65.

17. Sur l'usage littéraire des catégories du bon et du mauvais pauvre, cf. Ellen Constans, « Pauvreté n'est pas vice, mais… », in *Écrire la Pauvreté*, textes réunis et présentés par Michel Biron et Pierre Popovic, actes du colloque international de sociocritique (Université de Montréal, sept. 1993), Toronto, éd. du GREF, 1996, pp. 115-126.

18. Voir Michel Nathan, « Délinquance et réformisme dans *Les Mystères de Paris* », in *Paris au XIXe siècle, aspects d'un mythe littéraire*, colloque de Francfort, Lyon, PUL, 1984, pp. 61-69. Voir aussi Alain Pessin, « Eugène Sue et le peuple malade », chap. 5 de son livre *Le Mythe du Peuple et la société française du XIXe siècle*, Paris, P.U.F., 1992.

19. *Eugène Sue, le roi du roman populaire*, Paris, Hachette, 1962, p. 264.

20. Sur les rapports de Sue avec ces « gens ordinaires », voir Judith Lyon-Caen, *De la lecture à l'écriture, étude des lettres adressées à Eugène Sue par ses lecteurs 1840-1844*, mémoire de maîtrise dir. par Alain Corbin, Université de Paris-I, 1994, 171 p.

21. Dès 1844, Vidocq consacre quatre volumes à ce qu'il intitule les *Vrais Mystères de Paris* (Paris, A. Cadot) : il se dit seul capable de mettre la société parisienne face à elle-même (introduction du vol. 1).

22. Voir l'édition commentée par Guy Rosa : Paris, Le Livre de Poche, 1989 (1re éd. 1829), 320 p. On consultera avec profit les notes et commentaires du même Guy Rosa à l'édition des *Misérables* parue au Livre de Poche en 1985. Voir aussi la thèse de Paul Savey-Casard, *Le Crime et la Peine dans l'œuvre de Victor Hugo*, Paris, P.U.F., 1956, pp. 173-186.

23. Cité dans la thèse de Maria Ley-Deutsch, *Le Gueux chez Victor Hugo*, Genève, Droz, 1936, p. 240.

24. Selon Claudette Combes, dans la première version des *Misérables*, l'étude du « Paris-taupe » était plus étoffée, mais la volonté de ne pas donner de nouveaux *Mystères de Paris* réduit ensuite la visite des bas-fonds aux Thénardier et au quatuor Patron-Minette (*Paris dans Les Misérables*, Nantes, CID Éditions, 1981, p. 265) : dans la version de 1862, c'est la barricade qui fait le centre du livre, non plus le Paris criminel.

25. *Op. cit.*, p. 58.

26. *Ibid.*, p. 59.

27. *Ibid.*, p. 64.

28. *Ibid.*, p. 67.

29. « Histoire sociale et roman de la misère : *Les Misérables* de Victor Hugo », *Revue d'histoire du* XIXe *siècle*, Revue de la société d'histoire de la révolution de 1848 et des Révolutions du XIXe siècle, 1995, pp. 95-110.

30. *Ibid.*, p. 106.

31. *Ibid.*, p. 107.

32. *Ibid.*, p. 99. L'observation de la « chose sans nom » qu'est la misère se fait elle-même à la marge, l'auteur se disant « rôdeur de barrières ».

33. Paris, Gallimard, 1975, 360 p. Après le débat de *L'Impossible Prison*, l'apport de Michel Foucault est examiné dans le n° 3 de *Sociétés et Représentations*, « Michel Foucault. *Surveiller et Punir* : la prison vingt ans après » (actes du colloque tenu à Vaucresson en octobre 1995), CREDHESS, nov. 1996, 444 p.

34. Un article synthétique et commode : Bernard Schnapper, « Du châtiment inflexible à la peine modulée : le droit pénal français au XIXe siècle », in *Crime et châtiment dans le roman populaire de langue française au* XIXe *siècle*, actes du colloque tenu à Limoges en 1992, dir. Ellen Constans et Jean-Claude Vareille, Presses universitaires de Limoges, 1994, pp. 17-29.

35. Sur ces questions, voir dir. Michelle Perrot, *L'Impossible Prison…*, *op. cit.*, 317 p. ; Patricia O'Brien, *Correction ou Châtiment. Histoire des prisons en France au* XIXe *siècle*, Paris, P.U.F., 1988 (1e éd. Princeton, 1982), 342 p. ; Jacques-Guy Petit, *Ces peines obscures. La prison pénale en France 1780-1875*, Paris, Fayard, 1990, 749 p.

36. *Surveiller et Punir*, *op. cit.*, p. 322. Sur la mise à plat par Foucault des grilles de lecture faussement neutres issues du vocabulaire juridique et criminologique, voir Pierre Lascoumes, « L'Illégalisme, outil d'analyse », in *Sociétés et Représentations*, numéro cité, pp. 78-84.

37. AN *BB*^{20} *28. Comptes rendus d'assises. Seine (1826).*

38. Voir Michelle Perrot, « Délinquance et système pénitentiaire en France au XIXe siècle », art. cité, pp. 67-91. La tendance est consacrée par la loi du 28 avril 1832 sur les circonstances atténuantes et celle du 13 mai 1863, qui envoie au tribunal correctionnel des infractions jugées auparavant aux assises.

39. Article 296 du Code pénal.

40. Article 304.

41. André-Michel Guerry, *Essai sur la statistique morale de la France*, Paris, Crochard, 1833, 71 p. Ad. Quetelet, *Physique sociale, ou Essai sur le développement des facultés de l'homme*, Paris, Baillière, 1869 (1re éd. 1835), 2 vol.

42. Sur la peur du crime comme mère de la sociologie, cf. Michelle Perrot, « Premières mesures des faits sociaux : les débuts de la statistique criminelle en France (1780-1830) », in *Pour une histoire de la statistique*, INSEE, 1977, t. I, pp. 125-137.

43. Jean-Claude Farcy a publié en 1992 un instrument de travail fort utile : *Guide des archives judiciaires et pénitentiaires 1800-1958*, Paris, éd. du CNRS, 1 175 p.

44. On ne dispose, pour la Seine, que des années 1821 à 1846 et 1861 à 1865 : les débuts tumultueux de la Restauration, la remise en ordre impériale à mi-siècle, et le retour des peurs nocturnes à la fin des années 1860 restent donc inaccessibles.

45. Le tirage moyen de la *Gazette des tribunaux* est de 2 500 environ en 1846, alors que *Le Siècle* tire à 33 000 exemplaires, *Le Constitutionnel* à 25 000, *La Presse* à 22 000, *Le Journal des Débats* à 9 000, *La Gazette de France* à 3 000 (Claude Bellanger, Jacques Godechot [dir.] *et alii*, *Histoire générale de la presse française*, Paris, P.U.F., 1969, t. II, p. 146).

46. Un numéro récent de *Romantisme* a été consacré, dans une perspective pluridisciplinaire, à la culture du fait divers comme caractéristique du XIXe siècle (3e trimestre 1997, n° 97, 128 p.). Sur ses « effets de réel », voir notamment l'introduction de Philippe Hamon, « Fait divers et littérature », pp. 7-15. Il propose de lire le fait divers comme « une catégorie dévaluée et prosaïque du « sublime », ce grand régime littéraire où un spectateur terrifié, mais à l'abri de l'événement indescriptible, essentiellement naturel, auquel il assiste, jouit en toute impunité de son effroi » (p. 7).

47. À ce sujet, la bibliographie est abondante. On peut citer (outre la thèse de Dominique Kalifa) Georges Auclair, *Le Mana quotidien. Structures et fonctions de la chronique des faits divers*, Paris, Anthropos, 1982 (1re éd. 1970), 299 p. ; Alain Monestier dir., *Le Fait divers*, Paris, Musée des A.T.P., 1982, 166 p. ; Michelle Perrot, « Fait divers et Histoire au XIXe siècle », *Annales ESC*, juillet-août 1983, pp. 911-917 ; Anne-Claude Ambroise-Rendu, *Les Faits divers dans la presse française de la fin du XIXe siècle, 1870-1910*, thèse dir. par Alain Corbin, Université de Paris-I, 1998, 796 p.

48. Voir Mario Praz, *La Chair, la mort et le diable dans la littérature du XIXe siècle. Le romantisme noir*, Paris, Denoël, 1977 (1re éd. 1966), 488 p.

49. Thèse citée, pp. 265-266. Le schéma fut suggéré par le sociologue Georges Auclair (*op. cit.*) dès 1970 : le fait divers relève d'une fascination plus large pour l'insolite, le monstrueux, l'alternance de la fatalité et du miracle, dans une société de masse où le réel, de plus en plus subi, devient un objet de consommation plus que de participation directe.

50. Car l'interprétation est difficile : au XIXe siècle, « le plus clair n'est pas tant l'effacement de la violence que *la montée de l'intolérance à la lisibilité de la cruauté collective* » (Alain Corbin, *Le Village des cannibales*, Paris, Aubier, coll. historique, 1990, p. 132). Voir aussi « Bruits, excès, sensations, discipline : tolérable et intolérable », entretien in *Équinoxe, revue romande de sciences humaines*, n° 11, printemps 1994, pp. 13-23. La question peut également être posée à travers le cas de la violence infligée aux animaux, ce que propose Maurice Agulhon dans « Le Sang des bêtes. Le problème de la protection des animaux en France au XIXe siècle », *Romantisme*, 1981, n° 31, pp. 81-109 : en 1818, l'abattage public des bestiaux est interdit à Paris, pour être confiné dans les abattoirs ; en 1833, les combats d'animaux sont interdits ; en 1850, la loi Grammont interdit la cruauté publique contre les animaux : la visée pourrait être, au siècle des insurrections, d'adoucir des mœurs populaires que le spectacle de la cruauté ou de la brutalité serait capable de rendre sanguinaires.

51. *Surveiller et Punir*, *op. cit.*, pp. 334-335.

52. Thèse citée, p. 9.

53. Cf. Christian Debuyst *et alii*, *Histoire des savoirs sur le crime et la peine. 1. Des savoirs diffus à la notion de criminel-né*, Bruxelles, De Boeck, coll. « Perspectives criminologiques », 1995, chap. 3 à 5 (pp. 137-345).

54. Thèse citée, p. 230. C'est également le propos du livre de Marie-Christine Leps, *Apprehending the Criminal. The Production of Deviance in Nineteenth-Century Discourse*, Durham, Duke University Press, 1992, 262 p. : très influencée par M. Foucault, elle opte pour une étude intertextuelle des conditions de production d'un savoir sur le crime après 1870, à travers l'avènement de la criminologie, de la presse de masse et du roman policier, qui se trouveraient dans un rapport de validation réciproque.

55. Par M. ***, Paris, C. Painparré, 1823, pp. 138-139. En 1830, dans *Le Paravoleur, ou l'Art de se conduire prudemment en tout pays, notamment à Paris*, Vidocq tient lui aussi le temps nocturne pour un temps d'épreuves : « À partir de la chute du jour, et jusqu'à 1 h et 2 h du matin, des industriels de toute espèce s'emparent des rues de Paris, les exploitent à leur profit, et rentrent rarement dans leurs greniers sans avoir fait quelques bons coups » (Paris, Roy-Terry, 1830, p. 193).

56. Jean-Louis Bory, « Balzac et les ténèbres », dans *Vautrin*, Paris, La Jeune Parque, 1947, p. 22.

57. Pour profiter du succès d'Eugène Sue, Paul Feval fait paraître en 1844 dans *Le Courrier français*, sous le pseudonyme de sir Francis Trolopp, un feuilleton intitulé *Les Mystères de Londres*, où la capitale anglaise se trouve aux mains d'une association criminelle, celle des « Gentlemen of the Night »... En 1850, Émile de Labédollière traduit *Les Voleurs de Londres*, de Dickens, qui dépeint le même univers nocturne de boue et de brouillard, dans lequel rampent des groupes malfaisants (Paris, Barba, 1850, 72 p.).

58. Dominique Kalifa relève la persistance de cette peur de l'attaque nocturne, héritée d'un banditisme de grand chemin transféré vers les grandes villes, jusqu'à la « fureur descriptive » des années 1880-1914 : « Faute d'être une catégorie nette de la raison juridique ou pénale, "l'attaque nocturne" [...] s'est imposée comme un motif insistant de la conscience sociale » (« L'Attaque nocturne », in « La Nuit », *Sociétés et Représentations*, CREDHESS, n° 4, 1997, pp. 121-138).

59. Cf. L.-S. Mercier, *Tableau de Paris*, in *Paris le jour, Paris la nuit*, Paris, R. Laffont, coll. Bouquins, 1990, p. 210 : « Il y a beaucoup plus de filous à Paris que de voleurs. [...] Ici la ruse du vol est plus commune que sa violence ; l'adresse veille le jour et la nuit ; il faut tout garder, tout serrer. »

60. Observation faite par Alain Faure qui souligne la force de cette morale de survie dans « Enfance ouvrière, enfance coupable », *Les Révoltes logiques*, n° 13, 1981, p. 19.

61. APP D^B *45. Service de sûreté.*

62. Paris, Imprimerie Royale, 1829, appendices.

63. *Gazette des tribunaux* du 25 octobre 1844.

64. *Gazette des tribunaux* du 18 février 1827.

65. AN F^7 *4174. Rapports de la Gendarmerie Royale de Paris.*

66. AN BB^{20} *82. Comptes rendus d'assises. Seine (1835).*

67. *Gazette des tribunaux* du 6 janvier 1845.

68. Le 24 février 1827, la *Gazette des tribunaux* rapporte que le 21 novembre précédent, à 9 h du soir, une portière de la rue Jean-Jacques Rousseau a aperçu une femme qui se glissait dans la cour d'une maison pour y voler du linge ; arrêtée, cette dernière dit s'appeler la « Veuve Dorgeval » ; récidiviste, elle est condamnée à six ans de réclusion et à l'exposition pour vol nocturne dans une maison habitée.

69. AN BB^{20} *97. Comptes rendus d'assises. Seine (1838).*

70. Cf. *Les Mystères de Paris*, Paris, R. Laffont, 1989 (1re éd. 1842), p. 717 : Nicolas Martial raconte fièrement à sa mère que la nuit précédente, il a raflé sur une galiote, amarrée au quai des Invalides, « des hardes, une grande caisse et, sur le pont, quatre saumons de cuivre ».

71. *Gazette des tribunaux.*

72. *Recueil officiel des circulaires émanées de la Préfecture de Police (1797-1880)*, Paris, Imprimerie Chaix, n° 291.

73. AN *F^{7} 4179*. Rapport du 15 septembre 1846.

74. Cf. le Chourineur à La Force dans *Les Mystères de Paris* : il se dit fièrement prévenu « de vol… pardieu… allez donc… oui, de vol avec effraction… avec escalade… et la nuit, par-dessus le marché ! … tout le tremblement à la voile, quoi ! […] Rien n'y manque… c'est du chenu » (p. 1068). Il s'agit en fait d'un stratagème imaginé par lui pour entrer dans la prison : il déclare avoir eu toutes les peines du monde à se faire arrêter par une patrouille, et avoir dû faire « un tapage d'enfer » dans sa simulation d'effraction pour y parvenir… (*op. cit.*, p. 1073).

75. AN *F^{7} 3837*.

76. Voir les *Mémoires de Canler, un ancien chef de sûreté*, Paris, Mercure de France, 1986 (1re éd. 1862) p. 131 et pp. 290-291 (« L'Horloger dévalisé la nuit »). Le vol à la vrille fait également partie de la typologie dégagée par Du Camp dans *Paris, ses organes, ses fonctions et sa vie dans la seconde moitié du XIXe siècle*, Paris, Hachette, 1872, t. III, pp. 36-37 (chap. XII, « Les Malfaiteurs »).

77. Paris, Amis du Club du Livre, 1959 (1re éd. 1828), p. 585.

78. Le 6 mai 1820, « le nommé Théophile Eugène Lethellier, demeurant rue Saint-Dominique n° 47, accusé d'avoir forcé une porte avec un couteau à 10 h du soir, a été amené au poste par le sieur Desforges, marchand de nouveautés, boulevard de la Madeleine n° 19 » (AN *F^{7} 4181. Rapports de la garde nationale de Paris*).

79. *Op. cit.*, p. 127.

80. AN *F^{7} 3838*.

81. AN *F^{7} 3837*. Bulletin de Paris du 23 janvier 1817.

82. Vidocq, *Les Voleurs, physiologie de leurs mœurs et de leur langage (ouvrage qui dévoile les ruses de tous les fripons, et destiné à devenir le Vade Mecum de tous les honnêtes gens)*, Paris, chez l'auteur, 1837, t. II, p. 199.

83. AN *F^{7} 3838*.

84. AN *BB^{20} 40. Comptes rendus d'assises. Seine (1828)*.

85. *Gazette des tribunaux*. D'une manière générale, les cambriolages nocturnes en banlieue progressent avec la pratique de la villégiature, qui laisse certaines villas vides pendant une bonne partie de l'année. Juste après la bande *Courvoisier* paraît aux assises, les 11 et 12 décembre 1843, la bande Chapon, accusée de vols nocturnes dans les églises de banlieue commis depuis février 1839 *(Gazette des tribunaux)*.

86. À ce sujet, voir Patrice Peveri, « Les Pickpockets à Paris au XVIIIe siècle », *RHMC*, t. XXIX, janv.-mars 1982, pp. 3-35.

87. R.A. Reiss, *Manuel de police scientifique*, Paris, F. Alcan, 1911, p. 153 (« L'attaque nocturne », pp. 153-154).

88. D'autres préfèrent la méthode du couteau sur la gorge, du chapeau brutalement enfoncé sur les yeux par un coup de poing (c'est le « renfoncement »), ou du coup de tête au creux de l'estomac.

89. *Recueil officiel des circulaires…*, *op. cit.*, n° 504.

90. AN *F^{7} 4166*.

91. En mars 1826, le préfet du Rhône signale aussi à Lyon de nombreuses attaques nocturnes, appelées par lui « vols à force ouverte dans les chemins » ; mais il prétend que la gravité de ces vols a été exagérée par les opposants (AN *F^{7} 6771(11). Situation politique. Rhône (1826)*).

92. À partir des relevés effectués dans *F^{7}4166-4182*, *BB^{18}1145*, *BB^{20}5-136*, dans *Le Constitutionnel* (1844), *La Gazette des tribunaux*, *Le Journal de Paris* (1826 et 1836). Nous ne prétendons pas, bien entendu, traiter ici du nombre « réel » d'attaques nocturnes perpétrées à Paris, mais seulement faire état du nombre d'affaires sur lesquelles nous avions suffisamment de précisions pour pouvoir les exploiter qualitativement dans les

tableaux suivants. Reste que les « pointes » caractérisant certaines années coïncident bel et bien avec une plus grande intensité de la peur nocturne parmi les habitants.

93. Cf. les propos de Pique-Vinaigre sur l'ancienne Petite-Pologne dans *Les Mystères de Paris*, *op. cit.*, p. 1042 : « Du matin jusqu'au soir, et surtout du soir jusqu'au matin, ce qu'on ne cessait pas d'entendre, c'étaient des cris : "À la garde ! Au secours ! Au meurtre !" mais la garde ne se dérangeait pas. Tant plus il y avait d'assommés dans la Petite-Pologne, tant moins il y avait de gens à arrêter ! ».

94. Même si l'on invoque, en 1826, le ralentissement de l'activité du bâtiment. La *Gazette des tribunaux* du 11 octobre 1842 déplore aussi que les entrepreneurs des travaux des fortifications embauchent indistinctement tous ceux qui se présentent : à l'approche de l'hiver, les attaques nocturnes se multiplieraient aux abords de la capitale, et la menace risque de croître « lorsque la suspension des travaux forcera de laisser inoccupée cette agglomération d'ouvriers, presque tous étrangers à la capitale, [...] et parmi lesquels [...] sont venus se cacher des repris de justice ».

95. *Op. cit.*, p. 199.

96. AN *F[7] 4181*.

97. *Gazette des tribunaux* du 20 novembre 1826.

98. *La Police municipale*, ouvrage manuscrit indépendant, Paris, Musée de la police municipale, 1872, pp. 465-466 (Bibliothèque des APP, cote *213*).

99. AN *BB[20] 15. Comptes rendus d'assises*, 29 juillet 1823.

100. *Gazette des tribunaux* du 9 février 1827.

101. *Ibid.*, 11 février 1827.

102. AN *F[7] 4180*.

103. *Le Paravoleur*, *op. cit.*, p. 198.

104. *Le Constitutionnel*, 27 novembre 1844.

105. Du 1er au 4e arrondissement.

106. Du 5e au 11e arrondissement.

107. Du 12e au 20e arrondissement.

108. Arrondissements 3 à 5, 10 à 13, 18 à 20.

109. Arrondissements 1, 2, 6 à 9, 14 à 17.

110. *Les Misérables*, *op. cit.*, t. I, p. 443.

111. Elle est connue dans 86 % des cas.

112. AN *BB[20] 46. Comptes rendus d'assises. Seine (1829)*.

113. Le 6 février 1827, le procès de la bande du *Buisson de la Chopinette* révèle trois attaques nocturnes enchaînées de 9 h30 à 10 h 30 du soir, le 14 octobre 1826, sur les deux rives du canal Saint-Martin, par les mêmes hommes (AN *BB[20] 33. Comptes rendus d'assises. Seine [1827]*).

114. *Gazette des tribunaux* du 31 octobre 1826.

115. *Ibid.*, 9 février 1827.

116. *Ibid.*

117. *Gazette des tribunaux*, 28 novembre 1844.

118. Les 338 affaires relevées entre 1815 et 1872 impliquent environ mille agresseurs.

119. La force des mains ou la menace du couteau sont implicitement contenues dans la formule « attaque nocturne ».

120. Sur cette lueur annonciatrice des « tueurs aux mains sales », voir René Garguilo, « Armes blanches pour romans noirs. Les fantasmes de la lame sanglante dans le roman populaire du XIXe siècle », in *Crime et Châtiment dans le roman populaire de langue française au XIXe siècle*, *op. cit.*, pp. 83-96.

121. Dominique Kalifa a évoqué dans sa thèse le couteau comme arme des « mauvais garçons », attachés à la virilité de l'outil et à l'envie de faire jaillir le sang ; dans l'attaque nocturne, ce n'est plus la lame qui « défie », mais la lame « sournoise », plantée dans le dos (thèse citée, pp. 274-279).

122. L'ordonnance de police du 1er août 1820 sur les armes prohibées interdit pourtant à Paris la fabrication et le port des stylets, poignards, couteaux-poignards, dagues, cannes à épée, etc. (*Collection officielle des ordonnances*…, *op. cit.*, t. II).

123. Armand Fouquier, *Causes célèbres de tous les peuples*, « Les Associations de malfaiteurs », t. IV, n° 162, Paris, Lebrun, 1861.

124. *Gazette des tribunaux* du 28 novembre 1844.

125. *Ibid.*, 27 novembre 1844. En août 1836, trois des membres de cette bande ont frappé un homme d'un coup de couteau, puis l'ont « déposé » dans le canal *(ibid.)*.

126. *Quinze ans à Paris (1832-1847), Paris et les Parisiens*, Paris, Firmin-Didot, 1849, vol. 2, p. 82.

127. Paris, Cadot, 1862, 144 p. Au début du roman, une jeune fille conseille à son frère de ne pas s'attarder le long du canal, et lui lit un extrait du « Procès des Vampires » (plus qu'inspiré, manifestement, du procès de la bande des Escarpes de 1844…), raconté dans la *Gazette des tribunaux*, pour l'en convaincre (p. 4). La scène finale du roman montre l'engloutissement des méchants dans le canal (p. 143), avant un épilogue tout à la gloire du Second Empire : « Quant au canal Saint-Martin, il a perdu sa mauvaise réputation, son aspect sinistre. C'est maintenant une large et belle promenade, un long square bordé de constructions nouvelles, planté d'arbres, orné de jardins où les eaux vont jaillir, autour desquels le gaz resplendit de toutes parts » (p. 144).

128. *Gazette des tribunaux* du 28 novembre 1844. Ce même rapport de force est parodié en 1854 dans la pièce de Delacour, Grange et Thiboust, *Les Rues de Paris* (Paris, Librairie théâtrale, 16 p.). Ernest Bougival, natif de Lons-le-Saulnier, et venu à Paris pour être parrain, s'égare dans Paris la nuit. Il est abordé par deux « pègres à la tire », qui le dupent et le dépouillent (acte II, scène 5). Quelques instants plus tard, il aperçoit deux hommes se glisser dans l'ombre, et les prend pour des malfaiteurs. Pour ne pas être attaqué de nouveau, il veut se faire passer auprès d'eux pour un voleur, et répète donc maladroitement les menaces proférées par ses précédents agresseurs. Mais les deux hommes sont en fait des membres des patrouilles grises, et le pauvre Bougival est donc arrêté, victime hébétée d'une complexité nocturne propre à la capitale… (acte II, scène 6). Sur ces effets comiques de décalage, voir Alain Corbin, « Paris province », in *Les Lieux de mémoire*, dir. Pierre Nora, Paris, Gallimard, 1992, vol. 5, pp. 777-823.

129. AN *BB20 28. Comptes rendus d'assises. Seine (1826).*

130. *Gazette des tribunaux*. La complexité de cette « logique de distinction » a été étudiée par Philippe Perrot dans *Les Dessus et les Dessous de la bourgeoisie. Une histoire du vêtement au XIXe siècle*, Bruxelles, Complexe, 1981, 344 p. : la sobriété du costume masculin s'accroît au XIXe siècle, mais l'habit, la montre, la canne ou le parapluie constituent encore des signes d'aisance. Voir aussi Daniel Roche, *La Culture des apparences. Une histoire du vêtement XVIIe-XVIIIe siècles*, Paris, Fayard, 1989, 564 p. : si le XIXe siècle marque pour les hommes le « triomphe des habits noirs », en accord avec l'ascension des valeurs de décence et de labeur, cette austérité est agrémentée par des faux cols, des cravates aux nœuds subtils, qui « montrent l'inégalité dans l'égalité apparente » (p. 62).

131. Voir le procès de la bande des *Escarpes* dans la *Gazette des tribunaux*.

132. Connue dans la moitié des affaires environ.

133. *Gazette des tribunaux*.

134. AN *BB18 1145. Rapports sur les crimes d'attaques et de vols nocturnes commis dans les rues de Paris (1826-1827).*

135. AN *F7 4178.*

136. Procès de la bande des *Escarpes* dans *Le Constitutionnel*, 28 novembre 1844.

137. Connu dans 54,4 % des affaires.

138. Le 23 novembre 1839, on juge aux assises Victor Ancelme, couvreur de 24 ans : « Le 23 août vers 11 h du soir, le sieur de Grammont revenait des Champs-Élysées avec sa femme et sa belle-sœur. Il remarqua qu'il était suivi par un individu en blouse qui lui parut suspect. Tout à coup, au détour de la rue Royale, cet individu porte un coup de

poing à l'une des dames, lui arrache son schall et se met à s'enfuir» (AN *BB*[20] *102. Comptes rendus d'assises. Seine [1839]*).

139. Selon P. Peveri, 58 % des pickpockets arrêtés à Paris entre 1750 et 1775 le sont pour vol de mouchoir, objet beaucoup moins anodin qu'aujourd'hui (art. cité, p. 10).

140. Ce sont souvent les vols les plus violents, car ils nécessitent un douloureux arrachement : « Hier, à 9 h 1/2 du soir, la nommée David, cardeuse de matelas, fut attaquée, rue de la Perle, au Marais, par un inconnu qui la terrassa, lui arracha ses boucles d'oreilles et sa croix en or, et prit la fuite. Cette femme a eu les oreilles déchirées et le poignet foulé » (AN *F*[7] *3838*. Rapport du commissaire de police du 31 janvier 1816).

141. Les réseaux du vol et de la revente de linge et de vêtements dans le Paris du XVIIIe siècle ont été étudiés par Daniel Roche dans *La Culture des apparences*, *op. cit.*, pp. 313-345.

142. Le 8 mars 1838 est arrêté Louis Boule, chapelier, sans domicile connu et sans activité régulière : « On trouva sur lui un schall tartan, cinq mouchoirs de poche, deux bourses et d'autres objets prouvant évidemment qu'il était un voleur de profession » (AN *BB*[20] *97. Comptes rendus d'assises* du 21 septembre 1838).

143. « Le sieur Jacques, domestique chez M. Delessère, banquier, rue Coq Héron n° 3, a déclaré que samedi dernier entre 10 et 11 h du soir, passant quai de l'Horloge, il fut attaqué par deux particuliers inconnus qui en lui posant un couteau sur l'estomac lui ont volé une bourse qui était dans la poche de son gilet, contenant 700 F en or et en argent » (AN *F*[7] *3838*. Rapport du commissaire du quartier du Palais de Justice, 24 avril 1816).

144. Cf. Sébastien Roché dans *Le Sentiment d'insécurité* (Paris, P.U.F., 1993, 311 p.) ; Renée Zauberman, « La Peur du crime et la recherche », *L'Année sociologique*, vol. 32, 1982, pp. 415-435 ; Werner Ackermann, Renaud Dulong, Henry-Pierre Jeudy, *Imaginaires de l'insécurité*, Paris, Libr. des Méridiens, 1983, 122 p. ; Hugues Lagrange, *La Civilité à l'épreuve. Crime et sentiment d'insécurité*, Paris, P.U.F., coll. Sociologie d'aujourd'hui, 1995, 310 p.

145. Louis Chevalier, *op. cit.*, p. VI.

146. Dominique Kalifa, « Roman policier, roman de l'insécurité ? », in *Crime et Châtiment…*, *op. cit.*, p. 151.

147. Sur ce sujet, voir par exemple Jean-Noël Kapferer, *Rumeurs, le plus vieux média du monde*, Paris, Points Seuil, 1987, 339 p. : il définit la rumeur comme une « délibération collective » produite autour de « bribes », et dotée d'une sorte de vie autonome.

148. Selon Georges Auclair, les régimes autoritaires sont plutôt enclins à restreindre la diffusion des rumeurs alarmistes, ce qui est une manière de nier l'irruption de la fatalité dans la « surface tranquille » des jours, que rien ne doit venir « fissurer » (*Le Mana quotidien…*, *op. cit.*, p. 9).

149. AN *BB*[18] *1145*, carton cité.

150. Ces affaires semblent avoir beaucoup inspiré Alexandre Dumas pour la rédaction des *Mohicans de Paris* (Paris, Dufour, Muleat & Boulanger, 1859), dont l'action se déroule dans le Paris de 1827, et qui fait allusion à des événements réels de 1826.

151. Lettre du 6 janvier 1827 (AN *BB*[18] *1145*). Dans l'investigation judiciaire autour des terreurs nocturnes, *Le Constitutionnel* est particulièrement décrié : il aurait puisé de nombreuses informations dans des lettres anonymes ou dans d'autres journaux, sans vérification (affaires 92 à 99). D'une attaque commise dans le faubourg Saint-Germain, l'éditeur du journal *La Nouveauté* avoue l'avoir apprise par un colonel, qui avait lui-même entendu cette nouvelle « en société » (*ibid.*, affaire 117).

152. Comme pour ce cocher de fiacre trouvé derrière le Luxembourg le 30 octobre 1826, et qui serait en fait mort d'une simple apoplexie ; il y a aussi de nombreuses rixes nocturnes interprétées comme des attaques.

153. AN *BB*[18] *1145*, carton cité.

154. AN *BB[20] 33. Comptes rendus d'assises. Seine (1827).* Le 10 mars 1827, Fulgence Leroi est condamné à cinq ans de travaux forcés pour attaque nocturne : jusque-là, il était réputé comme un honnête ouvrier, mais les récits des journaux lui auraient fait croire que voler une montre au premier venu était chose facile *(ibid.).*

155. AN *F[7] 4172.* Rapport de la gendarmerie royale de Paris du 3 décembre 1826.

156. *Journal de Paris.*

157. Voir par exemple AN *BB[18] 1145*, affaire 57 (21 novembre 1826).

158. *Ibid.* Cela concerne par exemple l'affaire 49 : « Les différentes circonstances qui l'accompagnent peuvent faire douter de la véracité d'Hellerig. Il fallait nécessairement que les coupables sussent qu'il mettait son or dans une ceinture, sous son vêtement. Les blessures sont légères et toutes au bras gauche... Hellerig affecte une dévotion hypocrite qui n'empêchait pas l'immoralité de sa conduite... Bien que porteur, suivant lui, d'une somme assez considérable, il avait quelques dettes dont le paiement lui avait déjà été vainement demandé. »

159. Voir les caricatures de Daumier dans *Le Charivari* du 24 novembre 1839 (« Émotions parisiennes ») ou du 21 décembre 1844 (« Paris l'hiver »).

160. AN *BB[18] 1145.* Affaire 45.

161. *Ibid.* Affaire 52.

162. *Ibid.* Affaire 66.

163. AN *BB[20] 33. Comptes rendus d'assises. Seine (1827).*

164. Le 19 août, la *Gazette des tribunaux* indique de même que la veille, vers 11 h du soir, « dans la rue du Vieux-Colombier, des cris se firent tout à coup entendre et plusieurs personnes se mirent à la poursuite d'un individu armé d'un couteau-poignard, qui courait lui-même en criant à l'assassin sur les traces d'un jeune homme qui fuyait devant lui » ; une patrouille de sûreté les amène dans un poste, où l'on comprend qu'il s'agit de deux hommes qui se sont heurtés involontairement en rentrant chez eux : l'un tira son poignard ; l'autre, « voyant briller la lame, se crut aux prises avec un assassin et prit rapidement la fuite, en appelant du secours ; tandis que Garnier, qui croyait lui-même poursuivre un malfaiteur, criait aussi de toutes ses forces »...

165. En 1842, dans sa *Physiologie du viveur*, James Rousseau décrit deux noctambules sortant de chez Véfour vers 2 h du matin, et croisant, rue Montmartre, un honnête bourgeois qui, agrippé à son parapluie, se hâte pour rentrer chez lui : ils lui barrent le passage pour l'effrayer ; claquant des dents, la « victime » essaie maladroitement de cacher sa chaîne de montre avec la main ; évoquant ironiquement la « cruelle nécessité » où ils se trouvent, les faux escarpes avouent finalement, goguenards, ne souhaiter que lui emprunter un peu de tabac (Paris, Laisné, 1842, pp. 42-44). Dans le *Paris la nuit, silhouettes* d'Édouard Gourdon, la même année, on voit un garde national en patrouille s'exclamer, en découvrant un passant « suriné » : « Encore un homme mort ! [...] j'en rencontrerai donc toutes les fois que je serai de patrouille ! » (Paris, Charpentier, 1842, p. 135). En 1843, un rapport particulier sur la récurrence des attaques nocturnes est adressé par le préfet de police au ministre de l'Intérieur, comme cela avait été le cas en 1827 (AN *F[7] 12242. Affaires de police, 1840-1846, Seine*).

166. Parallèlement au déroulement du procès, le goût des facéties nocturnes semble reprendre certains Parisiens : selon *Le Constitutionnel* du 17 décembre 1844, la nuit précédente, trois hommes en ont assailli deux autres dans une partie déserte du boulevard Montparnasse, l'un des agresseurs s'étant soudain élancé vers les deux passants pour « les frapper d'une arme dont l'acier se reflétait à la douteuse clarté des réverbères » (il s'agit en fait d'un couteau brisé) ; arrêté, le supposé coupable, peintre-vitrier, affirme « avoir voulu seulement faire une plaisanterie, ayant remarqué, ainsi que ses compagnons, la crainte que leur rencontre avait inspirée au cocher et à son camarade ».

167. *Lettres parisiennes du vicomte de Launay*, texte présenté par Anne Martin-Fugier, Paris, Mercure de France, 1986, vol. II, pp. 360-363.

168. *Paris de 1842 à 1852. La Cour, la société, les mœurs*, Paris, Émile-Paul frères, 1914, vol. 1, pp. 184-185.

169. Pp. 716-717. Cette publication émane d'un comité de notables et de propriétaires parisiens voulant défendre les citoyens face à l'administration.

170. Et le premier jour du procès de la bande des Escarpes, l'événement occupe tout de même à lui seul trois des quatre pages que compte le journal…

171. *Journal de Paris.*

172. *Gazette des tribunaux* du 4 janvier 1845.

173. Observation faite aussi par Jean-Noël Kapferer (*op. cit.*, p. 130).

174. AN *BB*[18] *1145*, carton cité.

175. *Lettres parisiennes du vicomte de Launay*, *op. cit.*, vol. II, pp. 367-368.

176. Il s'agit d'un guide des plaisirs nocturnes et hivernaux de Paris pour les étrangers. Paris, Galignani, 1815, pp 63-64.

177. *Op. cit.*, pp. 196-197. Quelques mois avant la panique nocturne de 1826, le *Code des gens honnêtes, ou l'Art de ne pas être dupe des fripons* de Balzac insistait davantage sur les ruses des escrocs et faiseurs : « Nous savons fort bien que de nos jours on n'assassine plus le soir dans les rues », car « ce n'est plus le vieux Paris sans mœurs, sans lumières : il n'y a guère de lanternes, il est vrai : mais les gendarmes, les espions sont de bien autres éclaireurs » (Paris, Barba, 1825, pp. 8-9 [rééd. Levallois-Perret, Manya, 1990]). On comprend mieux pourquoi les événements de 1826 ont été perçus comme une sorte d'inexplicable retour en arrière.

178. Cf. Jules Janin : « Le Paris de la nuit est épouvantable ; c'est le moment où la nation souterraine se met en marche. […] Vil monde bohême, affreux monde, purulente verrue sur la face de cette grande ville » (*Un hiver à Paris*, Paris, Janet, 1846, pp. 54-55).

179. *Des classes dangereuses de la population dans les grandes villes et des moyens de les rendre meilleures*, Paris, Baillière, 1840, 2 vol. (rééd. Slatkine, 1977), vol. 1, pp. 263-264.

180. Alain Corbin, *Le Village des cannibales*, *op. cit.*, p. 134.

181. *Représentations de l'insurrection et des insurgés de juin 1848*, mémoire de maîtrise dir. par Alain Corbin, Université de Paris-I, 1993, p. 45.

182. Cf. Barthelemy, *Nouvelle Nemesis, satires*, Paris, Martinon, 1845, t. 1, « Les Escarpes » : « Nous avons vu, depuis, leurs bandes enchaînées, / Sous le plafond des lois se suivre par fournées, / Exhalant des senteurs d'orgie et de charnier ; / C'est l'*escarpe* sanglant, le sombre *vanternier*, / L'*habit noir*, le *chanteur*, et bien d'autres encore ; / Chaque genre de crime est une métaphore ; / Alphabet du sabbat, langue des cabanons ! »

183. La grande cour des Miracles du quartier Montorgueil, qui inspira Hugo à travers la description de Sauval, fut liquidée par La Reynie, premier lieutenant général de police, en 1667 (année clé pour l'épuration nocturne de Paris).

184. *Le Goût du Moyen Âge*, Paris, Plon, 1996, p. 261.

185. Paris, Gallimard, coll. Folio, 1974 (1re éd. 1831) : sur ce sabbat nocturne d'hommes-larves, voir surtout les pp. 123-130 et 508-517.

186. « Esquisse historique », Paris, Béchet, 1834, t. I, p. 52. Cf. aussi Francisque Michel et Édouard Fournier, *Le Livre d'or des métiers, histoire des hôtelleries, cabarets, hôtels garnis, restaurants et cafés* …, Paris, Seré, 1851, t. I, p. 290 : « C'est surtout dans les ruelles sombres et fangeuses avoisinant la Seine […] que venait se blottir la nuit toute cette population de réprouvés que la loi repoussait des gîtes ouverts pour les passants honnêtes, et que le trop-plein des cours des Miracles laissait sur le pavé. Ces repaires sombres ne leur servaient pas seulement d'abri pour se reposer, mais encore d'embuscades ténébreuses, du fond desquelles ils s'élançaient sur la proie comme des oiseaux de nuit. »

187. *Paris, ses organes…*, *op cit.*, t. IV, p. 12.

188. *Le Mythe du Peuple…*, *op. cit.*, p. 133.

189. Paris, Michel Lévy frères, 1852, 104 p.

190. Leur hymne est le suivant : « Vive la nuit ! La nuit en Seine, / C'est l'heure des bons compagnons ! / On va-t-on vient-z-on se promène, / On pêch' aut' chose que des goujons ! [...] / Voici la nuit, quittez vos niches ! / Fraudeurs, pirat's et flibustiers. [...] / De trucs malins nous sommes riches ! / Nous pratiquons de fins métiers » (pp. 61-62).

191. Il fait office de receleur : « Si nous voulons bien vous recevoir ici à des heures indues et vous acheter une foule d'objets et de marchandises sans trop vous demander où vous les avez ramassés, vous savez qu'aussitôt le jour venu [...], c'est fini, nous ne connaissons plus personne » (*ibid.*, p. 24). Un complice, Macreuse, expédie chaque mois le butin des rats aux Juifs d'Anvers, dans le double fond de ses péniches... (p. 29). À la fin de la pièce, les méchants périssent dans l'écroulement d'une vieille masure envahie par le fleuve...

192. *Les Misérables, op. cit.*, t. III, p. 349.

193. *Ibid.*, p. 318. Cf. p. 364 : lorsque Thénardier ouvrit la grille de l'égout pour y faire entrer Jean Valjean portant Marius – « Cela se fit très doucement. Il était visible que cette grille et ces gonds, huilés avec soin, s'ouvraient plus souvent qu'on ne l'eût pensé. Cette douceur était sinistre ; on y sentait les allées et venues furtives, les entrées et les sorties silencieuses des hommes nocturnes, et les pas de loup du crime. L'égout était évidemment en complicité avec quelque bande mystérieuse. »

194. AN F^7 *4166. Rapports de la gendarmerie royale de Paris.*

195. BN Estampes. *Crimes et délits*, t. II, R. 9261 (Pf 6 Fol.). Sur ce type d'anxiétés, voir encore C. Gueroult et P. de Couder, *Les Étrangleurs de Paris*, Paris, Chappe, 1859, 3 vol. (il s'agit d'une bande de 50 personnes dont les crimes nocturnes sont situés en 1788, et dont les membres se réunissent dans un égout, proche du pont Saint-Michel, où l'on entre en rampant, à l'aide d'un mot de passe...).

196. M. Claude, dans ses *Mémoires*, évoque la bande des « Hirondelles », qui sous le Second Empire vivaient comme des taupes dans ces souterrains, ne sortant que la nuit ; leur chef, insaisissable, qui se déguise et que la police n'ose poursuivre dans son antre, est surnommé « le Protée » (Paris, les Amis de l'histoire, 1968 [1re éd. 1881], pp. 94-95).

197. APP D^A *221. Service des mœurs.*

198. APP D^A *226. Service des mœurs.*

199. *Gazette des tribunaux* du 27 novembre 1844.

200. BN Li^5 *119*, p. 31. Au procès de Norbert et Dépré, le 1er février 1843, on s'offusque beaucoup d'apprendre que juste après leur crime sanglant, commis dans la nuit du 5 septembre 1842 rue Saint-Fiacre, ils se sont présentés dans une maison de tolérance, où la seule raison qui les a empêchés de dormir est que la maison était déjà pleine... (*Gazette des tribunaux*).

201. *La Police municipale, op. cit.*, p. 179.

202. Bien avant cela, Mercier s'était penché sur les « cabarets borgnes » (*Tableau de Paris*, *op. cit.*, pp. 237-239) : « Vous n'y viendrez pas, délicats lecteurs ; j'y suis allé pour vous. [...] C'est là un réceptacle de la lie du peuple. »

203. *Des classes dangereuses...*, *op. cit.*, vol. 1, p. 135.

204. AN F^7 *9305. Affaires administratives. Femmes publiques (Seine).* 1841.

205. *Paris au kaléidoscope*, Paris, Dolin, 1845, vol. 1, p. 296. Du même, voir aussi « Les Débits de consolations », in *La Grande Ville, nouveau tableau de Paris*, Paris, Marescq, 1844, t. I, pp. 265-268.

206. Sur ce thème, et l'historique du « bouge », mot désuet, voir Pierre Mac Orlan, *Nuits aux bouges*, Éditions de Paris, 1994 (1re éd. 1927), 135 p.

207. *Op. cit.*, pp. 37-38.

208. *Ibid.*, p. 723.

209. Jeanne Gaillard, *Paris la ville (1852-1870)*, Paris, Champion, 1976, p. 14.

210. Dès *Paris, ou le Livre des Cent-et-un*, on trouve la description nocturne d'un bouge où la présence du narrateur ne surprend pas : « On semblait accoutumé à ces visites de curiosité » (Paris, Ladvocat, 1832, t. III, p. 142).

211. Cf. Michel Deschamps, *L'Ile de la Cité au milieu du* XIXe *siècle*, mémoire de maîtrise dir. par Louis Girard, Université de Paris-IV, 1976 p. 146.

212. C'est ce qu'observe Alfred Delvau dans *Les Dessous de Paris* (Paris, Poulet-Malassis, 1860, pp. 207-213) : dans ce lieu finalement ordinaire, les murs sont couverts d'images représentant les *Mystères de Paris*, mais rien ne se passe vraiment.

213. *Op. cit.*, pp. 142-143.

214. Pour Dumas, il y a sept tapis-francs dans le Paris de l'époque : le Chat-Noir et le Lapin-Blanc, dans la Cité ; les Sept-Billards, rue de Bondy ; l'Hôtel d'Angleterre, rue Saint-Honoré ; Paul Niquet, Baratte et Bordier, aux Halles – tous détruits depuis, sauf Bordier, devenu une élégante boutique (*op. cit.*, p. 4).

215. *Ibid.*, p. 9.

216. *Ibid.*, p. 12.

217. *Ibid.*, p. 21.

218. *Ibid.*, p. 24.

219. *Le Paravoleur*, *op. cit.*, pp. 193-194.

220. Chez Mulot, le cabaretier qui accueille la bande des *Escarpes*, il faut frapper un petit coup à la porte, passé 11 h du soir, pour se faire ouvrir, car la boutique est en apparence fermée (*Gazette des tribunaux*, 27 novembre 1844).

221. Voir par exemple Paul de Kock, *Paris au kaléidoscope*, *op. cit.*, vol. 1, p. 21 et Frégier, *op. cit.*, t. I, p. 263.

222. APP *D*[B] *174. Débits de boissons.*

223. Sur la fonction de l'auberge pour les délinquants du Moyen Âge, voir Bronislaw Geremek, *Les Marginaux parisiens aux* XIVe *et* XVe *siècles*, Paris, Champs Flammarion, 1990 (1re éd. 1976), p. 336.

224. Sur l'argot comme « langue des ténébreux », voir *Les Misérables*, *op. cit.*, t. III, pp. 14-19. Cf. aussi t. II, p. 542 aux deux enfants qu'il rencontre perdus dans l'obscurité et qui lui disent avoir peur de la nuit, Gavroche, déjà initié aux énigmes de l'ombre, rétorque : « On ne dit pas la nuit, on dit la sorgue. »

225. C'est peut-être pourquoi le chiffonnier est réputé philosophe…

226. *Les Voleurs, physiologie de leurs mœurs et de leur langage*, *op. cit.*

227. *Op. cit.*, vol. 1, pp. 17-19.

228. *Op. cit.*, p. 42.

229. *Gazette des tribunaux* des 29-30 octobre 1842.

230. *Gazette des tribunaux.*

231. *Ibid.* 28 novembre 1844.

232. *Ibid.*

233. *Ibid.*

234. AN *BB*[20] *52. Compte rendu d'assises* du 13 décembre 1830.

235. *Gazette des tribunaux* du 28 novembre 1844.

236. Cf. AN *BB*[20] *46. Compte rendu d'assises* du 10 juillet 1829 : Auguste Browarniouck est condamné à six ans de réclusion pour une attaque nocturne contre un ouvrier attardé dans les cabarets ; on dit du coupable : « Il ne put expliquer pour quelle raison il se trouvait alors dans la rue, ni avec quelles personnes il était […]. Depuis cinq semaines il était sans ouvrage et sans moyen d'existence. »

237. À ce propos, voir Dominique Kalifa, *L'Encre et le Sang…*, *op. cit.*, p. 139. Cette représentation se généralise en effet à la fin du XIXe siècle : cf. Cesare Lombroso : « Ce qui répugne au criminel, c'est la régularité d'engrenage de la société moderne » ; sa nuisance sociale vient de ce que le criminel est « un irrégulier du travail ; un capricieux qui prétend ne s'y soumettre que quand cela lui plaît […]. En cela, son caractère est parfaitement identique au caractère du sauvage qui, habituellement inerte, se secoue de temps en temps pour se livrer aux exercices fatigants de la chasse et de la guerre » (*Le Crime, causes et remèdes*, Paris, F. Alcan, 1899, pp. 247-248).

238. *Nouveau Tableau de Paris au* XIXe *siècle*, *op. cit.*, 1835, t. V, pp. 7-10.

239. AN *BB*[20] *119. Comptes rendus d'assises. Seine (1842).*

240. Cf. aussi la défense de Fourrier au procès des *Escarpes*, en novembre 1844 : « Je n'avais plus d'argent, et j'avais deux jours à attendre pour du travail. Je voulais *intimider* monsieur. Quand j'ai eu du travail, j'ai quitté le métier » (*Causes célèbres…*, *op. cit.*, p. 10).

241. *Gazette des tribunaux* des 29-30 octobre 1842.

242. *Gazette des tribunaux.*

243. *Ibid.*, 1er novembre 1843.

244. *Ibid.*, 20 septembre 1845.

245. AN *BB*[20] *279. Comptes rendus d'assises. Seine (1865).*

246. Sur les difficultés de l'identification au XIXe siècle, voir Alain Corbin, *Histoire de la vie privée*, dir. Michelle Perrot, Paris, Seuil, 1987, pp. 430-436.

247. Un bref historique (les sommiers eux-mêmes furent détruits en 1871) aux APP en *D*[B] *49. Sommiers judiciaires.*

248. Cf., outre les travaux de Jean-Marc Berlière, Bernard Schnapper, « La Récidive, une obsession créatrice au XIXe siècle », in *Le Récidivisme*, Congrès de l'Association française de criminologie (Poitiers, 1982), Paris, P.U.F., 1983, pp. 25-64. Cf. aussi Jean-Claude Farcy, « Le Casier judiciaire au XIXe siècle », *Bulletin du Centre d'histoire de la France contemporaine*, Université Paris-X-Nanterre, 1990, n° 11, pp. 5-30. À la fin du Second Empire, on en est à plus de trois millions de fiches : les mesures anthropométriques ne permettent pas encore de déjouer les surnoms, et à un seul individu peuvent correspondre plusieurs fiches signalétiques.

249. *Recueil officiel des circulaires…*, *op. cit.*, n° 309.

250. Les arrestations annuelles pour rupture de ban se chiffrent à quelques dizaines dans le Paris de la Restauration, et à quelques centaines dans celui de la monarchie de Juillet (618 en 1844 selon le *Compte général*) ; le nombre total de forçats en France est à cette époque de 6 ou 7 000. Voir André Zysberg, « Politiques du bagne 1820-1850 », in *L'Impossible prison*, *op. cit.*, pp. 165-205 ; Jacques-Guy Petit, *Histoire des Galères, bagnes et prisons XIII*[e]*-siècles. Introduction à l'histoire pénale de la France*, Toulouse, Privat, 1991, 368 p. ; Patricia O' Brien, *Correction ou châtiment, op. cit.*

251. Cette fatalité, traduite par la surveillance à vie, et l'assignation à un lieu de résidence non choisie poussant à la rupture de ban, est étudiée par Laurent Percerou dans *Surveillance et réinsertion des forçats et détenus libérés à Dreux de 1820 à 1870*, mémoire de maîtrise dir. par Alain Corbin, Université de Tours, 1984, 78 p.

252. Illustrée précocement par le roman d'Auguste Ricard, *Julien le forçat libéré*, Paris, Barba, 1830, 64 p.

253. *Op. cit.*, t. II, pp. 279-284. On sait aussi que la masure Gorbeau est un lieu de guet-apens nocturne (*ibid.*, p. 348), et que Montparnasse, qui se faufile dans la nuit comme personne, est un spécialiste de ce type d'agression (cf. pp. 531 et 546). Voir Maria Ley-Deutsch, *Le Gueux chez Victor Hugo*, thèse citée, pp. 244-253, et Paul Savey-Casard, *Le Crime et la Peine dans l'œuvre de Victor Hugo*, thèse citée, pp. 179-182. Guy Rosa a également évoqué ce quatuor comme « personnage collectif », expression de la « désindividualisation » des misérables dans « Histoire sociale et roman de la misère : *Les Misérables* de Victor Hugo », art. cité, pp. 95-110 : ces hommes de la nuit n'existent que par le biais de leur surnom et de leur appartenance à un groupe.

254. Paris, Dentu, 1865, pp. 134-135.

255. *Op. cit.*, p. 274.

256. *Op. cit.*, pp. 136-137. Ce réquisitoire a décidément été une source d'inspiration durable pour les amateurs de mystères de Paris, puisque Charles Deslys l'utilise lui aussi dans le roman *Le Canal Saint-Martin*, paru en 1862, et dont l'action se situe en 1837 *(op. cit.)*.

257. *La Police municipale*, 1872, pp. 169-171, ouvrage manuscrit indépendant : APP *213*.

258. Parmi les malfaiteurs parisiens, Frégier distingue comme les « hyènes » ceux, minoritaires, qui auraient le goût du sang (*op. cit.*, p. 238).

259. L'observation des bagnards comme une espèce séparée doit beaucoup aux théories de Gall et surtout de Lavater, qui dans les années 1770 signale les ressemblances entre têtes humaines et animales. Cf. aussi le Dr Lauvergne, *Les Forçats considérés sous le rapport physiologique...*, étude issue de leur observation à Toulon et publiée en 1841.

260. Voir Emmanuel Fureix, *Représentations de l'insurrection et des insurgés de juin 1848*, mémoire cité : dans ses sources, les insurgés de Juin, politiquement errants, relèvent d'une version animale, enfantine ou féminine du Peuple, par opposition au Peuple viril, mûr et souverain de Février.

261. Sur cette littérature versaillaise polémique, cf. notamment Paul Lidsky, *Les Écrivains contre la Commune*, Paris, Maspero, 1970, 179 p. ; Meriem-Anne Badis, *La Commune et les Communards vus par leurs adversaires en 1871*, mémoire de maîtrise dir. par Alain Corbin, Université de Paris-I, 1991, 206 p.

262. *Paris, ses organes...*, *op. cit.*, t. III, p. 51.

263. D'où, chez lui, une nouvelle hiérarchie des sens : l'odorat et l'ouïe comptent plus que la vue (l'animalité liée à l'odorat dans l'imaginaire social du XIXe siècle est relevée par Alain Corbin dès le début du *Miasme et la Jonquille*).

264. Selon Jean-Jacques Courtine et Claudine Haroche (surtout intéressés par l'ascension du contrôle de soi dans la société d'Ancien Régime, mais attentifs aussi à l'angoisse de l'identité caractéristique du premier XIXe siècle), dans la société en voie de démocratisation qu'abrite le Paris du XIXe siècle, les classes sociales se dévisagent, « chacun scrute l'inconnu en l'autre », alors que les élites d'Ancien Régime, à proprement parler, ne regardaient pas le peuple (*Histoire du visage. Exprimer et taire ses émotions XVIe-début XIXe siècles*, Marseille, Rivages, 1988, p. 273).

265. Paris, Les Romans illustrés, 1845, p. 40.

266. *Gazette des tribunaux*, 28 novembre 1844.

267. 19 septembre 1845. Dans cette bande figure aussi une fille défigurée par un jet de vitriol.

268. 29 novembre 1844.

269. *Gazette des tribunaux* du 1er décembre 1844.

270. Sur cet « assassin bel esprit », qui combine le faux, la préméditation et la brutalité sanguinaire, cf. Anne-Emmanuelle De Martini, *Lacenaire, un monstre dans la société de la monarchie de Juillet*, thèse dir. par Alain Corbin, Université de Paris-I, 1998, 948 p.

271. *Op. cit.*, t. IV, p. 376.

272. *Gazette des tribunaux*, 1er février 1843.

273. En cela, la rubrique « Les Malfaiteurs » de Du Camp diffère peu du ton de Vidocq : « L'homme qui la nuit se précipite sur un passant, lui demande la bourse ou la vie, l'étourdit d'un coup de pierre ou de bâton, est le *scionneur* ; il est particulièrement dangereux, car il risque sa liberté, son existence même pour voler. La vie lui paraît chose méprisable, il n'en tient compte ; lorsqu'elle le gêne, il la supprime » (*op. cit.*, t. III, pp. 46-47).

274. Lampaëch, membre de la bande des Endormeurs, confie le 20 septembre 1845 aux assises qu'il est venu enfant avec sa mère à Paris, puis a rompu avec sa famille : « Je rôdais sur les boulevards et dans les faubourgs. En passant rue Saint-Maur, ne sachant pas où aller, je rencontrai Feninger, Gasc, Nerz [...] ; ils m'engagèrent à faire des vols avec eux pour vivre » *(Gazette des tribunaux)*.

275. Voir Annick Tillier, *Brigandage et bandes criminelles en province sous la monarchie censitaire (1815-1835)*, mémoire de maîtrise dir. par Alain Corbin, Université de Paris-I, 1989, 163 p.

276. « Les Associations de malfaiteurs », *op. cit.*, t. IV, p. 3.

277. Au sujet des aveux de Pelletier, voir aussi les *Rapports sur les crimes d'attaques et de vols nocturnes commis dans les rues de Paris (1826-1827)* (AN *BB18 1145*).

278. AN *BB20 33. Comptes rendus d'assises.* 6 février 1827.

279. Cf. la *Gazette des tribunaux* et Armand Fouquier, « Les Associations de malfaiteurs », *op. cit.*, pp. 3-12.

280. Nous avons distingué par un astérisque celles dont les méfaits étaient majoritairement nocturnes.

281. *Gazette des tribunaux*, 27 novembre 1844.

282. Connu pour 15 % des individus seulement : seules les sources de type judiciaire (BB^{20}, comptes rendus de procès dans la presse...) mentionnent parfois l'âge des agresseurs. Les chiffres sont donc trop modestes pour que dissocier ici l'avant et l'après-1848 ait un sens.

283. AN *BB^{20} 40*. Cf. aussi Henry Guego, *Étude statistique sur la criminalité en France de 1826 à 1900*, Michalon, 1902, p. 17 : entre 1836 et 1840, pour l'ensemble de la France, la proportion d'accusés de moins de 21 ans est d'environ 10 %.

284. « Poildevache, si on veut bien l'en croire, est le plus honnête des travailleurs. Il est porteur au marché Saint-Martin, ferblantier quand l'ouvrage donne, et il sonne les cloches à la paroisse des Blancs-Manteaux. Mais sans doute l'ouvrage donne rarement, car la mendicité et le vol sont ses deux professions véritables » (Armand Fouquier, *op. cit.*, p. 10). Le 24 novembre 1825 déjà, Simon Godet était condamné aux travaux forcés à perpétuité et à la flétrissure pour vol la nuit avec violence, et l'avis du président des assises a dû peser lourd : « Tout porte à présumer qu'il n'a point donné son véritable nom, et qu'il a déjà subi quelque condamnation. Il n'avait aucun papier, n'a pu justifier d'aucun domicile, n'était connu de personne à Paris » (AN *BB^{20} 23. Comptes rendus d'assises*).

285. Même remarque que pour le tableau précédent.

286. Nous ne disposons malheureusement pas d'adresses d'accusés en nombre suffisant pour pouvoir en tirer des conclusions quant aux solidarités de quartier, mais le fréquent logement en garni de ces hommes jeunes et célibataires laisserait de toute façon beaucoup d'incertitudes.

287. Les membres des bandes nocturnes des années 1840 témoignent d'ailleurs, pendant leurs procès, de la circulation permanente des informations dans les prisons où ils attendent leurs jugements, et où se reconstituent des clans, avec ce que cela implique de pressions et d'arrangements internes avant d'aller affronter les jurés.

288. AN *BB^{20} 102. Comptes rendus d'assises (1839).*

289. *Gazette des tribunaux.*

290. AN *BB^{20} 124. Comptes rendus d'assises (1843).*

291. *Gazette des tribunaux* du 27 novembre 1844.

292. Nous utilisons le compte rendu du procès paru dans la *Gazette des tribunaux* des samedi 14 et dimanche 15 novembre 1840.

293. Le procès réunit 48 témoins qui relèvent souvent du monde populaire de la nuit : porteurs à la halle, logeurs, marchands de vin, etc.

294. 20 septembre 1845.

295. *Le Constitutionnel*, 28 novembre 1844. C'est parce qu'il avait engagé la montre de Pellegrini au mont-de-piété que Pelletier est arrêté en 1826 (*Gazette des tribunaux* du 10 février 1827).

296. Il comporte « un grand nombre d'hommes du monde et d'artistes, curieux d'étudier, au moment suprême de la condamnation, les physionomies sinistres de ces malfaiteurs » (*Gazette des tribunaux* du 1er décembre 1844).

297. *Ibid.* Le journal ajoute le 5 décembre : « Neutraliser l'action dissolvante de ces classes dangereuses, c'est là, sans contredit, un des premiers besoins d'une nation civilisée. » Pendant la série d'attaques nocturnes de 1826-1827 en revanche, les autorités criaient à l'exagération journalistique et au complot antigouvernemental : ici, sous un régime dont les rapports avec le peuple sont plus ambigus, elles s'avouent préoccupées par l'omniprésence de la crapule.

298. Destinée à éviter les acquittements scandaleux, causés par la trop grande sévérité des peines afflictives et infamantes (cf. Louis Gruel, *Pardons et Châtiments. Les jurés français face aux violences criminelles*, Paris, Nathan, 1991, pp. 19-28).

299. La loi du 28 avril 1832, modifiant le Code pénal, prévoit les travaux forcés à perpétuité pour les cas où la violence accompagnant le vol a laissé des traces de blessures,

ou encore lorsqu'un vol sur les chemins publics est accompagné de deux circonstances aggravantes.

300. AN BB^{20} *127. Comptes rendus d'assises.*

301. AN BB^{20} *18.*

302. *Ibid.*

303. AN BB^{20} *23.*

304. *Gazette des tribunaux.*

305. AN BB^{20} *33.*

306. Cf. Michelle Perrot, *L'Impossible prison*, *op. cit.*, p. 60.

307. Le 14 mai 1845, Achille Lepaire est condamné aux travaux forcés à perpétuité pour avoir été « arrêté dans la rue à 8 h du soir au moment où il venait d'arracher les boucles d'oreilles d'une jeune femme qu'avec deux de ses camarades il suivait depuis quelque temps. Signalé comme faisant partie de ces voleurs dangereux dits à l'escarpe », il est « déclaré coupable de vol commis la nuit à l'aide de violence ayant laissé des traces de blessures » (AN BB^{20} *132*).

308. AN BB^{20} *18.*

309. Ils espéraient une commutation de peine, « lorsque le meurtre nouveau qui fut commis l'avant-dernier dimanche à la barrière du Montparnasse vint leur enlever leur dernière espérance en leur faisant comprendre qu'un grand exemple était nécessaire pour mettre un frein à ces effroyables excès, à cette brutalité sauvage qui met à tout moment l'existence des citoyens à la merci de ces misérables » (*Gazette des tribunaux* du 24 mars 1843).

310. Cf. Luc Passion, « Conjoncture et géographie du crime à Paris sous le Second Empire », *Mémoires de la Fédération des sociétés historiques et archéologiques de Paris et de l'Île-de-France*, 1982, t. XXXIII, pp. 187-224.

311. APP D^A *221. Service des mœurs (1760-1867). Renseignements généraux. Plaintes et mémoires des particuliers.*

312. *Histoire anecdotique des cafés et cabarets de Paris*, Paris, Dentu, 1862, p. 200.

313. Paris, Librairie nouvelle, 1855, p. 5.

314. Dans le prologue des *Nuits de Paris*, il plagie littéralement Eugène Sue. Voir aussi *Les Rôdeurs de nuit* (Paris, Rouffy, 1879, 395 p.) : il imagine la présence, dans le Paris de 1856 (aux Buttes-Chaumont et le long du canal Saint-Martin, comme de juste), d'une bande de rôdeurs appelés les Compagnons de la nuit, dont le chef est surnommé l'Épervier, et qui ont recueilli une jeune fille pure et belle, La Mignotte, ange de cet enfer nocturne, sorte de réplique de Fleur-de-Marie ou d'Esméralda.

315. Voir *Le Canal Saint-Martin*, publié chez Cadot en 1862.

316. Dominique Kalifa a reconstitué, aussi, la genèse du roman policier pendant cette période de l'empire libéral puis de la Troisième République, où renaît la littérature des bas-fonds (thèse citée).

317. *Op. cit.*, p. 385.

318. *Ibid.*, pp. 399 et suiv.

319. Le 20 septembre 1851, Canler annonce dans la presse que de nombreux forçats en rupture de ban sont venus chercher refuge à Paris, « attirés sans doute par l'approche des longues soirées d'hiver ». Un certain Chimique la Serinette, prisonnier évadé et spécialiste de l'attaque nocturne, est arrêté le 5 novembre 1851 *(Gazette des tribunaux).*

320. *De l'amélioration de la loi criminelle*, Paris, Cotillon, vol. 2, 1864, p. 7.

321. Sur les années fébriles que sont les années 1852-1854 et 1867-1869, voir Luc Passion, « La Politique du Second Empire en matière de criminalité : l'exemple de Paris », *Bulletin de la Société d'histoire moderne*, n° 11, 1981, pp. 12-21.

322. Nous nous inspirons ici de Jennifer Davis, « The London *Garotting Panic* of 1862 : a Moral Panic and the Creation of a Criminal Class in Mid-Victorian England », in *Crime and the Law, The Social History of Crime in Western Europe since 1500*, dir. V.A.C. Gatrell, Bruce Lenman et Geoffrey Parker, Europa Publications Ltd, 1980, pp. 190-213 ;

Kellow Chesney, *Les Bas-Fonds victoriens*, Paris, R. Laffont, 1981, pp. 123-127 (*The Victorian Underworld*, 1970) ; Clive Emsley, *Crime and Society in England 1750-1900*, Londres, Longman, 1987, chap. 2.

323. La panique londonienne s'inscrit dans un contexte de débat sur le système pénal anglais, relève d'une volonté d'isoler une classe criminelle « professionnelle » du peuple travailleur, ce que Charles Desmazé rappelle en 1881, au moment où l'insécurité nocturne redevient un thème prégnant dans Paris : « À Londres, les attaques nocturnes cessèrent dès qu'il fut publié que leurs auteurs seraient, en dehors d'autres pénalités, frappés de la queue de chat, aux lanières plombées » (*Le Crime et la débauche à Paris*, Paris, Charpentier, 1881, p. 24).

324. Dans *Le Petit Journal* du 14 octobre 1866, le récit du procès figure d'ailleurs sur la même page que celui des *Thugs*, étrangleurs fanatiques punis par la civilisation britannique, aux cours de Calcutta et de Madras.

325. Le président fait remarquer à l'un d'entre eux, Gatelot, garçon maçon de 22 ans, qu'il ne vit que du vol, ce que trahiraient ses mains blanches et sa tenue soignée ; l'accusé aurait accueilli cette remarque avec un sourire d'orgueil : le dandysme populaire des apaches semble proche…

326. *Gazette des tribunaux*.

327. Édouard Siebecker, « Mœurs du jour », *Recueil d'articles de journaux sur Paris 1853-1882* (BN *8° Z Le Senne 13531*: le titre du journal n'est pas précisé).

328. Sur le fameux contraste est/ouest, voir Louis Lazare, *Les Quartiers de l'est de Paris et les communes suburbaines*, Paris, Bureau de la Bibliothèque municipale, 1870, 248 p. ; *Les Quartiers pauvres de Paris, le 20e arrondissement*, 1870, 234 p.

329. Affaires relevées dans la *Gazette des tribunaux* et dans la série *BB*^{20} des AN (comptes rendus d'assises).

330. Du 1er au 4e arrondissement.

331. Du 5e au 11e arrondissement.

332. Du 12e au 20e arrondissement.

333. Arrondissements 3 à 5, 10 à 13, 18 à 20.

334. Arrondissements 1, 2, 6 à 9, 14 à 17.

335. « La Population indigente et les quartiers pauvres », juin 1881, pp. 840-841.

336. Sur le destin étrange de ces fortifications qui fixèrent plus l'ennemi intérieur qu'elle ne protégèrent contre l'ennemi extérieur, avant que le style HBM ne donne aux lieux un visage plus présentable, cf. Madeleine Fernandez-Leveau, *La Dernière Enceinte de Paris 1840-1970*, thèse de 3e cycle dir. par Michelle Perrot, Université Paris-VII, 1983, 387 p.

337. Cf. Michelle Perrot, « Dans la France de la Belle Époque, les "Apaches", premières bandes de jeunes », in *Les Marginaux et les exclus dans l'histoire*, Cahiers Jussieu, 5, 10.18, 1979, p. 387.

338. *Gazette des tribunaux* du 8 avril 1857.

339. AN *BB*^{20} *266. Comptes rendus d'assises. Seine.* Ce sont les traces de blessures laissées qui expliquent la sévérité du verdict.

340. *Ibid.*

341. AN *BB*^{20} *279. Comptes rendus d'assises. Seine.*

342. *Gazette des tribunaux* du 7 mai 1866. Le 9 août suivant, c'est encore R…, dit le Pâtissier, 19 ans, et V…, dit Cœur-de-Fer, 25 ans, membres supposés d'une bande liée par un serment et l'usage de l'argot, qui sont arrêtés pour avoir attaqué deux hommes avec un poignard dans une partie déserte du 13e arrondissement.

343. Alain Corbin, *Les Filles de noce. Misère sexuelle et prostitution (XIXe siècle)*, Paris, Champs Flammarion, 1982, (1re éd. 1978), p. 235.

344. Cf. Félix Carlier, *Études de pathologie sociale. Les deux prostitutions (1860-1870)*, Paris, Dentu, 1887, pp. 219-225 (le livre a été écrit vers 1870) : les souteneurs se lèvent tard – « Suivez-les la nuit dans ces quartiers déserts des barrières de Clichy et des

Batignolles, vous les verrez se réunir en bandes, s'embusquer derrière des arbres ou se coucher dans les fossés et attaquer bravement, cinq contre un, le passant attardé qui laissera voir une chaîne de montre, ou dont le costume indiquera l'aisance. »

345. *Op. cit.*, p. 45.

346. Nous nous référerons, ici, à Michelle Perrot, « L'Affaire Troppmann (1869) », *L'Histoire*, n° 30, janv. 1981, pp. 28-37 ; Pierre Drachline, *Le Crime de Pantin, l'affaire Troppmann*, Paris, Denoël, 1985, 197 p. ; Karine Salomé, *L'Affaire Troppmann, le crime de Pantin (1869-1870)*, mémoire de maîtrise dir. par Alain Corbin, Université de Paris-I, 1991, 217 p. ; Véronique Gramfort, « Les Crimes de Pantin : quand Troppmann défrayait la chronique », *Romantisme*, « Le Fait divers », 3e trimestre 1997, n° 97, pp. 17-30.

347. Pour cela, nous sommes retournée au dossier d'assises (ils sont conservés à partir de 1863 aux Archives de Paris) : ADP *D²U8, cartons 8 et 9.*

348. Voir l'article cité de Michelle Perrot.

349. Nous empruntons cette remarque à Karine Salomé, mémoire cité.

350. Michelle Perrot, art. cité, p. 35.

351. Certes, comme l'indique Dominique Kalifa dans sa thèse, l'expression est rendue célèbre par Félix Platel, qui publie un ouvrage sous ce titre en 1890 chez Havard. Toutefois, Du Camp parle déjà, à la fin du Second Empire, d'une « armée du mal » qui grandit, mais n'obéirait à aucun chef, et se déchirerait constamment elle-même (*op. cit.*, t. III, p. 79) ; et un guide américain intitulé *Paris at Night* propose aussi, sous la rubrique « l'armée du crime », une évaluation chiffrée des individus dangereux de la capitale en 1869 (Boston & Paris Publishing Company, 1869, p. 113).

352. C'est l'année où Goron est nommé commissaire de police de Pantin, où il organise des rondes nocturnes supplémentaires pour surveiller rôdeurs et souteneurs à partir de 2 h du matin ; on signalait selon lui, près des Fortifs, une bande d'« escarpes » dont les membres « jouaient dans la vie réelle les *Mystères de Paris* » (*Mémoires de M. Goron, ancien chef de la sûreté*, Paris, Flammarion, 1897, vol. 1, p. 133).

353. APP *D^B 473. Statistique des opérations de police (1879-1919).*

354. Paris, Flammarion, 1893, p. 5. Son premier chapitre est consacré à l'attaque nocturne (pp. 11-23).

355. À ce sujet, voir Dominique Kalifa, thèse citée, p. 198. Il note la récurrence de la rubrique récapitulative « Les drames de la nuit » ou « Les attaques nocturnes » dans la presse parisienne de 1899-1900 : l'agression est devenue anodine, mais sa répétition peut attiser les inquiétudes, tout en satisfaisant le goût populaire pour le spectacle de la rue ; elle se trouve également surexposée dans les suppléments illustrés, qui en exploitent la gestuelle brutale (pp. 581-582).

356. Louis Puibaraud, *op. cit.*, p. 16.

357. *Paris, ses organes…*, *op. cit.*, p. 53.

358. Rappelons la permanence de cette habitude de fixation littéraire du Paris qui s'en va (heureusement prolongé et surpris dans ses nuits) depuis les années 1850, avec Victor Fournel, Alexandre Privat d'Anglemont, Alfred Delvau, Charles Virmaitre, etc.

359. Paris, Dentu, 1876, t. II, pp. 50-51.

360. Paris, Rouffy, 1879, p. 1.

361. Paris, Sagnier, 1878, p. VII.

362. Paris, Dentu, 1882, p. 4.

363. Paris, Lalouette/Douce, 1883, p. 193.

364. Paris, Warnier & Cie, 1897, 13 p.

365. Dans *Paris-escarpe*, Charles Virmaitre affirme que les habitués de ces faux assommoirs sont de pauvres hères qui font de la figuration pour la galerie et se font offrir à boire par les amateurs du spectacle offert par les lieux de perdition populaire (Paris, Nouvelle Librairie parisienne, 1887).

366. Dominique Kalifa, *L'Encre et le Sang*, *op. cit.*, p. 153.

367. Cf. *Ibid.*, p. 309.

368. Nous empruntons la formule au titre du livre de Jacques-Guy Petit sur *La Prison pénale en France 1780-1875* (Paris, Fayard, 1990, 749 p.).

369. La suggestion est faite par Dominique Kalifa dans sa thèse.

370. Dir. par Alain Corbin, Université de Paris-I, 1991, 243 p. (cf. aussi son article « Les Supplices publics au XIXe siècle. L'abstraction du corps », in *Le Corps violenté. Du geste à la parole*, Études réunies par Michel Porret, Genève, Droz, 1998, pp. 157-184 : elle y évoque la désacralisation de la « bonne mort » du condamné, productrice de malaise dans une société laïcisée). La période ultérieure a été traitée par Xavier Lapray : *L'Exécution publique de la peine capitale à Paris entre 1870 et 1914*, mémoire de maîtrise dir. par Alain Corbin, Université de Paris-I, 1991, 243 p.

371. *Surveiller et Punir…, op. cit.*, p. 21. La réflexion est prolongée par Pieter Spierenburg avec *The Spectacle of Suffering. Executions and the Evolution of Repression : from a preindustrial Metropolis to the European experience*, Cambridge U.P., 1984, 274 p. (sur les XVIIIe et XIXe siècles, pp. 183-199 surtout).

372. Nous devons beaucoup, sur cette question, au mémoire de maîtrise de Catherine Le Nen, *Bruits de chaînes en France, ou la Chaîne des forçats au début du XIXe siècle*, dir. par Alain Corbin, Université de Paris-I, 1993, 152 p.

373. Michel Pierre, *Le Dernier exil, histoire des bagnes et des forçats*, Paris, Découvertes Gallimard, 1989, p. 13. Selon Catherine Le Nen, une chaîne de 500 hommes (la moyenne étant plutôt de 230 forçats par départ) mesure environ 250 m de long ; il en part une annuellement pour chaque destination (Brest, Toulon, Lorient, Rochefort…) (mémoire cité, p. 21).

374. Les incidents se multiplient en 1835 et en 1836, tant se fait pressante la présence des curieux autour de Bicêtre au milieu de la nuit, puis autour des forçats ; mais peut-être les Parisiens pressentent-ils que cette tradition va être abolie, et viennent-ils observer un vestige (*ibid.*, pp. 136-138).

375. Paris, GF-Flammarion, 1971 (1re éd. 1873), pp. 57-58.

376. Elle est étudiée par Maxime Du Camp dans « La Place de la Roquette, le quartier des condamnés à mort et l'échafaud », *Revue des Deux-Mondes*, t. LXXXV, 1870, pp. 182-213.

377. Les chiffres cités par Laurence Guignard sont les suivants : 13 entre 1816 et 1820, 20 entre 1821 et 1825, 13 entre 1826 et 1830, 5 entre 1831 et 1835, 13 entre 1836 et 1840, 10 entre 1841 et 1845, 7 entre 1846 et 1850, 11 entre 1851 et 1855, 9 entre 1856 et 1860, 4 entre 1861 et 1865, 6 entre 1866 et 1870 (mémoire cité, p. 50).

378. Arlette Farge a longuement évoqué les « foules conviées » autour de l'échafaud au XVIIIe siècle (*La Vie fragile, op. cit.*, pp. 211-236). La Révolution française avait abandonné la place de Grève pour la place du Carrousel, celle de la Révolution, puis la barrière du Trône (cf. Daniel Arasse, *La Guillotine et l'imaginaire de la Terreur*, Paris, Flammarion, 1987, 213 p.), mais le Consulat l'a rétablie dans cette fonction.

379. Cf. Laurence Guignard, mémoire cité, pp. 70-74.

380. Cf. la préface donnée par Victor Hugo en 1832 au *Dernier Jour d'un condamné*, Paris, Le Livre de Poche, 1989 (1re éd. 1829) : « Est-ce bien sérieusement que vous croyez faire un exemple quand vous égorgillez misérablement un pauvre homme dans le recoin le plus désert des boulevards extérieurs ? « (pp. 34-35). Louis Chevalier voit dans ce transfert l'effet du passage d'une criminalité « pittoresque » à une criminalité « sociale », dont la ville aurait honte et qu'elle reléguerait au loin, à l'emplacement de ces barrières qui résumeraient l'envahissement de la ville entière par le crime (*Classes laborieuses…, op. cit.*, pp. 78-82).

381. *Op. cit.*, p. 1229.

382. « La Place de la Roquette…. », art. cité, p. 199.

383. Ainsi, selon la *Gazette des tribunaux* du 10 janvier 1836, 5 à 600 personnes seulement auraient assisté à l'exécution d'Avril et Lacenaire à la barrière Saint-Jacques, à 9 h du matin, car elle n'a pas été annoncée. En revanche, selon le même journal (9 juin 1864),

100 000 personnes étaient présentes place de la Roquette à 6 h du matin pour l'exécution de Couty de La Pommerais, un aristocrate qui avait empoisonné sa belle-mère.

384. Mémoire cité, pp. 202-208.

385. Cf. Ivan Tourgueniev, qui a pu entrer dans la prison avec Du Camp et M. Claude : *L'Exécution de Troppmann*, Paris, Association des Amis d'Ivan Tourgueniev, 1979 (1re éd. 1870), 50 p.

386. Laurence Guignard, mémoire cité, p. 216.

387. *Ibid.*, p. 205.

388. Art. cité, p. 210.

389. *Gazette des tribunaux.*

390. Art. cité, p. 199. Le même texte figure dans *Paris, ses organes*..., *op. cit.*, t. III, p. 372 : Du Camp croit bon de préciser que les arrestations de vagabonds sont nulles au cours des nuits d'exécution comme au cours des nuits d'émeute.

391. Cf. Patrice Tournier, *Maxime Du Camp : les procédures de l'enquête sociale et la généalogie de la psychologie des foules*, mémoire de maîtrise dir. par Alain Corbin, Université de Paris-I, 1992, 124 p. Sur la période postérieure, Susanna Barrows, *Miroirs déformants, réflexions sur la foule en France à la fin du* XIX*e siècle*, Paris, Aubier, 1990, 226 p. (Yale, 1981).

392. Après une décennie 1870 plus paisible, peut-être hantée par les souvenirs de l'Année terrible, Xavier Lapray note le retour, entre 1879 et 1889, de l'agitation autour de l'exécution capitale (malgré les rigueurs croissantes du service d'ordre). Alors que seul un public sélectionné voit vraiment la scène funèbre, toute une sociabilité nocturne, d'autant plus turbulente qu'elle est autoritairement coupée du cœur de l'événement, s'organise dans les rues adjacentes, derrière les barrages, entre la Bastille et la Roquette. Après 1909, on exécutera sur un trottoir, contre le mur de la Santé, prison cellulaire construite en 1867 ; le spectacle est encore moins public, et le calme semble revenir... (mémoire cité).

393. Sur ce thème, voir Laurence Guignard, mémoire cité, p. 210.

394. *Les Mystères de Paris*, *op. cit.*, pp. 1218-1236. Cette scène a retenu Michel Nathan dans « Délinquance et réformisme dans *les Mystères de Paris* », in *Paris au* XIX*e siècle, aspects d'un mythe littéraire*, actes du colloque de Francfort, Lyon, PUL, 1984, pp. 61-69. Louis Chevalier observe que le roman commence au cœur de la Cité pour s'achever à la barrière Saint-Jacques, comme si la ville entière était placée sous le double signe du crime et du châtiment (*op. cit.*, pp. 52-53).

395. Eugène Sue, *op. cit.*, p. 1236.

396. L'expression est utilisée par François Gasnault dans *Guinguettes et Lorettes*, *op. cit.*

397. *Gazette des tribunaux.*

398. *Op. cit.*, p. 17.

399. « À peine le millième de la foule, pas plus de 50 à 60 personnes, a-t-il pu, dans le crépuscule de cette heure matinale, à une distance de plus de 50 pas, voir quelque chose à travers les lignes de soldats [...]. Et les autres ? Quelle utilité [...] ont-ils pu tirer de cette nuit d'insomnie, d'ivresse, de fainéantise et de perversion ? » (*ibid.*, p. 49).

400. « La Place de la Roquette... », art. cité, p. 201.

401. Laurence Guignard, mémoire cité, p. 221.

402. *Ibid.*, p. 223.

403. Art. cité, pp. 207-208.

404. *Ibid.*, p. 209.

405. Pour une comparaison avec le Londres de Whitechapel en 1888, voir Roland Marx, *Jack l'Éventreur et les fantasmes victoriens*, Bruxelles, Complexe, 1987, 189 p. ; Judith R. Walkowitz, *City of Dreadful Delight. Narratives of Sexual Danger in Late-Victorian London*, University of Chicago Press, 1992, 353 p.

406. Michelle Perrot, « Dans la France de la Belle Époque, les "Apaches", premières bandes de jeunes », *op. cit.*, p. 387.

407. Dominique Kalifa, *op. cit.*, p. 115.

408. Cf. Gérard Jacquemet, « La Violence à Belleville au début du XXe siècle », *Bulletin de la Société de l'histoire de Paris et de l'Île-de-France*, 1978, pp. 141-167.

409. Visité par Pierre Mac Orlan, attentif à la continuité de la tradition criminelle parisienne depuis le XIXe siècle dans *Nuits aux bouges*, Éd. de Paris, 1994, 135 p. (1re éd. 1927)

410. Cf. Jérôme Pierrat, *Évolution de l'image des mauvais garçons parisiens (1900-1930)*, mémoire de maîtrise dir. par Christophe Charle, Université de Paris-I, 1994, 121 p.

411. Pour lequel la fascination de Louis Chevalier est exprimée dans *Montmartre du plaisir et du crime*, Paris, R. Laffont, 1980, 452 p.

Conclusion

1. On pourrait rapporter cette double tendance à ce que Philippe Hamon observe des discours sur Paris au XIXe siècle : « D'un côté, l'encyclopédie fraîche et joyeuse, l'Exposition universelle des connaissances et des produits, de l'autre une expérience plus inquiète du fragment et de la discontinuité » (*Expositions. Littérature et architecture au XIXe siècle*, Paris, José Corti, 1989, p. 14).

2. Alain Lemenorel, « Rue, ville et sociabilité à l'époque contemporaine. Histoire et prospective », in *La Rue, lieu de sociabilité ?*, Actes du colloque de Rouen 16-19 novembre 1994, Publications de l'Université de Rouen, n° 214, 1997, p. 439.

3. Pendant le siège prussien de 1870-1871, la nécessité d'économiser le gaz réduit considérablement l'éclairage public, et les lieux de plaisir doivent fermer à 10 h du soir. La fête impériale s'éteint pour faire place à une temporalité nocturne empreinte de gravité, rythmée par le retentissement des canonnades. Cf Manuel Diatkine, *Les Inquiétudes des Parisiens pendant le siège de 1870-1871*, mémoire de maîtrise dir. par Alain Corbin, Université de Paris-I, 1992, 140 p.

4. La continuité de la représentation du Paris populaire entre les années 1860 et les années 1950 est mise en évidence par Jean-Louis Robert dans « Chansons de Paris la nuit XIXe et XXe siècles », in « La Nuit », *Sociétés et Représentations*, CREDHESS, n° 4, mai 1997, pp. 187-198.

5. Rodolphe Darzens, notamment, avec *Notes sur une ville, nuits à Paris*, Paris, Dentu, 1889, 269 p. Cf. Marie-Claire Bancquart, *Images littéraires du Paris fin de siècle*, Paris, La Différence, 1979, 266 p.

6. Sur le Paris de la rive droite, cf. Louis Chevalier, *Histoires de la nuit parisienne (1940-1960)*, Paris, Fayard, 1982, 322 p.

7. Cf Louis Aragon, « Paris la nuit. Les Plaisirs de la capitale, ses bas-fonds, ses jardins secrets », dans *Le Libertinage*, Paris, Gallimard, 1924, pp. 195-213 ; Francis Carco, *Nuits de Paris*, Paris, Le Divan, 1927, 169 p. ; Joseph Kessel, *Nuits de Montmartre*, Paris, 10/18, 1990 (reportage paru en 1928 dans *Détective*), 285 p. ; Philippe Soupault, *Les Dernières Nuits de Paris*, Paris, Seghers, 1975 (1re éd. 1928), 170 p. ; Léon-Paul Fargue, *Le Piéton de Paris*, Paris, Gallimard, 1993 (1re éd. 1932), 304 p.

8. Cet œil poétique est aussi celui du Hongrois Brassaï : cf. *Paris de nuit* (texte de Paul Morand), Paris, Arts et Métiers graphiques, 1987 (1re éd. 1933), 62 p.

9. Sur ces itinéraires érotico-oniriques dans un Paris nocturne devenu champ magnétique, espace de suggestion, voir Marie-Claire Bancquart, *Paris des surréalistes*, Paris, Seghers, 1972, 230 p. ; Carolyn Burke, « Paris by night : l'image nocturne de Paris chez les écrivains américains », in *Le Paris des étrangers depuis un siècle*, dir. André Kaspi et Antoine Mares, Paris, Imprimerie nationale, 1989, pp. 271-286.

Table

1. Lumières

2. Noctambulismes

3. ACTIVITÉS

4. CONTRÔLES

Achevé d'imprimer en septembre 2000
sur presse Cameron
par ***Bussière Camedan Imprimeries***
à Saint-Amand-Montrond (Cher)

Édition exclusivement réservée
aux adhérents du Club
Le Grand Livre du Mois
15, rue des Sablons
75116 Paris
réalisée avec l'aimable autorisation des éditions Albin Michel
ISBN : 2-7028-4330-1

N° d'impression : 003881/4
Dépôt légal : octobre 2000.

Imprimé en France